U0946703

中国造纸年鉴

ALMANAC OF CHINA PAPER INDUSTRY

2018

中国造纸学会　编

Edited by China Technical Association of Paper Industry

中国轻工业出版社

图书在版编目（CIP）数据

中国造纸年鉴. 2018/中国造纸学会编. —北京：中国轻工业出版社，2018. 9

ISBN 978 - 7 - 5184 - 2042 - 1

Ⅰ. ①中…　Ⅱ. ①中…　Ⅲ. ①造纸工业 - 中国 - 2018 - 年鉴　Ⅳ. ①F426. 83 - 54

中国版本图书馆 CIP 数据核字（2018）第 162666 号

责任编辑：林　媛　　责任终审：滕炎福
策划编辑：林　媛　　责任监印：张　可

出版发行：中国轻工业出版社（北京东长安街 6 号，邮编：100740）
印　　刷：三河市万龙印装有限公司
经　　销：各地新华书店
版　　次：2018 年 9 月第 1 版第 1 次印刷
开　　本：787 × 1092　1/16　　印张：49
字　　数：1600 千字　　插页：32
书　　号：ISBN 978 - 7 - 5184 - 2042 - 1　　定价：300. 00 元
邮购电话：010 - 65241695
发行电话：010 - 85119835　传真：85113293
网　　址：www. chlip. com. cn，www. ctapi. org. cn
邮　　箱：club@ chlip. com. cn，acpi2008@ 126. com
如发现图书残缺请与我社邮购联系调换
180382K4X101HBW

《中国造纸年鉴2018》编辑委员会

《中国造纸年鉴2018》编辑部

对本书有关的各项业务与意见均请与编辑部直接联系

地址：北京市朝阳区望京启阳路4号中轻大厦B座10层

邮编：100102

电话：010－64778761，64778756，64778766，64778752

传真：010－64778769

网址：www.ctapi.org.cn

邮箱：acpi2008@126.com

Any Business refers to this book, please contact editorial board

Address：10th floor, Block B, Sino-light Plaza, No.4 Qiyang Rd., Wangjing, Chaoyang District, Beijing 100102, China

Tel：010－64778761，64778756，64778766，64778752

Fax：010－64778769

URL：www.ctapi.org.cn

E-mail：acpi2008@126.com

编辑说明

《中国造纸年鉴》是由中国造纸学会编纂的专业性年鉴，是目前我国唯一逐年辑录的有关中国造纸工业的资料性工具书。自1986年创刊以来，伴随着中国造纸工业的发展，《中国造纸年鉴》已陆续出版发行21卷，本卷《中国造纸年鉴2018》为第22卷。

《中国造纸年鉴2018》的13个栏目分别是：1. 综述；2. 发展现状；3. 产品与市场；4. 纤维原料；5. 节能减排 环境保护；6. 装备与器材 造纸化学品；7. 科技 教育 出版；8. 大事记；9. 地方造纸工业；10. 重点企业介绍；11. 社团工作；12. 附录；13. 企业名录。

本卷年鉴在编写过程中，得到各有关部门、企事业单位和有关人士的大力支持、指导和积极配合，在此谨表谢意。并诚请广大读者对本卷年鉴编辑、出版中的不足之处给予批评指正。

《中国造纸年鉴》编辑部

2018年8月

彩色广告目录

安徽华辰造纸网股份有限公司 …… 封面
芬欧汇川（中国）有限公司 …… 封底

前插彩页

十年来的中国造纸工业（2007—2017 年） …… 1
华章科技控股有限公司 …… 2
河南江河纸业股份有限公司 …… 4
河南大指造纸装备集成工程有限公司 …… 5
APP（中国）-金光纸业（中国）投资有限公司 …… 6
北京高科物流仓储设备技术研究所有限公司 …… 8

正文彩页

中国造纸学会活动纪实 …… 1
芬欧汇川（中国）有限公司 …… 2
玖龙纸业（控股）有限公司 …… 4
广州造纸集团有限公司 …… 6
中国纸业投资有限公司 …… 8
中冶纸业银河有限公司 …… 10
广东冠豪高新技术股份有限公司 …… 12
中国海诚工程科技股份有限公司 …… 13
金光纸业（中国）投资有限公司 …… 14
APP（中国）-林务事业部 …… 16
APP（中国）-纸浆事业部 …… 17
APP（中国）-工业用纸事业部 …… 18
APP（中国）-文化用纸事业部 …… 19
APP（中国）-生活用纸事业部 …… 20
中国轻工业成都设计工程有限公司 …… 21
华泰集团有限公司 …… 22
山东太阳纸业股份有限公司 …… 24
亚太森博（山东）浆纸有限公司 …… 26
山东泉林纸业股份有限公司 …… 28
大河纸业有限公司 …… 30
新乡新亚纸业集团股份有限公司 …… 32
河北省保定市东方造纸有限公司 …… 34
汶瑞机械（山东）有限公司 …… 36
郑州运达造纸设备有限公司 …… 38
北京巨鑫华瑞工贸有限公司 …… 40
北京恒捷科技有限公司 …… 41
四川环龙技术织物有限公司 …… 42
上海金熊造纸网毯有限公司 …… 43
安徽太平洋特种网业有限公司 …… 44
河南晶鑫网业科技有限公司 …… 46
江苏金呢工程织物股份有限公司 …… 47
武汉武锅能源工程有限公司 …… 48
广西博世科环保科技股份有限公司 …… 49
中国造纸杂志社 …… 50
《纸和造纸》杂志社 …… 51
《中华纸业》杂志社 …… 52
中国纸业网 …… 53
杭州纸友科技有限公司 …… 54
淄博泰鼎机械科技有限公司 …… 55
安徽华辰造纸网股份有限公司 …… 56

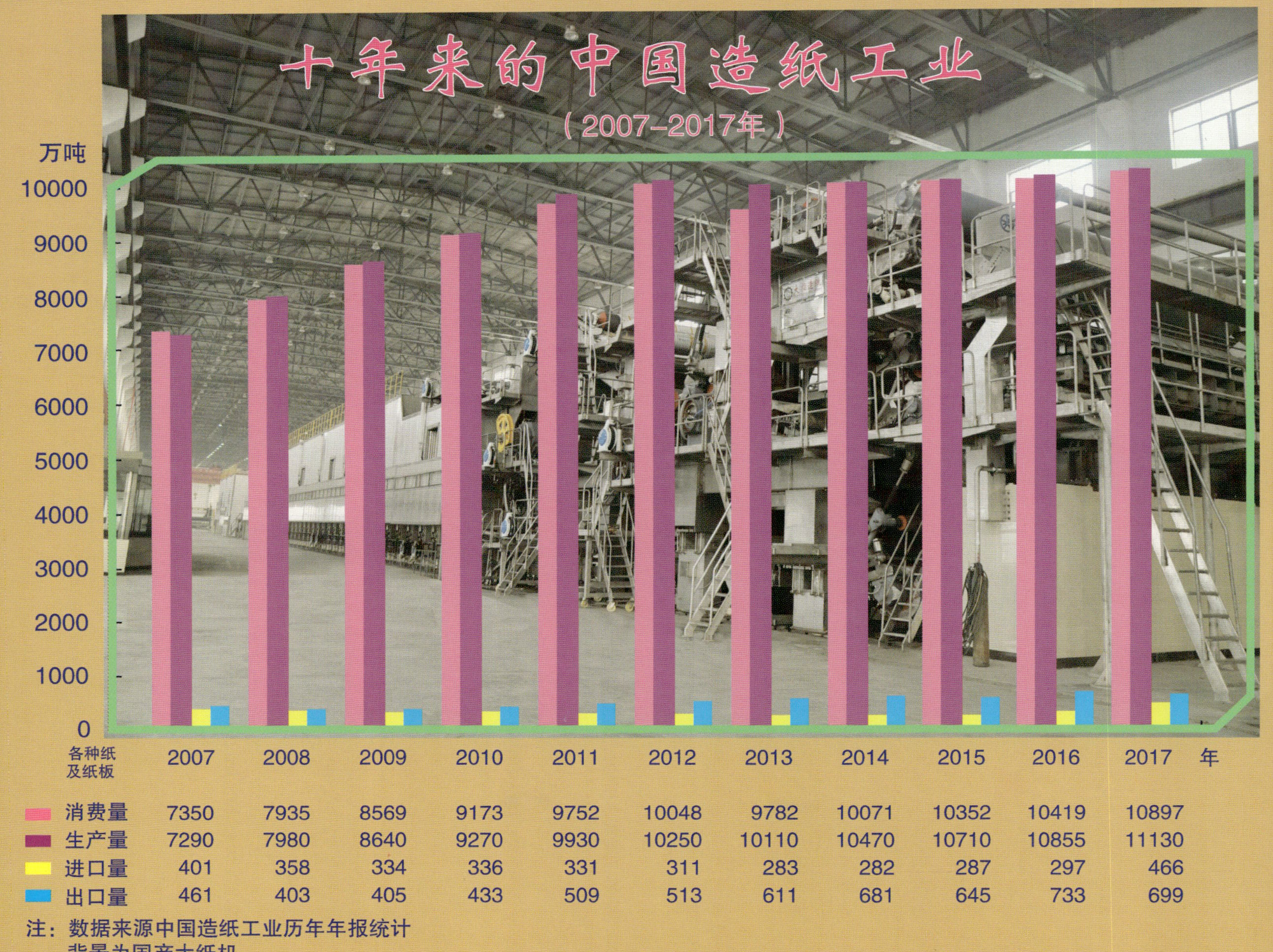

各种纸及纸板	2007	2008	2009	2010	2011	2012	2013	2014	2015	2016	2017年
消费量	7350	7935	8569	9173	9752	10048	9782	10071	10352	10419	10897
生产量	7290	7980	8640	9270	9930	10250	10110	10470	10710	10855	11130
进口量	401	358	334	336	331	311	283	282	287	297	466
出口量	461	403	405	433	509	513	611	681	645	733	699

注：数据来源中国造纸工业历年年报统计
背景为国产大纸机

公司介绍 Company Profile

华章科技(HK01673)成立于1993年,是一家在香港联交所上市的科技型企业,拥有20多年在造纸行业电气自动化、流浆箱及成形器、环保设备及工程的经验,是中国造纸装备的领先供应商,秉承“诚信、敬业、协作、创新”的理念,努力打造成为造纸工业的方案、设备及综合服务供应商。

公司专注于造纸装备的技术进步和品质提升,拥有一支顶尖的技术和服务工程师团队,在研发、设计、集成制造、服务维保等方面具有核心竞争力。20多年来累计完成了2000多个工程项目,为造纸企业提供基于智能制造、清洁生产、项目总包、设备维保、供应链服务等全方位的装备和服务,旨在成为造纸工业的全职“保姆”,并积极参与和帮助一带一路沿线国家造纸项目的工程建设。

华章科技倡导保护环境、促进绿色工业发展,在水处理和固液分离技术方面拥有多项专利技术,并被广泛应用于市政、造纸、制药、化工、冶金等行业。

华章科技在香港、杭州、武汉、桐乡等地拥有办公室或生产基地。有着完善的质量、环境和职业健康安全的保障体系,率先通过了ISO 9001质量体系认证、ISO 14001环境管理体系认证及OHSAS 18001职业健康安全管理体系认证。

HZT HUAZHANG TECHNOLOGY

电话:0571-88994499
传真:0571-88994466

公司业务

供应链服务

智能制造

项目总包

设备维保

清洁生产

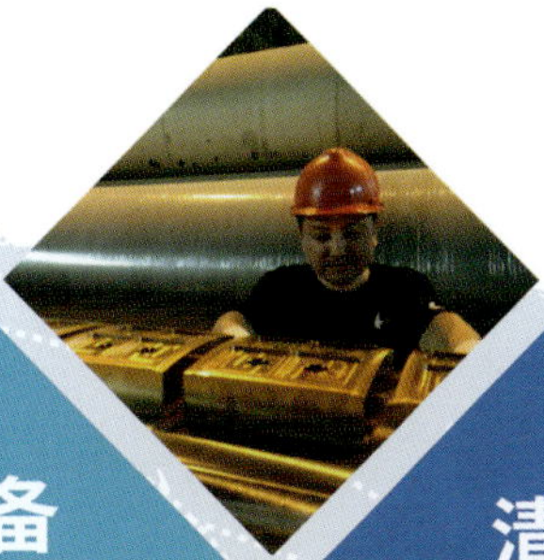

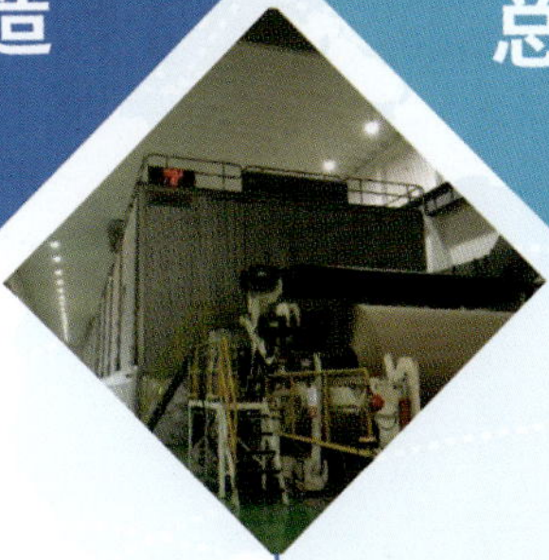

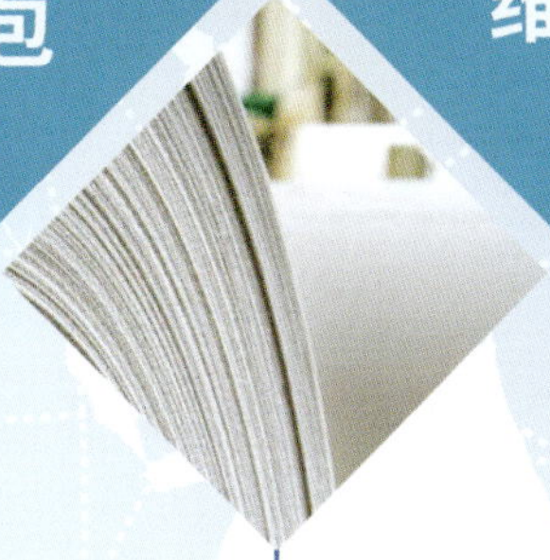

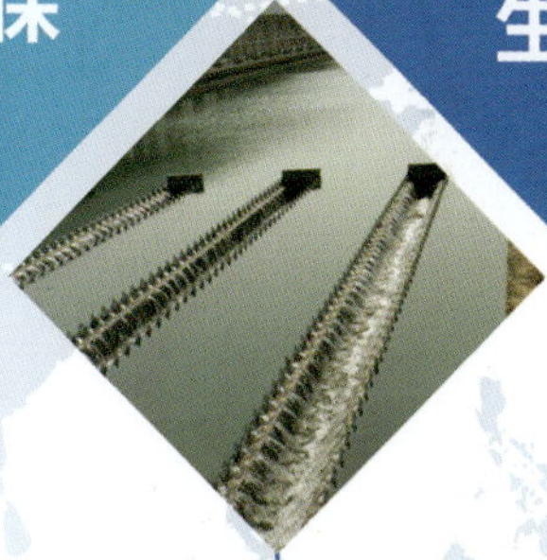

诚信、敬业
协作、创新

造纸工业领先的
方案、设备和综合
服务供应商

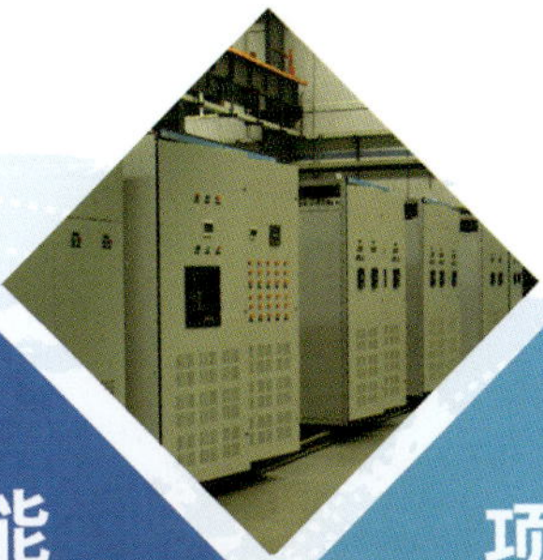

推动行业进
步,持续为客
户创造价值

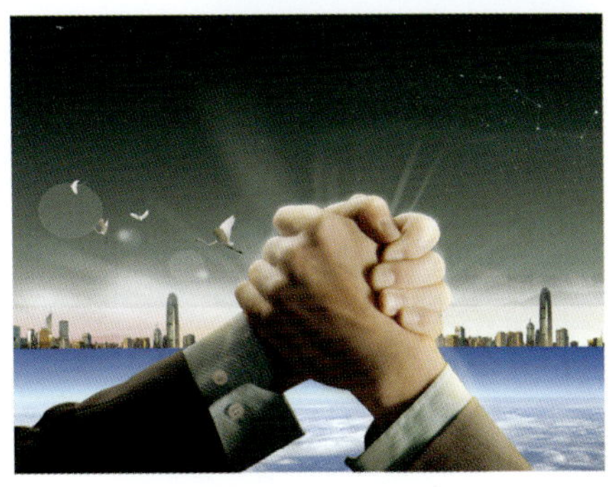

我们的价值观

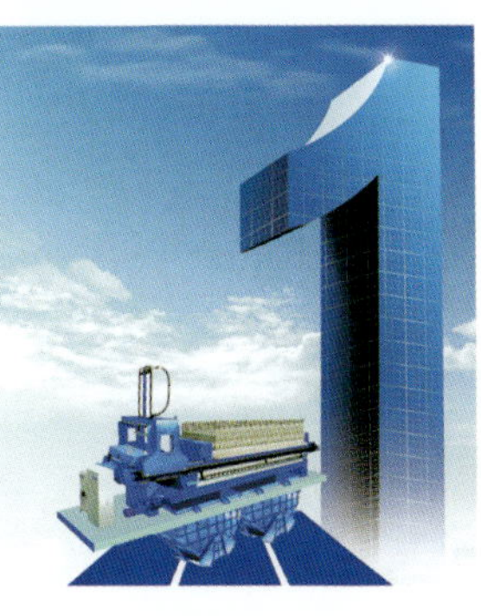

我们的愿景

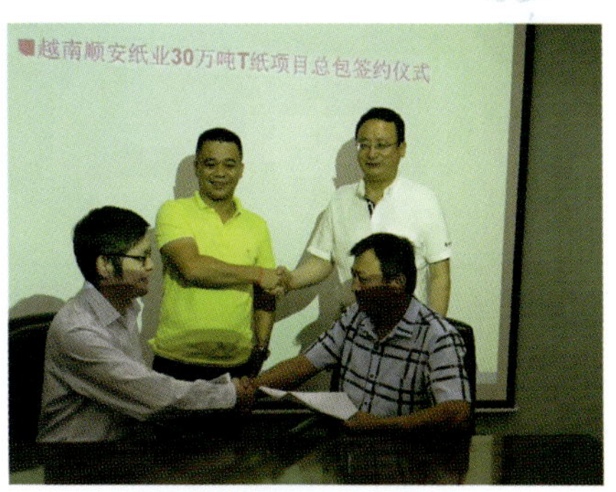

我们的使命

华章科技欢迎您的光临!

关于APP（中国）

APP（中国）全称为金光纸业（中国）投资有限公司及其在中国大陆投资的公司。自1992年进入中国以来，始终秉持可持续发展战略，以可持续造纸的“林浆纸一体化”理念，努力践行绿色循环。目前，APP（中国）旗下拥有林务事业部、纸浆事业部、工业用纸事业部、文化用纸事业部、生活用纸事业部等。

此外，APP（中国）及其母公司金光集团也正着手于推动企业可持续发展的城市综合体及科技园项目，以实现资源多元化配置。如今，已经在上海及长三角地区开发了5个大型城市综合体项目，包括：上海白玉兰广场、上海

www.app.com.cn

“纸”为明天

Writing Our Future

金光外滩中心、上海金虹桥国际中心、上海星荟中心和宁波金光中心。

截至2017年底，APP（中国）拥有30多家全资和控股浆纸企业，以及18家林业公司，总资产约1582.19亿元人民币，年加工生产能力约1100万吨，2017年在华销售额约552.86亿元人民币，拥有全职员工逾3万名。APP（中国）致力于从多方面大力发展，提升人们的生活质量。

金光集团APP(中国)

北京高科物流仓储设备技术研究所有限公司

BEIJING GAOKO MAT -F&W. EQ. RESEARCH INSTITUTE CO., LTD.

北京高科物流仓储设备技术研究所有限公司，是国内率先开发研制自动化立体仓库物流仓储系统的单位之一。我们专注于从事自动化立体仓库、物流仓储系统的规划设计、系统集成和项目实施。近30年的不断追求与创新，使得我们在节能降耗和安全运行方面拥有多项专利技术，积累了300多个项目的实施经验。其中第三方物流、冷库、库架合一、防爆、重型车辆(10吨以上)、长件物料(铝型材)等自动化物流仓储系统等，多次获得国家有关部门的科学技术鉴定和科技进步奖项。其产品广泛应用于机械、电子、电气、电力电网、石油石化、化工、造纸、煤炭、医药、食品、轻工、烟草、纺织、建材、航空航天、军工、部队、铁路、民航、航运、港口、保税、储运、冷藏等各行业。

公司积极致力于为用户提供优化的自动化物流仓储系统解决方案、高质的设备和优质的服务。

AGV自动搬运系统　　立体库存储系统

机器人自动码垛系统

箱式自动分拣系统

移动机器人拆垛系统　　环形穿梭车系统　　穿梭版系统

电话：010-82561876　　13581826556　　网址：www.gaoko.com

目 录

1 综 述

中国轻工业联合会张崇和会长在“2017 年中国纸浆市场形势研讨会”上的讲话 …………… (3)
创新驱动发展提升造纸产业核心竞争力——《2017 年中国造纸产业竞争力报告》节选 …………… (6)
制浆造纸科学技术学科发展现状与展望 ……… (9)

2 发展现状

中国造纸工业 2017 年度报告 …………… (19)
2017 年我国深沪上市造纸公司概况 …………… (29)
统计数据：
国家统计局数据：2017 年全国造纸及纸制品行业主要经济指标 …………… (39)
国家统计局数据：2017 年全国造纸及纸制品行业分地区产品生产量 …………… (40)
历年我国纸浆、纸及纸板生产量（1949—2017 年） …………… (42)
历年我国纸和纸板、纸浆及废纸进出口概况（1996—2017 年） …………… (44)
历年我国与世界纸浆、纸及纸板的生产量与消费量(1996—2017 年) ……… (47)
历年我国纸及纸板生产量、进出口量、消费量及消费结构(2001—2017 年) …… (48)
2017 年我国纸产品进出口统计 …………… (52)
我国纸浆分国别(地区)进口情况（2008—2017 年） …………… (57)
我国废纸分类别进口情况（2008—2017 年） …………… (61)
2017 年国内市场部分纸张价格 ………… (62)
2016—2017 年全球分地区和种类纸和纸板需求量 …………… (67)
2017 年中国造纸协会纸浆指数分析 ………… (69)
2017 年全球化学商品浆供需情况分析 ……… (71)

3 产品与市场

2017 年我国造纸工业产销情况分析 ………… (77)
2017 年我国浆纸市场分析 …………… (80)
2017 年国内外废纸市场概况 …………… (92)
2016 年我国出版印刷用纸市场综述 ……… (100)
2017 年我国生活用纸行业概况和展望 …… (103)
2017 年我国一次性卫生用品行业概况和展望 …………… (114)
新时代下包装纸板行业的机遇与挑战 ……… (123)
2017 年我国特种纸产业发展现状及分析 … (133)
近年国内外溶解浆市场回顾与展望 ………… (144)
纳米纤维素的产业化进展 …………… (152)

4 纤维原料

2005—2016 年世界主要地区和国家废纸回收利用概况 …………… (159)
进口与国内双重规范政策导向下国内废纸行业的机遇与挑战 …………… (162)
我国竹材制浆造纸生产及高值化利用技术展望 …………… (167)

5 节能减排 环境保护

造纸工业污染防治技术政策 …………… (177)

造纸废水资源化和超低排放关键技术及应用……（179）
制浆造纸工业水污染全过程控制技术………（188）
造纸企业温室气体排放核算及其应用………（192）
我国造纸行业参与碳交易的现状与建议……（197）
造纸行业质量管理体系认证现状与分析……（204）

6　装备与器材　造纸化学品

2017 年我国制浆造纸设备及新产品情况 …（211）
2017 年我国造纸器材行业概述………………（215）
2017 年部分制浆造纸设备公司主要销售业绩………………………………………（219）
2017 年部分企业投产的卫生纸机设备 ……（234）
全球制浆造纸化学品市场发展现状与趋势…………………………………………（240）

7　科技　教育　出版

2017 年度造纸工业获奖情况 ………………（253）
中国造纸蔡伦奖获奖情况……………………（255）
2017 年度造纸行业全国五一劳动奖获奖情况…………………………………（256）
2017 年我国造纸工业授权专利 ……………（257）
2017 年我国造纸工业标准目录 ……………（284）
国内制浆造纸科研设计单位简介……………（298）
国家认定的造纸企业技术中心简介…………（310）
国内高校制浆造纸研究机构简介……………（316）
国内制浆造纸专业教育机构简介……………（321）
国内主要造纸期刊介绍………………………（331）
《中国造纸》2017 年度“山鹰国际杯”优秀论文获奖名单……………………………（337）

8　大事记

2017 年中国造纸工业 10 项要闻 ……………（341）
2017 年中国造纸工业大事记 ………………（343）
2017 年造纸行业会展信息 …………………（352）

9　地方造纸工业

广东省造纸工业………………………………（361）
山东省造纸工业………………………………（364）
浙江省造纸工业………………………………（372）
江苏省造纸工业………………………………（378）
福建省造纸工业………………………………（380）
河南省造纸工业………………………………（386）
湖北省造纸工业………………………………（389）
广西壮族自治区造纸工业……………………（393）
天津市造纸工业………………………………（396）
四川省造纸工业………………………………（400）
江西省造纸工业………………………………（402）
云南省造纸工业………………………………（405）
辽宁省造纸工业………………………………（409）

10　重点企业介绍

玖龙纸业（控股）有限公司 …………………（415）
理文造纸有限公司……………………………（416）
山东晨鸣纸业集团股份有限公司……………（419）
山东太阳控股集团有限公司…………………（421）
山鹰国际控股股份公司………………………（423）
华泰集团有限公司……………………………（424）
金东纸业（江苏）股份有限公司 ……………（426）
宁波亚洲浆纸业有限公司……………………（428）
金红叶纸业集团有限公司……………………（430）
浙江景兴纸业股份有限公司…………………（431）
山东世纪阳光纸业集团有限公司……………（433）
恒安国际集团有限公司………………………（435）
海南金海浆纸业有限公司……………………（437）
维达纸业（中国）有限公司 …………………（439）
芬欧汇川（中国）有限公司 …………………（441）
山东泉林纸业有限责任公司…………………（443）
无锡荣成环保科技有限公司…………………（444）
广西金桂浆纸业有限公司……………………（446）
新乡新亚纸业集团股份有限公司……………（448）
大河纸业有限公司……………………………（450）

金华盛纸业（苏州工业园区）有限公司 ……（452）
漯河银鸽实业集团有限公司 ……（454）
宁波中华纸业有限公司 ……（456）
河南省龙源纸业股份有限公司 ……（458）
广州造纸集团有限公司 ……（460）
中顺洁柔纸业股份有限公司 ……（462）
亚太森博（山东）浆纸有限公司 ……（464）
东顺集团股份有限公司 ……（466）
山东恒联投资有限公司 ……（467）
河南江河纸业股份有限公司 ……（469）
河北省保定市东方造纸有限公司 ……（471）

11 社团工作

中国造纸学会组织机构 ……（475）
各省（区、市）造纸学会 ……（479）
2017 年中国造纸学会主要工作 ……（483）
中国造纸协会办事及分支机构 ……（489）
2017 年中国造纸协会主要工作 ……（490）
中国造纸学会部分团体会员单位介绍 ……（494）

12 附 录

2017 年国民经济与社会发展统计公报（节选）……（511）
2017 年造纸相关政策法规摘要 ……（517）
2016 年世界造纸工业概况 ……（522）
美国出口废纸分类指南（2017 版） ……（527）
国外开设制浆造纸专业的大学 ……（531）
我国制浆造纸工业图书出版目录 ……（540）
《PPI》杂志 2016 年全球造纸排名前 100 位的公司 ……（546）
国外主要造纸期刊介绍 ……（550）
国外制浆造纸相关团体与研究机构名录 ……（557）

13 企业名录

国内制浆造纸企业名录 ……（565）
国内造纸机械及其他相关产业企业名录 ……（650）
国内造纸化学品企业名录 ……（715）

CONTENTS

1. GENERAL TOPICS

Speech on the ‘China Pulp Market Symposium 2017’, Delivered by Mr. Zhang Chonghe, the Chairman of China National Light Industry Council …… (3)

Innovation-driven Development Enhances Core Competitiveness of the Paper Industry
——The Competitiveness Report of China's Paper Industry in 2017 (Excerpt) …… (6)

Development Status and Prospects of Science and Technology in Pulp and Paper Industry …… (9)

2. CURRENT STATUS OF DEVELOPMENT

Annual Report of Chinese Paper Industry in 2017 …… (19)

Papermaking Companies Listed on Shenzhen and Shanghai Stock Market in 2017 …… (29)

Statistical Data

Data from National Statistics Bureau: Major Economical Indexes of Paper and Paper Products Industries in 2017 …… (39)

Data from National Statistics Bureau: Productions of Paper and Paper Products Industries by Region in 2017 …… (40)

Productions of Pulp, Paper and Paperboard in China(1949 – 2017) …… (42)

Imports and Exports of Paper and Paperboard, Pulp and Waste Paper in China(1996 – 2017) …… (44)

Productions and Consumptions of Pulp, Paper and Paperboard in China and the World(1996 – 2017) …… (47)

Productions, Imports and Exports, Consumptions and Consumption Structures of Paper and Paperboard in China(2001 – 2017) …… (48)

Imports and Exports of Paper Products in China in 2017 …… (52)

Imports of Market Pulp by Country or Region in China (2008 – 2017) …… (57)

Imports of Waste Paper by Grade in China (2008 – 2017) …… (61)

Domestic Prices of Partial Paper and Paperboard Grades in 2017 …… (62)

Global Paper and Paperboard Demand by Region and Grade in 2016 – 2017 …… (67)

Analysis of China Paper Association Pulp Index(CPAPI) in 2017 …… (69)

Demand Analysis of Global Commodity Chemical Pulp in 2017 …… (71)

3. PRODUCTS AND MARKET

Analysis of Production and Sale Situation of China's Paper Industry in 2017 ······ (77)
Analysis of China's Pulp and Paper Market in 2017 ······ (80)
Market Situation of Waste Paper in China & the World in 2017 ······ (92)
Market Review of Publication Paper in China in 2016 ······ (100)
Overview and Outlook of Tissue Paper in China in 2017 ······ (103)
Overview and Outlook of Disposable Hygienic Products in China in 2017 ······ (114)
The Opportunity and Challenge of Packaging Paperboard Industry in the New Era. ······ (123)
Development Status and Analysis of Specialty Paper in China in 2017 ······ (133)
Review and Outlook of Domestic and Foreign Dissolving Pulp Market ······ (144)
Progress of Nanocellulose Industrialization in China ······ (152)

4. FIBROUS MATERIALS

Recovery and Application of Waste Paper in Main Regions and Countries of the World in 2005 - 2016 ······ (159)
Opportunities and Challenges of Domestic Waste Paper Industry Under the Guidance of Import and Domestic Policies ······ (162)
Prospects of Bamboo Pulp and Paper Production and Vaule-added Utilization Technology in China ······ (167)

5. ENERGY SAVING, EMISSION REDUCING AND ENVIRONMENTAL PROTECTION

Pollution Prevention and Control Policy of Paper Industry ······ (177)
The Key Technologies and Applications of Value-added Utilization and Ultra-low Emission of Papermaking Wastewater ······ (179)
Whole Process Control Technology of Water Pollution in Pulp and Paper Industry ······ (188)
Accounting and Application of Greenhouse Gas Emissions in Paper Industry ······ (192)
Status and Suggestion for China's Paper Industry Participating in Carbon Trading ······ (197)
Status and Analysis of Quality Management System Certification in China's Paper Industry ······ (204)

6. EQUIPMENT & ACCESSORIES, CHEMICALS USED IN PAPER INDUSTRY

Introduction to New Products of Domestic Pulping and Papermaking Equipment in 2017 ······ (211)
Review of the Devices in Paper Industry in 2017 ······ (215)
Sales Records of Part of Pulping and Papermaking Machinery Companies in 2017 ······ (219)
Started-up Tissue Paper Machines in 2017 ······ (234)

Development and Trend of Global Pulp and Paper Chemicals Market ······ (240)

7. SCIENCE AND TECHNOLOGY, EDUCATION AND PUBLICATION

Winners of Science and Technology Awards in Paper Industry in 2017 ······ (253)
Cailun Awards of China's Paper Industry ······ (255)
National May 1st Labor Awards of Paper Industry in 2017 ······ (256)
Granted Patents of China's Paper Industry in 2017 ······ (257)
Standards of China's Paper Industry in 2017 ······ (284)
Introduction to the Domestic Organizations of R&D, Engineering Consultant of Paper Industry ······ (298)
Introduction of National Certificated Enterprise Technical Centers in Paper Industry ······ (310)
Introduction of Pulp and Paper Research Institutions in Domestic Universities ······ (316)
Introduction to the Domestic Education Institutions Offering Pulping and Papermaking Courses ······ (321)
Domestic Main Periodicals Related to Pulp and Paper ······ (331)
"Shanying International Cup" Excellent Papers of *China Pulp & Paper* in 2017 ······ (337)

8. EVENTS

Top Ten News of China's Paper Industry in 2017 ······ (341)
Important Events of China's Paper Industry in 2017 ······ (343)
Exhibition and Conference News of Paper Industry in 2017 ······ (352)

9. LOCAL PAPER INDUSTRY

Paper Industry in Guangdong Province ······ (361)
Paper Industry in Shandong Province ······ (364)
Paper Industry in Zhejiang Province ······ (372)
Paper Industry in Jiangsu Province ······ (378)
Paper Industry in Fujian Province ······ (380)
Paper Industry in Henan Province ······ (386)
Paper Industry in Hubei Province ······ (389)
Paper Industry in Guangxi Zhuang Autonomous Region ······ (393)
Paper Industry in Tianjin City ······ (396)
Paper Industry in Sichuan Province ······ (400)
Paper Industry in Jiangxi Province ······ (402)
Paper Industry in Yunnan Province ······ (405)
Paper Industry in Liaoning Province ······ (409)

10. KEY ENTERPRISES

Nine Dragons Paper (Holdings) Limited ······ (415)

Lee & Man Paper Manufacturing Limited ······ (416)

Shandong Chenming Paper Group Co., Ltd. ······ (419)

Shandong Sun Holding Group Co., Ltd. ······ (421)

Shanying International Holdings Co., Ltd. ······ (423)

Hua Tai Group Co., Ltd. ······ (424)

Gold East Paper (Jiangsu) Co., Ltd. ······ (426)

Ningbo Asia Pulp and Paper Co., Ltd. ······ (428)

Gold Hongye Paper Group Co., Ltd. ······ (430)

Zhejiang Jingxing Paper Joint Stock Co., Ltd. ······ (431)

Shandong Century Sunshine Paper Group Co., Ltd. ······ (433)

Hengan International Group Co., Ltd. ······ (435)

Hainan Jinhai Pulp & Paper Co., Ltd. ······ (437)

Vinda Paper (China) Co., Ltd. ······ (439)

UPM (China) Co., Ltd. ······ (441)

Shandong Tranlin Paper Co., Ltd. ······ (443)

Wuxi Long Chen Greentech Co., Ltd. ······ (444)

Guangxi Jingui Pulp & Paper Co., Ltd. ······ (446)

Xinxiang Xinya Paper Group Co., Ltd. ······ (448)

Dahe Paper Co., Ltd. ······ (450)

Gold Huasheng Paper (Suzhou Industrial Park) Co., Ltd. ······ (452)

Luohe Yinge Industrial Group Co., Ltd. ······ (454)

Ningbo Zhonghua Paper Co., Ltd. ······ (456)

Henan Longyuan Paper Co., Ltd. ······ (458)

Guangzhou Paper Group Co., Ltd. ······ (460)

C & S Paper Co., Ltd. ······ (462)

Asia Symbol (Shandong) Pulp and Paper Co., Ltd. ······ (464)

Dongshun Group Co., Ltd. ······ (466)

Shandong Henglian Investment Co., Ltd. ······ (467)

Henan Jianghe Paper Co., Ltd. ······ (469)

Hebei Baoding Orient Paper Milling Co., Ltd. ······ (471)

11. ASSOCIATION AFFAIRS

The Organization of China Technical Association of Paper Industry (CTAPI) ······ (475)

Local Technical Association of Paper Industry ······ (479)

Main Activities of CTAPI in 2017 ······ (483)
Administrative and Affiliated Agency of China Paper Association (CPA) ······ (489)
Main Activities of CPA in 2017 ······ (490)
Introduction of Partial CTAPI's Company Members ······ (494)

12. APPENDIXES

Annual Statistic Report on National Economic and Social Development (Excerpt) in 2017 ······ (511)
Abstracts of the Policies and Regulations Related to Paper Industry in 2017 ······ (517)
General Situation of Global Paper Industry in 2016 ······ (522)
Guidelines for US Export Waste Paper Classification (2017 Edition) ······ (527)
Foreign Universities Offering Pulping and Papermaking Courses ······ (531)
List of Books Related to the Pulp and Paper Industry in China ······ (540)
Top 100 Paper Companies Selected by *PPI* in 2016 (Ranked by Sales) ······ (546)
Main Foreign Periodicals Related to Pulp and Paper ······ (550)
Foreign Associations and Research Institutions of Paper Industry ······ (557)

13. ENTERPRISES LIST

Directory of Domestic Pulping and Papermaking Companies ······ (565)
Directory of Domestic Papermaking Machinery Companies and Other Related Companies ······ (650)
Directory of Domestic Papermaking Chemicals Enterprises ······ (715)

中国造纸学会活动纪实

2017年5月第一届纳米纤维素材料国际研讨会

2017年6月秘书长工作交流会议

2017年6月制浆造纸科学技术学科发展报告研讨会

2017年9月第七届常务理事会第九次会议

2017年9月国际造纸技术报告会

2017年9月中国国际造纸创新发展论坛

芬欧汇川 不断迈向绿色发展的未来

芬欧汇川引领生物森林工业迈向可持续发展，以创新为动力，致力于六大业务领域的发展：芬欧汇川生物精炼、芬欧汇川能源、芬欧蓝泰标签、芬欧汇川特种纸纸业、芬欧汇川传媒用纸纸业以及芬欧汇川胶合板。芬欧汇川为日益增长的全球消费提供可持续的安全解决方案。我们的产品由可再生、可回收的材料制成。集团全球拥有约19100名员工，年销售额约100亿欧元。芬欧汇川集团的股票在纳斯达克-OMX集团赫尔辛基交易所上市。2017年9月，芬欧汇川在2017—2018年度道琼斯欧洲及全球可持续发展指数中，第五次被列为森林及造纸行业领袖。

自1998年进入中国以来，芬欧汇川在华业务发展迅速，累计投资近20亿美元，在位于江苏省常熟经济技术开发区的厂区内，相继建成包括文化用纸和标签材料等生产企业以及亚洲研发机构，并建有完备的配套设施。芬欧汇川（中国）有限公司【前身为芬欧汇川（常熟）纸业有限公司，2011年9月1日更名】，产品包括印刷、办公用纸和特种纸，现有三条生产线分别于1999年、2005年和2015年建成。年生产能力达140万吨，是芬兰在华最大的单项投资项目，也是中国最大的全化学木浆胶版纸和复印纸生产企业之一。目前，芬欧汇川也正在根据中国和全球纸张市场的变化，着手利用现有的第三条造纸生产线所具备的多功能可转换产品的独特性能，实施技术改造的同时开发研制格拉辛纸底纸这一特种纸产品，并考虑投资引进新的超级压光设备。这一举措也将更好地支持芬欧汇川在全球范围内实施的特种纸发展战略。

芬欧汇川集团一贯坚持可持续发展的原则，不断提升自身的经济、社会和环境表现。在大力投资一流设备的同时，集团在华业务中采用了先进的管理和环保实践。得益于这些举措，凭借始终如一的良好的环保表现，芬欧汇川（中国）有限公司于2005年被国家环保总局授予了中国环保最高殊荣——“国家环境友好企业”称号。2008年，芬欧汇川（中国）有限公司率先成为首家持有中国环境标志的复印纸生产企业。2009年6月1日，获得中国环境标志的“新绿佳印”复印纸以其复印纸品牌第一个“十环标志”产品代表复印纸被正式纳入中国政府绿色采购清单第四批目录。2010年8月，芬欧汇川（中国）有限公司因参与科技部国家“十一五”十大科技支撑项目“中国造纸典型产品生命周期评价工程”而被授予“生命周期评价 & III型环境标志认证示范基地”的荣誉。2017年12月，芬欧汇川（中国）有限公司在2017年度重点用水企业水效领跑者引领行动遴选中，成为江苏省唯一一家国家级水效领跑者企业。

芬欧汇川不满足于在华已取得的成就，于2016年冬正式将“More with Biofore in China”计划引入其在常熟的纸厂，旨在显著提高芬欧汇川常熟纸厂的环境绩效和能源效率。这项两到三年的研发计划将积极寻求尖端技术，以减少用水量、废水排放量和废气排放量，提高能源效率，并在造纸过程中综合利用固体废弃物。

不仅如此，集团也在投身中国社会公益事业方面做出了积极努力。从1999年开始，集团相继与北京惠黎基金会、北京桂馨慈善基金会合作开展了生态助学、桂馨书屋以及桂馨小科学家实验室项目。目前，项目遍及陕西、江苏、四川、贵州、云南、河南和山西等地的十余所学校，受益学生累计达到数千人次，极大地推动了贫困地区基础教育的改善。

芬欧汇川愿积极参与中国的发展，继续为中国经济和社会的进步贡献绵薄之力，不断迈向绿色发展的未来！

森领未来
The Biofore Company
UPM

玖龍紙業(控股)有限公司

NINE DRAGONS PAPER (HOLDINGS) LIMITED

玖龙纸业成立于1995年，总部位于广东省东莞市，在各级政府的关心和支持下已成长为世界领先废纸环保造纸的现代化包装纸制造集团。

玖龙纸业（控股）有限公司于2006年3月3日在香港成功上市，目前已在东莞、太仓、重庆、天津、泉州、沈阳、唐山、乐山以及位于“一带一路”的越南建立造纸基地，收购了两家位于美国的浆纸一体化工厂。2017年公司纸业产能已超过1400万吨，年总产值500多亿元，已连续多年蝉联中国造纸行业榜首，2017年名列中国民营企业500强第94位（中国民营企业制造业500强第49位）。

公司在引进国际领先的技术和设备的同时，不断创新，在国内包装纸领域已达到国际先进水平。玖龙纸业高度重视系统化管理，应用先进的SAP系统管理平台，促进信息化与工业化“两化”深度融合，不断提升企业的科学管理水平，被评为“外商投资先进技术企业”“高新技术企业”和国家首批“信息化和工业化融合管理体系贯标试点企业”。

公司主要生产各类牛卡纸、瓦楞原纸、涂布灰底白纸板、涂布牛卡纸、环保型文化用纸等产品，为客户提供多元化产品系列和包装纸的一站式服务，占据行业领先地位，引领纸包装行业往绿色低碳方向发展。“玖龙”商标已被国家工商总局商标局评为“中国驰名商标”。

公司一贯秉承“没有环保，就没有造纸”的理念，致力于环境保护和节能减排，倡导可持续发展的循环经济。不仅使用可以回收循环利用的废纸作原料，还与时俱进，不断加大环保投入，使公司的各项环保和能耗指标都做到优于国家标准，是资源节约型和环境友好型企

业的典范。除获ISO14001环境管理认证和清洁生产认证外，各生产基地还连续多年被当地环保部门评为“环保诚信企业”，并被评为“中国造纸工业环境友好企业”，多次荣获“全国造纸行业节能减排达标竞赛优胜企业”，被授予“全国五一劳动奖状”。

公司实行以人为本，民主、智慧加科学相结合的管理模式，不断提升员工的福利待遇，做到在行业内领先，形成了“尊重关爱员工、细化创新管理、传承百年品牌、弘扬拼搏精神”的具有玖龙特色的企业文化。公司积极开展形式丰富的员工培训，从安全教育、专业技能、管理水平、企业文化等各个方面不断提升员工素质。还定期开展各种文化、体育活动，在丰富员工精神文化生活的同时，弘扬积极向上和团结奋斗的正能量。

公司自1998年7月第一条生产线顺利建成投产至今，在增加税收、带动上下游产业链的升级、促进地方经济发展、创造就业机会（员工总人数1.6万余人）、共建和谐社会等方面，为国家和地方的经济建设做出了突出的贡献。

公司一向积极履行社会责任，近年来在各种公益活动中投入超过2.6亿元。并积极参与精准扶贫，在广东扶贫济困日活动中，公司从首届开始连续六年每年捐助1000万元，在国家扶贫攻坚的关键年，2016年、2017年、2018年更是将捐款分别提高到2000万元、3000万元、4000万元，累计捐款超过1.5亿元。公司还长期坚持开办“玖龙班”，资助偏远山区贫困学生学习深造，提供就业机会，迄今已培养学员700余人，公益支出2000多万元；建立多个爱心基地，为贫困学生提供“玖龙爱心午餐”；捐款350万元支持中华慈善总会“一张纸献爱心”活动，在积极倡导废纸回收的同时救助先天性心脏病患儿；捐款60万元为广东高州洪涝地质灾害的灾民捐建“侨心居”；支持侨爱工程“点亮藏区生活计划”，积极捐款100万元等。在重大灾难发生时，公司第一时间向汶川、玉树和雅安地震灾区捐赠了1500万元、1000万元和1200万元，支援灾区人民抗震救灾，重建家园。在香港，通过新家园协会、团结香港基金、香港侨界社团联会等捐款超过5000万港元，为社会奉献爱心。被授予“中华慈善奖”“改革开放30年广东侨商特别贡献奖”“华商贡献奖”“广东扶贫济困红棉杯金杯”等多项荣誉。

制造业是国家的基石。未来，玖龙纸业将以实现“六化”、打造企业工业4.0为目标，继续朝着环保、节能、智能化管理的企业目标迈进，巩固行业领先地位，奠定企业百年基业。

广州造纸集团有限公司

GUANGZHOU PAPER GROUP

企业概况

广州造纸集团有限公司位于广州市南沙自贸区，始建于1936年，是中国一家以采用全废纸生产新闻纸的企业。公司占地约75公顷，总资产达100亿元，产能60万吨。引进的三台纸机均代表当今国际先进水平。其中9号纸机，年产40万吨新闻纸。2007年以1682米/分开机车速，创造了国内项目建设史的先进水平。凭借稳定的生产和高质量的服务，使市场占有率达28%，产销量均居国内前列。2014年开始，通过对生产线进行技术改造，研发生产出环保书写纸、试卷纸、环保牛皮纸、冷固纸、环保淋膜原纸、防黏原纸等新产品，并快速占领市场，获得客户的好评。

公司坚持“用户至上，创新提质赢市场；绿色发展，达标减排护环境；低碳运营，节能降耗增效益；以人为本，预防治理保安康。”的管理方针，通过了质量管理体系、环境管理体系、能源管理体系、职业健康安全管理体系认证，荣获许多奖项和荣誉。包括全国、省、市质量效益型先进企业，全国用户满意单位，全国节能先进集体，广东省诚信示范企业等。“广纸牌”新闻纸是全国用户满意产品、广东省用户满意产品、广东省名牌产品。

公司坚持创新驱动和人才战略，通过国家高新技术企业认证，先后组建“广州市制浆造纸重点技术工程研究开发中心”和“广东省级企业技术中心”。研发工作涉及制浆、造纸、节能、环保等专业领域。多项科研成果达到国内领先水平，多个科研项目成果荣获政府、行业科技奖，培养出技术能力强、专业水平高的研发人才队伍，在行业中起到领先示范作用。

在未来，公司将不忘初心，深耕主业，坚守新闻纸事业，肩负起国有企业负责任有担当的光荣传统，不断开拓创新，发挥自身优势，全面深入推进改革，向着打造“广纸梦、百年店”的目标努力奋斗！

The mark of responsible forestry

ISO10012:2003

广东省名牌产品

ISO9001:2015

ISO14001:2015

ISO50001:2011

OHSAS18001:2007

CHINA PAPER CORPORATION

中国纸业投资有限公司

GREEN PAPER BETTER LIFE

中国纸业为中国诚通控股集团有限公司（简称“中国诚通集团”）全资子公司。中国诚通集团是经国务院国资委批准的唯一拥有林浆纸生产、开发并利用主业的央企，也是国资委确定的国有资本运营试点之一。作为中国诚通集团纸业板块的运营平台，拥有四家上市公司：冠豪高新（SH，600433）、粤华包B（SZ，200986）、岳阳林纸（SH，600963）、美利云（SZ，000815）。其产品涵盖文化类印刷用纸、涂布白纸板、白卡纸、无碳复写纸、热敏纸、不干胶标签纸等多个品种，居国内烟卡市场、热敏纸市场、无碳复写纸市场、文化纸市场前列。同时，中国纸业不仅对传统的浆纸产业相关领域进行了投资，在近年的发展中，对于园林、绿化、市政、生态治理等领域及相关PPP项目也进行了探索、投资和运营。

China’ s Paper Industry is a wholly owned subsidiary of Chengtong Holdings Group Co., Ltd. (hereinafter referred to as “China Chengtong Group”). China Chengtong Group is the only central enterprise which produces forestry-pulp-paper, develops and uses the main business and which is approved by the SASAC, and it is also one of state-owned capital operation pilots determined by the SASAC. As an operation platform of China Chengtong Group paper industry, it has four listed companies: Guanghao paper industry (SH, 600433), Yuehuabao B (SZ, 200986), YueYang forestry paper (SH, 600963) and Meiliyun (SZ, 000815). Its products include printing paper, coated white board paper, white cardboard, no-carbon carbon paper, thermo-sensitive paper, sticky label paper and many other varieties, and it ranks first in the domestic cigarette card market; it ranks first in the thermo-sensitive paper market; it ranks second in no-carbon carbon market; and it ranks first in cultural paper market. At the same time, China’ s Paper Industry not only invests into related fields of traditional pulp paper industry, it also explores, invests and operates

公司主业

林浆纸生产、开发及利用

Company’s main business
Production, development and utilization of forestry-pulp paper

总资产

逾 365 亿元

Its total assets are over 36.5 billion

当前生产能力

浆纸产能:总产能超过 350 万吨 / 年，国内自有林地：超过 200 万亩。 海外林地布局:东南亚、南美

Current production capacity
Capacity of pulp paper:35million tons per year. Domestic owned forestland: 200 million Mu. Oversea forestland layout: Southeast Asia, North America

主要成员企业

MAIN MEMBER ENTERPRISES

中国纸业
CHINA PAPER

红塔仁恒

高档涂布白卡纸 / 防伪专利产品
液体包装原纸 / 灰底涂布白纸板
High-grade coated whitcardboard/ anti-counterfeiting patent products/ Liquid packaging body paper/ duplex grey board

冠豪高新

热敏记录纸/
无碳复写纸/不干胶标签
Heat sensitive recording paper/No-carbon carbon paper/ Self-adhesive label

岳阳林纸

文化纸/包装纸/化学木浆
Cultural paper/packaging paper/chemical wood pulp

美利云

云计算 /文化纸/特种纸
Cloud computing/cultural paper/specialty paper

银河纸业

文化纸/箱纸板
Cultural paper/ cardboard paper

企业简介
Company Profile

中冶纸业银河有限公司（简称银河纸业）是中国诚通控股集团有限公司下属中国纸业投资有限公司的造纸企业之一，始建于1958年。坐落于山东省临清市，占地180公顷，拥有5280毫米、4400毫米、3200毫米、2640毫米等多种型号造纸机台，年造纸能力80万吨，年制浆能力50万吨。

产品有印刷用纸、办公用纸和包装用纸三大系列，主导产品有：高档双胶纸、高档静电复印纸、混浆双胶纸、轻型纸、银河书纸、象牙白双胶、精印书写纸和高强瓦楞原纸，以及其他特色文化印刷用纸。

面向未来，银河纸业将以市场为导向，以客户为中心，始终坚持“诚信、业绩、开放、创新”的企业核心价值观，秉承“物竞天择、适者生存、开放创新、追求卓越”的治企理念，践行“改革、挖潜、稳定、规范”经营方针，努力建设成为具有国际竞争力的现代化制浆造纸企业。

高强瓦楞原纸生产线　2640长网纸机生产线　八缸纸机生产线

帕萨班全自动切纸机　技术中心

年产20万吨高档文化纸生产线

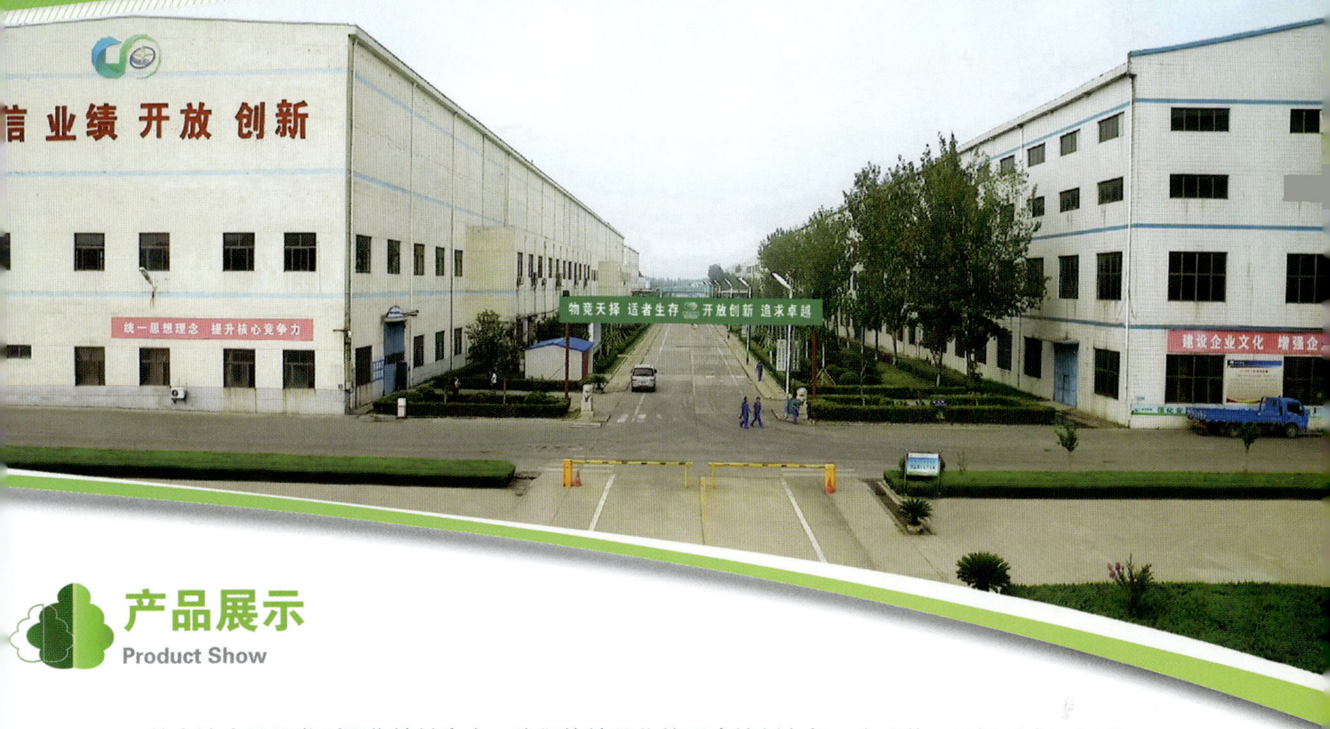

产品展示

Product Show

从专注产品研发到聚焦精益生产，我们将精品化的理念铭刻在每一个环节，不仅形成了印刷用纸、办公用纸和包装用纸三大系列产品，同时，经过不懈努力，银河纸业生产的静电复印纸、精印书写纸已成为“山东名牌”产品；精印书写纸、高强瓦楞原纸成为“中国名优产品”。

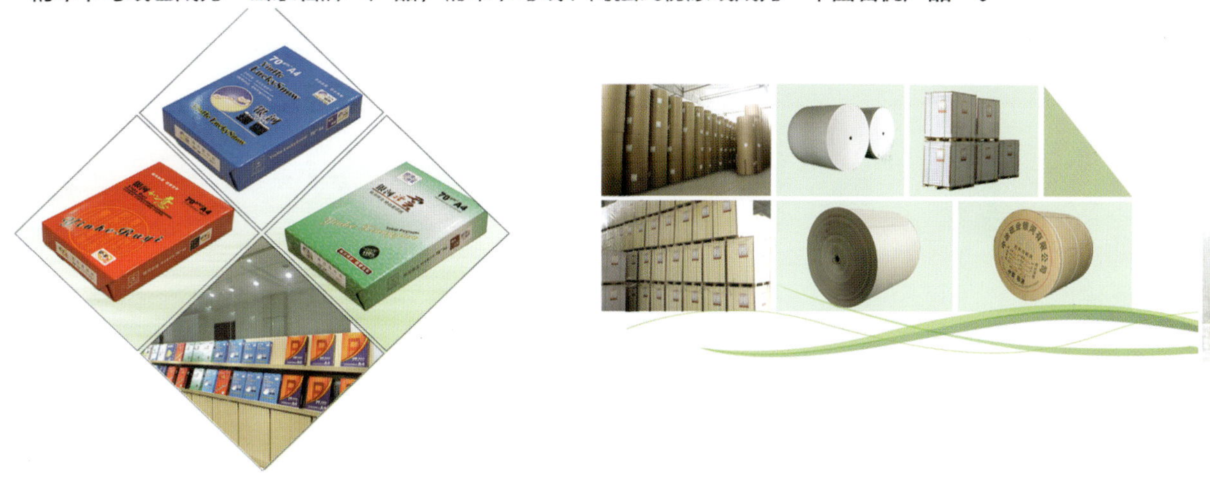

银河纸业目前拥有“银河瑞雪”“银河皓月”“银河华章”“银光”“银河祥云”“银河如意”“银河书纸”七大商标，其中“银河瑞雪”“银河皓月”和“银光”商标已跨入山东省著名商标之列。

广东冠豪高新技术股份有限公司
GUANGDONG GUANHAO HIGH-TECH CO.,LTD.

企业简介

广东冠豪高新技术股份有限公司是国家级高新技术企业，于1993年在湛江经济技术开发区成立，是国内大型热敏记录纸、无碳复写纸、不干胶标签材料、热升华转印纸生产基地。公司于2003年公开发行A股，在上海证券交易所挂牌上市，并于2009年通过非公开发行引入央企中国纸业投资有限公司控股。公司证券代码：600433，证券简称：冠豪高新。

冠豪高新下辖湛江冠豪纸业有限公司、浙江冠豪新材料有限公司、广东冠豪新港印务有限公司和珠海冠豪条码科技有限公司等多家全资（控股）子公司，并持有天津中钞纸业有限公司24.93%的股权。凭借卓越的产品品质和优良的服务，产品热销国内外。其中无碳复写纸自1996年至今被选定为增值税专用发票用纸唯一供应产品；三防特种热敏纸自2008年起被选用为中国体育彩票和中国福利彩票用纸主要供应产品；热升华转印纸国有率全国领先。

原纸生产线

立体库

不干胶生产线

10条涂布生产线

产品展示

热敏记录纸

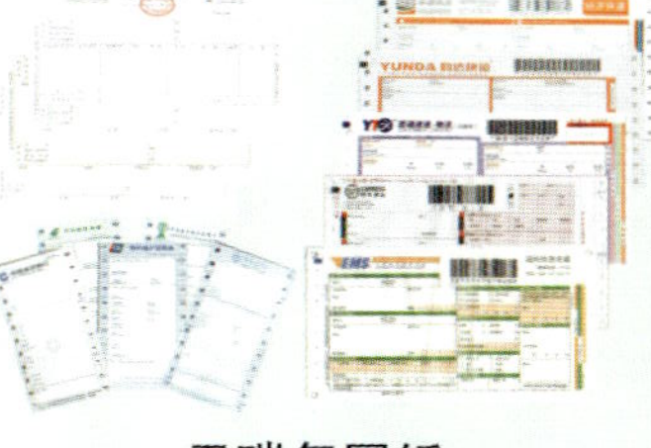
无碳复写纸

不干胶标签材料

热升华转印纸

公司拥有“冠豪”“豪正”“豪新”“豪印”牌系列产品，其中“冠豪”商标荣获“中国驰名商标”称号。公司销售网点遍及全国，产品直接销售到全国各地，产销量连年位居全国同行业前列，并远销到美洲、欧洲、澳大利亚、非洲、东南亚等地区。

中国海诚工程科技股份有限公司

CHINA HAISUM ENGINEERING CO.,LTD.

地址：上海市宝庆路21号 邮编：200031 ADD: NO.21 Baoqing Road,Shanghai,China
电话：86-21-64370093 传真：86-21-64334045 Tel: 86-21-64370093
E-mail：info@haisum.com Zip Code: 200031 E-mail: info@haisum.com
网址：www.haisum.com Fax: 86-21-64334050 Web: www.haisum.com

设计项目

UPM(常熟)有限公司(1号机，2号机，3号机)

金东纸业(江苏)有限公司(1号机，2号机，3号机)

宁波亚洲纸业有限公司年产75万吨涂布白纸板工程

制浆造纸是中国海诚最主要的工程服务领域之一，历史悠久。1953年成立的中央轻工业部基本建设局设计院（后经多次改制更名为中国海诚）是新中国成立时建立的专业设计院之一，六十多年来在国内外已完成六百多项制浆造纸工程的咨询、设计、监理、工程管理和EPC总承包项目，多年的耕耘积累了大量宝贵经验，2015年发布实施的中华人民共和国国家标准《GB51092-2015 制浆造纸厂设计规范》是由公司主持编制出版。公司在为国内外客户提供优质服务的同时，也为造纸技术更新换代、造纸企业的健康蓬勃发展做出了应有的贡献。

中国海诚拥有一支专业服务团队，涵盖制浆造纸工艺、机械管道、动力、总图、建筑、结构、电气、仪表、暖通、给排水、设备监造管理、现场施工管理、开机培训等专业，现拥有造纸行业设计大师2名，教授级高工24名，高级工程师70名，技术力量雄厚，竭诚为国内外新老客户提供项目前期咨询、设计、监理、工程管理、EPC总承包等项目全过程优质专业服务。

山东亚太森博浆纸有限公司
年产100万吨包装纸板工程项目

理文集团项目

斯道拉恩索(北海)浆纸一体化项目

海南金海纸业有限公司

总承包项目

近年来，以设计为先导的工程EPC交钥匙总承包服务成为中国海诚股份主要业务，公司先后承担了广东森叶纸业有限公司自备电站、芬欧汇川纸业（常熟）有限公司二期工程纸加工车间、越南安化年产13万吨漂白化学木浆项目、孟加拉KPM漂白车间项目、重庆理文造纸有限公司湿浆改造、江苏王子制纸有限公司年产71.4万吨漂白化学阔叶木浆生产线及其配套工程、泰国SKIC16PM项目、越南理文年产40万吨包装纸生产线项目、SCG公司越南二号机项目、广东森叶纸业有限公司一号纸机二号纸机提产改造项目、SCG公司菲律宾项目提产改造、正隆平阳造纸废水处理工程等。

泰国SCG公司越南项目

泰国SKIC16PM项目

孟加拉KPM漂白车间工程

越南理文年产40万吨包装纸生产线项目

江苏王子制纸有限公司KP项目

越南安化年产13万吨
漂白化学木浆项目

正隆平阳造纸废水处理工程

可持续发展

自1992年进入中国以来，APP（中国）将“林浆纸一体化”的先进理念成功引入中国，从生态营林到环保制浆，再到绿色造纸，已经形成了“以林养纸、以纸促林、林纸结合”的“林浆纸一体化”绿色大循环。

APP（中国）重视企业可持续发展管理，从战略层面到执行层面全面契合可持续发展理念，通过保障利益相关方的有效参与，不断优化自身运营与管理，致力于实现企业与利益相关方在经济、社会及环境方面的共同发展，助力造纸工业朝着低耗、环保、高效的现代化大工业方向不断前进。

www.app.com.cn

林·浆·纸
一体化

金光集团APP(中国)

APP

纸浆事业部

APP（中国）纸浆事业部，主要下辖海南金海浆纸业有限公司以及广西金桂浆纸业有限公司。

海南金海，作为目前中国最大的纸浆厂之一，年产100万吨漂白硫酸盐桉木浆，旗下“龙头”牌产品，适用性广，可广泛应用于文化纸、卫生纸及纸板面浆多种领域。广西金桂则是目前国内最大的桉木化机浆生产企业之一，其生产的“金钱豹”桉木化机浆具备松厚度高、不透明度高的特性，可用于多种纸和纸板的抄造。

APP（中国）纸浆事业部始终坚持“绿色制浆，保护环境”的理念，在采购设备、供应商选择时就已经充分考量环境保护要求，同时已建成整套清洁生产体系，确保在生产过程中提高资源利用率，降低污染物产生，充分体现循环经济的价值。

www.app.com.cn

金光集团APP（中国）

APP

工业用纸事业部

工业用纸包括用来制造纸箱、纸盒、纸杯、纸盘需要再经加工的纸张或纸板。

APP（中国）工业用纸事业部，主要下辖三大工厂：宁波亚洲浆纸业有限公司、宁波中华纸业有限公司及广西金桂浆纸业有限公司，主要产品包括可用于食品、药品、化妆品、香烟等各类产品包装的高档涂布白卡纸，以及铜版卡纸、白纸板、扑克牌专用纸等，主要品牌包括知名的“金贝”“金鸥”“彩蝶”等。

鉴于优异的工艺和精良的技术，APP（中国）工业用纸旗下产品品牌获得过多个奖项和认证：宁波中华的“金鸥”多次被评为浙江省著名商标；“金贝”单面涂布灰底白纸板曾获得国家质量金奖，双面涂布铜版卡纸曾被评定为国家级重点新产品。宁波亚浆的扑克牌产品系列中的蓝芯扑克牌纸获国家专利，白纸板系列产品通过中国环境标志II型产品认证。

www.app.com.cn

金光集团APP（中国）

打造可持续发展
受人尊重的全球卓越企业

山东太阳纸业股份有限公司（股票代码：002078）创立于1982年，是中国造纸行业领军企业，世界造纸前40强，2006年在深交所成功上市。集团年浆纸产能750多万吨，主要经济效益指标在全国同行业连续多年保持领先地位。

公司现拥有全球先进的制浆造纸生产线，产品逐渐形成了以高档涂布包装纸板、高档美术铜版纸、高档文化办公用纸、特种纤维溶解浆、生活用纸、高档工业包装用纸为主导的六大系列产品结构。拥有金太阳、华夏太阳、天阳、威尔、乐考、酷印、幸福阳光等主要品牌。

身处新时代，站在新形势下。太阳纸业始终保持坚如磐石的战略定力，新旧动能转换、产业结构调整形成新格局，新技术、新产品、新业态竞相争艳，发展质量和效益同比大幅增长，开创了生产经营新局面。全球首创溶解浆连续蒸煮技术；从水解液中提取出木糖、木糖醇，填补了世界空白；成功研发出世界上第一张不添加任何功能性化学药品的“无添加”系列生活用纸。幸福阳光生活用纸，被“复兴号”高铁确定为专用纸巾；29号机生产的轻型纸，成功被选定为中共十九大会议文件专用纸；“金太阳”品牌美术纯质纸，被中央党校出版的《习近平的七年知青岁月》成功采用；水解液木糖研发被列入国家“十三五”科技支撑计划。

在这急速发展的新时代，公司始终恪守“承载万家信任，书写幸福太阳”的企业使命，胸怀以天下为已任的强烈社会责任感，得到员工、客户、社会与股东的充分信任，奋力创造出无愧于历史、无愧于时代的新业绩，持续创造价值，提升价值。

面向未来，太阳纸业正在进行着新一轮的快速发展，公司将继续秉持“崇信尚新，守正出奇”的企业精神，坚守“信于心，创于行”的核心价值观，全力提升管理水平，持续推进新旧动能转换，不断加快转型升级，努力把太阳纸业打造成可持续发展、受人尊重的全球卓越企业！

太陽之信

CREDIT OF SUN PAPER

太陽紙業企業文化

Sun Paper Corporate Culture

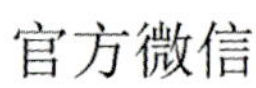
官方微信

官方微博

幸福阳光微信

世界先进的造纸生产线

高档生活用纸生产线

老挝林地

国家级企业技术中心

国际先进的水处理中心

幸福阳光®

SUN PLUS
PANAMA

亚太森博（山东）浆纸有限公司
ASIA SYMBOL (SHANDONG) PULP AND PAPER CO., LTD.

纸板产品

公司烟包专用白卡纸板、药品包装用纸板、社会类包装用纸板等包装纸板选用自产优质木浆，有面、芯、底三层纤维机构，采用正面两道或三道涂布后，背面一道涂布或施胶的工艺。成纸具有优异的挺度、层间结合强度和耐折度，韧性好，折合性能佳。纸面平整性良好、油墨吸收均匀。

公司食品级包装纸板采用100%原生木浆制造，不添加荧光增白剂，符合中国、美国FDA、欧洲ISEGA的要求。

烟包专用白卡纸板系列

高档涂布白卡纸（低白烟卡）
高档涂布白卡纸（白芯）

本产品不添加荧光增白剂，VOC含量符合烟草行业标准。

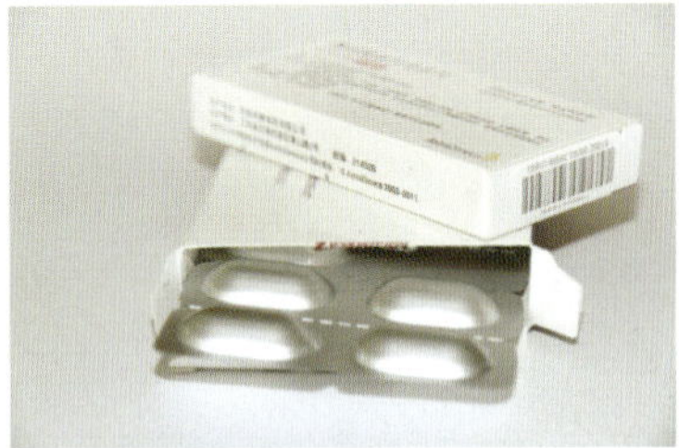

药品包装用纸板系列

药品包装专用白卡纸（黄芯GC1）
药品包装专用白卡纸（黄芯GC2）
药品包装专用涂布牛卡纸（黄芯GC4）
药品包装专用白卡纸（防伪）
药品包装专用白卡纸（激光打码）

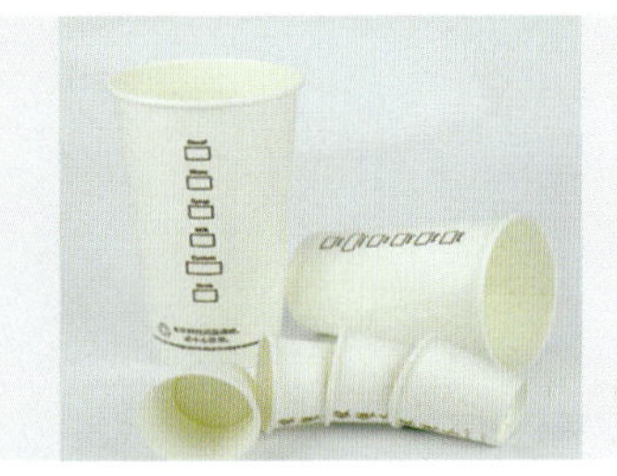

纸杯、面碗专用纸板系列

高档纸杯原纸（黄芯）
高档纸杯原纸（白芯）
高档面碗原纸
高档餐盒原纸

本产品挺度好、白度高、尘埃少、制杯得率高。该产品在高速纸杯机上有良好的运行效果。

社会类包装用纸板系列

高档涂布白卡纸（黄芯GC1）
高档涂布白卡纸（黄芯GC2）
高档涂布牛卡纸（黄芯GC4）
高松厚涂布白卡纸（黄芯GC1）
高松厚涂布白卡纸（黄芯GC2）
高档高白涂布白卡纸（白芯）
高档高白涂布白卡纸（黄芯GC1）
黄底超高松厚涂布白卡纸（黄芯GC2）

本产品适用于各类表面整饰加工工艺，如磨光、UV、覆膜、磨砂起皱等，广泛用于化妆品、电子产品、药品、手提袋、封面等高档包装、印刷领域。

液体包装纸板系列

白底（无菌）液体包装纸板
本色（无菌）液体包装纸板
白底（屋顶型）液体包装纸板（黄芯）
白底（屋顶型）液体包装纸板（白芯）
本色（屋顶型）液体包装纸板

本品采用的涂布、施胶工艺，保证产品不仅有良好的印刷适性，还具有良好的防水、抗水效果。本品与PE结合良好，淋膜复合后产品具有不易剥离、不易分层，牢度强，挺度好等特点。本产品作为高级别的食品级包装用纸，可被加工成鲜奶、无菌奶、酸奶、非碳酸饮料的包装纸杯、纸盒。

食品包装用纸板系列

食品级涂布白卡纸（黄芯）
食品级涂布白卡纸（白芯）
食品级涂布牛卡纸
食品级未涂布牛卡纸
高松厚食品级涂布白卡纸
食品级（防油）涂布白卡纸
食品级（冷冻食品包装）涂布纸板
杯碗围标专用卡纸
杯碗围标专用涂布牛卡纸

本产品正面采用全新的涂布工艺，产品表面平滑，网店转移还原效果好，印刷成品色彩鲜艳，层次丰富，图像清晰。本品适合于淋膜复合、模切、压痕等多种包装纸工艺要求，可加工成多种食品的包装容器，如汉堡、饼干盒、冷冻食品盒等。

木浆产品

产品中文名称	外包装产品标识	木片配比
森博相思浆	森博相思	100% 相思木
森博纯桉木浆	森博纯桉	100% 桉木
森博桉木浆	森博桉木	50%桉木+50%相思木

森博浆应用于生活用纸上的优势

- 多种不同纤维特性的优质浆供满足不同需求
- 桉木浆的浆综合了相思木和桉木纤维的优点
  - —— 较高的平滑度和柔软度（手感）
  - —— 较高的起包率（松厚度）
- 相思和桉木浆均有较高的不透明度，从而赋予产品较好的质感
- 快速与稳定的供货
  - —— 降低库存减少资金占用、减少采购期货风险

为什么要选择我们

● 完善的配套服务

—专业和高效的销售团队。我们以客户至上为原则，提供优质产品的同时为客户提供周到、细致、及时的售前、售中和售后服务。

—完善的物流服务，借助公司的区位优势，为客户提供及时的供货服务，有效节省客户采购成本和库存资金占用。

● 增值的技术服务

—为客户提供全方位的技术服务和支持。深入了解客户的状况及需求；开展技术交流与合作，帮助客户更好地利用产品的特点及优势；为客户的工艺优化、降低成本及产品质量提升提供技术支持。

—作为客户与工厂间的沟通窗口。妥善处理客户反馈信息和投诉；及时反馈客户信息；推动持续改善，不断提高客户的满意度。

—与其他供应商、院校和第三方机构合作，为客户提供更深、更广的技术服务。

● 先进的分析仪器

—亚太森博的实验室配备有先进的纸浆、纸张、化工原料和水质等样品的检测、分析的仪器，我们可以帮助客户进行样品检测及分析，提供超值的技术服务。

根据市场变化快速调整策略，最大限度为客户采购降低风险。

山东·高唐光明东路15号
电话：0635-3961106
网址：www,tranlin.cn

尊重客户 尊崇自然

为客户提供全方位绿色解决方案

大河纸业有限公司系河南投资集团有限公司全资子公司，注册资本10.5亿元，资产规模70亿元，控股濮阳龙丰纸业有限公司、驻马店市白云纸业有限公司、焦作瑞丰纸业有限公司、周口大河林业有限公司、大河纸业（香港）有限公司5家企业。

河南投资集团有限公司是经营省政府授权范围内国有资产的国有独资公司，总资产1400亿元，投资领域涉及金融、能源、大数据、现代服务等多个产业，参控股中原证券、豫能控股、同力水泥、安彩高科、中原银行、郑州银行、中航光电7家上市公司。

大河纸业有限公司主要按照投资集团精细化、专业化的要求，专业经营林、纸、浆、板业务。公司文化纸年产能62万吨，湿浆和浆板产能39万吨，中高密度纤维板产能22万米^3，拥有林地1.67万公顷，是河南省首批林浆纸一体化示范企业。拥有“云视界”“云时代”“纸立方”“丰赢”“丰朵”“云之彩”“云之盈”“大河天”等多个知名品牌。

权威认证

FSC

CFCC
CFCC11000502

PEFC
PEFC/01-44-56

CQM
ISO9001

CQM
ISO14001

CQM
OHSAS18001

SGS

旗下品牌

云视界
YUNSHIJIE

云时代
YUNSHIDAI

不止加倍·只有更加

FONWIN
丰赢

丰朵

云之彩
YUNZHICAI

云之盈
YUNZHIYING

云之恒
YUNZHIHENG

新亚集团董事长 **宋敬志**

公司简介

INTRODUCTION

新乡新亚纸业集团股份有限公司是以制浆造纸为主，集热电联产、医药化工、物流商贸、机械制造、林基地开发、环保综合治理于一体的股份制企业集团。河南省产能规模最大的制浆造纸企业、河南省百户重点企业、河南省转型升级试点企业、综合效益先进企业、河南省优秀民营企业、河南省农业、林业产业化重点龙头企业、通过河南省“农业产业化集群”认定、中国企业改革示范单位、中国制浆造纸研究院试验基地、全国制浆造纸企业排名前第20位、新乡市利税大户、新乡市重点保护企业、新乡县域经济支柱企业。

新亚集团公司占地175公顷，下设18个生产单位与子公司，拥有各种型号的造纸生产线23条，总资产60亿元，现有员工3800多名，年制浆能力40万吨，造纸生产能力80万吨。

公司的主营产品为包装用纸、文化用纸、生活用纸三大系列。主要品种有：涂布白卡纸、食品液包纸、瓦楞原纸、箱纸板、胶版印刷纸、静电复印纸、电脑打印纸、双面书写纸、中高档生活用纸。“新亚”“新辉煌”“新锦绣”等系列品牌荣获河南省十大驰名品牌、著名商标。

企业生产通过了国家ISO 9001质量体系认证和ISO 14001环境体系认证。成为中国质量管理达标企业；中国AAA级信用等级企业。产品供应河南省出版集团旗下的大象出版社、河南科技出版社、海燕出版社；陕西出版集团、四川出版集团、安徽教育出版社，北京人文出版社、北京教育出版社、广东省印刷物资公司，呈产销两旺的好势头。

公司拥有两个省级技术中心—河南省省级企业技术中心和河南省造纸污染治理工程技术研究中心，拥有30多名由知名专家、工程师和技术骨干组成的研发队伍。与中国制浆造纸研究院及陕西科技大学、华南理工大学制浆造纸国家重点实验室强强联合，实施产、学、研结合，打造了一支科研队伍和职工技术队伍。近年来，在制浆造纸工艺、资源循环利用、环保综合治理等领域取得科技成果20余项，其中麦草半化学浆黑液碱回收技术荣获全国节能减排技术二等奖。

公司累计投资近5亿元，建立了完善的污染物治理和资源循环利用工程，成为河南省造纸行业的典范和标杆。分别获得河南省污染防治优秀企业；新乡市环保十大诚信企业；全国首届践行生态文明优秀示范企业和河南省科技环保优秀企业等荣誉称号。

25万吨白卡纸生产线

10万吨高档文化用纸生产线

高强瓦楞原纸生产线

13.5万吨中段水处理系统

12万吨杨木化机浆车间一角

河北省保定市东方造纸有限公司成立于1996年，2009年成功登陆美国纽交所，是集研发、生产、销售为一体的专业制造包装纸、文化用纸、生活用纸的企业。公司上市以来，不断开拓进取 ，取得了骄人的业绩。

公司产品种类主要包括瓦楞原纸、箱纸板、中高档胶版纸、防伪纸和生活用纸，公司产品符合未来市场发展趋势。

经过多年的经营，公司已经形成稳定的销售渠道，产品畅销全国多个省市，并远销南美、南亚和北非等多个国家和地区。

废水处理厂

展望未来，公司将本着“开拓、创新、超越、领先”的奋斗目标继续前行，厉兵秣马，再创佳绩。

河北省保定市东方造纸有限公司

地址：河北省保定市徐水区巨力路

电话：0312-8698215

传真：0312-8698212

电邮：info@orientpaperinc.com

网址：www.orientpaperinc.com

浆纸一体化解决方案服务商

汶瑞机械（山东）有限公司现服务全球 1000 余家造纸企业。各类洗浆设备国内市场占有率 90% 以上。产品出口到加拿大、美国、印度、印尼、俄罗斯、泰国、缅甸、越南、巴西、孟加拉、巴基斯坦等国家。

公司于 1999 年在行业内率先通过了 ISO9001 质量体系认证，2012 年通过了美国地区压力容器制造 ASME “U” 钢印认证。

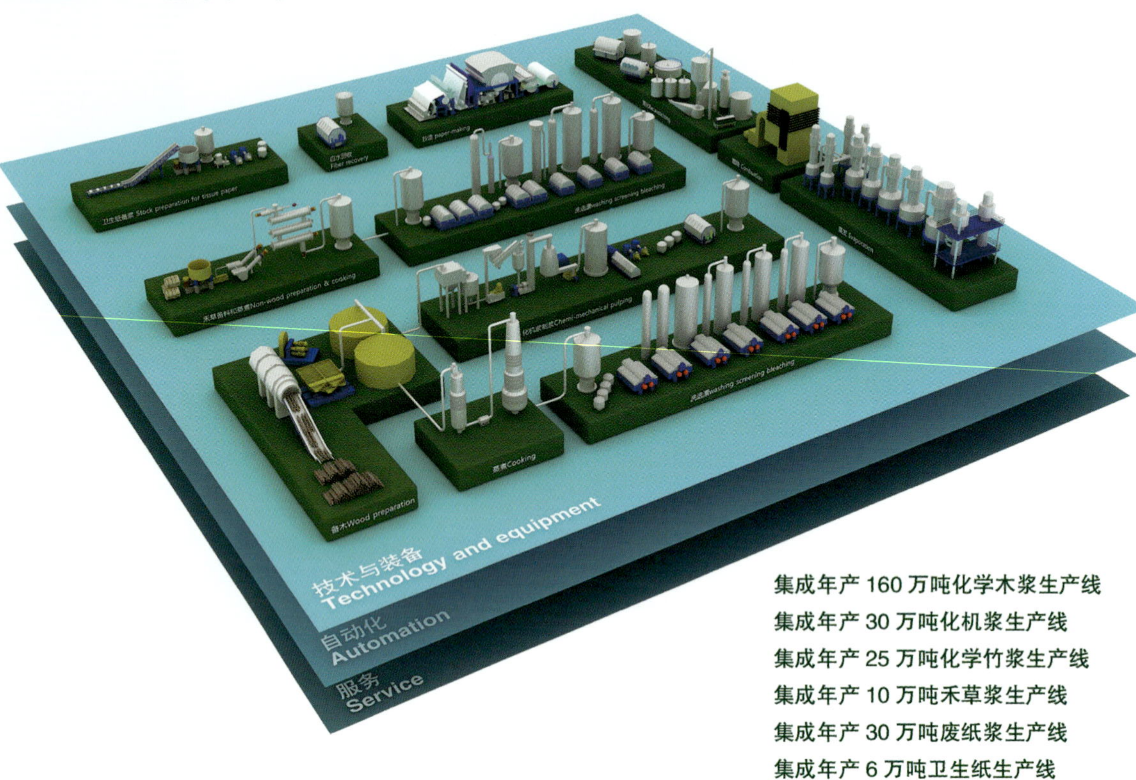

集成年产 160 万吨化学木浆生产线

集成年产 30 万吨化机浆生产线

集成年产 25 万吨化学竹浆生产线

集成年产 10 万吨禾草浆生产线

集成年产 30 万吨废纸浆生产线

集成年产 6 万吨卫生纸生产线

单螺旋挤浆机
印尼PERAWANG浆厂

BPG3706白泥盘式过滤机
山东太阳纸业

鼓式真空洗浆机
四川宜宾纸业

管式降膜蒸发器
加拿大HSPP浆厂

汶瑞机械(山东)有限公司

地址：山东安丘市潍徐南路287号 营销热线：+86 (536) 4362288 / 4372632 技术热线：+86 (536) 4933616
客服热线：400-6583158 传真：+86 (536) 4362807 网站：www.wenrui.com.cn 邮箱：info@wenrui.com.cn

汶瑞为OKI纸浆厂提供全球较大的SJA2284双辊挤浆机18台，单机日产4500吨

印尼PARAWANG浆厂

金东SW635 双网挤浆机
日产 350吨，出料干度 45%

荣成DPL5209型无网袋多盘过滤机
白水处理量16000升/分，超清滤液澄清度40毫克/升

汶瑞为OKI纸浆厂提供白液压力盘式过滤机4台，
单机日处理量6000米^3/天（白液）

巴西（JARI CELULOSE）浆厂

WENRUI MACHINERY (SHANDONG) CO., LTD.

Address：No.287 South Weixu Road, Anqiu 262100 Shandong, China　Fax：+86-536-4362807　Sales Hotline：+86-536-4362288/4372632
Technology Hotline：+86-536-4933616　Service Hotline：4006583158　Web：www.wenrui.com.cn　E-mail：info@wenrui.com.cn

北京巨鑫华瑞工贸有限公司

BEIJING JUXINHUARUI INDUSTRY AND TRADE CO., LTD

北京巨鑫华瑞工贸有限公司（原北京巨鑫华瑞纸业机械制造厂），为中国防伪行业协会团体会员、理事单位，中国造纸学会特种纸专业委员会会员单位。

本公司经过近二十年的发展，积累了多年生产经验，生产出各种规格直径的产品，可根据客户的不同需要量身订做，从Φ500~Φ2000毫米，辊面宽可达8000毫米的饰面辊，本产品应用于：特种纸、文化纸、高强瓦楞原纸、箱纸板、黑白水印防伪纸等（定量17~400克/米^2）。适应于车速700米/分以下。自主研发设计及制造的中、高频摇振器，适用于中、高车速长网纸机及叠网纸机网部的胸辊摇振专用设备。并在造纸行业广泛应用并取得了很好的效果，为客户大幅度提高了纸张的质量，受到了新老客户的一致好评。

主要生产造纸用饰面辊（防伪水印辊），中、高频摇振器，不锈钢网，进口造纸用消泡剂。

JX-600无后座力高频摇振器

适应车速：500米/分以上
振次：0～600次/分；可以无级调整
振幅：0～25毫米；可以无级调整

JX-300偏心轴式中频摇振器

适应车速：500米/分以下
振次：0～300次/分；可以无级调整
振幅：0～18毫米；可以无级调整

公司地址：北京市通州区马驹桥镇联东U谷工业区北一区4号
生产地址：河北省河间市时村工业区
电话：0317-3670770　13910792319　13911513487
传真：0317-3670773　E-mail：juxinhuarui@.com
网址：juxinhuarui.1688.com

四川环龙技术织物有限公司
上海金熊造纸网毯有限公司

——造纸毛毯新技术为主流造纸机提高运行效率创造新价值

四川环龙技术织物有限公司，隶属于环龙集团，是造纸网毯集研发、生产与销售为一体的专业服务商；拥有“GOBEAR”“环龙”等两个造纸毛毯知名品牌；是国家级高新技术企业，并通过了ISO 9001: 2008国际质量体系认证，拥有50多项发明与实用新型专利技术，公司按照“标准化、专业化、数据化”的国际服务标准，为用户提供品质卓越、稳定高效、服务专业、节能环保的造纸毛毯。公司致力于做世界领先的造纸毛毯服务商，以第四代造纸毛毯创新技术为主流造纸机提高运行效率创造新价值。

用心把控生产环节

24小时技术支持

四川环龙技术织物有限公司
地址：四川省成都市温江区海峡两岸产业开发园新华大道二段519号
电话：028-82782930 82782637　传真：028-82782615　邮编：611130
上海金熊造纸网毯有限公司
地址：上海市金山区枫泾镇兴塔建安路78号2栋
电话：021-67361070 67361071　传真：021-67361071　邮编：201502
公司网址：http://vanov.web3.cdhf.cn/
公司邮箱：trade@vanov.cn
公众微信号：hljszw2015

斜织毛毯系列
产品适用范围：所有包装纸/文化纸
产品适应车速：500~1400米/分
斜织毛毯是针对中、高车速包装纸/文化纸机所研发
真空压榨、大辊径压榨、靴式压榨、复合压榨
毛毯特点：
多层基网之间MD与MD/CD与CD均存在角度，防止压实、嵌入
脱水结构稳定性优异
通过使用斜织毛毯，将会给纸机运行带来效益：
优异的上机适应性
优异的毛毯厚度保持能力
稳定的毛毯容水空间
持续、稳定的毛毯脱水能力
延长毛毯使用寿命高性价比、降低吨纸消耗

接缝毛毯系列
产品适用范围：包装纸、文化用纸及浆板
产品适应车速：1200 米/分以内
通过使用接缝类型的产品，你将得到以下效益：
A安全
接缝毛毯采用机上接缝装置
无须移动任何纸机辊子及固定支撑装置
免去了常规换毯存在的安全隐患
优于环形毛毯的易清洁性
脱水结构稳定、延长使用寿命
B高效
毛毯的更换时间可以控制在2小时以内，优于常规4~6小时
节约劳动力
快速达到正常运行状态
高性价比、降低吨纸消耗

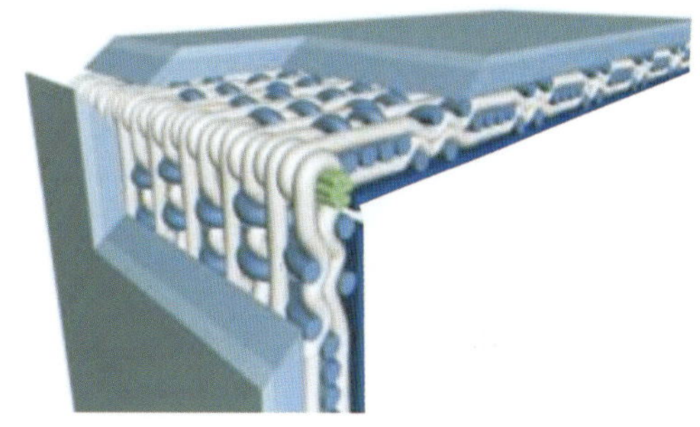

无交织基网毛毯系列
产品适应范围：所有纸种
产品适应车速：1600 米/分
无交织基网造纸毛毯是最新一代的造纸毛毯，核心的无交织基网结构取代常规的织造基网
无交织基网造纸毛毯具有以下特点：
A 高弹性
B 高表面平整性
C 高密度
D 高厚度保持能力
通过使用无交织基网毛毯，将带来效益：
A 更好的初期适应性
B 更低的真空系统能耗
C 更高的纸幅干度
D 更稳定的纸机运行性能
E 超平整表面
F 高性价比、降低吨纸消耗

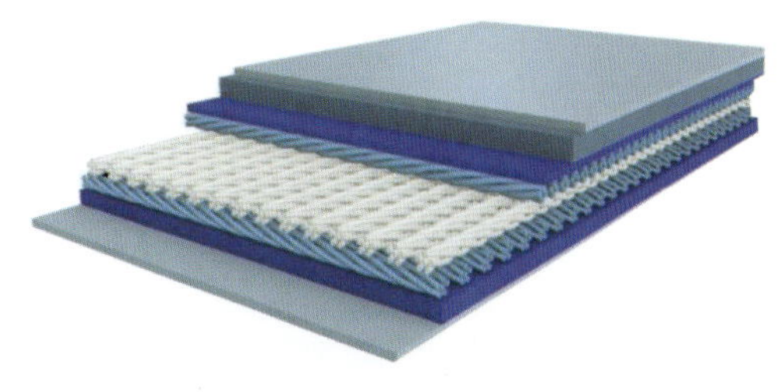

安徽太平洋特种网业有限公司

优势一

使用单丝均进口自德国高品质 NEXTRUSION 抗水解单丝，确保每一条网的材质均属于世界先进水平。

国际先进水平的生产设备

- 拥有德国 JUERGENS JR-2000 系列、JR-1F 系列织机 4 台，瑞典 TEXO 公司 FORMSTAR 及 TCX1115 系列织机 3 台。
- 拥有德国 JAGER 公司油热定型机 1 台，热风定型机 1 台，红外热辐射定型机 5 台。
- 拥有奥地利 WIS 公司 SC-5 型全自动插接机 3 台，自主研发国内领先的半自动插接机 20 台。
- 各种辅助设备、进口检测仪器、在线检测设备一应俱全。

SC-5 型全自动插接机

TEXO TCX1115 三经轴重型织机

德国 JAGER 油热定型机

联系人：刘可可 手机：18955867218 13966595152 电话：0558-8639313 传真：0558-8655653
网址：http://www.0558tpy.com 邮箱：pmc@0558tpy.com 厂址：安徽省太和县城关镇工业园

安徽太平洋特种网业有限公司

优势三 高强扁丝干网，国内领先。

十项产品技术创新

六项发明专利

〓 真正的高强品质！

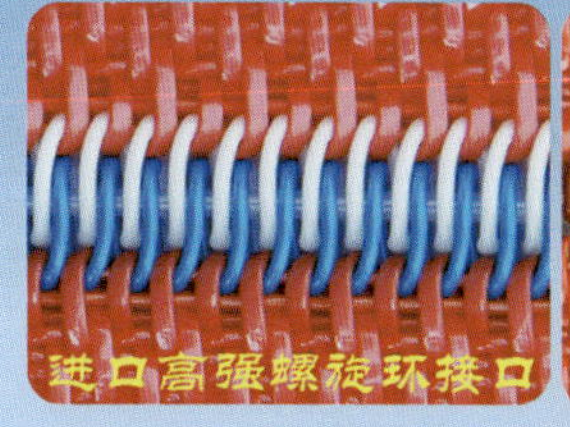

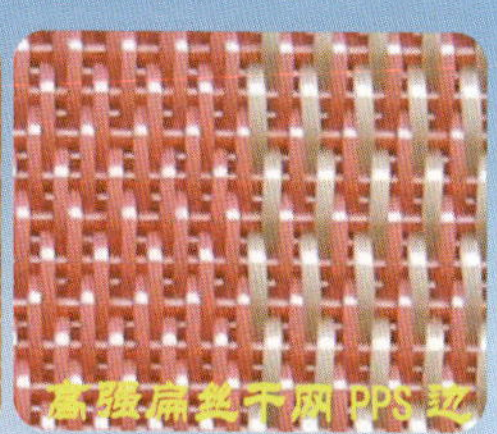

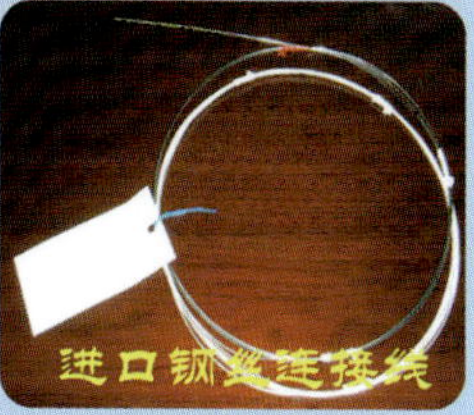

不断创新优化的二层半、三层、SSB 三层成形网使用更稳定。

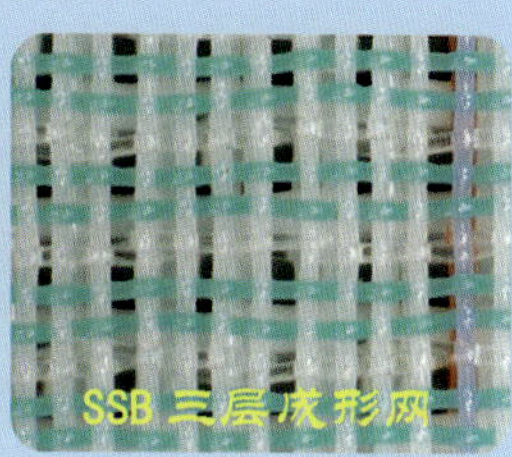

优势五 国内知名大客户

公司重要优质客户

新闻纸	华泰纸业、晨鸣纸业
特种纸	江河纸业、仙鹤纸业
包装纸	荣成纸业、联盛纸业
浆板网	安徽华泰、广西金桂

追求卓越 永无止境！

联系人：刘可可 手机：18955867218 13966595152 电话：0558-8639313 传真：0558-8655653
网址：http://www.0558tpy.com 邮箱：pmc@0558tpy.com 厂址：安徽省太和县城关镇工业园

江苏金呢工程织物股份有限公司

Jiangsu Jinni Engineered Fabric Co.,Ltd

通过ISO9001国际质量体系认证

江苏金呢工程织物股份有限公司是目前在国内一家集造纸成形网、造纸毛毯及造纸干网为一体的国家级高新技术企业，行业标准的主要起草者，拥有国家级博士后科研工作站，获得中国专利优秀企业和国际发明展览会金奖的企业。从1986年创立至今一直致力于造纸成形网、造纸干网、造纸毛毯的研发和制造。高速造纸网毯的关键生产设备和应用技术在行业中位列领先水平。金呢股份凭借其扎实的研发、优质的产品、先进的管理及全面的服务在同行业内成为标志性品牌。

该公司2015年4月在全国中小企业股份转让系统成功挂牌新三板。公司以“团结拼搏、仁爱奉献、开拓创新、敢为天下”的精神让客户满意，让股东放心、让员工开心。金呢股份专业化发展模式，始终坚持以市场为导向，以技术创新为主导，坚持不懈地建立自主品牌的品牌战略方针，市场机遇催生了企业，企业引领市场的发展，随着公司产品技术的领先，欧美日等国家的制造商已把我们视为在中国市场的主要标准化技术制造商。

金呢股份始终坚持自主知识产权作为企业发展的战略目标之一，目前已取得国家授权专利52项、拥有江苏省著名商标，先后成立了省级工程研究中心、省级企业技术中心，该研究/技术中心是国内目前造纸用脱水器材行业唯一的省级研究/技术中心，该中心的成立对推动国内造纸用脱水器材行业的发展具有重要的意义。金呢股份凭着先进的技术理念共主导和参与制定了5项国家标准和4项行业标准。

金呢股份售前、售中、售后全方位一体化的技术营销服务模式和定制化的研发、生产、营销管理模式积极配合客户进行产品现场装配和调试，并定期进行客户拜访，不断提升售后服务质量。

金呢股份将一如既往坚持改良与创新，在今后的研发过程中不断丰富经验，力争把每个高端品质的产品交到客户手中。

感谢大家多年来对金呢股份的支持与厚爱！

地址：江苏省海门市悦来镇三条桥153号
邮编：226132
电话：0513-82182619
传真：0513-82181100
网址：www.jsjinni.cn

广西博世科环保科技股份有限公司

拥有核心技术的综合环境服务提供商

博世科环保（股票代码：300422）成立于1999年，总部设在广西南宁，并在国内外设有多家子公司及服务机构。公司是国家技术创新示范企业、国家科技部火炬计划重点高新技术企业、中国环境保护产业协会骨干企业及全国环保优秀品牌企业，检测中心通过国家CNAS认可及CMA资质认定，并拥有博士后科研工作站、院士工作站等科研平台。业务领域重点为工业治污、城乡环境、生态修复、固废处置与新能源开发、环境服务业等。

大型二氧化氯制备系统集成供应商　造纸环保治理整体解决方案提供商

高浓度、难降解废水治理

作为国内领先的水污染治理专家，博世科一直致力于为客户提供先进的水处理技术和最优的水处理整体解决方案，构建了厌氧-好氧-芬顿-砂滤等废水处理技术集成路线。多年来公司先后为400余家企业提供技术和装备应用，该技术集成荣获2016年国家科技进步二等奖等奖项。

技术创新点

- 上流式多级厌氧—异相催化氧化高效废水处理技术体系的核心设备开发
- 基于微生物过程强化的高效厌氧菌富集培养及污泥颗粒化加速技术
- 基于自由基缓释和固相催化的高效异相催化氧化技术
- 创新集成废水资源化利用及超低排放技术体系

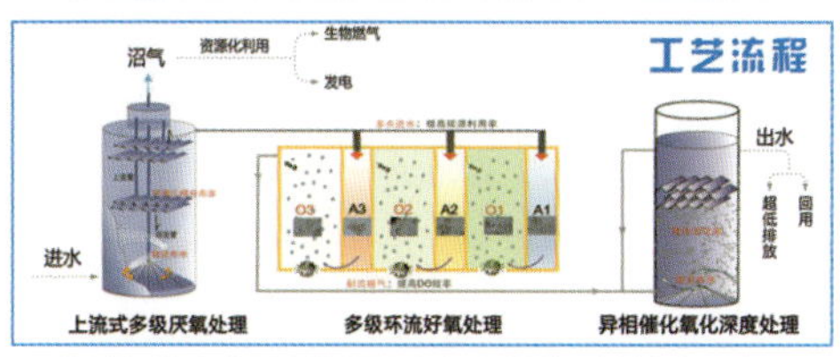

造纸与发酵典型水资源化和超低排放关键技术及应用
荣获2016年国家科技进步二等奖等奖项

清洁生产技术与装备解决方案

- 博世科采用清洁生产技术，从源头上削减、遏制污染物的产生
- 我国完全自主设计制造的纸浆漂白综合法二氧化氯装置
- 开创国产二氧化氯制备装置单套产能新记录
- 打破国外企业技术垄断
- 我国二氧化氯制备行业发展上的里程碑

博世科同时掌握三种主要二氧化氯生产技术的团队。产品已成功应用于世界五百强、全球纸业前二强的APP金光集团印尼Lontar、IKPP浆厂、海南金海浆纸业有限公司等近20家企业。本项目技术彻底打破瑞典EKA、加拿大Chemetics、加拿大ERCO公司近30年的技术垄断。

技术创新点

- 组合还原法二氧化氯制备技术
- 双氧水法高纯度低酸度二氧化氯制备技术
- 综合法二氧化氯制备技术
- 多重强化无元素氯漂白技术

微信公众号

联系电话：0771-3220251
公司网址：www.bossco.cc
公司总部地址：广西南宁市高新区科兴路12号

图解

中华纸业杂志社

中华纸业传媒　浆纸技术

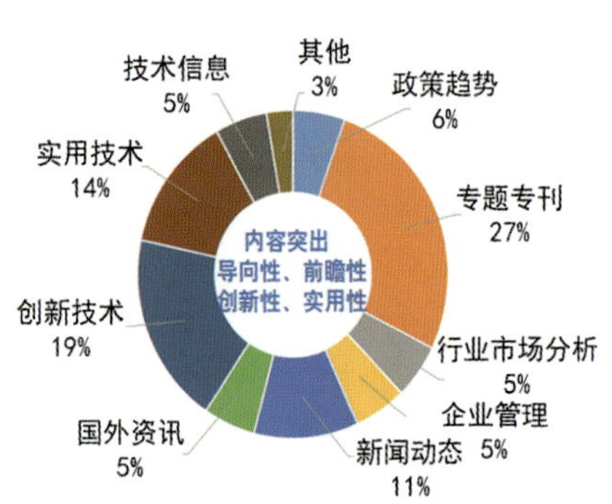

《中华纸业》内容丰富

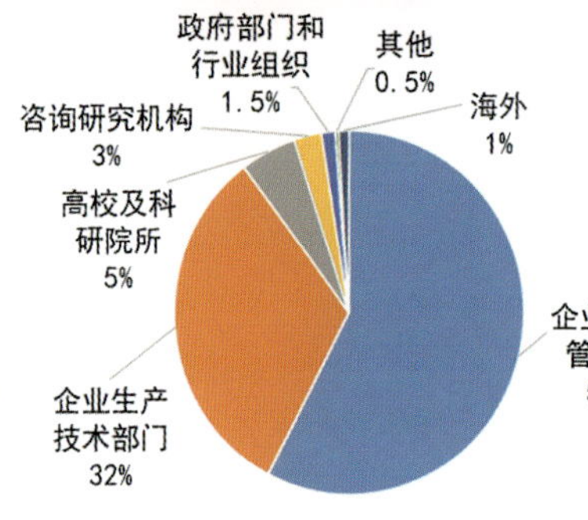

《中华纸业》读者广泛

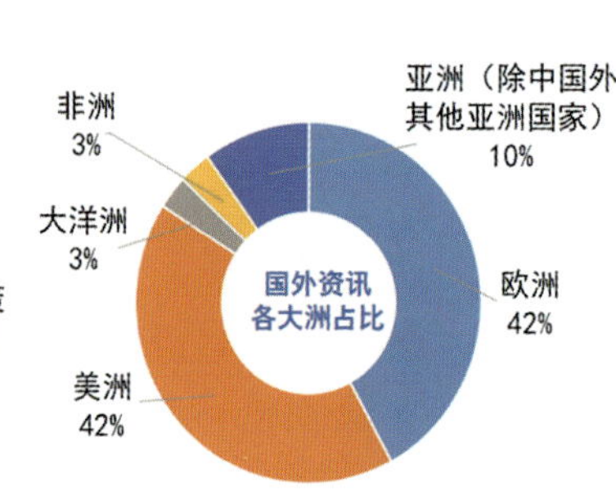

关注全球纸业正在发生的大事记

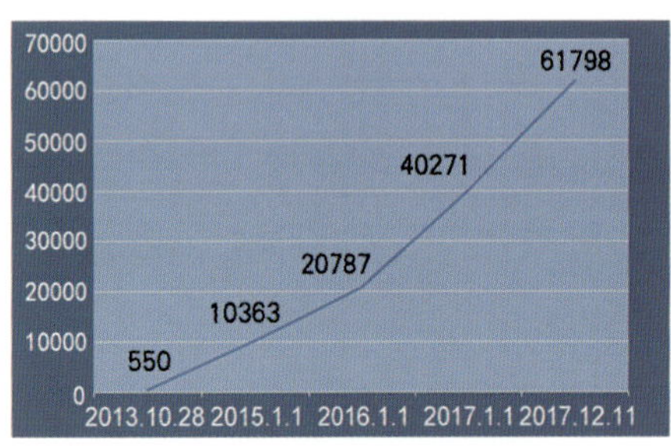

中华纸业新媒体发展迅速

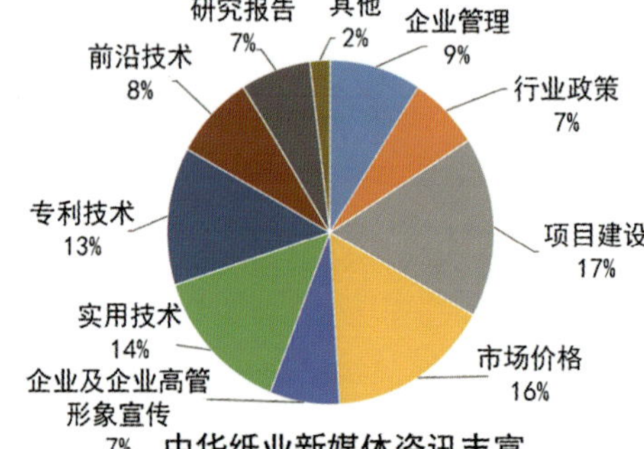

中华纸业新媒体资讯丰富

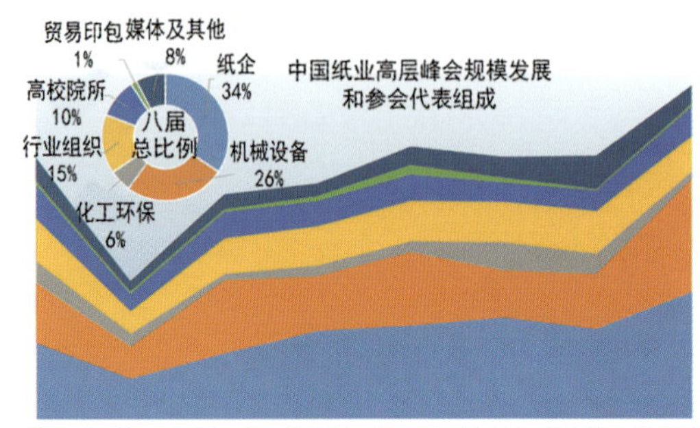

定位高端洞察趋势　高层峰会规模和影响力逐年提升

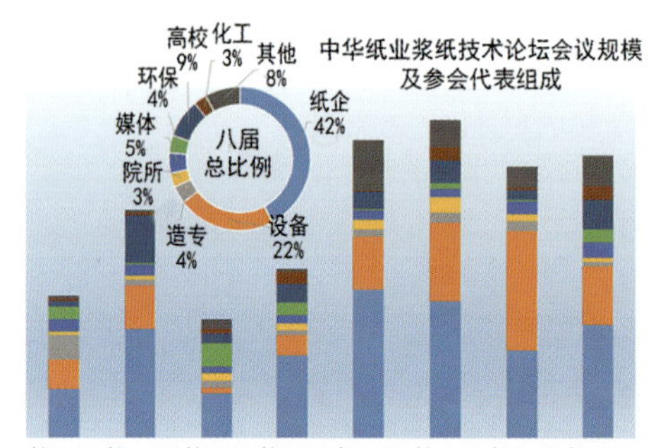

规范、专业、权威的纸业技术交流盛会

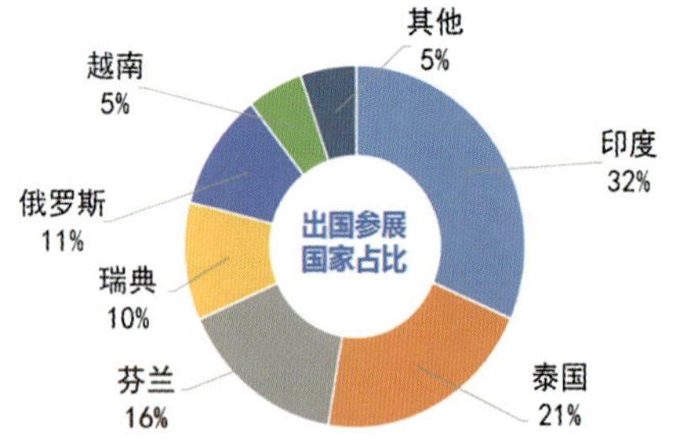

中国制浆造纸装备国家展团
走出国门　走出精彩

传统媒体与新媒体多角度宣传，
成为企业选择的方向

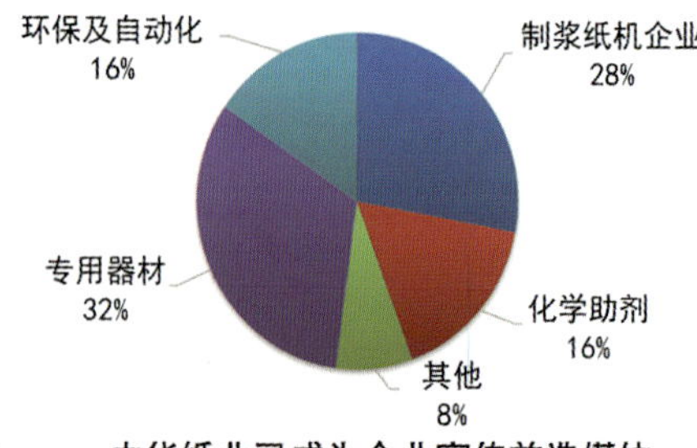

中华纸业已成为企业宣传首选媒体

敬请关注中华纸业，欢迎投稿，欢迎刊登广告！

CPPI 中华纸业 China Pulp & Paper Industry
中国造纸协会会刊
采编部：电话：0531-88935343　传真：0531-88926310　Email：cbb@cppi.cn　QQ：2994959500
市场运营部：电话：0531-88522949　传真：0531-88926310　Email：adv@cppi.cn　QQ：609352141/940438201
"中华纸业网"（www.cppi.cn）【官方微博】新浪：@中华纸业杂志社
【官方微信】公众平台"中华纸业传媒"cppinet　"浆纸技术"pulp-paper

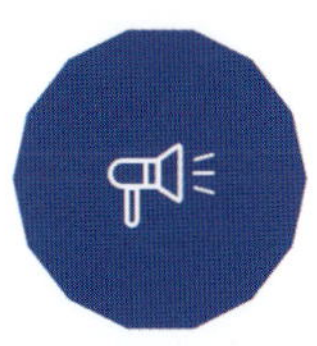

主流网络媒体

中国纸业网
（CHINAPAPER.NET）
成立于2002年
立足于造纸行业，服务于造纸行业

百度新闻源

经16年的发展
成为国内较大的
纸业交易与门户网站
百度收入为官网，拥有百度新闻源

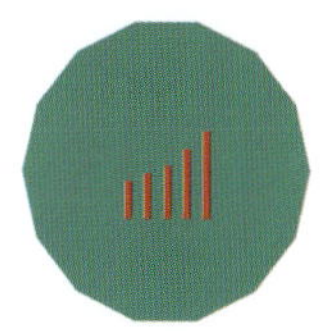

影响力广泛

据亚马逊集团
Alexa统计数据显示
中国纸业网是国内访问量较大、
影响力广泛、权威性强的行业网站

拍摄大型电视纪录片《纸世界》
传播中华民族纸业璀璨文化

2018年春，中国纸业网筹备两年之久的大型电视纪录片《纸世界》正式开机。旨在弘扬中国四大发明的优秀传统文化，坚定中华民族文化自信。该片在浙江、福建、江西、四川、安徽、江苏、山东、陕西、广东等外景地拍摄，并计划于2019年春在央视首播。

本片用精美翔实的视觉语言，以鲜活、客观、真实的故事，将“中国造纸术”现代发展的壮丽景象和它的历史渊源运以镜头语言，好看而深刻的展示给电视观众，向您深入浅出的阐明一个道理：“中国造纸”，它不仅是中华民族在古代向世界文明做出的重要贡献，更重要的是今天“中国造纸”将继续为世界文明进步做出新的重要贡献。

扫一扫
关注纸世界拍摄

扫一扫
关注中纸网

扫一扫
关注唠纸

扫一扫
关注纸业头条

我们随时提供帮助，
请联系我们

业务电话：025-86993098
编辑电话：025-86966988
客服电话：025-86993399

投稿邮箱：news@chinapaper.net
应聘邮箱：gc@chinapaper.net
意见建议：dx@chinapaper.net

地　　址：江苏省南京市玄武区
北京东路22号
和平大厦6楼

综 述

GENERAL TOPICS

中国轻工业联合会张崇和会长在“2017 年中国纸浆市场形势研讨会”上的讲话

创新驱动发展提升造纸产业核心竞争力
——《2017 中国造纸产业竞争力报告》节选

制浆造纸科学技术学科发展现状与展望

1

中国轻工业联合会张崇和会长在“2017 年中国纸浆市场形势研讨会”上的讲话

Speech on the ‘China Pulp Market Symposium 2017’, Delivered by Mr. Zhang Chonghe, the Chairman of China National Light Industry Council

各位来宾、各位代表：

在举国上下全面学习贯彻党的十九大精神之际，召开中国纸浆市场形势研讨会，意义十分重大。首先，我代表中国轻工业联合会，对本次会议的召开表示热烈的祝贺！向为行业发展作出积极贡献的企业家们，致以诚挚的问候！向关心、支持造纸行业发展的政府部门有关负责人，表示衷心的感谢！

造纸行业是我国轻工业的重要组成部分。与轻工业同发展、同兴衰、共繁荣。多年来，我国轻工业保持了平稳健康快速发展。目前，轻工业规模以上企业主营业务收入超过 24.00 万亿元，利润总额超过 1.60 万亿元，在全国规模以上工业中占比连续多年超过 1/5。2017 年 1—9 月，轻工业规模以上企业主营业务收入 19.00 万亿元，同比增长 9.66%；实现利润 1.18 万亿元，同比增长 11.22%。轻工业运行动力强劲，有效地促进了我国实体经济健康发展。

造纸行业是关系民生的直接消费品产业，是十分重要的基础原材料产业，与经济社会发展紧密联系，与人民美好生活息息相关。21 世纪以来，我国造纸产业蓬勃发展，蒸蒸日上，转型升级步伐加快，供给结构明显改善，科技创新能力增强，绿色制造大力发展，生产规模连续 8 年位居全球首位。2016 年全国机制纸及纸板生产量达 1.09 亿吨。2017 年 1—9 月，我国造纸行业规模以上企业销售收入 1.17 万亿元，同比增长 14.3%；利润总额 739 亿元，同比增长 41.0%。造纸行业健康快速发展，为做优做强我国轻工业贡献了重要力量。

造纸产业发展成就显著，也面临一些问题和挑战：一是国内生产资源短缺，原材料对外依存度高，造纸行业持续稳定发展存在风险。二是中、低档技术装备水平的企业占有相当比例，造纸产业结构急需优化，发展不平衡状况有待改善。三是国家环保法规日趋完善，环保监管执法十分严格，对造纸行业环保设施和环保投入提出了更高要求。四是贸易保护主义抬头，逆全球化趋势加剧，对造纸行业原材料进口和拓展国际市场带来不利影响。五是劳动力成本上升，原辅材料价格上涨，对造纸企业的经营压力仍在加大。解决这些问题，需要造纸行业全体企业，以习近平新时代中国特色社会主义思想为指引，勠力同心，拼搏奋进，大力创新创造，坚持绿色发展，共同开创新时代我国造纸工业的新局面。借此机会，我对造纸行业和企业提 5 点建议。

一、以十九大精神为指引发展造纸工业

党的十九大提出了决胜全面建成小康社会的奋斗目标，开启了全面建设社会主义现代化国家的新征程，做出了新时代、新思想、新的历史方位、新的主要矛盾等一系列重大的政治判断，对新时代推进中国特色社会主义伟大事业和党的建设新的伟大工程做出了全面部署。造纸行业要积极贯彻落实十九大精神，以十九大精神为指南，把握新时代要求，研究新矛盾变化，创新行业发展理念，规划产业发展蓝图，花大力气破解造纸行业自身的不平衡不充分矛盾，努力满足人民美好生活的用纸需求，以造纸工业新的发展成绩，为全面建成小康社会、全面建设社会主义现代化国家作出应有的贡献。

二、以绿色发展为优先发展造纸工业

党的十九大报告提出，发展必须是科学发展，必须坚定不移贯彻创新、协调、绿色、开放、共享的新发展理念，必须树立和践行绿水青山就是金山银山的理念，像对待生命一样对待生态环境。造纸行业要认真落实中央的这一要求，把绿色发展摆在优先位置，真正形成绿色发展方式。造纸行业多一些清洁生产，就多一些绿水；多节约一些木材，就多一些青山；多一些绿色制造，就多一些绿水青山，就是对金山银山的贡献。《纸协通讯》第十期报道，江苏理文造纸集团把环保作为核心价值，为使环保措施达到国际先进标准，投入超过 50 亿元。造纸行业要坚持绿色发展，坚持环保优先，走生态文明发展之路。一是节约资源。要充分利用间伐材、小径材、林业速生材、加工剩余物生产纸浆，有效提高木材的综合利用率。要强化废纸利用，拓宽国外废纸回收渠道，建设国内废纸回收系统，努力提高废纸资源利用率。要充分利用竹子、芦苇、蔗渣、秸秆等非木材资源，有效推动非木材浆造纸积极发展。二是降低能耗。要加强资源循环利用，充分利用黑液、废渣、污泥、生物质气体等能源，回收利用余压、余热、废气、废液及其他废弃物，提高资源综合利用水平，有效降低造纸能耗。三是减少污染。要加强对锅炉、焚烧炉、碱回收炉、石灰窑炉的废气、废水排放治理，确保污染物达标排放。要强化固体废物处置，加强无组织逸散污染物的收集和处理，有效防止环境污染和生态破坏。要通过节约资源、降低能耗和减少污染，努力建设资源节约型、环境友好型造纸工业。

三、以科技创新为动力发展造纸工业

当前，正值新一轮科技革命和产业变革大潮与我国加快转变发展方式形成历史性交汇的重要节点。是我国造纸工业实现产业升级、由大变强、由快变好的重要时期，是实施创新驱动发展的关键时期。大力实施科技创新，十分紧迫，尤为重要。习近平总书记在十九大报告中提出，创新是引领发展的第一动力，是建设现代化经济体系的战略支撑。造纸行业要认真落实总书记的要求，切实加强科技创新，以科技创新培育造纸行业竞争新优势。要加大新一代制浆技术的开发力度。加强清洁分离技术、膜分离技术、新型涂布技术、废水回用技术、生物精炼技术等前沿技术研发，以先进的制浆技术和环保新技术，推动造纸工业转型升级。要加强造纸装备创新，提升装备制造能力，加快装备自动化、数控化、智能化进程，推动工艺技术研发与造纸装备制造融合，以科技创新推动造纸装备整体上水平，带动造纸全行业做优做强。

四、以供给质量为主攻方向发展造纸工业

习近平总书记在党的十九大报告中指出：“建设现代化经济体系，必须把发展经济的着力点放在实体经济上，把提高供给体系质量作为主攻方向，显著增强我国经济质量优势。”这是党中央立足全局、面向未来做出的重大战略抉择，对于我国抓住新一轮科技革命和产业变革机遇、打造国际竞争新优势，对于适应把握引领经济发展新常态、加快新旧动能转换，对于决胜全面建成小康社会、实现“两个一百年”奋斗目标，具有十分重要的意义。这些年，国家还陆续出台了《中国制造 2025》“三品”专项行动计划、“消费品标准和质量提升规划”等国家战略，为我国造纸工业发展指明了方向，提供了引领。对党和国家的这些战略部署和总结要求，造纸行业和企业要主动践行，自觉落实。要认真贯彻中央着力振兴实体经济的要求，大力推进供给侧结构性改革，把发展的着力点放在提高纸业产品供给质量上。要自觉落实《中国制造 2025》，推动造纸工业两化融合，加快智能化、信息化技术应用，推广精益管理、个性化定制、供应链协同、市场快速响应等现代化生产方式，全面提高造纸工业生产效率和制造水平。要自觉落实“三品”战略，积极优化纸板、纸制品、特种纸、生活用纸、包装纸、印刷书写纸的品种结构，注重生活类用纸细分领域的深度开发，注重高阻隔、安全、卫生、食品包装纸容器开发，大力提高纸产品设计水平和生产质量，努力培育本册、复印纸、纸包装、生活用纸等消费者直接使用的纸产品品牌，以丰富的品种、过硬的品质、优秀的品牌，提升我国造纸工业整体竞争力，为满足人民美好生活需要作出积极贡献。

五、以“一带一路”为契机发展造纸工业

当前，“一带一路”建设快速推进，为我国造纸行业国际化发展提供了宝贵机遇。造纸林业资源紧缺是我国造纸工业发展面临的严峻问题。2016 年我

国进口木浆2106万吨，是自产木浆的1.9倍，海外原料占比过高对我国造纸工业发展构成巨大的潜在风险。造纸行业要以“一带一路”为契机，在资源丰富的沿线国家建立自己的原料林基地，为造纸原材料供应提供有效保障。目前，山东太阳纸业股份有限公司在老挝建成原料林基地，安徽山鹰纸业股份有限公司、中工国际工程股份有限公司等企业也在加快建设海外项目。造纸行业中有能力、有条件的企业，要把握机遇，放眼世界，借“一带一路”建设之势，有效利用国际资源，积极拓展海外发展空间，努力做大做强承载中华文明的中国造纸产业。

同志们，党的十九大翻开了时代发展的新篇章，让我们以习近平新时代中国特色社会主义思想为指引，不忘初心，砥砺前行，为中国造纸工业的光辉明天，为全国人民的美好生活，作出新的更大的贡献。

最后，预祝此次会议取得圆满成功！

谢谢大家！

创新驱动发展提升造纸产业核心竞争力 ——《2017 中国造纸产业竞争力报告》节选

Innovation-driven Development Enhances Core Competitiveness of the Paper Industry——The Competitiveness Report of China's Paper Industry in 2017 (Excerpt)

中国造纸学会秘书长 曹春昱

一、造纸产业竞争力综合分析

我国经济发展进入新常态，表明各种资源禀赋要素都发生了质的变化，倒逼我国经济需求新的发展理念。在“稳中求进”的总基调下，站在我国经济的新方位上，推进供给侧结构性改革，是适应和引领经济发展新常态的重大创新，要求我国经济转向创新驱动。

我国造纸产业同样也进入了新常态，生产量和消费量的增速低于 GDP 增速，参与国际贸易竞争仍然面临多重困难，去产能和增利润仍是企业需要解决的难题，部分产品遭受新经济冲击，而新领域仍未获得重大突破。分析表明，虽然我国造纸产业仍然保持一定的增速，但是这种增长仍然是比较乏力的，从纸板销售库存、存货和价格指数来讲，行业虽然有所复苏，但是仍然面临着一些困难。虽然近期的价格急剧上涨，看起来使得这个行业景气度比较高，但是消费和未来的增长能否持续，有待于检验。不论如何，我国造纸工业已经基本上走出底部，进入了一个比较成熟、稳定、增长幅度持续的发展时期。

二、造纸产业竞争力分析

我国造纸产业在经过 2016 年上半年的徘徊调整之后，终于在下半年开始整体上扬，价格上涨开启了行业复苏的闸门，生产量、市场、利润等指标均一致向好，行业正在进入新一轮正向增长周期。通过对我国造纸产业竞争的因素进行分析，结论表明，我国造纸工业经历了一个底部之后正在开始恢复性增长，在这个过程中造成产业价值链的重新分配、结构的重新调整。虽然新时期必然会面临很多不确定性、更多变量，但是经过了从量变到质变的新周期已经呈现了初始的苗头。面对未来的多种可能性，仍需立足当下，保持清醒的头脑，准确掌控未来的方向。

三、全球造纸产业竞争力分析

全球造纸产业不出意外地以一种缓慢的姿态继续向前，低增长、低需求的疲弱市场使行业遭受着巨大的困境，从全球视野对造纸工业进行分析和比较发现，随着全球造纸产业逐步进入成熟期，市场增长空间不断压缩，产能过剩现象逐渐显现，造纸生产量增长开始落后 GDP 的增长。纸浆和造纸产业链的命运愈发紧密而又迥异，地区间的不同发展轨迹正在密切彼此的联系而又拉大各自的差距。从纸浆、造纸消费趋势来看，全球造纸产业格局没有大的变化，欧美市场仍然处于低迷状态，新兴国家市场正在快速崛起，我国仍然是最大的或者说是拉动全球造纸行业保持稳定的核心力量。但是主要发展国家在消费量方面的增速已经开始分化，一部分发达国家出现了纸和纸制品消费下降的趋势。造纸产业期待着库存、产能、需求 3 个周期形成谐振，一起奏出产业发展的时代最强音。

四、全球造纸原料竞争力分析

我国造纸工业是原料对外依赖严重的产业，因此在商品浆、废纸两大原料方面时刻面临着挑战，目前原料价格的巨大变化促使业内人士再次思考，如何解决我国造纸资源短缺的问题，这要求我们建立全球化造纸原料的战略，在全球化进行布局，这是很多企业已经在做或者准备做的事情。近期废纸的供应问题、进口商品浆价格上涨的问题，以及纸价持续上涨的问题都会对造纸工业继续带来巨大的挑战。

我国作为全球最大的造纸生产大国，是国际纸浆、废纸等原材料的最大买家，但由于我国企业的生产经营长期局限在国内市场，虽然对造纸原料贸易形成强大的需求拉动，却没有掌握原料市场竞争的“话语权”，随时被动承担国际市场涨价的风险。我国造纸产业迫切需要从全局上予以战略应对，特别是具有一定实力的制浆造纸企业要加快建立造纸原料国际战略，充分把握国际贸易惯例和规则，实施差异化、全球化的原料发展战略，从国际战略采购、国外投资建厂、开发海外资源等各方面予以综合应对，提高在全球配置资源的能力和水平，构建起对全球造纸原料市场的“中国力量”。

五、造纸国际贸易竞争力分析

造纸产业的国际贸易商品主要包括造纸原料(纸浆和废纸)、造纸产品(纸及纸板)，以及造纸装备和化学品。而造纸原料和产品是全球纸业贸易的核心，纸浆、废纸和纸品的贸易也因产地和市场的差异而具有不同的发展轨迹和趋势。从报告的数据和分析结果来看，新兴市场正在快速改变造纸产业国际贸易格局，我国虽然是最大的纸浆需求和消费国，但是新兴市场对商品浆、废纸等原料的竞争开始产生一定的威胁，将来这些威胁可能会越来越大。国际贸易变化的背后，隐藏着地区产业秩序的调整和产业价值链的重塑。

六、全球造纸产业科技创新竞争力分析

我国从 2009 年开始，造纸科技论文快速增长，科技创新竞争力已经在国际市场上处于第一位。

在论文数量上，我国从 2012 年起就已经居于全球第一，其他一些造纸传统强国，如美国、加拿大、日本、芬兰等，依然保持非常好的水准和数量。2008 年之前，我国的 SCI 论文产出量比较低，随后开始快速增长，尽管 2014 年之后有所缓和，但仍然保持继续增加的态势。2016 年，我国造纸领域的 SCI 论文已经达到 589 篇，占全球造纸科技论文总数的 20.6%，而美国只有 249 篇。我国造纸科技论文的数量和份额与我国造纸生产量的占比有所匹配，为我国造纸技术的提升提供了创新和技术方面的保障。

在论文的质量上，我国的科研机构和科技论文也保持了很好的水平。2012—2016 年，我国发表的论文被引频次已经高居全球第一位，影响力得到了快速提升，特别是高被引论文数量增长比较快，2015 年开始超过美国，2016 年高被引论文的数量是美国的 2.3 倍。

从科研机构来讲，我国有更多科研机构进入全球的前列。根据综合比较，2017 年共有 24 个国家和地区的科研机构进入前 100 位，美国以 18 家机构位居首位，日本 12 家占第二位，中国 10 家位列第三位，可以看到我国的科技能力和潜力越来越大。在前 30 位科研机构中，我国有 8 家进入全球前列，华南理工大学、北京林业大学已经入围全球前 5 位。进入前 10 位的我国科研机构还包括南京林业大学和东北林业大学。

根据我国造纸科研机构发表的中文、英文论文数量的综合排名显示，我国造纸科研机构大致分为 5 个梯队，华南理工大学和陕西科技大学在学术论文研究方面居于前两位，居第一梯队。齐鲁工业大学、天津科技大学、南京林业大学分列第三位至第五位，处于第二梯队。北京林业大学、东北林业大学、中国林业科学院、中国制浆造纸研究院有限公司和广西大学、大连工业大学紧随其后处于第三梯队。其他高校和科研机构处于第四和第五梯队。整体来说、传统造纸名校科研实力雄厚，在国际的地位快速上升，这种积累体现了我国造纸工业从“量”到“质”的变化。

不过国内还存在一个现象，因为高校的考核导向，更多论文发表在国外刊物上，国内论文在 2014 年起开始下降，虽然是客观的需求，但也对中文科技论文的传播和交流产生了一些不利的影响。

值得一提的是，我国造纸企业也成为科技创新的重要参与者和骨干力量。我们看到，牡丹江恒丰纸业股份有限公司、湖南泰格林纸集团有限责任公司、广州造纸集团有限公司、华泰集团有限公司等企业，在科技论文方面增长得非常快，说明造纸企

业重视科技创新，正在转向高新技术企业，为企业未来的发展提供了非常好的技术保障。

国际合作方面，中国和美国在近两年仍然是国际合作的核心，吸引了越来越多的国家与中国、美国合作，中美之间也有很多合作项目进行研究开发。

科技研究热点方面，全球及我国造纸科技研究热点和前沿主题正在发生改变，当前全球造纸关注11个热点主题，国内关注有10个热点主题。共同关注点是制浆及漂白、纸浆及纸张性能，不同的是国际对生物质精炼、化学改性关注度较高，而国内则关注污染物处理、木素的利用等热点。因此国内外虽有差异，但也有不少共性。

七、造纸企业竞争力分析

企业的竞争优势是综合实力的体现，是多种能力的聚合，融合在企业的每一项能力构建之上。领袖企业之所以成功，很大程度上是因为这些企业高瞻远瞩，能够站在战略的角度，利用敏锐的触角，及时感知和预测变化，通过调整组织结构，对外部变化迅速作出决策。在企业的发展过程中，通过优势互补和资源共享，顺势构建了基于产业链上的生态系统，通过创新机制激活组织成长和发展，实现行业价值的增长。

我国造纸企业在市场历练下正在走向成熟，在企业不断发展壮大的同时，自身也在不断显现短板和弱势。在我国正在引领新型全球化的大背景下，造纸企业需要放眼世界，对标国际巨头，在产品、装备、技术、服务等方面持续追赶和超越之外，还要苦练内功，注重管理，战略布局，构建生态，激活组织，创新产业，走出一条具有中国特色的造纸产业发展之路。

八、造纸装备产业竞争力分析

我国装备制造业快速发展，已成为世界装备制造的大国，装备制造体系日趋完善。但是，我国还不是装备制造业的强国，与发达国家相比还存在着差距。不过，经过行业和企业的努力，我国制浆造纸装备经过多年的发展，技术水平和国际竞争力有较大提升，经过产业升级和市场考验，整体实力正在逐步增强，企业规模不断扩大。国内企业需要充分利用国家“中国制造 2025”“一带一路”等国家战略，加强制浆造纸装备行业标准化体系建设，加强新技术、新产品、新装备等的研发应用和推广，加强人才培养和引进，在单机产能和关键技术方面争取取得较大突破。综合来看，我国造纸企业和装备企业均有快速的发展，随着“一带一路”发展战略的不断推进，将为造纸和装备企业带来更好的发展机遇，希望我国的企业在国际舞台上越走越好。

综上所述，科技创新是我们国家发展战略核心，也是行业提高产业竞争优势的重要竞争内容。我们的道路任重而道远，期待开放合作的创新和自发自主的创新，为产业和企业家赢得更多竞争优势，期待后续在竞争力方面进行更多深入研究，为大家提供更多理论、数据和事实的分析。

制浆造纸科学技术学科发展现状与展望

Development Status and Prospects of Science and Technology in Pulp and Paper Industry

制浆造纸工业是与民生和社会事业发展关系密切的重要基础原材料产业，纸及纸板的消费水平在一定程度上反映着一个国家的现代化水平和文明程度。特别是在全球环境危机所催生的低碳经济和可持续发展理念背景下，基于制浆造纸产业的森林生物质产业链及其生物质燃料、生物质材料、纸基材料产品，已经成为化石能源和材料的重要替代资源，方兴未艾的制浆造纸工业转型升级有望成为绿色循环经济的重要推动力量。

纵观全球，欧美发达国家经过工业化、自动化、信息化几个阶段的发展，已经建立了成熟的制浆造纸工业体系和纸品消费理念，在人均消费水平保持领先的同时，本土生产能力趋于稳定或萎缩，逐渐向劳动力成本较低的国家和地区转移，并注重通过技术创新对发展中国家形成一定竞争优势。与此同时，在中国、印度尼西亚、巴西等一些亚洲、拉丁美洲国家，制浆造纸工业也取得了巨大发展，在产销量、产品质量、装备水平、环保水平等方面均获得了不同程度的提升，对经济发展和人民生活水平的提高起到重要拉动作用。

作为当代造纸技术的奠基者，我国东汉蔡伦所开创的造纸术及其在古丝绸之路沿线国家的发展壮大，为推动人类文明进步以及世界文化、科学和信息的传承发挥了极为重要的作用。我国现代制浆造纸工业则在经历工业时代前期的缓慢发展之后，于近 30 年间步入快速发展期，重新成为世界造纸大国。世界上生产量最大的制浆设备和幅宽最宽、车速最高及自动化水平最先进的纸机均在此期间落户我国，我国已经成为众多跨国造纸企业和关联产业的生产/研发基地和重要目标市场。

2011 年后，受国内外经济下行压力和行业自身发展规律影响，我国制浆造纸工业开始进入总生产量低速增长、行业竞争加剧、盈利空间不断压缩、产业集中度持续提高、产业结构深入优化调整的新发展阶段，并越发凸显资金技术密集、规模效益显著的行业特点。2011—2015 年，我国纸及纸板总生产量由 9930 万吨缓慢增长至 10710 万吨，年均增长率降至 1.9%；全国纸及纸板生产企业数量由 3500 多家下降至 2900 家左右，但规模以上造纸生产企业的数量由 2620 家增加至 2791 家，其中大中型造纸企业占比由 16.6% 增加至 18.5%，小型企业占比由 83.4% 降至 81.5%。2011—2015 年，产品结构热点随社会经济、文化的发展发生明显切换：新媒体的普及与新闻纸产销量的显著下降形成强烈印证，生活用纸超过 20% 的产销量增幅与民众生活品质的提高息息相关，电商、物流业的迅猛发展直接推动了包装纸及纸板的快速增长，特种纸及纸板超过 20% 的产销量增幅直接反映了纸及纸板作为基础材料的功能外延以及产品日趋多元化的新趋势。

与此同时，在欧美发达国家率先推动的以生物质精炼为基础的制浆造纸工业升级转型、多元化盈利模式、智能制造等先进技术和理念，已经通过国际竞争给我国制浆造纸工业的产品开发能力、成本效率、综合盈利能力提出了更高的要求。而且，我国造纸产业体量庞大与纤维资源短缺、环保要求日趋严苛与生产成本控制压力加大、装备水平提高与核心机械设备开发、维护能力不足的矛盾仍然突出。这些现象都预示着我国制浆造纸工业即将进入以科技创新代替产能扩张成为驱动力、以可持续发展能力赢得生存空间的新时期，同时也为制浆造纸科学技术学科今后的发展指明了方向。

本报告主要论述制浆造纸科学技术学科近年来各领域的发展概况、最新进展、与国外先进技术水平的差距、未来的发展趋势等，提出了我国制浆造纸科学技术学科的研究方向建议。

一、制浆造纸科学技术学科发展概况

(一)学科建设概况

根据国务院学位委员会颁布的学科目录，制浆造纸工程学科隶属于工学门类一级学科，轻工技术与工程中的二级学科，具有相对独立、自成体系的理论和知识基础构成。目前，制浆造纸工程学科已形成了包括生产、科研、教学、设计、工程、机械、精细化工、书刊出版、媒体网络、行业服务在内的科目健全的现代化科学体系，并不断完善、发展。

1. 科研机构和科技资源概况

目前，我国从事造纸技术研究开发的主体是行业相关科研教育机构和企业技术研发部门。科研机构按设置方式、活动性质和业务重点可分为3类：①专业科研机构：全国性或地方性专业科研、设计机构。一般是具有独立法人资格的公司，主要面向国内或区域内的制浆造纸企业提供技术支持和服务，并逐步拓展海外业务。技术研发重点是新工艺、新产品的产业化。②教育科研机构：设置在高等院校内的制浆造纸技术中心或实验室。一般是依托于所在院系的造纸专业学科或相关专业学科，主要从事专业人才培养和专业基础理论技术研究，近年来也开始注重工程技术和产品的开发。③企业技术中心：设置在大中型制浆造纸企业的研究中心或实验室。一般是独立化运行或与企业技术开发部门相结合，主要根据企业发展需求从事技术研究开发并进行生产应用实施。

这3类科研机构作为行业技术创新和开发应用的主体，与林业、机械、化工、印刷、非金属矿等其他国内外相关行业的科研机构密切合作，共同推动着我国制浆造纸工业的技术水平的快速发展。

根据不完全的调查与统计，截至2015年年末，制浆造纸行业内具有较高影响力的主要科研机构(不包括其他涉及造纸技术但不以制浆造纸技术为重点的相关行业科研机构)共有37家，其中行业性专业科研院所和工程设计院/公司有21家，设有制浆造纸专业的高等院校24家，国家认定的制浆造纸企业技术中心9家。

大中型制浆造纸企业内部一般设立有技术开发部或技术中心，造纸设备制造企业或造纸化学品生产企业往往也设置有相应的技术开发或服务机构。此外，与制浆造纸行业相关的技术学科的研发机构，也针对制浆造纸行业技术需求进行着研究开发，形成学科间的融合与交叉，共同推动着制浆造纸技术的发展。

2. 教育与人才培养

根据1998年教育部学科设置规定，制浆造纸工程方向人才培养分属于轻化工程和林产化工两个专业。目前，华南理工大学、天津科技大学、陕西科技大学、南京林业大学、北京林业大学等院校设有制浆造纸工程博士点。

据不完全统计，目前国内进行制浆造纸专业高等教育的机构有26家，其中本科大学20所、大专4所、研究院所2个。我国制浆造纸工程领域已形成了大专-本科-硕士-博士-博士后流动站的完整人才培养体系，是我国制浆造纸学科高层次人才的最重要来源，满足了制浆造纸工业的人才需求。2015年在校学生共8835人，其中，博士生247人，硕士生1127人，本科生6229人，专科生1232人。

目前，我国轻化工程专业制浆造纸工程方向现有专职教师596人，其中，教授(研究员、教授级高级工程师)166人，副教授(副研究员、高级工程师、高级实验师)244人，讲师(工程师、实验师)145人。

3. 行业创新机构和研究平台

表1列举了一些国内在制浆造纸行业技术研发中具有一定代表性的科研机构，这些机构相关科研活动和主要业务信息可通过其网站查询了解。

表1 国内部分代表性制浆造纸科研机构

机构名称	机构网页和地理位置	依托单位
国家设立的专业科研机构		
制浆造纸工程国家重点实验室	http：//202.38.216.128 广东省广州市五山路381号	华南理工大学
制浆造纸国家工程实验室	http：//www.cnppri.com 北京市朝阳区望京启阳路4号	中国制浆造纸研究院有限公司

续表

机构名称	机构网页和地理位置	依托单位
造纸与污染控制国家工程研究中心	http：//www. pperc. com. cn 广东省广州市五山路 381 号	华南理工大学
部分行业性科研/设计机构		
中国制浆造纸研究院有限公司	http：//www. cnppri. com 北京市朝阳区望京启阳路 4 号	
中国中轻国际工程有限公司	http：//www. bcel-cn. com/cn 北京市朝阳区白家庄东里 42 号	
广东省造纸研究所	http：//www. gdzaozhisuo. com 广州市新港西路 154 号	
中国林科院林产化学工业研究所	http：//www. forinchem. com 江苏省南京市锁金五村 16 号	
部分设有制浆造纸专业的高等院校		
华南理工大学 轻工科学与工程学院	http：//www. scut. edu. cn 广东省广州市五山路 381 号	华南理工大学
天津科技大学 造纸学院	http：//www. tust. edu. cn 天津市经济技术开发区第十三大街 29 号	天津科技大学
南京林业大学 轻工科学与工程学院	http：//www. njfu. edu. cn 南京市龙蟠路 159 号	南京林业大学
北京林业大学 材料科学与技术学院化学工程系	http：//m. bjfu. edu. cn 北京市海淀区清华东路 35 号	北京林业大学
福建农林大学 材料工程学院轻化工程系	http：//www. fafu. edu. cn 福建省福州市仓山区上下店路 15 号	福建农林大学
齐鲁工业大学 造纸与植物资源工程学院	http：//www. sdili. edu. cn 山东省济南市长清区大学路 3501 号	齐鲁工业大学
陕西科技大学 轻工科学与工程学院	http：//www. sust. edu. cn 陕西省西安市未央大学园区	陕西科技大学
国家认定的企业技术中心		
山东晨鸣纸业集团有限公司企业技术中心	http：//www. chenmingpaper. com 山东省寿光市圣城路 403 号	山东晨鸣纸业集团股份有限公司
华泰集团有限公司企业技术中心	http：//www. huatai. com 山东省东营市广饶县大王镇	华泰集团有限公司
泰格林纸集团股份有限公司企业技术中心	http：//www. tigerfp. cn 湖南省长沙经济技术开发区东升路 48 号	泰格林纸集团股份有限公司
山东泉林纸业有限责任公司企业技术中心	http：//www. tranlin. cn 山东省高唐县光明东路 15 号	山东泉林纸业有限责任公司
山东太阳纸业股份有限公司企业技术中心	http：//www. sunpapergroup. com 山东省兖州市友谊路 1 号	山东太阳纸业股份有限公司
中冶纸业银河有限公司企业技术中心	http：//www. mccyinhe. com 山东省临清市西门里街 297 号	中冶纸业银河有限公司
恒安国际集团有限公司企业技术中心	http：//www. hengan. com 福建省晋江市东石镇井林安东工业区	恒安国际集团有限公司
河南江河纸业股份有限公司企业技术中心	http：//www. jianghe. com 河南省武陟县文化路 555 号	河南江河纸业股份有限公司
广西贵糖（集团）股份有限公司企业技术中心	http：//www. guitang. com 广西壮族自治区贵港市幸福路 100 号	广西贵糖（集团）股份有限公司

（二）学科发展知识产权分析

1. 研究论文

通过中国知网（CNKI）制浆造纸中文科技文献资料的粗略统计分析，1985—2016 年我国制浆造纸领域论文发表数量如图 1 所示。从图 1 可以看出，自 1985 年以来我国造纸领域学术论文的发表逐年递增，并出现阶段性的跃升。特别是在 2010 年以后，学术论文的发表数量呈现井喷式增长，从侧面体现了我国制浆造纸工业规模与造纸科技的发展已经进入很高的水平，产业结构也正在产业科技的催动下孕育新的优化升级。

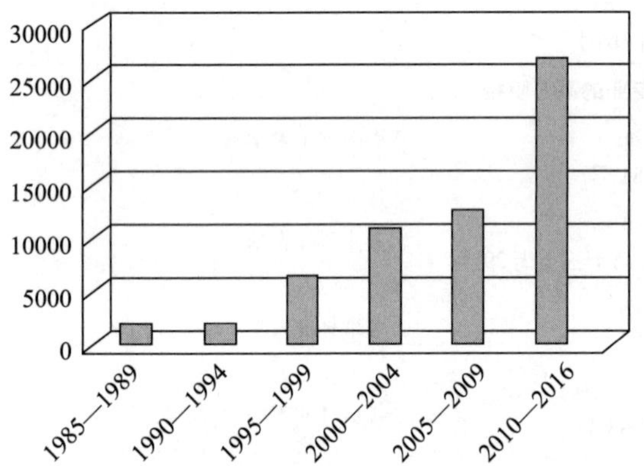

图1 1985—2016年我国制浆造纸领域论文发表数量

近 7 年（2010—2016 年），我国制浆造纸领域学术论文发表数量继续保持较高水平，年均文章发表数量接近 2005—2009 年期间的 2 倍。我国制浆造纸领域论文发表情况如表 2 所示。按惯用的制浆造纸技术领域进行统计分类，主要研究方向较 2005—2009 年期间有明显变化，除涂布技术、制浆技术、造纸装备和环保技术这些传统的研究热点之外，有关生物质精炼、纸基或纤维素基新材料的研究新军凸起，成为“其他”领域论文数量激增的主要因素；此外，特种纸技术领域的论文数量较 2005—2009 年期间也有非常显著的增长，从一定程度上印证了行业发展的新热点。

表 2 我国制浆造纸领域论文发表情况

研究领域	2005—2009 年论文数量	2010—2016 年论文数量
制浆技术	1906	3570
造纸技术	1007	2319
涂布技术	1088	4736
环保技术	2066	3390
造纸装备	2233	3760
特种纸技术	444	1486
其他	4626	8997
合计	13370	28258

2. 技术专利

在学科技术发展的同时，我国制浆造纸专利技术继续呈现出深入强化的趋势。自 1985 年专利法实施后国家知识产权局开展专利申报、公开及授权工作以来，我国制浆造纸领域专利的申报和公开数量逐年递增。

1985 年以来我国造纸领域专利申报和公开数量如图 2 所示。发明专利和实用新型专利分别从 1985—1989 年的 149 项和 62 项迅速递增至 2010—2016 年的 11042 项和 3523 项。2005—2009 年申报和公开的专利是 2005 年以前专利总和的 2 倍多，而 2010—2016 年申报和公开的专利数量则再次达到 2005—2009 年期间的 2 倍多，这种持续爆发式增长说明在此期间我国制浆造纸行业在自主科技创新和知识产权保护方面均取得了长足的进步。随着传统行业技术的日渐成熟和专利审查制度的变化，预计未来几年我国制浆造纸技术专利的增速可能会有所放缓。

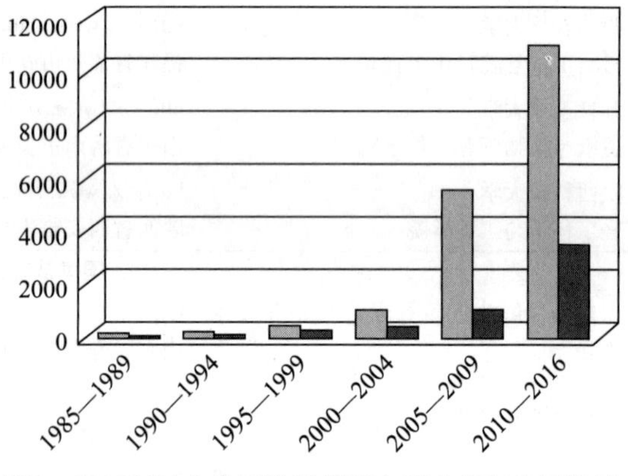

图2 1985年以来我国造纸领域专利申报和公开数量

表 3 为我国近 7 年来（2010—2016 年）的专利申报和公开具体情况。与论文发表情况相类似，计入“其他”领域的公开专利数量大幅增加，且超过了制浆技术、造纸技术等几大传统领域的专利数总和，此变化与传统产业技术日臻成熟、研究热点转移、跨领域研究逐渐增多等行业发展态势密切相关；在传统的行业领域中，制浆技术、造纸技术和造纸装备 3 个领域的专利数量居前，特种纸技术领域的专利数量较 2005—2009 年出现明显下滑，具体原因尚不明确。

表3　我国制浆造纸领域专利申报和公开情况

专利类别	2005—2009 年		2010—2016 年	
	发明专利	实用新型	发明专利	实用新型
制浆技术	1318	3	1787	205
造纸技术	323	25	962	328
涂布技术	178	23	385	91
环保技术	46	2	84	1
造纸装备	930	651	1167	1271
特种纸技术	1523	270	996	447
其他	1124	53	5661	1180
合计	5442	1027	11042	3523

数据来源：国家知识产权局。

3. 学科近年重点技术研究项目和成果

(1)“十二五”期间重点技术研究项目　“十二五”期间，针对纸张材料的功能化应用、造纸过程节能减排等方面的新发展趋势，国家科技主管部门设置和展开了多项科技计划重点项目的实施，包括国家科技支撑计划项目、863 计划项目、自然科学基金项目等，以制浆造纸技术领域为主题的研究项目超过 40 个。此外，各省级科技主管部门和企业也设立了大量的制浆造纸领域技术研发项目，有力推动着中国造纸技术水平的发展。

(2)近年主要技术成果　①2011 年，山东轻工业学院秦梦华等人的项目“造纸纤维组分的选择性酶解技术及其应用”项目获得国家科学技术进步奖二等奖。②2014 年，福建农林大学陈礼辉牵头的项目“竹纤维制备关键技术及功能化应用”获得国家技术发明奖二等奖。③2015 年，齐鲁工业大学陈嘉川的项目“速生阔叶材制浆造纸过程酶催化关键技术及应用”及华南理工大学邱学青的项目“碱木质素的改性及造纸黑液的资源化高效利用”均获得国家技术发明奖二等奖。④2016 年，广西大学王双飞的项目“造纸与发酵典型废水资源化和超低排放关键技术及应用”获得国家科技进步奖二等奖；北京林业大学孙润仓的项目“木质纤维生物质多级资源化利用关键技术及应用”获得国家技术发明奖二等奖。⑤2012 年 9 月，由河南江河纸业股份有限公司、华南理工大学、轻工业杭州机电设计研究院等联合研发的 5600/1500 高速文化用纸机通过科技部验收，建成纸机工作车速 1200 ~ 1500 米/分，净纸幅宽 5740 毫米，实现了国产高速纸机零的突破。⑥非植物纤维的高性能合成纤维湿法造纸技术实现了较大突破，以芳纶绝缘纸为代表的一些产品质量逐步得到市场的认可，使国家急需的一批重大工程基础材料实现了国产化，成为特种纸发展的一个重要方面。⑦2014 年，由山东泉林纸业有限责任公司完成的“秸秆清洁制浆造纸循环经济示范项目”，获得 2014 年第三届中国工业大奖表彰奖。⑧2015 年，由华南理工大学、深圳诺普信农化股份有限公司完成的“碱木质素的改性及造纸黑液的资源化高效利用”项目获得 2015 年国家技术发明奖二等奖。

二、近年学科主要研究进展

(一)制浆科学技术

化学法制浆方面，近几年，在降低蒸煮温度、提前蒸煮终点、强化氧脱木素等方面的技术取得了一些进展。紧凑连续蒸煮具有连续、低温蒸煮、液比高、脱木素选择性好，系统启动迅速、生产消耗低、产品质量稳定等优点，成为大型制浆厂采用的主流技术。置换蒸煮对制浆厂来说具有较好的适应性。DDS 置换蒸煮是低能耗置换间歇蒸煮技术，蒸煮均匀，浆料质量稳定。该技术扩展了初级蒸煮的作用，提高了纸浆得率，能够得到卡伯值低、强度高的纸浆。秸秆经过大液比立锅置换蒸煮(立锅中央置换循环管)，大幅降低用碱量，蒸煮终点提前，滤水性改善，可大幅提高黑液提取浓度，提取的草浆进行氧脱木素，形成秸秆制浆新技术。

化学机械法制浆技术，近年来，主要研究和使用的方法有：BCTMP 和 APMP 或者 P-RC APMP 方法。BCTMP 作为世界上先进的化学机械浆生产工艺被广泛应用于我国各大企业中。目前，主要的研究在于纸浆质量优化和污染物控制，APMP/P-RC APMP 作为主要的化学机械法制浆技术，其技术改进和优化适用于各种造纸纤维原料，是我国化学机械浆生产所采用的最主要工艺。在化学机械浆生产中，添加渗透剂可以提高制浆效率。以 $Mg(OH)_2$ 或 MgO 为碱源的过氧化氢漂白，改良 PM 过氧化氢漂白，提高白度的 RT 预处理，植入 OBA 增白的过氧化氢漂白技术及可回用 H_2O_2 的中高浓组合漂白技术成为技术改进和发展的方向。

提高废纸回收利用率的关键是脱墨技术，其中脱墨剂的研究和应用成为关键。随着新型油墨品种不断增多，新的纸张表面化学助剂不断应用。在脱墨剂中加入表面活性剂，会提高废纸的脱墨效果。生物酶常用于废纸制浆的预处理，以增强后续脱墨效果。

无元素氯漂白(ECF)和全无氯漂白(TCF)技术

是化学浆漂白的主流方向，添加臭氧的漂白已渐普通。

(二)造纸科学技术

近年来，制浆造纸工业的技术进步主要体现在压缩成本和提高产品品质上。以数字化、网络化、智能化为主要特征的"工业 4.0"时代对造纸科学技术的发展产生了积极的推动作用。

木材中浓打浆技术日趋成熟。对于厚壁纤维针叶木浆打浆低浓预处理和中浓打浆相结合的打浆方式成为造纸企业的主流打浆工艺。打浆技术装备由传统的圆盘磨浆机向着锥形磨浆机和圆柱形磨浆机方向过渡。纸机的稀释水流浆箱一直在不断完善和优化中。高速文化纸机多采用长网 + 顶网成形器、混合型夹网成形技术、立式夹网成形技术，可以改善纸张的两面差、Z 向结构和填料的分布。

与普通压榨技术相比，新型压榨具有较长的压区滞留时间、较高的脉冲能力和脱水能力。在大幅提高纸张干度的同时，能够保持纸张松厚度特性。新型压榨主要包括大辊压榨、靴式压榨以及组合压榨。

现代高速纸机的干燥部出现了许多新技术：采用单排烘缸组代替传统的双排烘缸组，烘缸之间增设纸幅稳定器、无绳引纸系统、真空引纸传送带，采用热吹风管与袋式通风装置等。

现代涂布技术主要包括计量式膜转移施胶式涂布、喷雾涂布和帘式涂布等。近几年，国外出现了一系列先进的涂布方式与设备，维美德公司相继开发的 OptiCoater 涂布机、OptiCoater Jet 喷射式涂布、OptiBlade 新概念刮刀涂布等。

(三)制浆造纸化学品研究现状和进展

高效和功能性化学品是制浆造纸过程节能降耗减排的重要技术手段，针对制浆和清洁漂白需求，改性蒽醌(AQ)类蒸煮助剂、四乙酰乙二胺(TAED)类氧漂白活化剂和木素过氧化物酶类生物酶漂白剂的研究取得阶段性成果；研究开发了废纸脱墨用固体脱墨剂和高效的中性脱墨技术；二氧化氯制备技术与装置国产化研究开发已取得突破，拥有自主知识产权的技术成果成功应用于工业生产。

制浆造纸废水处理化学品方面研究是目前的热点，研究开发了聚铝和聚铁类废水深度处理用高效混凝剂及其应用技术。

蒸煮助剂仍以 AQ 及其改性物为主。在深度脱木素技术中，蒸煮助剂正在由使用单一的蒸煮助剂向使用性能优良的复配型蒸煮助剂的方向发展。离子液体独特的性能及其良好的溶解和分离能力决定了其在纤维素工业和制浆造纸领域必将发挥越来越重要的作用。目前，臭氧漂白在发达国家已经实现了工业化。用氧漂活化剂进行漂白是对传统双氧水漂白的一个重大革新。

纸机抄造过程的高性能新型助留助滤剂、合成表面施胶剂、杀菌防腐剂等方面的研究较为深入，取得了一批新技术成果。

制浆造纸行业环保技术升级迫切。水处理絮凝剂在我国发展十分迅速，从低分子质量到高分子质量，从无机物到有机物，从单一到复合，形成了系列化和多样化产品。

(四)污染治理研究现状与进展

制浆造纸行业对自然环境所造成的污染仍比较严重，尤其是对水环境的污染，一直是工业污染防治的重点。分为源头控制和末端治理两方面。源头控制方面，目前国内相关的制浆造纸清洁生产技术主要包括高效黑液提取，深度脱木素，氧脱木素，ECF、TCF、低白度漂白等。末端治理方面，目前国内制浆造纸废水的处理技术一般分为一级处理技术、二级处理技术、三级处理技术。

制浆造纸行业中的持久性有机污染物主要包括 AOX 和二噁英。目前制浆造纸行业对持久性有机污染物的消减技术以源头控制为主，末端治理为辅助手段。

(五)制浆造纸装备科学技术进展

近年来，我国通过成套引进或引进关键部件的方法，促进了我国制浆造纸装备制造能力和科技水平的提高，缩小了与国际先进水平的差距。我国目前拥有世界上领先的制浆造纸技术和装备，如连续蒸煮，氧脱木素，二氧化氯制备，现代化高速纸机，深度废水处理系统，QCS、DCS、MCC、PLC 等运行自动控制和机械故障自诊系统。成套装备的规模在扩大，稳定性、可靠性在提升。我国制浆造纸装备企业开始国际化布局，"走出去"稳步推进。"中国技术""中国制造"越来越受到国外造纸企业的青睐。

(六)纸基功能材料科学技术进展

近年来，纸基功能材料领域的技术创新和产品开发取得突破性进展，一些技术含量高的产品填补了国内空白，如芳纶纸、空气换热器纸、热固性汽车滤纸等。

随着纳米纤维素及纳米技术的发展，其在制浆造纸工业展现出了广阔的应用前景。以纳米纤维素为原材料，通过化学、生物、物理、复合等方式可以制备附加值更高、性能更加优异、生物可降解性与生物相容性极佳的纳米纤维素基功能材料，是纳米纤维素未来发展的一大热点。

三、本学科国内外研究进展比较

我国现已发展成为世界上纸及纸板的生产大国，但仍不是世界上的造纸强国，我们与世界发达国家的造纸技术水平，相差仍然较大。

(一)制浆技术方面

由于装备研发条件的优势，欧美等国家在高得率制浆技术和低能耗化学制浆新工艺方面的研发成效仍然领先于国内，溶剂法制浆、生物制浆、废纸生物脱墨等新技术也处于发展中。受新能源开发潮流的推动，国外研究的热点是将传统单一的制浆造纸过程转化为能够同时生产纸浆和纸、高分子材料和化学品、生物能源的复合型生物质提炼过程。国内在吸收、跟踪、借鉴先进技术的同时，根据自身制浆纤维原料的特点进行了大量适应性和改良性研发应用，取得良好成效。特别是在麦草、竹材等非木材纤维原料清洁制浆和无元素氯漂白技术方面进展显著，自主创新性成果丰富，技术水平居国际领先。

(二)造纸技术方面

重要的造纸技术研究主要是由国外造纸设备公司推动的，并通过新型设备予以承载和体现新技术特点及优势。为改善纸及纸板产品品质和生产过程节能降耗，在节能磨浆工艺、新型稀释水流浆箱、靴式压榨、强化干燥等方面不断优化。同时，开发的帘式涂布和喷雾涂布等新一代涂布加工技术步入商业化应用阶段。国内在速生材高得率化学机械浆和低品质废纸浆扩展应用技术方面成果明显，起到了缓解国内优质纤维原料匮乏的成效。

(三)制浆造纸装备制造技术方面

缺乏从基础理论研究以及从工艺到装备和控制等的系统性、成套新研究，而尽管差距在逐步缩小，但总体上我国明显落后于国外。国内制浆造纸装备的技术研发和制造主要采取吸收、消化和再创新等措施，研究开发和升级了一批制浆造纸装备。但由于核心技术缺失、研发和集成能力相对薄弱，目前大型成套制浆造纸设备市场仍被国外跨国公司垄断。

(四)制浆造纸化学品技术方面

我国制浆造纸化学品发展速度加快，但高效专用型产品的开发和应用技术的研究仍十分缺乏，表面施胶、中性施胶、高效脱墨、新型填料等方面，与国际水平差距仍然较大。国外的产品在类型、环保等方面均处于领先水平，我国制浆造纸化学品目前仍处于低端产品生产，中高档产品少，特别是绿色化学品合成及应用方面落后较多的状态。

(五)污染治理技术方面

废水 COD_{Cr}、BOD_5 减排和固体废弃物资源化利用是国内外共同的研究重点。由于国内制浆造纸废水排放新标准(GB 3544—2008)的颁布实施，废水深度处理和回用技术成为研究热点。废纸制浆造纸企业采取强制封闭循环和内部净化处理相结合方式，在废水超低排放或零排放技术方面取得进展；非木材原料化学制浆黑液提取及碱回收技术趋于成熟；制浆和水处理污泥等固体废弃物的浓缩技术与生物质能源利用技术成果丰富。

(六)纸基功能材料技术方面

我国特种纸生产企业主要以中小型企业为主，其技术研发水平和综合实力与国外还有一定差距，产品技术创新主要停留在模仿阶段，原创技术与产品偏少，导致国产自主品牌缺乏，削弱了国际市场竞争力。

四、制浆造纸科学技术学科发展趋势和展望

(一)本学科发展目标和前景

面对资源和环境制约，本学科技术的发展将以“资源低消耗、过程低排放、产品可再生、废弃物资源化”为目标，以发展循环经济、创新发展模式、建设资源节约型制浆造纸工业为核心，重点开展资源的高效和循环利用、污染治理、节能减排技术与装备研究，促进制浆造纸工业实现产业发展与环境、社会效益的完美统一。

(二)学科未来发展趋势

针对我国制浆造纸工业纤维资源短缺，能源和水资源匮乏，而环境保护要求日益严格的现状以及产业政策要求，制浆造纸学科技术必将依据我国制浆造纸工业原料结构特点和企业技术水平的现状，进一步加大科学研究与技术开发力度，通过跟踪研究国际前沿技术，发展自主创新的先进技术，加快制浆造纸科技进步的步伐，促进我国制浆造纸工业的持续发展。

学科研究成果的推广应用将进一步降低纤维资源和能源的消耗，减少污染负荷。

未来的制浆厂将是一个复合型植物纤维生物提炼厂，可得到纸浆、能源和多种化工产品。制浆造

纸工程学科的发展将为我国制浆造纸工业发展成资源节约型、环境友好型的绿色产业提供有力的技术支撑。

(三)本学科研究方向建议

为加快制浆造纸科技进步的步伐，从我国制浆造纸工业现状和发展需求以及行业政策导向出发，建议今后重点开展以下几个方面的制浆造纸科学研究和技术开发。

(1)纤维资源高效与循环利用技术。以废纸、速生材和非木材为主要对象，研究开发新型纤维分离技术和低品质纤维制浆造纸利用技术，提高纤维原料利用率，减少纸张回收和再生过程中的损耗和技术障碍，充分节约纤维资源。

(2)环境友好型制浆造纸关键技术。以制浆造纸过程清洁化技术为重点，研究开发生产过程污染减排先进适用技术、节水节能技术、造纸废水高效低成本处理和再生回用技术、固体废弃物资源化利用技术等，实现制浆造纸工业的降耗、减排、节能目标。

(3)高性能纸基功能材料生产技术。开发高性能纸基功能材料重点产品，满足高技术领域对纸基功能材料的需求；拓展纸基功能材料技术含量和功能特征；丰富纸基功能材料品种和应用范围。

(4)高度集成和性能明显提升的大型、先进、专用技术装备研制。以市场需求为导向，研制开发节能型清洁制浆成套设备，低能耗速生材高得率制浆成套设备，宽幅、高速先进纸机，高度集成的自动化制浆造纸生产线。

(5)高效、专一、功能性造纸化学品的开发应用，包括绿色化学品、生物质化学品、纳米材料的开发应用。

(6)制浆造纸行业循环和低碳经济关键技术的开发。围绕纤维资源高效利用和废弃物资源化目标，开展生物处理技术、膜材料处理技术、生物质能源技术的应用研究与产业化实施，建立制浆造纸工业生产过程循环可持续和低碳化发展模式技术体系。

（田 超 庍仕均）

发展现状

CURRENT STATUS OF DEVELOPMENT

中国造纸工业 2017 年度报告
2017 年我国深沪上市造纸公司概况
国家统计局数据：2017 年全国造纸及纸制品行业主要经济指标
国家统计局数据：2017 年全国造纸及纸制品行业分地区产品生产量
历年我国纸浆、纸及纸板生产量(1949—2017)
历年我国纸和纸板、纸浆及废纸进出口概况(1996—2017)
历年我国与世界纸浆、纸及纸板的生产量与消费量(1996—2017)
历年我国纸及纸板生产量、进出口量、消费量及消费结构(2001—2017)
2017 年我国纸产品进出口统计
我国纸浆分国别(地区)进口情况(2008—2017)
我国废纸分类别进口情况(2008—2017)
2017 年国内市场部分纸张价格
2016—2017 年全球分地区和种类纸和纸板需求量
2017 年中国造纸协会纸浆指数分析
2017 年全球化学商品浆供需情况分析

2

中国造纸工业 2017 年度报告

Annual Report of Chinese Paper Industry in 2017

一、纸及纸板生产和消费情况

(一)纸及纸板生产量和消费量

据中国造纸协会调查资料，2017 年全国纸及纸板生产企业约 2800 家，纸及纸板生产量 11130 万吨，同比增长 2.53%；消费量 10897 万吨，同比增长 4.59%；人均年消费量为 78 千克(13.90 亿人)。2008—2017 年，纸及纸板生产量年均增长率 3.77%，消费量年均增长率 3.59%(见图 1～图 3、表 1)。

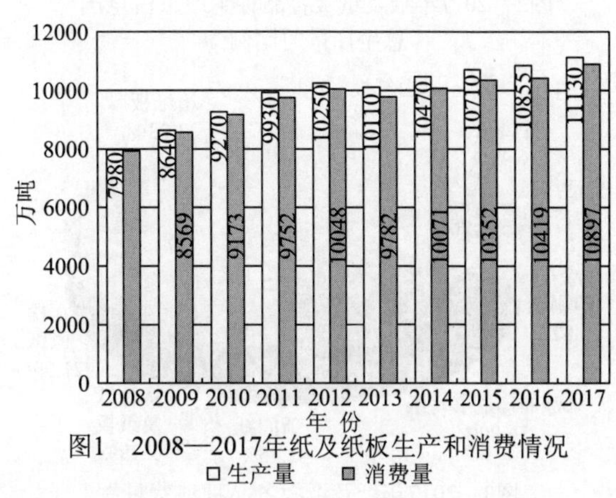

图1　2008—2017年纸及纸板生产和消费情况

表 1　　2017 年纸及纸板生产和消费情况　　单位：万吨

品　种	生产量		同比/%	消费量		同比/%
	2016 年	2017 年		2016 年	2017 年	
总量	10855	11130	2.53	10419	10897	4.59
1. 新闻纸	260	235	-9.62	265	267	0.75
2. 未涂布印刷书写纸	1770	1790	1.13	1689	1744	3.26
3. 涂布印刷纸	755	765	1.32	609	634	4.11
其中：铜版纸	665	675	1.50	565	585	3.54
4. 生活用纸	920	960	4.35	854	890	4.22
5. 包装纸	675	695	2.96	689	707	2.61
6. 白纸板	1405	1430	1.78	1265	1299	2.69
其中：涂布白纸板	1345	1370	1.86	1205	1238	2.74
7. 箱纸板	2305	2385	3.47	2364	2510	6.18
8. 瓦楞原纸	2270	2335	2.86	2271	2396	5.50
9. 特种纸及纸板	280	305	8.93	225	249	10.67
10. 其他纸及纸板	215	230	6.98	188	201	6.91

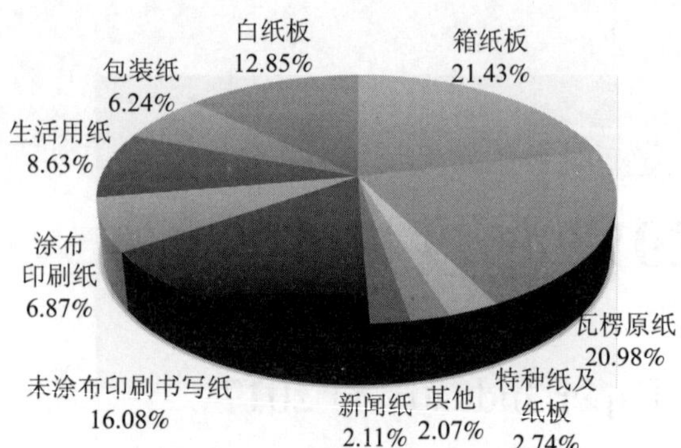

图2 2017年纸及纸板各品种生产量占全国总生产量的比例

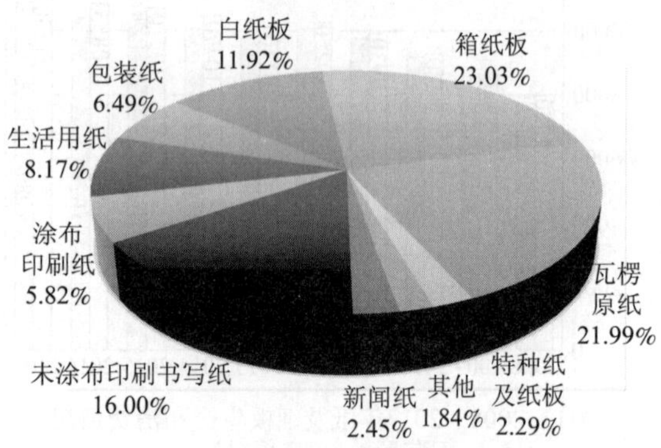

图3 2017年纸及纸板各品种消费量占全国总消费量的比例

(二)纸及纸板主要产品生产和消费情况

1. 新闻纸

2017 年新闻纸生产量 235 万吨，同比减少 9.62%；消费量 267 万吨，同比增长 0.75%(见图 4)。2008—2017 年生产量年均递减 7.19%，消费量年均递减 5.06%。

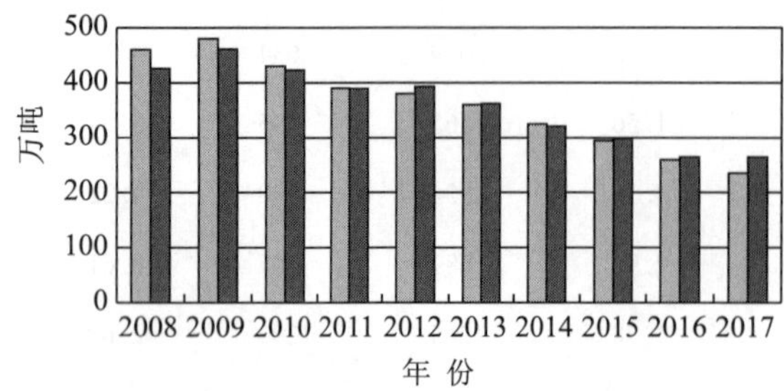

图4 2008—2017年新闻纸生产量和消费量

2. 未涂布印刷书写纸

2017 年未涂布印刷书写纸生产量 1790 万吨，同比增长 1.13%；消费量 1744 万吨，同比增长 3.26%(见图 5)。2008—2017 年生产量年均增长率 2.45%，消费量年均增长率 2.59%。

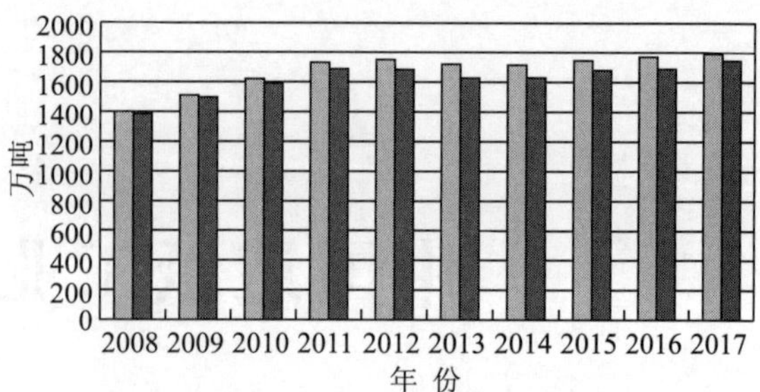

图5 2008—2017年未涂布印刷书写纸生产量和消费量

3. 涂布印刷纸

2017 年涂布印刷纸生产量 765 万吨，同比增长 1.32%；消费量 634 万吨，同比增长 4.11%(见图 6)。其中，铜版纸生产量 675 万吨，同比增长 1.50%；消费量 585 万吨，同比增长 3.54%(见图 7)。2008—2017 年涂布印刷纸生产量年均增长率 3.73%，消费量年均增长率 3.46%。2008—2017 年铜版纸生产量年均增长率 4.35%，消费量年均增长率 4.29%。

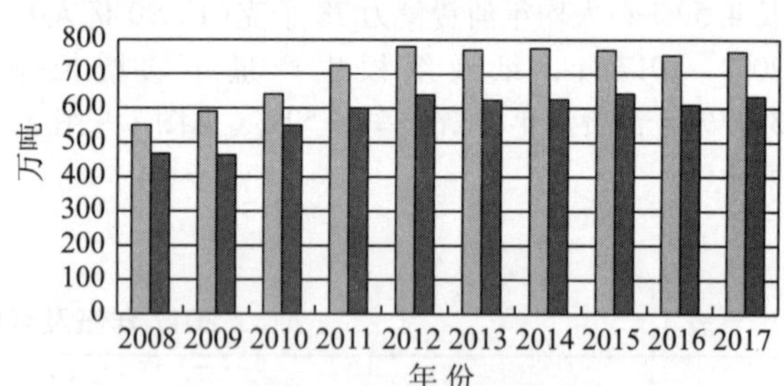

图6 2008—2017年涂布印刷纸生产量和消费量

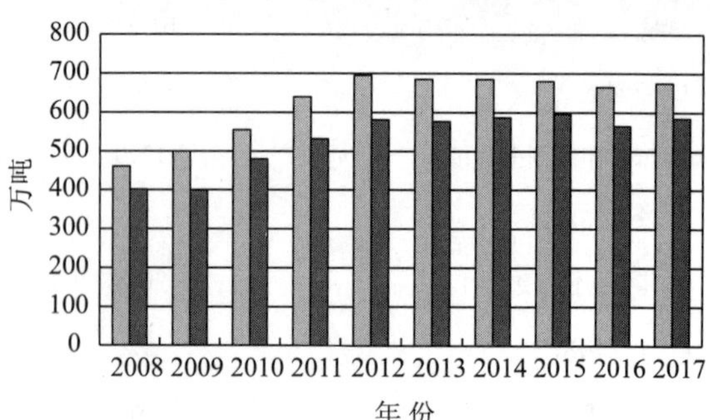

图7 2008—2017年铜版纸生产量和消费量

4. 生活用纸

2017 年生活用纸生产量 960 万吨，同比增长 4.35%；消费量 890 万吨，同比增长 4.22%(见图 8)。2008—2017 年生产量年均增长率 6.38%，消费量年均增长率 6.55%。

5. 包装纸

2017 年包装纸生产量 695 万吨，同比增长

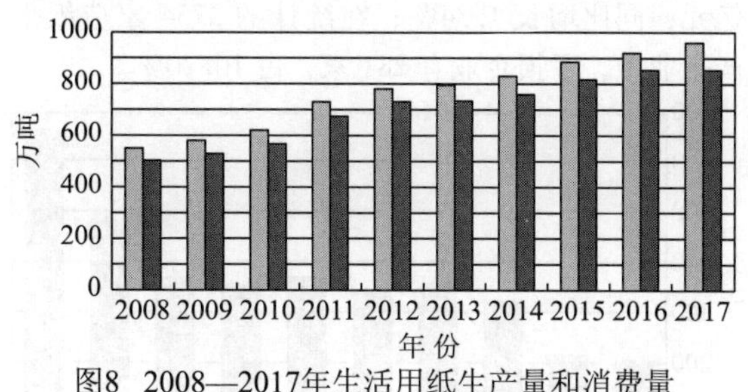

图8　2008—2017年生活用纸生产量和消费量

■生产量　■消费量

2.96%；消费量 707 万吨，同比增长 2.61%（见图 9）。2008—2017 年生产量年均增长率 2.43%，消费量年均增长率 2.44%。

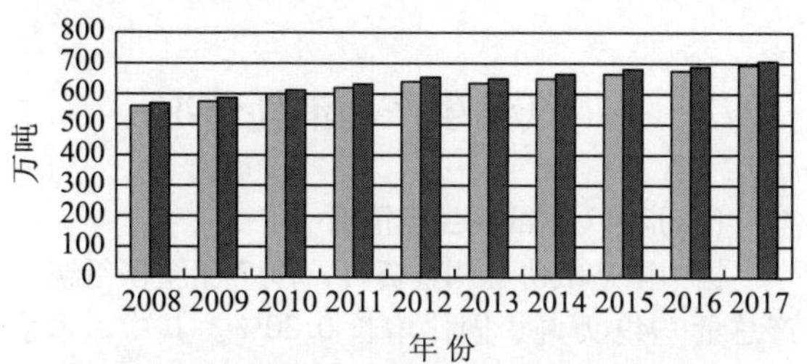

图9　2008—2017年包装纸生产量和消费量

■生产量　■消费量

6. 白纸板

2017 年白纸板生产量 1430 万吨，同比增长 1.78%；消费量 1299 万吨，同比增长 2.69%（见图 10）。其中，涂布白纸板生产量 1370 万吨，同比增长 1.86%；消费量 1238 万吨，同比增长 2.74%（见图 11）。2008—2017 年白纸板生产量年均增长率 2.75%，消费量年均增长率 1.55%。2008—2017 年涂布白纸板生产量年均增长率 2.78%，消费量年均增长率 1.52%。

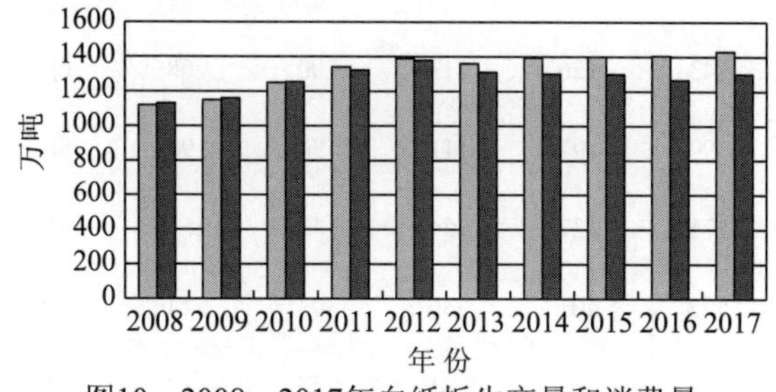

图10　2008—2017年白纸板生产量和消费量

■生产量　■消费量

7. 箱纸板

2017 年箱纸板生产量 2385 万吨，同比增长 3.47%；消费量 2510 万吨，同比增长 6.18%（见图 12）。2008—2017 年生产量年均增长率 5.06%，消费量年均增长率 5.09%。

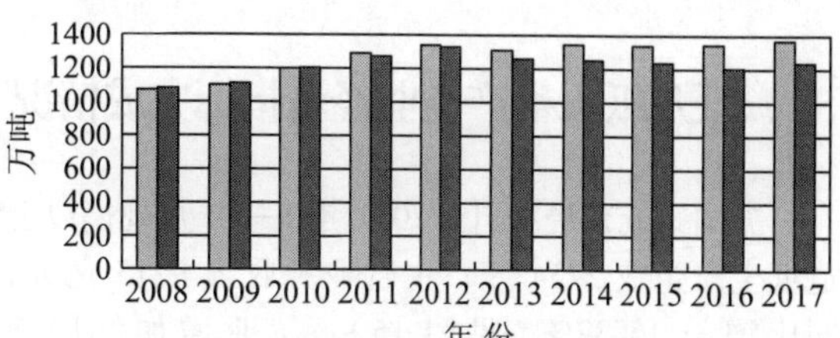

图11　2008—2017年涂布白纸板生产量和消费量

■生产量　■消费量

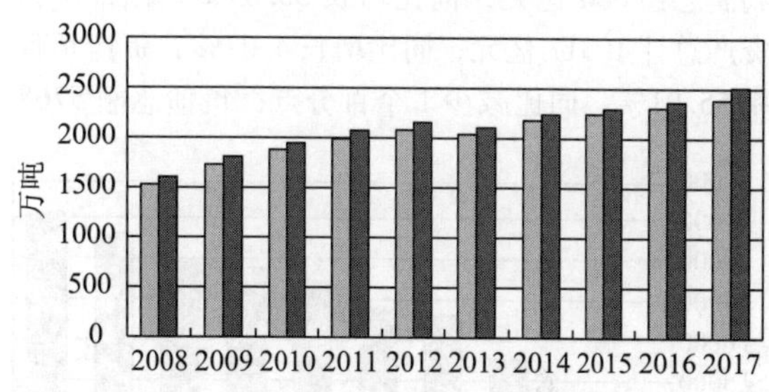

图12　2008—2017年箱纸板生产量和消费量

■生产量　■消费量

8. 瓦楞原纸

2017 年瓦楞原纸生产量 2335 万吨，同比增长 2.86%；消费量 2396 万吨，同比增长 5.50%（见图 13）。2008—2017 年生产量年均增长率 4.89%，消费量年均增长率 4.94%。

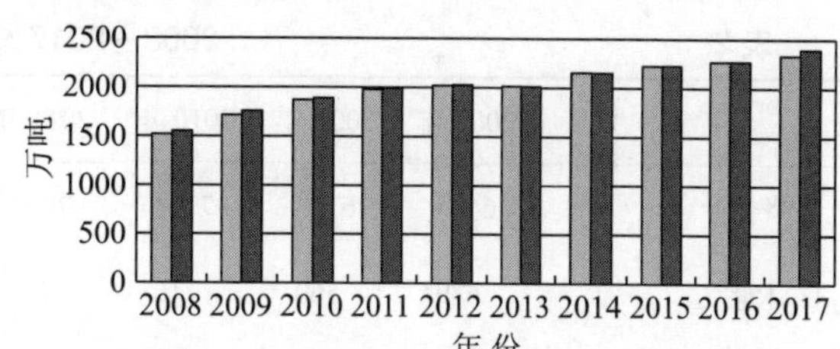

图13　2008—2017年瓦楞原纸生产量和消费量

■生产量　■消费量

9. 特种纸及纸板

2017 年特种纸及纸板生产量 305 万吨，同比增长 8.93%；消费量 249 万吨，同比增长 10.67%（见图 14）。2008—2017 年生产量年均增长率 9.04%，消费量年均增长率 6.27%。

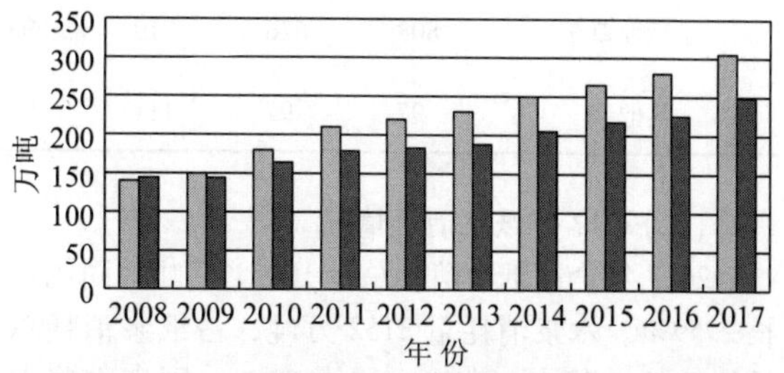

图14　2008—2017年特种纸及纸板生产量和消费量

■生产量　■消费量

二、纸及纸板生产企业经济指标完成情况

据国家统计局统计，2017 年 1—12 月规模以上造纸生产企业 2754 家；主营业务收入 9215 亿元，同比增长 15.37%（见图 15）；工业增加值增速 3.90%；产成品存货 334 亿元，同比增长 27.78%；利润总额 666 亿元，同比增长 55.63%（见图 16）；资产总计 10317 亿元，同比增长 4.07%；资产负债率 55.91%，同比减少 1 个百分点；负债总额 5768 亿元，同比增长 1.34%；在统计的 2754 家造纸生产企业中，亏损企业有 281 家，占 10.20%。

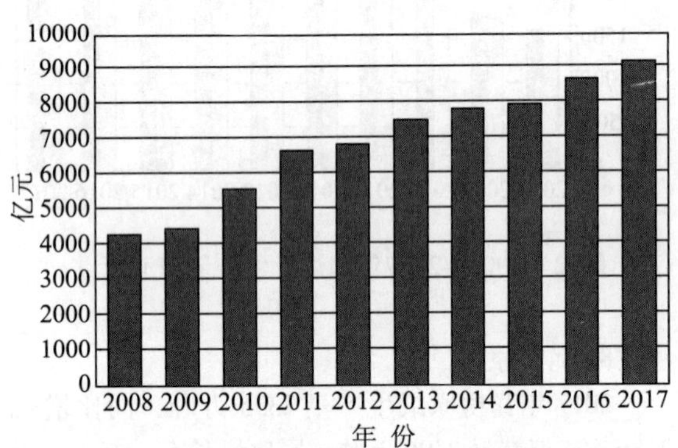

图15 2008—2017年主营业务收入

注：2008—2010年主营业务收入数据为中国造纸协会数据

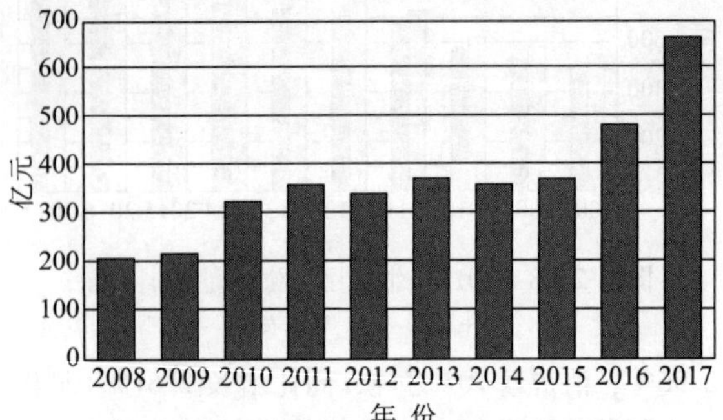

图16 2008—2017年利润总额

注：2008—2010年利润总额数据为中国造纸协会数据

三、纸浆生产和消耗情况

（一）2017 年纸浆生产情况

据中国造纸协会调查资料，2017 年全国纸浆生产总量 7949 万吨，同比增长 0.30%。其中，木浆 1050 万吨，同比增长 4.48%；废纸浆 6302 万吨，同比减少 0.43%；非木材浆 597 万吨，同比增长 1.02%（见表 2）。

表 2 2008—2017 年纸浆生产情况 单位：万吨

品种	2008 年	2009 年	2010 年	2011 年	2012 年	2013 年	2014 年	2015 年	2016 年	2017 年
纸浆合计	6415	6733	7318	7723	7867	7651	7906	7984	7925	7949
1. 木浆	679	560	716	823	810	882	962	966	1005	1050
2. 废纸浆	4439	4997	5305	5660	5983	5940	6189	6338	6329	6302
3. 非木材浆	1297	1176	1297	1240	1074	829	755	680	591	597
苇浆	150	144	156	158	143	126	113	100	68	69
蔗渣浆	97	98	117	121	90	97	111	96	90	86
竹浆	146	161	194	192	175	137	154	143	157	165
稻麦草浆	808	676	719	660	592	401	336	303	244	246
其他浆	97	97	111	109	74	68	41	38	32	31

（二）2017 年纸浆消耗情况

2017 年全国纸浆消耗总量 10051 万吨，同比增长 2.59%。木浆消耗量 3152 万吨，占纸浆消耗总量的 31%，其中，进口木浆占 21%，国产木浆占 10%。废纸浆 6302 万吨，占纸浆消耗总量的 63%，其中，用进口废纸制浆占 21%，用国产废纸制浆占 42%。非木材浆 597 万吨，占纸浆消耗总量的 6%，其中，稻麦草浆占 2.5%，竹浆占 1.6%，苇（荻）浆占 0.7%，蔗渣浆占 0.9%，其他非木材浆占 0.3%（见表 3、图 17 ~ 图 18）。

表 3　2017 年我国纸浆消耗情况

品　种	2016 年		2017 年		同比/%
	消耗量/万吨	占比/%	消耗量/万吨	占比/%	
总量	9797	100	10051	100	2.59
木浆	2877	29	3152	31	9.56
其中：进口木浆	1881[1]	19	2112[2]	21	12.28
废纸浆	6329	65	6302	63	-0.43
其中：进口废纸制浆	2308	24	2063	21	-10.62
非木材浆	591	6	597	6	1.02

注：1. 2016 年进口木浆 2106 万吨，扣除溶解浆 225 万吨，实际消耗量 1881 万吨。
2. 2017 年进口木浆 2372 万吨，扣除溶解浆 260 万吨，实际消耗量 2112 万吨。

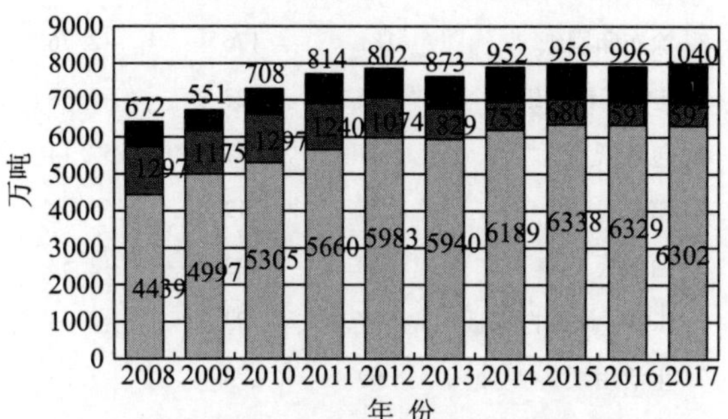

图17　2008—2017年国产纸浆消耗情况
■ 废纸浆　■ 非木材浆 □ ■ 木浆

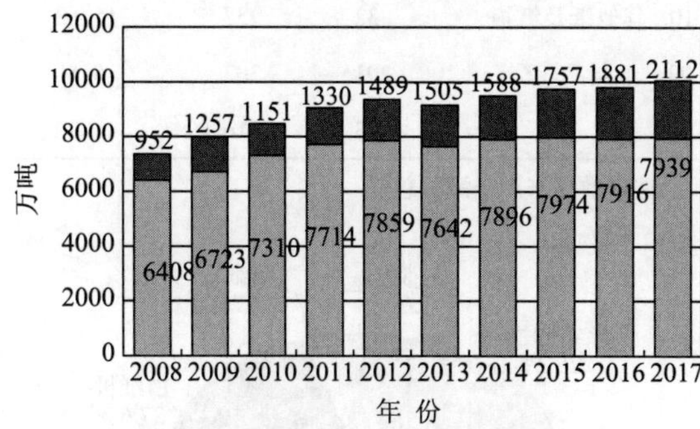

图18　2008—2017年纸浆总消耗情况
■ 国产纸浆消耗量　■ 进口纸浆消耗量

四、纸制品生产和消费情况

根据国家统计局数据，2017 年全国规模以上纸制品生产企业 3882 家，生产量 6801 万吨，同比减少 5.41%。消费量 6513 万吨，同比减少 5.76%（见图 19）。进口量 19 万吨，出口量 307 万吨。2008—2017 年，纸制品生产量年均增长率 8.77%，消费量年均增长率 9.00%。

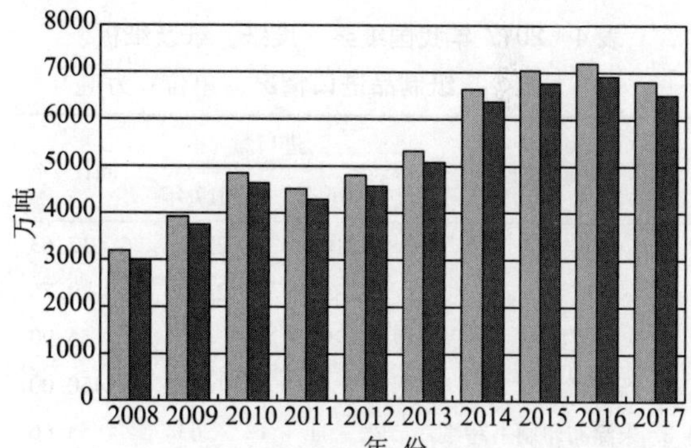

图19　2008—2017年纸制品生产和消费情况
■ 生产量　■ 消费量

注：数据来源于国家统计局（规模以上企业统计）

五、纸及纸板、纸浆、废纸及纸制品进出口情况

（一）纸及纸板、纸浆、废纸及纸制品进口情况

2017 年纸及纸板进口 466 万吨，同比增长 56.90%；纸浆进口 2372 万吨，同比增长 12.63%；废纸进口 2572 万吨，同比减少 9.75%；纸制品进口 19 万吨，同比增长 58.33%。

2017 年进口纸及纸板、纸浆、废纸、纸制品合计 5429 万吨，同比增长 3.11%；用汇 261.20 亿美元，同比增长 23.36%。进口纸及纸板平均价格为 901.28 美元/吨，比 2016 年平均价格下降 17.88%；进口纸浆平均价格为 646.65 美元/吨，比 2016 年平均价格增长 11.28%；进口废纸平均价格为 228.43 美元/吨，比 2016 年平均价格增长 30.49%（见表 4）。2017 年我国纸及纸板各品种进口量占总进口量的比例见图 20。

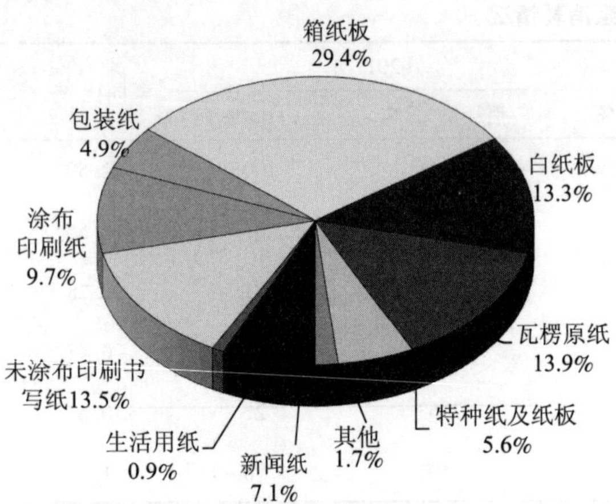

图20 2017年我国纸及纸板各品种进口量占总进口量的比例

表 4 2017 年我国纸浆、废纸、纸及纸板、纸制品进口情况 单位：万吨

品 种	进口量		同比/%
	2016 年	2017 年	
一、纸浆	2106	2372	12.63
二、废纸	2850	2572	-9.75
三、纸及纸板	297	466	56.90
1. 新闻纸	6	33	450.00
2. 未涂布印刷书写纸	41	63	53.66
3. 涂布印刷纸	35	45	28.57
其中：铜版纸	26	33	26.92
4. 包装纸	21	23	9.52
5. 箱纸板	94	137	45.74
6. 白纸板	58	62	6.90
其中：涂布白纸板	57	61	7.02
7. 生活用纸	3	4	33.33
8. 瓦楞原纸	8	65	712.50
9. 特种纸及纸板	26	26	0.00
10. 其他纸及纸板	5	8	60.00
四、纸制品	12	19	58.33
总 计	5265	5429	3.11

注：数据来源于海关总署。

(二)纸及纸板、纸浆、废纸及纸制品出口情况

2017 年纸及纸板出口 699 万吨，同比减少 4.64%；纸浆出口 9.87 万吨，同比增长 3.13%；废纸出口 0.15 万吨，同比减少 34.78%；纸制品出口 307 万吨，同比增长 5.50%。

2017 年出口纸及纸板、纸浆、废纸、纸制品合计 1016.02 万吨，同比减少 1.72%；创汇 179.74 亿美元，同比增长 1.27%。出口纸及纸板平均价格为 1240.28 美元/吨，比 2016 年平均价格增长 0.36%；出口纸浆平均价格为 1364.74 美元/吨，比 2016 年平均价格增长 19.73%(见表 5)。2017 年纸及纸板各品种出口量占总出口量的比例见图 21。

表 5 2017 年我国纸浆、废纸、纸及纸板、纸制品出口情况 单位：万吨

品 种	出口量		同比/%
	2016 年	2017 年	
一、纸浆	9.57	9.87	3.13
二、废纸	0.23	0.15	-34.78
三、纸及纸板	733	699	-4.64
1. 新闻纸	1	1	0.00
2. 未涂布印刷书写纸	122	109	-10.66
3. 涂布印刷纸	181	176	-2.76
其中：铜版纸	126	123	-2.38
4. 包装纸	7	11	57.14
5. 箱纸板	35	12	-65.71
6. 白纸板	198	193	-2.53
其中：涂布白纸板	197	193	-2.03
7. 生活用纸	69	74	7.25
8. 瓦楞原纸	7	4	-42.86
9. 特种纸及纸板	81	82	1.23
10. 其他纸及纸板	32	37	15.63
四、纸制品	291	307	5.50
总 计	1033.80	1016.02	-1.72

注：数据来源于海关总署。

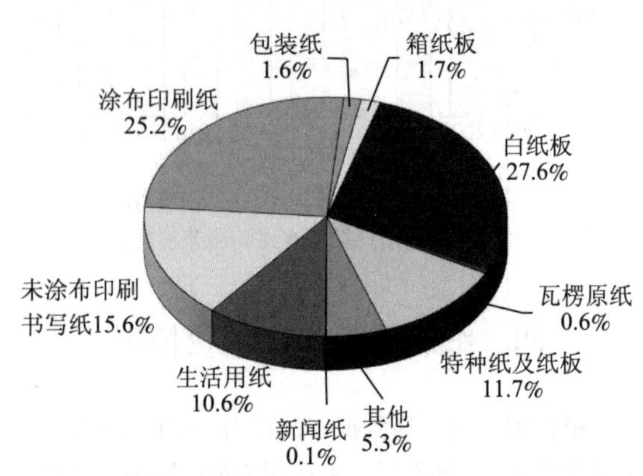

图21 2017年纸及纸板各品种出口量占总出口量的比例

(三)2008—2017 年纸及纸板主要产品进出口情况

1. 新闻纸

2017 年新闻纸进口量大于出口量，净进口量

32 万吨。2008—2017 年新闻纸进口量及出口量见图 22。

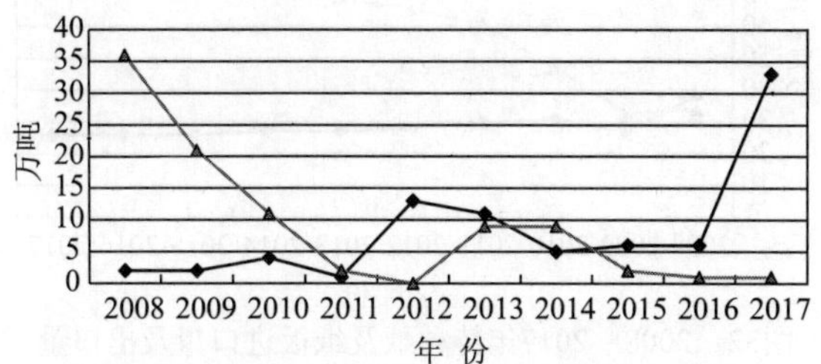

图22　2008—2017年新闻纸进口量及出口量

◆进口量　▲出口量

2. 未涂布印刷书写纸

2017 年未涂布印刷书写纸出口量大于进口量，净出口量 46 万吨。2008—2017 年未涂布印刷书写纸进口量及出口量见图 23。

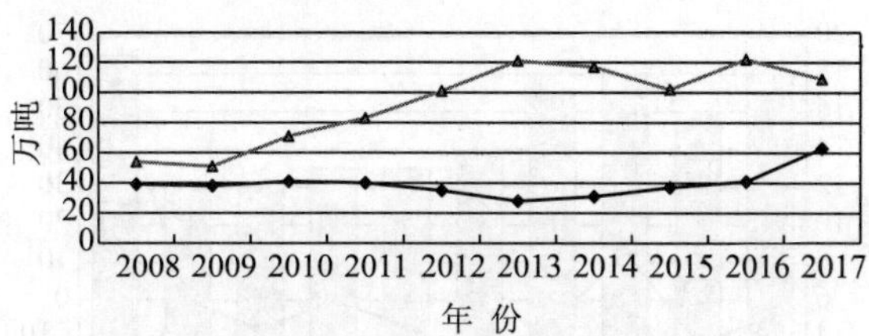

图23　2008—2017年未涂布印刷书写纸进口量及出口量

◆进口量　▲出口量

3. 涂布印刷纸

2017 年涂布印刷纸出口量大于进口量，净出口量 131 万吨。其中，铜版纸出口量大于进口量，净出口量 90 万吨。2008—2017 年涂布印刷纸进口量及出口量见图 24。2008—2017 年铜版纸进口量及出口量见图 25。

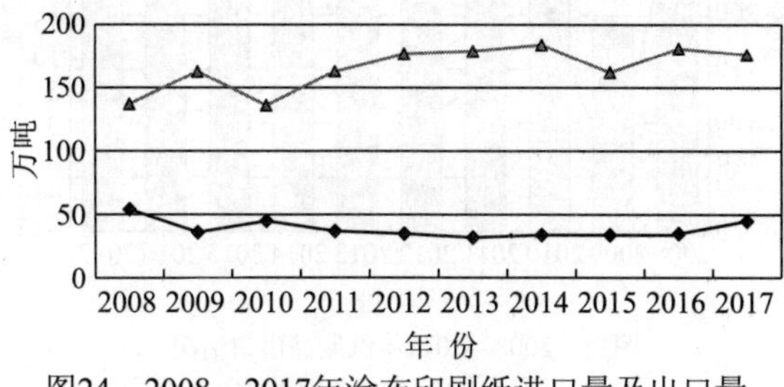

图24　2008—2017年涂布印刷纸进口量及出口量

◆进口量　▲出口量

4. 生活用纸

2017 年生活用纸出口量大于进口量，净出口量 70 万吨。2008—2017 年生活用纸进口量及出口量见图 26。

5. 包装纸

2017 年包装纸进口量大于出口量，净进口量 12 万吨。2008—2017 年包装纸进口量及出口量见图 27。

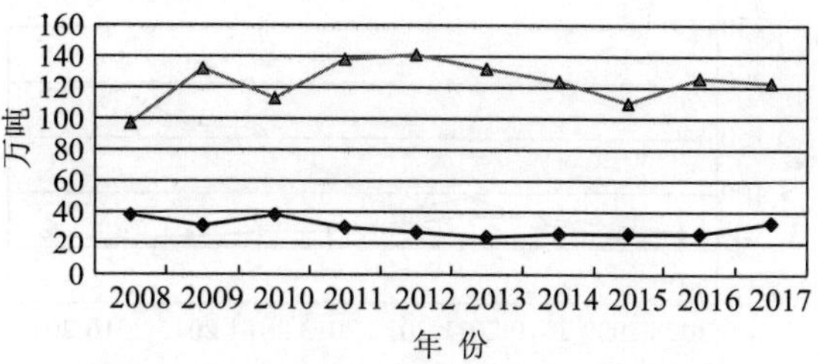

图25　2008—2017年铜版纸进口量及出口量

◆进口量　▲出口量

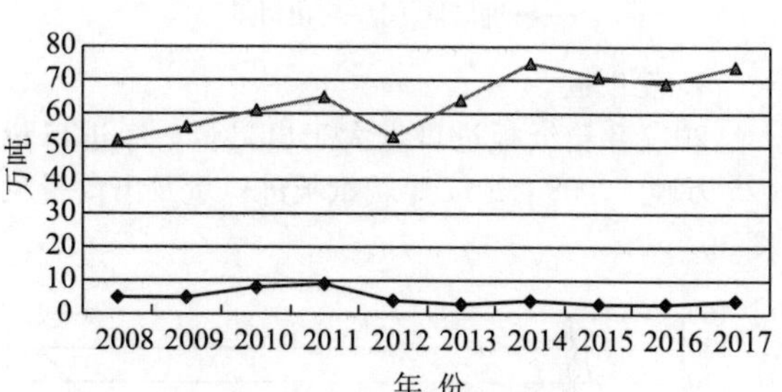

图26　2008—2017年生活用纸进口量及出口量

◆进口量　▲出口量

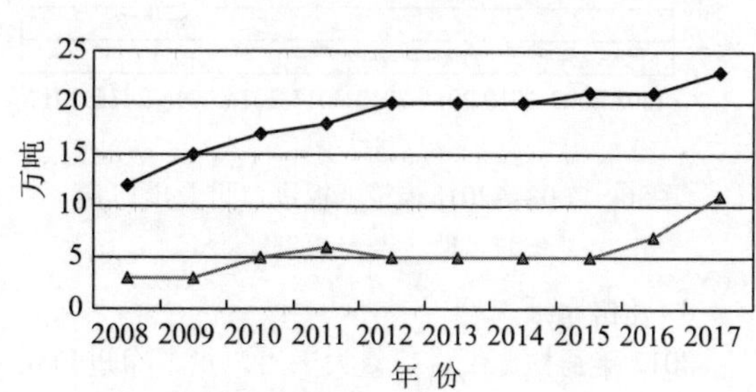

图27　2008—2017年包装纸进口量及出口量

◆进口量　▲出口量

6. 白纸板

2017 年白纸板出口量大于进口量，净出口量 131 万吨。其中，涂布白纸板出口量大于进口量，净出口量 132 万吨。2008—2017 年白纸板进口量及出口量见图 28。2008—2017 年涂布白纸板进口量及出口量见图 29。

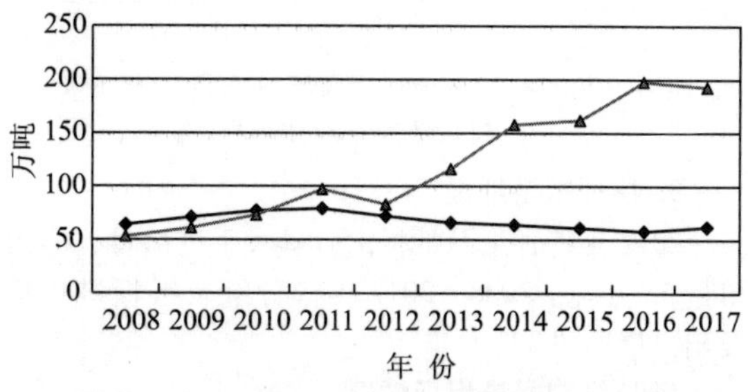

图28　2008—2017年白纸板进口量及出口量

◆进口量　▲出口量

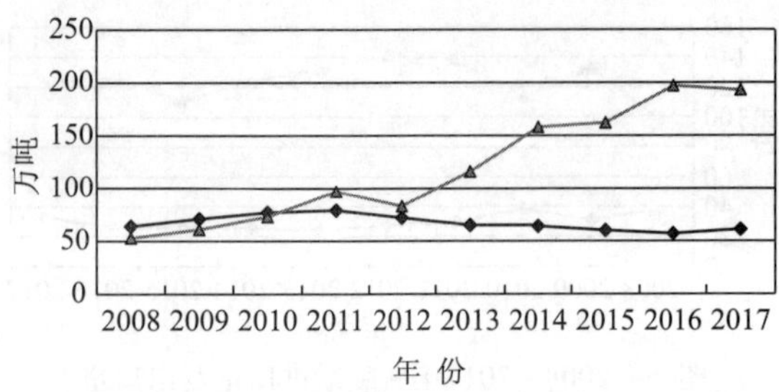

图29　2008—2017年涂布白纸板进口量及出口量

进口量　出口量

7. 箱纸板

2017 年箱纸板进口量大于出口量，净进口量 125 万吨。2008—2017 年箱纸板进口量及出口量见图 30。

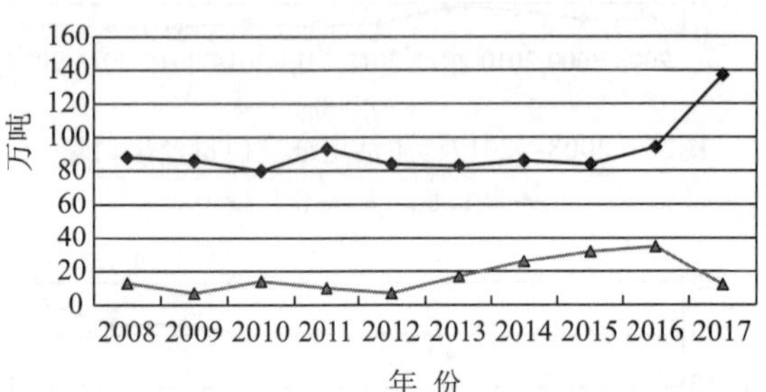

图30　2008—2017年箱纸板进口量及出口量

进口量　出口量

8. 瓦楞原纸

2017 年瓦楞原纸进口量大于出口量，净进口量 61 万吨。2008—2017 年瓦楞原纸进口量及出口量见图 31。

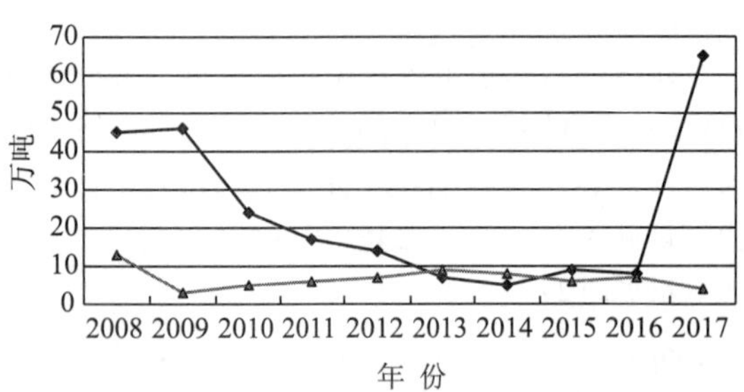

图31　2008—2017年瓦楞原纸进口量及出口量

进口量　出口量

9. 特种纸及纸板

2017 年特种纸及纸板出口量大于进口量，净出口量 56 万吨。2008—2017 年特种纸及纸板进口量及出口量见图 32。

（四）纸制品进出口情况

1. 纸制品进口情况

2017 年纸制品进口量 19 万吨，比 2016 年增加 7 万吨，同比增长 58%。2008—2017 年纸制品进口

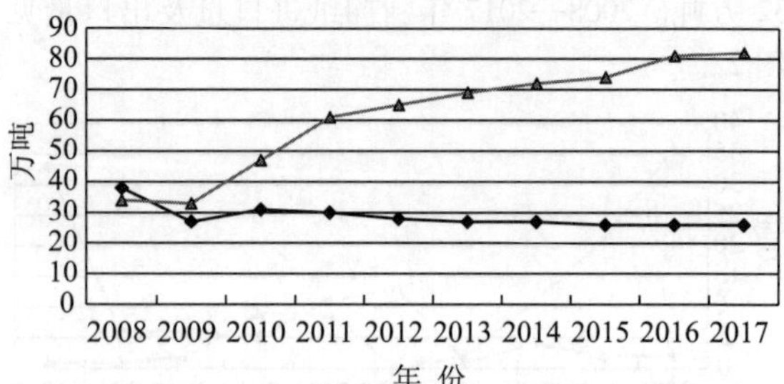

图32　2008—2017年特种纸及纸板进口量及出口量

进口量　出口量

情况见图 33。

2. 纸制品出口情况

2017 年纸制品出口量 307 万吨，比 2016 年增加 16 万吨，同比增长 5%。2008—2017 年纸制品出口情况见图 34。

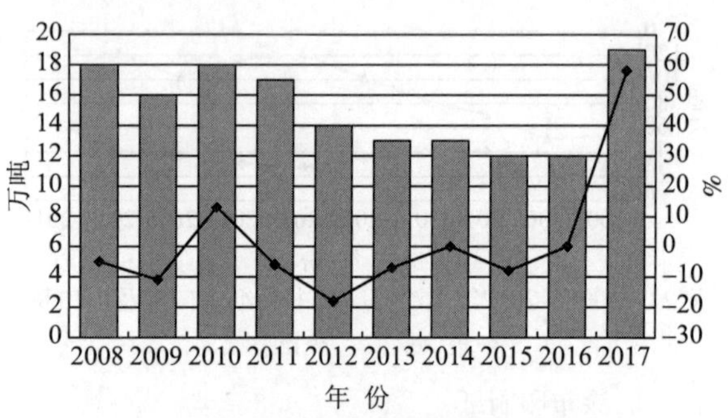

图33　2008—2017年纸制品进口情况

进口量　同比增长

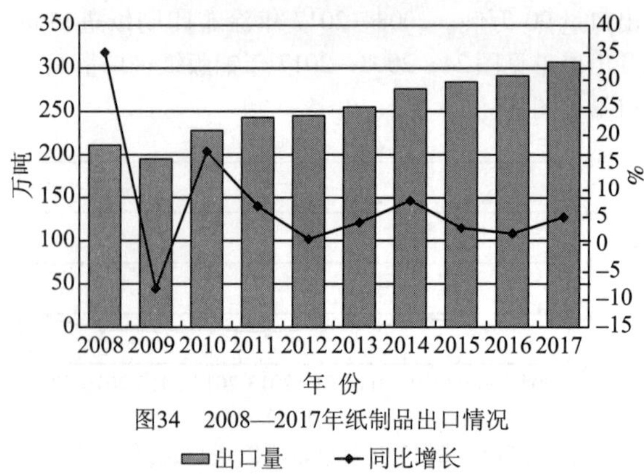

图34　2008—2017年纸制品出口情况

出口量　同比增长

六、纸及纸板生产布局与集中度

根据中国造纸协会调查资料，2017 年我国东部地区 11 个省（区、市）纸及纸板生产量占全国纸及纸板生产量的比例为 74.9%；中部地区 8 个省（区）占 15.9%；西部地区 12 个省（区、市）占 9.2%（见表 6）。

表6　2017年纸及纸板生产量区域布局变化

	2016年		2017年	
	生产量/万吨	占比/%	生产量/万吨	占比/%
全国纸及纸板生产量	10855	100	11130	100
其中：东部地区	8153	75.1	8332	74.9
中部地区	1758	16.2	1767	15.9
西部地区	944	8.7	1031	9.2

注：据中国造纸协会调查资料。

2017年广东、山东、浙江、江苏、福建、河南、重庆、安徽、河北、湖南、湖北、广西、天津、四川、江西和海南16个省(区、市)纸及纸板生产量超过100万吨，生产量合计10587万吨，占全国纸及纸板总生产量的95.12%(见表7、图35)。

七、结　语

2017年国内经济整体形势稳中向好，带动了造纸工业平稳发展，经济效益增长显著。

2017年我国造纸工业克服了原辅材料价格上涨等不利因素，尤其在商品纸浆与废纸原料市场价格大幅波动的情况下，产销总量保持了稳中有增，骨干企业和特色企业经济效益增长强劲，拉动了全行业主营业务收入和利润等主要经济指标的大幅增长，行业景气度明显提升。

表7　2017年纸及纸板生产量100万吨以上的省(区、市)　单位：万吨

省(区、市)	生产量		同比/%
	2016年	2017年	
广东省	1840	1885	2.45
山东省	1850	1875	1.35
浙江省	1690	1711	1.24
江苏省	1285	1253	-2.49
福建省	705	758	7.52
河南省	610	568	-6.89
重庆市	280	309	10.36
安徽省	295	302	2.37
河北省	275	297	8.00
湖南省	310	290	-6.45
湖北省	215	267	24.19
广西壮族自治区	240	251	4.58
天津市	230	231	0.43
四川省	195	221	13.33
江西省	185	196	5.95
海南省	165	173	4.85
合计	10370	10587	2.09

注：据中国造纸协会调查资料。

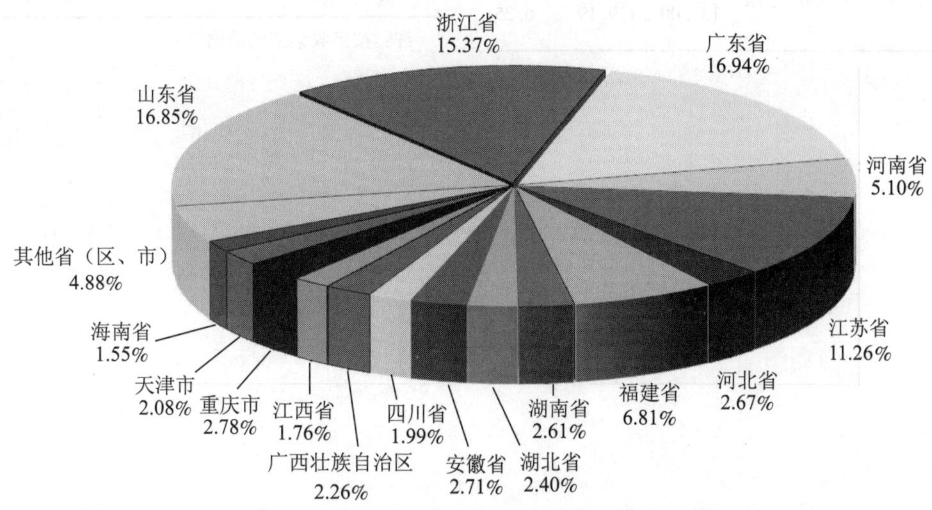

图35　2017年主要省（区、市）纸及纸板生产量占全国纸及纸板总生产量的比例

注：据中国造纸协会调查资料。

由于国办发〔2017〕70号文件《禁止洋垃圾入境推进固体废物进口管理制度改革实施方案》的进一步贯彻落实，将对2018年造纸生产和市场供给带来诸多不确定因素，应引起业界的高度重视。

附表 2017 年重点造纸企业生产量前 30 名企业

序号	单位名称	生产量/万吨		同比/%
		2016 年	2017 年	
1	玖龙纸业(控股)有限公司	1331.00	1313.00	-1.35
2	理文造纸有限公司	543.13	554.98	2.18
3	山东晨鸣纸业集团股份有限公司	442.55	510.11	15.27
4	山东太阳控股集团有限公司	378.93	443.16	16.95
5	山鹰国际控股股份公司	354.00	358.00	1.13
6	华泰集团有限公司	318.65	313.17	-1.72
7	中国纸业投资有限公司	234.00	280.00	19.66
8	福建联盛纸业有限责任公司	235.00	236.00	0.43
9	宁波中华纸业有限公司(含宁波亚洲浆纸业有限公司)	223.90	228.00	1.83
10	江苏荣成环保科技股份有限公司	183.71	209.53	14.05
11	金东纸业(江苏)股份有限公司	207.73	206.41	-0.64
12	山东博汇集团有限公司	197.85	191.66	-3.13
13	东莞建晖纸业有限公司	143.00	147.93	3.45
14	亚太森博(山东)浆纸有限公司	99.00	142.00	43.43
15	浙江景兴纸业股份有限公司	131.00	139.19	6.25

续表

序号	单位名称	生产量/万吨		同比/%
		2016 年	2017 年	
16	山东世纪阳光纸业集团有限公司	124.61	128.84	3.39
17	海南金海浆纸业有限公司	108.85	110.00	1.06
18	东莞金洲纸业有限公司	105.91	108.80	2.73
19	金红叶纸业集团有限公司	129.34	107.02	-17.26
20	浙江新胜大控股集团有限公司	70.99	96.67	36.17
21	芬欧汇川(中国)有限公司	100.00	94.00	-6.00
22	山东泉林纸业有限责任公司	93.06	93.18	0.13
23	武汉金凤凰纸业有限公司	73.22	83.88	14.56
24	新乡新亚纸业集团股份有限公司	75.86	82.18	8.33
25	东莞金田纸业有限公司	56.50	72.34	28.04
26	邹平汇泽实业有限公司(山东天地缘纸业有限公司)	45.92	68.52	49.22
27	漯河银鸽实业集团有限公司		63.95	
28	东莞顺裕纸业有限公司	51.50	62.40	21.17
29	大河纸业有限公司	59.32	61.84	4.25
30	金华盛纸业(苏州工业园区)有限公司	62.60	60.11	-3.98

注：按已收集到的数据排列。

2017 年我国深沪上市造纸公司概况

Papermaking Companies Listed on Shenzhen and Shanghai Stock Market in 2017

一、造纸工业整体运行环境概述

继 2016 年环保年之后，2017 年又有一系列重磅政策相继出台实施，这些政策的高压推进，正在改变我国造纸工业的发展理念，为行业可持续健康发展指明了方向。2017 年全国纸及纸板生产量 11130 万吨，同比增长 2.53%。消费量 10897 万吨，同比增长 4.59%。生产量和消费量均高于近 10 年平均增长速度，产需两旺，景气度攀升。

1. 限制废纸进口

作为治污重点对象的造纸工业，先是在 2017 年 8 月接到环境保护部发布的新版《进口废物管理目录》。近日，《进口废纸环境保护管理规定》正式公布实施，这对申请进口废纸许可的加工利用企业资质作出了明确要求。

2. 环保税正式实施

我国于 2016 年 12 月 25 日通过《环境保护税法》，于 2018 年 1 月 1 日开始实施，替代了从 2003 年开始实施的《排污费征收使用管理条例》。费改税，以税法的形式确定下来，层级更高，征收的强制性大大增强；标准更高，施行了 40 年的排污收费制度将退出历史舞台，大大利好行业内环保做得好的企业；地方积极性高，征收部门为税务部门，环保部门只提供税基（排污费征收部门是环保部门），且全部收入作为地方收入，中央不参与分成（排污费中央分成 1/10），提高地税部门积极性。

3. 常态化、长效化的环保督查

持续两年时间，覆盖全国各省市自治区，每个督察组均由正部长级领导带队，中央环保督察从规模到规格都堪称史上之最。中央环保督察切实推动解决了一大批环境问题，增强了人民群众的获得感。从以查企业为主转变为“查督并举，以督政为主”。而这意味着地方党委将与政府一道接受监督，督察内容从“督企”到了“督政”。如今，通过巡视常态化，我国已经建立起相对完善的常态化环保督查体系，环境监管已逐步形成对环保执法、环保问责的高压态势，并为新环保法实施的长效机制营造了良好氛围。

4. 排污许可证在造纸行业内率先实施

2017 年造纸行业率先在全行业范围内实行排污许可证制度，2017 年 6 月 30 日各地区完成核发工作。截至 2017 年 7 月底，造纸行业内拿到排污许可证的企业有 2412 家（全行业制浆造纸企业共 2782 家）。而国务院办公厅发布的《控制污染物排放许可实施方案》明确提出“总量控制制度”，排污许可证的实施本质上是从源头上控制相关行业的排污总量，未来新建产能是否能取得足够的排污许可是核心关键。排污总量一定，排污许可证资源属性凸显，市场化引导行业龙头集中度提升。

5. 限制自备热电厂建设

造纸企业要稳定盈利，自备热电厂不可少。2015 年国家发展和改革委、国家能源局发布《关于加强和规范燃煤自备电厂监督管理的指导意见》，明确提出要加强对自备电厂的约束，总体原则是：总量控制、节能减排、缴纳费用。根据这一规定，自备热电厂都需要办理电力运行证，没有运行证将不合法，会给予取消。这一政策将会逐步落地，对工业制造业带来实质性重大影响。目前国家和各省区对于自备热电厂的审批非常严格，取消自备热电厂将会极大弱化造纸行业的盈利能力。

随着去产能、供给侧改革等政策的不断推进，环保政策持续趋严，造纸行业淘汰落后产能进展顺利，纸及纸板需求将继续提升，新增产能主要来自大厂，将为部分企业带来商机和发展机遇。同时，在环保高压之下，大量中小造纸企业治污能力较弱，面临淘汰，加速行业洗牌，行业集中度进一步提升，行业景气程度持续不断提升。受木浆、废纸、物流等成本推动影响，纸品价格上涨，盈利能力得到改善，尤其是一些龙头造纸企业凭借自有制浆能力的成本优势，竞争力更强大，盈利能力更高。

二、上市公司总体概述

按目前深沪两市上市公司行业分类，造纸和印刷上市公司在同一类型中，共有 52 家企业，截至 2017 年年底在深沪两市正常运作的含有制浆造纸和纸制品业务的上市公司为 26 家，比 2012 年最多时的 30 家减少 4 家。前些年，造纸板块一直表现温和或低迷，在资本市场运作上鲜有作为，继而不断被重组而退出造纸业务，成为新兴行业的重点重组对象。但近年在一系列政策刺激下市场景气度被看好，重组和股权交易等资本运作案件增多，也取得一些瞩目的成功案例，造纸板块整体经营状况持续好转，令人关注。

1. 在一系列政策刺激下市场看好，整体经营状况持续向好发展

各公司抓住市场旺盛的难得机遇，创新发展，各项经营指标完成情况是近年来造纸板块最好的一年，除个别企业出现经营不善外，绝大多数企业盈利能力普遍增强，总体持续向好发展。26 家上市公司总股本数 2884947 万股（其中无限售流通股 2428545 万股）；总资产 2762 亿元，比 2016 年净增约 414 亿元，同比增长 14.99%；净资产达 1198 亿元，比 2016 年净增 185 亿元，同比增长 15.42%；主营业务收入 1458 亿元，比 2016 年净增 318 亿元，同比增长 21.78%；实现净利润 119.22 亿元，比 2016 年净增 66.65 亿元，同比增长 55.91%。资产负债率有效控制在 60% 以下合理水平，2017 年平均资产负债率 56.64%，比 2016 年降低 0.22 个百分点。2017 年平均销售净利润率为 8.18%，比 2016 年提高 3.57 个百分点；平均总资产收益率 4.32%，比 2016 年提高 2.08 个百分点(造纸板块个股一览表见表 1 ~ 表 3 所示)。特别是重点企业继续承担了这一板块的盈利责任，浙江景兴纸业股份有限公司、山东博汇纸业股份有限公司、山东华泰纸业股份有限公司、山东晨鸣纸业集团股份有限公司、山东太阳纸业股份有限公司、安徽山鹰纸业股份有限公司、岳阳林纸股份有限公司等多家企业盈利能力稳定提高，约占总盈利的 80%。整体经营向好主要原因是在国家调整废纸进口政策和持续环保督查高压下市场明显趋好，特别是国家限制不分拣的废纸进口以及执行进口配额制，有利于大型企业的发展壮大，市场景气度高涨，需求旺盛，同时各企业不断提质增效、重视环保、加大新产品研发以及扩大销售网络等多项有效措施，核心业务的竞争能力得到较大提升，盈利能力获得较好保障。

2. 大宗产品核心支撑作用明显，是行业重要的盈利来源

2017 年以高强瓦楞原纸、牛皮卡纸、白卡纸为主的包装纸板类和以双胶纸、复印纸、铜版纸为主的文化纸类获利能力再次大幅提高；以围绕卷烟、电子商务和建材等行业配套的卷烟纸、无碳纸、热敏纸和壁纸为主的特种纸止住下滑趋势。电子发票和电子订单的推广导致无碳纸市场逐渐萎缩；国家控烟力度不减，卷烟生产量不升反降，影响卷烟纸及相关产品的供需；但以装饰原纸、表层耐磨纸、壁纸原纸为主的装饰用纸市场需求趋好，起到很好的支撑作用。特种纸类产品盈利总体与 2016 年持平。由于受到原纸价格高企的持续冲击，纸制品盈利能力骤降。生活用纸属于快消品，直接面对消费者，品牌效益逐步凸显，大品牌和高档产品盈利能力保持稳定。从近年糖纸一体化发展进程看，受蔗渣来源和规模较小的严重约束，纸品业务持续萎缩，已不再是糖业公司的核心业务，这是不争的事实。更可喜的是继山东晨鸣纸业集团股份有限公司和安徽山鹰纸业股份有限公司成立财务公司和租赁公司，进入资本市场取得明显效益外，一些公司也在股权投资方面开展活跃，在构建稳定合理的股权结构和提高管理决策效率的同时，或将进入新兴行业提高综合竞争能力。

3. 合规运行常态化，广泛关注社会责任

2017 年造纸板块 26 家公司年度报告审计结果均是无保留意见的审计报告，同时没有一家公司处于 ST 状态，这是历史上第一次，这说明各公司增强了内控审计和合规运行意识，更加注重公众形象和自身肩负的社会使命。2017 年度有 18 家企业进行了现金配发，占比近 70%，占比之大是历史上首次，往年经常配发的龙头企业仍起到核心作用。在年报里除了要求描述环保治理情况，监督各公司践行生态环保执行效果外，2017 年度又新增“精准扶贫”履行社会责任情况。按照中央统一部署，到 2020 年国家实现小康社会，不让一个人掉队，扶贫攻坚战全面打响，精准扶贫工作在各地展开。有些公司积极响应国家号召，实施精准扶贫，体现企业的社会责任和担当。如山东太阳纸业股份有限公司捐资 300 万元用于济宁市兖州区光伏发电扶贫项

目，实施后可解决全区无劳动能力的 385 户贫困户的稳定脱贫问题。但精准扶贫实施情况描述不足 10 家，偏少，希望各企业在享受国家政策盈利增多的同时，要积极行动起来，为国家实现小康社会的宏伟目标作出应有贡献。

4. 精心布局，全球扩展、多元融合积极构造有影响的国际性公司

一些企业多年来在全国布局生产加工基地，继而设立全国或区域全覆盖销售网络，通过“互联网+”，打造完整的销售平台，拉近了与客户的距离，降低了运输成本，提高了运输效率，提升了与市场的对接能力。个别公司为优化造纸产业布局，实现外延式发展，放眼全球，多领域开展并购，实施“一路一带”战略，踏上国际化、多元融合的新征程。

我国造纸工业已经取得长足进步，很多企业已建立起现代化企业制度和形象，但也有诸多难题亟待解决，创新驱动和技术进步就是造纸工业可持续发展的核心手段。各公司积极投身新产品的开发与产品生产工艺的升级和改进，打造拥有一支专业、高效、技术过硬的科技研发队伍，研发成果将形成公司专有技术，取得国家相关发明或实用新型专利等，并在公司相关产业应用，提升公司的核心竞争能力与技术研发能力。如安徽山鹰纸业股份有限公司依托山鹰学院，通过外派培训、外聘讲师授课、内部分享、外出交流学习等形式开展各类培训工作，系统开展人才队伍培养工作。

5. 政府补助急剧减少，修身立足是永恒的基石

2016 年和 2017 年市场需求持续高涨，整体效益普遍趋好，吸引新资本的大量流入，同时刺激许多企业纷纷投资扩产，预计新增产能将会在后两年内暴增，给行业稳定发展增添更多的不确定因素。高企的市场价格，已迫使下游加工企业不堪重负，需求萎缩，一些企业开始去库存低价销售，价格竞争迫在眉睫，经营风险隐患增大，应引起高度重视。造纸行业低速发展是常态，也是主流，谨防大波动大冲击。

由于近些年国民经济脱实向虚发展凸显，工业制造业实体受到严重冲击，各地政府纷纷向本区域的骨干企业输血扶持，2016 年上市公司共获得各种政府补助 12.43 亿元，是历史以来最高的一年。但 2017 年急剧减少，只有 7.83 亿元。一是说明造纸行业盈利能力增强，对政府补助依赖性减少；二是政府补助只是因为实体经济受到总体经济减速极大冲击下的一种非常规的临时救助措施，长远看，有逐步减少的趋势。所以企业要修身立足，还需自身提升核心业务盈利能力，才有持续的供血保障，方可做大做强。

6. 资金固化严重，去库存压力增大

2017 年国家严加环保政策，加快了落后产能淘汰进程，促使许多小企业停产，大量落后产能退出，一时间纸品市场大好，纸价疯涨。在极大改善造纸行业整体效益的同时，也极大刺激企业扩产的欲望，特别是包装类产品，受电商快递业的持续高涨推动，许多企业投资欲望膨胀。集中性产能暴增将在不久到来，风险剧增，价格竞争带来的市场剧烈波动将会重复上演，应引起足够警惕。但受上游纤维原料攀升、废纸进口限制和下游印刷包装的盈利能力被严重削弱等因素影响，库存周期瞬间逆转上升到高位，总计应收账款、存货和在建工程三大资金占用项高达 507 亿元，再创历史新高。如果遇到市场复苏下挫，造纸行业会很快陷入困境，进入新一轮的恶性循环状态，必须健全风险预警和对策机制，有效化解这一风险。

三、总　评

2017 年我国经济缓中趋稳，稳中向好，供给侧改革取得阶段性成果。在宏观经济运行平稳的背景下，造纸行业受供给侧结构性改革、国家环保整治、淘汰过剩产能以及市场需求增长等因素影响，推动造纸行业涨价提速，行业复苏迹象明显，高景气度将得到延续。但我们也要清醒地看到，一方面造纸行业环保问题依然严峻，成为各地环保监控的重点目标，密集出台的一系列环保严控政策的落地实施，在利好的同时也势必加大造纸企业的环保成本；另一方面随着网络购物的高速增长，对包装物的需求也在不断增长，包装市场依然具有较大的市场容量和发展潜力，一时间各地又掀起一轮包装纸和纸板的投资热潮；环保概念为本色纸(文化纸、生活用纸和包装纸)深层次发展注入一股强心剂，各地企业纷纷涌向这一市场浪潮中。国家对废纸进口的严格管理政策，必然使造纸纤维供需出现很大变化，有些企业积极转向海外，发展木浆厂或林浆一体化项目。山东太阳纸业股份有限公司老挝项目的正式建成投产，为这一发展战略注入新的动力和示范效应。

巨大的发展空间，中小企业偏多的行业结构，较高的原料对外依存度，叠加大起大落的市场行情，造纸行业面临的风险已经十分凸显。排污许可证的正式实施和国家规范自备电厂政策逐步落地，将使造纸行业面临新的大考验。供需关系稳定、废纸进口收缩、龙头议价能力加强等诸多因素，也将给 2018 年造纸行业的市场景气度起到一定的保驾护航作用。

表 1 造纸板块个股一览表(一)

序号	代码	上市公司	生产量/万吨	总资产/万元		总股本/万股		主营业务收入/万元		净利润/万元		所有者权益/万元	
				2017 年	2016 年	总股本	其中无限售	2017 年	2016 年	2017 年	2016 年	2017 年	2016 年
一、包装纸和纸板				8639135	7258573	1201263	1073807	5808506	4439792	609248	225017	3744649	3161569
1	600103	青山纸业	29.44	479137	489164	177371	106184	265554	227775	12802	6118	348498	336917
2	600567	山鹰纸业	357.67	2693057	2004893	457031	457031	1746968	1213481	202023	35889	1044527	842734
3	200986	粤华包 B		542637	618274	50543	17193	359316	360776	3523	13910	360249	359871
4	002067	景兴纸业		629881	569046	112845	96028	535962	368097	69239	31524	397898	335620
5	600966	博汇纸业	188.46	1334921	1204366	133684	133684	895481	779626	87402	21438	496498	447110
6	002078	太阳纸业		2605628	2019419	259259	253157	1889429	1445549	225013	115820	1082409	833993
7	600793	宜宾纸业	22	353874	353411	10530	10530	115796	44488	9246	318	14570	5324
二、文化纸系列				14214021	11892973	644606	528136	5343310	4144584	482784	173592	4952169	3850140
8	600308	华泰纸业		1427177	1489326	116756	116756	1365892	1080991	68324	17998	736076	671971
9	000488	晨鸣纸业	510	10562510	8228535	193641	192847	2985174	2290712	375896	195720	3027418	2256486
10	600069	银鸽投资	62.04	400522	465838	124910	82537	293737	234288	1231	-43344	201922	196787
11	000815	美利云	15.92	279769	286451	69526	31680	84129	58736	2559	395	201225	199608
12	600963	岳阳纸业	98.25	1544043	1422823	139773	104316	614378	479857	34774	2823	785528	525288
三、特种浆纸				2453977	2345933	397070	371678	1487679	1232784	56574	56717	1590186	1553543
13	600235	民丰特纸		223466	229287	35120	35120	160958	146823	1842	1006	129582	127793
14	600356	恒丰纸业		271686	272207	29873	29873	144418	136046	9657	9367	209534	202745
15	600433	冠豪高新	21	382955	417868	127132	119028	205991	173995	4515	10398	254030	254345
16	002012	凯恩股份		177739	174861	46763	46763	102839	94257	4173	1780	129756	126578
17	300057	万顺股份		558597	457248	43966	29411	321281	223592	9034	9412	280975	274497
18	002521	齐峰股份	37.7	446055	422345	45469	43006	357331	270822	16051	14193	341671	340459
19	002565	顺灏股份		393479	372117	68747	68477	194861	187249	11302	10561	244638	227126
四、纸制品				1397806	1191006	467014	311420	993922	667416	20400	38405	972901	871982
20	002235	安妮股份		249586	267821	41598	33354	65842	43055	-36671	1150	222323	238757

续表

序号	代码	上市公司	生产量/万吨	总资产/万元		总股本/万股		主营业务收入/万元		净利润/万元		所有者权益/万元	
				2017 年	2016 年	总股本	其中无限售	2017 年	2016 年	2017 年	2016 年	2017 年	2016 年
21	002228	合兴包装		476467	370651	116952	103890	622338	354237	20088	12494	245681	171050
22	002303	美盈森		593122	481570	154232	154176	285742	221928	34482	21838	445543	404398
23	603022	新通联		78631	70964	154232	20000	20000	48196	2501	2923	59354	57777
五、生活用纸				579185	451246	75746	73287	463835	380935	34907	26042	304394	269639
24	002511	中顺洁柔		579185	451246	75746	73287	463835	380935	34907	26042	304394	269639
六、糖纸类				338057	341917	99248	70217	481379	538094	-11735	5878	413621	423865
25	000833	贵糖股份		338057	341917	66840	37809	190737	179212	8023	3874	272791	263220
26	000911	南宁糖业		737538	669903	32408	32408	290642	358882	-19758	2004	140830	160645
总计				27622181	23481648	2884947	2428545	14578631	11403605	1192178	525651	11977920	10130738

表 2　造纸板块个股一览表(二)

序号	代码	上市公司	每股收益/(元/股)		每股净资产/(元/股,归属上市公司股东)		加权平均净资产收益率/%		每股经营活动净现金流量/(元/股)		应收款/万元	存货/万元	在建工程/万元
			2017 年	2016 年	2017 年	2016 年	2017 年	2016 年	2017 年	2016 年	2017 年	2017 年	2017 年
一、包装纸和纸板													
1	600103	青山纸业	0.059	0.036	1.860	1.801	3.250	2.760	0.109	0.171	16122	55078	1064
2	600567	山鹰纸业	0.440	0.090	0.227	1.833	21.540	4.980	0.608	0.206	220776	232772	153973
3	200986	粤华包 B	0.040	0.120	3.923	3.918	0.940	3.130	-0.073	0.809	73013	58618	3932
4	002067	景兴纸业	0.580	0.290	3.416	2.908	17.910	10.330	-0.009	0.493	55388	47168	4250
5	600966	博汇纸业	0.640	0.151	3.715	3.082	18.870	5.010	0.962	0.664	90526	162152	71257
6	002078	太阳纸业	0.800	0.420	3.982	3.072	22.650	14.120	1.453	1.086	164466	152490	345416
7	600793	ST 宜纸	0.878	0.030	1.384	0.506	92.960	6.150	-1.022	-0.177	9818	24435	285
二、文化纸系列													
8	600308	华泰纸业	0.577	0.156	6.120	5.579	9.864	2.833	2.012	1.534	93312	115160	22633
9	000488	晨鸣纸业	1.700	0.930	14.345	11.474	18.500	9.230	0.012	1.112	366587	60228	766867

续表

序号	代码	上市公司	每股收益/(元/股)		每股净资产/(元/股，归属上市公司股东)		加权平均净资产收益率/%		每股经营活动净现金流量/(元/股)		应收款/万元	存货/万元	在建工程/万元
			2017 年	2016 年	2017 年	2016 年	2017 年	2016 年	2017 年	2016 年	2017 年	2017 年	2017 年
10	600069	银鸽投资	0.040	-0.320	1.689	1.618	2.710	-17.980	0.196	0.275	16952	26477	68
11	000815	美利云	0.040	0.010	2.863	2.827	1.290	0.270	-0.110	0.127	6461	60070	26718
12	600963	岳阳纸业	0.280	0.030	5.620	3.758	5.160	0.540	0.789	0.670	90043	550341	6982
三、特种浆纸													
13	600235	民丰特纸	0.050	0.040	3.642	3.589	1.510	1.000	0.207	0.673	24401	345626	3661
14	600356	恒丰纸业	0.330	0.320	6.940	6.708	4.800	4.810	1.025	1.051	28957	29148	7060
15	600433	冠豪高新	0.040	0.090	1.994	1.990	2.090	4.370	0.060	0.124	37872	41698	9486
16	002012	凯恩股份	0.070	0.020	2.588	2.542	2.550	0.730	0.133	0.192	19368	25467	155
17	300057	万顺股份	0.181	0.172	5.426	5.285	3.380	3.300	0.711	0.288	98730	70181	7457
18	002521	齐峰股份	0.320	0.290	7.514	7.488	4.740	4.210	-0.541	0.857	51934	48184	574
19	002565	顺灏股份	0.150	0.140	3.305	3.049	4.720	5.200	0.279	0.091	65147	59078	8536
四、纸制品													
20	002235	安妮股份	-0.881	0.037	5.331	5.707	-16.630	1.480	-0.054	0.179	11527	3478	0
21	002228	合兴包装	0.150	0.100	1.940	1.395	8.930	6.440	-0.235	0.33	168059	94874	4275
22	002303	美盈森	0.226	0.154	2.807	2.567	8.450	8.260	0.171	0.065	86293	65402	23914
23	603022	新通联	0.130	0.160	0.385	0.375	4.280	5.150	-0.025	-0.007	16737	12019	97
五、生活用纸													
24	002511	中顺洁柔	0.470	0.350	4.019	3.560	12.280	10.210	0.773	1.226	95872	54694	19763
六、糖纸类													
25	000833	贵糖股份	0.120	0.060	4.065	3.938	2.980	1.470	-0.004	0.494	4290	27197	6976
26	000911	南宁糖业	-0.600	0.060	4.327	4.924	-12.880	1.190	-2.659	1.159	62839	131266	1111

表3 造纸板块个股一览表(三)

序号	代码	上市公司	2018 年拟分红计划	2017 年已分红	主要投资情况	主要信息披露	备注
一、包装纸和纸板							
1	600103	青山纸业	不分配不转增	不分配不转增	年产 50 万吨食品包装原纸技改工程项目一期即 3 号纸机技改及配套项目已交付；热电厂汽机凝汽器循环水系统改造项目在建。报告期已先期完成中试项目超声波制浆工段建设安装工作，尚未整体完工		标准无保留审计意见
2	600567	山鹰纸业	每 10 股派发现金 1.33 元(含税)	每 10 股派发现金 0.25 元(含税)	公司募集资金投资项目实施主体变更为山鹰华中纸业有限公司，以非公开发行募集资金净额及其孳息对山鹰华中纸业有限公司进行增资，增资完成后，山鹰华中纸业有限公司的注册资本将增至 18 亿元。公司出资 5 亿元设立山鹰纸业(重庆)有限公司；公司以自有资金对环宇国际增资 4 亿元	公司以 19 亿元现金收购自然人陈加育先生持有的福建省联盛纸业有限责任公司 100% 股权。公司收购北欧纸业 100% 的股权，介入了防油纸和牛皮纸的细分市场。参与设立宁波梅山保税港区九根兄弟股权投资中心(有限合伙)。公司全资子公司浙江山鹰纸业有限公司出资 1.248 亿元，浙江山鹰全资子公司环宇国际出资 7.072 亿元，共同设立爱拓环保能源(浙江)有限公司。公司担保总额 47.57 亿元，占净资产 95.82%	标准无保留审计意见
3	200986	粤华包 B	每 10 股派发现金 0.18 元(含税)	每 10 股派发现金 0.32 元(含税)		担保总额约 14 亿元，占净资产 71%	标准无保留审计意见
4	002067	景兴纸业	每 10 股派发现金 0.50 元(含税)	每 10 股派发现金 0.7 元(含税)	公司全资子公司上海景兴实业投资有限公司于 2017 年 10 月出资 3000 万元认缴宣城正海资本创业投资基金(有限合伙)15% 基金份额，成为其有限合伙人(LP)。公司全资子公司上海景兴实业投资有限公司认购 5000 万元上海金浦并购股权投资基金合伙企业(有限合伙)的基金份额，成为其有限合伙人(LP)	上海景兴实业投资有限公司下属全资子公司浙江景兴创业投资有限公司于 2017 年 12 月出资 2850 万元参与翔宇药业股份有限公司的非公开增发。公司与平湖市曹桥金地开发有限公司签订《搬迁补偿协议》，对公司老厂宗地编号为 18-16-11-1 的土地使用权及地上建筑物进行拆迁。按协议平湖市曹桥金地开发有限公司应支付上述相关的搬迁补偿款为 8408 万元。截至 2017 年 12 月 31 日，公司已收到搬迁补偿款，相关搬迁事项已完成	标准无保留审计意见

续表

序号	代码	上市公司	2018 年拟分红计划	2017 年已分红	主要投资情况	主要信息披露	备注
5	600966	博汇纸业	不分配不转增	每 10 股派发现金 0.22 元（含税）	江苏博汇纸业有限公司拟投资 32.31 亿元建设二期年产 75 万吨高档包装纸项目、公司正申请作为非公开发行 A 股股票的募投投资 23.36 亿元建设年产 50 万吨高档牛皮箱纸板项目和年产 50 万吨高强瓦楞原纸项目	公司全资子公司山东博汇纸业股份有限公司以自有资金出资 5 亿元增资江苏博汇纸业有限公司，江苏博汇纸业有限公司注册资本由 12.20 亿元增加至 17.20 亿元。对外担保约 44 亿元，占净资产 98%	标准无保留审计意见
6	002078	太阳纸业	每 10 股派发现金 1.0 元（含税）	每 10 股派发现金 0.50 元（含税）	三大重点建设项目包括公司本部 20 万吨/年高档特种纸项目、老挝 30 万吨/年化学浆项目、邹城 80 万吨/年高档纸板改建及其配套工程项目在 2017 年内按照项目计划稳步推进	公司全资境外子公司太阳生物材料（美国）公司设立，将负责运作公司在美国阿肯色州实施的 70 万吨/年生物质精炼项目。2017 年 12 月公司发行可转换债券 12 亿元；拟将山东太阳生活用纸有限公司注册资本由 2.3 亿元增加至 9 亿元	标准无保留审计意见
7	600793	ST 宜纸	不分配不转增	不分配不转增		公司自 2016 年 7 月开始正常的生产经营活动，2017 年度是公司完整运营的第一个会计年度	标准无保留审计意见
	二、文化纸系列						
8	600308	华泰纸业	每 10 股派发现金 1.74 元（含税）	每 10 股派发现金 0.47 元（含税）	2016 年以来，公司先后对东营华泰、河北华泰、广东华泰等新闻纸机进行技术改造，通过调整原料结构和产品结构，成功开发出高档文化纸、环保型传媒纸和瓦楞原纸等新产品		标准无保留审计意见
9	000488	晨鸣纸业	普通股、优先股每 10 股派发现金 6 元，每 10 股转增 5 股	普通股每 10 股派发现金 6 元；优先股每 10 股派发现金 3.08 元	公司出售了北京数码大厦，新增了上海浦江金融广场的投资性房地产；海鸣矿业菱镁矿项目一期已于 2018 年 1 月成功投运；美伦化学浆项目、高档文化纸项目、黄冈浆纸项目持续投入，原新闻纸改文化纸项目开始投入	通过发行 30 亿元永续债、12 亿元公司债，改善了负债结构；新增授信 180 多亿元。公司于 2017 年 3 月 13 日获得中国证券监督管理委员会证监许可〔2017〕342 号文核准公开发行面值不超过 40 亿元的公司债券。对外担保 185 亿元，占净资产的 66.43%	标准无保留审计意见
10	600069	银鸽投资	每 10 股转增 3 股	不分配不转增		公司向控股股东漯河银鸽实业集团有限公司转让了公司控股子公司四川银鸽竹浆纸业有限公司 73.81% 股权	标准无保留审计意见

续表

序号	代码	上市公司	2018 年拟分红计划	2017 年已分红	主要投资情况	主要信息披露	备注
11	000815	美利云	不分配不转增	不分配不转增		公司完成吸收合并全资子公司宁夏美利纸业板纸有限公司和宁夏兴中矿业有限公司	标准无保留审计意见
12	600963	岳阳纸业	每 10 股派发现金 0. 38 元（含税）	不分配不转增	湘纸搬迁工程投产运行、化学机械浆等项目在建。公司同意全资子公司诚通凯胜生态建设有限公司、岳阳恒泰房地产开发有限责任公司与中国纸业投资有限公司合资设立宁波诚胜生态建设有限公司	公司完成对诚通凯胜生态建设有限公司100%股权的收购，使公司成功转型“造纸 + 生态园林”双主业发展模式。完成了非公开发行股票工作，本次共发行股票 354574000 股，募集资金净额为22. 52 亿元。与壳牌能源（中国）有限公司签订《碳汇项目合作协议》，实现公司历史首单碳汇交易收益	标准无保留审计意见
	三、特种浆纸						
13	600235	民丰特纸	每 10 股派发现金 0. 1 元（含税）	不分配不转增			标准无保留审计意见
14	600356	恒丰纸业	每 10 股派发现金 0. 99 元（含税）	每 10 股派发现金 0. 96 元（含税）			标准无保留审计意见
15	600433	冠豪高新	每 10 股派发现金 0. 13 元（含税）	每 10 股派发现金 0. 38 元（含税）	平湖基地正式投产		标准无保留审计意见
16	002012	凯恩股份	不分配不转增	不分配不转增	积极向新能源产业布局，出资 4500 万元认购了深圳市卓能新能源股份有限公司定向发行的股份。出资 5000 万元对深圳市爱能森科技有限公司进行增资	浙江凯恩电池有限公司完成了工商变更登记，公司不再持有浙江凯恩电池有限公司的股权	标准无保留审计意见
17	300057	万顺股份	每 10 股派发现金 0. 5 元（含税）	每 10 股派发现金 0. 4 元（含税）	2017 年 4 月公司 240 万米^2 的节能膜项目正式投产	启动了公开发行不超过 9. 5 亿元可转换公司债券项目的申报工作，拟投资建设高阻隔材料生产基地；收购了安徽美信铝业有限公司 100% 股权，布局上游铝板带业务，完善了铝加工业务产业链；设立了全资子公司汕头市万顺贸易有限公司，建立纸贸易平台；设立了全资子公司上海绿想材料科技有限公司，推进功能膜业务发展。实际对外担保约 15 亿元，占净资产的 64%	标准无保留审计意见

续表

序号	代码	上市公司	2018 年拟分红计划	2017 年已分红	主要投资情况	主要信息披露	备注
18	002521	齐峰股份	每 10 股派发现金现 2 元(含税)	每 10 股派发现金 3 元(含税)	年产 6.8 万吨高性能环保装饰板材饰面材料工程和热电联产等在建		标准无保留意见的审计报告
19	002565	顺灏股份	不分配不转增	不分配不转增	新型立体自由成形环保包装建设、微结构光学包装材料建设等项目在建		标准无保留审计意见
	四、纸制品						
20	002235	安妮股份	每 10 股派发现金 5 股	不分配不转增	公司投资设立了北京版全家科技发展有限公司及北京安妮全版权科技发展有限公司，推进版权大数据平台的建设。	转让了子公司广州安妮纸业有限公司 100% 股权。	标准无保留审计意见
21	002228	合兴包装	每 10 股派发现金 0.5 元(含税)	每 10 股派发现金 0.5 元(含税)	低碳环保包装研发总部基地项目工程暨美盈森大厦总部基地项目在建。	公司完成第三次定向增发，成功募集 5.53 亿元，增资以实施"智能包装集成服务建设项目"。公司第一期超短期融资券 2 亿元成功发行。	标准无保留审计意见
22	002303	美盈森	每 10 股派发现金 1.3 元(含税)	每 10 股派发现金 0.22 元(含税)		公司非公开发行不超过 257936507 股新股	标准无保留审计意见
23	603022	新通联	每 10 股派发现金 0.38 元(含税)	每 10 股派发现金 0.44 元(含税)	马来西亚工厂正式投入运营，开始向东南亚客户供货		
	五、生活用纸						
24	002511	中顺洁柔	每 10 股派发现金 1 元(含税)转增 10 股	每 10 股派发现金 1 元(含税)转增 5 股		中山、浙江、唐山、云浮等基地在建	标准无保留审计意见
	六、糖纸类						
25	000833	贵糖股份	每 10 股派发现金 0.5 元(含税)	不分配不转增		公司主抓生活用纸原纸生产，逐步退出成品纸市场。通过债转股对桂林永福顺兴制糖有限公司实施并购重组	标准无保留审计意见
26	000911	南宁糖业	不分配不转增	不分配不转增	香山糖厂日榨 10000 吨甘蔗技改项目已投产，食糖电子商务及智能配送中心项目在建	子公司南宁侨虹新材有限责任公司登陆"新三板"。批准发行不高于 8 亿元的债券	标准无保留审计意见

(陈奇志)

国家统计局数据：2017 年全国造纸及纸制品行业主要经济指标

Data from National Statistics Bureau: Major Economical Indexes of Paper and Paper Products Industries in 2017

2017 年造纸及纸制品业主要经济指标　　　　单位：千元、%

指标名称	汇总企业个数	主营业务收入	同比	利润总额	同比
造纸及纸制品业	6681	1520301639	13.57	102859092	36.22
1. 纸浆制造	45	14426240	8.33	1205621	595.23
木竹浆制造	34	11341433	7.21	1219931	1146.52
非木竹浆制造	11	3084807	12.67	-14310	88.72
2. 造纸	2754	921471282	15.37	66556543	55.63
机制纸及纸板制造	2365	863839003	15.63	63685062	58.52
手工纸制造	89	13957489	18.41	619086	18.01
加工纸制造	300	43674790	9.61	2252395	9.01
3. 纸制品制造	3882	584404117	10.97	35096928	6.40
纸和纸板容器	2312	331086806	12.60	18596367	11.99
其他纸制品制造	1570	253317311	8.92	16500561	0.74

注：1. 资料来源：国家统计局。

2. “规模以上”是指年主营业务收入 2000 万元及以上全部工业法人企业。

（郭永新）

国家统计局数据：2017 年全国造纸及纸制品行业分地区产品生产量

Data from National Statistics Bureau: Productions of Paper and Paper Products Industries by Region in 2017

2017 年造纸及纸制品行业分地区产品生产量

单位：吨

地　区	一、机制纸及纸板(外购原纸加工纸除外)	同比/%	其中：1. 未涂布印刷书写纸	同比/%	其中：新闻纸	同比/%	2. 涂布类印刷用纸	同比/%	3. 卫生用纸原纸	同比/%	4. 箱纸板	同比/%	二、纸制品	同比/%
全　国	125420081	3.09	7833232	8.35	2491298	-18.05	6677126	-0.16	4675786	16.95	10657993	-0.67	68008006	1.55
北　京	59451	-1.91	0	0.00	0	0.00	0	0.00	48995	3.08	0	0.00	400981	3.75
天　津	2864307	3.33	0	0.00	0	0.00	5845	12.40	0	0.00	163660	61.27	1061079	-7.87
河　北	3721106	7.96	515078	19.48	444478	12.40	159782	-13.66	15489	44.67	1395280	19.34	2921010	-8.62
山　西	455453	11.31	4764	-64.01	0	0.00	0	0.00	0	0.00	0	0.00	139161	-29.39
内蒙古	128559	7.43	0	0.00	0	0.00	0	0.00	0	0.00	41310	-1.74	206273	-0.78
辽　宁	1068994	14.51	65621	19.87	0	0.00	0	0.00	86337	71.88	248803	33.45	413420	-8.39
吉　林	617262	-18.04	18442	1.68	0	0.00	268540	-0.22	0	0.00	0	0.00	701020	-12.76
黑龙江	441122	23.04	0	0.00	0	0.00	0	0.00	13467	20.07	30609	-49.85	205526	-10.65
上　海	462460	-27.05	0	0.00	0	0.00	25697	-5.83	116694	-0.46	45145	1.64	1384214	3.20
江　苏	12776764	0.56	420472	-7.76	0	0.00	2620699	1.10	330956	19.87	527072	11.36	5772203	2.96
浙　江	19112104	3.06	17643	-0.92	14678	-5.55	150374	4.54	56622	-25.12	963764	-16.96	7576499	4.96

续表

地区	一、机制纸及纸板(外购原纸加工纸除外)	同比/%	其中：1. 未涂布印刷书写纸	同比/%	其中：新闻纸	同比/%	2. 涂布类印刷用纸	同比/%	3. 卫生用纸原纸	同比/%	4. 箱纸板	同比/%	二、纸制品	同比/%
安徽	3503836	6.29	258056	12.12	160952	15.21	0	0.00	256332	32.50	1863653	0.42	1447401	7.45
福建	7799044	-1.40	289022	12.60	0	0.00	86143	14.29	362258	8.81	1635925	-14.78	4631448	2.67
江西	2110379	8.52	7490	9.25	0	0.00	159262	17.51	188337	114.21	41935	4.81	1400844	9.23
山东	21775008	2.57	2633274	-7.25	1318546	-20.19	434857	-11.74	164303	-2.02	1201576	-5.73	3459504	-2.56
河南	6975424	6.93	892394	3.47	182354	-6.99	110766	5.33	130580	3.47	46814	5.44	6701433	-3.50
湖北	2767173	10.28	625772	9.44	15427	17.61	0	0.00	79230	-34.07	25743	54.13	3432567	13.49
湖南	4022806	-5.10	420747	-36.87	2193	-98.70	578353	7.44	274684	-3.12	355701	-8.40	2695405	-25.30
广东	21777417	2.90	1343027	161.74	342868	-20.69	956852	-1.17	566811	26.10	1254616	7.24	11515155	12.31
广西	3008898	4.14	92866	-14.67	0	0.00	9017	-16.12	498285	7.80	65924	-8.01	2325399	8.98
海南	1751646	4.85	0	0.00	0	0.00	1101973	1.23	573542	8.90	0	0.00	1534	5.68
重庆	3289902	10.02	0	0.00	0	0.00	0	0.00	353054	87.33	138890	-0.58	2327259	-0.21
四川	2370709	12.67	71786	56.20	0	0.00	0	0.00	232793	25.47	349507	45.89	3116566	-4.22
贵州	355009	49.88	0	0.00	0	0.00	0	0.00	74947	102.12	0	0.00	1249149	1.28
云南	895468	8.61	0	0.00	0	0.00	0	0.00	40721	-7.52	93750	1.42	644073	8.53
西藏	25436	-77.09	0	0.00	0	0.00	0	0.00	0	0.00	0	0.00	26883	-28.29
陕西	759464	4.61	0	0.00	0	0.00	0	0.00	167334	14.53	78032	21.87	1249010	15.73
甘肃	25342	17.97	0	0.00	0	0.00	0	0.00	11826	-44.95	0	0.00	435500	2.33
青海	0	0.00	0	0.00	0	0.00	0	0.00	0	0.00	0	0.00	459	16.95
宁夏	246946	19.26	146975	26.79	0	0.00	0	0.00	32188	-11.46	12188	9650.40	110850	-0.44
新疆	252592	-24.41	9803	-53.81	9803	-53.81	8967	-49.72	0	0.00	78098	-53.62	456181	-0.30

注：1. 资料来源：国家统计局。

2. “规模以上”是指年主营业务收入 2000 万元及以上全部工业法人企业。

（郭永新）

历年我国纸浆、纸及纸板生产量(1949—2017)

Productions of Pulp, Paper and Paperboard in China(1949 - 2017)

历年我国纸浆、纸及纸板生产量 单位：万吨

年度	机制纸浆		纸及纸板			
	生产能力	生产量	机制纸及纸板		手工纸生产量	生产量合计
			生产能力	生产量		
1949		3.5		10.8	12.0	22.8
1952		24.3		37.2	23.1	60.3
1957		80.1		91.3	31.4	122.7
1978	452.8	345.5	499.4	438.7	27.5	466.2
1979	489.5	392.9	541.6	492.8	25.7	518.5
1980	533.1	426.3	593.8	543.6	28.0	562.6
1981	563.9	406.3	563.9	540.2	29.1	569.3
1982	579.3	421.1	685.7	589.0	24.8	613.8
1983	619.7	458.9	728.9	661.3	22.6	683.9
1984	664.8	514.6	780.5	755.9	20.6	776.5
1985	720.4	615.3	886.8	911.2	19.6	930.8
1986	875.15	679.15	805.87	998.57	17.8	1016.4
1987	969.51	694.5	1225.76	1141.05	23.4	1164.5
1988	1097.85	872.59	1396.34	1270	20.0	1290
1989	1198.08	868.56	1493.99	1333	20.0	1353
1990	1240.17	834.96	1595.62	1371.87	20.0	1391.87
1991	1345.02	1075	1688.34	1478.69	20.0	1498.69
1992	1448.59	1199	1847.51	1725.07	20.0	1745.07
1993	1362.24	1529	2001.05	1867.87		1867.87
1994	1534.94	1705	2269.90	2138.27		2138.27
1995	1425.11	1862	4420.35	2812.30		2812.30
1996	1896.94	1900	3335.06	2643.94	24.76	2668.70
1997	1874.60	1738	3509.87	2733.19	23.98	2757.17
1998		2384		2800.00	24.00	2824.00
1999		2443		2900		2900
2000		2501		3050		3050

续表

年　度	机制纸浆		纸及纸板			
			机制纸及纸板		手工纸生产量	生产量合计
	生产能力	生产量	生产能力	生产量		
2001		2490		3200		3200
2002		2944		3780		3780
2003		3309		4300		4300
2004		3723		4950		4950
2005		4446		5600		5600
2006		5204		6500		6500
2007		5935		7350		7350
2008		6415		7980		7980
2009		6732		8640		8640
2010		7318		9270		9270
2011		7723		9930		9930
2012		7867		10250		10250
2013		7651		10110		10110
2014		7906		10470		10470
2015		7984		10710		10710
2016		7925		10855		10855
2017		7949		11130		11130

注：1. 各年纸浆生产量及生产能力统计数据，估计统计不全，仅供参考。

2. 1985—1986 年纸及纸板实际生产量大于生产能力是由于前者是全国生产量而后者仅指轻工系统内企业统计数据。

3. 1995 年数据系依据 1995 年全国工业普查统计资料，包括了乡镇、村及私人等造纸企业。比一般年度数据偏高。

4. 1998 年生产量按 1997 年统计口径估计机制纸及纸板为 2800 万吨、手工纸为 24 万吨。

5. 1999 年以后纸及纸板生产量为全部国有和年产品销售收入 500 万元及以上非国有工业企业生产的产品生产量，手工纸未统计。

6. 2009 年机制纸浆生产量为中国造纸协会 2010 年修正数据。

（邱江惠）

历年我国纸和纸板、纸浆及废纸进出口概况(1996—2017)

Imports and Exports of Paper and Paperboard, Pulp and Waste Paper in China(1996 - 2017)

表 1 历年我国纸及纸板进出口量(1996—2017) 单位：万吨

年 度	纸及纸板		纸制品	
	进口量	出口量	进口量	出口量
1996	499.49	23.31	66.15	58.20
1997	552.43	28.27	67.14	70.50
1998	577.20	30.35	50.74	64.58
1999	652.30	13.44	39.01	62.63
2000	597.14	71.83	34.04	74.47
2001	562.24	79.95	24.50	73.32
2002	636.94	85.47	23.89	88.28
2003	634.71	129.09	22.61	106.65
2004	614	124.78	16	95.97
2005	524	193.90	15	123.76
2006	441	341	17	143
2007	401	461	19	156
2008	358	403	18	211
2009	334	405	16	195
2010	336	433	18	228
2011	331	509	17	243
2012	311	513	14	245
2013	283	611	13	255
2014	282	681	13	276
2015	287	645	12	284
2016	297	733	12	291
2017	466	699	19	307

表 2　　历年我国纸浆及废纸进口量(1996—2017)

年度	纸浆		废纸	
	进口量/万吨	金额/亿美元	进口量/万吨	金额/亿美元
1996	146.80	7.75	137.18	1.93
1997	154.16	7.47	161.82	1.76
1998	219.93	9.23	191.47	1.71
1999	309.7		251.6	2.45
2000	334.51	21.21	371.36	5.57
2001	490.38	20.76	641.91	6.59
2002	526.49	21.68	678.26	7.32
2003	603.40	26.60	938.18	12.3
2004	732	35.67	1230	17.26
2005	759	37.25	1703	
2006	796	43.92	1962	
2007	845		2256	
2008	952		2421	
2009	1367		2750	
2010	1137		2435	
2011	1445		2728	
2012	1647		3007	
2013	1685		2924	
2014	1797		2752	
2015	1984		2928	
2016	2106		2850	
2017	2372		2572	

表 3　　历年纸浆及废纸出口量(1996—2017)

年度	纸浆		废纸	
	出口量/万吨	金额/亿美元	出口量/万吨	金额/亿美元
1996	1.68		0.53	
1997	2.20		0.35	
1998	1.98	0.09	0.08	0.01
1999				
2000	2.55	0.10	0.46	0.004
2001	1.26	0.083	0.09	0.0008
2002	1.92	0.16	0.07	0.0007
2003	2.51	0.21	0.11	0.0018
2004	1.75		0.07	
2005	4.70		0.01	
2006	7.47		0.01	

续表

年 度	纸 浆		废 纸	
	出口量/万吨	金额/亿美元	出口量/万吨	金额/亿美元
2007	11.16		0.05	
2008	7.23		0.002	
2009	8.70		0.03	
2010	8.10		0.08	
2011	9.91		0.36	
2012	7.99		0.24	
2013	8.31		0.10	
2014	9.75		0.07	
2015	10.2		0.07	
2016	9.57		0.23	
2017	9.87		0.15	

资料来源：历年《中国造纸协会年度报告》，历年《中国造纸年鉴》。

（邱江惠）

历年我国与世界纸浆、纸及纸板的生产量与消费量(1996—2017)

Productions and Consumptions of Pulp, Paper and Paperboard in China and the World(1996 - 2017)

历年我国与世界纸浆、纸及纸板的生产量与消费量　　单位：万吨

年 度	全世界					我国				
	纸浆生产量	纸浆消费量	纸及纸板生产量	纸及纸板消费量	纸及纸板人均年消费量/千克	纸浆生产量	纸浆消费量	纸及纸板生产量	纸及纸板消费量	纸及纸板人均年消费量/千克
1996	17404	17294	28197	27940	48. 5	1900	2045	2600	3028	24. 7
1997	17820	17900	29904	29690	50. 8	1738	1890	2744	3270	26. 5
1998	17553	17511	30101	29852	50. 4	2384	2604	2800	3347	26. 8
1999	17913	18007	31571	31439	52. 8	2443	2752	2900	3525	27. 8
2000	18868	18901	32329	32338	53. 8	2501	2834	3050	3575	28. 0
2001	17937	18257	31815	31802	51. 8	2490	2980	3200	3683	29
2002	18200	18265	33070	33076	53. 7	2944	3470	3780	4332	33
2003	18516. 5	18442. 3	33881. 5	33912. 5	51. 7	3309	3910	4300	4806	37
2004	18849. 6	18775. 4	35959. 9	35752. 7	55. 6	3723	4455	4950	5439	42. 0
2005	18320	18843. 9	36702. 5	36639. 8	56. 3	4446	5200	5600	5930	45. 0
2006	18660	19230	38200	38176	70. 8	5204	5992	6500	6600	50. 0
2007	18835	19619	39430	39418	59. 2	5935	6769	7350	7290	55
2008	19240	19302	39090	39133	57. 8	6415	7360	7980	7935	60
2009	17796	17900	37069	37074	57. 5	6732	7980	8640	8569	64
2010	18560	18500	39390	39500	57. 0	7318	8461	9270	9173	68
2011	18380	18380	39898	39900	56. 8	7723	9044	9930	9752	73
2012	18120	18170	39999	40150	57. 2	7867	9348	10250	10048	74
2013	17936	18064	40260	40364	56. 9	7651	9147	10110	9782	72
2014	17850	17962	40645	40752	56. 8	7906	9484	10470	10071	74
2015	17877	17937	40760	41070	56. 6	7984	9731	10710	10352	75
2016	18055	18061	41088	41358	56. 5	7925	9797	10855	10419	75
2017						7949	10051	11130	10897	78

注：2009 年中国纸浆总产量为中国造纸协会 2010 年修正数据。

（邱江惠）

历年我国纸及纸板生产量、进出口量、消费量及消费结构（2001—2017）

Productions, Imports and Exports, Consumptions and Consumption Structures of Paper and Paperboard in China（2001－2017）

历年纸及纸板生产量、进出口量、消费量及消费结构（2001—2017）

单位：万吨、%

年份	项目	总量	新闻纸	未涂布印刷书写纸	其中：书刊印刷纸	书写纸	涂布纸	其中：铜版纸	生活用纸	包装用纸	白纸板	其中：涂布白纸板	箱纸板	瓦楞原纸	其中：高强瓦楞原纸	特种纸及纸板	其他纸及纸板
2001 年	生产量	3200	173	670	300	140	130	110	270	400	300	250	460	600	180	65	132
	进口量	562.24	15.37	25.78			99.44	97.03	2.95	27.80	97.78	82.55	126.48	117.87		38.28	9.13
	出口量	79.95	1.85	30.50			17.59	12.48	12.19	2.61	2.50	2.42	1.25	3.14		7.43	0.39
	消费量	3683	186	665	296	140	212	195	261	466	396	338	545	715	295	85	152
	消费比例	100.00	5.05	18.06	8.04	3.80	5.76	5.29	7.09	12.65	10.75	9.18	14.8	19.41	8.01	2.31	4.13
2002 年	生产量	3780	185	920	420	180	180	160	310	400	460	430	600	600	190	70	55
	进口量	636.94	19.92	36.50			121.77	61.48	3.32	31.37	81.48	79.58	125.44	133.48		48.07	34.51
	出口量	85.47	0.60	19.51			25.18	18.67	15.88	2.63	5.51	5.51	0.67	3.26		9.60	1.94
	消费量	4332	204	937	436	180	276	203	297	429	536	504	725	730	320	108	90
	消费比例	100.00	4.71	21.63	10.06	4.16	6.37	4.69	6.86	9.90	12.37	11.63	16.74	16.85	7.39	2.49	2.08
2003 年	生产量	4300	207	960	520	520	240	210	347	480	550	510	680	670	230	80	86
	进口量	635	35	40			101	52	4	28	104	103	117.2	135		44	26
	出口量	129.09	1.19	25.93			43.31	35.30	22.98	3.80	9.95	9.94	1.71	3.02		14.92	1.31
	消费量	4806	241	973	534	250	298	227	328	504	645	603	796	802	362	109	110
	消费比例	100.00	5.01	20.25	11.11	5.20	6.20	4.72	6.82	10.49	13.42	12.55	16.56	16.69	7.53	2.27	2.29

续表

		总量	新闻纸	未涂布印刷书写纸	其中：书刊印刷纸	书写纸	涂布纸	其中：铜版纸	生活用纸	包装用纸	白纸板	其中：涂布白纸板	箱纸板	瓦楞原纸	其中：高强瓦楞原纸	特种纸及纸板	其他纸及纸板
	生产量	4950	300	1020	550	280	300	250	384	470	670	630	830	810	27.0	85	81
	进口量	614	12	47			102	63	5	8	108	107	150	114		41	27
2004 年	出口量	124.78	1.74	21.73			44.24	38.40	27.58	3.93	6.44	6.43	1.53	2.76		12.41	2.42
	消费量	5439	310	1045	575	280	358	274	361	474	772	931	978	921	381	114	106
	消费比例	100.00	5.70	19.21	10.57	5.15	6.58	5.04	6.64	8.71	14.19	13.44	17.98	16.93	7.00	2.10	1.95
	生产量	5600	319	1070	570	300	365	300	436	510	790	755	980	950	410	90	90
	进口量	524	14	43			73	52	5	9	91	90	138	88		40	23
2005 年	出口量	193.90	1.98	34.38			78.66	62.85	31.41	2.89	18.27	18.27	2.71	3.31		16.02	4.27
	消费量	5930	331	1079	579	300	359	289	409	516	863	827	1115	1035	495	114	109
	消费比例	100.00	5.58	18.20	9.76	5.06	6.05	4.89	6.90	8.70	14.55	13.95	18.80	17.45	8.35	1.92	1.84
	生产量	6500	375	1220			460	380	470	520	940	900	1150	1130		110	125
	进口量	441	1	45			61	45	5	10	73	72	114	71		44	17
2006 年	出口量	341	32	54			121	93	38	2	41	41	14	8		23	8
	消费量	6600	344	1211			400	332	436	528	972	931	1250	1193		131	135
	消费比例	100.00	5.21	18.35			6.06	5.03	6.61	8.00	14.73	14.11	18.94	18.08		1.98	2.05
	生产量	7350	450	1340			510	420	520	530	1050	1000	1360	1340		120	130
	进口量	401	2	45			56	40	4	10	70	70	103	53		43	15
2007 年	出口量	461	59	53			140	93	48	3	58	58	25	39		27	9
	消费量	7290	393	1332			426	367	476	537	1062	1012	1438	1352		136	136
	消费比例	100.0	5.4	18.3			5.8	5.0	6.5	7.4	14.5	13.9	19.7	18.6		1.9	1.9
	生产量	7980	460	1400			550	460	550	560	1120	1070	1530	1520		140	150
	进口量	358	2	39			54	38	5	12	64	64	88	45		38	11
2008 年	出口量	403	36	54			137	97	52	3	53	53	13	13		34	8
	消费量	7935	426	1385			467	401	503	569	1131	1081	1605	1552		144	153
	消费比例	100.0	5.4	17.5			5.9	5.0	6.3	7.2	14.3		20.2	19.6		1.8	1.9
	生产量	8640	480	1510			590	500	580	575	1150	1100	1730	1715		150	160
	进口量	334	2	38			36	31	5	15	71	71	86	46		27	8
2009 年	出口量	405	21	51			163	132	56	3	61	61	7	3		33	7
	消费量	8569	461	1497			463	399	529	587	1160	1110	1809	1758		144	161
	消费比例	100.0	5.4	17.5			5.4	4.6	6.2	6.9	13.5	13.0	21.1	20.5		1.7	1.9

续表

		总量	新闻纸	未涂布印刷书写纸	其中：书刊印刷纸	书写纸	涂布纸	其中：铜版纸	生活用纸	包装用纸	白纸板	其中：涂布白纸板	箱纸板	瓦楞原纸	其中：高强瓦楞原纸	特种纸及纸板	其他纸及纸板
	生产量	9270	430	1620			640	555	620	600	1250	1200	1880	1870		180	180
	进口量	336	4	41			45	38	8	17	77	77	80	24		31	9
2010 年	出口量	433	11	71			136	113	61	5	73	73	14	5		47	10
	消费量	9173	423	1590			549	480	567	612	1254	1204	1946	1889		164	179
	消费比例	100. 0	4. 6	17. 3			6. 0	5. 2	6. 2	6. 7	13. 7	13. 1	21. 2	20. 6		1. 8	1. 9
	生产量	9930	390	1730			725	640	730	620	1340	1290	1990	1980		210	215
	进口量	331	1	40			37	30	9	18	79	79	93	17		30	7
2011 年	出口量	509	2	83			163	138	65	6	97	97	10	6		61	16
	消费量	9752	389	1687			599	532	674	632	1322	1272	2073	1991		179	206
	消费比例	100. 0	3. 99	17. 3			6. 1	5. 5	6. 9	6. 5	13. 56	13. 0	21. 3	20. 4		1. 8	2. 1
	生产量	10250	380	1750			780	695	780	640	1390	1340	2080	2020		220	210
	进口量	311	13	35			35	27	4	20	72	72	84	14		28	6
2012 年	出口量	513	0	101			177	141	53	5	83	83	7	7		65	15
	消费量	10048	393	1684			638	581	731	655	1379	1329	2157	2027		183	201
	消费比例	100. 00	3. 91	16. 76			6. 35	5. 78	7. 28	6. 52	13. 72	13. 23	21. 47	20. 17		1. 82	2. 00
	生产量	10110	360	1720			770	685	795	635	1360	1310	2040	2015		230	185
	进口量	283	11	28			32	24	3	20	66	65	83	7		27	6
2013 年	出口量	611	9	121			179	132	64	5	116	116	17	9		69	22
	消费量	9782	362	1627			623	577	734	650	1310	1259	2106	2013		188	169
	消费比例	100. 00	3. 70	16. 63			6. 37	5. 90	7. 50	6. 64	13. 39	12. 87	21. 53	20. 58		1. 92	1. 73
	生产量	10470	325	1715			775	685	830	650	1395	1345	2180	2155		250	195
	进口量	282	5	31			34	26	4	20	64	64	86	5		27	6
2014 年	出口量	681	9	117			184	124	75	5	158	158	26	8		72	27
	消费量	10071	321	1629			625	587	759	665	1301	1251	2240	2152		205	174
	消费比例	100. 00	3. 19	16. 18			6. 21	5. 83	7. 54	6. 60	12. 92	12. 42	22. 24	21. 37		2. 04	1. 73
	生产量	10710	295	1745			770	680	885	665	1400	1340	2245	2225		265	215
	进口量	287	6	37			34	26	3	21	61	60	84	9		26	6
2015 年	出口量	645	2	102			162	110	71	5	162	162	32	6		74	29
	消费量	10352	299	1680			642	596	817	681	1299	1238	2297	2228		217	192
	消费比例	100. 00	2. 89	16. 23			6. 20	5. 76	7. 89	6. 58	12. 55	11. 96	22. 19	21. 52		2. 10	1. 85

续表

		总量	新闻纸	未涂布印刷书写纸	其中：书刊印刷纸	书写纸	涂布纸	其中：铜版纸	生活用纸	包装用纸	白纸板	其中：涂布白纸板	箱纸板	瓦楞原纸	其中：高强瓦楞原纸	特种纸及纸板	其他纸及纸板
2016 年	生产量	10855	260	1770			755	665	920	675	1405	1345	2305	2270		265	215
	进口量	297	6	41			35	26	3	21	58	57	94	8		26	5
	出口量	733	1	122			181	126	69	7	198	197	35	7		81	32
	消费量	10419	265	1689			609	565	854	689	1265	1205	2364	2271		225	188
	消费比例	100.00	2.54	16.21			5.85	5.42	8.20	6.61	12.14	11.57	22.69	21.80		2.16	1.8
2017 年	生产量	11130	235	1790			765	675	960	695	1430	1370	2385	2335		305	230
	进口量	466	33	63			45	33	4	23	62	61	137	65		26	8
	出口量	699	1	109			176	123	74	11	193	193	12	4		82	37
	消费量	10897	267	1744			634	585	890	707	1299	1238	2510	2396		249	201
	消费比例	100.00	2.45	16.00			5.82	5.37	8.17	6.49	11.92	11.36	23.03	21.99		2.29	1.84

（邱江惠）

2017 年我国纸产品进出口统计

Imports and Exports of Paper Products in China in 2017

表 1　2017 年 1—12 月我国纸产品进口量　单位：吨

项目名称	进口量													
	1 月	2 月	3 月	4 月	5 月	6 月	7 月	8 月	9 月	10 月	11 月	12 月	1—12 月累计	累计同比/%
纸浆、纸张及纸制品	2011461. 60	2503620. 89	2645975. 64	2316306. 00	2397537. 53	2319166. 10	2103753. 18	2239905. 22	2321431. 09	23223610. 63	2945832. 41	2457318. 50	28578170. 45	18. 41
1. 纸浆	1750573. 93	2147636. 74	2213668. 07	1963552. 05	2022119. 55	1971355. 26	1764828. 20	1858774. 73	1934822. 85	1827303. 88	2334761. 69	1935729. 10	23724913. 58	12. 63
（1）木浆	1746444. 88	2144189. 08	2209489. 07	1957578. 87	2016682. 44	1962992. 87	1756842. 94	1854215. 48	1930276. 14	1820888. 35	2326468. 00	1926822. 15	23652677. 80	12. 51
（2）其他纸浆	4129. 05	3447. 65	4179. 00	5973. 18	5437. 11	8362. 39	7985. 26	4559. 25	4546. 70	6415. 53	8293. 69	8906. 95	72235. 77	72. 98
2. 纸及纸板	230265. 13	326801. 64	394096. 06	319896. 39	342802. 33	312855. 70	307703. 86	345011. 88	348872. 65	447891. 21	552383. 54	477680. 84	4400513. 68	62. 29
（1）书写印刷用纸及纸板	65715. 45	77273. 31	104191. 79	91727. 33	143171. 92	119338. 52	117735. 74	129637. 25	103138. 45	103468. 70	161195. 43	185850. 43	1402462. 77	74. 18
其中：新闻纸	12426. 07	15174. 82	21859. 48	23271. 49	35502. 38	22105. 77	27233. 81	37646. 99	29860. 68	30305. 18	48341. 96	71548. 22	375276. 84	511. 99
（2）牛皮纸及纸板	80908. 23	129381. 05	162068. 72	130318. 03	119898. 49	136438. 79	117693. 90	121128. 59	128336. 34	148578. 37	167148. 97	147522. 76	1583649. 40	26. 48
（3）卫生纸用纸原纸	1654. 17	1166. 57	2006. 05	1774. 40	2418. 85	1672. 00	1565. 99	1527. 46	1843. 05	2080. 86	3712. 53	3338. 13	24751. 65	31. 83
（4）瓦楞原纸	43063. 86	63463. 60	57229. 70	33942. 69	19214. 78	13444. 07	25889. 72	34652. 08	49317. 81	109901. 35	130340. 74	68110. 43	648570. 82	665. 69
（5）工业技术配套用纸	1575. 90	1459. 74	1299. 06	1470. 27	2026. 02	1717. 86	1963. 11	1861. 03	1806. 39	1753. 14	2000. 20	1223. 82	20164. 37	-8. 49
（6）感应纸及纸板	226. 59	437. 41	393. 24	485. 76	1258. 37	778. 13	955. 92	559. 77	734. 20	1157. 48	365. 30	410. 83	7666. 20	7. 27
（7）其他纸及纸板	37120. 93	53619. 98	66907. 50	60177. 92	54813. 91	39466. 34	41899. 48	55645. 71	63696. 42	80951. 30	87620. 37	71224. 45	713248. 47	36. 76
3. 加工纸	20477. 97	20813. 10	26637. 55	23438. 14	22122. 09	23181. 38	20714. 03	25433. 49	26854. 22	37611. 37	46645. 69	33377. 00	327184. 63	40. 41

续表

项目名称	进口量													
	1月	2月	3月	4月	5月	6月	7月	8月	9月	10月	11月	12月	1—12月累计	累计同比/%
（1）转印纸	517.38	514.68	751.35	544.94	564.32	649.47	525.37	470.56	708.04	450.57	559.55	686.87	6943.29	-14.01
（2）胶黏纸及纸板	1252.28	1406.74	1963.58	1875.17	1976.25	2235.94	1947.00	2229.26	2397.62	1338.49	2048.63	1705.03	22251.86	2.51
（3）其他加工纸	18708.31	18891.68	23922.62	21018.04	19581.52	20295.97	18241.66	22733.67	23748.57	35822.31	44037.51	30985.09	297989.47	46.62
4. 手工纸及纸板	10.50	0.06	19.59	1.63	6.85	7.81	6.16	9.49	4.52	10.24	14.86	21.88	112.80	0.38
5. 纸制品	10134.07	8369.35	11554.37	9417.79	10486.72	11765.94	10500.92	10675.64	10876.85	9543.94	12026.63	10509.68	125445.76	0.72
（1）纸和纸板制容器	3740.88	2756.20	3840.98	2986.09	3391.28	4400.14	3291.20	3831.12	3863.87	3495.04	4378.69	3495.98	43232.82	-10.88
其中：纸制盘、碟、杯及类似品	40.76	26.28	33.10	70.36	114.61	122.68	68.16	92.31	79.18	120.85	101.71	65.97	935.92	25.13
（2）卫生用纸制品	1228.75	906.64	1269.68	867.99	1147.13	1324.68	1346.55	1199.17	1259.77	896.39	1517.40	1416.59	14388.85	2.84
（3）壁纸、窗纸及纸制铺地制品	688.42	599.19	1024.30	955.15	1350.86	1182.68	1066.51	1091.95	1168.40	1083.74	923.50	1164.57	12292.85	-5.08
（4）其他纸制品	4476.02	4107.33	5419.42	4608.55	4597.44	4858.45	4796.66	4553.39	4584.82	4068.77	5207.04	4432.55	55531.25	13.11

表2　　2017年1—12月我国纸产品进口金额　　单位：万美元

项目名称	进口金额													
	1月	2月	3月	4月	5月	6月	7月	8月	9月	10月	11月	12月	1—12月累计	累计同比/%
纸浆、纸张及纸制品	127707.6	160212.3	177110.6	156795.4	170517.4	169779.5	154969.1	167661.6	171393.2	170776.5	219009.6	192204.90	2037843.50	25.42
1. 纸浆	98436.2	124608.8	133274.6	120069.8	128950.8	129125.7	116355.4	125301.5	129726.0	124763.9	162320.9	140958.20	1534166.80	25.33
（1）木浆	98067.2	124178.3	132742.2	119540.7	128251.2	128456.5	115515.2	124793.7	129159.5	124096.3	161596.6	140222.00	1526892.40	25.17
（2）其他纸浆	369.0	430.5	532.4	529.1	699.6	669.1	840.2	507.8	566.5	667.6	724.4	736.30	7274.40	71.33
2. 纸及纸板	18827.2	24814.3	29667.4	25237.3	28184.5	27095.6	25860.2	28757.4	28464.2	33296.7	41669.7	37361.50	349026.40	38.94
（1）书写印刷用纸及纸板	5935.6	6658.1	9027.2	7686.7	11323.8	10405.7	10006.1	10772.2	8921.4	8635.0	13211.2	14342.70	116932.40	49.02
其中：新闻纸	831.0	857.4	1294.3	1228.2	1968.8	1338.0	1664.2	2203.1	1664.1	1719.6	2929.0	4081.80	21779.50	612.49
（2）牛皮纸及纸板	6124.3	9110.5	11464.1	9322.1	8817.6	10398.0	8970.4	9299.8	9432.0	10641.3	12357.8	11329.80	117064.60	22.55
（3）卫生纸用纸原纸	241.6	208.1	304.5	248.0	308.7	271.3	261.2	243.6	300.4	299.8	469.4	440.60	3596.00	19.97

续表

项目名称	进口金额													
	1月	2月	3月	4月	5月	6月	7月	8月	9月	10月	11月	12月	1—12月累计	累计同比/%
(4) 瓦楞原纸	1770.2	2615.0	2351.8	1433.9	855.2	641.2	1143.4	1540.3	2346.2	5636.4	6922.8	3592.90	30850.50	750.32
(5) 工业技术配套用纸	635.0	650.9	568.3	619.8	762.4	713.9	771.2	747.9	809.4	709.2	859.0	656.20	8515.10	4.46
(6) 感应纸及纸板	32.8	52.4	40.7	63.6	145.4	86.9	106.5	81.9	109.6	128.5	51.8	55.70	948.30	7.29
(7) 其他纸及纸板	4087.6	5519.2	5910.9	5863.2	5971.3	4578.5	4601.2	6071.7	6545.1	7246.4	7797.8	6943.60	71119.50	15.54
3. 加工纸	5514.0	5948.2	7798.9	5917.6	7190.3	7110.4	6740.8	7470.0	6949.8	7165.9	8588.1	7813.10	84196.10	8.95
(1) 转印纸	1299.1	1369.2	1830.8	1269.8	1406.8	1395.7	1494.3	1353.5	1550.0	1521.9	1615.3	1822.40	17932.00	-10.68
(2) 胶黏纸及纸板	628.4	794.9	1027.8	850.3	947.1	1031.8	989.9	1057.8	1046.4	730.7	958.7	1038.10	11084.20	2.76
(3) 其他加工纸	3586.6	3784.2	4940.3	3797.4	4836.4	4682.9	4256.6	5058.7	4353.4	4913.3	6014.1	4952.60	55179.90	18.88
4. 手工纸及纸板	2.2	0.1	2.7	0.4	1.2	1.5	2.2	2.7	0.8	2.0	1.9	2.10	18.60	-21.85
5. 纸制品	4928.0	4840.9	6367.0	5570.3	6190.6	6446.3	6010.5	6130.0	6252.4	5548.1	6429.0	6070.10	70435.70	-2.39
(1) 纸和纸板制容器	1216.7	948.8	1326.9	1197.3	1333.0	1378.9	1168.8	1334.4	1444.8	1218.2	1421.8	1155.90	14898.20	-9.01
其中：纸制盘、碟、杯及类似品	15.9	13.9	17.9	21.6	53.3	45.2	29.0	33.5	30.9	40.3	38.5	29.80	369.90	9.08
(2) 卫生用纸制品	307.3	246.1	325.0	225.7	294.0	345.0	364.6	310.8	313.4	235.4	368.0	368.70	3705.20	0.09
(3) 壁纸、窗纸及纸制铺地制品	540.3	483.6	697.0	590.3	789.8	865.4	775.6	730.8	776.9	735.9	654.8	740.60	8379.60	-13.66
(4) 其他纸制品	2863.8	3162.5	4018.2	3557.0	3773.9	3857.1	3701.6	3754.0	3717.4	3358.5	3984.5	3804.90	43452.70	2.53

表3　2017 年 1—12 月我国纸产品出口量

单位：吨

项目名称	出口量													
	1月	2月	3月	4月	5月	6月	7月	8月	9月	10月	11月	12月	1—12月累计	累计同比/%
纸浆、纸张及纸制品	747500.38	595091.02	833106.97	771865.61	888570.29	891534.10	892050.48	889838.81	805591.64	747443.13	785487.43	766875.47	9535054.16	-1.30
1. 纸浆	8665.29	4288.61	8929.70	7548.03	7817.58	7081.96	8777.52	8151.45	7655.08	6592.06	13899.10	9366.24	98723.88	3.06
(1) 木浆	1657.58	599.66	3701.19	946.51	1092.32	613.25	1449.05	1413.22	732.86	964.11	8709.81	2538.89	24406.34	-12.37
(2) 其他纸浆	7007.71	3688.95	5228.51	6601.52	6725.27	6468.71	7328.47	6738.23	6922.21	5627.95	5189.29	6827.36	74317.54	9.38

续表

项目名称	出口量													
	1月	2月	3月	4月	5月	6月	7月	8月	9月	10月	11月	12月	1—12月累计	累计同比/%
2. 纸及纸板	431778.06	407212.50	516566.10	447525.63	544112.14	544708.22	538221.55	510578.10	450189.42	414822.46	435635.54	411932.28	5614668.92	-6.40
(1) 书写印刷用纸及纸板	228225.41	209387.18	272688.83	234796.17	250317.70	269132.70	255918.80	254379.21	231413.73	206813.33	222483.94	198355.32	2832439.49	-6.40
其中：新闻纸	7399.40	9225.66	16677.04	16482.20	11461.26	10758.57	9186.35	10328.13	4116.06	7448.32	3052.00	3069.18	108760.93	687.28
(2) 牛皮纸及纸板	68232.26	52111.63	72074.59	60707.50	83551.09	89265.62	73766.23	69394.90	62042.19	55228.67	56937.97	56169.04	785465.49	-29.08
(3) 卫生纸用纸原纸	12340.35	10487.58	15386.53	17792.21	22080.06	21433.89	20251.37	19899.70	12875.26	14809.51	13927.41	15395.06	195776.50	15.92
(4) 瓦楞原纸	1912.26	3293.48	5363.29	7026.66	7479.67	4085.03	2943.62	1913.22	1849.91	2165.20	2831.72	3302.98	40879.47	-43.39
(5) 工业技术配套用纸	4066.42	2664.89	4616.98	3966.35	4712.90	3549.64	3799.61	4548.47	3794.57	3664.64	4682.72	4473.31	48256.67	15.83
(6) 感应纸及纸板	1063.40	702.87	876.04	1204.26	821.67	985.76	1553.53	31.63	976.41	1022.85	992.60	95.98	10169.47	-11.09
(7) 其他纸及纸板	115937.97	128564.87	145559.84	122032.48	175149.05	156255.57	179988.39	160410.97	137237.34	131118.26	133779.18	134140.58	1701681.82	8.31
3. 加工纸	67144.42	43770.05	69453.57	72209.19	78017.28	77576.13	76531.26	77971.66	71795.97	70436.50	70211.32	71974.04	840700.27	9.29
(1) 转印纸	16737.69	11341.87	15552.48	15988.75	19097.02	17817.90	16431.69	16110.94	14704.56	16953.33	18485.04	20204.61	197272.22	6.08
(2) 胶黏纸及纸板	11558.44	6443.95	11535.57	12267.36	12562.97	13289.35	13117.45	12420.19	11419.88	10905.39	11710.06	12017.58	138523.68	21.02
(3) 其他加工纸	38848.29	25984.23	42365.53	43953.09	46357.29	46468.88	46982.12	49440.52	45671.54	42577.79	40016.22	39751.85	504904.37	7.70
4. 手工纸及纸板	307.10	98.68	159.16	268.30	195.25	246.06	210.15	216.96	235.77	269.94	195.92	225.77	2467.29	3.58
5. 纸制品	239605.51	139721.18	237998.45	244314.47	258428.04	261921.75	268309.99	292920.64	275715.40	255322.18	265545.55	273377.15	2978493.80	6.58
(1) 纸和纸板制容器	121890.76	67477.09	117176.02	120737.16	132835.72	134900.40	144995.13	165246.41	160183.86	142678.05	140493.29	144412.11	1580991.24	6.43
其中：纸制盘、碟、杯及类似品	26401.52	15666.40	24898.72	25268.32	29208.45	31111.46	29962.07	31384.46	28510.16	27111.67	30314.08	31930.20	331113.99	15.36
(2) 卫生用纸制品	57962.85	38377.38	64120.99	61726.11	60787.30	61534.92	62118.38	63571.93	60352.02	56716.77	64381.99	64971.95	700163.19	6.33
(3) 壁纸、窗纸及纸制铺地制品	8936.52	3528.76	5896.96	6927.56	8585.36	9113.03	8349.30	8048.80	6846.87	7574.42	9694.58	9885.73	93070.23	28.53
(4) 其他纸制品	50815.38	30337.95	50804.48	54923.63	56219.66	56373.40	52847.19	56053.50	48332.64	48352.95	50975.69	54107.35	604269.14	4.53

表 4

2017 年 1—12 月我国纸产品出口金额

单位：万美元

项目名称	出口金额													
	1 月	2 月	3 月	4 月	5 月	6 月	7 月	8 月	9 月	10 月	11 月	12 月	1—12 月累计	累计同比/%
纸浆、纸张及纸制品	129551.4	84495.7	145068.7	147775.4	158446.4	149758.2	157453.3	156329.3	144641.1	130896.7	146677.9	153493.20	1627308.60	1.59
1. 纸浆	1227.2	621.7	1098.1	1115.2	1172.7	1074.6	1298.2	1175.6	1118.3	959.1	1387.7	1255.70	13473.20	23.44
（1）木浆	112.4	34.2	248.7	64.7	73.9	42.2	106.7	103.1	53.8	68.3	571.6	180.50	1659.10	-4.15
（2）其他纸浆	1114.8	587.5	849.4	1050.5	1098.8	1032.3	1191.5	1072.5	1064.5	890.8	816.1	1075.20	11814.20	28.64
2. 纸及纸板	42564.0	34902.2	51782.4	47556.2	56728.3	52060.4	52376.3	48198.1	41381.9	38294.6	42205.8	41447.90	529725.30	-8.73
（1）书写印刷用纸及纸板	19441.3	16368.8	22750.2	19797.8	21373.7	22893.8	22001.1	21851.2	19679.2	18005.6	19727.9	17706.50	240561.90	-6.33
其中：新闻纸	1602.9	1121.9	1895.2	1357.7	977.2	1057.4	1005.1	968.2	410.9	623.7	347.8	419.50	11556.80	741.41
（2）牛皮纸及纸板	8177.0	5002.8	8750.6	9158.8	10214.4	9047.9	7774.2	6835.9	5161.5	4681.4	5464.5	5889.10	79725.40	-37.24
（3）卫生纸用纸原纸	1800.2	1338.1	2403.6	2890.6	3138.5	2896.5	2782.8	2754.0	2023.1	1988.4	2186.2	2684.90	27452.20	13.96
（4）瓦楞原纸	88.5	124.9	341.0	405.5	984.5	384.7	314.9	94.1	98.4	109.1	330.9	130.90	2565.00	-70.19
（5）工业技术配套用纸	999.4	614.3	1051.0	928.4	1088.8	849.3	985.7	996.1	868.1	891.1	1051.2	1129.30	11292.70	1.14
（6）感应纸及纸板	118.5	82.6	112.7	149.6	95.1	108.7	156.9	24.4	100.4	109.7	103.7	21.90	1088.90	-25.43
（7）其他纸及纸板	11939.0	11370.7	16373.2	14225.5	19833.4	15879.4	18360.8	15642.3	13451.3	12509.2	13341.4	13885.40	167039.20	10.47
3. 加工纸	15853.7	9768.1	16297.7	17801.8	18704.6	18897.1	19572.5	18116.0	16828.8	16283.5	17911.5	19505.40	200845.40	6.62
（1）转印纸	4384.0	2986.6	4319.9	5086.7	5499.4	4834.9	4826.5	4163.4	4181.4	4218.0	5536.8	6372.80	54701.50	4.32
（2）胶黏纸及纸板	3322.9	1830.5	3398.4	3585.5	3664.1	3685.7	3630.4	3429.5	3043.2	2995.0	3540.3	3827.90	39491.90	13.18
（3）其他加工纸	8146.7	4951.1	8579.3	9129.5	9541.0	10376.6	11115.6	10523.2	9604.2	9070.6	8834.4	9304.70	106652.00	5.54
4. 手工纸及纸板	160.9	23.9	70.6	162.9	97.1	109.7	111.0	120.7	91.6	119.1	94.8	132.30	1241.60	-8.00
5. 纸制品	69745.6	39179.7	75820.0	81139.4	81743.7	77616.4	84095.3	88718.9	85220.5	75240.4	85078.0	91151.80	882023.00	7.46
（1）纸和纸板制容器	36625.4	18696.7	36499.3	40248.2	41820.6	40303.7	46056.4	50324.6	48688.2	41456.9	44928.3	47551.50	472572.50	7.75
其中：纸制盘、碟、杯及类似品	6856.8	3916.7	6712.6	6794.0	7771.5	7918.8	7733.2	8139.4	7409.8	7070.7	8047.7	8774.40	85963.10	13.17
（2）卫生用纸制品	14292.0	9683.9	19674.3	20400.4	18761.2	15725.9	17626.7	17244.2	17408.3	14792.4	17517.0	19662.10	176231.70	6.73
（3）壁纸、窗纸及纸制铺地制品	3304.2	1383.1	2490.2	2607.0	3054.3	3088.2	2923.8	2938.3	2471.6	2747.3	3513.7	3609.50	33925.80	23.32
（4）其他纸制品	15523.9	9416.1	17156.3	17883.8	18107.6	18498.5	17488.3	18211.9	16652.4	16243.8	19119.1	20328.70	199293.10	5.12

（臧旺英）

我国纸浆分国别（地区）进口情况（2008—2017）

Imports of Market Pulp by Country or Region in China（2008 - 2017）

我国纸浆分国别（地区）进口量（2008—2017）

单位：吨

国家（或地区）	2008 年	2009 年	2010 年	2011 年	2012 年	2013 年	2014 年	2015 年	2016 年	2017 年
漂白硫酸盐针叶木浆	**3552555**	**4765426**	**3995085**	**5827316**	**6590558**	**6499861**	**6683699**	**7313072**	**8037677**	**8126977**
其中：加拿大	1131740	1285510	1384799	2287440	2305442	2336645	2308972	2688923	2644899	2545292
美国	703184	895251	780040	948342	1179423	1263743	1217673	1374709	1613908	1597445
智利	649543	1083180	666062	819896	1090107	1108095	1176489	1195015	1336936	1384852
俄罗斯	550714	593574	527691	603835	593054	613288	913727	1053233	1120374	1003809
芬兰	231752	325702	330999	577814	778661	773766	780762	777368	945455	1035569
新西兰	86320	88724	93052	133787	114265	78196	66029	76941	83505	91009
德国	67990	120078	27743	74648	137090	63339	74873	55753	56027	
瑞典	66698	173077	60029	125974	249724	152043	80118	72056	100069	179622
日本	21969			34360			38637	15172		
阿根廷	21410	85322	24812	52377	13585	19894	10088			103995
法国	3883		38126	53340	23463					
巴西		25499								106662
乌拉圭		30245								
葡萄牙				48895	5120					

续表

国家或地区	2008 年	2009 年	2010 年	2011 年	2012 年	2013 年	2014 年	2015 年	2016 年	2017 年
挪威					59200	27445				
澳大利亚					10606					
其他国家	17351	59264	61732	66608	30818	63407	16331	3902	136504	78722
漂白硫酸盐阔叶木浆	**3725206**	**5931295**	**4412147**	**5254978**	**6077833**	**6552399**	**7091538**	**7911180**	**8336408**	**10469284**
其中：印度尼西亚	1208920	1227586	987384	1331786	1575807	2039405	2154451	2041372	1904293	2846329
巴西	1177741	2432765	1764630	1884770	2306892	2422071	3203213	3560474	4192895	4758967
智利	432481	653000	210751	316701	315650	438338	379984	521455	563675	698121
乌拉圭	235588	510448	409715	391338	473799	491472	617618	865362	815902	936369
俄罗斯	197504	220798	189193	211448	235004	148165	177180	196051	166607	286246
加拿大	175936	241589	181363	375083	325924	196855	51773	209743	200034	248879
美国	126106	314845	366168	382287	429661	337554	222579	257860	224372	264970
泰国	67518	68810	30696	35775	23850	32683	3480			
葡萄牙		57635		25068	15534	36008	12708			62278
日本	42152	15605	133447	145494	148544	186051	121263	120073	47991	59001
芬兰	25527	13320			7218	15330				
南非	11073	45874	23013	75854	76890	79382	72894	78888	89886	87348
法国	8451									
比利时	4717									
德国	4214									
韩国		80144	63894							
中国台湾			23661							
西班牙				36266	100619	29770				
荷兰					5907					
越南						44123	25354			

续表

国家或地区	2008 年	2009 年	2010 年	2011 年	2012 年	2013 年	2014 年	2015 年	2016 年	2017 年
其他国家	7277	48876	28232	43108	36534	55192	49041	59902	130753	220776
未漂硫酸盐针叶木浆	**532090**	**633230**	**464698**	**598515**	**673784**	**522983**	**505028**	**558886**	**647977**	**639896**
其中：俄罗斯	204038	149744	152001	198608	199543	106308	106691	116557	116589	117136
美国	105188	101606	63105	114960	146240	38108	88457	80051	102196	69192
智利	92833	168064	90217	120749	170666	184937	118020	145792	168464	228070
日本	79955	87456	117121	120161	105993	114661	113784	123563	131407	106990
加拿大	27345	50070	30312	31803	30723	52558	60194	63588	72004	58379
瑞典								9559	13756	18561
芬兰									26908	23808
斯威士兰	14098	34384	3877							
巴西						9992				
其他国家	8633	41906	8065	12234	20619	16419	17882	19776	16653	17760
未漂硫酸盐阔叶木浆	**4046**			**25831**	**4941**	**139**	**1797**	**2777**	**2588**	**5646**
机械浆和半化学浆	**1065896**	**1336683**	**1426471**	**1401406**	**1416971**	**1386679**	**1509213**	**1731647**	**1732161**	**1796106**
机械浆	25916	48353	61345	58442	10767	2626	4850	4631	2589	9367
其中：加拿大	22688	44834	52034	55418	8372					
新西兰										994
挪威	2559									
德国						2235	3393	2164	1451	2231
其他国家	669	3519	9311	3024	2395	391	1457	2467	1138	6142
半化学浆	1039980	1288330	1365126	1342964	1406204	1384053	1504363	1727016	1729572	1786739
其中：加拿大	826167	1053856	1114135	1121487	1128497	1113253	1160974	1313306	1291248	1369882
新西兰	89579	84019	90407	106172	120911	163611	213904	268112	280596	252842

续表

国家或地区	2008 年	2009 年	2010 年	2011 年	2012 年	2013 年	2014 年	2015 年	2016 年	2017 年
芬兰			36143	22835	58080	27142	13775		21310	19712
瑞典	35992	57362	36582	25475	47705	44443	61551	66990	75756	72675
挪威	17650	18479	25084	9973	7575	4264	31100	33169	40949	36235
俄罗斯	57122	29440	33677	44039	30322	22028	12002		8361	19360
爱沙尼亚	5759	31068	18157							
印度尼西亚										
其他国家	7710	14106	10941	12983	13114	9312	11057	45439	11352	16032
溶解浆	498791	851688	963999	1146314	1578485	1803648	2082223	2247184	2246299	2603499
亚硫酸盐针叶木浆	28502	55775	24117	92843	34421	13238	15274	23627	19593	7100
亚硫酸盐阔叶木浆	3337	3997	6860	9675	5919	6336	7551	5737	6364	4378
其他浆	44817	76955	66484	81692	78929	67262	69759	46902	41496	72058
总计	9455238	13655049	11359861	14438570	16461841	16852545	17966082	19841012	21070563	23724944

（邹　怡）

我国废纸分类别进口情况(2008—2017)

Imports of Waste Paper by Grade in China (2008 - 2017)

2008—2017 我国废纸分类别进口情况　　　　单位：吨

年份	旧瓦楞纸板箱(OCC)	化学浆废纸及纸板	废报纸(ONP)	其他废纸	总计
2008	13663977	270573	6490778	3777901	24203229
2009	16243783	275685	7170639	3811329	27501436
2010	14167672	490919	5927197	3766223	24352011
2011	15447918	699381	6651315	4481549	27280163
2012	17243777	836348	6832711	5153339	30066175
2013	16569270	834004	6515548	5318469	29237291
2014	15550383	705809	5566061	5697903	27520156
2015	16670358	849786	5745291	6018932	29284367
2016	16736941	874834	5201827	5685705	28499307
2017	15068633	844037	4896291	4910486	25719447

(邹　怡)

2017 年国内市场部分纸张价格

Domestic Prices of Partial Paper and Paperboard Grades in 2017

2017 年国内市场部分纸张价格（仅供参考，以供应商实际报价为准）

产品名称	品牌/厂家	定量/（克/米^2）	价格/（元/吨）											
			1 月	2 月	3 月	4 月	5 月	6 月	7 月	8 月	9 月	10 月	11 月	12 月
铜版纸	华夏	64	7500	7800	8100	8300	8300	8300	8300	8300	8600	8600	8900	8900
		70	7300	7600	7900	8100	8100	8100	8100	8100	8400	8400	8700	8700
		80	7000 ~ 7100	7300 ~ 7400	7600 ~ 7700	7800 ~ 7900	7800 ~ 7900	7800 ~ 7900	7800 ~ 7900	7800 ~ 7900	8100 ~ 8200	8100 ~ 8200	8400 ~ 8500	8400 ~ 8500
		90	6800 ~ 6900	7100 ~ 7200	7400 ~ 7500	7600 ~ 7700	7600 ~ 7700	7600 ~ 7700	7600 ~ 7700	7600 ~ 7700	7900 ~ 8000	7900 ~ 8000	7200 ~ 8300	7200 ~ 8300
		100 ~ 105	6600 ~ 6700	6900 ~ 7000	7200 ~ 7300	7400 ~ 7500	7400 ~ 7500	7400 ~ 7500	7400 ~ 7500	7400 ~ 7500	7700 ~ 7800	7700 ~ 7800	8000 ~ 8100	8000 ~ 8100
		120 ~ 250	6500	6800	7100	7300	7300	7300	7300	7300	7600	7600	7900	7900
	天阳	128 ~ 230	6200	6500	6800	7100	7100	7100	7100	7100	7400	7400	7700	7700
	九州太阳	110							7000	7000	7300	7300	7600	7600
	东帆	100 ~ 105（双铜）	6310	6910	6960	6960	6960	6860	6810	6810	7460	7710	7710	7660
		120 ~ 200（双铜）	6110	6710	6760	6760	6760	6660	6610	6610	7360	7510	7510	7460
	长鹤	100 ~ 105（双铜）	6110	6710	6760	6760	6760	6660	6610	6610	7260	7510	7510	7460
		120 ~ 200（双铜）	5910	6510	6560	6560	6560	6460	6410	6410	7160	7310	7310	7260

续表

产品名称	品牌/厂家	定量/（克/米^2）	价格/（元/吨）											
			1月	2月	3月	4月	5月	6月	7月	8月	9月	10月	11月	12月
铜版纸	紫兴	128～200（双铜）	5860	6460	6560	6560	6760	6760	6560	6560	7060	7160	7160	7110
		230～300（双铜）	6060	6660	6760	6760	6860	6860	6660	6660	7160	7260	7260	7210
	华泰牡丹	97～105（双铜）	5960	6660	6760	6760	6810	6760	6660	6610	7310	7510	7310	7310
		115～200（双铜）	5660	6360	6460	6460	6510	6460	6360	6310	7010	7210	7110	7010
	金海鲸王	140～150（双铜）	5710	6310	6410	6410	6410	6310	6110	6110	7010	7110	7010	6860
		200～250（双铜）	5610	6210	6310	6310	6310	6210	6010	6010	6910	7010	6910	6760
	晨鸣雪兔	120～200（双铜）	5610	6210	6260	6260	6260	6160	6060	6060	6860	7060	6860	6760
	晨鸣雪鹰	120～200（双铜）	5910	6510	6560	6560	6610	6410	6260	6260	7060	7260	7060	6960
	太空梭	128～200（哑光）	6110	6710	6760	6760	6760	6660	6610	6610	7360	7510	7510	7460
	金海鲸王	140～200（哑光）	5710	6310	6410	6410	6410	6310	6110	6110	7010	7110	7010	6860
	紫兴	128～200（哑光）	5860	6460	6560	6560	6760	6760	6560	6560	7060	7160	7160	7110
		230～300（哑光）	6060	6660	6760	6760	6860	6860	6660	6660	7160	7260	7260	7210
铜版卡纸	亚洲酋长	250～400	5760	6060	6260	6360	6360	6360	6260	6060	6760	6760	6560	6410
	UV2 宁波	230～320（双铜，高松）	5960	6260	6460	6660	6660	6560	6460	6260	6960	6960	6760	6660

续表

产品名称	品牌/厂家	定量/（克/米^2）	价格/（元/吨）											
			1月	2月	3月	4月	5月	6月	7月	8月	9月	10月	11月	12月
铜版卡纸	宁波酋长	250～400			6500	6710	6710	6660	6660	6660	6860	7110	7110	7110
	宁波酋长	230～320（高松）			6710	6960	6960	6910	6910	6910	7110	7360	7360	7360
	金太阳	190～400	7310～7510	7510～7710	7510～7710	7610～7810	7610～7810	7610～7810	7610～7810	7610～7810	7810～8010	8410～8610	8610～8410	8610～8410
	万国骄阳	170～350	6510～6910	6710～7110	7110～7310	7210～7410	7210～7410	7110～7310	7110～7310	7110～7310	7310～7510	7910～8110	8110～8310	7410～7610
食品卡纸	金太阳	250～350（白芯）	7810	8010	8010	8110	8110	8110	8110	8110	8310	8910	9110	9110
		250～350（黄芯）	7610	7810	7810	7910	7910	7910	7910	7910	8110	8710	8910	8910
胶版纸	华夏	60	6700	7000	7300	7500	7500	7500	7500	7500	7800	7800	8100	8100
		70～120	6500	6800	7100	7300	7300	7300	7300	7300	7600	7600	7900	7900
	金太阳	60	7000	7300	7600	7800	7800	7800	7800	7800	8100	8100	8400	8400
		70～120	6800	7100	7400	7600	7600	7600	7600	7600	7900	7900	8200	8200
	天阳本白	60～120	5900	6200	6500	6700	6700	6700	6700	6700	7000	7000	7300	7300
	天阳高白	70～120	6000	6300	6600	6800	6900	6900	6900	6900	7200	7200	7500	7500
涂布白卡纸	华夏太阳	190～400	6710～6910	6910～7110	7310～7610	7410～7710	7410～7710	7310～7610	7310～7610	7310～7610	7510～7810	8110～8410	8310～8610	7910～8210
	金太阳	190～360（高松）	7810～8110	8010～8310	8010～8310	8110～8410	8110～8410	8110～8410	8110～8410	8110～8410	8310～8610	8910～9210	9110～9410	9110～9410
	万国光芒	190～400	6110～6310	6310～6510	6310～6510	6410～6610	6410～6610	6410～6610	6410～6610	6410～6610	6610～6810	7210～7410	7410～7610	—
	万国骄阳	170～400	6510～6910	6710～7110	7110～7410	7210～7510	7210～7510	7110～7410	6810～7110	6810～7110	7010～7310	7610～7910	7810～8110	7410～7710
	红梅	190～230	6200～6300	6500～6600	6800～6900	6900～7000	6900～7000	6900～7000	6900～7000	6900～7000	7100～7300	7300～7400	7400～7500	7400～7500
	宁波金丽	250～400			6710	6910	6910	6860	6760	6760	6960	7110	7110	6910
	金桂金蝶兰	250～350			6710	6960	6960	6910	6760	6760	6960	7110	7110	6910

续表

产品名称	品牌/厂家	定量/（克/米^2）	价格/（元/吨）											
			1月	2月	3月	4月	5月	6月	7月	8月	9月	10月	11月	12月
涂布白卡纸	金桂富桂	235～365（高松）			6910	7110	7110	7110	6860	6860	7160	7310	7310	7110
	金桂金蝶兰	250～350	6110	6210	6510	6510	6410	6210	6060	5910	6510	6660	6460	6310
	富桂	235～365	6310	6410	6710	6810	6610	6410	6260	6060	6660	6860	6660	6510
	博汇	235～365（高松）	6160	6260	6560	6610	6460	6260	6010	5910	6510	6710	6310	6110
	宁波金丽	250～400	6110	6210	6560	6660	6410	6160	5960	5860	6510	6610	6210	6010
	骄阳	250～400	6410	6710	6910	7010	7010	7010	6910	6910	6910	7010	7010	7010
涂布白纸板	海龙	250	4760	4960	4660	4360	4310	4210	4310	4610	5210	5510	4510	4810
		300	4610	4810	4510	4210	4160	4060	4160	4460	5060	5360	4360	4660
		350～400	4460	4660	4360	4060	4010	3960	4060	4360	4960	5260	4260	4560
	地龙	250	4510	4710	4410	4110	4110	4110	4210	4510	5110	5410	4410	4710
		300	4410	4610	4310	4010	4010	4010	4110	4410	5010	5310	4310	4610
		350～400	4310	4510	4210	3910	3910	3910	4010	4310	4910	5210	4210	4510
复印纸	Double A（泰国）	80（B）	10200	10300	10600	10800	10800	10800	10600	10600	11500	12400	12600	12800
	绿叶/蔡伦纸业	80（C）	9600	9900	10000	10300	10300	10300	10000	10000	10900	11500	11500	11700
	太阳/广东太阳纸业	80（C）	8900	9200	9500	9800	9800	9800	9600	9600	10500	11300	11500	11700
	百旺/亚太森博（广东）	80（B）	8900	9200	9500	9800	9800	9600	9400	9500	10400	11300	11500	11700

续表

产品名称	品牌/厂家	定量/（克/米^2）	价格/（元/吨）											
			1 月	2 月	3 月	4 月	5 月	6 月	7 月	8 月	9 月	10 月	11 月	12 月
复印纸	云雀/互益纸业	70/80（C）	8900	9000	9300	9600	9700	9600	9400	9600	10500	11300	11500	11700
	羚羊/互益纸业	70/80（C）	7900	8000	8300	8600	8700	8600	8400	8500	9400	10300	10500	10700
	银羊/互益纸业	70/80（C）	7700	7800	8100	8300	8400	8300	8100	8200	9100	10000	10200	10500
	小钢炮/APP	80（C）	8800	9000	9500	9800	9800	9800	9800	9900	10800	11500	11500	11700
	金丝雀/APP	80（C）	10200	10300	10600	10800	10800	10800	10600	10600	11500	12400	12600	12800

注：B 表示 5 包/箱，500 张/包；C 表示 10 包/箱，500 张/包。

（邹　怡）

2016—2017 年全球分地区和种类纸和纸板需求量

Global Paper and Paperboard Demand by Region and Grade in 2016 - 2017

表 1　　2016—2017 年全球不同地区纸和纸板需求量　　单位：千吨

地区	印刷用纸			纸箱用纸板			生活用纸		
	2016 年	2017 年	同比/%	2016 年	2017 年	同比/%	2016 年	2017 年	同比/%
北美	21049	19617	-6.8	30808	31817	3.3	8051	8146	1.2
西欧	23865	23085	-3.3	23169	24086	4.0	6568	6691	1.9
东欧	5659	5665	0.1	8218	8599	4.6	2080	2178	4.7
拉丁美洲	5953	5820	-2.2	12206	12901	5.7	3923	4023	2.5
日本	11572	11249	-2.8	9027	9196	1.9	1983	1980	-0.1
中国	15333	15333	0.0	43428	45232	4.2	7637	8244	7.9
其他亚洲地区	20749	20844	0.5	26069	26636	2.2	3690	3858	4.6
大洋洲	1553	1399	-9.9	1950	2011	3.2	443	447	0.9
非洲	2764	2633	-4.7	3124	3194	2.2	768	823	7.1
全球	108497	105646	-2.6	158000	163671	3.6	35144	36390	3.5

表 2　　2016—2017 年 1-12 月全球纸和纸板需求量　　单位：千吨

月份	印刷用纸		纸箱用纸板		生活用纸	
	2016 年	2017 年	2016 年	2017 年	2016 年	2017 年
1 月	8829	8617	13135	13581	2973	2954
2 月	8658	8492	12428	12615	2660	2819
3 月	9617	9473	13285	13939	3002	3113
4 月	8985	8556	12959	13301	2883	2989
5 月	8899	9004	13192	13863	2979	3078
6 月	8882	8699	13134	13656	2906	3003
7 月	8750	8653	13354	13991	2972	3080
8 月	9261	8961	13311	13863	2963	3077
9 月	9269	8835	13189	13527	2904	3022
10 月	9291	8969	13424	13973	3005	3117
11 月	9121	8840	13350	13731	2931	3047
12 月	8935	8552	13239	13632	2967	3093
合计	108497	105646	158000	163671	35144	36390

表 3　2016—2017 年全球不同纸种需求量　单位：千吨

纸种	2016 年	2017 年	同比/%
印刷用纸			
新闻纸	22672	20939	-7.6
未涂布机械浆纸	11036	10633	-3.7
涂布机械浆纸	11503	11103	-3.5
未涂布不含磨木浆纸	40840	40839	0.0
涂布不含磨木浆纸	22446	22135	-1.4
纸箱用纸板			
牛皮纸板	33337	34316	2.9
半化学浆瓦楞原纸	8999	9354	3.9
挂面箱纸板	65912	68408	3.8
废纸瓦楞原纸	49752	51594	3.7

注：数据来源于纸浆纸张产品理事会(PPPC)。

（李荔平）

2017 年中国造纸协会纸浆指数分析

Analysis of China Paper Association Pulp Index(CPAPI) in 2017

整体来看，2017 年年初，部分纸厂开机较晚，同时有纸厂消耗前期纸浆库存而对当前高价浆采购趋紧，外加华北地区受两会环保影响纸厂停限产情况明显，纸浆市场需求较为一般，1—2 月，纸浆价格指数延续 2016 年年底的上涨趋势。3 月纸浆市场需求状况并未明显改善，价格指数在连续半年上扬后首现下滑，4 月继续下行，5 月国内纸浆市场表现一般，市场成交略有下滑，但受供应不足影响现货价格略有上扬。6 月纸浆市场淡季氛围凸显，下游纸厂库存积压严重，开工率不足，纸浆多以小单成交，刚需为主，导致中国造纸协会纸浆物量总指数和价格总指数双双下滑。进入 7 月，纸浆市场刚性需求并未有明显好转，同时受环保政策持续收紧影响，下游纸厂开工率较低，但 7 月纸浆市场始终弥漫着缺货、抢货氛围，贸易商不断宣扬纸浆货源紧张，纸厂担忧后期旺季原材料缺乏，只得选择此时高价位囤货，故 7 月成交量及成交价上涨。8 月浆市行情提前引爆，纸浆价格一路飙涨，造成这一繁华景象的根本原因是漂白硫酸盐针叶木浆现货紧缺，贸易商封盘惜售，引发浆市恐“荒”情绪，下游火热囤货，买涨不买跌。随着传统旺季的到来，这波行情持续至 10 月。8 月和 9 月纸浆价格总指数环比分别大增 11.51% 和 10.67%，收于 119.38 点和 132.12 点，同时现货紧张，也导致 8 月成交量减少。进入 10 月，国内纸浆市场需求转淡，但由于货源紧张浆价在高位继续攀升，同时，由于担忧后期浆市走势变化，贸易商出货意愿较强，市场成交量略有增加，价格总指数涨幅较前两个月明显缩小。11—12 月，国内纸浆市场行情走软，纸浆价格总指数及物量总指数均环比下行，纸厂多持谨慎观望态势，市场成交量减少。2016—2017 年中国造纸协会纸浆价格、物量总指数及分类别纸浆价格和物量指数(包括定基指数和环比指数)如图 1 ~ 图 6 所示。

分类来看，2017 年年初，漂白硫酸盐针叶木浆

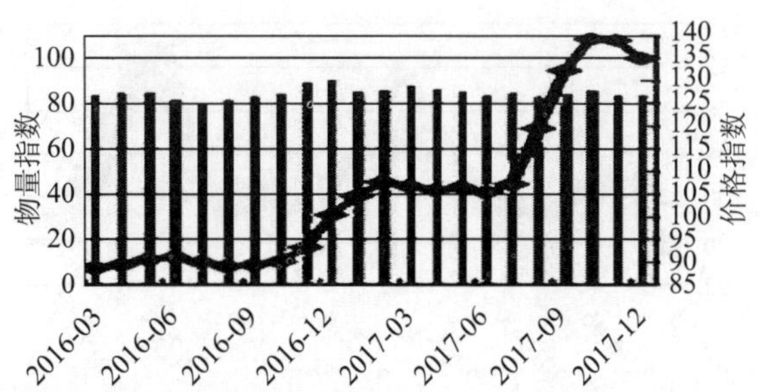

图1　中国造纸协会纸浆指数（定基总指数）

物量　价格

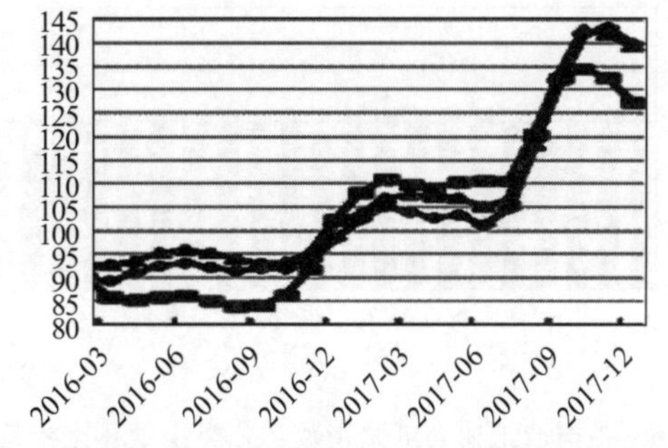

图2　中国造纸协会纸浆指数（分类价格定基指数）

漂白硫酸盐针叶木浆　漂白硫酸盐阔叶木浆　本色浆

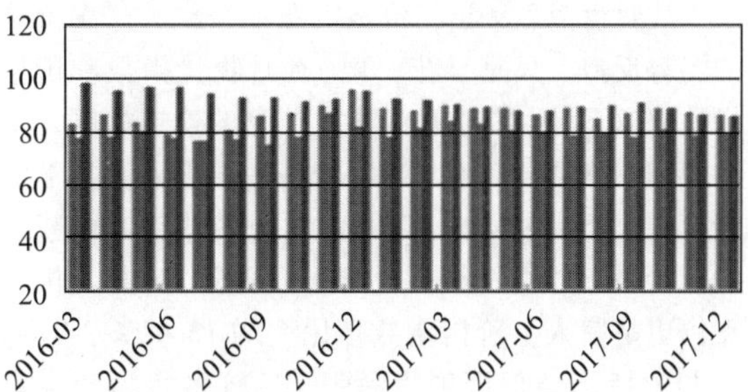

图3　中国造纸协会纸浆指数（分类物量定基指数）

漂白硫酸盐针木叶浆　漂白硫酸盐阔木叶浆　本色浆

市场需求较为一般，浆价延续涨势。3—4 月漂白硫酸盐针叶木浆市场需求有所恢复，价格稳中偏弱运行。5 月漂白硫酸盐针叶木浆量减价增，外盘价格

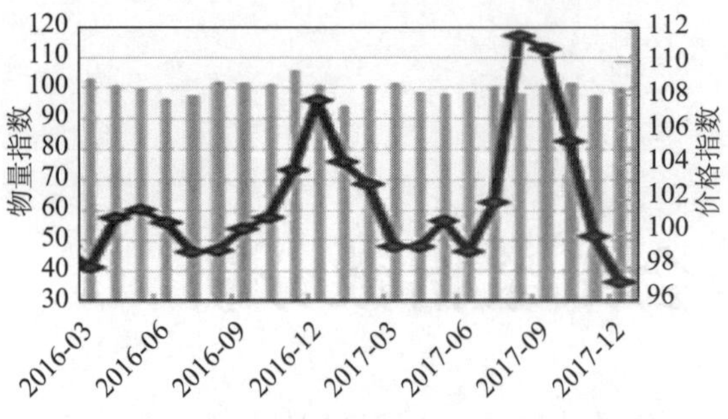

图4 中国造纸协会纸浆指数（环比总指数）

物量 价格

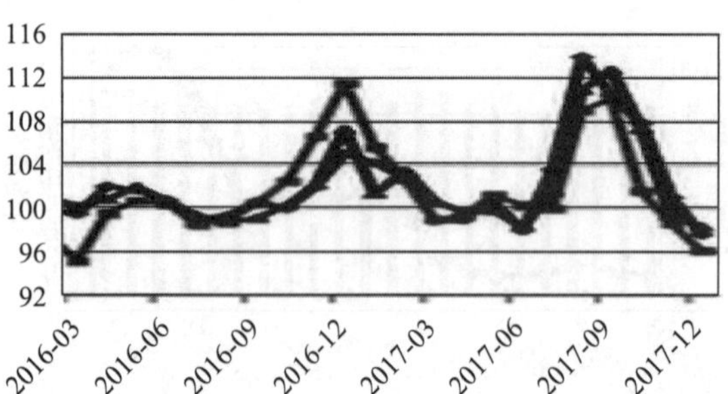

图5 中国造纸协会纸浆指数（分类价格环比指数）

漂白硫酸盐针叶木浆 漂白硫酸盐阔叶木浆 本色浆

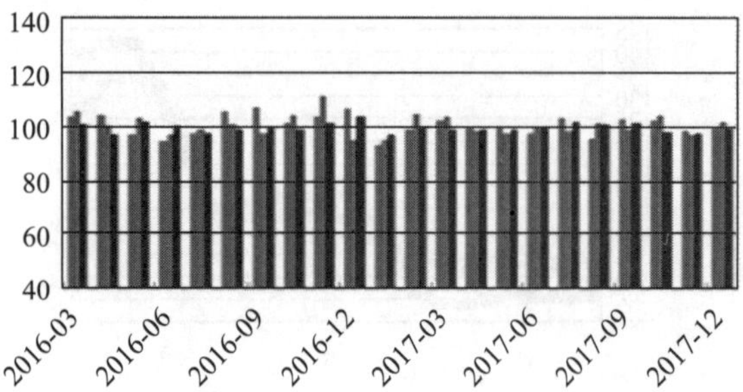

图6 中国造纸协会纸浆指数（分类物量环比指数）

漂白硫酸盐针叶木浆 漂白硫酸盐阔叶木浆 本色浆

高企，各贸易商不敢大量囤货，又逢纸业需求淡季，故封盘消息频出，价格报涨不报跌，这次价格的弱势反弹，只是昙花一现。6月物量指数和价格指数双双下滑，需求寡淡再加外盘的连连报跌，使得漂白硫酸盐针叶木浆现货价格一再下调，且下滑幅度在3类浆中最大。7月漂白硫酸盐针叶木浆物量及价格指数均上行，行情涨势明显。8月，价格涨幅更是惊人，价格指数环比大增13.91%，收涨于119.15点，但因现货紧张，且较多贸易商封盘惜售，故物量指数有所下滑，收于84.99点，环比下滑4.56%。9—10月，漂白硫酸盐针叶木浆成交均价有较大涨幅，且成交量也环比增长。11—12月下游纸厂多以消耗前期库存为主，市场需求较为清淡，成交量较少。市场需求不振，且货源较为充足，现货价格缺乏上行的动力，加之临近春节，纸厂采购积极性不高，后期浆价或仍以弱稳趋势为主。

漂白硫酸盐阔叶木浆方面，2017年2月价格指数环比上涨2.63%至110.80点，物量指数环比增长4.52%至81.64点。相比节前，节后漂白硫酸盐阔叶木浆市场现货供应量相对较足，而市场需求却并未有明显增长，因此2月成交量仅比1月略有增长，而其现货价格走势同漂白硫酸盐针叶木浆基本一致。3月文化纸和生活用纸都处于需求旺季，一定程度刺激了阔叶木浆市场需求回暖。5—6月，阔叶木浆量减价增，不同于漂白硫酸盐针叶木浆的不敢囤货，漂白硫酸盐阔叶木浆则是无货可囤，原本就货源吃紧，而巴西罢工以及亚太森博(山东)浆纸有限公司停机检修消息的放出，使阔叶木浆价格连连攀升。漂白硫酸盐阔叶木浆价格指数虽有上涨，但幅度较小，行情尚算稳定。7月漂白硫酸盐阔叶木浆市场则稍显萎靡，物量及价格均下滑。8—9月，漂白硫酸盐阔叶木浆价格指数环比大增，增幅均超过9%，物量指数变化不大。较多阔叶木浆贸易商封盘观望，后见针叶木浆价格一路飙涨，按捺不住，开始跟涨。10月漂白硫酸盐阔叶木浆成交量价均增，市场成交量虽有所增加，但整体需求情况依旧表现一般。11月漂白硫酸盐阔叶木浆成交量价均减，市场行情走软，需求清淡，出货困难，纸浆价格不断下行。12月漂白硫酸盐阔叶木浆成交量增价减，由于部分下游纸厂的停限产，市场需求乏力，供大于求，加上年底贸易商急需出货回笼资金，浆价下行，成交量略有增长。

本色浆方面，在纸浆市场整体行情偏弱情况下，2—5月本色浆现货行情趋弱，物量指数持续下跌。5月本色浆成交量价双双下滑。同样受需求淡季影响，6月本色浆成交情况不甚理想，多以降价走量。7月本色浆与漂白硫酸盐针叶木浆走势类似，但增幅不及。8—10月，本色浆价格指数环比大增，增幅分别为10.84%、12.69%和7.24%。除有针叶木浆价格带动外，下游包装用纸需求良好，才是涨价基础。9月本色浆市场成交量价齐增，月内本色浆到货增多，市场成交量增加，但货源依旧表现紧张，导致价格持续上探。10月，本色浆成交量减价增，本色浆现货流通量较少，下游纸厂刚需采买，市场成交较有所下滑。11—12月，本色浆成交量价均减，本色浆市场需求相对清淡，市场出货情况一般，以下游纸厂刚需购入为主，市场流通货源有限，价格维持平稳，部分品牌报价有小幅下滑。

（杨 扬）

2017 年全球化学商品浆供需情况分析

Demand Analysis of Global Commodity Chemical Pulp in 2017

2017 年全球化学商品浆产能达 6673.8 万吨，需求量为 6171.1 万吨，需求供应比为 92%。2017 年全球化学商品浆需求量比 2016 年的 5951.4 万吨增长了 3.7%，近几年全球化学商品浆的增长幅度相当(3.6% ~4.0%)。其中，2017 年漂白硫酸盐阔叶木浆的增长幅度是漂白硫酸盐针叶木浆的 2 倍(漂白硫酸盐阔叶木浆和漂白硫酸盐针叶木浆的需求量同比增长幅度分别为 4.9% 和 2.5%)。漂白硫酸盐针叶木浆的增长在地区分布方面相对更加平均，而漂白硫酸盐阔叶木浆有近 90% 的增长量集中在我国，2017 年我国漂白硫酸盐阔叶木浆需求量比 2016 年增加了 140 万吨，同比增长 13%。该增长幅度远远超出平均统计水平，可能是因为 2017 年年初积累库存和由于买家预计即将出台再生纤维进口新政策造成纤维短缺而提前采购两个因素综合造成的。2016—2017 年全球化学商品浆需求量趋势如图 1 所示。2017 年全球化学商品浆需求量变化趋势与 2016 年相似，全年除 4 月和 5 月化学商品浆需求量与 2016 年持平外，其余月份纸浆需求量同比均高于 2016 年。

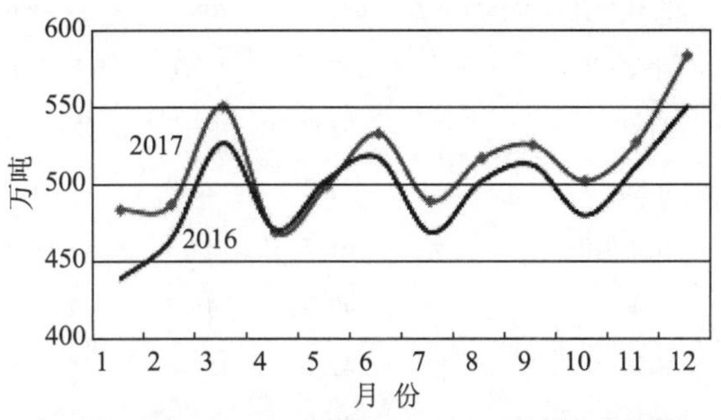

图1　2016—2017年全球化学商品浆需求量趋势

2017 年全球化学商品浆的需求量如表 1 所示，各地区需求量同比增长情况如图 2 所示，各浆种的涨幅情况如图 3 所示。2017 年全球化学商品浆各浆种分地区需求量情况如表 2 所示。西欧和拉丁美洲地区化学商品浆的需求量仍然延续负增长的趋势，但下降幅度较低，基本与 2016 年的需求量持平，西欧地区漂白硫酸盐针叶木浆的轻微增长抵消了漂

表 1　2017 年全球化学商品浆需求量

单位：万吨

浆种	2016 年	2017 年	同比/%
总量	5951.4	6171.1	3.7
按浆种			
亚硫酸盐木浆	16.1	13.3	-17.8
漂白硫酸盐针叶木浆	2508.9	2570.8	2.5
北方针叶木	1475.4	1505.6	2.0
南方针叶木	683.7	708.6	3.6
其他	349.7	356.6	2.0
漂白硫酸盐阔叶木浆	3224.8	3383.4	4.9
北方阔叶木	434.2	449.1	3.4
南方阔叶木	91.1	87.1	-4.4
桉木	2338.7	2396.6	2.5
其他	360.7	450.5	24.9
未漂白硫酸盐木浆	201.6	203.6	1.0
按地区			
北美洲	767.6	788.0	2.7
西欧	1542.6	1539.0	-0.2
东欧	242.5	248.4	2.5
拉丁美洲	330.7	328.6	-0.6
日本	211.8	223.3	5.4
中国	1956.9	2105.1	7.6
其他亚非地区	864.7	902.2	4.3
大洋洲	34.6	35.8	3.3

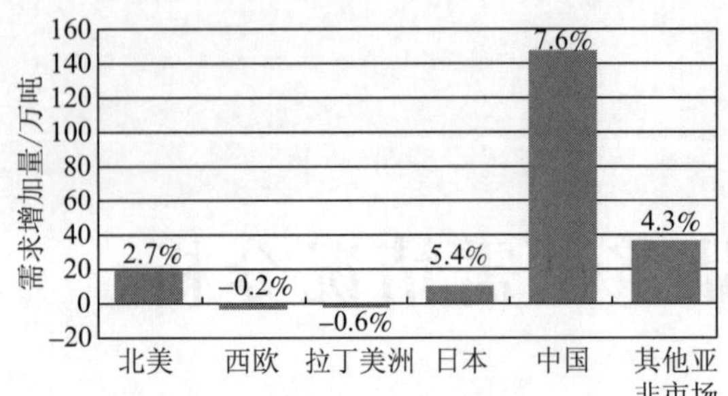

图2 2017年全球化学商品浆各地区需求量同比增长情况

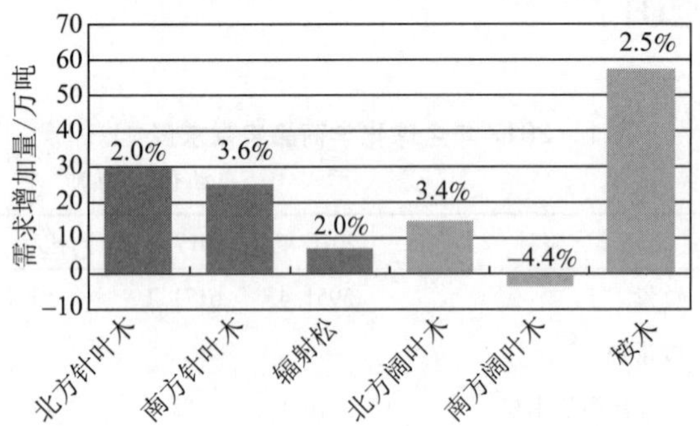

图3 2017年全球化学商品浆各浆种需求量增幅情况

白硫酸盐阔叶木浆的下降，拉丁美洲地区漂白硫酸盐针叶木浆需求量下降较多(如表2所示)。2017年北美和日本地区扭转了负增长的局面，化学商品浆的需求量分别增长2.7%和5.4%，北美地区主要是漂白硫酸盐针叶木浆需求量增加了4.4%，而日本各浆种的需求量均呈现较大幅度的增长，漂白硫酸盐针叶木浆和漂白硫酸盐阔叶木浆分别增长4.7%和5.5%。我国和其他亚非市场化学商品浆需求量继续维持增长态势，我国仍然保持高幅度增长，比2016年增长7.6%，但2017年增长幅度低于2016年(13.8%)。我国化学商品浆需求量的增长主要得益于漂白硫酸盐阔叶木浆需求量的大幅增长(12.9%)；其他亚非地区漂白硫酸盐针叶木浆需求量大幅增长7.6%。

表2 2017年全球各地区各浆种的需求量分布 单位：万吨

浆种	2016年	2017年	同比/%
亚硫酸盐木浆	16.1	13.3	-17.8
北美洲	0	0	—
西欧	9.3	6.3	-31.8
东欧	2.0	4.1	>100.0
拉丁美洲	0	0.1	21.7
日本	1.8	2.0	13.0

续表

浆种	2016年	2017年	同比/%
中国	2.3	0.7	-72.1
其他亚非市场	0.7	0.1	-87.7
大洋洲	0	0	—
开工率（销量产能比/%）	94	93	
漂白硫酸盐针叶木浆	2508.9	2570.8	2.5
北美洲	428.5	447.2	4.4
西欧	620.1	623.9	0.6
东欧	110.2	112.1	1.8
拉丁美洲	114.8	109.2	-4.9
日本	103.7	108.6	4.7
中国	815.4	828.7	1.6
其他亚非市场	298.5	321.2	7.6
大洋洲	17.7	19.8	11.8
开工率/%	93	93	
漂白硫酸盐北方针叶木浆	1475.4	1505.6	2.0
北美洲	230.6	234.2	1.5
西欧	478.8	484.0	1.1
东欧	84.7	85.3	0.6
拉丁美洲	8.1	5.6	-30.0
日本	54.5	56.9	4.5
中国	493.4	495.3	0.4
其他亚非市场	120.9	138.8	14.8
大洋洲	4.3	5.5	27.5
开工率/%	93	93	
漂白硫酸盐南方针叶木浆	683.7	708.6	3.6
北美洲	197.6	213.0	7.8
西欧	93.7	93.7	0
东欧	25.2	26.0	3.4
拉丁美洲	61.7	53.3	-13.7
日本	40.3	41.7	3.4
中国	142.0	154.5	8.8
其他亚非市场	120.9	123.8	2.4
大洋洲	2.3	2.7	15.9
开工率/%	93	94	
其他漂白硫酸盐针叶木浆	349.7	356.6	2.0

续表

浆种	2016 年	2017 年	同比/%
北美洲	0.3	0.1	-51.4
西欧	47.5	46.2	-2.7
东欧	0.3	0.8	>100.0
拉丁美洲	45.1	50.4	11.8
日本	8.9	9.9	11.3
中国	180.0	178.9	-0.6
其他亚非市场	55.7	58.6	3.4
大洋洲	11.1	11.6	4.7
开工率/%	89	92	
漂白硫酸盐阔叶木浆	3224.8	3383.4	4.9
北美洲	322.8	322.3	-0.1
西欧	893.6	888.6	-0.6
东欧	119.2	123.7	3.8
拉丁美洲	209.6	213.3	1.8
日本	91.3	96.3	5.5
中国	1075.1	1213.7	12.9
其他亚非市场	502.5	514.7	2.4
大洋洲	10.8	10.9	1.4
开工率/%	92	92	
漂白硫酸盐北方阔叶木浆	434.2	449.1	3.4
北美洲	64.2	55.9	-13.0
西欧	120.9	120.2	-0.6
东欧	72.3	73.1	1.1
拉丁美洲	1.4	1.0	-25.8
日本	45.8	46.6	1.7
中国	49.3	76.0	54.3
其他亚非市场	80.3	76.4	-5.0
大洋洲	0	0	—
开工率/%	87	87	
漂白硫酸盐南方阔叶木浆	91.1	87.1	-4.4
北美洲	0.6	46.1	-9.0
西欧	5.8	1.4	-76.4
东欧	0.1	0	-100.0
拉丁美洲	6.4	8.7	36.3
日本	0.4	0.8	85.1
中国	20.9	25.9	24.2

续表

浆种	2016 年	2017 年	同比/%
其他亚非市场	7.0	4.3	-38.9
大洋洲	0	0	—
开工率/%	90	87	
漂白硫酸盐桉木浆	2338.7	2396.6	2.5
北美洲	207.9	220.3	6.0
西欧	764.9	765.9	0.1
东欧	46.6	50.6	8.7
拉丁美洲	201.8	203.5	0.9
日本	34.6	38.4	11.2
中国	814.5	827.1	1.5
其他亚非市场	258.0	279.8	8.5
大洋洲	10.5	10.9	3.3
开工率/%	92	94	
其他漂白硫酸盐阔叶木浆	360.7	450.5	24.9
北美洲	0	0	—
西欧	2.1	1.1	-47.2
东欧	0.3	0	-99.7
拉丁美洲	0	0	—
日本	10.5	10.5	0
中国	190.4	284.6	49.5
其他亚非市场	157.2	154.2	-1.9
大洋洲	0.2	0	-85.6
开工率/%	98	88	
未漂白硫酸盐木浆	201.6	203.6	1.0
北美洲	16.3	18.5	13.2
西欧	19.7	20.8	5.6
东欧	11.1	8.4	-23.8
拉丁美洲	6.2	6.0	-2.6
日本	15.1	16.5	9.6
中国	64.1	62.1	-3.2
其他亚非市场	63.0	66.2	5.1
大洋洲	6.2	5.1	-17.6
开工率/%	94	94	

2008—2017 年全球漂白硫酸盐阔叶木浆和漂白硫酸盐针叶木浆生产库存供应天数如图 4 和图 5 所

示。2008—2009 年，受金融危机的影响，化学商品浆的库存量处于高位，2010 年化学商品浆库存量可供应天数低于 30 天，2013—2017 年化学商品浆的库存量相对较稳定，漂白硫酸盐阔叶木浆的库存量供应天数比漂白硫酸盐针叶木浆波动大。

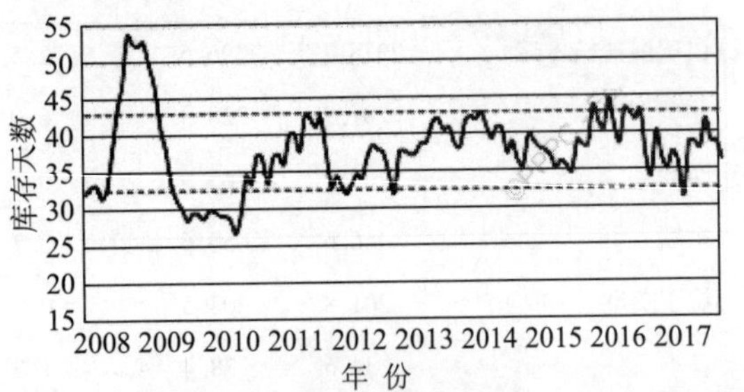

图4　2016—2017年全球漂白硫酸阔叶木浆厂家库存供应量与正常范围相比

注：正常范围指经过季节因素调整的天数：上限和下限为平均水平，其计算是根据最近60个数据点计算后加或减一个均方差点所得出的平均水平。下同。

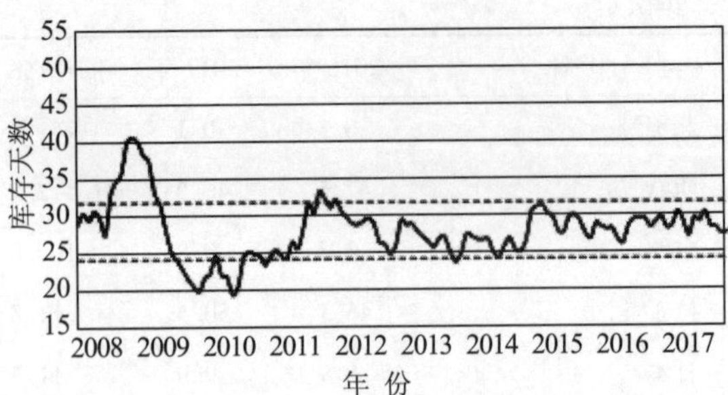

图5　2008—2017年全球漂白硫酸盐针叶木浆厂家库存供应量与正常范围相比

信息来源：纸浆纸张产品理事会（PPPC）。PPPC的全球化学商品浆总需求量是基于世界17主要产浆国的数据、PPPC在俄罗斯及亚洲的会员公司提供的数据、各国海关统计数据和PPPC的预测计算出来的。世界17主要产浆国包括奥地利、比利时、巴西、加拿大、智利、芬兰、法国、德国、日本、摩洛哥、新西兰、挪威、南非、韩国、西班牙、瑞典和乌拉圭。

（李荔平　杨　扬）

产品与市场

PRODUCTS AND MARKET

中国造纸工业2017年产销情况分析
2017年我国浆纸市场分析
2017年国内外废纸市场概况
2016年我国出版印刷用纸市场综述
2017年我国生活用纸行业概况和展望
2017年我国一次性卫生用品行业概况和展望
新时代下包装纸板行业的机遇与挑战
2017年我国特种纸产业发展现状及分析
近年国内外溶解浆市场回顾与展望
纳米纤维素的产业化进展

3

中国造纸工业 2017 年产销情况分析

Analysis of Production and Sale Situation of China's Paper Industry in 2017

一、中国造纸工业 2017 年生产完成情况

据中国造纸协会调查资料，2017 年全国纸及纸板生产企业约 2800 家，全国纸及纸板生产量 11130 万吨，同比增长 2.53%；消费量 10897 万吨，同比增长 4.59%；人均年消费量为 78 千克（13.90 亿人）。

二、主要经济指标完成情况

据国家统计局统计数据，2017 年 1—12 月规模以上制浆造纸及纸制品业企业主要经济指标完成情况如下。

1. 主营业务收入

全行业累计完成主营业务收入 15203.02 亿元，同比增长 13.57%。其中：纸浆制造业累计完成 144.26 亿元，同比增长 8.33%；造纸业累计完成 9214.71 亿元，同比增长 15.37%；纸制品制造业累计完成 5844.04 亿元，同比增长 10.97%。

2. 利润总额

全行业累计完成利润总额 1028.59 亿元，同比增长 36.22%。其中：纸浆制造业累计完成 12.06 亿元，同比增长 595.23%；造纸业累计完成 665.57 亿元，同比增长 55.63%；纸制品制造业累计完成 350.97 亿元，同比增长 6.40%。

根据统计快报数据分析，2017 年制浆造纸及纸制品全行业整体生产情况基本稳定，经济指标完成情况明显好于 2016 年，利润大幅提升，尤其是造纸业利润增长达 55.63%。

三、商品纸浆和废纸进口情况

1. 商品纸浆进口情况分析

2017 年国内进口各类商品纸浆 2372.49 万吨，比 2016 年增加 266.41 万吨，同比增长 12.65%。出口纸浆 9.87 万吨，同比增长 3.14%。

2017 年进口的商品木浆种类：漂白针叶木浆进口 812.81 万吨，比 2016 年增加 9.31 万吨，同比增长 1.16%；漂白阔叶木浆进口 1046.93 万吨，比 2016 年增加 214.01 万吨，同比增长 25.69%；未漂白木浆进口 65.20 万吨，比 2016 年减少 0.95 万吨，同比下降 1.44%；半化学浆、机械浆合计进口 179.48 万吨，比 2016 年增加 6.26 万吨，同比增长 3.61%；溶解级木浆进口 260.34 万吨，比 2016 年增加 35.74 万吨，同比增长 15.91%。

从以上数据中可以看到，除未漂白木浆进口略有减少外，其他浆种均有增加，漂白阔叶木浆和溶解浆进口量增幅较大。

2. 废纸进口及废纸浆生产情况分析

2017 年累计进口各类废纸 2571.77 万吨，比 2016 年减少 278.07 万吨，同比下降 9.76%。

2017 年进口废纸的品种：进口废瓦楞纸板箱 1506.86 万吨，比 2016 年减少 166.74 万吨，同比下降 9.96%；进口废报纸和废杂志纸 489.46 万吨，比 2016 年减少 30.73 万吨，同比下降 5.91%；进口混合废纸 491.04 万吨，比 2016 年减少 77.52 万吨，同比下降 13.63%；进口办公废纸 84.40 万吨，比 2016 年减少 3.10 万吨，同比下降 3.52%。

另外，2017 年国内生产废纸浆 6302 万吨，废纸总用量约 7860 万吨。其中：进口废纸 2572 万吨，国内回收各类废纸约 5300 万吨。2017 年由于环境保护部发布了废纸进口新政策并对使用废纸生产的

企业进行了专项检查，加上经济增长对纸张需求的增加，使得造纸原料趋紧，价格上涨。

四、纸及纸板主要品种生产消费分析

1. 新闻纸

2017 年国内新闻纸生产量 235 万吨，同比下降 9.62%；进口量 33 万吨；出口量 1 万吨；消费量 267 万吨，同比增长 0.75%。

受报业整体发行下降的影响，新闻纸生产和销售量近年来基本呈下降态势，倒逼企业加大了产品调整力度，目前原生产企业多数已退出该产品生产，产能下降较多。2017 年由于受废纸等原辅材料影响，产品价格有所上升，但整体表现一般。

2. 印刷书写纸

2017 年国内未涂布印刷书写纸生产量 1790 万吨，同比增长 1.13%；进口量 63 万吨；出口量 109 万吨；消费量 1744 万吨，同比增长 3.26%。

3. 铜版纸

2017 年铜版纸生产和消费形势已基本平稳，量价均有上涨。

2017 年国内铜版纸生产量 675 万吨，同比增长 1.51%；进口量 33 万吨；出口量 123 万吨；消费量 585 万吨，同比增长 3.54%。

4. 生活用纸

由于生活用纸近年来产能增量较快，市场竞争激烈，受商品纸浆价格上涨等成本因素影响，虽然目前多数生活用纸生产企业还盈利，但整体盈利能力受到挤压，盈利水平下降。

2017 年国内生活用纸生产量 960 万吨，同比增长 4.35%；进口量 4 万吨；出口量 74 万吨；消费量 890 万吨，同比增长 4.22%。

5. 白纸板

2017 年白纸板市场情况基本平稳，价格有回升，白卡纸生产消费略有增长，灰底白纸板略有减少，进出口量均有增长。从细分市场来看，烟草、食品等行业需求的白卡纸量价基本稳定，灰底白纸板受废纸政策和区域产业调整等因素影响，生产量有所降低。

2017 年国内白纸板生产量 1430 万吨，同比增长 1.78%；进口量 62 万吨；出口量 193 万吨；消费量 1299 万吨，同比增长 2.69%。

6. 箱纸板和瓦楞原纸

由于进口废纸新政策发布，环保执法力度加大，加上市场需求增加，推动了国内废纸原料和箱纸板及瓦楞原纸市场价格飞涨。

2017 年国内箱纸板生产量 2385 万吨，同比增长 3.47%；进口量 137 万吨；出口量 12 万吨；消费量 2510 万吨，同比增长 6.18%。瓦楞原纸生产量 2335 万吨，同比增长 2.86%；进口量 65 万；出口量 4 万吨；消费量 2396 万吨，同比增长 5.50%。

五、2017 年国内造纸行业生产和市场总体走势

2017 年国内经济整体形势稳中向好，而造纸既是原材料产业，又是配套性产业，许多产品还具有快消品功能。根据这些特点并结合造纸工业 2017 年生产和市场走势分析，2017 年国内造纸工业生产和市场总体态势为：

(1)2017 年造纸行业生产运行整体情况保持基本平稳态势，生产总量增加，产销基本平衡。

(2)2017 年全年造纸行业主营业务收入和利润等主要经济指标完成情况好于 2016 年。

(3)受经济发展需求的拉动和原辅材料价格上涨及供需关系的变化，尤其是环保和废纸进口管理力度的加大等因素的影响，2017 年各类纸张产品的市场出现分化，有喜有忧。包装类用纸市场需求和价格均有上涨，文化纸市场需求有所恢复，产品价格也有所提高，而生活用纸和部分特种纸受商品纸浆等原料成本上涨和市场等因素影响，企业盈利空间受到挤压。

(4)2017 年 7 月，国务院发布了禁止洋垃圾入境，推进固体废物进口管理制度改革实施方案，强化了对固体废物进口管理，对 2017 年 9 月以后的废纸进口带来影响，2017 年废纸进口总量降幅达 9.75%。

(5)2017 年国内市场对纸及纸板需求增加，拉动了生产总量增加，而商品纸浆和国内废纸价格持续上涨并维持在高位，刺激了国内原生纸浆生产量和国内废纸回收量的提高。

(6)受废纸进口政策和国内回收废纸总量影响，国内造纸生产企业对商品纸浆需求增加，导致商品纸浆进口量加大。

(7)2017 年部分纸张产品生产总量和市场需求有所失衡，推动了这部分产品价格升高，致使部分下游厂商采购进口成品纸，形成部分产品进口量同比增加，出口量同比减少现象。

六、2018 年国内造纸工业生产和市场总体态势

(1)由于 2018 年国家会继续坚持稳中求进的总基调，奉行积极、稳健的财政政策，会推动经济持续稳定发展，作为许多产业配套的造纸行业，生产和消费同时也会受到拉动。

因此，2018 年国内制浆造纸及纸制品行业生产和消费将会延续 2017 年的态势，生产和消费总量仍然会有增长，产业生产和运行整体会继续保持平稳。

(2)随着供给侧改革和产业结构调整的深入，部分产品产能存在的阶段性、结构性过剩问题将会进一步得到改善。

(3)在经济增长的拉动下，多数纸张产品市场需求也会呈现稳步增长态势，原材料和成品价格会更趋于平稳，行业整体表现会好于 2017 年。

(4)随着政府更多“负面清单”的出台，尤其是长江流域负面清单已发布征求意见稿，加上环保政策的细化和部分地区对产业结构的调整力度加大，将对一些原有的区域结构、产品结构及市场格局带来改变，会给部分企业带来商机和发展机遇。

(5)由于废纸进口政策的变化，未经分选的混合废纸 2018 年以后将禁止进口，将对使用这些原料的产品生产带来一定影响，甚至是改变，由此带来对国内回收废纸需求的增加。但由于受可回收总量的制约，将给造纸生产和市场供应增加一些变数。

(6)目前环境保护部正在就废纸进口管理办法进行修订完善，很快会发布并在造纸行业全面实施。从目前来看，意见稿中对原 2015 年发布的办法又增加了申请许可企业的生产规模限制；另外目前拟定的废纸进口质量标准对夹带物也提出了更严格要求，各企业要关注、重视这些政策变化和实施。

(7)造纸工业的环保问题虽已得到改善，行业整体形象已有所提高，但随着环保政策和制度更加严格、系统、细化，尤其是环保督查、检查常态化，对造纸企业来说仍然有较大压力，因此还需加大投入，不断完善，不断提高。

七、结语

纵观 2017 年造纸工业生产及经济运行情况，造纸企业克服了原辅材料、能源、运输成本上涨等诸多不利因素影响，做到了生产运营保持基本平稳，经济效益大幅增长。

展望 2018 年，在“十九大”提出的全面建成小康社会和实现中国特色社会主义强国目标指引下，我国经济还将会保持中高速发展，在这个大背景下，结合造纸产业定位和作用，必将给产业带来发展空间。虽然可能还会遭遇这样和那样的困难，但只要坚持实现“绿色纸业”的方向，加大结构调整力度，有效控制新增产能，通过提高发展质量和经济效益，增强创新能力，提升竞争力和抗风险能力，可以预见 2018 年会更好。

（赵　伟）

2017 年我国浆纸市场分析

Analysis of China's Pulp and Paper Market in 2017

一、2017 年我国纸张市场分析

(一)造纸产业全年整体运行情况

据中国造纸协会调查资料，2017 年全国纸及纸板生产企业约 2800 家，全国纸及纸板生产量 11130 万吨，同比增长 2.53%；消费量 10897 万吨，同比增长 4.59%；全年机制纸及纸板出口量 699 万吨，同比减少 4.64%；纸及纸板进口量 466 万吨，同比增长 56.90%；2008—2017 年，纸及纸板生产量年均增长率 3.77%，消费量年均增长率 3.59%。

1. 2017 年国内纸张市场形势大好

2017 年的中国造纸行业注定要载入史册。多数纸种的纸价在 2017 年一路飙升。我国造纸行业在经历了 6 个纸业寒冬之后，终于在 2016 年年底开始、2017 年全年沐浴在阳光灿烂的春天里。

与 2016 年相近，2017 年纸及纸板生产量及消费量增幅较大的纸种主要集中在特种纸、生活用纸和包装纸等纸种。其中，生活用纸生产量和消费量增幅分别为 4.35% 和 4.22%。经过近几年新增产能的不断释放，生活用纸每年的生产量都有 3 ~ 4 个百分点的同比增长。但是，一改往年的消费量同比增长大于生产量增幅的特点，2017 年消费量的同比增幅(4.22%)小于生产量增幅(4.35%)，不难看出，生活用纸产能过剩问题已愈发明显。

2017 年新闻纸的年度数据值得关注。2017 年新闻纸生产量为 235 万吨，继续大幅下滑，同比下降 9.62%。但新闻纸消费一改往年的颓势，消费量止跌回升，为 267 万吨，同比增长 0.75%，而消费量比生产量高 32 万吨，全部为进口，占新闻纸消费量的 12%。在新闻纸生产量连年大幅下跌的情况下，却有较大比例的进口，这主要是由于进口废纸数量减少、国废价格过高等因素，造成新闻纸生产成本偏高，从而使进口新闻纸具有一定的价格优势。

在所有纸种当中，2017 年翻盘最大的当属文化纸，连续几年的持平甚至负增长之后，2017 年文化纸的生产量及消费量都有一定程度的增加，其中，双胶纸和铜版纸生产量同比分别增长了 1.13% 和 1.50%，消费量同比分别增长了 3.26% 和 3.54%。

包装纸在 2017 年的表现可以用一路高歌来形容，受环保、去产能、限产及需求增加等众多因素影响，2017 年，所有环保合格的包装纸生产线都开足马力，满负荷生产。市场产销两旺，箱纸板、瓦楞原纸生产量及消费量均有较大幅度增加，甚至过去几年一直处于供大于求的白纸板，其生产量与消费量也有 1.78% 和 2.69% 的增幅。

2. 上市造纸企业 2017 年净利润高企，增幅巨大

近几年来，国家有关部门通过提高排放标准、严格限制企业规模与结构等措施对造纸行业提出了更高的环保要求，迫使大量落后的造纸产能退出市场。环保设施完备且具有规模优势的大型制造企业从中获益，行业集中度进一步提升，造纸行业整体复苏明显。行业供给格局的改善，有效推动了造纸行业营收规模与盈利水平的双增长。

据国家统计局公布的统计数据显示，2017 年，我国造纸和纸制品业累计主营业务收入 15203 亿元，利润总额 1028.6 亿元，同比分别增长 13.6% 和 36.2%。全行业经济效益增长明显，其中的上市造纸企业 2017 年净利润更是大幅上涨。

从 2017 年年初开始，造纸行业产品价格多次上调，行业经营业绩整体出现较大幅度增长。尤其是 2017 年 8—10 月，国内纸价连续快速上涨，不断刷新历史新高。以瓦楞原纸为例，2017 年 9 月瓦楞原纸均价 5264 元/吨，环比上涨 23.79%，同比上涨 105.71%。纸价上涨是造纸企业业绩飙升最主要的拉动力。由纸价上涨引发的利润红利纷纷体现在纸业上市公司的年报中，在 21 家已公布年报或业

绩快报的上市造纸企业中，有 20 家在 2017 年实现盈利，其中 16 家，即约八成公司业绩同比增幅超过 50%。部分企业 2017 年利润增幅甚至超过 120%。其中，山东博汇纸业股份有限公司 2017 年实现净利润 8.56 亿元，同比增长 325.26%；宜宾纸业股份有限公司、岳阳林纸股份有限公司、安徽山鹰纸业股份有限公司 2017 年净利润同比增幅超过 28 倍、11 倍和 4 倍；山东晨鸣纸业集团股份有限公司实现净利润 37.69 亿元，同比增长 88.60%；玖龙纸业（控股）有限公司净利润增长 126% 至 43.29 亿元；理文造纸有限公司盈利 50.4 亿港元，同比上升 76%；山东华泰纸业股份有限公司营业收入 136.59 亿元，同比增长 26.36%，归母公司净利润 6.73 亿元，同比增长 270%；山东太阳纸业股份有限公司 2017 年营业收入 188.93 亿元，同比增长 30.70%，归属于上市公司的净利润 19.98 亿元，同比增长 89.07%；中顺洁柔纸业股份有限公司 2017 年实现收入 46.38 亿元，同比增长 21.8%，归母公司净利润 3.49 亿元，同比增长 34.0%。

（二）主要品种市场分析

1. 文化纸

2017 年文化纸市场一改近年来的颓势，生产量、消费量双双增长，价格一路上涨，纸厂效益大幅提高。这些变化的主要原因可归结为：①日益严厉的环保整治力度使大批效益差污染严重的落后产能被淘汰出局，文化纸生产集中度大幅提高，大型企业议价能力提高；②环保政策越来越严厉，造纸企业在环保方面的投入越来越大，成本提高；③文化纸主要原材料进口木浆价格大幅上涨，造纸企业生产成本随之提高；④废纸限禁令出台后，进口废纸数量减少，部分文化纸生产量受到一定影响，市场供应量减少，造成一定的恐慌情绪。

（1）铜版纸　2017 年铜版纸呈现出多年不见的向好行情，价格几乎是一路上行，全年均价整体上涨了约 1600 元/吨。2017 年上半年，延续 2016 年年底的上升趋势，在货源紧俏的支撑下，APP（中国）、山东晨鸣纸业集团股份有限公司、山东太阳纸业股份有限公司等为首的龙头企业以每月发一道涨价通知函的频率快速拉升铜版纸价格，均价从年初的 5600 元/吨一口气提涨到 5 月的 6600 元/吨。5 月后进入需求淡季，铜版纸销售趋弱，价格偏软并开始出现小幅下滑。但 8 月之后，进口木浆价格开始连续大幅拉升，加之环保督察越来越严厉，大厂限产小厂停产现象时有发生，市场供应量不充裕，8 月下旬起，纸厂又开始不断发布涨价函。原料上涨造成纸厂成本高企，提价势在必行；加之由于生产集中度高，销售供应量控制到位，因此，纸价上涨成功，最高涨至 7300 元/吨。11 月，铜版纸价格在高位短暂停留后小幅下滑。主要是因为进口铜版纸大量来袭，供应量放大。此外，11 月为销售淡季，需求的下降使得铜版纸价格在年底开始下滑。2017 年主要文化纸市场价格走势见图 1。

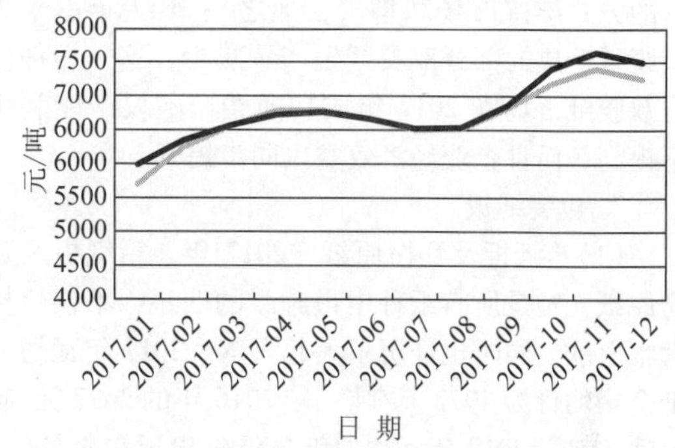

图1　2017年主要文化纸市场价格走势

铜版纸（157克/米²）　双胶纸（100克/米²）

注：数据来源于RISI。

（2）双胶纸　2017 年，双胶纸市场在连续低迷了 5 年后，终于迎来久违的春天。全年双胶纸销售整体顺畅，价格上扬，与年初的最低价格相比，2017 年全年整体价格上涨了约 1500 元/吨。与铜版纸走势相似，受其他纸种涨价带动以及供货数量紧张影响，双胶纸价格在上半年也是一路上涨，从年初不到 6000 元/吨快速上涨至 5 月的 6800 元/吨。从 6 月开始的整个夏季是传统淡季，交投趋弱，价格小幅下滑。进入 8 月后，双胶纸价格再次进入上行通道，且涨势强于铜版纸。这主要是由于：①8 月开始，进口木浆期货及现货价格一路走高，大大抬高了纸厂成本。②下半年为传统的商业旺季，商家促销活动较多，商品销量大幅增加，使得用来制作产品说明书、标签纸的双胶纸的需求大为增加。③国家环保政策在下半年更加严厉，许多企业拿不到进口废纸批文，部分以进口废纸为原料生产双胶纸的企业处于停产状态。我国每年以进口废纸为原料生产的双胶纸的数量约 500 万吨，这部分生产量部分缺失，造成双胶纸市场的供应量出现紧张趋势，这些因素叠加起来，共同推动双胶纸价格在下半年一路上行。直至 12 月，双胶纸市场的交投才逐渐转淡。

2014 年双胶纸产能 929 万吨，实际生产量 743 万吨，消耗量 655 万吨；2016 年，双胶纸的产能 927 万吨，实际生产量 804 万吨，消耗量 772 万吨；

到了2017年，双胶纸产能相比2016年变化不大，约930万吨，实际生产量823万吨，消费量802万吨。从以上数据不难看出，延续多年的双胶纸产能过剩问题已经开始逐步缓解，尤其是经过最近两年的供给侧结构性改革、环保风暴、废纸限制进口等诸多重大事件对市场的洗礼，双胶纸的生产集中度进一步提高，议价能力大幅提升，并可采用限产保价的方式维持市场和售价，加之在2017年由于进口废纸造成的部分双胶纸生产量减少，这一切都使得双胶纸市场在2017年成功逆袭，不仅产能利用率提高，而且企业经济效益也同步提升。

2. 包装纸板

(1)箱纸板及瓦楞原纸　2017年，箱纸板及瓦楞原纸无疑是所有纸种中最耀眼的明星，不仅价格大幅上涨，同时也经历了大起大落。2017年瓦楞原纸全国均价为4072元/吨，较2016年的2697元/吨上涨51%；2017年瓦楞原纸最低价出现在4月（见图2），为2881元/吨，同比上涨12%；最高价出现在10月，为5662元/吨，同比上涨119%。10—12月价格再次下跌后，在低位震荡。

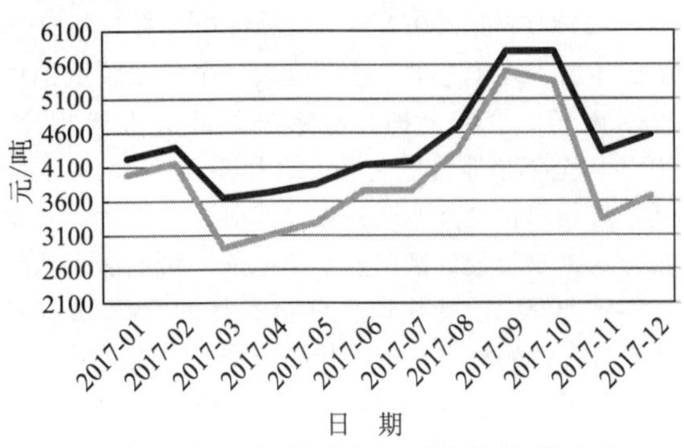

图2　2017年箱纸板和瓦楞原纸价格走势

瓦楞原纸　箱纸板

注：数据来源于RISI。

2017年箱纸板及瓦楞原纸价格大幅上涨的原因主要有：①原料成本不断增加。受限制废纸进口政策影响，2017年我国废纸总进口量大幅减少。受此影响，国产废纸价格大幅上涨。企业主要原料成本大幅上涨推动箱纸板及瓦楞原纸价格上涨。②大气污染治理愈加严格，行业开工率下降。2017年箱纸板及瓦楞原纸行业开工率较2016年同期下降1个百分点，生产量减少约60万吨。③业内恐慌心态助推纸价上涨。因箱纸板及瓦楞原纸价格自2017年4月起持续上扬至10月，加之废纸限进令发布后，国内废纸供应紧张造成废纸价格上涨。因此造成市场的恐慌情绪，担心后市包装纸会继续上涨而囤货，从而助推纸价上涨。2017年箱纸板及瓦楞原纸售价与利润分析见图3、图4。

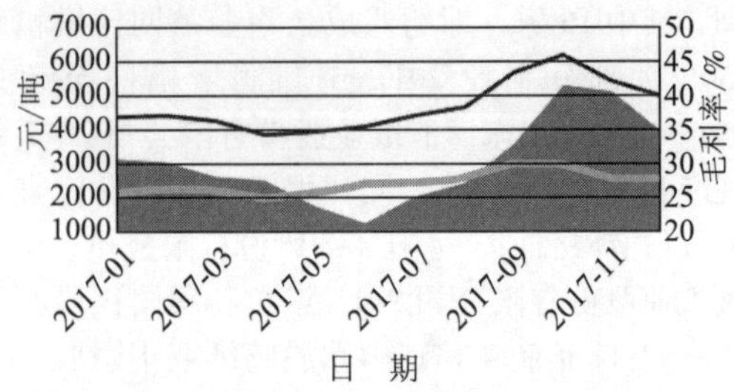

图3　2017年箱纸板售价与利润分析

箱纸板毛利率　废纸成本　箱纸板均价

注：数据来源于卓创资讯。

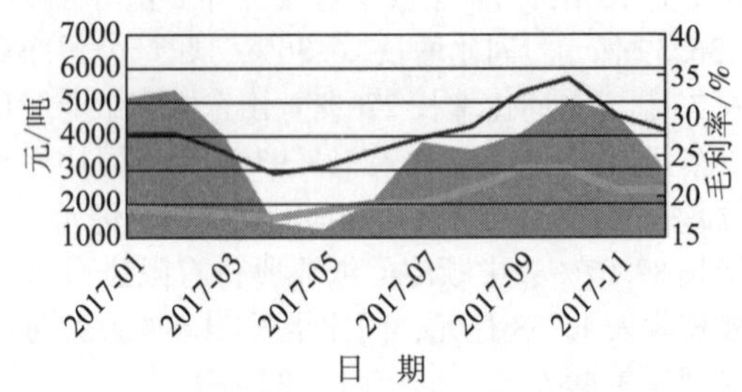

图4　2017年瓦楞原纸售价与利润分析

瓦楞原纸毛利率　废纸成本　瓦楞原纸均价

注：数据来源于卓创资讯。

由图3和图4可以看出，在2017年12月箱纸板及瓦楞原纸的毛利率双双下跌，环比分别下滑6.2个百分点和4.6个百分点；但是由于前期售价均有较大幅度上涨，故这两个纸种全年的利润水平还是非常可观的。

(2)白面牛卡纸、轻涂白面牛卡纸　据纸业联讯统计，2017年12月，白面牛卡纸价格同比上涨11%；轻涂白面牛卡纸价格同比上涨约15.69%。从全年价格走势来看(见图5)，白面牛卡纸和轻涂白面牛卡纸价格涨跌情况与箱纸板、瓦楞原纸基本相同，同样呈现出了在3月下行、4—9月回涨、10—11月继续下行、12月震荡企稳的局面，但涨跌幅度相对较为缓和。

(3)白纸板

①灰底白纸板　关于灰底白纸板，2017年有两件必须记录的大事件。(a)2017年4月18日，中央办公会议审议通过了《关于禁止洋垃圾入境推进固体废物进口管理制度改革实施方案》(以下简称《方案》)。根据《方案》，环境保护部等5部委于8月16日发布了修订后的《进口废物管理目录2017》，规定我国将于2018年起全面禁止混合废纸的进口。混合废纸是灰底白纸板的主要原料，一般情况下，我国每年混合废纸的进口量为500万～600万吨，

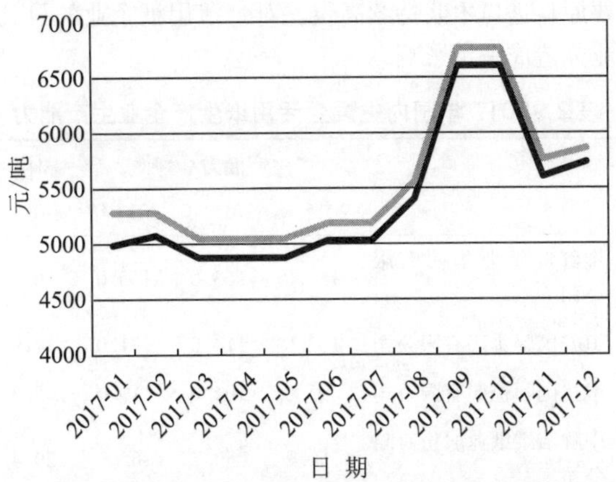

图5 2017年白面牛卡纸、轻涂白面牛卡纸价格走势

注：数据来源于RISI。

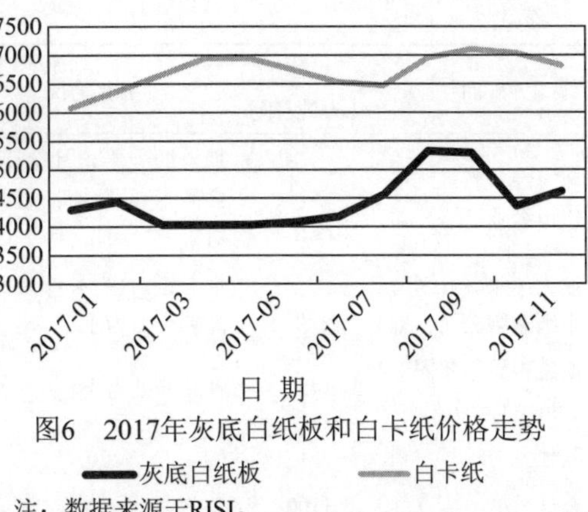

图6　2017年灰底白纸板和白卡纸价格走势

注：数据来源于RISI。

这部分废纸被禁止进口后，意味着从 2018 年起，约 700 万 ~ 800 万吨产能的灰底白纸板将改为以更高一个档次的废纸为原料，这必将造成成本的上升。或者，也可能转产其他种类的包装纸板。(b) 灰底白纸板的重要产地之一的浙江省富阳地区因区域经济结构调整，规定到 2019 年年底前，其划片区域内的造纸企业完成停产腾空。这意味着，届时将有很大一部分灰底白纸板的产能被关闭。

灰底白纸板受原料废纸价格以及相近产品箱纸板、瓦楞原纸价格影响较大。根据 RISI 统计，以 250 克/米^2 灰底白纸板为例，2017 年春节前后达到一个短暂的行情高位后(见图 6)，3 月起灰底白纸板低迷下滑，整个上半年表现较为疲软。进入下半年后，原料废纸价格持续升温，多地灰底白纸板厂因环保问题而停机，浙江省富阳地区因城市规划等原因而关闭了大量中小纸厂，灰底白纸板市场供应减少，加之随着下半年旺季的到来，灰底白纸板行情很快回升，并在 9 月达到年度最高点。四季度，因废纸价格下跌，再加上箱纸板、瓦楞原纸行情走低，灰底白纸板价格快速下行，从而导致纸厂开工率下降，特别在 11—12 月富阳地区所有纸厂每月停机检修 10 天，供应减少对市场形成支撑，年末灰底白纸板价格止跌企稳后小幅探涨。全年来看，灰底白纸板 2017 年年底的价格比 2016 年同期上涨约 7.5%。

②白卡纸　白卡纸近些年来的市场情况颇有特色，是典型的市场调节的纸种。2009 年前后，白卡纸新建项目较多，产能释放压力较大，自 2011 年开始白卡纸市场进入低迷状态，此后陷入长达 5 年时间的艰难整合过渡中。由于供给严重过剩，价格持续下滑，纸厂几乎没有利润空间。最近几年，环保成本逐年增加，很多缺乏竞争力的中小型白卡纸厂破产倒闭。大型纸厂占据规模优势，且环保设施配套先进，符合国家政策要求，因此在艰难的市场竞争中存活下来。为摆脱濒临亏损的窘境，这些龙头企业开始联合限产、提价。因此，自 2015 年年底开始，白卡纸市场首先出现反弹，至 2016 年下半年价格上涨更加迅猛。2017 年，全年保持在高位运行，虽有震荡，但是不影响市场整体向好的格局。

到 2017 年年底，国内白卡纸总生产能力达到 1100 万吨(见表 1)，其中 APP(中国)、山东晨鸣纸业集团股份有限公司、山东博汇纸业股份有限公司、山东太阳纸业股份有限公司这四大龙头企业合计产能约 895 万吨/年，占国内总产能的 81% 左右，行业集中度非常高。行业集中度提高使这些规模较大的白卡纸厂的议价能力明显提高，加上 2016 年年底开始的市场环境向好等综合因素的影响，使得白卡纸市场价格基本恢复到合理的水平，纸厂也具有了合理的利润空间。

表 1　目前国内白卡纸主要生产企业

厂商	产能 /(万吨/年)	主要情况
山东晨鸣纸业集团股份有限公司	203	山东、山西、广东三大基地，产品种类多，辐射全国
APP(中国)	377	宁波、广西两大基地，产品种类多，辐射全国
山东博汇纸业股份有限公司	170	山东、江苏两大基地，辐射全国
山东太阳纸业股份有限公司	145	山东基地，产品种类多，高中低档搭配合理，辐射华东、华南、华北

续表

厂商	产能/(万吨/年)	主要情况
珠海经济特区红塔仁恒纸业有限公司	57	烟卡纸为主，社会卡纸、食品卡纸为辅，用户相对集中
亚太森博(山东)浆纸有限公司	52	烟卡纸、液体包装纸等高端产品为主
斯道拉恩索集团(Stora Enso)	45	食品卡纸为主
其他	51	
合计	1100	

注：数据来源为公开资料整理。

2017 年各种纸产品价格均大幅上涨，在涨价热情刺激下，白卡纸订单不断提前赶超完成，以致到四季度时市场交投一度停滞，价格下探(见图 6)，观望心态占主流。临近年底，客户回款为主，部分客户低价抛货套现，致使部分白卡纸市场价格倒挂严重，纸厂出货遇阻，为控制库存攀升，众多纸厂不断采取停机措施。如山东晨鸣纸业集团股份有限公司、山东博汇纸业股份有限公司等均停机 7 ~ 12 天，且在 2018 年 1 月继续加大停机力度。卓创资讯数据显示，2017 年 12 月白卡纸毛利率环比减少 1.7 个百分点，同比增加 0.7 个百分点。12 月木浆价格环比下降 4.88%，而白卡纸价格环比下降 5.36%，因此白卡纸毛利率减少。

3. 生活用纸

(1)2017 年生活用纸市场情况

根据中国造纸协会公布的数据，2017 年生活用纸生产量 960 万吨，同比增长 4.35%；消费量 890 万吨，同比增长 4.22%。2008—2017 年生产量年均增长率 6.38%，消费量年均增长率 6.55%。虽然与其他纸种相比，2017 年生活用纸生产量与消费量的增幅较高，但不难看出，与前几年相比，这一增幅已显著放缓，从几家生活用纸龙头企业近几年的产能变化情况(见表 2)也可印证这一点。

2017 年我国生活用纸产能约为 1215 万吨，比 2016 年少量增加，实际生产量为 923 万吨(中国造纸协会生活用纸专业委员会统计数据)，产能利用率 76%，消费量为 851 万吨(中国造纸协会生活用纸专业委员会统计数据)，明显供过于求。

2017 年，我国生活用纸行业已有的产能过剩问题更加突出，年内小型造纸企业基本处于半停产状态，低速纸机大面积被淘汰。这也为大型生活用纸企业腾出了一部分市场空间。2017 年生活用纸的主要原料进口木浆持续高位，对生活用纸企业的盈利能力造成一定影响。

表 2　2017 年国内主要生活用纸生产企业生产能力

企业	生产能力/万吨			同比/%
	2015 年	2016 年	2017 年	
金红叶纸业集团有限公司	157.0	163.0	163.0	0
恒安国际集团有限公司	102.0	114.0	131.0	14.9
维达国际控股有限公司	95.0	104.0	110.0	5.8
中顺洁柔纸业股份有限公司	50.2	50.2	65.0	29.4
东顺集团股份有限公司	40.8	40.8	40.8	0
永丰余造纸(扬州)有限公司	17.5	20.0	20.0	0
理文造纸有限公司	14.0	38.5	62.5	62.3
山东太阳纸业股份有限公司	12.0	12.0	12.0	0

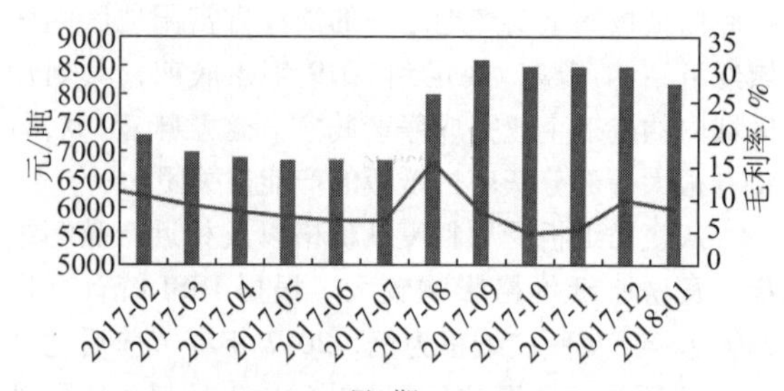

图7 2017年生活用纸价格及毛利率

喷浆木浆大轴价格　　喷浆纸机毛利率

注：数据来源于卓创资讯。

由图 7 可知，2017 年生活用纸市场行情与往年不同，受产能过剩影响，原本应为行业旺季的 2 月却出现了纸价下行行情，并一直持续到 7 月。而以往的淡季 8 月，生活用纸主要原料商品木浆价格飞速上涨，接近 10 年来的高点，并在整个下半年一直在高位徘徊，迫使生活用纸企业不得不通过提价来保住利润，从而使生活用纸出厂价在淡季逆市反转。供需、环保、原料价格波动及业者心态成为主要影响因素。2017 年 12 月底，喷浆工艺(长网纸机)木浆生活用纸原纸大轴自提含税报 8200 元/吨，喷浆工艺木浆造纸企业毛利率为 8.77%。

受国家环保政策影响，2017 年 10 月开始，河北保定地区正式变成无烟区，该地区燃煤纸厂积极更换燃气锅炉，由此导致纸厂热能成本提升，采用天然气后，每吨挂浆生活用纸(圆网纸机生产的生活用纸)成本提升400元左右，而喷浆生活用纸成本提升200元/吨左右。由于热能成本提升，纸价顺势拉涨。

由于圆网纸机能耗上涨较大，河北地区燃气纸厂的圆网纸机年内基本处于停机状态，预计后期有全部淘汰的可能。

(2)本色生活用纸快速发展

2017年本色生活用纸市场发展迅猛。目前国内的本色生活用纸主要是木浆本色、竹浆本色和草浆本色3个种类的系列生活用纸。

①木浆本色生活用纸　东顺集团股份有限公司和云南云景林纸股份有限公司均推出了木浆本色生活用纸系列，受到市场好评，目前正在积极扩产。东顺集团股份有限公司的目标是本色产品占公司总产品的25%以上，云南云景林纸股份有限公司扩建6万吨/年生活用纸。由于本色生活用纸发展势头迅猛，行业内龙头纸厂恒安国际集团有限公司、漯河银鸽实业集团有限公司等企业也纷纷排产本色生活用纸。

②竹浆本色生活用纸　据四川省造纸行业协会发布的数据，目前我国本色竹浆生产能力为81万吨/年，竹浆本色生活用纸原纸产能约为50万吨/年。未来若干年内，四川省将重点发展竹浆生活用纸。规划到“十三五”期末，四川竹浆生活用纸原纸产能将增加到140万吨/年，生活用纸加工能力增加到160万吨/年，竹浆本色生活用纸系列产品占到60%左右。

目前国内发展较好的竹浆本色生活用纸企业有理文造纸有限公司、四川环龙新材料有限公司、四川永丰纸业股份有限公司、上海泰盛制浆(集团)有限公司、四川石化雅诗纸业有限公司、广州韶能本色纸品有限公司等。这些纸厂依托其自制竹浆，推出了竹浆本色系列生活用纸产品。其中，规模较大的四川环龙新材料有限公司“斑布”竹浆本色生活用纸主打高端市场，公司依托其15万吨/年的自制竹浆产能，2017年新增了10台佛山市南海区宝拓造纸设备有限公司卫生纸机和2台日本川之江造机株式会社卫生纸机，全部投产后四川环龙新材料有限公司的本色生活用纸产能将超过20万吨/年。

四川永丰纸业股份有限公司共有竹浆产能54万吨/年，其中本色竹浆17万吨/年，公司现已推出本色竹浆系列面巾纸、卫生纸新品。

四川石化雅诗纸业有限公司2016年开始生产本色生活用纸，同年进入中国石化加油站易捷便利店销售。现在生产量已经超过1.2万吨/年。

上海泰盛制浆(集团)有限公司依托自制竹浆，推出“纤纯本色”系列竹浆本色生活用纸，2017年又新增2台卫生纸机，新增产能12万吨/年。

广州韶能本色纸品有限公司的竹浆本色生活用纸项目到2017年年底将达6万吨/年。

此外，河北的保定港兴纸业有限公司、保定雨森卫生用品有限公司、河北金博士集团有限公司等多家企业也相继推出了竹浆本色生活用纸产品。

③草浆本色　山东泉林纸业有限责任公司、宁夏紫荆花纸业有限公司、胜达集团江苏双灯纸业有限公司、陕西欣雅纸业有限公司等企业均依托其自制麦草浆、苇浆等推出了草浆本色生活用纸系列。目前除了山东泉林纸业有限责任公司有超过20万吨/年的产能且规模较大外，其他几家企业的本色生活用纸系列生产量较低。

总之，近几年生活用纸产能增速虽已放缓，但每年仍有一定数量的增加，虽然有一部分是现有造纸企业开发的新产品，但是总产能供大于求的状况已经非常明显。目前，小型、低速的卫生纸机以及环保不达标的中小型企业的产能淘汰已基本结束，进一步去产能的空间已经非常有限。因此，短期内产能过剩的行业形式依然严峻，而近一两年内的新建扩建项目如果都能实现的话，两三年之后，生活用纸产能过剩将更加严重，届时，生活用纸市场将会面临更加激烈的竞争。

(三)国内纸张市场价格上涨，导致进口增加、出口减少

近年来，随着我国造纸工业的飞速进步，我国造纸企业的技术装备水平与产品质量均取得了巨大进步，已成为纸张生产和消费大国。不仅纸及纸板生产量居世界首位，产品质量也已与国外水平持平，国产的绝大多数纸种已完全可以替代进口，因此，纸及纸板进口量逐年大幅减少，到2016年，纸及纸板总进口量只有不到300万吨；与此同时，出口量连年大幅增加，2016年纸及纸板出口量为733万吨。

但2017年我国纸张进出口的局面出现了反转：纸及纸板进口量466万吨(见表3)，同比增长56.90%；出口量699万吨，同比减少4.64%。这与往年相反的一增一减的进出口数据，也再次印证了2017年我国造纸行业的市场行情：市场一路上行，很多纸种供不应求，价格持续上涨，并一直高位徘徊，从而导致进口量增加、出口量减少的“反常”局面。但是，我国纸及纸板进口量的基数较小，即使增幅较大，实际的进口数量并不大。对于出口，由于2017年国内纸张市场价格较高，且销售顺畅，出口量下降是必然的。如果国内纸张市场整体行情没有大的变化，这种格局还将持续一段时间。

表3 2017年我国纸浆、废纸、纸及纸板、纸制品进出口情况

品种	进口量/万吨		同比/%	出口量/万吨		同比/%
	2016年	2017年		2016年	2017年	
一、纸浆	2106	2372	12.63	9.57	9.87	3.13
二、废纸	2850	2572	-9.75	0.23	0.15	-34.78
三、纸及纸板	297	466	56.90	733	699	-4.64
1. 新闻纸	6	33	450.00	1	1	0
2. 未涂布印刷书写纸	41	63	53.66	122	109	-10.66
3. 涂布印刷纸	35	45	28.57	181	176	-2.76
其中：铜版纸	26	33	26.92	126	123	-2.38
4. 包装纸	21	23	9.52	7	11	57.14
5. 箱纸板	94	137	45.74	35	12	-65.71
6. 白纸板	58	62	6.90	198	193	-2.53
其中：涂布白纸板	57	61	7.02	197	193	-2.03
7. 生活用纸	3	4	33.33	69	74	7.25
8. 瓦楞原纸	8	65	712.50	7	4	-42.86
9. 特种纸及纸板	26	26	0	81	82	1.23
10. 其他纸及纸板	5	8	60.00	32	37	15.63
四、纸制品	12	19	58.33	291	307	5.50
总计	5265	5429	3.11	1033.80	1016.02	-1.72

注：数据来源于海关总署。

二、2017年我国纸浆市场分析

(一)2017年纸浆生产与消耗概况

据中国造纸协会数据，2017年全国纸浆生产量7949万吨，同比增长0.30%。其中：木浆1050万吨，同比增长4.48%；废纸浆6302万吨，同比下降0.43%；非木材浆597万吨，同比增长1.02%(见表4)。2017年全国纸浆消耗量10051万吨，同比增长2.59%；木浆消耗量3152万吨，占纸浆总消耗量的31%，其中进口木浆占21%，国产木浆占10%；废纸浆消耗量6302万吨，占纸浆总消耗量的63%，其中用进口废纸制浆占21%、国产废纸制浆占42%；非木材浆597万吨，占纸浆总消耗量的6%(见表5)。

表4 2011—2017年我国纸浆生产量 单位：万吨

	2011年	2012年	2013年	2014年	2015年	2016年	2017年	2017年同比/%
纸浆合计	7723	7867	7651	7906	7984	7925	7949	0.30
其中：1. 木浆	823	810	882	962	966	1005	1050	4.48
2. 废纸浆	5660	5983	5940	6189	6338	6329	6302	-0.43
3. 非木材浆	1240	1074	829	755	680	591	597	1.02

表 5　2016—2017 年我国纸浆消耗量变化　单位：万吨、%

品种	2016 年		2017 年		同比
	消耗量	占比	消耗量	占比	
总量	9797	100	10051	100	2.59
木浆	2877	29	3152	31	9.56
其中：进口木浆	1881	19	2112	21	12.28
废纸浆	6329	65	6302	63	-0.43
其中：进口废纸制浆	2308	24	2063	21	-10.62
非木材浆	591	6	597	6	1.02

注：2016 年进口木浆 2106 万吨，扣除溶解浆 225 万吨，实际消耗量 1881 万吨；2017 年进口木浆 2372 万吨，扣除溶解浆 260 万吨，实际消耗量 2112 万吨。

2017 年国产木浆生产量 1050 万吨，占木浆总消耗量(3152 万吨)的 33%，相比于 11130 万吨的纸及纸板生产量，木浆生产量显然过低。2017 年进口木浆消耗量 2112 万吨，占纸浆总消耗量的 21%，同比增加 2 个百分点，说明我国造纸行业原料对外依存度又有所提高。这主要是因为我国木浆生产受资源、环境及历史遗留问题等多方因素制约，目前和今后相当长的时期内，依然无法满足需求，还将严重依赖进口。

(二)2017 年我国主要木浆生产情况

1. 针叶木浆

由于前些年行业相对低迷，纸浆价格偏低，加之我国针叶木资源匮乏，国产针叶木浆生产成本过高，因此，国内针叶木浆生产企业非常少，仅有的几家历史沿袭下来的针叶木制浆厂全部是自用的，相对较新的生产线像湖南骏泰新材料科技有限责任公司等也已转产溶解浆。因此，目前仅云南云景林纸股份有限公司正常生产针叶木浆，主要是由于进口木浆运送到西南地区的运输成本过高，进口针叶木浆在该地区无竞争优势，故云南云景林纸股份有限公司的针叶木浆产品受进口浆冲击不大，生产比较稳定。云南云景林纸股份有限公司的针叶木浆产能不高，且部分自用，故在国内纸浆市场上仅有很少量的国产商品针叶木浆，约 10 万吨/年。

2. 阔叶木浆

2016—2017 年，国内没有新开工及竣工的纸浆项目。因此，纸浆生产商的市场格局没有变化。2017 年，国内四大主要阔叶木浆生产企业亚太森博(山东)浆纸有限公司、海南金海浆纸业有限公司、湛江晨鸣浆纸有限公司及江苏王子制纸有限公司基本满负荷生产，且生产保持稳定。这 4 家浆厂的总产能共计 440 万吨/年，约占国产木浆总产能的 42%，生产集中度较高，但仅占 2017 年我国木浆总消耗量(3152 万吨)的 14% 左右，数量远远不能满足需求。这 440 万吨的阔叶木浆中大部分为纸厂自用，作为商品浆的数量总计 200 万吨/年左右，仅占进口商品木浆的 10% 左右。

2017 年国内商品木浆价格一直维持高位，造纸企业生产成本高企。而那些有自制木浆的企业则充分体现出原料自给带来的巨大优势，凭借其相对较低且可控的原料成本，这些有自制浆的企业在 2017 年利润丰厚，取得了非常好的经营业绩。

这一局面迫使更多的大型造纸企业调整战略，将依靠自身解决原料问题列入发展方向，比如在森林资源发达国家建立浆厂，入股或并购国外浆厂等。

(三)2017 年木浆进口情况分析

1. 2017 年我国木浆进口量

2017 年，我国共进口木浆 2372 万吨(漂白针叶木浆、漂白阔叶木浆、本色浆、机械浆、溶解浆)，同比增长 12.59%。2008—2017 年我国木浆进口量见图 8，2017 年木浆分品种进口量见表 6。

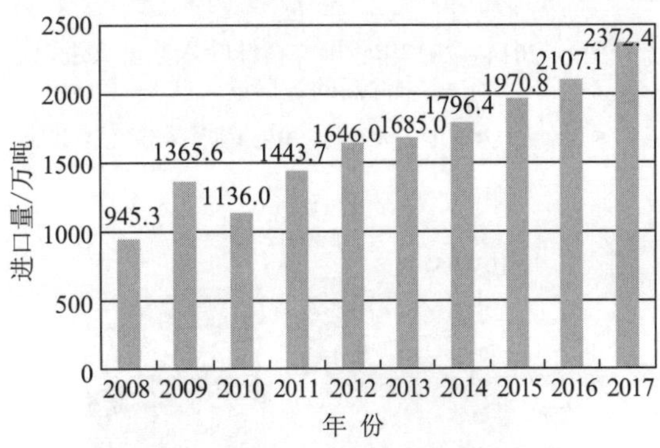

图8 2008—2017年我国木浆进口量

2. 我国木浆进口来源分布

(1)针叶木浆　2017 年我国共进口漂白针叶木浆 813 万吨，与 2016 年(803 万吨)相比变化不大。由图 9、图 10 可以看到，加拿大一直是我国漂白针叶木浆最大的进口来源国，占漂白针叶木浆总进口量的 31%，紧随其后的是美国、智利、俄罗斯、芬兰。

(2)阔叶木浆　2017 年我国漂白阔叶木浆进口量为 10469 万吨，前五大进口来源国依次为巴西、印度尼西亚、乌拉圭、智利、美国(见图 11、图 12)。

表 6　2017 年木浆分品种进口量

木浆种类及税号	进口量/吨		同比/%	2017 年各品种进口量占总进口量的比例/%
	2016 年	2017 年		
(47032100)漂白硫酸盐针叶木浆(BSKP)	8035064	8128137	1.16	34.26
(47032900)漂白硫酸盐阔叶木浆(BHKP)	8329196	10469285	27.85	44.13
(47031100)未漂硫酸盐针叶木浆(USKP)	647976	639898	−1.25	2.69
(47031900)未漂硫酸盐阔叶木浆	2588	5646	118.16	0.02
(47041100 +2100)亚硫酸盐针叶木浆	19953	7100	−64.42	0.03
(47010000)机械浆	2589	9367	261.80	0.04
(47041900 +2900)亚硫酸盐阔叶木浆	6364	4378	−31.21	0.02
(47050000)半化学浆	1729639	1785476	3.23	7.52
(47061000 +47062000 +47069100 +9200 +9300)其他化学、机械、半化学浆	41496	72058	73.65	0.30
(47020000)溶解浆	2246048	2603389	15.91	10.97
合计	21070562	23724947	12.59	100.00

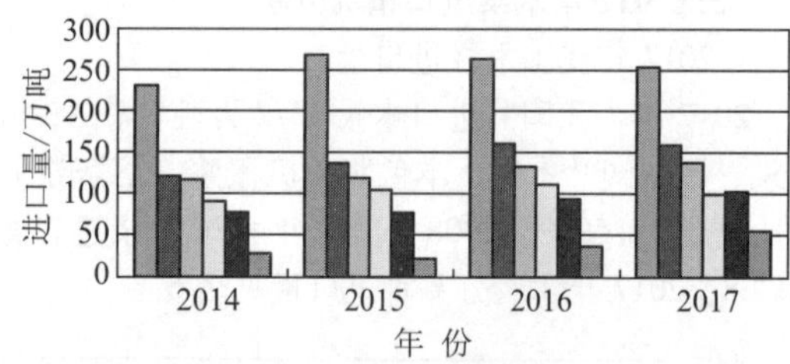

图9　2014—2017年我国漂白针叶木浆五大进口来源国的进口量

■加拿大 ■美国 ■智利 ■俄罗斯 ■芬兰 ■其他

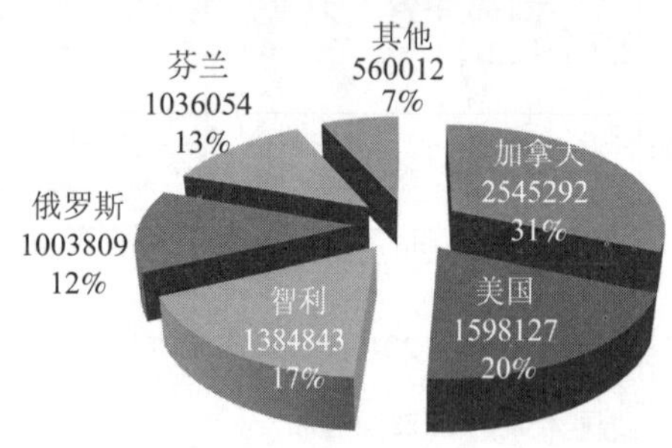

图10　2017年我国漂白针叶木浆五大进口来源国进口量（吨）及所占比例

由表 6、表 7 和图 11 可知，与 2016 年相比，2017 年虽然漂白针叶木浆进口量变化不大，但漂白阔叶木浆进口量却大幅增加，净增 214 万吨，同比增长 27.8%，可用跳跃式增长来形容。

由图 12 可知，进口阔叶木浆的增量主要来自印度尼西亚，2016 年来自印度尼西亚的进口量为 190 万吨，2017 年为 285 万吨，净增 95 万吨；其次是来自巴西，2016 年来自巴西的进口量为 419 万吨，2017 年为 476 万吨，净增 57 万吨。这主要是由于印度尼西亚 APP OKI 浆厂 2 条 140 万吨/年的漂白阔叶木浆生产线和巴西 Fibria 旗下的 Tres Lagoas 浆厂的 195 万吨/年漂白桉木浆生产线先后投产并大量供应中国市场的结果。

表 7　2011—2017 年主要进口浆品种同比变化情况

品种	各年度的同比变化情况/%						
	2011 年	2012 年	2013 年	2014 年	2015 年	2016 年	2017 年
漂白针叶木浆	46.0	13.3	−1.4	2.9	9.5	9.8	1.2
漂白阔叶木浆	19.0	15.6	7.8	8.2	11.6	5.3	25.7
本色木浆	28.7	12.8	−22.2	−3.7	10.7	15.9	−1.2
机械浆	−1.8	1.1	−2.0	8.6	6.0	8.4	3.7
合计	27.0	12.8	1.4	5.5	10.1	7.9	12.2

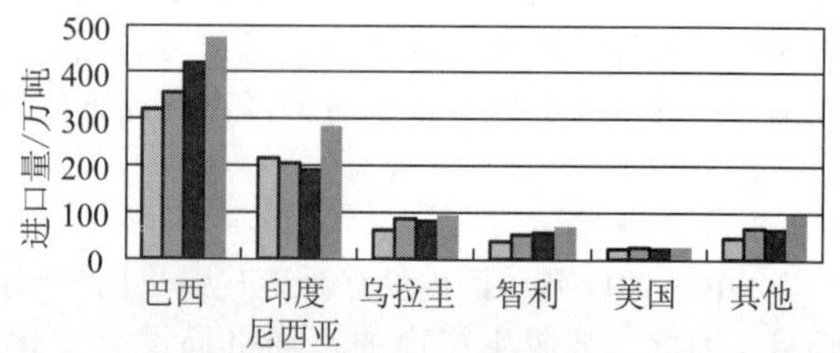

图11　2014—2017年漂白阔叶木浆五大来源国的进口数量

■2014年 ■2015年 ■2016年 ■2017年

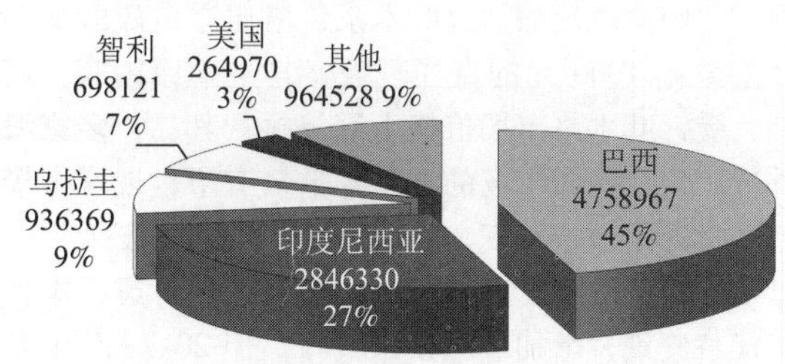

图12　2017年漂白阔叶木浆五大来源国进口量（吨）及所占比例

(四)2017 年我国木浆市场行情分析

1. 2017 年整体概况

2017 年，木浆市场在一、二季度处于价格低位、交易不温不火。但从 8 月起直至年底，进口商品木浆外盘价格逐月报涨。其中，10 月进口针叶木浆外盘报价跳涨 100 美元/吨！这是以往多年不曾发生过的。受外盘价格上涨带动，进口木浆现货价格一路攀升。针叶木浆现货价格从上半年的 5000 元/吨最高上涨至年底的 7200 元/吨，上涨幅度达 44%。阔叶木浆现货价格从上半年的 4500 元/吨上涨至年底的 6200 元/吨，上涨幅度达 38%。

2017 年进口商品木浆价格一路上涨达到历史新高，主要是由以下几个因素造成的。

(1)智利 CMPC 公司位于巴西的 Guaiba 纸浆厂锅炉出现故障，停机达半年之久，共损失漂白桉木浆生产量 70 万吨/年，严重影响了与 CMPC 签署了长期供货协议的中国用户的木浆使用，这些用户只能紧急去找其他供应商，引起了市场上的紧张心理。

(2)印度尼西亚 APP OKI 浆厂的 280 万吨/年阔叶木浆生产线没有完全达产，而且还出现故障并停机一个月，市场阔叶木浆供应数量减少，也同时引起了市场紧张心理。

(3)为保护环境，印度尼西亚政府发布禁令，阻止 APP 公司、APRIL 公司在处于泥炭地保护区的森林土地上种植人工林，这一做法引起中国市场对 APP 公司及 APRIL 公司木片供应是否会影响木浆生产产生担忧。

(4)APRIL 公司宣布对中国市场的漂白阔叶木浆供应量减少一半。

(5)为加大环保整治力度，中国政府决定从 2018 年 1 月起禁止进口未经分拣的混合废纸，对允许进口的废纸的含杂率提高至 0.5%，并从严管理进口废纸许可证发放，减少进口数量。许多使用进口废纸为原料的造纸企业从 2017 年 7 月就一直拿不到进口许可证，2017 年废纸进口量同比减少 278 万吨。这使得一些企业不得不寻求木浆替代，从而引起木浆需求增加。

(6)2017 年 7 月，加拿大卑诗省境内多场大火，过火面积 32.7 万公顷，大都是森林和未开垦的土地。5300 万米^3 的木材被烧掉，相当于卑诗省一年的木材砍伐量。这是造成加拿大针叶木浆供应商不断调高浆价的一个原因。

(7)2017 年冬季，欧洲气候温暖，为暖冬。大部分林区地面泥泞，大型砍伐机械无法进入，造成木片短缺，很多纸厂转向南美求购木浆，造成南美桉木浆价格一路上涨。

2. 2016—2017 年进口木浆全年市场价格分析

(1)漂白木浆市场行情　由图 13～图 16 可知，2017 年 1—7 月，针叶木浆国内价格维持在 5100～5400 元/吨运行，阔叶木浆价格维持在 5100～5300 元/吨运行。2 月初，商品木浆价格小幅上涨之后，基本以平稳运行为主。国内方面，印刷品、作业本等处于生产需求旺季，支撑木浆价格上涨。国际方面，受智利森林火灾影响，国际市场木浆价格连续上涨，国内进口木浆现货价格随之上调。

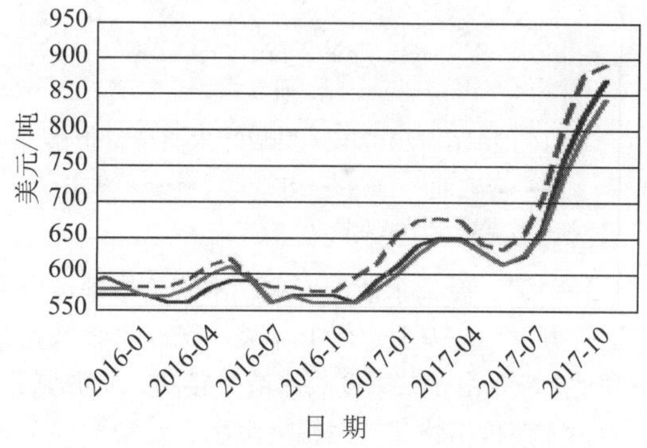

图13　2016—2017年进口针叶木浆外盘价格

俄罗斯针叶木　北美针叶木　辐射松

注：数据来源于纸业联讯

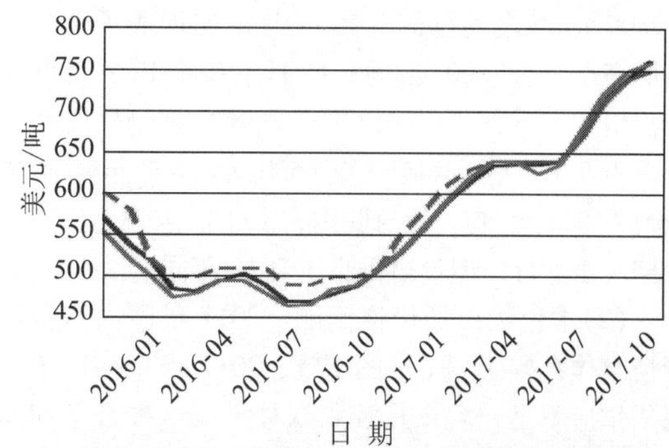

图14　2016—2017年进口阔叶木浆外盘价格

桉木　俄罗斯阔叶木　印度尼西亚阔叶木

注：数据来源于纸业联讯

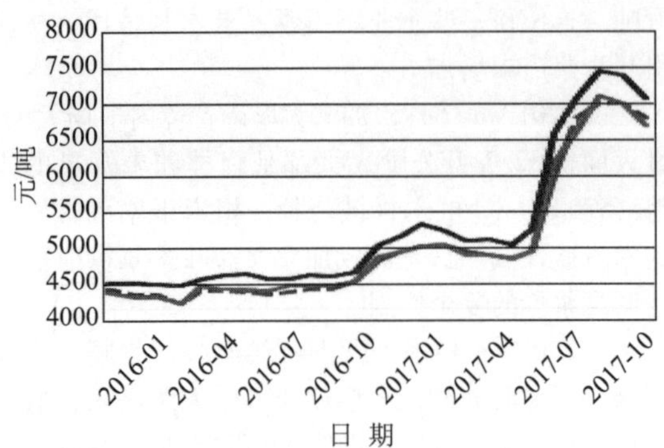

图15 2016—2017年进口针叶木浆现货价格

东北 华北 华东

注：数据来源于纸业联讯

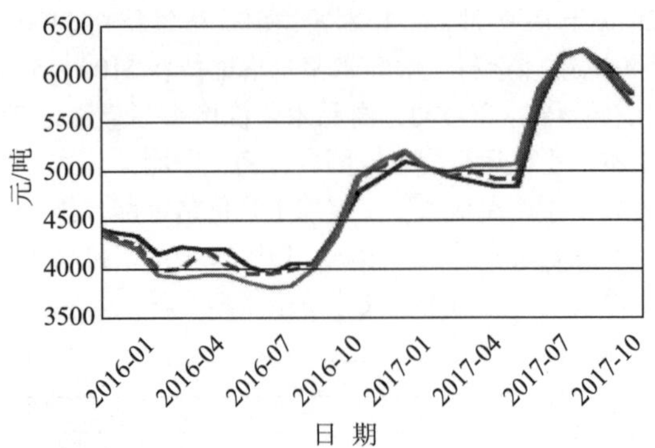

图16 2016—2017年进口阔叶木浆现货价格

东北 华北 华东

注：数据来源于纸业联讯

3—6 月，受需求清淡影响，木浆价格基本以平稳运行为主。8—9 月，针叶木浆、阔叶木浆开始价格联动上涨。由于二季度买家减量接货，货源紧张，8—9 月木浆价格快速、大幅度上涨，经销商经常处于“断货”状态，部分经销商 11 月中旬才有木浆出售。10—12 月，针叶木浆、阔叶木浆价格分道扬镳。针叶木浆受货源紧张影响，价格持续上涨，在 7200 ~7800 元/吨之间徘徊，在 11 月中旬形成了全年价格最高点，达 7800 元/吨；11 月下旬至 12 月针叶木浆价格震荡下行。10—12 月，阔叶木浆价格震荡下行，由 9 月的全年最高点 6550 元/吨降至年底的 5900 ~ 6000 元/吨。短时间内，由于需求偏弱，木浆价格震荡下行，但价格仍高于 2016 年同期水平。

(2)本色浆市场价格回顾 2017 年国内本色浆行情整体大幅上扬(见图 17)。2017 年年初，市场现货供应不足，且 2 月智利森林大火，推升年初本色浆期现货价格上扬。但本色浆国内需求暂无明显起色，因此 3—6 月本色浆市场现货价格下跌。2017 年下半年起本色浆市场价格大幅上行，甚至出现了每吨本色硫酸盐针叶木浆价格比漂白硫酸盐针叶木浆高 1000 元的奇怪现象，其主要原因有：其一，受针叶木浆市场价格上涨提振；其二，多家海外浆厂售往中国市场的本色浆数量有限，现货市场流通货源紧缺；其三，需求方面，受混合废纸禁令以及进口废纸额度审批影响，部分纸厂考虑以本色浆代替废纸，增加本色浆采购量。但 2017 年 11 月起，因欧美市场进入包装纸淡季，出售至国内的本色浆数量增加，现货市场供应紧缺情况有所缓解；另外，受整体下跌的针叶木浆市场以及废纸市场价格拖累，本色浆现货市场价格高位回落。

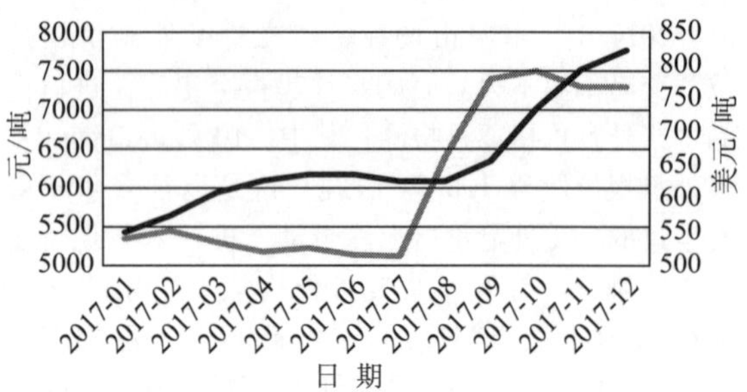

图17 2017年本色浆现货价格走势

华东现货（元/吨） 期货（美元/吨）

注：数据来源于RISI。

(3)化学机械浆市场价格回顾 化学机械浆是白卡纸的主要生产原料之一。2017 年化学机械浆期货、现货行情均整体走高，年底现货市场价格开始回落(见图 18)。由于加拿大等地供应至中国市场的化学机械浆货量缩减，海外供应商持续快速上调期货价格，因此 2017 年上半年现货市场进口到货量持续紧缺，推动化学机械浆现货价格大幅上涨。另外，第三季度白卡纸、化学浆、废纸、箱纸板、瓦楞原纸等造纸行业其他产品整体价格的上扬也增加了市场信心。然而进入第四季度后，多家白卡纸厂家因出货情况不佳而减产保价，导致化学机械浆市场需求不旺，实际成交量有限。另外，伴随 2017

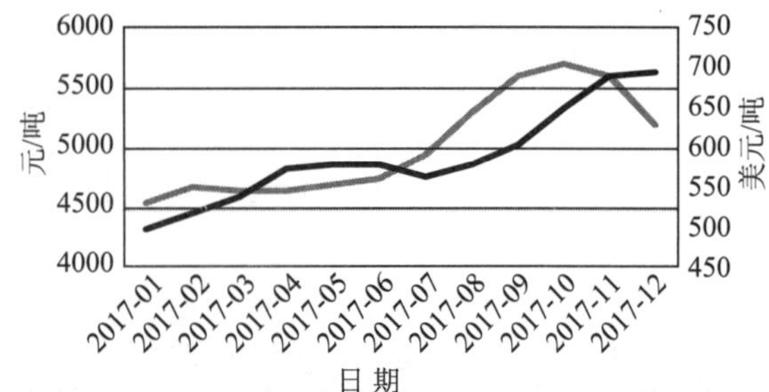

图18 2017年针叶木化学机械浆现货价格指数

华东现货（元/吨） 期货（美元/吨）

注：数据来源于RISI。

年四季度市场到货量有所增加，11 月起化学机械浆现货市场价格又开始走跌。

三、2017 年小结

2016 年以前，我国造纸行业已经挣扎了 6 个寒冬，纸张需求低迷、纸价一直低位徘徊、企业利润下降，生存困难。但从 2016 年年底开始，各种原因的限产停产、运输及能源价格上涨等多重因素导致包装纸板出现市场短缺现象，价格开始大幅上涨。随后，受包装纸市场回暖的带动，双胶纸、铜版纸、白卡纸、卫生纸等几乎纸张市场所有纸种价格均一路攀升。

进入 2017 年后，更有多个具有重大影响力的事件来袭：陆续出台的环保新政和日益严格的环保巡视与督查，使大批规模小、环保不合格、产品档次低的中小造纸企业关停，导致部分产能缺失，部分纸种因此而造成市场供应趋紧；原辅材料价格上涨，尤其是进口木浆价格大幅上涨，下半年起至今进口商品木浆无论是期货还是现货，均已达到近 10 年来的高点，并持续在高价位上徘徊，主要原材料价格的大幅上涨助推了纸价高企。2017 年下半年开始，废纸新政落地并实施，进口废纸数量大幅减少，国废价格随之剧烈震荡，多次突破 3000 元/吨，价格远超质量更好的进口废纸。铜版纸、双胶纸、白卡纸等大纸种行业集中迅速提高，议价能力增强，价格走低趋势明显时会通过主动限产保价的方式控制节奏。多重因素叠加之后，使浆纸市场朝着供应趋紧的方向越走越远，甚至经常出现纸或纸板供不应求、一纸难求的局面。因此，2017 年我国纸张市场一扫往年的颓势，一路凯歌高奏，在纸张价格持续上涨的影响下，全行业整体经营形势良好，取得了近几年来最好的业绩。不仅全行业利润大涨，增速也是近年来最高，大部分企业都赚得盆满钵满。

四、2018 年浆纸市场预测

曾有业内专家这样形容 2016 年至今的造纸行业市场格局：2016 年是大悲大喜，2017 年是一路高歌，2018 年是提心吊胆、战战兢兢。2018 年是风险较多的一年，行业一直站在高位如履薄冰。这几句话形象地说出了最近两三年造纸行业的实际情况，也道出了 2018 年以及今后行业面临的风险。

2018 年纸浆新增产能十分有限：国外基本没有新增产能，国内一个是现已投产的太阳纸业老挝控股公司 40 万吨/年的阔叶木化学浆项目；另一个是山东晨鸣纸业集团股份有限公司的 45 万吨/年阔叶木化学浆项目，目前尚不确定年内是否能够投产。这两个项目投产后，其产品主要被自身新增的造纸产能消化掉，但与此同时，国内新增造纸产能数量不可小视。在这种情况下，纸浆市场供需的天平很可能会倾向于供方。此外，由于废纸问题无法解决，国产废纸与进口废纸价格倒挂问题可能会依然存在，且价格居高不下，也会助推木浆价格维持高位。因此，2018 年全年木浆价格将会高位徘徊，但不会有较大的下跌，也不太可能大幅上涨。

从中长期来分析，纸价继续大幅上涨有一定难度。随着供给侧改革的深入推进，造纸等传统高耗能、高污染行业的落后产能淘汰仍将是长期趋势。在环保高压下，造纸行业的准入门槛也将越来越高，这一系列的外在因素会维持纸张市场的供求关系不会在短时间内发生太大改变，纸价将会继续高位震荡，但是波动幅度不会太大。风险在于如果纸价长期处于高位，包装纸的需求会由于替代品的逐步出现而不可避免地流失。

2017—2018 年国内新增造纸项目产能约 2000 万吨，基本会形成 1500 万吨的生产量投放。但有效产能无法得到完全释放，主要原因就是止步于纸浆价格上涨以及废纸新政造成的废纸数量减少和价格过高。

2018 年造纸行业仍将遵循纸张需求淡旺季的行情走势，由于生产成本、产能生产量的变化或将对行业具有一定“洗牌”作用。2018 年，造纸龙头企业仍将继续受益，中小造纸企业改革与创新迫在眉睫。

（王　岩）

2017 年国内外废纸市场概况

Market Situation of Waste Paper in China & the World in 2017

一、2017 年我国废纸回收和利用情况

1. 废纸回收率与利用率

2017 年，我国在废纸回收方面基本保持平稳增长。从表 1 可以看出，我国废纸回收量总体上持续增加，2017 年突破 5000 万吨，达到历史最高值 5286 万吨，较 2016 年增加了 322 万吨，同比增长 6.5%。废纸回收率也从 2005 年的 30.5% 增长到 2017 年的 48.5%，达到历史最好水平，较 2016 年提高了 0.9 个百分点。在废纸利用方面，废纸消耗量从 2005 年的 3513 万吨持续增加到 2017 年的 7858 万吨，创历史新高。废纸利用率从 2005 年的 62.7% 提高到 2013 年的 73.4%，达到历史最好水平，2017 年为 70.6%，较 2016 年再次减少了 1.4 个百分点。目前，我国废纸利用率较高，已达到世界较高水平，但近几年呈下降趋势；而废纸回收率增长较慢，仍在世界较低水平徘徊。

表 1 近年来我国废纸回收与利用情况

年份	纸和纸板消费量/万吨	废纸回收量/万吨	废纸回收率/%	纸和纸板生产量/万吨	废纸消耗量/万吨	废纸利用率/%
2005	5930	1809	30.5	5600	3513	62.7
2006	6600	2263	34.3	6500	4225	65.0
2007	7290	2765	37.9	7350	5021	68.3
2008	7935	3128	39.4	7980	5549	69.5
2009	8569	3424	40.0	8640	6246	72.3
2010	9173	4016	43.8	9270	6631	71.5
2011	9752	4348	44.6	9930	7075	71.2
2012	10048	4473	44.5	10250	7479	73.0
2013	9782	4451	45.5	10110	7425	73.4
2014	10071	4841	48.1	10470	7593	72.5
2015	10352	4841	46.8	10710	7776	72.6
2016	10419	4964	47.6	10855	7813	72.0
2017	10897	5286	48.5	11130	7858	70.6

注：废纸回收率 = 废纸回收量/国内纸和纸板消费总量；废纸利用率 = 废纸消耗量/国内纸和纸板生产总量。废纸制浆得率 0.8020。

近年来，受资源回收力度不断加大，电商市场的迅猛发展使更多包装材料在国内流通、回收，原材料、能源及物流等成本上涨，环保督查，供给侧改革成效显著等多重因素影响，我国纸及纸板价格大幅上涨，尤其是以废纸为原料的箱纸板和瓦楞原纸类包装纸和纸板。随着对环境问题的关注日益增加，与进口废纸相关的高压管理新政频繁出台，多个层面使废纸进口受限。受上述多重因素影响，

2017年我国废纸的回收量、质量及回收率不断提高。

虽然2014年12月1日商务部出台了《废纸分类等级规范》，但由于相关企业的执行力度不够，我国废纸回收分拣和储运体系建设相对落后，且废纸的回收质量较差，仍然存在部分废纸降级使用的现象。

根据财政部、国家税务总局联合下发的"关于印发《资源综合利用产品和劳务增值税优惠目录》的通知"，利用废纸造纸企业仍将获得50% ~70%的增值税返点。这一退税政策在一定程度上将继续推动造纸企业提高废纸利用的积极性，助使国内废纸需求增加。此外，2016年5月，商务部等6部委联合发布《关于推进再生资源回收行业转型升级的意见》，提出以加快转变发展方式、促进行业转型升级为主线，顺应"互联网+"发展趋势，着力推动再生资源回收模式创新，推动经营模式由粗放型向集约型转变，推动组织形式由劳动密集型向劳动、资本和技术密集型并重转变，建立健全完善的再生资源回收体系。2017年1月，工业和信息化部等3部委联合出台《关于加快推进再生资源产业发展的指导意见》，提出重点培育3 ~5家30万吨/年的废纸分拣中心，15家全国性的回收企业，以及每500万人口布局10个中等规范的回收加工企业。2017年6月，《废纸加工行业规范条件(征求意见稿)》顺利通过工业和信息化部专家评审并即将出台，其在废纸加工企业设立和布局、加工工艺和装备、资源综合利用效率和能耗、产品质量和职业教育、安全生产和职业健康等方面对废纸加工企业进行规范。此外，十九大报告指出，推进资源全面节约和循环利用，实施国家节水行动，降低能耗、物耗，实现生产系统和生活系统循环链接。在上述一系列政策的推动和引导下，将有力推动废纸回收利用行业的规范与整合，推动行业技术装备水平的提升，实现废纸回收利用行业的绿色发展。

2. 废纸浆使用率

近年来，我国废纸浆占纤维原料消耗总量的比例历经连年增长后，目前已成为所占比例最大的造纸原料，近10年来废纸浆使用率一直维持在60%以上的水平，在2014年最高达到65.3%后，逐年略有下降，2017年为62.7%，与2016年相比下降了1.9个百分点，见表2。

表2　近年来我国废纸使用率变化情况

年份	纸浆总消耗量/万吨	废纸浆消耗量/万吨	废纸浆使用率/%
2005	5200	2810	54.0
2006	5992	3380	56.4
2007	6769	4017	59.3
2008	7360	4439	60.3
2009	7980	4997	62.6
2010	8461	5305	62.7
2011	9044	5660	62.6
2012	9348	5983	64.0
2013	9147	5940	64.9
2014	9484	6189	65.3
2015	9731	6338	65.1
2016	9797	6329	64.6
2017	10051	6302	62.7

注：废纸浆使用率 = 废纸浆消耗量/国内纸浆总消耗量 ×100%。

3. 以废纸为主要原料纸种的生产量与消费量

2017年我国纸及纸板生产量11130万吨，同比增长2.53%；消费量10897万吨，同比增长4.59%。其中以废纸为主要原料的新闻纸、包装纸、白纸板、箱纸板和瓦楞原纸5个品种生产量合计为7080万吨，同比增长2.39%，占纸及纸板年总生产量的63.61%。2017年这5种产品的消费量合计为7179万吨，同比增长4.74%，占2017年纸和纸板总消费量的65.88%，见表3。

表3　近年来我国以废纸为主要原料纸种生产量与消费量

纸种	生产量/万吨					消费量/万吨				
	2014年	2015年	2016年	2017年	同比/%	2014年	2015年	2016年	2017年	同比/%
新闻纸	325	295	260	235	-9.62	321	299	265	267	0.75
包装纸	650	665	675	695	2.96	665	681	689	707	2.61
白纸板	1395	1400	1405	1430	1.78	1301	1299	1265	1299	2.69
箱纸板	2180	2245	2305	2385	3.47	2240	2297	2364	2510	6.18
瓦楞原纸	2155	2225	2270	2335	2.86	2152	2228	2271	2396	5.50

续表

纸种	生产量/万吨					消费量/万吨				
	2014 年	2015 年	2016 年	2017 年	同比/%	2014 年	2015 年	2016 年	2017 年	同比/%
合计	6705	6830	6915	7080	2.39	6679	6804	6854	7179	4.74
占当年总量	10470	10710	10855	11130	2.53	10071	10352	10419	10897	4.59
的比例/%	64.04	63.77	63.70	63.61		66.32	65.73	65.78	65.88	

从表 3 可以看出，2017 年我国以废纸为主要原料的 5 个品种的合计生产量和消费量同比分别有所增长，其中仅新闻纸生产量较 2016 年出现了负增长，为 -9.62%，但不同往年的是新闻纸消费量却出现了小幅增长，为0.75%。总体看来，2017 年这 5 个品种的合计生产量和合计消费量占纸及纸板总生产量及总消费量的比例与 2016 年基本持平。

4. 近年部分废纸相关项目建设情况

近年来，以废纸为主要原料的新建项目和计划新建项目较多，规模也较大。其中，包装纸、瓦楞原纸、箱纸板等成为了这几年我国产能增量较大的产品。尤其受箱纸板和瓦楞原纸等包装纸市场需求旺盛等的影响，目前加速项目的建设。据不完全统计，2017 年国内市场实际投放的以废纸为原料的新产能超过 300 万吨/年，按照已公布的在建及计划建设项目，预计未来几年还将会有近 2000 万吨/年的以废纸为原料的包装纸产能等待释放。表 4 列出了近年废纸相关新建项目的跟踪情况。

表 4 近年我国部分废纸相关新建扩建项目

企业名称	项目内容	产能/(万吨/年)	建设地点	备注
浙江景兴纸业股份有限公司	高强瓦楞原纸	30	浙江	2016 年上半年投产
	牛皮箱纸板	35	辽宁沈阳	2016 年投产
	箱纸板	60		计划 2018 年四季度
玖龙纸业(控股)有限公司	高档牛卡纸	200	福建泉州	一期(65 万吨)2014 年建成投产，二期(65 万吨)2016 年 10 月开工建设(其中 35 万吨计划于 2018 年四季度投产)
	箱纸板	50	河北滦南	2018 年四季度投产
	箱纸板	35	重庆江津	2018 年四季度投产
理文造纸有限公司	高档包装纸板	45	江西九江	2016 年年底投产
福建联盛纸业有限责任公司	高档箱纸板	45	福建漳州	2017 年 12 月投产
	高档再生白纸板	60	福建漳州	前期准备
安徽山鹰纸业股份有限公司	挂面箱纸板	45	安徽马鞍山	2015 年 3 月投产
东莞顺裕纸业有限公司	高强瓦楞原纸	15	广东东莞	2015 年年底投产
四川新津晨龙纸业有限公司	高强瓦楞原纸	30	四川新津	2015 年投产
广丰县芦林纸业有限公司	高强低定量瓦楞原纸	30	江西广丰	预计 2018 年年底投产
	牛皮箱纸板	40		
江苏正大联合纸业股份有限公司	箱纸板	200	江苏灌云	2015 年投产
四川迅源纸业有限公司	高强瓦楞原纸	30	四川大邑	建设中(一期 15 万吨已于 2014 年投产)
云南东晟纸业有限公司	高档包装纸	30	云南宜良	一期已于 2016 年投产
湖北荣成纸业有限公司	瓦楞原纸、箱纸板	85	湖北松滋	2017 年投产
	高档箱纸板	65	湖北松滋	计划 2019 年投产

续表

企业名称	项目内容	产能/(万吨/年)	建设地点	备注
湖北炬垲纸业有限公司	高强瓦楞原纸	20	湖北枝江	2015 年 10 月开工建设
浙江荣成纸业有限公司	高强瓦楞原纸	18	浙江嘉兴	2016 年年初投产
山东太阳宏河纸业有限公司	高档牛皮箱纸板	50	山东邹城	2016 年投产
	高档纸板	80	山东邹城	预计 2018 年三季度投产
浙江荣晟环保纸业股份有限公司	高强瓦楞原纸	20	浙江嘉兴	2016 年 8 月投产
四川金田纸业有限公司	高强瓦楞原纸	30	四川泸州	2016 年投产
	箱纸板	30	四川合江	2016 年 2 月投产
	高强瓦楞原纸	30	四川合江	2017 年投产
浙江台州森林纸业有限公司	高强包装纸	10	浙江温岭	2016 年上半年投产
江西柯美纸业有限公司	高强瓦楞原纸	30	江西萍乡	2017 年投产
湖北秦楚纸业有限公司	瓦楞原纸	10	湖北荆州	2017 年投产
河南省龙源纸业股份有限公司	瓦楞原纸	20	河南周口	2016 年投产
	高强瓦楞原纸	20	河南周口	2017 年 3 月开工建设，预计 2018 年年底投产
运城闻喜县东方新闻纸业有限公司	再生纸	10	山西运城	2016 年投产
湖北金赞阳循环经济股份有限公司	再生纸	50	湖北老河口	2016 年 11 月开工(建设周期为 24 个月)
金凤凰纸业(孝感)有限公司	高强瓦楞原纸	40	湖北孝感	2016 年 6 月投产
		60	湖北孝感	2017 年投产
湖北鑫物纸业有限公司	高强瓦楞原纸	20	湖北枝江	2016 年开工建设
江苏上善纸业有限公司	高强瓦楞原纸	20	江苏宿迁	2017 年 1 月投产
杭州丰收纸业有限公司	高强瓦楞原纸	20	浙江杭州	2017 年 1 月投产
元氏县金鹏纸业有限责任公司	高强瓦楞原纸	15	河北石家庄	2017 年 6 月投产
河南顺捷科技环保有限公司	瓦楞原纸	15	河南济源	2017 年投产(改造原河南腾盛纸业有限公司生产线)
吉林白山琦祥纸业股份有限公司	包装纸	20	吉林白山	2017 年投产
	瓦楞原纸	50		计划 2018 年投产
河南中峰集团纸业有限公司	箱纸板	15	河南平顶山	在建
郑州浦发纸业有限公司	箱纸板	30	河南新密	在建
东华(河南)环保纸业有限公司	瓦楞原纸	30	河南周口	在建
禄丰县永兴纸业有限公司	高强瓦楞原纸	10	云南禄丰	2017 年投产
湖北祥兴纸业科技有限公司	高档包装纸	100	湖北荆州	分 3 期建设，一期项目 30 万吨于 2017 年 7 月投产
德州泰鼎新材料科技有限公司	高强瓦楞原纸	15	山东德州	2017 年 10 月投产
邹平汇泽实业有限公司	瓦楞原纸	20	山东邹平	2017 年投产
保山鑫盛泰纸业有限公司	箱纸板、T 纸和高强瓦楞原纸	20	云南保山	2017 年试生产(在原 12 万吨高强瓦楞原纸生产线基础上改造)

续表

企业名称	项目内容	产能/(万吨/年)	建设地点	备注
江苏丰凯纸业有限公司	瓦楞原纸	10	江苏淮安	预计 2018 年 6 月投产
黑龙江龙兴纸业有限公司	高档箱纸板	50	黑龙江佳木斯	2017 年 5 月开工建设，预计 2018 年 6 月投产
山东美洁纸业有限公司	包装材料	120	山东兰陵	2017 年 6 月开工建设
湖北秦楚纸业有限公司	瓦楞原纸	10.5	湖北荆州	计划 2018 年投产
云南云泓纸业有限公司	包装纸	20	云南武定	预计 2018 年 10 月底试生产
浙江和泓环保纸业有限公司	高强瓦楞原纸	20	浙江舟山	2017 年 7 月开工建设，预计 2018 年 10 月投产
辽宁兴东纸业有限公司	箱纸板	30	辽宁铁岭	计划 2018 年投产
湖北鑫物再生纸业有限公司	瓦楞原纸	20	湖北枝江	计划 2018 年投产
湖北金庄科技再生资源有限公司	高强瓦楞原纸	20	湖北当阳	预计 2018 年投产
山东世纪阳光纸业集团有限公司	高级瓦楞原纸	80	山东昌乐	预计 2018 年底投产
昆明红星荣和纸业有限公司	再生纸	50	云南宜良	分 2 期建设。一期 30 万吨仿牛卡纸和 T 纸，处于前期准备阶段。二期将建 20 万吨高强瓦楞原纸
山东博汇纸业股份有限公司	高档包装纸板	150	山东淄博	分 2 期建设。一期项目 50 万吨高档牛皮箱板纸及 50 万吨高强瓦楞原纸，计划 2019 年三季度投产
	高档包装纸板	75	江苏盐城	2017 年 5 月开工建设，预计 2018 年 12 月投产
山鹰华中纸业有限公司	高档包装纸	220	湖北荆州	分 3 期建设。一期工程 42 万吨已于 2017 年 10 月动工，计划 2019 年年初投产
福建利树股份有限公司	箱纸板	15	福建建瓯	计划 2019 年投产

二、2017 年我国废纸进出口情况

1. 废纸进出口量与金额

据海关统计，2017 年，我国进口废纸总量 2571.9 万吨，同比下降 9.76%；用汇金额 58.7 亿美元，同比增长 17.75%；进口废纸的平均价格为 228.43 美元/吨，同比增长 19.68%。

2017 年，我国废纸出口总量 1515.2 吨，同比下降 34.91%；创汇金额 41.9 万美元，同比下降 22.1%；出口废纸平均价格为 276.33 美元/吨，同比增长 19.68%。

由表 5 可见，2017 年我国废纸进口量及出口量均有所下降。我国废纸进出口量的上述变化与 2017 年以来我国对进口废纸管理相关政策的发布及管控力度加大密切相关。如 2017 年 4 月，审议通过的《关于禁止洋垃圾入境推进固体废物进口管理制度改革实施方案》公布了全面禁止固体废物的时间表；2017 年 7 月 1 日起，环境保护部组织开展的为期 1 个月的打击进口废物加工利用企业环境违法行为专项行动，环境保护部对部分出现严重违规利用进口废纸造纸的企业给予相应处罚，对问题企业停批进口批文；自 2017 年 5 月 24 日公示了 2017 年第 11 批废纸限制进口许可证后，未有新的配额发放等。且随着 2018 年全面禁止混杂废纸的进口、规范了废纸进口资质的相关主体为年产能 5 万吨的生产企业并取消贸易单位代理进口、3 月 1 日起进口废纸含杂量上限调至 0.5% 等政策的实施，未来中国废纸进出口量，尤其是进口量仍将大幅减少。

2. 进口废纸浆占原料比例变化

2017 年我国废纸浆消耗量为 6302 万吨，其中进口废纸浆 2063 万吨，占废纸浆总消耗量的 32.7%，占纸浆总消耗量的 20.5%。由表 6 可以看

出，我国国产废纸浆消耗量在废纸浆总消耗量中占主要地位，且比例逐年上升。

表5 近年来我国废纸进出口情况

年份	进口			出口		
	进口量/万吨	金额/亿美元	均价/(美元/吨)	出口量/吨	金额/万美元	均价/(美元/吨)
2005	1703	24.6	144.2	100	2.8	277.8
2006	1962	27.5	140.1	100	2.0	203.5
2007	2256	40.4	179.2	500	8.4	168.3
2008	2421	55.6	229.6	20	0.4	203.0
2009	2750	38.0	138.0	270	5.9	218.8
2010	2435	53.5	219.8	796	15.3	191.8
2011	2728	69.7	255.4	3600	77.7	215.8
2012	3007	62.6	208.6	2432	81.2	334.2
2013	2924	59.3	202.8	1049	47.5	452.8
2014	2752	53.5	194.4	742	29.8	401.6
2015	2928	52.8	180.3	701	31.1	443.7
2016	2850	49.8	175.1	2328	53.8	230.9
2017	2572	58.7	228.4	1515	41.9	276.3

表6 近年来我国进口废纸浆消耗量占原料比例变化情况

	2005年	2006年	2007年	2008年	2009年	2010年	2011年	2012年	2013年	2014年	2015年	2016年	2017年
纸浆总消耗量/万吨	5200	5992	6769	7360	7980	8461	9044	9348	9147	9484	9731	9797	10051
废纸浆消耗量/万吨	2810	3380	4017	4439	4997	5305	5660	5983	5940	6189	6338	6329	6302
废纸浆进口量/万吨	1360	1570	1805	1936	2056	2092	2182	2405	2379	2243	2392	2308	2063
占废纸浆的比例/%	48.4	46.4	44.9	43.6	41.1	39.4	38.6	40.2	40.1	36.2	37.7	36.5	32.7
占总浆量的比例/%	26.2	26.2	26.7	26.3	25.8	24.7	24.1	25.7	26.0	23.7	24.6	23.6	20.5
国产废纸浆量/万吨	1450	1810	2212	2503	2941	3213	3478	3578	3561	3946	3946	4021	4239
占废纸浆的比例/%	51.6	53.6	55.1	56.4	58.9	60.6	61.4	59.8	59.9	63.8	62.3	63.5	67.3
占总浆量的比例/%	27.9	30.2	32.7	34.0	36.9	38.0	38.5	38.3	38.9	41.6	40.6	41.0	42.2

3. 进出口废纸种类、数量、金额及单价

2017年，我国进口废纸总量2571.9万吨，同比下降9.75%；进口用汇总额58.7亿美元，同比增长17.87；进口单价228.43美元/吨，同比增长30.49%。其中，旧箱纸板类进口量1506.9万吨，同比下降9.96%，占废纸总进口量的58.59%；进口用汇金额36.9亿美元，同比增长20.59%；进口单价245.07美元/吨，同比增长34.06%。办公室废杂纸类合计进口量84.4万吨，同比下降3.54%，占废纸总进口量的3.28%；进口用汇金额2.3亿美元，同比增长15.00%；进口单价274.42美元/吨，同比增长18.36%。废报纸类进口总量489.6万吨，同比下降5.89%，占废纸总进口量的19.04%；进口用汇金额9.9亿美元，同比增长16.47%；进口单价201.39美元/吨，同比增长22.63%。其他混杂废纸进口总量491.0万吨，同比下降13.65%，占废纸总进口量的19.09%；进口用汇金额9.6亿美元，同比增长10.30%；进口单价196.51美元/吨，同比增长28.09%。其中约占废纸进口总量20%的混合类废纸(即其他混杂废纸)，根据国家规定在2018年将全面禁止进口。

2017年进口废纸种类、数量及单价情况见表7。废纸月度进口情况及进口单价变化情况如图1～图2所示。由图1可见，2017年3月，各主要进口废纸品种的月度进口量达到峰值，受我国废纸进口配额等相关政策影响，自9月开始我国各主要进口废纸品种的月度进口量逐月显著下降，12月废纸进口总量不足100万吨。在废纸进口单价方面，除办公室废杂纸类变化较小外，其他进口废纸品种价格波动较大(见图2)，但波动幅度仍远不及国内废纸市场。

表7 2017年我国废纸进口主要品种、数量及单价情况

废纸类别	海关商品税号	进口量			进口用汇金额		进口单价	
		数量/万吨	占比/%	同比/%	金额/亿美元	同比/%	单价/(美元/吨)	同比/%
进口总量		2571.9	100.00	-9.75	58.7	17.87	228.43	30.49
旧箱纸板类	47071000	1506.9	58.59	-9.96	36.9	20.59	245.07	34.06
办公室废杂纸类	47072000	84.4	3.28	-3.54	2.3	15.00	274.42	18.36
废报纸类	47073000	489.6	19.04	-5.89	9.9	16.47	201.39	22.63
其他混杂废纸	47079000	491.0	19.09	-13.65	9.6	10.30	196.51	28.09

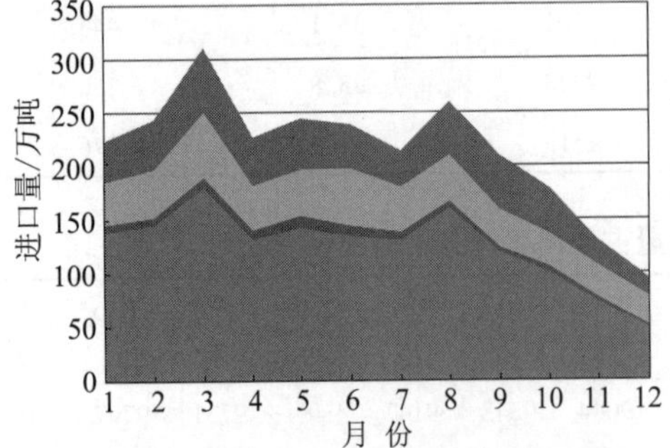

图1 2017年我国废纸月度进口情况

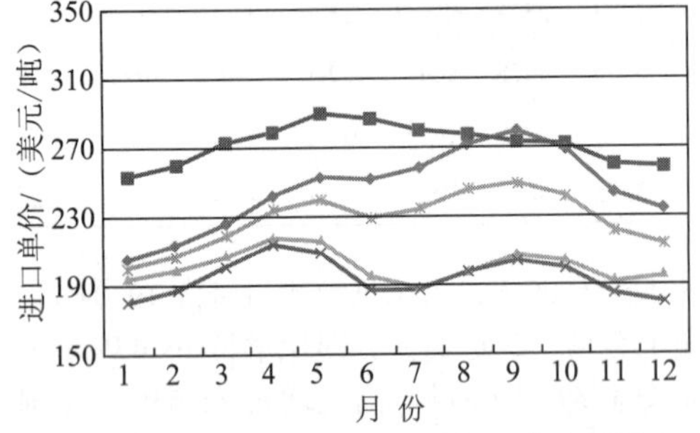

图2 2017年我国废纸进口单价月度变化情况

2017年，我国出口废纸总量1515.2吨，同比下降34.91%；出口创汇金额41.9万美元，同比下降22.1%；出口单价276.3美元/吨，同比增长19.68%。2017年我国废纸月度出口量及出口单价情况见图3。

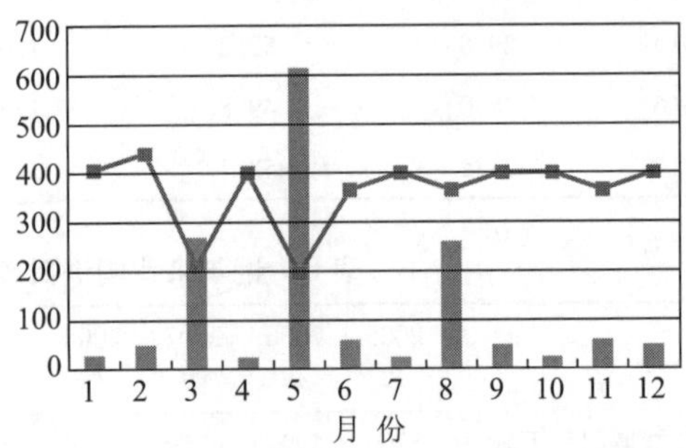

图3 2017年我国废纸月度出口量及出口单价情况

三、2017年废纸市场价格变化情况

1. 国际废纸价格走势

近两年，国际废纸价格波动周期由长变短，波动加速，幅度加大。图4～图5为近年国际部分主要废纸种类的价格。由图4和图5可见，2017年以来我国废纸进口政策的一系列变化对国际废纸市场及贸易格局产生重大影响。国际废纸市场在2017年年末和2018年年初废纸价格直线下跌，甚至出现崩盘现象。

2. 国内主要废纸品种市场价格水平

伴随着我国一系列废纸进口相关政策的实施，无论从进口废纸的数量还是质量方面，国家的管控都越来越严格，致使国内废纸供应存在较大缺口，发生以废纸为原料的造纸企业纷纷争夺国内废纸资源的现象，拉动国内废纸价格一路攀升。2017年我国国内废纸市场可谓是跌宕起伏、惊心动魄，废纸

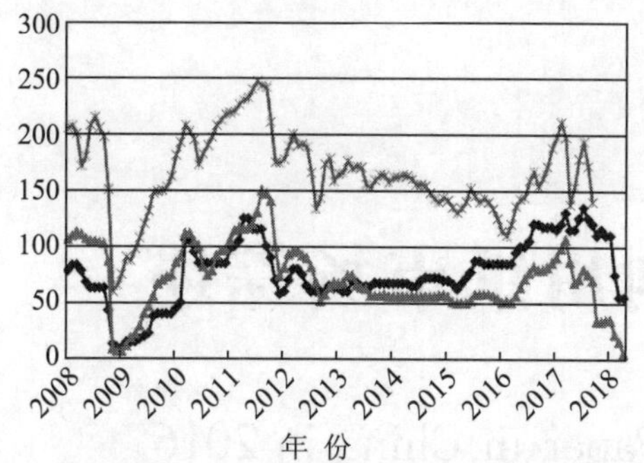

图4　近年国际混合废纸本土价格及我国进口价格

中国混合纸进口（到岸价CIF，美元/吨）
德国1.02（欧元/吨）
美国混合纸2号（美元/吨）
注：数据来源于RISI。

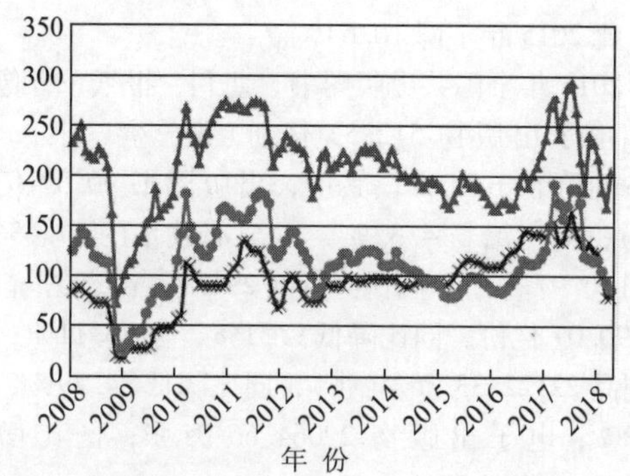

图5　近年国际废纸OCC本土价格及我国进口价格

中国OCC进口（到岸价CIF，美元/吨）
德国国内OCC（欧元/吨）
美国国内OCC（美元/吨）
注：数据来源于RISI。

价格1天1变，有时甚至1天调整了3次，而且调价幅度甚至达到每次每吨1000元，一年之内价格波动次数破百，更为离奇的是，有时甚至出现废纸价格比成品纸价格还高的局面。这无论是对于制浆造纸行业还是废纸回收行业都是非常致命的。据了解，一些造纸企业出现了因废纸原料供应问题而导致的停机减产现象。

根据各地区公布的价格综合统计整理，2017年国内主要废纸品种市场价格水平情况见表8。

表8　2017年国内市场主要废纸品种价格水平　单位：元/吨

月份	废书本纸	废报纸	废黄纸板
1月	1720～1920	1700～1900	1500～1800
2月	1800～1940	1720～1910	1480～1760
3月	1820～1970	1770～1930	1460～1640
4月	1790～1950	1800～1960	1300～1480
5月	1910～2010	1950～2130	1450～1640
6月	1960～2060	2080～2180	1650～1850
7月	1920～2030	2110～2190	1760～1930
8月	2020～2150	2130～2220	1960～2300
9月	2150～2800	2200～2520	2200～2950
10月	2750～3100	2500～3100	2000～3100
11月	2580～2750	2900～3000	1800～2700
12月	2700～2900	2900～3080	1800～2300

（郭彩云）

2016 年我国出版印刷用纸市场综述

Market Review of Publication Paper in China in 2016

一、行业概况

我们常说的“印刷业”在国民经济分类上称为“印刷复制业”，它包括了出版物印刷、包装装潢印刷、其他印刷品印刷、专项印刷、打字复印、复制和印刷物资供销。2016 年该行业实现营业收入 12711.59 亿元，同比增长 3.81%；利润总额 882.70 亿元，同比增长 1.23%。

出版物印刷仅是印刷复制业的一个分支，它包含了书报刊印刷和专项印刷。

2016 年全国出版物印刷企业 8936 家，职工年末平均人数 47.83 万人，与 2015 年相比下降了 0.95%；职工工资总额 214.64 亿元，与 2015 年相比增长了 10.24%。

2016 年出版物印刷厂生产量(含专项印刷)为：图书、报纸、其他出版物黑白印刷生产量 31517.57 万令，比 2015 年增长 1.85%。彩色印刷生产量 150688.38 万对开色令，比 2015 年下降 31.39%。装订产量 33668.54 万令，比 2015 年增长 6.45%。印刷用纸量 64299.06 万令(包含平版纸和卷筒纸)，比 2015 年增长 5.93%。

出版物印刷厂主要经济指标(含专项印刷)为：资产合计年末数 2475.74 亿元，比 2015 年增长 3.08%。年末负债合计 1239.02 亿元，比 2015 年增长 3.00%。所有者权益合计年末数 1232.12 亿元，比 2015 年增长 2.94%。主营业务收入 1540.34 亿元，比 2015 年增长 2.15%。利润总额 115.96 亿元，比 2015 年下降 10.64%。

2016 年全国共出版图书、期刊、报纸、音像制品和电子出版物 512.53 亿册(份、盒、张)，较 2015 年降低 6.90%。其中，出版图书 90.37 亿册(张)，同比增长 4.32%，占全部数量的 17.63%；期刊 26.97 亿册，同比降低 6.29%，占 5.26%；报纸 390.07 亿份，同比降低 9.31%，占 76.11%；音像制品 22122.33 万盒(张)，同比降低 24.79%，占 0.43%；电子出版物 29064.66 万张，同比增长 35.57%，占 0.57%。

全国出版图书、期刊、报纸总印张为 2196.43 亿印张，折合用纸量 508.73 万吨，与 2015 年相比用纸量降低 10.83%，其中：图书用纸量占总量 35.90%，提高 5.28 个百分点；期刊用纸占总量 6.80%，提高 0.11 个百分点；报纸用纸占总量 57.30%，降低 5.39 个百分点。

需要解释的是文中所提用纸量及提高百分数与表 1“折合用纸量”项下同比数据不同，前者指的是该项(或图书、或期刊、或报纸)用纸量占总用纸量的比例及与 2015 年所占比例的比较，表 1 中数据为两年“折合用纸量”绝对数量的比较。

表 1 2016 年出版物印刷基本数据

出版物名称	种类		总印数		总印张		折合用纸量		
	初版	重版	亿册/张/份	同比/%	亿印张	同比/%	万吨	占比/%	同比/%
图书	262415	237469	90.37	4.32	777.21	4.58	182.66	35.90	4.58
期刊	10084		26.97	−6.29	151.95	9.43	34.59	6.80	−10.04
报纸	1894		390.07	−9.31	1627.27	−18.50	291.48	57.30	−18.50
合计					2196.43		508.73	100.00	−10.83

二、书报刊印刷行业基本概况

1. 图书出版总量

2016 年全国共出版图书 499884 种，其中书籍 410438 种、课本 89001 种、图片 445 种；初版 262415 种，重版、重印 237469 种。总印数 90.37 亿册(张)，总印张 777.21 亿印张，折合用纸量 182.66 万吨，定价总金额 1580.96 亿元。与 2015 年相比，图书品种增长 5.07%(初版增长 0.76%，重版、重印增长 10.28%)，总印数增长 4.32%，总印张增长 4.58%，定价总金额增长 7.10%。其中：

(1)书籍 410438 种(初版 234873 种，重版、重印 175565 种)，总印数 57.41 亿册(张)，总印张 513.96 亿印张，折合用纸量 120.78 万吨，定价总金额 1222.24 亿元。与 2015 年相比，种数增长 6.74%(初版增长 2.35%，重版、重印增长 13.25%)，总印数增长 7.89%，总印张增长 7.27%，定价总金额增长 9.82%。

(2)课本 89001 种(初版 27337 种，重版、重印 61664 种)，总印数 32.77 亿册(张)，总印张 262.51 亿印张，折合用纸量 61.69 万吨，定价总金额 355.04 亿元。与 2015 年相比，种数下降 1.89%(初版下降 10.96%，重版、重印增长 2.75%)，总印数下降 1.28%，总印张下降 0.22%，定价总金额下降 0.92%。

(3)图片 445 种(初版 205 种，重版、重印 240 种)，总印数 0.04 亿册(张)，总印张 0.11 亿印张，折合用纸量 0.04 万吨，定价总金额 0.64 亿元。与 2015 年相比，种数下降 15.88%(初版下降 12.39%，重版、重印下降 18.64%)，总印数增长 22.55%，总印张增长 19.37%，定价总金额增长 8.13%。

(4)附录总印数 0.15 亿册(张)，总印张 0.64 亿印张，折合用纸量 0.15 万吨，定价总金额 3.04 亿元。

2. 期刊

2016 年全国共出版期刊 10084 种，平均期印数 13905 万册，总印数 26.97 亿册，总印张 151.95 亿印张，定价总金额 232.42 亿元。与 2015 年相比，种数增长 0.70%，平均期印数下降 4.94%，总印数下降 6.29%，总印张下降 9.43%，定价总金额下降 4.34%。

各类期刊的出版数量、所占比例及与 2015 年相比增减百分比如下：

(1)综合类期刊 365 种，平均期印数 851 万册，总印数 18230 万册，总印张 968323 千印张；占期刊总品种 3.62%，总印数 6.76%，总印张 6.37%。与 2015 年相比，种数下降 0.27%，平均期印数下降 6.72%，总印数下降 7.43%，总印张下降 7.67%。

(2)哲学、社会科学类期刊 2664 种，平均期印数 6861 万册，总印数 126966 万册，总印张 6490942 千印张；占期刊总品种 26.42%，总印数 47.08%，总印张 42.72%。与 2015 年相比，种数增长 1.10%，平均期印数下降 2.32%，总印数下降 3.39%，总印张下降 5.54%。

(3)自然科学、技术类期刊 5014 种，平均期印数 2496 万册，总印数 36920 万册，总印张 3040433 千印张；占期刊总品种 49.72%，总印数 13.69%，总印张 20.01%。与 2015 年相比，种数增长 0.62%，平均期印数下降 5.74%，总印数下降 6.65%，总印张下降 9.33%。

(4)文化、教育类期刊 1383 种，平均期印数 2679 万册，总印数 61745 万册，总印张 3198073 千印张；占期刊总品种 13.71%，总印数 22.90%，总印张 21.05%。与 2015 年相比，种数增长 0.44%，平均期印数下降 5.33%，总印数下降 4.68%，总印张下降 9.32%。

(5)文学、艺术类期刊 658 种，平均期印数 1019 万册，总印数 25808 万册，总印张 1497528 千印张；占期刊总品种 6.53%，总印数 9.57%，总印张 9.86%。与 2015 年相比，种数增长 0.77%，平均期印数下降 16.15%，总印数下降 20.31%，总印张下降 24.29%。

3. 报纸

2016 年全国共出版报纸 1894 种，平均期印数 19494.94 万份，总印数 390.07 亿份，总印张 1267.27 亿印张，折合用纸量 291.48 万吨，定价总金额 408.20 亿元。与 2015 年相比，种数下降 0.63%，平均期印数下降 7.03%，总印数下降 9.31%，总印张下降 18.50%，定价总金额下降 6.00%。

(1)以各级报纸分类来分析　全国性和省级报纸 997 种，平均期印数 14685.11 万份，总印数 264.33 亿份，总印张 839.28 亿印张。占报纸总品种 52.64%，总印数 67.76%，总印张 66.23%。与 2015 年相比种数下降 0.80%，平均期印数下降 6.44%，总印数下降 8.62%，总印张下降 17.10%。

其中：

全国性报纸 217 种，平均期印数 3029.57 万份，总印数 78.76 亿份，总印张 225.39 亿印张；占报纸总品种 11.46%，总印数 20.19%，总印张 17.79%。与 2015 年相比种数下降 0.46%，平均期印数下降 2.22%，总印数下降 0.85%，总印张下降 0.91%。

省级报纸 780 种，平均期印数 11655.53 万份，总印数 185.57 亿份，总印张 613.90 亿印张；占报纸总品种 41.18%，总印数 47.57%，总印张 48.44%。与 2015 年相比种数下降 0.89%，平均期印数下降 7.48%，总印数下降 11.56%，总印张下降 21.79%。

地、市级报纸 878 种，平均期印数 4780.59 万份，总印数 124.93 亿份，总印张 426.32 亿印张；占报纸总品种 46.36%，总印数 32.03%，总印张 33.64%。与 2015 年相比种数下降 0.45%，平均期印数下降 8.81%，总印数下降 10.76%，总印张下降 21.17%。

县级报纸 19 种，平均期印数 29.24 万份，总印数 0.81 亿份，总印张 1.66 亿印张；占报纸总品种 1.00%，总印数 0.21%，总印张 0.13%。与 2015 年相比种数持平，平均期印数下降 2.87%，总印数下降 3.21%，总印张下降 4.35%。

(2)以报纸类别来分析　综合报纸 850 种，平均期印数 7567.85 万份，总印数 250.61 亿份，总印张 1001.83 亿印张；占报纸总品种 44.88%，总印数 64.25%，总印张 79.05%。与 2015 年相比，种数增长 0.47%，平均期印数下降 11.05%，总印数下降 11.88%，总印张下降 20.55%。

专业报纸 700 种，平均期印数 9039.01 万份，总印数 106.92 亿份，总印张 197.48 亿印张；占报纸总品种 36.96%，总印数 27.41%，总印张 15.58%。与 2015 年相比，种数下降 1.69%，平均期印数下降 3.50%，总印数下降 3.57%，总印张下降 7.76%。

生活服务报纸 214 种，平均期印数 1239.04 万份，总印数 10.63 亿份，总印张 35.21 亿印张；占报纸总品种 11.30%，总印数 2.72%，总印张 2.78%。与 2015 年相比，种数下降 3.17%，平均期印数下降 12.54%，总印数下降 15.21%，总印张下降 21.91%。

读者对象报纸 107 种，平均期印数 1289.05 万份，总印数 17.19 亿份，总印张 26.21 亿印张；占报纸总品种 5.65%，总印数 4.41%，总印张 2.07%。与 2015 年相比，种数增长 1.90%，平均期印数下降 0.50%，总印数下降 1.04%，总印张下降 6.33%。

文摘报纸 23 种，平均期印数 359.99 万份，总印数 4.71 亿份，总印张 6.54 亿印张；占报纸总品种 1.21%，总印数 1.21%，总印张 0.52%。与 2015 年相比，种数增长 4.55%，平均期印数下降 5.51%，总印数下降 3.64%，总印张下降 3.40%。

上述是 2016 年印刷复制业的基本情况，就印刷行业而言，纸和纸板的消费大户是“包装装潢印刷”，出版物印刷仅占可用于书报刊印刷用纸(含新闻纸)消费量的 20%(见表 2)。

表 2　出版物印刷占可用于书报刊印刷用纸(含新闻纸)的比例

单位：万吨

	新闻纸	未涂布印刷书写纸	涂布纸	合计
消费量[1]	265	1689	609	2563
实际用量[2]	291		217	508
占比/%	109.81		9.44	19.98

注：1. 数据来源于中国造纸协会；
2. 数据来源于新闻出版总署。

随着信息传播的方式、载体发生的巨大变化，以纸为媒体的传播模式正在逐步衰退，就目前情况看，报纸近几年一直是以超过 10% 的跌幅在下滑，期刊次之，图书基本维持现状。

(高英凯)

2017 年我国生活用纸行业概况和展望

Overview and Outlook of Tissue Paper in China in 2017

2017 年，我国经济运行稳中有进、稳中向好、好于预期，GDP 总量达到 82.7 万亿元，比 2016 年增长 6.9%。内需持续扩大，社会消费品零售总额 36.6262 亿元，比 2016 年增长 10.2%。

我国生活用纸市场在此大背景下继续保持增长，总规模比 2016 年增长 12.0%，达到 1106.4 亿元，其他指标包括产能、生产量、销售量、进出口量、消费量、人均消费量、产品平均价格等均比 2016 年增长。在国家加大环保要求和市场竞争的推动下，行业落后产能的淘汰步伐加快，进一步推动了行业的优化升级，表现在 2017 年已投产的项目和新宣布投资项目中，中小型企业的纸机更新换代项目数量持续大幅增加。

整个行业产能充足，市场竞争更加激烈，且 2017 年的新增产能中有很多是于下半年或年底投产的，加之政府环保督查力度持续增强，对四川、河北等区域的阶段性限产等因素影响，使全行业的平均设备利用率仍难以提升。2017 年浆价持续大幅上涨助推纸价跟随上扬，及生产企业通过积极调整产品结构和创新产品，提升高附加值产品比例等因素共同作用，使行业产品平均出厂价格继续回升，企业毛利率仍维持在合理区间。虽然 2017 年新增现代化产能达到创纪录的近 220 万吨，但这些新增产能主要集中在已有的企业，且以中小型企业的纸机更新换代项目为主，新进入行业的企业很少；另外仍有不少已宣布的投资项目延期。

一、市场规模

根据中国造纸协会生活用纸专业委员会(以下简称“生活用纸委员会”)的统计，2017 年生活用纸总生产量约 923.4 万吨(按设备利用率 76% 计)，销售量约 921.6 万吨，人均年消费量约 6.1 千克，已明显超过 RISI 统计的 2016 年世界人均 4.9 千克的消费量水平。国内市场规模约 1106.4 亿元，比 2016 年增长 12.0%(见表 1)。

表 1　2017 年我国生活用纸行业的总规模

	2017 年	2016 年	同比/%
生产量/万吨	923.4	855.2	8.0
出口量/万吨	74.0	69.2	6.9
消费量/万吨	851.1	787.6	8.1
人均消费量/千克	6.1	5.7	7.0
国内市场规模/亿元	1106.4	988.0	12.0

注：根据国家统计局资料，2017 年年底总人口 13.90 亿人，2016 年年底总人口 13.83 亿人；2017 年、2016 年市场零售均价按出厂均价加价率 30% 计。

二、行业优化升级加速

近几年来，随着国家实施节能减排和强制淘汰落后产能政策，以及市场的竞争和调整，行业落后产能的淘汰步伐加快，促使我国生活用纸行业现代化产能的比例持续提高(见表 2)，2017 年，现代化产能总计为 1055.25 万吨，占生活用纸总产能的 86.9%。2017 年，环保要求和市场竞争加速了河北省保定市、四川省等地区的中小型生活用纸生产企业对高能耗小纸机的淘汰进程。以河北地区为代表的行业升级加速，当地企业在淘汰落后产能的同时，新增现代化产能进入集中投产阶段。河北省保定市地区 2017 年投产产能 72.1 万吨，2018 年计划新增产能 67.3 万吨。据生活用纸委员会估计，2017 年全国淘汰和停产的净产能约 137 万吨。2017 年新增的 219.3 万吨产能中，中小型企业纸机更新换代项目数量大幅增加，也进一步推动了行业的优化升级。

引进先进卫生纸生产线提高了生活用纸行业现代化产能占比，据生活用纸委员会统计，截至 2017

表2 2009—2019 年新增现代化产能情况

	2009 年	2010 年	2011 年	2012 年	2013 年	2014 年	2015 年	2016 年	2017 年	2018 年	2019 年及之后计划
新增产能/万吨	33.3	40.4	57.4	110.5	83.2	121.8	106.0	130.6	219.3	315.5	71.7

年年底，我国已投产的进口新月型成形器卫生纸机累计达150 台，产能合计596.7 万吨/年；真空圆网型卫生纸机累计达99 台，产能合计140.2 万吨/年；斜网卫生纸机 1 台，产能 1 万吨/年。以上进口卫生纸机产能总计为737.9 万吨/年，约占2017 年生活用纸总产能的60.7%。

装备现代化的趋势还表现在新月型纸机逐步成为引进纸机的主导机型，而且单台纸机能力达6 万吨/年及以上的项目不断增加，2009 年为 2 台，2010 年为3 台，2011 年为4 台，2012 年为12 台，2013 年为 3 台，2014 年为 9 台，2015 年为 7 台，2016 年为7 台，2017 年为 8 台，2018 年计划为 11 台，2019 年及之后计划为5 台。

三、进出口情况

2017 年生活用纸出口量为 74.0 万吨，比 2016 年上升6.8%，出口量约占总生产量的8.0%；出口创汇为173512 万美元，比 2016 年上升 4.6%，出口额占工厂销售总额的12.8%。生活用纸出口量增价跌，相比2016 年呈回暖态势。出口生活用纸中，仍然是以生活用纸成品为主，原纸只占 26.47%，其中卫生纸份额最大，占总出口量的35.60%。

我国生活用纸是出口型行业，从2011 年开始，进口量基本是持续降低的趋势，2017 年进口量和进口额出现明显回升，分别比2016 年增长26.1%和18.0%。但 2017 年进口量仍只有 3.5 万吨，比2016 年增加0.7 万吨，仅占总生产量的0.38%，说明国产生活用纸已能充分满足消费者的需求。进口生活用纸中，仍然主要是原纸，占进口总量的69.90%。

数据显示，出口产品平均价格比 2016 年低，但高于进口产品平均价格，同时也高于国内的平均出厂价。

根据海关的统计数据，2017 年按出口量排序，出口目的地国家和地区的总计前10 位分别为美国、日本、中国香港、澳大利亚、马来西亚、中国澳门、新西兰、南非、新加坡、英国。出口至这前10 位国家和地区的总量合计 58.59 万吨，约占出口总量的79.2%。

出口产品的企业相对集中，金红叶纸业集团有限公司、恒安国际集团有限公司、维达纸业(中国)有限公司3 家企业占总出口量的41.8%。2017 年生活用纸出口量排名前 20 位的企业出口量合计约41.10 万吨，占出口总量的55.6%。

四、投资趋于理性

由于前几年投资过热，形成的产能明显过剩，因此，整个行业的投资趋于理性，主要表现为：一是2017 年新增的产能主要集中在已有的企业。二是新进入者明显减少，2015—2016 年新进入生活用纸领域的制浆造纸企业只有上海泰盛制浆(集团)有限公司，旗下贵州赤天化纸业股份有限公司项目于2015 年7 月正式开工建设，规划30 万吨/年生活用纸产能，一期 2 台新月型卫生纸机，合计产能 12 万吨/年，分别于2017 年8 月、10 月投产；旗下江西泰盛纸业有限公司项目分2 期建设，规划年产48 万吨生活用纸原纸，于 2016 年第四季度签约引进一期的 4 台新月型卫生纸机，合计产能 24 万吨/年，计划于2018 年投产，二期将再引进4 台卫生纸机。至2020 年，上海泰盛制浆(集团)有限公司生活用纸总产能计划将达到近 100 万吨/年。2017 年新宣布进入生活用纸行业的大企业只有宜宾纸业股份有限公司。2017 年 6 月 22 日，宜宾纸业股份有限公司发布公告称，公司投资约 7.5 亿元的生活用纸项目启动，项目位于四川省宜宾市南溪区裴石轻工业园区，建设周期为一年半。项目已签定 5 台意大利亚赛利公司新月型卫生纸机，合计产能 15 万吨/年，计划于2018 年 8 月投产。三是行业企业的扩产步伐趋缓，部分投资项目在原计划基础上有延期的情况。

从统计的 2017 年计划投产的项目中可以看出，有一些是本应在 2014—2017 年投产而由于各种原因推迟下来的。2018 年按照销售量同比增长 10%左右，预计新增的市场容量(国内外市场)约为 90 万吨，假设淘汰落后产能 100 万吨，则可消化约190 万吨的新增产能，所以吸纳 2018 年计划新增的

300 多万吨产能还是太多。估计有些项目还会后延，或不能达产。

五、主要竞争者

恒安国际集团有限公司是居我国第 1 位的生活用纸生产商，也是目前我国生活用纸行业生产量最大的生产商。根据恒安国际集团有限公司年报，2017 年，恒安国际集团有限公司生活用纸业务销售额为 93.9 亿元，比 2016 年上升约 3.6%，生活用纸业务占集团总销售额的 47.4%（2016 年为 47.0%）。由于年内主要原材料木浆价格持续上升，生活用纸业务的毛利率下降至约 32.9%（2016 年为 37.9%）。

金红叶纸业集团有限公司是 APP 在我国的生活用纸集团，是位居我国第 2 位的生活用纸生产商。2017 年产能 163 万吨，目前为我国生活用纸行业产能最大的生产商。

维达纸业（中国）有限公司是我国最早的生活用纸专业生产商之一，多年来保持平稳发展的领先地位，目前是居第 3 位的生活用纸生产商。根据维达国际控股有限公司年报，2017 年维达国际控股有限公司生活用纸业务实现营业收入 109.08 亿港元，同比增长 8.8%，占集团总销售额的 81%（2016 年为 83%）；其中，毛利较高的软抽纸、厨房纸巾及湿巾销售额显著上升，在竞争激烈的市场中仍维持稳定盈利。2017 年，生活用纸业务的毛利率和业绩利润率分别为 29.6% 和 8.5%（2016 年分别为 32.1% 和 10.6%）。

中顺洁柔纸业股份有限公司目前是居第 4 位的生活用纸生产商。根据中顺洁柔纸业股份有限公司业绩快报，2017 年，中顺洁柔纸业股份有限公司营业总收入（主要为生活用纸业务销售额）达 46.38 亿元，同比增长 21.76%；净利润为 3.49 亿元，同比增长 34.01%。2017 年公司的主营业务收入增长主要是项目建设完成、产能提升、销售团队积极开拓市场、搭建网络平台、优化产品结构所致。

位居第 5 名的是东顺集团股份有限公司，2017 年产能为 40.8 万吨。目前，有 2 个原纸生产基地（分别位于山东省东平县和黑龙江省肇东市），山东省东平县基地计划于 2018 年年底投产 2 台日本川之江造机株式会社与维美德公司合作制造的 DCT60 新月型卫生纸机，合计新增产能 6 万吨/年；位于湖南省湘西土家族苗族自治州的第 3 个原纸生产基地计划于 2018 年上半年投产首台纸机，新增产能 1.6 万吨/年；位于浙江省的第 4 个原纸基地正在建设中（规划产能 10 万吨/年）。

永丰余家品（昆山）有限公司是永丰余投资控股股份有限公司在中国大陆的生活用纸企业，目前总产能为 20 万吨/年。在大陆有 4 个原纸生产基地，分别在江苏省昆山市、江苏省扬州市、北京市、广东省肇庆市。

理文造纸有限公司是 2014 年投产进入到生活用纸领域的大型企业，以自身原料（自制竹浆）、能源等成本优势，生产竹浆原纸（包括本色纸）。以“产业链条集群发展”的思路，创造新的运营模式，即在重庆理文工业园区，理文造纸有限公司负责配套厂房、水电气及原纸供应，面向全国生活用纸加工企业招商。2016—2017 年，一、二期合计 14 家生活用纸加工企业签约入驻并投产，三期共有 4 家生活用纸加工企业和 2 家包材企业于 2017 年年底签约入驻。这种运营模式使得理文造纸有限公司迅速成长并取得良好业绩。2014 年投产 2.5 万吨，2015 年增加产能 12 万吨，2016 年投产 24 万吨。2017 年，理文造纸有限公司又投产 4 台福伊特公司 6 万吨/年卫生纸机，在江西、东莞 2 个生产基地各 2 台，使总产能达到 62.5 万吨/年。2018 年，理文造纸有限公司计划在重庆投产 4 台维美德公司 6 万吨/年卫生纸机，总产能将达到 86.5 万吨/年。

保定港兴纸业有限公司是保定满城地区代表性企业，目前产能 13 万吨/年。截至 2017 年年底，已投产 5 台日本川之江造机株式会社 BF 纸机和 1 台日本川之江造机株式会社与维美德公司合作制造的新月型卫生纸机（DCT60 型，产能 2 万吨/年）。2018 年年初，保定港兴纸业有限公司又投产 1 台日本川之江造机株式会社 BF-1000S 型卫生纸机，产能 1.6 万吨/年。保定港兴纸业有限公司是保定地区最早淘汰落后产能、更新换代设备的企业。

六、产品结构

根据生活用纸委员会对 2017 年企业样本调查推算，国内消费的生活用纸产品见表 3。总体趋势是产品结构不断向发达国家和地区水平接近，厕用卫生纸占比继续下降。

在西欧、北美和日本等发达国家和地区，卫生纸在生活用纸产品中的份额（销售量）在 55% 左右，2017 年我国卫生纸所占份额比 2016 年下降 1.1 个百分点，接近发达国家水平，但是擦拭纸类产品（厨房纸巾和擦手纸）的消费量，特别是厨房纸巾的消费量仍然远低于发达国家水平（发达国家擦拭纸份额占30%）。从各类生产商的产品结构来看，一般大企业的产品结构中，卫生纸的份额低于平均水平；此外，由于竹浆纸生产企业多年来对竹浆产品特别是本色竹浆纸的有效宣传，促进了四川省竹浆纸产品不断发展，产品结构进一步优化。目前竹浆纸生产量中，软抽纸、手帕纸等高附加值产品比例占50%以上。而多数中小企业，或使用其他非木材浆、废纸原料的企业，卫生纸的份额则高于平均水平，有些甚至达90%以上。

表3 2017年生活用纸的产品结构及与2016年对比

产品	2017年		2016年	
	消费量/万吨	市场份额/%	消费量/万吨	市场份额/%
卫生纸	469.9	55.2	443.3	56.3
面巾纸	233.1	27.4	206.4	26.2
手帕纸	57.7	6.8	58.9	7.5
餐巾纸	33.0	3.9	28.7	3.6
厨房纸巾	8.0	0.9	10.3	1.3
擦手纸	37.5	4.4	30.3	3.8
卫生用品用吸水衬纸	11.8	1.4	7.8	1.0
其他			2.0	0.3
生活用纸合计	851.1	100.0	787.6	100.0

2017年面巾纸在生活用纸中的份额继续提高，这是由于面巾纸产品进一步向三、四线城市和农村市场普及，销售量有较大的提高。由软抽纸主导的面巾纸类产品逐步代替从前承载了过多使用功能的厕用卫生纸，占比逐年提升；"随身包"型小规格尺寸包装面巾纸的出现及公共场所卫生纸和擦手纸的配给量增加，使手帕纸的消费量下降，占比与2016年相比，减少0.7个百分点。此外，2017年公共场所卫生间配备擦手纸的情况进一步普及，擦手纸占比提高；厨房纸巾只有为数不多的大企业在生产，市场推广仍困难重重，消费量降低，是需要重点进行消费引导的品类。

但是我们也应清楚地看到，由于中西方的文化和消费习惯有很大不同，我国市场不会完全复制北美、欧洲等发达市场的发展轨迹。由于我国烹饪方式和节俭的消费观念，让消费者完全放弃使用布质抹布，替换为擦拭纸，达到或接近北美、欧洲的擦拭纸消费水平，短期内很难实现。与此同时，随着消费升级，兼具多种使用功能的软抽面巾纸的消费量比例仍有继续提升的空间。

七、原料结构

2017年，生活用纸委员会对近百家卫生纸原纸生产企业所使用的纤维原料种类进行了调查，生产量覆盖率约90%，由调查结果推算出生活用纸行业使用纤维原料的结构：木浆占81.7%，草浆占1.3%，蔗渣浆占5.9%，竹浆占9.8%，废纸浆占1.3%。

生活用纸使用木浆原料的比例远高于造纸行业平均水平（29%）。2017年与2016年相比，生活用纸使用木浆原料的比例继续提高（2016年为80.7%），稻麦草浆、蔗渣浆等非木材浆的落后产能已逐步被淘汰，而由于2017年木浆价格大幅上涨，暂时缓解了非木材浆纸的成本压力，但产品在市场推广方面仍未有明显改善；竹浆纸以其本色纸等差异化的特性、部分企业自制浆的优势，使竹浆占比有所提升。

基于成本与环保的压力，以及在《一次性生活用纸生产加工企业监督整治规定》中明确规定，纸巾纸（包括面巾纸、餐巾纸、手帕纸等）不得使用回收纤维作为原料，所以废纸浆在生活用纸生产中的使用量继续下降。目前，国内有包括广东东莞达林纸业有限公司在内的为数不多的生活用纸企业，以废纸为原料。但在美国、欧洲、日本等发达国家，则有着成熟的废纸分类回收和利用技术，能够利用回收纤维原料生产高品质的各种生活用纸产品，废纸浆已成为经济、环保的生活用纸主要纤维原料之一。从长期发展的角度来看，我国生活用纸行业有待进一步优化原料结构，特别是在厕用卫生纸、擦手纸生产中，应加大回收纤维的使用比例，这有利于资源的循环利用和行业的可持续发展。因此需要国内有条件的大型生活用纸企业引起重视，引领行业提高废纸浆在卫生纸、擦手纸原料中的使用比例。

八、技术进展

（一）继续引进先进卫生纸机

随着生活用纸新项目的设备引进和投产，我国生活用纸行业的技术装备水平大大提高。新建大项目和部分企业新增产能引进高速宽幅卫生纸机，技术起点与世界先进水平同步，生产出高质量的产品。卫生纸机单机最大年产能达到7万吨/年，最大车速达到2400米/分。采用的最新技术包括双层流浆箱、靴式压榨、钢制烘缸、热能回收系统、短程流送供浆系统、流浆箱喷射能量回收系统、新型陶瓷起皱刮刀、高效托辊双刮刀系统、自动化和智能化控制系统等，2017年钢制烘缸的应用进一步得到普及。

(二)引进设备的国产化

1. 国产纸机技术进步明显

2017年，潍坊凯信机械有限公司、佛山市南海区宝拓造纸设备有限公司、上海轻良实业有限公司、山东华林机械有限公司、山东信和造纸工程股份有限公司、杭州大路实业有限公司、金顺重机(江苏)有限公司、陕西炳智机械有限公司、天津天轻造纸机械有限公司、绵阳同成智能装备股份有限公司、贵州恒瑞辰科技股份有限公司、西安维亚造纸机械有限公司、诸城市大正机械有限公司、江西欧克科技有限公司、东莞美捷造纸技术有限公司等国内有关设备研究制造企业继续加紧新月型、真空圆网型现代化中高速卫生纸机的研发制造工作，提高设备制造水平，国产纸机在新项目中的占比显著增加。2017年，新投产的219.3万吨产能中，国产纸机占128.5万吨，进口纸机占90.8万吨；219.3万吨产能共计110台纸机，其中国产纸机85台，进口纸机25台。

2017年，国产卫生纸机同时在大幅宽、高车速两个方面加速发展，不断提升单机产能。国产(含中外合作)卫生纸机生产商合计在中国大陆投产中高速卫生纸机85台(套)，合计产能128.5万吨/年，占大陆全年投产现代化总产能的近六成，最大幅宽达4200毫米，最高设计车速达1500米/分。

(1)2017年，佛山市南海区宝拓造纸设备有限公司的12台真空圆网型卫生纸机和8台新月型卫生纸机分别在河北省保定市满城区瑞丰纸业有限公司、保定市益康造纸厂、河北华邦卫生用品有限公司、保定市满城金光纸业有限公司(4台)、保定市恒信纸业有限公司、河北聚润卫生用品有限公司、保定市辰宇纸业有限公司、保定市安信纸业有限公司、广东信达纸业有限公司、湖北真诚纸业股份有限公司、平凉市宝马纸业有限责任公司、南宁市佳达纸业有限责任公司(2台)、四川环龙新材料有限公司(2台)、四川蜀邦实业有限责任公司、汕头市金平区飘合纸业有限公司投产。纸机幅宽2860~4200毫米，车速800~1500米/分，产能为1.2万~3.3万吨/年。

2017年11月，佛山市南海区宝拓造纸设备有限公司在广东信达纸业有限公司投产1台幅宽4200毫米，设计车速1500米/分，产能100吨/日的新月型卫生纸机。该机由佛山市南海区宝拓造纸设备有限公司自主设计、制造，创造了我国制造的卫生纸机单机产能最高纪录。

宝索集团依托佛山市南海区宝拓造纸设备有限公司、佛山市宝索机械制造有限公司、广东宝进科技有限公司一体化服务优势，提供一站式原纸生产、后加工、包装生产线，提升了集团的市场竞争力，实现快速发展。2017年3月底，广东宝拓科技股份有限公司(由佛山市南海区宝拓造纸设备有限公司、辽阳慧盛造纸机械有限公司、溧阳市江南烘缸制造有限公司共同出资组建)全资并购辽阳慧盛造纸机械有限公司，辽阳慧盛造纸机械有限公司(包括辽阳慧丰造纸技术研究所)将纸机整机业务并入广东宝拓科技股份有限公司，不再从事纸机整机业务，辽阳慧丰造纸技术研究所将继续向老客户提供技术支持和后续服务业务。并购后，宝索集团将整合佛山市南海区宝拓造纸设备有限公司在真空圆网型卫生纸机和辽阳慧盛造纸机械有限公司(辽阳慧丰造纸技术研究所)在新月型卫生纸机上的技术和市场优势，进一步深入拓展国内及全球中高速卫生纸机市场。

(2)潍坊凯信机械有限公司的19台真空圆网型卫生纸机分别在保定雨森卫生用品有限公司(4台)、保定市中信纸业有限公司(2台)、保定市立发纸业有限公司(2台)、山东泉林纸业有限责任公司(11台)投产。纸机幅宽2850~3500毫米，车速900~1100米/分，产能为1万~1.3万吨/年。

(3)上海轻良实业有限公司的9台新月型卫生纸机分别在河北姬发造纸有限公司、保定市满城成功纸业有限公司(2台)、河南护理佳纸业有限公司、临猗县力达纸业有限公司(2台)、广西天力丰生态材料有限公司、陕西法门寺纸业有限责任公司、河南华兴纸业有限公司投产，纸机幅宽2850~3500毫米，车速1250~1400米/分，产能为1.6万~2.0万吨/年。

(4)山东信和造纸工程股份有限公司的6台新月型卫生纸机和1台擦手纸机分别在保定市诚信纸业有限公司(2台)、秦皇岛凡南纸业有限公司(2台)、保定市金能卫生用品有限公司(2台)、聊城市坤昇环保科技股份有限公司投产，纸机幅宽2850~3600毫米，车速500~1200米/分，产能1.5万~2.5万吨/年。

(5)贵州恒瑞辰科技股份有限公司的4台真空

圆网型卫生纸机和2台新月型卫生纸机分别在柳州市柳林纸业有限公司、四川圆周实业有限公司、成都居家生活造纸有限责任公司、成都绿洲纸业有限责任公司、成都鑫宏纸品厂、四川艾尔纸业有限公司投产，纸机幅宽2850～4200毫米，车速700～1200米/分，产能1.0万～2.4万吨/年。

(6)山东华林机械有限公司的2台新月型卫生纸机在保定市东升卫生用品有限公司投产，纸机均为幅宽2850毫米，车速1200米/分，产能1.7万吨/年。

(7)天津天轻造纸机械有限公司的4台真空圆网型卫生纸机分别在保定市满城明月造纸厂、保定市满城立新造纸厂、贵州汇景纸业有限公司(2台)投产，纸机幅宽2880～3500毫米，车速600～700米/分，产能0.8万～1.0万吨/年。

(8)陕西炳智机械有限公司的4台新月型卫生纸机分别在保定长山纸业有限公司(2台)、河北晨松造纸有限公司、保定市满城国利造纸有限公司投产，纸机幅宽2850～3500毫米，车速800～1000米/分，产能1.0万～1.8万吨/年。

(9)绵阳同成智能装备股份有限公司的2台真空圆网型卫生纸机和1台新月型卫生纸机分别在保定卫生纸制造有限公司(2台)、广西嵘兴中科发展有限公司投产，纸机幅宽3500～3900毫米，车速800～1000米/分，产能1.5万～1.8万吨/年。

(10)西安维亚造纸机械有限公司的6台新月型卫生纸机分别在保定市印象卫生用品制造有限公司、保定市宏大纸业有限公司、保定市满城利达纸业有限公司、保定市兴荣纸业有限公司、秦皇岛丰满纸业有限公司、佳亿(漳州)纸业有限公司投产，纸机幅宽2850～3500毫米，车速700～1000米/分，产能1.0万～1.5万吨/年。

(11)诸城市大正机械有限公司的2台新月型卫生纸机分别在曙光纸业有限公司、广西天力丰生态材料有限公司投产，纸机幅宽均为3500毫米，车速800～1200米/分，产能1.5万～2万吨/年。

(12)主营生活用纸加工设备的江西欧克科技有限公司于2017年进入卫生纸机领域，并在龙游旭荣纸业有限公司投产2台真空圆网型卫生纸机，纸机均为幅宽2860毫米，车速1000米/分，产能1.5万吨/年。

2017年4月，江西欧克科技有限公司与诸城市大正机械有限公司签署《合并共同开发2000米/分新月型造纸机械项目》合作协议。该项目总投资1亿元，共同开发时间为2年。

(13)东莞美捷造纸技术有限公司的1台新月型卫生纸机在惠州福新纸业有限公司投产，纸机幅宽4000毫米，车速1200米/分，产能2.2万吨/年。

2017年，中高速卫生纸机的钢制烘缸制造及烘缸喷涂国产化进程加速：

(1)溧阳市江南烘缸制造有限公司钢制扬克缸业绩显著。截至2017年年底，公司已与意大利亚赛利公司、川之江造纸机械(嘉兴)有限公司、PMP集团、APP公司、维达国际控股有限公司、中顺洁柔纸业股份有限公司、山东泉林纸业有限责任公司、辽阳慧丰造纸技术研究所、佛山市南海区宝拓造纸设备有限公司、潍坊凯信机械有限公司、上海轻良实业有限公司、山东华林机械有限公司、贵州恒瑞辰机械制造有限公司、绵阳同成智能装备股份有限公司、四川振邦机械制造有限公司、诸城市大正机械有限公司等多家知名卫生纸机制造商及生活用纸生产企业达成长期合作协议，已完成或签约配套钢制扬克缸150台/套。

公司于2017年成功向欧洲知名企业提供多台大尺寸钢制扬克缸，包括18英尺(设计车速达2000米/分)和22英尺(直径为6706毫米，幅宽5800毫米，质量达176吨，属亚洲首创)钢制扬克缸。

(2)山东信和造纸工程股份有限公司钢制扬克缸业务取得新进展。山东信和造纸工程股份有限公司自2010年与欧盟的先进造纸机械制造商进行技术引进与合作以来，已经研发制造出直径3000～5000毫米的钢制扬克缸，工作车速已达1600米/分以上，2017年公司又研发制造出幅宽6000毫米，直径4877毫米，设计车速2000米/分的高速钢制扬克缸。

(3)东莞市神点纳米喷涂科技有限公司已与多家纸机制造企业建立合作。东莞市神点纳米喷涂科技有限公司已经与国内多家纸机制造企业建立了合作关系，包括山东华林机械有限公司、山东信和造纸工程股份有限公司、杭州大路实业有限公司、东莞美捷造纸技术有限公司等，并先后为广东信达纸业有限公司、保定市满城成功纸业有限公司等企业的扬克烘缸进行表面喷涂，也为中顺纸业集团有限公司等的钢制烘缸面进行维修、维护服务。迄今为止，已经为国内外客户的50多台套高速卫生纸机的扬克烘缸提供缸面喷涂服务。

2. 国产现代化卫生纸机出口增长

近年来，国产纸机的技术进步和优良的性价比推动现代化纸机出口业务的发展，据生活用纸委员会统计，截至2017年年底，以佛山市南海区宝拓造纸设备有限公司、山东信和造纸工程股份有限公司、潍坊凯信机械有限公司、上海轻良实业有限公司、山东华林机械有限公司、金顺重机(江苏)有限公司、陕西炳智机械有限公司、诸城市大正机械有限公司等为代表的国内知名纸机制造商出口海外的新月型及真空圆网型卫生纸机共 25 台，产能合计约 45 万吨/年，出口地区为亚洲、非洲、欧洲。项目签约时间主要为 2013—2017 年，特别是 2017 年签约的项目占到 1/2 以上，达 13 台，产能合计约 22 万吨/年。

3. 进口纸机供应商积极推动本土化进程

为降低成本和应对国家 2008 年 1 月 1 日起对幅宽小于 3000 毫米的纸机取消进口免税的政策，国外纸机生产商陆续在国内建厂，并不断加大在我国本土的业务内容。

(1)维美德公司在上海嘉定的工厂从事机架制造、烘缸铸造、设备预安装等业务，并已成功地铸造出第一台在我国生产的 DCT40 扬克缸。2015 年，维美德公司收购了美卓公司的过程自动化业务以及意大利 MC 公司卫生纸复卷机业务。2017 年，维美德公司与索拉透平公司签署合作协议，进一步开发与生活用纸生产配套的联合燃气涡轮机发电系统，以降低生活用纸客户生产成本，提高工艺节能效应；维美德公司推出工业互联网新方案并建立 4 个面向制浆造纸与能源客户的运行性中心，进一步提升维美德公司工业互联网服务能力，助推其在我国市场的业务发展。

(2)安德里茨公司在佛山的工厂从事制造纸机构件及组装业务。2014 年，安德里茨公司加强在我国的制造能力，在佛山工厂建设钢制烘缸生产线，新建车间面积 4350 米^2，可年产 10～15 台钢制扬克缸，烘缸直径最大为 6705 毫米(22 英尺)。新车间已于 2015 年 1 月全线投产，并已开始为安德里茨公司卫生纸机配套制造钢制烘缸，其中供应国内客户的钢制烘缸包括 2 台直径 6100 毫米、幅宽 5600 毫米，2 台直径 6705 毫米(22 英尺)、幅宽 2850 毫米的烘缸，用于卫生纸机；1 台直径 4880 毫米、幅宽 2800 毫米的钢制烘缸，用于烟草机。另外，1 台直径 4880 毫米、幅宽 2850 毫米的钢制烘缸，用于出口孟加拉国的卫生纸机配套。

2018 年 3 月，安德里茨公司在奥地利格拉茨正式启动了其全球最现代化的卫生纸研究中心。该中心拥有全套备浆流送系统及试验卫生纸机，可针对客户特定产品进行优化纤维处理，提高产品质量，提高干燥效率和降低能耗。该试验卫生纸机具有各种不同配置，可以使用真空压榨或靴压，常规新月型成形器或立式新月型成形器，以及 1 个直径 4880 毫米钢制扬克缸或 2 个直径 4270 毫米 TAD 烘缸，可生产普通干法起皱型、塑纹型、TAD 型等多种卫生纸原纸。纸机设计车速为 2500 米/分，幅宽为 600 毫米。

(3)福伊特公司正在进行昆山工厂的升级扩建项目，并加速本土化人才建设。2015 年，福伊特公司面向我国市场正式推出了“造纸 4.0”概念，旨在提升整个造纸工艺流程的生产效率、生产能力和生产质量，使造纸过程变得更加智能、高效、节能和可持续。福伊特公司在我国投资建设钢制烘缸生产线于 2013 年投产，年产能 12～15 台，已开始配套由昆山工厂供货的卫生纸机。目前福伊特公司已经成功将第一代卫生纸机蒸汽气罩的自动过滤装置运用到商业运行中，其更为高效的第二代气罩自动过滤系统也即将运用到实际运行中。

(4)PMP 集团在江苏省常州市的工厂，为集团配套制造新月型卫生纸机(关键部件从 PMP 集团进口)。

(5)意大利亚赛利公司在上海的工厂，也已实现卫生纸机非关键部件的国产化。此外，亚赛利公司高速复卷机处于国际领先水平。

(6)日本川之江造机株式会社在浙江省嘉兴市的工厂，从事 BF 纸机和相关设备的制造、组装等业务。

2013 年，维美德公司与日本川之江造机株式会社展开在我国市场新月型卫生纸机技术方面的合作，日本川之江造机株式会社的浙江省嘉兴市工厂开始对 Advantage DCT 40 和 60 型卫生纸机实施制造、销售及安装。作为日本川之江造机株式会社供货的一部分，维美德公司将提供包括 OptiFlo II TIS 流浆箱、扬克缸以及真空压辊在内的关键部件。由日本川之江造机株式会社和维美德公司合作制造的首批 2 台 DCT60 新月型卫生纸机已于 2015 年 10 月在东顺集团股份有限公司正式投产。2018 年年底，东顺集团股份有限公司计划投产另外 2 台同型纸机。2017 年年初，保定市港兴纸业有限公司签约引进 1 台由日本川之江造机株式会社和维美德公司合作制造的 DCT60 新月型卫生纸机，该纸机已于 2017 年 11 月投产。

(7)拓斯克公司在其上海的工厂从事卫生纸机的组装以及卫生纸机非关键部件的制造。拓斯克公司卫生纸机的关键部件在意大利进行设计和制造。拓斯克公司在上海设立了负责中国市场的售后服务中心，本地的技术人员能给我国生产商提供更快捷的服务。拓斯克公司面对整个亚洲市场的销售网络也坐落于其上海子公司。拓斯克公司十分重视我国市场，并不断拓展其业务范围。拓斯克公司已开展为我国客户现有的铸铁烘缸替换为钢制烘缸的卫生纸机改造项目，以及提供拓斯克公司节能干燥优化解决方案 TT DOES。该方案能够优化纸机主要脱水部分的干燥能力：压榨部、扬克缸和扬克气罩，以确保完全依靠蒸汽高速生产并为客户达到最佳的节能效果。

截至 2017 年，拓斯克公司在全球累计销售了 200 台钢制扬克缸，其中，在亚洲市场销售的钢制扬克缸已经超过 100 台。2017 年，拓斯克公司供货安装了卫生纸机用的最大钢制烘缸，烘缸直径 6705 毫米(22 英尺)，幅宽 5600 毫米。

(三)国产加工和包装设备升级，大规模替代进口

根据国家统计局数据，2017 年大陆地区 16 ~ 59 岁劳动年龄人口为 90199 万人，相比 2016 年的 90747 万人减少了 548 万人，延续了 2016 年的下降趋势，意味着劳动力成本将继续上升。因此企业对全自动化加工设备和包装设备的需求增加及加强加工生产线智能化、远程操控等方面的研发创新，已成为国内企业发展的大势所趋。

2017 年，国内后加工设备企业加大研发力度，设备不断升级，车速和效率以及设备运行稳定性等大幅提高，普遍满足国内市场需求并大规模替代进口。

(1)佛山市宝索机械制造有限公司研发推出 YH-PL 全自动抽式面巾纸生产线，幅宽 2900 ~ 3600 毫米，速度可达 150 米/分，设备采用全伺服机构集成，让面巾纸加工设备向“无人机”目标靠近；可实时多角度智能监控；拥有智能提示功能，操作控制可集成提示，让设备操作说明、常见故障排除等信息可自动转换；可选配各种高精度压花、压边纹、上胶复合等功能；成品包装可同时实现软装、盒装、微商用、电商用等自动包装与集成装箱等多种整体解决方案，日产能达到 30 吨以上。

2017 年，宝索集团位于广东恩平工业园占地面积 20 公顷的广东宝索机械有限公司生产基地全面投入生产。2018 年 3 月 9 日，生活用纸智能装备研发孵化基地在佛山市南海区三山新城总部举行了正式的揭牌仪式。拟占地面积近 2 公顷，重点布局“总部办公、研发孵化、展示贸易、综合配套”四大功能。公司计划用 10 年的时间，将研发孵化基地建设成为全国首屈一指的生活用纸智能装备企业总部集聚区，带动生活用纸智能装备及相关产业发展。

(2)佛山市南海区德昌誉机械制造有限公司推出 3600 型全自动面巾纸加工设备，450 型全自动高速卫生卷纸/厨房纸巾加工设备，新立体式压花设备，无胶封尾机，纸尾定向机，去头尾压扁大回旋切纸机。

3600 型全自动面巾纸加工设备从原料到包装完全实现了全自动化，操作人员只需监控生产过程，操作简单，加工速度为 150 米/分；拥有精确的分叠计数系统，产品的合格率大幅提高；采用专利技术的螺旋式切刀设计，大大提高了切刀的使用周期；拥有人性化的自动化辊体保养系统。

新立体式压花设备能加工出拥有独特观感、手感，纸层紧致贴合，蓬松度适中的产品；无胶封尾机在生产过程中不再使用胶水，更加环保，且成本更低；纸尾定向机使纸卷进入切纸机前，可按需要调整纸尾方向，保证包装后产品的整体效果。

(3)上海松川远亿机械设备有限公司推出的抽取式面巾纸包装设备涵盖了从原纸折叠、分切、单包、中包、装箱(或装袋)到堆垛等生产流程的每一个环节，设备流畅、高效，节省人工成本。最新推出的生活用纸电商装箱生产线，配置 ZB300F 抽取式面巾纸单包机，生产速度 100 包/分，及面巾纸电商装箱机，装箱速度 12 箱/分。

(4)江西欧克科技有限公司推出的高速软抽纸自动折叠设备，这款折叠机具有大幅宽、高速度、高效率的特点，幅宽 3600 毫米，加工速度 200 米/分或 15 条/分。产能是普通自动抽纸折叠设备(速度：120 米/分或 9 条/分)的约 2 倍。整机联线采用多个储纸架，向高空安装，极大地增加了生产的缓存空间，优化了生产联线方案及减少了生产的故障点。

(四)绿色发展

2016 年 7 月 18 日，工业和信息化部正式公布《工业绿色发展规划(2016—2020 年)》(简称“规划”)。规划提出，到 2020 年，造纸等行业清洁生产水平显著提高，工业二氧化硫、氮氧化物、化学需氧量和氨氮排放量明显下降，高风险污染物排放大幅削减；能源利用效率显著提升，绿色低碳能源占工业能源消费量的比例明显提高；资源利用水平明显提高，单位工业增加值用水量进一步下降，主要再生资源回收利用率稳步上升。

2015 年，河北省保定市满城区投资 50 亿元建设占地面积100公顷的生活用纸深加工及热电联产循环经济产业园项目，全面推进集中供热、绿色发展，加快转型升级。2017年12月，长青集团集中供应热蒸汽项目已经投产运营；截至2017年年底，保定市满城区已全部淘汰35蒸吨以下的燃煤锅炉；2017年，河北省保定市满城区的生活用纸生产企业积极淘汰高能耗、幅宽1575毫米以下的卫生纸机，加速替换成中高速纸机。

广东省制定了《广东省珠三角地区排放物限值标准》《广东省大气污染物排放指标》《广东省生活用产品能耗限额标准》等，以推动行业优化升级和可持续发展。

东顺集团股份有限公司与中国煤炭科工集团有限公司、浙江富春江集团股份有限公司合作，3方将以新合作的清洁能源公司为平台，面向山东省各地区辐射，发展低碳产业、促进低碳消费、提高资源利用效率。2017年1月，东顺集团股份有限公司与中国煤炭科工集团有限公司清洁能源项目启动，双方正式签署了合作开发协议。该项目主要推广清洁高效煤粉型工业锅炉系统。该项目应用煤炭科学研究总院的高效煤粉工业锅炉技术，运用“煤粉燃烧技术”为核心的先进工业锅炉换代体系，可有效提高燃煤工业锅炉燃烧效率，降低运行成本，取得显著的节能减排效果。此次合作开发清洁能源的目的是建设山东省东平经济开发区热电联产项目，工业蒸汽和发电自用加外售。该项目总投资10亿元，占地面积10.67公顷，新建3台套130蒸吨高效粉煤锅炉，一期工程已于2017年12月投产。项目全部达产后，可淘汰低能落后小锅炉上百台，年节约燃煤5.6万吨，可实现园区企业集中供热、余热发电。

（五）产品创新

生活用纸企业产品创新和开发差异化产品，集中在后加工和包装环节，主要表现在2个方面：

一是通过纸机、加工设备的特殊设计及添加香精和乳霜等表面处理剂，使产品气味清香或具有更好的护肤性等功能性及特色包装的产品。2017年比较突出的特点是更多的企业推出了添加乳霜的生活用纸，新品包括：①恒安国际集团有限公司推出心相印“小黄人”系列面巾纸、手帕纸，借势动画电影《神偷奶爸3》，迎合年轻消费群体的喜好；②金红叶纸业集团有限公司推出清风“黑曜”系列面巾纸、手帕纸，采用专利陶瓷刀工艺，产品强韧更厚实、平滑舒适；③东顺集团股份有限公司推出哈里贝贝“成长日记”系列婴儿、孕产妇用纸，产品具有超强吸水性、更柔软、更厚实；④上海唯尔福集团股份有限公司推出优净绸缎纸新产品，采用进口保湿配方，含有天然抑菌成分，产品触感细腻、柔滑，即使在干燥环境下也可以保湿、润滑，特别适合过敏性肌肤、幼嫩肌肤和花粉症、粉刺、鼻炎等的敏感人群使用；⑤江苏双灯纸业有限公司推出双灯“大头的家”系列面巾纸、卫生纸产品，纸质细腻柔软、湿水不易破；⑥东莞艾丽纸业有限公司专业生产添加乳霜的柔软面巾纸、餐巾纸。

二是以健康环保和可持续发展的理念，开发差异化的本色生活用纸产品的企业数量快速增长。据生活用纸委员会统计，2017年，本色纸生产量超过70万吨，成为更多企业的“标配”产品，恒安国际集团有限公司、金红叶纸业集团有限公司、中顺洁柔纸业股份有限公司、东顺集团股份有限公司、上海东冠纸业有限公司、漯河银鸽实业集团有限公司、山东晨鸣纸业集团股份有限公司、上海泰盛集团有限公司、上海唯尔福集团股份有限公司、保定市港兴纸业有限公司等行业领先企业都推出本色系列产品，主要产品包括：

（1）木浆本色　①金红叶纸业集团有限公司推出“原色”系列木浆本色生活用纸系列新品，产品经食品级检测、敏感处肌肤安全测试；②中顺洁柔纸业股份有限公司推出洁柔“自然木”木浆低白度生活用纸系列新品；③山东晨鸣纸业集团股份有限公司推出木浆本色生活用系列新品。

（2）竹浆本色　①恒安国际集团有限公司推出“竹π”竹浆本色生活用纸系列新品；②上海东冠纸业有限公司推出洁云“Air Plus空气柔”竹浆本色面巾纸产品，通过了国际食品级检测，采用4层压花设计，使纸质轻柔；③上海唯尔福集团股份有限公司推出竹浆本色生活用纸系列新品；④漯河银鸽实业集团有限公司推出“Bamboo Paper”竹浆本色生活用纸系列新品；⑤理文造纸有限公司依托自制竹浆，推出竹浆本色原纸及生活用纸系列新产品，产能迅速扩张中。理文造纸有限公司的竹浆本色生活用纸原纸已广泛销售到川渝、保定等国内生活用纸企业。2017年理文造纸有限公司在江西、广东生产基地分别投产2台福伊特公司卫生纸机，并计划于2018年在重庆基地投产4台维美德公司6万吨/年卫生纸机，使总产能达到86.5万吨/年；⑥四川环龙技术织物有限公司依托自制竹浆，推出斑布“功夫熊猫”系列本色竹浆生活用纸新产品，2017年，投产2台佛山市南海区宝拓造纸设备有限公司卫生纸机，合计新增产能3万吨/年。2017年1月，四川环龙技术织物有限公司并购四川安县纸业有限公司，致使四川安县纸业有限公司的原有2台待投产的日本川之江造机株式会社卫生纸机于2017年正式投产，合计新增产能2.4万吨/年。2018年，四川环龙技术织物有限公司将陆续投产8台佛山市南海区宝拓造纸设备有限公司卫生纸机，合计新增产能12万吨/年，届时将使集团总产能超过20万吨/年；⑦上海泰盛集团有限公司依托自制竹浆，推出“纤纯本色”系列竹浆本色生活用纸新品，2017年于旗下贵州赤天化股份有限公司再投产2台安德里茨公司卫生纸机，合计新增产能12万吨/年。2018年，计划于江西泰盛纸业有限公司再投产4台福伊特公司卫生纸机，合计新增产能24万吨/年，届时将使集团总产能达到41万吨/年；⑧广东韶能集团股份有限公司竹浆本色生活用纸项目，2017年投产1台亚赛利公司卫生纸机，使总产能达到6万吨/年。

(3)草浆本色 ①山东泉林纸业有限责任公司依托自制草浆优势，是最早进军本色生活用纸领域的企业，其麦草浆本色生活用纸的市场推广取得良好效果，并于2017年年初推出升级版草浆本色母婴专用纸、擦拭纸等新产品，2017年在黑龙江、吉林生产基地分别投产10台、1台卫生纸机，合计新增产能11万吨/年；②宁夏紫荆花纸业有限公司依托自制草浆，2015年推出“麦田本色”系列麦草浆本色生活用纸，2018年计划投产3台潍坊凯信机械有限公司卫生纸机，合计新增产能3万吨/年。

(六)营销创新

根据国家统计局数据，2017年，全国互联网上网人数7.72亿人，同比增加4074万人，其中手机上网人数7.53亿人，同比增加5734万人。互联网普及率达到55.8%。全国网上商品零售额54806亿元，同比增长28.0%，占社会消费品零售总额的比例为15.0%，其中，用类商品增长30.8%。快递业务量400.6亿件，快递业务收入4957亿元，同比增长24.7%。

由于生活用纸产品的特点，现代渠道、传统渠道依然是目前行业主流的营销模式，但随着互联网的发展，2017年企业针对网络渠道的营销创新加速，网络渠道销售份额稳步增加。

2017年，维达纸业(中国)有限公司电商渠道的销售收入占总收入的21%，比2016年增加3个百分点。在借力“双十一”等电商活动的推助下，来自电商的收益增长脱颖而出。

恒安国际集团有限公司为进一步加强电商渠道的销售和市场占有率，从产品类型、销售模式及产品推广方面入手，推进网店及微商等电子销售渠道发展。2017年，恒安国际集团有限公司的电商销售取得快速增长，电商营业额约20.2亿元，比2016年上升超过80%，电商对整体销售额贡献上升至约10%(2016年约6.0%)。2018年，恒安国际集团有限公司将继续通过改革及仓库调整，提升电商效益。同时会继续开发电商专项商品，加强电商竞争力。集团已开展和各大电商营运商的战略合作，在产品开发、营销、供应链等各方面增加合作。

(七)理文创新运营模式取得成功

2014年投产的重庆理文卫生用纸制造有限公司具有林浆纸一体化的生产优势，2017年生活用纸产能达到62.5万吨。公司逐步增强自身品牌的建设，同时，利用重庆理文造纸有限公司的20多公顷富余用地，投资4.5亿元，分期实施重庆理文卫生用纸制造有限公司后加工工业城项目及配套设施建设。该项目面向全国生活用纸加工企业招商，理文造纸有限公司负责配套厂房、水电气及原纸供应。目前已成功吸引了重庆维邦纸业有限公司、重庆彼特福纸业有限公司、重庆峰城纸业有限公司、四川佳益卫生用品有限公司、重庆渝成纸业有限公司、重庆东实纸业有限责任公司等20家生活用纸加工及配套包材企业入驻，并于2016年起陆续投产，实现产业链上下游抱团发展。

未来，理文造纸有限公司将借鉴重庆基地的成功经验，继续复制此模式到其江西、广东、广西等基地，实现快速扩张。

九、市场展望

(一)行业继续增长，增速放缓

我国生活用纸人均消费量仍然较低、生活用纸具有刚性和持续需求特征、经济增长和城市化进程加快、人口增长特别是二孩政策已全面放开会提高出生率、产品品类结构继续优化、落后产能加速淘汰等因素，都将推动行业继续增长。

经济下行压力影响、近几年的快速增长形成的充足产能使得行业增速放缓；生活用纸行业已走过了高增长时代，进入中高速增长，但增长速度仍会高于全球平均水平。我国仍将是全球生活用纸市场增长的最大驱动力，是全球增长量最高的地区。

(二)竞争更加激烈，加速整合，向高质量发展转型

从宣布的2018年及以后计划投产的项目总产

能来看，新增产能依然大于新增市场容量，所以预测未来市场竞争会更加激烈，估计有些项目还会后延，或者不能达产；整个行业的平均开工率依然会较低；企业为争取市场份额，会选择低价促销，从而有可能引发价格战。

从宣布的 2018 年及以后计划投产的项目企业来看，中小企业的纸机更新换代数量大幅增加，所以未来落后产能及不具备规模优势的中小型原纸生产企业的淘汰会加速，行业结构将继续优化，行业从高速增长向高质量发展转型。

生活用纸生产商竞争加剧，价格战压力已波及到上游的设备供应商，尤其是资金实力相对较弱的部分国产设备供应商面临被淘汰出局的风险。设备行业将重新洗牌和整合，企业间兼并重组、优势互补、合作共赢的发展趋势明显增强。

区域性抱团发展趋势逐渐明显，如河北、川渝、广西等区域内生产企业通过龙头带动、兼并重组、资源共享等有效措施，实现集中化、规模化发展。

我国生活用纸行业主要原材料纸浆依靠进口程度高，企业面临着浆价波动及汇率波动的成本压力风险。

本色纸已进入高速增长时期，虽目前仍属于差异化型高附加值产品，但随着本色纸市场参与者的激增，及大量新增产能释放，未来本色纸竞争将日趋激烈，应注重规避同白色纸产品一样面临的价格战风险。

浆价上扬推动原纸价格上涨，但涨幅难以完全传递到消费终端，这对加工型企业的利润空间造成挤压，成本风险增大。随着城市管理整治力度日益加大，市场监管不断强化，使具有产品品牌知名度的集原纸生产和加工于一体的综合型生产企业的抗风险能力提升。

（三）发展主题

随着生产技术、设备的不断成熟，行业面临着同质化问题，企业应加强内部管理，实施精细化的生产、运营管理；另外通过能量回收、自动化、智能化等新技术、新设备的应用，达到设备的高效利用，降低单位产品能源和物料的消耗，以此来降低生产成本，推动企业的高质量发展，提升产品的市场竞争力，这是企业发展的核心和行业发展的主题。

（周　杨　张玉兰）

2017年我国一次性卫生用品行业概况和展望

Overview and Outlook of Disposable Hygienic Products in China in 2017

2017年国内一次性卫生用品(包括吸收性卫生用品和湿巾)市场继续增长。卫生巾、婴儿纸尿裤和成人失禁用品的消费量都比2016年高，尤其是婴儿纸尿裤和成人失禁用品增长较快。卫生护垫和婴儿纸尿片消费量有轻微下降。2017年吸收性卫生用品的市场规模(市场总销售额)达到约1138.9亿元，比2016年增长9.8%。

在吸收性卫生用品(包括女性卫生用品、婴儿纸尿布和成人失禁用品)市场总规模中，女性卫生用品占46.3%，婴儿纸尿布占48.2%，成人失禁用品占5.5%，相比2016年，女性卫生用品占比继续下降，婴儿纸尿布和成人失禁用品占比继续提升，产品结构继续向成熟市场方向发展。2012—2017年吸收性卫生用品市场规模中各类产品的占比情况见表1。2012—2017年吸收性卫生用品的市场规模和消费量及复合年均增长率见表2和图1。

表1 2012—2017年吸收性卫生用品市场规模中各类产品占比 单位:%

产品	2017年	2016年	2015年	2014年	2013年	2012年
女性卫生用品	46.3	48.9	49.7	52.0	56.8	53.7
婴儿纸尿布	48.2	46.4	44.0	41.2	38.1	41.8
成人失禁用品	5.5	4.7	6.3	6.8	5.1	4.5

注：2017年女性卫生用品和婴儿纸尿布产品零售加价率按80%计，2016年以前是按40%计算的，为便于比较，将2016年数据作相应调整。

表2 2012—2017年吸收性卫生用品的市场规模和消费量及复合年均增长率

	项目	2012年	2013年	2014年	2015年	2016年	2017年	复合年均增长率/%
市场规模/亿元	女性卫生用品	287.1	354.8	348.5	397.7	507.7	527.4	12.9
	婴儿纸尿布	223.0	238.3	276.6	352.4	480.9	548.6	19.7
	成人失禁用品	23.8	31.7	45.6	50.7	48.8	62.9	21.5
消费量/亿片	女性卫生用品	916.0	1052.0	1028.2	1147.4	1186.1	1200.1	5.6
	婴儿纸尿布	206.2	226.2	258.0	314.6	349.1	381.8	13.1
	成人失禁用品	13.0	17.9	26.0	29.2	33.1	44.9	28.1

注：2017年女性卫生用品和婴儿纸尿布产品零售加价率按80%计，2016年以前是按40%计算的，为便于比较，将2016年数据作相应调整。

一、市场规模

1. 女性卫生用品

2017年，女性卫生用品的市场保持平稳发展。根据中国造纸协会生活用纸专业委员会(以下简称生活用纸委员会)统计，卫生巾的生产量约934.0亿片，工厂销售量约903.4亿片，工厂销售额约280.1亿元(按平均出厂价0.31元/片计算)，消费量约823.9亿片，市场规模约459.7亿元(按零售加价率80%计)，同比增长6.7%，市场渗透率已达到100%。卫生护垫生产量约407.1亿片，工厂销售量约396.0亿片，工厂销售额约39.6亿元(按平均出厂价0.10元/片计)，消费量约376.2亿片，市

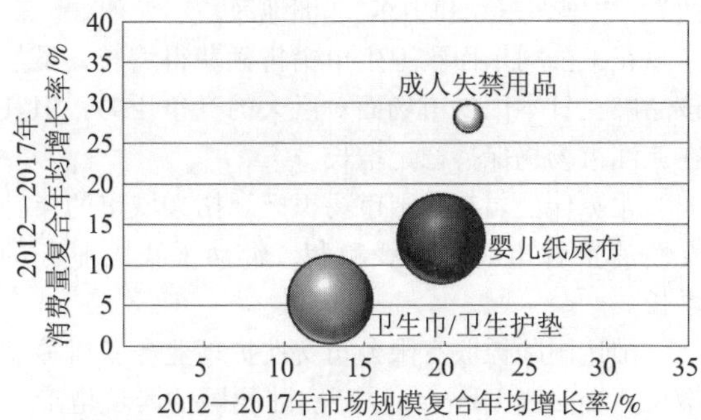

图1　2012—2017年吸收性卫生用品的市场规模和消费量的增长情况（CAGR）

注：2017年湿巾首次以非织造布用量为依据进行统计，与以往的数据无可比性，因此本图未包括湿巾产品。

场规模约 67.7 亿元(按零售加价率 80% 计)，同比下降 12.0%。

2017 年，适龄女性人口继续减少，经期裤(裤型卫生巾)和卫生棉条的兴起取代了部分卫生巾的市场。另一方面，人们卫生意识提高，卫生巾更换频次增加，抵消了大部分不利影响，再加上进口卫生巾产品的持续增加，使卫生巾的消费量增长 3.3%。在消费升级的大趋势下，企业不断推出创新产品和高端产品，卫生巾平均出厂价比上年提高，使工厂销售额获得了 5.3% 的增长。

卫生护垫市场出现下降，分析原因可能是因为以前在经期的初期和后期，很多消费者以卫生护垫作为卫生巾的替代品使用，近年来，迷你巾的出现，满足了这一需求，同时，部分消费者追求健康、自然、环保的生活方式，趋向日常不使用卫生护垫。综合上述因素，致使卫生护垫市场出现萎缩。卫生护垫平均出厂价下降，使工厂销售额降低 16.6%。

2017 年，卫生棉条在女性卫生用品总体消费量中仍然占比较小，且无确切数据，暂不列入本报告。

2. 婴儿纸尿布

婴儿纸尿布包括婴儿纸尿裤和婴儿纸尿片。2017 年，婴儿纸尿布的市场继续保持较高速度的增长。根据生活用纸委员会的统计，婴儿纸尿布总生产量约 350.0 亿片，工厂总销售量约 343.9 亿片，总消费量约 381.8 亿片，其中婴儿纸尿裤约 322.8 亿片，保持两位数增长；婴儿纸尿片约 59.0 亿片，出现轻微下降。婴儿纸尿布的工厂销售额合计约 272.5 亿元(婴儿纸尿裤按平均出厂价 0.84 元/片计，婴儿纸尿片按平均出厂价 0.57 元/片计)；市场规模达到 548.6 亿元(按零售加价率 80% 计)，同比增长 14.1%。市场渗透率由 2016 年的 55.6% 上升到 59.6%，提高了 4 个百分点。

为满足消费者对高品质产品的需求，生产企业加强研发，不断推出创新产品和升级产品，2017 年，高端产品和拉拉裤产品占比提高，平均出厂价格有所提升，使销售额增长高于销售量的增长。

全面二孩政策实施后，2016 年和 2017 年新生儿数量连续 2 年保持在 1700 万以上，促进了纸尿布的消费。除了国产品牌销售量提高以外，还有大量国外品牌产品进入我国市场。为满足消费者对进口婴儿纸尿裤产品的需求，跨国企业加大境外原产地的生产，采取直接进口、跨境电商或合作的方式将产品引入我国市场。

3. 成人失禁用品

成人失禁用品主要包括成人纸尿裤/片和护理垫。2017 年成人失禁用品市场继续高速增长。与婴儿纸尿布市场不同的是，成人失禁用品的购买者目前仍普遍追求性价比，以价格为导向的消费理念仍然主导市场。为了顺应这一消费观念，很多企业提高了中低档产品的占比，平均出厂价格下降，导致工厂销售额增长低于销售量的增长，市场规模增长低于消费量增长。

根据生活用纸委员会的统计，2017 年，成人纸尿裤生产量约 40.4 亿片，工厂销售量 38.8 亿片，工厂销售额约 47.7 亿元(按平均出厂价 1.23 元/片)。成人纸尿片生产量约 11.1 亿片，工厂销售量 10.1 亿片，工厂销售额约 7.1 亿元(按平均出厂价 0.7 元/片计)。护理垫的生产量约 20.3 亿片，工厂销售量约 18.9 亿片，工厂销售额约 14.1 亿元(按平均出厂价 0.75 元/片计)。成人失禁用品合计的工厂销售额约 68.9 亿元，市场规模约 62.9 亿元(按零售加价率 40% 计)，比 2016 年增长 28.9%。

2017 年，成人失禁用品市场继续保持两位数增长，消费量同比增长 35.6%，其中成人纸尿裤增长 44.3%，成人纸尿片增长 40.5%，护理垫消费量增长 22.1%。在按片计的总消费量中，纸尿裤占 53.7%，同比减少 4.8 个百分点；纸尿片占 13.1%，同比提高 2.5 个百分点；护理垫占 33.2%，同比提高 2.3 个百分点。成人失禁用品正逐渐被人们认知和接受，市场消费不断升温，但主要集中在满足基本功能的、具有较高性价比的中低档纸尿裤产品。纸尿裤的消费增速加快，纸尿片和护理垫的增速放缓。纸尿片和护理垫一般与纸尿裤一起搭配使用，这样可以延长单片纸尿裤的使用时间，降低护理成本。另外，护理垫还开辟了一些新的用途市场，如产褥垫、经期小床垫、婴儿小床垫、野餐垫等。

4. 湿巾

2017 年，生活用纸委员会首次以非织造布用量为依据对湿巾的生产情况进行统计。一方面是因为湿巾规格品种繁多，企业难以准确统计片数，另一方面也是为了与国际接轨，如北美非织造布协会 INDA 的数据都是以非织造布用量计算的。

根据企业填报数据估算，2017 年湿巾行业总计消耗非织造布约 22.2 万吨，湿巾工厂销售额总计约 66.6 亿元，市场规模约为 71.8 亿元(按零售加价率 40% 计算)。

二、主要生产商和品牌

1. 女性卫生用品

经过多年的发展，女性卫生用品市场相对比较稳定，新进入的大企业很少。2017 年，生活用纸委员会统计在册的卫生巾/卫生护垫生产企业约 635 家，总体集中度仍然较低，市场竞争者仍由多个生产商组成，领先生产商主要集中在上海、福建、广东等地。国内生产商：恒安国际集团有限公司、浙江景兴纸业股份有限公司、佛山市啟盛卫生用品有限公司；国际生产商：宝洁公司、尤妮佳公司、金佰利公司、花王公司。高端市场的品牌集中度很高，国际性品牌有：苏菲、护舒宝、高洁丝、乐而雅等；全国性品牌有：七度空间、ABC、安尔乐等；区域性品牌有：洁婷、U 适、小妮、佳期、自由点、倍舒特、洁伶、好舒爽、日子等。

2017 年，适龄女性(15—49 岁)人口继续减少，女性卫生用品的消费人群基数继续缩小。同时，进口卫生巾(海关商品编号 96190020 下的进口商品)数量继续保持两位数增长，再加上电商、微商等互联网品牌卫生巾的发展，导致国内领先品牌增速放缓，甚至出现负增长。

2017 年，恒安国际集团有限公司卫生巾业务的销售收入增长约 6.1% 至约 69.72 亿元，约占集团整体收入的 35.2% (2016 年 34.1%)，毛利率维持稳定，约 72.2% (2016 年 72.6%)。

宝洁公司在发展中地区(编者注：包括中国市场)的女性卫生用品销售量下降 1%，主要是由于市场竞争及减少对委内瑞拉分公司的出口造成的。

金佰利公司在发展中地区和新兴市场的个人护理用品销售额增长了 6%，销售量增长了 5%。主要的驱动力来自于拉丁美洲(尤其是阿根廷和巴西)、中国、东欧和中东/非洲地区。

花王公司乐而雅卫生巾销售额获得增长，虽然该品牌在日本国内市场面对巨大的竞争压力，但其在亚洲市场仍保持稳定增长。

尤妮佳公司在我国市场积极开拓大城市的年轻女性消费者市场，进展顺利，带动了我国业务的增长。

维达国际控股有限公司女性护理业务获得显著增长。轻曲线 Libresse 重新登陆我国的跨境电商平台及精品护理店，薇尔 VIA 通过成功的社交媒体推广以及全新裤型产品的推出，有效吸引了年轻消费者。

女性卫生用品销售额增长显著的其他企业主要有：上海申欧企业发展有限公司增长 50%，杭州余宏卫生用品有限公司增长 40%，广东川田卫生用品有限公司增长 36%，杭州川田卫生用品有限公司增长 29%，上海亿维实业有限公司增长 29%，湖南千金卫生用品股份有限公司增长 25%，佛山市佩安婷卫生用品实业有限公司增长 23%，康那香企业(上海)有限公司增长 19%，福建佳通纸品有限公司增长 18%，上海月月舒妇女用品有限公司增长 16%。另一方面，由于受到消费高端化趋势影响以及进口产品和互联网品牌的冲击，许多区域性品牌业绩出现明显下滑，经营压力加大。

2. 婴儿纸尿布

婴儿纸尿布行业仍处于调整期，市场竞争激烈。2017 年，生活用纸委员会统计在册的婴儿纸尿布生产企业 669 家，市场竞争者仍由多个生产商组成。领先生产商主要集中在上海、江苏、浙江、福建、湖南、广东等地。国内生产商：恒安国际集团有限公司、广东昱升卫生用品实业有限公司、杭州千芝雅卫生用品有限公司、广东茵茵股份有限公司、爹地宝贝股份有限公司等；国际生产商：宝洁公司、尤妮佳公司、金佰利公司、花王公司、大王公司等。高端市场的品牌集中度很高，国际性品牌有：帮宝适、妈咪宝贝、Moony、好奇、妙而舒、GOO. N 等；全国性品牌有：安儿乐；区域性品牌有：吉氏、名人宝宝、茵茵、爹地宝贝、一片爽、倍康、希望宝宝、酷特适、婴舒宝等。

2017 年，婴儿纸尿布行业仍然受到进口产品和微商、电商品牌的冲击，不少区域性品牌的业绩都出现了不同程度的下滑。领先企业积极升级设备和产品，摆脱低层次的价格竞争，跃上高品质、高附加值和差异化的竞争平台。阶段性的产能过剩以及进口产品，微商、电商品牌的冲击是目前婴儿纸尿布行业最突出的问题。

2017 年，恒安国际集团有限公司纸尿裤(含成人纸尿裤)业务销售收入下降约 7.0% 至约 19.99 亿元，占集团整体收入的约 10.1%(2016 年 11.2%)，毛利率下降至约 46.9%(2016 年 50.8%)。

宝洁公司在发展中地区(编者注：包括中国市场)的婴儿纸尿裤销售量增长 1%，主要得益于市场的成长和产品创新。

花王公司妙而舒 Merries 婴儿纸尿裤实现大幅增长。在日本市场，虽然面对激烈竞争，但其销售额仍然获得增长，而且对我国的跨境电商实现大幅增长。在我国市场，自 2016 年开始实施的销售结构调整进展顺利，且加大电商供货量，使其在我国的销售额实现大幅增长。

尤妮佳公司在我国市场加强进口 Moony 婴儿纸尿裤的销售并在市场营销方面积极投资，电商渠道获得持续增长。

婴儿纸尿布销售额有明显增长的企业有：杭州豪悦实业有限公司增长 54%，婴舒宝(中国)有限公司增长 52%，福建新亿发集团有限公司增长 42%，鹤山市嘉美诗保健用品有限公司增长 42%，广东昱升卫生用品实业有限公司增长 37%，重庆百亚卫生用品股份有限公司增长 35%，杭州珍琦卫生用品有限公司增长 15%，杭州川田卫生用品有限公司增长 14%。

3. 成人失禁用品

2017 年，生活用纸委员会统计在册的成人失禁用品生产商 431 家，主要分布在天津、河北、上海、江苏、浙江、福建、山东、广东等地。国内生产商主要有：杭州可靠护理用品股份有限公司、恒安国际集团有限公司、杭州千芝雅卫生用品有限公司、杭州珍琦卫生用品有限公司、杭州豪悦实业有限公司等；国际生产商有：SCA 公司、金佰利公司、尤妮佳公司等。国际性品牌有：得伴、添宁、乐互宜等；全国性品牌有：安而康；区域性品牌有：包大人、可靠、千芝雅、珍琦、汇泉等。

2017 年，维达国际控股有限公司个人护理分部收益达 25.78 亿港元(约合 20 亿元人民币)，占集团总收益的 19%(2016 年 17%)。失禁及女性护理业务在我国内地市场的收益均实现了两位数的自然增长率。失禁护理方面，维达国际控股有限公司积极与地区政府及养老院合作，拓展专销客户。网上销售发展形势向好。在主要的市场，添宁 TENA 继续成为业界的领先品牌。

2017 年，成人失禁用品销售额增长较多的企业有：上海亿维实业有限公司增长 1 倍多，东莞市常兴纸业有限公司增长 1 倍多，福建新亿发集团有限公司增长 46.7%，广东昱升卫生用品实业有限公司增长 40%，上海唯尔福集团股份有限公司增长 37%，杭州珍琦卫生用品有限公司增长 37%，天津依依卫生用品有限公司增长 28%，杭州千芝雅卫生用品有限公司增长 27.5%，苏宁控股集团有限公司增长 25.6%，福建佳通纸品有限公司增长 19%，重庆百亚卫生用品股份有限公司增长 17%，佛山市南海必得福无纺布有限公司增长 16%，沈阳般舟纸制品包装有限公司增长 15%，北京倍舒特妇幼用品有限公司增长 12.8%，广东茵茵股份有限公司增长 11%。

4. 宠物卫生用品

2017 年，生活用纸委员会统计在册的宠物卫生用品生产企业共 69 家，主要分布在北京、天津、河北、辽宁、上海、江苏、浙江、安徽、福建、山东、河南、广东等省市。

5. 湿巾

2017 年，生活用纸委员会统计在册的湿巾生产企业 739 家，主要分布在北京、辽宁、上海、江苏、浙江、安徽、福建、山东、湖北、广东、重庆等地，但全国性品牌不多，排名前 10 位的生产商所占份额接近 60%，市场集中度相对较高。有很多企业是给其他国内企业或零售商做贴牌或给国外企业生产 OEM 产品。

目前，国内市场湿巾的普及率总体相对较低。据生活用纸委员会统计，2017 年，婴儿专用湿巾和普通型湿巾仍是占比最大的类别，其他类别的湿巾占比较小。厨房清洁湿巾和厕用湿巾(湿厕纸)已占有一席之地，受到业内关注，恒安国际集团有限公司、维达国际控股有限公司、金佰利公司、金红叶纸业集团有限公司、中顺洁柔纸业股份有限公司、杭州国光旅游用品有限公司、广州市洁雅纸制品有限公司、重庆珍爱卫生用品有限责任公司、深圳全棉时代科技有限公司、诺斯贝尔(中山)无纺日化有限公司等领先企业都已进入该市场。2017 年各品类湿巾的生产量占比见表 3 和图 2。

表 3　各品类湿巾的生产量占比（以非织造布用量计）　单位:%

品类	2017 年
普通型	27.8
婴儿专用	56.4
女性卫生专用	5.1

续表

品类	2017 年
卸妆用	4.6
居家清洁用	3.3
厨房用	1.7
厕用	0.9
其他用途	0.2

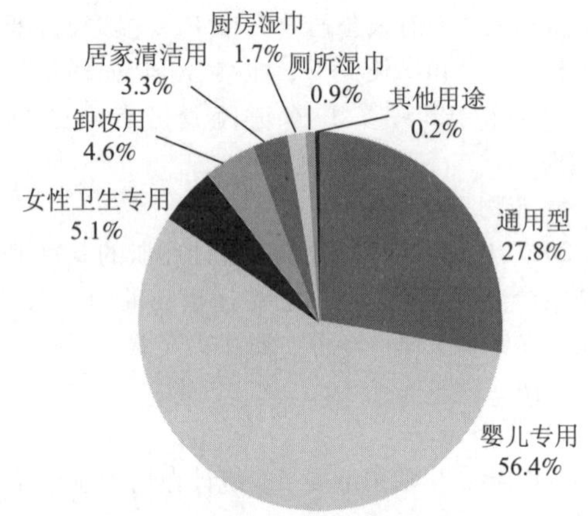

图2 2017年各品类湿巾的生产量占比
（以非织造布用量计）

三、进出口情况

1. 出口贸易显著增长

一次性卫生用品行业出口贸易继续保持活跃，且增幅明显加大。据海关统计数据，2017 年吸收性卫生用品的出口量比 2016 年增长 12.79%，出口额增长 5.88%，出口产品平均价格下降，价格下降主要集中在卫生巾产品。出口产品中婴儿纸尿布和成人失禁用品占比最大。

婴儿纸尿布出口量增长较大的企业有：怡佳（福建）卫生用品有限公司增长 3 倍，福建亿发集团有限公司增长 1.8 倍，重庆百亚卫生用品股份有限公司增长 1.5 倍，广东茵茵股份有限公司增长 82%，杭州千芝雅卫生用品有限公司增长 75%，江苏德邦卫生用品有限公司增长 56%，雀氏（福建）实业发展有限公司增长 31%，杭州珍琦卫生用品有限公司增长 15%。

成人失禁用品出口量增长较大的企业有：福建莆田佳通纸制品有限公司增长 77%，北京倍舒特妇幼用品有限公司增长 71%，福建亿发集团有限公司增长 49%，佛山市南海必得福无纺布有限公司增长 43%，苏宁控股集团有限公司增长 37.5%，沈阳般舟纸制品包装有限公司增长 36%，杭州豪悦实业有限公司增长 16%，杭州珍琦卫生用品有限公司增长 15%。另外，天津依依卫生用品有限公司和芜湖悠派护理用品科技股份有限公司的宠物卫生用品出口量也有较大增长。

海关数据显示，2017 年我国吸收性卫生用品出口量排名前 10 位的出口目的国家和地区依次为：美国、菲律宾、日本、韩国、加纳、巴基斯坦、印度、中国香港、肯尼亚、英国。

2017 年，湿巾出口贸易大幅增长，“商品编号 34011990（湿巾）”一项，出口量比 2016 年增长 18.6%，出口金额增长 14.24%。湿巾出口量排名前 10 位的出口目的国家和地区是：美国、日本、澳大利亚、英国、丹麦、智利、中国香港、菲律宾、秘鲁、台澎金马关税区。

2. 进口保持平稳增长

2017 年，吸收性卫生用品进口保持平稳增长，进口量比 2016 年增长 10.39%，进口额增长 10.17%，纸尿裤产品进口量仍保持一位数增速，2017 年 12 月 1 日起进口纸尿裤关税降为零并没有造成纸尿裤进口量大幅增长。婴儿纸尿裤在进口卫生用品中占比达到 93.4%，其中 90% 以上原产地是日本，如花王、大王、尤妮佳等公司的产品，宝洁公司也从日本进口超高端特级棉柔纸尿裤。

卫生巾类（含卫生棉条）产品进口增速仍保持在两位数，但进口量增长率几乎下降到 2016 年的 27%，为 10.94%（2016 年为 40.66%），其在进口卫生用品中占比仍较小，仅为 3.6%。进口的卫生巾类（含卫生棉条）产品主要来自日本、韩国、加拿大等国家，其中日本占比最大，为 41.5%。

四、市场变化和发展特征

2017 年，我国卫生用品市场容量持续稳步增长，市场竞争更加激烈。消费高端化趋势、二孩政策的全面实施和老龄化加剧为卫生用品行业带来新的机遇，吸引了新一轮的投资扩产，同时跨国公司为保持在中国市场的竞争力，继续增加进口高端产品。市场格局的变化和原材料涨价压缩了盈利空间，倒逼企业研发创新，升级降耗，一批有竞争优势的企业脱颖而出。部分企业开始以各种方式向海外市场发展和布局。

1. 投资热方兴未艾，国内企业在提质升级的同时，开始布局国际市场；跨国公司在我国的投资减缓

国内现有卫生用品企业投资扩产，技术装备更新换代，导入智能制造。如爹地宝贝股份有限公司、婴舒宝(中国)有限公司的智能化立体仓库投入使用；康程婴童国际产业园开工建设，计划新建智能立体仓库并引进物流搬运机器人、无人驾驶叉车以及生产全过程目视化管理系统；杭州国光旅游用品有限公司建设智能化"黑灯"工厂等。

同时，部分国内生产企业和原材料企业开始布局国际市场。如恒安国际集团有限公司在俄罗斯投资建厂，收购了马来西亚皇城集团；湖南康程护理用品有限公司将倍康品牌打入德国市场，与中俄潇湘伏尔加产业园达成战略合作；维达国际控股有限公司整合 SCA 在我国和其他亚洲地区的个人护理用品业务；悠派的美国工厂开业；爹地宝贝品牌纸尿裤成功进入韩国市场；云南白药清逸堂实业有限公司在东南亚市场推广"日子"卫生巾。佛山市南海必得福无纺布有限公司在澳洲合资建立非织造布工厂；延江新材料股份有限公司在埃及和北美建厂等。

一些外行业的大型制药企业、纺织企业、乳品企业等跨界强势进入卫生用品行业，投资项目体量大，技术先进。如江苏新沂必康药业股份有限公司、湖北马应龙药业股份有限公司、双飞人制药股份有限公司、欣龙控股(集团)股份有限公司、海斯摩尔生物科技有限公司、贝因美婴童食品股份有限公司等。

知名电商、微商品牌投资建厂，如北京爸爸的选择科技有限公司在山东德州建厂，天津博真实业有限公司的月如意品牌卫生巾在天津建厂等。

跨国公司在我国的原有项目进展顺利，新增投资较少。如金佰利天津纸尿裤生产基地正式落成投产；日本大王在江苏南通建设新的纸尿裤厂并扩大现有工厂产能；宝洁广州设立中国数字创新中心。日本东丽集团决定在广东佛山建设第二家非织造布工厂。

2. 卫生用品产业集群形成，上下游产业链共同发展

2017 年，生活用纸委员会统计在册的广东省吸收性卫生用品企业 368 家，包括浙江景兴纸业股份有限公司、佛山市啟盛卫生用品有限公司、广东昱升卫生用品实业有限公司、广东茵茵股份有限公司、东莞市常兴纸业有限公司、佳健生活用品有限公司、美洁卫生用品有限公司、佛山市顺德区新感觉卫生用品有限公司等国内领先企业；福建省 402 家，包括恒安国际集团有限公司、爹地宝贝股份有限公司、婴舒宝(中国)有限公司、美佳爽(中国)有限公司、南安市远大卫生用品厂、雀氏(福建)实业发展有限公司、恒利卫生用品有限公司等国内领先企业；长三角地区 335 家，包括上海唯尔福集团股份有限公司、上海护理佳实业有限公司、杭州余宏卫生用品有限公司、杭州可靠护理用品股份有限公司、杭州豪悦实业有限公司、杭州千芝雅卫生用品有限公司、杭州珍琦卫生用品有限公司等国内领先企业。

经过 30 多年的发展，我国卫生用品行业已自然形成广东、福建、长三角等产业集群，不仅有卫生巾、纸尿裤生产企业聚集，同时也吸引了非织造布、高吸收性树脂、复合芯体、透气膜、热熔胶、离型纸、包装材料等原材料企业投资建厂，形成了完善的上下游产业链。已自发成立了西樵卫生用品行业协会、佛山市南海区医卫用产品行业协会、福建省卫生用品商会、浙江省卫生用品商会、天津市工商联生活用纸商会等。

湖南宁乡母婴卫生用品产业集群已初步形成，目前入驻的有湖南康程护理用品有限公司、湖南舒比奇生活用纸有限公司、湖南爽洁卫生用品有限公司、湖南洁韵生活用纸有限公司、长沙市宜贝尔卫生用品有限公司和湖南漫画岛日用品股份有限公司 6 家纸尿裤生产企业及 14 家相关材料企业。

广东省佛山市南海九江镇现已形成医卫用非织造产品集群地。九江镇的非织造布产业起源于 1993 年，经过 20 多年的发展，产品已由起初工业基布(如家私、鞋材、环保袋)为主逐步发展为以卫生用品和医疗卫生用品的辅助材料为主，培育和吸引了一批优质非织造布企业，如贝里国际集团南海工厂、南海必得福无纺布有限公司、佛山市裕丰无纺布有限公司等。

湖北省仙桃彭场镇非织造布产业集群稳步发展，形成了集非织造布机械设备制造、产品开发、原料生产、制品加工、辅料生产、包装印刷、物流运输等于一体的完整产业链。未来，仙桃将聚焦医用、卫生用非织造布及制品产业发展，全力打造以"全国非织造布产业名镇"彭场镇为核心的华中地区最大非织造布产业基地。

3. 卫生用品高端化趋势延续，升级产品不断涌现；中国特色的经期裤和复合芯体纸尿裤产品成为突出亮点

经期裤是我国首创的产品，其在女性卫生用品

中的份额继续提升，或将成为夜用卫生巾的替代品，产品的改进主要集中在贴身(拉伸性)、透气方面，杭州豪悦实业有限公司、杭州千芝雅卫生用品有限公司和维达国际控股有限公司等在弹性材料的选择上各具特色。

卫生棉条市场处于引导培育期，市场占比很低，市售产品以进口品牌为主。

卫生巾产品的升级主要体现在透气性、贴身性及个性化。如尤妮佳公司的苏菲"口袋魔法 S"可伸缩卫生巾和裸感卫生巾；花王公司的乐而雅"超瞬吸系列"卫生巾；恒安国际集团有限公司的安乐品牌重塑"新呼吸 New Breath"卫生巾；丝宝集团的"洁婷"、杭州余宏卫生用品有限公司的"易可儿"、"布知布觉"、深圳全棉时代科技有限公司的"奈丝公主全棉芯"卫生巾等。

婴儿纸尿裤市场，跨国公司继续引进高端产品，国内品牌努力研发升级产品，细节创新和差异化产品成为竞争的突破口，不少品牌的品质都已达到甚至超越跨国公司品牌。尤其是我国特色的复合芯体纸尿裤获得消费者的认可和青睐，同时也引起跨国公司的重视。国产品牌仍需进一步提高品质稳定性和品牌培育，取得消费者的信任。

成人纸尿裤高端产品升级，实现透气性、除异味、尿湿显示等功能。

湿巾产品的功能越来越细分化、多样化。如丹东康齿灵保洁用品有限公司、济南卡尼尔科技有限公司、上海三君生活用纸有限公司等推出针对失禁人群的失禁护理专用湿巾。生活用纸的"本色"之风也影响到了湿巾行业，不少企业推出本色湿巾。

天然材料受消费者推崇。如 NONOLADY 公司的"NONO 小黑巾"聚乳酸和竹炭纤维卫生巾；佛山市啟盛卫生用品有限公司的"U 适"竹纤维卫生巾；上海东冠纸业有限公司的"米娅"蚕丝蛋白卫生巾；金华市嘟贝母婴用品有限公司的"嘟贝"竹浆婴儿湿巾；山东百合卫生用品有限公司的"永润"木浆婴儿手口湿巾等。原材料供应商也在可持续发展方面不断探索，北京大源科技有限公司、上海精发实业股份有限公司研发出 PLA 聚乳酸纤维非织造布，上海紫华企业有限公司研发出 PLA 聚乳酸薄膜等。

4. 婴儿拉拉裤(内裤式纸尿裤)市场高速增长

2017 年，婴儿拉拉裤市场份额继续扩大，在统计涵盖的企业中，婴儿纸尿裤的销售量中拉拉裤占比达到 24.9%，比 2016 年增长 5.3 个百分点，且增长率远高于纸尿裤行业平均水平。婴儿拉拉裤的生产企业主要集中在广东、福建和浙江地区。

5. 合作研发、定制化研发的趋势成为行业上下游企业的共识

研发的重要性不言而喻，而且在当今时代以某个企业的一己之力很难应对消费者多样化的需求和迅速多变的市场形势，加强产业链上下游的深度合作，开发定制化、个性化的产品是全行业的共识，并且已经付诸实践。

杭州可靠护理用品股份有限公司投资 1 亿元成立中国失禁护理及老人福祉行业首家企业研究机构——可靠研究院，是全国获批的唯一的省级企业研究院。杭州豪悦实业有限公司与日本瑞光展开深度战略合作，推进卫生护理产品新技术研发和工艺的提升。杭州珍琦卫生用品有限公司与日本普利乐株式会社合作研发应用于医院、护理机构及一般市场等的除臭剂产品。广东茵茵股份有限公司与东华大学联合研制空间站航天员腹泻袋，为航天员在太空复杂空间情况下应对特殊生理状况提供处理方案。广东茵茵股份有限公司技术中心实验室挂牌成为东华大学与广东茵茵股份有限公司航天卫生用品产学研合作基地的联合研发实验室。

北京大源科技有限公司与上游纤维、油剂等供应商和下游卫生用品生产商合作研发，为客户提供定制化产品。延江新材料有限公司不断创新，与客户合作进行定制化研发，提供小批量、个性化面层材料，帮助客户实现差异化竞争。

恒昌机械制造有限责任公司坚持自主创新之路，积极与知名跨国公司、优秀供应商、高等院校、科研单位等密切合作，建立技术经济合作伙伴关系，努力实现从中国制造向中国创造的转变。泉州汉威机械制造有限公司走高端化路线，实现企业升级，与客户合作进行一对一研发，实现定制化、高端化、差异化。黄山富田精工制造有限公司申报的"中国一次性卫生制品装备产业链协同创新中心"获得批准，未来将在已有技术联盟基础上与更多的企业展开更深入的合作。

6. 企业积极尝试 O2O 模式，布局新零售

新零售概念一经提出就引起人们的热议并且已经对人们的生活产生了实质性的影响，与消费者密切相关的卫生用品行业企业积极尝试 O2O 模式，把线上线下和现代物流相结合，布局新零售。

恒安国际集团有限公司针对"七度空间"产品开发 O2O 营销平台；北京爸爸的选择科技有限公司再度推出"千店 +"计划，将在全国建立 1000 家"爸爸的选择"专卖店；宝洁公司携手天猫超市在核心商圈组织快闪店活动，推出"线下体验-线上下单-回家

收货”的新玩法；爹地宝贝股份有限公司第一家互动乐园全新启航，其中设有免费纸尿裤体验区及产品展示区，可以现场通过扫描二维码购买，直接送货到家；天津博真实业有限公司的“月如意”是较早的互联网卫生巾品牌，现在公司积极打通线上和线下，可实现在“博真优选”线上商城订购产品，在线下的实体店进行体验交易或者直接送货上门。

五、绒毛浆和高吸收性树脂的供应情况

1. 绒毛浆

2017 年我国吸收性卫生用品行业使用的绒毛浆仍然以进口浆为主。国产绒毛浆的数量仍然很少，主要生产商福建腾荣达纸业有限公司 BCTMP 杉木绒毛浆生产能力 4 万吨/年。

2. 高吸收性树脂

据生活用纸委员会统计，2017 年，我国卫生用品行业高吸收性树脂的用量约为 55 万吨，我国大陆包括外商独资企业在内的高吸收性树脂生产商的生产能力约为 130 万吨/年，衢州威龙高分子材料有限公司、晋江汇森高新材料科技有限公司和中山市恒广源吸水材料有限公司已转产不再生产高吸收性树脂。2017 年，整个行业的产能利用率不高，由于产能过剩，行业内出现了价格竞争，有些产品售价已在成本以下，全年平均价格仍在万元/吨左右。同时，企业也在积极寻求出口市场和其他用途市场，宜兴丹森科技有限公司有约 70% 产品出口、浙江卫星新材料有限公司有约 40% 出口、山东省博兴县博亚新材料有限公司有约 30% 出口、黄山台塑新材料科技有限公司有约 20% 出口、诺尔生物科技有限公司有约 20% 出口等。

各企业的扩产计划如下：浙江卫星新材料有限公司计划 2018 年新增 2 条 SAP 树脂生产线，合计增加产能 6 万吨/年；诺尔生物科技有限公司 8 万吨/年丙烯酸项目计划 2018 年 4 月投产，SAP 公司产能将增加 10 万吨/年；珠海得米新材料有限公司计划 2018 年 7—8 月投产 1 条新的生产线，SAP 产能增加 3 万吨/年。

六、国产卫生用品设备整体水平提升

国产卫生用品设备整体水平提升，领先企业跻身国际先进行列，定制化、高端化、差异化是发展趋势。

卫生巾生产线稳定生产速度 2000 片/分，婴儿训练裤 800 片/分，婴儿纸尿裤 800 片/分，成人失禁裤 400 片/分，成人纸尿裤 350 片/分，湿巾 9600 片/分。除生产速度提高外，生产线的自动化程度也得到显著提升，高速生产线配套码垛机、包装机和装箱机等，使用工人数明显减少。

恒昌机械制造有限责任公司、法麦凯尼柯机械有限公司、黄山富田精工制造有限公司等设备厂商引进超声波黏合技术，在纸尿裤生产的某些部分替代传统的热熔胶喷涂黏合方式，进一步减少了原材料的用量。

国产卫生用品设备不仅满足了国内生产企业的需求，还得到知名国际品牌的认可。恒昌机械制造有限责任公司与多个国际品牌保持良好的合作关系，并连续两次获得金佰利“全球最佳供应商”大奖。广州市兴世械制造有限公司、泉州汉威机械制造有限公司、杭州新余宏智能装备有限公司、海纳械制造有限公司、江苏金卫机械设备有限公司等都有大量设备出口。

七、市场展望

1. 女性卫生用品

目前卫生巾市场渗透率已经达到 100%，市场基本饱和。未来市场的主要驱动力仍然是产品的高端化、使用频次的提高，但也应看到适龄女性(15—49 岁)人口在未来数年仍将保持下降趋势等不利因素。

消费者除了要求产品品质的升级以外，还希望获得更好的消费体验。对于卫生巾来说这一点尤为重要，因为一般来说卫生巾的购买者即为使用者。生产企业需用心做好消费者研究，必须针对不同消费层次、年龄层次提供差异化、个性化的产品。

经期裤和卫生棉条的市场将有所增长，尤其是在年轻女性消费者群体中，但短期内不会成为市场主流。

2. 婴儿纸尿布

2017 年是全面二孩政策实施的第 2 年，根据国家统计局发布数据，全年出生人口 1723 万人(2016 年为 1786 万人，为 2000 年以来最高水平)，仍处于 2000 年以来的高位，高于“十二五”时期年均出生 1644 万人的水平。其中，二孩数量进一步上升至 883 万人，比 2016 年增加了 162 万人；二孩占全部出生人口的比例达到 51. 2%，比 2016 年提高了 11 个百分点。国务院参事、人口问题专家马力表示，“全面二孩”政策所针对的目标是之前蓄积起来

的有继续生育需求的育龄妇女，根据测算，这部分蓄积量需要大概5年的时间才能得到完全释放，而其中的生育高峰将会发生在2017年和2018年，也就是说，2018年二孩出生数还将维持在2017年的水平，之后才会缓慢下降。

新一代年轻父母普遍是80后、90后，他们对纸尿布的接受度高，尤其是随着二孩比例的上升，父母们对于纸尿布更加依赖，而且日均使用片数明显增加，必将促进婴儿纸尿布市场需求的持续增长。可支配收入增加和持续的城镇化，将使下线城市及农村、乡镇市场婴儿纸尿布的渗透率继续提高。预计未来5年，婴儿纸尿布市场仍将保持较高的增长率。

对婴儿纸尿布市场前景的预期仍将吸引更多投资，包括外行业的进入，使市场竞争激烈程度加剧。

3. 成人失禁用品

统计公报显示，2017年年末，我国60周岁及以上人口24090万人，占总人口的17.3%，比2016年年末提高了0.6个百分点。其中，65周岁及以上人口15831万人，占总人口的11.4%，比2016年年末提高了0.6个百分点。我国人口老龄化程度加剧且速度快、规模大，同时还伴随着“少子”老龄化、高龄化、空巢化、家庭结构小型化和家庭保障功能快速弱化的现象。

针对这一严峻的形势，政府工作报告提出要积极应对人口老龄化，发展居家、社区和互助式养老，推进医养结合，提高养老院服务质量。

从国际经验来看，形成相当规模的失禁用品消费群体的必要条件是人均GDP达到8000～10000美元，2017年，我国人均GDP达到59660元(约合9425美元)，完全满足市场发展的必要条件。

综合以上因素，今后数年，我国成人失禁用品市场将持续快速增长。

4. 湿巾

目前，国内湿巾市场仍以婴儿用湿巾、通用型湿巾为主，女性(或男性)卫生湿巾、卸妆湿巾等人用湿巾及居家清洁湿巾、宠物湿巾等品类占比仍然较小。厕用湿巾和厨房湿巾市场在领先企业的推动下将继续拓展。干湿两用巾作为一个跨界的品类仍将满足特定群体的需求。

湿巾的基材仍将以水刺非织造布为主，采用棉纤维、竹纤维等天然纤维的湿巾以及本色湿巾仍将满足具有较强健康意识和环保意识的消费者的需求。

现在生活节奏快、时间紧张，便利性成为消费者选择商品时的重要考虑因素。

根据北美等发达国家的经验，具有清洁/消毒功能的湿巾增长较快。近年来，全球暴发了一系列的流行性疾病，一些传染性病菌也在很多地方肆虐，还有与医疗保健相关的感染(HAI)频繁发生。为了控制流行疾病及减少感染，清洁/消毒湿巾得到普遍应用。随着人们卫生健康意识的提高，我国市场对于具有清洁/消毒功能的湿巾也将有一定的需求。

我国人口老龄化形势严峻，针对老年人的医疗护理任务加剧，能满足老年人日常护理需求，如预防褥疮、护肤功能的湿巾将有一定的市场。

总体来说，目前我国湿巾市场普及率相对较低，品类也相对较少，可开发的空间很大，市场将持续快速发展。

(孙 静 张玉兰)

新时代下包装纸板行业的机遇与挑战

The Opportunity and Challenge of Packaging Paperboard Industry in the New Era.

2017年包装纸板行业经历了原辅材料价格上涨，尤其是废纸原料的市场波动，产销总量在保持基本平衡的情况下继续稳中有增，龙头企业表现出了强劲的增长势头，带动了全包装纸板行业主营业务收入和利润等主要经济指标的大幅增长，行业景气度持续走高。同时，包装纸板行业又面临环保压力进一步加大、废纸进口额度受限等一系列新的难题，如何在新时代下持续健康发展是包装纸板行业需要共同面对的问题。

一、包装纸板市场现状

包装纸板主要由白纸板(主要为涂布白纸板和白卡纸)、箱纸板和瓦楞原纸组成，近十年我国包装纸板的生产量、消费量及进出口量见表1。

表1　2008—2017年我国包装纸板的生产量、消费量及进出口量　单位：万吨

	产品名称	2008年	2009年	2010年	2011年	2012年	2013年	2014年	2015年	2016年	2017年
生产量	箱纸板	1530	1730	1880	1990	2080	2040	2180	2245	2305	2385
	瓦楞原纸	1520	1715	1870	1980	2020	2015	2155	2225	2270	2335
	白纸板	1120	1150	1250	1340	1390	1360	1395	1400	1405	1430
消费量	箱纸板	1605	1809	1946	2073	2157	2106	2240	2297	2364	2510
	瓦楞原纸	1552	1758	1889	1991	2027	2013	2152	2228	2271	2396
	白纸板	1131	1160	1254	1322	1379	1310	1301	1299	1265	1299
进口量	箱纸板	88	85.76	80	93	84	83	86	84	94	137
	瓦楞原纸	45	45.46	24	17	14	7	5	9	8	65
	白纸板	64	71.32	77	79	72	66	64	61	58	62
出口量	箱纸板	13	7.13	14	10	7	17	26	32	35	12
	瓦楞原纸	13	3.18	5	6	7	9	8	6	7	4
	白纸板	53	61.02	73	97	83	116	158	162	198	193

1. 白纸板

2017年我国白纸板生产量1430万吨，同比增长1.78%；消费量1299万吨，同比增长2.69%。2008—2017年白纸板生产量年均增长率2.75%，消费量年均增长率1.55%。2008—2017年我国白纸板生产量和消费量如图1所示。

2017年我国白纸板出口量193万吨，进口量62万吨，净出口量131万吨。2008—2017年我国白纸板进出口量如图2所示。

2. 箱纸板

2017年我国箱纸板生产量2385万吨，同比增长3.47%；消费量2510万吨，同比增长6.18%。2008—2017年我国箱纸板生产量年均增长率5.06%，消费量年均增长率5.09%。2008—2017年我国箱纸板生产量和消费量如图3所示。

2017年我国箱纸板进口量137万吨，出口量12

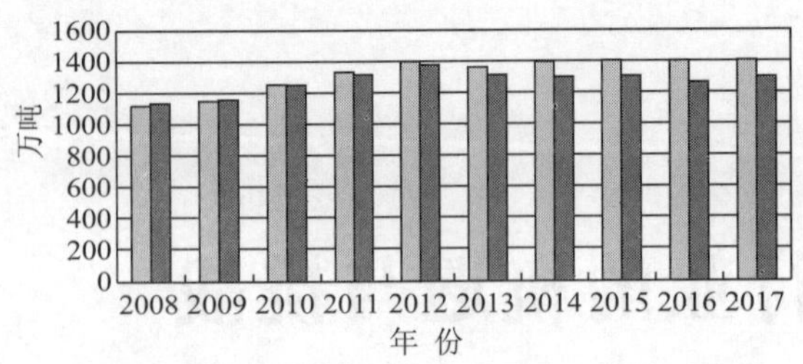

图1 2008—2017年我国白纸板生产量和消费量

■生产量 ■消费量

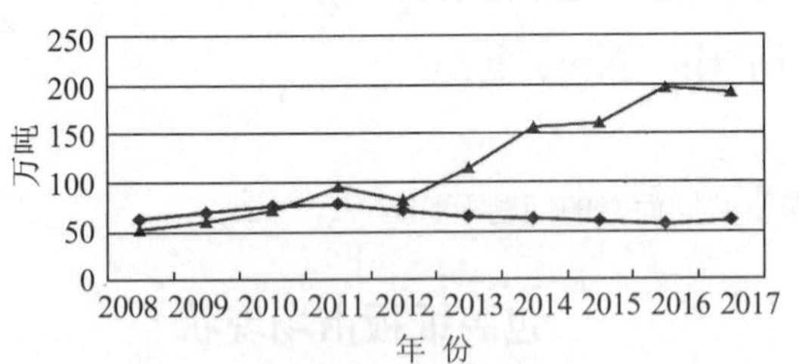

图2 2008—2017年我国白纸板的进口量及出口量

—◆—进口量 —▲—出口量

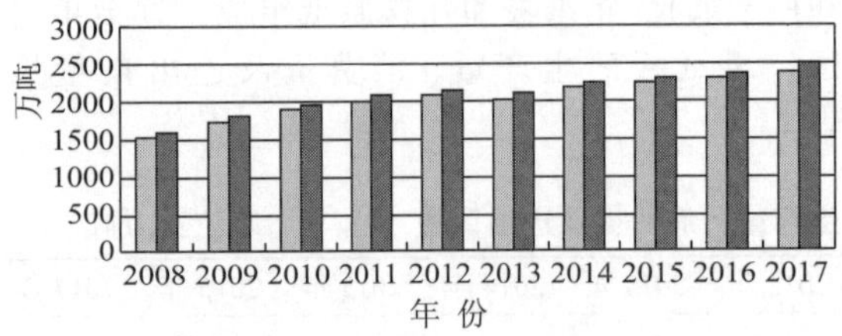

图3 2008—2017年我国箱纸板生产量和消费量

■生产量 ■消费量

万吨，净进口量 125 万吨。2008—2017 年我国箱纸板进出口量如图 4 所示。

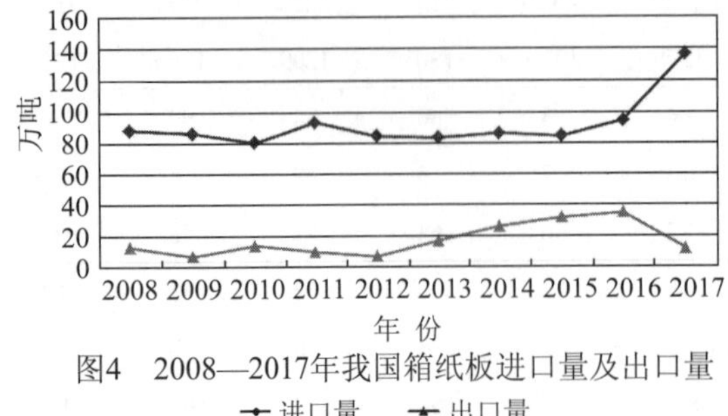

图4 2008—2017年我国箱纸板进口量及出口量

—◆—进口量 —▲—出口量

3. 瓦楞原纸

2017 年我国瓦楞原纸生产量 2335 万吨，同比增长 2. 86%；消费量 2396 万吨，同比增长 5. 50%。2008—2017 年我国瓦楞原纸生产量年均增长率 4. 89%，消费量年均增长率 4. 94%。2008—2017 年我国瓦楞原纸生产量和消费量如图 5 所示。

2017 年我国瓦楞原纸进口量 65 万吨，出口量 4 万吨，净进口量 61 万吨。2008—2017 年我国瓦楞原纸进出口量如图 6 所示。

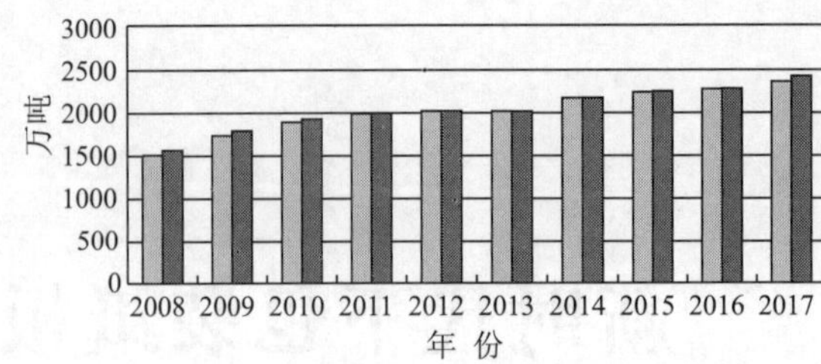

图5 2008—2017年我国瓦楞原纸生产量和消费量

■生产量 ■消费量

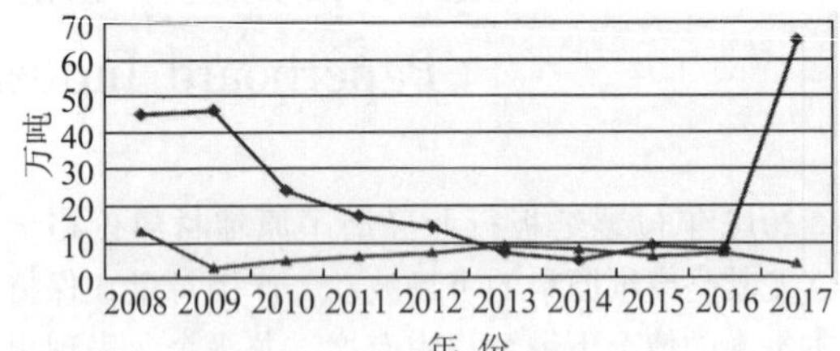

图6 2008—2017年我国瓦楞原纸进口量及出口量

—◆—进口量 —▲—出口量

4. 包装纸板的占比

包装纸板生产量和消费量占纸及纸板总生产量及总消费量的比例在逐年增加，已超过总量的 55% 和 57%，如果加上包装纸则占比达到 61. 50% 和 63. 43%。随着国内包装行业的不断发展，纸包装制品将会占据更多包装产业市场，包装纸板也将在造纸行业中占据更大的份额。包装纸板的生产量和消费量占纸及纸板总生产量及总消费量的比例见表 2。

表 2 包装纸板生产量和消费量占纸及纸板总生产量及总消费量的比例

单位：万吨

年份	生产量			消费量		
	纸及纸板总量	包装纸板	占比/%	纸及纸板总量	包装纸板	占比/%
2008	7980	4170	52. 26	7935	4288	54. 04
2009	8640	4595	53. 18	8569	4727	55. 16
2010	9270	5000	53. 94	9173	5089	55. 48
2011	9930	5310	53. 47	9752	5386	55. 23
2012	10250	5490	53. 56	10048	5563	55. 36
2013	10110	5415	53. 56	9782	5429	55. 50
2014	10470	5730	54. 73	10071	5693	56. 53
2015	10710	5870	54. 80	10352	5824	56. 26
2016	10855	5980	55. 09	10419	5900	56. 63
2017	11130	6150	55. 26	10897	6205	56. 94

5. 包装纸板主要生产企业产能和集中度

据国家统计局统计，2017 年全国规模以上纸及纸板生产企业约 2754 家，比 2016 年 2757 家减少了 3 家。2017 年重点造纸企业生产量前 30 名企业的总生产量约 6566.87 万吨，占 2017 年全国总生产量 11130 万吨的 59%；其中生产包装纸板的前 3 名企业的生产量约 2427 万吨，占全国包装纸板生产量 6150 万吨的 39.46%，相对其他纸种企业产能的集中度要高。目前我国造纸行业已从分散竞争型(CR8 < 20%)进入低集中竞争型(20% ≤ CR8 < 40%)，行业集中度正逐步提升。详见表 3。

(1)白纸板　白纸板主要为涂布白纸板和白卡纸。主要生产企业的产能和项目建设情况见表 4。

表 3　主要造纸企业纸及纸板生产量占纸及纸板总生产量的比例及造纸行业集中度

序号	2006 年生产量占比/%		2009 年生产量占比/%		2012 年生产量占比/%		2015 年生产量占比/%		2017 年生产量占比/%	
1	玖龙纸业	4.6	玖龙纸业	10.0	玖龙纸业	10.5	玖龙纸业	11.8	玖龙纸业	11.8
2	晨鸣纸业	3.7	理文纸业	5.5	理文纸业	5.5	理文纸业	6.5	理文纸业	5.0
3	金东纸业	3.2	晨鸣纸业	4.6	晨鸣纸业	4.4	晨鸣纸业	3.9	晨鸣纸业	4.6
4	理文纸业	2.4	金东纸业	3.5	太阳纸业	3.9	太阳纸业	3.2	太阳纸业	4.0
5	华泰纸业	1.9	太阳纸业	3.4	金东纸业	3.7	华泰纸业	2.9	山鹰纸业	3.2
6	宁波中华	1.8	华泰纸业	2.4	华泰纸业	2.8	山鹰纸业	2.7	华泰纸业	2.8
7	太阳纸业	1.8	宁波中华	2.3	中冶纸业	2.7	联盛纸业	2.2	中国纸业	2.5
8	芬欧汇川	1.2	金海浆纸	1.7	宁波中华	2.1	金东纸业	1.9	联盛纸业	2.1
9	泰格林纸	1.2	中冶纸业	1.6	博汇纸业	1.0	宁波中华	1.9	宁波中华	2.0
10	博汇纸业	1.0	泰格林纸	1.4	金海浆纸	1.6	中国纸业	1.6	荣成纸业	1.9
CR4	13.8		23.6		24.9		25.5		25.4	
CR8	20.6		33.4		37.9		35.2		36.0	

表 4　涂布白纸板和白卡纸主要生产企业的产能和项目建设情况　　单位：万吨/年

序号	生产企业	实际产能	2018—2019 年预计增加设计产能
1	玖龙纸业(东莞)有限公司	260	—
2	宁波中华纸业有限公司	233	—
3	山东晨鸣纸业集团股份有限公司	165	—
4	山东博汇纸业股份有限公司	150	120
5	山东太阳纸业股份有限公司	140	—
6	广西金桂浆纸业有限公司	100	—
7	东莞建晖纸业有限公司	66	—
8	广东理文造纸有限公司(洪梅)	65	—
9	珠海经济特区红塔仁恒纸业有限公司	60	—
10	联盛纸业(龙海)有限公司	60	—
11	亚太森博(山东)浆纸有限公司	52	—
12	斯道拉恩索北海林浆纸一体化项目	45	—
13	佛山华丰纸业有限公司	30	—
14	新乡新亚纸业集团股份有限公司	20	40
15	宜宾纸业股份有限公司	30	—

续表

序号	生产企业	实际产能	2018—2019 年预计增加设计产能
16	江门星辉造纸有限公司	30	—
17	山东远通纸业有限公司	20	—
18	新浩纸业有限公司	35	—
20	汕头市曜德纸业有限公司		25
	合计	1561	185

表 4 所示年产 20 万吨以上的涂布白纸板和白卡纸的主要生产企业拥有约 1561 万吨产能，超过了全国白纸板 1430 万吨的总生产量（其中涂布白纸板和白卡纸 1370 万吨）。加上 2018—2019 年增加设计产能 185 万吨，年产 20 万吨以上涂布白纸板和白卡纸的企业将拥有 1746 万吨的产能。

（2）箱纸板和瓦楞原纸　箱纸板和瓦楞原纸主要生产企业的产能和项目建设情况见表 5。

表 5　箱纸板和瓦楞原纸主要生产企业的产能和项目建设情况　单位：万吨/年

序号	生产企业	实际产能	2018—2019 年预计增加设计产能
1	玖龙纸业（控股）有限公司	1060	325
2	理文造纸有限公司	600	—
3	安徽山鹰纸业股份有限公司	442	127
4	荣成纸业股份有限公司	260	90
5	浙江景兴纸业股份有限公司	160	30
6	金凤凰纸业（孝感）有限公司	160	—
7	山东世纪阳光纸业集团有限公司	135	80
8	联盛纸业（龙海）有限公司	100	100
9	广州万利达纸制品有限公司	100	—
10	永丰余造纸有限公司	95	—
11	山东太阳宏河纸业有限公司	80	70
12	邹平汇泽实业有限公司	75	—
13	东莞市金田纸业有限公司	70	—
14	东莞金洲纸业有限公司	70	—
15	东莞建晖纸业有限公司	40	—
16	东莞银洲纸业有限公司	50	—
17	白山市琦祥纸业有限公司	60	50
18	河北冀腾纸业公司	50	—
19	广东华泰纸业有限公司	40	35
20	江苏长丰造纸有限公司	30	—
21	福建省青山纸业股份有限公司	30	—
22	山东晨鸣纸业集团股份有限公司	35	—
23	四川金田纸业有限公司（泸州）	25	—
24	山东晨鸣纸业集团齐河板纸有限责任公司	30	—
25	河南省龙源纸业股份有限公司	35	20

续表

序号	生产企业	实际产能	2018—2019年预计增加设计产能
26	山东博汇纸业股份有限公司	15	100
27	中山联合鸿兴造纸有限公司	20	—
28	山东德州泰鼎新材料科技有限公司	38	—
29	杭州富亨纸业有限公司	20	—
30	黑龙江龙兴纸业有限公司	—	50
31	新疆富力包装有限公司	—	20
32	云南东晟纸业有限责任公司	20	—
33	上饶市芦林纸业有限公司	—	70
34	江苏上善纸业有限公司	20	—
35	新疆东盛祥纸业有限责任公司	20	—
36	江苏誉凯实业有限公司	30	—
37	湖北祥兴纸业科技有限公司	30	—
38	浙江和泓环保纸业有限公司	—	20
39	浙江杭州丰收纸业有限公司	20	—
40	甘肃鸿安纸业有限公司	30	—
41	内蒙古天浩纸业有限公司	35	—
42	山东永泰纸业有限公司	—	20
43	安徽泽生包装材料有限公司	—	50
44	河北唐山玉田顺发纸业有限公司	—	20
45	湖北金庄科技再生资源有限公司	—	20
46	黑龙江龙德纸业有限公司	—	45
47	湖北鑫物再生纸业有限公司	—	20
48	山东仁丰特种材料股份有限公司	—	30
49	贵州鹏昇(集团)纸业有限公司	—	60
50	辽宁兴东纸业有限公司	—	30
51	福建德兴纸业有限公司	—	20
52	山东丰源集团股份有限公司	25	—
	合计	4155	1502

表5所示年产20万吨以上的箱纸板和瓦楞原纸生产企业拥有4155万吨产能，占全国箱纸板和瓦楞原纸总生产量4720万吨的88%。加上2018—2019年增加设计产能1502万吨，年产20万吨以上的箱纸板和瓦楞原纸生产企业将拥有5657万吨的产能。

随着环保政策进一步趋严，进口废纸的额度趋紧，将继续推动去产能，新增市场更多被龙头企业瓜分，行业集中度不断提升。产业集中度提升的同时，包装纸板产业开始向低消耗、低污染、低排放的清洁生产方式转变，行业呈现出资源消耗和污染物排放大幅降低的良性变化趋势。

二、包装纸板的市场行情

1. 包装纸板的价格趋势

近两年，包装纸板的主要生产商的产品销售价格见图7～图10。可见2016年10月以来，由于废纸原料的价格上涨，主要包装纸板的产品销售价格都会随废纸原料的价格波动而调整。从图中数据统计，2017 年我国涂布白纸板主要生产商均价为 4633 元/吨，比 2016 年的 3535 元/吨上涨了 31%；2017 年我国涂布白卡纸主要生产商均价为 6525 元/吨，比 2016 年的 4749 元/吨上涨了 37.4%；2017 年我国箱纸板主要生产商均价为 5060 元/吨，比 2016 年的 3578 元/吨上涨了 41%；2017 年我国瓦楞原纸主要生产商均价为 4160 元/吨，比 2016 年的 2641 元/吨上涨了 51%。

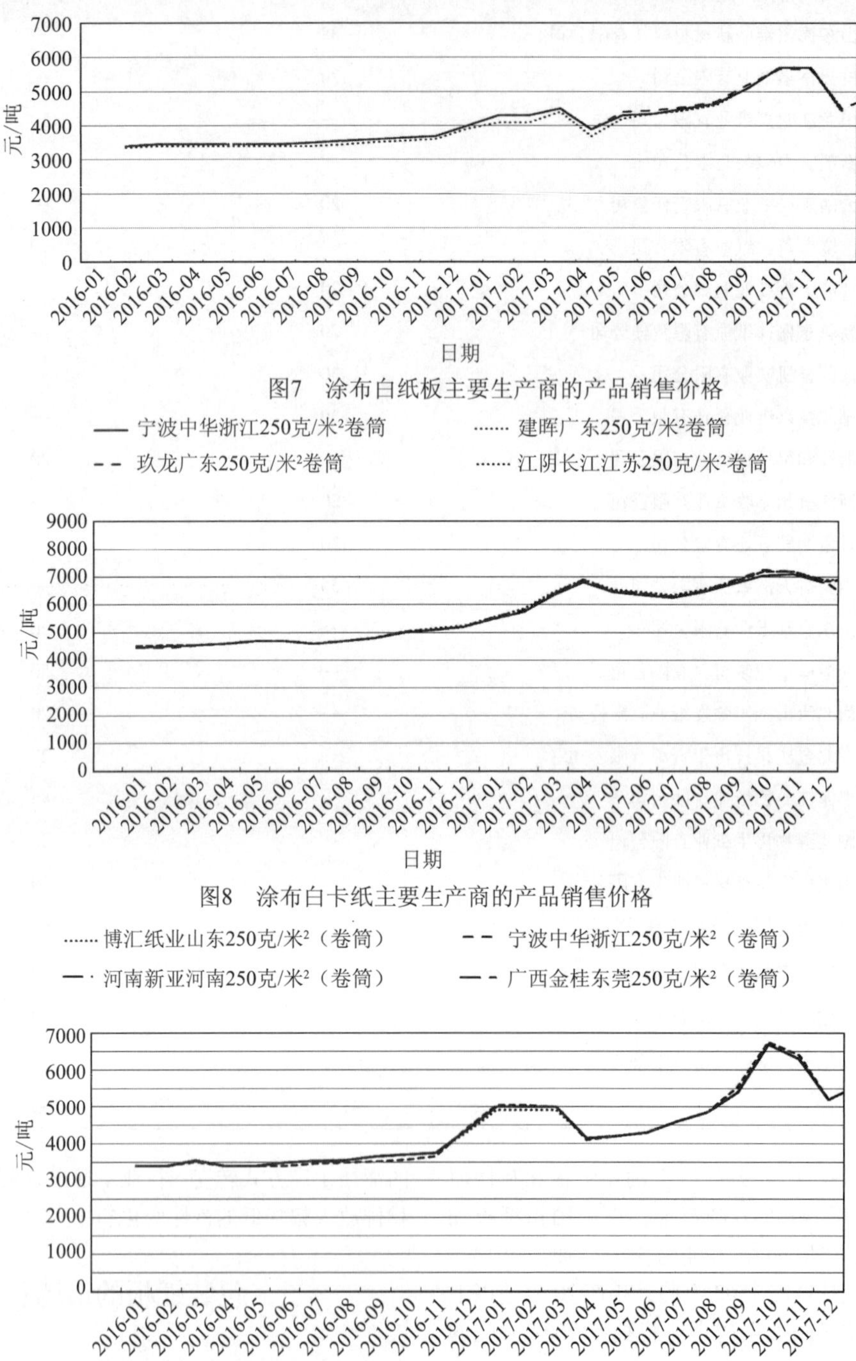

图7 涂布白纸板主要生产商的产品销售价格

图8 涂布白卡纸主要生产商的产品销售价格

图9 箱纸板主要生产商的产品销售价格

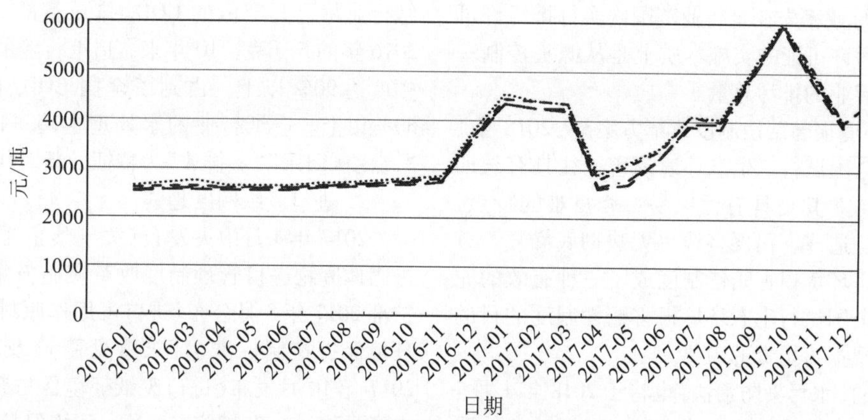

图10　瓦楞原纸主要生产商的产品销售价格

东莞顺裕广东100克/米²　常熟理文江苏100克/米²　山东贵和山东120克/米²　江苏长丰江苏120克/米²

2. 包装纸板市场需求

据国家统计局公布的统计数据显示，2017 年造纸和纸制品业累计主营业务收入 15203 亿元，利润总额 1028.6 亿元，同比分别增长 13.6% 和 36.2%，其中主营业务收入增加了 7 个百分点，利润总额增加了 20 个百分点。

(1)涂布白纸板和白卡纸　从 2017 年包装纸板的生产量和消费量数据可以看出，年产 20 万吨以上的涂布白纸板和白卡纸的主要生产企业拥有的产能 1561 万吨超过了全国涂布白纸板和白卡纸的总生产量，说明开机率不足，市场容量有限。

随着进口废纸政策趋严，混合废纸的禁止进口对涂布灰底白纸板的影响是最大的，这部分原料只能采用更高等级的废纸，购买更多的 ONP、OCC 及高标号废纸原料，另外则是采购国废来补充。

随着我国环境治理范围扩大及区域发展的需要，涂布白纸板行业新建项目投产困难，而涂布白纸板市场则呈现明显萎缩态势。市场份额主要由涂布白卡纸、白面牛卡纸、箱纸板等取代。

白卡纸生产量则逐年增加，2017 年国内白卡纸生产量约 696 万吨。受益于国内消费能力的提高、国家“一带一路”政策及取代部分涂布白纸板的市场份额，白卡纸消费量、出口量均逐年增加，企业集中度进一步提高，预计未来生产量将保持稳定小幅增长趋势。

(2)箱纸板和瓦楞原纸　从 2017 年包装纸板生产量和消费量数据可以看出，年产 20 万吨以上的箱纸板和瓦楞原纸主要生产企业拥有 4155 万吨产能，占全国箱纸板和瓦楞原纸总生产量的 88%。据 RISI 出版的《中国箱纸板瓦楞原纸报告》预测，2018 年我国箱纸板和瓦楞原纸需求将会增长 3.7%，而 2018 年我国箱纸板和瓦楞原纸生产量增速预计将降至 2.2%。在纤维原料供应出现紧张的前景下，我国箱纸板和瓦楞原纸进口量将大幅增长。

而在需求端，随着经济水平发展的提高，国内消费需求仍旧旺盛，以常见的快递纸箱为例，2017 年全年规模以上快递业务量达 401 亿件，同比增长 28%(见图11)。因此，箱纸板和瓦楞原纸市场将保持稳定、小幅趋升。

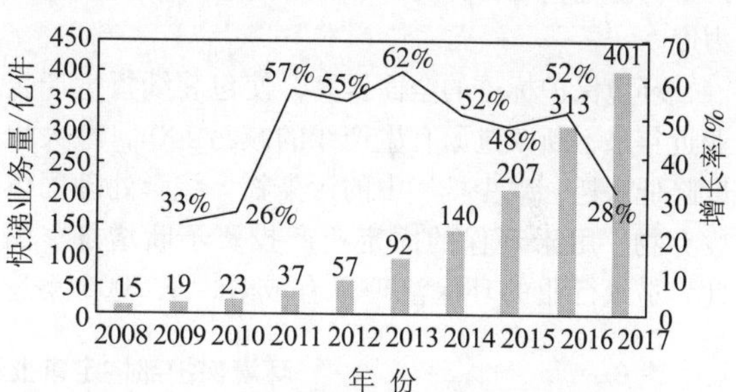

图11　2017年全年规模以上快递业务量

三、包装纸板行业面临的问题

1. 环保标准全面提高

我国于 2016 年 12 月 25 日通过《环境保护税法》，于 2018 年 1 月 1 日开始实施，替代了从 2003 年开始实施的《排污费征收使用管理条例》。费改税，前后对比来看有以下几处不同：层级更高，以税法的形式确定下来，征收的强制性大大增强；标准更高，原本的排污费的标准转为环保税的最低标准；减免标准大不相同，环保税会根据企业实际的排污浓度值决定减免标准，有利于行业内环保做得好的企业。

排污总量方面，国务院办公厅下发《控制污染物排放许可实施方案》明确提出“总量控制制度”。

2017年造纸行业率先在全行业范围内实行排污许可证制度。排污许可证的实施本质上是从源头控制一个地区相关行业的排污总量。

《生态环境损害赔偿制度改革方案》从2018年1月1日起在全国试行。生态环境损害往往具有长期性、潜伏性，尤其是具有污染易、修复难的特点，很多污染一旦造成，罚再多钱也无法彻底修复。有鉴于此，生态环境损害赔偿制度成了一种有效的兜底措施。在全国试行生态环境损害赔偿制度的目的首先就是实现损害担责的需要。

新修订的《水污染防治法》也将于2018年1月1日正式施行。与以往相比，此次《水污染防治法》明确了许多比较具体的工作要求，加大了水环境违法行为的惩罚力度，在增加按日连续处罚的基础上，提高了罚款幅度等。

环境保护部于2017年11月6日通过了《排污许可管理办法(试行)》，作为推动排污许可制实施的基础性文件，实施排污许可制对实现工业污染源全面达标排放、落实重点地区空气质量改善目标等工作具有重要意义。将进一步加大对无证排污和不按证排污的检查处罚力度，加大对违规项目清理整顿力度。

环境保护标准的全面提高，使包装纸板生产企业近年来不断改进原有生产线的减污工作，最大程度降低水耗，减少排气中的污染物，综合处理固体废弃物，用于环保的固定资产投资不断增加。因此，造纸行业的环保治理卓有成效，从2006年造纸行业每万元产值的COD_{Cr}排放量的54千克，到2016年的5千克。10年来，造纸行业的COD_{Cr}削减幅度达90%以上，占到了全国COD_{Cr}减排总量的50%以上。造纸行业的水处理也跨进以“膜处理”“高比例回用”“零排放”为特征的新时代。

2. 进口废纸额度趋紧

2017年4月中央发布《关于禁止洋垃圾入境推进固体废物进口管理制度改革实施方案》、环境保护部2017年8月公布《进口可用作原料的固体废物环境保护控制标准(征求意见稿)》及环境保护部2017年10月发布《进口废纸环境保护管理规定(征求意见稿)》。2017年12月，环境保护部会同国家质量监督检验检疫总局联合发布了《GB 16487.4—2017 进口可用作原料的固体废物环境保护控制标准—废纸或纸板》，代替GB 16487.4—2005。新标准自2018年3月1日起正式实施。

根据纸业联讯统计，2017年环境保护部共核定审批进口废纸许可证额度约2810.76万吨。但2017年1—12月废纸累计进口量只有2572万吨，同比下降9.8%；累计金额399.35亿元，同比增长21.3%。废纸进口总体呈现量减价升。

截至2017年12月，环境保护部共核定审批进口废纸许可证额度共发放2批次，共有18家企业获批废纸进口许可，累计批准261万吨。企业进口废纸需先向环境保护部申请进口配额，获批后方可进口。环境保护部核定审批进口废纸许可证额度统计见表6。

表6 环境保护部核定审批进口废纸许可证额度统计

批次	公示时间	当前批次获批企业数量/家	当前批次累计获批企业数量/家	当前批次核准数量/万吨	截止当前批次累计核准数量/万吨
1	2017-12-26	15	15	226.57	226.57
2	2017-12-29	3	18	34.43	261.00

数据来源：环境保护部。

对以废纸为主要原料的包装纸板生产企业，能获得进口废纸许可证额度将在原料方面有更多的优势，未获得进口废纸许可证额度的企业将完全依赖国废，在纤维质量方面，将无法通过外废来提高纤维品质，成品纸质量受限。

2018年2月7日国家质检总局、国家标准委批准发布了《快递封装用品》系列国家标准，国务院公布《快递暂行条例》自2018年5月1日起施行，根据减量化、绿色化、可循环的要求，对原有标准的相关内容进行了补充完善，其中对包装箱的回收利用进行重点要求，这有利于未来国内废纸的回收利用。

从实施进口废纸新政以来，包装纸板生产企业都在积极采取相应的应对措施，如寻求原料的替代方案、在海外建立包装纸板生产基地或建立外废浆板生产基地、在东南亚地区生产废纸浆后出口到我国。同时，越来越多的包装纸板生产企业意识到国废供应的重要性，在国废的采购上采取各种优惠政策，在国废的质量控制上采取自建打包线，加强分拣。对于国内废纸来说，将促进回收量的提高，促进国内废纸的分拣，促进尽快建立完善的国内废纸分拣标准，达到提高国内废纸质量的目的。

3. 原料、燃料、物流等各项成本上涨

包装纸板所需主要原料为废纸资源，2017 年国内废纸浆消耗量 6302 万吨，进口量约占总消耗量的 1/3，外废进口量减少需要靠国废补充。但国内废纸回收率提升缓慢，因此国内废纸价格暴涨，最高达到近 3000 元/吨(见图 12)。

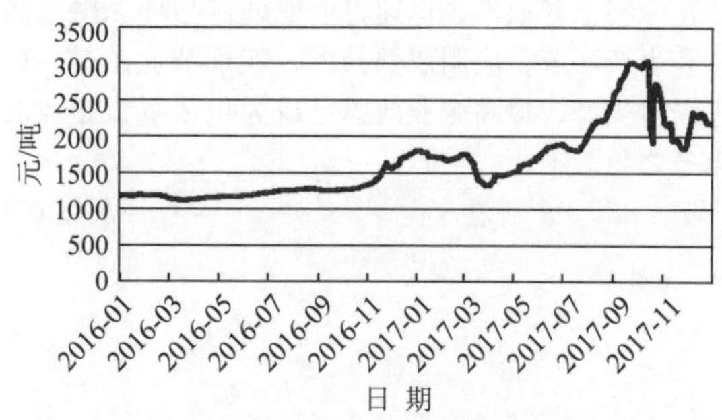

图12　中国再生资源回收利用协会国内废纸价格（2016年1月—2017年11月）

2011—2016 年我国废纸回收量由 4348 万吨增至 4964 万吨，废纸回收率由 44.6% 增至 47.6%，废纸利用率由 71.2% 增至 72.0%，但废纸回收率远低于 2015 年日本的 79% 和韩国的 90%。随着我国包装纸板行业的快速发展，纤维原料的供给不足已成为影响行业发展的重要因素。如何加快国内废纸回收利用体系建设，提高国内废纸的回收利用率，逐步取代进口废纸，是我国包装纸板生产企业解决原料来源、提高原料质量、稳定原料价格的根本所在。

燃料是包装纸板生产企业的重要成本组成部分，原主要包装纸板生产企业都具备自备热电站，大部分采用煤炭为原料。煤价自 2016 年下半年开始进入快速上升通道，延续到 2017 年也依旧保持着供应较紧的格局，煤价始终在较高位置波动。随着国家对大气污染的从严控制，国家发展和改革委 3 月发布《燃煤自备电厂规范建设和运行专项治理方案(征求意见稿)》，部分地区已要求工业企业自备热电站完成煤改气能源结构调整，煤改气后将进一步提升燃料成本。

运输成本方面，2016 年 9 月 21 日起，严禁双排运输车进入高速公路，2018 年 7 月 1 日起，全面禁止不合规运输车通行，普及标准货运车型。

可见，由于原料、燃料、物流的价格上涨，环保要求、汇率变化、人工成本和化工原料等因素，造成包装纸板生产企业成本整体上升，对包装纸板企业形成巨大的成本压力。

4. 市场有可能部分被其他包装产品替代

采用纸类包装产品的优势是单次使用价格低；多样化，可以进行各种个性化的设计、印刷等；物流方便，物流成本低；成型容易，折叠方便；缓冲能力强，防磕碰；透气、保湿效果好；可降解能力强，对环境基本不会造成污染；更重要的是可回收循环使用，减少对环境的污染。但由于原料价格上涨，新的环保要求等多重因素影响下，包装纸板生产成本将整体上升。

包装纸板价格应与整个市场的发展相匹配，价格涨到太高，会出现终端包装改变或者包装纸板进口量增加的趋势。如果说进口废纸和国内废纸的价格持续上涨且量不充足，包装纸板价格继续上涨也是合理的。如果持续无理性的涨价，理所当然的会促使最终用户想办法采用其他替代品，将不利于包装纸板行业的发展。

所以如何控制合理的价格区间，充分发挥纸包装的绿色属性，是未来纸类包装全产业链需要共同面对的问题。包装纸板企业如何与快递业合作加快纸制快递盒的回收使用与废纸的回用，也会利于纸类包装全产业链的合理发展。

5. 新增产能增加，市场竞争更加激烈

据中国造纸协会资料，2017 年全国纸和纸板生产量 11130 万吨，同比增长 2.53%；消费量 10897 万吨，同比增长 4.59%。据国家统计局公布的统计数据显示，2017 年全年造纸行业固定资产投资累计总额为 3091 亿元，同比增长 1.2%，增幅下降了 8.7 个百分点。虽然不同纸种分化明显，但包装纸板上涨幅度最大。从表 4 和表 5 可以看出，包装纸板主要生产企业在 2018—2019 年投产项目将达到 1687 万吨(其中白纸板 185 万吨，箱纸板和瓦楞原纸 1502 万吨)，新增产能的投放将使市场竞争更加激烈。

“十二五”期间，我国造纸行业在 2011—2015 年淘汰造纸落后产能和过剩产能分别为 831 万吨、1057 万吨、831 万吨、547 万吨及 167 万吨，共计 3433 万吨产能的纸厂因环保要求被政府部门勒令关停。“十三五”期间，据环境保护部污染排放总量控制司张震宇在《“十三五”总量减排要求对造纸行业发展的影响》报告中指出，初步预计造纸行业将淘汰纸及纸板落后产能约 800 万吨。主要淘汰的是环保不符合要求的企业和与所在区域发展方向不相吻合的企业，如与包装纸板产业关联度最高的东莞和富阳两大造纸基地的调整转型。据 RISI 统计数据，2011—2017 年箱纸板和瓦楞原纸共计淘汰落后产能

1291万吨。富阳地区的包装纸板企业在2018年底将全部关停。随着中小型包装纸板企业逐步退出，市场集中度将向龙头企业提升，新增产能更多被龙头包装纸板企业瓜分。新增产能将更加重“质”而非“量”，同时新增产能又将进一步倒逼旧产能淘汰升级。

包装纸板产品在国民经济中的作用越来越明显，随着人民生活水平的提高，对包装纸板的依赖性也越来越强。包装纸板早已成为造纸行业中最重要的纸种之一，其需求占据着造纸行业总体需求的近60%。但同时包装纸板生产也面临着必须不断适应新环保政策、新外废进口要求、新印刷技术等现代趋势的挑战。

进入2018年，包装纸板产业也将站在行业发展的新高度上，进入一个以“高质量”发展为主旋律的新时代。“高质量”发展意味着包装纸板产业要从过去数量主导型的发展，转变为质量第一、效益优先的发展方式。发展面临的最大挑战是环保和原料，这将关系到企业的存亡与企业效益提升。如何消化原料上升成本，迅速将节能减排与环保融入投资和生产环节，应用成熟技术，实现节能减排，推进绿色生产，提高企业效益已成为包装纸板企业的当务之急。

（樊 燕）

2017 年我国特种纸产业发展现状及分析

Development Status and Analysis of Specialty Paper in China in 2017

据国家统计局统计数据，2017 年我国规模以上造纸企业累计完成利润总额 666 亿元，同比增长 55.63%。2017 年是造纸工业自 1995 年以来效益最好的一年。但细分行业也存在着明显的差异，年度收益增长最快的为制浆企业和废纸回收企业，其次是包装纸制造企业，然后是印刷书写纸企业，特种纸和生活用纸制造企业效益增长相对较差。

一、我国特种纸产业发展概况

(一)特种纸产业产销形势

1. 生产量平稳增长，涨幅持续收窄

2017 年，随着我国造纸行业的整体回暖，我国特种纸及纸板生产量也连续 10 年实现了平稳上涨。据中国造纸学会特种纸专业委员会(以下简称“特种纸委员会”)的调查统计，2017 年我国特种纸及纸板生产量为 670 万吨，同比增长 5.51%，涨幅持续收窄。特种纸及纸板生产量占全国纸及纸板生产量的比例为 6.0%，同比增长了 0.2 个百分点。我国特种纸产业经过近 10 年的高速发展，逐步追平了全球特种纸及纸板占全球纸及纸板生产量的比例，跻身特种纸生产大国。伴随着生产量的增加，近 5 年来增长率持续下降，预计未来几年内也将保持较低的增长速率稳步上涨。2007—2017 年我国特种纸及纸板生产量占全国纸及纸板生产量的比例见图 1。

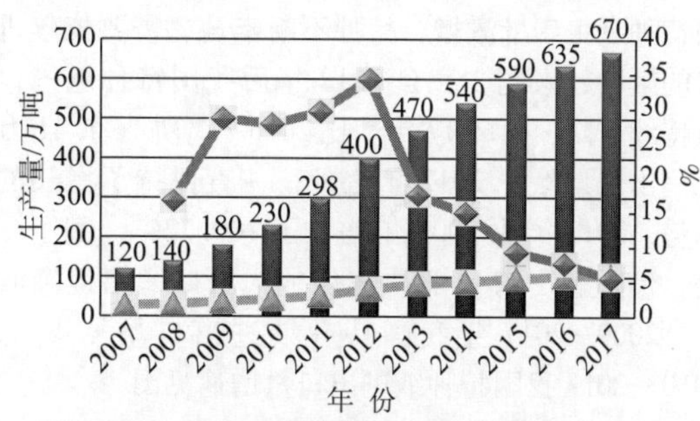

图1 2007—2017年我国特种纸及纸板生产量占全国纸及纸板生产量的比例

2. 经营状况表现较好，产业回归理性发展

虽然特种纸及纸板生产量增幅下降，但行业整体经营状况表现较好，产业回归理性发展。据不完全统计，2017 年我国特种纸企业的总体开工率达到 86.3%，产销率达到 99.8%，实现供需平衡。对我国近 50 家特种纸企业的统计分析显示，近几年我国特种纸企业的产能增速一直低于生产量增速，产能过剩问题正在逐步缓解，企业投资扩张趋于理性。我国特种纸企业经过近 10 年的积淀，产品品质不断提升，通过开发下游客户、进口替代、开拓国际市场等多种渠道也逐步走出了供大于求的局面，特别是近两年一些需求量较大的纸种还表现出了供不应求的态势。2013—2017 年我国部分特种纸企业的开工率和产销率见图 2。

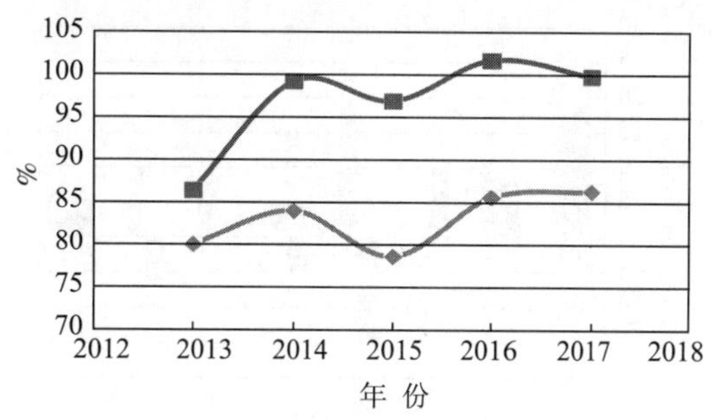

图2 2013—2017年我国部分特种纸企业的开工率和产销率

(二)特种纸产业进出口情况

1. 出口增幅收窄，进口触底上涨

面对市场饱和、同业竞争、产能过剩，特种纸企业都在积极进行技术创新、转型升级，越来越多的特种纸企业借力“一带一路”，走出国门，探索商

品出口、跨境电商、设立海外仓、海外投资等新道路。据中国海关总署公布的2015年造纸50强，其中特种纸企业：河南江河纸业股份有限公司、浙江夏王纸业有限公司、泗水金益纸业有限公司、芬欧蓝泰标签(常熟)有限公司、浙江仙鹤特种纸有限公司、牡丹江恒丰纸业股份有限公司、杭州华旺新材料科技有限公司榜上有名。

据中国海关总署数据统计，2017年我国特种纸进口量27.59万吨，同比增长5.39%；出口量102.79万吨，同比增长3.80%，占我国特种纸总生产量的15.34%。随着我国特种纸产业的发展，我国特种纸生产量激增，品种不断丰富，需要依赖进口的纸种越来越少，自2012年后我国特种纸进口量持续下降，而2017年却比2016年增加了1.41万吨。出口量除了2012年之外，一直保持了增长的态势，2017年比2009年增长了100.72%，翻了一倍，但随着出口量的快速增加，出口增幅逐渐收窄。2009—2017年我国特种纸进出口量见图3，2010—2017我国特种纸进出口量增速见图4。

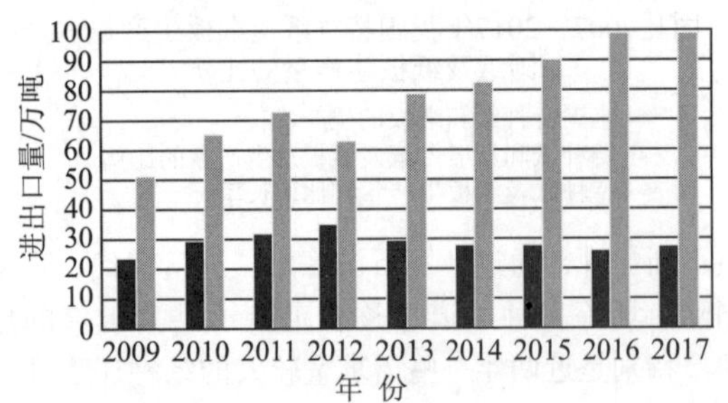

图3 2009—2017年我国特种纸进出口量

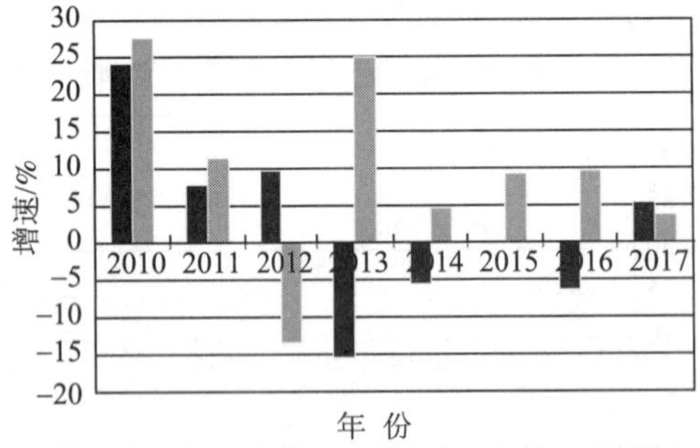

图4 2010—2017年我国特种纸进出口量增速

2. 出口单价回弹，进口单价低位徘徊

2017年我国特种纸进口总额7.61亿美元，同比增长0.54%；进口单价2759美元/吨，同比下降4.60%；出口总额24.83亿美元，同比增长10.76%；出口单价2416美元/吨，同比上涨6.70%。2013年，我国特种纸的出口总额得到飞速增长，近几年一直保持高位平稳状态，2017年得到了较大的增幅，这主要取决于产品单价打破了近几年的下降趋势，出现上涨；进口总额和进口价格相对平稳，近几年均呈现下降趋势，虽然进口价格一直高于出口价格，但差距逐步缩小。2009—2017年我国特种纸进出口总额见图5，2009—2017年我国特种纸进出口价格见图6。

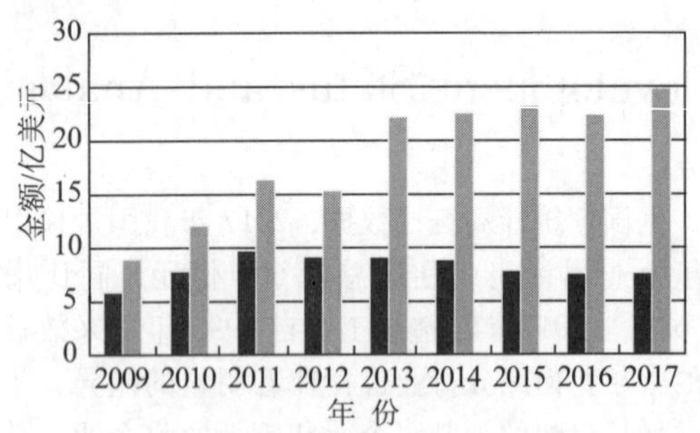

图5 2009—2017年我国特种纸进出口总额

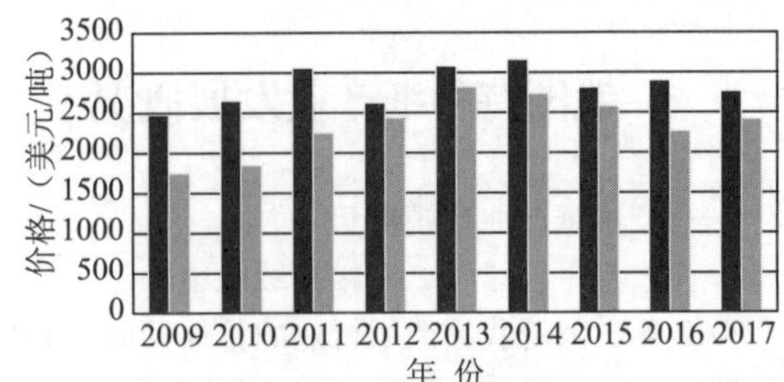

图6 2009—2017年我国特种纸进出口价格

3. 不同纸种进出口情况具有相异性

2017年，在统计的31类特种纸中，仍有6类特种纸的进口量超过了出口量，其中滤纸及纸板、毡纸及纸板和电解电容器纸连续多年成为主要依赖进口的纸种。图7和图8是几类特种纸2010—2017年进出口量和进出口价格的变化情况。

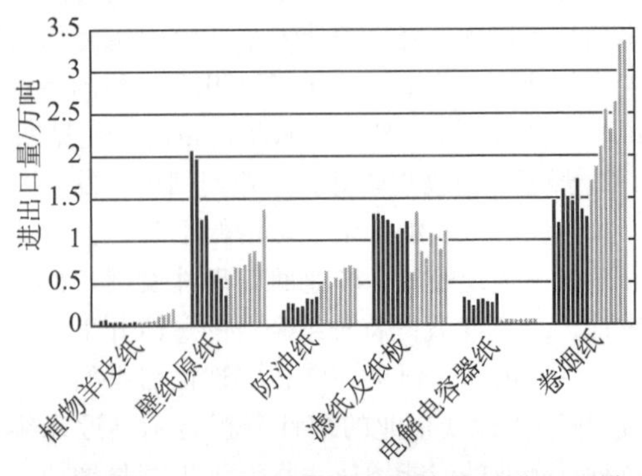

图7 2010—2017年我国主要特种纸进出口量

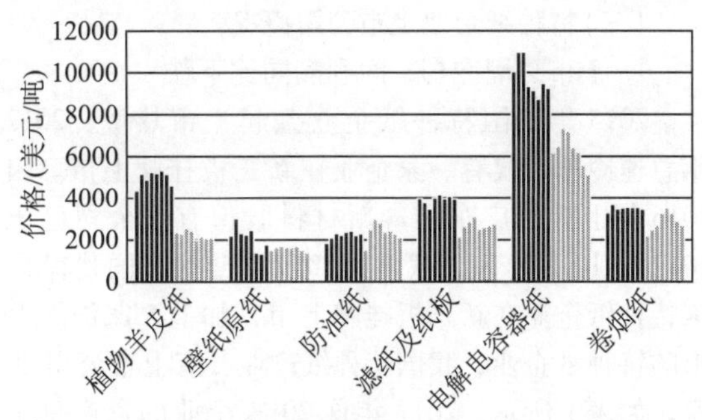

图8　2010—2017年我国主要特种纸进出口价格

—进口　—出口

植物羊皮纸进出口量均不大，进口量一直在低位徘徊，出口量在近3年实现了快速增长，进出口价格平稳中略有下降，进出口价格差距较大，进口价格一直保持在出口价格的2倍左右。

壁纸原纸近8年来的进口量呈现了断崖式的下跌，2017年比2010年下降了82.63%，这主要是由于近几年我国壁纸生产量激增，填补了国内大部分的需求市场；出口量在2010—2016年一直相对平稳，在2017年出现了大幅增长，同比增长81.53%。扩大出口是我国壁纸消化过剩产能的必然举措。2010—2014年，壁纸原纸进口价格远高于出口价格，近3年进口价格大幅下降，进出口价格逐渐拉平。

防油纸的进出口量均呈现了平稳增长的趋势，出口增速相对较快，出口量一直保持在进口量的2倍左右。进出口价格相差不大，进口价格相对平稳，出口价格在2010—2013年的快速攀升后出现持续下降的趋势。

滤纸及纸板是少数几种进口量持续高于出口量的纸种之一。进口量先降后升，整体表现平稳，近3年来保持增长趋势；出口量震荡增加，但总体仍未超过进口量。进出口价格差异较大，进口价格一直远大于出口价格，这从侧面反映出我国高档的滤纸及纸板一直依赖进口。

电解电容器纸是进口量持续高于出口量的纸种之一，并且差距较其他几个纸种最为显著，基本保持在5倍左右，而且近几年进口量一直保持平稳，出口量未见增加趋势。电解电容器纸的进口价格也一直处于高位，远高于出口价格，进出口价格都是先增后降，但近4年的进口价格比较平稳，出口价格却表现出了明显的下降趋势。

卷烟纸是近几年出口量增长迅猛的纸种之一，2017年比2010年出口量增长了96.5%，但出口量的激增并没有伴随着进口量的大幅下降，近2年进口量虽略有下降，但幅度不大。进出口价格差距不显著，进口价格非常平稳，出口价格先增后降，在2014年追平进口价格后，差距又逐渐拉大了。

4. 特种纸出口国家分布集中

特种纸品种繁多，下游用户分布广泛，因此不同纸种不同国家出口量差异较大，但总体来看，我国特种纸出口国家表现了较高的集中分布特征。其中，我国特种纸出口量最多的3个国家分别为美国、印度和韩国，占我国特种纸总出口量的25%；出口量前10名的国家占总出口量的54%。不同国家特种纸的出口价格并没有表现出与出口量的负相关性，这主要与每个国家需求的纸种不同有关。2017年我国特种纸主要出口国家出口量见图9，2017年我国特种纸主要出口国家出口价格见图10。

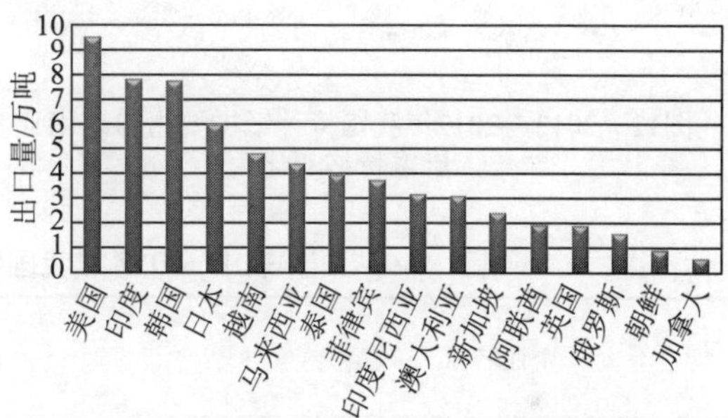

图9　2017年我国特种纸主要出口国家出口量

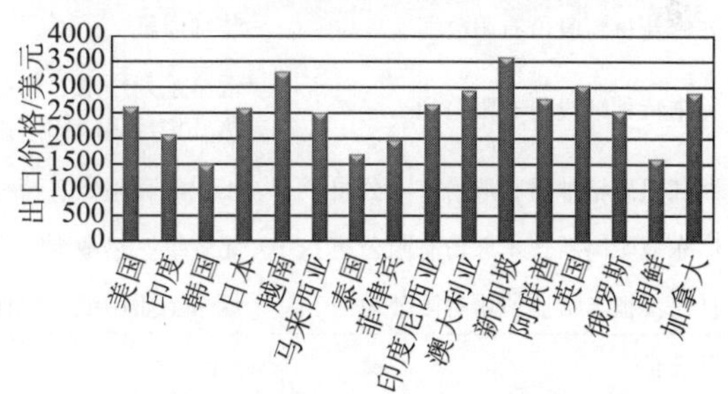

图10　2017年我国特种纸主要出口国家出口价格

5. “一带一路”沿线国家成为出口增长点

我国特种纸出口量较大的国家中，“一带一路”沿线国家占据了1/2以上，也是这2年出口量增长的主要动力，其中仅印度2017年就增加了2.5万吨，同比增长46.52%。在东南亚国家中，近5年均出现了增加趋势，特别是近2年越南、泰国、菲律宾和新加坡都增长较快，应该成为我国特种纸企业出口业务的主要关注方向。2013—2017年我国特种纸主要出口东南亚国家总量变化见图11，2013—2017年我国特种纸主要出口东南亚国家价格变化见图12。

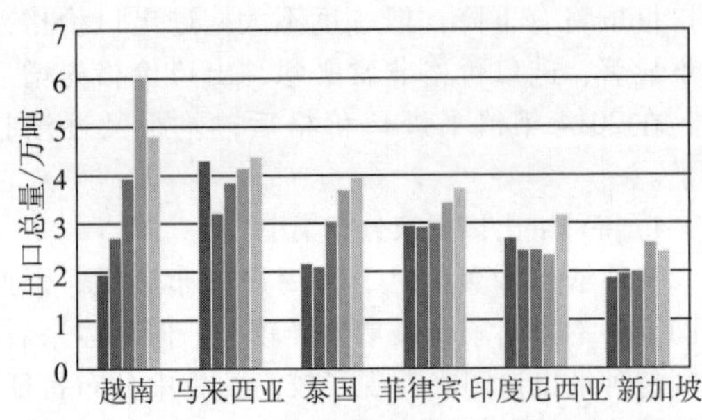

图11 2013—2017年我国特种纸主要出口东南亚国家总量变化

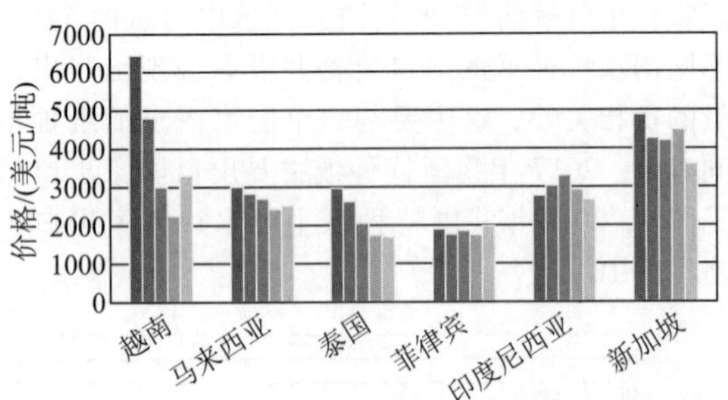

图12 2013—2017年我国特种纸主要出口东南亚国家价格变化

(三)特种纸企业上市公司概况

1. 上市热潮冷却，净利润同比下跌

2015 年我国特种纸企业掀起上市热潮，2017 年急速冷却，仅有一家企业在新三板挂牌上市。因 2016 年上市的广东尚鑫新材料股份有限公司已于 2017 年 10 月停牌，截止到 2017 年年底我国共有 15 家特种纸企业在新三板挂牌上市，加上 5 家沪深上市的特种纸企业，我国特种纸产业共有上市公司 20 家，如表 1 所示。2017 年这 20 家企业的资产总额为 186.21 亿元，比 2016 年增加 2.34 亿元，同比增长 1.28%；净资产达 125.83 亿元，比 2016 年净增 4.08 亿元，同比增长 3.35%；主营业务收入 122.52 亿元，比 2016 年增加 17.2 亿元，同比增长 14.04%；实现净利润 5.06 亿元，比 2016 年净减 0.17 亿元，同比下降 3.25%。其中净利润同比增长的企业为 13 家。

2. 特种纸板块盈利能力平稳，但在整个造纸产业占比下降

2017 年深沪两市正常运作的含有纸品生产业务的上市公司为 26 家，其中主营业务为特种纸产品

表 1 2017 年我国特种纸产业上市公司情况

企业名称	主营业务	净利润/元	
		2016 年	2017 年
沪深两市			
齐峰新材料股份有限公司	装饰原纸	141932831.29	160511437.64
民丰特种纸股份有限公司	烟草系列用纸、格拉辛系列用纸、涂布类用纸、热升华数码转印纸以及透明纸等	12550661.99	19207701.64
浙江凯恩特种材料股份有限公司	工业配套用纸、特种食品包装用纸、过滤纸等	8689141.20	30614646.48
广东冠豪高新技术股份有限公司	无碳纸、热敏纸、不干胶标签材料	108525047.37	52790214.49
牡丹江恒丰纸业股份有限公司	烟草工业用纸、机械光泽纸、薄型印刷纸	92223199.41	97730625.05
新三板			
2015 年新增			
万邦特种材料股份有限公司	卷烟用纸、电池用纸、食品包装用纸三大系列	9504582.61	5919097.28
浙江大盛新材料股份有限公司	装饰原纸	10869.00	-58561253.64
浙江恒达新材料股份有限公司	医疗包装原纸系列、食品包装原纸系列、卷烟配套原纸系列、工业特种纸原纸系列	33299265.82	42711611.11
浙江凯丰新材料股份有限公司	烟用接装原纸、不锈钢垫纸、离型原纸、医用包装纸、热敏原纸、美纹原纸	20562773.66	25351972.33
浙江金昌特种纸股份有限公司	转移印花系列、装饰材料系列、绿色包装系列	2840157.67	-5967534.01
浙江特美新材料股份有限公司	水松纸及其他纸制品	14231860.24	10935847.94
浙江爱丽莎环保科技股份有限公司	PVC 墙纸系列、纯纸墙纸系列、无纺纸墙纸系列	-2029618.29	4075889.46
烟台民士达特种纸业股份有限公司	芳纶纸及其衍生产品	9521444.46	11562033.93

续表

企业名称	主营业务	净利润/元	
		2016 年	2017 年
2016 年新增			
江苏福泰涂布科技股份有限公司	离型纸	5526234.06	4933947.43
杭州富士达特种材料股份有限公司	低温绝热纸	-8235778.26	2208449.09
福建东南艺术纸品股份有限公司	彩色餐巾纸、彩色食品纸容器、薄页纸、其他纸制品	5673563.33	6382286.27
丽水兴昌新材料科技股份有限公司	热封型茶叶滤纸、非热封型茶叶滤纸、热封型咖啡滤纸、蓄电池涂板纸、干燥剂包装纸、口罩纸、灯笼纸、双面胶带原纸、工艺礼品纸	-1138596.02	775986.56
东莞金太阳研磨股份有限公司	砂纸	40208300.10	55830500.00
广东通力定造股份有限公司	特种彩色包装纸	16242203.90	31558262.49
2017 年新增			
深圳市万极科技股份有限公司	水转印纸、皮革离型转印纸	13163913.32	7097966.69

的为 5 家，分别是齐峰新材料股份有限公司、民丰特种纸股份有限公司、浙江凯恩特种材料股份有限公司、广东冠豪高新技术股份有限公司和牡丹江恒丰纸业股份有限公司。2017 年这 5 家公司的资产总额为 150.20 亿元，比 2016 年净减 1.5 亿元，同比下降 0.97%；净资产达 105.14 亿元，比 2016 年净增 1.27 亿元，同比增长 1.21%；主营业务收入 97.15 亿元，比 2016 年增加 14.96 亿元，同比增长 18.20%；实现净利润 3.61 亿元，比 2016 年净减 0.03 亿元，同比下降 0.84%。

近几年，我国沪深两市上市的造纸企业及特种纸企业的总资产均稳步增长，由于特种纸企业一般规模较小，5 家特种纸上市公司的总资产一直恒定在 25 家左右造纸上市公司总资产的 6% 左右(见图 13)。然而，整个造纸行业的净利润却在这几年表现出了大起大落，2014 年触底反弹，近 3 年节节攀升。与之相对的，特种纸上市公司的盈利能力比较恒定，2015 年最低不到 3 亿元，2012 和 2014 年较高超过 5 亿元，其余的年份一直维持在 4 亿元左右。2014 年之前，特种纸板块可以说是整个造纸行业盈利的绝对主力，总资产仅占 6% 的特种纸企业净利润占到三成左右，2014 年甚至达到了 170%，近 3 年随着行业景气度的整体提升，规模较大的包装纸企业和文化纸企业利润攀升，因而表现平稳的特种纸企业利润占比下滑较大，2017 年仅占到 3%。

从主营业务收入来看，无论是新三板上市的特种纸企业还是沪深两市的特种纸企业，均有较大幅

图13　沪深两市造纸上市公司总资产情况

度的提升，总体上涨了近 15%。这表明利润的下降并不是由销量下降引起的，据各公司年报显示，利润的下降主要是由于产品价格的上涨与原材料价格上涨的幅度不匹配所造成的。

从 2016 年造纸行业掀起涨价风潮之后，受原材料价格上涨、运输成本增加、环保压力增大等诸多因素影响，我国特种纸企业生产成本陡然增加，但迫于下游行业的压力，提价较为困难，压缩了利润空间，致使特种纸板块不像前几年受到企业追捧。但也应该看到的是，即使特种纸行业竞争越来越激烈，兼受内外压力，但其一直保持了较稳定的利润空间，仍然是造纸行业中较为稳定的盈利板块。沪深两市造纸上市公司净利润情况见图 14。

(四)特种纸产业投资情况

2017 年是造纸行业在经历了长期寒冬之后的迎春之年，行业表现出了欣欣向荣的景象，各种新项目频频上马。从国内来看，新建扩建项目以包装纸及纸板为主，生活用纸次之，特种纸也比较活跃；

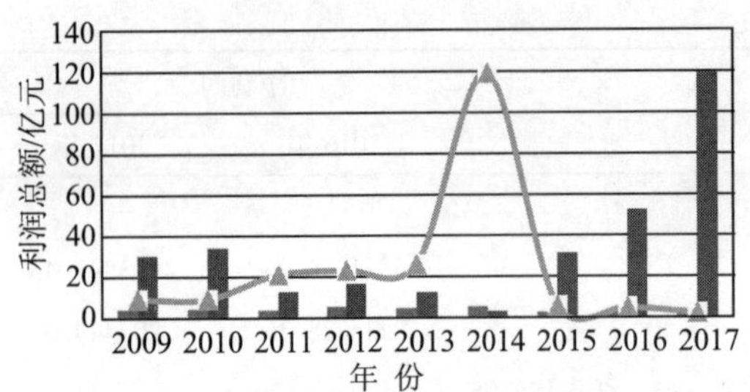

图14 沪深两市造纸上市公司净利润情况

特种纸企业 造纸企业 特种纸企业利润占比

从全球来看，各项资金主要集中在生活用纸项目，包装纸次之，特种纸投资相对较少。

2017年我国特种纸投资的项目主要分以下4个类型。

1. 投产项目

2017年我国特种纸产业先后释放出了85万吨左右的产能，涉及投资金额超过40亿元。这些项目一部分是前几年新建项目的投产，更多一部分是2017年新建并投产的项目。投产纸种涉及卷烟和配套用纸、食品包装纸、电解电容器纸、水转印纸、无纺壁纸、功能性装饰材料、装饰纸、薄页纸等多个纸种。投产的项目有：

(1)浙江华丰纸业集团有限公司年产1.5万吨卷烟纸和0.5万吨成型纸生产线各1条　杭州华丰造纸厂于2014年启动了整体搬迁工作，并注册成立了浙江华丰纸业科技有限公司，2017年1月11日，浙江华丰纸业集团有限公司成立揭牌仪式举行。新厂区地址位于浙江省湖州市安吉县天子湖现代工业园区，公司在新厂区启动年产6.5万吨卷烟产品配套用纸生产线项目，总投资17.8亿元，其中一期投资10.2亿元，建设年产1.5万吨卷烟纸和年产0.5万吨成型纸生产线各1条。目前1号机、2号机2条生产线都已经成功出纸，正式投产。

(2)河北阿木森滤纸有限公司新建1880汽车滤纸生产线　2017年新建1880汽车滤纸生产线，产能1000吨/年，车速120米/分，投资8000万元。

(3)仙鹤股份有限公司6条生产线投产　①仙鹤股份有限公司年产4万吨数码喷绘热转印纸项目2016年3月开工建设，2017年1月建成投产；年产1万吨食品包装原纸、电解电容器纸项目2016年9月开工建设，分别于2017年7月、10月建成投产。②浙江常丰特种纸业有限公司年产10.8万吨特种纸项目，共计4条造纸生产线，2016年9月陆续开工建设，其中3条生产线分别于2017年6月、7月、11月建成投产，第4条生产线预计2018年5月建成投产。同步的浙江哲丰能源发展有限公司一期二炉一机燃煤热电联产项目2016年7月全面开工建设，2017年6月建成投产。

(4)牡丹江恒丰纸业股份有限公司PM8、PM13、PM18项目投产　2017年，牡丹江恒丰纸业股份有限公司自主设计、实施了PM8、PM13、PM18三大重点项目。其中，PM8迁移改造升级项目于2017年7月18日试车成功；PM13改造项目于2017年8月21日试车成功；为拓展烟用纸以外产品市场新建PM18项目，于2017年11月15日进入设备安装阶段，为2018年上半年达产达标提供了保障。

(5)山东泓联特种纸科技有限公司水转印纸项目投入生产　2017年12月，山东泓联特种纸科技有限公司水转印纸项目完成厂房建设和设备安装，投入生产，一期水转印纸产能1万吨/年。该项目位于滨海新区，主要以工业淀粉为原材料，生产环保无污染的水转印纸产品，可广泛应用在航空航天、工业制造等领域。

(6)齐峰新材料股份有限公司23号纸机投入生产　2017年12月10日，齐峰新材料股份有限公司举行了23号纸机竣工投产仪式。该纸机2017年年初开建，是目前世界上最大的斜网纸机，设计车速250米/分，净纸幅宽4500毫米，年产能5万吨，主要生产无纺壁纸原纸。

(7)斯道拉恩索北海工厂投入生产　2017年12月19日，斯道拉恩索北海工厂聚乙烯淋膜生产线正式投产。新建成的聚乙烯淋膜生产线总投资3100万欧元，年产能8万吨聚乙烯淋膜纸板产品。该生产线于2016年10月动工建设。

(8)福建省青山纸业股份有限公司食品包装纸及纸板项目投入生产　2016年9月，福建省青山纸业股份有限公司发布公告，拟募集17亿元投向“年产50万吨食品包装原纸技改工程”项目，公司将现有的以废纸为原料生产高强瓦楞原纸生产线(3号纸机)技改成以商品纸浆生产食品包装原纸和纸袋纸的生产线。技改后该生产线年产能12万吨，目前已投入生产。公司新建年产能30万吨的涂布食品包装纸生产线，还处于建设阶段。

(9)浙江常林纸业有限公司年产10.85万吨特种纸项目投产　2017年11月4日，浙江常林纸业有限公司10.85万吨/年特种纸项目成功出纸，项目总投资1.8亿元，产品主要用于高档服装包装、器皿包装、家居服饰等功能性装饰材料，年产值将达6亿元。项目2017年年初开工建设，设备幅宽3650毫米，设计车速为200米/分。

(10)镇江大东纸业有限公司年产15000吨特种纸项目　镇江大东纸业有限公司新建1条3300毫米长网纸机，年产能15000吨，产品定量25～120克/米^2，车速300米/分。

(11)浙江金昌特种纸股份有限公司7号造纸生产线试纸成功　2017年9月19日，浙江金昌特种纸股份有限公司7号造纸生产线试纸成功，该项目从2017年5月启动至9月顺利投产。7号造纸生产线为长圆网结合特种纸机，总投资近3000万元，幅宽1575毫米，年产能6000吨。

(12)山东仁丰特种材料股份有限公司新建特种纸项目　2016年4月，山东仁丰特种材料股份有限公司新建特种纸生产线项目土建工程启动。该项目纸机幅宽3660毫米，设计车速500米/分，产能3万吨/年。项目计划投资1.2亿元，该项目已于2017年投产。

(13)浙江凯丰新材料股份有限公司水松原纸项目　2016年上半年，浙江凯丰新材料股份有限公司新建特种纸项目启动。该项目投资1亿元左右，纸机幅宽2800毫米，车速500米/分，产能3万吨/年，该项目已于2017年投产。

(14)济南欣易特种纸业有限公司年产1.6万吨的薄页纸生产线。

(15)山东恒联集团股份有限公司2400纸机项目，主要生产特种薄页纸投产。

(16)宝鸡科达特种纸业有限责任公司2017年新建2条特种纸生产线。

(17)河南永威安防股份有限公司10万吨/年装饰板原纸项目投产。

2. 新建在建项目

2017年我国特种纸产业新建未投产的项目超过50万吨，这些产能将在2年之内投入市场。这些项目共涉及投资金额超过30亿元，投资纸种包括不干胶、装饰纸、无纺壁纸和皮革离型纸等。新建在建项目有：

(1)浙江冠豪新材料有限公司不干胶项目　2017年6月26日，中国纸业投资有限公司旗下浙江冠豪新材料有限公司在浙江省平湖市新仓镇举行了开业庆典仪式。广东冠豪高新技术股份有限公司结合华东不干胶业务的区域优势，选取在长三角交通枢纽平湖市投资建设广东冠豪高新技术股份有限公司第二大特种纸产销基地。项目计划总投资6.1亿元，占地面积7.2公顷，分2期建设，建成后年产能7.5亿米^2，年产值超过20亿元。

(2)河南江河纸业股份有限公司30万吨/年特种纸项目　2017年2月10日，河南江河纸业股份有限公司30万吨/年造纸生产线扩建暨供热热源项目举办启动仪式。一期工程是10万吨/年特种纸项目，纸机幅宽5600毫米，车速1000米/分。一期投资5亿元，加上二期、三期工程，投资总额将达到50亿元。

(3)仙鹤股份有限公司在建项目　①浙江夏王纸业有限公司正在安装的KDPM4预计投产时间为2018年年底，届时，浙江夏王纸业有限公司将形成27.5万吨/年的生产能力。②河南仙鹤特种浆纸有限公司年产8万吨特种纸项目，2017年12月动工，共4条生产线，预计2019年建成投产。

(4)河北名联新材装饰科技有限公司原纸项目　河北名联新材料科技有限公司装饰原纸项目2017年年初正式开建，2017年年底一期工程进入设备安装阶段。机台关键部件全部采用进口设备，主要用于生产高档装饰原纸，年产能15万吨，计划于2018年4—5月正式投产运行。该工程总投资达10.5亿元，建筑面积约11万米^2，包括4座联合厂房、原料仓库、办公生活设施及配套给水设施等。

(5)浙江民兴新材料有限公司高档薄型特种纸生产线及纸深加工项目　该项目由杭州富阳明盛纸业有限公司投资建设，购置5条宽幅节能型纸机生产线，建设年产5万吨高档薄型特种纸生产线及纸深加工项目。主要产品为环保无纺壁纸、特种涂布离型纸、特种滤纸、艺术纸等。

(6)深圳市万极科技股份有限公司皮革离型纸扩建项目　2017年3月1日，深圳市万极科技股份有限公司正式在新三板公开发行股票266.67万股，募集资金2400万元。此次募集资金主要用于投资皮革离型纸项目以及补充流动资金。该项目年产合成革离型纸3000吨。2017年第一条生产设备的安装调试顺利完成，进行了小批量生产、销售，2018年可正式投产。

(7)山东太阳纸业股份有限公司20万吨/年高档特种纸项目　2017年2月7日，山东太阳纸业股份有限公司发布公告，将投资6亿元建设20万吨/年高档特种纸项目。该项目拟在本部暨太阳工业园内实施，项目占地面积6万米^2，主要生产高档特种高定量文化纸，项目建设周期为18个月。

(8)山东仁丰特种材料股份有限公司无纺纸项目　斜网多缸无纺纸机生产线正在建设，幅宽2800毫米，车速250米/分。预计2018年8月投产。

(9)山东恒联集团股份有限公司费县上冶产业园项目签约　2017年6月10日，山东恒联集团股份有限公司费县上冶产业园项目签约仪式隆重举行。该项目计划总投资 10.6 亿元，主要建设年产 10 万吨高档特种纸、10 万吨化学浆、6000 吨水刺复合清洁布、150 蒸吨循环流化床锅炉和 15 万米^3/年蒸压加气混凝土砌块项目。项目建成投产后，预计实现产值 12.5 亿元，税收突破亿元，带动就业人口 680 人。

(10)烟台隆祥纸业有限公司长网多缸纸机项目 烟台隆祥纸业有限公司新建长网多缸纸机，幅宽 3600 毫米，车速 600 米/分。

3. 技改搬迁项目

2017 年特种纸企业的技改项目也比较多，除了一些提高产品品质、拓宽纸种、提高生产线产能及稳定性的项目外，随着国家重拳治理环保政策的推进，我国特种纸企业也完成了多项搬迁及环保方面的技改项目。

(1)广东通力定造股份有限公司实施特种纸生产线技改 广东通力定造股份有限公司在新三板公开发行股票 500 万股，募集资金 5000 万元，主要用于公司购买特种彩色纸生产线设备进行技术改升级，同时补充公司流动资金。

(2)泰安百川纸业有限责任公司 2500 生产线升级改造项目 2017 年 4 月 11 日，泰安百川纸业有限责任公司在 2500 生产线升级改造项目施工现场举行项目启动仪式。此次改造实现两个目的，一是提速，二是转产转型。改造内容有：纸浆流送系统、真空系统、白水系统、流浆箱、纸机网部、压榨部、烘干部；新增：摇振、软压光机、热油系统及 QS 认证的各项设施、电动叉车、抱车等设备。改造后车速提高 30%；同时，转产高附加值的口香糖纸、医疗包装纸、印花纸、保护纸等，经济效益将大幅提升。2017 年 6 月 16 日该项目投料试产一次成功。

(3)龙口玉龙纸业有限公司特种纸生产线增建膜转移施胶机 2017 年 4 月 23 日，龙口玉龙纸业有限公司与河南大指造纸装备集成工程有限公司就 PM2、PM6 特种纸机膜转移施胶段改造项目正式签约。

(4)民丰特种纸股份有限公司自备电厂技改项目 该项目投资 9500 万元，淘汰 2 台链条炉和 1 台 12 兆瓦中温中压抽凝机组和 1 台 6 兆瓦中温中压抽凝机组，对 1 台 12 兆瓦抽凝机组和 1 台 6 兆瓦背压机组进行升级改造。同时实施锅炉烟气超低排放改造，确保烟气排放达到国家燃气轮机组大气污染排放浓度限值标准。2017 年，7 号、8 号锅炉正式投入烟气超低排放运行。目前工况稳定，烟气各项指标均达标。

(5)河南江河纸业股份有限公司 2 号纸机技术改造 2017 年 5 月，河南江河纸业股份有限公司 2 号纸机生产线停机，开始为期 58 天的技术改造。此次改造由河南江河纸业股份有限公司和旗下全资子公司河南大指造纸装备集成工程有限公司共同完成，其最大亮点就是运用河南大指造纸装备集成工程有限公司的靴式压榨技术。此次 2 号纸机靴压的设计线压力在 600 千牛/米，可以使出压榨部纸幅干度达到 50% 以上。对干燥部的改造主要是烘缸传动方式由齿轮传动改为导辊传动，改造后可以有效降低运行时噪声，并使传动侧齿轮箱漏油问题得到根治；并对干燥部烘缸重新分组及更换气罩，改善通风，降低蒸汽消耗。

(6)龙游塔恩纸业有限公司搬迁至龙游经济开发区 2017 年 7 月 31 日，龙游塔恩纸业有限公司厂区整体搬迁事宜举行签约仪式。龙游塔恩纸业有限公司是国际纸业巨头奥地利特伦伯集团控股的子公司，公司厂区现坐落于龙游县城东片区，经过政府与企业总部协商，同意签约并将厂区从城东片区搬迁至龙游经济开发区，2017 年年底开工建厂。

4. 收购并购项目

2017 年延续了 2016 年我国特种纸企业兼并重组的快速步伐，收购并购动作频频。这些项目主要有 3 方面的意义：①提高企业集中度，盘活落后产能。一些企业，诸如仙鹤股份有限公司、杭州恒特控股有限公司等，通过收购特种纸企业来增加体量，实现资源的合理配置，通过自身资金、技术和市场的优势，提高收购企业的效益。②延伸产业链，深入下游领域。浙江凯恩特种材料股份有限公司主打产品为电气用纸，通过收购主营业务为锂离子电池的深圳市卓能新能源股份有限公司进军下游领域，形成产业链效益。③吸引外资、跨国收购，加快国际化步伐。2017 年浙江万邦浆纸集团有限公司与德国古楼集团合资组建了华邦古楼新材料有限公司，合资公司的国际化背景无疑会极大促进浙江万邦浆纸集团有限公司的国际化进程。与吸引外资相辅相成的，还有 2017 年比较引人关注的安徽山鹰纸业股份有限公司对北欧最大防油纸企业的收购。安徽山鹰纸业股份有限公司这项举措不仅可以使其顺利进军特种纸领域，也同时为其全球化进程奠定了基础。

总体来说，2017 年我国特种纸投资市场还是比较繁荣的，至少有 120 亿元的资金活跃于特种纸产业。前几年，造纸行业整体低迷，特种纸企业利润一枝独秀，很多大型文化纸和包装纸企业投资并抢占特种纸市场，近2年随着造纸行业形势的回暖，大型造纸企业投资减少，投资主要是集中在特种纸企业自身。随着环保压力的增大、产能过剩问题的日益突出、产品利润率不断下降，原来遍地开花的小型特种纸企业被洗牌，优势企业的优势纸种通过不断增加保有量提升竞争力，因此特种纸企业集中度越来越高，国内年产10万吨以上的特种纸企业不胜枚举，甚至有些企业的年生产量已超过50万吨。收购并购项目有：

(1)仙鹤股份有限公司收购浙江美鑫特种纸有限公司　2017年3月，仙鹤股份有限公司对浙江美鑫特种纸有限公司进行收购。收购后，浙江美鑫特种纸有限公司更名为浙江永鑫特种纸有限公司。2017年4月，1号长网多缸纸机正式投产，继续生产原品种热转移印花纸，年生产量6000吨；2号圆网多缸纸机已于2017年6月开机试产，产能4000吨。

(2)德国古楼集团和浙江万邦浆纸集团有限公司合资组建华邦古楼新材料有限公司　由德国古楼集团和浙江万邦浆纸集团有限公司合资组建的华邦古楼新材料有限公司于2017年9月15日开业，现在已正式运营。合资公司主要通过收购安徽华邦特种材料有限公司100%股权(万邦集团在安徽省歙县的子公司)，整体收购重组浙江华邦特种纸业有限公司，涉及收购资金总计约5.5亿元。合资公司拥有8条生产线，特种纸生产能力超过12万吨/年。公司将继续加大投入，计划首期2017年12月底前动工，投资5亿多元建设2条高档特种纸生产线，2019年完成建设；其余投资在2022年年底前完成，预计5年内投资超过9亿元，全部建成后新增特种纸年产能约20万吨，将形成包括加工纸在内的年产39万吨特种纸规模。

(3)浙江凯恩特种材料股份有限公司收购深圳市卓能新能源股份有限公司　2017年9月28号，深圳市卓能新能源股份有限公司发布公告，浙江凯恩特种材料股份有限公司拟向除凯恩股份外的全体股东发行股份及支付现金购买卓能股份97.86%的股权，交易对价为27.22亿元；同时拟向不超过10名(含10名)特定对象非公开发行股份募集配套资金，配套募集资金总额不超过17.02亿元。公告显示，凯恩股份原本已持有卓能股份2.14%的股权，此次收购后，凯恩股份将持有卓能股份100%股权完成全资收购。卓能股份的主营业务为三元锂离子电池的研发、生产、销售，主要产品包括18650圆柱锂离子电芯、电池组等。根据产品技术指标不同，可分别应用于消费类电子产品、电动交通工具等领域。卓能股份汽车动力用锂离子电池的下游为新能源汽车行业。

(4)富阳百达造纸厂、杭州富阳金宏纸业有限公司收购浙江金文纸业有限公司　2017年5月，富阳百达造纸厂、杭州富阳金宏纸业有限公司2家公司投资2300万元收购浙江金文纸业有限公司的全部股权。并利用其闲置的厂房，改建和新建造纸生产线。首先投入科研资金建设1条采用新工艺的1880高档育果袋纸生产线。项目成功后再陆续建设1880、2640、3200造纸生产线3条，并改造现有的1092造纸生产线1条，形成年产2万吨纸的生产能力，其主要产品为高档育果袋纸。

(5)杭州恒特控股有限公司并购浙江凯伦特纸业有限公司　2017年10月19日，杭州恒特控股有限公司并购浙江凯伦特纸业有限公司。此次经过双方协商，杭州恒特控股有限公司将收购浙江凯伦特纸业有限公司100%股权。浙江凯伦特纸业有限公司占地面积11.4公顷，厂房面积6万米^2，却只有1条年产10万吨造纸生产线，土地利用不充分，并购后将提高土地利用率，更好地激发企业活力。

(6)安徽山鹰纸业股份有限公司收购北欧最大防油纸企业　安徽山鹰纸业股份有限公司以24亿瑞典克朗收购北欧纸业公司100%股权。北欧纸业公司拥有浆纸年产能50万吨，是欧洲唯一一家浆纸一体化防油纸供应商。

(五)特种纸细分品种概况

1. 装饰原纸生产量持续快速增长

我国装饰原纸产销量持续快速增长，近年来下游市场需求增长迅速，带动了生产装饰原纸企业的发展。目前，全国共有装饰原纸企业近30家，多数生产规模较小，也有部分国内企业通过合资、进口设备等方式，引进国外的技术和设备，使国内出现了少数拥有先进技术设备的装饰原纸企业。中国林产工业协会装饰纸与饰面板专业委员会近期发布了2017年我国装饰纸销量统计报告。据不完全统计，2017年我国具有一定规模的人造板饰面专用原纸企业总销量约104.5万吨，同比增长13.53%。其中，装饰原纸销售量97.2万吨，同比增长14.49%；含素色纸34.4万吨，同比增长24.64%；印刷用原纸62.8万吨，同比增长9.6%；平衡纸5.3万吨，同比增长2.94%。表层纸2万吨，与2016年持平。2012—2017年我国装饰原纸的销售量见图15。

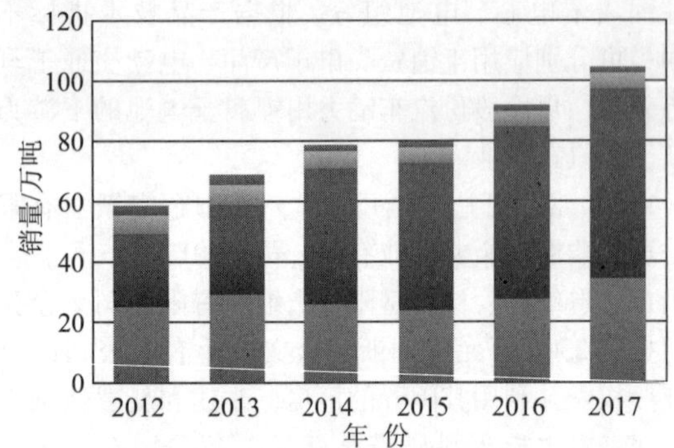

图15 2012—2017年我国装饰原纸的销售量

■表层纸 ■平衡纸 ■印刷装饰原纸 ■素色装饰原纸

注：数据来源于中国林产工业协会装饰纸与饰面板专业委员会。

2. 壁纸原纸生产量略有下降

从我国壁纸行业整体竞争格局看，目前欧美、日韩系壁纸产品仍占据国内市场70%左右的市场份额，国内中高端品牌占10%左右，众多中小壁纸企业瓜分剩下20%左右的市场份额。欧美壁纸的使用率为50%以上，日韩壁纸的使用率为98%，我国的产品基本只在大城市使用，且使用率仅为10%，可见我国市场潜力巨大。

壁纸行业近几年发展迅猛，产品更新快，每年推出500～1000种新产品，我国壁纸企业也由原先100多家几年时间发展到1000多家。据专家预测，在未来的20～50年内，壁纸仍将是室内装饰的主要材料。但2017年，受房地产产业调整的直接影响，全国建材家居流通行业竞争激烈，行业处于大调整、大整合的关键时期。据中国建筑装饰装修材料协会墙纸墙布分会统计，2017年我国墙纸墙布市场供应量(含进口)为3.16亿卷，比2016年减少0.12亿卷。2017年全国壁纸市场纸基供应总量约为18.32万吨，同比下降9%。其中国产木浆纸5.45万吨，同比增长40%，主要用于出口；国产无纺纸基12.21万吨，同比下降26%；进口壁纸原纸约为0.36万吨，基本与我国房地产行业调控政策下房地产市场发展趋势一致。2011—2017年我国墙纸墙布市场供应量见图16。

(六)特种纸产业地区分布特点

我国特种纸产业的地区分布特点整体与造纸行业一致，产业集中度较高，主要产量集中分布在浙江、山东、江苏、广东、河南几个省份。近几年，浙江特种纸产业增长迅猛，2017年浙江省特种纸生产量超过200万吨，据浙江省造纸协会统计，2017

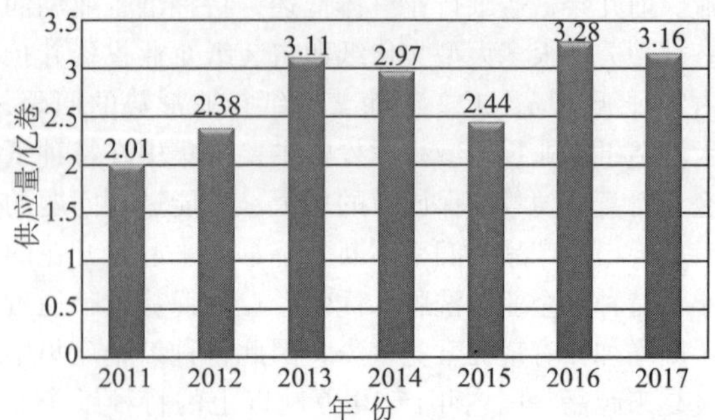

图16 2011—2017年我国墙纸墙布市场供应量

注：数据来源于中国建筑装饰装材料协会墙纸墙布分会。

年浙江省特种纸年生产量10万吨以上的7家企业生产量就达到了106万吨。山东省近些年也有一些特种纸投产项目，但总体来讲发展较平稳，达到150万吨。河南省、广东省和江苏省近些年一直维持在50万吨左右。因此，仅这5个省份的特种纸生产量就超过了500万吨，占全国特种纸生产量的3/4。

我国特种纸产业不仅地区分布集中度高，每个地区的特种纸产品也都有自己的特点，很多纸种地区集中度也很高。①龙头企业带动效应。一个龙头企业的优势产品往往会带动本地区该产品的发展；②地区聚集效应。某些纸种的地区分布非常集中，往往一个镇或者一个县有多家企业生产同类产品，如安徽省泾县的书画纸、江西省的鞭炮纸、河南省新密市的育果袋纸；③下游驱动效应。为了配套某些地区的下游产业，往往在这一地区集中出现该纸种的多家生产企业，如陕西省的育果袋纸、云南省的卷烟纸。

二、我国特种纸产业发展趋势及对策

(1)国家产业政策会持续支持特种纸产业的发展，但排放标准会越来越严，特种纸企业应高度重视节能减排工作，持续不断提高工艺装备水平，把企业的生产对环境的影响降到最低。

(2)基于宏观经济的发展现状，特种纸的市场需求增速不可避免地会逐步放缓，但与此同时，很多具有一定优势(资金、技术、成本)的企业投资热情依然不减，产业集中度会不断提高。

(3)成本在竞争中的地位更加突显，小企业的生存状况更加艰难，唯有充分发挥自身小、快、灵的优势，不断开发具有独创性的新产品，才能在竞争中立于不败之地。

(4)鉴于国内技术和市场的激烈竞争，特种纸企业不可避免地会寻求国际发展空间，包括开拓国际市场，与国际先进水平的企业开展合作等。我国"一带一路"倡议在国际上得到了广泛认可，推动了非洲、东南亚等地区的经济快速发展，为特种纸产业的国际化提供了广阔的市场空间。

(5)在政府推动和市场环境的影响下，公共和企业的创新平台建设将得到进一步加强，创新工作在企业发展过程中的作用将会越来越大。

(6)随着社会经济生活的不断变化，特种纸的需求情况不可避免地也在变化，工业用纸需求会逐步趋于平稳，生活用纸、艺术用纸、食品用纸需求的增长会较快。纳米纤维素的制备和应用、热塑性复合材料、与电子信息产业等相关的特种纸将成为研究开发的重点。

（刘　文　曾慧均　李　政　贾程瑛）

近年国内外溶解浆市场回顾与展望

Review and Outlook of Domestic and Foreign Dissolving Pulp Market

溶解浆最早出现在二战时期，是纤维素工业的主要原材料。商用溶解浆主要以木片为原料，采用预水解硫酸盐法与亚硫酸盐法制备工艺[1]。而对于棉短绒，则一般是采用烧碱法制浆，短棉绒烧碱法制备溶解浆产地目前主要集中在中国。

根据溶解浆最终用途的不同，其 α 纤维素含量也不同，一般为 90% ~98%，半纤维素和木素则应基本去除(≤2%)。α 纤维素含量为 90% ~94% 的溶解浆可用来生产黏胶短纤，α 纤维素含量大于 95% 的溶解浆用来制成黏胶长丝、铜氨纤维、高纯度纤维素醚和醋酸纤维等。

一、溶解浆市场回顾

全球范围内，溶解浆生产主要集中在亚洲(中国、印度尼西亚、印度、日本、泰国)、北美洲(美国、加拿大)、欧洲、南非、巴西等地区和国家。2017 年全球溶解浆产能约为 844 万吨，比 2016 年增加了 55.5 万吨，这主要来源于中国和印度尼西亚有 2 家溶解浆厂投产。2017 年全球溶解浆实际生产量为 620 余万吨，闲置产能 220 万吨，设备利用率约 74%，其中，中国的产能利用率为 89.4%。从全球溶解浆产能分布来看，前 5 位国家及地区分别为美国、中国、欧洲、南非、加拿大。表 1 为 2016—2017 年全球溶解浆产能分布情况。

(一)国内溶解浆市场回顾

与前 5 年相比，2017 年我国浆粕市场供应情况出现了质的改变，主要表现在棉浆、改性浆供应骤降，而国产溶解浆以及进口溶解浆出现了增长。2017 年我国的棉浆生产量约 35 万吨，同比下降 23.91%；2017 年我国改性浆生产量约 40 万吨，同比下降 27.27%；2017 年我国溶解浆生产量约 105 万吨，同比增长 7.14%；2017 年我国进口溶解浆约 261 万吨，同比增长 16.00%；其中用于黏胶纤维领域的溶解浆进口量为 224 万吨，同比增长 15.46%。2012—2017 年国内浆粕供应情况见表 2。

表 1 2016—2017 年全球溶解浆产能分布情况(不含棉浆与纸改浆)

单位：万吨

地区	国家	2016 年产能	2017 年产能
美洲	美国	200	200
	加拿大	91	91
	巴西	78.5	78.5
非洲	南非	105	105
欧洲	瑞典、法国、奥地利、挪威、捷克、芬兰等	130	130
亚洲	印度尼西亚、印度	34	69
	日本、泰国	40	40
	中国	109.6	130.1
全球合计		788.1	843.6

注：本文图表中所用产能及价格数据均来源于中纤网(www.ccfei.com.)，下同。

1. 国内溶解浆市场生产情况

2014 年起，我国环保治理力度加大，棉浆生产量日趋减少，多数棉浆工厂转产精制棉。2017 年春节后，环境保护部进行了史上最严格的“铁腕环保治理”，加上 2017 年春节后棉短绒市场价格处于 5500 元/吨的高位，国内多数棉浆生产企业被迫停产。到 2017 年 11 月，国内生产黏胶短纤用棉浆的企业已经不多，主要是山东恒联投资有限公司、河南海洋化纤集团有限公司以及新疆泰昌实业有限责任公司等企业。2016 年我国棉浆产能不过 80 万吨。从下游黏胶短纤企业使用情况来看，预计未来 5 年内，棉浆也许不会再出现在黏胶短纤的原料名单之中。

表 2　2012—2017 年国内浆粕供应情况　　单位：万吨

	2012 年	2013 年	2014 年	2015 年	2016 年	2017 年
棉浆生产量	44	75	67	58	46	35
国内溶解浆生产量	62	80	60	55	98	105
竹浆和改性浆生产量	12	6	8	9	55	40
溶解浆进口量	157	180	209	225	225	261
其中：用于黏胶纤维的溶解浆进口量	140	160	192	208	174	224

2017 年 8 月 16 日，环境保护部发出公告，发布《进口废物管理目录》(2017 年)，公告将四大类 24 个种类的固体废物从《限制进口类可用作原料的固体废物目录》调整列入《禁止进口固体废物目录》。公告出台后，纸浆进入景气度较高周期。作为改性浆原料的针叶木浆由 8 月初的 5200 元/吨一路飙升至 11 月下旬的 7400 元/吨，且仍无暂缓涨价或者调整的迹象。受此影响，改性浆因为原料价格走高，几乎在 8 月后销声匿迹，有些生产改性浆的企业甚至将针叶木浆原料直接卖出。

2017 年，我国溶解浆产能增至 130.1 万吨(不含棉浆及改性浆)，这主要源于 5 月亚太森博(山东)浆纸有限公司的纸浆生产线改产溶解浆，涉及产能 20.5 万吨/年。2017 年 6 月后，纸浆价格进入景气度较高周期；8 月，亚太森博(山东)浆纸有限公司又将该生产线改为纸浆。同时，山东太阳纸业股份有限公司新厂以及安徽华泰林浆纸有限公司等工厂的溶解浆生产线在 8 月进行检修。受纸浆价格走高影响，业内很多溶解浆生产企业经常在是否改产纸浆的问题上犹豫和徘徊。

2017 年四季度，从 10 月中旬开始，溶解浆下游的黏胶短纤价格出现暴跌，使得国内的溶解浆价格虽然有纸浆的价格支撑，但是溶解浆想与纸浆一样价格强势上涨的愿望就此破灭。进入 12 月，黏胶短纤市场价格仍未出现好转迹象，而纸浆利润仍比溶解浆利润丰厚，业内部分溶解浆生产企业选择了停产溶解浆，改产纸浆。表 3 为 2017 年我国溶解浆产能分布情况。

2. 国内溶解浆市场需求情况

2017 年溶解浆需求结构中，进口溶解浆总量的 5% ~10% 用于纤维素醚、玻璃纸、醋酸纤维等领域；受环保以及成本双重制约，棉浆生产厂家经营难度较大，部分厂家在进行差别化生产以寻求突破，但技术改造存在较大的技术壁垒，国内特种浆依旧以“雪龙”和“银鹰”的造币浆为主[2]；改性浆由于 8 月之后针叶木浆行情上涨，而暂时退出了黏胶短纤的原料供应端。由于棉浆以及改性浆退出供应端，国产溶解浆以及进口溶解浆在 2017 年抢占了黏胶纤维原料市场的份额，并出现了供小于求的局面。2010—2017 年国内浆粕生产及需求情况见图 1。

表 3　2017 年我国溶解浆产能分布情况（不含棉浆及改性浆）

企业	所在地	产能/(万吨/年)
延边石砚双鹿实业有限责任公司	吉林延边	10
福建青山纸业股份有限公司	福建青州	9.6
山东太阳纸业股份有限公司(新厂)	山东邹城	20
山东太阳纸业股份有限公司(旧厂)	山东兖州	30
湖南骏泰浆纸有限责任公司	湖南怀化	30
安徽华泰林浆纸股份有限公司	安徽安庆	10
亚太森博（山东）浆纸有限公司	山东日照	20.5
合计		130.1

(1)生产情况　从图 1 可知，2010—2017 年黏胶纤维生产量年均增速为 11.8%，2012—2013 年增长率达到高位，超过 20%；随后增速放缓，2014 年出现负增长，增长率为 -2.1%；2017 年黏胶纤维行业产能利用率走高，与 2016 年相比，2017 年四季度黏胶短纤行业出现了约 20 万吨/年的产能扩张，生产量增速为 12.1%。2017 年生产量重回高速增长态势，供需基本匹配。国产溶解浆、黏胶行业产能利用率得到很大程度提升。

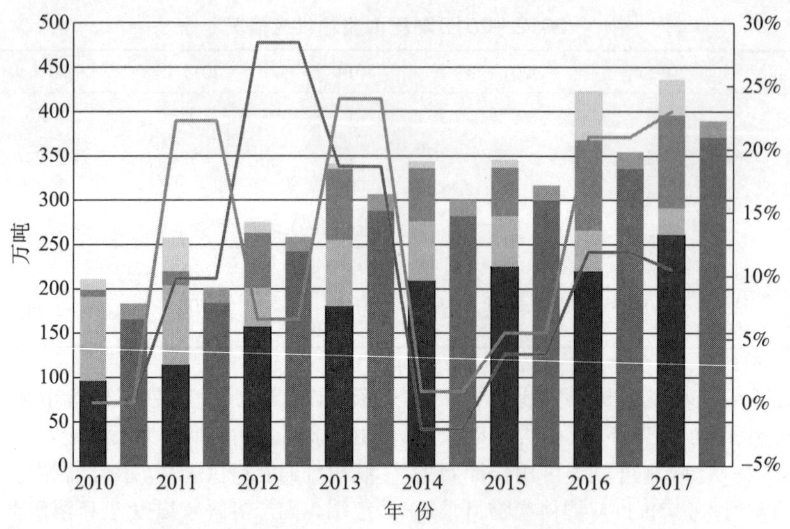

图1 2010—2017年国内浆粕生产及需求情况

(2)供应情况 2010——2013 年浆粕供应量年均增速为 17.6%，2014—2015 年供应量增速放缓；2016 年国产溶解浆、改性浆增量明显，浆粕供应增速重回 21% 高位；2017 年，浆粕供应内部格局发生了改变，生产过程污染较大的棉浆以及质量有瑕疵的改性浆逐步退出了黏胶纤维领域，而对环境影响较小的溶解浆的供应端出现了质的飞跃。

3. 国内溶解浆市场价格走势回顾

2016—2017 年我国国产溶解浆市场价格走势有 3 种形态：分别为“L”型底部，“M”型震荡以及“V”型反转。2016 年 1—7 月，溶解浆价格一直徘徊在 6650 ~ 6900 元/吨；8 月后，受部分地区洪涝灾害影响，远距离运输受阻，同时黏胶短纤价格走高，溶解浆价格进入快速拉升阶段，由 8 月初的 6900 元/吨迅速升至 10 月上旬的最高 8700 元/吨；随后，在 11 月上旬开始进入下跌通道，至 2017 年 1 月上旬价格回落至 7800 元/吨；经过盘整后，在 2017 年 2 月中旬后又进入快速上升阶段，并在 3 月保持 8300 元/吨；4 月后价格回落至 6950 元/吨，为 2017 年全年最低点；进入 7 月后，部分生产企业开始停产检修，价格再次走高，并于 10 月底到达年内次高点 7900 元/吨；11 月，受下游黏胶短纤价格下跌影响，国内溶解浆价格再次出现小幅度回调；最终在 12 月下旬国产溶解浆价格以 7500 ~ 7600 元/吨收官。

2016—2017 年国内溶解浆价格走势如图 2 所示。纵观 2016—2017 年国内溶解浆价格走势，不难发现，国产溶解浆在 2016 年上半年基本处在低迷态势，市场价格要么横盘要么下跌；但在 2016 年下半年尤其是三季度之后，直到 2017 年一季度，溶解浆市场价格非常活跃。

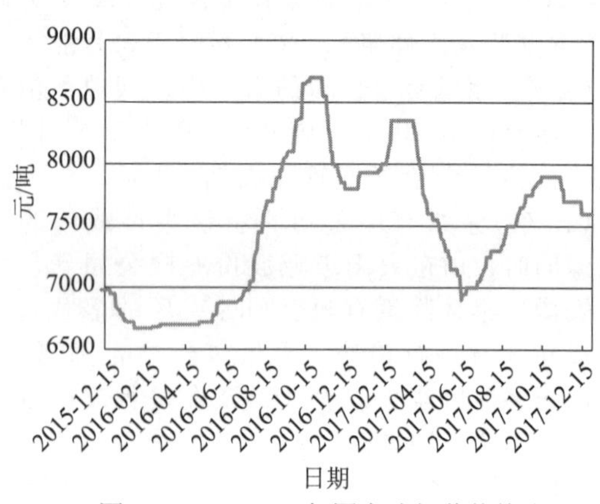

图2 2016—2017年国产溶解浆价格走势

(二)国外溶解浆市场

2017 年，受到史上最严环保政策的影响，国内棉浆及改性浆产能大幅缩减；同时，下游的黏胶短纤的产能增加 20 万吨/年，溶解浆市场供应趋紧，从而导致进口量较 2016 年明显增加，进口价格也有所提高，进口溶解浆代理商们的市场话语权也随之提高。

2017 年初，WTO 裁定中国取消对从加拿大进口溶解浆的反倾销税，在 WTO 给出的文件中指出：应加拿大 Fortrees 公司反馈，WTO 专家组通过调查得出结论，中国商务部未能按照 WTO 的义务进行损害调查。执行决定的时间表将由加拿大和中国协商，或建立一个独立的仲裁员决定。一旦该文件执行，就意味着从加拿大进口溶解浆将占有一定优势。

1. 国外溶解浆生产情况

2017 年，全球溶解浆企业生产基本保持稳定。5—6 月葡萄牙 Caima 浆厂和巴西 Jari 浆厂进行检修；印度尼西亚 April Grop 溶解浆厂投产；8 月美国 Rayonier Advanced Material Inc. 收购天柏公司（Tembec Inc.）全部股权，这标志着美国 Rayonier 公司开启了整合北美洲溶解浆市场之门。

2. 我国溶解浆市场进口情况

2017 年 1—12 月我国共进口溶解浆 261 万吨，进口均价为 977 美元/吨，与 2016 年全年进口均价 940 美元/吨相比，上涨 37 美元/吨。从图 3 所示的 2016—2017 年溶解浆进口月度情况可以看出，2017 年，除了 1 月、11 月进口量与 2016 年持平，12 月进口量比 2016 年有所降低外，其余 9 个月的进口量均高于 2016 年。从全年数据来看，2017 年溶解浆进口量比 2016 年增加 36 万吨，这主要得益于下游黏胶短纤行业在 2017 年扩张速度较快。2017 年，黏胶短纤实际生产量比 2016 年增加了 35 万吨，而这部分黏胶短纤使用的溶解浆量只能依靠进口这一途径来解决其原料问题。

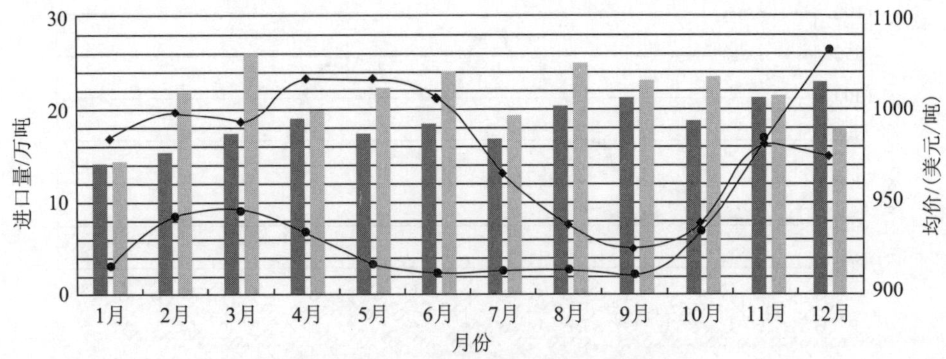

图3　2016—2017年溶解浆进口月度情况

■ 2016年进口量 ■ 2017年进口量 ● 2016年均价 ◆ 2017年均价

2017 年我国月平均溶解浆进口量为 21.75 万吨，与 2016 年月平均进口量 18.7 万吨增加 3.05 万吨。虽然 2017 年有亚太森博（山东）浆纸有限公司改产 20.5 万吨项目，但由于其开工时间较短，并没有对溶解浆的进口量构成太大威胁。部分产能扩张的黏胶短纤企业为了能够得到稳定的溶解浆供货源，在不同的月份都会适量增加其溶解浆的进口量。在 3 月，由于进口溶解浆价格较前期价格低迷，加上黏胶短纤市场行情较好，故当月的溶解浆进口量为 2017 年进口量最高，达 26.13 万吨。

2015—2017 年溶解浆分国别进口情况见表 4。

表 4　2015—2017 年溶解浆分国别进口情况　单位：万吨、%

国别	2015 年		2016 年		2017 年	
	进口量	占比	进口量	占比	进口量	占比
巴西	37	16	48	21	55	21
南非	36	16	29	13	29	11
美国	29	13	30	13	32	12
加拿大	23	10	17	8	19	7
印度尼西亚	18	8	23	10	39	15
奥地利	16	7	16	7	16	6
芬兰	14	6	15	7	16	6
瑞典	12	5	10	4	11	4
捷克	11	5	7	3	12	5
泰国	9	4	8	4	9	4
其他	20	9	23	10	23	9
合计	225		225		261	

数据来源：海关统计数据，中纤网。

2017 年我国溶解浆进口来源国排名前 5 位的分别为：巴西、印度尼西亚、美国、南非、加拿大；其所占总进口量的比例分别为：21%、15%、12%、11%、7%；5 国合计占比 66%。这 5 国中，巴西、美国、加拿大连续 2 年保持稳定比例，南非浆依然呈现下滑趋势，印度尼西亚所占比例提速较快，由 2015 年的 8% 直接跃升至 15%。

3. 外盘溶解浆市场价格走势回顾

2016—2017 年我国进口溶解浆价格走势见图 4。由图 4 可知，2016—2017 年进口溶解浆市场价格走势呈现“几”字形运行。2016 年 1—11 月，价格曲线表现为冲高状态，2016 年 12 月至 2017 年 4 月为高位盘整状态，5 月开始进入下跌通道，8 月开始再次冲高，至 10 月在次高点盘整。

总体来看，与进口阔叶木溶解浆价格相比，进口针叶木溶解浆价格更为敏感，震荡幅度更大。这主要是因为针叶木溶解浆生产量较小，但在用途上却比阔叶木溶解浆更为广泛，故其对下游市场变化的反应速度更为灵敏。2017 年进口溶解浆价格的高峰出现在 3—4 月，其中针叶木溶解浆价格为 1040 美元/吨，阔叶木溶解浆价格为 945 美元/吨；低点出现在 6 月下旬至 7 月上旬，针叶木溶解浆 925 美元/吨，阔叶木溶解浆 830 美元/吨。

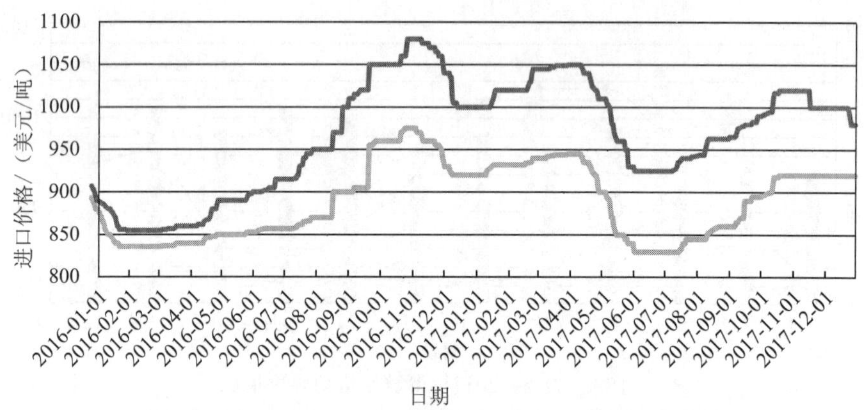

图4 2016—2017年外盘针叶木、阔叶木溶解浆价格走势

二、2017 年溶解浆市场影响因素分析

2017 年溶解浆市场价格运行主要受制于下游黏胶短纤的市场价格。同时，2017 年宏观政策以及宏观经济运行对溶解浆市场价格也有较大影响，主要表现在人民币汇率波动对溶解浆市场价格运行影响导致了进口溶解浆价格与国产溶解浆价格走势在年中出现了不一致的现象。同时，2017 年下半年，纸浆价格上涨对溶解浆价格也出现了一定的干扰。

（一）黏胶短纤市场价格走势对溶解浆价格的影响

图 5 为 2016—2017 年国产溶解浆、黏胶短纤价格走势。从图 5 可以看出，作为溶解浆的主要下游产品，黏胶短纤的市场价格在一定程度上制约着溶解浆的价格走势。溶解浆价格走势基本是滞后于黏胶短纤，且其价格波动也更为平缓。这主要是因为黏胶短纤工厂对溶解浆采购采取一月一议的价格政策，根据黏胶短纤市场情况与溶解浆生产商及贸易商商谈当月价格及购买量。而黏胶短纤价格波动较大，主要是因为黏胶短纤采取的是每周甚至每天根据当天的产销数据进行定价。故溶解浆销售在某种意义上属于被动型销售，而非主动型销售。

（二）人民币汇率波动对进口溶解浆市场价格的影响

2016—2017 年，我国人民币汇率经历了一次由 6.4296 元至 6.9699 元的贬值，随后又至 6.4557 元的升值过程。人民币汇率波动直接影响进口溶解浆市场。一般情况下，汇率贬值对进口溶解浆市场偏利空，实际进口价格上涨；而汇率升值对进口市场偏利多，实际进口价格下跌。图 6 所示为 2016—2017 年进口阔叶木溶解浆价格和人民币汇率走势。从图 6 可以看出，2016—2017 年发生了比较有意思的现象：进口溶解浆市场价格趋势较人民币汇率波动趋势要提前一个月，即在这两年间，进口溶解浆市场价格可以以人民币结汇指标作为参考；同时在进行进口溶解浆操作时，如果汇率走势明确了升值还是贬值的时候，也可以对进口数量及价格进行锁定，以规避后期汇率市场变动带来的价格或者数量的损失。

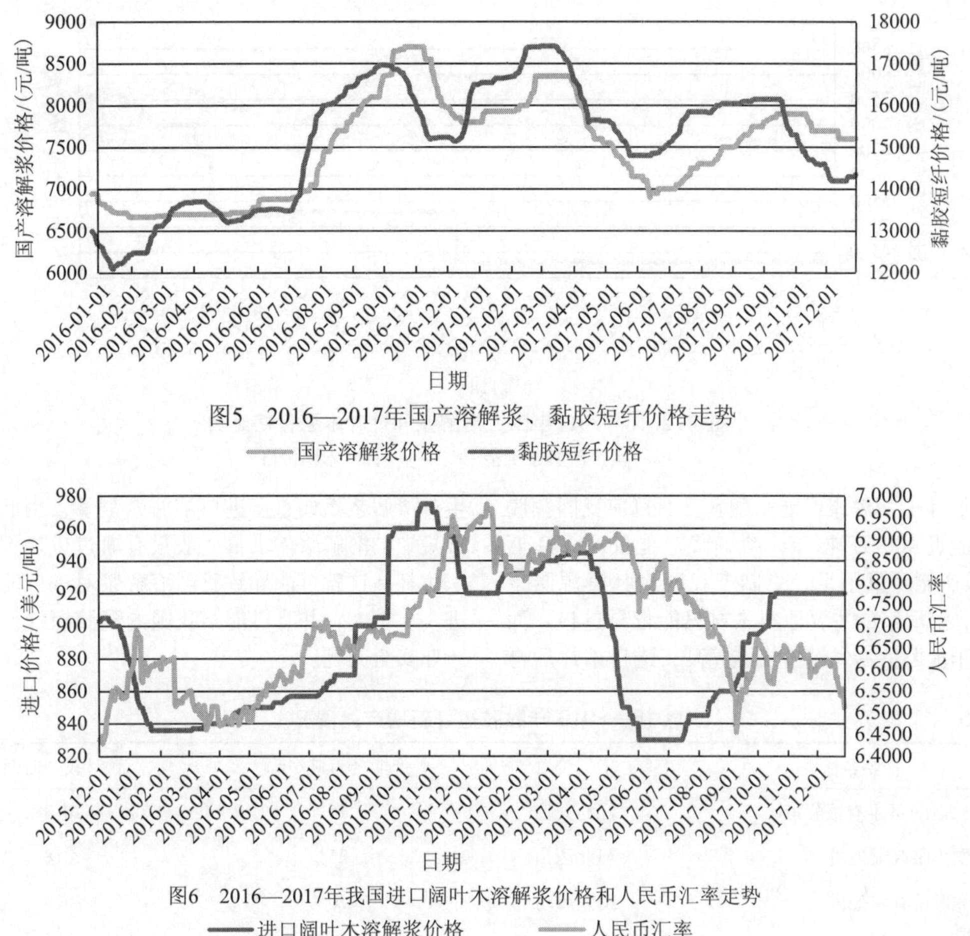

图5　2016—2017年国产溶解浆、黏胶短纤价格走势

图6　2016—2017年我国进口阔叶木溶解浆价格和人民币汇率走势

结合图3的2016—2017年我国溶解浆进口月度情况，就不难解释为何每个月的溶解浆进口量差异较大。因为在实际操作过程中，进口溶解浆的企业都会结合当时的人民币汇率进行结汇报关。

(三)纸浆价格走势对溶解浆市场价格的影响

在一般情况下，纸浆市场与溶解浆市场相对来说是分开运行，关联性不大。但2017年8月环境保护部出台《进口废物管理目录》(2017年)文件后，纸浆价格进入快速上涨阶段，在针叶木浆价格上涨至7000元/吨后，部分溶解浆生产企业将纸浆与溶解浆进行毛利率对比，发现纸浆比溶解浆毛利率要高很多，便开始转产纸浆，使得溶解浆的供应量在8—10月较为紧张，同时纸浆的价格高涨，对溶解浆价格也起了一定的支撑作用。这样就不难解释图5中8月后，黏胶短纤价格稳定并在10月出现下跌的时候，溶解浆价格却在上涨的原因。但进入四季度，尤其是12月，黏胶短纤暴跌至14000元/吨时，还是将溶解浆价格压制到7500~7600元/吨，使得针叶木浆与国产溶解浆价格在近年来首次出现同价现象。图7所示为2016—2017年国产溶解浆和针叶木浆价格走势。

三、溶解浆行业展望

党的十九大报告明确了“中国有特色的社会主义已进入新时代，我国社会主要矛盾已经转化为人民日益增长的美好生活需要和不平衡不充分的发展之间的矛盾”。这为我国未来的经济发展以及社会生产指明了发展方向。从目前溶解浆市场来看，我国溶解浆行业的主要矛盾体现在国产溶解浆整体的生产量跟不上下游黏胶短纤的扩张步伐，体现在产业链发展的不平衡和不充分。2018—2019年是完成“十三五规划”的攻坚阶段，在这个阶段，溶解浆及黏胶短纤行业面临着如何解决这一矛盾的难题。

从需求看，2018—2019年，我国将有145万吨/年黏胶短纤的产能释放。表5所示为2018—2019年黏胶短纤新增产能情况，这意味着需要将近

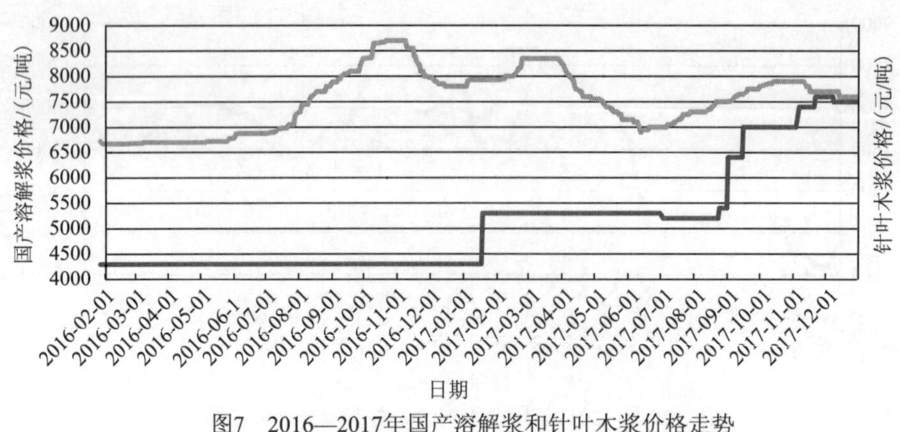

图7　2016—2017年国产溶解浆和针叶木浆价格走势

150 万吨/年的溶解浆产能来配套。而目前我国黏胶短纤产能近 400 万吨/年，溶解浆产能仅为 130 万吨/年，产能严重不足。受制于我国森林资源匮乏的现状，溶解浆的主要原料木材只能依靠进口。而木片属于虚抛货物，运输成本偏高，进口木片后再生产溶解浆不如直接进口溶解浆划算。因此，这部分短缺的溶解浆需求量一般只有通过进口贸易环节来弥补。这就可能导致我国溶解浆对进口的依存度进一步扩大，并有可能给我国的黏胶短纤行业带来产业安全问题。

表 5　　2018—2019 年黏胶短纤新增产能情况

企业名称	工厂位置	产能/(万吨/年)	预计投产时间
赛得利(九江)纤维有限公司	江西九江	16	2018
唐山三友集团有限公司	河北唐山	25	2018
恒天海龙股份有限公司	山东潍坊	20	2019
阿拉尔市富丽达纤维有限公司	新疆阿拉尔	30	2018—2019
阜宁澳洋科技有限责任公司	江苏阜宁	16	2018
南京化纤股份有限公司	江苏南京	16	未知
吉林化纤股份有限公司	吉林吉林	12(生物质短纤) 6(莱赛尔)	未知
赛得利(中国)纤维有限公司	江西九江	200	未知
奥地利兰精集团	泰国	10(莱赛尔)	2020
	印度尼西亚	30	未知
	奥地利	2.5(莱赛尔)	
合计		383.5	

表 6 所示为 2017—2019 年国内外溶解浆新增产能情况。从供应端来看，预计 2017—2019 年国内外将有 311.5 万吨/年的溶解浆产能释放，其中能够确定的仅 70 万 ~100 万吨/年。为了应对上述“木片—溶解浆—黏胶短纤”供应体系矛盾，山东太阳纸业股份有限公司采取走出去建厂的战略部署，在老挝以及美国共投资了约 50 万吨/年的溶解浆产能。这样既保障了我国溶解浆的供应端安全问题，又解决了溶解浆企业发展受制于木片资源以及运输成本高等问题。

总之，2018—2019 年是溶解浆行业大发展的两年。在此期间，世界范围内“溶解浆—黏胶短纤”产业链将在产能巨量增加的背景中获得新的成长空间，而我国溶解浆生产企业可以通过“走出去”的方式，在“一带一路”的战略部署推进过程中解决我国溶解浆供应的安全问题。

表 6　　2017—2019 年国内外溶解浆新增产能情况

工厂	工厂位置	产能/(万吨/年)	预计投产时间
山东太阳纸业股份有限公司	老挝	30	2018
山东太阳纸业股份有限公司	美国	20	2018—2019
Skutskar 公司	瑞典	16	2018
Paskov&Lenzing 公司	捷克和奥地利	3. 5	2018
Svetlogorsk 公司	俄罗斯	9	未知
Arauco 公司	智利	55	未知
Av Terrace Bay 公司	加拿大	28	未知
湖北黄冈晨鸣纸业	中国	30	2018—2020
亚太森博(日照)	中国	120	未知
合计产能		311. 5	

参考文献

[1] 季柳炎. 温故知新：全球溶解浆市场的变迁对中国市场的启示[J]. 中华纸业，2014，35(5)：50

[2] 季柳炎，赵丽君. 2016—2018 年溶解浆市场回顾与展望[J]. 中华纸业，2017，38(3)：58

[3] 图表中所用产能及价格数据来源：中纤网(www. ccfei. com.)

(季柳炎)

纳米纤维素的产业化进展

Progress of Nanocellulose Industrialization in China

一、纳米纤维素简介

纳米纤维素是纤维素经过化学、物理和微生物等方法获得的某一维在纳米尺寸(0.1～100.0 纳米)范围的纤维素产品。与普通纤维素相比，纳米纤维素除了具有可再生、无毒性、密度低、来源广泛等优点之外，还具有生物相容性好、高纯度、高强度等特性。

纳米纤维素来源广泛，包括植物(如木材、棉花和亚麻等)、动物(被囊类)，也可以通过微生物(如木醋杆菌等)发酵得到。根据其结构形貌的不同可以分为五大类：纳米微晶纤维素(Nanocrystalline Cellulose，NCC)、纳纤化纤维素(Nanofibrillated Cellulose，NFC)、细菌纤维素(Bacterial Cellulose，BC)、静电纺纳米纤维素(Electrospun Cellulose Nanofibers，ESC)和沉淀法再生纳米纤维素(Precipitation Regenerated Cellulose Nanofibers，PRC)。

NCC 是一种刚性棒状纳米粒子，直径为 2～20 纳米，长度为 100～600 纳米。NCC 通常由酸解法制备，酸解可以将纤维素的无定型区去除，在减小了纤维素尺寸的同时，还可以获得较高的结晶度。NFC 的直径为 2～40 纳米，长度一般为几微米，故长径比大于 NCC。NFC 通常由机械法制备，但因能耗太高，一般先对纤维素进行化学或酶预处理，然后再进行高压均质或机械球磨处理，最终获得具有纳米尺寸的微晶纤维素。与 NCC 相比，NFC 的无定型区去除率较低，故结晶度比 NCC 低。BC 是通过微生物方法合成的具有网状结构的纳米纤维素，具有纯度高、平均分子质量高和机械稳定性好等优点，直径一般在 20～100 纳米。能够生产 BC 的细菌种类有很多，其中木醋杆菌使用最多。ESC 的直径一般在几十纳米到几微米之间，由静电纺丝法制备，通常制成薄膜产品。PRC 以无定型区为主，通常是将纤维素用磷酸等溶剂完全溶解后，再加入去离子水使其再生析出。

纳米纤维素近年来在制浆造纸领域受到越来越多的关注。在造纸工业中，纳米纤维素主要起到以下作用：(1)用来代替普通浆料，节省原料，提高纸张性能；(2)可以赋予纸张一些特殊性能。

二、国外纳米纤维素研究进展

近年来，纳米纤维素的制备得到了越来越广泛的关注，而且正逐渐从实验室合成向商业化生产发展，表 1 列出了目前国外纳米纤维素的产业化进程。目前国外纳米纤维素的产业化主要集中在中试生产线阶段，研发单位主要集中在加拿大、瑞典、芬兰、美国和日本等国家。此外，芬兰国家技术研究中心(VTT)已实现 NFC 的中试规模生产，挪威鲍利葛公司(Borregaard)也在进行微纤化纤维素(MFC)的中试生产。

表 1 国外纳米纤维素产业化进程

年度	研发单位	类型	技术状态	情况概述
2006	加拿大制浆造纸研究院(PAPRICAN，Canada)	NCC	中试	世界首个中试规模的 NCC 生产装置
2011	瑞典创新发明研究院(Innventia，Sweden)	NFC	中试	世界首家 NFC 中试工厂，产能 100 千克/日
2011	芬兰芬欧汇川集团(UPM，Finland)	MFC	中试	纤维素特种纸中试生产线

续表

年度	研发单位	类型	技术状态	情况概述
2011	芬兰斯道拉恩索集团 (Stora Enso, Finland)	MFC	中试	在伊马特拉(Imatra)建立微纤化纤维素(MFC)中试工厂
2012	加拿大黛美达公司 (Domtar, Canada) 加拿大林产品创新研究院 (FPInnovations, Canada)	NCC	中试	建立世界首家 NCC 工厂(CelluForce),产能 1 吨/日
2012	美国林务局 (US Forest Service, USA) 缅因大学 (The University of Maine, USA)	NCC NFC	中试	全美首家纳米纤维素中试工厂，产能 NCC 20 千克/周，NFC 1 吨/日
2013	日本制纸公司 (Nippon Paper, Japan)	NFC	中试	TEMPO 氧化纳米纤维素的量产化试验，设计产能 500 吨/年
2013	日本王子制纸公司 (Oji Paper, Japan)	NFC	产业化 正常生产	世界首条纳米纤维素薄膜连续化生产线
2015	瑞典霍尔门公司 (Holmen, Sweden) 瑞典莫瑞瑟驰公司 (MoRe Research, Sweden) 瑞典国家技术研究院 (SP Technical Research Institute of Sweden, Sweden)	NCC	中试	欧洲首家 NCC 中试工厂
2015	南非纸浆和造纸实业有限公司 (Sappi, South Africa)	NFC	中试	在荷兰建立 NFC 中试工厂
2017	日本王子制纸公司 (Oji Paper, Japan)	NFC	中试	高黏度、高触变性的 NFC，产能 40 吨/年

三、国内纳米纤维素的主要研究单位

目前国内研究纳米纤维素的主要科研院所有：国家纳米科学中心(简称“纳米中心”)、中国科学院理化技术研究所(简称“理化所”)、中国科学院青岛生物能源与过程研究所(简称“青能所”)、中国林业科学研究院林产化学工业研究所(简称“林化所”)和中国林业科学研究院木材工业研究所(简称“木材所”)等；高等院校有：长春工业大学、东北林业大学、华南理工大学、江南大学、天津科技大学和浙江理工大学等；企业有：中国制浆造纸研究院有限公司(简称“中国纸院”)、杭州市化工研究院有限公司(简称“杭化院”)、杭州语晗科技有限公司(简称“语晗科技”)和济南圣泉集团股份有限公司(简称“圣泉集团”)等。

纳米中心成立于 2003 年，是我国从事纳米科学研究的综合基地，是由中国科学院与教育部、科技部共建。国家纳米科学中心的研究方向定位于纳米科学的基础研究和应用研究，重点在前瞻性的、具有重要应用前景的纳米科学与技术基础研究。

理化所是以物理、化学和工程技术为学科背景，以高科技创新和成果转移转化研究为职责使命的研究机构。理化所的功能高分子材料研究中心长期致力于纤维素基功能材料的研究，主要包括纤维素晶体结构的调控、结构与形貌关系以及功能化应用等方面。

林化所是我国唯一专门从事林业资源化学加工利用的研究所，集基础研究、应用研究、产品开发及工程设计为一体的综合性研究中心与实体。林化所目前主要研究纳米纤维素的制备、纳米纤维素在环境友好型生物基热固性聚合物材料中的应用及其功能化改性等，并将纳米纤维素应用于特种膜材料、多功能填料、电化学传感器、环保型催化剂和水处理材料等。

木材所在国家“千人计划”王思群教授的引领下，在木质纳米纤维素绿色制备、精确表征和高值应用等方向做了很多研究工作，主要包括纳米木质素的制备与应用、纳米纤维素绿色定向制备技术和纳米纤维素的精确表征技术，并在纳米纤维素阻燃与隔热气凝胶材料、超疏水涂层材料、储能材料、吸附材料和发光材料等方面开展了大量的前沿性基础研究。

华南理工大学制浆造纸工程国家重点实验室在植物资源化学与高值化利用、制浆造纸清洁生产技术、特种纸与功能纸制品、制浆造纸装备与过程控制和工业生态与环境等方面的应用基础和关键技术研究作出很大贡献。制浆造纸工程国家重点实验室承担纳米纤维素相关国家重点研发计划课题 1 项、国家自然科学基金项目 3 项和省部级研究课题 11 项。

中国纸院自 2008 年开始致力于纳米纤维素的制备与应用研究，目前已成功开发出高浓羧乙基化预处理技术和中浓机械解离技术，形成了一套完整的连续化、高效率、低能耗、环境友好型的纳米纤维素制备工艺。同时，中国纸院也积极开发和拓展纳米纤维素在造纸、包装、复合材料、过滤和吸附等领域的应用，开发了可用于复合材料增强和提高包装材料阻隔性能的纳米纤维素产品，并提出了 MFC/填料预絮聚改性技术。

语晗科技在全球范围内首次实现了无定形态纳米纤维素的规模化制备，可以在低能耗的情况下实现高效生产，整个过程做到了污染物零排放，该产品在水性涂料中可作为水性流变助剂，起到悬浮稳定、防沉流变的作用，在化妆品中可作为保湿助乳化剂，在食品中作为膳食纤维替代剂。

圣泉集团是一家专注于各类植物秸秆的研究、开发与综合利用，涉足生物质、高性能树脂及复合新材料、大健康、生物医药四大领域的创新型企业集团。公司是国家火炬计划重点高新技术企业和农业产业化全国重点龙头企业，是经国家工信部认定的国家技术创新示范企业。公司是国家“神舟”系列飞船返回舱保温原材料指定制造商。

四、学术交流

中国造纸学会积极推动国内纳米纤维素的研究和学术交流，2015 年成立了纳米纤维素及材料专业委员会（NMC of CTAPI），国家纳米科学中心蒋兴宇研究员任主任委员。纳米纤维素及材料专业委员会 2016 年年会和 2017 年年会分别在广州市和杭州市召开。表 2 列出了 2010—2017 年以来国内召开的与纳米纤维素有关的学术会议。

表 2 2010—2017 年国内召开的与纳米纤维素有关的学术会议

时间、地点	会议名称	会议内容介绍	主办单位
2010-11-08 广州市	第四届制浆造纸新技术国际研讨会	会议的一个专题为生物炼制和纳米纤维素	华南理工大学制浆造纸工程国家重点实验室
2016-10-25 北京市	2016 年国际林联亚洲和大洋洲地区大会生物质基纳米材料与技术分会	会议就纳米纤维素、纳米木质素等的制备、表征、降解、功能性应用等内容进行了讨论	中国林业科学研究院木材工业研究所
2016-10-26 北京市	2016 木质纳米材料研讨会	会议就纳米纤维素及其应用等国内外最新研究进展进行了讨论	中国林业科学研究院木材工业研究所
2016-11-07 广州市	第五届制浆造纸新技术国际研讨会暨第三届造纸与环境国际会议	会议的一个重要主题为纳米纤维素及其功能材料，占会议论文的近 1/3	华南理工大学、天津科技大学和南京林业大学
2017-03-19 北京市	纤维素跨学科研讨会	会议主题为以纳米纤维素为主的纤维素学科前沿及交叉学科的研究进展和发展前景	中国科学院理化技术研究所
2017-05-20 杭州市	第一届纳米纤维素材料国际研讨会	会议就纳米纤维素的表征、规模化制备和高附加值利用等问题进行了讨论	中国造纸学会纳米纤维素及材料专业委员会

五、国内纳米纤维素研究进展

1. 项目

目前与纳米纤维素相关的国家重点研究计划包括 2 项：华南理工大学承担，天津科技大学、杭化院等 5 家单位参与的科技部十三五国家重点研发计划“基于造纸过程的纤维原料高效利用技术”子课题二—微纳米纤维素关键制造技术及中试示范（2017YFB0307902）（2017/07—2021/06）；中国纸院主持的国家重点研发计划政府间国际科技创新合作重点专项“新型生物质基纳米复合功能涂料在可持续包装材料中的应用”（2018—2020 年），旨在开发新型的生物质基纳米复合功能涂料，用于替代纸包装材料中的聚乙烯、聚丙烯和铝等不可生物降解物质，解决目前纸包装材料存在的可生物降解性差和回用率低的问题，促进纸包装材料的可持续性发展。

与纳米纤维素相关的国家自然科学基金项目有：理化所黄勇研究员主持的重点项目—晶面导向纤维素纳米纤维化（1D）及片层化（2D）过程中凝聚态结构调控、羟基分布与材料性能的关系（51733009）（2018/01—2021/12），理化所吴敏研究员负责的项目—纤维素微纤表面金属纳米粒子的自组装及其功能（50773086）（2008/01—2010/12）、主任基金—纳米纤维素的绿色制备及其分散性研究（51043003）（2011/01—2011/12）、纤维素及其衍生物对无机纳米片的分散和稳定过程及性能的研究（51172247）（2012/01—2015/12）和面上项目—石墨烯纳米片/纤维素大分子界面作用特征及其利用研究（51472253）（2015/01—2018/12），青能所刘超负责的青年基金—木质纤维素甲酸水解制备纳米纤维素及溶剂介质机械作用对其疏水表面构筑的机理研究（31700509）（2018/01—2020/12），林化所王基夫副研究员负责的面上项目—纳米纤维素-树脂酸多臂星形共聚物可控制备、结构调控机理与性能研究（31570579）（2016/01—2019/12），长春工业大学呼微教授负责的青年项目—纳米晶纤维素增强磺化聚芳醚复合型质子交换膜的制备、微结构和性能研究（21404013）（2015/01—2017/12），东北林业大学于海鹏教授负责的面上项目—微波-低共熔溶剂协同的木材组分高效分离及纳米纤维素制备科学基础（31670583）（2017/01—2020/12），东北林业大学陈文帅副教授负责的青年基金项目—木质纳米纤维素基碳气凝胶构建机制及其吸附行为与电学性能（31400495）（2015/01—2017/12）和面上项目—木质纳米纤维素凝胶网络可控构筑及其对纳米颗粒的过滤分离机制（31770594）（2018/01—2021/12），江南大学蒋学教授负责的基于均三嗪衍生物改性木质纤维素的结构与水解性能（31270632）（2013/01—2016/12）和纤维素纳米晶体的改性-水解连续法制备机理及其基质相容性（31570578）（2016/01—2019/12）。

2. 论文与专利

据不完全统计，研究论文：纳米中心发表 13 篇，理化所发表 15 篇，青能所发表 11 篇，林化所发表 16 篇，木材所发表 20 篇，长春工业大学发表 6 篇，东北林业大学发表 11 篇，华南理工大学发表 200 余篇，江南大学发表 17 篇，天津科技大学发表 5 篇，浙江理工大学发表 9 篇，中国纸院发表 16 篇，杭化院发表 2 篇，语晗科技发表 3 篇；发明专利：纳米中心申请 21 项，理化所申请 30 项，青能所申请 10 项，林化所申请 5 项，木材所申请 20 项，长春工业大学申请 2 项，东北林业大学申请 3 项，华南理工大学申请 11 项，江南大学申请 5 项，天津科技大学申请 5 项，浙江理工大学申请 7 项，中国纸院申请 4 项，杭化院申请 2 项，语晗科技申请 1 项，圣泉集团申请 12 项。纳米纤维素今后发展的主要趋势是制备和应用技术实现产业化。

3. 主要产业化进展

国内纳米纤维素产业化较国外稍晚，中国大陆地区最早的纳米纤维素生产线是 2011 年中国国旅贸易有限公司与纳米中心合作在黑龙江佳木斯建立的规模化 NCC 生产装置。表 3 总结了国内各研发单位的产业化进展。

表 3　国内纳米纤维素产业化研究进展

研发或产业化单位	纳米纤维素类型	技术状态	主要内容	技术负责人
中国国旅贸易有限公司	NCC	产业化试运行	酸法 NCC 生产	蒋兴宇
国家纳米科学中心	NCC、NFC	小试	纳米纤维素基包装薄膜 纳米纤维素精细化学品	蒋兴宇 查瑞涛
中国科学院青岛生物能源与过程研究所	NCC、NFC	小试 中试	甲酸法水解联产 NCC 与 NFC，正在进行中试级放大实验和中试平台的完善。	李　滨
中国林业科学研究院林产化学工业研究所	NFC	小试	NFC 基双组分水性聚氨酯	吴国民

续表

研发或产业化单位	纳米纤维素类型	技术状态	主要内容	技术负责人
中国林业科学研究院木材工业研究所	NFC、NCC	小试 中试(设备即将到位)	纳米纤维素的绿色定向制备 纳米纤维素的结构精确表征 纳米纤维素的高值化应用(气凝胶、涂层和柔性材料)	王思群
长春工业大学	NCC	小试	NCC/磺化聚芳醚纳米复合质子交换膜的制备及其在中低温燃料电池中的应用	呼 微
东北林业大学	NCC、NFC	小试	溶剂法预处理生物质原料结合超声液相法规模化制备 NCC 和 NFC	于海鹏 陈文帅
华南理工大学	NCC、NFC	小试 中试(15~24 升/时 2 台、60 升/时 1 台)		付时雨 曾劲松 唐爱民 方志强
江南大学	NCC、NFC	小试	双醛化纳米微晶纤维素生物基膜材料的制备 三嗪类化合物改性纳纤化纤维素在聚合物增强增韧中的应用 微纳米纤维素增强的多糖基生物薄膜在食品包装工业中的应用	蒋 学 龙 柱
天津科技大学	NCC、NFC、CF	小试		温洋兵
浙江理工大学	NCC	小试	酸水解法制备 NCC 并将其用于柔性透明导电薄膜和食品级复合膜的制备	唐艳军
中国制浆造纸研究院有限公司	NCC、NFC 等	中试(3 千克/日)	纳米纤维素的制备及其在造纸、包装和复合材料等领域中的应用	刘金刚
杭州市化工研究院有限公司	微纳米纤维素	中试(100 千克/日)	微纳米纤维素中试示范生产线的建设及其高值化应用	姚献平
杭州语晗科技有限公司	无定形态纳米纤维素 纤维素纳米线	产业化正常生产 中试	无定形态纳米纤维素的制备及其在纺织材料、中性含乳饮料和水性涂料中的应用开发 纤维素纳米线的制备及其在聚乳酸增强中的应用	隋晓锋 郭志清
济南圣泉集团股份有限公司、中国科学院理化技术研究所	NFC	产业化试运行	农业废弃物玉米芯纤维素的纳米化制备与高值化利用	吴 敏 张金柱

六、展 望

最近 10 年，纳米纤维素因其优异的性能在国内受到广泛关注。虽然部分纳米纤维素生产线已经建成并试生产，但是纳米纤维素从中试到大规模化生产的过程中仍然面临着许多困难和挑战：酸法制得的 NCC，存在废液处理、得率、干燥与再分散等问题；机械法或酶与机械法结合制得的 NFC，存在能耗问题；先超声法，然后高压均质得到的 NFC，存在能耗和再分散难题；TEMPO 氧化制备纳米纤维素的过程易造成环境污染。其中，污染问题的改善可以寻求一些较环保替代试剂或者开发一种新型污染处理装置，能耗问题的解决可以探索一种新的高效预处理方法。我国对纳米纤维素的研究仍处于快速上升阶段，开发高效环保的制备方法以及探索其高值化利用将是纳米纤维素发展的重点工作。

（查瑞涛 王明政 蒋兴宇）

纤维原料

FIBROUS MATERIALS

2005—2016 年世界主要地区和国家废纸回收利用概况

进口与国内双重规范政策导向下国内废纸行业的机遇与挑战

我国竹材制浆造纸生产及高值化利用技术展望

4

2005—2016 年世界主要地区和国家废纸回收利用概况

Recovery and Application of Waste Paper in Main Regions and Countries of the World in 2005 - 2016

表 1　　2005—2016 年世界主要地区废纸回收量　　单位：千吨

地区	2005 年	2006 年	2007 年	2008 年	2009 年	2010 年	2011 年	2012 年	2013 年	2014 年	2015 年	2016 年
亚洲	62720	72127	73382	76724	79213	87883	91447	93878	96042	99109	99519	99728
欧洲	56491	59946	63183	65389	62788	63382	64070	64410	64632	64660	66257	66647
北美洲	51820	50874	53475	51715	49857	51123	52384	50641	49973	50715	51587	51969
拉丁美洲	8395	9304	9807	10384	10034	10925	11464	12208	12528	12466	13053	13200
大洋洲	2466	2419	3380	3482	3548	3650	3610	3508	3497	3450	3472	3453
非洲	1718	1795	2110	2253	2142	2447	2451	2745	2971	3061	3162	3392
合计	183660	196466	209115	211968	209659	221825	228176	230394	232858	236513	240692	242189

注：2007 年合计中包括中东地区回收量 3778 千吨；2008 年合计中包括中东地区回收量 2021 千吨；2009 年合计中包括中东地区回收量 2075 千吨；2010 年合计中包括中东地区回收量 2416 千吨；2011 年合计中包括中东地区回收量 2751 千吨；2012 年合计中包括中东地区回收量 3004 千吨；2013 年合计中包括中东地区回收量 3215 千吨；2014 年合计中包括中东地区回收量 3052 千吨；2015 年合计中包括中东地区回收量 3642 千吨；2016 年合计中包括中东地区回收量 3801 千吨。

表 2　　2005—2016 年世界主要地区废纸消费量　　单位：千吨

地区	2005 年	2006 年	2007 年	2008 年	2009 年	2010 年	2011 年	2012 年	2013 年	2014 年	2015 年	2016 年
亚洲	82318	94237	98208	103361	107684	115229	120894	125354	126792	129161	130845	131342
欧洲	50074	52402	54672	55298	51159	55356	55016	54756	56236	56346	57103	57745
北美洲	38746	34137	36847	34730	30728	31447	30379	28937	29285	30509	30686	30754
拉丁美洲	10463	10896	11374	11748	11604	12369	12672	13109	13327	13510	13994	14269
大洋洲	1869	1265	1950	1985	2070	2019	2035	1865	1824	1752	1743	1791
非洲	1850	1955	2141	2287	2175	2376	2338	2587	2757	2898	3038	3226
合计	185319	194892	208697	211200	207211	220997	225606	229308	233068	236853	240082	241889

注：2007 年合计中包括中东地区消费量 3505 千吨；2008 年合计中包括中东地区消费量 1791 千吨；2009 年合计中包括中东地区消费量 1791 千吨；2010 年合计中包括中东地区消费量 2202 千吨；2011 年合计中包括中东地区消费量 2272 千吨；2012 年合计中包括中东地区消费量 2699 千吨；2013 年合计中包括中东地区消费量 2847 千吨；2014 年合计中包括中东地区消费量 2677 千吨；2015 年合计中包括中东地区消费量 2673 千吨；2016 年合计中包括中东地区消费量 2761 千吨。

表 3　　2005—2016 年世界主要产纸国家废纸回收情况

国家	2005 年		2006 年		2007 年		2008 年		2009 年		2010 年	
	回收量/千吨	回收率/%	回收量/千吨	回收率/%	回收量/千吨	回收率/%	回收量/千吨	回收率/%	回收量/千吨	回收率/%	回收量/千吨	回收率/%
美国	46968	52.4	46997	51.9	47594	54.4	47589	58.3	50036	63.4	46861	63.0
中国	18095	30.5	22655	34.3	27650	37.9	31280	39.4	34238	40.0	40163	43.8
日本	22320	68.5	22873	72.4	23040	73.7	22746	75.1	21760	79.7	21623	77.5
德国	14413	68.3	15550	74.5	15360	72.9	15617	76.7	15399	84.8	15388	77.7
加拿大	4852	60.3	4820	67.7	4810	70.3	4126	57.8	4244	66.2	4262	67.6
芬兰	791	46.8	825	48.0	845	43.7	829	46.5	726	48.9	710	57.2
瑞典	1568	65.2	1529	63.6	1598	69.1	1521	68.1	1416	74.4	1236	60.7
韩国	7086	83.4	7460	86.3	8000	89.1	7530	85.0	7716	91.6	8090	86.0
法国	6592	57.9	6950	63.7	7070	63.5	6885	64.1	6907	72.5	7072	71.3
意大利	5792	48.8	6000	51.3	6170	51.9	6316	60.0	6199	62.8	6326	58.4

国家	2011 年		2012 年		2013 年		2014 年		2015 年		2016 年	
	回收量/千吨	回收率/%	回收量/千吨	回收率/%	回收量/千吨	回收率/%	回收量/千吨	回收率/%	回收量/千吨	回收率/%	回收量/千吨	回收率/%
美国	47803	66.1	46261	64.4	45795	63.8	46423	65.0	47313	66.7	47373	66.9
中国	43475	44.6	44725	44.5	44513	45.5	48413	48.1	48413	46.8	49641	47.6
日本	21368	76.2	21671	78.0	21795	79.8	21678	79.3	21204	79.2	21128	79.9
德国	15269	77.2	15293	77.6	15359	78.7	15093	75.7	15309	74.4	15365	76.0
加拿大	4581	74.6	4380	73.2	4178	71.4	4292	75.0	4274	74.8	4596	81.7
芬兰	705	68.4	678	62.2	691	61.7	642	51.8	614	52.4	541	48.5
瑞典	1239	63.9	1159	61.0	1220	67.7	1001	55.4	1084	69.0	1027	58.4
韩国	8390	87.8	8659	94.6	9165	96.0	8412	88.0	8350	86.2	8340	84.5
法国	7149	74.0	7328	78.7	7243	81.0	7316	81.7	7151	82.4	7236	82.4
意大利	6288	59.3	6231	62.8	6062	62.7	6069	61.3	6349	62.9	6479	63.7

注：回收率 = 废纸回收量/纸和纸板消费量。

表 4　　2005—2016 年世界主要产纸国家废纸消费情况

国家	2005 年		2006 年		2007 年		2008 年		2009 年		2010 年	
	消费量/千吨	利用率/%	消费量/千吨	利用率/%	消费量/千吨	利用率/%	消费量/千吨	利用率/%	消费量/千吨	利用率/%	消费量/千吨	利用率/%
美国	32857	39.8	31503	37.5	30158	36.1	28899	36.2	29250	40.8	28002	36.9
中国	35125	62.7	42250	65.0	50210	68.3	55488	69.5	62463	72.3	66311	71.5
日本	18687	60.4	18790	60.0	19315	61.4	19012	61.8	16788	63.1	17292	63.2
德国	14459	73.4	15244	73.1	15822	67.9	15489	67.8	14790	70.8	16273	70.5
加拿大	5889	30.2	5763	31.7	5454	31.4	4553	28.6	3748	29.2	3445	26.9
芬兰	683	5.5	595	4.2	766	5.3	724	5.5	544	5.1	579	4.9
瑞典	2041	17.4	2030	16.8	2022	17.0	2022	17.3	1824	16.7	1836	16.1
韩国	8690	79.5	9433	88.1	8717	79.7	8544	80.5	8514	81.2	9174	82.6
法国	5953	57.6	6002	60.0	5947	60.3	5677	60.9	4988	60.0	5276	59.7
意大利	5423	54.9	5578	55.7	5581	55.2	5329	56.2	4764	56.4	5193	56.8

续表

国家	2011年		2012年		2013年		2014年		2015年		2016年	
	消费量/千吨	利用率/%	消费量/千吨	利用率/%	消费量/千吨	利用率/%	消费量/千吨	利用率/%	消费量/千吨	利用率/%	消费量/千吨	利用率/%
美国	27098	36.1	26303	35.4	26605	36.1	27668	37.8	28000	38.5	27974	38.8
中国	70750	71.2	74791	73.0	74250	73.4	75933	72.5	77761	72.6	78134	72.0
日本	16977	63.8	16770	64.3	16935	64.5	17093	64.6	16984	64.8	17033	64.8
德国	16074	70.8	16203	71.6	16489	73.6	16622	73.7	16754	74.1	16897	74.7
加拿大	3281	27.1	2634	24.5	2680	24.1	2841	25.7	2686	26.0	2780	27.5
芬兰	583	5.1	567	5.3	609	5.7	594	5.7	569	5.5	532	5.2
瑞典	1712	15.2	1624	14.2	1378	12.8	1248	12.0	1211	11.9	1160	11.5
韩国	9597	83.5	9579	84.5	10326	87.5	9477	81.0	9337	80.5	9267	79.5
法国	5104	59.9	5037	62.2	5150	64.0	5400	65.9	5293	66.3	5355	67.1
意大利	5042	55.2	4649	53.7	4715	54.5	4700	53.3	4852	53.8	4887	54.3

注：利用率 = 废纸消费量/纸和纸板生产量。

（郭彩云）

进口与国内双重规范政策导向下国内废纸行业的机遇与挑战

Opportunities and Challenges of Domestic Waste Paper Industry Under the Guidance of Import and Domestic Policies

一、2016 年我国回收纸市场概况

(一)市场规模概况

1. 2016 年我国废纸资源整体收缩

据中国再生资源回收利用协会废纸分会及中国海关的统计数据显示，2016 年以来，我国废纸回收量增速放缓，废纸进口量整体保持在 2500 ~ 3000 万吨之间(见图 1)。

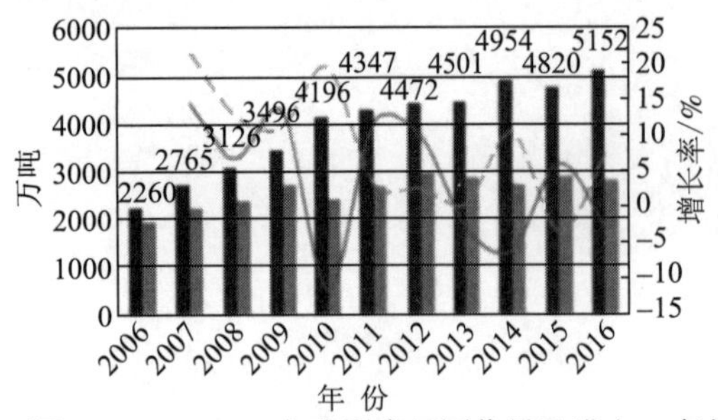

图1 2006—2016年我国废纸回收量及进出口变化

注：资料来源于中国再生资源回收利用协会废纸分会、中国海关。

而据中国造纸协会统计，2016 年以来，包括进口和国产在内的纸浆总消耗量增速基本呈现缓慢下行的趋势。2016 年我国废纸浆总消耗量为 6329 万吨，同比下滑 0.14%；我国进口废纸浆消耗量为 2308 万吨，同比下滑 3.5%(见图 2)。

整体来看，国内废纸资源整体收缩的同时，进口废纸资源更为趋紧。

2. 废纸资源价值凸显，价格整体上行

受废纸回收量和进口量增速下行的影响，2016 年国内废纸价格整体上行，废纸资源价值凸显。以国废黄纸板统货价格为例，2016 年年底国废黄纸板

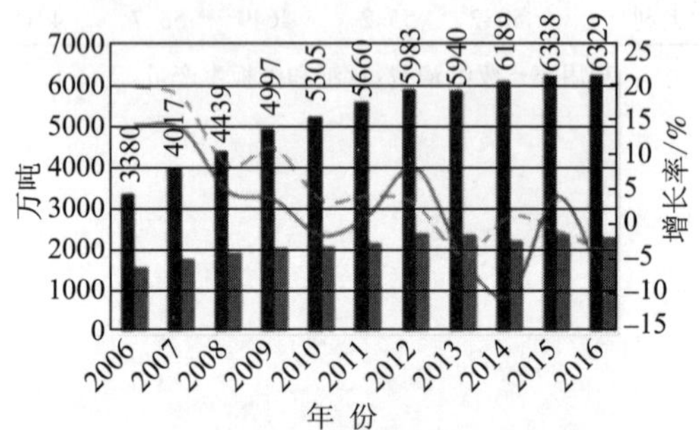

图2 2006—2016年我国废纸浆消耗量及进口废纸浆消耗量变化

注：资料来源于中国造纸协会、中国海关。

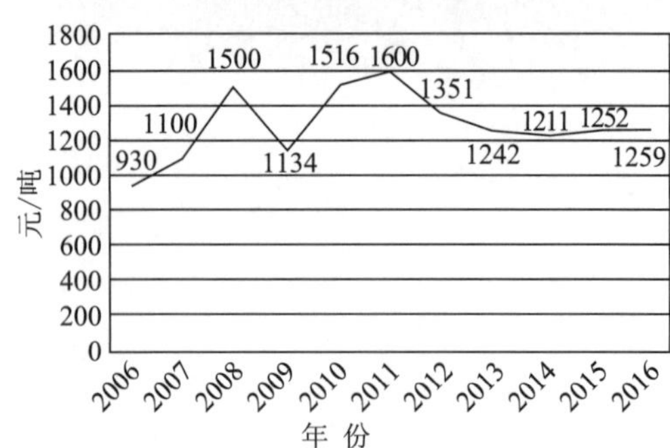

图3 2006—2016年国内废纸销售价格变化趋势

注：资料来源于中国再生资源回收利用协会废纸分会。

的价格较年初增长超过 50%(见图 3)。

值得注意的是，2017 年 7 月《禁止洋垃圾入境推进固体废物进口管理制度改革实施方案》正式颁布，混合废纸进口被禁，而根据 2016 年海关进口数据显示，编号为 4707900000 的未分选混合废纸的进口量约为 568 万吨，占废纸总进口量的 20%。随着混合废纸进口被禁，其他标号废纸进口量增加的概率也不大，这 20% 原进口混合废纸的需求将被迫

转向国产废纸，废纸资源属性价值凸显。

此外，由于小企业普遍没有废纸进口的额度，2017 年以来国废和外废的价差扩大，对于大企业利好明显。

3. 国内废纸回收率提升空间仍较大

近年来，随着我国废纸回收利用的发展，我国废纸回收率呈逐步上行趋势，从 2006 年的 34.3% 提升至 2015 年的 46.6%。2016 年，我国废纸回收量达到 5152 万吨左右，同比增长 7.5%，废纸回收率达到 49.7%，创下历史新高。但是，与主要发达国家和地区相比，我国的废纸回收利用率仍然较低。2015 年，美国、欧洲、日本的废纸回收率分别达到 66.8%、71.9%(2016 年为 72.5%)和 81.5%。由此可见，我国废纸回收率仍存在较大的提升空间(见图 4)。

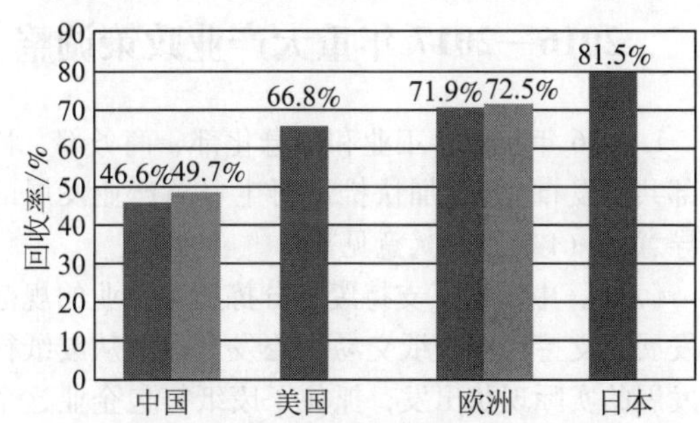

图4　2015—2016年我国废纸回收率与主要发达国家对比

■ 2015年　■ 2016年

注：资料来源于中国再生资源回收利用协会废纸分会。

(二)市场价格走势

1. 2016 年国内废纸价格大幅上涨

2016 年废纸价格以震荡上涨为主，在 10 月底"爆发"价格"直线式"上涨，经过小幅回调后，继续呈上涨走势直至年末。据统计，2016 年国内废纸价格平均涨幅为 31.28%，部分地区废纸价格涨幅甚至将近 1 倍(见图 5)。

据统计，2016 年 11 月底，以浙江景兴纸业股份有限公司、玖龙纸业(控股)有限公司等为首的造纸厂开始下调废纸价格，业内一片欢呼，寄希望纸价也会因此下降。不料，进入 12 月，全国多地废纸价格又开始上调。综合来看，导致 2016 年废纸价格上涨的主要原因有如下几个方面：

一是从 2015 年开始国家有计划地淘汰造纸行业落后产能和过剩产能，使得供应市场逐渐紧张。以 2015 年为例，淘汰产能达到 167 万吨。

二是为配合国际重要会议召开，保障"会议蓝"，涉及停产或限产的废纸企业较多。以 2016 年

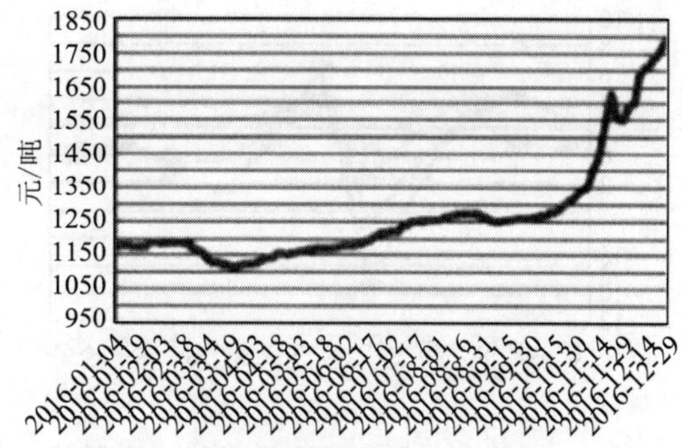

图5　2016年我国回收纸市场价格变化

注：资料来源于中国再生资源回收利用协会废纸分会。

G20 峰会为例，为保障 G20 峰会"会议蓝"，华东、华北等地 7 省市造纸厂纸箱厂停产限产 20 天左右，限产 30% ~50%。

三是环保督查采取"高压"态势，多地取缔或关停造纸、包装、印刷等污染严重的"十小"企业，大纸厂则被限产。

四是煤炭、运输等价格上涨，成本转嫁到废纸价格当中。以运输新政为例，2016 年 9 月 21 日运输新政实施后，废纸运输成本增加了 60 元/吨左右。

五是人民币贬值，废纸进口价格上涨。当前我国废纸对外依存度在 60% 左右，人民币贬值，废纸进口成本增加，带动废纸价格上涨。

2. 国际废纸市场供求情况

(1)回收量增长放缓　在世界经济整体复苏疲弱乏力、世界贸易增长依然疲弱的背景下，2015 年全球造纸行业整体表现仍然疲软。纸浆生产量在经历了 2014 年的增长后又趋于下降，废纸回收量、纸和纸板生产量仍然保持了增长态势，但是增长率明显放缓；纸浆、纸和纸板出口贸易在经历了前 2 年的增长后呈现下降态势，废纸出口贸易则扭转了过去连续 3 年的下降态势(见图 6)。

2015 年，全球废纸回收量 22367.8 万吨，比 2014 年增长 0.5%。其中，亚洲是全球最大的废纸回收地区，回收量为 9989.1 万吨，比 2014 年下降 0.07%；其后依次是欧洲 5774.3 万吨，增长 0.14%；北美洲 5007.3 万吨，增长 2.19%；拉丁美洲 1049.5 万吨，增长 54.91%；非洲 193.7 万吨，增长 7.37%；大洋洲 353.8 万吨，下降 3.75%。

从对全球废纸回收量的贡献看，亚洲占 44.66%，欧洲 25.82%，北美洲 22.39%，拉美地区，大洋洲和非洲合计 7.04%。

(2)消耗量下滑　根据中国造纸协会的统计，2016 年 12 月，全球废纸消耗量同比下滑 1.1%。

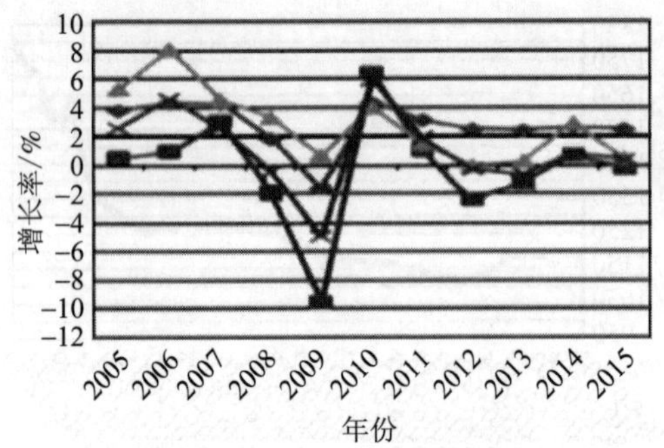

图6　2005—2015年全球经济和纸业变化趋势

GDP　纸浆生产量　废纸回收　纸和纸生板产量

注：资料来源于中国人口与发展研究中心。

2016 年 1—12 月，全球废纸消耗量累计同比增长 0.2%（见图 7）。

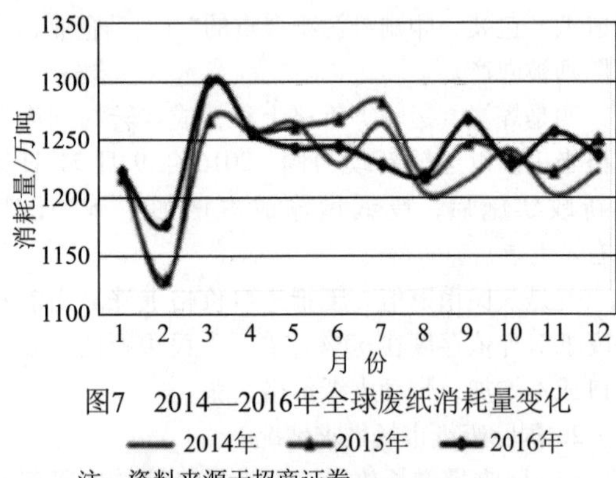

图7　2014—2016年全球废纸消耗量变化

2014年　2015年　2016年

注：资料来源于招商证券。

（3）进口废纸价格低于国内废纸价格　2017 年 7 月 27 日，国务院办公厅印发《禁止洋垃圾入境推进固体废物进口管理制度改革实施方案》，提出了完善的限制洋垃圾进口的监管制度，制定了明确的时间表。2017 年年底之前，全面禁止进口环境危害大、群众反映强烈的固体废物；2019 年年底前，逐步停止进口国内资源可以替代的固体废物。

自 2017 年 7 月实施方案颁布以来，美废从历史高位 251 美元/吨下跌至 225 美元/吨，跌幅约 10.4%；欧废从下半年最高 185 美元/吨下跌到 172.5 美元/吨，跌幅约 6.8%；日废从 225 美元/吨高位下跌到 213 美元/吨，跌幅约 5.6%。

与此同时，国内废黄板纸价自 2017 年一季度末持续走高，7 月底受废纸进口新政影响涨幅明显，从短暂的横盘价格 1795 元/吨上涨到 2161 元/吨，涨幅超过 20%。

近一年，国内废纸平均价要比国际废纸平均价（按照 1 美元兑换 6.7 元人民币计算）高出 100～200 元/吨。国务院《方案》出台后国内国际废纸价格分别一涨一跌，价差进一步扩大，从 2017 年 7 月末的 331 元/吨迅速扩张至 799 元/吨（见图 8）。

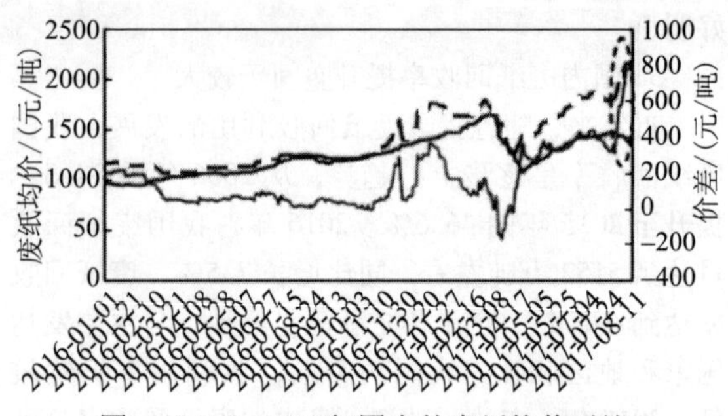

图8　2016—2017年国内外废纸均价对比

国际废纸　国内废纸　价差

注：资料来源于招商证券。

二、2016—2017 年重大产业政策调整

1. 2016 年年底，工业和信息化部、商务部、科技部共同发布《关于加快推进再生资源产业发展的指导意见》（以下简称《意见》）

《意见》中明确了支持废纸分拣加工企业的规范化发展，支持区域废纸交易中心发展，这从废纸行业发展的实际现状出发，抓住了废纸打包企业这个关键环节，对推动废纸全产业链健康发展、提高废纸质量和利用率有着重要的指引作用。

《意见》中第一次将废纸列为重点领域，作为第二大再生品类，废纸行业近年来快速规模化规范化发展，得到了政府主管部门的重视。

《意见》中表述：加快推进废纸分拣加工中心规范建设，在重点区域建立大型废纸仓储物流交易中心，有效降低废纸区域间流动成本。提升废纸分拣加工自动化水平和标准化程度，推广废纸自动分选技术和装备，提高废纸回收利用率和高值化利用水平，推动废纸利用过程中的废弃物资源化利用和无害化处置，降低废纸加工利用过程中的环境影响。到 2020 年，国内废纸回收利用规模达到 5500 万吨，国内废纸回收利用率达到 50%。

以废纸产生量大、利用量大的区域为重点，完善收运、分选、打包等物流体系，建设电子交易平台，提供资金、交易、信息等综合服务，培育 3～5 家经营量在 30 万吨以上大型废纸加工交易示范基地，在区域废纸供应链中发挥重要集聚功能。

对于符合上述条件的废纸分拣加工企业和交易中心，政府将在土地、金融服务、产业引导政策、税收等方面给予相应支持。

2.《废纸加工行业规范条件》通过工业和信息化部专家评审

由国家工业和信息化部委托、中国再生资源回收利用协会承担的《废纸加工行业规范条件(征求意见稿)》(以下简称《规范条件》)已于2017年6月16日通过专家评审,《规范条件》从企业的设立和布局、加工工艺和装备、资源综合利用效率和能耗、产品质量和职业教育、安全生产和职业健康等方面对废纸加工企业进行了规范,重点对企业的加工规模、质量管理和环保消防安全进行了严格要求,并对申请《规范条件》的企业条件、申报报流程、审批流程和公告办法进行了相应规范。《规范条件》的制定将传统的废纸打包行业重新定位、按照加工业的生产要求对企业进行规范,是我国废纸回收加工行业发展进程中的重大转折。

3. 普遍推行垃圾分类制度、培育壮大节能环保产业等写入政府工作报告

4. 2017年4月18日,中央深改办通过《关于禁止洋垃圾入境推进固体废物进口管理制度改革实施方案》(以下简称《方案》),7月18日《方案》正式出台,进口废纸政策调整。

《方案》表明中央将运用法律、经济、行政三大手段对固废进口政策进行重大调整,调整内容主要是:一是对废料进口的价值判断发生转变,进口固废对我国生态环境安全和人民身体健康有负面影响。二是国家将分行业、分种类制定禁止固体废物进口的时间表,大幅减少进口种类和数量。三是禁止进口固体废物是一个有顺序、有步骤的实施过程,不会一刀切,将会保持行业的有序调整。四是固废进口政策调整可以促进国内固体废物回收利用,促进循环经济发展。

2017年7月18日,国务院办公厅正式印发《禁止洋垃圾入境推进固体废物进口管理制度改革实施方案》。该方案调整了进口废物管理目录,明确提出禁止进口未经分拣的废纸以及废纺织原料、钒渣等固体废物,并于2017年年底开始正式实施。

5. 国家税务总局发布《关于进一步加强再生物资回收行业增值税管理有关问题的通知》

2017年8月,国家税务总局发布《关于进一步加强再生物资回收行业增值税管理有关问题的通知》[税总函[2017]330号],把再生物资回收行业作为风险分析的重点,筛查具有增值税税负异常、购销品名背离、经营"两头在外"、发票开具金额突增等风险特征的企业。由于长久以来,回收行业形成了从拾荒者到零星收购站到个体经营者的废旧物资回收产业链,企业在向个体经营者收购废旧物资时难以索取增值税销售发票,造成回收企业成本无法认定,也就造成了税务链条的不规范。在这次税务稽查行动中,安徽、天津、湖北、江苏、江西等绝大部分"税收洼地"的企业都被停票稽查,全国范围内出现了回收企业集体休克的状态。

2017年起,税务严厉监管成为常态,再生资源企业,尤其是回收企业必须转入规范化经营,阳光化操作,否则将为此付出巨大代价。同时国家也须尽快出台相关的管理办法,解决回收行业进项无凭证的实际问题。

6. 环保稽查的力度加紧,清理"散、乱、污",对个体回收户进行大批清退

按照有关方案安排,京津冀及周边"2+26"个城市要在2017年3月底前完成"散乱污"企业排查,并确定"散乱污"清理企业名单。大量无证经营的回收站点和打包站以及即使注册登记但环保消防不合规的经营者在这次排查中被强制关停清退,北京的废纸打包厂从200家减少到70家。这种清退加速了不规范回收站点的淘汰过程,对于城市环境整治和行业秩序理顺非常必要,但由于再生资源回收在大部分一线城市列入了禁限目录,因此规范企业也成为清理对象,制约了规范企业发展。

三、我国废纸行业面临的历史机遇和挑战

(一)机遇

1. 环保红利

未来进口废纸的收紧,无疑将导致造纸企业更加注重国内废纸采购渠道的建立,将倒逼国内废纸产品质量提升,形成差异化竞争优势和价格优势。与此同时,国内回收企业与造纸企业间原有的无序供应关系将得到改善,造纸企业对供应同盟的选择将倾向对原料渠道有规模控制权的实力回收企业,小而散的个体回收商将被淘汰出市场。规范化和规模化发展成为大势所趋。这是通过环保力度让企业兼并重组、做大做强、提高抗风险的能力。

2. 城市环境治理红利

城市环境治理工作将不规范、不环保经营的个体回收加工厂作为城市"散、乱、污"的清理对象,规范企业将迎来公平竞争环境。一些原来规模小或者是环保手段不齐备的企业,逐渐退出市场,这为规范经营的或者有实力的企业,带来了很大的机遇。

3. 行业规范红利

《废纸加工行业规范条件》正式出台后，将有力推动废纸加工行业规范与整合，推动行业技术装备水平的提升，提高废纸供应链交易效率，实现废纸回收利用行业的绿色发展、环保发展，对废纸加工行业的规范和造纸产业的发展具有重要指导意义。未来达到规范经营标准的企业，将获得更好的政策支持和发展空间。

4. 资本和金融红利

近些年国内废纸回收行业吸引了大量巨型资本，有国企、风投、金融机构，甚至一些国外的再生资源公司也在积极的寻求商业机会，开始着手进入我国市场。随着行业的逐渐规范，企业融资的成本和难度会大大降低，这将为企业规模化发展注入动力。

5. 信息管理和技术红利

现代化信息管理手段开始应用于废纸回收，为企业的规模经营、连锁经营提供了有效的管理手段，同时智能分选加工技术的出现也为加工效率的提高做好了准备。

(二)挑战

行业整体经营水平处于低端，与产业集约化发展相悖；回收体系在区域和主体制度上仍有很多工作要做；没有形成统一的废纸产品标准体系，无法形成规模化的交易；大企业在竞争中优势不明显，不能充分发挥带动作用。

两网融合进程中，与环卫企业有竞争有合作，可能在竞争中被淘汰。最后是税收制度，前端进项采购认定环节仍然存在困难需要突破。

四、应对策略和创新探索

再生资源企业要实现 3 个重要历史转变：第一是战略转型，从单纯资源回收利用向环保为前提的资源综合利用转型；第二是结构转型，从废进废出、一品一出的简单贸易向废进新出、多品多出的产业链型转变；第三是观念转变，从政策依靠型向市场竞争型转型，只有市场服务能力强，才能争取到政府购买服务，打铁还需自身硬。

今后的应对策略，总结为 4 个方面：第一是资本整合，大型企业对中小企业的并购，大型企业之间股份合作，行业内已有企业开始在研究和探讨这方面的工作。第二是资源整合，区域小微企业网络整合，打包站向前端延伸，由单品种转向多品种。第三规范发展，涉及土地、厂房、经营资质、税务管理等。第四模式创新方面，包括连锁经营、区域性交易平台、两网融合、信息化管理等。

通过模式与管理创新，我们要达到 6 个竞争优势：第一是有合规证照，第二是独立研发技术，第三是两网融合的前端优势，第四是信息化管理手段，第五是特许经营资质，第六是合规场地。

关于整合方式，行业内应该抱开放的心态，打包厂收到货以后，需要经过几个程序，才能最终到利废企业。在整个业务链条中，可能有的业务涉及四到五层的结构关系。呼吁行业内把这几层参与经营的主体有机整合起来，从造纸企业、回收企业互联网业、中间人，通过兼并重组，股本整合来做大做强。

在模式创新方面有 6 个方向：一是区域交易中心，利用区域优势建立成品纸和废纸双向物流基地，提供物流服务、交易服务、金融服务；二是在线交易平台，回收纸电商、在线交易、支付、物流配送、供应链金融；三是产业链的延伸，全品种、全产业链经营；四是信息化的管理，打包厂财务业务管理信息化、货物溯源物联网化；五是政府合作，积极争取政府的 PPP、BOT、BT 项目；六是互联网回收，缩减回收环节，创新盈利模式，嫁接多种社区服务。

（吴　涛）

我国竹材制浆造纸生产及高值化利用技术展望

Prospects of Bamboo Pulp and Paper Production and Value-added Utilization Technology in China

21 世纪以来，我国造纸工业迅速发展，但一直面临资源和环境方面的压力。我国每年大量进口纸浆和废纸，原料资源的短缺严重制约造纸工业的健康发展。2017 年，我国进口木浆 2372.7 万吨，进口废纸 2572 万吨，进口纤维原料依赖度依然达到 45% 以上。另外，造纸工业中非木材纤维原料使用比例下降，大量农业秸秆和竹类资源没有得到有效利用，且秸秆焚烧和不当处置，还会造成严重的大气污染和河流富营养化。非木材制浆技术与装备相对落后，生产过程废弃物量大，处理难度较高，产生的环境负面影响较为严重。近十多年来，出于国家环保政策越来越严，我国陆续关闭了产能 3 万吨以下非木材纤维类(除竹材、蔗渣)制浆线，制浆中非木材纤维原料比例逐年下降，如图 1 所示。

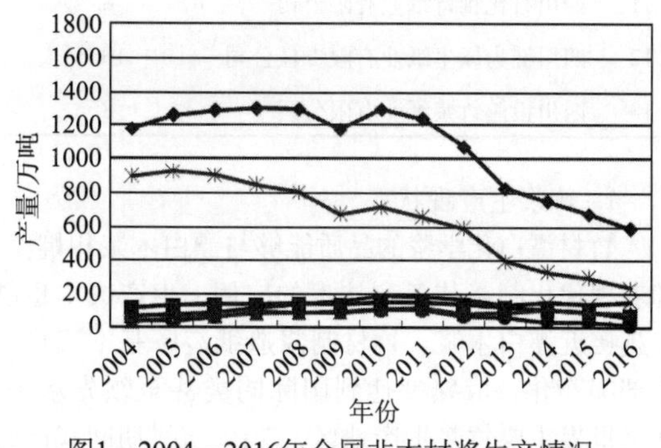

图1　2004—2016年全国非木材浆生产情况

目前全球竹材种植面积约 2200 万公顷，主要分布在亚太、美洲和非洲 3 个产区，其中亚太地区占 70% 以上[1]（见表 1）。其中，我国是世界上竹类分布广、资源多、利用最早的国家之一，全国共有竹类植物 39 属、500 种以上。现有竹林面积 601 万公顷，占世界竹林面积的 1/4[2]。竹子资源主要分布在 11 个省区，其中，排名前 5 位的省份为四川、福建、湖南、浙江和江西（如图 2 所示）。竹子属于多年生禾本科纤维原料，是一种优良的造纸纤维原料[3]，如果加大其清洁制浆及高值化利用的力度，对造纸工业拓展纤维资源来源具有重要意义。

表 1　世界竹林资源分布

区域	竹林面积/万公顷
亚洲	1250
美洲	150
非洲	150
大洋洲及太平洋诸岛	20
其他	630

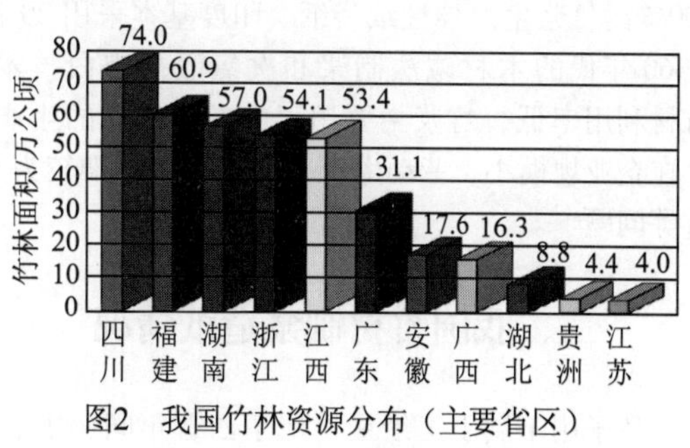

图2　我国竹林资源分布（主要省区）

除用作竹制品外，竹子最大的用途是制取竹浆和竹纤维，包括竹浆、竹浆纤维和新兴的竹原纤维等。竹浆属于化学浆范畴，其中，普通竹浆用于制备各种纸张产品，包括文化纸、食品包装纸、生活用纸及各种纸板。竹溶解浆是以竹子为原料制成的一种由高纯度纤维素组成的特种化学浆，有高含量的 α-纤维素（90% ~ 98%），较少量的半纤维素（2% ~ 8%），微量的残余木素、有机抽出物和无机盐等。竹浆纤维，在造纸行业上与竹浆概念相同，指以竹子为原料制成的纤维；纺织行业上使用的竹浆纤维是指以竹溶解浆制成的再生纤维，两者具有完全不同的内涵。新发展起来的竹原纤维又称天然竹纤维，是采用物理、化学相结合的方法从自然生长的竹子中提取的天然纤维，其主要制备过程为：竹材→制竹片→蒸竹片→压碎分解→生物酶脱胶→梳理纤维→纺织用纤维。竹原纤维具有吸湿导湿、抗菌除臭等特殊性能，可用于制成纱线用于纺织面料混纺、医用敷料及改性后纤维增强复合材料等方面[4]。竹原纤维工业化生产目前尚处于起步和成长阶段，形成的生产规模还不大，需要进一步培育消费市场的认知度。在加拿大、美国和德国明文规定，为区别于竹原纤维，竹浆纤维不能简称竹纤维[5]。

一、世界竹材制浆造纸情况

世界竹浆生产国主要有中国、印度、孟加拉国以及东南亚国家，我国和印度是世界上主要的竹浆生产国。印度的制浆原料中竹子占60%以上[6]，而我国仅为1.6%，竹浆生产量在自制浆中所占比例还很低[7]。另外，中国、印度、德国和日本等国家对竹材材性、形态学及超微细结构和制浆造纸性能等已开展了较为深入的研究。

在20世纪中后期，印度对竹子作为造纸原料进行了研究。例如印度 Madhya Pradesh 省的纸厂，以100%的竹浆制造优质纸，日产纸200吨和竹浆300吨；印度中央制浆有限公司的 Fort Songad 厂以100%的竹浆生产伸性纸袋纸。印度基本采用20世纪60年代的木材碱法制浆和次氯酸盐漂白技术，竹材利用率低，竹浆主要用于中低档纸品的生产，存在企业规模小，劳动生产率低，环境污染较为严重等问题[6]。

二、我国竹材制浆造纸情况

竹子用于制手工纸最早始于西晋年间（约公元265—316年）。我国现代竹子机制纸（生产化学浆和半化学浆）始于20世纪初。20世纪50年代开始，我国先后对四川、重庆地区的3家纸厂进行扩建，使用竹材进行制浆，生产新闻纸、纸袋纸和书写纸；20世纪60—80年代，使用竹浆配抄出口胶版纸、书写纸、牛皮纸和地图纸、海图纸、书皮卡纸、薄凸版纸、铜版原纸、复印纸、晒图纸、伸性纸袋纸、皱纹电缆纸、中性包装纸等高中档产品；20世纪80—90年代，新建、扩建了以竹子为主要原料的邵武、广宁、雅安、蒲圻、宜春、抚州6家制浆造纸厂，建设规模为3.4万~5.5万吨/年。21世纪初至2017年，贵州赤天化纸业股份有限公司（20万吨/年）、重庆理文造纸有限公司（16.5万吨/年）、四川永丰纸业股份有限公司（50万吨/年）、中冶美利峡山纸业有限公司（10万吨/年）等先后改造或新建了现代化竹浆（竹溶解浆）及造纸生产线，产能规模10万~20万吨/年，主要生产漂白硫酸盐竹浆、溶解浆。我国主要竹浆原料生产企业如表2所示。近几年本色竹浆出现了新的发展势头，众多以竹子为原料的生产企业纷纷开发本色竹浆用于生活用纸的生产，2017年四川省还开展了本色竹浆和本色生活用纸的标准制定工作。

表2 我国主要竹浆原料生产企业

序号	企业名称	产能/（万吨/年）
1	重庆理文造纸有限公司	16.5
2	福建省邵武中竹有限责任公司	7
3	柳州两面针纸业有限公司	10
4	贵州赤天化纸业股份有限公司	20
5	四川金安浆业有限公司	12
6	四川金福集团有限公司	10
7	四川永丰纸业集团有限公司	50
8	中冶美利峡山纸业有限公司	10
9	四川天竹竹资源开发有限公司	12
10	四川环龙集团有限公司	10
11	四川石化雅诗纸业有限公司	8
12	四川犍为凤生纸业有限责任公司	10.5
13	四川银鸽竹浆纸业有限公司	8

1. 竹浆生产现状

竹材漂白化学浆的品质能够与漂白木浆相媲美，随着现代化制浆装备和技术的应用，生产成本也越来越接近漂白木浆。竹材制浆造纸装备基本实现了全部国产化，成熟度达到国际同类甚至领先水平。作为世界主要竹浆生产地区，“十一五”期间我国竹浆的生产能力已达到200万吨/年以上[8]；2016年我国竹浆实际生产量为157万吨[7]，其中竹材溶解浆产能达45万吨；以竹浆生产的纸和纸板生产量达到200万吨以上，包括生活用纸生产量100万吨[8]。

随着我国竹浆产品在非木材浆的比例逐年增加，竹材原料收集和供应问题得以彻底解决，竹浆生产量也将进一步增加。我国各省区漂白竹浆生产量分布和历年生产量见图3和图4。竹浆生产是我国造纸工业十三五规划鼓励发展的纸浆品种，并要求化学竹浆单线产能5万吨/年以上[9]。目前竹浆生产正朝着规模化和现代化方向发展，一批先进的蒸煮、漂白技术和装备在生产中得到广泛应用。世界最大单线漂白化学竹浆生产线在贵州赤天化纸业股份有限公司投产，运行状况良好，为当地就业和经济发展作出了突出贡献。该生产线采用G2连蒸技术，漂白采用国际领先的Q(OP)Q(PO)或Q(OP)D(PO)的TCF/轻ECF漂白技术。该企业于2015年启动竹浆30万吨/年生活用纸建设项目，至2017年，一期6万吨/年生活用纸生产线已建成投产。2017年，随着四川永丰纸业集团泸州20万吨/年竹浆项目的投产，其竹浆生产量达到50万吨/年，成为全国最大的竹浆纸一体化生产基地，该项目采用DDS超间隙蒸煮、封闭筛选和ECF中浓漂白等国际先进技术。

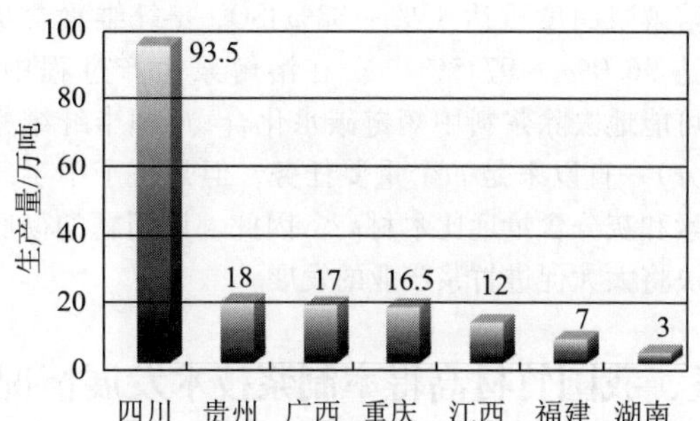

图3　2016年我国各省区漂白竹浆生产量分布情况

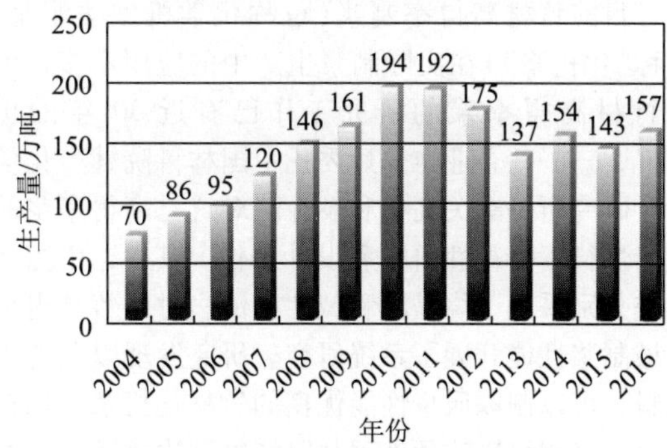

图4　2004—2016年我国竹浆生产量

2. 竹浆生产的优点和缺点

与漂白化学木浆比较，竹浆具有自身优势，竹材生长速度快，资源丰富，原料价格低。竹材纤维形态和化学成分具有特殊性，纤维长度较长，细胞壁微观结构特殊，打浆强度发展性能好，能够赋予漂白浆良好的光学特性，其浆料品质略低于针叶木浆，与阔叶木浆相当，是一种优良的造纸用纤维原料[11-13]。同时，利用竹浆还可以生产差异化纸和纸板产品，例如：①生产生活用纸，透气性好且具有一定抑菌性；②生产食品包装纸，具有更好的空气和氧的阻隔性能；③生产书画用纸，具有悠久历史底蕴；④生产民俗用纸(或祭祀用纸)，松厚性好、燃烧充分，白灰易浮飘；⑤生产溶解浆，与针叶木溶解浆更加接近。当然竹材制化学浆也有诸多劣势和不足，与针叶木制浆比较，竹浆得率较低、制浆成本相当，漂白困难、成本高；生产过程存在硅组分累积障碍、黑液蒸发和燃烧困难等问题。

3. 竹浆发展展望

竹浆仍属于国家鼓励发展的浆种，未来有很大增长空间，按照十三五规划，到2020年我国竹浆产能将达到280万吨。受国际木浆市场的影响以及国内节能减排压力的增加，一些装备落后的中小规模竹浆厂相继关停和转产。随着2012年在建竹浆产能的陆续释放以及2015年纸浆市场的好转，竹浆实际生产量有所回升，较大规模现代化进口竹浆生产线产能增加，置换了部分小而分散的落后竹浆产能。但因大量使用进口制浆和漂白设备，而这些设备主要针对针叶木木材性质设计制造，对于材性差异较大的竹材制浆会出现原料不适应，且设备建造投资过大、生产运行成本高以及竹材原料价格上涨较多，竹浆生产成本增加较多等问题。另外，竹浆漂白中的一些关键问题还需解决，例如，碱回收过程中的除硅、竹浆或竹溶解浆的品质提高以及生产过程中纤维类废弃物的综合利用等问题。引进先进技术与装备，开发适应竹浆生产的现代化国产装备，淘汰落后产能，提高竹浆品质，降低综合生产成本特别是碱回收和漂白生产成本，利用企业纤维类废弃物开发高附加值产品，将是解决这些问题的难点。与木浆相比，竹浆因杂细胞、木素和硅含量高等自身特点限制，其制浆得率低、生产成本较高，缺乏市场竞争性。因此，开发竹浆的溶解浆、生活用纸、食品包装纸等新型差异化终端产品，同时对竹材制浆过程产生的纤维类废弃物进行高附加值综合利用，是竹浆企业走出高盈利模式的必经之路。竹浆生产的生活用纸特别是本色生活用纸近几年获得突飞猛进的增长，预期将有更大发展空间；同时随着人们日益增长的环保理念和政府环保政策的加强，用于消费品的本色包装纸或将成为竹浆生产发展的另一条康庄大道。

4. 竹溶解浆生产发展展望

1961—2016年，世界木(竹)溶解浆生产量变化趋势见图5[10]。由图5可知，2001年以后，世界木(竹)溶解浆生产量逐年增加，呈现快速增长趋势，

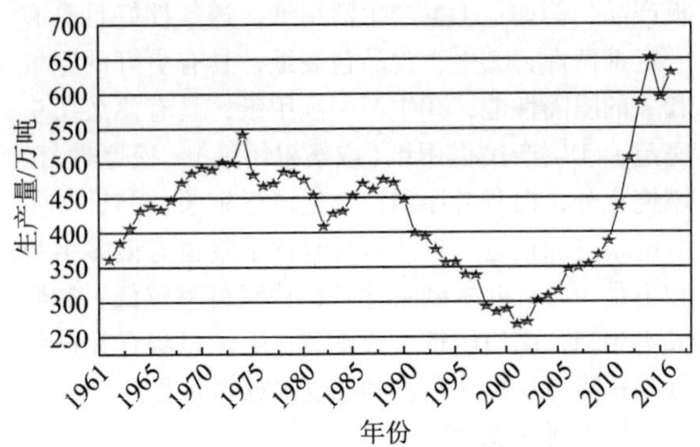

图5　1961—2016年世界木（竹）溶解浆生产量

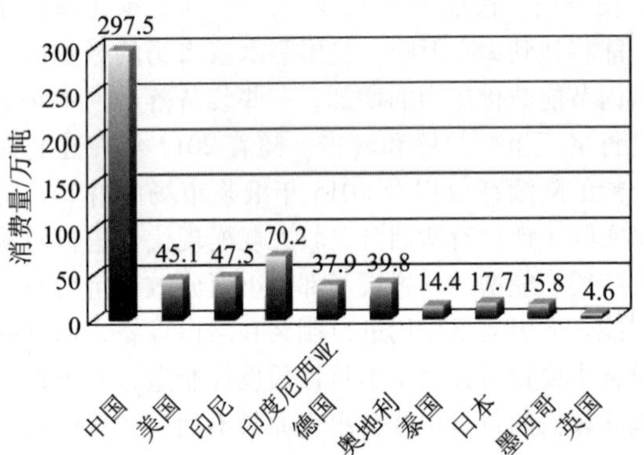

图6　2016年世界排名前10位国家的溶解浆消费量

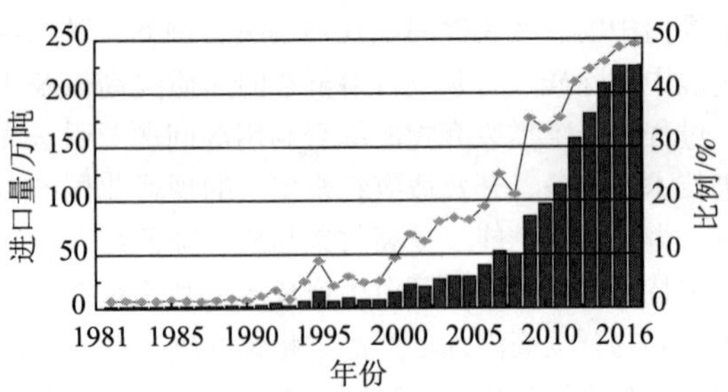

图7　1981—2016年我国溶解浆进口量及占世界溶解浆总贸易量的比例

■进口量　-◆-比例

年均增长率达到6%以上，2014年木(竹)溶解浆生产量远超过1974年历史最高值，达652万吨，2016年木(竹)溶解浆生产量也保持在630.5万吨。2016年世界排名前10位国家的溶解浆消费量如图6所示。由图6可以看出，我国是世界第一大溶解浆消费国[10-11]。图7为30年来我国溶解浆的进口量和占世界溶解浆总贸易量的比例。由图7可知，2007年我国溶解浆进口量达68.8万吨，2008年世界金融危机对我国溶解浆进口并未产生实质影响，仍为63.6万吨，此后我国溶解浆进口量持续增加，2016年达到高值225万吨[12]，占世界溶解浆贸易量458万吨的49.1%[10]。由此可见，我国溶解浆的进口依存度较高。

竹材溶解浆是我国竹浆生产企业的主要产品。目前我国竹材溶解浆生产量约123.5万吨，虽然我国竹材溶解浆生产呈现快速增长趋势，但溶解浆来源仍有相当一部分来自进口。与木材溶解浆相比，发展竹材溶解浆不仅可降低对进口的依赖度，而且竹材溶解浆生产的黏胶纤维能够满足服装市场的需要。同时对我国制浆和竹纤维生产企业具有特殊意义。

一直以来，竹材溶解浆是否能够制得高等级溶解浆受到科研人员的广泛关注[12-14]。竹子中α-纤维素含量一般为40%～50%，与针叶木(α-纤维素含量约40%～52%)和阔叶木(α-纤维素含量约38%～56%)接近。竹子原料中α-纤维素较高且纤维长度较长[12]，可以制造高等级溶解浆[13]。毫无疑问竹子是生产溶解浆的潜在优质原料之一。竹子制成的溶解浆白度可达87%～88%ISO，α-纤维素含量可达96.0%～97.5%[14]。在溶解浆生产过程中，尽可能地去除浆料中短链碳水化合物(即半纤维素组分)一直以来是一个重要任务，但是竹子中半纤维素和灰分含量远比木材高，因此，该问题的彻底解决将大大促进竹浆产业的发展。

三、我国竹材高得率制浆技术发展情况

1. 高得率制浆研发情况

目前竹材高得率制浆(也称化学机械法制浆，简称“化机浆”)在实际制浆生产中的应用不多，但对竹材高得率浆的研究工作已有近30年的历史[15-18]。一些企业也先后委托中国林科院林产化学工业研究所等有关高校和设计院对竹材高得率浆的生产进行了可行性研究和设计工作。其中，中国林科院分别采用了烧碱法和碱性亚钠法对慈竹高得率机械制浆性能开展了系统研究。研究发现以慈竹为原料，可以制取质量性能优良的竹材化机浆；比较而言，采用烧碱法预处理制取的竹材化机浆质量性能要优于碱性亚钠法，配抄纸品性能指标完全达到牛皮挂面箱纸板技术指标B级以上要求(GB 13024—2003)。另外，同时开展了制浆废水污染特征分析和废水处理技术系列研究，为竹材高得率制浆的清洁生产提供了技术积累。慈竹化机浆可使用10% H_2O_2 和2% FAS漂白多段组合漂白，白度可以达到72%ISO以上[15]。竹浆化机浆强度性能已经证明达到或超过杨木机械浆的强度性能，能够满足抄造一系列纸产品的需要，可以用来生产瓦楞原纸，

配抄箱纸板，也可用来生产纸浆模塑产品。广西大学 2005 年使用杂竹和白夹竹原料进行了高得率浆漂白性能研究，杂竹和白夹竹 CTMP 机械浆的原浆白度分别为 34.7% ISO 和 37.6% ISO，使用 7% H_2O_2 进行漂白，白度分别达到 57% ISO 和 62% ISO。杂竹即使用 9% H_2O_2 的高用量，白度也只能达到 60.2% ISO。使用广西的粉单竹制机械浆，原浆白度 41.6% ISO，经 7% H_2O_2 漂白，纸浆白度也只能达到 61.8% ISO[18]。

2. 竹材高得率浆发展中应注意的问题

与木材和农业秸秆原料比较，竹材组织结构、材性和化学组分具有特殊性，对发展高得率浆影响较大。竹材含有较多的半纤维素和木素，高得率制浆过程中由于半纤维素和木素的大量保留，得率较高；但是竹材组织结构紧密，还含有较多蜡质和硅细胞，制浆过程中存在药液渗透困难、磨浆能耗较高等问题。竹材高得率浆的发展仍需要克服以下几方面的问题：①预浸渍问题。竹材材质紧密，化学浸透困难，竹材化机浆的浸透和预处理技术是提高竹浆磨浆均匀性和降低能耗的关键；②漂白问题。尚存在漂白效率较低，成本偏高问题；最高白度还达不到白度要求高的纸产品制造要求。但在经济用量下目前竹材化机浆白度可达 60% ~70% ISO，完全可用于配抄本色生活用纸；③亟需配套废水高效低成本处理技术。经科研人员的努力上述技术瓶颈已陆续得到解决，已可以为生产企业提供全套国产化高得率浆生产技术和装备。

四、竹材纤维类废弃物资源及竹浆的高值化利用

竹浆厂废弃物资源产生量大，来源较广。如果以我国每年 200 万吨的竹浆生产量计，来源于轧竹、切竹和筛片工序的竹材废弃物及浆渣将有 60 万 ~100 万吨(如图 8 所示)。竹材废弃物大多直接填埋或焚烧(锅炉燃料)，造成资源的浪费。如果把竹材废弃物合理利用，不仅可制备多种生物质高附加值产品，还可改善浆厂的盈利能力。可通过生物质液化，利用竹材废弃物制阻燃型聚氨酯保温材料[19-21]，通过水解糖化发酵制液体生物燃料[22-24]。

1. 制备耐高温材料

以竹屑为原料进行液化，选择聚乙二醇-400 和 10 克丙三醇为液化剂，浓硫酸作为催化剂，在 150℃下反应 1.5 小时，液化率可达 97% 以上[19]。液化产物呈黑褐色黏稠状；其黏度为 750 毫帕·秒，

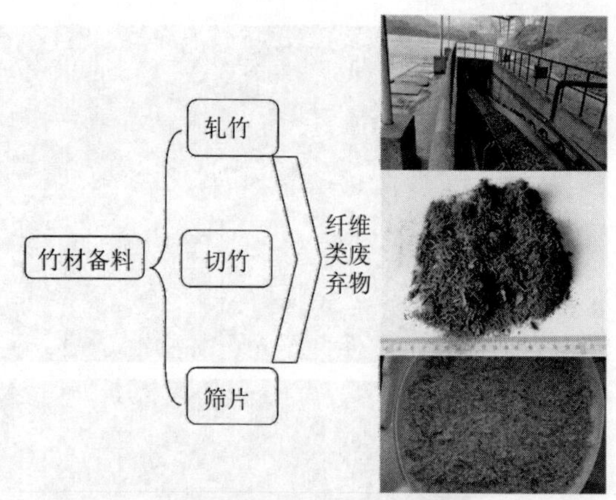

图8 浆厂竹材纤维类废弃物

酸值为 43.2 毫克 KOH/克，羟值为 350 毫克 KOH/克，可用来制备聚氨酯泡沫塑料。另外，对液化产物进行 FT-IR 及 GC-MS 分析，液化产物是由多种带有支链结构的聚醚和聚酯多元醇组成，含有大量的羟基官能团，这种结构有利于支撑起聚氨酯发泡体的刚体结构。经过 GPC 分析可得出，液化油分子质量呈连续分布，最高分子质量可达 20000 克/摩尔，平均分子质量仅为 838.2 克/摩尔[2]。添加助燃剂 SPS 40% 的液化产物替代工业聚醚可以制备助燃型聚氨酯发泡材料(如图 9 所示)，不仅具有良好的刚性、热稳定性、阻燃性能和生物可降解性能，还可广泛用于建筑物外墙、宾馆中央空调系统输送管道等工业保温材料[21]。

2. 制备生物液体燃料

通过高效低成本的生物质预处理技术，以竹浆厂丰富的纤维类废弃物为原料，生产生物液体燃料[22-24]，不仅可实现废物的高值化利用，还可提高企业的盈利能力。以竹浆生产为主线，提供多种高附加值产品的综合工厂，将是竹浆企业走出困境、获得生存和发展的可能的选择模式。

3. 制备纳米微晶和纤维素纳米纤维

纳米纤维素(Nanocellulose)，源自 Nanocrystallines Cellulose(NCC)，包括纳米纤维素纤维(Cellulose Nanofibers，CNFs，纤丝化结构)和纳米纤维素微晶(Cellulose Nanocrystallines，CNCs，棒状结构)，具有一些特殊性能。CNFs 极其坚韧，挺度与聚氨酯纤维类似；CNCs 的压电性能可与石英相比，且具有良好的光电性能。由于 NCC 的特异性(如图 10 所示)，产品应用范围广，可应用于电池、超级电容器、生物塑料、电子产品；复合材料、胶片或涂料中的结构材料；生物医药和造纸功能助剂等领域。漂白硫酸盐竹浆纤维含量高，达 95% ~98% 以

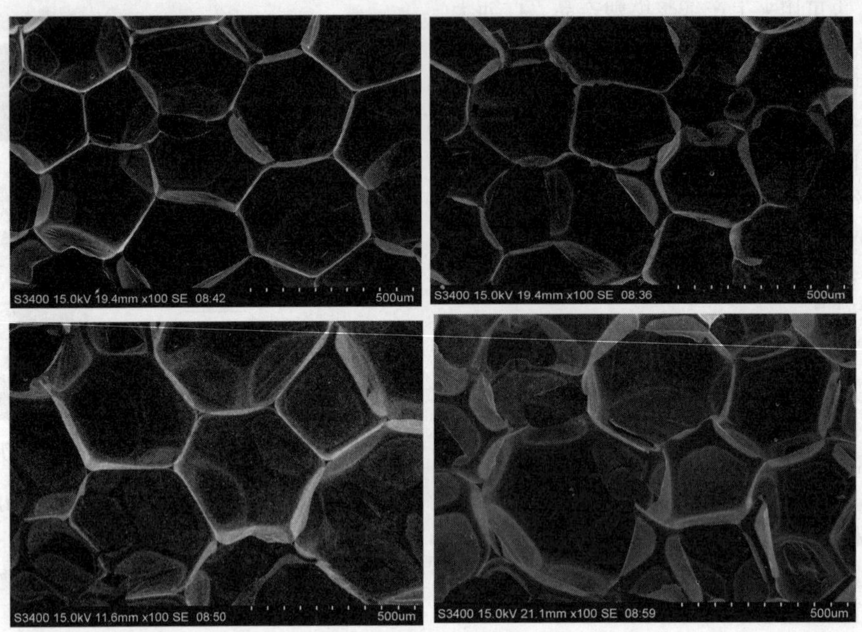

图9　不同竹屑液化油替代工业聚醚的聚氨酯发泡材料的泡孔结构

上，可制取纤维素纳米晶体 CNCs（如表 3 所示）和纤维素纳米纤丝 CNFs，提高竹浆产品的经济附加值[25]。

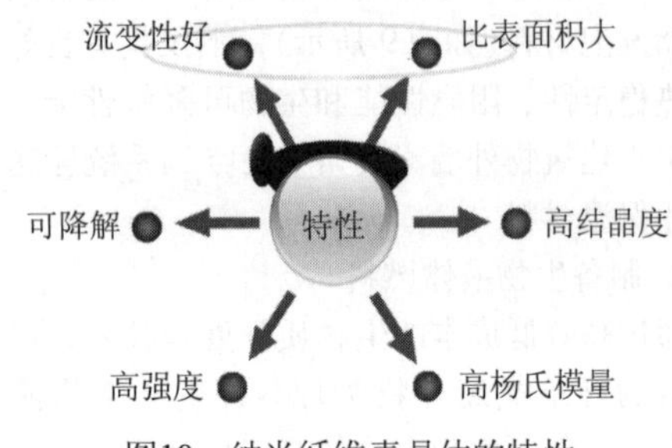

图10　纳米纤维素晶体的特性

五、结　论

与木材纤维相比，竹材纤维长度较长，细胞壁微观结构特殊，打浆强度发展性能好，能赋予漂白浆良好的光学特性，其浆料品质略低于针叶木浆，与阔叶木浆相当，是一种优良的造纸用纤维原料。然而，因竹材微观结构具有杂细胞、木素和硅含量高等特点，其化学制浆得率较低、生产成本较高。我国竹浆企业应充分依据竹材纤维特点，对现有的生产工艺进行技术革新和改造，扬长避短，发挥竹

表 3　3 种竹浆 CNCs 制备条件及产品特征

项目	酸解-CNC	球磨酶解-CNC	PFI 酶解-CNC
工艺条件	温度 53℃、时间 128 分、硫酸浓度 60%	酶用量 9.6FPU、酶解温度 50℃、酶解时间 24 小时	酶用量 2.736 FPU、酶解时间 3 天、酶解温度 50℃
产率/%	55.83	17.98	19.13
形貌	棒状	球形	球形
尺寸/纳米	100 ~ 200	800 ~ 1000	400 ~ 600
结晶度	提高	降低	提高
化学结构	保持纤维素基本化学结构	保持纤维素基本化学结构	保持纤维素基本化学结构
热重	不同的温度范围表现出不同的热稳定性	不同的温度范围表现出不同的热稳定性	不同的温度范围表现出不同的热稳定性

浆优势，开发溶解浆、生活用纸、食品包装纸等新型差异化终端产品，同时对竹浆生产过程产生的纤维类废弃物进行高附加值综合利用。同时，大力发展竹材高得率浆技术和装备，是我国竹浆健康生产发展重要途径。

竹材制浆造纸企业生产过程中产生大量的纤维类废弃物，可通过生物质液化制备助燃型保温材料，通过糖化发酵途径可制备乙醇和丁醇等生物质燃料；高纤维素含量的竹溶解浆，经机械磨解后经酶解可以制备纳米纤维素微晶产品。未来以竹浆生产为主线，提供多种高附加值产品的综合工厂，将是目前未来竹浆企业快速发展的可能选项。

参考文献

[1] 江泽慧. 世界竹藤[M]. 北京：中国林业出版社，2008.

[2] 中国造纸学会. 2014 中国造纸年鉴[M]. 北京：中国轻工业出版社，2014.

[3] Stig Andtbacka. A fibre line designed for bamboo pulping [J/OL]. TAPPSA Journal, 2005. http://www. tappsa. co. za/archive2/Journal_papers/Bamboo_pulping/bamboo_pulping. html.

[4] 吴 楠，王康健，刘才容，等. 竹原纤维的性能及应用[J]. 纺织科技进展，2016，(3)：4.

[5] 张 毅，林小聪. 竹原纤维产业现状与发展思路[J]. 中国纤维，2011(19)：83.

[6] 印度竹材制浆造纸[J]. 世界竹藤通讯，2008，6(6)：13.

[7] 中国造纸协会. 中国造纸工业 2016 年度报告[R]. 北京：中国造纸协会，2017.

[8] 四川省造纸行业协会. 四川省本色竹浆生活用纸发展状况及前景[J]. 造纸信息，2017(7)：33.

[9] 中国造纸协会. 中国造纸协会关于造纸工业"十三五"发展的意见[R]. 2017. 06.

[10] 国际粮农组织. 2017 FAOSTAT[DB/OL]. (2017. 03) [2017.08]. http://www. fao. org/faostat/en /#data/FO.

[11] 沈葵忠，别士霞，刘雯雯，等. 50 年来世界溶解浆产销量分析及我国溶解浆的发展前景[J]. 中华纸业，2014，35(3)：56.

[12] SUGESTY S, KARDIANSYAH T, HARDIANI H. Bamboo as raw materials for dissolving pulp with environmental friendly technology for rayon fiber[J]. Procedia Chemistry, 2014, 17: 194-199.

[13] YUAN Z Y, WEN Y B, KAPU N S, et al. A biorefinery scheme to fractionate bamboo into high-grade dissolving pulp and ethanol[J]. Biotechnology for Biofuels, 2017, 10(1): 10.

[14] ZHAO L F, YUAN Z Y, KAPU N S, et al. Increasing efficiency of enzymatic hemicellulose removal from bamboo for production of high-grade dissolving pulp[J]. Bioresource Technology, 2017, 223: 40.

[15] 沈葵忠，房桂干，胡剑民，等. 慈竹化机浆漂白性能研究[J]. 中国造纸，2010，29(3)：1.

[16] 梁芳敏，沈葵忠，房桂干，等. 化学预处理对慈竹化机浆制浆漂白性能的影响[J]. 中华纸业，2011，8(32)：16.

[17] 梁芳敏，沈葵忠，房桂干，等. 化学预处理温度对慈竹化机浆漂白性能的影响[J]. 纸和造纸，2011，5(30)：23.

[18] 黄显南，詹怀预，王双飞，等. 粉单竹化学机械浆 H_2O_2 漂白的研究[J]. 造纸科学与技术，2006，25(1)：7.

[19] 卢婷婷，房桂干，卓治非. 酸催化竹材废料多羟基醇液化特性研究[J]. 化工中间体，2013，(6)：32.

[20] 卢婷婷，房桂干，卓治非，等. 木素化学改性及其在聚氨酯合成中的应用[J]. 纸和造纸，2013，32(11)：55.

[21] 卢婷婷，房桂干，王 戈，等. 竹材废料液化及其产物在聚氨酯材料中的应用研究[J]. 黑龙江造纸，2013，41(4)：6.

[22] 殷艳飞，房桂干，邓拥军，等. 慈竹硫酸盐浆酶水解条件研究[J]. 中华纸业，2011，32(18)：38.

[23] 殷艳飞，房桂干，邓拥军，等. 碱预处理对慈竹机械浆酶解的影响[J]. 食品工业科技，2012(11)：172.

[24] 殷艳飞. 慈竹制丁醇工艺技术研究. 中国林业科学研究院硕士学位论文[D]，北京：中国林业科学研究院，2012.

[25] 卓治非，房桂干，王 戈，等. 竹浆制备纳米纤维素晶体的工艺优化及表征[J]. 化工新型材料，2015，43(4)：132.

（房桂干　沈葵忠）

节能减排 环境保护

ENERGY SAVING, EMISSION REDUCING AND ENVIRONMENTAL PROTECTION

造纸工业污染防治技术政策
造纸废水资源化和超低排放关键技术及应用
制浆造纸工业水污染全过程控制技术
造纸企业温室气体排放核算及其应用
我国造纸行业参与碳交易的现状与建议
造纸行业质量管理体系认证现状与分析

5

造纸工业污染防治技术政策

Pollution Prevention and Control Policy of Paper Industry

环境保护部 2017 年 8 月 2 日印发

一、总 则

(1)为贯彻《中华人民共和国环境保护法》等法律法规，防治造纸企业因废水、废气、固体废物、噪声等排放造成的环境污染，提高污染防治技术水平，促进造纸工业健康持续发展，保护生态环境，改善环境质量，制定本技术政策。

(2)本技术政策适用于以木材、非木材或废纸等为原料生产的纸浆，及(或)以纸浆为原料通过机器或手工抄造的方法生产纸和纸板，和以纸和纸板为原料进一步加工制成纸制品的企业或生产设施。

(3)本技术政策为指导性文件，可用于指导产业相关政策制订、环境管理及企业污染防治工作。

(4)造纸工业应坚持绿色低碳发展；提高准入门槛、淘汰落后产能，推动生产方式转变和产业结构优化调整；加强清洁生产，注重节能减排，推进资源高效循环利用；开展废水、废气和固体废物的综合防治，构建全防全控污染防治体系。

(5)本技术政策的目标是强化化学需氧量、五日生化需氧量、可吸附有机卤素和二噁英等污染物的防治，实现造纸工业废水、废气、固体废物以及噪声等污染源的全面达标排放。

二、生产过程污染防控

(1)木材原料宜采用干法剥皮技术；竹子原料宜采用干法备料技术；芦苇和麦草原料宜采用干湿法备料技术；蔗渣原料宜采用半干法除髓及湿法堆存备料技术；废纸原料宜根据产品质量要求，合理配料和分拣杂质。

(2)化学制浆宜采用低能耗置换蒸煮和氧脱木素技术；废纸脱墨制浆宜采用中高浓碎浆技术，非脱墨废纸制浆宜采用纤维分级技术；废纸脱墨宜采用浮选法脱墨技术，可辅以生物酶促进脱墨。

(3)非木材化学制浆宜采用高效多段逆流洗涤及封闭筛选技术；废纸制浆宜采用轻质、重质组合除杂技术或高效筛选技术。

(4)鼓励企业对元素氯漂白工艺进行改造，采用无元素氯(ECF)漂白或全无氯(TCF)漂白技术。

(5)碱法制浆应配套碱回收系统，亚硫酸盐法制浆应配套废液综合利用技术措施。

(6)造纸生产线应配套完善的白水回收利用系统及余热回收系统，大中型纸机应配套全封闭密闭气罩。

(7)制浆造纸过程应采用水分质回用和蒸汽梯级利用等节能节水降耗清洁生产技术，鼓励采用变频电机、透平机等节能设备。

(8)鼓励采用热电联产等节能降耗技术，充分利用黑液、废料(渣)以及生物质气体等生物质能源。

(9)纸制品生产应采用无污染或低污染的成熟工艺，不应使用含甲醛、苯类和苯酚类等有毒物质的生产原料。

三、污染治理及综合利用

1. 水污染治理

(1)化学机械制浆产生的高浓度有机废水和废纸制浆产生的较高浓度的有机废水宜预处理后，先采用厌氧生物技术处理，再与其他废水并入综合废水进行处理。

(2)生产过程中产生的污冷凝水应根据实际生产情况最大化回用。

(3)制浆造纸企业综合废水应采用二级或三级处理后达标排放。其中，三级处理宜采用混凝沉淀、气浮或高级氧化等技术。有条件的地区和企业可在达标排放的基础上，因地制宜地采用人工湿地等深度处理技术进一步减排。

(4)纸制品企业产生的废水应据其性质分类采取有效的治理措施。

2. 大气污染治理

(1)碱法制浆蒸煮、洗选漂、蒸发(含重污冷凝水汽提)、碱回收炉以及苛化等工段产生的高、低浓度恶臭气体应进行收集和集中处理，其中蒸煮与蒸发工段产生的臭气应进行余热回收后送碱回收炉进行焚烧处理，漂白工段产生的废气应洗涤处理。

(2)锅炉、碱回收炉、石灰窑炉和焚烧炉应安装高效除尘设备及采用其他环保处理措施实现颗粒物、烟尘、氮氧化物、二氧化硫、汞及其化合物和二噁英等污染物达标排放。

(3)位于产业集聚区的造纸企业，宜使用集聚区热电联产机组，逐步淘汰分散燃煤锅炉。

(4)纸制品生产废气应据其性质分类收集处理或集中处理。

3. 固体废物处理处置

(1)木材和非木材备料废渣等有机固体废物和废纸制浆固体废物(不含脱墨污泥)应分类处理后综合利用。

(2)木材制浆碱回收产生的白泥宜进行煅烧回收生石灰，并循环使用或综合利用；非木材制浆碱回收产生的白泥宜采用制成轻质碳酸钙等技术予以综合利用；碱回收产生的绿泥宜采用填埋技术处理。

(3)废纸制浆产生的脱墨污泥，应当按照危险废物处置有关要求进行无害化处置。

4. 噪声污染防控

造纸企业应通过合理的生产布局减少对厂界外噪声敏感目标的影响。鼓励采用低噪音设备，对高噪音设备应采取隔音、消音等降噪措施。厂界噪声稳定达到排放标准要求。

四、二次污染防治

(1)废水处理产生的污泥应浓缩脱水后安全处理处置。

(2)废水厌氧生物处理产生的沼气应回收，可用作燃料或发电，并应设置事故火炬。

(3)造纸厂区涉水和固体废物堆场应做好防渗，宜采取清污分流、雨污分流和管网防渗、防漏等措施，有效防范对地下水环境的不利影响。

五、鼓励研发的新技术

(1)低能耗、少污染的非木材制浆新工艺和新技术，化学制浆全无氯漂白新技术。

(2)造纸生产过程高效节能节水技术。

(3)造纸综合废水高效“三级处理”技术及回用技术，化学污泥高效脱水技术。

(4)碱回收炉大气污染物减排技术，木质素综合利用技术，高效、低污染制浆造纸用化学品和酶制剂等新产品研发或应用技术。

造纸废水资源化和超低排放关键技术及应用

The Key Technologies and Applications of Value-added Utilization and Ultra-low Emission of Papermaking Wastewater

常见制浆方法中化学法制浆得率仅为 40% ~ 50%，机械法制浆得率为 85% ~95%，化学机械法制浆 55% ~85%，剩余部分进入制浆废水，同时大量的洗涤漂白废水也一起被排入江河湖海，引起严重环境污染，造成大量资源浪费和环境污染。据统计，最高峰时 2009 年造纸行业排放废水 44.1 亿吨，占工业排放废水量的 18.8%，COD_{Cr} 排放量占工业总排放量的 28.9%[1]，给环境带来巨大压力。随着水资源紧缺、环境压力愈发严峻，国家近两年密集出台了《水污染防治行动计划》(水十条)[2]《控制污染物排放许可制实施方案》《关于实施工业污染源全面达标排放计划的通知》《中华人民共和国水污染防治法修正案(草案)》等政策法规，许多相对于《GB 3544—2008 制浆造纸工业水污染物排放标准》更加严格的地方标准也相继出台[3]，对造纸等行业提出更为严格的环保要求。

造纸行业通过与高校科研单位企业联合创新，大量废水资源化及深度处理超低排放技术的利用，同时配合造纸企业综合整治、小造纸企业落后产能的淘汰等方式使造纸行业在资源化及污染处理方面取得了较好的成绩，通过资源化取得较为可观的经济效益，同时避免了大量造纸企业因排放不达标被关停，保证了造纸行业的持续健康发展，逐步使造纸行业摆脱了“污染大户”的帽子[4]。

2005 年造纸行业纸和纸板生产量 3920 万吨，经过 10 年发展，2015 年纸和纸板生产量增至 10710 万吨，产能扩大 2 倍多，但实际废水排放量却由 2005 年的 36.7 亿吨减少至 23.7 亿吨，占全国废水排放总量百分比由 17.0% 降至 13.1%。排放废水中化学需氧量(COD_{Cr})为 33.5 万吨，比 2005 年 COD_{Cr} 排放量 159.7 万吨降低了 79.0%，降幅显著；占全国 COD_{Cr} 总排放量的比例由 28.9% 降至 13.1%。造纸行业万元工业产值 COD_{Cr} 排放强度由 2005 年的 69 千克/万元降至 2015 年的 4.7 千克/万元，水重复利用率达 75.5%，万元工业产值清水用量 40.6 吨，比 2005 年 188 吨降低了 78.4%[5,6]。造纸行业正在按照十三五《轻工业发展规划(2016—2020 年)》，逐步实现造纸废水超低排放乃至资源化利用[7-8]。

一、造纸废水资源化利用技术

1. 厌氧产沼气资源化

厌氧处理废水、污泥过程中有机污染物通过微生物代谢活动而被降解，同时伴有 CH_4 和 CO_2 产生[9]。厌氧发酵共分为 3 个阶段：液化阶段主要是发酵细菌起作用，包括纤维素分解菌和蛋白质水解菌；产酸阶段主要是醋酸菌起作用；产甲烷阶段主要是产甲烷菌，它们将产酸阶段产生的产物降解成 CH_4 和 CO_2，同时利用产酸阶段产生的氢将 CO_2 还原成甲烷，整个过程生成的混合气体称为生物沼气。

厌氧微生物在处理不同底物时，有一个相对稳定的发酵过程，发酵过程能实现产沼气的资源化利用。通常去除 1 千克 COD_{Cr} 理论上可产生 0.5 ~ 0.6 米^3 的沼气，具有可观的收益。常见的厌氧反应器技术产沼气有升流式厌氧污泥床(UASB)技术、膨化颗粒污泥床(EGSB)技术、厌氧内循环反应器(IC)技术和上流式多级厌氧反应器(UMAR)技术等。

(1)UASB 技术产沼气　UASB 反应器是单层三相分离器结合穿孔管布水，水流自下而上，在顶部通过三相分离器将气相的沼气、液相的水和固相的污泥互相分离，生物气通过收集装置收集并处理，厌氧污泥被截留在反应器中，处理后的水排出反应器，从而完成整个废水处理及产沼气过程。在几种类型的厌氧反应器中，UASB 投资要求相对较低，自20世纪80年代以来，被广泛应用于制浆造纸工业的废水处理过程中[10]。Buzzini 等人[11] 使用 UASB 反应器处理牛皮纸浆的稀释黑液时，发现在整个实验期间废水的平均 COD_{Cr} 去除效率为80%。由于生物质的生长量低，处理比较稳定，没有出现污泥浪费的情况。Chinnaraj 等人[12] 用 UASB 反应器替代常规的厌氧塘处理农业原料纤维制浆和造纸厂的废水，其试验表明，该反应器对废水中 COD_{Cr} 的去除率达80% ~85%，与此同时，能产生520 升/千克 COD_{Cr} 的沼气。沼气可以经过燃烧供发电系统利用，这将极大地减少能源损失，同时可以减少温室气体 CH_4 的排放。

(2)EGSB 技术产沼气 在 UASB 反应器的基础上，为使进水和污泥之间接触更良好，布水更均匀，有较高的水力和有机负荷能力，经过设计改造，增加了废水外循环，设计出了 EGSB 反应器。与 UASB 相比，EGSB 具有更高的液体上升流速，能使整个颗粒污泥床处于膨胀状态。自发明起就得到广泛的关注和应用，有文献显示[13] 利用 EGSB 反应器能除去造纸废水中 72.41% 的 COD_{Cr}，同时对废水中的钙、铝等金属离子以及脂类、醇类、烷烃、烯烃、酮类物质等有机物都有着比较好的降解效果，但是对苯及酚类物质、醛类物质等有生物毒性的污染物基本上无法去除。另外，还有调查显示[14]，EGSB 技术对造纸废水 COD_{Cr} 的去除率为70% ~80%，厌氧发酵产生的沼气可以用来发电，这将有效节约能源，降低损耗。王双飞等人[15] 利用 EGSB 工艺处理造纸废水，加大了废水进入反应器的速度，使整个污泥床都处于悬浮状态，提高了废水与污泥的接触强度，从而使反应速度大大加快。结果表明，进水 COD_{Cr} 浓度为2000 毫克/升时，水力停留时间为 8 小时，上升流速为 0.8 米/时，COD_{Cr} 去除率为 65%，最大产气量为 3600 升/日，稳定运行成本为 0.75 元/米^3。周焕祥等人[14] 利用 EGSB 处理商品浆造纸废水，COD_{Cr} 去除率在70% ~80%以上，厌氧系统运行成本大大降低，为1.8 元/吨，且厌氧发酵产生的沼气用于发电，有效实现节能降耗。

(3)IC 技术产沼气 IC 反应器是根据 UASB 改造的新一代效率高、适用范围广的厌氧反应器，属于第三代上流式厌氧污泥床反应器，增加了内循环，相当于双 UASB。IC 反应器具有负荷高、净化效率好的优点，被很好地应用于废纸制浆废水的处理过程中。当污染物的负荷为 20 ~30 千克 COD_{Cr}/(米^3·日)时，COD_{Cr}、BOD_5 去除率分别能高达90%和99%[16]。有文献陈述[17] 德国某个用二次纤维为原料生产瓦楞原纸的工厂选用了465 米^3 的 IC 反应器，设计最大容积负荷 27 千克 COD_{Cr}/(米^3·日)，进水 COD_{Cr} 浓度 1250 ~3515 毫克/升，处理效率达到了 61% ~86%，并实现沼气的资源化利用。蒋健翔[18] 采用厌氧内循环反应工艺对废纸制浆造纸废水处理工程进行改造。结果表明，该工艺能较好地适应进水水质、水量的波动，运行稳定，COD_{Cr} 去除率达到 80%，沼气产气率约为 0.38 米^3/千克 COD_{Cr}，沼气发电量约为 8000 千瓦时/日，实现了整个废水处理系统的收支平衡。浙江某纸业公司采用废纸和商品木浆为原料，生产牛皮箱纸板和瓦楞原纸，废水排放量为3500 吨/年，采用厌氧内循环 + 好氧工艺处理造纸废水。利用厌氧单元产生的沼气发电，平均沼气用量为 3116 米^3/日，产气率(以每千克 COD_{Cr} 计)为 0.42 米^3/千克，平均日发电量为 8600 千瓦时[19]。

(4)UMAR 技术产沼气 针对常规厌氧反应器气、液、固相分离效果差，抗污染负荷冲击能力弱，甲烷转化率低，污泥颗粒化时间长等问题，王双飞等人通过考察液体流速、产气量和内循环量等因素对三相混合形态的影响，建立了厌氧反应器水力学模型及高、低负荷区分离的两级厌氧处理模式，开发了 UMAR[20]。采用高效厌氧菌群富集培养及污泥颗粒化加速技术，研究了厌氧过程的微生物种群结构、关键酶水平和底物降解的互作关系[21]，建立了厌氧系统产甲烷高效微生物指标谱系，使鬃毛甲烷菌和甲烷八叠球菌的数量显著增加，使甲烷产率提高至 0.28 ~0.33 米^3/千克 COD_{Cr}，有机污染负荷可达 30 千克 COD_{Cr}/(米^3·日)；同时通过提升微生物自固定化程度，提高反应体系微生物浓度、底物转化率和反应效率，使污泥颗粒化时间缩短至30 ~60 日(以污泥颗粒化程度(SGR)80%为标准)，颗粒污泥产率达到 0.018 ~0.020 千克/千克 COD_{Cr}，沉降速率达到 80 ~100 米/时。该技术在工程化应用中，颗粒化时间、甲烷产率、沉降速率、颗粒污泥产率等指标达到国际先进水平[22](如表 1 所示)。该技术在俄罗斯北极星纸浆工业联合体、白俄罗斯劳动英雄造纸厂缅甸 CTMP 新闻纸厂、玖龙纸业(控股)有限公司、山东晨鸣纸业集团股份有限公司等 100 余家大型企业得到推广应用。

同时，开发从生物沼气中分离、纯化 CH_4 和 CO_2 技术，将纯化后的 CO_2 应用于化工、医药、食品等领域具有重要意义[23]。如 CO_2 作为重要的工业原料可用于碳酸饮料的合成、干冰的制作等，实

现 CO_2 资源化利用和碳减排。Ahrumi Park[24] 用 PP 纤维膜组件分离纯化生物沼气，研究结果表明生物甲烷的获得率为 90%，纯度为 97%，分离后的 CO_2 可作为重要的碳资源进行利用。

表 1　上流式多级厌氧反应器与国内外同类技术指标比较

	技术指标	国内传统	国外
颗粒化时间/日	30～60	60～120	40～80
甲烷产率/(米^3/千克 COD_{Cr})	0.28～0.33	0.25～0.30	0.25～0.33
污泥沉降速率/(米/时)	80～100	50～80	80～100
颗粒污泥产率/(千克/千克 COD_{Cr})	0.018～0.020	0.015～0.018	0.018～0.020

2. 污泥资源化利用技术

造纸污泥中含有许多有价值的化工产品，如木素、木素磺酸盐、香兰素等。造纸污泥的主要元素为 C、H、N，其他元素为 P、S、Ni、Fe、Zn、Co、Ca 等，其他元素中 Fe 和 Ca 的含量最大。

造纸污泥经膜过滤提取后实现高质化利用[25]。在膜法处理过程中既减少浓缩费用，又实现纯水、盐和木素分离回收。

造纸污泥中有机物占 60% 以上，具有较高的燃烧值，可进行资源化利用[26]。目前，造纸污泥用于焚烧发电的比例，日本为 55%、美国为 25%、欧洲为 11%[27]。玖龙纸业(控股)有限公司将废水污泥浓缩、消化处理、脱水干化后进行焚烧处理，实现了污泥的资源化利用[28]。

造纸污泥中除磷含量偏低外，有机物与总氮含量均显著高于农家肥，可作为农业肥料。据报道，亚太森博(山东)浆纸有限公司用蚯蚓处理污泥，蚯蚓粪用作肥料，该肥料的营养值高，适合在作物、花卉、市政绿化等方面应用[29]。

造纸污泥的 pH 值为中性，可对酸性土壤进行改良，将土壤的酸度调节到适宜的 pH 值范围[30]。同时酸性土壤中严重缺乏植物生长所需的元素(S、Mn、Mg、K、Fe)，而造纸白泥中则含有大量的该类元素[31]，因此其可作为良好的土壤改良剂和营养肥料。

由于造纸污泥中有机物含量高，且糖类是有机物水解的主要产物，可作为生物制氢的重要原料[32]，也可用于水泥生产等[33]。厌氧颗粒污泥可以作为菌种销售用于其他厌氧设备的启动[34]和废水处理等，实现了厌氧颗粒的资源化利用。

3. 黑液气化

碱法蒸煮是世界上最主要的制浆方法，但生产每吨浆约产生 10 米^3 黑液，固形物含量约 1.2～1.7 吨，曾为行业最主要污染源。黑液固形物主要是残余的蒸煮化学品以及被蒸煮药液溶解的物质。在传统碱回收技术中，黑液经过蒸发浓缩后，用于燃烧生产高压蒸汽和回收碱助剂，但大量物质被低值化利用。黑液气化技术是在碱回收技术的基础上增加气化炉和燃气涡轮机，形成高效的能量回收系统，是实现碱和能量回收的新方法。气化的本质是黑液中的碳化合物在高温条件下分解生成 C、H_2 和 H_2O，同时 C 与 H_2O 或者 CO_2 反应生成 CO、H_2[35]。也可实现多元化的能源输出如甲醇、费托合成柴油(FTD)、二甲醚(DME)及合成气(SNG)等[36]。该技术的产电量是传统碱回收产电量的 2～3 倍，同时实现 CO_2 减排。王双飞课题组开展了大量黑液气化的研究，对黑液气化的方法、工艺、设备和黑液焦 CO_2 气化特性等进行了深入分析，建立了黑液气化的动力学模型，获得了黑液气化的反应常数、CO 吸附常数和 CO_2 吸附常数[37]。黑液气化联合循环发电能够提高黑液热能利用率，使热能效率由传统碱回收的 55%～67%，提高到 74%，对于一个年产 10 万吨的制浆厂，可以节约标准煤 0.60 万～1.95 万吨/年，CO_2 减排 1.6 万～5.2 万吨/年，SO_2 减排 300～978 吨/年[38]。未来克服设备耐用性和生产连续性等难题后，实现黑液气化联合循环发电的整体推广，将使制浆造纸行业步入节能环保的新时代。

4. 废水回用

对于水资源缺乏的制浆造纸企业，制浆中段废水经过深度处理后，根据各工段的用水标准进行分质回用，是解决水资源缺乏的重要途径。在造纸废水处理的工程实践中，把握分质处理、分质回用的重要原则，针对不同工序生产水质的标准，选择经济、可行的处理组合工艺，实现优质优用、低质低用，降低处理成本。对于制浆造纸废水，尤其是制浆中段废水，要实现废水的回用及超低排放，深度处理技术在废水处理中扮演着至关重要的作用。

二、造纸废水深度处理及超低排放技术

1. 高级氧化技术

为克服二级处理仍难达标问题，高级氧化法等深度处理方法被引入，如光化学氧化、催化湿式氧化、声化学氧化、臭氧氧化、电化学氧化、Fenton氧化等。其中，Fenton氧化法是目前我国造纸企业应用最广泛的深度处理方法，现约占废水深度处理规模的70% ~80%。该方法具有占地面积小、稳定性高、反应速度快、处理效率高、对有毒污染物破坏彻底、无二次污染、适用范围广、易操作等优点[39]。

Fenton氧化法的机理是 H_2O_2 在 Fe^{2+} 的催化作用下分解产生 ·OH自由基，其氧化电位达到2.8伏，利用其强氧化性将有机物氧化分解成小分子[40]。同时，Fe^{2+} 被氧化成 Fe^{3+} 产生混凝沉淀，去除大量有机物，将 COD_{Cr} 由100~300毫克/升降为40~80毫克/升，实现达标排放。

但传统Fenton也存在成本较高、Fenton过程 H_2O_2 无效降解、催化剂活性较差、传质效果较差、关键设备被国外垄断等问题。王双飞等人针对以上问题，在传统Fenton技术基础上，开发了水溶性多金属多配体自由基缓释剂和负载型固相催化材料，形成了高效异相催化氧化技术，解决了常规Fenton处理废水过程化学品消耗量大、应用pH值范围窄等问题，使 H_2O_2 用量较传统技术减少了30% ~40%，$FeSO_4$ 用量减少30%以上，pH值范围拓展至2~11，酸碱调节费用降低30% ~50%。

在传统Fenton技术基础上，王双飞等人通过分析反应器中液固体系的流动、传递和混合过程的流体力学参数，利用双流体理论及流域速度矢量分布，优化了载体流化床的结构，开发了上流式多相废水处理氧化塔UHOFe。实现了流体从UHOFe底部流到顶部的湍流混合，且使催化剂载体布满整个氧化塔，达到固液两相充分接触的目的。加强了均相催化氧化、非均相催化氧化在反应器中的协同作用，有效提高了固液相间的传质效率，使反应时间缩短至20~60分钟。该技术打破了国外技术垄断，已成功应用于废纸制浆、化学机械法制浆、甘蔗渣制浆等国内外100余家造纸企业，废水处理规模达6亿米^3/年，COD_{Cr}减排1.7万吨/年，再生水回用4亿米^3/年。有效解决了抗负荷冲击能力差、H_2O_2 和 $FeSO_4$ 使用量大等问题，实现了造纸废水再生水有效回用、污染物超低排放(如表2所示)。是目前国内应用最广泛的造纸废水深度处理技术。

表2 造纸典型废水特点及处理效果

废水类型	废水特性	回用率/%	出水 COD_{Cr}/(毫克/升)	
			此技术	标准
废纸制浆废水	COD_{Cr} 3000~5000毫克/升，油墨粒子、胶黏物、钙离子含量高	>80	<40	<90
化学机械浆废水	COD_{Cr} 8000毫克/升以上，树脂和多酚类含量高，浊度大、色度高	>30	<50	<90
蔗渣制浆(蔗渣喷淋)废水	COD_{Cr} 6000~12000毫克/升，糖分含量高，随季节波动	>80	<50	<90

万金泉等人[41]采用零价铁(ZVI)活化过硫酸钠(PS)产生硫酸根自由基的高级氧化技术，处理造纸废水的二级出水(COD_{Cr}为160毫克/升)，处理后废水的COD_{Cr}降解率可达到57.5%。又采用 Fe^{2+} 活化PS高级氧化-离子沉淀-V型砂滤组合工艺对模拟印染废水(AO7，COD_{Cr}约100毫克/升)进行深度处理，COD_{Cr}去除率可达64.7%，SS<10毫克/升，处理成本为1.5元/米^3[42]。

张媛媛等人[43]采用多相异相类Fenton催化氧化结合膜过滤技术解决催化剂流失的问题，实验结果显示膜组件可有效拦截反应体系中的超细铁固定化碳(FeOOH-C)颗粒，有效防止其流失；当FeOOH-C在反应器中的浓度为1克/升时，处理初始浓度为100毫克/升，流速为3升/(米^3·分)的酸性橙溶液，在120分钟内，不需外加催化剂，酸性橙的降解效率维持在98%以上，表明多相异相类Fenton催化氧化结合膜过滤技术可有效降解有机污染物，并有效防止了催化剂的流失。

大量科研工作者[44-45]对其他高级氧化技术，包括光催化氧化法[46]、电化学氧化技术[47]、臭氧氧化法[48]等也进行了深入研究，取得了丰硕成果，但目前大多方法未进入工厂实用阶段。随着研究的不

断深入，相信会有更多先进的、经济的高级氧化法投入到生产实际中。

2. 膜分离技术与膜生物反应器(MBR)技术

常规处理的废水降级回用已在纸厂实现，但很难实现封闭循环。废水的封闭循环，会使废水中的可溶性有机物、无机盐、二次胶黏物和阴离子垃圾等有害物质逐渐积累，达到很高的浓度，以致影响纸机的正常生产，造成纸张污染、施胶量成倍增加，影响造纸化学助剂的使用效果。因此，要实现造纸废水循环利用和零排放，必须依靠膜分离等技术尽可能去除其中的所有污染物。膜分离技术在发达国家已经广泛应用于造纸工业的废水处理[49]，在我国约占造纸废水三级处理的10% ~20%。由于膜过滤后的净化水可重复用于生产或升级利用，使其在废水超低排放甚至零排放领域有很大的发展潜力。

膜分离技术是指在分子水平上不同粒径的混合物，在压力或电场作用下通过滤膜实现选择性分离的技术[50]。根据孔径大小可以分为：微滤(MF，孔径范围为0.02 ~10 微米)、超滤(UF，0.001 ~0.02 微米)、纳滤(NF，0.001 ~0.002 微米)、反渗透(RO，0.0001 ~0.001 微米)、电渗析(ED)、离子交换、非阻隔性膜等。通常在二级处理后，几种膜技术搭配使用。

采用膜分离法进行造纸废水处理是目前的研究热点和难点。虽然膜分离在造纸废水的处理具有一些优势，但也存在一定的问题。如膜的污染和分离效果降低，膜组件价格较高等。随着膜分离技术研究的深入，这项技术在实现造纸废水的零排放方面将具有更加广阔的应用前景。

徐南平等人[51]研发了以膜技术为核心的“制浆造纸废水零排放成套工艺”。该工艺包括去除COD_{Cr}的臭氧生物膜预处理、电吸附、膜集成以及高效蒸发结晶4个工艺板块，使制浆废水变成完全可回收利用的纯水、工业用盐及干泥，在王子制纸(南通)有限公司实现了零排放和废水的全回收利用。处理成本约5元/米^3，与10元/米^{3}的水费相比，仍然有较大利润空间。金东纸业(江苏)股份有限公司设计建造了“放流水逆渗透回用系统”，该企业每天车间排放废水40000米^3，其中10000米^{3}被该系统深度处理，经微滤-纳滤-逆渗透，废水COD_{Cr}从100毫克/升降为<1毫克/升的纯净水，钙、镁离子含量极低，被回用于热电厂锅炉中，锅炉用水成本降低了1元/吨[52]。

另外，将膜分离技术与好氧生物处理技术有机结合起来的新型水处理技术——膜生物反应器(MBR)技术[53]，是目前最具发展前景的废水深度处理新技术之一。以膜组件取代传统生物处理技术末端二沉池，从源头上降低COD_{Cr}值，使出水比一般生化法回用水质量更好[54]。荷兰Uchelen纸厂将漂白废水经生产能力为10米^3/时的MBR系统进行处理后，80% ~90%的水回用于漂白生产中，且不影响漂白质量。MBR是当今废水回用中最为热门的技术，其在生物反应器中保持高活性污泥浓度，提高生物处理有机负荷，减少剩余污泥量，显著减少占地面积[55]。主要利用沉浸于好氧生物池内的膜分离设备截留槽内的活性污泥与大分子有机物。膜生物反应器系统内活性污泥(MLSS)浓度可提升至8000 ~10000毫克/升，甚至更高，污泥龄(SRT)可延长至30日以上。

MBR反应器因其有效的截留作用，可保留世代周期较长的微生物，实现对废水深度净化，同时硝化菌在系统内能充分繁殖，其硝化效果明显，对深度除磷脱氮提供可能[56]。2011年江苏省某造纸厂废水处理项目，处理水量9000米^3/日，采用平板膜MBR工艺的工业废水处理设施，出水效果良好。

膜生物流化床(MBFB)工艺[57]以生物流化床为基础，以粉末活性炭(PAC)为载体，结合膜生物反应器工艺的固液分离技术，然后利用陶瓷膜分离系统(微滤)进一步净化废水，使其达到中水回用标准。研究表明，MBFB能有效除去微污染水体中氨氮、COD_{Cr}和其他难降解小分子有毒有机物等。可直接进入反渗透膜进行脱盐，而不需经过复杂的保安过滤(微滤)和超滤工段。该工艺已有较多研究报道，但还未在废水处理领域得到推广和应用。

3. 活性炭吸附技术及其综合运用

吸附法是利用多孔材料的多孔结构和表面特性吸附有机污染物，对臭味和余氯有机氯化物有较好的去除效果[58]。

中冶纸业银河有限公司于2010年6月建成投用了处理能力为50000米^3/日的中段废水回用设施，主体采用臭氧氧化、活性炭过滤以及低压膜(超滤膜和纳滤膜)中段废水回用技术工艺，其中臭氧氧化+活性炭过滤建设规模为50000米^3/日，低压膜水处理建设规模为20000米^3/日，水质达到了生产用水要求。

民丰特种纸股份有限公司采用生化处理-中速过滤器-常规净化处理-活性炭深度处理-氯气消毒工艺处理造纸废水，处理后废水水质稳定，回收利用率高，并且在较低运行成本的条件下亦可去除95%

以上的COD_{Cr}和97%色度[59]。

4. 砂滤技术

砂滤是以天然石英砂作为滤料截留水中悬浮物等杂质，使废水得到澄清的水过滤处理工艺，该处理过程简单有效、经济实用。活性砂滤技术是重要的废水深度处理技术之一，它能同时去除多种污染物，如SS、COD_{Cr}、BOD_5等，是一种经济可行的深度处理方法。王双飞课题组设计了一种可连续运行的逆流连续砂滤器，该设备具有废水布水均匀稳定，对废水中悬浮物过滤截留及污砂清洗效果好，可防止滤砂短流、底部污砂的沉积，保持砂滤层稳定等优点[60]。同时，在普通砂滤的基础上，通过菌悬液和营养溶液同时投加的挂膜方法，设计了可连续反冲洗的气浮砂滤设备，当过滤砂层高度为650毫米，过滤速度60升/时，压缩空气压力为0.4～0.8兆帕，压缩空气流量为0.375牛米^3/时时，对悬浮物的去除率为78.13%[61]。

5. 磁整理及磁化-仿酶催化缩合

磁整理技术是利用磁体吸附分子质量较高的木素，使其混凝，起到降低COD_{Cr}的作用。造纸废水经过超高梯度磁分离处理后，可实现废水的回用。在大阪府柏原市某废纸造纸厂，采用长度为680毫米，内径为400毫米孔腔(磁场空间)的超导磁铁NbTi螺线管组装的过滤器处理COD_{Cr}为60～200毫克/升的废水，处理后，废水的COD_{Cr}降低到了30～60毫克/升，浊度降到了5NTU以下。采用磁性絮凝剂与磁技术相结合，提高了对废水脱氮除磷的处理效果[62]。

2009年，山东晨鸣纸业集团股份有限公司在造纸废水处理中试时，运用磁整理-梯级反应混凝-生物碳深度处理工艺，其处理能力达3000米^3/日，且能抵抗一定强度的废水负荷冲击。该工艺投入使用以来，运行稳定，不仅能使处理后的出水很好的回用于制浆造纸过程中，而且经此工艺处理后的出水水质十分理想，出水COD_{Cr}剩余率仅为进水时的10%～20%，SS降至10毫克/升以下，色度亦得到了明显的去除，经核算处理费用约0.7元(未计入电费)[63]，但该方法未见后续报道。

磁化-仿酶催化缩合废水深度处理技术，利用仿生酶代替天然的过氧化氢酶，催化过氧化氢与二级生化处理后的难降解的小分子脱氢缩合的木素，生成水溶性较差的大分子物质，再经过磁分离处理，达到回用或高标准排放的目的。该技术在处理工艺上与Fenton氧化工艺相类似，但因类似实现酶的固定化作用而在化学品用量、污泥产量等方面相对较少。刘勃等人[64]成功地将磁化-仿酶催化缩合废水深度处理技术在山东、江西、天津、吉林、湖北等地的制浆造纸企业推广应用。

6. 氧化塘及人工湿地

氧化塘(稳定塘)是一种利用天然净化能力对废水进行处理的构筑物的总称。其净化过程与自然水体的自净过程相似。通常是将土地进行适当的人工修整，建成池塘，并设置围堤和防渗层，依靠塘内生长的微生物来处理废水。主要利用菌藻的共同作用处理废水中的有机污染物。氧化塘废水处理系统具有基建投资和运转费用低、维护和维修简单、便于操作、能有效去除废水中的有机物和病原体、无需污泥处理等优点[65]。

人工湿地是由人工建造和控制运行的沼泽地，将废水有控制的排入到人工湿地，废水在流动的过程中，利用土壤、植物以及微生物的物理、化学和生物三重协同作用，对废水进行处理的一种技术[66]。其作用机理包括吸附、滞留、过滤、氧化还原、沉淀、微生物分解、转化、植物遮蔽、残留物积累、蒸腾水分和养分吸收等。同时人工湿地可以建设成湿地景观公园，湿地中的高等植物可用于造纸，应用较多的是芦苇人工湿地，可查阅到的案例资料：

(1)2005年，山东沾化齐明纸业有限公司(已注销)日排放工业废水25000米^3，采用废水浇灌盐碱地400公顷，创造湿地环境种植芦苇，利用芦苇湿地对废水进行自然降解，处理后的废水COD_{Cr}小于500毫克/升并回用于生产，实现了废水的资源化利用。

(2)2013年，山东海韵生态纸业有限公司采取生态造纸办法，推行无碱蒸煮、无氯漂白，一方面对造纸废水进行资源化利用，使20世纪80—90年代造纸厂废水直排造成盐碱荒地的芦苇得以恢复，修复了湿地生态，另一方面将湿地所产芦苇用以造纸，达到了工业废水“零排放”标准。2015年该公司变更业务，脱离造纸行业。

(3)江苏某纸业集团有限公司利用当地沿海滩涂湿地的资源优势，建设了2270公顷的氧化塘-人工湿地废水处理系统，造纸废水经塘系统厌氧和兼性发酵后，进入芦苇湿地深度处理，人工湿地中的废水在不断降解的同时，依靠大气蒸发和芦苇的蒸腾等作用被消耗，实现了封闭循环。2003年受到世界湿地专家高度赞扬[67]，并通过环保鉴定[68]。而现实是，据2010年环境保护部华东督察中心有关负责人表示，该公司长年的违法排污已经给保护区的湿地生态环境造成不可恢复的影响，央视等多家媒体进行报道[69]，2013年环保厅[70]作出整改决定，停止氧化塘、停止处理尾水排入湿地，废水汇集经Fenton工艺处理。经整改该企业废水达到排放标准。

企业偷排甚至高调排污，加上环保人员的渎职、甚至与排污企业的恶意串通，给湿地环境带来极大危害。随着国家监管力度加大，对该类项目审批更加谨慎，污染现象越来越少。另外该方法也存在一些先天不足，如重金属富集和处理性能季节性差异等，影响了该方法的实际应用。

三、结　语

我国造纸工业废水深度处理技术正值蓬勃发展阶段，不少深度处理技术及其联合处理技术取得了巨大的进步和丰硕的成果。随着科学技术的发展进步，必将会有技术更加成熟稳定、成本更加低廉的深度处理工程技术出现，从而实现制浆造纸废水的资源化利用和超低排放，将为我国造纸工业节能减排作出重要贡献，对制浆造纸行业的健康发展产生积极和深远的促进作用。

参考文献

[1] 中国造纸协会. 中国造纸工业2009年度报告[J]. 中华纸业, 2010, 31(11): 8.

[2] 中国环境报. 水污染防治行动计划[M]. 北京: 人民出版社, 2015.

[3] 钟　华. 福建颁布新的制浆造纸水污染物排放标准[J]. 中华纸业, 2013(5): 65.

[4] 徐金鹏, 陈　灏, 席　敏. 史上最严环保标准倒逼出行业领军者山东造纸业转型升级调查[J]. 市场观察, 2015(7): 68.

[5] 盘点2016[J]. 造纸信息, 2017(1): 32.

[6] 中国造纸协会. 中国造纸工业2015年度报告[J]. 纸和造纸, 2016, 35(6): 20.

[7] 环境保护部: 2015年环境统计年报[R]. http: //www.zhb.gov.cn/gzfw_13107/hjtj/hjtjnb/.

[8] 中国造纸协会. 中国造纸工业2016年度报告[M]. 北京: 中国造纸协会, 2016.

[9] Kamali M, Khodaparast Z. Review on recent developments on pulp and paper mill wastewater treatment[J]. Ecotoxicology & Environmental Safety, 2014(114): 326.

[10] Chong S, Sen T K, Kayaalp A, et al. The performance enhancements of upflow anaerobic sludge blanket (UASB) reactors for domestic sludge treatment—a state-of-the-art review[J]. Water Res, 2012, 46(11): 34.

[11] Buzzini A P, Pires E C. Cellulose pulp mill effluent treatment in an upflow anaerobic sludge blanket reactor[J]. Process Biochemistry, 2002, 38(02): 707.

[12] Chinnaraj S, Venkoba Rao G. Implementation of an UASB anaerobic digester at bagasse-based pulp and paper industry[J]. Biomass and Bioenergy, 2006, 30(3): 273.

[13] 涂　勇, 郭方峥, 刘伟京, 等. EGSB反应器处理废纸造纸废水的实验研究[J]. 环境工程, 2010(s1): 102.

[14] 周焕祥, 汪艳雯, 房爱东, 等. EGSB厌氧反应器在造纸废水处理中的应用[J]. 造纸科学与技术, 2013(2): 97.

[15] 王鑫宇, 陈嘉川, 王双飞, 等. 外循环EGSB反应器处理制浆造纸废水的中试研究[C]//中国造纸学会第十六届学术年会论文集. 2014.

[16] 贺延龄. 废水厌氧处理技术的新进展——IC反应器在造纸工业上的应用[J]. 纸和造纸, 2001 (6): 45.

[17] 曹　莹, 郭方峥, 李红艺, 等. IC反应器处理造纸废水技术[J]. 中国资源综合利用, 2010, 28(1): 50.

[18] 蒋健翔, 次新波, 万先凯, 等. 厌氧内循环工艺在废纸造纸废水处理中的应用[J]. 工业水处理, 2010, 30(11): 89.

[19] 杨晓秋, 蒋健翔, 万先凯, 等. 造纸废水厌氧处理产沼气发电研究[J]. 环境污染与防治, 2010(32): 46.

[20] Zhao J R H, Wang S. Up-flow multi-stage anaerobic reactor (UMAR): US, US7537693[P]. 2009.

[21] Shen P, Zhang J, Zhang J, et al. Changes in microbial community structure in two anaerobic systems to treat bagasse spraying wastewater with and without addition of molasses alcohol wastewater[J]. Bioresource Technology, 2013 (131): 333.

[22] 周敬红, 孙　蕾, 兰　雯, 等. 上流式多级厌氧反应器(UMAR)处理木薯淀粉废水的研究[J]. 环境科学, 2008(12): 3445.

[23] Sun Q, Li H, Yan J, et al. Selection of appropriate biogas upgrading technology-a review of biogas cleaning, upgrading and utilisation[J]. Renewable & Sustainable Energy Reviews, 2015(51): 521.

[24] Park A, KimY M, Kim J F. Biogas Upgrading using Membrane Contactor Process: Pressure-Cascaded Stripping Configuration[J]. Separation and Purification Technology, 2017: 183.

[25] 路　平. 华南理工大学研究团队用造纸黑液提取木质素"变废为宝"项目成果获国家技术发明奖二等奖[J]. 广东科技, 2016(25): 13.

[26] 万红军. 利用造纸污泥焚烧发电[J]. 造纸化学品, 2010(3): 27.

[27] 张东翔, 刘长灏, 黎汉生. 用循环经济理念解决城市污泥问题的探讨[J]. 环境保护, 2005(4): 59.

[28] 樊会娜, 李飞明, 伍忠磊. 玖龙纸业: 废纸造纸污泥的干化焚烧技术创新实现废物资源化利用[J]. 中华纸业, 2012(33): 35.

[29] 徐 铁. 造纸废水污泥的资源化利用[J]. 环境保护与循环经济, 2015(2): 27.

[30] 李慧菊, 马 甜, 王 磊. 改良沙地的有机肥源——"造纸废泥"田间试验分析[J]. 宁夏农林科技, 2008(1): 15.

[31] Shi Lin, Luo Hanjin. Preparation of soil nutrient amendment using white mud produced in ammonia-soda process and its environmental assessment[J]. 中国有色金属学报(英文版), 2009(19): 1383.

[32] İlknurŞ, Büyükgüngör H. Evaluation of Biohydrogen Production Potential from Sewage Sludge[M]. Progress in Exergy, Energy, and the Environment. Springer International Publishing, 2014: 943.

[33] Joshi RR, Kerai HM, Kerai MG. Comparative study on utilization of waste paper sludge as partial replacement of cement in concrete[J]. International Educational Scientific Research Journal, 2013(1): 51.

[34] 李和平. 焦作瑞丰纸业厌氧菌"补钙"增效益[J]. 中华纸业, 2014(13): 77.

[35] 农光再, 李许生, 王双飞. 黑液气化研究现状及进展[J]. 中国造纸, 2006, 25(10): 54.

[36] 李许生, 农光再, 王双飞. 黑液气化工艺及设备研究现状[J]. 中国造纸, 2007, 26(12): 59.

[37] 李许生, 卫 威, 农光再, 等. 黑液焦 CO_2 气化及动力学研究[J]. 广西大学学报自然科学版, 2015, 40(6): 1577.

[38] 王双飞, 农光再. 黑液气化研究进展及其工业化应用展望[C]. 中国科协年会, 2008.

[39] Fang S, Wang C, Chao B. Operating conditions on the optimization and water quality analysis on the advanced treatment of papermaking wastewater by coagulation/Fenton process [J]. Desalination & Water Treatment, 2015(57): 1.

[40] 董亚荣, 王立栋, 张尊举. 三维电极-电 Fenton 法深度处理造纸废水[J]. 中国造纸, 2016, 35(7): 35.

[41] 郭 鑫, 马邕文, 万金泉, 等. 基于硫酸根自由基的高级氧化技术深度处理造纸废水的研究[J]. 中国造纸, 2012, 31(9): 32.

[42] 万金泉, 濮梦婕, 马邕文, 等. PS 高级氧化-离子沉淀-V 型砂滤组合工艺深度处理 AO7 染料废水应用研究[J]. 环境工程学报, 2016, 10(3): 1138.

[43] Zhang Y, He C, Sharma V K, et al. A coupling process of membrane separation and heterogeneous Fenton-like catalytic oxidation for treatment of acid orange II-containing wastewater[J]. Separation & Purification Technology, 2011(80): 45.

[44] Brink A, Sheridan C M, Harding K G. The Fenton oxidation of biologically treated paper and pulp mill effluents: A performance and kinetic study[J]. Process Safety & Environmental Protection, 2017(107): 206.

[45] Wang Y, Lin X, Shao Z, et al. Comparison of Fenton, UV-Fenton and Nano-Fe_3O_4, catalyzed UV-Fenton in degradation of phloroglucinol under neutral and alkaline conditions: role of complexation of Fe^{3+}, with hydroxyl group in phloroglucinol[J]. Chemical Engineering Journal, 2017(313): 938.

[46] Ghaly M Y, Jamil T S, El-Seesy I E, et al. Treatment of highly polluted paper mill wastewater by solar photocatalytic oxidation with synthesized nano TiO_2[J]. Chemical Engineering Journal, 2011 (168): 446.

[47] Ma X, Gao Y, Huang H. Treatment of papermaking tobacco sheet wastewater by electrocoagulation combined with electrochemical oxidation[J]. Water Science & Technology, 2015 (71): 1165.

[48] Cheng Z, Yang R, Wang B, et al. Chlorophenol Degradation in Papermaking Wastewater through a Heterogeneous Ozonation Process Catalyzed by Fe-Mn/Sepiolite [J]. Bioresources, 2015(10): 5503.

[49] Jönsson A S. Membranes for lignin and hemicellulose recovery in pulpmills [M]. Membrane Technologies for Biorefining, 2016: 105.

[50] Mänttäri M, Kallioinen M, Nyström M. Membrane technologies for water treatment and reuse in the pulp and paper industries[M], Advances in Membrane Technologies for Water Treatment. 2015: 581.

[51] 韩瑜庆. 江苏攻克造纸制浆废水零排放世界性难题[J]. 纸和造纸, 2015, 34(8): 126.

[52] 钱伯章. 膜法技术在造纸废水处理中大规模应用[J]. 水处理技术, 2010, 36(7): 5.

[53] Achilli A, Cath T Y, Marchand E A, et al. The forward osmosis membrane bioreactor: A low fouling alternative to MBR processes[J]. Desalination, 2009(239): 10.

[54] 王 春, 平清伟, 张 健, 等. 制浆造纸废水处理新技术[J]. 中国造纸, 2015, 34(2): 61.

[55] 褚 红. 膜分离技术在工业废水回用中的应用[C]. 海水淡化与水再利用西湖论坛. 2006.

[56] 冯 涌, 卢 龙, 杨 敏. 混凝气浮-好氧颗粒污泥膜生物反应器处理造纸厂废水[J]. 环境工程, 2012, 30(5): 28.

[57] Aslam M, McCarty P L, ShinC, et al. Low energy single-staged anaerobic fluidized bed ceramic membrane bioreactor (AFCMBR) for wastewater treatment[J]. Bioresource Technology, 2017(240): 33.

[58] Ahmed M J. Adsorption of non-steroidal anti-inflammatory drugs from aqueous solution using activated carbons: Review[J]. Journal of Environmental Management, 2017(190): 274.

[59] 刘敏辉. 民丰特纸造纸污废水再生回用水工程实例简介[J]. 华东纸业, 2005(1): 52.

[60] 陈 楠, 覃当麟, 陈永利, 等. 逆流连续砂滤器[P].

CN202015528U, 2011.

[61] 李盼盼. 活性气浮砂滤深度处理城镇污水的研究[D]. 南宁：广西大学，2012.

[62] 冯晓静. 磁分离废纸造纸废水处理装置[J]. 中华纸业，2010，31(12)：96.

[63] 洪　卫，刘　勃，季华东，等. 碱法木浆制浆造纸综合废水深度处理试验[J]. 中国造纸，2007，26(7)：31.

[64] 刘　勃，洪　卫，季华东，等. 磁化-仿酶催化缩合废水深度处理技术及其在制浆造纸企业的应用[J]. 中华纸业，2010，31(12)：32.

[65] 刘稚鹏. 造纸废水深度处理氧化塘技术工程研究[D]. 广州：中山大学，2009.

[66] Vymazal J. Constructed wetlands for treatment of industrial wastewaters：A review[J]. Ecological Engineering，2014 (73)：724.

[67] 李　兵. 国际知名湿地保护专家盛赞双灯纸业生态治污[J]. 中国造纸，2003，22(12)：29.

[68] 徐维骝，周正培. 双灯纸业海涂湿地污染物迁移转化研究成果通过鉴定[J]. 中国造纸，2005，24(1)：34.

[69] 江苏盐城：万亩保护湿地变身造纸厂"氧化塘"[R]. http：//news. cntv. cn/program/zdxwzx/20100327/101611. shtml.

[70] 射阳环保与企业"合伙"排污三万亩保护区成黑水芦苇荡[R]. http：//www. paper. com. cn/news/daynews/2011/110707083811877352. htm.

（王双飞）

制浆造纸工业水污染全过程控制技术

Whole Process Control Technology of Water Pollution in Pulp and Paper Industry

制浆造纸工业是我国重要的基础原材料工业，为国民经济发展作出了重要贡献。然而，由于生产工艺特殊，制浆造纸工业消耗了大量水资源，排放的废水和 COD_{Cr} 污染物多年来居各行业之首，水污染问题严重，长期被列为我国水环境污染控制与防治的重点，导致行业污染减排的压力很大。为实现达标排放，当前造纸行业主要依靠末端治理技术，但存在废水处理成本高、企业难以承受、偷排现象屡禁不止等问题，导致行业水污染排放总量居高不下。因此，改变以“末端治理”为主的防治模式，加强控源减污，对实现造纸行业高质量污染防治是及其重要的。

“十二五”期间，在国家水体污染控制与治理科技重大专项课题“重点流域造纸行业水污染控制关键技术产业化示范”(2014ZX07213-001)等项目的支持下，华南理工大学联合中国造纸协会、山东太阳纸业股份有限公司、山东华泰纸业股份有限公司、驻马店市白云纸业有限公司、江苏华机环保设备有限责任公司组合科研团队，针对造纸行业三大制浆造纸生产工艺〔化学法制浆、化学机械法制浆、废纸制浆(脱墨)及造纸〕中的源头污染控制关键技术与装备、末端废水深度处理技术进行研发集成。历经三年多的研发，课题组优化完善了黑液提取率再提升技术、深度脱木素技术、无元素氯漂白技术、组合式废水蒸发碱回收技术、近中性脱墨制浆技术、白水梯级循环技术等关键技术，并系统集成了适应于不同类型制浆造纸工艺的技术与装备，在国内龙头造纸企业改造建设了多条产业化生产线。示范工程连续稳定运行至今，取得了良好的经济和社会环境效益，为水专项重点行业污染控制提供了有力支撑。

基于不同制浆造纸工艺的水污染特性，课题重点对化学法制浆、化学机械法制浆、废纸制浆及造纸等 3 类产能大、水污染物排放高的制浆造纸工艺进行了源头减排关键技术和末端废水低成本深度处理技术研发集成，对依托工程进行提标改造，建立了规模化的产业化示范工程。

一、化学法制浆全过程水污染控制关键技术产业化示范

制浆黑液和漂白废水是化学法制浆的主要水污染物。制浆黑液产生于碱法蒸煮，其 COD_{Cr} 含量高达 150000 毫克/升，一般通过多级串联真空洗浆机组进行提取分离后进行碱回收处理，但如果分离效率不高，高 COD_{Cr}、高色度的黑液就会被带入漂白系统，既增加漂白化学品的消耗，又增加漂白废水污染负荷。至于漂白废水，传统化学法制浆主要采用低浓含氯漂白，用水量大，废水含高浓度氯离子不能回用，导致漂白废水排放量 50 米^3/吨浆以上，且废水 COD_{Cr}、AOX 污染负荷高，通过末端治理 AOX 无法实现达标排放。针对上述问题，课题在原研发的中浓纸浆清洁漂白技术基础上，依托河南驻马店市白云纸业有限公司的化学法制浆生产线，重点突破集成了以下关键技术。

1. 黑液提取率再提升技术

针对传统黑液提取主要通过多组真空洗浆机串联来完成，其对纤维间的黑液脱出较为有效，对细胞腔和细胞壁孔隙中的黑液脱除较差的问题，课题组通过在线控制喷淋水流量提高置换洗涤效果，降低上网浓度(1% ~2%)、延长纸浆停留与黑液扩散时间以提高扩散效果，增设挤压设备提高出浆浓度(由常规 10% 提高到 25% 以上)，使黑液与纸浆更有效地分离，降低了漂白前纸浆中的残碱量，黑液

提取率提升 5% 以上，减少中段水 COD_{Cr} 负荷 30% 以上。

2. 蒸煮与氧脱木素协同的深度脱木素技术

氧脱木素技术可进一步降低进入漂白工段纸浆的硬度，有助于减少后续漂白剂的用量，进而降低漂白废水的污染负荷，且氧脱木素废水呈碱性可逆流回用不增加废水排放，所以得到越来越广泛的应用。但是，在运行中发现，由于蒸煮后纸浆硬度不合理、滤水性差致使进入氧脱木素的纸浆残碱高、浓度低，导致氧脱木素效率不稳定、振动大、难控制等技术难题。课题组通过协同调节蒸煮和氧脱木素工艺(图 1)，适当提高蒸煮后纸浆硬度 1 ~ 2，提高滤水性；增加螺旋挤压机等提浓装置，使进入氧脱木素系统的纸浆浓度稳定在 10% ~12%，残碱低于 0. 4 克/升；同时优化中浓浆泵控制逻辑(图 2)，使其运行更为平稳，解决中浓输送振动大、难控制的技术难题。基于上述技术升级，单塔氧脱木素率稳定在 40% 以上，双塔氧脱木素率达到 70%，为后续降低 ClO_2 漂白消耗实现低污染漂白创造有利条件。

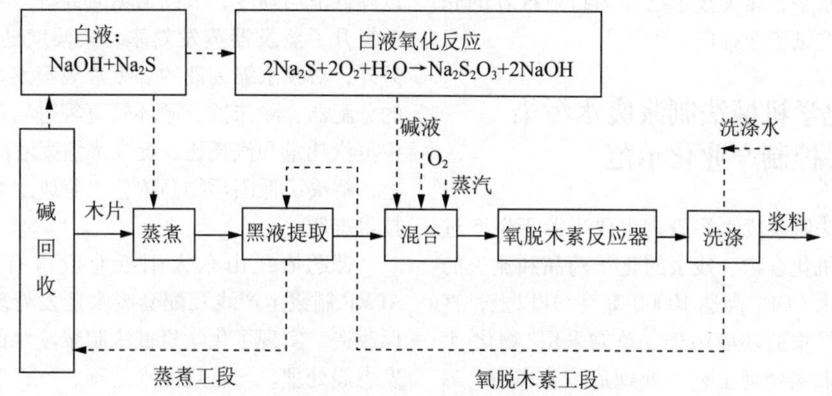

图1　蒸煮与氧脱木素协同的深度脱木素

----虚线为水循环回用路线

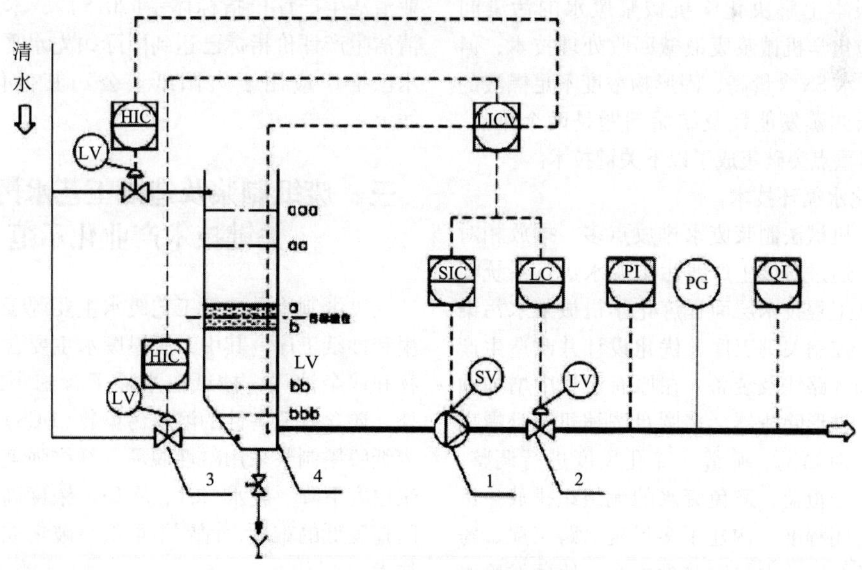

图2　中浓浆泵液位控制逻辑

3. 清洁漂白技术

制浆漂白过程就是一个脱木素的过程，前序工段脱木素越多，后续工段药剂消耗越少。传统 CEH 或常规无元素氯(D_0ED_1)漂白，主要依靠氯化 C 或二氧化氯 D_0 来实现脱木素，药剂消耗高，且废水不能回用，所以 COD_{Cr}、AOX 污染极大。因此，必须淘汰 CEH 漂白，对于 DED 则需要进行氧脱木素技术改造，降低漂白纸浆硬度。课题组通过优化提升深度氧脱木素处理，从源头实现了 ClO_2 减量 50% 以上；同时，将常规碱抽提 E 改造为压力过氧化氢强化碱抽提(Eop)，实现在碱处理过程进行纸浆过氧化氢漂白，纸浆白度高，可省略 D_1 段满足一般应用要求，大幅降低漂白废水量及污染负荷。

课题依托河南驻马店市白云纸业有限公司的化学法制浆生产线，集成上述关键技术对其传统制浆系统进行提标改造。与改造前相比，示范生产线中段废水排放量和终排水 COD_{Cr} 排放量减少 30% 以上，AOX 排放量减少 50%，取得了显著的环境和经济效益。参照《制浆造纸行业清洁生产评价指标体系(2015)》，本示范工程的清洁生产评价指标已达到国际领先水平，相关技术已作为行业推荐的先进技术在全国造纸工业推广。

二、化学机械法制浆废水污染控制产业化示范

化学机械法制浆废水污染物主要来源于生产过程中溶出的有机化合物、残余的化学药品和流失的细小纤维，废水 COD_{Cr} 高达 10000 毫克/升以上，直接排放将造成严重的环境污染。单靠采用“物化-生化-深度”三级末端处理工艺，处理后废水 COD_{Cr} 等难以经济有效的达标，很多企业都是通过增加排水量或是混入其他废水中来降低浓度，导致废水排放量大。为从根本上解决化学机械浆废水的污染问题，率先实施化学机械浆废液碱回收处理技术，但化学机械浆废水 SS 含量高、固形物浓度不足黑液的十分之一，因此蒸发能耗及结垢问题是两个难点。为此，课题组重点突破集成了以下关键技术。

1. 最优化水循环技术

针对化学机械法制浆废水排放点多、排放相对分散的特点，通过对该生产线污染源水进行系统梳理和解析，从工程技术层面提炼化学机械浆水污染减排、回用、控制关键工序，优化设计并改造生产流程和废水循环路线及装备。在原有流程中增加圆筒筛、斜筛、锥形除渣器、多圆盘浓缩机、卧螺离心机等设备，对筛网、筛缝、筛孔尺度进行调整，实现废水回收全覆盖，避免废水的无组织排放。进一步提升水封闭程度，构建了多尺度、跨工序、跨车间的水循环线路，大幅度减少废水，使蒸发废水量由原有的 13 ~ 15 米^3/吨浆降至 10 米^3/吨浆以下，废水固形物浓度由原来的约 1.5% 提高到 2.0% ~ 3.0%，有效减轻了后续蒸发处理压力。

2. 废水高效低耗组合蒸发技术

选用更为高效节能的蒸发设备是降低能耗的另一重要措施，当前造纸行业废水(黑液)蒸发都是采用多效蒸发器。与多效蒸发相比，机械蒸汽再压缩蒸发(MVR)占地面积小，综合能耗低、效率高的特点。在国内将其用于制浆废水处理尚属首次，存在蒸发效率低、结垢、运行不稳定等诸多问题。针对原有高效蒸汽机械再压缩蒸发(MVR)设备运行过程中存在的上述问题，采取在蒸发前增加压力筛，进一步降低蒸发废液的成垢组分含量；将废水循环泵由恒速控制改造为变频控制，利用废水产生的脉冲冲刷作用减缓结垢；同时，在蒸发器上增开人孔、加大鼓风实现强化散热，在蒸发器内增设清洗设备以降低清垢强度、节约清垢时间等一系列措施，有效提升了蒸发器蒸发效率，大幅度延长运行周期。另外，对预浓缩废液的二级常规蒸发系统蒸发板片的分配器、除沫器、循环管道等进行优化设计，减少蒸汽耗量和汽耗比，提高浓缩废液浓度至 55% 以上，解决了低固形物高浓化机浆废水蒸发成本高的技术难题。

课题依托山东太阳纸业股份有限公司 P-RC APMP 制浆生产线及配套废水蒸发处理工程开展提标改造，实现了化学机械法制浆废水的高效低耗蒸发燃烧处理。与常规废水处理相比，废水排放量削减 50% 以上，年节约用水 150 万米^3，年减排 COD_{Cr} 450 吨，产生了良好的经济效益。参照《制浆造纸行业清洁生产评价指标体系(2015)》，本示范工程的清洁生产评价指标已达到国际领先水平，该成套技术已推广应用于太阳纸业公司其他化机浆生产线上。

三、废纸制浆及造纸工艺水污染控制关键技术产业化示范

废纸制浆及造纸工艺废水主要源于废纸碎浆脱墨和抄纸工序。其中，脱墨废水主要含有纸浆溶出物和残余油墨，抄纸白水除了含细小纤维和填料外，还含有危害性的溶解污染物(DCS)。针对现有废纸脱墨制浆采用碱性脱墨，纤维强度衰变快、纸浆白度下降、废水 COD_{Cr} 及 DCS 浓度高、水循环封闭程度低的难题，课题组重点突破集成了以下关键技术。

1. 高浓碎浆技术和弱碱性脱墨技术

针对传统双鼓式高浓碎浆机存在碎浆浓度低、用水量大、车间外排 COD_{Cr} 高等问题，课题将示范生产线原有的老式转鼓碎浆机升级为双转鼓碎浆机，使碎浆浓度由 3% ~ 10% 提高至 20%，降低了白水用量，实现单条生产线年节水 4 万米^3；突破弱

碱性脱墨技术并率先在大型脱墨制浆生产线应用，实现在 pH 值 7.5 条件下脱墨，减少纤维损伤，降低化学品消耗和废水 COD_{Cr} 负荷；而且，弱碱性脱墨减少了纸浆溶出物及胶黏物浓度，提高了脱墨纸浆的产品质量(残余油墨浓度由 700 毫克/升降低到 550 毫克/升)。

2. DCS 捕集技术和白水封闭循环技术

针对白水中的 DCS 对纸张质量及纸机生产效率的影响，研发了 S-CPAM 阴离子垃圾捕捉剂，并优化了三回路白水封闭循环工艺流程，增加废纸脱墨微气浮池和车间总排微气浮池；使废纸制浆脱墨废水中的 SS 降低 80%，DCS 含量减少 40%，造纸白水中的 SS 降低 80%，大幅提高工艺水重复利用率。另外，对造纸干燥部蒸汽冷凝水进行综合利用改造，降低蒸汽消耗并回收约 80% 的冷凝水用于生产，实现年节约清水约 17 万米^3。

课题依托山东华泰纸业股份有限公司废纸脱墨制浆和造纸生产线开展技术攻关与示范，提标改造后的示范线水循环利用率达到 90% 以上，单位产品废水排放量降低至 10 米^3 以下，每年减少污水排放 31.5 万米^3、COD_{Cr}减排 884 吨，产生了良好的经济和环境效益。参照《制浆造纸行业清洁生产评价指标体系(2015)》，示范工程的清洁生产评价指标已达到国际领先水平，相关技术已推广应用于东营华泰、广东华泰、河北华泰的废纸制浆造纸生产线。

四、造纸行业废水深度处理技术研发与产业化示范

为满足目前《GB 3544—2008 制浆造纸工业水污染物排放标准》严格的要求，我国造纸工业水污染处理从“二级生化”逐渐升级至“物理—生化—深度处理”的三级处理主流技术，其中最有代表性深度处理技术是 Fenton 氧化法。由于具有氧化能力强、降解有机物彻底的特点，迅速降低废水 COD_{Cr} 和色度，因而在实际生产已经得到一定范围的推广应用，但普遍存在药剂消耗高、化学污泥量大难处理、成本高的难题。针对上述问题，课题组重点突破集成了以下关键技术。

1. 低成本 Fenton 氧化深度处理技术

优化 H_2O_2 分配，提高反应效率，减少无效分解；替代使用低成本复合 Fenton 药剂，采用回收碱调节 pH 值，降低药剂成本；优化工艺，确定泥水分离的最佳分离点，在保证出水水质的同时，提高氧化及絮凝沉淀效果，让泥水分离更为彻底，有效降低运行成本。

2. 污泥干化技术

优化 Fenton 化学污泥和生化污泥的配比、污泥和化学品配比工艺，提高污泥滤水性能，同时改进板框压滤装备，强化脱水，实现出泥干度达到 45% 以上，降低污泥焚烧能耗。

课题依托山东太阳纸业股份有限公司和山东华泰纸业股份有限公的废水处理工程，实现出水 COD_{Cr}稳定达标排放，成本下降 10% 以上。

通过上述水污染控制关键技术与装备的研发集成，构建了清洁生产与末端治理相结合的水污染全过程控制模式，建立了造纸行业清洁生产技术与装备产业联盟和技术转移平台，为集成技术的推广应用、全面提升造纸行业水污染防治技术水平，为重点流域水污染减排提供有力支持，在造纸行业中推广前景非常广阔。

(陈克复　徐　峻)

造纸企业温室气体排放核算及其应用

Accounting and Application of Greenhouse Gas Emissions in Paper Industry

2017 年我国纸及纸板总生产量已达 11130 万吨，比 2016 年增长 2.53%。作为重要的基础原材料产业，造纸工业具有资源消耗大的特点。据国家统计局最新公布的数据显示，造纸及纸制品业能源消费总量 4027.67 万吨标准煤/年，占工业能源消费总量的 1.64%，是轻工业各行业中能耗最高的行业之一。近年来，我国造纸工业已取得了明显的节能减排效果，“十二五”期间吨纸及纸板综合能耗降低 22%，碳排放强度也逐年减少。为进一步消减温室气体排放量，2016 年 10 月 27 日印发的《“十三五”控制温室气体排放工作方案》(国发〔2016〕61 号)提出，“2020 年单位工业增加值二氧化碳排放量比 2015 年下降 22%”的目标。另外，“十三五”期间吨纸及纸板综合能耗将再降低 50 千克标准煤，相当于吨纸及纸板碳排放量将减少 132 千克 CO_2，节能减排仍是我国造纸工业低碳发展的必经之路。

2016 年 1 月 11 日，国家发展和改革委印发的《关于切实做好全国碳排放权交易市场启动重点工作的通知》(发改办气候〔2016〕57 号，以下简称“57 号文”)提出，首批纳入全国碳排放权交易市场的八大重点排放行业，造纸行业作为唯一的轻工产业被列入其中，要求相应企业按照文件要求对其温室气体排放量及相关数据进行分年度核算与报告。同时，为加强温室气体统计与核算，《“十三五”控制温室气体排放工作方案》要求定期编制温室气体排放清单，实行重点企(事)业单位温室气体排放数据报告制度，并建立温室气体排放数据信息系统，为健全全国碳排放权交易市场做好准备。

在已经开展碳交易试点的 7 省市中，上海市和广东省均已发布了各地区的造纸企业温室气体排放核算指南，其中广东省涉及 71 家造纸企业，上海市有 6 家造纸企业。由于试点地区是按照各自制定的核算和报告方法进行碳排放的核算和报告，所采用的碳排放核算边界和方法并不完全一致。为建立全国统一的碳交易市场，保证在交易过程中做到造纸企业碳排放量的可检测、可报告和可核查，国家发展和改革委组织编制和印发了《造纸和纸制品生产企业温室气体排放核算方法与报告指南(试行)》(以下简称“指南”)，据此编制的《温室气体排放核算与报告要求——造纸和纸制品生产企业》国家标准已提交国家标准化管理委员会审批。年度综合能耗达到 1 万吨标准煤(2.6 万吨二氧化碳当量 CO_2e)以上的造纸企业，应按要求对其碳排放量相关数据进行监测，并将所有数据和检测情况形成企业年度碳排放报告，然后由具有碳排放权核查资质的第三方机构对其进行核算后再进行交易。开展企业温室气体排放核算、报告与核查，是全国碳排放交易市场建设的一项重要基础性工作。通过参与碳交易，一方面可以推动企业改善工艺流程、更新生产装备和使用低碳能源；另一方面可以促进企业自主创新，摒弃高碳产品和业务，有利于我国造纸行业的低碳转型。

2017 年 12 月，国家发展和改革委印发《全国碳排放权交易市场建设方案(发电行业)》，标志着我国碳排放交易市场的正式启动。作为正式纳入全国碳市场的首个行业，发电行业(含热电联产)将用一年左右时间，继续完成全国统一的数据报送系统、注册登记系统和交易系统建设，开展碳市场管理制度建设，为后续行业的正式加入积累经验。同时，其他原被纳入首批全国碳排放权交易市场的重点排放行业也开始进入碳市场推进的关键阶段。为帮助造纸企业科学核算和规范报告其温室气体排放，以制订合理的企业温室气体排放控制计划，我们对造纸行业的温室气体排放源进行了识别，然后根据指南对造纸企业温室气体核算方法进行详述，并结合实际案例进行了应用分析。

一、造纸企业温室气体排放源与核算边界

1. 造纸企业温室气体排放来源及种类

温室气体是指大气层中自然存在的和由于人类活动产生的能够吸收和散发由地球表面、大气层和云层所产生的、波长在红外光谱内的辐射的气态成分。《京都议定书》中规定控制的 6 种温室气体为：二氧化碳（CO_2）、甲烷（CH_4）、氧化亚氮（N_2O）、氢氟碳化合物（HFCs）、全氟碳化合物（PFCs）、六氟化硫（SF_6）。

在制浆造纸生产过程中，温室气体排放主要来自：化石燃料（煤、石油、天然气等）燃烧，生物质燃料（木屑、秸秆、黑液等）燃烧，净购入电力和热力隐含的间接排放，过程排放，废弃物处理排放六大排放源。

其中，化石燃料主要消耗在能量转换环节，此环节负责将一次能源（煤、石油、天然气）转换为造纸生产过程可直接利用的二次能源（电能和热能）；另外，也有部分化石能源直接消耗在生产过程中，如石灰窑煅烧和燃气红外干燥消耗的重油和天然气等；其次是企业厂区内移动源化石燃料的消耗，如车间及厂区内部的搬运车辆。

生物质燃料主要来自制浆造纸过程产生的副产物，如木屑和黑液。为了满足生产过程的能耗需求，减少对外界能源的依赖，这些副产物往往会作为燃料在生物质锅炉内燃烧转换成生产需要的二次能源。对于现代综合型制浆造纸企业，其 60% 以上的能源来自生物质能源，很大程度上降低了对化石能源的需求，但在企业边界内生物质燃料燃烧过程同样会产生 CO_2。有关文献在估算我国造纸工业碳排放时，就涵盖了生物质燃料产生的 CO_2。表 1 给出了相应生物质燃料的碳排放因子。

表 1　生物质燃料碳排放因子

名称	排放因子/（千克 CO_2/吉焦 LHV）
木材/木材废弃物	112
黑液	95.3
其他固体生物质	100

净购入电力和热力是企业购入电力和热力扣除外销部分之后的净消耗电力和热力，主要用于制浆造纸生产全流程的用电和用热设备，如驱动设备运转，蒸发和干燥等，同时也包括附属生产系统的电力和热力消耗。这部分隐含的二氧化碳排放实际上是发生在相应的电力和热力生产企业，由于是消耗在制浆造纸流程，故在核算碳排放时算在造纸企业一侧。

过程排放是制浆过程碱回收工段石灰石煅烧发生分解反应产生的二氧化碳，以及自备电厂脱硫用碳酸盐产生的二氧化碳排放。废弃物处理排放主要指采用厌氧技术处理造纸废水时排放的甲烷。研究显示，若不计过程排放，化石燃料燃烧和净购入电力与热力隐含的 CO_2 排放占我国造纸工业碳排放总量的 60% 以上，生物质燃烧产生的 CO_2 约占 26% ~29%，废水处理产生的 CH_4 相当于碳排放总量的 9% ~11%。具体到企业层面，其碳排放水平的高低主要取决于其原料结构、能源结构、技术装备以及生产工艺等多种因素。

2. 造纸企业温室气体核算边界

以造纸和纸制品生产为主营业务的法人企业或视同法人的独立核算单位，应按规定核算和报告其主要生产系统、辅助生产系统和直接为生产服务的附属生产系统产生的温室气体排放。造纸企业温室气体核算边界如图 1 所示，主要由化石燃料燃烧排放、净购入电力和热力排放、过程排放、厌氧废水处理排放组成。这里生物质燃料燃烧产生的碳排放并不在核算指南之列，且暂不要求企业核算和报告监测成本较高、不确定性较大、且贡献细微的排放源，如 N_2O。对造纸企业，目前核算的温室气体仅包含贡献大的 CO_2 和 CH_4，其中以 CO_2 占的比例最大。

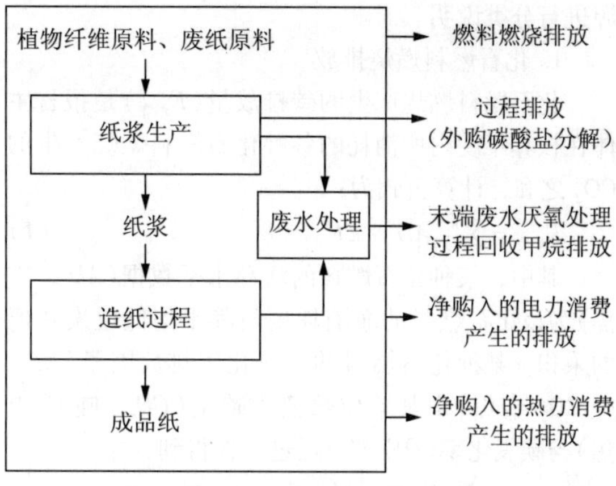

图1　造纸企业温室气体核算边界

考虑到生物质自身生产过程的固碳特性，在对企业温室气体进行核算与报告时，认为生物质能源是碳中性燃料，即不计生物质能源燃烧产生的 CO_2 排放，但与生物质燃料混烧的化石燃料产生的 CO_2 仍需核算。尽管如此，建议在排放报告其他信息说

明中报告生物质能源的使用情况，如生物质能源的使用量和燃料占比等基本情况，以有利于主管部门掌握各企业的能源结构等实际情况。如果报告主体还存在除造纸和纸制品生产之外的其他产品生产活动，则该部分生产活动应按相关行业的企业温室气体排放核算方法与报告要求进行核算与报告。

二、造纸企业温室气体排放核算方法

确定了核算边界和排放源之后，造纸企业温室气体排放总量等于核算边界内所有生产系统的化石燃料燃烧排放($E_{燃烧}$)、净购入电力排放($E_{电}$)、净购入热力排放($E_{热}$)、过程排放($E_{过程}$)、厌氧废水处理排放量($E_{废水}$)之和，单位为吨 CO_2e。

碳排放核算方法主要有排放因子法、物料平衡法和实测法。指南中采用的是排放因子法核算造纸企业产生的碳排放量，即以活动水平数据(AD)与相应排放因子(EF)的乘积作为某项排放源的碳排放量估算值。活动水平是指导致温室气体排放的生产或消费活动量，如：各种化石燃料的消耗量(以燃料的热量计算，单位为吉焦，GJ)、净购入的电量和热量、石灰石原料的消耗量。排放因子是表征单位生产或消费活动量的温室气体排放折算系数，如单位热量的燃料消耗、净购入单位电量和热量及单位质量的石灰石分解所对应的碳排放量等。为保证数据获取的可核查性和可追溯性，在报告时还要求对各类排放源排放的活动水平及排放因子数据来源进行分类说明。

1. 化石燃料燃烧排放

化石燃料燃烧产生的碳排放量($E_{燃烧}$)是报告主体在核算年度内所消耗的各种化石燃料燃烧产生的 CO_2 之和，计算公式为：

$$E_{燃烧} = \sum_{i=1}^{n} AD_i \times EF_i \tag{1}$$

其中，某种化石燃料的活动水平数据(AD_i，吉焦)为该化石燃料的净消耗量与其平均低位发热值的乘积。某种化石燃料的二氧化碳排放因子(EF_i，吨 CO_2/吉焦)由其单位热值含碳量(CC_i，吨 C/吉焦)与碳氧化率(OF_i,%)通过下式得到，

$$EF_i = CC_i \times OF_i \times \frac{44}{12} \tag{2}$$

活动水平来源的选择取决于数据的可获得性及是否能够支持既定排放源的活动水平需求，当存在多个可选的数据源时，企业可根据实际情况按照简单、准确、可核实、可溯源的原则选取其中一个合适的选项，建议优先选用企业计量数据，如生产日志或月度、年度统计报表。在报送过程中要保证整个时间序列上数据源必须一致。对平均低位发热值，单位热值含碳量和碳氧化率等相关参数，有条件的企业可以采用实测值，但应对排放因子数据的监测频次，检测方法和依据标准，测量仪器名称、型号、性能及安装位置等给予说明；如果不具备实测条件，可以选用指南附录二给出的推荐值，但在报告中应给予说明。

2. 净购入电力和热力排放

净购入电力和热力消费所对应的电力和热力生产环节 CO_2 排放量($E_{电/热}$)可通过企业净购入电力和热力的活动水平数据($AD_{电/热}$)乘以相应的排放因子($EF_{电/热}$)获得，即

$$E_{电/热} = AD_{电/热} \times EF_{电/热} \tag{3}$$

式中，$AD_{电/热}$是核算年度内企业购买的总电量(热力)扣除外销电量(热力)，以报告主体的电表和热力表读数为准，也可采用供应商提供的电费和热力发票或结算单等凭证上的数据。$EF_{电}$(碳 CO_2/兆瓦时)为企业所在区域电网的年平均排放因子，企业应按照所在区域选用国家主管部门公布的最新区域电网 CO_2 排放因子。$EF_{热}$为热力消费的排放因子，可使用推荐值(0.11 吨 CO_2/吉焦)，或者采用主管部门发布的官方数据。

3. 过程排放

过程排放是企业外购并消耗的石灰石煅烧发生分解反应产生的 CO_2 排放量($E_{过程}$)，可由企业计量的石灰石实际消耗量($AD_{石灰石}$)及其排放因子($EF_{石灰石}$)求得，计算公式为：

$$E_{过程} = AD_{石灰石} \times EF_{石灰石} \tag{4}$$

式中，$EF_{石灰石}$采用推荐值 0.405 吨 CO_2/吨石灰石，其中石灰石原料的纯度和分解率按 95% 计算。

4. 废水厌氧处理排放

废水厌氧处理过程产生的 CH_4 排放量折算成二氧化碳当量($E_{CH_4-CO_2e}$)，可由甲烷排放量(E_{CH_4})及其全球变暖潜势值(GWP_{CH_4})得到，其计算公式为：

$$E_{CH_4-CO_2e} = E_{CH_4} \times GWP_{CH_4} \tag{5}$$

式中，甲烷排放量(E_{CH_4})根据废水处理量、处理过程去除的 COD_{Cr} 量、以污泥形式清除掉的有机物总量、甲烷回收量及其排放因子(推荐值为 0.125 千克 CH_4/千克 COD_{Cr})等数据获得。CH_4 的全球变暖潜势值 GWP_{CH_4} 取推荐值 21，即减少 1 吨 CH_4 排放相当于减少 21 吨 CO_2 排放产生的温室效应。

三、造纸企业温室气体排放核算结果分析

符合碳交易条件的造纸企业已按照 57 号文件

要求分年度核算并报告其 2013 年、2014 年和 2015 年的温室气体排放量及相关补充数据，但已报送的上百家造纸企业数据质量并不高。报送企业除报告年度温室气体排放总量外，还应分别报告其化石燃料燃烧排放量、净购入的电力和热力消费所对应的排放量、过程排放量、废水处理的排放量，虽然造纸行业最终纳入碳排放权交易体系的碳排放总量仅限前 3 项排放量。对此，采用上述核算方法，对华北地区 A 和 B 两家造纸企业的温室气体排放量进行了核算，结果示于表 2 中。

表 2　报告主体 2013 年度温室气体排放量汇总表

单位：吨 CO_2 当量

	企业 A	企业 B
化石燃料燃烧排放量	1797883	2739
过程排放量	14947	0
净购入电力和热力排放量	-208915	1651477
废水处理产生的甲烷排放量	10500	2730
企业 CO_2 排放总量	1614415	1656946

企业 A 设有自备热电厂，主要消耗化石燃料种类有烟煤、汽油、柴油和天然气，能量转换环节产生的电力和热力可以达到生产自给，还有部分剩余的电力和热力外销至其他企业，故上表中其净外购电力和热力对应的碳排放量为负值。企业 B 没有自备电厂，能源结构相对比较简单，生产用能主要来自外购的电力和热力，另外也消耗部分汽油、柴油和天然气等化石燃料。计算采用的净消耗量均由企业实测得到，废水处理的总量和甲烷回收量由企业实测得到，低位发热量均采用本指南的推荐值，电力消费的排放因子采用国家发展和改革委公布的 2012 年华北电网平均 CO_2 排放因子。

由表 2 可知，企业 A 温室气体排放总量为 1614415 吨 CO_2 当量，其中化石燃料燃烧排放量 1797883 吨 CO_2 当量，生产过程石灰石原料消耗所对应的排放量 14947 吨 CO_2 当量，废水处理所对应的排放量 10500 吨 CO_2 当量，由于外销电力和热力抵消的排放量 208915 吨 CO_2 当量。由于企业 B 不存在石灰石煅烧单元，因此不存在过程排放。企业 B 的主要生产过程主要依靠外购电力和热力，这也是产生温室气体最多的排放源，为 1651477 吨 CO_2 当量，其次为化石燃料燃烧和废水处理所对应的碳排放量，分别为 2739 吨和 2730 吨 CO_2 当量。

另外值得注意的是，2017 年 12 月 15 日，国家发展和改革委发布了《关于做好 2016、2017 年度碳排放报告与核查及排放监测计划制定工作的通知》，要求对 2016 年、2017 年度碳排放数据进行核算报告与核查工作。此次除对行业补充数据表进行了更新之外，还要求符合温室气体排放条件的自备电厂，应视同电力行业企业纳入工作范围，即需要同时填报自备电厂补充数据表，各地区目前正在有序开展此项工作。

四、温室气体排放数据信息系统

为方便报告企业按照指南和 57 号文要求报送企业温室气体历史排放数据和补充数据，国家应对气候变化战略研究和国际合作中心开发完成了“企业温室气体排放数据直报系统”，并分批次进行了多次测试工作，同时也在多个地区开展了直报系统培训。该直报系统覆盖直报企业名录管理、温室气体数据填报、核算与核查、数据汇总分析与深度挖掘、温室气体排放数据发布等环节，便于实现企业量化、核算、报告，第三方核查和政府监管、分析、决策等流程的有效衔接和综合管理，其数据填报基本结构和流程如图 2 所示。

企业填报单位基本信息之后，根据图 1 所示的造纸企业温室气体核算边界，进入配置核算单元，如果企业还包含造纸之外的其他行业时，应该细分核算单元，即每个核算单元对应一种活动，以便系统根据不同行业的核算方法进行核算。如果仅涉及造纸行业，则可不配置核算单元，直接进行配置核算行业，选择“造纸和纸制品生产”，然后进行排放源配置环节，确认核算边界。对参与交易企业，系统可以根据上述核算方法和企业填报的活动水平数据和排放因子数据自动生成排放报告。对于系统之中没有列出的非常规能源，其排放因子数据如果没有缺省值，应对这些燃料品种的相关参数进行检测和数据收集。如果该类燃料消耗量非常小，也可以不填报。该直报系统允许企业针对自己的情况，提出对指南或核算方法的修改建议，以为相关部门改进优化核算方法提供参考依据，企业在填报时应给以重视。

五、结　语

开展温室气体排放核算、报告与核查是进行配额分配的重要参考依据，符合条件的造纸企业应按最新要求对其历史碳排放量进行分年度(2016 年、

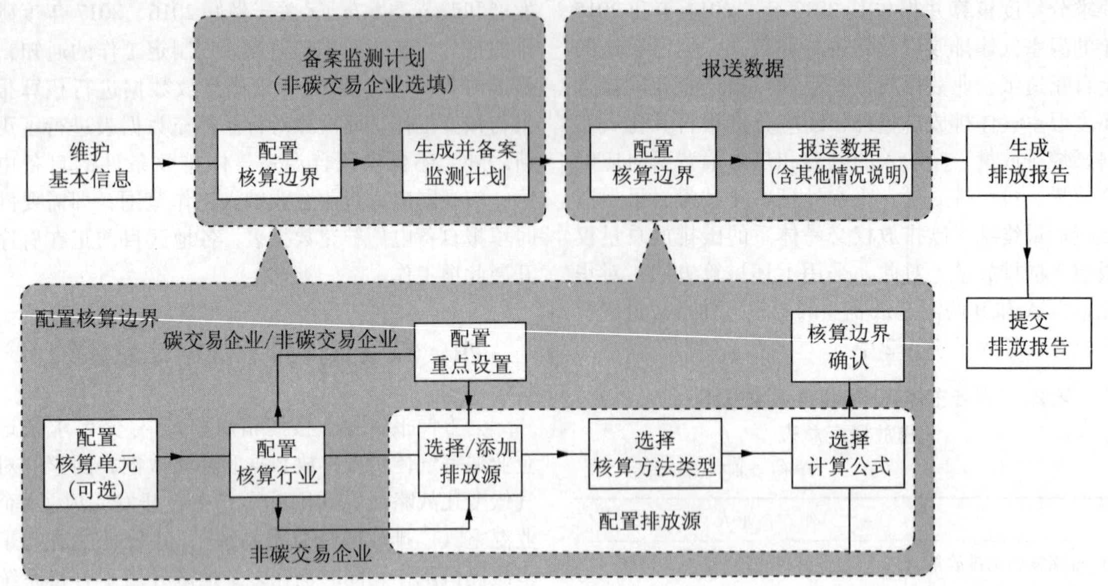

图2 温室气体排放数据直报系统填报流程

2017 年)报告与核算。除此之外，根据配额分配的需要，企业还须核算并报告指南中未涉及的其他相关基础数据(补充数据表)，作为碳排放核算报告的附件同时报送。

在造纸企业审核过程中发现有些企业数据统计稍微不规范，交叉核对时部分报表存在不一致的情况，如：废水进出口 COD_{Cr} 没有检测或企业内部检测不准确，环保一般要求按季度委外检测，建议加大检测频次以提高检测精度；部分企业财务结算煤量由蒸汽折算，导致财务结算单、皮带秤计量、出入库数值核对不上；制浆企业木片种类可能影响黑液质量，从而对碱炉产汽量有所影响；对不发生分解的石灰石部分应不予计算，建议企业填报时可按照工段使用情况分别填报；计量仪表存在未定期校正的情况等。此外，还存在分工序热电消耗统计不到位，用电发票边界划定不清，不同年度产品产量上报边界不一致等情况。这些问题还需要相关人员在日常工作中引起重视，为企业碳排放报告与核查提供便利。

为加强企业碳交易能力建设，国家主管部门联合相关单位已开展了多场次的全国碳交易能力建设培训，针对核算与报告指南、数据报送、配额分配等问题进行了解释，并结合欧盟在碳资产管理和碳交易的先进经验进行了介绍，但造纸企业参与程度和热情并不高。对此，相关部门也会专门面向造纸行业开展碳交易市场能力建设培训，以帮助相关造纸企业科学核算和规范报告温室气体排放数据、制定合理的企业温室气体控排计划、积极参与碳排放权交易，从而实现造纸企业碳资产的有效管理与增值。

造纸行业为即将进入全国碳排放交易市场的高能耗轻工产业之一，还需要继续大力推进节能减排技术的应用，同时还要积极探索向低碳模式发展的途径和方式，例如通过不断改善能源效率；优化能源结构，加快发展新能源，进一步提高生物质能源利用比例；推进碳捕集与封存技术的应用；加强企业能源和碳排放管理体系建设，强化企业碳排放管理；实施低碳标杆引领计划，推动造纸企业开展碳排放对标活动等措施，最大限度地减少碳排放。

(孔令波 李永智 刘晶晶 唐雪梅)

我国造纸行业参与碳交易的现状与建议

Status and Suggestion for China's Paper Industry Participating in Carbon Trading

节约能源，降低碳排放是当今时代及未来的发展趋势，而造纸行业是我国碳排放几大重点行业之一。本文研究了我国碳交易市场现状，分析了造纸行业碳排放情况，总结了行业节能降碳的主要技术和其他减排路径。主要得出以下结论：造纸行业碳排放量大，燃煤燃烧排放是其温室气体排放主要来源。试点地区造纸企业参与碳交易积极性高，但是存在碳管理水平不高、人才缺失，节能降碳技术水平有待提高和开发的碳减排项目数量较少等问题，需要行业共同努力进行改善。

一、我国碳交易市场现状

气候变化是21世纪全球面临的最大挑战，是经济和社会发展的主要约束因素。《联合国气候变化框架公约》下的《京都议定书》把市场机制作为解决二氧化碳为代表的温室气体减排问题的新路径，清晰界定了温室气体排放权，使之成为一种稀缺资源，一种资产，由于其具有商品价值和交易的可能性，进而催生出以温室气体排放权为代表的碳排放权交易市场。国际碳排放权交易市场主要由基于配额的交易市场和基于项目的交易市场构成，前者创造了需求，以欧盟排放交易体系(EU－ETS)为代表；后者提供减排量供给，以清洁发展机制(CDM)项目为代表。2005年，《京都议定书》生效后，中国作为发展中国家，通过CDM项目参与国际碳市场的活动，在全球CDM市场上占据60%多的市场份额，但随着欧债危机持续和全球经济下行，以及《京都议定书》第二阶段各国减排政策一直难以明朗，国际碳市场持续低迷，我国企业的碳资产遭受隐性风险。

2016年11月4日，《巴黎协定》正式生效，开启了新一轮的全球强化减排进程。我国提出了自主减排的目标，建立全国统一的碳排放权交易市场是应对气候变化行动的重要措施之一。为贯彻落实党中央、国务院关于建立全国碳排放权交易市场的决策部署，稳步推进全国碳排放权交易市场建设，经国务院同意，国家发展和改革委2017年12月18日印发《全国碳排放权交易市场建设方案(发电行业)》(以下简称“方案”)。12月19日，国家发展和改革委召开电视电话会议，就全面落实《方案》任务要求，以电力行业为突破口，推动全国碳排放权交易市场建设做动员部署，全国碳排放交易体系正式启动。我国碳市场将取代EU-ETS，成为全球控排规模最大的碳市场。

全国碳市场有7省市碳排放权交易试点的排放配额和基于项目的国家核证自愿减排量(CCER)两种交易产品。2013—2014年，北京、天津、上海、重庆、湖北、广东和深圳7省市碳排放权交易试点陆续开市，市场交易活动平稳有序，迄今已相继顺利完成两到三年的履约工作。2016年12月16—22日，四川省和福建省两个非试点地区的碳市场也相继开市，并分别实现了CCER和福建省碳排放权配额的首批交易。到目前为止，我国各省市碳市场仍以二级市场现货交易为主，主要交易产品包括各省市的碳排放权配额和经审定的项目减排量两大类。项目减排量以CCER为主，主要用于7省市的控排机构在履约时抵消其一定比例的碳配额，还有少量用于机构及个人的自愿碳中和行动。

为了进一步完善和规范温室气体自愿减排交易，2017年3月国家发展和改革委暂停了CCER项目备案。根据全国碳市场建设的计划安排，2018年为基础建设期，主要完成数据报送系统和交易系统建设，开展能力建设，开展碳市场管理制度建设；2019年为模拟运行期，主要开展发电行业配额模拟交易，检验有效性和可靠性，强化市场风险预警和防控机制，完善碳市场管理制度和支撑体系；2020

年为深化完善期，发电行业主体间开展配额现货交易，逐步扩大市场覆盖范围，丰富交易品种和交易方式，尽早纳入 CCER 交易。

二、造纸行业碳排放现状

我国是纸和纸制品的生产大国，企业数量多，生产量大。据中国造纸协会调查资料，2017 年全国纸及纸板生产企业约 2800 家，2012 年国家发展和改革委根据《关于印发万家企业节能低碳行动实施方案的通知》的要求，公布了造纸行业的重点用能单位约 500 家。根据目前重点排放企业的纳入标准，预计未来造纸行业纳入碳交易的控排企业数量也在 500 家左右。

进入 21 世纪以来，我国纸及纸板的需求不断上升，2000—2015 年纸及纸板生产量年均复合增长率为 10.44%，生产量增加导致能源消耗总量年均复合增长率达到 5.68%。随着造纸工业飞速发展，碳排放总量也随之增加，从 2000 年的 64.21×10^6 吨上升到 2015 年的 152.46×10^6 吨，年均复合增长率为 5.93%。2015 年，我国碳排放总量为 9084.62×10^6 吨二氧化碳当量，其中造纸行业碳排放量占到我国碳排放总量的 1.67%，可见造纸行业碳排放总量巨大。2010—2015 年我国造纸及纸制品业生产量和能耗情况见表 1，2010—2015 年我国造纸及纸制品业碳排放情况见表 2。

表 1 2010—2015 年我国造纸及纸制品业生产量和能耗情况

年度	机制纸及纸板生产量/万吨	能源消耗量/万吨标准煤	单耗/万吨标准煤
2010	9832.63	3961.92	0.4029
2011	11010.89	3983.51	0.3618
2012	10956.54	3846.14	0.3510
2013	11323.06	4153.00	0.3668
2014	11785.8	4040.56	0.3428
2015	11742.77	4027.67	0.3430
2016	12319.22		

注：数据来源于 2010—2015 年《中国统计年鉴》中的“工业产品产量”和“分行业能源消费总量”。

表 2 2010—2015 年我国造纸及纸制品业碳排放情况

年度	碳排放量/10^6 吨	能源强度/(吨标准煤/万元)	碳排放强度/(吨/万元)
2010	134.567	0.366	1.290
2011	142.032	0.331	1.176
2012	142.632	0.312	1.110
2013	159.336	0.355	1.231
2014	154.587	0.325	1.152
2015	152.461	0.306	1.087

注：造纸及纸制品业的能源消耗实物量数据来源于 2010—2015 年《中国统计年鉴》中的“按行业分能源消耗量”，并依据《省级温室气体清单编制指南(试行)》中各种能源的碳排放系数，核算出造纸及纸制品业的碳排放量。造纸及纸制品业的工业产值的数据来源于 2010—2015 年《中国统计年鉴》中的“按行业分规模以上工业企业主要指标”。

根据国家统计局公布的行业生产量产值与能耗数据，我国造纸行业能耗和碳排放总量在 2013 年达到峰值之后连续两年有所下降，2015 年排放强度比 2010 年下降 15.74%，节能降碳工作已经取得了显著成效。

根据《造纸及纸制品生产企业温室气体排放核算方法和报告指南(试行)》，造纸行业碳排放主要有化石燃料燃烧排放、过程排放、净购入的电力产生的排放、净购入的热力产生的排放和废水厌氧处理的排放 5 类。通过对广东省、福建省随机选取的 10 家纳入碳排放交易的造纸企业(主要产品为纸浆、机制纸和纸板，其中 9 家为废纸制浆、1 家为木材制浆)碳排放数据的汇总分析，造纸行业典型造纸企业碳排放构成见表 3。

表 3 造纸行业典型造纸企业碳排放构成

排放类型	主要排放源	占比/%
化石燃料燃烧	供热、发电用煤炭及少量汽油、柴油等	81.32
过程排放	碳酸盐使用	不足 0.01
净购入电力	外购电力间接排放	11.23
净购入热力	外购热力间接排放	不足 0.01
废水厌氧处理	废水厌氧处理过程产生的 CH_4 排放	7.45

由表 3 分析可知，化石燃料燃烧排放是造纸行业主要排放类型，其中煤炭的使用又占据了化石燃料燃烧排放的绝大部分，造纸企业煤炭几乎全部用于小型自备电厂和供热锅炉，发电/供热规模小，能源利用效率低，碳排放量大。行业能源结构亟待改善。2010—2015 年我国造纸及纸制品业耗煤量及在行业能耗总量中的比例见表 4。

表4　2010—2015 年我国造纸及纸制品业耗煤量及在行业能耗总量中的比例

年度	能源消耗量/万吨标准煤	耗煤量/万吨	煤炭在全行业能源消耗中的比例/%
2010	3961.92	4281.61	77.19
2011	3983.51	4466.51	80.09
2012	3846.14	4523.89	84.02
2013	4153.00	5302.65	91.20
2014	4040.56	4828.83	85.37
2015	4027.67	4669.25	82.81

注：耗煤量数据来源于2010—2015 年《中国统计年鉴》中的“分行业煤炭消费总量”，耗煤量折标煤系数采用《GB/T 2589—2008 综合能耗计算通则》的参考值 0.7143 千克标准煤/千克。

三、造纸行业参与碳市场情况

国家发展和改革委办公厅(发改办气候[2016]57 号)《关于切实做好全国碳排放权交易市场启动重点工作的通知》和国家发展和改革委办公厅(发改办气候[2017]1989 号)《关于做好 2016、2017 年度碳排放报告与核查及排放监测计划制订工作的通知》都明确了石化、化工、建材、钢铁、有色、造纸、电力、航空为重点排放行业。我国造纸行业最早是以开发 CDM 项目的形式参与碳交易，全球制浆造纸行业 CDM 项目主要集中在印度和中国。印度共注册25 个该类CDM 项目，其中 15 个已获得签发。中国仅次于印度，共注册 10 个该类项目，其中 2 个获得签发。

目前投入运行的 7 个省市碳排放权交易试点及福建省基本都将造纸行业纳入到控排范围。在造纸企业比较集中的广东省和福建省，2017 年纳入碳交易市场的造纸企业分别有 54 家和 23 家，分别占当地市场所有控排企业的 21.95% 和 8.30%(根据《广东省 2017 年度碳排放配额分配实施方案》和《福建省 2016 年度碳排放配额分配实施方案》核算)，其他试点地区市场仅有几家甚至没有。广东省和福建省市场的造纸企业数量占了试点地区的绝大部分，具有较强的代表性。2017 年广东省造纸行业控排企业名单见表 5，2016 年福建省造纸行业控排企业名单见表 6。

表5　2017 年广东省造纸行业控排企业名单

企业名称	所在地	企业名称	所在地
广州市花都区长兴纸业有限公司	广州市	高州市金墩纸业有限公司	茂名市
广州万利达纸制品有限公司	广州市	森叶(清新)纸业有限公司	清远市
广州造纸股份有限公司	广州市	东莞市中联纸业有限公司	东莞市
珠海华丰纸业有限公司	珠海市	广东理文造纸有限公司	东莞市
珠海红塔仁恒包装股份有限公司	珠海市	东莞金洲纸业有限公司	东莞市
广东华粤安环保科技股份有限公司	汕头市	东莞市双洲纸业有限公司	东莞市
广东松炀再生资源股份有限公司	汕头市	东莞市建桦纸业股份有限公司	东莞市
佛山金盛联合纸业有限公司	佛山市	东莞市骏业纸业有限公司	东莞市
佛山市高明鸿源纸业有限公司	佛山市	东莞市上隆纸业有限公司	东莞市
韶能集团韶关南雄珠玑纸业有限公司	韶关市	东莞市白天鹅纸业有限公司	东莞市
韶能集团广东绿洲生态科技有限公司(原名韶能集团广东绿洲纸模包装制品有限公司)	韶关市	东莞市建航纸业有限公司	东莞市
		东莞市祥兴纸业有限公司	东莞市
湛江晨鸣浆纸有限公司	湛江市	东莞市潢涌银洲纸业有限公司	东莞市
湛江冠豪纸业有限公司	湛江市	东莞市新富发纸业有限公司	东莞市
湛江市吉城纸业有限公司	湛江市	东莞市旭丰纸业有限公司	东莞市
广东冠豪高新技术股份有限公司	湛江市	东莞理文造纸厂有限公司	东莞市
肇庆市中盛纸业有限公司	肇庆市	东莞玖龙纸业有限公司	东莞市
广东鼎丰纸业有限公司	肇庆市	东莞市道滘兴隆造纸厂有限公司	东莞市
江门市桥裕纸业有限公司	江门市	东莞市金田纸业有限公司	东莞市

续表

企业名称	所在地	企业名称	所在地
江门市长兴纸业有限公司	江门市	东莞市泰昌纸业有限公司	东莞市
江门中顺纸业有限公司	江门市	东莞顺裕纸业有限公司	东莞市
维达纸业(中国)有限公司	江门市	东莞建晖纸业有限公司	东莞市
亚太森博(广东)纸业有限公司	江门市	东莞市鸿业造纸有限公司	东莞市
中烟摩迪(江门)纸业有限公司	江门市	广东比伦生活用纸有限公司	东莞市
广东华泰纸业有限公司	江门市	中山联合鸿兴造纸有限公司	中山市
江门市明星纸业有限公司	江门市	中山永发纸业有限公司	中山市
江门星辉造纸有限公司	江门市	中顺洁柔(云浮)纸业有限公司	云浮市
江门旺佳纸业有限公司	江门市		

表6 2016年福建省造纸行业控排企业名单

企业名称	所在地	企业名称	所在地
福建利树股份有限公司	南平市	敦信纸业有限责任公司	漳州市
福建省南平南纸有限责任公司	南平市	福建省联盛纸业有限责任公司	漳州市
福建省晋江优兰发纸业有限公司	泉州市	福建希源纸业有限公司	漳州市
福建省永春宏美纸业有限公司	泉州市	华发纸业(福建)股份有限公司	漳州市
恒安(中国)纸业有限公司	泉州市	联盛纸业(龙海)有限公司	漳州市
玖龙纸业(泉州)有限公司	泉州市	龙海市榜山民政三星造纸厂	漳州市
泉州贵格纸业有限公司	泉州市	漳州八龙纸业有限公司	漳州市
泉州华祥纸业有限公司	泉州市	漳州港兴纸品有限公司	漳州市
福建铙山纸业集团有限公司	三明市	漳州联盛纸业有限公司	漳州市
福建省建宁县联丰造纸有限公司	三明市	漳州盈晟纸业有限公司	漳州市
福建省青山纸业股份有限公司	三明市	漳州友利达纸业发展有限公司	漳州市
福建腾荣达制浆有限公司	三明市		

碳市场的配额计量方式包括基准线法、历史总量法、历史强度下降法等。其中基准线法，是按行业基准排放强度来核定碳配额，运用该计算方法，控排企业所得的碳排放配额是其所属行业的基准值乘以当年的实际生产量(产能)。历史碳排放法，是按照历史平均碳排放量乘以相应的下降系数计算出当年的碳配额。广东省碳市场普通造纸行业的配额计量方式为基准值方法(如表7所示)，特殊造纸行业采用历史碳排放轻度计算方法，其中基准值方法共分为3种工序7种不同的产品计量方式。福建省碳市场则采用的是历史法与行业基准线法相结合，事前分配与事后调节相结合的方式。

表7 广东省造纸行业碳计量方式

工序	产品类别	基准值 (吨 CO^2/吨产品)	备注
纸浆制造(不包括废纸纸浆)	硫酸盐商品浆	0.754	纸浆制造是指生产木浆、竹浆、竹木混合浆等纸浆的制造工序。商品浆是指企业自己制浆，风干后用于出售的纸浆。自用浆指企业自己制浆，并直接用于造纸的纸浆
	硫酸盐自用浆	0.547	

续表

工序	产品类别	基准值（吨 CO^2/吨产品）	备注
机制纸和纸板制造（包括废纸制浆）	包装用纸及纸板（未涂布）	0.732	箱纸板、瓦楞原纸、白纸板、牛皮纸、砂管纸等
	包装用纸及纸板原纸	0.835	涂布白卡纸、涂布白纸板、涂布牛卡纸
	印刷书写纸（未涂布）	1.040	新闻纸、书写纸、复印原纸、胶版纸、冷压纸、淋膜纸原纸、防黏纸等
	卫生用纸原纸	1.239	
纸制品制造（后加工）	卫生用纸制品	0.049	纸制品制造指用纸及纸板为原料，进一步加工制成纸制品的生产工序。卫生用纸制品指卫生纸、餐巾纸、手帕纸、面巾纸、纸台布等纸制品

广东省于 2014 年将有偿配额方式由强制性购买调整为自愿性购买，企业无需先购买有偿配额即可获取免费配额，有偿部分可以自由选择购买或不购买。若企业当年大幅度增加或减少生产量，必须在上报碳排放量时注明原因，经核查无误后国家发展和改革委分配相应的配额。福建省于 2017 年后根据上一年生产量、配额调整条件等情况预先发放的配额进行比较，多退少补。2017 年广东省碳市场总履约度为 100%，可见企业履约积极性非常高；2016 年福建省碳市场总履约度为 97.83%，造纸行业履约度为 100%，其中福建省南平南纸有限责任公司、福建省青山纸业股份有限公司，克服种种困难，参与碳交易市场，完成履约工作。

四、造纸行业温室气体核算问题

温室气体排放量核算核查是碳市场建设的基础性工作，但是大部分造纸企业缺乏碳管理人才，在碳排放核算核查方面存在诸多问题，导致在碳交易中常常处于不利地位。表 8 汇总了国家碳市场帮助平台涉及造纸企业的部分问题和一线核查人员在造纸企业碳排放核算核查工作遇到的部分问题，以供相关人员参考。

表 8　造纸企业碳排放核算核查部分问题汇总表

问题	答案/解决方案	来源
造纸企业产品“浆粕”属于“纸浆”还是“纸和纸制品”	建议将“浆粕”生产量数据填入“纸浆”一栏中，并作注明	国家碳市场帮助平台
某造纸厂的废水处理台账中，有几个月的厌氧处理出水 COD_{Cr} 数据缺失了，该如何处理?	按照保守性原则，对缺失的进口端 COD_{Cr} 数据，取当年其他月份进口 COD_{Cr} 数据中最小值；对缺失的出口端 COD_{Cr} 数据，取当年其他月份入口 COD_{Cr} 数据中最大值，同时应考虑使用与丢失数据月份产品生产量相似月份的数据进行估算，取最大值	国家碳市场帮助平台
造纸行业厌氧处理产生的气体全部回用于锅炉燃烧，但是这部分气体未检测甲烷含量，这部分甲烷算不算回收?	废水厌氧处理的气体如全部回收锅炉燃烧了，可算作回收，在核算边界内可不包括废水厌氧处理产生的甲烷排放。但前提是企业需要按照《核算指南》要求，提供对废水厌氧处理气体的回收量记录，以及对废水厌氧处理气中 CH_4 含量的检测值。若企业无法提供以上有效的计量数据，则按照保守性原则，需要核算废水厌氧处理产生的甲烷排放。排放 CH_4 的 GWP 值为 21	国家碳市场帮助平台
造纸企业废水处理过程中采用水解酸化的半厌氧方式处理废水，是否需要核算废水处理的排放?	水解酸化过程中甲烷产生很少，可以忽略	国家碳市场帮助平台

续表

问题	答案/解决方案	来源
造纸企业的废水处理以 BOT 形式外包给某环保公司，环保公司负责建设和运营废水处理设施，同时收集废水厌氧处理产生的甲烷进行发电，所发电力卖回给造纸企业使用。造纸企业对废水处理设施和沼气发电系统均没有运营控制权，这种情况下，造纸企业是否还需要核算废水厌氧处理产生的甲烷排放?	按照运营控制权法，外包的生产活动不纳入报告范围。由于造纸企业对废水处理设施和沼气发电系统均没有运营控制权，造纸企业不需要核算废水厌氧处理产生的甲烷排放，废水厌氧产生的甲烷排放纳入环保公司的报告范围	国家碳市场帮助平台
造纸企业供热锅炉燃煤低位发热量在买入时每批次都有实测，核算时是采用实测值还是缺省值	造纸企业可遵循《GB/T 213 煤的发热量测定方法》对燃煤低位发热量进行实测，至少每批次进行一次监测并记录，通过加权平均计算年平均值。权重是每批次的入厂煤量	根据一线核查员实际经验整理
造纸行业自备电厂燃煤低位发热量、单位热值含碳量、碳氧化率数据如何选取	自备电厂适用《中国发电企业温室气体排放核算方法与报告指南(试行)》对于燃煤的低位发热量，应符合该《指南》对于燃煤低位发热量的具体规定，如果数据无法获得，可采用入厂煤低位发热值的加权平均值，权重是每批次的入厂煤量。如果没有实测值，可采用缺省值。对于燃煤的单位热值含碳量，《指南》明确要求采用实测值，对于碳氧化率，优先用实测值，如果无法获得，可采用缺省值。对于 2016 年、2017 年燃煤的单位热值含碳量、碳氧化率没有实测值的企业，可暂采用指南和问答平台中的缺省值，从 2018 年起，对于燃煤单位热值含碳量和碳氧化率缺省值将采用高限值	根据一线核查员实际经验整理

五、造纸行业节能降碳建议

1. 技术手段

通过节能技术改造提高能源利用效率，提高清洁能源使用比例是造纸企业低碳发展最重要的手段，是企业完成碳排放履约的首选方式。

造纸行业的节能技术主要有新型蒸煮技术、余热回收、热电联产以及废纸利用，到 2030 年，这些节能技术在行业基本普及。造纸行业主要节能技术见表 9。

表 9 造纸行业主要节能技术

技术	技术指标	技术应用比例/%		
		2020 年	2030 年	2050 年
连续蒸煮	450 千克标准煤/吨浆，节能 46%	80	100	100
余热回收	2.5 蒸吨蒸汽	60	90	100
废纸利用	360 千克标准煤/吨纸	44	50	60
热电联产		56	75	90

此外，厌氧废水处理甲烷回收利用、燃煤清洁利用、燃煤替代等技术也具有很高的推广价值，如以天然气、生物质燃料替代煤；在木材原料获取和加工过程中，回收树皮、木屑等生物质能源；在制浆过程中，有效回收黑液作为生物质资源；在纸产品处置阶段提高废纸回收率，将废纸一部分作为制浆原料，另一部分作为生物质能源，投入到制浆造纸生产过程中。通过上述措施优化能源消费结构，推动清洁能源或生物质能源成为造纸及纸制品业的能源增量主体。

另外，根据近期国家发展和改革委发布的重点推广的节能低碳技术目录，列举部分适用于造纸行业的先进适用技术，见表 10。

2. 管理手段

加强、规范管理是当前阶段我国控排企业节能降碳较为有效的方式。面对大多数造纸企业未建立专门的碳管理部门、专业人才缺失的现状。企业应建立健全节能降碳机构和管理制度，落实目标责任，培养或引进专业碳管理人才，实行能源审计制度，开展能效水平对标活动，建立健全企业能源管理体系、碳管理体系，提高能源、低碳管理水平。

对于影响碳排放量核算的重要数据，企业应按照相关标准和指南要求做好测试与记录统计，制订完备的监测计划。避免由于缺少监测数据、监测方法不符合要求或者数据缺失带来的核算损失。

表 10　4 种造纸工艺中常用的节能降碳技术摘录

序号	技术名称	主要技术内容	典型项目				
			适用的技术条件	建设规模	投资额/万元	节能量/（吨标准煤/年）	二氧化碳减排量/（吨 CO_2/年）
1	高效双盘磨浆机	应用高效传动装置，配用高性能长寿命造纸打浆磨盘和先进的自动控制系统，实现恒功率或恒能耗控制	年产 30 万吨高档涂布白纸板项目	年产 30 万吨牛卡纸项目	180	627	1655
2	螺杆膨胀动力驱动节能技术	利用工业中的蒸汽、热水、热液或汽液两相流体等动力源，将热能转换为动能，驱动发电机发电或直接驱动机械设备	蒸汽温度 > 100℃以上的全部蒸汽，蒸汽压力大气压力以上，热水温度 > 80℃，烟气温度 > 200℃	SEPG500-1000/2400-1. 65-S 1 套螺杆膨胀动力发电机组	900	2520	6653
3	造纸靴式压榨节能技术	将传统辊式压榨的瞬时动态脱水改为静压下的长时间宽压区脱水，大大提高脱水效率，节省干燥蒸汽用量，实现节能	纸机车速 600 米/分以上，净纸幅宽 3000 毫米以上	年产 20 万吨纸	2000	9899	26134
4	永磁涡流柔性传动节能技术	实现负载和电机之间通过气隙相连接。装置包括永磁磁力耦合器和永磁调速转动装置等，电机启动时不需要克服负载惯性，减少了峰值电流，节约能源，减少设备磨损	匹配电机功率范围 4～300 千瓦	1 台 185 千瓦功率的热鼓风机	50	116	306

3. 市场手段

造纸行业在履约时，既要通过改善生产技术减少碳排放量，也要积极参与碳交易市场，通过市场的手段达到减排目标。各种手段相互配合，提高履约效率，降低减排成本。

目前，各试点地区都推出了各种灵活的履约方式，具体包括购买配额、购买核证碳权、跨期使用碳配额等；以及推出碳金融产品，具体包括配额信托产品、配额抵押融资、碳权远期产品、碳基金产品等。一些短期内配额不足的企业可通过市场手段购买碳权，立即完成减排任务；一些配额剩余的企业可以通过市场投资获取收益，如中冶美利浆纸有限公司出售碳配额的案例。还可以进行碳权质押获取资金，改进生产技术减少碳排放量。

自愿减排项目的开发方面，目前制浆造纸行业具备 CCER 开发潜力的项目类型包括锅炉改造、变频器节能改造、废水处理沼气回收利用、生产线蒸汽节能改造、生物质废弃物制浆造纸、余热利用等。但是，造纸企业目前参与碳交易的项目极其有限，造纸企业应积极参与到碳交易当中并获得应有的收益。

综上所述，对于纳入控排的造纸和纸制品生产企业来说，要实现减排目标，必须通过温室气体盘查(即碳盘查)，摸清家底，准确掌握自身的碳排放情况，了解潜在资产和潜在负担，识别潜在的减排环节，从而为造纸和纸制品生产企业实现节能降碳目标，规划碳市场投资提供决策基础，避免超标排放形成碳负债。对于未纳入控排范围的造纸企业，则可通过开发 CCER 项目，形成碳资产并通过碳交易体系变现，从而在碳交易市场中占据一席之地。

（孟早明）

造纸行业质量管理体系认证现状与分析

Status and Analysis of Quality Management System Certification in China's Paper Industry

一、质量管理体系标准与认证发展

国际标准化组织(ISO)于1987年发布了包括ISO 9001在内的9000族系列质量管理体系标准，此后ISO 9001标准历经4次修订改版，使起源于装配制造业的产品质量保证模式的ISO 9001标准，已能够实现适用于制造业、服务业及其各种类型组织的硬件、软件、服务和流程性产品的质量管理模式。目前，ISO 9001标准最新版为2015版，我国也发布了等同采用ISO 9001—2015标准的国家标准，为《GB/T 19001—2016质量管理体系要求》，其质量管理理论与方法日趋成熟，集中体现了现代质量管理理论的发展成果。

ISO 9001标准自发布以来，在全球受到了普遍的关注和采用，依据该标准的质量管理体系认证(简称ISO 9001认证)迅速在全球普及，全球已有超过110万家企业获得ISO 9001认证。我国自20世纪90年代初引入ISO 9001认证，逐步建立起统一的认证认可制度，有力推动了国际先进质量标准和方法的应用。ISO 9001认证几乎成了各行各业推动质量管理升级，提升企业社会形象，增强企业产品市场竞争力的一个共同选择。截止到2017年年底，国家认监委批准开展ISO 9001认证资质的认证机构有280余家，我国已有45万家企业通过ISO 9001认证，涉及农业、制造业、服务业等国民经济各个门类，并广泛应用于政府部门和社会治理领域。ISO 9001认证还为我国企业培养质量人才、提升质量水平、传递质量信任，推动中国制造走出去作出了重要贡献。

二、造纸行业质量管理体系认证现状

我国造纸工业(含制浆、造纸及纸制品制造业)是国民经济和社会事业发展关系密切的重要基础原材料产业，具有资金技术密集、规模效益显著的特点，至今已成为国民经济支柱产业之一，其发展水平是衡量一个国家现代化水平、文明程度和生活水平的重要标志之一。随着国内外市场竞争的日趋激烈和国家对市场管理的逐步规范，越来越多的制浆、造纸及纸制品生产企业竞相开展了贯彻质量管理体系标准工作，依据GB/T 19001/ISO 9001标准建立质量管理体系，并积极寻求通过第三方认证提升市场信誉。

自从1995年5月造纸行业有了第一家企业通过ISO 9001认证开始，到2000年底通过ISO 9001认证的制浆、造纸及纸制品生产企业有60余家。进入21世纪后，通过ISO 9001认证的企业迅速增长，据不完全统计，到2017年年底，通过ISO 9001认证的制浆、造纸及纸制品生产企业已达到4000余家，约占当时相关企业总数的2/3，其中制浆、造纸生产企业基本都通过了认证，纸制品生产企业通过认证也超过了1/2，没有通过认证的企业多为生产规模较小的小微型企业。

总体上看，多数企业通过贯彻ISO 9001标准和进行认证，不断完善质量管理体系，提高了质量管理水平，进而在近些年造纸行业快速发展的形势下，适合经济规模化、技术集成化、资源集约化、产品功能化等行业特点，为支持造纸行业的发展，发挥了积极的影响，并为企业提高产品质量、市场竞争力和经济效益、促进企业持续发展方面发挥了重要作用。

三、存在的问题及成因

随着我国经济社会发展转向以质量和效益为中心，ISO 9001认证及相关认证制度暴露出以下问题：

1. 认证依据标准单一，认证结果不能体现企业质量管理水平差异

目前，在造纸行业开展的质量管理体系认证，采用的认证依据仅有《质量管理体系要求》(GB/T 19001/ISO 9001)标准，ISO 9001 标准能够适合所有组织，通用性很强，以方便不同行业、不同规模和不同管理水平的企业使用同一个标准建立质量管理体系。由于该标准是体现质量管理的基本原则的基础要求，并且缺乏行业和专业特色，导致认证结果也不能表明企业质量管理水平及成熟度。客观上影响了使用 ISO 9001 认证结果的顾客对获证供应商质量管理水平的区分，也影响到获证企业持续改进质量管理体系有效性、提升质量管理水平的积极性。

在造纸行业至今还缺少能够依据 ISO 9001 要求，结合企业特色的行业质量管理体系标准，或是与 ISO 9001 标准配套使用的适用于制浆、造纸和纸制品企业质量管理体系的分级认证技术规范。

2. 企业领导对 ISO 9001 标准的认识不足

一些企业的领导对 ISO 9001 标准及认证的原理、方法、作用等了解不多，认识不足，仅为了“广告效应”才要进行 ISO 9001 认证，往往是被市场、顾客等外部因素推动而建立质量管理体系。

这些企业在第三方认证审核过程中，往往暴露出来各种现象：企业领导借故回避审核组；企业提供用来证实“组织环境”“质量方针”“策划”等活动的证据与企业特点、企业战略不相符；企业的质量目标、组织机构和职能长年不变，已与实际情况不一致；管理评审记录中没有最高管理者参加等。

实际上这些企业的最高管理者在质量管理体系运行中并没有履行职责和发挥领导作用，应付认证审核的材料是由企业质量管理部门人员代为准备的。

3. 建立的质量管理体系缺乏企业特色

部分企业质量体系文件缺乏企业特色，操作性不强。原因是主要管理人员对 ISO 9001 标准缺乏认识和理解，不知道应该如何建立质量体系。在这种情况下，选择外部咨询机构指导有助于体系的建立和有效贯标。但有的咨询人员为了“咨询市场竞争”的需要，迎合某些企业“快取证”的要求，仅仅依靠所谓的“模板文件”来帮助组织策划和建立“质量体系文件”，但与企业目前管理现状无法衔接。其结果是一套毫无企业特色的质量管理体系文件，不仅达不到良好的控制效果，反而造成“两张皮”现象。

4. 企业质量管理体系按照新版标准换版工作不到位

ISO 9001 标准最新版已由 2008 版换为 2015 版，等同采用的国家标准 GB/T 19001 也换为 2016 版，标准换版过渡周期截止到 2018 年 9 月 15 日。新版标准的结构和内容发生了很大的变化，例如：强调关注管理体系及过程的预期结果、强化了最高管理者在质量管理体系中的作用、引入了基于风险的思维、增加了组织的知识管理要求、调整了对设计开发、体系文件的管理要求等。

部分企业对新版标准贯彻不到位，各级质量管理人员没能理解和掌握新版标准变化的实质，仅仅是将体系文件的标准版本号、质量术语进行了修改。没有利用此次标准换版的时机，结合企业自身管理特点完善质量管理体系，改进质量管理体系的有效性，造成企业的质量管理体系换版走了过场。

5. 习惯思维阻碍 ISO 9001 管理模式的落实

当前，ISO 9001 标准所贯穿的程序化管理思想与有些企业已经习惯于原有管理思想和模式仍存在着较大的反差。质量管理体系文件是工作的依据与法规，需要时常参照，要忠实和有效地应用与执行。

ISO 9001 标准为企业的质量管理提供了一个管理体系，要想发挥这个体系的效能，就要求各级管理人员时刻站在体系内，把日常管理工作与体系要求有机地融合在一起。可是在体系运行中，有些企业的管理层却在体系构建之后，仍旧习惯于脱离体系，而仅凭自己的经验和传统的管理方式进行管理，这样体系就只能是形同虚设。

6. 对质量管理体系的绩效评价活动流于形式

绩效评价是质量管理体系按 PDCA 循环运作中的第三个环节，其目的是确定质量管理体系及过程的预期结果是否被实现。可从中发现问题，找出改进体系的机会，进而提高企业的质量管理水平和产品质量。

在第三方认证审核中，经常发现企业每年策划实施的顾客满意评价、内部审核、产品质量检查等活动中暴露出的问题很多，例如，有些企业策划的产品检验方案与实际产品检验不一致，还有在 DCS 系统中没有保存记录；有些企业策划顾客满意评价方式单一，且调查对象固定不变；有些企业的内审每年仅提出一两项轻微不符合，而实际存在的不符合很多，有些性质还很严重等。

这些流于形式的绩效评价活动不能起到应有的作用，也不能找出改进机会，致使 PDCA 循环停摆，并使得相关管理人员产生了“不过如此”的负面影响。

四、对策与建议

在看到质量管理体系认证给企业带来正面效益的同时，也要正视存在的问题及其负面影响，剖析这些问题和现象有助于查找到问题的本因，并通过采取应对措施，以确保质量管理体系认证在造纸行业的有序、有效、健康发展，为企业和行业永续发展服务。

1. 制定造纸行业质量管理体系标准，开展行业特色的质量管理体系认证

2017 年 11 月 20 日，国家认监委发布了《关于质量管理体系认证升级版的实施意见》，其中明确提出的认证升级的主要任务包括：推动建立突出行业特色的质量管理体系认证，满足行业特定需求；推动建立特定行业的质量管理体系分级认证，体现企业质量管理成熟度与绩效差异。鼓励行业主管部门、企业、社会团体、认证机构及相关各方，针对特定行业的质量管理关键过程和市场需求，在通用质量管理体系认证(GB/T 19001/ISO 9001)基础上，研发制定突出行业特色的质量管理体系认证标准和特定行业的质量管理体系分级认证标准。

国内外已有汽车、电信、军工、航天航空、医疗器械、铁道等许多行业发布实施了本行业的质量管理体系标准，取得了预期的效果。我国造纸行业包含制浆、造纸及纸制品生产企业，其具有很强的行业特色，各类企业也已形成特定的质量管理模式。从我国造纸行业 20 年的 ISO 9001 认证实施的经验来看，有关各方应该积极针对造纸行业内各类企业的共性和特性进行研究，结合造纸行业发展需求，汲取 ISO 9001 标准的管理原理和方法，制定为造纸行业发展服务的突出行业特色的质量管理体系标准和造纸行业的质量管理体系分级认证标准，进而为企业质量管理体系升级和在行业内开展造纸行业特色的质量管理体系认证做好准备。

2. 充分发挥最高管理者作用

最高管理者的领导作用和承诺，以及担付的职责，对于建立并保持一个高效地实现预期结果的质量管理体系来说是必须的。最高管理者将本企业的宗旨、方向和组织环境统一起来，在企业战略中将质量管理体系要求融入经营业务之中，并促使员工积极参与实现质量管理体系有效性。其还是企业质量方针决策者，通过组织架构确定各层次的质量责任和目标，并为过程实施提供所需资源和对质量管理体系的充分性、有效性、适宜性进行评价。最高管理者在整个质量管理体系中起着指挥、组织、分配和协调作用。企业要实现既定的质量目标，关键就在于优秀的领导技能和领导作用可以有效地发挥，企业内部管理水平的高低与企业领导管理执行力有着直接的关系。

对于制浆造纸企业来讲，由于其属于规模化的生产制造企业，其质量管理相关工作会牵涉到企业中的各个部门，生产流程很复杂，各工序关联性较强，如果没有强有力的领导作为后盾，那么质量管理也就成为空想。正因为是这样，制浆造纸企业的质量管理工作更需要最高管理者的重视，同时最高管理者也需要掌握质量管理体系的理论和方法，不断提高领导工作的质量水平，进而推动企业内部质量管理相关工作的有效运行。在企业 ISO 9001 认证中，充分体现最高管理者的经营战略思想和领导作用的发挥，也是保证认证有效性的关键。

3. 加强培训和教育，培育一支具有能力和意识的管理团队

现代制浆造纸工业是高新技术主导的技术密集型产业，它是一个由企业管理、信息科学、机械、化工、林学、材料电子、热工、环境等十多个领域的技术组成的复杂系统，各领域之间有较高的关联度。加之 2015 版 ISO 9001 标准要求涉及企业战略规划、风险管理、知识管理等诸多管理理论和方法，企业要提升质量管理水平会牵涉到多方面的知识和技能，使得对企业员工的质量培训和意识教育不能有丝毫松懈。首先是员工质量意识需要通过各种方法培养，只有不断加强质量意识，才能使员工自觉地把自己的工作同企业产品质量、效益及顾客愿望联系起来。其次是只有不断加强对质量管理体系要求的培训和教育，才能使员工掌握质量管理要求，把程序标准和工作联系起来，消除“两张皮”现象。再者是对管理人员、内审员、检验员、关键岗位操作人员，要加强工作方法和技术知识的培训。一支具有技术能力和质量意识的管理团队是企业质量管理体系持续有效运行最重要的保证。

4. 要结合造纸行业的特点建立质量管理体系

ISO 9001:2015 标准改进成果之一就是使得标准更加灵活适用。建议企业结合自身特点重新评价一下已按照 ISO 9001:2015 标准建立的质量管理体系，找出不适用或缺失的问题，并加以完善。

大型造纸企业具有经济规模化、技术集成化的特点，造纸设备大型化、自动化、高效率。生产过程控制配备监控系统(如 DCS 和 QCS)，包括了质量、过程参数及设备运行参数的实时监控信息。这

些监控系统的控制就要纳入到质量管理体系中。

造纸行业的资源集约化特点，企业生产方式由资源粗放利用型向集约利用型转变，应该根据市场需求和生产条件的变化，及时调整工艺参数、控制标准，不断提高每个工序的产品质量水平，使产品品质更贴近市场需求。不但要从原料的采购、备料、蒸煮、洗选、漂白、抄造等各个工序严把质量关，严格按照操作规程、工艺规程和产品质量标准进行生产，而且还要根据市场需要进行及时地改进和创新，做到持续改进。在设备、材料、工艺等方面也要不断地借鉴、引进、消化、吸收新技术，为提高产品质量打好基础。制浆造纸各企业还应根据自身特点和实际情况对容易出现质量事故的地方加强监控。

5. 强化内部审核和管理评审，确保对质量管理体系有效性的改进

内审和管理评审是企业质量管理体系的主要自我激励机制，是实现体系自我完善的重要手段，对提高管理体系的有效性有着十分关键的影响。

内审活动首先策划好时间间隔，并在时间上应予以保证，务必按程序按计划实施。在时间和资源分配上应突出重点，把重点放在产品质量的关键过程上。其次要不断提高内审员的素质，必须由有足够经验、可以胜任的人员担当内审员，并要注意专业知识上的搭配。对内审发现的不符合项必须采取纠正措施，并验证纠正措施的有效性。

管理评审必须由最高管理者主持。必须按照规定的要求实施管理评审，管理评审不仅是为了确定企业的质量方针、目标的总体是否有效，而且还要根据技术进步、市场、质量概念、顾客需求等变化对质量管理体系的适宜性作出评价，以使企业永不落伍。

（孔　群）

装备与器材
造纸化学品

EQUIPMENT & ACCESSORIES
CHEMICALS USED IN PAPER INDUSTRY

2017 年我国制浆造纸设备及新产品情况
2017 年我国造纸器材行业概述
2017 年部分制浆造纸设备公司主要销售业绩
2017 年部分企业投产的卫生纸机设备
全球制浆造纸化学品市场发展现状与趋势

6

2017 年我国制浆造纸设备及新产品情况

Introduction to New Products of Domestic Pulping and Papermaking Equipment in 2017

2017 年是我国实施“十三五”规划的第二年，也是推进供给侧结构性改革的重要一年。造纸行业经过前几年的深度整盘，行业整体形势稳中向好，2017 年制浆造纸及纸制品产业生产运营保持基本平稳，生产总量增加，产销基本平衡。但由于经济发展需求的拉动和原辅材料价格上涨及供需关系变化，尤其是环保和废纸进口管理力度的加大等因素，仍继续影响制浆造纸行业。作为配套产业的制浆造纸机械行业也受到了难以避免的影响，但也为一些企业研发绿色纸业新设备、推广绿色纸业新产品及拓展国际市场提供了契机，节能降耗、农作物的综合利用处理等方面成为持续热点。

一、制浆设备

1. 原生浆制浆设备

(1)轻工业杭州机电设计研究院有限公司供货山东金正新科农业发展有限公司的 110 米^3 专用水解蒸煮锅近期将在其农作物秸秆深加工项目中使用。该专用水解蒸煮锅是秸秆无化学品水解处理装置中试试验设备，采用特殊蒸煮锅处理，结合了 DDS 置换蒸煮锅技术和卡米尔蒸煮塔底部卸料和泵送装置技术，其设计压力 1.0 兆帕，设计温度 200℃，锅体规格 Φ3600 毫米 ×18340 毫米，底部卸料器规格 Φ3350 毫米，转速 7.4 转/分，配用电机功率 45 千瓦。

(2)河南郑州运达造纸设备有限公司近期完成了供货西安惠宁纸业有限公司的年产 30 万吨高档包装纸项目整套制浆系统及网前流送系统配置设备，其供货范围包括 1800 毫米链板输送机、Φ3500 毫米转鼓式碎浆机、新型高浓除渣器、粗筛、精筛、分级筛、滚筒筛、干损纸碎浆机、网前筛等相关主体设备。

(3)轻工业杭州机电设计研究院有限公司的 25 米^3、40 米^3 节能碎浆机于 2017 年 5 月发往保定嘉禾卫生用品厂、保定市兴荣纸业有限公司。该公司最新开发研制用于处理商品浆的偏心节能碎浆机(10～35 米^3)已有多台成功在我国最大的生活用纸基地——保定满城地区运用。

(4) 山东晨钟机械股份有限公司 ZDG3500 (φ3500 毫米)转鼓碎浆机于 2017 年 4 月发往新疆远大纸业有限公司、内蒙古天浩纸业有限公司。

(5)天津市恒脉机电科技有限公司供货黑龙江泉林生态农业有限公司的年产 20 万吨本色浆蒸煮车间湿法备料与蒸煮设备单线项目于 2017 年 4 月试车成功。

(6)轻工业杭州机电设计研究院有限公司供货重庆理文卫生用纸制造有限公司的 2 台 H935 型、生产能力 280 吨/日新型双辊挤浆机于 2017 年年初正式开机投产。该机用于漂白竹浆的浓缩提取，进浆浓度低，但因是漂白竹浆，滤水性佳，浆中已基本无硬的杂质，设备运行较为有利，出浆干度要求较低，可以轻松完成竹浆的浓缩。

2. 洗、选、筛设备

(1)汶瑞机械(山东)有限公司供货浙江荣成纸业有限公司的用于白水回收的 DPL5209 型无网袋多圆盘过滤机于近期运行成功。该设备采用先进的无网袋盘片技术，盘片由微孔不锈钢板一次冲压成型。白水处理量为 16000 升/分，垫层浆采用打浆度为 32°SR 欧废短纤。超清滤液澄清度为 40 毫克/升，清滤液澄清度为 60 毫克/升，浊滤液澄清度为 140 毫克/升。运行指标达到国际同类产品水平。

(2)福建轻工机械设备有限公司的 OCC 制浆线废渣处理系统的圆筒筛、螺旋输送机、斜螺旋提渣机等设备于 2017 年 5 月发货联盛纸业(龙海)有限公司。

(3) 轻工业杭州机电设计研究院有限公司的 3.5 米^3、4.5 米^3 内流压力筛于 2017 年 5 月分别发往保定市兴荣纸业有限公司、广东信达纸业有限公司。

(4) 汶瑞机械(山东)有限公司于 2017 年 4 月完成为 Skookumchuck 公司、Pictou 公司和 AV Nackawic 公司等在内的 5 家北美工厂提供的 11 台/套洗浆设备整机或改造升级服务。服务内容涵盖洗浆机转鼓更换、双辊挤浆机辊子更换、空气刮刀改造等。针对北美工厂设备老旧, 洗浆效率低下的特点, 汶瑞机械(山东)有限公司更换的转鼓采用了全新设计——锥形流道、波纹滤板技术。改造后洗浆机出浆干度达到 12% 以上, 真空度在 0.03 兆帕左右, 日处理能力 10 ~ 15 吨(木浆)/米^2。良好的洗涤效果给客户节省了化学品用量, 降低了生产成本, 产生了很好的经济效益。

(5) 山东晨钟机械股份有限公司 AWS15/13—6.4 米^2 内流式网前筛于 2017 年 4 月发往白山市琦祥纸业有限公司。

(6) 山东晨钟机械股份有限公司 DS3506—75 米^2 多圆盘浓缩机于 2017 年 4 月出口埃及。

3. 漂白设备

汶瑞机械(山东)有限公司供货广西金桂浆纸业有限公司的 GPT500 高浓漂白塔近期已成功应用于其年产 25 万吨 APMP 化学机械浆车间二段漂白改造项目。该高浓漂白塔成为国际上配套化机浆项目规格最大的漂白装置, 其直径 5000 毫米, 体积 300 米^3, 漂白浓度 20% ~25%, 将塔体底部浆料浓度稀释至 8% ~10% 后由中浓浆泵稳定地将物料输送至后序工段。

4. 碱回收设备

汶瑞机械(山东)有限公司供货加拿大 HSPP 公司的 400 吨/时板式蒸发站于 2017 年 10 月顺利完成开机验收工作。经过真空测试、带汽水试、系统调试等一系列工作, 客户对蒸发系统的运行表示满意, 并对设备进行了验收确认。

5. 环保设备

山东晨钟机械股份有限公司新产品“污泥挤压脱水系统”自推向市场后, 受到众多厂家的关注和咨询, 订单数量不断增加。继山东太阳纸业股份有限公司、河南江河纸业股份有限公司、东莞泰昌纸业有限公司、广西金桂浆纸业有限公司、广东理文造纸有限公司、江苏理文造纸有限公司、永丰余造纸(扬州)有限公司、玉田县顺发实业有限公司等单位陆续开机稳定运行后, 山东世纪阳光纸业集团有限公司一次采购 2 台套污泥挤压脱水系统于 2017 年 4 月 24 日发货。

二、造纸设备

1. 包装纸、箱纸板机

(1) 河南大指造纸装备集成工程有限公司供货俄罗斯色楞格纸厂 PM1 改造项目于 2017 年 12 月成功运行。升级改造更换内容包括压榨部、压光机、卷纸机、复卷机、传动系统、新增了膜转移施胶及胶料制备系统, 并对 DCS 进行了扩容等, 注入了大量的新技术。

(2) 山东昌华机械科技有限公司供货德州泰鼎新材料科技有限公司的双叠网纸机于 2017 年 10 月 28 日成功运行。该机净纸幅宽 5360 毫米, 工作车速 700 米/分, 年产能 15 万吨, 采用了四辊三压区复合压榨技术(其中三压为靴式压榨, 由山东昌华机械科技有限公司研发设计制造)和无绳引纸技术。

2. 生活用纸机

(1) 佛山市南海区宝拓造纸设备有限公司供货保定市满城金光纸业有限公司的第 5 台高速卫生纸机于 2017 年 12 月 6 日顺利投产。该纸机是最新节能型新月型高速卫生纸机, 纸机设计车速 1300 米/分, 幅宽 3550 毫米。

(2) 佛山市南海区宝拓造纸设备有限公司供货平凉市宝马纸业有限责任公司的 5 万吨/年木浆生活用纸项目于 2017 年 11 月 8 日试机成功。

(3) 佛山市南海区宝拓造纸设备有限公司供货广东信达纸业有限公司的大宽幅、高速新月型卫生纸机于 2017 年 11 月 5 日顺利投产。该纸机幅宽 4200 毫米, 设计车速 1500 米/分, 设计产能 100 吨/日。由佛山市南海区宝拓造纸设备有限公司自主设计、制造, 是迄今为止在我国乃至亚洲卫生纸机制造行业中, 单机产能最高的新月型高速卫生纸机。

(4) 佛山市南海区宝拓造纸设备有限公司供货四川蜀邦实业有限公司的年产 1.2 万吨高档生活用纸项目于 2017 年 10 月 16 日顺利投产。该台卫生纸机是佛山市南海区宝拓造纸设备有限公司提供给四川蜀邦实业有限公司的第二台真空圆网高速卫生纸机, 型号为 SF12-1000, 设计车速 1000 米/分, 幅宽 2860 毫米。

(5) 佛山市南海区宝拓造纸设备有限公司供货南宁市佳达纸业有限公司的年产 5 万吨高档生活用纸项目于 2017 年 8 月 25 日顺利投产。新投产的纸机是 1 台型号为 SF12-1000 型的节能型卫生纸机，设计幅宽 2860 毫米，生产车速 1000 米/分。

(6)西安维亚造纸机械有限公司供货保定市兴荣纸业有限公司的高速新月型卫生纸机 3500/1200 于 2017 年 8 月 22 日开机成功。

(7)佛山市南海区宝拓造纸设备有限公司供货四川斑布信息技术有限公司的 SF12-1000 高速纸机于 2017 年 5 月 8 日一次性开机成功，并顺利出纸。

(8)佛山市南海区宝拓造纸设备有限公司供货保定满城金光纸业有限公司的卫生纸机于 2017 年 5 月 4 日顺利投产。

(9)上海轻良实业有限公司与广西天力丰生态材料有限公司合作的新月型 3500/1300 纸机于 2017 年 4 月 11 日成功投料开机。投料开机流程有新月型 3500/1300 纸机的全线带水空运转、再次清洁、再检查所有流程设备，实时投料试机车速达到 900 米/分。

3. 特种纸机及装备

(1)轻工业杭州机电设计研究院有限公司供货国内某印钞有限公司的 1760/120 钞票纸机改造项目于 2017 年 12 月顺利开机投产。

(2)山东昌华机械科技有限公司供货齐峰新材料股份有限公司的 PM23 号特种纸机于 2017 年 11 月 30 日开机运行。该纸机生产无纺壁纸原纸，年生产能力 3 万吨，是目前世界上最大的无纺壁纸原纸生产线，纸机幅宽 4500 毫米，设计车速 400 米/分钟。

(3)轻工业杭州机电设计研究院有限公司供货浙江洁美电子科技股份有限公司的 2640/80 多圆网特种纸机生产线于 2017 年 7 月 27 日顺利投产。该生产线的核心装备是圆网成形部，采用了轻工业杭州机电设计研究院有限公司自行研制的浮动式圆网压力成形器。

4. 浆板机

轻工业杭州机电设计研究院有限公司为理文越南公司开发了湿浆板机用于废报纸及文化纸经初步碎解、除杂净化、筛选处理后生产半干浆运回国内或在当地消化利用，解决国内废纸品质差，原料供货不足的问题。该湿浆板机设计能力 150 吨/日，浆板幅宽 2400 毫米，设计车速≥35 米/分，浆包质量 900 千克(最大)，进流浆箱浆浓 3.5% ~5.0%，湿浆板干度≥48%，压缩空气耗量 160 米^3/时。

5. 部分关键部件产品

(1)近期山东省科学院能源研究所引进国外先进技术，与国内专业真空泵厂家联合研发了一种高速旋转式真空泵，即透平式真空泵。透平式真空泵机械效率高达 75%，而水环式真空泵机械效率仅为 40%，在满足同样的使用要求下，其替代水环真空泵可节省电耗 20% ~30%，透平式真空泵还有明显的余热回收和节水优势。目前已有 70 多台国产透平式真空泵在造纸企业投入生产，取得良好的节能经济效益和社会环境效益。

(2)河南大指造纸装备集成工程有限公司供货德州泰鼎新材料科技有限公司的 5300/700 Integra-Jet 水力式流浆箱于 2017 年 12 月成功运行。

(3)河南大指造纸装备集成工程有限公司供货马来西亚的 4450/650 膜转移施胶机改造项目于 2016 年 7 月 18 日一次性试机成功，主要用来生产 95 ~180 克/米^2 瓦楞原纸。

(4)轻工业杭州机电设计研究院有限公司供货湖南正佳特种材料有限公司的自流式低速帘式施胶器于 2017 年 7 月 18 日试机成功，主要用来生产玻璃纤维滤纸。

(5)山东昌华机械科技有限公司于 2017 年 6 月 16 日为山东美洁纸业公司提供整套靴式压榨设备改造项目。该纸机幅宽 5260 毫米，工作车速 700 米/分，生产品种为瓦楞原纸、T 纸，定量 110 ~170 克/米^2。靴压设备将安装在二道压榨的位置，设计压区压力 1000 千牛/米。

三、涂布机及完成设备

1. 白纸板涂布机

沙市轻工机械有限公司供货湖北骏马纸业有限公司的涂布生产线于 2017 年 10 月 16 日顺利开车。该生产线是 1 台卡纸涂布机，采用的是新型刮刀涂布方式，设备运行平稳，性能可靠，成纸质量优良。

2. 热敏纸涂布机

轻工业杭州机电设计研究院有限公司供货广东冠豪高新技术股份有限公司的 1760/1000 三防热敏纸涂布机于 2017 年 11 月 8 日顺利投产。该生产线的核心装备除进口喷头涂料外，其他设备已经全部实现了国产化，包括涂布头移动机构、用于脱除涂布前纸幅表面吸附空气层的真空箱等。该涂布机涂布量 1 ~4 克/米^2，涂层均匀平整，达到产品的质量要求。

3. 特种纸涂布机

(1)沙市轻工机械有限公司供货浙江某用户的 1 台高车速热升华转印纸涂布机于 2017 年 10 月 10

日顺利开车。该转印纸涂布机车速达 600 米/分，采用的是新型短驻留涂布方式，设备运行平稳，打印后图案转移率高、色彩精美。

(2)轻工业杭州机电设计研究院有限公司供货浙江冠豪新材料有限公司的 1760/300 热熔胶涂布复合机于 2017 年 10 月正式开机投产。

4. 压光机

沙市轻工机械有限公司与湖南某用户于 2017 年 10 月 17 日签订 2 台单压区可控中高软压光机。

（杨 旭 冯阿团 徐国华 沈 栋）

2017 年我国造纸器材行业概述

Review of the Devices in Paper Industry in 2017

2017 年是我国造纸工业在经历深度调整、改革后，获得重整、发展的一年，我国造纸器材行业、造纸网毯企业也在这一环境中，进一步提高自身能力、产品品质、配套与服务水平，众多企业获得了进一步的发展，行业呈现更有活力、更有竞争力的局面。

一、2017 年主要造纸网毯企业的生产情况

1. 造纸网

据中国造纸学会造纸器材专业委员会(简称“造纸器材专业委员会”)秘书处统计，2017 年国内主要规模以上的造纸网厂 20 家(不包括外商在华独资网毯生产企业)，其中成形网 191.56 万米^2、干网 132.19 万米^2、螺旋干网 6.3 万米^2、铜网 4.2 万米^2、不锈钢网 2.2 万米^2、环保过滤网 3.07 万米^2。2016 年成形网 173.36 万米^2、干网 113.93 万米^2、螺旋干网 7.20 万米^2、铜网 4.06 万米^2、不锈钢网 2.61 万米^2。与 2016 年相比，成形网生产量增长 10.5%、干网增长 16.03%、螺旋干网减少 12.5%、铜网减少 8.7%、不锈钢网减少 15.71%。

2017 年三层网生产量 97.34 万米^2，同比增长 6.86%。异形丝干网生产量 71.93 万米^2，同比增长 24.64%。

2017 年，我国主要造纸网企业的生产与销售情况沿着造纸工业发展趋势的轨迹，企业发展基本向好。能够取得这样的成绩，是得益于我国造纸工业的发展。我国造纸网企业已持续多年对装备进行了大量的投入，先进的设备不但数量多，而且更新速度快。经过造纸网制造方面的技术人员不懈地钻研，已经掌握了相当程度的技术。有的企业已经能够生产高速纸机用的成形网与干网，这与我国造纸工业的发展相符。造纸企业淘汰落后产能，并通过改造大幅度提升设备的技术先进性，因此，对高端造纸网的需求不断增长，这就是造纸网获得增长的重要原因。

经过多年的起落浮沉，现在国内造纸网企业已经形成了以江苏金呢工程织物股份有限公司、安徽华辰造纸网股份有限公司、安徽太平洋特种网业有限公司这 3 家企业为代表的第一梯队。成为第一梯队，其生产量是重要因素，3 家公司的生产量合计占国内造纸网生产量的 30%。但更重要的是这 3 家企业在技改、研发、营销方面的投入具有举足轻重的影响力。近 2 年，江苏金呢工程织物股份有限公司又着重投入了干网的研发，2017 年生产量比 2016 年增长了 76%。目前江苏金呢工程织物股份有限公司的造纸毛毯技改项目已完成大部分。凭借着造纸网处在高端位置的优势，其干网与造纸毛毯一同进入高端客户。安徽华辰造纸网股份有限公司是生产量最高的企业，擅长生产不同纸种用造纸网，尤其是薄页纸、特种纸等纸种用造纸网。近年来，随着企业技术力量不断加强，在成形网与干网方面都有了可喜的进步。值得一提的是，江苏金呢工程织物股份有限公司和安徽华辰造纸网股份有限公司都成功登陆证券领域。这意味着公司的管理更加规范，更能得到公众的信赖，这是国内造纸网毯业仅有的 2 家上市公司。安徽太平洋特种网业有限公司起步不算早，但这么多年的超常规发展，说明其经营者眼光与胆略过人，现能跻身第一梯队是当之无愧的。企业的转型与升级是历史的必然，相信他们还有相当大的发展空间。

造纸网业还有众多企业组成的第二梯队，这些企业历史有长有短，规模有大有小，发展有起有伏，但是都在认真的做，也有一片相对稳定的市场，这也是我国造纸网行业的重要基地，占全部造纸网生产量的 50% 以上。新技术的不断涌现，行业的深度变革，其实对许多企业来说是危机也是机

遇。企业倘若以为可以维持现状，往往就是错失机遇，可惜的是有些造纸网企业偏向守成。

2. 造纸毛毯

据造纸器材专业委员会统计，2017 年全国规模以上 20 家造纸毛毯企业生产量(不包括外商在华独资网毯生产企业的生产量)合计为 6774 吨(以历年同口径推算)，与 2016 年相比基本持平。

2017 年造纸毛毯的生产量延续了原来的状况，增长率仅为 0.4%。各造纸毛毯厂单独的生产量虽略有增减，但波动都不大。

在造纸毛毯领域，四川环龙技术织物有限公司仍处于明显的领先地位。其年产是最高的，超出第二位达一倍之多，其价格也是最高的，所属的上海金熊造纸网毯有限公司一直居于国内造纸毛毯的顶端。2017 年上海金熊造纸网毯有限公司的生产量为被并购前的 5 倍多。四川环龙技术织物有限公司的高端造纸毛毯获得中国纺织工业联合会的科技进步二等奖。其第四代造纸毛毯新产品(高端)已批量生产，新的生产线在成都基地、上海基地均形成生产能力。

徐州三环工业用呢科技有限公司(原徐州工业用呢厂)一直是行业内的大户，生产量多年居于前列。现新厂房、新设备已经建设安装完成，产能大为提高，因改制时间较为冗长，企业有一段时间处于徘徊等待阶段。现在企业正在产品研发、市场营销上发力，未来会有可观表现。东莞友邦工业用呢有限公司、聊城华裕工业用呢有限公司、东莞业兴网毯有限公司、新疆阿勒泰工业用呢有限公司等多年在造纸毛毯的生产经营上耕耘，成绩斐然。江苏金呢工程织物股份有限公司在造纸毛毯方面，现在正着手改造更新，其造纸毛毯必将与造纸网同步再入市场。河南省内有多家造纸毛毯厂，有长期生产历史，现在正奋力向中高端领域进军。

3. 造纸网毯进出口概况

2003—2017 年我国造纸网毯产品的进出口情况见表 1 和图 1 ~ 图 4，2017 年与 2016 年造纸网毯产品进出口数据对比见表 2。

滤网、滤布以及 < 650 克/米^2 网毯成品，2017 年与 2016 年进口数据显示均为价跌量升的局面。国内造纸网水平的提高，迫使进口产品价格下滑。但是，国内造纸网产品能与进口同类产品比肩的生产量仍不足，满足不了造纸需求，因而造成了进口量的显著上升。

我国造纸毛毯的质量不断提升是明显的，这也可以从进出口单价的比较看出。2016—2017 年，造纸毛毯进口单价变化不大，2017 年略有提高；出口单价也变化不大，2017 年略有下降。但是即使是 2017 年，出口单价也达进口单价的 46%，接近1/2。而造纸网只有 37%。

近年来，国内造纸网产品一直致力于走出去，就统计数据显示造纸网、造纸毛毯等产品 2017 年出口量比 2016 年均有两位数增幅，但造纸网产品出口单价下滑较大。

表 1　2003—2017 年造纸网毯产品的进出口情况

	年份	滤网、滤布		<650 克/米^2 网毯成品		≥650 克/米^2 网毯成品		合计	
		数量/千克	金额/美元	数量/千克	金额/美元	数量/千克	金额/美元	数量/千克	金额/美元
进口	2003 年	321789	13179434	83823	9716679	733393	34916174	1139005	57812287
	2004 年	467009	18160299	66449	11532430	928589	45849485	1462047	75542214
	2005 年	453136	24320356	122208	18246875	922277	52269799	1497621	94837030
	2006 年	515427	38570045	103272	19820917	1147141	66040034	1765840	124430996
	2007 年	554959	41072549	164659	28287534	1320591	73807104	2040209	143167187
	2008 年	606367	46872567	205248	32106550	1398726	81335714	2210341	160314831
	2009 年	390331	39433965	282476	27209593	1069939	63213073	1742746	129856631
	2010 年	674593	54817406	152683	26341596	1257074	79184329	2084350	160343331
	2011 年	676222	65364193	195048	36256563	1429448	93074967	2300718	194695723
	2012 年	5770638	127623854	199017	35487497	1490570	92340290	7460225	255451641
	2013 年	732491	65628557	198872	39304782	1627047	97683472	2558410	202616811
	2014 年	766924	73505067	203188	39711480	1743000	97563569	2713112	210780116
	2015 年	734838	59134296	165952	32030296	1445143	83667743	2345933	174832335
	2016 年	759584	56420052	147943	29761428	1426824	78753576	2334351	164935056
	2017 年	1132788	75735914	181163	29787822	1508668	84123417	2822619	189647153

续表

	年份	滤网、滤布		<650 克/米²网毯成品		≥650 克/米²网毯成品		合计	
		数量/千克	金额/美元	数量/千克	金额/美元	数量/千克	金额/美元	数量/千克	金额/美元
出口	2003 年	166319	2691934	39871	1702536	113572	2643469	319762	7037939
	2004 年	397701	3635438	86507	2015043	132979	3073069	617187	8723550
	2005 年	691723	6670480	96740	1814304	233327	5819276	1021790	14304060
	2006 年	1150572	7735693	105995	2413436	403741	11250884	1660308	21400013
	2007 年	347923	4749570	83953	3357880	494649	14671403	926525	22778853
	2008 年	314175	5957362	156664	5046002	654007	19577994	1124846	30581358
	2009 年	573145	8689102	151286	6749313	1165831	39476960	1890262	54915375
	2010 年	767435	14156715	217889	12617780	1606415	54910625	2591739	81685120
	2011 年	1224731	19875393	221262	15067260	1879750	59108654	3325743	94051307
	2012 年	1457557	24341877	270128	15958286	1825804	55543516	3553489	95843679
	2013 年	1417962	24751543	349271	13922038	2087560	64925996	3854793	103599577
	2014 年	1521356	28815705	356718	16888059	2132604	64032585	4010678	109736349
	2015 年	1561090	27321954	302251	16701516	2345550	62032012	4208891	106055482
	2016 年	1739765	28678311	246651	17073861	2478266	68236070	4464682	113988242
	2017 年	2080716	32587297	295118	18166621	2817730	76869704	5193564	127623622

表 2　　2017 年与 2016 年造纸网毯产品进出口数据对比

	年份	滤网、滤布			<650 克/米²网毯成品			≥650 克/米²网毯成品		
		数量/千克	金额/美元	单价/(美元/千克)	数量/千克	金额/美元	单价/(美元/千克)	数量/千克	金额/美元	单价/(美元/千克)
进口	2017 年	1132788	75735914	66.86	181163	29787822	164.43	1508668	84123417	55.76
	2016 年	759584	56420052	74.28	147943	29761428	201.17	1426824	78753576	55.20
	同比/%	49.13	34.24	-9.99	22.45	0.09	-18.26	5.74	6.82	1.01
出口	2017 年	2080716	32587297	15.66	295118	18166621	61.56	2817730	76869704	27.28
	2016 年	1739765	28678311	16.48	246651	17073861	69.22	2478266	68236070	27.53
	同比/%	19.60	13.63	-4.98	19.65	6.40	-11.07	13.70	12.65	-0.91

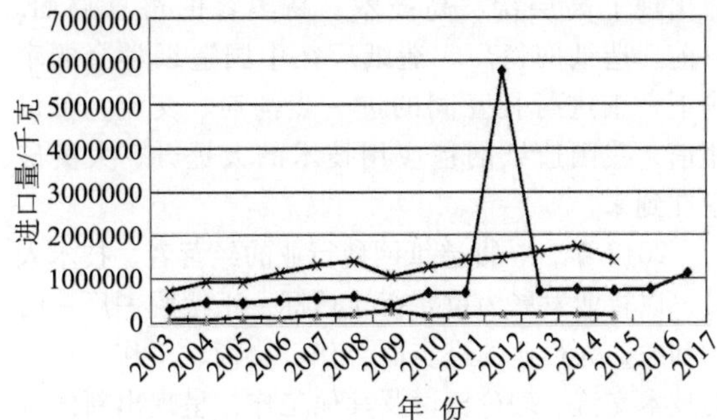

图1　2003—2017年我国造纸脱水器材产品进口量

滤网、滤布　<650克/米²网毯成品　≥650克/米²网毯成品

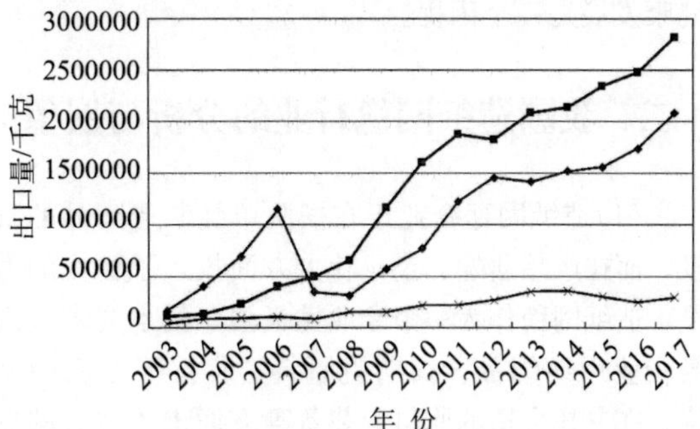

图2　2003—2017年我国造纸脱水器材产品出口量

滤网、滤布　<650克/米²网毯成品　≥650克/米²网毯成品

我国造纸网企业总体资本投入量大，先进设备拥有量高。对行业的发展来说，有利于较快地实现产品的质量提升和增加生产量，这几年已经看到了效果。但也有其他影响，分析这 3 年造纸网的进出口情况，进口方面，2016 年比 2015 年数量上有所下降，2017 年回升，但单价明显下降，这是我国造纸网质量提升后，对进口产品的报价形成牵制。出口方面，这 3 年出口量变化不大，

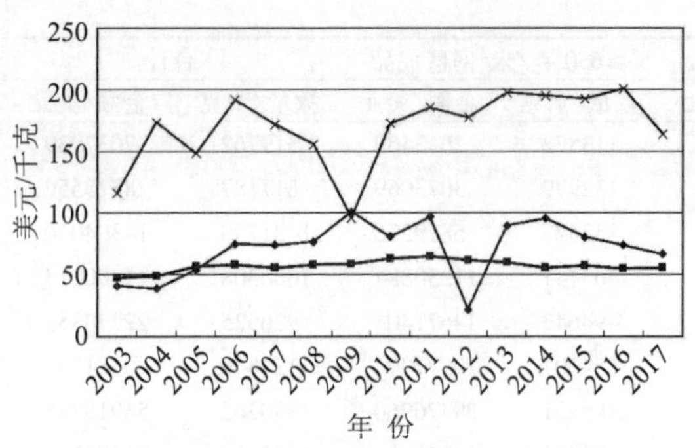

图3 2003—2017年我国造纸脱水器材进口产品单价

—◆— 滤网、滤布 —×— <650克/米²网毯成品

—■— ≥650克/米²网毯成品

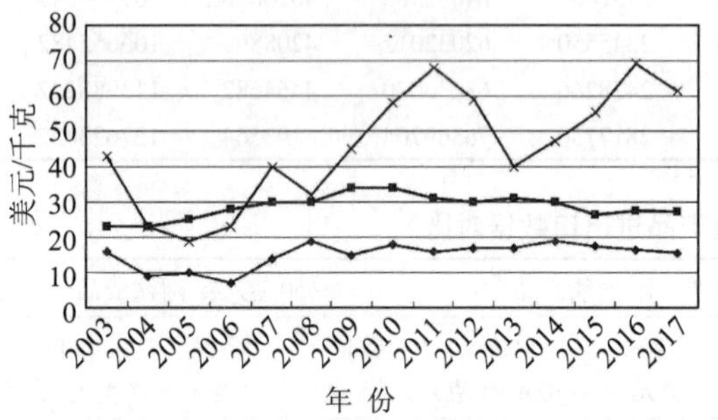

图4 2003—2017年我国造纸脱水器材出口产品单价

—◆— 滤网、滤布 —×— <650克/米²网毯成品

—■— ≥650克/米²网毯成品

单价波动也不大。但值得注意的是出口单价仅为进口单价的1/3，与造纸毛毯相比，差异明显，这反映出国内造纸网的同质化比较严重，即使在中高端领域，这种现象也存在，这对造纸网企业的健康发展是一个困扰。

二、我国造纸网毯行业的分析与展望

(1)造纸网毯企业正在摆脱单纯制造产品的阶段，而在产品研发、企业壮大方面投入了更大的力量。造纸网毯作为一个专业性极强、技术要求极高的产业用纺织品，长期受原料、装备等方面的困扰，在寻找合适的原料、装备等方面走了很长的探索之路。即使是进口原料、设备的使用，也有一个了解、掌握、运用的过程。在较长的一段时期，国内造纸网毯企业，花费了大量的资金购买了先进的设备与原料，但是用不好高昂的设备与原料。有的引进设备该有的功能被废弃不用。正是前期的投入与探索，造纸网毯的技术人员明白，造纸网毯的制作不仅仅是将它做出来，更重要的是深刻了解它在纸机上的功能，尤其是在高速纸机上，其网毯的脱水机理与早期的造纸生产有很大差异。同时，造纸网毯的原料性能对网毯的使用状况影响极大。近年来，造纸网毯厂加强了与原料厂、设备厂的交流，不仅是为了买他们的产品，而是在产品的性能上作更加深入的沟通。简言之，化纤厂不仅要作出网毯所要求的纤度和强度，保证造纸网毯出厂时的物理性能，而且在纸机上，在合理的使用时间内，要满足其性能基本不变(包括物理性能与化学性能)。这是对最终产品性能认识上的一大突破。根据这一论点开展的化纤厂与造纸网毯厂的合作，促进了造纸网毯质量的实实在在的提高。

(2)造纸网毯企业的营销工作上了新的台阶。优秀的造纸网毯厂不仅是出售产品，而且更是在出售服务。国内优秀的造纸网毯厂在这方面做的越来越好。它们摆脱了原来售前、售中与售后服务的模式，而在精准服务、及时服务、有效服务等方面都有新的突破与提高，反映在商务合同上，双方确立了更加明确细微的合同内容，对双方的权利和义务都做了更加明确的规定。这对造纸网毯厂来说，固然有保护自己合法权益的作用，而对造纸厂来说，也有防患于未然的好处。在纸张市场风云变幻时，造纸厂需要造纸网毯厂在供货及时、保证质量的同时，还要能够在应对品种变化、原料(浆)变化、市场要求变化时，能做好相应的配合应变工作。对于如何用好造纸网毯，也需要与造纸网毯厂多沟通，毕竟保证纸机高速正常运转是最重要的。在这种情况下，有技术优势、注重有效服务的造纸网毯厂受到了越来越多造纸厂的欢迎。它们之间的交流出现了高层次、高技术、高契合的可喜局面。目前，造纸网毯厂、造纸厂在中国造纸学会的牵头下，正进行相互间的进一步沟通、交流，可以相信，我国造纸网毯应用技术的大提升、大突破正在到来。

2017 年，一批造纸网毯行业的经营者、技术人员，以行业发展为重要奋斗目标，正摆脱一厂一时的利益，为行业的进步而合作、协商、工作，行业的技术交流、理论探讨及其他工作，呈现出新的气象。造纸网毯是一个专业性强、市场指向专一、体量不大的产品，难有大的资本投入，而单靠一两个企业难以推动某些工作。现在，有识之士以大局为重，携手共商大计，对造纸网毯业，对造纸厂都是一件好事。相信在大家的共同努力下，我国造纸网毯行业一定会出现更加繁荣的局面。

（杨金魁 韩静芬）

2017 年部分制浆造纸设备公司主要销售业绩

Sales Records of Part of Pulping and Papermaking Machinery Companies in 2017

一、维美德（中国）有限公司

序号	客户名称	设备名称	主要规格和参数	台（套）数	交货时间
1	玖龙纸业（控股）有限公司	箱纸板机	优化概念	4	2019
2	安徽山鹰纸业股份有限公司	箱纸板机	OptiConcept M	2	2019
		箱纸板机	OptiConcept M	1	2019
3	山东博汇纸业股份有限公司	磨浆机	Opti RF4i	20	2018
		纸机改造	涂布机	1	2018
4	重庆理文造纸有限公司	生活用纸机	Advantage DCT HS 200	4	2018
5	湖北荣成再生科技有限公司	纸机关键部件	OptiFlow 流浆箱等	3	2018
6	山鹰华中纸业有限公司	纸厂废渣处理方案	CYMIC 循环流化床锅炉	2	2019
7	山东华迈纸业有限公司	施胶机	OptiSizer Film	2	2018
8	山东太阳纸业股份有限公司	纸机搬迁	搬迁升级	1	2018
		环保解决方案	碱回收锅炉改造，烟气净化，脱硫脱硝等	4	2018
9	黑龙江泉林生态农业有限公司	纸机改造	压榨部，烘干部，MCS，压光机，复卷机等	1	2018
10	山东晨鸣纸业集团股份有限公司	纸机改造	变更纸种	1	2018
11	黑龙江龙德纸业有限公司	纸机改造	升级	1	2018
12	亚太森博（山东）浆纸有限公司	环保解决方案	碱回收锅炉改造，烟气净化，脱硫脱硝等	4	2018
13	江苏王子制纸有限公司	环保解决方案	碱回收锅炉改造，烟气净化，脱硫脱硝等	4	2018

二、福伊特造纸（中国）有限公司

序号	客户名称	设备名称	主要规格和参数	台（套）数
1	山东太阳宏河纸业有限公司	PM36 和 PM37	40 万吨/年 37 万吨/年	2
2	山东博汇纸业股份有限公司	BM4 和 BM5	100 万吨/年 80 万吨/年	2
3	山鹰华中纸业有限公司	PM22	50 万吨/年	1

三、安德里茨公司

序号	客户名称	供货范围	原料	交货时间
1	河南新亚新科技包装材料有限公司	SP&PMA	LBKP、APMP	2018
2	佛山市南海区宝拓造纸设备有限公司	SP&PMA	BKP	2018
3	上海泰盛制浆(集团)有限公司	SP&PMA	竹子、LBKP、NBKP	2018
4	东莞市金田纸业有限公司	PMA	OCC	2018
5	黑龙江龙德再生资源产业发展有限公司	PMA&Broke	OCC	2018
6	山鹰华中纸业有限公司	PMA&Broke&Saveall	OCC	2018
7	日照华泰纸业有限公司	PMA	NBKP、LBKP、OCC	2018
8	义乌市义南纸业有限公司	PMA&Broke	OCC	2018
9	宜宾纸业股份有限公司	SP	竹子、LBKP	2018
10	贵州鹏昇(集团)纸业有限责任公司	PMA	OCC、UKP	2018
11	浙江华章科技有限公司	SP&PMA	LBKP、NBKP	2017
12	武汉金凤凰纸业有限公司	PMA&Broke	OCC	2017
13	广东韶能集团股份有限公司	PMA	NBKP、LBKP、竹子	2017
14	福建省联盛纸业有限责任公司	PMA	OCC	2017
15	山东晨鸣纸业集团股份有限公司	SP&PMA	NBKP、LBKP、APMP	2017
16	广东通力定造股份有限公司	PMA	AOCC 、UBC	2017
		脱墨制浆整线	OCC、UBC	2017
17	寿光美伦纸业有限公司	SP&PMA	APMP、NBKP、LBKP	2017
		碱回收炉		2017
18	山东太阳纸业股份有限公司	PMA&Broke	OCC	2017
19	龙游旭荣纸业有限公司	SP	LBKP、NBKP	2017
20	越南理文纸业有限公司	脱墨制浆、粗筛	OCC、MW	2018
21	山东华迈纸业有限公司	脱墨制浆整线	OCC	2018
22	东莞市上隆纸业有限公司	脱墨制浆整线	OCC	2018
23	广丰县芦林纸业有限公司	脱墨制浆整线	OCC	2017
24	江苏博汇纸业有限公司	机械制浆系统整线、摇摆筛、再碎机、螺旋	桉木、机械浆、APMP	2017
25	山东太阳宏河纸业有限公司	半化学浆线、螺旋进料器、蒸煮设备、中浓浆泵、压力筛、黑液过滤机	阔叶木、针叶木、桉木	2017 2018
26	山东博汇纸业股份有限公司	420 吨/日脱墨制浆线、黑液过滤机、压力筛、中浓设备、石灰窑	阔叶木、针叶木	2018 2019
27	广西来宾东糖纸业有限公司	中浓设备	阔叶木	2018
28	太阳纸业控股老挝有限责任公司	压力筛、中浓设备、甲醇液化系统及高浓臭气设备、碱回收炉	桉木	2018
29	海龙再生资源(重庆) 有限公司	垃圾焚烧锅炉		2018
30	河北永新纸业有限公司	垃圾焚烧锅炉		2018
31	玖龙纸业(控股)有限公司	垃圾焚烧锅炉		2018
32	江苏王子制纸有限公司	绿泥过滤机		2018
33	亚太森博(山东)浆纸有限公司	绿液系统改造、蒸发站改造、浆板机真空除尘系统	桉木	2017 2018

四、汶瑞机械(山东)有限公司

序号	客户名称	设备名称	主要规格和参数	台(套)数	交货时间
1	巴基斯坦法扎勒纸业(Fazal Paper Mills Pvt Ltd.)	洗浆机	ZXIV75	3	2017-05
2	印度恒河公司(Ganga Papers India Limited)	浓缩多盘	XPL3606/7、XPL3609/11	2	2017-12
3	印度尼西亚 OKI 公司	双辊洗浆机	SJAⅡ945	3	2018-01
		苛化增减项		1	2017-12
4	印度鲁其拉纸厂有限公司(RUCHIRA PAPERS LIMITED)	圆盘过滤机	XPL3609/10	1	2018-02
5	印度瑞驰纸业有限公司(CAMERICH PAPERS PVT. LTD.)	圆盘过滤机	DPL5208/07、XPL3610/08	2	2018-02
6	广西金桂浆纸业有限公司	多效蒸发设备	1#VE	1	2017-02
7	我国华东区	多盘过滤机	XPL3608、XPL3610、XPL3615/16、XPL3616、DPL5212/13、XPL3609、XPL3606	8	2017-07 2017-08 2017-03 2017-03 2017-03 2017-12
		单螺旋挤浆机	SP750	1	2017-08
		绿泥过滤机	YG7	1	2017-08
		重力盘	ZNP120	1	2017-10
8	我国西北区	多盘过滤机	MPL50、MPL60、XPL3606、DPL5217、XPL3605、XPL3614、DPL5209、DPL5215、XPL3605、MPL2506	15	2017-04 2017-05 2017-06 2017-09 2017-11
		挤压撕裂机	JS10	1	2017-06
9	我国华南区	白水圆盘过滤机	XPL3606	1	2017-09
		真空洗浆机	ZXIV 60 米^2	2	2017-12
		真空洗浆机	ZXIV 45 米^2	4	2017-12
10	我国西南区	多盘过滤机	DPL5214、DPL5213、ZNPII120、XPL3606、XPL3608、MPL2509	5	2017-07 2017-06 2017-03
		黑液过滤机	20 米^2	2	2017-08
		螺旋输送机		2	2017-08
		消泡器		3	2017-08
		旋浆分离器		1	2017-08
		预挂	YG50Ⅱ	1	2017-09
		高位冷凝器、汽水分离器、收集器		各1套	2017-09

续表

序号	客户名称	设备名称	主要规格和参数	台(套)数	交货时间
11	我国华中区	洗浆机及附属设备	60 米^2	1	2017-04
		白泥预挂过滤机	YG60	1	2017-09
		多盘过滤机	XPL3606、MPL60、XPL3605、DPL5213/12、XPL3616/15、DPL5211/10、XPL3616/15、XPL3616/15	10	2017-09
		重力盘浓缩机	ZNP3508、ZNP3508		2017-09
12	我国东北区	多盘过滤机	DPL5213/14、DPL5209/10	3	2017-12
		预挂过滤机	YGII70	1	2017-12

五、郑州运达造纸设备有限公司

序号	客户名称	项目名称	台(套)数	发货时间
1	阿克苏远大纸业有限责任公司	15 万吨/年箱纸板项目	12	2017-08
2	阿图什鸿运发纸业有限公司	8 万吨/年箱纸板项目	2	2017-03
3	埃及 Alruwwad 公司	高浓除渣器	1	2017-12
4	安徽省萧县林平纸业有限公司	中浓筛	1	2017-05
5	安徽兆隆纸业有限公司	低浓连续碎解系统	4	2017-03
6	安顺汇景卫生材料科技有限公司	2.5 万吨/年生活用纸项目	6	2017-01
7	柏乡县宝石纸业有限公司	中浓筛	1	2018-01
8	保定华邦卫生用品有限公司	5 万吨/年生活用纸项目	10	2017-02
9	保定市昌达造纸机械有限公司	系统配套	3	2017-12
10	保定市辰宇纸业有限公司	6 万吨/年生活用纸项目	10	2017-12
11	保定市晨松造纸有限公司	生活用纸	2	2017-07
12	保定市达亿纸业有限公司	生活用纸	2	2018-05
13	保定市豪峰造纸厂	生活用纸	1	2017-07
14	保定市恒信纸业有限公司	6 万吨/年生活用纸项目	10	2017-11
15	保定市恒阳纸业有限公司	5 万吨/年生活用纸项目	5	2017-04
16	保定市嘉禾卫生用品有限公司	生活用纸	7	2017-09
17	保定市立发纸业有限公司	生活用纸	1	2017-03
18	保定市满城金光纸业有限公司	5 万吨/年生活用纸项目	20	2018-03
19	保定市满城明月造纸厂	3 万吨/年生活用纸项目	12	2018-01
20	保定市满城永利造纸厂	生活用纸	8	2018-01
21	保定市满城永兴纸业有限公司	6 万吨/年生活用纸项目	9	2018-05
22	保定市顺通纸制品厂	生活用纸	3	2017-08
23	保定市益康造纸厂	生活用纸	9	2017-03
24	保定雨森卫生用品有限公司	6 万吨/年生活用纸项目	34	2017-04
25	察布查尔锡伯自治县贵林纸业有限责任公司	瓦楞原纸	5	2017-03
26	成都开源包装有限责任公司	制浆设备	3	2017-04
27	成都志豪纸业有限公司	中浓筛	1	2018-04

续表

序号	客户名称	项目名称	台(套)数	发货时间
28	慈溪市晨阳包装有限公司	连续碎解系统	3	2018-03
29	德彦纸业(厦门)有限公司	高浓除渣器	2	2017-03
30	德州泰鼎新材料科技有限公司	30 万吨/年	5	2017-07
31	东莞建晖纸业有限公司	粗筛改造及 100 万吨/年散包输送系统	18	2017-12
32	东莞市金田纸业有限公司	7 号转鼓碎浆机及粗筛改造	14	2018-01
33	东莞市中桥纸业有限公司	5 万吨/年生活用纸改造项目	5	2017-04
34	菲律宾 MIC 公司	双盘磨浆机	1	2018-03
35	佛山市南海区宝拓造纸设备有限公司	生活用纸制浆线配套	63	2018-04
36	抚州利峰纸业有限公司	碎解系统	1	2018-05
37	哥伦比亚 Indagevi 公司	3 万吨/年瓦楞原纸项目	18	2017-12
38	广东宝拓科技股份有限公司	生活用纸网前筛配套	5	2018-05
39	广东蓓尔丽实业有限公司	生活用纸制浆系统	11	2017-10
40	广东比伦生活用纸有限公司	双盘磨浆机改造	2	2017-09
41	广东理文卫生用品有限公司	生活用纸项目低浓除渣器	1	2018-02
42	广东信达纸业有限公司	生活用纸输送及搅拌器	11	2018-01
43	广宁县南宝纸业有限公司	高浓除渣器	1	2018-03
44	广西横县江南纸业有限公司	制浆设备	3	2017-03
45	广西洁丰生物科技有限公司	180T/20H 餐具盒纸	22	2017-07
46	海盐县华联纸业有限公司	精筛及网前筛	2	2018-04
47	杭州富阳高巨贸易有限责任公司	碎浆及输送系统	4	2017-10
48	杭州富阳金东纸业有限公司	碎浆及输送系统	8	2017-11
49	杭州富宇杰纸业有限公司	制浆设备	3	2018-04
50	杭州灵泰纸业有限公司	碎浆及输送系统	2	2017-04
51	合肥宏图彩印有限公司	连续碎解系统	4	2017-10
52	河北大发纸业有限公司	制浆设备	1	2017-12
53	河北金博士卫生用品有限公司	网前筛	2	2017-02
54	河北腾盛纸业有限公司	生活用纸	6	2018-03
55	河北小人国纸业有限公司	生活用纸	1	2017-07
56	河北义厚成日用品有限公司	生活用纸	2	2017-03
57	湖北金庄科技再生资源有限公司	20 万吨/年箱纸板制浆系统及网前筛	45	2018-04
58	湖北荣成再生科技有限公司	5 万吨/年砂管纸制浆系统	6	2017-03
59	华宁县裕丰纸业有限公司	箱纸板	34	2017-12
60	淮安恒发纸业有限公司	网前筛	1	2017-04
61	辉县市诚隆物资有限公司	5 万吨/年 APMP 筛选设备	1	2017-06
62	吉林市纵横塑料包装有限公司	输送系统	1	2017-09
63	犍为三环纸业有限责任公司	碎解系统	9	2017-11
64	江门市明星纸业有限公司	散包系统改造	1	2018-04
65	江门中顺纸业有限公司	双盘磨浆机	8	2018-02

续表

序号	客户名称	项目名称	台(套)数	发货时间
66	江西理文卫生用纸制造有限公司	生活用纸项目低浓除渣器	1	2018-04
67	江西欧克科技有限公司	生活用纸	7	2017-08
68	江西三禾纸业有限公司	10 万吨/年瓦楞原纸项目	16	2018-05
69	青岛金集福机械有限公司	制浆设备	6	2017-09
70	开封通富纸业有限公司	2 万吨/年生活用纸项目	1	2017-07
71	莱州鲁通特种纸业有限公司	25 万吨/年特种纸筛选设备	12	2017-05
72	廊坊市鑫煜包装装潢有限公司	制浆设备	1	2017-12
73	联盛纸业(龙海)有限公司	造纸尾渣处理系统	92	2018-05
74	辽宁兴东纸业有限公司	30 万吨/年箱纸板制浆系统	37	2018-04
75	临安市桃源纸业有限公司	网前筛	2	2017-01
76	临澧宏鑫科技发展有限公司	10 万吨/年瓦楞原纸制浆系统	30	2018-03
77	临猗县力达纸业有限公司	6 万吨/年生活用纸制浆项目	20	2017-09
78	临颍路得生物科技有限公司	输送系统	19	2017-05
79	柳城县海鸿纸业有限责任公司	中浓筛	2	2017-05
80	象州龙腾纸业有限责任公司	中浓筛、网前筛	3	2018-05
81	柳州市桂中纸业有限公司	中浓筛	1	2017-12
82	马来西亚慕达纸业公司	纱管纸制浆线	15	2018-05
83	马来西亚启顺纸业有限公司	生活用纸双盘磨	5	2018-05
84	保定市满城县金光纸业有限公司	制浆设备	5	2017-05
85	保定市满城县神星宏大造纸厂	生活用纸制浆线	6	2017-10
86	绵阳同成智能装备股份有限公司	生活用纸配套网前筛	8	2018-01
87	缅甸 NCP 公司	10 万吨/年瓦楞原纸制浆项目	32	2017-12
88	内蒙古运筹工贸有限责任公司	2 条日产 450 吨封闭筛选系统	14	2017-07
89	宁波济帆纸业有限公司	制浆设备	2	2017-09
90	平凉宝马纸业有限公司	制浆设备	3	2017-09
91	蒲城县德兴再生造纸有限公司	制浆设备	7	1900-01
92	秦皇岛凡南纸业有限公司	6 万吨/年生活用纸项目	42	2018-01
93	青岛海王纸业股份有限公司	15 万吨/年箱纸板项目	1	2017-05
94	山东太阳宏河纸业有限公司	PM31/32/36/37 包装纸项目	19	2018-01
95	山东天和纸业有限公司	6 万吨/年文化纸项目	1	2017-03
96	山西恒悦纸业有限公司	10 万吨/年瓦楞原纸项目	12	2017-10
97	山西省外贸平遥包装印刷(集团)造纸有限公司	制浆设备	1	2017-02
98	山西则天浆纸有限公司	制浆设备	25	2017-04
99	陕西炳智机械有限公司	网前筛	2	2018-01
100	陕西法门寺纸业有限责任公司	3 万吨/年生活用纸项目	6	2017-03
101	上海辰冠进出口有限公司	制浆设备	32	2018-05
102	上海轻良实业有限公司	生活用纸配套网前筛	7	2017-08
103	绍兴多多纸品制造有限公司	制浆设备	6	2017-01

续表

序号	客户名称	项目名称	台(套)数	发货时间
104	什邡仁亮纸制品有限公司	制浆设备	1	2017-02
105	四川犍为凤生纸业有限责任公司	制浆设备	2	2017-05
106	四川金田纸业有限公司	6 万吨/年浆线改造	8	2017-07
107	四川省金福纸品有限责任公司	生活用纸	6	2017-01
108	四川迅源纸业有限公司	制浆设备	1	2017-11
109	嵩明县鹏森纸业有限公司	制浆设备	2	2018-04
110	泰安天兴木业科技有限公司	日产 450 吨 APMP 筛选设备	3	2018-04
111	泰国 PCI 公司	制浆设备	2	2017-05
112	泰山石膏股份有限公司	废渣输送设备	3	2017-06
113	潍坊凯信机械有限公司	网前筛	4	2017-04
114	文水县胡兰盛世包装材料厂	网前筛	5	2018-01
115	乌鲁木齐万兴嘉友商贸有限公司	制浆设备	7	2018-05
116	无锡荣成环保科技有限公司	转鼓碎浆机	1	2018-05
117	西安维亚造纸机械有限公司	网前筛	2	2017-07
118	西安渭丰纸业有限公司	网前筛	1	2017-09
119	仙鹤股份有限公司	网前筛	3	2017-08
120	新疆东盛祥纸业有限责任公司	15 万吨/年箱纸板	62	2017-08
121	新疆恒安纸业有限公司	6 万吨/年生活用纸制浆项目	27	2017-10
122	徐州中兴纸业有限公司	制浆设备	1	2017-07
123	许昌市新源机电设备有限公司	2 万吨/年烟草薄片项目筛选设备	1	2017-09
124	印度 Khanna 公司	散包输送系统	5	2018-05
125	印度 Mehali 公司	散包输送系统	6	2018-04
126	印度 SLT 公司	碎解系统	13	2018-03
127	印度阿那普那公司	制浆设备	14	2018-03
128	印度尼西亚苏帕玛公司	制浆设备	1	2017-04
129	虞城县东震纸业有限公司	3 万吨/年瓦楞原纸网前筛	1	2018-01
130	越南安平国际贸易有限公司	制浆设备	2	2018-05
131	越南理文造纸有限公司	尾浆设备	2	2017-08
132	越南新金刚包装有限责任公司	8 万吨/年瓦楞制浆项目	26	2018-05
133	云南弘源纸业有限公司	3 万吨/年生活用项目	17	2017-12
134	枣庄华润纸业有限公司	连续碎解系统	2	2018-01
135	长沙长泰智能装备有限公司	输送系统	13	2018-05
136	浙江华章科技有限公司	越南顺安 30 万吨/年箱纸板项目	14	2018-06
137	浙江中顺纸业有限公司	碎浆及除渣系统	4	2018-03
138	郑州复兴纸业有限公司	5 万吨/年白纸板中浓筛	1	2017-04
139	郑州银河纸业有限公司	5 万吨/年瓦楞原纸制浆设备	2	2017-09
140	郑州永光纸业有限公司	5 万吨/年瓦楞原纸制浆设备	1	2017-06
141	中国轻工业长沙工程有限公司	40 万吨/年瓦楞原纸项目	16	2017-07

续表

序号	客户名称	项目名称	台(套)数	发货时间
142	中建材通用机械有限公司	10 万吨/年瓦楞原纸、箱纸板项目	72	2017-12
143	中顺洁柔(湖北)纸业有限公司	中浓碎浆机、双盘磨浆机	2	2017-01
144	重庆理文卫生用纸制造有限公司	尾渣处理设备	4	2017-08
145	重庆理文造纸有限公司	中浓筛	3	2017-02
146	重庆润民纸业有限公司	12 万吨/年 T 纸	30	2018-03

六、山东信和造纸工程股份有限公司

序号	客户名称	设备名称	主要规格和参数		台(套)数	交货时间
			幅宽/毫米	车速/(米/分)		
1	聊城市坤昇环保科技股份有限公司	新月型卫生纸机	3600	1000	1	2017-01
2	保定金能卫生用品有限公司	卫生纸机	2850	900	3	2017-02
3	启顺造纸业有限公司	高速新月型卫生纸机	2850	1500	2	2017-03
4	恒安(中国)纸业有限公司	擦手纸机	3050	500	1	2017-04
5	保定市飞跃造纸有限公司	新月型卫生纸机			1	2017-09
6	河北金博士卫生用品有限公司	新月型卫生纸	3600	1000	1	2017-09
7	东莞市中桥纸业有限公司	新月型卫生纸机	3980	1200	1	2017-12

七、凯登制浆(中国)有限公司

序号	客户名称	系统或设备名称	主要规格和参数	台(套)数	交货时间
1	安徽山鹰纸业股份有限公司	流送系统		1	2018-12
2	潮州市合丰特纸业有限公司	OCC 系统	600 吨/日	1	2018-12
3	贵州鹏昇纸业有限公司	AOCC 系统 LOCC 系统 AOCC 系统	800 吨/日 1000 吨/日 300 吨/日	1 1 1	2018-08 2018-08 2018-08
4	东莞金洲纸业有限公司	OCC 系统改造	2200 吨/日	1	2018-06
5	东莞建晖纸业有限公司	OCC 系统改造	2200 吨/日	1	2018-06
6	河南省龙源纸业股份有限公司	OCC 系统流送系统 流送系统	1000 吨/日	1 1	2018-04 2018-04
7	安徽林平纸业有限公司	OCC 系统 OCC 系统 流送系统	850 吨/日 1000 吨/日	1 1 2	2018-06 2018-06 2018-06
8	德州泰鼎新材料科技有限公司	流送系统 热分散系统		1 1	2017-11 2018-03
9	淄博大华纸业有限公司	OCC 系统 OCC 系统	2150 吨/日 2350 吨/日	1 1	2018-07 2018-07
10	广州森叶纸业有限公司	OCC 系统升级	900 吨/日	1	2017-08
11	大连金洋纸业有限公司	OCC 系统 流送系统	750 吨/日	1 1	2017-12 2018-02

续表

序号	客户名称	系统或设备名称	主要规格和参数	台(套)数	交货时间
12	山东太阳纸业股份有限公司	OCC 系统	1550 吨/日	1	2017-10
		OCC 系统	1450 吨/日	1	2017-10
13	河北玉田顺发纸业有限公司	OCC 系统	750 吨/日	1	2017-09
		流送系统			2017-09
14	武汉金凤凰纸业有限公司	OCC 系统	1800 吨/日	1	2017-09

八、凯登约翰逊(无锡)技术有限公司

序号	客户名称	设备名称	主要规格和参数	台(套)数	交货时间
1	无锡裕力机械有限公司	旋转接头虹吸器	PTX/HDSC	48	2017-03
2	江苏华东造纸机械有限公司	蒸汽冷凝水系统		整条纸机	2017-12
3	武汉金凤凰纸业有限公司	刮刀夹具及系统	UniClean	80	2017-08
		旋转接头虹吸器	PTX/CSS	114	2017-08
		干网清洗系统	M-clean	2	2017-09
4	联盛纸业(龙海)有限公司	蒸汽冷凝水系统		整条纸机	2017-07
		清白水过滤器	MegaFlow	6	2017-09
5	山东天地缘纸业有限公司	干网清洗系统	M-clean	1	2017-02

九、郑州磊展科技造纸机械有限公司

序号	客户名称	设备(项目)名称	主要规格和参数	台(套)数	交货时间
1	昆明红星荣和纸业有限公司	年产 50 万吨箱纸板全套制浆设备	4000 转鼓碎浆机、350 散包机、链板输送机、50 米^{3}D 型碎浆机，4 米^2 中浓筛、高浓除渣器、网前筛，搅拌器等	90	2018-08
2	汕头市曜德纸业有限公司	年产 30 万吨涂布白纸板制浆设备	BFW1600 型链板输送机、ZG2750 型转鼓碎浆机、ZG3750 型转鼓碎浆机、3000 散包机、NLS4.5 网前筛、JB850 型浆池推进器等	22	2017-10
3	瑞金市晶山纸业有限公司	年产 15 万吨高强瓦楞原纸全套制浆设备	BFW1600 型链板输送机、ZG3250 型转鼓碎浆机、高中浓除渣器、ZNS 型中浓粗筛、精筛、JB850 型浆池推进器、NLS 型网前压力筛等	16	2017-05
4	于都县正亿纸品纸业有限公司	年产 15 万吨高强瓦楞原纸全套制浆设备	BFW1600 型链板输送机、ZG3250 型转鼓碎浆机、高中浓除渣器、ZNS 型中浓粗筛、精筛、JB850 型浆池推进器、NLS 型网前压力筛等	12	2017-07
5	临澧金利纸业有限责任公司	年产 12 万吨高强瓦楞原纸全套制浆设备	BFW1600 型链板输送机、ZG3250 型转鼓碎浆机、高中浓除渣器、ZNS 型中浓粗筛、精筛、JB850 型浆池推进器、NLS 型网前压力筛等精筛、JB850 型浆池推进器、NLS 型网前压力筛等	37	2017-09
6	江西金安包装新材料有限公司	年产 5 万吨高强瓦楞原纸全套制浆设备	20 米^{3}D 型碎浆机、高浓除渣器、中浓筛、推进器等	11	2017-12

续表

序号	客户名称	设备(项目)名称	主要规格和参数	台(套)数	交货时间
7	保定市诚信纸业有限公司	生活用纸	链板输送机、推进器等	11	2017-06
8	保定满城白云山纸业有限公司	生活用纸	链板输送机、30 中浓碎浆机、推进器等	3	2017-08
9	新疆铁门关市鑫瑞纸制品有限公司	年产 20 万吨高强瓦楞原纸全套制浆设备	BFW1600 型链板输送机、ZG3500 型转鼓碎浆机、高中浓除渣器、ZNS 型中浓粗筛、精筛、JB850 型浆池推进器、NLS 型网前压力筛等精筛、JB850 型浆池推进器、NLS 型网前压力筛等	32	2018-03
10	玉林市天伸纸业有限公司	年产 6 万吨高强瓦楞原纸全套制浆设备	30D 型碎浆机、链板输送机、高浓除渣器、中浓筛、排渣分离机、推进器等	28	2018-03
11	涟水永丰纸业有限公司	年产 15 万吨高强瓦楞原纸全套制浆设备	链板输送机、高浓除渣器、排渣分离机、分级筛、分离机等	25	2017-03
12	乌克兰客户	年产 5 万吨高强瓦楞原纸全套制浆设备	链板输送机、碎浆机、高浓除渣器、中浓筛、网前筛、推进器等	27	2017-10
13	俄罗斯客户	年产 5 万吨高强瓦楞原纸全套制浆设备	链板输送机、转鼓碎浆机、高浓除渣器、排渣分离机、分级筛、分离机等	33	2018-06

十、河南中亚智能科技股份有限公司

序号	客户名称	设备名称	主要规格和参数		台(套)数	交货时间
			幅宽/毫米	车速/(米/分)		
1	山东威海龙港纸业有限公司	5200 两叠网箱纸板机	5200	750	1	2018-02
2	河南省龙源纸业股份有限公司	5600 三叠网箱纸板机	5600	850	1	2018-05
3	宜良红星兄弟纸业有限公司	5400 型两网高强瓦楞原纸机	5400	700	1	2019-04
4	湖北盛大纸业有限公司	5200 型叠网高强瓦楞原纸机	5200	650	1	2019-03

十一、河南大指造纸装备集成工程有限公司

序号	客户名称	设备名称	主要规格和参数		台(套)数	交货时间
			幅宽/毫米	车速/(米/分)		
1	德州泰鼎新材料科技有限公司	Integra-Jet 水力式流浆箱(底层带稀释水)	5300	700	3	2017-11
2	山东贵和显星纸业有限公司	Integra-Jet 水力式稀释水流浆箱	4400	600	1	2017
		Integra-Sizer Combi 组合式膜转移施胶机	4400	600	1	2018
3	德州华北纸业有限公司	Integra-Jet 水力式流浆箱	1880 2880		2	2017
4	龙口玉龙纸业有限公司	Integra-Sizer 膜转移施胶机(包含上料站及涂辅料制备系统)	1880	350	2	2017
5	山东金蔡伦纸业有限公司	Integra-Sizer 膜转移施胶机	2640	500	1	2018

续表

序号	客户名称	设备名称	主要规格和参数		台(套)数	交货时间
			幅宽/毫米	车速/(米/分)		
6	锦州金日纸业有限责任公司	Integra-Sizer 膜转移施胶机	2640	500	1	2018
7	山东冠军纸业有限公司	Integra-Sizer 膜转移施胶机	2640	600	1	2018-03
8	沅江市金太阳纸业有限公司	Integra-Sizer 膜转移施胶机	2730	600	1	2017-06
9	衡山新金龙纸业有限公司	PM2 特种纸板机升级改造交钥匙工程(含 Integra-Top 水平顶网、烘干部、DAZHI AUTOMATION 自动化产品等)	4800		1	2018-05
		Integra-Winder 高速复卷机	4800		1	2018-05
10	河南江河纸业股份有限公司	Integra-Shoe 靴式压榨	3200	1000	1	2017-08
11	岳阳林纸股份有限公司	Integra-Sizer 膜转移施胶机	3300	600	1	2018
12	河南省龙源纸业股份有限公司	Integra-Jet 水力式流浆箱	5600	900	2	2018
		Integra-Calender 可控中高压光机	4510	700	1	2017-12
13	湖北盛大纸业有限公司	Integra-Jet 水力式稀释水流浆箱	5300	750	1	2018
14	昆明红星荣和纸业有限公司	Integra-Jet 水力式流浆箱(底层带稀释水)	5400	800	3	2018
15	日照华泰纸业有限公司	Integra-Sizer 膜转移施胶机	3560	700	1	2018
16	孟加拉国	纸机 MCS 电控系统	4240	1000	1	2017
17	俄罗斯乌兰乌德纸板厂	Integra-Sizer 膜转移施胶机(包含上料站及胶料制备系统)	4200	700	1	2017-07
18	印度 JK 造纸公司	Integra-Jet 水力式流浆箱	3800	400	1	2018-06

十二、浙江华章科技有限公司

客户名称	设备名称	主要规格和参数	台(套)数	交货时间
维达纸业(中国)有限公司、山东太阳纸业股份有限公司、保山鑫盛泰纸业有限公司、东莞金洲纸业有限公司、东莞建晖纸业有限公司、东莞市潢涌银洲纸业有限公司、湖北祥兴纸业有限公司、柏乡县华兴纸业包装有限公司、江苏长丰纸业有限公司、浙江荣晟环保纸业股份有限公司、湖北荣成再生科技有限公司、仙鹤股份有限公司等	传动控制系统		50	2017
	MCC		27	2017
	DCS		12	2017
	MCS		7	2017
	纸机改造		10	2017
	压滤机	XMZZGQ	108	2017
	钢带机	GDY2500-II	1	2017

续表

客户名称	设备名称	主要规格和参数	台(套)数	交货时间
安徽省萧县林平纸业有限公司	5600 纸机项目	总包	1	2017
柏乡县华兴纸业有限公司	10 万吨/年瓦楞原纸项目	总包	1	2017
潮州市合丰特造纸有限公司	4800 箱纸板项目	总包	1	2017
维达护理用品(广东)有限公司	高档生活用纸一期工程智能制造项目总包	总包	1	2017
维达护理用品(中国)有限公司	高档生活用纸二期工程智能制造项目总包	总包	1	2017
保山鑫盛泰纸业有限公司	1760 纸机改造	总包	1	2017
云南云泓纸业有限公司	年产 20 万吨包装纸生产线项目成套设备	总包	1	2017
东莞建晖纸业有限公司	东莞建晖项目	总包	1	2017
东莞金洲纸业有限公司	东莞金洲项目	总包	1	2017
江苏长丰纸业有限公司	废水处理系统、固废处理	总包	1	2017
湖北荣成再生科技有限公司	RDF 造纸固体废渣处理系统	总包	1	2017
山东邹平汇泽实业有限公司、河南龙源纸业有限公司(太康)、河南龙源纸业有限公司(睢县)	废水、污泥除臭系统	总包	3	2017
维达护理用品(广东)有限公司、潮州市合丰特纸业有限公司、云南云泓纸业有限公司	造纸废水处理系统	总包	3	2017
Thuan An Paper Service Trading Joint Stock Company	海外越南顺安项目	总包	1	2017

十三、杭州美辰纸业技术有限公司

序号	客户名称	设备名称	主要规格和参数	台(套)数	交货时间
1	山东信和造纸工程股份有限公司	新月型流浆箱	13~26 克/米^2	3	2017-11
		气垫式双匀浆辊流浆箱	55~100 克/米^2	1	2017-06
		气垫式双匀浆辊流浆箱	20~50 克/米^2	1	2017-06
		新月型卫生纸机流浆箱	13~26 克/米^2	4	2017-03 2017-05
2	山东太阳纸业股份有限公司	水力式流浆箱	140~400 克/米^2	2	2017-01
		水力式流浆箱	140~300 克/米^2	1	2017-01
3	山东世纪阳光纸业集团有限公司	气垫式双匀浆辊流浆箱	230~510 克/米^2	1	2017-11
4	山东晨鸣纸业集团股份有限公司	水力式流浆箱	50~150 克/米^2	1	2017-07
5	淄博圣泉纸业有限公司	气垫式双匀浆流浆箱	25~60 克/米^2	1	2017-04
6	淄博欧木特种纸业有限公司	气垫式双匀浆流浆箱	70~110 克/米^2	1	2017-04
		气垫式双匀浆辊流浆箱	60~150 克/米^2	1	2017-12
7	山东海天造纸机械有限公司	气垫式双匀浆辊流浆箱	50~100 克/米^2	1	2017-02
8	浙江华章科技有限公司	气垫式双匀浆辊流浆箱	120~140 克/米^2	1	2017-12
9	杭州华旺新材料科技股份有限公司	水力式流浆箱	50~120 克/米^2	1	2017-12

续表

序号	客户名称	设备名称	主要规格和参数	台(套)数	交货时间
10	浙江恒川新材料有限公司	气垫式双匀浆辊流浆箱	20～70 克/米^2	1	2017-09
11	浙江凯恩特种材料股份有限公司	敞开式流浆箱	20 克/米^2	1	2017-06
		斜网流浆箱		1	2017-08
12	浙江金昌特种纸股份有限公司	气垫式流浆箱	100～150 克/米^2	1	2017-03
13	杭州富阳正华纸业有限公司	水力式流浆箱	120～220 克/米^2	1	2017-05
14	杭州富阳太平纸业有限公司	气垫式双匀浆流浆箱	40～120 克/米^2	1	2017-05
15	衢州五洲特种纸业有限公司	高频摇振机	120～350 克/米^2	1	2017-09
		水力式流浆箱	120～350 克/米^2	2	2017-09
16	嘉兴市百华特种纸业有限公司	气垫式流浆箱	30～60 克/米^2	1	2017-03
17	保定市飞跃造纸有限公司	新月型卫生纸机流浆箱	13～26 克/米^2	1	2017-10
18	保定市昌达造纸机械有限公司	新月型流浆箱	13～22 克/米^2	1	2017-09
19	保定市三联纸业有限公司	水力式流浆箱	105～200 克/米^2	3	2017-05
20	上海轻良实业有限公司(越南顺安项目)	稀释水水力式流浆箱	90～200 克/米^2	3	2017-07
21	江苏星光纸业有限公司	气垫式双匀浆辊流浆箱	60～100 克/米^2	1	2017-11
22	大东全斯福特种纸业(镇江)有限公司	气垫式双匀浆辊流浆箱	25～120 克/米^2	1	2017-03
23	河南仙鹤特种浆纸有限公司	气垫式双匀浆流浆箱	30～60 克/米^2	1	2017-04
24	许昌中亚工业智能装备股份有限公司	气垫式双匀浆流浆箱	100～170 克/米^2	1	2017-04
25	武陟县三丰纸业有限公司	气垫式双匀浆流浆箱		1	2017-01
26	湖北华海纤维科技股份有限公司	气垫式流浆箱	60～80 克/米^2	1	2017-11
27	四川新津晨龙纸业有限公司	水力式流浆箱	20～120 克/米^2	1	2017-05
28	鞍山永安包装工业有限	水力式流浆箱	110～170 克/米^2	3	2017-06
29	厦门市麒龙纸业有限公司	气垫式双匀浆流浆箱	100～150 克/米^2	1	2017-03
30	湾荣成纸业股份有限公司	水力式流浆箱	130～340 克/米^2	3	2017-09
31	中华纸浆股份有限公司(东厂)	水力式流浆箱	40～230 克/米^2	1	2017-02
32	印度尼西亚 PT-Pakerin 公司	气垫式双匀浆辊流浆箱	90～200 克/米^2	2	2017-11

十四、淄博泰鼎机械科技有限公司

序号	客户名称	设备名称	主要规格和参数		台(套)数
			幅宽/毫米	车速/(米/分)	
1	泰安百川纸业有限责任公司	软压光机	2720	600	1
2	德州泰鼎新材料科技有限公司	软压光机	5350	750	1
3	阳光王子(寿光)特种纸有限公司	压光机	1400	600	4
4	淄博圣泉纸业有限公司	软压光机	3500	600	1
5	越南顺安纸业有限公司	硬压光机	5500	800	1
6	安徽省萧县林平纸业有限公司	硬压光机	5600	900	2

十五、绵阳同成智能装备股份有限公司

序号	客户名称	设备名称	主要规格和参数	台(套)数	交货时间
1	江苏久兴纸业有限公司	砂管纸机网部及自动化	2362 纸机及控制系统	1	2017-12
		横向定量	2362 纸机	1	2017-12
2	保定市顺通纸制品厂	新月型卫生纸机	3500/1000 纸机及控制系统	2	2017-01
3	云南汉光纸业有限公司	真空网笼卫生纸机	2850/900 纸机及控制系统	1	调试中
4	广西横县江南纸业有限公司	新月型卫生纸机	2850/1300 纸机及控制系统	1	安装中
5	淄博欧木特种纸业有限公司	蒸汽冷凝水系统	4440 毫米	1	2018-01
		SMART	7000 毫米	2	2018-01
6	马来西亚 Muda Paper	蒸汽冷凝水系统	1700 毫米	1	调试中
7	广西嵘兴纸业有限公司	蒸汽冷凝水系统	3900 毫米	1	2017
8	重庆润民纸业有限公司	蒸汽冷凝水系统	5200 纸机	1	调试中
		横向定量	5200 纸机	1	—
9	德州泰鼎新材料科技有限公司	蒸汽冷凝水系统	5300 毫米	1	2017-11
10	东莞市达林纸业有限公司	蒸汽冷凝水系统	2 号、3 号、4 号纸机	3	2018-08
11	大东全斯福特种纸业(镇江)有限公司	蒸汽冷凝水系统	3300/300 特种纸机	1	2018-04
12	开平易大丰纸业有限公司	蒸汽冷凝水系统	2800、3600 纸机	2	调试中
13	荣成海盛纸业有限公司	蒸汽冷凝水系统	4400 纸机	1	调试中
14	保定三联纸业有限公司	HS	6000 毫米 HS	1	2017-04
15	云南中烟再造烟叶有限责任公司	HS	涂布量在线检测控制系统开发与应用项目联合研发单位选择	1	2017-12
16	东莞市双洲纸业有限公司	HS	3800 纸机，6000 毫米	3	2017-12
17	驻马店市白云纸业有限公司	HS	QCS 及改造	3	2017-07
18	延边石岘双鹿实业有限责任公司	HS	5000 毫米	2	2017-11
19	衡山新金龙纸业有限公司	流浆箱及横向定量	4800 砂管纸机	1	2018-05

十六、山东硅元新型材料股份有限公司

序号	客户名称	设备名称	主要规格和参数	台(套)数	交货时间
1	新疆东盛祥纸业有限责任公司	脱水元件	5950 毫米	1	2017-12
2	仙鹤股份有限公司	脱水元件	2640 毫米特种纸机	1	2017-08
3	KRISHNA 公司	脱水元件	5600 毫米	1	2017-03
4	浙江荣晟环保纸业股份有限公司	脱水元件	4800 毫米	1	2017-05

十七、四川环龙技术织物有限公司

序号	客户名称	设备名称	主要规格和参数
1	琥珀纸业有限责任公司	造纸毛毯	6600/1200 挂面箱纸板机
2	无锡荣成环保科技有限公司	造纸毛毯	3200/500 箱纸板机 4800/700 高强瓦楞原纸机 6600/900 牛卡纸机

续表

序号	客户名称	设备名称	主要规格和参数
3	平湖荣成环保科技有限公司	造纸毛毯	6650/900 牛卡纸机 6650/900 高强瓦楞原纸机 3200/200 砂管原纸纸机 3360/150 砂管原纸纸机
4	福建省联盛纸业有限责任公司	造纸毛毯	4800/650 T 纸机 5800/1100 挂面箱板纸机 6000/1200 挂面箱板纸机 4200/500 高强瓦楞原纸机 5800/360 灰板和砂管纸机
5	淄博永丰环保科技有限公司	造纸毛毯	4400/550 高强瓦楞原纸机 4400/700 高强瓦楞原纸机 5600/1000 挂面箱纸板机
6	山西强伟纸业有限公司	造纸毛毯	3600/900 石膏护面纸机
7	许昌晨鸣纸业股份有限公司	造纸毛毯	3750/1100 双胶纸、静电复写纸机
8	山东晨鸣纸业集团股份有限公司	造纸毛毯	4400/800 美术纸机 5600/1200 卡纸纸机
9	河南江河纸业股份有限公司	造纸毛毯	5700/1200 无碳原纸纸机
10	四川环龙新材料有限公司	造纸毛毯	BF-10/800 卫生纸机
11	四川蜀邦实业有限责任公司	造纸毛毯	BF-10/1000 卫生纸机
12	湖北真诚纸业股份有限公司	造纸毛毯	BF-10/1000 卫生纸机 新月型/1000 卫生纸机

十八、天津恒脉机电科技股份有限公司

序号	客户名称	设备名称	主要规格和参数	台(套)数	交货时间
1	宁夏天元锰业有限公司	卧式喷膜蒸发站	14.6 蒸吨蒸发水量	1	2018-03
2	绥宁县宝庆联纸有限公司	强制循环蒸发器	能力提升改造	1	2017-07

（龚　凌）

2017 年部分企业投产的卫生纸机设备

Started-up Tissue Paper Machines in 2017

省、区、市	公司名称	项目地点	阶段	规模/(万吨/年)	纸机					投产时间	供应商	备注
					型式	型号	数量/台	幅宽/毫米	车速/(米/分)			
河北	河北义厚成日用品有限公司	河北保定	新增	2.5	新月型	12 英尺钢制烘缸	1	2850	1650	2017-05	安德里茨公司	进口
	河北金博士集团有限公司	河北保定	新增	5.4	新月型	Intelli-Tissue® EcoEc1200，钢制烘缸	2	3650	1200	分别于 2017-06、09	波兰 PMP 集团公司	进口
	保定市港兴纸业有限公司	河北保定	新增	2.0	新月型	DCT60	1	2760	1300	2017-11	日本川之江造机株式会社与维美德公司合作	进口
	保定市满城区瑞丰纸业有限公司	河北保定	新增	1.2	真空圆网型		1	2860	900	2017-08	佛山市南海区宝拓造纸设备有限公司	中外合作
	保定市益康造纸厂	河北保定	新增	1.2	真空圆网型		1	2860	800	2017-05	佛山市南海区宝拓造纸设备有限公司	中外合作
	河北华邦日用品有限公司	河北保定	新增	1.2	真空圆网型		1	2860	800	2017-05	佛山市南海区宝拓造纸设备有限公司	中外合作
	保定市满城金光纸业有限公司	河北保定	新增	2.4	真空圆网型		2	2880	800	2017-05	佛山市南海区宝拓造纸设备有限公司	中外合作
		河北保定	新增	4.0	新月型	AL-FORM C1200-3550	2	3550	1200	分别于 2017-05、07	宝拓(辽阳慧丰造纸技术研究所)	国产

续表

省、区、市	公司名称	项目地点	阶段	规模/（万吨/年）	纸机					投产时间	供应商	备注
					型式	型号	数量/台	幅宽/毫米	车速/（米/分）			
河北	保定市恒信纸业有限公司	河北保定	新增	2.0	新月型	AL-FORM C1200-3550	1	3550	1200	2017-04	宝拓（辽阳慧丰造纸技术研究所）	国产
	河北聚润卫生用品有限公司	河北保定	新增	1.8	新月型	AL-FORM C1100-3550	1	3600	1100	2017-03	宝拓（辽阳慧丰造纸技术研究所）	国产
	保定市辰宇纸业有限公司	河北保定	新增	1.8	新月型	MC1100-3550	1	3550	1100	2017-10	宝拓（辽阳慧丰造纸技术研究所）	国产
	保定市安信纸业有限公司	河北保定	新增	2.0	新月型	MC1100-3550	1	3550	1100	2017-12	宝拓（辽阳慧盛造纸机械有限公司）	中外合作
	保定雨森卫生用品有限公司	河北保定	新增	5.2	真空圆网型	HC-1100/2850	4	2850	1100	2017-07—09	潍坊凯信机械有限公司	国产
	保定市中信纸业有限公司	河北保定	新增	2.6	真空圆网型	HC-900/3500	2	3500	900	分别于 2017-06、10	潍坊凯信机械有限公司	国产
	保定市立发纸业有限公司	河北保定	新增	2.6	真空圆网型	HC-900/3500	2	3500	900	分别于 2017-06、10	潍坊凯信机械有限公司	国产
	河北姬发造纸有限公司	河北保定	新增	1.7	新月型		1	2850	1300	2017	上海轻良实业有限公司	国产
	保定成功纸业有限公司	河北保定	新增	3.2	新月型		2	2850	1250	2017	上海轻良实业有限公司	国产
	保定市诚信纸业有限公司	河北保定	新增	5.0	新月型		2	3600	1000	2017-09	山东信和造纸工程股份有限公司	国产
	秦皇岛凡南纸业有限公司	河北秦皇岛	新增	2.5	新月型		1	3600	1200	2017-11	山东信和造纸工程股份有限公司	国产
		河北秦皇岛	新增	2.5	短长网型	擦手纸机	1	3600	500	2017-11	山东信和造纸工程股份有限公司	国产
	保定市金能卫生用品有限公司	河北保定	新增	3.0	新月型		2	2850	1000	分别于 2017-09、12	山东信和造纸工程股份有限公司	国产
	保定市东升卫生用品有限公司	河北保定	新增	3.4	新月型		2	2850	1200	分别于 2017-02、07（原计划 2014-12 投产）	山东华林机械有限公司	国产

续表

省、区、市	公司名称	项目地点	阶段	规模/（万吨/年）	纸机					投产时间	供应商	备注
					型式	型号	数量/台	幅宽/毫米	车速/（米/分）			
河北	保定市满城曙光造纸厂	河北保定	新增	1.5	新月型		1	3500	800	2017-07	诸城市大正机械有限公司	国产
	保定市长山纸制品有限公司	河北保定	新增	1.5	新月型	BZ3500-I	1	3500	800	2017-01	陕西炳智机械有限公司	国产
		河北保定	新增	1.8	新月型	BZ3500-III	1	3500	1000	2017-11	陕西炳智机械有限公司	国产
	河北晨松造纸有限公司	河北保定	新增	1.5	新月型	BZ3500-I	1	3500	800	2017-10	陕西炳智机械有限公司	国产
	保定市满城国利造纸有限公司	河北保定	新增	1.0	新月型	BZ2850-II	1	2850	800	2017-04	陕西炳智机械有限公司	国产
	保定顺通卫生纸制造有限公司	河北保定	新增	1.5	真空圆网型		1	3500	850	2017-01	绵阳同成智能装备股份有限公司	国产
		河北保定	新增	1.8	新月型		1	3500	1000	2017	绵阳同成智能装备股份有限公司	国产
	保定市满城明月造纸厂	河北保定	新增	0.8	真空圆网型		1	2880	600	2017	天津天轻造纸机械有限公司	国产
	保定市满城立新造纸厂	河北保定	新增	1.0	真空圆网型		1	3500	700	2017-03	天津天轻造纸机械有限公司	国产
	保定市印象卫生用品制造有限公司	河北保定	新增	1.0	新月型		1	2850	700	2017-03	西安维亚造纸机械有限公司	国产
	保定市宏大纸业有限公司	河北保定	新增	1.5	新月型		1	3500	1000	2017-02	西安维亚造纸机械有限公司	国产
	保定市满城利达纸业有限公司	河北保定	新增	1.5	新月型		1	3500	800	2017-04	西安维亚造纸机械有限公司	国产
	河北兴荣纸业有限公司	河北保定	新增	1.5	新月型		1	3500	800	2017-06	西安维亚造纸机械有限公司	国产
	秦皇岛丰满纸业有限公司	河北秦皇岛	新增	1.0	新月型		1	2850	800	2017-07	西安维亚造纸机械有限公司	国产
山西	临猗县力达纸业有限公司	山西运城	新增	3.2	新月型		2	2850	1300	2017	上海轻良实业有限公司	国产
上海	贵州赤天化纸业股份有限公司（泰盛集团）	贵州赤水	新建	12.0	新月型	PrimeLineST，20 英尺钢制烘缸	2	5600	1900	分别于 2017-08、10	安德里茨公司	进口

续表

省、区、市	公司名称	项目地点	阶段	规模/（万吨/年）	纸机					投产时间	供应商	备注
					型式	型号	数量/台	幅宽/毫米	车速/（米/分）			
浙江	龙游旭荣纸业有限公司	浙江龙游	新建	3.0	真空圆网型		2	2860	1000	2017	江西欧克机械制造有限公司	国产
福建	恒安国际集团有限公司	新疆昌吉	新增	5.0	新月型		2	2800	1600	2017-11	意大利拓斯克公司	进口
		重庆巴南	新增	12.0	新月型	18 英尺钢制烘缸	2	5600	2000	分别于 2017-03、05	安德里茨公司	进口
	佳亿（漳州）纸业有限公司	福建漳州	新增	1.0	新月型		1	2850	800	2017-06	西安维亚造纸机械有限公司	国产
山东	山东泉林纸业有限责任公司	吉林德惠	新建	1.0	真空圆网型	HC-800/2850	1	2850	900	2017-03（原计划 2016 年上半年投产）	潍坊凯信机械有限公司	国产
		黑龙江佳木斯	新建	10.0	真空圆网型	HC-800/2850	10	2850	900	2017-03（原计划 2015 年投产）	潍坊凯信机械有限公司	国产
	聊城市坤昇环保科技股份有限公司	山东聊城	新增	2.5	新月型		1	3600	1000	2017-09	山东信和造纸工程股份有限公司	国产
河南	河南护理佳纸业有限公司	河南鹿邑	新增	1.7	新月型		1	2850	1400	2017-01	上海轻良实业有限公司	国产
	河南华兴纸业有限公司	河南西平	新增	1.6	新月型		1	2850	1250	2017	上海轻良实业有限公司	国产
湖北	湖北真诚纸业股份有限公司	湖北荆州	新增	2.4	新月型	AL-FORM C1300-3550	1	3650	1300	2017-03	宝拓（辽阳慧丰造纸技术研究所）	国产
广东	理文造纸有限公司	江西九江	新建	12.0	新月型		2	5600	2000	分别于 2017-05、06	福伊特公司	进口
		广东东莞	新建	12.0	新月型		2	5600	2000	分别于 2017-11、12	福伊特公司	进口
	维达纸业（中国）有限公司	浙江龙游	新增	6.0	新月型	AHEAD 2.0M	2	保密	保密	2017-07	意大利拓斯克公司	进口

续表

省、区、市	公司名称	项目地点	阶段	规模/（万吨/年）	纸机					投产时间	供应商	备注
					型式	型号	数量/台	幅宽/毫米	车速/（米/分）			
广东	中顺洁柔纸业股份有限公司	河北唐山	新增	2.5	新月型		1			2017		进口
		广东云浮	新增	6.0	新月型		2			2017		进口
		广东云浮	新增	6.0	真空圆网型		2			2017		进口
	韶能集团韶关南雄珠玑纸业有限公司	广东韶关	新增	3.0	新月型		1	2850	1600	2017-10	意大利亚赛利公司	进口
	汕头市金平区飘合纸业有限公司	广东汕头	新增	1.2	真空圆网型		1	2860	800	2017-12	佛山市南海区宝拓造纸设备有限公司	中外合作
	广东信达纸业有限公司	广东揭阳	新增	3.3	新月型	AL-FORM C1500-4200	1	4200	1500	2017-11	宝拓（辽阳慧丰造纸技术研究所）	国产
	惠州福新纸业有限公司	广东惠州	新增	2.2	新月型	MT4000-1200	1	4000	1200	2017-10	东莞美捷造纸技术有限公司	国产
广西	南宁市佳达纸业有限责任公司	广西南宁	新增	3.0	真空圆网型		2	2860	1000	分别于 2017-02、06	佛山市南海区宝拓造纸设备有限公司	中外合作
	广西嵘兴中科发展有限公司	广西南宁	新增	1.5	真空圆网型		1	3900	800	2017	绵阳同成智能装备股份有限公司	国产
	柳州市柳林纸业有限公司	广西柳州	新增	2.4	新月型		1	3950	1200	2017-12	贵州恒瑞辰机械制造有限公司	国产
	广西天力丰生态材料有限公司	广西南宁	新增	2.0	新月型		1	3500	1200	2017-01	诸城市大正机械有限公司	国产
		广西南宁	新增	2.0	新月型		1	3500	1300	2017-04	上海轻良实业有限公司	国产
四川	四川环龙新材料有限公司	四川绵阳（安州基地）	新建	2.4	真空圆网型	BF-10EX	2	2760	770	2017-06（原计划 2013 年 4 月投产）	日本川之江造机株式会社	进口
		四川眉山（西龙基地）	新增	3.0	真空圆网型	SF-12-1000	2	2850	1000	分别于 2017-01、05	佛山市南海区宝拓造纸设备有限公司	中外合作

续表

省、区、市	公司名称	项目地点	阶段	规模/（万吨/年）	纸机					投产时间	供应商	备注
					型式	型号	数量/台	幅宽/毫米	车速/（米/分）			
四川	四川蜀邦实业有限责任公司	四川成都	新增	1.2	真空圆网型		1	2860	900	2017-07	佛山市南海区宝拓造纸设备有限公司	中外合作
	四川圆周实业有限公司	四川成都	新增	2.4	新月型		1	3998	1200	2017-04	贵州恒瑞辰机械制造有限公司	国产
	成都居家生活造纸有限责任公司	四川成都	新增	1.5	真空圆网型		1	3950	700	2017-01	贵州恒瑞辰机械制造有限公司	国产
	成都绿洲纸业有限责任公司	四川成都	新增	1.0	真空圆网型		1	2850	750	2017-01	贵州恒瑞辰机械制造有限公司	国产
	成都鑫宏纸品厂	四川成都	新增	1.0	真空圆网型		1	2850	750	2017-01	贵州恒瑞辰机械制造有限公司	国产
	四川艾尔纸业有限公司	四川泸州	新增	1.8	真空圆网型		1	4200	700	2017-12	贵州恒瑞辰机械制造有限公司	国产
贵州	贵州汇景纸业有限公司	贵州安顺	新增	1.6	真空圆网型		2	2880	600	分别于2017-04、07	天津天轻造纸机械有限公司	国产
云南	云南金晨纸业有限公司	云南玉溪	新建	2.0	真空圆网型	BF-12	1	3400	1000	2017-06（东莞永昶转让纸机）	日本川之江造机株式会社	进口
陕西	陕西法门寺纸业有限责任公司	陕西宝鸡	新增	1.6	新月型		1	2850	1300	2017	上海轻良实业有限公司	国产
甘肃	平凉市宝马纸业有限责任公司	甘肃平凉	新增	1.2	真空圆网型		1	2860	1200	2017-11	佛山市南海区宝拓造纸设备有限公司	中外合作
总计				219.3			110					

（中国造纸协会生活用纸专业委员会）

全球制浆造纸化学品市场发展现状与趋势

Development and Trend of Global Pulp and Paper Chemicals Market

全球制浆造纸化学品工业的发展受制于世界制浆造纸工业。世界制浆造纸工业经历 20 世纪中后期近 10 年时间的飞速发展后，在 2005—2009 年间，曾出现供大于求的局面，总生产量连续几年超过消费量；自 2010 年开始，又出现了生产量和消费量同步增长的趋势(见图 1)。

从地区性来看，自 2005 年以来，北美、欧洲(西欧)等传统造纸发达地区的纸和纸板总生产量呈现逐年下降或平稳的趋势，而与此同时，亚洲等地区(尤其是中国)的纸和纸板总生产量逐年增长(见图 2)。由此说明，推动世界制浆造纸工业增长的动力主要来自亚洲、拉丁美洲等发展中国家和地区。

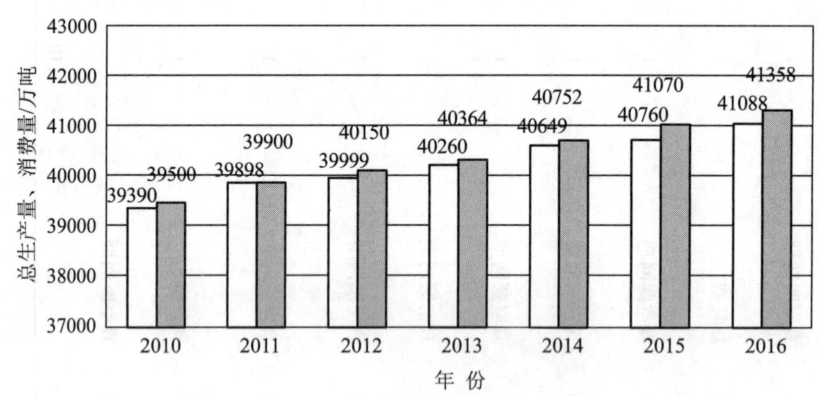

图1 2010—2016年世界纸和纸板总生产量与消费量

■总生产量 ■消费量

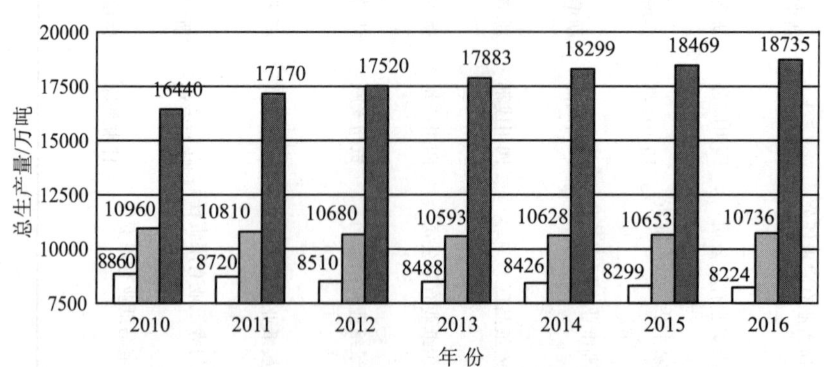

图2 2010—2016年世界主要地区纸和纸板生产量

□北美 ■欧洲 ■亚洲

从品种来看，受到全球互联网快速发展的影响，新闻纸、印刷书写纸生产量逐年下降，见表 1。

表 1　2010—2016 年全球造纸各主要品种生产量　单位：万吨

品种	2010 年	2011 年	2012 年	2013 年	2014 年	2015 年	2016 年
新闻纸	3254	3155	2974	2823	2648	2411	2312
印刷书写纸	11140	11050	10900	10637	10459	10139	9951
生活用纸	2908	3032	3135	3242	3346	3478	3630
瓦楞原纸和箱纸板	13910	14270	14620	14973	15365	15780	16144

随着电子媒体的兴起，市场对书写纸和新闻纸的需求下降明显，互联网降低了纸张在全球范围内的使用率，现在很多企业的内部沟通都是依靠电子邮件，而不是纸张。电子商务和电子签名的出现也在一定程度上影响了纸张的使用。面对市场的变化，很多造纸企业都开始进行产能优化，并希望能通过并购来赢得更大的市场份额。

多媒体平板（包括苹果公司开发的 iPad 平板电脑和亚马逊公司开发的 Kindle 电子阅读器）对出版印刷纸市场带来较大的冲击，到 2015 年为止，北美地区的大多数出版印刷纸的终端用量（如杂志纸、新闻纸和书本纸）比 2010 年降低 12% ~21%。且在以后的 15 年中，北美地区的书本纸、杂志纸和新闻纸消费量将会再次下降 40% ~50%。预期在欧洲市场也会出现下滑现象，特别是新闻纸，但是由于多媒体平板应用速率降低以及多媒体市场分裂，西欧市场的损失百分比稍微低于北美地区。

过去 20 年中，生活用纸消费量稳定增长，预期未来将持续增长。然而，大量产能投资造成供应过剩，这可能迫使不久的将来某些产能被关停。1991—2010 年，生活用纸全球消费量以 3.8% 的年平均速率增长。2010—2021 年，预期生活用纸需求量将持续以 4.1% 的年平均速率增长。同时，扩大产能投资带来的供应新增长，使全球生活用纸产能使用率在 2012 年后开始下降，尤其是中国、拉丁美洲以及北美地区。

废纸回收利用在全球造纸工业中的重要性日益提高。2013 年欧洲废纸回收率达到 71.7%。尽管欧洲纸张的消耗量不断下降，欧洲回收纸的总量仍然保持稳定，在 5700 万吨以上。如今，回收纸的数量在变化，不同纸张的消费结构也在变化，这使得要想将回收率保持在一个较高的水平日益困难。

据统计，欧洲有 11 个国家的纸张回收率仍低于 60%，其中大部分国家的回收率有所提高。此外，欧洲有 13 个国家的废纸回收率已经大于预期的 70%。欧洲造纸纤维的平均回收次数为 3.5 次，远远大于世界平均水平 2.4 次。北美地区也十分重视对纸张的再次利用。随着回收技术的不断进步，造纸工业对回收纤维的需求也在不断增加。发展中地区废纸的需求量将会达到全球的 90%，并从废纸较多的发达地区购买废纸。未来 15 年里全球废纸需求年均增长 2.5%，并在 2029 年达到 3.46 亿吨，而同期世界纸和纸板生产量年均增长仅为 1.8%。

一、全球制浆造纸化学品市场规模

制浆造纸化学品从功能上主要分为两大类：普通化学品与专用化学品（即精细化学品）。普通化学品包括制浆、漂白过程中用的氯气、氧气、过氧化氢、钠盐、填料、颜料、铝化合物等；专用化学品又分为功能性化学品与过程性化学品。

对于全球制浆造纸化学品市场规模的统计数据，多见于国际一些著名咨询顾问公司的市场研究报告，笔者也一直进行着这方面的跟踪研究与报道。此外，根据统计的产品品种不同，总的市场规模会有一定的差距。

（1）大观研究（GVR）公司的研究报告显示，预计到 2020 年全球制浆造纸化学品市值将达到 257.1 亿美元，预测 2014—2022 年复合增长率为 4.4%；其中，功能性化学品是增长最快的，年复合增长率为 4.7%；其次是过程性化学品，为 4.3%。推动全球制浆造纸化学品市场增长的动力来自于造纸工业对产品质量和效益的强劲需求，以及市场对特种纸需求的增加所致。此外，发展中国家对纸张消费增长的趋势也将有助于推动制浆造纸化学品市场的增长。

就地区来说，亚太地区将是全球制浆造纸化学品市场增长最快的市场，预计 2014—2020 年复合增长率为 7.1%。亚太地区特有的人口增长、稳定的经济增长、都市化发展、快速工业化趋势、基础设施投资加大以及对纸张生产和消费的增长都是促进该地区制浆造纸化学品市场增长的关键因素，这些国家包括中国、印度和东南亚国家。

（2）据市场研究公司——全球市场洞察（GMI）2016 年发布的研究报告揭示，2015 年全球制浆造纸化学品（包括普通化学品、漂白化学品、功能性化学品及过程性化学品四大类）总市值（消费额）为

202.9 亿美元，总消费量为 3015.2 万吨。其中，功能性化学品市值占最大份额，为 49.9%，约为 101.2 亿美元；漂白化学品占 24.4%；过程性化学品占 23.8%；基本化学品占 1.9%。2015 年全球制浆造纸化学品市值份额主要集中在六大工业国家和地区，合计占 80% 以上的供应份额。亚太地区(主要是中国)占全球市场的 36.9%，欧洲市场占 33.5%，北美地区占 25.0%，拉丁美洲占 3.1%，中东与非洲(MEA)占 1.5%。

预计到 2024 年全球制浆造纸化学品市值将达到 310.9 亿美元，消费量为 4217.8 万吨(见图 3)。预测 2016—2024 年复合增长率为 4.0%，其中，功能性化学品增长幅度最大，为 4.5%，漂白化学品为 4.0%。亚太地区(尤其是中国)将是全球制浆造纸化学品市值增长的主要推动市场，预计到 2024 年市值将达 115 亿美元，北美地区将达 60 亿美元，拉丁美洲地区将达 33 亿美元；预测亚太地区 2016—2024 年复合增长率接近 6%，北美地区和欧洲市场年复合增长率为 4%，拉丁美洲市场年复合增长率 5%。

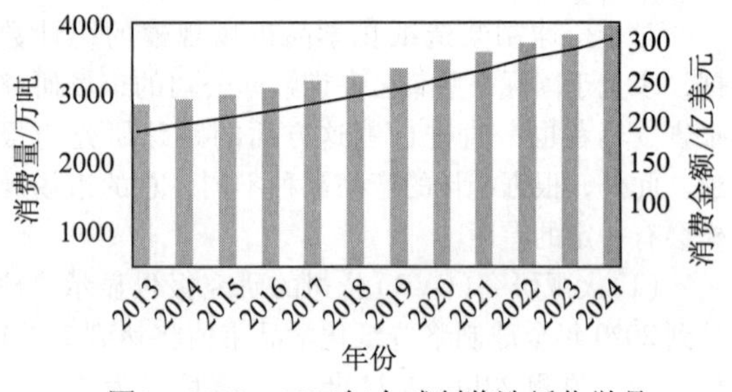

图3 2013—2024年全球制浆造纸化学品市场消费增长趋势

▬消费量 —消费金额

(3) HIS 市场公司 2015 年发布的研究报告显示，2014 年，功能性化学品，包括涂布黏合剂、干/湿增强剂、施胶剂和涂布助剂，占全球造纸专用化学品(主要分为 3 个类别：制浆和纤维处理化学品、过程性化学品和功能性化学品)消费量的 80%。就地区而言，西欧市场是功能性化学品消费最大的市场，消费量最大的产品是颜料黏合剂、干强剂、染料、颜料及荧光增白剂。过程性化学品消费最大的市场是西欧和北美自由贸易区(NAFTA)，西欧地区是助留助滤剂消费量最大的市场，而 NAFTA 消费量最大的品种是树脂障碍控制剂、消泡剂和杀菌剂。中国是最大的制浆和纤维处理化学品消费市场。图 4 为 2014 年全球造纸专用化学品市场地区分布对比，其中，中国占 21.8% 的市场份额。

2015—2020 年，全球造纸专用化学品市场消费增长将处于较低水平，年增长幅度为 1%。就地区而言，包括 NAFTA、西欧及日本等发达地区的消费预计将有所降低或持平；其他地区，包括中、南美洲，东欧，中东，非洲(EMEA)，中国及亚洲其余地区将有所增长，年均增长幅度为 2.0% ~2.5%。最近几年来，中国的造纸专用化学品市场的消费增长较大，年均增长幅度为 6.0% ~6.5%，由于造纸工业的产能过剩导致增长幅度有所下降。

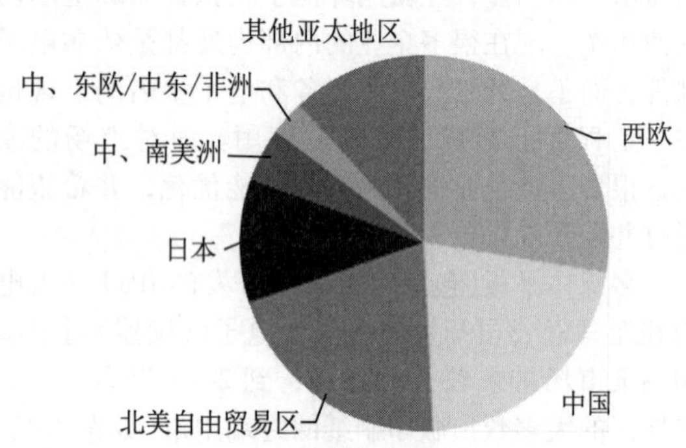

图4 2014年全球各地区造纸专用化学品消费比例

(4) 据 GMI 提供的研究报告《2017—2024 年制浆和造纸酶制剂市场预测》显示，2016 年全球制浆和造纸酶制剂市场价值 1.25 亿美元，其中淀粉酶市场价值超过 4500 万美元。预计到 2024 年全球制浆和造纸酶制剂的市场份额将达到 2.25 亿美元，数量超过 9500 吨。环保意识的提高以及对环境友好解决方案的偏爱，仍将是推动对该类产品需求强劲的关键因素。

二、国际制浆造纸化学品工业发展趋势

世界造纸工业继续朝着规模化、国际化的方向发展，同时，随着互联网及智能手机的飞速发展和普及，世界造纸工业的发展从西方成熟市场向拉丁美洲、亚洲和东欧等发展中市场转移的步伐进一步加快。这些因素必然对全球造纸化学品行业产生深刻的影响。

1. 全球制浆造纸化学品行业的购并

全球制浆造纸化学品工业的发展趋势一直呈现 2 个鲜明特点：全球化和业务核心化。而实现这 2 个目标的有效途径与手段就是收购兼并、扩大投资和非核心资产的剥离。其中收购兼并是最为直接有效的手段。自 1997 年以来的十几年里，全球制浆造纸化学品公司通过不断的购并，公司数量在不断减少，行业集中度越来越高，规模在不断扩大。

自2010年以来，全球制浆造纸化学品工业又出现了几个引人注目的购并与资产剥离案例。2011年美国杜邦公司以63亿美元收购总部位于丹麦哥本哈根的酶及专用食品添加剂制造商——丹尼斯克公司。丹尼斯克公司是位于诺维信公司之后的全球第二大工业酶制造商。2014年7月，凯米拉公司出价1.53亿欧元收购阿克苏诺贝尔集团所属的造纸化学品业务，并于2015年5月完成交易，被收购业务预计每年将为凯米拉公司带来超过2亿欧元的收入；在此之前的2014年5月凯米拉收购了巴斯夫公司的全球AKD乳液施胶剂业务，从而使凯米拉公司成为唯一一家真正拥有全球影响力的制浆造纸化学品供应商。

但也有一些原先被收购的造纸化学品公司又独立出来的案例。2012年6月科莱恩以总对价约5.02亿瑞士法郎(CHF)将其所属的3个业务单元——纺织化学品、造纸化学品和乳液出售予一家美国的私人投资公司——SK资本公司，并成为一家独立运作的非上市的新公司——昂高(Archroma)公司。亚什兰公司曾于2008年7月出价33亿美元收购了全球领先的造纸专用化学品公司——赫克力士，但在2014年8月亚什兰又将原先收购赫克力士公司中的制浆造纸化学品和水处理化学品相关业务以约18亿美元价格出售给克杜瑞(Clayton, Dubilier & Rice)旗下的基金，并成为一家独立运作的非上市新公司——索理思(Solenis)。2013年9月专长于高岭土生产与销售的英格瓷公司向专长于碳酸钙生产与销售的欧米亚公司出售4家主要用于造纸工业的碳酸钙生产厂，这4家工厂的其中3家位于欧洲(法国、瑞典和意大利)、1家位于美国，2012年这4家工厂的总收入约为7500万欧元。

2. 市场呈现高度集中化、国际化、核心化态势

国际制浆造纸化学品市场随着全球造纸工业国际化程度的不断发展，竞争加剧，其市场朝着更高集中度方向发展。国际性的造纸化学品公司数量在减少，但规模在扩大。表2为全球领先的6家制浆造纸化学品公司的制浆造纸化学品业务年收入。全球领先的6家制浆造纸化学品公司占全球份额的75%。其他的公司包括壳牌化学、SNF、巴克曼实验室、赢创工业等。

国际造纸化学品市场的另一个特点是业务的核心化趋势，由于西方发达地区造纸生产量处于下降趋势，造纸化学品企业间的竞争加剧，迫使化学品公司不断提高专业化程度。对于化学品供应商而言，不仅仅是简单地销售产品，而是需要提供相应的服务，同时不断开发出新的产品和技术，才能保持市场的竞争优势地位，因此，必须将资源(包括财力和人力)优化并集中投入在核心的、有行业竞争优势的业务上。为此，许多国际性造纸化学品公司在加强核心业务的战略同时，也及时择机剥离非核心的、缺乏竞争优势的业务。如巴斯夫公司分别于2010年和2014年剥离了非核心的淀粉、AKD乳液施胶剂及造纸用水洗高岭土业务。2014年阿克苏诺贝尔公司剥离了其非核心的造纸化学品业务而继续保留核心的制浆漂白化学品业务。

表2　全球领先的制浆造纸化学品公司年收入

公司	年份	年收入/亿美元(亿欧元)[2,3]
凯米拉	2017	16.39(14.77)
巴斯夫[1]	2014	15.22(13.71)
索理思[1]	2013	11.37
阿克苏诺贝尔	2015	10.98(9.89)
艺康(纳尔科)[1]	2013	8.34
昂高	2017	3.17

注：1. 由于这些公司在2017年年报中未单独列出造纸化学品业务，因此此处采用以前年报中单独列出的数据；2. 数据均来自各公司年报；3. 汇率按1欧元=1.11美元换算。

3. 地域性转移

鉴于全球纸和纸板需求量和消费量的地域性发展趋势，国际造纸化学品供应商也纷纷调整其全球范围内的生产与供应布局，降低甚至关闭在成熟市场中的产能或工厂；同时，在新兴市场投资建设新工厂或扩大产能。2014年巴斯夫公司减少了欧洲市场胶乳产能12万吨，而在2013年，为满足北欧和俄罗斯的客户需求，巴斯夫在芬兰新建造纸用胶乳工厂。2011年，阿克苏诺贝尔公司在中国广州投资兴建助留助滤体系新生产线，这是该公司在亚洲地区的第2个胶体硅藻土工厂。此外，投资近9000万欧元在巴西兴建制浆漂白化学品氯酸钠新厂。在2012年年初，关闭了芬兰1家向北欧市场供应造纸施胶剂的化学品厂。2013年凯米拉公司关闭了位于芬兰Vaasa的过程性化学品生产线，同时，又在芬兰Joutseno、加拿大、瑞典和中国兖州新建了AKD乳液生产线；2014年，凯米拉公司在中国南京投资2500万欧元兴建亚洲规模最大的单体项目——造纸化学品生产基地，2016年5月又在其南京工厂内为2条新投建的1万吨/年AKD及松香乳液项目举行了奠基仪式。早在2011年年末，科莱恩公司就按部就班地将造纸用OBAs、色料和化学品生产线转

移到西班牙。

三、国际主要制浆造纸化学品公司

自2010年以来，经过一些不大不小的购并重组，国际造纸化学品公司的版图又发生了变化(见表3)。

表3 国际制浆造纸化学品公司地位变化

行业地位	2004年	2017年
1	汽巴	凯米拉(制浆造纸化学品)
2	阿克苏诺贝尔	巴斯夫(造纸化学品)
3	巴斯夫	索理思(造纸化学品)
4	赫克力士	阿克苏诺贝尔(制浆化学品)
5	凯米拉	艺康(造纸化学品)
6	纳尔科	

1. 凯米拉(Kemira)公司

芬兰的凯米拉公司自2001以来在全球范围内通过一系列收购扩展战略，其制浆造纸化学品业务收入从2000年的3.32亿欧元快速增长到2017年的历史最高位——14.77亿欧元，17年时间增长了4倍多，见表4。凯米拉公司的业务部门2010年为4个单元(造纸、市政与工业、油与采矿、其他)，2015年变成3个业务单元(造纸、市政与工业、油与采矿)，到2017年又变成2个业务单元(制浆造纸、工业与水)。

凯米拉公司2017年制浆造纸化学品业务收入处于全球第1的位置(见表3)。从地区分布来看：欧洲、中东和非洲(EMEA)地区占53%，美洲地区占35%，亚太(APAC)地区占13%，。从终端市场来看，化学浆、机械浆及废纸回收制浆占40%，包装纸、纸板及生活用纸占40%，印刷书写纸占20%。2017年制浆造纸化学品业务收入比2016年增长1%，制浆造纸化学品业务收入占集团总收入的59%。就产品品种占比来看，制浆漂白化学品占35%，施胶剂和增强剂占25%，消泡剂、分散剂、杀菌剂和其他过程性化学品占20%，聚合物占10%，其他产品占10%。

表4 2010—2017年凯米拉公司经营收入情况[1] 单位：亿欧元

业务单元	2010年	2011年	2012年	2013年	2014年	2015年	2016年	2017年
制浆造纸化学品	9.84	9.73	10.07	10.68	11.70	14.17	14.57	14.77
市政与工业	6.44	6.65	6.87	6.59	5.65	6.06	5.97	(工业与水)10.09
油与采矿	2.98	3.36	3.21	3.12	3.82	3.50	3.10	
其他	2.35	2.33	2.31	1.91	0.20			
合计	21.61	22.07	22.41	22.29	21.37	23.73	23.63	24.86
净利润	1.11	1.36	0.18	-0.32	0.96	0.77	0.98	0.85

注：1. 所有数据均来自公司年报(下同)。

2010—2015年凯米拉对其制浆造纸化学品业务相关资产进行了优化，收购符合公司核心业务相关的资产，同时剥离非核心业务的资产，见表5。

表5 2010—2015年凯米拉公司造纸化学品相关资产剥离与收购情况

交易公布时间/交易完成时间	交易类型及业务	收购或出售对象	交易价格	标的物年收入
2010年6月/9月	出售荧光增白剂业务	德国勃伦可夫公司	未公布	
2010年9月	收购水处理无机凝结剂产品	北美水元素LLC公司	未公布	1000万美元
2013年7月/12月	收购干聚丙烯酰胺聚合物和乳液聚丙烯酰胺聚合物(用于造纸助留助滤)	意大利3F Chimica公司	8500万欧元	7500万欧元
2013年9月	收购制浆造纸工业专用化学品(蒸煮器污垢控制剂、硅酮和油基消泡剂以及用于制浆造纸领域绿液澄清和废水处理的聚合物)	加拿大Soto工业公司		
2014年5月	收购AKD全球乳液业务	巴斯夫公司		
2014年7月/2015年5月	收购造纸化学品业务	阿克苏诺贝尔公司	1.53亿欧元	2亿欧元
2015年	制浆造纸专业化学品	美国Soto公司		

2017 年 11 月，凯米拉公司投资 5000 万欧元建设的位于芬兰约策诺的氯酸钠生产线投产。新的氯酸钠生产线使用凯米拉公司自己的专利技术，且新的扩张使该生产基地的产能提高近 1 倍。这项投资加强了凯米拉公司作为全球制浆造纸行业的领先化学品供应商的地位。

2. 巴斯夫(BASF)公司

巴斯夫集团 2009 年收购汽巴精化公司后，在特性产品业务部属下组建了相对独立的造纸化学品分公司，其造纸化学品业务规模曾一度处于全球领先地位。

2014 年 9 月，巴斯夫集团宣布改组其造纸化学品业务的组织架构，以增强该业务的竞争力，并更好地满足造纸行业的需求。从 2015 年 1 月起，造纸化学品业务部被分拆。位于瑞士巴塞尔(原汽巴精化总部所在)的造纸化学品总部于 2014 年年底关闭。造纸化学品业务被整合到特性产品业务领域的其他业务部：湿部化学品和高岭土业务被整合入特性化学品业务部，与聚丙烯酰胺业务价值链形成互补，在特性化学品业务部内成立一个新的全球业务部门“造纸化学品”；造纸用分散体业务被整合入分散体与颜料业务部，和乳胶分散体业务价值链形成互补。此外，2015 年 9 月巴斯夫公司将其全球造纸用水洗高岭土(PHK)业务出售予英格瓷公司。

2015 年 11 月，巴斯夫公司再次对特性化学品业务部中的造纸化学品、水处理、油田和采矿业务进行重组，以培育新客户、加强行业关注、提升竞争力。将水处理解决方案和造纸化学品 2 个业务部门合并，成立了一个新的全球业务部门——造纸和水处理业务部；油田和采矿解决方案业务部也作为一个新的全球业务部门运营。二大全球业务部门的总部都设在德国路德维希港，于 2016 年 1 月 1 日起正式开始运行。

表 6 为巴斯夫公司特性产品部 2010—2017 年经营情况，其中的造纸化学品业务从 2015 年开始不再作为独立业务单位进行统计。且该业务收入自 2010 年开始逐年下降。

表 6　　巴斯夫公司特性产品部销售收入情况　　单位：亿欧元

<table>
<tr><th>业务组成</th><th>2010 年</th><th>2011 年</th><th>2012 年</th><th>2013 年</th><th>2014 年</th><th>2015 年</th><th>2016 年</th><th>2017 年</th></tr>
<tr><td>分散体与颜料</td><td>31.97</td><td>35.09</td><td>36.77</td><td>35.57</td><td>38.69</td><td>46.29</td><td>50.86</td><td>53.98</td></tr>
<tr><td>护理化学品</td><td>27.55</td><td>51.74</td><td>49.57</td><td>48.71</td><td>48.35</td><td>49.00</td><td>47.35</td><td>50.79</td></tr>
<tr><td>营养与保健</td><td>14.82</td><td>18.62</td><td>19.59</td><td>20.88</td><td>20.29</td><td>19.98</td><td>19.32</td><td>18.44</td></tr>
<tr><td>造纸化学品</td><td>17.13</td><td>16.23</td><td>16.34</td><td>14.42</td><td>13.71</td><td rowspan="2">41.21</td><td rowspan="2">38.05</td><td rowspan="2">38.96</td></tr>
<tr><td>特性化学品</td><td>31.41</td><td>35.29</td><td>36.44</td><td>35.76</td><td>33.29</td></tr>
<tr><td>合计</td><td>122.88</td><td>156.97</td><td>158.71</td><td>155.34</td><td>154.33</td><td>156.48</td><td>155.58</td><td>162.17</td></tr>
</table>

2017 年 9 月，作为对欧洲地区纸张涂料生产布局进行重组计划的一部分，巴斯夫公司以 3000 万欧元(约合 3500 万美元)向英国特种化学品公司昕特玛的奥地利子公司出售其位于奥地利一家苯乙烯 - 丁二烯分散体生产基地。巴斯夫公司计划将其纸张涂料的生产集中于欧洲市场仅有的 2 家生产基地：德国巴斯夫路德维希港和芬兰哈米纳的生产基地，试图通过重组计划提高其在纸张涂料市场的长期竞争力。公司在欧洲和全球其他地方的苯乙烯-丁二烯分散体产量不会受到影响，同时该交易不涉及巴斯夫苯乙烯 - 丙烯酸分散体生产。

3. 从赫克力士(Herclules)到亚什兰(Ashland)再到索理思(Solenis)

AKD 施胶剂的发明者——美国赫克力士公司在 2008 年 11 月以 33 亿美元被亚什兰公司收购，2011 年亚什兰公司改组成 4 个业务部分：特种组分、水技术、特性材料及消费市场。

2014 年 8 月亚什兰公司将其水技术业务以约 18 亿美元价格出售给克杜瑞(Clayton, Dubilier & Rice)旗下的基金，并成为一家独立运作的新公司——索理思(Solenis)，新公司包括工业用水和制浆造纸事业部。索理思公司的基础是亚什兰水处理技术部以及贝茨(Betz Laboratories)、杜鲁(Drew)、斯托克豪森(Stockhausen)和赫克力士(Hercules)4 家公司。

2015 年 2 月索理思公司完成收购北美地区一家主要从事纸巾纸和卫生纸专用化学品的私人公司——克里尔沃特(Clearwater)专用化学品公司。4 月又收购了一家生产造纸专用化学品的印度 CBC 有限公司。

2016 年 4 月，索理思公司通过其子公司索理思荷兰有限公司完成对 2 家荷兰公司——Lostris

国际和 Wester Blend B. V. 公司 100% 股份的收购，这 2 家公司主要面向制浆和生活用纸市场提供专用化学品。6 月索理思公司以 2100 万美元收购 Nuplex 工业有限公司位于澳大利亚和新西兰的相关制浆和造纸化学品业务的全部资产。9 月，索理思公司收购了挪威诺普科(Nopco)控股有限公司及其子公司(诺普科)的股份，诺普科为欧洲的制浆造纸工业提供消泡剂、捕收剂、沉积物控制剂和不溶化剂等产品。2017 年 5 月索理思公司签署了一项协议，收购了总部位于哥伦比亚麦德林的诺普科哥伦比亚公司的业务和资产。收购之前，该公司一直是索理思公司在中美洲和南美洲地区的制浆和造纸专用化学品分销商，在哥伦比亚、厄瓜多尔和秘鲁生产和分销湿强树脂、防垢剂、分散剂和消泡剂。

为应对俄罗斯市场的强大需求，2016 年 2 月索理思公司投资约 500 万美元扩增在俄罗斯 Perm 工厂的粉状聚丙烯酰胺的产能，该项投资将使粉状聚丙烯酰胺的生产量翻番。同时，鉴于制浆造纸行业所用施胶剂和消泡剂产品销量的增加，该项目也会建设 2 条新的生产线。

4. 阿克苏诺贝尔(AkzoNobel)/依卡(Eka)公司

荷兰的阿克苏诺贝尔公司是全球领先的涂料、油漆和专用化学品制造商。其业务主要由三大部门组成：装饰性油漆、特性涂料和专用化学品。专用化学品包括 4 个业务单元：功能性化学品、工业化学品、制浆和高效化学品、表面化学。制浆和高效化学品业务单元是在 2012 年由先前的依卡公司化学品业务部门改组而成的，主要从事制浆漂白技术、造纸化学品、胶体硅和可膨胀微球等产品与技术的全球性开发生产与销售，服务于全球 32 个国家的制浆造纸和其他工业领域。近几年阿克苏诺贝尔专用化学品业务部门的经营情况见表 7。

2015 年阿克苏诺贝尔公司制浆和高效化学品业务收入同比下降 2%，主要是由于在 2015 年 5 月将造纸化学品业务出售给凯米拉公司所致。但余下的业务包括胶体硅、塑料微球等业务增长抵消了部分业务剥离的影响。制浆和高效化学品业务收入从地域分布来看，美洲地区占 50%，EMEA 地区占 38%，APAC 地区占 12%。制浆用漂白化学品、硅胶留着添加剂、膨胀性微球和胶体硅分散体处于行业领先地位。

表 7　2010—2017 年阿克苏诺贝尔专用化学品业务部门收入　单位：亿欧元

项目	2010 年	2011 年	2012 年	2013 年	2014 年	2015 年	2016 年	2017 年
总收入	49.43	53.35	55.43	49.49	48.83	49.88	47.60	49.85
其中：制浆和高效化学品	10.44	11.16	11.53	10.36	10.09	9.89	9.21	9.21

2011 年阿克苏诺贝尔公司投资近 9000 万欧元在巴西兴建一个世界级的氯酸钠生产厂，主要为 1 家年生产量达到 150 万吨的全球最大的纸浆厂配套生产、储存和处理该纸浆厂所需的全部化学品，新工厂已经于 2014 年 5 月投入运营。

鉴于北欧地区造纸工业的现状，2012 年第一季度末阿克苏诺贝尔公司制浆造纸化学品业务机构——依卡化学停止了位于芬兰东南部造纸施胶剂厂的运营，同年 12 月，将其欧洲 ASA 施胶剂业务(包括德国 Düren 的生产设施)出售予意大利的 Mare Holding 公司，阿克苏诺贝尔公司的制浆造纸化学品核心业务是硅藻土、助留剂等。

2013 年 4 月阿克苏诺贝尔公司制浆和高效化学品同意向美国艺康公司出售其水处理业务 Purate。Purate 是一种小型二氧化氯生产技术，它的客户分布在多个市场领域，包括饮用水处理、原水处理、废水处理、过程用水处理以及冷却水处理等；Purate 也向造纸工业销售产品，用于特种浆料的漂白。

2014 年 7 月，阿克苏诺贝尔公司宣布将其全球造纸化学品业务以 1.53 亿欧元出售给凯米拉公司。造纸化学品业务是阿克苏诺贝尔公司制浆与高效化学品业务的一部分，2013 年的销售额为 2.43 亿欧元。此次出售不包括阿克苏诺贝尔公司制浆漂白化学品业务和硅溶胶业务，制浆漂白化学品业务和依卡品牌仍然是其专用化学品业务领域的核心。这是阿克苏诺贝尔公司将重点放在漂白化学品、硅胶和可膨胀微粒等核心业务策略所实施的又一个重要举措。

2018 年 3 月，阿克苏诺贝尔公司宣布将其专用化学品业务以 101 亿欧元的价格出售予全球性另类资产管理公司凯雷集团和 GIC 投资公司。

5. 从纳尔科(Nalco)到艺康(Ecolab)

美国纳尔科公司是由创立于 1928 年的国民铝业公司发展而来，1999 年被法国的苏伊士里昂水务公司收购，2001 年更名为 Ondeo 纳尔科，2003 年又被美国的 3 家财团(黑石集团、阿波罗投资集团和高盛公司）收购，改名为纳尔科公司并在纽约证交所上市，其业务包含三大部分，其中造纸化学品及服务 2010 年的销售额达到 7.55 亿美元。

2011 年 7 月总部位于美国伊利诺伊州的全球领先的清洁、消毒、食品安全和疾病预防产品与服务供应商——艺康公司以 81 亿美元收购纳尔科公司，交易完成后，纳尔科公司被并入艺康公司的一个子公司。2013 年艺康公司业务组织调整为 4 个业务部门：全球工业、全球市政、全球能源及其他。2017 年工业业务部门包括 5 个业务单元：水处理、食品与配方、造纸、生命科学和纺织处理。业务机构调整后的艺康公司 2011—2017 年收入情况见表 8。

表 8　2011—2017 年艺康公司收入　单位：亿美元

业务部门	2011 年	2012 年	2013 年	2014 年	2015 年	2016 年	2017 年
全球工业	46.23	47.62	49.05	48.87	48.58	46.17	48.79
全球市政	38.52	40.63	42.03	43.15	43.93	44.96	47.45
全球能源	18.82	22.75	35.33	42.83	38.26	30.36	31.99
其他	7.01	7.36	7.15	7.50	7.73	8.07	8.24
合计	112.84	118.39	132.53	142.81	135.54	131.53	138.38

2017 年 9 月，艺康公司收购了乔治亚太平洋股份公司所属的造纸化学品业务。此次并购将扩展艺康公司在造纸行业的业务能力，通过提供创新型化学品和解决方案，帮助客户提高效率，节水节能，提高产品质量和盈利能力。

6. 从科莱恩（Clariant）到昂高（Archroma）

瑞士的科莱恩公司曾在 2009 年对其业务结构进行调整，将原来 4 个精细化工产品和服务分公司根据市场定位细化为 10 个业务单元：特种工业与消费品业务、皮革服务业务、色母粒业务、石油与采矿服务业务、颜料业务、纺织化学品业务、添加剂业务、洗涤及中间体业务、乳液业务和造纸专用产品业务，并从 2010 年开始按新的业务结构运作，后来把添加剂、洗涤及中间体、乳液和造纸专用产品 4 个小的业务单元归并为一个特性化学品业务单元。科莱恩公司的造纸专用产品业务单元，主要负责研究、开发、生产、营销用于制浆造纸工业的染料、增白剂、过程性化学品、表面处理与涂布添加剂等产品。

2012 年 6 月科莱恩公司对外宣布出售 3 个业务单元——纺织化学品、造纸化学品和乳液，科莱恩公司认为这些业务单元“具有结构性缺陷”，同年 12 月最终确定售予私人投资公司——SK 资本公司，此次售让的总对价约为 5.02 亿 CHF，2013 年 4 月交易结束后，这 3 个业务单元将重组为新公司，命名为 Archroma——昂高。新公司包括昂高造纸解决方案、昂高纺织化学品和昂高乳液 3 个分公司。昂高造纸解决方案将在公司的总部瑞士进行管理。2017 财年（2016 年 10 月—2017 年 9 月）昂高公司收入 12.70 亿美元，其中，造纸化学品业务收入 3.17 亿美元，相比 2015 财年下降 21%（见表 9）。造纸解决方案业务单元产品包括：着色剂、荧光增白剂、过程和表面化学品。乳液产品业务单元也包括造纸用乳液产品。如今昂高公司已成为一家色彩和特种化学品领域的全球性企业。

表 9　2017 财年昂高公司业务收入情况

单位：亿美元

业务单元	2015 财年	2017 财年
纺织专用化学品	8.16	8.26
造纸解决方案	4.01	3.17
乳液产品	2.15	1.27
合计	14.32	12.70

四、国内造纸化学品市场现状与发展

我国纸和纸板市场是全球最具增长性的一个重要市场，全球造纸新增产能的 60% 来自我国，一些全球性的造纸集团也纷纷以独资和合资方式进入我国市场。2012 年我国纸和纸板总生产量及消费量首次双双突破亿吨规模。鉴于我国造纸工业的快速稳定发展，几乎所有国际性制浆造纸化学品制造和供应商都先后进入我国市场。自 2010 年以来，国际主要的造纸化学品公司进一步加大在我国投资的力度。

2010 年 8 月和 9 月，巴斯夫公司分别在广东惠州大亚湾石化工业区投资兴建 1 座分散体工厂和南京独资建设水处理和造纸化学品生产基地，并分别于 2012 年第一季度和第三季度建成投入生产。广东惠州工厂主要生产用于造纸涂布的羧基丁苯(XSB)胶乳以及用于涂料、建筑、印刷与包装、黏合剂等行业的丙烯酸分散体，年产能可达10万吨。南京独资建设的水处理和造纸化学品生产基地包括1套年产能为4万吨季铵化阳离子单体的装置和1套年产能为2万吨阳离子聚丙烯酰胺的装置，标志着上述巴斯夫产品在亚洲首次实现本地化生产。2017年10月，巴斯夫公司在南京化学工业园投资新建的亚太地区第一条年产能为5万吨的生物催化丙烯酰胺(BioACM)生产线投产。该条现代化生产线的投产，可为巴斯夫公司在亚太地区，尤其是中国的客户提供性能可靠、高质量的聚丙烯酰胺系列产品。

这种由生物酶催化生产丙烯酰胺的新工艺，相比传统的高压、高能耗的铜化合物催化剂生产工艺可以减少废弃物的产生。可以在室温和正常大气压条件下生产，从而节能、环境更友好，产生的副产品也更少。

2011年4月，阿克苏诺贝尔公司制浆造纸化学品业务部门——依卡化学在广州工厂的胶体硅藻土新生产线开机投产。这是在亚洲地区建立的第二个胶体硅藻土工厂。该工厂将配置最新的过程控制系统和一流的工艺技术，其设计可以满足未来市场对下一代胶体硅藻土产品的需求。

2014年11月，凯米拉公司南京市化学工业园区投资2500万欧元建设亚洲规模最大的单体项目生产基地正式落成。工厂占地总面积达77000米^2，凯米拉公司未来将继续投资，总投资额将达1亿美元。南京工厂主要为水密集工业如造纸化学品行业客户提供广泛的功能性和过程性化学品，年产能预计将达到10万吨。新工厂目前共设有5条不同造纸相关化学品的生产线，其中主要应用于中高档纸张的ASA施胶剂生产规模将为全亚洲最大，而其所产制浆造纸化学品的品种亦是亚洲最全。南京工厂具备生产全系列施胶剂产品(包括ASA、AKD、阳离子松香和表面施胶剂)的能力。2017年凯米拉公司在中国市场的营业收入占集团总收入的4%，约9944万欧元(包括制浆造纸化学品与水处理化学品业务)。南京工厂还主要生产聚丙烯酸酯、聚丙烯酰胺乳液、杀菌剂、消泡剂和脱墨剂等产品。2017年9月，凯米拉公司签署协议，与山东天成万丰化学技术有限公司成立合资公司——凯米拉天成万丰化学品(兖州)公司。凯米拉公司占有合资公司80%的股份，投资5500万欧元，天成公司占20%。新公司将主要生产AKD蜡以及主要的原材料脂肪酰氯。此外，新公司还将生产用于水处理絮凝剂的聚合氯化铝(PAC)。新公司将成为全球最大的AKD蜡生产基地，几乎是凯米拉公司现有AKD蜡生产能力的2倍。

在国际造纸化学品公司纷纷进入我国市场过程中，国内本土的造纸化学品企业也在市场竞争中日益壮大，出现了一些有一定实力、市场品牌知名度和专业特色的造纸化学品企业。国内最早从事造纸化学品开发与生产的企业之一——苏州天马精细化学品股份有限公司，也是国内首家造纸化学品上市公司，主要开发研制生产以AKD为核心产品的造纸用施胶剂系列产品，其自主开发的无溶剂法生产AKD蜡的新技术填补国内空白，产品进入了国际市场。2010—2017年的公司年报显示，公司造纸化学品业务收入在2011年达到历史高点，为6.06亿元(其中AKD系列造纸化学品收入4.48亿元)，占公司总收入的69.33%。随后几年，公司造纸化学品业务收入有所下降。2017年公司造纸化学品总收入为5.38亿元，占公司总收入的36.52%；其中，AKD系列造纸化学品销售收入同比下降23%，其他造纸化学品销售收入同比增长61%。AKD系列造纸化学品销售量为4.04万吨，同比下降2.90%，其他造纸化学品销售量为7.80万吨，同比增长21.73%。2010—2017年苏州天马精细化学品股份有限公司收入情况见表10。

表10 2010—2017年苏州天马精细化学品股份有限公司收入情况 单位：亿元

项目	2010年	2011年	2012年	2013年	2014年	2015年	2016年	2017年
总收入	6.78	8.74	10.44	11.22	10.4	10.63	11.94	14.73
其中：AKD系列造纸化学品	3.95	4.48	4.04	4.05	2.86	3.10	3.36	2.59
其他造纸化学品	1.01	1.58	1.59	1.76	1.91	1.82	1.73	2.79

注：数据来自公司年报。

国内其他领先的造纸化学品公司有：广西明阳生化科技股份有限公司、浙江传化华洋化工有限公司、兖州市天成化工有限公司、唐山奥东化工有限公司、杭州纸友科技有限公司、梧州荒川化学工业有限公司、杭州杭化哈利玛化工有限公司等。

与国际领先的造纸化学品公司十几亿欧元（或美元）的制浆造纸化学品业务收入相比，我国造纸化学品公司的相关制浆造纸化学品业务收入还是有着相当的差距；此外，与高度集中化的国际造纸化学品市场相比，我国的制浆造纸化学品市场尚处于高度分散的状态，企业数量较多，规模较小，尽管最近几年来，国内的造纸化学品市场集中度在加强，一些规模较小的造纸化学品企业已经退出市场，但总体而言，在接下来相当长的一段时间里，我国的造纸化学品工业将伴随造纸工业的稳定增长有望继续成为国外投资的热点，从而对国内的造纸化学品行业起到推动作用。

五、展　望

西方发达国家和地区纸及纸板的生产量和消费量基本处于平稳或缓慢下降过程中，且受全球经济环境及互联网的影响很大。为之服务的造纸化学品市场也处在不断变革过程中，而推动全球造纸工业发展的主要动力来自于发展中国家和地区，如亚洲、拉丁美洲，其中，中国仍旧是全球造纸工业发展的重点市场。

但同时需要引起重视的是，随着我国造纸工业向规模经营、集团化方向发展的趋势，企业的数量会愈来愈少，但企业的年产能力与生产量会愈来愈大，这对于那些拥有自主知识产权和较高创新能力的化学品供应商而言是福音。

（陈根荣）

科技 教育 出版

SCIENCE AND TECHNOLOGY, EDUCATION AND PUBLICATION

2017 年度造纸工业获奖情况
中国造纸蔡伦奖获奖情况
2017 年度造纸行业全国五一劳动奖获奖情况
2017 年我国造纸工业授权专利
2017 年我国造纸工业标准目录
国内制浆造纸科研设计单位简介
国家认定的造纸企业技术中心简介
国内高校制浆造纸研究机构简介
国内制浆造纸专业教育机构简介
国内主要造纸期刊介绍
《中国造纸》2017 年度“山鹰国际杯”优秀论文获奖名单

7

2017 年度造纸工业获奖情况

Winners of Science and Technology Awards in Paper Industry in 2017

1. 2017 年度国家级（造纸）获奖项目

2017 年度国家级（造纸）获奖项目

项目名称	完成单位	完成人
2017 年国家科学技术进步奖二等奖		
高性能纤维纸基功能材料制备共性关键技术及应用	陕西科技大学 烟台民士达特种纸业股份有限公司 浙江理工大学 浙江华邦特种纸业有限公司 浙江夏王纸业有限公司 宝鸡科达特种纸业有限责任公司	张美云　陆赵情　王志新 杨　斌　花　莉　宋顺喜 夏新兴　陈建斌　骆志荣 张素风

2. 2017 年度中国轻工业联合会科学技术奖（造纸）获奖项目

2017 年度中国轻工业联合会科学技术奖（造纸）获奖项目

项目名称	完成单位	完成人
技术发明奖二等奖		
特种功能纸基材料表面修饰剂的制备关键技术与应用	陕西科技大学 成都印钞有限公司 陕西邦希化工有限公司	王海花　沈一丁　费贵强 李小瑞　陈玉群　张永欣
一种施胶/涂布器及其施胶/涂布的方法	轻工业杭州机电设计研究院	杨　旭　丁建林　沈　栋 文海平
一种基于工业噪声信号分析的纸浆流量软测量新方法的研究与实现	陕西科技大学、西安德赛控制系统责任有限公司	周　强　王　莹　谈国强 牟　强
技术发明奖三等奖		
蚕丝宣纸的制备技术	苏州大学	丁志平　苗海青　曹建勤 莫森耀　聂开伟　陆晓琳
科学技术进步奖一等奖		
固体乳化剂乳化 AKD 制备新型表面施胶乳液的研究及推广应用	山东华泰纸业股份有限公司 青岛科技大学 江南大学	陈夫山　张凤山　宋晓明 周景蓬　王松林　高珊珊 龙　柱
中高速卫生纸机生态生产过程集成优化控制系统	陕西科技大学 陕西微测控工程有限公司 西安维亚造纸机械有限公司 保定雨森卫生用品有限公司 保定市立发纸业有限公司	汤　伟　王　博　王孟效 赵延惠　李晓宁　孙继峰 赵占成　贾顺福　董　超 李　虎

续表

项目名称	完成单位	完成人
	科学技术进步奖三等奖	
游龙丝的制备及其系列高端特种纸基复合材料研发	浙江金昌特种纸股份有限公司 浙江理工大学	童树华　夏新兴　孟　育 陈　杰　周桂生　华飞果

3. 2017 年度主要省区科学技术奖(造纸)获奖项目

2017 年各省市科学技术奖(造纸)获奖项目

省区	项目名称	完成单位	完成人	获奖类别
江苏省	面向制浆造纸废水零排放的膜集成技术与应用示范	南京工业大学 南京九思高科技有限公司 南通能达水务有限公司	邢卫红　杨　刚　汪　勇 汪朝晖　崔朝亮　陈　强 丁晓斌　范益群　刘　飞 汪效祖	江苏省科学技术奖一等奖
山东省	秸秆立式连续蒸煮制浆技术	山东泉林纸业有限责任公司 山东福荫造纸环保科技有限公司	李洪法　宋明信　陈松涛 王立柱　曲立志　毕衍金 王庆涛　董英文　崔　强	山东省科技进步奖二等奖
浙江省	配套于高速自动化流水线 ZX-80T 纸包机关键技术研制及产业化	杭州永创智能设备股份有限公司	罗邦毅　张彩芹　褚孟臣 章子泉　蔡天明　郑卫军 庄　谦	浙江省科学技术进步奖三等奖
广东省	造纸工业排水安全保障关键技术研发与集成应用	华南理工大学 广州造纸集团有限公司	万金泉　马邕文　周　耘 王　艳　关泽宇　武书彬 王炎红　黄小慧　李　璧	广东省科学技术奖二等奖
广西壮族自治区	竹子清洁化制浆造纸与资源化利用关键技术开发及应用	广西大学 赣州华劲纸业有限公司	覃程荣　宋雪萍　骆莲新 何玲华　梁　辰　李许生 聂双喜　江　旭　王志伟	广西壮族自治区科学技术进步奖二等奖
陕西省	江苏省特种纸表面专用处理剂关键技术及产业化	陕西科技大学 成都印钞有限公司 陕西邦希化工有限公司	沈一丁　费贵强　王海花 李小瑞　陈玉群　张永欣 刘思君　王永超　沈秋林	陕西省科学技术奖二等奖
	中高速造纸机流浆箱自动化控制系统	陕西科技大学 陕西西微测控工程有限公司 西安维亚造纸机械有限公司	汤　伟　刘文波　王孟效 李晓宇　王　博　赵凯坤 孙继锋	陕西省科学技术奖三等奖

注：表中奖项均由各省区人民政府发布公告整理所得，部分省区未在网站公告或截稿之前未公告的没有收录。

（王　斌）

中国造纸蔡伦奖获奖情况

Cailun Awards of China's Paper Industry

“中国造纸蔡伦奖”旨在表彰在造纸行业科技创新和技术进步中作出突出贡献的科技工作者。根据《中国造纸蔡伦奖评选表彰办法》规定，中国造纸学会于 2017 年开展了第三届中国造纸蔡伦奖的评选工作。经提名推荐，中国造纸蔡伦奖评审委员会专家函审初评、集中评议、无记名投票等程序，评选出第三届“中国造纸蔡伦奖”科技奖 2 名、青年科技奖 3 名，经中国造纸学会常务理事会议审议通过，并在学会官网上进行了公示。

2018 年 5 月 17 日，在中国造纸学会第十八届学术年会暨中国造纸学会第七届理事会第五次(扩大)会议期间，中国造纸学会公布了第三届“中国造纸蔡伦奖”获奖名单并进行了颁奖。授予中国制浆造纸研究院有限公司刘文、山东华泰纸业股份有限公司张凤山 2 位同志第三届“中国造纸蔡伦科技奖”；授予岳阳林纸股份有限公司朱宏伟、华南理工大学轻工科学与工程学院李海龙、陕西科技大学轻工科学与工程学院陆赵情 3 位同志第三届“中国造纸蔡伦青年科技奖”。

第三届中国造纸蔡伦奖获奖名单

第三届中国造纸蔡伦奖科技奖

刘　文　中国制浆造纸研究院有限公司

张凤山　山东华泰纸业股份有限公司

第三届中国造纸蔡伦奖科技奖

朱宏伟　岳阳林纸股份有限公司

李海龙　华南理工大学轻工科学与工程学院

陆赵情　陕西科技大学轻工科学与工程学院

（中国造纸学会）

2017 年度造纸行业全国五一劳动奖获奖情况

National May 1st Labor Awards of Paper Industry in 2017

2017 年各省市全国五一劳动奖章获奖情况

省市	获奖者姓名	工作单位及职务
山西省	刘富义	山西强伟纸业有限公司电气维修工
辽宁省	赵　飞	营口中捷仕达隔板有限公司卷纸一车间主任
河南省	刘卫斌	河南江河纸业股份有限公司储运部原辅料车间叉车班叉车工

2017 年各省市全国工人先锋号获奖情况

省市	获奖单位
江苏省	无锡荣成环保科技有限公司制纸三课丙班
浙江省	浙江景兴纸业股份有限公司技术中心
安徽省	安徽省三环纸业集团有限公司洪百祥劳模创新工作室

2017 年各省市全国五一巾帼标兵岗获得者名单

省市	获奖单位
黑龙江省	牡丹江恒丰纸业集团有限责任公司质检部第七检查站

注：表中奖项由中华全国总工会发布公告整理所得。

（王　斌）

2017 年我国造纸工业授权专利

Granted Patents of China's Paper Industry in 2017

2017 年我国造纸工业授权专利共 962 项，其中制浆造纸工艺授权专利 73 项，占比 7.59%，制浆造纸装备授权专利 719 项，占比 74.74%，造纸化学品授权专利 82 项，占比 8.52%，环境保护相关技术授权专利 88 项，占比 9.15%。

2017 年我国造纸工业授权专利

序号	分类号	专利名称	发明人	申请号	公开(公告)号
		制浆造纸工艺			
1	C25B	基于木材陶瓷电极的造纸黑液粗木质素的提取方法及装置	孙德林 等	CN201710003728	CN106676572A
2	D21C	一种用植物秸秆制备造纸粗浆料的方法	石　勇 等	CN201710007457	CN106676924A
3	B09B	一种造纸废渣能源化利用方法	明果英 等	CN201710020413	CN106583426A
4	D21C	硅酸钠低温反应制浆工艺	刘长如	CN201710049371	CN106758456A
5	D21B	一种生物复合酶及其用于秸秆造纸的方法	阎永平	CN201710063986	CN107083711A
6	D21C	一种免浸泡的以植物秸秆为原料的造纸工艺	赵芝庸	CN201710070607	CN106676925A
7	D21H	混合浆造纸工艺	于银强	CN201710091053	CN106894279A
8	D21B	一种物理法造纸制浆方法	刘洁一	CN201710143227	CN106930130A
9	B29C	微纤表面原位聚合包覆高分子材料绿色制浆造纸方法	杨卫民 等	CN201710168638	CN106965454A
10	D21F	一种制浆造纸白水的封闭循环系统及处理方法	李　飞	CN201710169291	CN106758476A
11	D21H	一种植物纤维的碱性盐溶液氧化体系蒸煮脱木素制浆方法	林　鹿 等	CN201710195506	CN106948207A
12	D21C	一种用甘蔗渣造纸的方法及其制成的水杯	黄海峰	CN201710236210	CN106930133A
13	D21F	一种造纸制浆工艺	周　燕	CN201710247268	CN107044065A
14	D21C	一种竹材制浆置换蒸煮方法	杨朝林 等	CN201710262775	CN106996050A
15	D21B	一种干切棉纤维生物酶制浆工艺	郭志强 等	CN201710269690	CN106988136A
16	D21B	一种制浆用棉纤维的干法备料系统及工艺	郭志强 等	CN201710270258	CN107044062A
17	A47J	一种制浆方法	丁朋朋 等	CN201710288502	CN107397425A
18	D21B	一种新型造纸方法	艾恩贵	CN201710298548	CN107034712A
19	C08B	一种造纸用仙人掌的处理方法	艾恩贵	CN201710298549	CN107098987A
20	D21B	一种造纸用构树皮的处理方法	艾恩贵	CN201710298550	CN106988139A
21	D01D	一种短绒制浆工艺	钱叶林	CN201710314043	CN107254718A
22	D21C	一种环保食品级本色竹浆的制浆系统	杨朝林 等	CN201710347789	CN106939526A

续表

序号	分类号	专利名称	发明人	申请号	公开(公告)号
23	D21B	造纸厂废料纸浆处理工艺	陈立立	CN201710380200	CN107059450A
24	D21C	一种废纸币制浆方法	张俊田	CN201710381013	CN107022916A
25	C02F	一种制浆造纸过程中尾水的处理工艺	关亚玲	CN201710410534	CN107200427A
26	D21C	一种羟基自由基清洁制浆方法	孙　兵 等	CN201710425320	CN107151934A
27	D21C	一种常温去油墨制浆工艺	徐　涛 等	CN201710454861	CN107119482A
28	D21B	一种废纸再利用低油墨制浆方法	曹堪洲 等	CN201710454869	CN107119480A
29	D21B	一种羟基自由基捕捉剂提高氧碱制浆效果的方法	孙　兵 等	CN201710472794	CN107227643A
30	D21H	一种提高纸张品质的造纸方法	伍文慧	CN201710479812	CN107130466A
31	D21F	一种以废弃茶梗为原料的造纸方法	岳金权 等	CN201710539992	CN107287968A
32	D21H	一种造纸浆内施胶的纸张制备方法	林悦敏	CN201710559256	CN107201692A
33	D21C	一种制浆连蒸喷放锅尾汽回收利用的方法	刘政宏 等	CN201710560933	CN107366172A
34	D21H	一种造纸用改性粉煤灰纤维增强的复合浆料及其制备方法	汪义卉	CN201710566767	CN107513880A
35	D21H	利用麦草和蔗渣制造纸张的方法	齐永怡	CN201710577466	CN107190552A
36	D21C	一种废纸制浆过程中去除胶黏物的工艺	刘燕韶 等	CN201710580562	CN107476105A
37	D21B	一种利用螺杆机挤出废纸制浆的方法	陈　庆 等	CN201710589083	CN107237193A
38	D21F	接装原纸生产线及接装原纸造纸工艺	赵国奎 等	CN201710653870	CN107237203A
39	D21H	一种墙纸造纸工艺	张建华	CN201710665992	CN107524050A
40	D21C	一种以龙须草为原料的制浆造纸新方法	马　冠 等	CN201710670550	CN107268315A
41	D21F	造纸工业中木糖粉及木质素磺酸盐提取系统及提取方法	马　冠 等	CN201710672643	CN107268321A
42	D21B	一种利用桑条皮制作造纸原料的方法	上官倩	CN201710713737	CN107287950A
43	D21H	合成硅酸钙作为造纸填料的应用及高填料纸张的抄造方法	徐　鹏 等	CN201710727625	CN107287980A
44	D21F	一种联机复合造纸成型工艺	黄招凤	CN201710820477	CN107524042A
45	D21F	一种高品质纸幅造纸工艺	丁俞岚	CN201710820501	CN107460764A
46	D21F	一种高效节能的造纸生产方法	傅　恺	CN201710836906	CN107558286A
47	D21C	一种废纸回收再利用进行造纸的工艺	凌幼祥	CN201710849297	CN107724150A
48	D21C	一种办公废纸分级制浆生产方法及生产系统	杨文恒 等	CN201710849303	CN107587369A
49	D21H	一种清洁造纸法	徐志仁	CN201710856208	CN107574703A
50	D21H	一种利用聚酯纤维高效造纸的方法	陈　庆 等	CN201710858253	CN107653734A
51	D21C	一种利用复合酶液处理造纸纸浆的方法	徐志仁	CN201710859395	CN107604726A
52	B31F	一种用于造纸的压花方法	李泽世 等	CN201710875473	CN107415329A
53	D21B	造纸用废纸的碎纸方法	何虹颖	CN201710880254	CN107489051A
54	D21C	木质素脱除制浆剂和植物纤维木质素脱除制浆方法	刘　洁	CN201711054381	CN107938411A
55	D21B	回收造纸污泥生产高强度牛皮纸的方法	杜汉民 等	CN201711054999	CN107630380A
56	D21B	回收造纸污泥生产牛皮纸的方法	杜汉民 等	CN201711056015	CN107604724A
57	C02F	使用造纸污泥及废纸浆料制成混合造纸浆料的方法	杜汉民 等	CN201711057443	CN107601813A
58	D21F	一种分级提取造纸黑液中木质素和木寡糖的方法	闵斗勇 等	CN201711058299	CN107587373A

续表

序号	分类号	专利名称	发明人	申请号	公开(公告)号
59	D21H	一种造纸用抗菌新材料的制备方法	王大可 等	CN201711118474	CN107905031A
60	D21F	盐碱地栽植的白柳造纸的方法	王　胜	CN201711119752	CN107964822A
61	D21C	利用中性纤维素酶和中性木聚糖酶处理废纸浆的制浆方法	慈元钊 等	CN201711135552	CN107780277A
62	D21H	一种用甘蔗渣为原料的造纸方法	霍振中	CN201711195163	CN107881836A
63	D21H	一种纤维增韧造纸纸浆及其制备方法	刘汉章	CN201711203932	CN108004833A
64	D21D	一种造纸原浆打浆的方法	许亦南	CN201711216199	CN108035180A
65	D21C	一种废纸造纸工艺	庄　冉 等	CN201711218427	CN108004821A
66	D21H	一种回收利用造纸污泥制作瓦楞原纸的方法	冉启长	CN201711224115	CN108004830A
67	D21B	一种环保清洁制浆工艺	孔凡功 等	CN201711290350	CN108049229A
68	C08H	一种磁性乳状液膜分离提取造纸黑液中木质素的方法	林兆云 等	CN201711331428	CN107903403A
69	D21C	一种减少制浆过程中胶粘物含量的控制方法及制浆系统	张成飞 等	CN201711396728	CN108060599A
70	D21F	酒曲发酵竹子的造纸工艺	袁建波 等	CN201711481460	CN108060603A
71	05-05(11)	制造纸尿布的材料	金鍾燁 等	CN201730016752	CN304429479S
72	05-05(11)	制造纸尿布的材料	金鍾燁 等	CN201730016890	CN304429480S
73	D21H	制造纸和纸板的方法	G·福彻 等	CN201780001938	CN107849815A
		制浆造纸装备			
1	D21G	造纸机干燥部纸幅剥离装置及其校准方法	李　亮	CN201710017446	CN106868921A
2	D21C	一种造纸厂制浆黑液处理设备	张　蛟	CN201710029062	CN106638096A
3	D21F	一种生产塑纹纸的造纸机	任永红 等	CN201710043314	CN106812015A
4	D21F	一种瓦楞原纸造纸系统	李传径 等	CN201710061235	CN106868918A
5	C02F	用于造纸工业园区废水集中处理的反应器、装置及方法	钟启俊 等	CN201710061468	CN106673375A
6	B01D	一种造纸厂用快速除尘加湿装置	不公告发明人	CN201710066579	CN106669346A
7	B27L	一种造纸生产用原木高效削皮装置	不公告发明人	CN201710066583	CN106827143A
8	D21H	一种造纸用双浓度表面施胶控制系统及其造纸水分和横向环压指数控制方法	徐琨霞 等	CN201710076459	CN106702817A
9	D21F	脱水元件、成形装置及造纸机	张献民	CN201710078099	CN106609480A
10	B01F	一种用于造纸搅拌机	王　琳	CN201710080198	CN106693809A
11	D21B	一种造纸用碎浆机	王利军	CN201710082598	CN106894270A
12	B01D	一种造纸机的过滤设备	侯如升	CN201710089272	CN106731192A
13	D21D	一种造纸磨浆机	刘云海	CN201710105843	CN106812011A
14	D21F	一种造纸用真空缸	胡和萍	CN201710111267	CN106758478A
15	D21D	一种方便清洗的造纸用纸浆池	侯如升	CN201710115892	CN106868911A
16	B01F	一种高效的造纸用原料混合装置	博艳萍	CN201710115908	CN106823948A
17	B26D	一种用于造纸裁切机	博艳萍	CN201710115910	CN107053281A
18	B01D	一种用于造纸的废水处理装置	博艳萍	CN201710115911	CN106731193A

续表

序号	分类号	专利名称	发明人	申请号	公开(公告)号
19	D21B	一种造纸打浆机	博艳萍	CN201710115941	CN106868905A
20	D21F	一种造纸机的烘干装置	王 琳	CN201710120168	CN106638103A
21	D21F	一种造纸生产线的烘干装置	高 佳	CN201710128160	CN106894276A
22	B01F	一种高效节能的造纸原料混合装置	孟书芳	CN201710135478	CN106732010A
23	D21B	一种粉碎更加彻底的造纸用混合机构改造	于 浩	CN201710140433	CN106835789A
24	B26D	一种具有纸屑收集功能的造纸用切纸机	于 浩	CN201710140468	CN106671180A
25	D21F	一种造纸机的脱水装置	陈 洁	CN201710140480	CN106988145A
26	D21F	一种造纸烘干装置	胡和萍	CN201710140616	CN106906687A
27	D21F	一种用于纸张去水的造纸装置	李赵和	CN201710159299	CN106868920A
28	F26B	一种造纸烘干机	李赵和	CN201710159309	CN106989582A
29	D21F	一种节能环保的造纸印刷用干燥设备	赵咪咪	CN201710159473	CN106978749A
30	D21F	一种环保造纸设备	马安岭	CN201710186853	CN106948206A
31	D21B	一种制浆造纸机械设备	马安岭	CN201710186857	CN106930131A
32	D21F	一种造纸机用可调高度式跳浆陶瓷刮水板	李宏振	CN201710192262	CN106835802A
33	D21F	一种造纸机用可变换角度式陶瓷刮水板	李宏振	CN201710192703	CN106812013A
34	B22F	造纸机磨盘修复用镍基自熔合金性粉及其使用方法	程敬卿	CN201710210681	CN106825548A
35	D21F	一种造纸机用可调节脉冲频率式陶瓷刮水板	李宏振	CN201710229238	CN106835803A
36	B01F	一种造纸用具有除渣功能的原浆搅拌设备	肖 叶	CN201710251513	CN106964285A
37	B26D	一种方便更换刀片的造纸用切纸机	肖 叶	CN201710251561	CN106891366A
38	D21B	一种节能环保的造纸印刷用碎浆设备	朱德金	CN201710255551	CN107012707A
39	D21F	一种用于造纸设备的水循环利用装置	郭 斌	CN201710255578	CN106939527A
40	D21F	一种造纸机烘缸内部直燃加热技术设备	张立平 等	CN201710260925	CN106930136A
41	G06F	一种基于造纸机湿端的主动故障检测方法	姚利娜 等	CN201710266301	CN107066824A
42	C02F	造纸废水处理装置	沈宇杰	CN201710274910	CN106830448A
43	C02F	一种造纸废水处理装置	沈宇杰	CN201710275553	CN106946390A
44	C02F	一种环保造纸废水回收处理装置	陈钦旺	CN201710282574	CN106927601A
45	C02F	一种造纸产业污泥回收利用装置	王玲燕	CN201710284168	CN106957118A
46	B01F	一种工业造纸染色用涂料混合装置	王 玮	CN201710299038	CN106984228A
47	D21D	一种造纸工厂用纸浆过滤装置	王 玮	CN201710299495	CN107012711A
48	D21B	一种造纸工厂用制浆装置	罗志军	CN201710299502	CN107012706A
49	B01F	一种基于伯努利原理的造纸用成浆设备	不公告发明人	CN201710303753	CN106955631A
50	D21D	一种多涡流差速旋转打浆式造纸打浆装置	姚惠琴	CN201710315482	CN107012710A
51	B01D	一种造纸厂废气处理设备	姚惠琴	CN201710315484	CN106964250A
52	D21F	一种高速夹网纸机用造纸成形网和造纸设备	陆 平 等	CN201710325875	CN107268319A
53	C04B	一种造纸脱水面板用耐磨氮化硅材料及其制备方法	颜井意	CN201710339195	CN107089833A
54	D21F	一种生活用纸造纸机	卢伟民	CN201710368719	CN106988150A
55	B01D	一种造纸用过滤网清洗设备	不公告发明人	CN201710379106	CN107088331A
56	D21F	一种高速生活用纸专用成形网及造纸设备	陆 平 等	CN201710381227	CN107177997A

续表

序号	分类号	专利名称	发明人	申请号	公开(公告)号
57	D21F	一种造纸用的脱水装置	钟敏芝	CN201710393392	CN107326715A
58	D21D	造纸机筛鼓的法兰盘与导流筛棒的连接结构	金文平 等	CN201710398217	CN107142770A
59	D21D	造纸机的筛鼓	金文平 等	CN201710398555	CN107142771A
60	D21B	一种造纸业中基于生物制浆法的机械设备	杨旭登	CN201710402473	CN106996049A
61	F22B	一种用于处理造纸废液的锅炉	程言龙 等	CN201710418660	CN107166356A
62	B01F	一种便于对内壁清理的造纸用混合搅拌机	张思银	CN201710432394	CN107224918A
63	D21F	一种使造纸机成形部流浆箱内浆水均匀分布的方法及装置	张春华 等	CN201710432535	CN107177998A
64	D21F	一种造纸机网部毛毯清洗系统	张春华 等	CN201710433457	CN107012712A
65	D21F	一种滑动检测造纸机干网跑偏校正器	郑均平 等	CN201710436069	CN107119485A
66	D21F	一种滚动检测造纸机干网跑偏校正器	徐　浩 等	CN201710436483	CN107287963A
67	D21D	一种造纸用过滤网	冯志强	CN201710443268	CN107268318A
68	D21D	一种复合型二重造纸打浆机	刘冬明	CN201710443801	CN107059457A
69	D21F	一种复合造纸毡结构	冯志强	CN201710443858	CN107287964A
70	D21F	一种造纸毡	冯志强	CN201710444366	CN107268324A
71	D21D	一种造纸用双层过滤网	冯志强	CN201710444368	CN107227649A
72	B32B	一种复合造纸毡	冯志强	CN201710444384	CN107263941A
73	B01D	一种造纸用过滤网结构	冯志强	CN201710444386	CN107080999A
74	B23D	一种造纸机匀浆辊开孔装置	李晓宁 等	CN201710446570	CN107335863A
75	D21F	一种造纸设备及其造纸工艺	储　涛	CN201710451081	CN107142772A
76	B01D	一种造纸冷却水回收再利用过滤器	周　峰 等	CN201710461061	CN107050963A
77	D21F	一种造纸机用衬布结构	冯志强	CN201710465956	CN107227650A
78	D21F	一种造纸机用衬布	冯志强	CN201710465958	CN107164990A
79	D21B	一种破碎效果好的造纸印刷用碎浆设备	严设明	CN201710483425	CN107326713A
80	C02F	一种用于造纸加工的水循环利用装置	李汝和	CN201710489857	CN107140774A
81	D21F	一种用于造纸加工的快速成型装置	李汝和	CN201710489860	CN107090736A
82	C02F	一种用于造纸加工的废水处理装置	李汝和	CN201710489871	CN107176741A
83	B62B	一种造纸用环保手推车	余学润	CN201710508540	CN107150711A
84	B65H	一种造纸设备	何华勇	CN201710508728	CN107324095A
85	D21G	一种新型造纸设备	何华勇	CN201710509491	CN107700274A
86	F22D	造纸高温冷凝水回收利用系统	林跃明	CN201710512587	CN107218593A
87	B01D	一种制浆排放装置	刘玉新	CN201710520970	CN107096370A
88	B65H	一种造纸用设备	何华勇	CN201710530557	CN107697692A
89	D21B	一种具有预处理装置的废纸回收制浆设备	黄锦山	CN201710552402	CN107268312A
90	B02C	一种制浆机	滕家臻	CN201710554871	CN107233969A
91	D21D	一种基于磨浆与漂白于一体化的造纸厂用造纸设备	郑焕荣	CN201710558724	CN107142769A
92	D21F	一种造纸用烘干装置	郑堂勇	CN201710559590	CN107287962A
93	C02F	一种造纸厂废水处理用格栅机	刘　恒 等	CN201710561246	CN107285405A

续表

序号	分类号	专利名称	发明人	申请号	公开(公告)号
94	D21C	一种造纸用蒸煮器	郭 磊	CN201710564775	CN107245895A
95	D21B	一种造纸用热磨机	郭 磊	CN201710564782	CN107130454A
96	D21F	一种可以检测纸张厚度的造纸机	郭 磊	CN201710564817	CN107326717A
97	B01D	新型全自动清洗过滤网的造纸废水过滤器	冯安林 等	CN201710574841	CN107158778A
98	G06Q	造纸行业的电力需求侧智能化监测与管理分析平台	李建林 等	CN201710575570	CN107316114A
99	D21D	一种用于造纸领域的纸浆循环再利用装置	王淑兰	CN201710579387	CN107227648A
100	G01G	一种造纸用木材重量检测装置	邹怡婷 等	CN201710586849	CN107328458A
101	F23G	一种造纸制浆高浓臭气回收装置	康仙陵 等	CN201710594202	CN107238087A
102	D21D	一种具有纸浆混匀功能的造纸用抄纸设备	刘尚孝	CN201710606862	CN107385986A
103	C02F	一种造纸废水处理装置	蒙泽喜	CN201710610920	CN107226506A
104	B62B	一种造纸包装区用运输设备	邹怡婷 等	CN201710619799	CN107415995A
105	C08L	一种造纸胶辊用橡胶及其制备方法	苏怀生 等	CN201710622511	CN107266800A
106	D21F	一种造纸毛毯及其制备方法	陆 平 等	CN201710637739	CN107435273A
107	B01D	一种造纸机用除尘装置	刘亚莉 等	CN201710640718	CN107537231A
108	C08L	一种造纸胶辊材料及其制备方法	伊 婕	CN201710669121	CN107286401A
109	C02F	一种造纸业废水检测处理设备	谢玉茹	CN201710670351	CN107285526A
110	G01N	一种基于双电化学传感器的硫酸盐法制浆过程纸浆卡伯值的在线检测方法与装置	胡会超 等	CN201710672423	CN107589158A
111	G01N	一种基于流动分析的硫酸盐法制浆过程纸浆卡伯值的在线检测方法与装置	胡会超 等	CN201710672761	CN107607596A
112	D21D	一种小型造纸生产用纸料筛选装置	邹怡婷 等	CN201710674335	CN107245897A
113	C09D	一种造纸废水化学处理池的漂浮物收集槽的制备方法	不公告发明人	CN201710678776	CN107353725A
114	C02F	一种造纸废水化学处理池的漂浮物收集槽	不公告发明人	CN201710678779	CN107473276A
115	C02F	一种造纸废水化学处理池	不公告发明人	CN201710678781	CN107265532A
116	D21F	一种用于造纸厂的左右摇晃式抄纸设备	刘奇美	CN201710690819	CN107447570A
117	D21B	一种用于造纸厂的纸浆分散设备	刘奇美	CN201710690820	CN107313276A
118	E02D	一种造纸车间纸机大梁预埋螺栓安装方法	涂红涛 等	CN201710693686	CN107401179A
119	C02F	一种新型用于造纸废水处理设备	程开建 等	CN201710711060	CN107381901A
120	C02F	一种造纸废水处理设备	钟 华 等	CN201710712560	CN107265796A
121	D21F	一种造纸用造纸助剂均匀稀释装置	曹鹏飞 等	CN201710718706	CN107287961A
122	B01D	一种用于造纸厂粉尘处理的清除装置	尤 为	CN201710723769	CN107497187A
123	C13B	带铡切机和制浆机的余弦辊筒式甘蔗渣处理装置	段少海	CN201710729232	CN107312876A
124	B09B	带进料槽和制浆机的余弦辊筒式甘蔗渣处理装置	段少海	CN201710729233	CN107262510A
125	C13B	带进料槽和制浆机的余弦辊筒式甘蔗渣浸出装置	段承友	CN201710729271	CN107267675A
126	C13B	带铡切机和制浆机的机械超声式甘蔗渣处理装置	李小兰	CN201710732131	CN107254557A
127	C13B	带进料槽和制浆机的机械超声式甘蔗渣处理装置	李小兰	CN201710732132	CN107312882A
128	C13B	带铡切机和制浆机的机械超声式甘蔗渣浸出装置	蒋 霞	CN201710732134	CN107312883A
129	D21F	造纸烘干用干网圈路	毛俊军 等	CN201710737777	CN107354799A

续表

序号	分类号	专利名称	发明人	申请号	公开(公告)号
130	C13B	带进料槽和制浆机的甘蔗渣浸出装置	谢　瑶	CN201710738172	CN107312885A
131	C13B	带铡切机和制浆机的甘蔗渣浸出装置	谢　瑶	CN201710738192	CN107312890A
132	B09B	带铡切机和制浆机的对转辊筒式甘蔗渣处理装置	吴贻湖	CN201710738198	CN107309254A
133	C13B	带铡切机和制浆机的对转辊筒式甘蔗渣浸出装置	罗小英	CN201710738202	CN107267680A
134	C13B	带进料槽和制浆机的对转辊筒式甘蔗渣浸出装置	罗小英	CN201710738203	CN107267681A
135	C13B	带铡切机和制浆机的甘蔗渣处理装置	熊小媚	CN201710738211	CN107312891A
136	C13B	带进料槽和制浆机的机械超声式甘蔗渣浸出装置	蒋　霞	CN201710739345	CN107312889A
137	D21G	一种便于清洗的手工造纸装置	朱明德 等	CN201710745729	CN107287971A
138	D21F	造纸设备调节阀结构装置	李　颂	CN201710745752	CN107587374A
139	D21H	造纸用湿部施胶装置	毛俊军 等	CN201710746437	CN107326740A
140	D21H	造纸用网部涂喷施胶装置	毛俊军 等	CN201710746455	CN107326741A
141	D21B	一种秸秆回收造纸再利用设备	韦健敏	CN201710786731	CN107869082A
142	A01F	一种秸秆造纸再利用设备	许　明	CN201710787306	CN107360813A
143	A01F	一种新型秸秆造纸设备	张　帆	CN201710787603	CN107864756A
144	D21B	一种环保的秸秆造纸设备	张　帆	CN201710787604	CN107869085A
145	D21B	一种秸秆造纸设备	许　明	CN201710788020	CN107326712A
146	D21D	一种双层式造纸打浆机	沈伟军 等	CN201710800195	CN107354793A
147	D21F	一种带冷却功能的造纸用烘干装置	陈建明 等	CN201710800761	CN107419586A
148	D21G	一种造纸机在线脱水测量系统	陈　满 等	CN201710803874	CN107653732A
149	D21F	造纸干燥装置及控制方法	刘红涛 等	CN201710807858	CN107724155A
150	D21C	一种反复挤压的纸板生产制浆洗涤设备	樊明伟	CN201710815510	CN107401079A
151	D21B	一种造纸机械用原材料粉碎过滤装置	陈　江	CN201710818309	CN107503210A
152	D21F	一种不易黏浆的造纸机压榨部毛毯安装棍	胡韩忠 等	CN201710819954	CN107338668A
153	B65H	一种换卷方便的造纸机用卷纸装置	胡韩忠 等	CN201710819962	CN107352306A
154	D21D	一种打浆充分的造纸用打浆机	胡韩忠 等	CN201710819988	CN107354794A
155	D21F	一种造纸机用干燥部尾气回收系统	胡韩忠 等	CN201710819993	CN107385989A
156	D21F	一种联机复合造纸系统	黄招凤	CN201710820533	CN107354796A
157	D21F	一种高品质纸幅造纸系统	丁俞岚	CN201710820535	CN107345374A
158	D21F	一种双网造纸系统的注料设备	徐　婷	CN201710820544	CN107345375A
159	D21F	一种斜网造纸设备	葛曹杰 等	CN201710831442	CN107385987A
160	D21G	一种新型造纸用压光机	刘爱珍	CN201710832685	CN107401081A
161	G05B	使用用于造纸机或其他系统的模型参数数据群集的模型工厂失配检测	卢秋岗 等	CN201710832698	CN107831736A
162	D21F	一种高效节能的造纸生产智能机器人	傅　恺	CN201710836908	CN107587375A
163	B01F	一种稳定性的制浆搅拌机器人	吴莉锋	CN201710836912	CN107537354A
164	D21F	一种环保节能型的造纸机干燥部	高　翔	CN201710859251	CN107476111A
165	C02F	一种造纸厂污泥粉碎干燥输出装置	朱　玥 等	CN201710861237	CN107500502A
166	B02C	具有除尘功能的造纸用废纸粉碎机	李泽世 等	CN201710868617	CN107570294A

续表

序号	分类号	专利名称	发明人	申请号	公开(公告)号
167	D21F	一种用于造纸的压花干燥装置	李泽世 等	CN201710874431	CN107460761A
168	D21F	一种造纸设备	李泽世 等	CN201710875475	CN107419582A
169	D21F	一种自动化造纸系统	李泽世 等	CN201710876189	CN107503215A
170	B03D	一种造纸废渣浮选机构	卢伟民	CN201710876811	CN107486340A
171	D21F	一种造纸系统	胡齐放	CN201710877520	CN107604738A
172	D21B	废纸造纸用碎纸装置	何虹颖	CN201710879924	CN107587367A
173	B27C	造纸用压板式木材切割装置	何虹颖	CN201710881837	CN107511886A
174	D21F	一种造纸用原料添加装置	陈宏梅	CN201710883205	CN107524040A
175	B27G	造纸用木材切割装置	何虹颖	CN201710884055	CN107584592A
176	D21C	一种简易生物制浆设备	府　健	CN201710895790	CN107604727A
177	D21B	一种生物制浆设备	府　健	CN201710895956	CN107587368A
178	B65H	一种造纸机械的复卷机除尘装置	刘阿宝 等	CN201710902770	CN107499987A
179	B01F	一种造纸打浆机	宋夫建 等	CN201710902795	CN107441998A
180	C02F	一种造纸废水处理装置	刘阿宝 等	CN201710902819	CN107445370A
181	D21F	一种造纸机的真空托辊	宋树省 等	CN201710903006	CN107476110A
182	D21D	一种造纸机械浆的处理装置	刘阿宝 等	CN201710913387	CN107447567A
183	D21D	一种造纸用磨浆机	邹　勇 等	CN201710913445	CN107476107A
184	D21D	一种造纸用新型分级筛	刘开营 等	CN201710913476	CN107476108A
185	D21F	一种造纸机械网部自动张紧装置	宋树省 等	CN201710913477	CN107503216A
186	C02F	电絮凝沉淀高级氧化一体化造纸废水处理装置	姚　鹏 等	CN201710914013	CN107522327A
187	D21B	一种螺纹旋转磨料造纸快速碎浆机	王　琪	CN201710966332	CN107558280A
188	D21F	一种方便使用的造纸用脱水装置	何秀琼	CN201710971997	CN107604734A
189	B02C	一种造纸用木材破碎装置	何秀琼	CN201710972581	CN107597295A
190	D21D	一种能够均匀打浆的造纸用打浆装置	何秀琼	CN201710972623	CN107805966A
191	D21D	一种造纸用打浆机	何秀琼	CN201710972820	CN107604732A
192	D21B	一种造纸用磨木机	何秀琼	CN201710972839	CN107630377A
193	B08B	一种造纸用木材清洗装置	何秀琼	CN201710972840	CN107649424A
194	F26B	一种用于造纸的快速烘干装置	何秀琼	CN201710972846	CN107655279A
195	D21F	一种可快速脱水的造纸用脱水装置	何秀琼	CN201710972847	CN107630383A
196	B01F	一种快速混合的造纸用纸浆混合设备	何秀琼	CN201710972877	CN107617376A
197	D21B	一种具有清洗功能的造纸用碎浆机	何秀琼	CN201710972880	CN107630381A
198	B02C	一种高效造纸粉碎机	何秀琼	CN201710973299	CN107597353A
199	D21B	一种造纸用打浆机	何秀琼	CN201710973436	CN107630378A
200	B01F	一种造纸用纸浆搅拌装置	何秀琼	CN201710973455	CN107649018A
201	B01D	一种用于造纸设备的污水处理机	方泽波 等	CN201710975558	CN107670395A
202	D21F	一种用于高分子环保型固定式造纸机	何　欣	CN201710979834	CN107653729A
203	D21B	一种绿色环保型用于造纸碎浆机的投料装置	傅浚铖	CN201710979927	CN107653725A
204	D21D	一种清洁造纸用打浆机	傅浚铖	CN201710980249	CN107641995A

续表

序号	分类号	专利名称	发明人	申请号	公开(公告)号
205	B07B	一种造纸生产用浆料回收振动筛	何佳俊	CN201710980256	CN108043702A
206	B26D	一种造纸用自动切纸机	何佳俊	CN201710980693	CN108044690A
207	B30B	一种高效的造纸污泥压榨机	何秀琼	CN201710987848	CN107584795A
208	C02F	一种防堵塞造纸废水用初级处理装置	何秀琼	CN201710987850	CN107601597A
209	C02F	一种造纸厂污泥热解炭化装置	何秀琼	CN201710987854	CN107572744A
210	D21F	一种造纸机的供浆机构	何时荣	CN201710992701	CN107574702A
211	D21F	一种造纸机的定量控制供浆系统	何时荣	CN201710994781	CN107587372A
212	D21F	一种用于造纸工艺中的白水处理回用机构	何时荣	CN201710994795	CN107604735A
213	D21F	一种节能造纸用烘缸设备	黄南生	CN201710997672	CN107761433A
214	B65H	一种应用于绿色造纸的复卷机展纸机构	朱子涵	CN201711016173	CN107697714A
215	D21B	一种减少排渣量的造纸用破碎搅拌机	周　杰	CN201711020036	CN107675540A
216	D21F	一种造纸设备的浆料浓度调节装置	徐　强	CN201711024357	CN107700269A
217	D21D	一种造纸用自动化磨浆机	杨朝林	CN201711035106	CN107724152A
218	B65D	一种造纸用浆料筒密封机构	杨朝林	CN201711035109	CN107651301A
219	D21F	一种吸湿透气造纸毛毯及其制备方法	王成虎 等	CN201711044792	CN107604737A
220	D21F	一种吸水造纸毛毯及其制备方法	王成虎 等	CN201711044822	CN107858853A
221	D21G	大型造纸机刮刀替换安放架	秦焕秋	CN201711063575	CN107724161A
222	B01F	一种云母粉搅拌制浆设备	樊夏明 等	CN201711072237	CN107597009A
223	C02F	一种造纸黑液的处理方法	杨智钧 等	CN201711072670	CN107840483A
224	D21F	一种用于造纸的压榨装置	李泽世 等	CN201711073019	CN107881832A
225	D21B	造纸机滤布压干风干装置	秦焕秋	CN201711074522	CN107724141A
226	D03D	一种造纸毛毯针刺机用张力恒定控制方法	谢宗国 等	CN201711087206	CN108035054A
227	D04H	一种造纸毛毯针刺机传动主轴连接方法	谢宗国 等	CN201711087444	CN108035078A
228	D21F	一种快速造纸用烘缸	秦焕秋	CN201711101067	CN107724156A
229	D21D	一种造纸机械制浆过滤装置	官益斌	CN201711103411	CN107641997A
230	D21G	一种自主供量的造纸机械润滑装置	官益斌	CN201711104316	CN107724162A
231	B01D	一种新型造纸废气净化排除装置及净化方法	余凤莲	CN201711106320	CN107875770A
232	B32B	一种任意无交织基网造纸毛毯热压成型方法	谢宗国 等	CN201711108635	CN108068431A
233	D04H	一种生产针刺造纸毛毯用毛网自动平衡装置	谢宗国 等	CN201711108646	CN107893286A
234	B66F	一种用于造纸机的铜版纸升降运输装置	倪沈华	CN201711116656	CN107651608A
235	C02F	一种处理造纸废水的系统	潘立华	CN201711119630	CN107840538A
236	B01D	一种造纸废水过滤器	王　超	CN201711135091	CN107648907A
237	D21F	一种造纸设备的纸张烘干装置	蔡旭敏	CN201711135825	CN108004824A
238	D21F	一种造纸机械湿纸输送的毛毯自动清洗装置	蔡旭敏	CN201711136536	CN107964820A
239	D21B	一种造纸碎浆系统	周华祥	CN201711137123	CN107724148A
240	D21F	一种造纸机的网部系统	周华祥	CN201711137125	CN107747250A
241	D21F	一种造纸机的真空吸移辊冲洗系统	周华祥	CN201711138174	CN107740301A
242	C02F	一种废纸造纸污泥的回用系统	周华祥	CN201711139050	CN107915345A

续表

序号	分类号	专利名称	发明人	申请号	公开(公告)号
243	D21H	一种造纸用凝固剂支撑设备	王正明	CN201711146954	CN107858859A
244	B65D	一种具有存储造纸用磷酸硅的存储设备	王正明	CN201711146980	CN107777095A
245	D21G	一种具有支撑造纸用辅助剂放置的悬挂型件	王正明	CN201711147018	CN107905022A
246	B65D	一种造纸用液体添加剂的存储装置	王正明	CN201711147908	CN107758066A
247	D21C	一种连续式制浆装置	霍振中	CN201711152580	CN107815912A
248	D21B	一种设有消音器的制浆装置	霍振中	CN201711152683	CN107700265A
249	B26D	一种造纸用齐边设备	曹鹏飞 等	CN201711166103	CN107962602A
250	B21D	造纸网笼校正机	何崇安 等	CN201711172139	CN108043911A
251	F16F	一种具有减震功能的造纸用烘干设备	梁明长	CN201711184512	CN107975559A
252	B01F	一种造纸用的纸浆混合装置	梁明长	CN201711184514	CN107899465A
253	C02F	造纸污泥回用酶的辅助搅拌设备	庄 冉 等	CN201711214046	CN107915385A
254	B01D	一种造纸废气净化装置及操作方法	仲维功	CN201711233326	CN108057320A
255	B01F	一种用于造纸可除渣的碎浆搅拌设备	博艳萍	CN201711264532	CN107952378A
256	D21B	一种造纸印刷的碎浆设备	博艳萍	CN201711264535	CN107740299A
257	D21D	一种用于造纸设备的水循环利用装置	博艳萍	CN201711264744	CN107938415A
258	B26D	一种用于造纸的负压式切纸机	张斐斐	CN201711276052	CN107972082A
259	D21D	一种便于使用的造纸印刷打浆机	张斐斐	CN201711276862	CN107938416A
260	C23C	一种用于造纸烘缸的铁基涂层材料及其涂层制备方法	贺定勇 等	CN201711277485	CN108004496A
261	C02F	一种用于造纸设备的废水处理器	张斐斐	CN201711278017	CN107758935A
262	D21B	一种造纸机纸渣分级装置	陈章兴 等	CN201711284674	CN107841898A
263	D21D	一种打浆充分的造纸用打浆机	胡韩忠 等	CN201711286373	CN107858850A
264	D21F	一种不易黏浆的造纸机压榨部毛毯安装棍	胡韩忠 等	CN201711286374	CN107881833A
265	B65H	一种换卷方便的造纸机用卷纸装置	胡韩忠 等	CN201711287330	CN107826823A
266	D21F	一种造纸机用干燥部尾气回收系统	胡韩忠 等	CN201711287346	CN107815914A
267	B65H	一种造纸机卷纸部卷纸冷缸自动引纸系统	张春华 等	CN201711308380	CN107867583A
268	D21B	一种滚动式造纸打浆机	张一帆	CN201711308791	CN107881826A
269	B26F	造纸胶辊真空盲孔打孔机	娄建明	CN201711318725	CN107825515A
270	C02F	一种造纸废液处理系统	刘贤淼 等	CN201711331196	CN107857443A
271	B26D	一种造纸分切机的废纸收集装置	张 健 等	CN201711336916	CN107932609A
272	D21F	一种可切除毛边的造纸设备	杨怡钰	CN201711341830	CN108060602A
273	D21F	一种用于造纸机的压榨装置	郭文英	CN201711480078	CN107974858A
274	A63H	一种造纸实验玩具	李海涛	CN201720002982	CN206508553U
275	C02F	一种造纸污泥回用系统	连定一 等	CN201720004154	CN206538325U
276	F16K	造纸用流浆箱稀释水阀	黎桂华	CN201720013379	CN206496064U
277	C02F	一种造纸生物泥烘干装置	王耀军	CN201720015344	CN206368104U
278	B01D	一种多功能造纸用废气洗涤装置	杨怀永	CN201720028245	CN206483318U
279	F26B	一种环保造纸机用干燥机构	杨怀永	CN201720028460	CN206420289U

续表

序号	分类号	专利名称	发明人	申请号	公开(公告)号
280	D21D	一种环保造纸制浆用磨浆机	杨怀永	CN201720028500	CN206418344U
281	C02F	一种清洁造纸用废水排放设备	杨怀永	CN201720028503	CN206417926U
282	D21C	一种清洁造纸用漂白装置	杨怀永	CN201720028806	CN206418343U
283	D21B	一种清洁造纸用打浆机	杨怀永	CN201720029282	CN206418342U
284	D21F	一种环保造纸机添加原料控制装置	杨怀永	CN201720029284	CN206418347U
285	C02F	一种清洁造纸用废水预处理装置	杨怀永	CN201720029285	CN206417887U
286	B65D	一种清洁造纸用物料罐	杨怀永	CN201720029326	CN206417412U
287	D21G	造纸机干燥部纸幅剥离装置	李 亮	CN201720030925	CN206428521U
288	G01R	一种造纸机电气故障手机监控系统	张 池 等	CN201720033792	CN206387864U
289	D21F	造纸污泥的纤维回收再利用设备	孙 纬	CN201720035600	CN206448107U
290	B65H	一种应用于绿色造纸的复卷机展纸机构	洪增源 等	CN201720035807	CN206417689U
291	B01D	一种清洁造纸用废气净化装置	杨怀永	CN201720046404	CN206414941U
292	D21C	一种造纸厂制浆黑液处理设备	张 蛟	CN201720046680	CN206607449U
293	C02F	一种大型造纸厂废水循环处理系统	张 蛟	CN201720046700	CN206901970U
294	D21F	一种元书纸造纸装置	黄 琦 等	CN201720057814	CN206408456U
295	D21F	一种生产塑纹纸的造纸机	任永红 等	CN201720073341	CN206477194U
296	B09B	一种造纸废料回收处理装置	韩孔斌 等	CN201720073967	CN206701917U
297	D21C	一种造纸洗浆机高效喷淋装置	韩孔斌 等	CN201720074112	CN206408449U
298	D21F	一种用于造纸防干网抖动装置	吴守保 等	CN201720077632	CN206428514U
299	D21F	一种造纸用烘缸冷却水余热回收系统	董海涛 等	CN201720079375	CN206457660U
300	F24H	一种节能环保型造纸机烘缸	张俊田	CN201720081052	CN206724467U
301	D21F	一种造纸机的换网装置	夏朝峰 等	CN201720090329	CN206428515U
302	D21F	一种用于造纸机干燥部防止纸页褶皱的机构	魏则群 等	CN201720090330	CN206428516U
303	D21J	一种绿色环保纸塑制浆成型设备	许春莲	CN201720098169	CN206591372U
304	D21D	一种造纸用节能变频粗筛装置	熊双林	CN201720099342	CN206448106U
305	B01D	一种再生纸造纸废水循环利用系统	熊双林	CN201720099347	CN206444296U
306	G05B	再生造纸专用生产设备 DCS 控制系统	熊双林	CN201720099348	CN206451032U
307	D21G	一种造纸生产过程中蒸汽余热回收装置	熊双林	CN201720099351	CN206448109U
308	D21B	一种造纸用自清洗高效节能滚筒式碎浆机	熊双林	CN201720099355	CN206448105U
309	F04D	一种造纸用高效节能变频透平风机	熊双林	CN201720099356	CN206448989U
310	D21H	造纸施胶用的冷却水的恒温设备	王海刚	CN201720104935	CN206529650U
311	D21F	一种瓦楞原纸造纸系统	李传径 等	CN201720105979	CN206570618U
312	D21F	一种造纸用挤压脱水结构	李传径 等	CN201720105980	CN206570614U
313	B08B	用于造纸废弃物中小薄膜清洗的拨轮装置	周 健	CN201720109306	CN207288201U
314	F16L	一种用于造纸废水处理的地埋式异径管道	赵芝庸	CN201720119095	CN206522546U
315	D21D	一种用于造纸生产的打浆机	赵芝庸	CN201720119117	CN206625078U
316	C02F	一种造纸废水处理系统	李宝义 等	CN201720119378	CN206457381U
317	D21C	一种纸板生产制浆洗涤设备	赵连军	CN201720124871	CN206545129U

续表

序号	分类号	专利名称	发明人	申请号	公开(公告)号
318	C02F	一种造纸废水回收及处理系统	王生成	CN201720128017	CN206457383U
319	D21B	一种云母纸制浆浆槽	陈驾兴 等	CN201720129399	CN206448103U
320	D21F	脱水元件、成形装置及造纸机	张献民	CN201720132989	CN206467502U
321	D21B	蒸汽爆破制浆设备	梁志鹏 等	CN201720136545	CN206486740U
322	B08B	一种造纸压花机部件涂装前的喷淋设备	徐德福	CN201720146634	CN206652753U
323	D21D	一种造纸磨浆系统	杨文恒 等	CN201720157451	CN206477191U
324	D21H	造纸用施胶剂的制作装置	朱红兵	CN201720160006	CN206902475U
325	F25D	造纸用真空泵的工作液冷却设备	吴海峰	CN201720168180	CN206531334U
326	D21F	一种在造纸过程中具有水冷却功能的冷缸	梁　洁	CN201720172686	CN206655056U
327	D21C	一种方便造纸废水回收利用的漂白罐	梁　洁	CN201720172687	CN206655050U
328	B01D	一种用于造纸过程中的废液回收装置	梁　洁	CN201720172691	CN206652301U
329	F23G	造纸行业含氯废物焚烧及盐回用处理系统	刘　茜 等	CN201720174351	CN206709092U
330	D21D	一种造纸磨浆机	刘云海	CN201720175014	CN206512515U
331	D21F	一种环保型造纸设备	不公告发明人	CN201720178049	CN206570617U
332	D21B	一种造纸生产中废纸与纸筒的分离装置	黄志敏 等	CN201720184755	CN206873185U
333	C02F	一种一体式造纸废水处理塔	杨朝林	CN201720195337	CN206767798U
334	D21B	一种造纸用削片机	黄智海 等	CN201720199573	CN206635560U
335	D21F	一种造纸用便于清理的烘干部	黄智海 等	CN201720199602	CN206635567U
336	D21F	一种等压的造纸用布浆器	黄智海 等	CN201720199603	CN206635564U
337	D21D	一种造纸用自动化热磨机	黄智海 等	CN201720199607	CN206635563U
338	D21F	一种布浆均匀的造纸设备用流浆箱	黄智海 等	CN201720199608	CN206635565U
339	D21C	一种造纸用真空洗浆机	黄智海 等	CN201720199886	CN206635562U
340	D21C	一种造纸用立式连续蒸煮器	黄智海 等	CN201720199887	CN206873191U
341	F24F	具有排风除湿设备的造纸车间	孙　纬	CN201720203461	CN206572697U
342	B65H	高硬度大型造纸辊筒	杨　静	CN201720204336	CN206457057U
343	B41N	印刷橡皮布面胶制浆机用的刮板装置	王　兵	CN201720209456	CN206678601U
344	D21B	一种粉碎更加彻底的造纸用混合机构	于　浩	CN201720229918	CN206599699U
345	B26D	一种具有纸屑收集功能的造纸用切纸机	于　浩	CN201720229926	CN206568240U
346	B02C	一种改进型搅拌式制浆机铰刀片	辛恒奇 等	CN201720232316	CN206577861U
347	C02F	一种造纸泥浆水分提取装置	张　珠	CN201720236666	CN206580731U
348	D21F	一种造纸流浆箱湍流发生器飘片装置	张　珠	CN201720236780	CN206591363U
349	B01D	一种造纸用纸浆过滤装置	杜惠欣	CN201720238964	CN206604249U
350	B65H	一种造纸用卷纸机	杜惠欣	CN201720239932	CN206606803U
351	B08B	一种造纸机烘干部干网保洁装置	纪东贤	CN201720240760	CN206643087U
352	D21F	一种造纸浆渣回收装置	王加平	CN201720243663	CN206591364U
353	B65G	一种可调节传输方向的造纸用 CMC 传输装置	朱国生 等	CN201720244517	CN206580184U
354	D21C	一种防止水溶性胶黏剂迁移的造纸用 CMC 离心机	朱国生 等	CN201720244518	CN206581070U
355	D21F	一种造纸毛毯	孙成喜 等	CN201720250509	CN206986610U

续表

序号	分类号	专利名称	发明人	申请号	公开(公告)号
356	B01D	一种造纸泥浆水分提取装置	耿　鹏	CN201720252682	CN206587488U
357	D21B	一种生活用纸制浆机	卢伟民	CN201720278029	CN206591360U
358	C02F	一种降低固废排放的造纸废水处理系统	许正茂	CN201720280363	CN206680343U
359	D21F	一种圆网造纸机的横幅定量差调节装置	袁　毅 等	CN201720294612	CN206800059U
360	D21F	一种环保造纸设备	马安岭	CN201720301711	CN206928139U
361	D21B	一种制浆造纸机械设备	马安岭	CN201720301716	CN206928125U
362	D21F	用于造纸毛毯的双油辊加热风定型装置	孙华祥	CN201720309982	CN206721566U
363	D21F	一种造纸机双排缸无绳引纸吹风装置	王传颂 等	CN201720341619	CN206666923U
364	D21D	一种造纸生产线制浆系统	李聪定 等	CN201720341632	CN206625080U
365	D21D	一种造纸用粗筛净化系统	李聪定 等	CN201720341915	CN206625079U
366	D21B	一种造纸生产线损纸回收制浆系统	陈学萍 等	CN201720342411	CN206646325U
367	F16N	一种造纸厂双线式集中供脂装置	占正奉 等	CN201720346231	CN206626378U
368	H02P	一种造纸厂大功率电机变频控制装置	刘文明 等	CN201720346234	CN206650610U
369	F04B	一种造纸厂空压机组变频控制装置	刘文明 等	CN201720346236	CN206625961U
370	D21F	一种造纸烘干工艺段断纸检知装置	占正奉 等	CN201720346249	CN206625082U
371	H02J	一种制浆造纸生产线电力系统的谐波矫正装置	刘文明 等	CN201720346252	CN206742858U
372	D21F	一种造纸机烘干部机电设备在线温度检测系统	占正奉 等	CN201720346255	CN206625081U
373	C02F	一种造纸废水处理装置	王开江	CN201720356851	CN206666281U
374	B01F	一种用于制浆造纸的搅拌器	程碧清	CN201720359744	CN206778305U
375	D21F	一种新型边缘增强造纸机网毯	余大论	CN201720360774	CN206784076U
376	D21D	一种造纸行业用压力式筛浆机筛鼓	赵克刚	CN201720365173	CN206655052U
377	D21F	再生造纸尾渣处理过程中的重渣、纸浆与浮沫的分离装置	冯愚斌	CN201720373205	CN206784073U
378	D21F	一种节能的造纸机	余卫平	CN201720373462	CN206815090U
379	C02F	一种高效造纸废水净化装置	陈国娇 等	CN201720384149	CN206985950U
380	D21F	造纸蒸汽节能机构	王建平 等	CN201720389857	CN206319202U
381	D21G	造纸生产线节能控制机构	王建平 等	CN201720389894	CN206319208U
382	D21B	一种造纸原料粉碎制浆机	林惠添	CN201720398963	CN207295327U
383	B01F	一种造纸用具有除渣功能的原浆搅拌设备	肖　叶	CN201720403451	CN206631493U
384	B26D	一种方便更换刀片的造纸用切纸机	肖　叶	CN201720403457	CN206633067U
385	D21C	抄取法无石棉密封材料的制浆系统	李　辉 等	CN201720403904	CN206800056U
386	D21F	造纸脱水网案结构	王建平 等	CN201720405679	CN206346068U
387	C02F	一种微波式造纸污泥干燥分离一体化装置	李安俊 等	CN201720406297	CN206721013U
388	D21F	一种用于造纸设备的水循环利用装置	郭　斌	CN201720410009	CN206635566U
389	D21F	一种造纸机烘缸内部直燃加热技术设备	张立平 等	CN201720418651	CN206706459U
390	C02F	一种造纸废水用曝气池	陈　齐 等	CN201720419765	CN206814499U
391	B02C	一种用于陶瓷生产制浆装置	胡建国 等	CN201720421262	CN206661338U
392	C02F	一种用于处理造纸废水的紫外线设备	邓颖忠 等	CN201720425863	CN206828140U

续表

序号	分类号	专利名称	发明人	申请号	公开(公告)号
393	C02F	一种用于造纸中段废水的组合反应器	邓颖忠 等	CN201720426969	CN206828252U
394	B01D	一种用于处理造纸中段废气的生化组合反应器	邓颖忠 等	CN201720426971	CN206823533U
395	C02F	造纸废水处理系统	刘育权	CN201720433922	CN207330627U
396	D21F	一种造纸湿部压榨装置	姜兆宏	CN201720440288	CN206902470U
397	C02F	一种环保造纸废水回收处理装置	杨朝林	CN201720447939	CN206843230U
398	C02F	一种造纸产业污泥回收利用装置	王玲燕	CN201720449641	CN206680312U
399	C02F	一种造纸厂废水处理装置	张付爽 等	CN201720468827	CN207210190U
400	B01F	一种工业造纸染色用涂料混合装置	王 玮	CN201720470840	CN206730987U
401	D21B	一种造纸工厂用制浆装置	罗志军	CN201720470911	CN206736616U
402	D21D	一种造纸工厂用纸浆过滤装置	王 玮	CN201720471784	CN206736622U
403	D21B	造纸碎浆装置	吕培友	CN201720476452	CN206986594U
404	D21F	具有自动排油增压阀的造纸机干网清洗装置	黎桂华	CN201720479410	CN207003141U
405	D21G	造纸用烘缸剥离剂喷药设备	黎桂华	CN201720479421	CN207003143U
406	B01F	一种基于伯努利原理的造纸用成浆设备	陈永平	CN201720479758	CN206996461U
407	C02F	高效造纸一体化处理装置	吴丹燕 等	CN201720481236	CN206751561U
408	C02F	一种造纸废水深度处理系统	吴丹燕 等	CN201720482200	CN206751615U
409	B01D	造纸废气排放系统	刘育权	CN201720487965	CN206980380U
410	D21F	一种多功能造纸机械设备	黄志超	CN201720493869	CN206706461U
411	C02F	一种造纸废水处理系统	郑振山 等	CN201720498176	CN207031122U
412	B01F	一种造纸供胶设备	徐树基 等	CN201720498701	CN206746413U
413	D21H	造纸表面施胶机喷胶管防结胶装置	李发行 等	CN201720499570	CN206800071U
414	F16C	造纸机烘缸轴承座端盖	赵修欣 等	CN201720499666	CN206929225U
415	B01D	一种造纸厂废气处理设备	姚惠琴	CN201720504034	CN206762630U
416	D21D	一种多涡流差速旋转打浆式造纸打浆装置	姚惠琴	CN201720504251	CN206736621U
417	B09B	造纸制浆的废渣的环保分类设备	舒永山	CN201720509829	CN206981399U
418	D21F	一种高速夹网纸机用造纸成形网和造纸设备	陆 平 等	CN201720518577	CN207259861U
419	B01D	带有金属纤维的造纸白水回收滤盘	武钟淇	CN201720520530	CN206853277U
420	C02F	一种新型处理造纸废水的光催化氧化设备	刘嘉骥 等	CN201720524025	CN206858208U
421	D21F	造纸机网部转移压榨脱水装置	刘洪涛	CN201720528152	CN206692950U
422	D21F	一种应用于造纸的过滤网更换结构	朱立立	CN201720530220	CN207091824U
423	D21D	一种易维护的造纸用纸浆筛网	朱立立	CN201720530233	CN207091818U
424	D21F	一种用于废纸回收加工的造纸机	黄玉华	CN201720530659	CN206752196U
425	D21B	一种用于造纸的废纸制浆机	黄玉华	CN201720530695	CN206721557U
426	C02F	一种低排放的造纸废水处理及综合利用装置	赵会芳 等	CN201720533358	CN207243668U
427	H04N	一种造纸自动化机电控制监控装置	赵雨凡 等	CN201720542131	CN206712965U
428	D21C	一种造纸用竹浆甩干设备	杨朝林 等	CN201720546909	CN206706454U
429	D21F	造纸机用的自动断纸系统	杨 杰	CN201720548925	CN207244340U
430	D21F	一种造纸网部接水盘回水扰流消泡装置	杜国良 等	CN201720550017	CN206843851U

续表

序号	分类号	专利名称	发明人	申请号	公开(公告)号
431	D21G	一种造纸压力筛、泵类冷却水收集回收装置	靳明利 等	CN201720550020	CN206736626U
432	D21C	废纸制浆除砂系统	刘洪涛	CN201720583253	CN206706453U
433	C02F	用于造纸废水处理的陶瓷膜系统	高明河 等	CN201720584459	CN206828295U
434	D21F	一种用于造纸工艺中烘干湿纸的靠缸式干网设备	李文斌	CN201720585755	CN206902472U
435	B01D	一种造纸喷淋用水过滤系统	李文斌	CN201720586306	CN206896972U
436	C02F	造纸废水净化处理系统	李文斌	CN201720586398	CN206970360U
437	D21F	一种防起折缺陷的真空造纸装置	李文斌	CN201720587034	CN206873196U
438	D21F	一种造纸机真空接纸装置	李文斌	CN201720587043	CN207109443U
439	D21F	一种无纤维性黑斑缺陷的造纸装置	李文斌	CN201720587049	CN206873200U
440	G01N	一种造纸厂专用的微波纸张水分传感器	阳安源	CN201720588096	CN206945572U
441	D21F	造纸用靴压辊	李文斌	CN201720591054	CN207227856U
442	D21F	一种造纸工艺中无缺浆造纸的设备	李文斌	CN201720591411	CN206970996U
443	D21B	一种废纸造纸脱墨装置	李文斌	CN201720591916	CN206902465U
444	C02F	一种造纸业废水回收除臭净化再利用处理设备	骆　波	CN201720593634	CN206783494U
445	B65H	一种石头纸自动收卷机及造纸装置	郭伦铭 等	CN201720595151	CN206814080U
446	B65H	一种造纸用滚边机	郭伦铭 等	CN201720595155	CN206814084U
447	D21F	一种高速生活用纸专用成形网及造纸设备	陆　平 等	CN201720599572	CN207159689U
448	C02F	一种造纸污泥减量化与资源化处理装置	相玉琳 等	CN201720601903	CN206828338U
449	D21F	一种造纸机械设备用弹性压榨管辊	朱雪梅 等	CN201720602120	CN206843852U
450	C02F	一种造纸废水处理絮凝装置	王永富	CN201720605835	CN206735881U
451	C02F	生物质热电联产的造纸污泥处理系统	向　华	CN201720609771	CN207294547U
452	D21C	造纸厂废水回收利用装置	杨　华 等	CN201720615654	CN206784072U
453	B01D	造纸厂废气净化装置	顾光成 等	CN201720615819	CN206778150U
454	C02F	一种用于造纸废水物化处理的装置	张　培 等	CN201720617126	CN206872567U
455	C02F	一种用于造纸废水深度厌氧处理塔的进水止回装置	王　涛 等	CN201720617128	CN206872630U
456	C02F	一种用于造纸废水的高级氧化深度处理装置	张　培 等	CN201720617130	CN207130037U
457	D21D	造纸机的筛鼓	金文平 等	CN201720618331	CN206828873U
458	D21D	造纸机筛鼓的法兰盘与导流筛棒的连接结构	金文平 等	CN201720621891	CN206928132U
459	B65H	一种具有除尘功能的造纸机械复卷机	孔祥昌	CN201720624828	CN207078779U
460	D21F	一种造纸用脱水烘干一体设备	黄志谦	CN201720628587	CN207362600U
461	D21B	一种造纸业中基于生物制浆法的机械设备	杨旭登	CN201720629048	CN206768484U
462	C02F	一种用于造纸厂的造纸废水处理装置	梁志雄	CN201720636627	CN207227205U
463	D21F	一种造纸设备用输送辊筒支撑架	朱雪梅 等	CN201720640675	CN206752195U
464	B01D	一种治理造纸涂布废气的装置	雷乐成 等	CN201720647491	CN206853391U
465	D01B	一种新型造纸用热磨机	张春福	CN201720652519	CN207016897U
466	D21F	一种高压造纸针形喷嘴	罗继川 等	CN201720659574	CN207227854U
467	D21F	造纸机换织物装置及其织物导向机构	王秀花	CN201720663249	CN206815088U
468	D21F	造纸机织物杆升降装置	单　萍	CN201720663445	CN206815089U

续表

序号	分类号	专利名称	发明人	申请号	公开(公告)号
469	D21G	造纸机引纸吹风装置	孙庆园	CN201720663461	CN206815095U
470	D21G	一种造纸机供水泵送系统	张春华 等	CN201720667802	CN206858945U
471	D21F	一种造纸机网部毛毯清洗系统	张春华 等	CN201720667804	CN206858934U
472	D21F	一种使造纸机成形部流浆箱内浆水均匀分布的装置	张春华 等	CN201720667935	CN206858932U
473	D21F	一种造纸机热能及水循环利用系统	张春华 等	CN201720667971	CN206858939U
474	D21F	在输送过程中控制造纸机网部上浆浓度均匀性的装置	张春华 等	CN201720668545	CN206858933U
475	D21F	一种滑动检测造纸机干网跑偏校正器	郑均平 等	CN201720674320	CN206858940U
476	D21F	一种滚动检测造纸机干网跑偏校正器	徐　浩 等	CN201720674384	CN206858941U
477	D21F	一种造纸机干燥部烘缸柔性联接系统	张春华 等	CN201720675119	CN206858937U
478	C02F	一种环保型造纸废水处理装置	胡　钰	CN201720687765	CN206915905U
479	B01D	造纸污泥沉淀系统	严本雄	CN201720698494	CN206793222U
480	B23D	一种造纸机匀浆辊开孔装置	李晓宁 等	CN201720698811	CN207026629U
481	D21D	一种造纸过滤网	不公告发明人	CN201720715067	CN207091820U
482	D21D	一种造纸除渣系统	林启群	CN201720721428	CN207079417U
483	D21D	一种造纸用制浆系统	林启群	CN201720722208	CN207079419U
484	B21D	一种造纸用原料打浆机	王　君	CN201720723853	CN207204902U
485	C02F	一种造纸废水前端除钙系统	丁明其 等	CN201720727925	CN207046995U
486	F24F	一种造纸车间的通风系统	王雨田	CN201720728949	CN206989399U
487	G05D	一种造纸车间的控温系统	王雨田	CN201720728956	CN206991138U
488	C02F	一种用于造纸的污水回用系统	王雨田	CN201720729050	CN206985872U
489	D21C	一种用于造纸的烘干系统	王雨田	CN201720729051	CN206986596U
490	D21F	一种用于造纸的过滤系统	王雨田	CN201720729053	CN206986606U
491	D21G	一种造纸用的加湿装置	冯红卫	CN201720729927	CN206815094U
492	D21G	一种造纸用的引绳装置	冯红卫	CN201720729928	CN206873203U
493	F04D	一种造纸用的风机	冯红卫	CN201720729929	CN207004862U
494	B01D	一种应用于造纸废水处理的过滤装置	杨志益	CN201720737264	CN207286828U
495	D21F	一种用于造纸加工的快速成型装置	郭敏强	CN201720742610	CN207109451U
496	C02F	一种用于造纸加工的废水处理装置	成洪康	CN201720742621	CN207108720U
497	C02F	一种用于造纸加工的水循环利用装置	李汝和	CN201720743688	CN207091198U
498	D21F	造纸挤压辊及应用于该挤压辊上的硅胶毛毡缠带	周　明 等	CN201720748419	CN207391921U
499	D21F	一种造纸机的引纸机构	陈松文	CN201720749416	CN206858942U
500	C02F	一种造纸污泥干燥装置	熊国平	CN201720749778	CN206858406U
501	C02F	一种造纸污泥处理装置	熊国平	CN201720749852	CN207175740U
502	C02F	一种造纸污泥脱水装置	熊国平	CN201720750202	CN206858407U
503	D21F	造纸设备及其织物嵌入机构	高长启 等	CN201720751793	CN207017073U
504	B08B	一种造纸用的除尘装置	冯红卫	CN201720752945	CN207057243U
505	D21F	一种造纸用的摇震装置	徐锦荣	CN201720752988	CN206928136U

续表

序号	分类号	专利名称	发明人	申请号	公开(公告)号
506	D21F	一种造纸机的压榨装置	徐锦荣	CN201720760685	CN206873194U
507	D21F	一种烘干效率高的造纸烘干设备	李世豪	CN201720762871	CN207176391U
508	D03D	一种造纸干网用张力可调弹簧箱	刘　林 等	CN201720769534	CN206858740U
509	D21F	一种用于造纸的防黏纸脱水装置	卢文斌	CN201720772199	CN206828875U
510	B26D	一种造纸机用切纸刀片	张银河	CN201720774737	CN207290266U
511	D21F	一种造纸机用网笼	张银河	CN201720775350	CN207109440U
512	D21F	纸板生产工艺中的造纸毛布喷淋装置	王　冬 等	CN201720792740	CN207295333U
513	C02F	造纸用废水处理装置	卢文斌	CN201720794358	CN206872554U
514	D21B	纸巾生产用粉碎制浆装置	卢文斌	CN201720794359	CN206843843U
515	D21D	一种造纸用的高效打浆机	章　明 等	CN201720800976	CN207003135U
516	A23N	一种高效的食物制浆机	赵渴欣 等	CN201720802615	CN207220083U
517	B07B	一种造纸设备用振动装置	赵国奎 等	CN201720804425	CN207357581U
518	B01D	造纸废水过滤装置	杨　华 等	CN201720811649	CN206965317U
519	F23G	造纸厂垃圾焚烧装置	顾光成 等	CN201720812006	CN206973564U
520	B65H	一种造纸复卷机顶针装置	孙　武	CN201720827472	CN206985253U
521	D21F	一种造纸机烘干部用烘干罩	李建林 等	CN201720828085	CN206970992U
522	D21F	一种造纸用自清理式斜筛	李建林 等	CN201720828086	CN206970989U
523	C02F	一种造纸白水处理回收装置	李建林 等	CN201720828816	CN206915826U
524	D21D	造纸纸浆除砂机	卢文斌	CN201720828980	CN206986599U
525	D21F	基于切割的造纸机引纸装置	李建林 等	CN201720829366	CN206887615U
526	D21B	造纸用碎浆机	卢文斌	CN201720829498	CN206873187U
527	D21D	一种基于磨浆与漂白于一体化的造纸厂用造纸设备	童险峰	CN201720830135	CN207244330U
528	D21F	造纸机烘干部用潜热回收装置	李建林 等	CN201720830594	CN206887617U
529	D21B	一种化机浆预浸促进剂制浆系统	乔　艳 等	CN201720832503	CN206941294U
530	C02F	造纸废水中细小组分回收利用设备	李建林 等	CN201720836388	CN206915791U
531	C02F	造纸废水处理用厌氧反应器	李建林 等	CN201720849436	CN206915846U
532	D21F	一种用于造纸的多功能新型构件	张联银 等	CN201720850417	CN206941303U
533	B08B	一种造纸用水过滤斜网清洗装置	李　建 等	CN201720857201	CN206911861U
534	H04R	一种扬声器鼓纸制浆装置	刘长青	CN201720857645	CN207200983U
535	D21F	一种造纸机布浆器	周良范 等	CN201720870883	CN207031910U
536	D21F	一种造纸用白水的过滤回收系统	王秀香	CN201720873496	CN207210831U
537	C02F	造纸废水处理设备	宋德全	CN201720881276	CN206940463U
538	C02F	一种用于厌氧处理造纸废水的分离器	李文斌	CN201720881284	CN207175699U
539	D21F	一种造纸白水回收的节能输送装置	邓发枝	CN201720881379	CN207091823U
540	C02F	一种造纸废水环保排放装置	李仲元	CN201720881381	CN207047003U
541	D21B	一种造纸用高效除杂型碎浆设备	曲汉国	CN201720881400	CN207047597U
542	C02F	一种造纸黑液处理再利用装置	孙书培 等	CN201720885102	CN207016646U
543	F23G	一种造纸制浆高浓臭气回收装置	康仙陵 等	CN201720886337	CN207179680U

续表

序号	分类号	专利名称	发明人	申请号	公开(公告)号
544	C02F	一种造纸废水处理系统	周良范 等	CN201720888262	CN207159024U
545	B23D	用于造纸机的平衡双气囊刮刀机构	陈 伟 等	CN201720894615	CN207026643U
546	B01F	涂料加水搅拌制浆设备	孙一平 等	CN201720894677	CN207169489U
547	G05D	具有多路定时排水器的造纸用冷干机	黎桂华	CN201720899351	CN207367067U
548	D21D	一种具有纸浆混匀功能的造纸用抄纸设备	童险峰	CN201720900300	CN207244331U
549	B65H	造纸机传动控制系统	黎桂华	CN201720901892	CN207209526U
550	D21F	具有喷淋功能的造纸机喷浆上网成型装置	黎桂华	CN201720901936	CN207210828U
551	C02F	一种造纸废水处理循环再利用装置	苏耀军 等	CN201720909609	CN207002532U
552	C02F	一种造纸废水处理装置	张 秀 等	CN201720910406	CN207375785U
553	B01D	一种用于造纸业的浆料除砂装置	简 伟	CN201720934161	CN206965323U
554	D21B	一种秸秆机械制浆机	贾楠楠 等	CN201720936029	CN207362588U
555	D21D	一种秸秆制浆设备	王焕海	CN201720938580	CN207047599U
556	D21B	一种提高纸浆质量的制浆机	鲍 涛 等	CN201720962923	CN207003129U
557	C02F	一种具有空气辅助搅拌的造纸用废水絮凝搅拌设备	梁志雄	CN201720971611	CN207227090U
558	D21F	一种造纸机压榨辊卸辊装置	朱和峰	CN201720971970	CN207244336U
559	D21F	一种造纸成形网张紧装置	唐奇中	CN201720971977	CN207244333U
560	D21F	一种双层造纸网	王新勇	CN201720971979	CN207244334U
561	D21B	一种造纸用纸浆原料粉碎装置	秦 甲	CN201720980048	CN207159674U
562	D21H	一种造纸用施胶机的上料槽结构	郭剑斌 等	CN201720980367	CN207277087U
563	B25J	一种造纸用抄纸槽安全型夹取装置	秦 甲	CN201720980396	CN207120226U
564	C02F	一种造纸业废水检测处理设备	谢玉茹	CN201720983189	CN207294374U
565	C02F	制浆造纸工业综合废水处理系统	马 冠 等	CN201720983766	CN207031207U
566	D21F	造纸工业中木糖粉及木质素磺酸盐的提取系统	马 冠 等	CN201720983803	CN207062642U
567	C02F	造纸业废水深度处理系统	马 冠 等	CN201720984636	CN207159030U
568	D21F	一种易于清洗的造纸网	袁先进	CN201720987323	CN207121753U
569	D21D	一种打浆均匀的造纸打浆机	蔺云宽	CN201720987380	CN207121749U
570	E03F	一种造纸废水回收槽	梁浩华	CN201720999017	CN207295959U
571	B01D	一种造纸废水处理的沉淀池	石晓斌 等	CN201721000681	CN207024711U
572	C02F	一种造纸废水处理系统的絮凝通道	石晓斌 等	CN201721000684	CN207046927U
573	B01D	一种石灰石粉制浆的浆液系统	康艳昌 等	CN201721011313	CN207266826U
574	D21F	一种长网造纸机的新型摇振装置	赵建华 等	CN201721012909	CN207210830U
575	D21B	一种用于造纸厂的纸浆分散设备	刘奇美	CN201721014722	CN207109434U
576	D21F	一种手工造纸装置	成 功 等	CN201721030540	CN207314030U
577	C02F	一种造纸制浆废水处理装置	李文斌	CN201721036241	CN207175716U
578	C02F	一种处理造纸废水的净化器	李文斌	CN201721036243	CN207175623U
579	C02F	一种造纸废水厌氧处理系统	李文斌	CN201721036245	CN207175576U
580	C02F	一种造纸废水曝气装置	李文斌	CN201721036246	CN207175563U
581	C02F	一种造纸废水回用系统	李文斌	CN201721036247	CN207175717U

续表

序号	分类号	专利名称	发明人	申请号	公开(公告)号
582	C02F	一种造纸废水净化处理装置	杨川北 等	CN201721036894	CN207347316U
583	D21H	小型牛皮箱板纸造纸机	李文斌	CN201721037177	CN207176397U
584	D21F	一种用于松厚型高清壁纸原纸的长网大缸造纸机	张肖飞	CN201721042432	CN207347827U
585	F04D	一种造纸冲浆泵机	王贵敏 等	CN201721042476	CN207064260U
586	D21F	一种造纸设备	秦启文 等	CN201721046512	CN207109445U
587	D21F	一种造纸机	秦启文 等	CN201721047547	CN207109449U
588	B01D	一种可连续作业造纸用压滤机	缪东海 等	CN201721051555	CN207187222U
589	C02F	一种造纸用挤压过滤的压滤机	缪东海 等	CN201721051615	CN207192950U
590	D21F	一种造纸用烘干扁丝干网	缪东海 等	CN201721051674	CN207109438U
591	B01D	一种造纸用废气净化设备	何 斌	CN201721057246	CN207342453U
592	D21F	一种造纸设备的烘干装置	何 斌	CN201721057295	CN207159696U
593	B01F	一种造纸用浆池搅拌器	何 斌	CN201721057316	CN207153504U
594	C02F	一种造纸厂废水处理装置	何 斌	CN201721057325	CN207159039U
595	B01D	一种用于造纸浆液的过滤装置	何 斌	CN201721057330	CN207153269U
596	D21F	一种造纸生产设备	何 斌	CN201721057343	CN207259862U
597	B01F	一种造纸用的污泥搅拌装置	何 斌	CN201721057386	CN207342626U
598	B01F	一种造纸用纸浆搅拌装置	何 斌	CN201721058036	CN207385248U
599	D21F	一种造纸用纸张烘干装置	何 斌	CN201721058050	CN207227857U
600	D21B	一种新型造纸用磨木机	何 斌	CN201721058156	CN207227849U
601	D21B	一种造纸碎浆机	何 斌	CN201721058594	CN207227851U
602	D21F	造纸烘干用干网圈路	毛俊军 等	CN201721068472	CN207193670U
603	D21F	一种造纸用烘干装置	毛俊军 等	CN201721068663	CN207193671U
604	D21F	一种造纸真空压榨装置	过建文	CN201721071141	CN207176387U
605	B01D	一种造纸废气净化处理设备	刘 凯	CN201721071179	CN207169390U
606	B01D	一种造纸废气净化装置	刘 凯	CN201721071236	CN207169403U
607	D21G	一种造纸白水槽浮絮清除装置	邓长保	CN201721071285	CN207176394U
608	C02F	一种造纸污泥烘干设备	何 斌	CN201721071447	CN207259361U
609	D21H	造纸用湿部施胶装置	毛俊军 等	CN201721077665	CN207227860U
610	D21H	造纸用网部涂喷施胶装置	毛俊军 等	CN201721077713	CN207259865U
611	B65D	一种造纸原料添加剂的存放装置	龙波涛 等	CN201721082634	CN207191773U
612	B01D	一种改进型造纸废水中纸浆纤维过滤回收装置	余明兴	CN201721102626	CN207102015U
613	D21F	一种造纸成形网	黄天荣	CN201721118561	CN207193661U
614	F25B	一种造纸机废热回收利用装置	杨 杰	CN201721120797	CN207335234U
615	D21F	一种低碳环保清洁造纸机	杨 杰	CN201721120798	CN207295338U
616	D21H	一种造纸上色机	黄天荣	CN201721126800	CN207193677U
617	B65H	一种用于生活卫生用纸原纸制造的高效造纸机	刘枝强 等	CN201721133331	CN207158444U
618	F26B	一种用于生活卫生用纸原纸制造的造纸机烘干装置	刘枝强 等	CN201721133351	CN207163163U
619	D21F	一种用于生活卫生用纸原纸制造的造纸机传动系统	刘枝强 等	CN201721138814	CN207347826U

续表

序号	分类号	专利名称	发明人	申请号	公开(公告)号
620	D21F	一种造纸自清洁脱水装置	吕本升	CN201721140785	CN207244335U
621	D21B	一种回收废纸的破碎制浆装置	李庭庄	CN201721141272	CN207376364U
622	D21F	一种造纸机的压榨辊	吴云锋 等	CN201721141752	CN207362597U
623	D21B	一种造纸连续碎浆机	吴云锋 等	CN201721141755	CN207362589U
624	D21D	一种双层式造纸打浆机	沈伟军 等	CN201721144274	CN207362595U
625	D21F	一种带冷却功能的造纸用烘干装置	陈建明 等	CN201721144301	CN207362599U
626	C02F	一种制浆脱墨污泥絮凝过滤装置	李文斌	CN201721146418	CN207294564U
627	E01C	一种控制浆砌片石边沟线型的可调节装置	于建军 等	CN201721157836	CN207227889U
628	B65H	一种高效的造纸机分切装置	叶韶州	CN201721163835	CN207390629U
629	B65H	一种效率高的造纸机卷取装置	王永富	CN201721163957	CN207209524U
630	B65H	一种不会损害纸的造纸机卷取装置	王永富	CN201721164827	CN207209502U
631	D21F	一种造纸机压榨部换辊机构	王永富	CN201721166244	CN207210833U
632	D21F	一种易清洗的造纸机网部	王永富	CN201721166359	CN207210838U
633	D21G	一种改善纸性质的造纸机压光装置	叶韶州	CN201721167485	CN207391923U
634	D21F	一种纸料分布均匀的造纸机流浆箱	王永富	CN201721167550	CN207210827U
635	B65H	一种效率高的造纸机复卷装置	林惠添	CN201721169663	CN207390602U
636	D21F	一种脱水效果好的造纸机干燥部用烘缸	王永富	CN201721169851	CN207210835U
637	D21F	一种节能的造纸机干燥部	王永富	CN201721170764	CN207210836U
638	D21D	一种磨浆机的造纸组合磨片	彭志成 等	CN201721175844	CN207259857U
639	D21G	一种造纸压光机的热辊	王永富	CN201721178106	CN207210841U
640	D21G	一种造纸压光机	王永富	CN201721178353	CN207210840U
641	D21F	一种斜网造纸设备	葛曹杰 等	CN201721182778	CN207176382U
642	D21C	一种办公废纸分级制浆生产系统	杨文恒 等	CN201721207802	CN207159679U
643	D21F	造纸用真空箱弧形脱水元件	孙天玉	CN201721208307	CN207331351U
644	D21H	一种均匀施胶的造纸机施胶装置	王永富	CN201721215194	CN207210845U
645	D21G	一种造纸机的冷却水循环装置	卢伟民	CN201721234981	CN207314032U
646	C02F	一种造纸厂废水处理装置	钟 琼 等	CN201721239685	CN207259194U
647	D21F	一种机械制浆的综合余热利用系统	李延平 等	CN201721242195	CN207159699U
648	D21F	一种造纸机用脱水刮板	李文斌	CN201721242316	CN207295334U
649	D21F	一种圆网造纸机的柔性饰面装置及圆网造纸机	韩 勇 等	CN201721248899	CN207210839U
650	D21C	一种造纸用纸浆蒸煮装置	卢伟民	CN201721259329	CN207314022U
651	F26B	一种造纸用纸浆干燥滚筒	卢伟民	CN201721260184	CN207317418U
652	B01F	一种造纸打浆机	宋夫建 等	CN201721263333	CN207271156U
653	B65H	一种造纸机械的复卷机除尘装置	刘阿宝 等	CN201721263387	CN207209503U
654	C02F	一种造纸废水处理装置	刘阿宝 等	CN201721263389	CN207276387U
655	D21F	一种造纸机的真空托辊	宋树省 等	CN201721263441	CN207210834U
656	D21D	一种造纸用新型分级筛	刘开营 等	CN201721273588	CN207210826U
657	D21D	一种造纸用磨浆机	邹 勇 等	CN201721273648	CN207210824U

续表

序号	分类号	专利名称	发明人	申请号	公开(公告)号
658	D21F	一种造纸机械网部自动张紧装置	宋树省 等	CN201721273678	CN207210837U
659	D21D	一种造纸机械浆的处理装置	刘阿宝 等	CN201721273679	CN207210825U
660	B01D	一种造纸厂用出风口除尘布袋	李有才	CN201721292207	CN207356761U
661	B01D	一种造纸废水初沉池漂浮油墨的自动收集装置	王　虎	CN201721300691	CN207324182U
662	B03B	造纸废渣、废纸浆及废塑料分离系统	朱清淅	CN201721333904	CN207371707U
663	D21F	一种单缸双网造纸机的引纸辊	叶欣东	CN201721344390	CN207277082U
664	D21F	一种高效节能单缸双网造纸机	叶欣东	CN201721344421	CN207277083U
665	D21F	一种环保节能单缸双网造纸机	叶欣东	CN201721344493	CN207277084U
666	D21B	一种造纸厂用水力碎浆机	叶欣东	CN201721345235	CN207347821U
667	D21F	一种单缸双网造纸机的脱水装置	叶欣东	CN201721346036	CN207277080U
668	D21B	一种绿色环保型用于造纸碎浆机的投料装置	李有才	CN201721351334	CN207362591U
669	F26B	一种单缸双网造纸机的烘干装置	叶欣东	CN201721352417	CN207280131U
670	D21F	造纸机的供浆机构	何时荣	CN201721367716	CN207391918U
671	D21F	用于造纸工艺中的白水处理回用机构	何时荣	CN201721367720	CN207391919U
672	C02F	造纸废水处理装置及造纸废水处理组件	刘　洁	CN201721374704	CN207313342U
673	B66C	一种造纸废渣的抓取装置	周华祥	CN201721390003	CN207390827U
674	D21H	一种造纸机的施胶装置	周华祥	CN201721395447	CN207391928U
675	D21F	一种造纸设备余热回收装置	谭拥军	CN201721407601	CN207295337U
676	D21F	一种造纸设备的浆料浓度调节装置	徐　强	CN201721410341	CN207295332U
677	D21F	一种造纸机干网防抖动机构	杨朝林	CN201721411035	CN207314025U
678	D21D	一种造纸用自动化磨浆机	杨朝林	CN201721416271	CN207314023U
679	B65D	一种造纸用浆料筒密封机构	杨朝林	CN201721416663	CN207329223U
680	D21F	一种造纸机辊组间水汽消除装置	杨朝林	CN201721419463	CN207362598U
681	D21F	一种造纸密闭气罩保温板	王建平 等	CN201721419874	CN207347825U
682	D21B	一种造纸用碎浆机减震机构	杨朝林	CN201721430817	CN207314021U
683	C02F	造纸废水资源化回收处理系统设备	马新功	CN201721433374	CN207404969U
684	B31B	一种甘蔗渣造纸用纸板占压装置	黄海峰	CN201721467694	CN207388396U
685	B65H	一种甘蔗渣造纸用纸板卷收装置	黄海峰	CN201721467714	CN207390593U
686	B26D	一种造纸工厂用成品卷纸定长切割装置	张　佳	CN201721480369	CN207387764U
687	C02F	一种造纸用工业用水处理装置	张　健 等	CN201721572011	CN207158992U
688	H02K	一种造纸烘干电机的水冷装置	张　健 等	CN201721741897	CN207166311U
689	D21F	一种造纸浓白水回收装置	张　健 等	CN201721742000	CN207159694U
690	B26D	一种造纸分切机的废纸收集装置	张　健 等	CN201721742321	CN207206568U
691	15-99(11)	球型超声波制浆反应釜	刘　洁	CN201730027753	CN304265882S
692	15-99(11)	球型超声波制浆反应器	刘　洁	CN201730027982	CN304265883S
693	15-99(11)	超声制浆造纸反应釜	刘　洁	CN201730027983	CN304265884S
694	15-99(11)	超声波制浆反应釜	刘　洁	CN201730027984	CN304265885S
695	15-99(11)	超声造纸原料螺旋式处理器	刘　洁	CN201730027992	CN304265887S

续表

序号	分类号	专利名称	发明人	申请号	公开(公告)号
696	15-99(11)	超声造纸原料螺旋处理器	刘 洁	CN201730027993	CN304265888S
697	15-99(11)	造纸原料输送提升机	刘 洁	CN201730027995	CN304203908S
698	12-05(10)	造纸原料输送机	刘 洁	CN201730028001	CN304219069S
699	15-99(11)	球型超声制浆反应设备	刘 洁	CN201730028002	CN304265890S
700	15-99(11)	超声波造纸制浆反应器	刘 洁	CN201730028021	CN304265891S
701	15-99(11)	超声波造纸反应器	刘 洁	CN201730028022	CN304265892S
702	15-99(11)	球型超声波造纸反应器	刘 洁	CN201730028172	CN304265893S
703	15-99(11)	超声造纸反应器	刘 洁	CN201730028173	CN304375567S
704	15-99(11)	超声造纸制浆处理器	刘 洁	CN201730028174	CN304265894S
705	15-99(11)	造纸物料输送设备	刘 洁	CN201730028181	CN304265896S
706	15-99(11)	超声波造纸反应釜	刘 洁	CN201730028182	CN304265897S
707	15-99(11)	初级超声波造纸反应器	刘 洁	CN201730028245	CN304221634S
708	15-99(11)	初级超声波造纸反应釜	刘 洁	CN201730028246	CN304221635S
709	15-99(11)	初级超声波制浆反应釜	刘 洁	CN201730028247	CN304221636S
710	15-99(11)	超声造纸物料预处理器	刘 洁	CN201730028248	CN304221637S
711	12-05(10)	造纸物料输送机	刘 洁	CN201730028256	CN304203366S
712	15-99(11)	造纸原料传送设备	刘 洁	CN201730028257	CN304265900S
713	15-99(11)	制浆用超声波反应器	刘 洁	CN201730028353	CN304327928S
714	15-99(11)	造纸用超声波制浆反应器	刘 洁	CN201730028354	CN304265901S
715	15-99(11)	造纸用超声波反应器	刘 洁	CN201730028355	CN304375568S
716	15-99(11)	超声波造纸制浆设备	刘 洁	CN201730028356	CN304228595S
717	15-99(11)	超声波制浆设备	刘 洁	CN201730028357	CN304265902S
718	15-99(11)	造纸原料上料设备	刘 洁	CN201730028358	CN304265903S
719	15-09(11)	造纸机	刘昊东	CN201730044863	CN304221544S
		造纸化学品			
1	C08L	一种利用造纸黑液制备生物基补强填料的方法	王海民	CN201710082735	CN106832981A
2	D21H	一种新型造纸助剂直链 AKD 表面施胶剂的制备方法	朱年德 等	CN201710090730	CN106758518A
3	D21H	一种造纸分散剂及其制备方法	朱红兵	CN201710096072	CN106948216A
4	C08B	造纸用复合变性淀粉	缪鹏飞	CN201710102027	CN106832019A
5	C02F	一种造纸厂废水处理剂	不公告发明人	CN201710109489	CN106745412A
6	D21H	一种新型的造纸填料及其制备方法	蒲俊文 等	CN201710116750	CN106917320A
7	D21H	一种造纸施胶剂的制备方法	王忠良	CN201710129118	CN106702816A
8	C02F	一种用于造纸废水的处理剂及其制备方法	陈红嘉	CN201710172932	CN106927520A
9	C02F	一种用于造纸工业制浆废水的处理剂	张 静	CN201710176459	CN106865719A
10	D21H	一种新型造纸填料的制造设备及造纸填料的制备方法	袁 毅 等	CN201710177790	CN106835820A
11	D21H	一种造纸专用碳酸钙填料的制备方法	陈长兵 等	CN201710201636	CN107012727A

续表

序号	分类号	专利名称	发明人	申请号	公开(公告)号
12	B01J	一种造纸废水处理剂的制备方法	陈长兵 等	CN201710201637	CN106975464A
13	D21H	一种凹凸棒黏土造纸助剂及其制备方法	扈卫珍 等	CN201710233115	CN106988154A
14	C02F	一种造纸污泥脱水复合型絮凝剂	吴长应	CN201710235062	CN106995269A
15	D21H	一种造纸填料重钙浆料的制备方法及应用	王彦华 等	CN201710247505	CN106948215A
16	D21H	一种造纸填料重质碳酸钙浆料的制备方法	王彦华 等	CN201710247542	CN106906693A
17	D21H	一种环保型交联改性 PAE 造纸高增湿强剂的制备方法	赵新民 等	CN201710250573	CN107012731A
18	D21H	用于造纸表面施胶的工业淀粉及其制备工艺	李毅伦	CN201710254693	CN106906695A
19	D21H	一种造纸用干强剂的制备方法	张　静 等	CN201710265180	CN107100032A
20	C02F	利用造纸污泥制备的有机复合污泥脱水调理剂及制备方法	蒋　玲 等	CN201710285096	CN106946438A
21	A61L	一种造纸厂除臭剂	陈秋华	CN201710287668	CN106924789A
22	C08F	一种造纸助留助滤用聚丙烯酰胺的制备方法	刘彭城 等	CN201710332407	CN106905479A
23	C02F	一种低排放的造纸废水处理及综合利用方法	赵会芳 等	CN201710339830	CN106946418A
24	D21H	一种用于验证造纸表面施胶剂施胶效果的方法	田芝霞 等	CN201710345759	CN107012730A
25	D21C	一种造纸黑液消泡剂及其制备方法和应用	宋其利 等	CN201710356086	CN107130459A
26	B01J	一种造纸废水处理剂及其制备方法	袁国防 等	CN201710396421	CN107029677A
27	D21H	一种造纸用助留剂	部九宏 等	CN201710424392	CN107254802A
28	D21H	一种复合造纸用固着剂的制备方法	雷国庆 等	CN201710424615	CN107254804A
29	D21H	一种造纸施胶剂的制备方法	马俊杰 等	CN201710460474	CN107190567A
30	D21C	一种造纸蒸煮剂	沈水平	CN201710477237	CN107059452A
31	D21H	一种造纸用的打底料及使用方法	马伟明	CN201710494528	CN107201691A
32	D21H	一种造纸用绿色环保染料	王　君	CN201710523234	CN107419600A
33	D21H	造纸用吸水剂	庞　瑜	CN201710530747	CN107190560A
34	D21H	一种用于造纸加工的防水耐污改性胶黏剂及其制备方法	许戈文 等	CN201710631552	CN107558292A
35	C09C	造纸专用二氧化钛制备方法	徐英杰 等	CN201710655700	CN107459842A
36	C02F	造纸废水处理剂	汪泽维 等	CN201710657936	CN107337247A
37	C08F	一种造纸用苯丙乳液及其制备方法	邵军尧 等	CN201710665270	CN107556418A
38	C08F	一种造纸用丁苯胶乳及其制备方法	邵军尧 等	CN201710665351	CN107344984A
39	C02F	一种造纸处理水专用净化剂及其制备方法	方碧水	CN201710729895	CN107311261A
40	D21H	一种造纸专用润滑剂及其制备方法	方碧水	CN201710729896	CN107447577A
41	D21H	一种造纸打浆专用添加剂及其制备方法	方碧水	CN201710729897	CN107460767A
42	A61L	一种造纸厂专用环保型除臭剂及其制备工艺	方　政	CN201710730148	CN107335084A
43	C02F	一种用于减缓二次纤维造纸废水超滤处理膜污染的改性聚合氯化铝的制备方法	李友明 等	CN201710730766	CN107434285A
44	C02F	一种造纸厂废水处理剂及其制备工艺	方　政	CN201710731220	CN107265708A
45	C02F	一种造纸厂废水沉淀剂及其制备方法	方　政	CN201710731239	CN107253753A
46	C09K	用造纸黑液制备酸性土壤调理剂的方法及其应用	文亚雄 等	CN201710753119	CN107502362A

续表

序号	分类号	专利名称	发明人	申请号	公开(公告)号
47	C09C	一种造纸用改性碳酸钙及其加工工艺	唐 文 等	CN201710776035	CN107603278A
48	C08F	一种造纸用丁苯胶乳的制备方法	郑富平 等	CN201710776128	CN107501457A
49	A01N	一种造纸杀菌剂及其制备方法	许桂红 等	CN201710798270	CN107593746A
50	C02F	一种造纸废水处理剂及其制备方法	王 丽 等	CN201710804794	CN107445275A
51	D21H	一种造纸干网喷淋剂及其制备方法	邓 强 等	CN201710820177	CN107653741A
52	C02F	一种用造纸污泥生产用于处理废水的过滤剂及其制造方法	李 健 等	CN201710838462	CN107381684A
53	D21H	一种造纸填料的现场包覆预絮聚改性方法	王立军 等	CN201710845580	CN107675556A
54	A01N	一种造纸用杀菌剂	刁佛新	CN201710847565	CN107467068A
55	D21H	一种造纸专用重质碳酸钙的制备方法	林 龙	CN201710852848	CN107574707A
56	D21H	一种造纸用杀菌防腐剂	王建飞	CN201710867978	CN107503236A
57	D21H	一种易分散型造纸用涂料	王建飞	CN201710867979	CN107401084A
58	D21H	一种用于造纸的改性碳酸钙及其制备方法	李文康 等	CN201710898985	CN107419595A
59	D21H	一种高着留造纸填料及其制备方法	陈 庆 等	CN201710916342	CN107503226A
60	D21H	一种重质碳酸钙基造纸涂料及其制备方法	袁 超 等	CN201710916348	CN107653738A
61	D21H	一种造纸专用纳米碳酸钙制备方法	李文康 等	CN201710916453	CN107724171A
62	C02F	一种利用造纸废水制备絮凝剂的方法	刘蓉凤 等	CN201710928639	CN107686153A
63	C08F	一种添加分子量调节剂制备造纸用阳离子助留助滤剂的方法	沈 勇 等	CN201710940017	CN107556432A
64	C02F	造纸废水中酸性污染物净化剂	王婧宁	CN201710975860	CN107619096A
65	D21H	一种造纸复合助留剂	孙纯锐 等	CN201711011393	CN107630389A
66	D21H	一种用于造纸行业中的淀粉组合物	佟 毅 等	CN201711029406	CN107815917A
67	D21H	一种双组份造纸填料及其制备方法	张 帆 等	CN201711041931	CN107869090A
68	D21H	造纸用表面施胶液的生产工艺	杜汉民 等	CN201711057441	CN107841905A
69	D21H	一种抑菌抗凝造纸湿强剂的制备方法	龙年生 等	CN201711068871	CN107905029A
70	D21H	一种多功能造纸化学助剂及其制备方法和应用	吕文志 等	CN201711070441	CN107815918A
71	D21H	一种环保型造纸湿强剂及其制备方法	邓 强 等	CN201711088238	CN108035187A
72	D21H	一种造纸施胶剂及其制备方法	邓 强 等	CN201711102102	CN108018740A
73	D21H	一种复合型造纸湿强剂及其制备方法	邓 强 等	CN201711102105	CN108049240A
74	D21H	一种造纸用改性聚醚消泡剂组合物及其制备方法	王 婷	CN201711127474	CN107893343A
75	D21H	一种造纸用消泡剂组合物及其制备方法	王 婷	CN201711127498	CN107893344A
76	C08G	一种造纸涂布用新型降粘流变剂的制备方法和应用	郑保键	CN201711180878	CN107840964A
77	C12N	一种用于废纸造纸工艺的复合酶制剂及制备方法	庄 冉 等	CN201711216515	CN108004223A
78	C02F	一种用于造纸化机浆废液的蒸发阻垢分散剂及其制备方法	田民格 等	CN201711245251	CN108033577A
79	C02F	一种造纸废水处理剂及其处理造纸废水的方法	许桂红 等	CN201711264149	CN107746085A
80	C09D	一种造纸用自洁抗污涂料及其制备方法	杨建军 等	CN201711307366	CN107880701A
81	D21C	一种生活用纸加工中使用的制浆助剂	许亦南	CN201711309903	CN108060598A

续表

序号	分类号	专利名称	发明人	申请号	公开(公告)号
82	C02F	一种造纸废水处理用海泡石/淀粉接枝聚丙烯酰胺复合絮凝剂的制备方法	徐道际 等	CN201711460698	CN107986417A
		环境保护			
1	B01J	造纸污泥生物质炭的制备方法以及去除废水中2,4二氯酚的方法	崔立强 等	CN201710067882	CN106540659A
2	C04B	一种利用造纸绿泥碱回收底渣制备混凝土掺合料的方法	鲁　涛 等	CN201710097498	CN106977125A
3	D21C	一种由制浆黑液制备高附加值酚类产品的方法	吕高金 等	CN201710112838	CN106906685A
4	C02F	介孔复合固体酸 $H_3PW_{12}O_{40}/ZrO_2$ 氧化降解造纸黑液中碱木质素的方法	任世学 等	CN201710120634	CN106587329A
5	C02F	一种造纸废水高标准排放的组合处理方法	贾晓凤 等	CN201710169862	CN106957127A
6	C02F	一种降低固废排放的造纸废水处理系统及其操作方法	许正茂	CN201710172283	CN106746382A
7	D21B	利用玉米制浆废液废渣制肥的方法	岳金权 等	CN201710177142	CN106702798A
8	C04B	一种造纸白泥基人造石的制备方法	陈兴权 等	CN201710190830	CN106966652A
9	B01D	微孔陶瓷基材表面可控修饰制备的复合膜及其制备方法与在造纸废水处理中的应用	武书彬 等	CN201710207413	CN106861453A
10	B01J	用于催化活化过硫酸盐并靶向降解造纸废水中典型污染物的催化材料及其合成方法与应用	万金泉 等	CN201710236647	CN107029790A
11	C02F	膨润土负载纳米零价铁在三维电极技术中的应用、造纸废水处理方法及粒子电极制备方法	王　振 等	CN201710240245	CN107032457A
12	C10L	以秸秆与造纸厂黑液为原料的生物质颗粒燃料制备系统	关　欣 等	CN201710264210	CN107099351A
13	B01J	造纸工业废水污泥制备泥质炭吸附材料的方法	李志全	CN201710272297	CN106994331A
14	C02F	一种造纸废水处理系统及处理工艺	郑振山 等	CN201710310003	CN106904770A
15	C05G	一种改性造纸黑液生物基包膜控释肥料及其制备方法	杨越超 等	CN201710327085	CN107082692A
16	C12P	一种利用生物发酵从造纸黑液中提取生化黄腐酸的方法	杨越超 等	CN201710327091	CN106906261A
17	C12P	一种造纸白泥强化有机垃圾生产沼气技术	钟潜学	CN201710328549	CN106939321A
18	C02F	一种造纸中段废水处理工艺	钟潜学	CN201710329157	CN106938877A
19	C02F	污泥造纸自动化生产线	廉文利	CN201710335323	CN107032569A
20	C09K	一种利用造纸黑液制备软膜型耐水抑尘剂的方法	封金财 等	CN201710337156	CN106967387A
21	C02F	一种本色竹浆制浆洗涤废水的循环再利用方法	杨朝林 等	CN201710347382	CN107089746A
22	C04B	一种用造纸白泥废弃物制备多孔陶瓷的方法	张丰庆 等	CN201710347567	CN107089837A
23	C02F	用于造纸废水处理的陶瓷膜系统及其处理工艺	高明河 等	CN201710373404	CN107055924A
24	C04B	直接利用城镇污水处理厂产生的湿污泥和造纸厂碱回收白泥配合共同用于制砖的方法	蔡成刚	CN201710380306	CN107200555A
25	C02F	造纸废水处理工艺	王　媛	CN201710394127	CN107089771A
26	C02F	一种造纸废水的处理方法及装置	毛强平	CN201710394959	CN107311391A
27	C02F	一种造纸污泥资源化利用装置	相玉琳 等	CN201710395519	CN107021598A

续表

序号	分类号	专利名称	发明人	申请号	公开(公告)号
28	D21F	造纸废水不经处理循环利用工艺技术	侯俊民	CN201710431395	CN107513878A
29	C01B	一种造纸污泥制备活性炭的方法	周学飞	CN201710485082	CN107324330A
30	C02F	一种造纸废水的处理方法	许亦南	CN201710499428	CN107244781A
31	C02F	一种造纸厂废水的处理系统	郑　佳	CN201710502783	CN107129114A
32	C02F	一种造纸厂废水的处理方法	郑　佳	CN201710503393	CN107162341A
33	H01M	一种造纸黑液转化多孔碳钠离子电池负极材料的制备方法	孔　硌 等	CN201710547701	CN107452960A
34	B01J	一种热解气化催化剂及使用该催化剂的造纸垃圾处理工艺	雷建国 等	CN201710574999	CN107497467A
35	C02F	造纸工业废水的净化处理方法	齐永怡	CN201710577455	CN107585949A
36	D21H	一种造纸废水处理过程中的铁氧晶体二次利用工艺	张凤山 等	CN201710580445	CN107558293A
37	C02F	一种造纸废水处理系统	严连庆	CN201710592973	CN107140796A
38	C04B	一种造纸厂污泥制免烧砖	缪碧波	CN201710597916	CN107417225A
39	C02F	一种低臭气排放的造纸废水处理方法	俞解明 等	CN201710605996	CN107285568A
40	C02F	一种造纸污泥的回用方法	马明军	CN201710606251	CN107445420A
41	C07C	一种制浆废液氧化制备乙酸的方法	曾宪海 等	CN201710617891	CN107382696A
42	C05G	一种利用制浆黑液生产生物有机碳肥的方法	胡志顺 等	CN201710661378	CN107434751A
43	C02F	造纸浓白水的回收利用装置及处理方法	王建玲	CN201710644983	CN107200445A
44	C02F	制浆造纸工业综合废水处理系统	马　冠 等	CN201710670874	CN107253806A
45	C02F	造纸行业纸机白水回收处理系统	马　冠 等	CN201710670875	CN107285527A
46	C02F	造纸业废水深度处理系统及其处理方法	马　冠 等	CN201710672059	CN107265785A
47	C04B	一种利用造纸污泥制备烧结保温砖、砌块造孔材料的方法	杨　良 等	CN201710717150	CN107619294A
48	C12N	一种造纸工业废水脱色的复合菌群及其制备方法	李健菊 等	CN201710735660	CN107475150A
49	C02F	造纸污泥基生物炭在去除水体中抗生素或重金属与抗生素的应用	林云琴 等	CN201710740568	CN107686142A
50	B01J	利用造纸黑液制备纳米微介孔活性炭/SiO_2 复合材料及其应用	李金鹏 等	CN201710758414	CN107442068A
51	D21F	一种造纸白水微细胶黏物高效黏附净化方法及装置	李　擘 等	CN201710771063	CN107366174A
52	D21C	一种高效过滤净化造纸循环白水微细胶黏物的方法	李　擘 等	CN201710772168	CN107345373A
53	C02F	一种造纸厂利用微生物处理废水的方法	冯小义 等	CN201710779993	CN107698093A
54	C02F	一种造纸厂工业污泥处理的方法	冯小义 等	CN201710780498	CN107522357A
55	C02F	一种制浆脱墨污泥回收再利用的方法	陈　满 等	CN201710785735	CN107619169A
56	C12N	一种处理造纸白水阳离子的固化酶材料及其制备方法	王松林 等	CN201710800188	CN107586771A
57	C12N	一种处理造纸白水用包埋颗粒固定化混合酶及其制备方法	王松林 等	CN201710800443	CN107557351A
58	G01N	一种测定造纸废水中颗粒污泥钙化的方法	王志伟 等	CN201710823663	CN107655784A
59	B09B	一种造纸厂垃圾焚烧与废水处理一体化工艺	肖贤声	CN201710855808	CN107649486A

续表

序号	分类号	专利名称	发明人	申请号	公开(公告)号
60	C10B	一种生物质掺混高灰造纸污泥热解制备合成气的方法	郭飞强 等	CN201710865120	CN107841325A
61	C08H	一种从造纸黑液中提取木质素的方法	王传贵 等	CN201710878616	CN107522869A
62	C05G	一种造纸污泥有机肥的加工工艺	朱雪江	CN201710881659	CN107522562A
63	B09B	一种造纸厂废渣的处理系统及其处理工艺	朱清淅	CN201710966822	CN107716510A
64	D21H	利用造纸污泥制作纸板的制作工艺	严本雄	CN201710972105	CN107881843A
65	D21F	一种造纸白水阴离子垃圾的资源化回用方法	戴红旗 等	CN201710994095	CN107513879A
66	C04B	一种使用改性造纸污泥颗粒的保温砂浆	陈明旭 等	CN201711018754	CN107673707A
67	B09B	一种再生浆造纸固体废料处理方法	谭拥军	CN201711024342	CN107812784A
68	C04B	一种使用造纸污泥型光催化涂层的保温材料及其制备方法	陈明旭 等	CN201711025047	CN107673709A
69	C02F	造纸废水资源化回收处理工艺方法及处理系统设备	马新功	CN201711052798	CN107619124A
70	C02F	一种造纸污泥的固化干燥处理方法	杜汉民 等	CN201711056002	CN107619170A
71	C02F	一种造纸厂废水处理方法	唐德养	CN201711058775	CN107619158A
72	B01J	一种造纸污泥纤维微孔吸油复合物及其制备方法和应用	张　弛 等	CN201711116383	CN107670653A
73	C02F	一种将造纸废水处理成清水排放的方法	潘立华	CN201711121099	CN107628734A
74	C12P	一种利用造纸废液生物合成丁二酸的方法	李志敏 等	CN201711142577	CN107841515A
75	C02F	APMP 制浆废水集成处理工艺	王　根 等	CN201711172545	CN107879555A
76	C04B	一种造纸白泥基人造石及其制备方法	邵明洋	CN201711187086	CN107746245A
77	C02F	一种造纸废水处理方法	吴龙世 等	CN201711188647	CN107758928A
78	C02F	一种将粉煤灰应用在造纸黑水净化处理的方法	许亦南	CN201711216200	CN107857332A
79	C02F	一种造纸废水处理工艺	占正奉 等	CN201711224797	CN107963784A
80	D21F	利用制浆废液制备有机肥料的方法	李世杰 等	CN201711227161	CN107938417A
81	D21F	一种造纸黑液的处理方法	陈键锋	CN201711238570	CN108035182A
82	D21F	一种由造纸黑液制备生物质炭的方法及系统	杨永毅 等	CN201711398656	CN107938418A
83	C02F	一种造纸废水净化方法	杨慧侠 等	CN201711410528	CN108046533A
84	C02F	一种造纸废水气浮处理系统和混凝剂	张远堂 等	CN201711431455	CN108059278A
85	B01D	一种造纸废水站废气处理工艺	陈步东 等	CN201711491287	CN107970760A
86	C02F	一种用于造纸行业的废水处理系统	赵芝庸	CN201720118920	CN206521368U
87	C02F	一种用于造纸工业的废水处理系统	丁文超 等	CN201720186445	CN206553354U
88	C02F	一种用于造纸工业的智能废水处理系统	丁文超 等	CN201720187138	CN206553355U

（王　斌）

2017 年我国造纸工业标准目录

Standards of China's Paper Industry in 2017

截止到 2017 年年底，我国造纸工业标准共有 470 项，其中，国家标准 358 项，行业标准 112 项。2017 年新批准发布造纸标准 23 项，其中，国家标准 14 项，行业标准 9 项。

以下列出最新造纸工业标准目录，表 1 为 2017 年新批准发布造纸标准目录，表 2 为现有造纸产品标准目录(241 项)，表 3 为现有造纸基础和测试方法标准目录(共 229 项)。

表 1　　2017 年新批准发布造纸标准目录

序号	标准号	标准名称	发布日期	实施日期	代替标准号
1	GB/T 34444—2017	纸和纸板　层间剥离强度的测定	2017-09-29	2018-04-01	
2	GB/T 34455—2017	纸、纸板和纸浆　2，2-二(4-羟基苯基)丙烷(双酚 A)的测定　液相色谱法	2017-09-29	2018-04-01	
3	GB/T 2675—2017	地图纸	2017-09-29	2018-04-01	GB/T 2675—2007
4	GB/T 34448—2017	生活用纸及纸制品　甲醛含量的测定	2017-10-14	2018-05-01	
5	GB/T 34442—2017	纸浆　纤维粗度的测定　非偏振光法	2017-10-14	2018-05-01	
6	GB/T 34845—2017	生活用纸　可吸附有机卤素(AOX)的测定	2017-11-01	2018-05-01	
7	GB/T 34844—2017	壁纸	2017-11-01	2018-05-01	
8	GB/T 10335. 4—2017	涂布纸和纸板　涂布白纸板	2017-11-01	2018-05-01	GB/T 10335. 4—2004
9	GB/T 16797—2017	无碳复写纸	2017-11-01	2018-05-01	GB/T 19797—2008
10	GB/T 35613—2017	绿色产品评价　纸和纸制品	2017-12-08	2018-07-01	
11	GB/T 1914—2017	化学分析滤纸	2017-12-29	2018-07-01	GB/T 1914—2007
12	GB/T 22820—2017	编织原纸	2017-12-29	2018-07-01	GB/T 22820—2008
13	GB/T 10335. 1—2017	涂布纸和纸板　涂布美术印刷纸(铜版纸)	2017-12-29	2018-07-01	GB/T 10335. 1—2005
14	GB/T 35594—2017	医用包装纸	2017-12-29	2018-07-01	
15	QB/T 5049—2017	乳垫	2017-01-09	2017-07-01	
16	QB/T 5050—2017	咖啡袋滤纸	2017-01-09	2017-07-01	
17	QB/T 5051—2017	模塑纸餐具专用纸浆	2017-01-09	2017-07-01	
18	QB/T 5052—2017	热升华转印纸	2017-01-09	2017-07-01	
19	QB/T 5053—2017	热升华转印原纸	2017-01-09	2017-07-01	
20	QB/T 5054—2017	人造皮革用离型原纸	2017-01-09	2017-07-01	
21	QB/T 5055—2017	真空镀铝原纸	2017-01-09	2017-07-01	
22	QB/T 5056—2017	水转印商标用纸	2017-01-09	2017-07-01	
23	QB/T 1678—2017	漂白硫酸盐木浆	2017-01-09	2017-07-01	QB/T 1678—2007

表 2　　**造纸产品标准目录**

序号	标准号	标准名称	发布日期	实施日期
1	GB/T 1468—2011	描图纸	2011-12-30	2012-09-01
2	GB/T 1525—2006	制图纸	2006-03-10	2006-10-01
3	GB/T 1910—2015	新闻纸	2015-12-31	2016-07-01
4	GB/T 1911—2011	拷贝纸	2011-12-30	2012-07-01
5	GB/T 1912—2007	字典纸	2007-12-05	2008-09-01
6	GB/T 1913.1—2005	未漂浸渍绝缘纸*	2005-03-23	2005-09-01
7	**GB/T 1914—2017**	**化学分析滤纸**	**2017-12-29**	**2018-07-01**
8	**GB/T 2675—2017**	**地图纸**	**2017-09-29**	**2018-04-01**
9	GB/T 2676—2006	海图纸	2006-03-10	2006-10-01
10	GB/T 3147—2006	信息处理未穿孔纸带	2006-03-10	2006-10-01
11	GB/T 3148—2008	漂白苇浆	2008-08-19	2009-05-01
12	GB/T 6544—2008	瓦楞纸板	2008-01-04	2008-09-01
13	GB/T 7968—2015	纸袋纸	2015-12-31	2016-07-01
14	GB/T 7969—2003	电力电缆纸*	2003-10-20	2004-06-01
15	GB/T 7970—1999	通讯电缆纸*	1999-08-12	2000-02-01
16	GB/T 7971—2007	半导电电缆纸	2007-12-05	2008-09-01
17	GB/T 8938—2008	打字纸	2008-08-19	2009-05-01
18	GB/T 8939—2008	卫生巾(含卫生护垫)	2008-01-04	2008-09-01
19	**GB/T 10335.1—2017**	**涂布纸和纸板　涂布美术印刷纸(铜版纸)**	**2017-12-29**	**2018-07-01**
20	GB/T 10335.2—2005	涂布纸和纸板　轻量涂布纸	2005-03-23	2005-09-01
21	GB/T 10335.3—2004	涂布纸和纸板　涂布白卡纸	2004-03-15	2004-11-01
22	**GB/T 10335.4—2017**	**涂布纸和纸板　涂布白纸板**	**2017-11-01**	**2018-05-01**
23	GB/T 10335.5—2008	涂布纸和纸板　涂布箱纸板	2008-08-19	2009-05-01
24	GB/T 11541—2008	照相原纸	2008-08-19	2009-05-01
25	GB/T 12654—2008	书写纸	2008-08-19	2009-05-01
26	GB/T 12913—2008	电容器纸	2008-08-19	2009-05-01
27	GB/T 13023—2008	瓦楞芯(原)纸	2008-01-04	2008-09-01
28	GB/T 13024—2016	箱纸板	2016-12-13	2017-07-01
29	GB/T 13505—2007	高纯度绝缘木浆	2007-12-05	2008-09-01
30	GB/T 13506—2008	漂白亚硫酸盐木浆	2008-08-19	2009-05-01
31	GB/T 13507—1992	本色亚硫酸盐木浆	1992-06-12	1993-03-01
32	**GB/T 16797—2017**	**无碳复写纸**	**2017-11-01**	**2018-05-01**
33	GB 18585—2001	室内装饰装修材料　壁纸中有害物质限量	2001-12-10	2002-01-01
34	GB/T 19341—2015	育果袋纸	2015-12-31	2016-07-01
35	GB/T 20808—2011	纸巾纸	2011-12-30	2012-07-01
36	GB/T 20810—2006	卫生纸(含卫生纸原纸)*	2006-12-01	2007-06-01
37	GB/T 20811—2006	废纸再利用技术要求*	2006-12-01	2007-06-01
38	GB/T 21244—2007	纸芯	2007-12-05	2008-09-01
39	GB/T 21301—2007	喷墨打印纸	2007-12-05	2008-09-01
40	GB/T 21331—2008	绒毛浆	2008-01-04	2008-09-01
41	GB/T 22803—2016	鞋用纸板	2016-12-13	2017-07-01
42	GB/T 22806—2008	白卡纸	2008-12-30	2009-09-01
43	GB/T 22812—2008	半透明纸	2008-12-30	2009-09-01
44	GB/T 22813—2008	薄页包装纸	2008-12-30	2009-09-01
45	GB/T 22814—2008	防锈原纸	2008-12-30	2009-09-01

续表

序号	标准号	标准名称	发布日期	实施日期
46	GB/T 22815—2008	封套纸板	2008-12-30	2009-09-01
47	GB/T 22816—2008	复写原纸	2008-12-30	2009-09-01
48	GB/T 22817—2008	钢纸管	2008-12-30	2009-09-01
49	GB/T 22818—2008	钢纸原纸	2008-12-30	2009-09-01
50	**GB/T 22820—2017**	**编织原纸**	**2017-12-29**	**2018-07-01**
51	GB/T 22821—2008	光学字符阅读纸	2008-12-30	2009-09-01
52	GB/T 22822—2008	厚纸板	2008-12-30	2009-09-01
53	GB/T 22823—2008	胶带原纸	2008-12-30	2009-09-01
54	GB/T 22824—2008	蜡光原纸	2008-12-30	2009-09-01
55	GB/T 22825—2008	蜡光纸	2008-12-30	2009-09-01
56	GB/T 22826—2008	盲文印刷纸	2008-12-30	2009-09-01
57	GB/T 22827—2008	手风琴风箱纸板	2008-12-30	2009-09-01
58	GB/T 22828—2008	书画纸	2008-12-30	2009-09-01
59	GB/T 22829—2008	书皮纸	2008-12-30	2009-09-01
60	GB/T 22830—2008	水彩画纸	2008-12-30	2009-09-01
61	GB/T 22831—2008	提花纸板	2008-12-30	2009-09-01
62	GB/T 22832—2008	涂布美术印刷纸原纸(铜版原纸)	2008-12-30	2009-09-01
63	GB/T 22833—2008	图画纸	2008-12-30	2009-09-01
64	GB/T 22834—2008	信封用纸	2008-12-30	2009-09-01
65	GB/T 22835—2008	信息处理用连续格式纸	2008-12-30	2009-09-01
66	GB/T 22865—2008	牛皮纸	2008-12-30	2009-09-01
67	GB/T 22869—2008	金属板带衬纸	2008-12-30	2009-09-01
68	GB/T 22870—2008	漂白浆挂面箱纸板	2008-12-30	2009-09-01
69	GB/T 22871—2008	普通玻璃纸	2008-12-30	2009-09-01
70	GB/T 22875—2008	卫生巾高吸收性树脂	2008-12-30	2009-09-01
71	GB/T 22905—2008	纸尿裤高吸收性树脂	2008-12-30	2009-09-01
72	GB/T 22920—2008	电解电容器纸	2008-12-30	2009-09-01
73	GB/T 22927—2008	口罩纸	2008-12-30	2009-09-01
74	GB/T 22928—2008	烟花爆竹用纸	2008-12-30	2009-09-01
75	GB/T 23758—2009	工业羊皮纸	2009-05-04	2009-11-1
76	GB/T 23759—2009	特细羊皮纸	2009-05-04	2009-11-1
77	GB/T 23760—2009	农业羊皮纸	2009-05-04	2009-11-01
78	GB/T 24285—2009	晒图原纸	2009-07-31	2010-03-01
79	GB/T 24286—2009	黑色不透光包装纸	2009-07-31	2010-03-01
80	GB/T 24287—2009	伸性纸袋纸	2009-07-31	2010-03-01
81	GB/T 24292—2009	卫生用品用无尘纸	2009-07-31	2010-03-01
82	GB/T 24320—2009	回用纤维浆	2009-09-30	2010-02-01

续表

序号	标准号	标准名称	发布日期	实施日期
83	GB/T 24321—2009	未漂白硫酸盐针叶木浆	2009-09-30	2010-02-01
84	GB/T 24322—2009	漂白硫酸盐竹浆	2009-09-30	2010-02-01
85	GB/T 24393—2009	非正常成品纸和纸板规范	2009-09-30	2010-02-01
86	GB/T 24446—2009	铁木贴花衬纸	2009-10-15	2010-03-01
87	GB/T 24455—2009	擦手纸	2009-10-15	2010-03-01
88	GB/T 24695—2009	食品包装用玻璃纸	2009-11-30	2010-05-01
89	GB/T 24696—2009	食品包装用羊皮纸	2009-11-30	2010-05-01
90	GB/T 24988—2010	复印纸	2010-08-09	2010-12-01
91	GB/T 24989—2010	装饰原纸	2010-08-09	2010-12-01
92	GB/T 24995—2010	铸涂原纸	2010-08-09	2010-12-01
93	GB/T 24999—2010	纸和纸板　亮度(白度)最高限量	2010-08-09	2010-12-01
94	GB/T 25435—2010	精细过滤纸板	2010-11-10	2011-05-01
95	GB/T 25436—2010	热封型茶叶滤纸	2010-11-10	2011-05-01
96	GB/T 25437—2010	支撑过滤纸板	2010-11-10	2011-05-01
97	GB/T 26173—2010	超级压光纸	2011-01-14	2011-06-15
98	GB/T 26174—2010	厨房纸巾	2011-01-14	2011-06-01
99	GB/T 26187—2010	美纹纸	2011-01-14	2011-06-15
100	GB/T 26188—2010	漂白碱法麦草浆	2011-01-14	2011-06-15
101	GB/T 26199—2010	医用包装原纸	2011-01-14	2011-06-15
102	GB/T 26201—2010	育苗纸	2011-01-14	2011-06-15
103	GB/T 26202—2010	纸管纸板	2011-01-14	2011-06-15
104	GB/T 26204—2010	纸面石膏板护面纸板	2011-01-14	2011-06-15
105	GB/T 26390—2011	浸渍纸层压木质地板用表层耐磨纸	2011-05-12	2011-09-15
106	GB/T 26391—2011	马桶垫纸	2011-05-12	2011-09-15
107	GB/T 26454—2011	造纸用单层成形网	2011-05-12	2011-09-15
108	GB/T 26455—2011	造纸用多层成形网	2011-05-12	2011-09-15
109	GB/T 26456—2011	造纸用异形丝干燥网	2011-05-12	2011-09-15
110	GB/T 26457—2011	造纸用圆丝干燥网	2011-05-12	2011-09-15
111	GB/T 26462—2011	种子发芽纸	2011-05-12	2011-09-15
112	GB/T 26705—2011	轻型印刷纸	2011-06-16	2011-12-01
113	GB/T 27589—2011	纸餐盒	2011-12-05	2012-06-01
114	GB/T 27590—2011	纸杯 《纸杯》第 1 号修改单 2014-03-31	2011-12-05	2012-06-01
115	GB/T 27591—2011	纸碗	2011-12-05	2012-06-01
116	GB/T 27728—2011	湿巾	2011-12-30	2012-07-01
117	GB/T 27731—2011	卫生用品用离型纸	2011-12-30	2012-07-01
118	GB/T 27733—2011	心电图纸	2011-12-30	2012-07-01
119	GB/T 28004—2011	纸尿裤(片、垫)	2011-09-29	2012-02-01

续表

序号	标准号	标准名称	发布日期	实施日期
120	GB/T 28005—2011	纸内裤	2011-09-29	2012-02-01
121	GB/T 28119—2011	食品包装用纸、纸板及纸制品　术语	2011-12-30	2012-08-01
122	GB/T 28120—2011	面粉纸袋	2011-12-30	2012-08-01
123	GB/T 28121—2011	非热封型茶叶滤纸	2011-12-30	2012-08-01
124	GB/T 28207—2011	离型原纸	2011-12-30	2012-09-01
125	GB/T 28210—2011	热敏纸	2011-12-30	2012-09-01
126	GB/T 29282—2012	格拉辛纸	2012-12-31	2013-09-01
127	GB/T 29283—2012	水转移印花底纸	2012-12-31	2013-09-01
128	GB/T 30129—2013	壁纸原纸	2013-12-17	2014-12-01
129	GB/T 30130—2013	胶版印刷纸	2013-12-17	2014-12-01
130	GB/T 30132—2013	胶印书刊纸	2013-12-17	2014-12-01
131	GB/T 30133—2013	卫生巾用面层通用技术规范	2013-12-17	2014-12-01
132	GB/T 31122—2014	液体食品包装用纸板	2014-09-03	2015-02-01
133	GB/T 31123—2014	固体食品包装用纸板	2014-09-03	2015-02-01
134	GB/T 33280—2016	纸尿裤规格与尺寸	2016-12-13	2017-07-01
135	**GB/T 34844—2017**	**壁纸**	**2017-11-01**	**2018-05-01**
136	**GB/T 35613—2017**	**绿色产品评价　纸和纸制品**	**2017-12-08**	**2017-07-01**
137	**GB/T 35594—2017**	**医用包装纸**	**2017-12-29**	**2018-07-01**
138	QB/T 1014—2010	食品包装纸	2010-04-22	2010-10-01
139	QB/T 1016—2006	鸡皮纸	2006-09-14	2007-05-01
140	QB/T 1017—2006	仿羊皮纸	2006-09-14	2007-05-01
141	QB/T 1018—1991(2009)	仪表记录原纸	1991-03-30	1991-12-01
142	QB/T 1019—2010	水松原纸	2010-10-29	2011-04-01
143	QB/T 1020—2010	纸和纸板印刷适性用标准油墨	2010-04-22	2010-10-01
144	QB/T 1212—1991	信息处理未穿孔卡纸	1991-09-10	1992-04-01
145	QB/T 1312—2010	砂纸原纸	2010-04-22	2010-10-01
146	QB/T 1313—2010	中性包装纸	2010-04-22	2010-10-01
147	QB/T 1314—1991(2009)	标准纸板	1991-11-25	1992-08-01
148	QB/T 1319—2010	气相防锈纸	2010-04-22	2010-10-01
149	QB/T 1320—1991	玻璃纤维高效空气滤纸	1991-11-25	1992-08-01
150	QB/T 1455—2012	涂布邮票纸(含涂布邮票原纸)	2012-05-24	2012-11-01
151	QB/T 1456—1992	薄凸版纸	1992-04-14	1992-12-01
152	QB/T 1459—1992	感光纸原纸	1992-04-14	1992-12-01
153	QB/T 1597—1992(2009)	单页电传打字原纸	1992-11-10	1993-07-01
154	QB/T 1633—2010	贴花面纸	2010-04-22	2010-10-01
155	**QB/T 1678—2017**	**漂白硫酸盐木浆**	**2017-01-09**	**2017-07-01**
156	QB/T 1704—2010	铝箔衬纸	2010-12-29	2011-04-01

续表

序号	标准号	标准名称	发布日期	实施日期
157	QB/T 1706—2006	条纹牛皮纸	2006-09-14	2007-05-01
158	QB/T 1712—1993	滤芯纸板	1993-04-15	1993-12-01
159	QB/T 1937—1994(2009)	照相原纸木浆	1994-04-23	1994-12-01
160	QB/T 2090—1995(2009)	沥青防潮纸	1995-05-08	1996-01-01
161	QB/T 2091—1995(2009)	沥青防潮原纸	1995-05-08	1996-01-01
162	QB/T 2103—2010	蚕种纸	2010-04-22	2010-10-01
163	QB/T 2104—1995(2009)	造纸铜网　单织网	1995-05-08	1996-01-01
164	QB/T 2105—1995(2009)	造纸铜网　三织网	1995-05-08	1996-01-01
165	QB/T 2192—2011	卷缠绝缘纸	2011-12-30	2012-07-01
166	QB/T 2195—1996(2009)	火柴纸	1996-01-31	1996-09-01
167	QB/T 2199—1996(2009)	硬钢纸板	1996-03-22	1996-12-01
168	QB/T 2200—1996(2009)	软钢纸板	1996-03-22	1996-12-01
169	QB/T 2205—2012	重氮盐晒图纸	2012-05-24	2012-11-01
170	QB/T 2235—1996(2009)	中性石蜡原纸	1996-10-11	1997-07-01
171	QB/T 2236—1996(2009)	中性石蜡纸	1996-10-11	1997-07-01
172	QB/T 2237—1996(2009)	条纹柏油原纸	1996-10-11	1997-07-01
173	QB/T 2249—1996	凹版印刷纸	1996-10-11	1997-07-01
174	QB/T 2250—2005	单面白纸板	2005-03-19	2005-09-01
175	QB/T 2352—1997(2009)	单面书写纸	1998-01-16	1998-09-01
176	QB/T 2430—1999	铁笔蜡纸原纸	1999-05-06	1999-12-01
177	QB/T 2431—1999	打字蜡纸原纸	1999-05-06	1999-12-01
178	QB/T 2432—2013	打字蜡纸衬纸	2013-10-17	2014-03-01
179	QB/T 2433—1999(2009)	条纹柏油纸	1999-05-06	1999-12-01
180	QB/T 2688—2005	绝缘纸板	2005-03-19	2005-09-01
181	QB/T 2689—2005	滤嘴棒纸	2005-03-19	2005-09-01
182	QB/T 2692—2005	110kV ~330kV 高压电缆纸	2005-03-19	2005-09-01
183	QB/T 2693—2005	彩色胶版印刷纸	2005-03-19	2005-09-01
184	QB/T 2694—2005	热敏彩票纸	2005-03-19	2005-09-01
185	QB/T 2807—2006	扑克牌纸板	2006-09-14	2007-05-01
186	QB/T 2810—2006	吸尘器集尘袋外层纸	2006-09-14	2007-05-01
187	QB/T 2811—2006	造纸研磨碳酸钙	2006-09-14	2007-05-01
188	QB/T 2898—2007	餐用纸制品	2007-12-03	2008-06-01
189	QB/T 3502—1999(2009)	棉条筒钢纸板	1999-04-21	1999-04-21
190	QB/T 3504—1999(2009)	铸涂白纸板	1999-04-21	1999-04-21
191	QB/T 3505—1999(2009)	字型纸板	1999-04-21	1999-04-21
192	QB/T 3507—1999	电子计算机连续记录格式原纸	1999-04-21	1999-04-21
193	QB/T 3509—1999(2009)	工业自动化仪表用记录纸	1999-04-21	1999-04-21

续表

序号	标准号	标准名称	发布日期	实施日期
194	QB/T 3517—1999	单面胶版印刷纸	1999-04-21	1999-04-21
195	QB/T 3518—1999(2009)	铸涂纸	1999-04-21	1999-04-21
196	QB/T 3520—1999(2009)	500kV 油纸套管绝缘纸	1999-04-21	1999-04-21
197	QB/T 3524—1999(2009)	凸版印刷纸	1999-04-21	1999-04-21
198	QB/T 3525—1999(2009)	雪茄烟纸	1999-04-21	1999-04-21
199	QB/T 3528—1999(2009)	导火索纸(导火线纸)	1999-04-21	1999-04-21
200	QB/T 3531—1999	液体食品包装用复合材料	1999-04-21	1999-04-21
201	QB/T 3701—1999	造纸用原料　蔗渣	1999-04-21	1999-04-21
202	QB/T 4030—2010	电话纸	2010-04-22	2010-10-01
203	QB/T 4031—2010	阻燃性汽车空气滤纸	2010-04-22	2010-10-01
204	QB/T 4032—2010	纸杯原纸	2010-04-22	2010-10-01
205	QB/T 4033—2010	餐盒原纸	2010-04-22	2010-10-01
206	QB/T 4039—2010	造纸用原料　芦苇	2010-04-22	2010-10-01
207	QB/T 4124—2010	造纸毯通用规范	2010-10-29	2011-04-01
208	QB/T 4125—2010	纸浆　亮度(白度)最高限量	2010-12-29	2011-04-01
209	QB/T 4250—2011	500kV 变压器匝间绝缘纸	2011-12-30	2012-07-01
210	QB/T 4320—2012	鲜花包装纸	2012-05-24	2012-11-01
211	QB/T 4378—2012	蜂窝纸板	2012-12-28	2013-06-01
212	QB/T 4379—2012	手提纸袋	2012-12-28	2013-06-01
213	QB/T 4380—2012	无碳复写纸原纸	2012-12-28	2013-06-01
214	QB/T 4381—2012	吸尘器集尘袋内层纸	2012-12-28	2013-06-01
215	QB/T 4508—2013	卫生用品用吸水衬纸	2013-07-22	2013-12-01
216	QB/T 4509—2013	本色生活用纸	2013-07-22	2013-12-01
217	QB/T 4758—2014	强化木地板底层用平衡原纸	2014-07-09	2014-11-01
218	QB/T 4759—2014	灰纸板	2014-07-09	2014-11-01
219	QB/T 4760—2014	阔叶木碱性过氧化氢机械浆	2014-07-09	2014-11-01
220	QB/T 4761—2014	工业擦拭纸	2014-07-09	2014-11-01
221	QB/T 4762—2014	铅酸蓄电池护板用纸	2014-07-09	2014-11-01
222	QB/T 4763—2014	纸浆模塑餐具	2014-07-09	2014-11-01
223	QBT 4818—2015	无纺壁纸原纸	2015-04-30	2015-10-01
224	QBT 4819—2015	食品包装用淋膜纸和纸板	2015-04-30	2015-10-01
225	QBT 4820—2015	pH 试纸原纸	2015-04-30	2015-10-01
226	QB/T 4895—2015	载带封装用纸板	2015-10-10	2016-03-01
227	QB/T 4897—2015	镜头擦拭纸	2015-10-10	2016-03-01
228	QB/T 4898—2015	溶解浆	2015-10-10	2016-03-01
229	QB/T 4899—2015	标牌用仿皮纸	2015-10-10	2016-03-01
230	QB/T 4900—2015	双电层电容器纸	2015-10-10	2016-03-01

续表

序号	标准号	标准名称	发布日期	实施日期
231	QB/T 4993—2016	宣纸邮票纸	2016-07-11	2017-01-01
232	QB/T 4994—2016	古法技艺宣纸	2016-07-11	2017-01-01
233	QB/T 4995—2016	宣纸用燎草	2016-07-11	2017-01-01
234	**QB/T 5049—2017**	**乳垫**	**2017-01-09**	**2017-07-01**
235	**QB/T 5050—2017**	**咖啡袋滤纸**	**2017-01-09**	**2017-07-01**
236	**QB/T 5051—2017**	**模塑纸餐具专用纸浆**	**2017-01-09**	**2017-07-01**
237	**QB/T 5052—2017**	**热升华转印纸**	**2017-01-09**	**2017-07-01**
238	**QB/T 5053—2017**	**热升华转印原纸**	**2017-01-09**	**2017-07-01**
239	**QB/T 5054—2017**	**人造皮革用离型原纸**	**2017-01-09**	**2017-07-01**
240	**QB/T 5055—2017**	**真空镀铝原纸**	**2017-01-09**	**2017-07-01**
241	**QB/T 5056—2017**	**水转印商标用纸**	**2017-01-09**	**2017-07-01**

注：黑体字为 2017 年新批准发布标准；

2. ＊表示根据 2017 年第 7 号公告和强制性标准整合精简结论，自 2017 年 3 月 23 日起，该标准转化为推荐性标准，不再强制执行。

表 3　　造纸方法标准目录

序号	标准号	标准名称	发布日期	实施日期
1	GB/T 147—1997	印刷、书写和绘图用原纸尺寸	1997-06-26	1997-12-01
2	GB/T 148—1997	印刷、书写和绘图纸幅面尺寸	1997-06-26	1997-12-01
3	GB/T 450—2008	纸和纸板　试样的采取及试样纵横向、正反面的测定	2008-08-19	2009-05-01
4	GB/T 451. 1—2002	纸和纸板尺寸及偏斜度的测定	2002-06-13	2002-12-01
5	GB/T 451. 2—2002	纸和纸板定量的测定	2002-06-13	2002-12-01
6	GB/T 451. 3—2002	纸和纸板厚度的测定	2002-06-13	2002-12-01
7	GB/T 454—2002	纸耐破度的测定	2002-07-22	2003-02-01
8	GB/T 455—2002	纸和纸板撕裂度的测定	2002-07-22	2003-02-01
9	GB/T 456—2002	纸和纸板平滑度的测定(别克法)	2002-07-22	2003-02-01
10	GB/T 457—2008	纸和纸板　耐折度的测定	2008-08-19	2009-05-01
11	GB/T 458—2008	纸和纸板　透气度的测定	2008-08-19	2009-05-01
12	GB/T 459—2002	纸和纸板伸缩性的测定	2002-09-05	2003-01-01
13	GB/T 460—2008	纸　施胶度的测定	2008-08-19	2009-05-01
14	GB/T 461. 1—2002	纸和纸板毛细吸液高度的测定(克列姆法)	2002-09-06	2003-01-01
15	GB/T 461. 3—2005	纸和纸板　吸水性的测定(浸水法)	2005-09-26	2006-04-01
16	GB/T 462—2008	纸、纸板和纸浆　分析试样水分的测定	2008-08-19	2009-05-01
17	GB/T 464—2008	纸和纸板的干热加速老化	2008-03-24	2008-10-01
18	GB/T 465. 1—2008	纸和纸板　浸水后耐破度的测定	2008-08-19	2009-05-01
19	GB/T 465. 2—2008	纸和纸板　浸水后抗张强度的测定	2008-08-19	2009-05-01
20	GB/T 740—2003	纸浆　试样的采取	2003-10-20	2004-06-01
21	GB/T 742—2008	造纸原料、纸浆、纸和纸板　灰分的测定	2008-08-19	2009-05-01
22	GB/T 743—2003	纸浆　乙醚抽出物的测定	2003-08-25	2003-12-01

续表

序号	标准号	标准名称	发布日期	实施日期
23	GB/T 744—2004	纸浆 抗碱性的测定	2004-03-15	2004-10-01
24	GB/T 745—2003	纸浆 多戊糖的测定	2003-08-25	2003-12-01
25	GB/T 747—2003	纸浆 酸不溶木素的测定	2003-08-25	2003-12-01
26	GB/T 1539—2007	纸板 耐破度的测定	2007-12-05	2008-09-01
27	GB/T 1540—2002	纸和纸板吸水性的测定 可勃法	2002-10-15	2003-04-01
28	GB/T 1541—2013	纸和纸板 尘埃度的测定	2013-10-10	2014-05-01
29	GB/T 1543—2005	纸和纸板 不透明度(纸背衬)的测定(漫反射法)	2005-09-26	2006-04-01
30	GB/T 1545—2008	纸、纸板和纸浆 水抽提液酸度或碱度的测定	2008-08-19	2009-05-01
31	GB/T 1546—2004	纸浆 卡伯值的测定	2004-03-15	2004-10-01
32	GB/T 1547—2004	纸浆 高锰酸钾值的测定	2004-03-15	2004-10-01
33	GB/T 1548—2016	纸浆 铜乙二胺(CED)溶液中特性黏度值的测定	2016-12-13	2017-07-01
34	GB/T 2677.1—1993	造纸原料分析用试样的采取	1993-03-01	1993-10-01
35	GB/T 2677.2—2011	造纸原料水分的测定	2011-12-30	2012-09-01
36	GB/T 2677.4—1993	造纸原料水抽出物含量的测定	1993-03-01	1993-10-01
37	GB/T 2677.5—1993	造纸原料1%氢氧化钠抽出物含量的测定	1993-03-01	1993-10-01
38	GB/T 2677.6—1994	造纸原料有机溶剂抽出物含量的测定	1994-09-24	1995-03-01
39	GB/T 2677.8—1994	造纸原料酸不溶木素含量的测定	1994-09-24	1995-03-01
40	GB/T 2677.9—1994	造纸原料多戊糖含量的测定	1994-09-24	1995-03-01
41	GB/T 2677.10—1995	造纸原料综纤维素含量的测定	1995-07-06	1996-04-01
42	GB/T 2678.1—1993	纸浆筛分测定方法	1993-08-07	1994-03-01
43	GB/T 2678.2—2008	纸、纸板和纸浆 水溶性氯化物的测定	2008-03-24	2008-10-01
44	GB/T 2678.3—1995	纸浆氯耗量(脱木素程度)的测定	1995-07-06	1996-04-01
45	GB/T 2678.4—1994	纸浆和纸零距抗张强度测定法	1994-09-24	1995-03-01
46	GB/T 2678.6—1996	纸、纸板和纸浆水溶性硫酸盐的测定(电导滴定法)	1996-06-25	1997-01-01
47	GB/T 2679.1—2013	纸 透明度的测定 漫反射法	2013-12-17	2014-12-01
48	GB/T 2679.2—2015	薄页材料 透湿度的测定 重量(透湿杯)法	2015-09-11	2016-04-01
49	GB/T 2679.6—1996	瓦楞原纸平压强度的测定	1996-05-21	1996-012-01
50	GB/T 2679.7—2005	纸板 戳穿强度的测定	2005-09-26	2006-04-01
51	GB/T 2679.8—2016	纸和纸板 环压强度的测定	2016-12-13	2017-07-01
52	GB/T 2679.10—1993	纸和纸板短距压缩强度的测定法	1993-08-07	1994-03-01
53	GB/T 2679.11—2008	纸和纸板 无机填料和无机涂料的定性分析 电子显微镜/X射线能谱法	2008-08-19	2009-05-01
54	GB/T 2679.12—2013	纸和纸板 无机填料和无机涂料的定性分析 化学法	2013-12-17	2014-12-01
55	GB/T 2679.14—1996	过滤纸和纸板最大孔径的测定	1996-06-25	1997-01-01
56	GB/T 2679.17—1997	瓦楞纸板边压强度的测定(边缘补强法)	1997-06-26	1997-12-01
57	GB/T 3332—2004	浆料 打浆度的测定(肖伯尔-瑞格勒法)	2004-03-15	2004-10-1
58	GB/T 3333—1999	电缆纸工频击穿电压试验方法	1999-08-12	2000-2-01
59	GB/T 3334—1999	电缆纸介质损耗角正切(tgδ)试验方法(电桥法)	1999-08-12	2000-2-01

续表

序号	标准号	标准名称	发布日期	实施日期
60	GB/T 4687—2007	纸、纸板、纸浆及相关术语	2007-12-05	2008-09-01
61	GB/T 4688—2002	纸、纸板和纸浆纤维组成的分析	2002-10-15	2003-04-01
62	GB/T 5032—2002	纸、纸板和纸浆表示性能的单位	2002-10-15	2003-04-01
63	GB/T 5399—2004	纸浆 浆料浓度的测定	2004-03-15	2004-10-01
64	GB/T 5400—1998	纸浆铜价的测定	1998-05-19	1999-02-01
65	GB/T 5401—2004	纸浆 碱溶解度的测定	2004-03-15	2004-10-01
66	GB/T 5406—2002	纸透油度的测定	2002-09-06	2003-01-01
67	GB/T 6545—1998	瓦楞纸板耐破强度的测定法	1998-05-19	1999-02-01
68	GB/T 6546—1998	瓦楞纸板边压强度的测定法	1998-05-19	1999-02-01
69	GB/T 6547—1998	瓦楞纸板厚度的测定法	1998-05-19	1999-02-01
70	GB/T 6548—2011	瓦楞纸板黏合强度的测定法	2011-05-12	2011-09-15
71	GB/T 7973—2003	纸、纸板和纸浆 漫反射因数的测定(漫射/垂直法)	2003-10-20	2004-06-01
72	GB/T 7974—2013	纸、纸板和纸浆 蓝光漫反射因数 D65 亮度的测定(漫射/垂直法，室外日光条件)	2013-10-10	2014-05-01
73	GB/T 7975—2005	纸和纸板 颜色的测定(漫反射法)	2005-09-26	2006-04-01
74	GB/T 7977—2007	纸、纸板和纸浆 水抽提液电导率的测定	2007-12-05	2008-09-01
75	GB/T 7978—2005	纸浆 酸不溶灰分的测定	2005-09-26	2006-04-01
76	GB/T 7979—2005	纸浆 二氯甲烷抽出物的测定	2005-09-26	2006-04-01
77	GB/T 8940.2—2002	纸浆亮度(白度)试样的制备	2002-10-15	2003-04-01
78	GB/T 8941—2013	纸和纸板 镜面光泽度的测定	2013-12-17	2014-12-01
79	GB/T 8942—2016	纸 柔软度的测定	2016-12-13	2017-07-01
80	GB/T 8943.1—2008	纸、纸板和纸浆 铜含量的测定	2008-01-04	2008-09-01
81	GB/T 8943.2—2008	纸、纸板和纸浆 铁含量的测定	2008-01-04	2008-09-01
82	GB/T 8943.3—2008	纸、纸板和纸浆 锰含量的测定	2008-01-04	2008-09-01
83	GB/T 8943.4—2008	纸、纸板和纸浆 钙、镁含量的测定	2008-01-04	2008-09-01
84	GB/T 8944.1—2008	纸浆 成批销售质量的测定 第 1 部分：浆板浆包及浆块(急骤干燥浆)浆包	2008-08-19	2009-05-01
85	GB/T 8944.2—2008	纸浆 成批销售质量的测定 第 2 部分：组合浆包	2008-12-30	2009-09-01
86	GB/T 10336—2002	造纸纤维长度的测定 偏振光法	2002-10-15	2003-04-01
87	GB/T 10337—2008	造纸原料和纸浆 酸溶木素的测定	2008-08-19	2009-05-01
88	GB/T 10338—2008	纸浆 羧基含量的测定	2008-08-19	2009-05-01
89	GB/T 10339—2007	纸、纸板和纸浆的光散射和光吸收系数的测定	2007-12-05	2008-09-01
90	GB/T 10340—2008	纸和纸板 过滤速度的测定	2008-08-19	2009-05-01
91	GB/T 10342—2002	纸张的包装和标志	2002-10-15	2003-04-01
92	GB/T 10739—2002	纸、纸板和纸浆试样处理和试验的标准大气条件	2002-09-06	2003-01-01
93	GB/T 10740—2002	纸浆尘埃和纤维束的测定	2002-10-15	2003-04-01
94	GB/T 10741—2008	纸浆 苯醇抽出物的测定	2008-08-19	2009-05-01
95	GB/T 10742—2008	造纸原料 果胶含量的测定	2008-08-19	2009-05-01

续表

序号	标准号	标准名称	发布日期	实施日期
96	GB/T 12032—2005	纸和纸板 印刷光泽度印样的制备	2005-09-26	2006-04-01
97	GB/T 12033—2008	造纸原料和纸浆中糖类组分的气相色谱的测定	2008-08-19	2009-05-01
98	GB/T 12658—2008	纸、纸板和纸浆 钠含量的测定	2008-08-19	2009-05-01
99	GB/T 12659—2008	纸浆 实验室打浆 约克罗(Jokro)磨法	2008-08-19	2009-05-01
100	GB/T 12660—2008	纸浆 滤水性能的测定"加拿大标准"游离度法	2008-08-19	2009-05-01
101	GB/T 12661—2008	纸和纸板 菌落总数的测定	2008-08-19	2009-05-01
102	GB/T 12910—1991	纸和纸板二氧化钛含量的测定法	1991-05-18	1992-03-01
103	GB/T 12911—1991	纸和纸板油墨吸收性的测定法	1991-05-18	1992-03-01
104	GB/T 12914—2008	纸和纸板 抗张强度的测定	2008-08-19	2009-05-01
105	GB/T 13528—2015	纸和纸板 表面 pH 的测定	2015-09-11	2016-04-01
106	GB/T 18402—2001	纸浆滤水性能的测定(滤水时间法)	2001-08-06	2002-2-01
107	GB/T 18829.6—2002	纤维粗度的测定	2002-09-05	2003-01-01
108	GB/T 20216—2016	纸浆和纸 有效残余油墨浓度(ERIC 值)的测定 红外线反射率测量法	2016-12-13	2017-07-01
109	GB/T 21245—2007	纸和纸板 颜色的测定(C/2°漫反射法)	2008-08-19	2009-05-01
110	GB/T 21557—2008	废纸中胶黏物的测定	2008-03-24	2008-10-01
111	GB/T 22363—2008	纸和纸板 粗糙度的测定(空气泄漏法)本特生法和印刷表面法	2008-08-19	2009-05-01
112	GB/T 22364—2008	纸和纸板 弯曲挺度的测定	2008-08-19	2009-05-01
113	GB/T 22365—2008	纸和纸板 印刷表面强度的测定	2008-08-19	2009-05-01
114	GB/T 22804—2008	纸浆、纸和纸板 汞含量的测定	2008-12-30	2009-09-01
115	GB/T 22805.1—2008	纸和纸板 耐脂度的测定 第1部分：渗透法	2008-12-30	2009-09-01
116	GB/T 22805.2—2008	纸和纸板 耐脂度的测定 第2部分：表面排斥法	2008-12-30	2009-09-01
117	GB/T 22811—2008	瓦楞纸板 分离后组成原纸定量的测定	2008-12-30	2009-09-01
118	GB/T 22819—2008	高透气纸张透气性的测定	2008-12-30	2009-09-01
119	GB/T 22836—2008	纸浆 纤维帚化率的测定	2008-12-30	2009-09-01
120	GB/T 22837—2008	纸和纸板 表面强度的测定(蜡棒法)	2008-12-30	2009-09-01
121	GB/T 22872—2008	强韧纸板 分层定量的测定	2008-12-30	2009-09-01
122	GB/T 22873—2008	瓦楞纸板 胶粘抗水性的测定(浸水法)	2008-12-30	2009-09-01
123	GB/T 22874—2008	单面和单瓦楞纸板 平压强度的测定	2008-12-30	2009-09-01
124	GB/T 22876—2008	纸、纸板和瓦楞纸板 压缩试验仪的描述和校准	2008-12-30	2009-09-01
125	GB/T 22877—2008	纸、纸板和纸浆 灼烧残余物(灰分)的测定(525℃)	2008-12-30	2009-09-01
126	GB/T 22878—2008	纸和纸板 杂质的估算	2008-12-30	2009-09-01
127	GB/T 22879—2008	纸和纸板 CIE 白度的测定，C/2°(室内照明条件)	2008-12-30	2009-09-01
128	GB/T 22880—2008	纸和纸板 CIE 白度的测定，D65/10°(室外日光)	2008-12-30	2009-09-01
129	GB/T 22881—2008	纸和纸板 粗糙度(平滑度)的测定(空气泄漏法) 通用方法	2008-12-30	2009-09-01
130	GB/T 22893—2008	纸和纸板 基本尺寸办公用纸 成包纸页卷曲的测定	2008-12-30	2009-09-01

续表

序号	标准号	标准名称	发布日期	实施日期
131	GB/T 22894—2008	纸和纸板 加速老化 在80℃和65%相对湿度条件下的湿热处理	2008-12-30	2009-09-01
132	GB/T 22895—2008	纸和纸板 静态和动态摩擦系数的测定 平面法	2008-12-30	2009-09-01
133	GB/T 22896—2008	纸和纸板 卷曲的测定 单个垂直悬挂试样法	2008-12-30	2009-09-01
134	GB/T 22897—2008	纸和纸板 抗透水性的测定	2008-12-30	2009-09-01
135	GB/T 22898—2008	纸和纸板 抗张强度的测定 恒速拉伸法(100mm/min)	2008-12-30	2009-09-01
136	GB/T 22899.1—2008	纸和纸板 湿膨胀率的测定 第1部分：最大相对湿度增加到68%过程的湿膨胀率	2008-12-30	2009-09-01
137	GB/T 22899.2—2008	纸和纸板 湿膨胀率的测定 第2部分：最大相对湿度增加到86%过程的湿膨胀率	2008-12-30	2009-09-01
138	GB/T 22901—2008	纸和纸板 透气度的测定(中等范围)通用方法	2008-12-30	2009-09-01
139	GB/T 22902—2008	纸浆　丙酮可溶物的测定	2008-12-30	2009-09-01
140	GB/T 22903—2008	纸浆　物理试验用标准水	2008-12-30	2009-09-01
141	GB/T 22904—2008	纸浆、纸和纸板　总氯和有机氯的测定	2008-12-30	2009-09-01
142	GB/T 22906.1—2008	纸芯的测定　第1部分：试样的采取	2008-12-30	2009-09-01
143	GB/T 22906.2—2008	纸芯的测定　第2部分：试样的温湿处理	2008-12-30	2009-09-01
144	GB/T 22906.3—2008	纸芯的测定　第3部分：水分含量的测定(烘箱干燥法)	2008-12-30	2009-09-01
145	GB/T 22906.4—2008	纸芯的测定　第4部分：尺寸的测定	2008-12-30	2009-09-01
146	GB/T 22906.5—2008	纸芯的测定　第5部分：同轴旋转特性的测定	2008-12-30	2009-09-01
147	GB/T 22906.6—2008	纸芯的测定　第6部分：弯曲强度的测定(三点法)	2008-12-30	2009-09-01
148	GB/T 22906.7—2008	纸芯的测定　第7部分：弹性模量的测定(三点法)	2008-12-30	2009-09-01
149	GB/T 22906.8—2008	纸芯的测定　第8部分：固有频率和弹性模量的测定(试验模型分析法)	2008-12-30	2009-09-01
150	GB/T 22906.9—2008	纸芯的测定　第9部分：平压强度的测定	2008-12-30	2009-09-01
151	GB/T 22921—2008	纸和纸板　薄页材料水蒸气透过率的测定　动态气流法和静态气体法	2008-12-30	2009-09-01
152	GB/T 23144—2008	纸和纸板　静态弯曲挺度的测定　通用原理	2008-12-30	2009-09-01
153	GB/T 23175—2008	纸浆　纤维长度的测定(光栅法)	2008-12-30	2009-09-01
154	GB/T 24288—2009	纸和纸板　主波长和兴奋纯度的测定　D65/10°漫反射法	2009-07-31	2010-03-01
155	GB/T 24289—2009	纸和纸板　镜面光泽度的测定　平行光束75°，DIN法	2009-07-31	2010-03-01
156	GB/T 24290—2009	造纸用成形网、干燥网测量方法	2009-07-31	2010-03-01
157	GB/T 24291—2009	纸和纸板　卷筒纸芯内径的规定	2009-07-31	2010-03-01
158	GB/T 24323—2009	纸浆　实验室纸页　物理性能的测定	2009-09-30	2010-02-01
159	GB/T 24324—2009	纸浆　物理试验用实验室纸页的制备　常规纸页成型器法	2009-09-30	2010-02-01
160	GB/T 24325—2009	纸浆　实验室打浆　瓦利(Valley)打浆机法	2009-09-30	2010-02-01
161	GB/T 24326—2009	纸浆　物理试验用实验室纸页的制备　快速凯塞法	2009-09-30	2010-02-01
162	GB/T 24327—2009	纸浆　实验室湿解离　化学浆解离	2009-09-30	2010-02-01

续表

序号	标准号	标准名称	发布日期	实施日期
163	GB/T 24328. 1—2009	卫生纸及其制品　第 1 部分：总则及术语	2009-09-30	2010-02-01
164	GB/T 24328. 2—2009	卫生纸及其制品　第 2 部分：厚度、层积厚度和表观密度的测定	2009-09-30	2010-02-01
165	GB/T 24328. 3—2009	卫生纸及其制品　第 3 部分：抗张强度、断裂时伸长率和抗张能量吸收的测定	2009-09-30	2010-02-01
166	GB/T 24328. 4—2009	卫生纸及其制品　第 4 部分：湿抗张强度的测定	2009-09-30	2010-02-01
167	GB/T 24328. 5—2009	卫生纸及其制品　第 5 部分：定量的测定	2009-09-30	2010-02-01
168	GB/T 24328. 6—2009	卫生纸及其制品　第 6 部分：吸水时间和吸水能力(篮筐浸没法)	2009-09-30	2010-02-01
169	GB/T 24328. 7—2009	卫生纸及其制品　第 7 部分：球形耐破度的测定	2009-09-30	2010-02-01
170	GB/T 24394—2009	非正常成品纸和纸板的检验	2009-09-30	2010-02-01
171	GB/T 24447—2009	纸浆　纤维粗度的测定　偏振光法	2009-10-15	2010-03-01
172	GB/Z 24987—2010	纸、纸板和纸浆 测试方法不确定度的评定	2010-08-09	2010-12-01
173	GB/T 24990—2010	纸、纸板和纸浆 铬含量的测定	2010-08-09	2010-12-01
174	GB/T 24991—2010	纸、纸板和纸浆 铅含量的测定 石墨炉原子吸收法	2010-08-09	2010-12-01
175	GB/T 24992—2010	纸、纸板和纸浆 砷含量的测定	2010-08-09	2010-12-01
176	GB/T 24993—2010	造纸湿部 Zeta 电位的测定	2010-08-09	2010-12-01
177	GB/T 24994—2010	造纸湿部溶解电荷量的测定	2010-08-09	2010-12-01
178	GB/T 24996—2010	纸张中脱墨回用纤维的判定	2010-08-09	2010-12-01
179	GB/T 24997—2010	纸、纸板和纸浆 镉含量的测定 原子吸收光谱法	2010-08-09	2010-12-01
180	GB/T 24998—2010	纸和纸板 碱储量的测定	2010-08-09	2010-12-01
181	GB/T 25001—2010	纸、纸板和纸浆　7 种多氯联苯(PCBs)含量的测定	2010-08-09	2010-12-01
182	GB/T 25002—2010	纸、纸板和纸浆 水抽提液中五氯苯酚的测定	2010-08-09	2010-12-01
183	GB/T 26203—2010	纸和纸板 内结合强度的测定(Scott 型)	2011-01-14	2011-06-01
184	GB/T 26459—2011	纸、纸板和纸浆 返黄值的测定	2011-05-12	2011-09-15
185	GB/T 26460—2011	纸浆 零距抗张强度的测定(干法或湿法)	2011-05-12	2011-09-15
186	GB/T 26464—2011	造纸无机颜料亮度(白度)的测定	2011-05-12	2011-09-15
187	GB/T 27705—2011	BCTMP 系统能量平衡及能量效率计算方法	2011-12-30	2012-07-01
188	GB/T 27706—2011	PRC-APMP 系统能量平衡及能量效率计算方法	2011-12-30	2012-07-01
189	GB/T 27707—2011	草浆备料系统能量平衡及能量效率计算方法	2011-12-30	2012-07-01
190	GB/T 27709—2011	带二氧化氯的四段漂白系统能量平衡及能量效率计算方法	2011-12-30	2012-07-01
191	GB/T 27711—2011	叠网造纸机系统能量平衡及能量效率计算方法	2011-12-30	2012-07-01
192	GB/T 27712—2011	非木浆多效蒸发系统能量平衡及能量效率计算方法	2011-12-30	2012-07-01
193	GB/T 27713—2011	非木浆碱回收燃烧系统能量平衡及能量效率计算方法	2011-12-30	2012-07-01
194	GB/T 27714—2011	废纸脱墨浆系统能量平衡及能量效率计算方法	2011-12-30	2012-07-01
195	GB/T 27716—2011	横管式连续蒸煮系统能量平衡及能量效率计算方法	2011-12-30	2012-07-01
196	GB/T 27718—2011	间歇蒸煮(立锅)系统能量平衡及能量效率计算方法	2011-12-30	2012-07-01

续表

序号	标准号	标准名称	发布日期	实施日期
197	GB/T 27720—2011	卡米尔连续蒸煮系统能量平衡及能量效率计算方法	2011-12-30	2012-07-01
198	GB/T 27721—2011	磨石磨木浆系统能量平衡及能量效率计算方法	2011-12-30	2012-07-01
199	GB/T 27722—2011	木浆备料系统能量平衡及能量效率计算方法	2011-12-30	2012-07-01
200	GB/T 27724—2011	普通长网造纸机系统能量平衡及能量效率计算方法	2011-12-30	2012-07-01
201	GB/T 27727—2011	筛选、CEHP 四段漂白系统能量平衡及能量效率计算方法	2011-12-30	2012-07-01
202	GB/T 27732—2011	洗涤筛选、氧脱系统能量平衡及能量效率计算方法	2011-12-30	2012-07-01
203	GB/T 27736—2011	制浆造纸企业生产过程的系统能量平衡计算方法通则	2011-12-30	2012-07-01
204	GB/T 27737—2011	制氧站系统能量平衡及能量效率计算方法		
205	GB/T 27741—2011	纸和纸板　可迁移性荧光增白剂的测定	2011-12-30	2012-07-01
206	GB/T 28218—2011	纸浆 纤维长度的测定　图像分析法	2011-12-30	2012-09-01
207	GB/T 29285—2012	纸浆 实验室湿解离 机械浆解离	2012-12-31	2013-09-01
208	GB/T 29286—2012	纸浆 保水值的测定	2012-12-31	2013-09-01
209	GB/T 29287—2012	纸浆 实验室打浆 PFI 磨法	2012-12-31	2013-09-01
210	GB/T 29775—2013	纸浆 纤维粗度的测定 图像分析法	2013-10-10	2014-05-01
211	GB/T 29779—2013	纸浆 纤维长度的测定 非偏振光法	2013-10-10	2014-05-01
212	GB/T 31110—2014	纸和纸板 Z 向抗张强度的测定	2014-09-03	2015-08-01
213	GB/T 31479—2015	与食品接触染色纸和纸板色牢度的测定	2015-05-15	2015-12-01
214	GB 31825—2015	制浆造纸单位产品能源消耗限额	2015-06-30	2016-07-01
215	GB/T 31905—2015	纸和纸板　边渗透的测定	2015-09-11	2016-04-01
216	GB/T 33277—2016	生活用纸 可迁移性铅、砷含量的测定	2016-12-13	2017-07-01
217	**GB/T 34442—2017**	**纸浆　纤维粗度的测定 非偏振光法**	**2017-10-14**	**2018-05-01**
218	**GB/T 34444—2017**	**纸和纸板　层间剥离强度的测定**	**2017-09-29**	**2018-04-01**
219	**GB/T 34448—2017**	**生活用纸及纸制品　甲醛含量的测定**	**2017-10-14**	**2018-05-01**
220	**GB/T 34455—2017**	**纸、纸板和纸浆 2，2-二(4-羟基苯基)丙烷(双酚 A)的测定 液相色谱法**	**2017-09-29**	**2018-04-01**
221	**GB/T 34845—2017**	**生活用纸　可吸附有机卤素(AOX)的测定**	**2017-11-01**	**2018-05-01**
222	QB/T 1938—2010	松软纸厚度的测定	2010-04-22	2010-10-01
223	QB/T 2804—2006	纸和纸板白度测定法　45/0 定向反射法	2006-07-27	2006-10-11
224	QB/T 2805—2006	纸和纸板表面吸收速度的测定	2006-07-27	2006-10-11
225	QB/T 2812—2006	纸张定量、水分的在线测定(近红外法)	2006-09-14	2007-05-01
226	QB/T 2896—2007	纸和纸板　湿拉毛和湿排斥的测定	2007-12-03	2008-06-01
227	QB/T 2897—2007	纸和纸板　表面疏松物的测定	2007-12-03	2008-06-01
228	QB/T 4319—2012	硫酸盐全无氯漂白纸浆的判定	2012-05-24	2012-11-01
229	QB/T 4896—2015	废纸浆脱墨效率的测定	2015-10-10	2016-03-01

注：黑体字为 2017 年新批准发布标准。

（全国造纸工业标准化技术委员会）

国内制浆造纸科研设计单位简介

Introduction to the Domestic Organizations of R&D, Engineering Consultant of Paper Industry

中国制浆造纸研究院有限公司

中国制浆造纸研究院有限公司(简称“中国纸院”)始建于1956年，前身为轻工业部造纸工业科学研究所，1999年转制为科技型企业，现为保利集团所属中国轻工集团有限公司的全资子公司。

中国纸院作为国家级制浆造纸专业科研机构，科技资源丰富、行业服务功能全面，是制浆造纸国家工程实验室的依托建设单位和科技部认定的国家国际科技合作基地，并设有全国造纸工业标准化技术委员会、国家纸张质量监督检验中心、中国造纸杂志社、造纸工业生产力促进中心、全国造纸工业信息中心和生活用纸中心，具备技术和产品开发、工程试验、成果转化、质量监测、标准制(修)订、出版发行、会议展览、教育培训等一系列行业服务功能。

建院62年来，中国纸院先后主持/参与完成“六五”至“十三五”国家科技攻关、863计划、发改委重大科技专项、国家自然科学基金、政府间科技合作专项等国家和省部级重大科研项目，以及大量的企业委托开发项目，形成科研成果1700多项，获得包括“国家科技进步奖”在内的国家或省部级奖励180多项；组织制定、修订国家和行业标准300多项；具备纸浆、纸和纸板等6大类219种产品检验能力和38类造纸检测仪器的校准能力；出版发行《中国造纸》《中国造纸学报》《造纸信息》《Paper and Biomaterials》《生活用纸》等专业刊物；承办“中国国际造纸科技展览会及会议”“生活用纸国际科技展览会及会议”“中国国际特种纸展览会及技术交流会”3大国际展会；拥有制浆造纸和造纸环境保护专业硕士学位授予权和博士后科研工作站，是推动我国造纸工业科技进步的重要力量。

2016年，中国纸院“纸基功能材料创新孵化平台”正式面向全行业开放。平台目前拥有8条中试生产线，功能涵盖长网/圆网成形、压榨、施胶、涂布、压光、起皱等主要造纸技术流程，可满足大多数纸品的中试试验和小批量生产。平台将本着“创新、开放、共进”的服务理念，以灵活多样的合作形式，竭诚为高校、科研机构和生产企业的科技创新活动提供全方位、高水平的定制服务，助力我国造纸科技转化迈向新的高度。

面向未来，中国纸院将继续秉承“传承文明、开拓创新”的理念，坚持以创新驱动发展的战略，积极开发、推广行业转型升级关键技术，为中国造纸工业的健康持续发展谱写新的篇章。

董事长： 曹春昱
地址： 北京市朝阳区望京启阳路4号中轻大厦
邮编： 100102
电话： 010－64778000
传真： 010－64778001
邮箱： bgs@ cnppri. com
网址： www. cnppri. com

中国中轻国际工程有限公司

中国中轻国际工程有限公司(CLIEC)(简称“中轻国际”)即原中国轻工业北京设计院，成立于1953年1月。2000年10月成为交中央管理的大型科技型设计企业，2001年3月更名为中国轻工国际工程设计院，2003年1月23日经国家经贸委、财政部等有关部委批准，改制更名为中国轻鑫工程有限责任公司，2004年4月更名为中国中轻国际工程有限公司。现为国务院国资委监管的保利集团所属中国轻工集团有限公司的下属企业。

中轻国际是以咨询、设计、监理、项目管理、工程总承包为主体业务的大型工程公司，拥有的资质包括：进出口企业资格证书；轻纺全行业、化工石化医药行业（化工工程）、市政行业（排水工程、环境卫生工程）、农林行业（林产化学工程）、建筑行业（建筑工程）和环境工程（水污染防治工程、大气污染防治工程）专项设计甲级资质；城市规划、招标代理、化工石化医药行业（生化、生物药、化学原料药）、电力行业（火力发电）、商物粮行业、建材行业（新型建筑材料工程）、市政行业（给水工程、城镇燃气工程、热力工程）和环境工程（固体废物处理处置工程）专项设计乙级资质；机电安装工程施工总承包二级资质、建筑装饰装修工程设计与施工二级；工程咨询、工程造价、工程监理甲级资质以及压力容器设计、压力管道设计许可证；中华人民共和国海关进出口货物收发货人报关注册登记证书、对外贸易经营者备案登记表、中华人民共和国对外承包工程资格证书和自理报检单位备案登记证明书；质量、环境和职业健康安全管理体系认证证书；国家高新技术企业认证证书。

中轻国际是国际咨询工程师联合会（FIDIC）、中国勘察设计协会、中国国际工程咨询协会、中国工程咨询协会等国际及国内 100 余个协会、学会的主要成员。1995 年 1 月在世界银行“DACON”数据库认可登记（登记号：576）。1992 年 6 月在国内设计单位中首批获得国家授予的对外经营权。2009 年通过国家高新技术企业认证，2015 年通过复评审核。

中轻国际于 1997 年 12 月率先在轻工设计系统通过 ISO9001 质量体系认证。2008 年 8 月通过质量体系、环境管理体系、职业健康安全管理体系“三标”认证。

中轻国际现有注册员工 656 其中：国家级设计大师 2 人、享受政府特殊津贴的专家 7 人、轻工行业设计大师 6 人、教授级高级工程师 106 人、高级工程师 178 人、工程师 214；各类国家注册工程师 274 人次、工程总承包项目经理 68 人。

中轻国际为国内 5000 余家大中型企业，国外 20 多个国家、60 余个大中型项目提供了工程设计、咨询、项目管理、总承包等服务，与国内外著名的 350 余家大型公司建立了实质性合作和业务往来关系。

中轻国际高度重视工程设计成果的创优评优工作。自 1980 年以来，共获得部（委）级以上各种嘉奖 370 余项，其中国家级优秀设计、咨询奖和科技进步奖 50 余项，共拥有 49 专利，其中发明专利 5 项。

经过六十余年的创业、发展、壮大，中轻国际已成为国内外知名的大型科技型企业，中轻国际坚持以市场为导向，以项目为中心，以创新为动力，以服务为宗旨，以质量为保证，为顾客提供全过程、多方位、专业化、质量高、效果好的满意服务。

中轻国际通过科技兴业、质量强业、管理治业的可持续发展之路，正在向科技型国际工程公司目标迈进。

法人代表、董事长：张建新

总经理：邢培栋

总工程师：李　耀

地址：北京市朝阳区白家庄东里 42 号

邮编：100026

电话：010－65826358

传真：010－65823590

邮箱：cliec@ cliec. cn

网址：www. cliec. cn

辽宁省轻工设计院有限公司

辽宁省轻工设计院有限公司成立于 1955 年，是具有较强综合技术实力，拥有国家轻工、化工甲级，电力、建筑、商物粮、环保乙级等多项资质的咨询设计单位。从事轻工、化工、电力、建筑、环保、农林等行业建设项目的工程咨询、工程设计、规划、设备成套、项目管理、工程总承包等业务的综合单位。

辽宁省轻工设计院有限公司造纸工程技术中心近年来的主要技术研究成果：

（1）尿素催化剂法生产本色或全无氯漂白纸浆、纸和纸板，综合利用农业秸秆，蒸煮废液可灌溉，废弃物制饲料、沼气，沼渣制硅肥。

（2）生物质精炼技术综合利用玉米秆。玉米秆除髓后，叶和穰添加 ПАВ 保鲜剂制饲料。皮制溶解浆，水解液制木糖醇、糠醛，蒸煮黑液制二甲亚砜后进行碱回收。清洁生产，节能减排，环境友好，经济效益突出。

（3）常压蒸煮-漂白一步法制漂白纸浆。

（4）菊芋秆制浆造纸及其尿素催化剂法制浆废液和硅肥相结合生产固沙沙漠改良剂。

（5）硅肥技术。硅肥可以提高农作物生产量、质量（抑制作物吸收有毒有机物和重金属）。当前稻米镉等有害物超标，此项研究更具深远意义，已于

2008 年 12 月 15 日通过沈阳市科技局验收。

法人代表：卢秉刚
院长：卢秉刚
总工程师：徐军强
造纸中心主任：罗少初
地址：辽宁省沈阳市皇姑区泰山路 46 号
邮编：110031
电话：024－26115800
传真：024－86802976
邮箱：lnqgy@ qq. com
网址：www. lnqgy. cn

黑龙江省造纸工业研究所

黑龙江省造纸工业研究所占地面积 2.2 公顷，建筑面积 1.2 公顷。设有黑龙江省制浆造纸中试基地，黑龙江省造纸技术研究中心。是省级专业期刊《黑龙江造纸》编辑部、黑龙江省造纸产品质量监督检验站、黑龙江省造纸学会挂靠单位。

黑龙江省造纸工业研究所为从事制浆造纸应用研究的省属研究所。主要研究方向为农业、工业特种纸材料，同时开展制浆造纸技术研究及相关咨询服务，促进造纸行业及地方经济发展。

现有正式员工 38 人，科技人员 17 人，其中，研究员级高级工程师 3 人，高级工程师 11 人，中级职称 1 人；享受国务院政府津贴待遇 2 人。近年来，共取得科研成果 25 项，其中，获国家科技奖励 1 项，省级科技奖励 9 项，市级科技奖励 13 项，获国家专利 7 项。

现有 1 条特种纸中试生产线、3 条自主研发系列育苗纸筒生产线、1 条自主设计的印制板钻孔用上垫板生产线，水电气配套设施齐全。可进行纸张材料的基础研究、新产品研发、科研成果的转化及部分产品的批量生产。

目前，可批量生产的产品为甜菜、林木、蔬菜、玉米、棉花、西瓜等农林系列育苗纸筒；工农业用特种纸；区电印制板行业配套材料等。育苗纸册年生产能力 200 余万册，垫板年生产能力 20 万米^2。

法人代表/所长：杨易平
总工程师：任国庆
地址：黑龙江省牡丹江市阳明区光华街 17 号
邮编：157013
电话：0453－6332195、6332060（销售）
传真：0453－6332195、6332060（销售）
邮箱：hzskyb@ 163. com
网址：www. hljzzyjs. com

中国海诚工程科技股份有限公司

中国海诚工程科技股份有限公司隶属于国务院国资委管理的中国轻工集团有限公司，由成立于 1953 年的原轻工业部下属中国轻工业上海设计院经整体改制而设立，主要从事工程总承包、设计、咨询和监理，是国内第一家专业设计服务业上市公司（股票代码：002116）。公司服务领域囊括轻纺、商物粮、农林、机械、市政公用、化工医药、建筑等行业，其中制浆造纸工程的全过程服务是公司主要业务之一，客户遍及世界各地。

公司总部设在上海市，并在北京、广州、长沙、武汉、南宁、成都、西安等地拥有 11 家全资子公司。公司致力于从咨询、设计到开车、培训等全方位一站式工程服务，在轻工、食品、消费品工程建设领域占据行业领先地位。公司累计荣获国家、省部级工程设计、工程咨询、工程总承包及科技进步奖近 800 项。被国家统计局编撰的《共和国之最》列为“获国家优秀设计项目最多的设计院”。

自 1992 年以来，公司连年被国家建设部、统计局评为中国勘察设计综合实力百强单位；自 2004 年起，公司连续 13 年被美国《工程新闻记录》（ENR）与中国《建筑时报》列入“中国工程设计企业 60 强”。公司还被认定为“高新技术企业”，连续 10 届蝉联上海市“文明单位”称号，并于 2015 年首次荣获“全国文明单位”荣誉称号

法人代表：严晓俭
地址：上海市宝庆路 21 号
邮编：200031
电话：021－64370093
传真：021－64334045
邮箱：info@ haisum. com
网址：www. haisum. com

中国林业科学研究院制浆造纸研究开发中心

中国林业科学研究院制浆造纸研究开发中心为国家林业局从事林纸一体化技术研究和开发的专业机构，设有林产化学加工工程博士点、轻工技术与工程硕士点和林业工程博士后流动站。主要研究方向：①人工林制浆性能早期预报和技术经济评价；

②速生材、小径材、木材加工剩余物、竹材和农业秸秆等不同类型纤维原料的高得率制浆技术研究及工程设计；③高效、低耗清洁制浆及漂白技术研究；④制浆造纸废水高效低成本处理工艺技术研究及工程设计；⑤制浆造纸过程生物质精炼技术开发。

研发中心拥有完备的纤维形态及化学成分分析、制浆造纸性能评价、废纸回收利用、废水污染物特征等检测分析手段，全套进口化机浆中试系统，中试涂布机及压光机，废水污染物大型分析仪器，废水处理小试及中试系统，以及 FQA 纤维质量、胶黏物、纤维束分析仪、纤维筛分仪、毛细管孔隙仪、涂布器等大型专业测试仪器。致力于纤维资源及纸浆材性评估、制浆造纸新技术、造纸及环保化学品、木质素纤维类生物质转化与利用、生产过程纤维类废弃物资源化利用、造纸工业节能减排新技术的研究开发与工程化应用。承接高得率制浆生产线、废水处理系统的设计、工程建造、运行优化任务。国家林业局林化产品检测中心(南京)能够承接纤维原料、纸浆和纸产品第三方检测任务。

目前主持国家“十三五”重点研发计划项目“人工林剩余物资源化利用技术研究”、国家精准扶贫科技成果推广项目以及国家林业和草原局基金项目共 12 项。承担了“七五”至“十二五”国家科技项目、自然科学基金倾斜项目、“948”先进生产技术引进、国家外专局引智及江苏省科技攻关等 30 余项，ACIAR、UNDP、SIDA、EU、UNESCO“BIO-DEV”等国际合作项目近 20 项。与澳大利亚 CSIRO、法国国家农科院丝状真菌研究所、普鲁旺斯大学、波尔多第一大学、加拿大造纸研究所、魁北克大学、纽布朗斯维克大学、美国林产品实验室、安德里茨春田研究开发中心、马来西亚国家林业研究院等学术机构建立密切广泛的科技合作联系。20 余项科技成果在全国十多个省市 50 余家大中型企业获得推广应用，为国内外设计建造了具有完全自主知识产权的清洁制浆生产线 9 条。

中心主任：房桂干

地址：江苏省南京市锁金五村 16 号

邮编：210042

电话：025 – 85482548、025 – 85482542

传真：025 – 85413445、025 – 85482620

邮箱：fangguigan@ icifp. cn

网址：www. icifp. cn

浙江省造纸研究所
(浙江省普瑞科技有限公司)

浙江省普瑞科技有限公司即浙江省造纸研究所，占地面积 4. 5 公顷，建筑面积 3. 3 公顷。现有职工 100 余人，其中专业技术人员占比 1/3 以上，教授级高工 6 人，技术力量雄厚，是国内以化学合成纤维、无机纤维、矿物纤维等特种纤维抄造特种功能纸技术的开拓者，成为我国特种纸科研生产基地，建有普瑞特种纸省级高新技术研究开发中心和浙江省特种纤维纸基功能材料技术研究重点实验室。装备有 2 条湿法造纸生产线、2 条干法造纸生产线，其中引进国际先进斜网成形器的湿法造纸生产线和引进气流成网干法造纸生产线各 1 条，配备了完善的造纸工艺试验设备、纸张性能测试仪器和特性指标测试仪器，为研制产品的中试与生产提供了良好条件。制定有完善的质量管理体系，通过中国新时代认证中心 GJB9001B—2009 和 GB/T19001—2008 质量管理体系认证。已完成的省部级以上科研成果 153 项中，国家科技攻关项目 6 项。获省部级科技进步奖 27 项。近年申请国家专利 17 项，其中发明专利 14 项，已授权的 13 项专利中，发明专利 10 项。主导产品有电池隔膜材料系列、超净擦拭纸系列、高低温隔热材料系列、农用功能材料系列、过滤材料系列、医疗卫生用纸等特种功能纸。近年国内首创并批产的气凝胶隔热材料达到国际先进水平，投放市场后获得用户高度赞扬与好评。长期以来，全体员工本着“敬业、诚信、创新、实效”的企业精神，以“技术创新，质量一流，强化管理，用户至上”的方针，为高新工程和国民经济高新行业提供了大量优质材料和良好服务。

董事长、法人代表：蒋　冰

总经理、所长：郑鹏遵

地址：浙江省杭州市萧山经济技术开发区鸿兴路 181 号

邮编：311215

电话：0571 – 88170685

传真：0571 – 88173641

邮箱：zjprime@ 263. net

网址：www. zjprime. com

轻工业杭州机电设计研究院有限公司

轻工业杭州机电设计研究院有限公司是专业从

事制浆造纸装备设计开发研制的国家级重点设计研究单位，同时具备制浆造纸工程设计、设备研发和配套电气控制系统研制能力，是国家发展和改革委“制浆造纸国家工程实验室”的依托建设单位之一。中国造纸学会机械设备专业委员会，全国轻工机械标准化委员会及造纸机械，食品机械分标委员会，全国压力容器标准化委员会专用压力容器分标委员会，全国食品加工机械标准化技术委员会，中国轻工总会造纸食品日用化工塑料机械质量监督检测中心以及工业和信息化部工业(轻工机械)产品质量控制和技术评价实验室，国家中小企业公共服务示范平台，中国科技核心期刊《轻工机械》杂志社等均设在本院。具有中国对外承包工程经营资质、工程设计甲级资质、工程咨询资质、一、二、三类压力容器设计资质和GC1级管道压力设计资质等证书。

近年来，承担国家科技攻关项目多项，其中承担和完成国家“863”项目2项、国家十一五科技支撑项目3项和科技部“科研院所技术开发研究专项资金”项目10项和国家重点研发计划重点专项项目2项，“社会公益研究专项”项目1项，省科技计划项目3项。获得各种奖励共102项(其中：国家科技进步二等奖1项，三等奖6项，省部级科技进步一等奖2项，二等奖13项，三等奖41项，其他奖励39项)，取得中国专利50项，完成行业标准编制80多项。

共完成设备研究设计项目900余项，工程咨询项目170余项，工程设计项目220余项，产品生产3000余台(套)，生产线成套项目30余项。包括出口俄罗斯的隔音板等项目。

现有在职职工156人，其中教授级高级工程师23人，高级工程师49人，中级及初级技术人员63人，享受国务院特殊津贴专家2人，一级注册建筑师和注册结构师共7名，注册投资咨询师11名，注册化工师7名，注册电气工程师2名，公用设备注册工程师4人，注册设备监理师18人、注册监理工程师19人。拥有一大批中高级工程技术人员，应用先进的设计手段和3D设计开发软件，长期从事专业的研究设计，积累了丰富的实践经验。并拥有实力雄厚、装备完善的新产品开发试制基地。可以为企业提供从试验、研究、设备开发设计、工程咨询、项目管理服务、技术服务、工程设计、设备成套到项目总承包等全方位的服务。

法人代表： 刘安江

总工程师： 杨 旭

地址： 浙江省杭州市高教路970号

邮编： 311121

电话： 0571－85186716

传真： 0571－85186432

网址： www. hmei. com. cn

邮箱： hzjdy@ hmei. com. cn

济南市造纸科学研究所

济南市造纸科学研究所隶属济南市经信委，主要从事造纸工业新产品、新工艺的研制，纸张物理检测和技术咨询服务。研究所拥有高中级工程技术人员。研制的电子阅卷纸曾荣获国家科技奖；煤矿井下堵炮眼纸、井下吸尘纸受到煤矿行业的好评；制浆造纸清洁新工艺得到了省专家的认可，已通过省级鉴定，此项目填补了国内空白。

所长： 张建军

地址： 山东省济南市槐荫区经一纬九路273号1号楼2单元314室

邮编： 250012

电话： 0531－86911272、86150010

传真： 0531－86150010

邮箱： jnzzhkys@ 163. com

山东省造纸工业研究设计院

山东省造纸工业研究设计院始建于1978年11月，隶属于山东省轻工业协会。现有在职职工100人，专业技术人员65人，院内设有科研所、设计所、检测中心、《中华纸业》杂志社、技术开发公司、实验厂等主要业务部门。另外，山东省涂布加工纸技术重点实验室、山东省纸张质量监督检验站、山东造纸学会、山东省造纸行业生产力促进中心等均设在该院。

科研工作曾多次荣获省科技进步奖。目前与多家造纸企业及造纸化学助剂等相关企业建立了合作关系，已承担企业委托项目200余项。收到了良好的经济效益和社会效益。

设计工作具有国家建设部颁发的轻纺行业(制浆造纸)工程设计甲级证书和国家发展和改革委颁发的轻工工程咨询甲级证书。近年来，完成制浆造纸工程咨询设计项目600余项，多次荣获省级优秀勘察设计奖、省级优秀工程咨询成果奖和中国轻工业优秀工程咨询成果奖。

《中华纸业》是中国造纸协会会刊，由中国造纸协会和该院共同主办。它是由创刊于1979年的《山东造纸》发展而来，期间经历了《北方造纸》重要的阶段，《中华纸业》从原技术刊转型定位于“行业综合性”刊。自1996年以来的十多年间，由季刊改为半月刊，在内容、版面设计、广告策划上都具有自己的独特风格，成为中国造纸行业最有影响力的期刊之一。

检测工作主要承担全省纸张产品质量监督检验、第三方评价性检验、产品质量仲裁检验和各单位委托检验。为全省造纸企业提供检测技术服务、质检员培训、新标准宣贯等工作。山东省纸张质量监督检测站是山东省质量技术监督局授权机构。

技术开发公司主要致力于造纸工业新技术、新产品、新设备的开发应用，为造纸行业提升技术水平提供优质服务。

实验厂承担省科技厅下达的中试任务，实验生产了过滤纸、一次性医疗器械包装用纸、水果吸湿纸等一系列具有先进水平的产品，同时研究开发无毒环保的纸塑复合包装产品。

近年来，该院在科研单位改革改制推动下，树立以市场为导向，以优良的服务为纽带，以质量求生存，以信誉求发展的经营理念，解放思想，开拓创新，充分发挥自身优势，急企业之所急，全面服务企业。

院长、法人代表：王泽风

总工程师：陈　东

地址：济南市工业南路101号

邮编：250100

电话：0531－88947041

传真：0531－88947041

邮箱：shandongpaper@163.com

安徽省轻工业设计院有限公司

安徽省轻工业设计院有限公司始建于1979年，2005年成功转型改制为民营股份制有限公司，迄今已有近35年的历史，是专业从事轻工行业、民用建筑工程、环境工程设计的具有甲级设计资质的综合设计机构。现有员工近200人，专业设置齐全，拥有众多国家注册建筑工程师、注册结构工程师、注册规划工程师、国家注册化工工程师、注册设备工程师、注册电气工程师、注册咨询工程师、注册环保工程师等高级专业人才。

主要承接制浆造纸工程、食品发酵工程、皮革工程、烟草工程、五金工程、日化工程、塑料工程、家电电子及日用机械、日用硅酸盐工程、新能源工程等工业项目设计与规划；居住小区、公共建筑、商业地产、文化地产等民用建筑工程设计与规划、室内外装饰设计及景观设计；市政污水、工业园区废水、工业厂区内的废水处理等环境工程设计及总承包。提供项目咨询、项目建议书、可行性研究报告、节能评价报告、资金申请报告、项目立项报告、公司上市项目包装、产业发展规划、清洁生产审核报告等。

法人代表：李　伟

单位负责人：陈明邦(13856081568)

地址：安徽省合肥市马鞍山路富城大厦9－11层

邮编：230022

电话：0551－62628422

传真：0551－63486209

邮箱：1347335539@qq.com

网址：www.ahlidi.com

中国轻工业武汉设计工程有限责任公司

中国轻工业武汉设计工程有限责任公司(原中国轻工业武汉设计院)始建于1958年，现系中国海诚工程科技股份有限公司成员单位，是集工程总承包、工程咨询、工程设计、工程监理及工程项目管理等多功能于一体的知识密集型国有科技型企业。拥有国家颁布的轻工行业、民用建筑、医药、环保设计、工程咨询、工程监理等7项甲级资质，已形成工程设计、咨询、监理和总承包四大主业，并顺利完成了“三标一体”的认证工作。拥有中国轻工行业勘察设计大师3人，国家级、省部级专家及教授级高级工程师40余人，各类注册工程师160余人，高级工程师120余人。经营业绩20多年来保持近30%的高速增长。

制浆造纸是该公司工程设计的传统行业，有着50多年的设计历史。历年来完成制浆造纸行业工程设计及服务800余项，多项设计获部、省级奖励。

设计和服务范围涵盖制浆、造纸、碱回收、废水处理、纸加工、热电及综合利用等造纸行业的各个环节。在制浆及碱回收、无氯漂白、化机浆、特种纸、纸板、废水处理、污泥生物质发电等方面形成独立的技术集成、特色技术和多项专利专有技术，具有较高的市场占有率，其中非木材制浆(竹子芦苇秸秆)及碱回收是国家环保部最佳实用技术依托单位，项目地域覆盖全国包括台湾在内30多个省、市、自治区及俄罗斯、缅甸、巴基斯坦、尼泊尔、孟加拉国、吉尔吉斯斯坦、印度尼西亚、马来西亚、埃塞俄比亚、越南、伊朗、加纳和加蓬等国家。

法人代表：周　波

总工程师：杨晓臻

联系人：梁　斌

地址：湖北省武汉市武昌区首义路 176 号

邮编：430060

电话：027－88044007、13808641636

传真：027－88043744

网址：www. qgsj. com

邮箱：13808641636@ 163. com

中国轻工业长沙工程有限公司

中国轻工业长沙工程有限公司(简称 CEC)，原名为中国轻工业长沙设计院，创建于 1953 年，是中国成立较早的大型咨询设计单位之一。2002 年 12 月改制重组后，成为中国海诚工程科技股份有限公司的全资子公司，公司注册资金为 2000 万元。

CEC 主营业务为工程设计、工程咨询、工程监理和工程总承包，服务于制浆造纸、能源环保、制盐及盐化工、家用电器、食品、建筑、市政等行业领域。持有国家主管部门颁发的轻纺、建材、市政、农林、建筑、环境工程(水污染防治工程、固体废物处理处置工程)甲级工程设计证书和与之相对应的甲级工程总承包资格、甲级工程咨询资格证书、甲级工程造价咨询单位资质证书；持有电力(火力发电、新能源)、化工、机械、商物粮、风景园林行业乙级设计资质证书，城市规划编制乙级资格证书，压力容器及压力管道设计许可证；持有工程监理综合资质证书；拥有对外经营权、对外承包工程经营资格。1998 年通过 ISO9001 质量管理体系认证，2007 年通过 ISO14001 环境管理及 GB/T28001 职业健康安全管理体系认证；拥有 60 余项专利技术，并广泛运用于项目中，2008 年被认定为高新技术企业。公司在制浆造纸行业的服务遍及各种类各环节，其中，制浆领域涵盖化学浆、机械浆、废纸浆等各个浆种；造纸领域涵盖了各类文化纸、包装纸、生活用纸及特种纸等各类纸种；在该行业的服务还延伸到纸容器制造及彩印等。并与国内外众多知名制浆造纸企业建立了紧密的战略合作伙伴关系。

公司从事工程咨询设计 60 余年，完成咨询、设计、承包、监理等项目 4000 余项，市场占有率和核心竞争力均位于行业前列。自 1982 年国家开展评选优秀设计以来，公司获得国家及省部级优秀设计奖、科技进步奖 200 余项，其中在制浆造纸行业获国家金银铜奖 10 余项。

CEC 凭借多年的资源积累，与多家国际知名公司均有合作与交流，与业内知名企业形成了广泛的产业战略联盟，借助金融机构的融资平台，形成多方合作共赢的格局。公司现已发展成为集工程咨询、设计、造价、监理、项目管理和工程总承包于一体、为工程建设实施全方位、全过程服务的科技服务型企业。公司的工程总承包业务，涵盖了项目投资、选址、规划、技术经济分析、设计、造价、采购、施工、安装、开车等各个方面。作为总承包商，公司先后承建了加拿大、缅甸、巴基斯坦、埃及、印度、印度尼西亚、泰国、埃塞俄比亚等国外项目以及国内湖南湘丰特种纸业有限公司、焦作瑞丰纸业有限公司、福建省青山纸业股份有限公司、中国造纸装备有限公司、江门星辉纸业有限公司、宜宾纸业股份有限公司、浙江景兴纸业股份有限公司、浙江传承实业有限公司等多项制浆造纸领域的总承包工程。其中，缅甸 YENI 制浆造纸项目获“第五届优秀工程总承包金钥匙奖”，江门星辉纸业有限公司总承包工程获“第八届优秀工程总承包铜钥匙奖”及“轻工业优秀工程项目管理一等奖”，湖南湘丰特种纸业有限公司总承包工程获“第五届优秀工程总承包铜钥匙奖”及“轻工行业第三届优秀工程总承包项目一等奖”，焦作瑞丰纸业有限公司总包工程获“轻工行业第四届优秀工程总承包项目二等奖”，福建省青山纸业股份有限公司项目获“第七届优秀工程总承包项目铜钥匙奖”。

CEC 奉行“诚信、严谨、创新、高效”的理念，坚持以顾客满意为中心、以环境友好为己任、以安全健康为基点的价值观，坚持以打造国际知名的服务品牌作为 CEC 的企业目标，一如既往地为国内外顾客提供优质的技术服务和工程产品。

法人代表：樊　燕

总经理：陈志明

地址：湖南省长沙市雨花区新兴路 268 号

邮编：410114

电话：0731－85770333

传真：0731－85584415

邮箱：office@ cecchina. com

网址：www. cecchina. com

湖南省造纸研究所有限公司

湖南省造纸研究所有限公司是经湖南省科技厅认定的集科、工、贸于一体的由省属科研事业单位转制而成的高新技术企业，是湖南省造纸产品质量监督检验授权站、湖南省造纸学会等机构组织挂靠单位。始建于1972年，占地面积3.5公顷，固定资产1200万元。现有员工109人，其中，专业从事研究开发人员36人，本科以上学历28人，中级以上职称32人，高级职称6人。

多来年，先后完成了国家、部级科技攻关项目80余项。其中，27项获国家、部、省等各级科研成果技术奖，已有30多项科研成果转化为生产力。公司现有3条生产线，年生产能力在5000吨以上。其中，2条特种工业用纸生产线，年生产量3000吨，主要生产高强砂管封面纸、各类纤维板表层纸等。产品占国内市场较大份额。1条涂布纸生产线，年生产量可达2500吨，所产彩喷纸、高光数码相纸、名片纸等涂布纸，可以替代进口产品。

公司于2002年通过了ISO 9001:2000质量管理体系认证，本着“创造卓越品质，追求持续满意”的质量方针，建立了持续、稳定、有效的科学管理体系，产品质量达到了国际先进水平。近几年来，公司紧跟市场需求，发展更加迅猛，致力于文化创新、科技创新、管理创新，积极培育和提升核心竞争力，形成了以市场带动科研、以科研促进生产、以生产服务市场的良好循环轨道。

法人代表：宋善军

地址：湖南省湘潭市建设中路7号

邮编：411104

电话：0731－58523214、58561602

传真：0731－58561602

网址：www. hnprc. com

广东省造纸研究所

广东省造纸研究所（以下简称“省造纸所”）创建于1973年，占地面积7500米^2。是广东省唯一的省级造纸研究所，是广东省高新技术企业，所内建设有广东省造纸技术与装备公共实验室、广东省造纸精细化学品工程技术研究中心，并通过了ISO 9001质量管理体系认证。拥有一支高素质（包括教授级高级工程师在内）的工程技术人员队伍，全所在职职工80多人，专业技术人员30多人。省造纸所以“打造品牌、开拓创新、持续发展”为宗旨，全体职工团结一致，共同奋斗，创造了优秀的业绩。

经过四十多年的发展，省造纸所发展呈现出喜人局面，市场销售网络日趋成熟，经济、社会效益和企业知名度不断提高，企业信誉良好。已发展壮大成为业务范围涵盖造纸行业科研、开发、产品检测与鉴定、技术咨询、技术服务、技术培训、技术承包和项目设计，销售造纸原料、造纸仪器等多方面业务，集科研开发、检验检测、生产、销售于一体的多元化科技企业。每年承接省技监局、工商局、海关等政府机构的抽样检测任务。主要产品有PPE造纸湿强剂、干强剂、剥离剂、柔软剂，白钢纸、阻燃型绝缘钢纸板、复印纸等，是省内多家大型造纸企业的原料供应商。

省造纸所拥有1000多米^{2}的专业试验室，拥有完备的小型试验和中型试验装备，有设备齐全的制浆工艺研究室、造纸实验室、涂布加工纸实验室纸张物理性能实验室、纸张化学性能实验室和无菌实验室等。近年来，该所共承担省级以上科研项目20多项，拥有专利技术近20项，曾获得省部级奖励10多项。目前省造纸所在全国同类造纸科研院所中，科研综合实力排在前3名以内。

国家轻工业纸张质量监督检测广州站、广东省质量监督造纸产品检验站（下简称检验站）设在省造纸所内，是政府授权检测机构，检验站成立于1978年，1989年获得国家质量监督检验检疫总局和广东省质量技术监督局的认证和审查认可，其后多次通过了复评审，被授权具有造纸和包装产品145个品种及物理、化学、光学性能等40个参数的检验资格，检验设施完善，设备先进，拥有华南地区检测装备最为先进、实力最强的造纸专业检测室，在国内同类检验站处于领先水平。省造纸所是全国造纸标准化委员会第三分技术委员会主任单位，秘书处设在检验站。检验站致力于做好造纸标准化的推广和宣贯，近年先后主持制定国家标准、行业标准、地方标准十多项，2010年被广业公司评为标准化制定突出贡献单位。

与广东省造纸学会合办了《造纸科学与技术》期刊。近年来所内科技人员在国内核心刊物和省级以上刊物上发表论文多篇。

省造纸所科研产业化基地位于增城市中新镇大田工业区内，基地占地面积为25000米^2，已建成了1800多米^{2}的造纸助剂生产车间、纸张整饰及涂布加工纸生产车间和特种纸车间，具有年产7000吨造纸助剂的能力。自主研发的造纸助剂、冷压自黏胶带纸、阻燃钢纸等科研成果已实现产业转化，经过多年的市场培育，造纸助剂形成的产业规模，助剂年产销量达到 4400 吨。

法人代表、所长：伍泽荣

副所长：马学逵

地址：广东省广州市海珠区新港西路 154 号

邮编：510300

电话：020－34300901

传真：020－34300901

业务电话：020－34300599

邮箱：gdpiri@ sti. gd. cn

网址：www. gdzaozhisuo. com

中国轻工业南宁设计工程有限公司

中国轻工业南宁设计工程有限公司(简称“中轻南宁公司”)创建于 1974 年，前身为轻工业部南宁设计院、中国轻工业南宁设计院。2002 年 12 月改制成为由国务院国资委监管的保利集团所属中国轻工集团有限公司下属的科技型企业。2010 年荣获高新技术企业证书。

中轻南宁公司持有国家颁发的工程设计甲级、工程咨询甲级、工程总承包甲级、工程建设监理甲级、工程造价甲级、机电安装工程施工总承包贰级、工程招标代理等多项资质证书、对外承包工程经营资格和进出口经营许可证书。中轻南宁公司建立了严格规范的现代企业管理制度，获得了质量、环境、职业健康安全管理体系认证证书。

中轻南宁公司在制浆造纸方面具有很强的优势，一直致力于用成熟先进的技术为广大客户提供全方位的科技服务，所承担的制浆造纸工程咨询、设计、监理及总承包项目遍布广西、广东、湖南、江苏、云南、重庆等省区以及越南、缅甸、印度尼西亚、马来西亚、泰国、白俄罗斯等国家，项目多达 500 余项。制浆造纸工程项目涵盖碱法制浆、酸法制浆、废纸制浆、化学机械浆等，涉及的原料有木材和竹子、甘蔗渣、桑枝，产品涵盖国内现有的各种浆、纸品种。中轻南宁公司目前在漂白木浆、漂白甘蔗渣浆、漂白竹浆、纸张生产线等设计方面居国内领先地位，先后有多个项目荣获国家、省部级优秀工程一、二、三等奖。

法人代表：唐明明

地址：广西壮族自治区南宁市星光大道 42 号

邮编：530031

电话：0771－4800448

传真：0771－4830802

邮箱：cnec@ vip. 163. com

网址：www. zqnn. cn

重庆造纸工业研究设计院有限责任公司

重庆造纸工业研究设计院有限责任公司始建于 1953 年，是我国制浆造纸工业和轻工、军工重要的综合性科研和生产基地；是重庆制浆造纸工程中心和重庆市高新技术企业；是国家轻工业造纸质量监督站重庆站、重庆市造纸产品质量监督检验站和重庆市造纸产品计量站所在地。该院拥有较完备的制浆造纸和特种纸研究科研和中试手段；拥有大量的科研成果、高新技术产品和雄厚的研发实力；拥有一批高素质的管理、科研、生产团队；在玻璃纤维空气过滤、液体过滤和油气分离纸及特殊要求的玻璃纤维纸研制、生产、技术装备和检测手段方面处于国内领先地位。该院通过了 ISO 9001—2000 质量管理体系认证和军工生产许可证认证等，完善健全了现代化的管理体系，为科研生产良性循环奠定了基础。

重庆造纸工业研究设计院有限责任公司以雄厚的科技实力，优质的产品质量，良好的企业信誉，为客户提供满意的服务。

法人代表、院长：孙　骏

地址：重庆市南岸区茶园新区蔷薇路 26 号

邮编：401336

电话：023－63862408

传真：023－63609345

邮箱：cqzz666@ 163. com

网址：www. cqzzyiy. com

中国轻工业成都设计工程有限公司

中国轻工业成都设计工程有限公司(简称“成都公司”)(原中国轻工业成都设计院)，始建于 1958 年，于 2002 年 12 月改制为国有控股的公司制企业，为国资委监管的保利集团所属中国轻工集团有限公司控股的中国海诚工程科技股份有限公司(代码 002116)子公司。

成都公司已通过质量、环境、职业健康安全三标管理体系认证，是成都市劳动关系和谐企业、成都市模范单位和高新技术企业。

成都公司主要从事制浆造纸、烟草、食品加工、火力发电、新能源、环境工程、市政工程、物流配送等行业，拥有工程设计、工程咨询、工程造价咨询、工程总承包、环境影响评价、工程建设监理甲级以及商务部对外经营合格证书等资质。

成都公司现有员工 450 余人，专业技术人员占员工总数的 95%，其中已获得各类工程师职称的人员约占 60%，拥有中国轻工业勘察设计大师及享受国务院政府特殊津贴专家 1 人。50 余年来，成都公司先后承担了国内外工程咨询、工程设计、工程监理和工程总承包项目 3000 多个。其中，广安综合食品厂、焦作纸厂、长江纸厂、缅甸糖厂荣获工程设计“一等奖”；缅甸糖厂荣获中国勘察设计协会与中国工程咨询协会的“工程总承包银钥匙奖”；四川天竹竹纤维浆粕项目荣获中国轻工业勘察设计协会优秀工程咨询成果“一等奖”，也是目前国内建成投产的最大的专业竹纤维浆粕工厂。

制浆造纸是成都公司传统产业，涉及的原料有竹子、木材、麦草、废纸、龙须草、红麻、棉秆、蔗渣、棉短绒等；采用的制浆工艺有硫酸盐法、烧碱法、半化学机械制浆法等；蒸煮方法有连续蒸煮、超级间歇蒸煮（置换蒸煮）；生产的产品有漂白竹浆、文化纸、生活用纸、包装纸、浆粕、绒毛浆等。设计的工程项目由于采用的工艺成熟可靠、设备选型先进合理、总体布置合理而受到用户的好评。在设计中通过采用科研成果和技术创新，大大地增加了设计的技术含量，使设计成果处于国内领先水平，有的还填补了国内的空白，目前设计均采用三维设计。

公司具有丰富的国内外项目咨询、设计、项目管理、工程总承包经验，先后完成了不同生产规模的大中型制浆造纸厂工程设计、工程总承包 120 余项。

联系人：罗建雄（13111868788）

地址：四川省成都市少城路 9 号

邮编：610015

电话：028 - 86630940、028 - 86634360

传真：028 - 86643706、028 - 86634360

邮箱：qrsjljx@ 126. com

网址：www. qrsj. com

中国轻工业西安设计工程有限责任公司

中国轻工业西安设计工程有限责任公司（简称“中轻西设”）是隶属于中国海诚工程科技股份有限公司的子公司，前身为成立于 1958 年的中国轻工业西安设计院，2003 年改制为有限责任公司，是集工程咨询、设计、总承包、监理、项目管理等多种功能为一体的知识、技术和管理密集型国有科技企业。

中轻西设拥有国家颁发的轻纺工程、建筑工程、工程咨询、工程造价、环境影响评价和工程监理的甲级资格证书；电力、电子通讯、广电、化工、石化、医药、农林、商物粮、市政公用工程、城市规划，劳动安全评价、压力容器和压力管道工程设计资格证书；同时具有工程总承包、工程招标代理、对外经济技术合作和出口企业等资质。

中轻西设长期从事制浆造纸、食品发酵、甜菜制糖、皮革轻化、农副产品加工、畜牧产品加工、塑料制品、民用建筑及市政公用工程等行业的咨询、设计和工程总承包服务，并积累了丰富的经验。近年来，在制浆造纸、生物能源、热电工程、环保工程、工程总承包和项目管理方面又有了新的开拓和发展，能为业主提供各类工程服务。

中轻西设具备完善的技术、经营、生产、财务管理制度。2000 年通过了 GB/T 19001/ISO 9001 质量管理体系认证；2009 年通过了陕西省高新技术企业认定；2010 年通过了三标管理体系认证，取得了认证证书。

第一工程咨询设计所是中轻西设以制浆造纸专业为主业的综合设计所，已有五十多年的历史。现有专业人员 51 人（其中，制浆造纸工艺专业 18 人），具有高级职称 23 人（其中，教授级高级工程师 8 人），均长期从事制浆造纸行业的咨询、设计和总承包工作，具有丰富的工作和实践经验。

第一工程咨询设计所先后完成了 200 余项制浆造纸工程设计及服务项目，涵盖制浆、造纸、碱回收、造纸废水处理、纸加工、特种纸、热电联产等造纸行业的各个环节；项目覆盖全国 20 多个省、市、自治区及马来西亚、阿尔及利亚、越南等国家；设计产品包括生活用纸、包装纸、文化纸、特种纸等。在生活用纸、包装纸、非木材纤维制浆等方面居国内领先地位。

法人代表：李一文

总监（制浆造纸）：刘尚典（第一工程咨询设计所副所长）

地址：陕西省西安市柿园路 222 号

邮编：710048

电话：029 - 82400169、13519188228

传真：029 - 82487815

邮箱：liusdy@ 163. com

网址：www. haisum-xa. com

甘肃省轻工研究院

甘肃省轻工研究院(原甘肃省轻工业科学研究所)始建于1959年，是甘肃省最早成立的以轻工、化工研究开发为主的科研院所，2001年9月转制为科技型企业，2017年12月按国企改革的要求，改制为有限责任公司，注册名称为甘肃省轻工研究院有限责任公司。目前是集科研开发、技术服务、成果转化、工程咨询、清洁生产审核、节能审核及评估、产品检验、人员培训为一体的应用开发研究单位。是甘肃省重点科研院所，同时被省科技厅认定为甘肃省高新技术企业。

内设部门：食品发酵研究室、分离中心、工艺设计室、造纸室、环境保护与资源综合利用研究室、质检中心(甘肃中轻轻工产品质检有限责任公司)、中试车间(华瑞新技术开发公司)，行政职能部门有综合办公室、财务科、科技创新与服务中心、物业管理办公室。

职工队伍：在职职工79人，其中教授级高级工程师4人，高级工程师12人，中级职称26人，初级职称10人；研究生学历14人，在读博士1人；注册咨询工程师12人，国家清洁生产审核师7人，节能评估师9人；甘肃省领军人才2人，省级学科带头人1人，省级科技专家、工程咨询专家委员会成员6人。

科研基础条件：拥有科研、办公、中试等建筑面积10000米^2，其中办公、科研、工程咨询、产品检测等用房面积7500米^2；拥有超临界CO_2萃取设备、亚临界萃取设备、分子蒸馏设备、液相色谱仪、气相色谱仪、生化培养箱等天然产物提取、食品发酵、精细化工、产品检测等试验和中试科研仪器设备200多台套，总资产达到7000多万元。

具有国家轻工专业工程咨询甲级资质，医药、化工和商物粮专业工程咨询乙级资质；具有清洁生产审核资质、节能量审核机构资质和甘肃省固定资产投资项目节能评估机构资质、甘肃省固定资产投资项目节能评估文件评审机构资质；具有工业和信息化部备案的银河培训机构资质。

多年来，甘肃省轻工研究院坚持一手抓创新、一手抓成果转化与服务，通过平台建设和创新服务体系的建设，不断提高自身的创新能力。拥有农副产品深加工、天然产物有效成分提取、食品发酵、生物技术等方面的科研成果和先进技术260多项，开发马铃薯和玉米淀粉及变性淀粉、特种葡萄酒、苦荞萌动茶等具有地方特色的新产品40多个，研究推广具有省地方特色的油橄榄、紫苏、当归等天然植物资源有效成分提取分离技术、科研成果和先进工艺技术50多项。自主研发"健秾牌橄榄岷归软胶囊"和"健秾牌沙棘苏籽油软胶囊"两个新产品，获国家保健食品注册批件，已转让企业，形成产业化。申请发明专利10项，授权7项，均在企业转化。

依托轻工院建设的甘肃省中小企业公共服务平台网络省枢纽服务平台已建成运行，可为广大中小企业提供技术创新、创业、信息、管理咨询等八大类报务，年服务的中小企业都在1000家以上，服务的专业技术人员500人次以上。近年完成工程项目1000多项，帮助企业争取建设资金上亿元。

轻工院获省部级科技进步奖3次，省优秀工程咨询成果奖20多次，国家优秀工程咨询成果奖1次；2009年轻工院"农副产品深加工创新团队"获"甘肃省五一劳动奖状"，2016年又获全国总工会授予的"工人先锋号"称号；2010年轻工院获国家科技部"技术市场金桥奖"，2016年10月轻工院获中国轻工业联合会授予的"十二五"轻工业科技创新先进集体表彰，2018年3月获得全国轻工行业先进集体表彰。

法人代表、院长：赵　煜

总工程师：赵起政

地址：甘肃省兰州市城关区金昌南路101号

邮编：730000

电话：0931－8126510、8126518、13993170089

传真：0931－8124557

邮箱：707891113@ qq. com

网址：www. gsqgyjy. com

新疆轻工业设计研究院有限责任公司

新疆轻工业设计研究院有限责任公司前身为新疆轻工业设计研究院，成立于1958年。2001年3月完成了企业化转制。现有专业技术人员110人，其中高级职称以上40多人，国家一级注册建筑师5人，国家一级注册结构工程师5人，国家注册监理工程师19人，注册造价工程师3人，其他注册工程师30余人。

公司在2000年10月通过"工程咨询、工程设计(含设备设计)"ISO 9001和"工程建设监理"ISO 9002标准质量体系认证。2003年通过了换版认证。公司全力推广CAD技术，是新疆CAD应用先进单位，微机装备达到先进水平，拥有先进的计算机局域网络，CAD 出图率达到 100%。被国家科技部授予全国 CAD 应用工程示范企业，并获得自治区 CAD 应用先进单位、自治区勘察设计行业 CAD 软件正版化示范单位称号，获自治区级文明单位称号，2007 年取得首批新疆勘察设计行业诚信单位称号。

公司拥有轻纺、建筑、商物粮行业工程设计，工程咨询，房屋建筑工程监理、设备安装工程监理甲级资质；化工石化医药、农林、市政公用工程、电力行业工程设计乙级资质；压力管道 GB 类(GB2 级)、GC 类(GC2 级)设计资质；工程勘察、城市规划编制咨询、工程总承包乙级资质；国外承包工程劳务合作经营许可证及进出口企业资格证书。所从事的轻工行业工程有：甜菜制糖、食品、发酵、啤酒、麦芽、果酒、白酒、饮料、乳制品、味精、各类罐头、制浆造纸、毛革毛皮及其制品、塑料制品及节水灌溉设施、农副产品加工、制盐及盐化工、日用化工、日用硅酸盐等。

近年来获得国家级、部级及自治区级和市级各种优秀设计、咨询、勘察奖项数 10 项。其中，年产 2 万吨农用节水滴灌材料项目获 2004 年国家优秀设计金奖、自治区第十二届优秀工程设计一等奖，国家康居示范工程华美 · 文轩家园 2006 年获国家康居住宅示范工程建筑设计金奖。拥有国家专利局授予的 2 项发明专利、10 项实用新型专利。

法人代表：卢向豹

总工程师：董晓辉

地址：新疆维吾尔自治区乌鲁木齐市新华北路 8 号红山新世纪 A 座 30 – 31 层

邮编：830004

电话：0991 – 8861777、8862777

传真：0991 – 2826506

邮箱：dl@ xjd. cn

网址：www. xjdl. cn

（王　斌）

国家认定的造纸企业技术中心简介

Introduction of National Certified Enterprise Technical Centers of Paper Industry

山东晨鸣纸业集团股份有限公司企业技术中心

山东晨鸣纸业集团股份有限公司企业技术中心(简称“晨鸣集团企业技术中心”)成立于1996年,1999年3月被山东省政府认定为省级企业技术中心,2000年1月被国家发展和改革委等部门认定为国家级企业技术中心。

晨鸣集团企业技术中心设有制浆工艺研究室、造纸工艺研究室、涂布印刷研究室、特种纸技术开发研究室、造纸湿部化学研究室、环保研究室和精密仪器分析室7个研究室。研发设施齐全,技术装备先进,现拥有国际先进的双管循环药液蒸煮器、纸样抄取器、高剪切黏度计、微观扫描仪、电动涂布机、实验用超级压光机等一大批制浆造纸研究实验仪器和设备130多台。拥有抗张强度测试仪、高精度厚度仪、粗糙度仪、撕裂度仪、匀度仪、挺度仪、耐折度仪、平滑度仪等国际先进的检测仪器和设备240多台,装备水平处于国内同行业首位。

晨鸣集团企业技术中心加大人才队伍建设,并积极与南京林业大学、齐鲁工业大学、天津科技大学、青岛科技大学、中国林业科学研究院林产化学工业研究所等研究机构和高等院校开展产学研合作,培养了一大批技术水平高、具有实践经验的专业技术带头人。现技术中心拥有研究与试验发展人员1256人,其中,高级专家5人、博士16人,形成了一支知识层次合理、技术水平高,具有丰富实践经验的高素质创新人才队伍,逐步将技术中心打造成以企业为主体,以市场为导向,产学研用相结合的科研团队。

山东晨鸣纸业集团股份有限公司以国家级企业技术中心为依托,大力开展科技研发活动,每年开展科技活动达60余项。其中,2016年、2017年公司分别开展技术创新项目60项、67项,累计投入科技活动经费分别达到74945.70万元和101628.10万元。

技术中心研究成果、专利及获奖情况:

(1)知识产权建设 共申报国家专利203项,国家专利授权195项,其中,发明专利17项,涵盖热磨化学机械浆、化学浆、再生纤维浆、涂布纸、防伪纸等技术领域。

(2)科技成果情况 先后获得国家级新产品7项、省级以上科技奖励12项、山东省优秀新产品及优秀成果8项。

(3)承担科技项目情况 先后承担国家级科研计划项目5项,省级科研项目40项。

法人代表: 陈洪国

地址: 山东省寿光市农圣街2199号

邮编: 262700

电话: 0536-2158571

传真: 0536-2156111

邮箱: cmbgs09@163.com

网址: www.chenmingpaper.com

华泰集团有限公司企业技术中心

华泰集团有限公司企业技术中心组建于1997年,1999年被认定为省级企业技术中心,2001年被认定为国家级企业技术中心,是一家含二次纤维制浆研究所、涂布纸造纸研究所等8个科研所的大型企业技术中心。

技术中心现有员工379人,其中高级专家36人,中高级职称200余人,形成了以博士和高级工程师为核心的研发团队,并且大部分研究人员为中青年专业技术人员,有效保证了团队的可持续性。

技术中心拥有扫描电子显微镜、实验室压光机、涂布机、粒度分布仪、超高剪切黏度计、动态滤水仪等一大批国际一流的实验检测仪器。实验仪器设备原值达 1.7 亿元。依托完备的实验设施和充沛的科研经费，中心重点进行废纸制浆关键技术、高得率制浆及其配抄技术、涂布印刷纸生产关键技术及造纸工业生物技术应用等领域的研究。

多年来，技术中心贯彻落实科学发展观，不断加大科研投入，技术创新工作取得了丰硕的成果。技术中心先后参与了“生物质基废纸再生环保助剂的研制及应用”“废纸制浆关键技术研究”国家科技支撑计划项目 5 项；国家水体污染控制重大专项、山东省自主创新专项、山东省科技攻关计划项目等省级以上科技计划项目 20 多项；授权专利 81 项，其中发明专利 12 项；参与制定国家标准 16 项，其中主持制定 3 项；获省部级以上科技奖励 16 项，特别是技术中心参与完成的“造纸纤维组分的选择性酶解技术及其应用”“废纸生产低定量高级彩印新闻纸”“制浆和碱回收过程优化控制系统的研究与应用”和“草浆的生物预漂白和酶法改性技术”4 次获得“国家科技进步二等奖”。

法人代表：李建华

技术总工程师：张凤山

地址：山东省东营市广饶县潍高路 251 号

邮编：257335

电话：0546－7798857

传真：0546－6888018

邮箱：jszx@huatai.com

网址：www.huatai.com

山东泉林纸业有限责任公司企业技术中心

山东泉林纸业有限责任公司始建于 1976 年，是以秸秆制浆造纸综合利用为核心的大型集团化企业，是国家创新型企业、国家第一批循环经济试点单位、全国循环经济工作先进单位、国家级循环经济标准化试点单位、国家级技术创新示范企业、国家第一批工业品牌培育示范企业、全国环保印刷纸张标准化试验与推广基地、中国造纸行业十强企业，曾荣获“全国五一劳动奖状”“中国工业大奖表彰奖”等多项荣誉称号。

2000 年公司成立了企业技术中心，董事长、总经理李洪法兼任技术中心主任。2007 年 9 月 20 日被国家发展和改革委、科技部、财政部、海关总署、国家税务总局批准为国家认定企业技术中心。

技术中心以企业发展和环境保护的双赢为目的，以创新和环保为着力点，进行了一系列技术创新，构建了基于农作物秸秆综合利用的独具泉林特色的循环经济发展技术。目前已形成以涵盖秸秆收储、备料、制浆、纸制品制造、肥料、环保、热电铵法脱硫、装备制造八大系统的 200 余项专利技术和“秸秆清洁制浆”“环保型秸秆本色浆制品”等 4 项国际领先技术为支撑，以农作物秸秆为原料，构建并不断完善了秸秆生产本色浆及本色浆制品、制造黄腐酸肥料、废气氨法脱硫后副产品作为制浆化工原料、制浆中段水综合治理后回用于生产 4 项主要的循环经济生产技术，被誉为“泉林模式”。“泉林模式”不仅破解了制约造纸企业发展的纤维原料、环境保护和水资源三大技术瓶颈，还实现了资源-产品-再生资源的良性循环，环境、经济、社会效益显著，形成了公司独特的产业竞争优势。

截至目前，技术中心科技活动人员 745 人。其中，高级技术职称人员 141 人，泰山学者 1 人，国家、省政府津贴 9 人，博士 13 人，硕士 36 人，外部专家 23 人。下设浆纸、环保、肥料、纸浆模塑、装备等多个专业研究机构，技术力量雄厚。

法人代表：李洪法

地址：山东省高唐县光明东路 15 号

邮编：252800

电话：0635－3961721

传真：0635－3961597

邮箱：quanlinhao@163.com

网址：www.tranlin.com

山东太阳纸业股份有限公司企业技术中心

山东太阳纸业股份有限公司企业技术中心 1999 年年底成立，2002 年被认定为市级技术中心，2007 年被认定为省级技术中心，2010 年被认定为国家级企业技术中心。

(1)机构设置　技术中心由公司董事长、总经理李洪信任主任，副总经理、总工程师应广东任常务副主任，拥有研发人员 400 多人，建筑面积 0.5 公顷(5000 米^2)，拥有符合 CNAS 标准的恒温恒湿实验室、20 多个专业实验室，包括生活用纸研发实验室、生物质材料实验室(溶解浆、木糖)、包装纸研发实验室、制浆、环保、印刷实验室、中试车间等机构。配备先进的制浆造纸实验仪器设备，承担国家级企业技术中心创新能力建设项目1项。

(2)科研课题及成果 先后承担了国家科技部"863"项目、国家重大水专项、"十二五"科技支撑计划、工业和信息化部等国家、省部级重大科研项目50余项，完成新产品、新项目80多项，先后获得国家、省部级奖20多项，包括国家科技进步二等奖、国家技术发明二等奖、教育部科技进步二等奖、中国轻工业联合会科技进步一等奖、山东省技术发明一等奖、中国林业产业(林浆纸类)科技进步一等奖和山东省科技进步奖等。

技术中心不断实现技术专利化，专利标准化，对创新成果实施有效保护，获得授权专利共计80项，其中发明专利23项，国际发明专利4项，实用新型45项，外观设计12项，共主持参与14项国家行业标准的制定与修订。

(3)科研投入 技术中心不断加大科技研发经费的投入，研发费用占产品销售收入的4.0%以上，用于技术中心基础设施的建设、先进设备购置和科研开发经费，不断提高技术中心核心竞争力。

(4)产学研合作 与中国制浆造纸研究院有限公司、华南理工大学、齐鲁工业大学、陕西科技大学、天津科技大学、山东大学所等一批科研院所和高等院校建立长期合作关系，实现产学研紧密结合和优势互补。

法人代表：李洪信

总工程师：应广东

地址：山东省兖州市友谊路1号

邮编：272100

电话：0537－7928719

传真：0537－7928719

邮箱：zhangwei@ sunpaper. cn

中冶纸业银河有限公司
企业技术中心

中冶纸业银河有限公司企业技术中心成立于1995年，2006年被山东省经贸委认定为省级企业技术中心，2009年被认定为国家级企业技术中心。

中心科研楼总面积2000多米^2，包括中心实验室、化验分析室和恒温恒湿实验室，拥有纤维质量分析仪、Zeta电位测定仪、PCD-04胶体电荷测定仪、动态滤水仪、纸页动态成型器、IGT印刷适性仪、纸张匀度分析仪、L&W粗糙度测试仪、激光粒度分布测试仪、TSO测试仪等先进的仪器设备。

技术中心拥有专业技术人员132人，其中具有中高级职称的56人，本科以上学历106人，形成了一支结构合理和业务水平较高的技术人才队伍。

技术中心在产品创新、麦草制浆及碱回收新工艺开发、制浆造纸环保技术创新和循环经济开展等方面处于国内领先水平。近几年，技术中心自主开发了一系列高附加值且在行业内具有重要影响力的产品，主要有高档轻型纸、高白纯质纸、雅质纸(《舌尖上的中国》及作家出版社出版的《莫言文集》用纸)、象牙白纸(《朱镕基讲话实录》及《乔布斯传》用纸)、银河书纸、高档纸杯原纸等产品。其中开发项目"雅质印刷纸的生产技术"及"高白纯质纸生产技术"通过了山东省科技厅的鉴定，其技术水平均填补了国内空白。技术中心与陕西科技大学合作开发的"制浆和碱回收过程优化控制系统的研究与应用"项目荣获国家科学技术进步二等奖；国家火炬计划"草浆碱回收联产轻质碳酸钙研究"项目荣获全国造纸行业节能减排优秀技术创新成果一等奖及中国轻工业联合会科学技术进步三等奖；碱回收白泥精制碳酸钙荣获"国家重点新产品"证书；"10万吨/日造纸废水深度处理及中水回用技术"项目获得中国轻工业联合会科学技术进步二等奖；技术中心与清华大学合作开发的"有机酸法制浆技术与工艺研究"及自主研发的"造纸混合污泥生产有机肥技术""稳定并提高轻型纸白度的技术"项目通过了山东省科技厅的鉴定，技术水平均达到国内领先水平。技术中心共拥有有效专利108项，其中发明专利8项。2012年技术中心被中国轻工业联合会评为"'十一五'轻工业科技创新先进集体"。

"十二五"期间，技术中心继续以研究开发为主要内容，加大创新能力建设力度，力争成为国内未涂布印刷纸工程技术的创新基地及产业化研发平台。

法人代表：李树俭

地址：山东省临清市西门里街297号

邮编：252600

电话：0635－2433943

传真：0635－2432945

邮箱：yhjszx@ 163. com

网址：www. mccyinhe. com

恒安集团企业技术中心

恒安集团企业技术中心成立于2003年，经多年管理变革及职能优化，逐步形成了以技术委员会与专家委员会为技术评估决策机关、下设5个技术管理部门及6个研究所的创新体系。2008年，经国家五部委联合认定，授予“国家认定企业技术中心”资格。2012 年 12 月，技术中心实验室被福建省科技厅认定为“福建省一次性卫生用品企业重点实验室”，2013 年经 CNAS 评定委员会审定，CNAS 秘书长批准，恒安集团检测中心获国家实验室（CNAS）认可。

（1）主要职能　技术中心承担着恒安集团新技术、新材料、新工艺、新产品的研究开发、产品测试以及对制造系统的技术支持，负责制定并实施企业中长期科技发展规划，同时担负公司标准、专利、成果等管理工作。2017 年，技术中心研发项目立项 81 项，完成 22 项，科技费用投入总计 1.69 亿元。

（2）研发成果　截至 2017 年，技术中心共取得科技成果 370 多项，经鉴定达到国际先进水平的科技成果 5 项；累计申请专利 349 个，版权 622 个，授权发明专利 29 项，实用新型 166 项；获省科技进步奖 7 次，多项地市级科技、专利奖项；2010 年获全国知识产权示范单位、全国质量工作先进单位、福建省第一批实施技术标准战略试点等称号，2016 年经联合国环保组织授予“国际碳金奖”。

（3）研发设施　技术中心目前拥有中心实验室（产品研发、材料应用研究）、中心检验室和 4 个中试基地，仪器设备 6000 多万元，占地面积 5000 多米^2（含中试基地），各种仪器设备基本齐全，具备了试验、小试和中试的能力。中心所属实验室拥有的研发及试验基础条件包括：产品测试、材料测试、化学测试、中试试验、数据信息五大系统，配备有液相色谱仪、气质联用仪、傅里叶变换红外光谱仪、万能拉力测试仪、钠离子浓度测量仪、透光率/雾度测定仪、计算机动态模拟测试系统、粒径分布测试仪等先进测试仪器，覆盖了《卫生巾（含卫生护垫）》《纸尿裤（含纸尿片/垫）》《一次性使用卫生用品卫生标准》《卫生纸（含卫生纸原纸）》《纸巾纸（含湿巾）》等国家和行业标准的所有检测项目。

（4）科研团队　技术中心现有员工 198 人，其中博士研究生 4 人，硕士研究生 21 人，高级职称 8 人，中级职称 40 人。技术中心所辖材料应用、精细化工、产品开发、机电设备、专利情报等相关技术部门，均有高级工程师或以博士、硕士为主的技术带头人，涵盖了机电、化学、化工、非织造布、高分子材料、工业设计、材料工程、制浆造纸等不同专业背景，形成了老中青三代技术人员组成的梯次型创新队伍。

法定代表人： 许连捷

造纸总工室总经理： 张群富

单位地址： 福建省晋江市东石镇井林安东工业区

邮编： 362271

电话： 0595－85526583

传真： 0595－85708666－5508

邮箱： zhangqf@ hengan. com

网址： www. hengan. com

河南江河纸业股份有限公司企业技术中心

河南江河纸业股份有限公司企业技术中心组建于 2002 年，2007 年被认定为省级企业技术中心，2013 年被认定为国家级企业技术中心，是一家主要从事高速、宽幅大型成套造纸装备，多功能、节能型造纸成套设备，关键造纸设备，特种纸后加工设备以及成套化学机械浆设备的研发和制造，赶超世界造纸装备先进水平的企业技术中心。

技术中心由公司董事长、总经理姜丰伟任主任，总工程师刘铸红任常务副主任，中心现有员工 261 人，其中，中高级工程师 98 人，博士研究生 9 人，硕士研究生 5 人。并与华南理工大学、浙江大学、天津科技大学、陕西科技大学等大专院校合作，形成了以“设备制造业”和“用户企业”紧密结合的研发创新体系。与行业大专院校及骨干企业建立产学研创新联盟，形成了以院士为指导，以享受国务院特殊津贴专家、博士、高级工程师为核心的研发团队。并且大部分研究人员为中青年专业技术人员，与行业院校联合培养专业人才，有效保证了团队的可持续性。技术中心拥有实验室造纸机、压光机、涂布机、纸张抗张力实验机、纸张质量控制系统、石油产品水分试验机、压光机检测系统等一大批国际一流的实验检测仪器。技术中心仪器设备原值 7780 万元，拥有研究开发建筑面积 1965 米^2，中试基地面积 2916 米^2。

技术中心坚持贯彻科学发展观，以自主创新为主，以“适用、创新、经济、先进”为原则，研发造纸设备，提高产品质量档次，降低生产成本，提高企业核心竞争力和行业装备技术水平及节能减排技术水平。技术中心承担国家计划项目 8 项，省级重大科技攻关项目 2 项，掌握并实践了高速纸机的关键、集成、运行技术，相继研制出 800 米/分、1000 米/分、1200 米/分造纸成套设备。完成国家“十一五”重点科技支撑计划“国产高速造纸机的研制”项目，研制一台幅宽 5600 毫米、工作车速达到 1350

米/分的高速文化纸机，达到国际先进水平。并对稀释水流浆箱、夹网成形器、靴式压榨、膜转移涂布机等纸机核心基础部件有重大创新和突破。已研制成功的造纸成套装备和单体装备都是国内领先或国际先进水平，拥有国家发明专利8项、实用新型专利110项，受理发明专利7项；省部级科技成果15项；获得省部级科技进步一等奖2项、二等奖7项、三等奖1项，多项技术成果获得行业和地市科技进步奖。

技术中心以“赶超世界先进水平，振兴民族造纸工业”为己任，经过长期卓有成效的创新和不懈追求，研发的造纸装备已经达到国际先进水平。独具特色的创新模式、稳固的产学研联盟、完善的研究开发试验条件和强有力的创新团队，必将在造纸装备自主化方面创造出更加显著的业绩，对于整个造纸行业结构调整和产业升级将产生重要的影响。

法人代表：姜丰伟

技术总工程师：刘铸红

地址：河南省武陟县文化路555号

邮编：454950

电话：0391－7268191

传真：0391－7268389

邮箱：wzjhzy@126.com

网址：www.jianghe.com

泰格林纸集团股份有限公司企业技术中心

泰格林纸集团股份有限公司企业技术中心（简称“泰格林纸技术中心”）成立于2000年3月，并于同年7月获湖南省级技术中心认证。2005年10月被国家发展和改革委等部委认定为国家级企业技术中心。泰格林纸技术中心拥有科技人员150人，其中，省市级专家15人，博士研究生2人，硕士研究生25人，公司级技术专家5人，高级工程师32人，高、中级以上技术职称人数占技术中心总人数70%。形成了一支知识层次合理，技术水平高，具有丰富实践经验的高素质创新人才队伍，逐步将技术中心打造成以企业为主体，以市场为导向，产学研相结合的科研团队。

泰格林纸技术中心承担着整个集团公司的新技术引进、消化吸收、推广应用及新产品开发、生产调研、工程设计、林业研究、技术咨询服务职能；承担着制浆造纸、化工原材料的分析与检验、环境监测、造纸助剂的研发；承担着各类标准及新产品标准的制定、重大项目前期方案策划、知识产权保护与专利申报等专业领域的科研工作。

泰格林纸集团股份有限公司下属各子公司主要分布在湖南省境内的岳阳、益阳、怀化等地市，为便于工作开展，各子公司分别成立了分技术中心。集团技术中心负责各子公司的科研项目和1100名专业技术、科研人员的归口管理及对各子公司技术中心工作进行指导，对各子公司项目建设和技术改造项目编写可研报告、节能减排及生产系统工艺调研方案策划、生产系统波动提出改进建议和具体措施，为各子公司系统稳定运行、降低成本提供技术服务和技术支撑。

泰格林纸技术中心拥有专门用于试验研究、设计开发、项目前期策划于一体的科技办公楼，符合ISO标准的恒温恒湿实验室，最新的CAD设计中心。拥有专门的调研分析试验室，各类分析、检测、实验设施齐全。近2年又不断添置扩充了一批国际先进水平的科研仪器和设备，中心的科研开发条件居全国同行业之前列。

泰格林纸技术中心逐年加大企业科研开发经费的投入，研究开发经费支出已占到销售收入的5.0%以上。中心大力开展科技研发活动，每年开展科技活动100余项。中心研发的“意大利杨APMP新工艺制浆及其应用”是企业屈指可数、造纸行业中企业独立完成的获国家科技进步二等奖项目，“意大利杨盘磨漂白制浆工艺”获2007年第十届全国优秀专利奖。意大利杨APMP制浆新工艺研究应用，为我国速生丰产林高得率制浆技术的发展方面树立了样板，为缓解我国木材资源紧张局面、推动速生丰产林基地的建设、保护生态环境、带动地方经济发展等方面发挥了重要的作用。

泰格林纸技术中心已与世界著名的奥地利ANDRITZ公司、芬兰Metso公司、德国Voith公司及加拿大林产品创新研究院、中国制浆造纸研究院、中国林科院南京林化所、华南理工大学、陕西科技大学、长沙理工大学等20多所知名高校和科研院所建立了产学研合作关系。2002年，泰格林纸技术中心与中国林科院南京林化所合办研究开发机构，成立泰格林纸集团技术中心南京实验室；2006年，与华南理工大学合作成立泰格-华工生物质化工合作试验室；2009年，泰格林纸加入林产化工产业技术创新战略联盟。公司拥有高得率制浆及其应用、高得率浆配抄高档文化纸、碱法草浆白泥精制碳酸钙作造纸填料、荻苇浆ECF漂白工艺、废纸脱墨浆配抄轻量涂布纸、木材纤维制浆等多项核心技术。

技术中心研究成果、专利及获奖情况：

(1)知识产权建设　获国家授权有效专利84项，其中发明专利73项，专利形成标准10项。同时公司获得湖南省首批知识产权培育工程优势企业，获第四批全国企事业单位知识产权试点企业等荣誉称号。

(2)科技成果情况　先后获得国家级新产品6项，省部级以上科技进步奖28项、专利发明奖6项。

(3)承担科技项目情况　先后承担国家科研计划项目8项，省级科研项目22项。

法人代表：黄　欣

总工程师：朱宏伟

邮码：414002

电话：0730－8590222

传真：0730－8561262

网址：www. tigerfp. cn

广西贵糖(集团)股份有限公司企业技术中心

广西贵糖(集团)股份有限公司企业技术中心成立于1996年，是国家认定的企业技术中心。企业技术中心抓住技术创新六要素(企业、市场、人才、技术基础、资金、环境)，制定企业创新规划和创新激励机制，充分实现创新资源的优化配置与创新活动的相互促进。

(1)组织建设　为了实现规范化、制度化，技术中心形成了领导重视，职工积极参与技术创新、产品创新、工艺创新的极好的创新环境和文化氛围。技术中心下属有博士后科研工作站、制糖研究所、造纸研究所、环保研究所、计算机信息中心“一站、三所、一中心”。

技术中心拥有各类专业工程技术人员268人，其中有博士后、博士研究生、硕士研究生和数百名专科以上学历的各层次和年龄结构合理的研究、生产、管理团队。为了拓展博士后研究工作的领域，企业博士后科研工作站先后招收了7名博士。博士在站期间作了多项研究，其中有3个课题的研究成果已应用于公司的生产实践中。

(2)创新机制建设　2013—2014年公司强化科技投入保障机制，确保科技活动经费支出额占产品销售收入3%以上。为了增强企业的研究开发新技术、新产品的持续能力，提升企业竞争力，2014年技术中心先后与多家科研院所和企业进行了富有成效的合作。2014年公司还修订和完善了12项相关的管理制度。

技术中心采取“走出去，请进来”等多种形式开展广泛的技术交流与合作，了解和掌握行业最尖端科学技术的研究发展状况和应用状况，及时引进、消化和吸收行业最尖端科学技术和应用技术，确保公司的产品科技含量和生产工艺技术处于同行业先进水平。

技术中心根据自身的实际情况和未来发展的要求向国家知识产权局申请了24项国家发明专利和10项外观设计专利、6项实用新型专利，其中8项已获发明专利证书。

(3)基础设施建设　公司建立中心综合实验室，各种科研设备进行集中调配，并不断添置用于新产品开发和研究的试验仪器设备，既有独立的实验室，又实现了资源共享；同时配备了一批具有研发能力的工程技术人员，取得了可喜的科研成果。如具有世界先进水平的运用甘蔗渣制浆抄造中高档文化纸和生活用纸技术、造纸白水回收技术、中段废水处理技术等。2015年，中心开始筹建广西贵糖特种纸研究院，将进一步提升造纸的研发能力。

现具有的研究试验设施、检测设施、信息化设施包括：精制糖生产澄清工艺——糖汁碳酸法－离子交换树脂清净处理中试流程；制糖混汁上浮中试设备和流程；膜超滤技术应用的设备与生产流程；高速试验纸机研发生活用纸新品种流程；以蒸煮器、筛浆机、打浆机、纸页成形器为主的造纸中试及新产品开发的设备和流程；建立沼气提纯净化实验室，配备相应的分析仪器；IC厌氧中试反应器1套；碳酸钙小试设备和流程，并配备颗粒测量仪器和水分快速检测仪各1套，能通过配置的软件进行数据的分析处理；制浆造纸废水好氧生化处理中试设备1套。

法人代表：但昭学

地址：广西壮族自治区贵港市幸福路100号

邮编：537102

电话：0775－4201380

传真：0775－4260088

邮箱：438229202@ qq. com

网址：www. guitang. com

（雷　煌）

国内高校制浆造纸研究机构简介

Introduction of Pulp and Paper Research Institutions in Domestic Universities

江南大学造纸研发中心

江南大学造纸研发中心成立于 2003 年 12 月，具有制浆造纸工程硕士、博士学位点及博士后流动站。拥有专业教师 4 名，其中教授 2 名，副教授 2 名；博士生导师 1 名，硕士生导师 2 名。截至 2017 年 12 月底已毕业博士生 6 名，硕士生 30 名，博士后出站 6 名。目前在校硕士和博士生共 17 名，在站博士后 2 名。研发中心自成立以来，在国内外学术刊物上发表学术论文 300 余篇(其中 SCI 收录论文 50 余篇)，出版专著 8 部，获得发明专利 28 项，主持和承担各类科研项目 50 余项(其中国家级和省部级科研项目 20 余项)。并荣获国家科技进步二等奖 1 项，省部级科技进步一等奖 1 项、二等奖 3 项、三等奖 4 项，市局级一等奖 10 余项。同时，中心教师先后荣获中国造纸学会第五届青年科技奖(2005 年度)(2006 年度中国青年科学家提名人)、江苏省科协“首席专家”、中国造纸学会特种纸专业委员会“中国特种纸产业技术发展贡献奖”、江苏省“青年骨干教师”和无锡市社会事业领军人才计划等多项个人荣誉。目前中心积极参与社会科技创新和服务体系建设，推进科技成果产业化，与国内外多家单位建立了全面合作关系，在纸基功能材料、特种纸、造纸等轻化工助剂和生物质综合利用等方面已初步形成了一定的特色。

隶属单位：教育部

法人代表：陈　坚

造纸研发中心主任：龙　柱

造纸研发中心所在学院：江南大学纺织服装学院

地址：江苏省无锡市蠡湖大道 1800 号

邮编：214122

电话：0510 - 85912107

手机：13771579993

传真：0510 - 85912009

邮箱：longzhu@ jiangnan. edu. cn

网址：www. jiangnan. edu. cn

研究生招生：每年招收硕士生 2 ~ 4 名，博士生 1 名，另招收博士后 1 ~ 2 名。

研究方向：纸基功能材料和特种纸，造纸等轻化工助剂，生物质综合利用。

浙江理工大学制浆造纸研究所

浙江理工大学制浆造纸研究所创建于 2003 年 9 月，2003 年 9 月在“材料加工工程”和“材料物理与材料化学”两个硕士点招收制浆造纸工程和包装材料方向硕士研究生，2004 年 5 月申报成功“轻工技术与工程”领域工程硕士专业学位授权点，2004 年 9 月在“轻化工程”专业中开始招收制浆造纸工程专业方向本科生，2004 年 9 月在“轻工技术与工程”领域招收制浆造纸工程、包装材料和印刷技术方向工程硕士专业学位研究生，2008 年 9 月起在纺织工程学科博士点招收纺织材料方向博士研究生。

制浆造纸研究所主要在研科研项目有国家重点研发计划政府间专项子课题 1 项、国家重点研发计划项目子课题 1 项、国家自然科学基金 1 项、中国博士后科学基金、浙江省科技厅计划重点项目、浙江省公益技术应用研究计划项目、浙江省环保厅计划项目、浙江省自然科学基金、国家和省部重点实验室基金等国家级、省部级纵向项目 40 多项。

隶属单位：浙江省教育厅

所在学院：浙江理工大学材料与纺织学院

制浆造纸研究所所长：薛国新

地址：浙江省杭州市下沙高教园区西区 2 号大街 928 号浙江理工大学 17 号楼 339 室

邮编：310018

电话：0571－86843263

传真：0571－86843263

邮箱：xueguoxin@ 126. com

研究生招生情况：制浆造纸研究所现有专业教师和工程技术人员 9 人，其中：教授 3 人、副教授 3 人、讲师 2 人、工程师（实验员）1 人，其中 8 人具有博士学位、5 名专业教师有出国留学进修 1 年以上的经历、2 名博士后出站人员、博士生导师 2 人、硕士生导师 7 人。在读研究生 61 名（含在职研究生班 14 名）。

主要研究方向：（1）植物纤维资源化学加工与生物转化利用；（2）制浆造纸科学技术；（3）制浆造纸化学品与废水处理技术；（4）纸基功能材料和包装印刷材料等。

主要研究成果：获环境保护部环境科学技术进步二等奖 1 项，获国家科学技术进步二等奖 1 项；在国内外学术期刊和国际会议等发表论文 420 余篇（截至 2017 年 12 月），获国家授权发明专利 30 余项，培养硕士和博士生研究生（含在读）120 余名（截至 2017 年 12 月），参编国家级统编教材 1 本（获国家级精品教材），1 名教师获"浙江理工大学教学名师"称号和获"香港桑麻基金会桑麻奖"。

陕西科技大学造纸环保研究所

陕西科技大学造纸环保研究所成立于 2005 年，依托陕西科技大学雄厚的科研实力和广泛的国际交流与合作渠道，在借鉴和吸收国内外工业及市政领域污染治理先进技术的基础上，致力于新技术的开发集成与成果转化。研究所拥有供气式低压射流曝气系统，HSASB 高速厌氧反应器及射流循环 Fenton 深度处理 3 项核心专有技术，配套有生产加工基地（咸阳得林环保设备有限公司）及环保工程公司（西安隆华环保技术有限公司），已在造纸、食品、饮料、发酵及化工等多个行业及市政领域完成近 160 余项环保处理工程项目。

研究所共有专家团队成员及工程技术人员 52 人，其中教授、高级工程师 10 人，工程师 26 人，核心技术团队成员均具有造纸专业和环保专业双学历。截至目前，研究所自主研发申请了供气式低压射流曝气器等 16 项国家专利，先后承担了国家及陕西省多项废水处理技术科技攻关项目，其中"高效厌氧反应器结合改良氧化沟技术处理有机工业废水研发及推广"获中国轻工联合会科学技术进步奖二等奖，"高效厌氧好氧二级生化加芬顿氧化技术用于有机废水处理的技术推广"获陕西省科学技术奖二等奖，"供气式低压射流曝气技术开发及其在城镇生活污水处理中的应用"获陕西高等学校科学技术奖二等奖。研究所于 2013 年获批为陕西省技术转移示范机构，于 2015 年获批为陕西省研究生联合培养示范工作站。

近年来，秉承发展生态环保的理念，研究所在积极开展末端治理新技术的研发基础上，同时注重现有废水处理系统过程优化及节能升级改造，其中优化改造后的供气式低压射流曝气工艺在保证系统运行效率的前提下，可实现节能 15%～20%；防钙化 HSASB 高速厌氧反应器处理效果稳定、在冬季低温情况下运转良好，长期运行无结垢现象；催化射流循环 Fenton 流化床深度处理技术药剂消耗量少，运行成本低，适用于受纳水体环境容量有限的区域的上游废水处理系统；另外，针对加强高浓废水生化系统微生物活性的生物菌种及生物促生剂、废水深度处理专用 SF 系列强化絮凝剂、DC 系列脱色剂也已完成中试并正在进行推广。

环保研究所作为专业的高科技环保服务机构，将始终不渝地坚持以适用的先进技术为支撑，在专业技术团队的共同努力下治理环境污染，让环保扎根现在，用绿色昭示未来。

隶属单位：陕西科技大学

法人代表：张安龙

所长：张安龙

手机：13991006901

邮箱：anlongzh63@ 163. com

总工程师：景立明

手机：13891914541

邮箱：jingmolla@ 163. com

造纸研发中心所在学院：陕西科技大学轻工科学与工程学院

地址：陕西省西安市经济技术开发区凤城十二路凯瑞 B 座 704－705

邮编：710021

电话：029－89600026

传真：029－89600026

邮箱：susthbs@ 126. com

网址：www. susthbs. com

研究生招生情况：作为陕西省研究生联合培养

示范工作站单位，每年与陕西科技大学联合培养1～2名博士研究生和2～5名硕士研究生。

研究方向：有机工业废水处理及废弃物污染控制技术。

湖北工业大学制浆造纸研究院

湖北工业大学制浆造纸研究院成立于2016年，为湖北工业大学直属科研实体。研究院目前拥有专职和兼职科研人员共22余人，其中教授4人、副教授6人、湖北省"楚天学者"特聘教授1名、湖北省有突出贡献中青年专家1名、享受国务院特殊津贴专家1名。实验仪器设备总值1100余万元，实验室面积1200米^2。

近5年来，研究院先后承担国家自然科学基金项目7项，省部级项目30项，企事业单位委托科研项目71项，其中获省部级奖5项，国家发明专利26项，发表学术论文400多篇，其中有近140篇被三大索引收录。

制浆造纸研究院针对造纸行业的资源、环境及产业升级等问题，在纤维原料的开发、绿色制浆新技术与污染控制、特种纸及纤维复合材料等领域进行了较深入的研究。立足于造纸工业纤维原料的可持续供给的要求，在速生制浆材的选育、化学成分特点、纤维素、半纤维素、木素等主要成分的结构和综合利用等方面做了大量的工作。主要研究高得率制浆等新型制浆工艺、污染控制技术及关键设备。近年来，在新型造纸法烟草薄片、装饰原纸、无甲醛纤维板、木素基聚氨酯保温材料等产品的研发方面做了大量的研究工作。

研究生招生情况：研究院十分注重高层次人才培养，每年招收5～8名研究生。还与华中科技大学等国内著名院校联合培养了多名优秀研究生。近年来，国际交流也十分活跃，与日本名古屋大学、京都大学、美国佐治亚理工学院等院校建立了紧密的合作关系。

主要研究方向：植物纤维资源化学、绿色制浆技术与污染控制、特种纸及纸基复合材料

隶属单位：湖北工业大学

院长：谢益民

地址：湖北省武汉市洪山区南李路28号

邮编：430068

电话：027－59750459

传真：027－59750459

邮箱：ppymxie@163.com

郑州大学制浆造纸研究所（造纸技术（河南）服务公司）

郑州大学制浆造纸研究所成立于2003年6月，是郑州大学校级科研机构，其职能主要是面向制浆造纸企业，进行全方位的产学研结合和技术服务，并将科研成果实施产业转化。

郑州大学制浆造纸研究所拥有一支高素质的科研开发队伍，现有人员16人，其中特聘教授1名、教授5人、副教授和高级工程师6人、工程师3人。现有喷爆制浆、无氯漂白、特种纸等技术。

郑州大学与美国、芬兰、俄罗斯、加拿大、日本、澳大利亚、韩国、中国台湾等国家和地区的80所知名高校建立了校际合作关系。2008年6月引进外资与技术联合成立"造纸技术（河南）服务公司"，立足河南省面向全国对制浆造纸企业提供技术服务。

郑州大学制浆造纸研究所（造纸技术（河南）服务公司）为企业提供如下便利服务。

（1）项目建议书、可研报告的编写，项目论证、工程咨询、工厂设计、专利申报等。

（2）清洁生产、节能减排、环境评价方案的制定等。

（3）"四新"（新产品、新技术、新设备、新工艺）技术的鉴定和推广等；

（4）名牌（河南、中国）产品的推荐工作等。

（5）国际ISO 9000、ISO 14000、ISO 18000（质量、环境、安全）咨询认证等。

（6）为企业提供免费法律咨询服务、律师聘请等。

法人代表：王三保

单位负责人：李尚武

地址：河南省郑州市文化路97号

邮编：450002

电话：0371－87520359

传真：0371－63886906

邮箱：hnszzxh@126.com

华南理工大学造纸与污染控制国家工程研究中心

造纸与污染控制国家工程研究中心（以下简称"中心"）是国家发展和改革委于1996年3月批准依托华南理工大学建设的国家科技发展项目。"中心"

建设资金包括世界银行贷款300万美元及2800万元人民币。2005年通过国家发展和改革委建设验收，先后通过两年一度评价5次，均获得良好评价结果，被授予"重大成就奖"称号。2015年完成了由国家发展和改革委批准投资3000万元的创新能力建设，完成多项技术研发平台建设，提高了"中心"技术成果工程化能力，为行业技术升级和产业结构调整提供了有力支撑。

"中心"是集高新技术装备研发推广和人才培养于一体的工程化技术和装备研发机构，是科研成果向生产力转化的"通道"，是高新技术与产品的创新研发平台，其建设宗旨是将国内外有市场价值的重要科研成果进行后续工程化研究和系统集成，开发制浆造纸行业节能减排清洁生产、污染治理、特种纸基材料等工程化共性集成技术与装备，提升我国制浆造纸节能减排清洁生产和特种纸基材料和产品技术水平。

目前，"中心"建设了多个工程化技术研发平台，包括"制浆造纸废水循环回用技术研发平台""节能技术与装备研发平台""制浆造纸废弃物资源化研发平台"和综合实验室。"中心"下设清洁生产项目部、环境与生态项目部、纸页成型项目部、节能技术项目部、特种纸基材料项目部、固废资源化项目部等技术、装备与产品研发部门，在制浆造纸清洁生产、纸浆绿色漂白、造纸废水处理与生态循环回用、企业系统能耗优化、高效节能中浓磨浆、固废资源化利用、特种纸基功能材料等方面的技术和装备研发推广成绩卓越。

"中心"与相关大型企业建立了良好的合作关系，联合建设研发基地，实现技术与成果共享和对接。未来希望与更多的企业建立产学研合作关系。

"中心"建立了独立法人经济实体，进行高新技术和产品服务与经营。

"中心"现有各类人员50多人，包括正高级职称17人，副高级职称22人和中级职称6人。其中具博士学位30多人，参研研究生近100人，研发设计经营人员配套齐全。

研究生招生情况：每年招收硕士、博士研究生和博士后40多人。

主要研究方向：制浆造纸清洁生产、环境工程、节能与控制、废弃物资源化利用、植物资源高效利用和纸基特种功能材料等。

依托单位：华南理工大学

主任：李友明

单位负责人：王迎军

地址：广州市五山路381号华南理工大学

邮编：510640

电话：020－87112614

传真：020－87113840

邮箱：pperc@ scut. edu. cn

网址：www. pperc. com. cn

广西大学造纸科学研究所

广西大学造纸科学研究所成立于1997年，隶属于广西大学，依托教育部"糖业及综合利用"工程研究中心、广西清洁化制浆造纸与污染控制重点实验室、广西清洁化制浆造纸与污染控制人才小高地、广西印刷包装工程技术中心等科研平台，其职能主要是面向企业，进行全方位的"产、学、研"合作，并将高等院校的科研成果实施产业化。经过十多年的建设发展，目前研究所已初具规模，并逐渐形成了自己的特色。已成为广西壮族自治区制浆造纸、轻工环保等行业的主要研究单位，在国内同行业中具有较高的影响力。研究所拥有一支高素质的科研开发队伍，现有研究人员27人，其中教授6人，副教授5人，拥有博士学位23人，留学回国人员16人，形成了结构较为合理的人才梯队。

研究所依托广西大学轻工与食品工程学院，拥有良好的基础设施和实验设备条件，其中中试车间拥有小型制浆造纸生产线、工业有机废水厌氧及好氧中试线。实验室拥有液相色谱仪、离子色谱仪、电感耦合等离子体发射光谱仪、顶空气相色谱质谱联用仪、红外光谱仪、紫外光谱仪、流动分析仪、FS300纤维测定仪、Zeta电位仪、PFI磨浆机、TAPPI标准纸页成型器、包装材料透气性测试仪、包装振动实验机等大型仪器。还拥有ISO标准恒温恒湿纸张检测室，配备有L&W抗张度仪、TMI撕裂度仪、TMI耐破度仪、PPS表面粗糙度仪、IGT拉毛强度仪等纸张性能测试设备。近年来，实验室不仅满足教师及学生的科研要求，还逐步办成了开放实验室，积极为企业提供分析检测服务，大大促进了企校之间的合作与交流。

近年来，研究所先后负责承担国家863计划重大项目1项，国家973计划项目1项，国家科技攻关项目1项，国家自然基金8项，广西重大专项1项，且多项科研成果实现了产业化。组合还原法、综合法等大型二氧化氯制备技术及关键装备打破了我国造纸企业大型二氧化氯生产系统均为国外成套进口的现状，提高纸浆漂白过程的清洁化程度，推动造纸工业产业结构调整，成果已成功应用在 APP 集团印尼 IKPP 浆厂(35 吨/日)和 LONTAR 浆厂、海南金海浆纸业有限公司(35 吨/日)、广西永鑫华糖集团有限公司等国内外 20 多家企业，获 2015 年度广西科技进步奖一等奖。以高浓有机废水高效厌氧处理、高效异相催化氧化等技术和装备为核心的成果已成功应用于俄罗斯赤塔州阿玛扎尔北极星纸浆工业联合体、白俄罗斯戈梅里州多布鲁斯市劳动英雄造纸厂、缅甸 CTMP 新闻纸厂、玖龙纸业(控股)有限公司、广东理文造纸有限公司、山东博汇纸业集团有限公司等国内外 140 多家企业。先后获得了 2016 年度国家科技进步二等奖、2013 年度教育部科技进步一等奖、2013 年度中国轻工业联合会科技进步一等奖。竹子清洁化制浆造纸与资源化利用关键技术开发及应用项目开发了基于深度脱木素的竹子置换蒸煮系统、高配比竹浆高档文化纸及生活用纸的生产技术、高得率竹浆制浆技术以及竹子半纤维素提取及高值化利用技术，技术经济指标达到国内先进水平，已应用于广西贺达纸业有限公司、广西柳江造纸厂、赣州华劲纸业有限公司等多家企业，获得了 2017 年度广西科技进步二等奖。

所长：王双飞
地址：广西南宁市大学路 100 号
邮编：530004
电话：0771－3237097
传真：0771－3237079
网址：gxulif. gxu. edu. cn
邮箱：cppkl@ gxu. edu. cn

（王　斌）

国内制浆造纸专业教育机构简介

Introduction to the Domestic Education Institutions Offering Pulping and Papermaking Courses

北京林业大学

造纸专业所在院系：材料科学与技术学院化学工程系

材料科学与技术学院院长：任 强

地址：北京市海淀区清华东路35号

邮编：100083

电话：010－62338152、62338358

隶属单位：教育部

专业设置时间：1987年

专业课程设置：植物纤维化学、制浆原理与工程、造纸原理与工程、制浆机械与设备、高效清洁制浆、造纸助剂、废纸再生利用技术、加工纸、制浆造纸工厂设计、林化概论、专业英语、造纸工业环境污染与控制、造纸专业实验技术、木质素利用技术、生物工程概论、专业课程设计、纸的结构与性能、纸张概论、纸张与包装、纸张与印刷等。

2017年在校专业学生人数：本科生160人，硕士生60人，博士生20人。

至2017年专业毕业生总人数：本科生1190人，硕士生220人，博士生56人。

2017年毕业生人数：本科生45人，硕士生20人，博士生6人。

2017年专业教师情况：专业教师18人，其中，长江学者特聘教授1人，教授8人，副教授3人，讲师5人，高级实验师2人。

2017年招收本科生人数：45人。

2017年招收专业硕士生人数：25人。

2017年招收硕士生的指导教师：许凤、蒲俊文、樊永明、姚春丽、吴玉英、金小娟、宋先亮、张学铭、李瑞、彭锋、李明飞。

2017年招收专业博士生人数：8人。

2017年招收博士生的指导教师：许凤、蒲俊文、樊永明、姚春丽、张学铭、宋先亮、彭锋、金小娟。

中国制浆造纸研究院有限公司

研究院院长：曹春昱

地址：北京市朝阳区望京启阳路4号中轻大厦

邮编：100102

电话：010－64778000

传真：010－64778001

网址：www. cnppri. com

隶属单位：中国轻工集团有限公司

专业设置时间：1982年

专业课程设置：制浆造纸生物技术、造纸助剂与湿部化学、纸张结构与性能、制浆化学、制纸科学、非木材造纸、造纸工业环境保护。

2017年在读专业学生人数：硕士生11人。

至2017年专业毕业生人数：硕士生74人。

2017年毕业生人数：4人。

2017年专业教师情况：专业教师11人。

2017年招收专业硕士生人数：3人。

2017年招收硕士生的指导教师：曹春昱、卢宝荣、刘文、彭建军、冯文英、庄金风、刘金刚、陈曦、张清文、李杰辉、陈雪峰。

天津科技大学

造纸专业所在院系：造纸学院

造纸学院院长：刘 忠

地址：天津市泰达开发区十三大街29号

邮编：300457

电话：022－60601293

传真： 022－60601293

隶属单位： 天津市

专业设置时间： 天津科技大学前身为1939年的中央技术专业学校，随后相继与北洋大学、四川化工学院等相关学科合并迁至天津大学。1959年和1971年分两次将造纸专业调至天津轻工业学院。2015年4月天津科技大学造纸学院成立。至今该学科已有70多年的历史。

专业课程设置： 植物纤维化学、植物纤维化学实验、制浆原理与工程、造纸原理与工程、制浆造纸工艺实验、高分子物理与化学、过程测控、制浆造纸工程设计、仪器分析、环保工程、化工设备、加工纸、废纸再生利用、化工助剂、高得率制浆、浆料流体力学、生物化学导论、制浆造纸清洁生产原理与技术、生物质精炼、制浆造纸导论等。

2017年在校专业学生人数： 本科生426人，硕士生98人，博士生13人。

至2017年专业毕业生总人数： 本科生2985人，专科生496人（包括高等教育自学考试），硕士生342人，博士生95人。

2017年毕业生人数： 本科生117人，硕士生21人，博士生5人。

2017年专业教师情况： 专业教师共33人，其中，教授11人，副教授5人，讲师9人。

2017年招收本科生人数： 105人。

2017年招收专业硕士生人数： 42人。

2017年招收硕士生的指导教师： 倪永浩、刘忠、潘学军、侯庆喜、司传领、刘廷志、高玉杰、刘秋娟、李群、王高升、裴继诚、刘泽华、张红杰、惠岚峰、刘洪斌、刘鹏涛、张文晖、刘苇、王冠华、刘海棠、温洋兵、戴林。

2017年招收专业博士生人数： 4人。

2017年招收博士生的指导教师： 倪永浩、刘忠、侯庆喜、李群、司传领、刘廷志、刘洪斌、张红杰、姜涛、曹振雷、王昶、陈嘉川、秦梦华。

大连工业大学

造纸专业所在院系： 轻工与化学工程学院

轻工与化学工程学院院长： 张绍印

地址： 辽宁省大连市甘井子区轻工苑1号

邮编： 116034

电话： 0411－86322086

传真： 0411－86323649

隶属单位： 辽宁省教育厅

专业设置时间： 1959年

专业课程设置： 植物纤维化学、制浆原理与工程、造纸原理与工程、轻化工仪表及自动化、轻化工设备、轻化工环境保护、轻化工工艺实验、热工与节能、文献检索、轻化工科技英语、轻化工工厂设计、废纸回收工程、制浆造纸化学品、植物纤维资源综合利用、加工纸、设备维护与过程控制、制浆造纸前沿技术等。

2017年在校专业学生人数： 本科生346人，硕士生48人。

至2017年专业毕业生总人数： 本科生2944人，硕士生268人。

2017年毕业生人数： 本科生78人，硕士生14人。

2017年专业教师情况： 专业教师和工程技术人员17人，其中，教授7人，副教授（含副研究员和高级工程师）6人，讲师（含工程师）4人。

2017年招收本科生人数： 87人。

2017年招收专业硕士生人数： 21人。

2017年招收硕士生的指导教师： 周景辉、平清伟、牛梅红、韩颖、石海强、张健、孙广卫、李海明、郭延柱、王海松、（黄俊彦、吕艳娜、姜洋）。

注：括号里面的导师为印刷包装专业教师，在我校的一级学科硕士点下招生。

东北林业大学

造纸专业所在院系： 材料科学与工程学院

材料科学与工程学院院长： 刘守新

地址： 黑龙江省哈尔滨市香坊区和兴路26号

邮编： 150040

电话： 0451－82191744、82190394

传真： 0451－82191744

隶属单位： 教育部

专业设置时间： 1987年

专业课程设置： 无机化学、有机化学、分析化学、物理化学、化工原理、植物纤维化学、造纸原料各论、制浆原理与工程、造纸原理与工程、加工纸工艺、造纸助剂与湿部化学、制浆综合实验（含植物纤维化学、造纸原料各论、制浆分析、污染防治）、造纸综合实验（含造纸助剂与湿部化学、造纸分析、加工纸工艺）、专业外语（英）、制浆造纸过程测量与控制、制浆造纸机械与设备、制浆造纸工程设计、计算机在造纸工业中应用、高得率浆生产技术、制浆废液资源化利用、制浆造纸技术进展、轻化工程专业导论、制浆造纸节约技术、造纸企业污染防治等。

2017 年在校专业学生人数：本科生 197 人，硕士生 28 人，博士生 5 人。

至 2017 年专业毕业生总人数：本科毕业生 867 人，硕士生 78 人，博士生 12 人。

2017 年毕业生人数：本科生 54 人，硕士生 7 人。

2017 年专业教师情况：专业教师和工程技术人员 12 人，其中，中国工程院院士 1 人（外聘）；教授 3 人，副教授（含副研究员和高级工程师）5 人，讲师 2 人，助理工程师 1 人。

2017 年招收本科生人数：60 人。

2017 年招收专业硕士生人数：9 人。

2017 年招收硕士生的指导教师：钱学仁、刘文波、岳金权、沈静、杨冬梅。

2017 年招收专业博士生人数：1 人。

2017 年招收博士生的指导教师：钱学仁。

齐齐哈尔大学

造纸专业所在院系：轻工与纺织学院

轻工与纺织学院院长：赵　欣

地址：黑龙江省齐齐哈尔市文化大街 42 号

邮编：161006

电话：0452 – 2738192

传真：0452 – 2738192

网址：www. qqhru. edu. cn

隶属单位：黑龙江省教育厅

专业设置时间：1988 年

专业课程设置：轻化工合成材料基础、轻化工生物技术、计算机在轻化工程中的应用、植物纤维化学、制浆造纸原理与工程、制浆造纸机械与设备、加工纸原理与技术、造纸助剂、造纸仪表与自动化、造纸环保与污染治理技术、制浆造纸工厂设计等。

2017 年在校专业学生人数：本科生 351 人（轻化工程专业）。

2017 年专业毕业生人数：本科生 122 人。

2017 年专业教师情况：专业教师 6 人，其中，教授 1 人，副教授 5 人。

2017 年招收本科生人数（轻工类）：237 人。

东北电力大学

造纸专业所在院系：化学工程学院

化学工程学院院长：关晓辉

地址：吉林省吉林市长春路 169 号

邮编：132013

电话：0432 – 64806371

传真：0432 – 64806620

隶属单位：吉林省教委

专业设置时间：中专 1950 年，本科 2001 年

专业课程设置：植物纤维化学、植物纤维化学实验、轻化工仪表自动化、轻化工计算机辅助设计、轻化工环境保护、制浆原理与工程、造纸原理与工程、工艺实验、印刷工艺学、包装原理与工程、文献检索、专业外语（英）、制浆造纸机械与设备、轻化工工厂设计、制浆漂白新技术（英）、造纸湿部化学、制浆造纸助剂、化工设备、生物技术在造纸工业中应用、加工纸与特种纸、二次纤维回用技术等。

2017 年在校专业学生人数：本科生 129 人。

至 2017 年专业毕业生总人数：本科生 861 人。

2017 年毕业生人数：本科生 25 人。

2017 年专业教师情况：专业教师和工程技术人员 32 人，其中，教授 6 人，副教授（含副研究员和高级工程师）24 人，讲师（含工程师）2 人。

2017 年招收本科生人数：36 人。

南京林业大学

造纸专业所在院系：轻工科学与工程学院

轻工科学与工程学院院长：张　辉

地址：江苏省南京市龙蟠路 159 号

邮编：210037

电话：025 – 85428793

传真：025 – 8548793

隶属单位：江苏省教育厅、国家林业局

专业设置时间：1964 年

专业课程设置：（1）本科生专业课程主要为：植物资源化学、制浆原理与工程、造纸原理与工程、制浆造纸机械与设备、制浆造纸过程系统控制、制浆造纸工程设计、纸加工原理与技术、废纸再生利用技术、植物资源化学实验、制浆造纸工艺实验、制浆造纸专业英语、现代造纸机械状态监测与故障诊断（加实验）、制浆造纸机械制造工艺、制浆造纸设备腐蚀与防护（加实验）、制浆造纸设备安装与维修（加实验）等。（2）研究生专业课程主要为：高等木材化学研究方法（含实验）、木质素化学、糖类化学制浆化学、造纸化学、制浆造纸专

题、现代造纸机械监诊学、工程信号采集与处理、制浆造纸装备专题、高等纸浆与造纸分析方法等。

2017 年在校专业学生人数：本科生 539 人，硕士生 83 人，博士生 17 人。

至 2017 年专业毕业生总人数：专科生 1063 人，本科生 3454 人，硕士生 443 人，博士生 84 人。

2017 年毕业生人数：本科生 187 人，硕士生 39 人，博士生 1 人。

2017 年专业教师情况：专业教师和工程技术人员 58 人。国际木材科学院院士 2 人，江苏省“333”高层次人才培养工程中青年学术带头人培养对象 4 人，江苏省“青蓝工程”中青年学术带头人培养对象 3 人，美国特聘教授 1 人，国内外兼职教授 9 人；教授 17 人，副教授(含副研究员和高级工程师)25 人，讲师(含工程师)16 人。

2017 年招收本科生人数：133 人。

2017 年招收专业硕士生人数(含全日制工程硕士)：33 人。

2017 年招收硕士生的指导教师：张辉、翟华敏、戴红旗、曹云峰、胡慕伊、周小凡、童国林、金永灿、景宜、龚木荣、吴彩娥、丁武、杨益琴、时留新、吴淑芳、苏二正、宋君龙、任浩、程金兰、王志国、吴伟兵、王琪、邢洁芳、石瑞、刘鸿斌、寇丽萍。

2017 年招收专业博士生人数：7 人。

2017 年招收博士生的指导教师：张辉、曹云峰、翟华敏、戴红旗、周小凡、童国林、金永灿、景宜、魏先福、房桂干、吴彩娥、宋君龙、丁武。

江南大学

造纸专业所在院系：纺织服装学院轻化工程系

纺织服装学院院长：付少海

地址：江苏省无锡市蠡湖大道 1800 号

邮编：214122

电话：0510－85912107

传真：0510－85912009

网址：www. jiangnan. edu. cn

隶属单位：教育部

专业设置时间：2003 年

专业课程设置：现代制浆造纸理论及研究前沿、纤维表面物理与界面科学(双语)、造纸物理、造纸湿部化学、现代包装材料学、近代仪器分析实验、制浆化学、造纸助剂、制浆造纸分析与检测、纸页结构与性能、废纸再生技术、印刷适性与材料分析、生物质能源与化工、非织造技术进展、纤维材料表面功能化(双语)、二次纤维利用新技术、高聚物结构与性能、制浆造纸科技前沿讲座、加工纸与特种纸等。

2017 年在校专业学生人数：硕士生 14 人，博士生 4 人。

至 2017 年专业毕业生总人数：硕士生 31 人，博士生 6 人。

2017 年毕业生人数：硕士生 4 人，博士生 1 人。

2017 年专业教师情况：专业教师和工程技术人员 4 人，其中，教授 2 人，副教授 2 人。

2017 年招收专业硕士生人数：6 人。

2017 年招收硕士生的指导教师：龙柱、蒋学、张丹。

2017 年招收专业博士生人数：1 人。

2017 年招收专业博士后人数：1 人。

2017 年招收博士生的指导教师：龙柱。

浙江科技学院

造纸专业所在院系：生物与化学工程学院/轻工学院

生物与化学工程学院/轻工学院院长：刘士旺

地址：浙江省杭州市留和路 318 号

邮编：310023

电话：0571－85070782

传真：0571－85070785

隶属单位：浙江省教育厅

专业设置时间：2005 年

专业课程设置：植物纤维化学、植物纤维化学实验、制浆原理与工程、造纸原理与工程、制浆造纸过程模拟与控制、工艺实验、制浆造纸机械与设备、制浆造纸工厂设计、轻化工环保、加工纸与特种纸、制浆造纸专业英语、包装原理与工程、制浆造纸助剂、二次纤维回用技术等。

2017 年在校专业学生人数：本科生 163 人，硕士生 9 人。

至 2017 年专业毕业生总人数：本科生 414 人，研究生 4 人。

2017 年毕业生人数：本科生 43 人，研究生 4 人。

2017 年专业教师情况：专业教师和工程技术人员 12 人，其中教授 2 人，副教授(含副研究员和高级工程师)6 人，讲师(含工程师)4 人。

2017 年招收本科生人数： 51 人。

浙江理工大学

造纸专业所在院系： 材料与纺织学院制浆造纸研究所

材料与纺织学院制浆造纸研究所所长： 薛国新

地址： 浙江省杭州市下沙高教园区西区 2 号大街 928 号

邮编： 310018

电话： 0571－86843263

传真： 0571－86843263

隶属单位： 浙江省教育厅

专业设置时间： 2004 年 9 月在"轻化工程"专业中开始招收制浆造纸工程专业方向本科生，2003 年 9 月在"材料加工工程"和"材料物理与材料化学"两个硕士点招收制浆造纸工程和包装材料方向硕士研究生，2004 年 5 月申报成功"轻工技术与工程"领域工程硕士专业学位授权点，2004 年 9 月在"轻工技术与工程"领域招收制浆造纸工程、包装材料和印刷技术方向工程硕士专业学位研究生，2008 年 9 月在纺织工程学科博士点招收制浆造纸工程和包装材料方向博士研究生。

专业课程设置： 植物纤维化学、工业微生物、制浆原理与工程、造纸原理与工程、制浆造纸机械与设备、制浆造纸过程控制与自动化、废纸再生利用技术、制浆造纸工程综合实验、制浆造纸工程专业英语、制浆造纸环境保护、制浆造纸工程设计概论、纸与纸板的结构与性能、特种纸与加工纸制造技术、制浆造纸化学品与纸机湿部化学、植物资源化学与工程、制浆造纸新技术导论、包装印刷概论等。

2017 年在校专业学生人数： 本科生 71 人，研究生 61 人。

至 2017 年专业毕业生总人数： 本科生 260 余人，硕士生 93 人，博士生 1 人。

2017 年毕业生人数： 本科生 13 人，硕士生 14 人。

2017 年专业教师情况： 专业教师和工程技术人员 9 人，其中，教授 3 人(薛国新、唐艳军、夏新兴)，副教授 3 人(张秀梅、张勇、张俊华)，讲师 2 人(郭大亮、周益名)，工程师 1 人(实验员)。

2017 年招收本科生人数： 21 人。

2017 年招收专业硕士生人数： 15 人。

2017 年招收硕士生的指导教师： 薛国新、唐艳军、夏新兴、张秀梅、张勇、张俊华、郭大亮。

福建农林大学

造纸专业所在院系： 材料工程学院轻化工程系

材料工程学院院长： 陈礼辉

地址： 福建省福州市闽侯县溪源宫路 63 号

邮编： 350100

电话： 0591－83715175

传真： 0591－83715175

隶属单位： 福建省教育厅

专业设置时间： 1986 年设制浆造纸专科，1989 年设制浆造纸工程本科，2003 年设制浆造纸工程硕士点，2010 年设轻工技术与工程专业硕士点。

专业课程设置： 化工原理、植物纤维化学、制浆原理与工程、造纸原理与工程、制浆造纸机械与设备、制浆造纸工厂设计、废纸再生利用技术、造纸化学品、天然产物化学、精细化学品生产工艺学。

2017 年在校专业学生人数： 本科生 220 人，硕士生 56 人，专业硕士生 21 人，博士生 20 人。

2017 年毕业生人数： 本科生 54 人，硕士生 16 人，博士生 3 人。

2017 年专业教师情况： 专业教师 32 人，其中，教授 9 人，副教授 12 人，讲师 11 人。

2017 年招收本科生人数： 60 人。

2017 年招收研究生人数： 硕士生 46 人，博士生 6 人。

2017 年招收硕士生的指导教师： 倪永浩、陈礼辉、谢拥群、黄六莲、黄彪、林金国、曹石林、黄方、欧阳新华、郑德勇、卢泽湘、罗小林、吴慧、苗庆显、刘凯、马晓娟、张敏、刘婧、胡会超、肖禾、李建国、张慧、郑清洪、周吓星。

齐鲁工业大学

造纸专业所在院系： 造纸与植物资源工程学院

造纸与植物资源工程学院院长： 孔凡功

地址： 山东省济南市长清区大学路 3501 号

邮编： 250353

电话： 0531－89631681

传真： 0531－89631163

隶属单位： 山东省教育厅

专业设置时间： 1978 年

专业课程设置： 造纸植物资源化学、制浆原理与工程、造纸原理与工程、制浆造纸机械与设备、制浆造纸分析与检测、制浆造纸环境保护概论、制浆造纸助剂、加工纸与特种纸、制浆造纸设备安装与维修、制浆造纸工厂设计。

2017 年在校专业学生人数：本科生 750 人，硕士生 85 人。

至 2017 年专业毕业生总人数：本科生 2899 人，硕士生 332 人。

2017 年毕业生人数：本科生 146 人，硕士生 18 人。

2017 年专业教师情况：专业教师和工程技术人员 56 人，其中，泰山学者特聘教授 1 人，特聘教授 3 人，教授 15 人，副教授(含副研究员和高级工程师)18 人，讲师(含工程师)16 人。

2017 年招收本科生人数：231 人。

2017 年招收专业硕士生人数：31 人。

2017 年招收硕士生的指导教师：陈嘉川、秦梦华、赵传山、刘玉、杨桂花、刘温霞、傅英娟、韩金梅、徐清华、孔凡功、李宗全、王正顺、刘娜、王代启、吴朝军、王振、庞志强、王哲、王慧丽、王守娟、吕高金、王强、王锋、吉兴香、李荣刚、王兆江、韩文佳、刘姗姗、陈洪雷、宋兆萍、于得海、孙海燕、吴芹、张志良。

青岛科技大学

造纸专业所在院系：海洋科学与生物工程学院

海洋科学与生物工程学院院长：陈夫山

地址：山东省青岛市四方区郑州路 53 号

网址：www. qust. edu. cn

隶属单位：山东省教育厅

专业设置时间：2003 年

专业课程设置：天然高分子化学、轻化工工艺、轻化工设备、轻化工环境保护、科技文献检索、造纸湿部化学、制浆造纸助剂、纤维素功能化、生物技术在造纸工业中应用、加工纸与特种纸、二次纤维回用技术等。

2017 年在校专业学生人数：本科生 208 人，硕士生 36 人，博士生 5 人。

至 2017 年专业毕业生总人数：本科生 545 人，硕士生 80 人。

2017 年毕业生人数：本科生 63 人，硕士生 11 人。

2017 年专业教师情况：专业教师和工程技术人员 19 人，其中，教授 5 人，副教授(含副研究员和高级工程师)8 人，讲师(含工程师)6 人。

2017 年招收本科生人数：68 人。

2017 年招收专业硕士生人数：11 人。

2017 年招收硕士生的指导教师：陈夫山、武玉民、于世涛、刘福胜、黎振球、范金石、张恒、何为、王松林、宋晓明、张芹芹。

2017 年招收专业博士生人数：5 人。

2017 年招收博士生的指导教师：陈夫山、武玉民、刘福胜、于世涛。

山东工业技师学院

造纸专业所在院系：海洋生化系

海洋生化系主任：郝培军

地址：山东省潍坊市西环路 6789 号

邮编：261053

电话：0536－8337236

传真：0536－8338768

网址：www. gyjsxy. com

隶属单位：山东省人力资源和社会保障厅

专业设置时间：1978 年

专业课程设置：制浆造纸工艺、制浆造纸设备与操作、制浆造纸化验与物检、制浆造纸自动控制、制浆造纸安装与维修。

2017 年在校专业学生人数：技师 130 人。

至 2017 年专业毕业生总人数：中级技工 1300 人，高级技工 5100 人，技师 1040 人。

2017 年毕业生人数：技师 60 人。

2017 年专业教师情况：专业教师和工程技术人员 23 人，其中，副教授(含副高级实习指导教师)13 人，讲师(含工程师)10 人。

2017 年招收技师人数：40 人(不再招收中级工、高级工)。

湖北工业大学

造纸专业所在院系：制浆造纸研究院轻化工程系

制浆造纸研究院院长：谢益民

地址：湖北省武汉市洪山区南李路 28 号

邮编：430068

电话：027－59750459

传真：027－59750459

隶属单位：湖北省教育厅

专业设置时间：1977 年湖北轻工业学院成立

后，设置了化工系制浆造纸工艺教研室；1998 年该专业获得制浆造纸工程硕士授予权；1999 年本科专业制浆造纸工程更名为轻化工程；2002 年开始招收轻工技术专业工程硕士；2009 年制浆造纸工程批准为"湖北省楚天学者计划"设岗学科，同年成立了制浆造纸工程研究所，2016 年 3 月成立制浆造纸研究院(含轻化工程系)。

专业课程设置：植物纤维化学、植物纤维化学实验、制浆原理与工程、造纸原理与工程、制浆造纸工艺实验、无机化学、分析化学、有机化学、物理化学、化工原理、机械设计基础、机械设计与制造、加工纸工艺、制浆造纸机械与设备、轻工自动化仪表、造纸湿部化学、造纸化学品、轻工产品设计、废纸再生利用、高得率制浆、轻化工环保等。

2017 年在校专业学生人数：本科生 97 人，硕士生 12 人。

至 2017 年专业毕业生总人数：本科生 2483 人，硕士生 145 人。

2017 年毕业生人数：本科生 58 人，硕士生 4 人。

2017 年专业教师情况：专业教师共 16 人，其中，教授 3 人，副教授 6 人，讲师 6 人，高级实验师 1 人。

2017 年招收本科生人数：25 人。

2017 年招收专业硕士生人数：5 人。

2017 年招收硕士生的指导教师：谢益民、袁世炬、杨海涛、文琼菊、刘智、王鹏、冯清华。

湖北轻工职业技术学院

造纸专业所在院系：轻化工程学院

轻化工程学院院长：徐　兵

地址：湖北省武汉市洪山区石牌岭东二路

邮编：430070

电话：027－87156391

传真：027－87156391

网址：www. hbliti. com

隶属单位：湖北省教育厅

专业设置时间：中专 1956 年、高职 2001 年

专业课程设置：植物纤维化学、制浆工艺、造纸工艺、制浆造纸机械设备与操作、制浆造纸分析与检验、纸加工工艺、制浆造纸环境保护概论、制浆造纸仪表自动化，新品小样制作。

2017 年在校专业学生人数：专科生(高职)63 人。

至 2017 年专业毕业生总人数：中专毕业生 1510 人，专科生(高职)1091 人。

2017 年毕业生人数：专科生(高职)60 人。

2017 年专业教师情况：副教授 5 人，讲师 1 人，工程师 1 人，高级实验师 1 人，楚天名师 1 人。

长沙理工大学

造纸专业所在院系：化学与生物工程学院轻化工程系

化学与生物工程学院院长：杨荣华

地址：湖南省长沙市雨花区万家丽南路二段 960 号

邮编：410114

电话：0731－85258733

传真：0731－85258733

网址：www. csust. edu. cn

隶属单位：湖南省教育厅

专业设置时间：1958 年

专业课程设置：植物纤维化学、制浆原理与工程、造纸原理与工程、制浆造纸机械与设备、制浆造纸清洁生产、造纸化学品、涂布加工纸与特种纸、印刷工艺学、包装防伪技术等。同时开设以高新技术为主导的不同专业方向的系列选修课程及自主实践性强的综合性实验。

2017 年在校专业学生人数：本科生 238 人，硕士生 25 人。

至 2017 年专业毕业生总人数：本科生 630 人，硕士生 80 人。

2017 年毕业生人数：本科生 62 人，硕士生 16 人。

2017 年专业教师情况：专业教师和工程技术人员 21 人，其中，教授 5 人，副教授(含副研究员和高级工程师)11 人，讲师(含工程师)5 人。

2017 年招收本科生人数：55 人。

2017 年招收专业硕士生人数：14 人。

2017 年招收硕士生的指导教师：马乐凡、张运雄、胡可信、王萍、王玉珑、晏永祥、夏畅斌、肖忠良、陈启杰、张雄飞。

华南理工大学

造纸专业所在院系：轻工科学与工程学院

轻工科学与工程学院书记：徐　兵

地址：广东省广州市天河区五山街 381 号

邮编：510640

电话：020－87112841

传真：020－87112841

网址：www. scut. edu. cn

隶属单位：教育部

专业设置时间：1952 年

专业课程设置：植物纤维化学、植物纤维化学实验、轻化工仪表自动化、工业设计基础、轻化工计算机辅助设计、轻化工环境保护、制浆造纸原理与工程、制浆造纸工艺实验、印刷工艺学、包装原理与工程、科技文献检索、林产化学、专业英语、制浆造纸机械与设备、轻工工厂设计、制浆漂白新技术(双语教学)、造纸湿部化学、制浆造纸助剂、纤维素功能化、化学制浆技术(全英教学)、生物技术在造纸工业中应用、加工纸与特种纸、废纸回收回用技术等。

2017 年在校专业学生人数：本科生 356 人，硕士生 281 人，博士生 105 人。

至 2017 年专业毕业生总人数：本科生 3081 人，硕士生 747 人，博士生 290 人。

2017 年毕业生人数：本科生 91 人，硕士生 73 人，博士生 7 人。

2017 年专业教师情况：专业教师和工程技术人员 88 人(1 人返聘)，其中，中国工程院院士 1 人，俄罗斯工程院外籍院士 1 人，教授 31 人(含教授级高级工程师)，副教授(含副研究员和高级工程师) 45 人，讲师(含工程师、助理研究员)10 人。

2017 年招收本科生人数：本科生 106 人。

2017 年招收专业硕士生人数：招收全日制学术型硕士研究生 77 人，全日制专业学位研究生 22 人。

2017 年招收硕士生的指导教师：陈港、陈广学、陈克复、陈奇峰、陈小泉、樊慧明、方志强、高文花、侯轶、胡健、雷利荣、李擘、李海龙、李继庚、李军、李军荣、李友明、梁云、刘德桃、刘建安、刘明友、马邕文、莫立焕、沈文浩、唐爱民、陶劲松、田君飞、万金泉、万小芳、王斌、王习文、王宜、武书彬、徐桂龙、徐峻、杨飞、杨进、杨仁党、叶君、张宏伟、赵光磊、赵丽红、朱小林、曾劲松、敖日格勒、谌凡更、付时雨、雷以超、刘传富、刘颖、吕发创、彭新文、祁海松、钱丽颖、任俊莉、宋涛、田英姿、王小慧、王小英、项舟洋、张春辉、钟林新、周雪松、庄军平、岳凤霞、李亦宸、洪蒙纳、曾靖山、胡庆喜、李兵云、刘浩、刘梦茹、满奕、牟洪燕、王钦雯。

2017 年招收专业博士生人数：30 人。

2017 年招收博士生的指导教师：陈克复、陈港、陈广学、谌凡更、柴欣生、付时雨、何北海、胡健、侯轶、刘传富、吕发创、李军、李继庚、李海龙、李友明、梁云、彭新文、祁海松、任俊莉、沈文浩、田君飞、王小慧、王小英、武书彬、杨仁党、曾劲松。

广东轻工职业技术学院

造纸专业所在院系：轻化工技术学院

轻化工技术学院院长(二级学院)：李 荣

地址：广东省广州市海珠区新港西路 152 号

邮编：510300

电话：020 － 61230200(院办)、61230950(系办)

传真：020 － 61230000(院办)、61230951(系办)

网址：www. gdqy. edu. cn

隶属单位：广东省教育厅

专业设置时间：1958 年

专业课程设置：制浆工艺学、造纸工艺学、造纸化学品、纸的加工技术、制浆造纸工厂设计概论、制浆造纸企业管理、制浆造纸分析与检验、制浆造纸机械设备、制浆造纸设备安装修理、制浆造纸工业环境保护、专业英语。

2017 年在校专业学生人数：专科生 248 人。

至 2017 年专业毕业生总人数：本科生 191 人，专科生 1036 人，中专生 1331 人，技工 415 人。

2017 年毕业生人数：专科生 95 人。

2017 年专业教师情况：专业教师和工程技术人员 10 人，其中，教授 4 人，副教授(含高级实验师)5 人，讲师 1 人。

2017 年招收专科生人数：62 人。

广西大学

造纸专业所在院系：轻工与食品工程学院

轻工与食品工程学院院长：覃程荣

地址：广西壮族自治区南宁市大学路 100 号

邮编：530004

电话：0771－3237301、3231382

传真：0771－3237097

网址：www. gxu. edu. cn

隶属单位：教育部

专业设置时间：1978 年

专业课程设置：植物纤维化学、制浆工艺学、造纸工艺学、制浆造纸设备、造纸湿部化学及化学品的应用、制浆造纸机械与设备、轻化工程设计概论、加工纸、化工仪表与自动化、二次纤维回用技术。

2017 年在校专业学生人数：本科生 195 人，硕士生 78 人，博士生 27 人。

至 2017 年专业毕业生总人数：本科生 1314 人，硕士生 295 人，博士生 40 人。

2017 年毕业生人数：本科生 37 人，硕士生 15 人，博士生 6 人。

2017 年专业教师情况：专业教师 21 人，其中，教授 8 人，副教授 5 人，讲师 8 人。

2017 年招收本科生人数：52 人。

2017 年招收专业硕士生人数：20 人。

2017 年招收硕士生的指导教师：王双飞、李可成、覃程荣、周敬红、朱红祥、Liming Zhang、闵斗勇、农光再、宋雪萍、骆莲新、梁辰、王志伟、刘新亮、聂双喜、李许生。

2017 年招收专业博士生人数：6 人。

2017 年招收博士生的指导教师：王双飞、李可成、覃程荣、黄崇杏、朱红祥、闵斗勇、Liming Zhang。

四川工商职业技术学院

造纸专业所在院系：轻工工程系

轻工工程系主任：余　勇

地址：四川省都江堰市天府大道聚源段 8 号

邮编：611830

电话：028 – 87282243

传真：028 – 87282095

网址：www. sctbc. net

隶属单位：四川省经济和信息化委员会

专业设置时间：1959 年

专业课程设置：植物纤维化学、制浆技术、造纸技术、制浆造纸机械设备与操作、制浆造纸分析与检验、纸加工技术、制浆造纸环境保护概论、制浆造纸化学助剂等。

2017 年在校专业学生人数：专科生 90 人。

至 2017 年专业毕业生总人数：2760 人，其中，中专生 1850 人，大专生 910 人。

2017 年毕业生人数：大专生 50 人。

2017 年专业教师情况：专业教师 8 人，其中，教授 2 人，副教授 3 人，讲师 3 人。

四川理工学院

造纸专业所在院系：生物工程学院 轻化工程系

生物工程学院院长：罗惠波

地址：四川省自贡市汇兴路 180 号

邮编：643000

电话：0813 – 5505270

传真：0813 – 5505872

隶属单位：四川省教育厅

专业设置时间：1991 年

专业课程设置：专业导论、植物纤维化学、制浆原理与工程、造纸原理与工程、专业实验、制浆造纸机械与设备、制浆造纸环境保护、专业外语（英）、造纸助剂及湿部化学、加工纸与特种纸、二次纤维回用技术、制浆造纸工厂设计、化工仪表自动化、计算机辅助设计等。

2017 年在校专业学生人数：本科生 296 人，专科生 19 人。

至 2017 年专业毕业生总人数：本科生 966 人，专科生 355 人。

2017 年毕业生人数：本科生 73 人。

2017 年专业教师情况：专业教师 10 人，其中，教授 4 人，副教授 2 人，讲师 3 人。

2017 年招收本科生人数：90 人。

昆明理工大学

造纸专业所在院系：化学工程学院轻工工程系

化学工程学院院长：梅　毅

地址：云南省昆明呈贡大学城

邮编：650500

电话：0871 – 5920298

传真：0871 – 5920171

隶属单位：云南省教育厅

专业设置时间：1979 年

专业课程设置：植物纤维化学、制浆原理与工程、造纸原理与工程、制浆造纸机械与设备、植物纤维实验技术、造纸化学品、工业纸板生产与应用技术、纸加工技术、轻化工程设计概论、纸包装与印刷技术等。

2017 年在校专业学生人数：本科生 80 人，硕士生 10 人，博士生 2 人。

至 2017 年专业毕业生总人数：本科生 775 人，

硕士生 49 人。

2017 年毕业生人数：本科生 26 人，硕士生 6 人。

2017 年专业教师情况：专业教师 11 人，其中，教授 3 人，副教授 4 人，讲师 3 人，实验师 1 人。

2017 年招收本科生人数：30 人（按化工大类招生）。

2017 年招收专业硕士生人数：6 人。

2017 年招收硕士生的指导教师：陈克利、周学飞、彭林才、刘玉新、何洁、何亮、高欣。

2017 年招收博士生的指导教师：陈克利。

陕西科技大学

造纸专业所在院系：轻工科学与工程学院

轻工科学与工程学院院长：弓太生

地址：陕西省西安市未央大学园区

邮编：710021

电话：029－86168235

传真：029－86168236

网址：www. zaozhi. sust. edu. cn

隶属单位：陕西省教育厅

专业设置时间：1958 年

专业课程设置：有机化学、物理化学、化工原理、植物纤维化学、制浆原理与工程、造纸原理与工程、制浆造纸机械与设备、制浆造纸工程设计、制浆造纸实验、加工纸原理与技术、二次纤维利用技术、制浆造纸专业英语、制浆造纸环境工程技术等。

2017 年在校专业学生人数：本科生 690 人，硕士生 91 人，博士生 22 人。

至 2017 年专业毕业生总人数：本科生 5680 人，硕士生 444 人，博士生 22 人。

2017 年毕业生人数：本科生 206 人，硕士生 10 人，博士生 1 人。

2017 年专业教师情况：专业教师和工程技术人员 52 人，其中，教授 15 人，副教授（含高级工程师）15 人，讲师（含工程师）22 人。

2017 年招收本科生人数：147 人。

2017 年招收专业硕士生人数：12 人。

2017 年招收硕士生的指导教师：张美云、李新平、韩卿、李志健、倪永浩、王志杰、徐永建、张素风、林涛、王建、李金宝、陆赵情、李佩燚、钱立伟、张召、段超、王雪青、杨金帆。

2017 年招收专业博士生人数：6 人。

2017 年招收博士生的指导教师：倪永浩、张美云、李新平、李志健、徐永建、张素风。

（林　媛）

国内主要造纸期刊介绍

Domestic Main Paper Periodicals Related to Pulp and Paper

《中国造纸学报》

《中国造纸学报》是由中国造纸学会主办、中国制浆造纸研究院有限公司承办的造纸学术性期刊，创刊于1986年。主要刊登造纸专业研究论文、学术报告及综合性评述，反映我国造纸工业在原材料、制浆、造纸、废液综合利用及污染防治、机械设备、分析检验、工艺和质量控制自动化以及制浆造纸专业基础理论等方面的新进展和新成果，是我国造纸工业理论性强、水平高的学术性期刊。它为我国造纸工业提供了一个极好的学术交流平台，对国内造纸工业的技术进步做出了较大贡献。该刊的固定栏目有：研究论文与综述等。

《中国造纸学报》连续多年入选"中文核心期刊""中国科技论文统计源期刊""中国科学引文数据库来源期刊""中国科学文献评价数据来源期刊"，入选"中国科协精品科技期刊工程第四期(2015—2017)项目"，并被Scopus、CA等国外著名期刊索引收录。《中国造纸学报》为国内外公开发行刊物。

《中国造纸学报》为季刊，出版日期为3月25日、6月25日、9月25日、12月25日；刊号：ISSN 1000-6842，CN 11-2075/TS，自办发行。

《中国造纸学报》为大16开本。国内定价：纸质版30元/期，电子版30元/期，纸质版+电子版50元/期；国外及港澳台地区定价：纸质版30美元/期，电子版30美元/期，纸质版+电子版50美元/期。

地址：北京市朝阳区望京启阳路4号院中轻大厦607室

邮编：100102

电话：010－64778173(发行部)

64778162/8163(编辑部)

传真：010－64778174

邮箱：tcpp@ vip. 163. com

网址：www. cppmp. com

《中国造纸》

《中国造纸》为专业技术性刊物，国内外公开发行，由中国造纸学会和中国制浆造纸研究院有限公司主办，主要报道我国造纸工业在原材料、制浆、造纸、废液综合利用及污染防治、机械设备、分析检验、工艺和质量控制自动化以及制浆造纸专业基础理论等方面的新成就和重要科技成果。

《中国造纸》除及时报道各研究机构、高等院校在科研理论方面取得的突破成果外，还注重报道各制浆造纸厂引进或自行研究探索的新工艺、新技术。《中国造纸》将理论与实践有机结合，更好地满足了科研工作者以及制浆造纸工厂技术人员的需要。《中国造纸》是我国造纸界权威性技术期刊，连续入选"中文核心期刊""中国科技论文统计源期刊""中国科学引文数据库来源期刊""中国科学文献评价数据来源期刊"，并已被Scopus、CA等国外著名的期刊索引收录。入选"中国科协精品科技期刊工程第四期项目"。

《中国造纸》(刊号：CN 11-1967/TS，ISSN 0254-508X)为月刊，每月25日出版，大16开，国内定价：纸质版25元/期，电子版25元/期，纸质版+电子版40元/期；国外及港澳台地区定价：纸质版40美元/期，电子版40美元/期，纸质版+电子版70美元/期。

《中国造纸》国内总发行：北京市报刊发行局，邮发代号：2-194；国外总发行：中国出版对外贸易总公司，发行代号：DK11070。

地址：北京市朝阳区望京启阳路4号院中轻大厦607室

邮编：100102

电话：010－64778173（发行部）
64778158－61（编辑部）
传真：010－64778174
邮箱：cpp2108@ vip. 163. com（编辑）
网址：www. cppmp. com

《造纸信息》

《造纸信息》是由中国造纸协会、中国造纸学会和中国制浆造纸研究院有限公司共同主办的造纸综合信息类刊物。已被“中国期刊全文数据库”和“万方数据——数字化期刊群”收录。

《造纸信息》全面、及时、准确地报道我国和世界造纸工业以及相关行业的信息，是我国造纸行业唯一公开发行的综合信息类刊物。

《造纸信息》以为造纸企事业单位及相关行业提供国内外造纸工业信息服务为主要宗旨，汇集行业专家观点、聚焦行业热点问题、展示领军企业风采，及时报道行业政策、企业动态、新技术和新成果，以及全球造纸企业的最新动向，为读者全方位了解造纸行业提供独家参考，为企业提供政策性指导和经营决策信息。

常设栏目有：企业风采、政策法规、节能减排、行业纵横、新建扩建、企业报道、市场动态、分析/预测、行业热点·焦点论坛、管理与营销、新产品/新技术、环球视角、协会·学会动态、会展传真等。

为使海外读者更多了解中国造纸工业的发展情况，特在每年第 8 期增加英文内容。

《造纸信息》为国内外公开发行（刊号：ISSN 1006-8791，CN 11-3667/TS），月刊，每月 25 日出版。全彩色大 16 开，另附彩色及专色广告，国内定价：纸质版 25 元/期，电子版 25 元/期，纸质版＋电子版 40 元/期；国外及港澳台地区定价：纸质版 25 美元/期，电子版 25 美元/期，纸质版＋电子版 40 美元/期。邮发代号：82-881，国外发行代号：DK11071

地址：北京市朝阳区望京启阳路 4 号院中轻大厦 607 室
邮编：100102
电话：010－64778165/8170/8171（编辑部）
64778173（发行部）
64778166/8168（广告部）
传真：010－64778174
邮箱：cpi@ vip. 163. com
网址：www. cppmp. com

《Paper and Biomaterials》

《Paper and Biomaterials》是由中国造纸学会和中国制浆造纸研究院有限公司主办的造纸及生物质材料方面的学术性英文期刊。本刊聚焦国内外制浆造纸及生物质材料学科的前沿热点，反应制浆造纸及生物质材料学科的科研成果、技术进步和发展趋势，促进国际间的学术交流与合作，推动制浆造纸技术和相关生物质产业技术快速发展；主要刊登制浆造纸及生物质材料方面的研究论文、技术进展及相关领域的文献综述。

《Paper and Biomaterials》为季刊，出版日期为 1 月 15 日、4 月 15 日、7 月 15 日、10 月 15 日；刊号：ISSN 2096-2355，CN 10-1401/TS，自办发行。

《Paper and Biomaterials》为大 16 开本。国内定价：纸质版 40 元/册，电子版 40 元/册，纸质版＋电子版 70 元/册；国外及港澳台地区定价：纸质版 40 美元/册，电子版 40 美元/册，纸质版＋电子版 70 美元/册。

地址：北京市朝阳区望京启阳路 4 号院中轻大厦 607 室
邮编：100102
电话：010－64778173（发行部）
64778162/8163（编辑部）
传真：010－64778174
邮箱：pbm@ vip. 163. com
网址：www. cppmp. com

《中华纸业》

《中华纸业》是中国造纸协会会刊，行业综合指导类科技期刊，国内外公开发行，是中国学术期刊（光盘版）、中国期刊网、万方数据资源系统、中文科技期刊数据库、美国《化学文摘》等统计源期刊。

办刊宗旨：研讨发展战略、促进科学管理、推动技术进步、服务产业经济。

报道内容：产经综合版（上半月刊）为国家产业政策，行业发展规划，市场分析预测，企业发展战略，纸业新闻资讯；技术进步版（下半月刊）为行业技术进步，企业技术创新，企业生产实践，国外前沿技术，技术动态信息等。

内容特色：具有导向性、创新性、前瞻性、实用性和时效性。

读者对象：造纸企业决策层和经营管理者，企业工程技术人员，行业协(学)会组织，政府有关部门及产业经济研究人员，科研设计及大专院校有关工作人员。

《中华纸业》(国内统一刊号 CN 37-1281/TS，国际标准刊号：ISSN 1007-9211)为半月刊，大 16 开，彩色印刷。国内定价 10 元/期，全年定价 240 元；港澳台及国外地区 10 美元/期，全年 240 美元。邮发代号：24-136。

地址：山东省济南市工业南路 101 号中华纸业杂志社

邮编：250100

电话：0531－88522949、88929286、88935343

传真：0531－88926310

邮箱：adv@ cppi. cn(广告部)

cbb@ cppi. cn(采编室)

QQ：609352141、940438201

网址：www. cppi. cn

《纸和造纸》

《纸和造纸》系中国造纸学会主办，四川省造纸学会和四川工商职业技术学院联办，以知识性、实用性、导向性、科学性为特色制浆造纸专业权威性科技期刊。自 1982 年创刊以来，本刊始终坚持"普及制浆造纸科技知识，介绍先进适用的生产工艺、装备技术和管理经验，沟通相关信息，促进造纸工业的科技进步和持续发展，为提高造纸、用纸从业人员的素质服务"的办刊宗旨。曾被原轻工业部、中国科学技术协会评为优秀期刊，曾连续多年入选"中文核心期刊"，被"中国学术期刊综合评价数据库来源期刊""中国期刊全文数据库""万方数据——数字化期刊群"等大型刊库全文或摘要收录，是造纸科技期刊中，知名度很高，发行量很大和影响面很广的一种。

《纸和造纸》开设有专论与综述、企业风采、工艺技术、装备器材、试验研究、造纸化学品、环保与综合利用、分析检验、仪表自控、知识之窗、产品天地、探讨与质疑等多个常设栏目，全面报道有关造纸的新知识、新技术、新原料、新产品、新装备，以及中国造纸工业的方针政策和技术经济信息、市场动态、纸制品等方面内容。

《纸和造纸》为双月刊，大 16 开，内页双色印刷，逢单月出版，国内外公开发行。国内统一刊号：CN 11-2709/TS，国际连续出版物刊号：ISSN 1001-6309，邮发代号：62-111。国内定价 10 元/期，全年 60 元；国外及港澳台地区 10 美元/期，全年 60 美元。

地址：四川省都江堰市天府大道聚源段 8 号四川工商职业技术学院内

邮编：611830

电话：028－87281943(编辑)

87284769(广告)

87267806(发行)

传真：028－87203119

邮箱：myppm@ 263. net(编辑)

wuyingppm@ 126. com(发行)

QQ：1838372807

《轻工机械》

《轻工机械》(刊号：CN 33-1180/TH、ISSN 1005-2895)创刊于 1983 年，由中国轻工机械协会、中国联合装备集团有限公司与轻工业杭州机电设计研究院联合主办，是一份在国内有较高影响力、历史悠久的轻工机械领域的专业性科技期刊。以报道轻工机械、自动化技术、机电一体化、工艺设计及其应用为特色。

本刊系中国科技论文统计源期刊(中国科技核心期刊)，已加入《中国学术期刊(光盘版)》和"中国期刊网""万方数据资源系统""中文科技期刊数据库"，并被《中国学术期刊文摘》、英国《科学文摘》(SA，INSPEC)、美国化学文摘(CA)、美国剑桥科学文摘(CSA)、美国乌利希期刊指南(Ulrich)等收录。

双月刊，大 16 开，每册定价 10.00 元，全年 60.00 元。邮发代号：32-94。

地址：浙江省杭州市余杭区高教路 970 号西溪联合科技广场 4 号楼 711 室

邮编：311121

电话：0571－85186130、85187520

邮箱：qgjxzz@ 126. com

网址：www. qgjxzz. com

《造纸科学与技术》

《造纸科学与技术》是广东省造纸学会会刊，荣获《中国科技核心期刊》(中国科技论文统计源期刊)收录证书，并编入《中国学术期刊(光盘版)》，获《中国学术期刊(光盘版)》和《中国期刊网》全文收录证书、《中国学术期刊综合评价数据库来源期刊证书》以及《中国知网统计刊原证书》。

《造纸科学与技术》由广东省造纸学会和广东省造纸研究所主办，华南理工大学制浆造纸工程国家重点实验室承办。

主要刊登制浆造纸科学与工程的论文与报告、实践与经验，介绍制浆造纸原理与技术、造纸化学品、分析与检测、制浆造纸生物技术、设备与控制以及生物质精炼的研究进展与技术进步、企业转型升级、清洁生产与环境保护、节能减排与低碳经济，还设立了科普园地。内容丰富、可读性强，是造纸行业中水平较高的期刊之一。

《造纸科学与技术》为双月刊，逢双月底出版，大16开本，国内统一刊号：CN 44-1532/TS，国际连续出版物刊号：ISSN 1671-4571，全年定费90元。

地址：广东省广州市华南理工大学制浆造纸工程国家重点实验室《造纸科学与技术》编辑部

邮编：510640

电话：020－87112854

传真：020－87112854

邮箱：gdtappi@ vip. 163. com

《生活用纸》

由中国造纸协会生活用纸专业委员会承办的《生活用纸》杂志，自1993创刊以来，经过20多年的不断努力和改进，已成为生活用纸及相关行业从业人员的重要信息来源和参考资料。

办刊宗旨：推进生活用纸及相关行业技术进步，促进科学管理，宣传产业政策，服务企业发展，提供国内外发展动态信息和市场产销信息。

内容：卫生纸、面巾纸、手帕纸、餐巾纸、厨房用纸、擦手纸等卫生纸品；女性卫生用品、婴儿纸尿裤/片、成人失禁用品、宠物卫生用品、擦拭巾、一次性医用非织造布制品等卫生用品；相关原辅材料及设备等。

主要栏目：协会工作、行业动态、发展论坛、市场与营销、质量与管理、技术与设备、他山之石、消费与流行趋势、环球资讯等。

本刊是国内唯一关于生活用纸和卫生用品行业的专业性科技类综合性刊物，内容丰富，专业性、时效性强，是生活用纸及相关行业的企业管理人员、市场营销人员、工程技术人员以及技术工人的良师益友。

本刊为月刊，每月10日发行，全年12期，大16开，全彩版印刷。刊号为：CN 11-4571/TS，ISSN 1009-9069。国内零售18元/本，全年定价平邮200元，快递320元，国外及港台地区全年定价700元或120美元。

地址：北京市朝阳区望京启阳路4号院中轻大厦

邮编：100102

电话：010－64778181、64778182(编辑)
64778193、64778194(广告)
64778186、64778187(发行)

传真：010－64778197(编辑)
64778199(广告)

邮箱：editor@ cnhpia. org(编辑)
cidpex@ cnhpia. org(广告)

网址：www. cnhpia. org

《造纸化学品》

中国造纸化学品工业协会会刊《造纸化学品》是由中国造纸化学品工业协会、全国造纸化学品信息站、杭州市化工研究院有限公司联合主办的国内外公开发行、全面报道造纸用化学品唯一的全国性科技期刊。

主要报道造纸用化学品(尤其是精细化学品)的研制、开发、应用及国内外发展动向等。《造纸化学品》以造纸界、化工界、科研机构、事业单位从事科研、生产的广大科技人员、技术工人、管理干部及大专院校相关专业的师生为服务对象。

《造纸化学品》是“中国核心期刊(遴选)数据库”收录期刊，“中国学术期刊(光盘版)”“中国期刊网”“中国学术期刊综合评价数据库”“万方数据——数字化期刊群”“中文科技期刊数据库”全文收录期刊、“中国学术期刊综合评价数据库”统计源期刊，是美国《化学文摘》、波兰《哥白尼索引》收录期刊。

《造纸化学品》为双月刊(国内刊号CN 33-1202/TQ，国际刊号：ISSN 1007-2225，为双月中旬出版，全年6期)，全年定价140元。

地址：浙江省杭州市上塘路石灰坝7号《造纸化学品》编辑部

邮编：310014

电话：0571－88315561

传真：0571－88315561

邮箱：paperchemj@ 163. com

网址：www. paperchemicals. org

《华东纸业》

《华东纸业》是由上海、山东、江苏、浙江、福建、江西、安徽七省市造纸学会主办的科技类制浆造纸工业专业技术刊物。原《纸业周刊》于 2015 年并入《华东纸业》，进一步丰富了杂志内容。

《华东纸业》办刊宗旨：面向全国造纸行业，传播纸业信息，推广高新造纸技术与成果。打造纸业信息交流平台，使之成为经验交流的园地，市场信息的窗口，是拓展我国纸业技术、参与国际市场竞争的企业家和广大科技人员的良师益友。

《华东纸业》主要栏目：专题与综述、企业家论坛、制浆与造纸工艺、设备与电仪、涂布纸与特种纸、造纸化学品、环保与节能、脱水器材、国内外纸业信息等。全面报道有关造纸的新材料、新技术、新工艺、新产品、新装备的应用以及中国造纸工业的方针政策和技术经济信息、市场动态等内容。

《华东纸业》是广大企业家和工程技术人员科技活动的园地和论坛。

《华东纸业》为双月刊，大 16 开，面向国内外公开发行。国内统一连续出版物号：CN31-2034/TS，国际标准连续出版物号：ISSN 1674-6937。每册定价 10 元，全年定价 60 元。

地址：上海市武宁路 1500 号南楼 403 室
邮编：200063
电话：021 – 52040673
传真：021 – 52040673
邮箱：menger2010@ 126. com

《造纸装备及材料》

《造纸装备及材料》是为造纸装备制造企业、材料制造企业专业服务的期刊，国内统一刊号 CN43-1535/TS，国际刊号 ISSN2096-3092，是中国核心期刊(遴选)数据库的入编期刊。

《造纸装备及材料》的办刊宗旨：传播造纸装备及材料制造行业先进科技，搭建造纸、纸加工企业与造纸装备、材料制造企业沟通桥梁，促进造纸科研与技术应用紧密结合，服务造纸装备与材料技术进步。

《造纸装备及材料》是湖南省造纸学会、湖南省造纸研究所有限公司主办，以及多家企业、公司、科研院校协办面向全国发行的专业期刊，为了更好地服务于造纸装备制造企业、材料制造企业，本刊全新编排加入了新期刊栏目：造纸装备及材料制造企业风采；装备与自动化；材料制造和应用；造纸装备、材料产品介绍；造纸装备、材料项目简讯等。

造纸装备内容包括：制浆造纸装备、造纸自动化控制装备、加工纸装备、环保节能装备、造纸辅助设备。

造纸材料内容包括：造纸配件、造纸消耗品、造纸化学品。

《造纸装备及材料》全年共出版 4 期，大 16 开版，自办发行，每季度末出版，全年定费 46 元。

地址：湖南省湘潭市建设中路 7 号《造纸装备及材料》编辑部
邮编：411104
电话：0731 – 58523295
传真：0731 – 58523295
邮箱：paperem@ 163. com

《黑龙江造纸》

《黑龙江造纸》是由黑龙江省造纸工业研究所、黑龙江省造纸学会主办的制浆造纸综合性技术刊物，是中国学术期刊综合评价数据库统计源期刊，被中国期刊全文数据库全文收录，在“万方数据——数字化期刊群”全文上网，被《中国核心期刊(遴选)数据库》收录。

本刊立足黑龙江省，报道国内外制浆造纸行业中科研、生产、经营、管理的先进技术、实践经验和市场信息，可供广大技术工人、科技人员、管理干部及大专院校的师生参考。

《黑龙江造纸》为季刊，国内统一刊号：CN23-1258/TS，国际标准刊号：ISSN 1673-0283，全年定价 25 元。

地址：黑龙江省牡丹江市光华街 17 号黑龙江省造纸工业研究所《黑龙江造纸》编辑部
邮编：157013
电话：0453 – 6320013
传真：0453 – 6331516
邮箱：hlj_ zz@ sina. com

《天津造纸》

《天津造纸》于 1979 年创刊，由天津造纸厂有限公司和天津市造纸学会主办。已编入中国学术网络出版宗库、《中国学术期刊(光盘版)电子杂志社(CNKI)》、中华期刊网、北京万方数据核心期刊(遴选)数据库、重庆维普资讯中文期刊数据库、教育阅读网全文数据库。是"中国科技论文统计源期刊""中国科学引文数据库来源期刊"及"中国科学文献评价数据来源期刊"。

本刊主要栏目有论著、制浆与造纸、造纸设备、环保节能、造纸化学品、新产品新技术、纸厂经验及经营管理等方面的科研成果和应用报告。主要报道行业内的最新技术成果、行业发展动向以及市场变化等情况。主要面向造纸企事业单位的工程技术人员、经营管理人员、技术工人、大专院校相关专业的教师和学生以及国内外相关行业机构和人士。

《天津造纸》为季刊，大 16 开，国内统一刊号：CN 12-1155/TS，国际标准刊号：ISSN 1674-5469，5 元/册。

地址：天津市津南区双港工业园发港南路 29 号

邮编：300350

电话：022－88823020－8010

邮箱：tjzzs@ 126. com

（王　斌）

《中国造纸》2017 年度“山鹰国际杯”优秀论文获奖名单

“Shanying International Cup” Excellent Papers of *China Pulp & Paper* in 2017

2017 年度《中国造纸》优秀论文评选活动已是第 18 次举办，此次优秀论文评选活动得到了山鹰华中纸业有限公司的赞助。活动在造纸及相关行业中产生了很好的影响，促进了造纸行业的学术交流，提高了《中国造纸》科技论文的质量与水平，对推动我国造纸业科技进步、科技创新起到了引领作用。

2017 年度《中国造纸》“山鹰国际杯”优秀论文评选依然坚持科学性、导向性、创新性与实用性的原则，邀请了我国造纸行业及相关领域的知名专家、学者担任评委，还增加了微信网上投票环节，经初评及复评后，于 2018 年 1 月 24 日在北京召开了《中国造纸》2017 年度“山鹰国际杯”优秀论文终评会，评选委员会 30 余名专家参加了终评会，经专家评议，最终评选出 15 篇优秀论文。

一等奖(1 篇)

不同方法制备的淀粉基生物胶乳的性能研究(第 1 期)

杜艳芬　刘金刚　王加福
中国制浆造纸研究院
制浆造纸国家工程实验室

二等奖(2 篇)

胶黏物模型物在抄造系统中的稳定特性研究(第 12 期)

耿胜芳　李　擘　唐亚男　王志伟　武书彬
华南理工大学制浆造纸工程国家重点实验室
江苏省制浆造纸科学与技术重点实验室(南京林业大学)
广西大学轻工与食品工程学院
广西清洁化制浆造纸与污染控制重点实验室

生物促生剂对废纸造纸活性污泥胞外聚合物的影响(第 1 期)

张安龙　周丹妮　杜　飞　郗文君
陕西科技大学环境科学与工程学院
陕西科技大学轻工科学与工程学院

三等奖(5 篇)

造纸废水资源化和超低排放关键技术及应用(第 8 期)

王双飞
广西大学轻工与食品工程学院
广西清洁化制浆造纸与污染控制重点实验室

麦草热水预水解过程产物分析及木糖生成模型(第 3 期)

马　浩　吉兴香　田中建　房桂干　陈嘉川
齐鲁工业大学制浆造纸科学与技术教育部重点实验室
中国林业科学研究院林产化学工业研究所，广西大学

不同长径比 PET 纤维对纸基复合材料强度性能的影响(第 10 期)

张素风　雷　丹　徐永射　杨苗秀　迟聪聪　钱立伟　刘　叶
陕西科技大学陕西省造纸技术及特种纸品开发重点实验室
中国轻工业纸基功能材料重点实验室

轻化工程国家级实验教学示范中心
天津中钞纸业有限公司

纳米纤化纤维素接枝 AMPS 及其在高吸水树脂中的应用研究(第 3 期)

温洋兵 程 栋 安兴业
天津科技大学天津市制浆造纸重点实验室

纳米微纤丝纤维素及其在造纸中的应用研究现状(第 7 期)

占正奉 陶正毅 刘 忠 陈学萍
安徽山鹰纸业股份有限公司
天津科技大学造纸学院
天津市制浆造纸重点实验室
华南理工大学制浆造纸工程国家重点实验室

优秀奖(7 篇)

纸机干燥部热力控制系统发展综述(第 2 期)

汤 伟 孙振宇 方 辉 杨润珊 高 祥
陕西科技大学电气与信息工程学院
陕西科技大学轻工与能源学院

造纸企业温室气体排放核算及其应用(第 10 期)

李永智 刘晶晶 孔令波
中国轻工业联合会
陕西科技大学

肉桂酰化聚木糖改善 APMP 浆性能的研究(第 2 期)

周慧芳 杨桂花 陈嘉川 孔凡功 王 强
齐鲁工业大学制浆造纸科学与技术教育部重点实验室

改性漆酶协同谷氨酸改善二次纤维微观结构及性能的研究(第 4 期)

孔凡娇 万金泉 马邕文 王 艳 董俊晶
华南理工大学制浆造纸工程国家重点实验室
华南理工大学环境与能源学院

负载 TiO_2 陶瓷纤维与高得率浆混抄对纸张强度和返黄性能的影响(第 6 期)

胡嘉驹 房桂干 李 蔚 沈葵忠
中国林业科学研究院林产化学工业研究所
国家林业局林产化学工程重点开放性实验室
生物质化学利用国家工程实验室
江苏省生物质能源与材料重点实验室
华东理工大学材料科学与工程学院

生活用纸质量监控与异常分析方法的研究(第 11 期)

汪 涵 李继庚 满 奕 曾志强 王 波
华南理工大学制浆造纸工程国家重点实验室

国产全自动造纸表面施胶淀粉连续制备系统(第 4 期)

杨能生 王艳霞
中国轻工业武汉设计工程有限责任公司

(马 忻)

大事记

EVENTS

2017 年中国造纸工业 10 项要闻
2017 年中国造纸工业大事记
2017 年造纸行业会展信息

8

2017 年中国造纸工业 10 项要闻

Top Ten News of China's Paper Industry in 2017

2017 年 12 月 26 日，由中国造纸杂志社《造纸信息》杂志举办的 2017 年中国造纸工业 10 项要闻评选会在中国制浆造纸研究院有限公司召开。中国造纸工业 10 项要闻评选活动自 2000 年开始举办以来，在各级领导和业界同仁的关怀和大力支持下，在广大读者的热心关注与积极参与下，中国造纸工业 10 项要闻评选已成为造纸行业的品牌活动，成为业内人士梳理和总结过去一年产业和市场发展脉络的重要渠道，是中国造纸行业最为重要的年度事件之一。

与历届 10 项要闻评选相比，本届评选增加了微信线上投票环节，对在全国部分省市造纸协会、造纸学会、大专院校、科研院所和企业领导及专家推荐基础上初选的备选新闻进行微信线上投票。最终的 2017 年度造纸工业 10 项要闻，由应邀出席评选会的 20 名京津地区有关领导专家，参考前期行业专家线下推荐及微信线上投票情况，经现场评议最终确定。

评选会上，专家从我国造纸工业可持续发展的大局出发，围绕废纸、环保、效益等最受关注的行业热点，认真梳理了我国造纸行业 2017 年所发生的具有影响力的重要事件。

1. 1 月 6 日，由中华国际科学交流基金会组织评选、经国家科技部批准的第二届“杰出工程师奖”颁奖典礼在人民大会堂举行，对评选出的 30 名“杰出工程师”进行表彰。山东泉林纸业有限责任公司董事长兼总经理李洪法荣获“杰出工程师奖”。

2. 1 月 9 日，中共中央、国务院在人民大会堂举行 2016 年度国家科学技术奖励大会。北京林业大学孙润仓教授主持完成的“木质纤维生物质多级资源化利用关键技术及应用”项目和广西大学王双飞教授主持完成的“造纸与发酵典型废水资源化和超低排放关键技术及应用”项目分别获得了国家技术发明奖二等奖和国家科技进步奖二等奖。

3. 4 月 5 日，国家主席习近平出访芬兰期间，见证了中工国际工程股份有限公司与芬兰北方生化公司签署芬兰生物质炼化厂（纸浆厂）项目商务合同。项目合同金额 8 亿欧元，将由中工国际工程股份有限公司承担建设一座 40 万吨/年的生物质炼化厂（纸浆厂）。此前由中工国际工程股份有限公司承建的白俄罗斯 40 万吨/年纸浆厂项目已于 2017 年 12 月 5 日竣工投产。

4. 4 月 18 日，习近平主席主持召开的中央全面深化改革领导小组第三十四次会议审议通过了《关于禁止洋垃圾入境推进固体废物进口管理制度改革实施方案》。根据《方案》，8 月 16 日，环境保护部等五部委发布修订后的《进口废物管理目录 2017》，规定我国将于 2018 年全面禁止混杂废纸的进口；12 月 15 日，环境保护部发布《进口废纸环境保护管理规定》，进一步规范了进口废纸的管理细则。

5. 6 月 27 日，中国造纸协会发布《中国造纸协会关于造纸工业“十三五”发展的意见》。《意见》的发布旨在指导中国造纸工业“十三五”健康有序发展，为做到统筹行业全局发展、统筹行业区域发展、统筹行业与环境和谐发展、统筹国内发展和对外开发，为加快实现我国造纸工业的现代化和可持续发展打下坚实基础。

6. 7 月 1 日，根据环境保护部《控制污染物排放许可制实施方案》要求，造纸作为率先实施排污许可管理制度的两大行业之一，造纸企业必须持有排污许可证方可生产。11 月 6 日，《排污许可管理办法（试行）》发布，细化了方案的各项规定，进一步夯实了排污许可制实施的法律责任。

7. 7 月 6 日，中国中轻国际工程有限公司制浆造纸行业总工程师靳福明获得由住建部颁发的“全国工程勘察设计大师”荣誉证书和奖牌。在此前进行的第八届"全国工程勘察设计大师"评选中，靳福明作为轻工行业的唯一代表获此殊荣。

8. 8月13日，浙江永正控股集团旗下全部34家造纸企业分别由浙江省有关法院受理破产清算。该集团是浙江富阳地区最大的民营造纸企业，产能150万吨/年，位列浙江省造纸行业前5强。根据富阳区政府规划，因江南新城建设需要，在规划范围内的江南新城核心区域及其拓展区域内，力争在5年内完成拆除，其中造纸企业到2019年年底前完成停产腾空。

9. 10月26日，安徽山鹰纸业股份有限公司发布公告称公司斥资19.52亿元收购北欧纸业（NordicPaper）公司。北欧纸业公司主要生产防油纸和牛皮纸，是欧洲特种包装纸市场的领导者。

10. 10月，据国家统计局快报统计数据，2017年1—9月，我国规模以上制浆造纸及纸制品企业累计完成利润总额739.31亿元，同比增长41.06%。其中，纸浆制造业累计完成利润总额2.76亿元，同比增长208.64%；造纸业累计完成利润总额478.25亿元，同比增长72.37%。

（郭彩云）

2017 年中国造纸工业大事记

Important Events of China’s Paper Industry in 2017

1 月

1 月 4 日，珠海港集团旗下珠海外轮理货有限公司完成“阿瑟箭”轮共计 5000 多吨进口纸浆理货工作。“阿瑟箭”轮是纸浆业巨头——欧洲港口集团第一艘靠泊珠海高栏港的船舶，这标志着珠海港与欧港集团共同开展的华南地区纸浆物流合作项目正式启动。

1 月 4 日，新疆生产建设兵团二十二团与新疆富力包装有限公司合作签约仪式举行，富力包装公司拟在二十二团建设瓦楞原纸厂。项目投资 2 亿元，年产瓦楞原纸 20 万吨。

1 月 6 日，广东省发展改革委发布《广东省发展改革委关于印发广东省民航、造纸行业 2016 年度碳排放配额分配方案及白水泥企业 2016 年度配额分配方法的通知》(粤发改气候函〔2017〕74 号)，明确了民航、造纸行业 2016 年度配额分配方案，以及白水泥企业 2016 年度配额计算方法。

1 月 6 日，山东晨鸣纸业集团股份有限公司与森达美集团合资运营潍坊港 3 个 5 万吨级多功能码头签约仪式在潍坊富华大酒店举行。双方共同出资成立潍坊晨鸣森达美西港有限公司，共同运营潍坊港 3 个 5 万吨级多功能码头，此次签约标志着双方共结战略联盟，在物流及相关领域的合作将更加深入。

1 月 6 日，第二届“杰出工程师奖”颁奖典礼在人民大会堂举行。30 名“杰出工程师奖”获得者和 69 名“杰出工程师鼓励奖”获得者受到表彰。由中国造纸协会推荐的山东泉林纸业有限责任公司总工程师、教授级高工、董事长兼总经理李洪法荣获“杰出工程师奖”，是制浆造纸行业中唯一获此殊荣的个人。

1 月 9 日，2016 年度国家科学技术奖励大会在人民大会堂举行，共评选出 279 个获奖项目、7 名科技专家和 1 个国际组织。其中有 1 项造纸类项目荣获国家技术发明奖二等奖，1 项造纸类项目荣获国家科学技术进步奖二等奖。

1 月 9 日，工业和信息化部发布 2017 年第 2 号公告，批准《超导磁选机》等 426 项行业标准，其中造纸行业标准 9 项，包括《乳垫》《热升华转印纸》《漂白硫酸盐木浆》等标准。

1 月 10 日，第六届中国公益节暨“因为爱”2016 致敬盛典在北京举行，来自政界精英、国际组织和 NGO 领导人、商界领袖、学者以及主流媒体等各界代表逾 800 名嘉宾受邀出席了本次活动。本届公益节上，金光集团执行董事黄荣年荣获 2016 年度公益人物奖。

1 月 11 日，浙江华丰纸业集团有限公司成立揭牌仪式举行，标志着有 95 年历史的华丰纸业正式谱写新篇章。

1 月 13 日，世界环保(经济与环境)大会组委会主办的“2016 年度绿色低碳发展变革力峰会”在北京召开。恒安集团荣膺“国际碳金奖”，集团 CEO 许连捷被特别授予“碳金变革者奖”。

1 月 17 日，浙江荣晟环保纸业股份有限公司登陆上海证券交易所上市仪式在上海证券大厦举行。

1 月 18 日，浙江万邦浆纸集团与德国古楼集团(Felix Schoeller)合资签约仪式在浙江省杭州市举行，双方共同出资在龙游成立华邦古楼新材料有限公司。合资公司未来 4 年将在浙江省龙游市、安徽省歙县投资 8 亿元，携手打造全球高端特种纸供应商和中国百年制造企业。

1 月 18 日，山东太阳纸业股份有限公司老挝公司 30 万吨/年阔叶木浆项目举行开工仪式。按计划项目将建设 30 万吨/年制浆厂，配套种植 10 万公顷纸浆林。

1 月 19 日，中国造纸杂志社《中国造纸》2016

年度“金泉磨片杯”优秀论文终评会在北京市召开，最终评选出 15 篇优秀论文。其中：一等奖 1 篇，二等奖 2 篇，三等奖 5 篇，优秀奖 7 篇。

2 月

2 月 2 月初，天地缘实业有限公司 30 万吨/年碳纤维高强瓦楞原纸项目进行最后调试，投产后公司高强瓦楞原纸产能将增至 75 万吨/年。

2 月 20 日，山东晨鸣纸业集团股份有限公司发布公告称，公司董事会同意在寿光美伦纸业有限责任公司原 60 万吨/年牛卡纸厂房内新建 1 条 51 万吨/年高档文化纸生产线，项目总投资约 37.61 亿元。

2 月 21 日，山东金正新科农业发展有限公司 100 万吨/年秸秆项目开球会举行。项目总投资 75 亿元，是目前世界上第一条生产 4 种秸秆产品的全生态生产线。

2 月 22 日，山东泉林集团有限公司通过生态原产地产品认证的现场评审，成为国内纸类和肥料行业第一家申报生态原产地产品保护的企业。

2 月 28 日，巴基斯坦国家关税委员会对原产于和/或进口自中国的涂布漂白纸板/折叠白底箱纸板作出反倾销肯定性初裁。

3 月

3 月 1 日，由中国造纸协会主办、厦门建发纸业有限公司承办的 2017 中国纸浆高层峰会在厦门举行。峰会吸引了 450 多名行业领导、企业家、经济学家、专家学者等业界精英。

3 月 2 日，由中国制浆造纸研究院有限公司与浙江省龙游县共建的浙江省龙游特种纸产业技术创新服务平台通过项目验收。

3 月 2 日，浙江华章科技有限公司召开 RDF (Refuse Derived Fuel)造纸固废燃料棒技术的推荐会，并在会上举办了浙江华章科技有限公司为江苏长丰纸业有限公司提供 RDF 项目的签字仪式。

3 月 4 日，全球森林产品行业领先信息提供商 RISI 宣布玖龙纸业(控股)有限公司董事长张茵获得 RISI 亚洲年度 CEO 奖。

3 月 8 日，越南理文造纸有限公司纸机顺利投产出纸。项目设计产能 42 万吨/年，纸机幅宽 6600 毫米，主要生产再生纸、瓦楞原纸。

3 月 9 日，广东理文造纸有限公司绿色高档生活用纸项目在东莞市洪梅镇奠基并正式动工。项目总投资 30 亿元，主要建设 4 条 5 万吨/年的高档生活用纸生产线。

3 月 9 日，由山东省造纸行业协会、山东省印刷物资有限公司主办的 2017’山东(国际)制浆造纸技术及装备展览会暨 2017’山东(国际)生活用纸及纸制卫生品展览会在山东机械设备展览中心举办。

3 月 10 日，山东世纪阳光纸业集团有限公司 50 万吨/年集束包装纸板项目正式开工。项目分 2 期建设。一期工程投资 10 亿元，新建制浆车间、抄纸车间、成品仓库等，新建 1 条幅宽 2640 毫米的集束包装纸板生产线，纸机设计车速 450 米/分，产能 10 万吨/年，计划 2018 年上半年投产。二期工程投资 20 亿元，新建 1 条幅宽 6660 毫米的集束包装纸板生产线，纸机设计车速 650 米/分，产能 40 万吨/年，计划 2019 年 4 月开工，2020 年 10 月投产。

3 月 15 日，浙江华丰纸业有限公司 1 号纸机生产线顺利投产，这标志着公司 6.5 万吨/年卷烟纸配套产品生产线项目取得了又一个阶段性的成功。

3 月 15 日，由全国工商联纸业商会主办的 2017 中国国际纸浆高峰论坛在上海市召开。国内外造纸、纸浆生产企业，贸易、咨询机构，以及物流等相关企业的代表约 400 人出席了论坛。

3 月 16 日，由 Hawkins Wright 和 Brian McClay & Associates 联合主办、上海易达国际旅行社承办的第五届(2017)国际纸浆研讨会在上海市举行。

3 月 16 日，河南省周口市 2017 年第一批项目集中开工活动太康分会场暨河南省龙源纸业股份有限公司高强瓦楞原纸生产项目开工仪式在河南省龙源纸业股份有限公司举行，涉及该公司 20 万吨/年高强瓦楞原纸(二期)建设项目，建设时间 2017 年 3 月—2018 年 7 月，总投资 3 亿元。

3 月 17 日，澳大利亚反倾销委员会发布公告称，部分终止对进口自中国、印度尼西亚和泰国的 A4 复印纸的反倾销反补贴调查：终止对中国涉案企业芬欧汇川(中国)有限公司和芬欧汇川亚太公司以及包括 Pt Indah Kiat Pulp & Paper Tbk、PtPindo Deli PulpAnd Paper Mills、PtPabrikKertas、Tjiwi Kimia Tbk 和 Riau AndalanKertas 在内的所有印度尼西亚涉案企业的反补贴调查，同时终止对印度尼西亚涉案企业 Tjiwi KimiaTbk 的反倾销调查。

3 月 22 日，第 24 届生活用纸国际科技展览及会议(2017 年生活用纸年会暨妇婴童、老人卫生护理用品展会)在武汉国际博览中心召开。

3 月 31 日，山东泉林集团有限公司在黑龙江佳木斯的秸秆综合利用项目一期本色生活用纸生产线试车成功。项目分3期建设，总投资420亿元。其中，一期项目总投资25.6亿元，年处理秸秆60万吨，年产20万吨秸秆本色浆、20万吨本色生活用纸、30万吨黄腐酸，配套8万千瓦发电机组；二期项目总投资155亿元。已开始动工建设。

4月

4月3日，WTO启动对欧盟方面的调查，意在查明欧盟现行针对中国的反倾销政策是否违反了WTO规则。

4月5日，习近平主席对芬兰进行国事访问期间，国家开发银行分别与芬兰贸易投资旅游总署(Finp-ro)、阳光凯迪(芬兰)有限公司、中工国际工程股份有限公司及芬兰北方工业公司签署了3个战略合作协议，项目金额总计超过20亿欧元。其中，中工国际罗艳董事长与芬兰北方生化公司黑肯·尼瓦拉主席在芬兰首都赫尔辛基签署了芬兰40万吨/年Boreal Bioref生物质精炼厂(纸浆厂)项目商务合同，合同金额为8亿欧元(约合58.62亿元人民币)。

4月7日，维达国际控股有限公司发布公告，就集团收购江门朝富纸业有限公司全部股本权益，所有先决条件已告达成及完成已根据股权转让协议的条款及条件于2017年3月31日作实。根据股权转让协议，维达国际5500万股代价股份已获配发及发行予富安国际(作为富安商贸的代名人)，发行价为每股15.868港元。

4月11日，广西天力丰生态材料有限公司举行新月型3500/1300纸机投料开机启动仪式。实时投料试机车速达到900米/分。

4月14日，由中国造纸学会主办，山东硅元新型材料股份有限公司承办，台州森林造纸有限公司和上海轻良实业有限公司协办的国产陶瓷脱水元件在高速纸机应用研讨会暨硅元产品发布会在浙江省温岭市隆重召开。

4月18日，中国轻工业联合会四届三次、中华全国手工业合作总社七届七次理事大会在浙江省杭州市举行。会上颁发了2016年度中国轻工业联合会科学技术奖，授奖项目共177项，其中造纸相关项目10项。

4月18日，由美国矿物技术集团主办，中国造纸学会、山东太阳纸业集团有限公司、清华大学(环境学院)支持的造纸碱回收白泥资源化应用研讨会在山东省兖州市召开。

4月18日，在中国轻工业联合会四届三次理事大会上，河南江河纸业股份有限公司独立完成的“机内整饰涂布纸”项目和与其旗下子公司河南大指造纸装备集成工程有限公司共同完成的“靴式压榨装置”项目双双荣获中国轻工业联合会2016年度科学技术进步二等奖。

4月27日，庆祝“五一”国际劳动节暨全国五一劳动奖和全国工人先锋号表彰大会在人民大会堂举行。造纸及相关行业有3人(刘卫斌、刘富义、杜华军)获五一劳动奖章称号。3个集体(无锡荣成环保科技有限公司制纸三环丙班、浙江景兴纸业股份有限公司技术中心、安徽省三环纸业集团有限公司洪百祥劳模创新工作室)获“全国工人先锋号”称号。

4月底，江西瑞昌万润兴业有限公司10万吨/年高档生活用纸项目投产。在此基础上，原30万吨/年生活用纸项目剩下的20万吨/年不再建设，由理文集团另择新址重新集中建设生活用纸及产业园项目。

5月

5月，中国造纸协会发布中国造纸工业2016年度报告。据中国造纸协会调查资料，2016年全国纸及纸板生产企业约2800家，全国纸及纸板生产量10855万吨，同比增长1.35%。消费量10419万吨，同比增长0.65%。

5月12日，巴基斯坦国家关税委员会对进口自或原产于中国、印度尼西亚和韩国的单面涂层双层(灰底)纸板作出反倾销肯定性初裁，初步裁定中国的临时反倾销税为15.12%、印度尼西亚的临时反倾销税为12.87%、韩国的临时反倾销税为14.98%，裁定自5月12日起生效，有效期为4个月。

5月12日，广东华粤安环保科技股份有限公司正式在北京金融街全国中小企业股份转让有限公司举行上市挂牌仪式。公司2015年度、2016年1—8月营业收入分别为8206.9万元、6924.9万元，净利润分别为478.8万元、541.4万元。

5月12日，江苏博汇纸业有限公司二期75万吨/年高档包装纸板项目开工建设。项目投资32亿元，预计于2018年12月建成试生产。

5月13日，山东太阳纸业股份有限公司80万吨/年高档纸板改建及其配套工程项目奠基仪式在山东省邹城市太平镇举行。项目将建设以未漂白硫酸盐木浆(NKP)和AOCC废纸浆为主要原料的高档纸板生产线。

5月16日，芬澜造纸技术(上海)有限公司开业典礼在上海环球金融中心举行，来自造纸及相关领域的专家和技术人员共180余人参加了典礼。

5月16日，浙江华章科技有限公司宣布与中国流浆箱设备供应商杭州美辰纸业技术有限公司达成股权并购协议。

5月20日，由中国造纸学会主办，国家造纸化学品工程技术研究中心、浙江科技学院、浙江理工大学、中国制浆造纸研究院和国家纳米科学中心联合承办的第一届纳米纤维素材料国际研讨会在浙江省杭州市隆重召开。

5月22日，由博闻锐思商务咨询(北京)有限公司主办的第十八届RISI亚洲林纸行业峰会在深圳市成功举办。

5月，黑龙江龙兴纸业有限公司50万吨/年高档箱纸板项目开工。项目总投资10亿元，预计于2018年6月建成投产，建成后可实现年销售收入17亿元。

6月

6月1日，山东美洁纸业有限公司120万吨/年新型包装材料项目举行开工奠基仪式。项目由山东永泰纸业有限公司建设，总投资30亿元。

6月1日，国家质量监督检验检疫总局发布公告表示，经相关部门的审查，认定山东泉林纸业有限责任公司的“TRANLIN”牌本色文化纸等8项产品符合相关规定的保护条件，拟对其实施生态原产地产品保护。

6月5日，恒安国际集团有限公司公布，其间接全资附属公司恒安马来西亚收购皇城集团合共8000万股股份。销售股份为皇城集团股本权益约50.45%，收购代价为9120万马币，相当于1.45亿元人民币。皇城集团为马来西亚证交所主板上市公司，从事纸品加工及可分解纤维产品制造。

6月8日，湖北荣成纸业有限公司2号机正式投产。纸机幅宽6600毫米，设计车速1000米/分，主要生产定量为90~140克/米^{2}的瓦楞原纸，产能约35万吨/年。

6月12日，凯米拉公司宣布，其新建的位于南京工厂的AKD乳液及松香生产线正式投入运营。

6月13日，理文集团有限公司10号生活用纸机在江西基地举行投料仪式。10号生活用纸机净纸幅宽5600毫米，设计车速2000米/分，设计产能6万吨/年。

6月14日，商务部公布了《2017年流通行业标准项目计划》，由中国再生资源回收利用协会起草的《废纸分类等级规范》《再生资源回收站点建设管理规范》《再生资源分拣中心建设管理规范》3项标准修订项目获批。

6月15日，中国造纸协会第四届理事会第四次会议(扩大)在浙江省桐乡市召开。大会审议并通过了中国造纸协会第四届理事会第四次会议工作报告、年度工作计划、年度财务报告、年度收支预算及协会团体标准管理办法和中国造纸协会关于造纸工业“十三五”发展的意见等议案。

6月16日，2017西安(国际)生活用纸及纸制卫生用品展览会在陕西省西安市曲江国际会展中心召开。

6月16日，湖北中能环保纸业有限公司300万吨/年环保包装纸项目签约仪式举行。项目拟在湖北省赤壁市建设以废纸为原料的300万吨/年环保包装纸，由上海中能企业发展集团有限公司投建，总投资约120亿元，达产后可实现年销售收入约135亿元。

6月17日，河北元氏金鹏纸业有限公司15万吨/年高强瓦楞原纸项目正式成功出纸。项目于2015年启动，2016年12月安装完毕，纸机幅宽4600毫米，设计车速600米/分。

6月20日，由中国轻工业联合会主办的“智慧轻工”高峰论坛暨中国轻工业百强企业颁奖盛典在北京市召开。“2016年度中国轻工业百强企业”荣誉榜单也在同日发布，造纸行业有10家造纸企业入围。

6月20日，中国轻工业联合会2016年度“中国轻工业装备制造行业三十强企业”发布，5家造纸装备制造企业入围。

6月21日，中国造纸学会在浙江省杭州市召开了中国造纸蔡伦奖评审委员会第三次会议，评选出第三届中国造纸蔡伦科技奖2人，第三届中国造纸蔡伦青年科技奖3人。

6月22日，2016—2017制浆造纸科学技术学科发展报告研讨会于浙江省杭州市成功召开。会议由项目顾问、中国造纸学会常务副理事长曹振雷博士主持。

6月22日，中国制浆造纸研究院全资子公司中轻特种纤维材料有限公司的廊坊市纸基功能新型材料技术研发中心获批成立。中轻特种纤维材料有限公司是制浆造纸国家工程实验室和中国制浆造纸研究院科技创新体系的重要组成部分，目前已经建成8条中试生产试验线。

6月22日，湖北祥兴纸业有限公司2条总产能30万吨/年的包装纸生产线顺利出纸。公司于2014年6月5日成立，计划总投资约12.4亿元，拟新建100万吨/年高档包装纸项目。项目分3期建设，其中一期项目投资5亿元，于2015年7月25日开工建设，主要建设内容包括30万吨/年高档包装纸生产线、配套90吨/时锅炉、18兆瓦汽轮发电机及辅助系统。

6月22日，宜宾纸业有限公司发布公告称，公司生活用纸项目已在四川省宜宾市南溪区正式启动。项目总投资约7.5亿元，建设周期为一年半。

6月23日，由中国造纸学会主办、浙江华章科技有限公司协办的2017年全国造纸学会秘书长工作交流会在浙江省杭州市召开。

6月27日，中国造纸协会发布《中国造纸协会关于造纸工业“十三五”发展的意见》。

6月28日，“2017 ABB电力与自动化世界”活动在浙江省杭州市国际博览中心开幕。活动共吸引了包括ABB客户、合作伙伴、政府代表和媒体在内的约5000人参加。

6月29日，UPM芬欧汇川在北京市钓鱼台国宾馆召开“您的责任之选”发布会，正式宣布其高品质复印纸UPM Jetset®佳印复印纸在中国区焕新上市。

6月，湖北武汉金凤凰纸业有限公司年产110万吨环保包装纸项目二期——60万吨/年高强瓦楞原纸和10万吨/年纸管原纸生产线项目已全面启动。项目一期投资14亿元建设的40万吨/年低定量高强度瓦楞原纸生产线已于2016年竣工投产。

7月

7月1日，新国家标准《GB/T 13024—2016 箱纸板》正式实施。

7月4日，欧盟委员会发布公告称，对原产于中国的铜版纸(Coated Fine Paper)作出双反日落复审终裁，裁定若取消双反措施，涉案产品的倾销及补贴对欧盟产业的损害会继续或再度发生，因此决定继续维持对涉案产品的双反措施。裁定中国涉案企业反倾销税率为8%~35.1%、反补贴税率为4%~12%。

7月19日，浙江和泓环保纸业有限公司20万吨/年高强瓦楞原纸项目正式动工。项目预计2018年10月竣工投产，产能20万吨/年。

7月20日，安徽山鹰纸业有限公司发布公告称，公司在瑞典设立的Goldcup瑞典公司拟出资约合19.52亿元收购北欧纸业公司Nordic Paper Holding AB 100%股权。本次交易还需股东大会同意。

7月27日，中国造纸协会商品浆工作委员会成立大会在山东省济南市召开，国内商品纸浆供应商、代理商、贸易商和物流仓储服务商等50多位代表出席了会议。

7月28日，安徽山鹰纸业有限公司位于湖北省荆州市公安县220万吨/年项目举行奠基仪式。2014年8月，湖北昌泰纸业有限公司与湖北省荆州市公安县政府签约，湖北昌泰纸业有限公司将投资90.36亿元在湖北省荆州市公安县建设高档包装纸板项目，产能为220万吨/年。2017年初安徽山鹰纸业有限公司接盘这一项目。按照原来环评批复的项目建设情况，项目将分为2期建设，共建8条生产线。一期建成1条30万吨/年牛皮箱纸板生产线、1条30万吨/年低定量牛卡纸生产线、1条18万吨/年低定量瓦楞原纸生产线和1条32万吨/年白面牛卡纸生产线；二期建成2条30万吨/年低定量牛卡纸生产线、1条18万吨/年低定量瓦楞原纸生产线、1条32万吨/年食品包装纸生产线。

7月31日，由《财富》(中文版)与中金公司财富管理部合作编制的《财富》2017年中国500强排行榜发布。2017年有6家造纸企业入围《财富》2017年中国500强，分别为玖龙纸业有限公司(排名第182位)，山东晨鸣纸业有限公司(排名第264位)，恒安国际(排名第317位)，理文纸业有限公司(排名第379位)，山东太阳纸业股份有限公司(排名第408位)，安徽山鹰纸业有限公司(排名第476位)。

7月，浙江杭州丰收纸业有限公司20万吨/年包装纸项目正式投产。项目纸机幅宽5800毫米，主要生产90~140克/米^{2}高强瓦楞原纸，车速350米/分。

8月

8月12日，江西柯美纸业有限公司二期高强瓦楞原纸项目开机。项目设计产能20万吨/年，纸机幅宽5600毫米，设计车速700米/分，主要生产低定量高强瓦楞原纸。

8月13日，浙江永正控股集团旗下全部34家造纸企业分别由浙江杭州中级人民法院和杭州市富阳区人民法院受理破产清算。浙江永正控股集团是浙江富阳地区最大民营造纸企业，产能 150 万吨/年。

8 月 17 日，中国造纸学会曹振雷常务副理事长入选中国科协第五批全国首席科学传播专家。

8 月 21 日，由中国科技部主办、中国制浆造纸研究院承办的“非木材制浆造纸技术国际培训班”在北京市开班。来自菲律宾、朝鲜、马来西亚、埃及、孟加拉、尼泊尔、印度尼西亚共计 7 个国家的 19 名学员参加了培训。培训形式包括专题讲座、技术培训和工厂见习。

8 月 21 日，国务院国资委宣布，经报国务院批准，中国轻工集团公司、中国工艺(集团)公司整体并入中国保利集团公司，成为中国保利集团的全资子公司。中国轻工集团公司与中国工艺(集团)公司不再作为国资委直接监管企业。

8 月 21 日，河南大指造纸装备集成工程有限公司承接的“赴俄罗斯色楞格 PM1 改造项目”启动。公司委派了 48 人的项目团队赴俄罗斯，进行项目的安装、调试与试生产。

8 月 24 日，全国工商联在山东省济南市发布了 2017 中国民营企业 500 强、中国民营企业制造业 500 强、中国民营企业服务业 100 强榜单。造纸和纸制品业有 6 家企业入围 2017 中国民营企业 500 强，9 家造纸和纸制品企业入围 2017 中国民营企业制造业 500 强。

8 月 28 日，由中国制浆造纸研究院、中国标准化研究院、国家纸张质量监督检验中心以及山东泉林纸业责任有限公司共同起草的《绿色设计产品评价技术规范生活用纸》团体标准发布并实施。

8 月 28 日，湖北荣成再生科技有限公司第二条生产线(牛皮箱纸板产能 40 万吨/年)顺利投产。加上之前成功投产的年产 35 万吨箱纸板、瓦楞原纸生产线，公司总计有 75 万吨/年包装纸产能释放。

8 月 29 日，环境保护部有关人士表示，全国排污许可管理信息平台已建成投运。

8 月 31 日，金砖国家峰会在上海市和福建省厦门市召开，中国造纸协会赵伟理事长和相关人员参加了峰会的系列活动。

8 月 31 日，维达集团与湖北省孝感市就维达智能制造扩能升级项目签约。项目总投资 32 亿元，全部建成后，基地生活用纸产能将由目前的 18 万吨/年增至 32 万吨/年，年产值 40 亿元。

8 月，由中共中央党校出版社出版的《习近平的七年知青岁月》系列采访实录在全国发行，该书内文选用山东太阳纸业股份有限公司生产的“金太阳”美术纯质纸印制。

9 月

9 月 2 日，佛山华新包装股份有限公司发布公告，公司于 2017 年 9 月 1 日收回佛山诚通纸业有限公司所欠债务本金 490240600.41 元。至此，公司提前收回佛山诚通全部欠款本金部分。

9 月 2 日，河北金博士集团全资子公司河北金博士卫生用品有限公司第二台 3650 毫米、1300 米/分 PMP Intelli 纸机开机投产。

9 月 8 日，岳阳林纸股份有限公司生产的“岳阳楼”牌 60 克/米^2 胶版印刷纸成功中标，成为人民出版社“十九大文件专用纸”首选印刷纸之一。12 日，公司为十九大文件重点图书生产的第一批专用纸运往全国各地人民出版社的印刷厂，为党的十九大献礼。

9 月 10 日，在 2017 中国 500 强企业高峰论坛上，中国企业联合会、中国企业家协会连续第 16 次向社会发布了“中国企业 500 强”名单。山东晨鸣纸业集团股份有限公司位居榜单第 202 位，蝉联中国造纸企业榜首。华泰集团股份有限公司名列第 223 位。

9 月 12 日，中国造纸学会第七届常务理事会第九次会议在广东省深圳市召开，常务理事、常务理事单位负责人和委托代表等 40 人出席了会议。

9 月 12 日，第三届“中国造纸蔡伦奖”评选结果揭晓。在中国造纸学会第七届常务理事会第九次会议上，审议了第三届“中国造纸蔡伦奖”评选结果，并作出了表彰决定。第三届中国造纸蔡伦科技奖获奖者为：刘文(中国制浆造纸研究院)，张凤山(山东华泰纸业股份有限公司)。第三届中国造纸蔡伦青年科技奖获奖者为：朱宏伟(岳阳林纸股份有限公司)，李海龙(华南理工大学轻工科学与工程学院)，陆赵情(陕西科技大学轻工科学与工程学院)。

9 月 13 日，由中国造纸协会、中国造纸学会和中国制浆造纸研究院联合主办，中国造纸杂志社承办的 2017 中国国际造纸科技展览会及会议在广东省深圳市会展中心隆重召开。来自 20 多个国家和地区的近 200 家造纸装备制造、造纸化学品及与造纸相关的知名企业参展，展会面积 15000 米^2。展会期间，还同期举办了 2017 中国国际造纸创新发展论坛和 2017 国际造纸技术报告会。

9 月 13 日，中国制浆造纸研究院中国造纸杂志社在 2017 中国国际创新发展论坛上发布了《2017 中国造纸产业竞争力报告》。《报告》是中国造纸杂志社最新开展的一项创新性研究成果，以客观翔实的数据和最新分析方法，以全新的视角对中国和全球造纸产业竞争力进行研究和评价。《报告》共分 8 个部分，228 页，总计 11 万字以及 300 个图表。

9 月 13 日，湖南常德德馨纸业有限公司 10 万吨/年生活用纸项目举行开工仪式。该项目总投资 1.5 亿元，分 3 期建设。一期建设 2 条幅宽 2800 毫米，车速 1300 米/分的高速卫生纸生产线。项目整体工程完成后将实现产能 10 万吨/年。

9 月 14 日，贵州赤天化纸业有限公司新的 Prime Line ST 卫生纸机成功开机。纸机设计车速 2000 米/分，幅宽 5600 毫米，主要生产高质量竹纤维的面巾纸、卫生纸和生活用纸。

9 月 14 日，广西南宁香兰纸业有限公司 5 万吨/年生活用纸技改项目一期工程举行开工仪式。项目总投资 1.16 亿元，一期工程投资 7000 万元，计划 2018 年 6 月建成投产，年产 3 万吨高档生活用纸。

9 月 14 日，广东腾龙化工科技有限公司举办开业庆典，标志着广东诚铭化工科技有限公司的第三家生产基地正式投产。该公司主要生产 AKD、表面施胶剂、干强剂、羧基丁苯胶乳等造纸行业生产及废水处理用化学品。该基地达产后，广东诚铭化工科技有限公司的化学品总产能将达 60 万吨/年。

9 月 18 日，由全产业链日化科技企业“爸爸的选择”兴建的亚洲最大纸尿裤工厂一期项目在山东省德州市正式投产。该工厂总规划超过 18 条全自动生产线，集食品级洁净车间、智能化生产设备、多功能研发中心、整零结合仓储系统于一体，全部建成后产能可达 20 亿片/年，是当前亚洲最大的单体纸尿裤工厂。

9 月 23 日，宜宾纸业有限公司公告称，四川省宜宾市国资公司拟将其直接持有的宜宾纸业有限公司 37.77% 股权无偿划转给五粮液集团。本次划转前，五粮液集团持有宜宾纸业有限公司 16.06% 股份；划转完成后，五粮液集团将直接持有公司 53.84% 的股份，公司控股股东变更为五粮液集团。

9 月 26 日，在农业部科技发展中心组织的科技成果评价会上，山东泉林集团有限公司主持完成的“秸秆源黄腐酸的特性及其应用”被专家组一致评价为“研究结果和创制的系列产品具有开拓性、创新性，推广应用前景巨大，居同类研究的国际领先水平。建议进一步深化机理研究，扩大秸秆源黄腐酸产品的应用范围，加快技术和产品的推广应用”。

9 月 27 日，山东太阳纸业股份有限公司公告称，公司拟在山东省济宁市兖州区全资设立一家注册资本为 3000 万元的有限责任公司，主要从事固废、城市生活垃圾等循环利用的技术研发、科研，以及利用城市生活垃圾发电。

9 月 28 日，由郑州运达造纸设备有限公司和中国制浆造纸研究院共同建立的制浆造纸国家工程实验室废纸制浆研发中心揭牌仪式在郑州运达造纸设备有限公司举行。

10 月

10 月 10 日，中国国家标准化管理委员会发布公告，批准了《小型游乐设施安全规范》等 237 项国家标准和 3 项国家标准修改单，其中造纸国家标准 3 项，包括《地图纸》《纸和纸板层间剥离强度的测定》《纸、纸板和纸浆 2，2-二(4-羟基苯基)丙烷(双酚 A)的测定液相色谱法》。

10 月 11 日，工业和信息化部公布了《重点用水企业水效领跑者企业典型做法》。全国共有 12 家企业入围，其中造纸企业 3 家，分别是：芬欧汇川(中国)有限公司，浙江景兴纸业股份有限公司，海南金海浆纸业有限公司。

10 月 13 日，湖北荣成再生科技有限公司 150 万吨/年高档箱纸板及 10 万千瓦热电联产项目竣工投产。项目总投资 9 亿美元，目前已经完成固定资产投资 37 亿元，一期工程 85 万吨/年制浆造纸生产线全部投入试生产。当前项目二期 2 条累计 65 万吨/年的制浆造纸生产线正在建设。

10 月 15 日，韶能集团韶关南雄珠玑纸业有限公司 2 号生活用纸机投产。纸机幅宽 2850 毫米，设计车速 1600 米/分，主要生产竹浆本色生活用纸，设计产能 3 万吨/年。

10 月 15 日，由中国造纸学会和中国制浆造纸研究院共同主办的 2017 全国特种纸技术交流会暨特种纸专业委员会第十二届年会于在浙江省衢州市召开。

10 月 16 日，四川蜀邦实业有限公司 1.2 万吨/年高档生活用纸项目顺利投产。项目的卫生纸机是宝拓公司提供给该公司的第二台真空圆网高速卫生纸机，型号 SF12-1000，设计车速 1000 米/分，幅宽 2860 毫米。

10 月 17 日，由中国造纸学会、中国制浆造纸研究院和浙江省衢州市人民政府共同主办，中国造纸学会特种纸专业委员会、衢州市经济和信息化委员会、衢州市招商局共同承办的 2017 中国国际特种纸展览会及会议在浙江省衢州市会展中心开幕。会议同期还举办了特种纸产业发展高峰论坛。

10 月 17 日，维美德公司被确认继续列入 2017 年 9 月 20 日后的 Ethibel 可持续发展指数优秀欧洲企业榜。该指数包括 200 家在社会责任（CSR）方面表现卓越的欧洲上市公司。

10 月 18 日，山鹰华中纸业有限公司 220 万吨/年高档包装纸项目正式动工。项目位于湖北省荆州市公安县青吉工业园，总投资约 120 亿元。项目规划分为 3 期建设，本次动工项目为一期工程，即 42 万吨/年低定量瓦楞原纸生产线项目，计划在 2019 年初投产。

10 月 18 日，工业和信息化部公布了 2017 年智能制造试点示范项目名单，全国共 97 个试点项目入选，黑龙江泉林纸业有限责任公司"秸秆综合利用智能制造试点示范项目"名列其中。

10 月 19 日，由中国造纸协会生活用纸专业委员会主办的第三届中国卫生用品企业家高峰论坛在浙江省杭州市举办。

10 月，RISI 集团在其 PPI 杂志上发布了 2016 年全球制浆造纸行业 100 强企业名单，美国国际纸业以 210.79 亿美元的销售额继续排名全球第一。在 100 强名单中，共有 14 家中国企业入围，是仅次于美国（17 家）的第二大国。其中大陆企业 11 家，中国台湾企业 3 家。玖龙纸业（控股）有限公司排名第 17 位，排在全部中国企业的第一位，成为唯一进入前 20 强的中国企业。

10 月 30 日，上海轻良实业有限公司与斯凯孚（SKF）公司签订战略合作协议。上海轻良实业有限公司是继维美德公司和福伊特公司之后，全球第三家、国内第一家与斯凯孚成为战略合作伙伴的企业。合作旨在深化企业间产业联合、市场开拓和信息交流等方面的协作与配合，不断拓宽产品销售渠道，努力在产品销售、技术、资源配置上取得突破并最终服务于终端用户。

10 月 31 日，山东晨鸣纸业股份有限公司公布，其全资子公司上海晨鸣实业有限公司斥逾 17 亿元向独立第三方洪客隆收购上海鸿泰地产 45% 股权，其批租地块内进行房地产开发经营、出租和出售、物业管理等。

11 月

11 月 2 日，由中国再生资源回收利用协会主办的第二届中国回收纸行业大会在北京市召开。大会聚焦行业热点，从机遇与挑战、谋定而后动、知预未来 3 个层面对贯彻废纸回收和环保政策、积极应对价格波动带来的挑战、提高废纸质量、"两网融合"带来的机遇、构建先进的废纸回收体系、加强供求两业合作等行业共同关注的议题进行了剖析，对废纸产业在环保红线下的机遇与挑战做了深入探讨。

11 月 2 日，国家邮政局、国家发展和改革委等 10 部委联合发布《关于协同推进快递业绿色包装工作的指导意见》（以下简称"意见"）。《意见》指出，将按照"政府引导、社会参与，创新驱动、源头治理，分类指导、因地制宜"的原则，进一步优化顶层设计，推进源头治理，增加绿色快递服务产品供给，提高快递业包装领域资源利用效率，降低包装耗用量，减少环境污染。

11 月 4 日，浙江常山常林纸业有限公司 10.85 万吨/年特种纸项目成功出纸。项目总投资 1.8 亿元，建成投产后产品主要用于生产高档服装包装、器皿包装、家居服饰等功能性装饰材料，年产值将达 6 亿元。

11 月 5 日，宝拓公司生产的大宽幅、高速新月型卫生纸机在广东信达纸业有限公司顺利投产。纸机幅宽 4200 毫米，设计车速 1500 米/分。纸机由宝拓公司自主设计、制造，是迄今为止在中国乃至亚洲卫生纸机制造行业中，单机产能最高的新月型高速卫生纸机。

11 月 5 日，福伊特公司全球第 10001 条 Qualifex 压榨靴套在亚洲区成功卖出。已与福伊特公司合作了 12 年的金东纸业有限公司购买了这个极具纪念意义的第 10001 条靴套。

11 月 6 日，RISI 亚太卫生用品行业论坛在上海市举行。会议从不同视角出发，解读宏观经济、区域市场发展规律、婴儿纸尿裤市场竞争格局、成人失禁用品市场发展趋势和不断升级的消费者需求，以及行业热点、创新技术驱动走向，深入、全面地解读中国乃至亚太地区卫生用品市场的发展趋势。

11 月 8 日，全国工商联纸业商会第四次会员大会在浙江省杭州市成功召开。大会总结了商会第三届理事会工作，选举产生了商会第四届理事会，并部署今后商会工作。会议同期还举办了第十届中国纸业发展论坛。

11 月 14 日，由中国造纸协会主办的 2017 中国国际造纸和装备博览会暨全国纸张订货交易会在福建省福州市海峡国际会展中心举行。展会会期 4

天，参展企业 100 余家，展示面积 1 万米^2。展会期间还同期举办了 2017 中国浆纸产业形式研讨会。

11 月 14 日，环境保护部召开工作会议，表示将把禁止洋垃圾入境纳入环保督察。

11 月 15 日，工业和信息化部编制公布了《国家工业节能技术装备推荐目录（2017）》，目录包括 39 项工业节能技术以及 119 项工业节能装备。山东泉林集团有限公司“秸秆清洁制浆及其废液肥料资源化利用新技术”成功入选推荐目录，并入编《国家工业节能技术应用指南与案例（2017）》。

11 月 17 日，群星纸业公司接获联交所函件，通知该公司股份的最后上市日期为 2017 年 11 月 29 日，该公司股份将于 2017 年 11 月 30 日除牌。

11 月 21 日，岳阳林纸股份有限公司公告，其公司全资子公司诚通凯胜生态建设有限公司与广西北海市林业投资发展有限公司签订了《广西北海市水环境水生态建设投资合作框架协议书》。岳阳林纸股份有限公司将投资 22 亿元用于包括与城市及产业园供水相关的项目，城乡水生态建设，合浦县南流江、西门江水环境综合整治工程等。预计在 3～5年完成建设。

11 月 21 日，浙江《富阳区江南新城拆除工业企业补偿方案》制定出台。《方案》规定区域内的工业企业力争在 5 年内完成拆除，其中造纸企业到 2019 年底前完成停产腾空。

11 月 28 日，广东理文造纸有限公司绿色高档生活用纸项目（11 号机）顺利开机生产。纸机产能为 5 万吨/年。

12 月

12 月 8 日，国家质量监督检疫总局、国家标准化管理委员会发布公告（2017 年第 30 号），批准发布《绿色产品评价纸和纸制品》国家标准。标准将从 2018 年 7 月 1 日正式实施。标准的起草单位包括中国制浆造纸研究院、中国标准化研究院、中环联合（北京）认证中心有限公司、福建恒安集团有限公司等多家单位。

12 月 10 日，山东齐峰新材料股份有限公司举行了 23 号纸机竣工投产仪式。23 号纸机是全球车速最快、幅宽最宽、配置最高、用工最少、质量最优的无纺壁纸原纸机，设计车速 250 米/分，净纸幅宽4500 毫米，一次可生产 8 个辊，产品表面手感平滑细腻，拉伸率较其他机台高 1%。

12 月 12 日，国家税务总局有关人员表示，《环境保护税法》将于 2018 年 1 月 1 日起施行，是我国第一部专门体现“绿色税制”、推进生态文明建设的单行税法。目前全国大部分省份人大常委会近期已相继审议通过本地区环保税方案，为环保税开征铺平了道路，各地均统筹考虑本地区环境承载能力、污染物排放现状和经济社会生态发展目标要求，在法定幅度内确定了税额方案。

12 月 14 日，中国造纸学会在黑龙江省哈尔滨市主持召开了玉米秸秆综合利用技术及投资研讨会。会议旨在梳理玉米秸秆的收储、加工技术，整合玉米秸秆制备功能性低聚糖、化工原料及造纸等不同工艺技术路线，分析制约玉米秸秆产业化高效利用的技术瓶颈，推动玉米秸秆资源的有效利用，缓解玉米秸秆焚烧带来的环境污染问题。

12 月 19 日，斯道拉恩索公司北海工厂聚乙烯淋膜生产线正式投产。这是继 2016 年斯道拉恩索公司包装纸板机和漂白化学热磨机械浆（BCTMP）生产线投产后，该公司在北海市的又一重大投资项目投入运营。

12 月 19 日，四川永丰纸业集团股份有限公司下属的泸州永丰浆纸有限责任公司 20 万吨/年浆项目全线投产运行。至此，永丰纸业集团竹浆产能突破 50 万吨/年，成为全国最大的竹浆纸一体化企业。

12 月 19 日，环境保护部发布《制浆造纸等 14 个行业建设项目重大变动清单（试行）》（征求意见稿）。此次公布的清单，第一次明文规定了制浆造纸行业建设项目中的重大变动事项，从规模、建设地点、生产工艺、环境保护措施等方面对企业今后的项目竣工验收，以及环保检查都将起到规范的作用。

12 月 20 日，安徽山鹰纸业有限公司发布公告称，公司拟出资 19 亿元收购福建省联盛纸业有限责任公司 100% 股权。本次收购完成后，福建省联盛纸业有限责任公司将成为安徽山鹰纸业有限公司的全资子公司。这是中国造纸行业发展历史上最大一笔国内企业间的现金收购。

12 月 26 日，由中国造纸杂志社《造纸信息》杂志举办的 2017 年中国造纸工业十项要闻评选会在北京市召开，与会专家们根据一年来的行业情况，并结合网友线上投票结果，评选出了 2017 年度中国造纸工业十项要闻。

2017 年造纸行业会展信息

Exhibition and Conference News of Paper Industry in 2017

1 月 19 日，《中国造纸》2016 年度“金泉磨片杯”优秀论文终评会在北京市召开，评选委员会 20 余名专家参加了会议，经专家评议，评选出 15 篇优秀论文，其中，一等奖 1 篇，二等奖 2 篇，三等奖 5 篇。

2 月 15 日，《2017 中国造纸年鉴》编撰工作启动会议在北京市召开，中国造纸学会编辑工作委员会和《中国造纸年鉴》执行编委等 10 人出席会议。会议讨论了编撰框架，强调了选题、资料搜集、撰写等环节应注意的问题。

3 月 9—11 日，由山东省造纸行业协会、山东省印刷物资有限公司主办的 2017’山东(国际)制浆造纸技术及装备展览会暨 2017’山东(国际)生活用纸及纸制卫生品展览会在山东机械设备展览中心举办。展会期间围绕制浆造纸环保技术举办了 3 场技术交流会。

3 月 15 日由全国工商联纸业商会主办的 2017 中国国际纸浆高峰论坛在上海市召开。国内外造纸、纸浆生产企业，贸易、咨询机构，以及物流等相关企业的近 400 位代表出席了论坛。论坛就我国纸浆市场的变数与波动进行了交流对话。

3 月 16 日，由 Hawkins Wright 公司和 Brian McClay & Associates 公司联合主办的第五届(2017)国际纸浆研讨会在上海市举行。会议探讨了纸浆行业的现状和市场发展趋势、我国的市场现状及未来走势。来自中国、美国、芬兰、加拿大、澳大利亚、新加坡、日本、印度、巴西等国家的近 400 名代表参加了会议。

3 月 17 日，天津市造纸学会第十次会员代表大会在天津科技大学召开，会议回顾了上一届学会的工作情况、总结经验，并选举第十届学会理事会、常务理事会及监事会的领导成员。刘忠再次当选理事长，惠岚峰当选为秘书长。

3 月 22—24 日，由中国造纸协会生活用纸专业委员会主办的第 24 届生活用纸国际科技展览及会议(2017 年生活用纸年会暨妇婴童、老人卫生护理用品展会)在武汉国际博览中心举行。国内外参展商总数近 800 家，展览规模达 8 万米^2。展览期间还举办了生活用纸国际研讨会，500 多位代表参加了会议。

4 月 14 日，由中国造纸学会主办，山东硅元新型材料股份有限公司承办，台州森林造纸有限公司和上海轻良实业有限公司协办的国产陶瓷脱水元件在高速纸机应用研讨会暨硅元产品发布会在浙江省温岭市召开。与会专家对山东硅元的陶瓷脱水原件的性能、特点等进行了讨论，对其在中高速纸机上的应用情况进行了分析，并对其今后的生产与研发方向提出了指导与建议。来自设计院、造纸及相关企业的 100 多位代表参加了会议。

4 月 18 日，由美国矿物技术集团主办，中国造纸学会、山东太阳纸业集团有限公司、清华大学环境学院支持的造纸碱回收白泥资源化应用研讨会在山东省兖州市召开。会议介绍了碱回收白泥资源化利用中美绿色合作伙伴项目情况。

4 月 21 日，《绿色产品评价 纸和纸制品》国家标准征求意见会在北京市召开。来自 11 家企业的专家和全国造纸工业标准化技术委员会秘书处人员共 22 人出席了会议。会议就标准所涉及的生活用纸、生活用纸制品、装饰用纸三大类产品，分别对产品资源属性、能源属性、环境属性、品质属性的具体要求进行了全面讨论并达成了一致修改意见。此次征求意见会的召开，将为该标准起草工作的顺利完成打下良好的基础。

4 月 24 日，山东省造纸行业协会第六届理事会第二次会议在山东省高唐县召开。会议审议通过了协会理事会年度工作报告、2016 年度工作总结、2016 年度财务收支及相关情况报告、2017 年度工作计划等，调整增补了协会副会长和副会长单位、常务理事单位和理事单位，审议通过了设立协会分支机构的建议和《山东省造纸行业协会分支机构管理办法》，计划逐步组建生活用纸分会、技术委员会、安全生产标准化专业委员会、环保节能专业委员会4个分支机构。

4月24—25日，由山东省造纸行业协会、山东泉林纸业有限责任公司、中冶纸业银河有限公司共同主办的“2017全省造纸行业年会”在山东省高唐县召开。来自制浆造纸和装备及相关行业的企业代表约200人参加了会议。会议公布了2016年度山东省造纸行业“十强企业”和“十佳企业”，并组织了典型经验和专题技术交流。

4月26—27日，河南省造纸工业协会第五届第三次常务理事会扩大会议在河南省武陟县召开。会议审议通过了河南省造纸工业协会2016年度工作总结、2017年度工作计划以及2016年度财务报告。会议期间宣读了关于表彰建设美丽河南节能减排竞赛先进单位和先进个人的决定，关于表彰2016年度河南省造纸工业“十强企业”和“先进企业”的决定。技术交流环节，企业代表就创新产品、新业绩及节能减排产品等做了介绍。会后，与会代表参观了河南江河纸业股份有限公司、河南大指造纸装备集成工程有限公司、焦作瑞丰纸业有限公司、郑州运达造纸设备有限公司。

5月9日，江苏省造纸行业协会第四届第二次会员大会在江苏省常熟市召开。会议通报了2016年江苏省造纸行业生产运营情况，回顾了江苏省造纸行业协会2016年所做的工作及2017年重点工作。大会对我国造纸行业形势、全力推进造纸行业能源结构优化、造纸行业排污许可管理要点、推行绿色制造促进绿色发展、特种纸市场概况和发展趋势等内容进行了交流分享。会上还举行了2016年江苏省造纸行业职工技能（叉车）大赛表彰典礼及2017年江苏省造纸行业职工技能（电焊工）大赛启动仪式。

5月18日，2017第十四届广州国际纸展在广东省广州市举行。此次展会主题是“打造造纸上下游产业链商贸交流平台，拓展中国、东南亚、印度及中非市场，培育文化创意永志新趋势”。展会总面积1万米^2，300家参展企业展示了各种新款纸张、先进的制浆造纸装备与技术、造纸化学品。同期举办了2017越南制浆造纸协会造纸装备采购对接会、2017第四届巴基斯坦参观团纸张采购对接会和2017第二十届十省（区）置业交流会，以及关于先进装备和技术应用、造纸化学品技术开发及应用的专题论坛。

5月20日，由国家纳米科学中心和国家造纸化学品工程技术研究中心联合主办的中国造纸学会纳米纤维素及材料专业委员会2017年年会在浙江省杭州市召开。会上通报了第一届纳米纤维素材料国际研讨会的组织情况和2019年纳米纤维素材料国际研讨会的筹备工作，对细菌纤维素等细分领域的委员人选进行了讨论并通过了秘书处建议名单，并对其他具体工作事宜进行了讨论。

5月20—22日，由中国造纸学会主办，国家造纸化学品工程技术研究中心、浙江科技学院、浙江理工大学、中国制浆造纸研究院有限公司和国家纳米科学中心联合承办的第一届纳米纤维素材料国际研讨会在浙江省杭州市召开。此次研讨会共设2个分会场，共进行了近50场高端学术交流。主要议题包括：纳米纤维素材料的高效制备技术；纳米纤维素材料的形态与特征表征；纳米纤维素材料的改性；纳米纤维素材料在传统领域的应用（如纸和包装产品等）；纳米纤维素材料在非传统领域的应用（如流变改性剂、食品添加剂、涂料等）；纳米纤维素材料在新兴领域的应用（如医学、生物学和光电材料等）。与会专家就纳米纤维素的表征、规模化制备、高附加值利用等问题进行了广泛的讨论。来自中国、美国、加拿大、芬兰、荷兰、日本、韩国、马来西亚8个国家的近270名代表参加会议。会议期间还安排了墙报展示。

5月22—24日，由博闻锐思商务咨询（北京）有限公司（以下简称RISI）主办的第十八届RISI亚洲林纸行业峰会在广东省深圳市举办。会议进行了“RISI亚洲年度CEO奖”颁奖仪式，玖龙纸业（控股）有限公司董事长张茵女士当选。行业专家就宏观经济、行业环境，多个细分纸种的产能与其面临的挑战与机遇，以及亚洲乃至全球纸业的现状及发展态势进行了专题交流，会议中还组织了圆桌高峰论坛与买家论坛。

5月23—24日，“制浆造纸行业二噁英污染与控制技术”第一期培训班在广西壮族自治区南宁市举行，来自科研设计和环保及相关单位的50余位代表参加培训。“制浆造纸行业二噁英污染与控制技术”培训班是“全球环境基金中国制浆造纸行业二噁英减排示范项目”（项目由环境保护部环境保护对外合作中心与世界银行共同组织实施）后期实施的重要组成部分，旨在向整个行业及相关组织和机构推广项目成功经验和成果，推动行业对BAT/BEP相关技术的应用和推广。培训班针对制浆造纸企业二噁英污染防控工程设计与装备、非木材浆漂白工艺清洁生产技术、制浆造纸企业排污许可证申请及相关管理制度、制浆造纸行业环境标准、二噁英污染控制工程案例等内容为学员们进行了精彩的授课。

6月14—16日，由中国造纸协会主办、中华纸业杂志社承办的"2017中国纸业高层峰会"在浙江省桐乡市召开。此次峰会主题"新环境、新市场、新谋略"。与会代表广泛而深入地探讨了"十三五"时期，造纸行业的发展方向与发展趋势，从政策、市场、环保、技术等方面分析了造纸行业企业面临的机遇和挑战，研究了产业未来的发展战略，同时分享了标杆企业的发展经验和发展成就。来自170多家单位的近300位代表参加了会议。

6月15日，中国造纸协会第四届理事会第四次会议(扩大)在浙江省桐乡市召开。中国造纸协会理事长赵伟主持会议，大会审议并通过了中国造纸协会第四届理事会第四次会议工作报告、年度工作计划、年度财务报告、年度收支预算及协会团体标准管理办法和中国造纸协会关于造纸工业"十三五"发展的意见等议案。会上对荣获"全国五一劳动奖状"的企业和荣获"全国工人先锋号"的班组以及荣获"2016年度中国轻工业造纸行业十强企业"的企业进行了表彰。

6月21日，中国造纸学会在浙江省杭州市召开了中国造纸蔡伦奖评审委员会第三次会议，并评选出了第三届中国造纸蔡伦奖的获奖者。评审会上，学会秘书处对第三届中国造纸蔡伦奖的工作情况做了介绍，对第一轮的函审结果进行了汇报。经中国造纸蔡伦奖评审委员会专家集中评议、无记名投票评选，刘文(中国制浆造纸研究院有限公司)、张凤山(山东华泰纸业股份有限公司)获得第三届中国造纸蔡伦科技奖，朱宏伟(岳阳林纸股份有限公司)、李海龙(华南理工大学)、陆赵情(陕西科技大学)获得第三届中国造纸蔡伦青年科技奖。

6月22日，由中国造纸学会主办、华章科技股份有限公司协办的2017年全国造纸学会秘书长工作交流会议在浙江省杭州市召开。来自北京、上海、江苏、浙江、福建、江西、湖南、广东、广西、四川和中国造纸学会12个专业委员会的秘书长参加了会议。中国造纸学会常务副理事长曹振雷出席了会议。会议由中国造纸学会秘书长曹春昱主持。会议总结了2015年、2016年中国造纸学会各专业委员会开展活动情况，对《中国造纸学会专业委员会管理办法(讨论稿)》进行逐条审议。

6月22日，《2016—2017制浆造纸科学技术学科发展报告》研讨会在浙江省杭州市成功召开。中国造纸学会常务理事、分支机构秘书长、各省市区造纸学会理事长(秘书长)和项目组成员等50余名专家参加了此次研讨会。《2016—2017制浆造纸科学技术学科发展报告》由7部分组成，各编写组代表向到会专家介绍了各自编写过程及主要内容。各位专家对已经完成的报告初稿进行了集体研讨，对重要观点、思想、理论和技术发展的认识达成共识，形成进一步的修改意见与建议。

7月27日，中国造纸协会商品纸浆工作委员会成立大会在山东省济南市隆重召开。国内商品纸浆供应商、代理商、贸易商和物流仓储服务商等50多位代表出席了会议。大会由中国造纸协会理事长赵伟主持。会议审议通过了中国造纸协会第一届商品纸浆工作委员会主任委员、副主任委员成员单位名单，中国纸浆纸张进出口公司总经理王文健当选为第一届商品纸浆工作委员会执行主任，厦门建发集团有限公司等16家企业负责人当选为副主任。审议通过了商品纸浆工作委员会工作条例、年度工作计划等议案。会议期间，与会代表还就商品纸浆工作委员会工作机制进行了充分讨论，并达成共识。

8月21日，由科技部主办，中国制浆造纸研究院有限公司承办的"非木材制浆造纸技术国际培训班"在北京市开班，来自菲律宾、朝鲜、马来西亚、埃及、孟加拉、尼泊尔、印度尼西亚7个国家的19名学员参加此次培训。此次培训形式包括专题讲座、技术培训和工厂见习。15位资深专家、学者、工程技术人员从中国制浆造纸产业的发展历程及产业政策，非木材原料制浆造纸技术、节能减排技术、制浆造纸装备等方面进行了专题授课。组织学员对山东省、河南省和浙江省代表我国造纸工业特色的造纸工厂和装备制造企业进行了实地考察和学习。中国制浆造纸研究院有限公司将以此次承办培训班为契机，逐步加强与亚非发展中国家在造纸技术上的交流与合作，积极推动造纸行业践行国家"一带一路"倡议。

9月12日，中国造纸学会第七届常务理事会第九次会议在广东省深圳市召开，出席会议的常务理事、常务理事单位负责人和委托代表40人。会议由常务副理事长曹振雷主持。会议通报了学会2017年上半年主要工作和即将开展的重要活动，以及近几年各专业委员会活动情况，审议通过了《中国造纸学会专业委员会管理办法》《中国造纸学会专业委员会资金管理细则》，审议了第三届“中国造纸蔡伦奖”评选结果，并作出了表彰决定。

9月13—15日，由中国造纸协会、中国造纸学会和中国制浆造纸研究院联合主办，中国造纸杂志社承办的2017中国国际造纸科技展览会及会议在广东省深圳市举办。来自20多个国家和地区的近200家造纸装备制造、造纸化学品及与造纸相关的知名企业参展，展会面积10000多米^2。展会期间，还进行了多场技术交流会，内容涉及欧洲纸厂原料回收趋势、造纸系统的节能方案、造纸化学品的开发应用及管理等热点议题，

9月13日，由中国造纸学会、中国造纸协会和中国制浆造纸研究院共同主办的2017中国国际造纸创新发展论坛在广东省深圳市召开。此次论坛的主题为“开放创新•价值共享”。与会专家紧密围绕行业最新发展趋势、全球战略格局、竞争优势构建、智能制造应用、“一带一路”、科技创新等行业热点话题行了深入解析和研讨。会上发布了《2017中国造纸产业竞争力报告》。200多位代表参加了会议。

9月14日，由中国造纸学会和中国制浆造纸研究院主办，中国造纸杂志社承办的2017国际造纸技术报告会在广东省深圳市召开。此次会议邀请了中国、芬兰、加拿大、瑞典等国家的多位造纸行业专家，就造纸行业新技术、新产品的开发，以及生物质精炼、智能制造、节能减排等前沿技术，分析了全球造纸工业最新技术发展趋势，来自科研院所、大专院校、制造纸厂近200名代表参加了报告会。

9月19—20日，2017山东造纸行业“四新”技术交流及推广会议在山东省滨州市邹平县召开。会议旨在加快新旧动能转换，促进产业转型升级和提质增效，交流推广造纸行业“新技术、新工艺、新材料、新设备”的研发成果，提升技术装备、节能降耗、节水减排和“三废”资源化综合利用水平，宣传贯彻国家节能环保和产业发展政策。来自造纸及相关企业的200多位代表参加了会议。

9月22日，中国造纸协会商品纸浆工作委员会主任委员(扩大)会议在黑龙江省牡丹江市召开。主任委员单位及部分特邀单位代表出席了会议。与会代表就当前商品纸浆供需关系中出现的新动向、新情况展开了充分的讨论和交流。

10月15—18日，由中国造纸学会和中国制浆造纸研究院主办，中国造纸学会特种专业委员会承办，中国造纸学会机械设备专业委员会协办的2017全国特种纸技术交流会暨特种纸委员会第十二届年会在浙江省衢州市召开。此次会议特别邀请了国内外22位权威专家、学者和企业家对特种纸产业的市场概况、发展趋势以及特种纸行业新产品、新技术进行了深入的探讨和交流。来自中国、美国、芬兰、日本、奥地利、德国、澳大利亚、中国台湾、中国香港等国家和地区的200多家企业的350多位代表参加了会议。此届年会论文集共收录论文53篇，评选出优秀论文10篇。会议分为全国特种纸技术交流会和特种纸产业发展高峰论坛2个部分。

10月17日，由中国造纸学会和中国制浆造纸研究院主办，中国造纸学会特种专业委员会承办，中国造纸学会机械设备专业委员会协办2017特种纸产业发展高峰论坛浙江省衢州市举行。此次高峰圆桌论坛的主题是“中国特种纸产业的发展趋势及特种纸企业的出路探讨”，与会专家分别对全球、欧洲、日本及中国的特种纸市场的现状、最新动态进行了分析，对企业的发展战略，特种纸出口、质量管控、产品创新、企业管理等方面的经验进行了分享。论坛期间还举行了“中国特种纸产业发展战略研究会”专家聘任仪式。

10月26日，中国造纸自动化专业委员会工作会议(2017)暨造纸工业智能制造论坛在浙江省杭州市隆重召开。会议选举产生了新一届中国造纸学会自动化专业委员会成员。主任委员：朱根荣，秘书长：刘川江，副主任委员：张劲松、李耀、张辉、党宏社、谢显国、刘泽华、陈波、王爱其、费旭勇、周原、刘文明。论坛期间各位专家就造纸工业智能制造等问题进行了交流，来自造纸及相关企业、轻工设计院、高校科研院所、自动化系统供应商的80多位代表参加了会议。

10月28—29日，由中国造纸学会、福建省造纸学会联合主办的第七届海西纸业论坛在福建省福州市召开。此次论坛对造纸设备、废纸综合利用、在线监测系统、抗菌食品包装纸的生产实践、“西汉纸”问题的研究等方面进行了交流和分享。来自造纸及相关行业的150多位代表参加了会议。

11月2日，由中国再生资源回收利用协会主办、中国再生资源回收利用协会废纸分会承办的第二届中国回收纸行业大会在北京市召开。废纸回收及相关企业代表400多人出席了会议。会议从机遇与挑战、谋定而后动、至于未来3个层面对废纸回收和环保政策、价格波动带来的挑战等内容进行了剖析和探讨。

11月2—3日，由浙江省造纸学会、浙江省造

纸行业协会主办，国家造纸化学品工程技术研究中心承办的2017年浙江省造纸行业技术交流会在浙江省杭州市召开。会议邀请了浙江省造纸及相关行业专家围绕废纸再生过程中臭气的治理、纳米微晶纤维素的制备及应用、造纸固废处置解决方案、烘缸废气治理等内容进行了交流和讨论。来自造纸及相关行业的100余位代表参加了会议。

11月6—8日，RISI亚太卫生用品行业论坛在上海市举行。会议从不同视角出发，解读宏观经济、区域市场发展规律、婴儿纸尿裤市场竞争格局、成人失禁用品市场发展趋势和不断升级的消费者需求。会议期间还围绕婴儿纸尿裤市场之“争”、成人纸尿裤市场之“变”及创新纸“道”举行了3场圆桌论坛。此外，会前还举行了专题研讨会——卫生用品面料中的设计思维。来自全球85家公司的160多位代表出席了论坛。

11月8日，全国工商联纸业商会第四次会员大会在浙江省杭州市召开。会议审议通过了第三届理事会工作报告、第三届理事会财务报告、《全国工商联纸业商会章程》的修改说明、《纸业商会会费收取与使用管理办法》。会议选举产生了商会第四届理事会，李建华再次当选会长，继续聘任张慎金为秘书长，表决通过程言君为独立监事。

11月9日，全国工商联纸业商会主办的第十届中国纸业发展大会在浙江省杭州市召开。此届论坛以“回归与理性”为主题，围绕如何看待当前行业形势，如何应对政策重大变化，如何缓解成本压力，如何疏通价格传导梗阻等宏观和热点问题进行了形势分析和经验分享。来自国内外的专家代表等400余人出席了会议。

11月12—13日，福建省纸业协会换届大会暨2017年年会在福建省罗源县召开。会议选举产生了新一届福建省纸业协会领导班子，林小河当选会长，陈德强为秘书长。年会期间，各位专家对近期福建省纸业运行概况和发展进行了分析，围绕排污许可证制度、碳交易市场及新产品、新技术进行了交流和讨论。

11月14日，由中国造纸协会主办的“2017中国国际造纸和装备博览会暨全国纸张订货交易会”在福建省福州海峡国际会展中心隆重开幕。此届博览会展示范围涵盖纸浆、纸及纸板、纸制品、机械设备、原辅材料、造纸助剂及相关化学品等，展示面积10000米^2，参展企业100余家。大会期间还同期举办了“2017年中国纸浆市场形势研讨会”“中国浆纸技术论坛暨中华纸业浆纸技术论坛”及多场次“新产品、新技术专题发布会”。

11月19—20日，第三十届全国造纸化学品开发与造纸新技术应用研讨会暨第十二届中国国际造纸化学品技术及造纸设备展览会在上海市召开。此次会议邀请了国内外造纸化学品领先企业分享企业管理经验和产品开发及应用技术。

11月22—24日，广东省造纸行业协会年会在广东省江门市召开。年会期间，各位专家围绕行业政策热点、粤港大湾区规划与发展情况和相关政策技术、节能减排等方面进行了解读和探讨。向2017年度广东省造纸行业优秀企业，2017年度广东省造纸行业优秀纸品企业，2017年度广东省造纸行业最具发展潜力企业，2016年度广东省造纸行业能效“领跑者”和能效对标工作先进单位及先进个人，2017年度广东省造纸行业“星级工会”颁发牌匾、证书。会议期间还召开了广东省造纸行业协会第六届第五次理事会(扩大)暨监事会会议。会议审议通过了秘书处工作总结报告、监事会总结报告(财务报告)，通报了协会章程修改情况、宣读了协会新入会会员、新增和变更的理事单位及副理事长单位名单。造纸及相关企业代表280多人参加了会议。

11月30日—12月1日，由广西造纸行业协会、广西造纸学会、广西大学轻工与食品工程学院联合主办的广西造纸工业创新驱动发展论坛在广西壮族自治区南宁市召开。会议就广西造纸工业发展现状、碱法蔗渣浆厂存在的问题及对策、特种纸产业市场概况、漂白工业等行业原料、市场热点议题展开了深度交流。造纸及相关企业170人参加了论坛。

12月6—8日，2017 RISI国际废纸及瓦楞箱纸板会议在四川省成都市举行。会议围绕废纸市场和箱纸板、瓦楞原纸市场进行了交流和经验分享。会议期间还举行了主题为“OCC市场分析以及2018走向何方”“废纸进口与国内回收”为主题的圆桌论坛。来自120家公司的180位代表参加了会议。

12月14日，中国造纸学会在黑龙江省哈尔滨市召开了玉米秸秆综合利用技术及投资研讨会。会议旨在梳理玉米秸秆的收储、化工原料及造纸等不同工艺技术路线，分析制约玉米秸秆产业化高效利用的技术瓶颈，推动玉米秸秆资源的有效利用，缓解玉米秸秆焚烧带来的环境污染问题。近50位代表出席了会议。

12月17日，由中国纸业网主办的大型文化纪录片《纸世界》座谈会在江苏省南京市举行。各地方协会、学会，高校、企业、媒体的专家和学者30

余人齐聚一堂共同为纪录片《纸世界》的拍摄建言献策，就历史资料、文献记载、拍摄地点的选取和拍摄手法的展现等进行了深入交流。大型文化纪录片《纸世界》由中国新闻社江苏分社携手中国纸业网共同参与拍摄和制作，旨在还原中国造纸文化的千年脉络，让大众对我国造纸行业有一个更加清晰的认识。

12 月 18—19 日，广东省造纸学会 2017 年学术年会在广东省江门市召开。此次会议的主题是“新形势下造纸工业的发展与挑战”。会议邀请环保、绿色产品认证、检验检疫、造纸行业等领域的专家做报告。会上还颁发了“广东省造纸学会科学技术奖”成果奖一等奖 4 个，二等奖 11 个；论文奖一等奖 5 篇，二等奖 10 篇。大会还通报了 2017 年广东省造纸学会主要工作和 2018 年工作计划、2017 年财务收支情况，审议通过了新申请入会单位情况。来自会员单位及相关企业的 90 余位代表参加了会议。

12 月 26 日，由中国造纸杂志社《造纸信息》杂志举办的 2017 年中国造纸工业 10 项要闻评选会在北京市召开。

（王　斌）

地方造纸工业

LOCAL PAPER INDUSTRY

广东省造纸工业
山东省造纸工业
浙江省造纸工业
江苏省造纸工业
福建省造纸工业
河南省造纸工业
湖北省造纸工业
广西壮族自治区造纸工业
天津市造纸工业
四川省造纸工业
江西省造纸工业
云南省造纸工业
辽宁省造纸工业

9

广东省造纸工业

Paper Industry in Guangdong Province

【行业概况】

广东省是我国的经济强省，也是造纸工业最发达的省份之一，2017 年，广东省造纸工业克服原辅材料价格上涨等不利因素，尤其在商品纸浆与废纸原料市场价格大幅波动的情况下，产销总量保持了稳中有增，企业经济效益增长强劲，主营业务收入和利润等主要经济指标均大幅增长，行业景气度明显提升。全年造纸及纸制品行业实现利润总额 152.69 亿元，同比增长 30.7%；主营业务收入 2420.44 亿元，同比增长 21.3%；资产合计达 2135.64 亿元，同比增长 7.4%；负债达 1101.4 亿元，同比增长 1.8%。完成工业增加值 562.24 亿元，同比增长 9.4%；广东省造纸工业规模以上企业 250 家，机制纸及纸板生产量 2177.74 万吨，同比增长 2.9%；平均用工总人数达 21.55 万人，同比下降 1.4%。表 1 所示为 2017 年广东省造纸工业主要产品生产量。

表 1　2017 年广东省造纸工业主要产品生产量　单位：万吨

纸及纸板品种	生产量		同比/%	占全国比例/%
	2017 年	2016 年		
纸及纸板	2177.7	2127.5	2.36	19.56
1. 新闻纸	34.3	43.2	−20.6	14.60
2. 未涂布印刷书写纸	220.8	165	33.82	12.34
3. 涂布纸（含白卡纸）	105	58	81.03	13.73
4. 生活用纸	97.7	96	1.77	10.18
5. 包装纸（含灰卡纸）	124.2	121	2.64	17.87
6. 白纸板	291.97	315.5	−7.46	20.42
7. 箱纸板	730	728	0.27	30.61
8. 瓦楞原纸	515	510	0.98	22.06
9. 特种纸及纸板	49.12	50.2	−2.15	16.10
10. 其他纸及纸板	9.65	40.6	−76.23	4.20
商品浆	159	99	60.61%	15.14

【原料】

广东省造纸工业所用的纤维原料主要来自回收纤维，占比超过 80%，其中大部分来自进口。自湛江晨鸣浆纸有限公司制浆线投产以后，自制商品木浆的生产量有了大幅提高，全省商品浆的年生产量达到 159 万吨，全部用于省内消费，另外每年还要进口或从外省购买商品木浆约 200 万吨，非木材浆的使用比例很小，只是在极少数卫生纸厂使用。

【生产企业】

2017 年，广东省纸及纸板年产能超过 10 万吨的造纸企业有 48 家，其中，100 万吨以上的企业有 5 家，30 万～100 万吨的企业有 17 家，10 万～30 万吨的企业有 28 家。2017 年广东省重点造纸企业主要产品及生产量见表 2。

表 2　2017 年广东省重点造纸企业主要产品及生产量

企业名称	生产量/万吨	主要产品
玖龙纸业（控股）有限公司	494.00	牛卡纸、涂布纸板、瓦楞原纸、白卡纸
广东理文造纸有限公司	270.60	箱纸板、瓦楞原纸、涂布白纸板
湛江晨鸣纸业有限公司	303.00	漂白硫酸盐阔叶木浆、高档文化纸
东莞建晖纸业有限公司	147.93	单面涂布灰底白纸板、环保牛皮箱纸板
亚太森博（广东）纸业有限公司	90.30	高档文化纸
广州造纸集团有限公司	46.82	新闻纸、文化纸
珠海经济特区红塔仁恒纸业有限公司	44.60	高档涂布白卡纸、高档涂布白纸板
东莞金洲纸业有限公司	108.80	高强瓦楞原纸、高档牛皮箱纸板

续表

企业名称	生产量/万吨	主要产品
维达纸业（广东）有限公司	35.65	生活用纸
中顺洁柔纸业股份有限公司	25.00	生活用纸
广东冠豪高新技术股份有限公司	20.37	无碳纸、热敏纸、不干胶

【名优产品】

2017年广东省造纸行业有18个产品被评为广东省名牌产品，分别是佛山市啟盛卫生用品有限公司的“U适”“小妮”卫生巾（含卫生护垫），佛山市高明鸿源纸业有限公司的“环球+HUANQIU”复印纸，广东天章信息纸品有限公司的“TANGO+图形”复印纸，湛江晨鸣浆纸有限公司的“铭洋”“晨鸣祥云”“晨鸣碧云天”“晨鸣云镜”复印纸，广东广乐包装材料股份有限公司的“廣樂”环保型降焦抗菌水松纸，东莞顺裕纸业有限公司的“顺裕”瓦楞原纸，东莞金洲纸业有限公司的“建洲”瓦楞原纸，广州莲旺纸品有限公司的“蓮旺紙品 LIAN WANG PAPER”瓦楞纸箱，广东冠豪高新技术股份有限公司的“冠豪”无碳复写纸，广东松炀再生资源股份有限公司的“美阳”吸塑白纸板，广州五羊化妆品有限公司的“五羊”婴童湿巾纸，维达纸业（中国）有限公司的“维达”纸巾纸，江门市新会区宝达造纸实业有限公司的“生活天”纸巾纸，广东信达纸业有限公司的“信達”纸巾纸。

【清洁生产】

2017年，广东省造纸行业新增2家企业获“广东省清洁生产企业”称号，分别是汕头市广利造纸有限公司、中顺洁柔（云浮）纸业有限公司。截至2017年，共有31家造纸企业的“广东省清洁生产企业”称号有效。广东省造纸行业有6家企业获得2017年度粤港清洁生产优越伙伴（制造业）标志，分别是中山永发纸业有限公司、东莞顺裕纸业有限公司、广东理文造纸有限公司、东莞理文造纸厂有限公司、耐恒（广州）纸品有限公司和中山联合鸿兴造纸有限公司。广东省造纸行业有4家企业获得“2017年度粤港清洁生产伙伴（制造业）标志”，分别是建滔（佛冈）积层纸板有限公司、东莞恒华印刷有限公司、东莞清溪现代纸品厂和东莞耀晖纸制品有限公司。

【节能减排】

据广东省环境保护厅2016年对全省278家造纸及纸制品企业统计，用水量2.8亿吨。造纸工业废水排放量2.2亿吨，占全省工业废水排放总量的16.7%。排放废水中化学需氧量（COD_{Cr}）为2.4万吨，占全省工业COD_{Cr}排放量的23.3%。造纸工业废水处理设施年运行费用为7.9亿元。2016年，造纸工业二氧化硫排放量4.55万吨，氮氧化物排放量3.51万吨，烟尘排放量1.16万吨，废气治理设施年运行费用3.82亿元。

【科研与技术进步】

习近平总书记在党的十九大报告中指出，创新是引领发展的第一动力，是建设现代化经济体系的战略支撑。广东省造纸行业工作者认真学习领会党的十九大报告精神，坚持把创新作为引领发展的第一动力，以科技创新推动高质量发展，在科研与技术进步方面取得了较好的成绩。2017年共获得3项国家或省部级奖和3项市级奖。华南理工大学陈克复院士团队完成的项目“造纸行业清洁生产和末端治理相结合的水污染全过程控制集成技术”获教育部科技进步一等奖；华南理工大学万金泉教授团队完成的项目“造纸工业排水安全保障关键技术研发与集成应用”获广东省科学技术奖二等奖；珠海红塔仁恒包装股份有限公司等为主要完成单位的“本色纤维防伪涂布白卡纸的研发与产业化”获广东省科学技术奖三等奖。广东冠豪高新技术股份有限公司“一种新型纸张安全线防伪技术的开发及产业化项目”“热升华数码印花转印纸高速涂布工艺研究项目”分别获得湛江市2017年度科技进步一等奖和三等奖，“一种隐色防伪涂料及隐色防伪纸”发明专利获得湛江市2017年度专利金奖。

2017年12月18日，广东省造纸学会在广东省江门市召开了广东省造纸学会2017年学术年会，大会还颁发了“广东省造纸学会科学技术奖”，分别授予广东省造纸研究所等4家单位“广东省造纸学会科学技术奖”成果奖一等奖，广东阿博特数码纸业有限公司等8家单位“广东省造纸学会科学技术奖”成果奖二等奖；授予林东瀚同志《纳米纤维素复合气凝胶超级电容器的制备与性能》及其他同志等5篇论文“广东省造纸学会科学技术奖”论文奖一等奖，杨家喜同志《两种超细纤维复合空气过滤纸的结构与性能研究》及其他同志等10篇论文“广东省造纸学会科学技术奖”论文奖二等奖。

【环境保护与节能】

2017 年，广东省造纸工业继续深化供给侧结构性改革，推动经济转型升级。坚定不移把供给侧结构性改革作为经济工作的主线，注重用改革的办法破解深层次结构性问题，不断提高供给体系质量和效率。坚持推动产业结构调整和转型升级，坚决淘汰落后产能，大力改造提升传统产能，加快培育新动能。2017 年广东省造纸工业淘汰落后产能 9.22 万吨，各造纸企业加大对废气、废水和废渣的治理，大大地改善了环境；同时各企业积极采用新技术和新装备，提高生产线的自动化程度，在节能减排和生产效率方面都取得了不错的成果。

（雷以超　陈　竹）

山东省造纸工业

Paper Industry in Shandong Province

【行业概况】

2017 年，山东省造纸工业经历了非常不平凡的一年。全省造纸企业在激烈的市场竞争中，经过大浪淘沙、优胜劣汰、企业经历了严峻的考验。在这一年里，全省造纸企业紧紧围绕“创新、协作、绿色、开放、共享”和“绿水青山就是金山银山”的新理念，深化供给侧结构性改革，加快新旧动能转换，着力培育新增长点，创新驱动发展，整体呈现出稳中有进，进中向好的良性循环态势。山东省造纸工业在严峻的形势下，克服了重重困难，进一步增强了忧患意识、环境意识和社会担当意识，以高质、高效发展的姿态，补齐短板，满足日益增长的纸张需求，取得了可喜的成绩。据有关统计数据表明，山东省造纸工业延续了稳定的发展势头，连续 23 年走在全国造纸工业前列，受到同行的好评。

据有关部门对山东省内重点造纸企业调查数据统计结果显示，主要经济指标已连续 23 年位居全国前列。2017 年，山东省纸及纸板生产量为 1875 万吨，同比增长 1.35%，占全国纸及纸板总生产量 11130 万吨的 16.85%，低于全国增长 2.53% 的水平，仍处于低速增长区域。全行业重点企业产品经济收入 1405 亿元，同比增长 7.25%；利税总额 131 亿元，同比增长 23.58%；利润总额约 89 亿元，同比增长 25.35%。2017 年，山东省自制原生浆生产量为 501 万吨，同比增长 1.21%。其中，溶解浆 49 万吨，同比减少 10.91%。2017 年，山东省出口纸及纸板 112 万吨，占全国出口总量的 16% 左右，同比减少 21%；出口交货值折合人民币约 65.58 亿元，占全国纸及纸板出口贸易额的 11.64%，同比略减 0.64%。国内纸及纸板价值回归，价格持续提升。供不应求的旺销局面弱化了出口贸易。2017 年，全省有 21 家企业有产品出口贸易，比 2016 年增加 3 家。

统计数据表明，各项经济指标的增长优于生产量的增长，各项经济指标为历史最好水平，全行业加大创新力度和产品结构调整的效果不断呈现。

近几年来，山东省造纸工业在激烈的市场竞争中，不断树立新的理念，加大创新力度，调整产业布局，优化原料和产品结构。加强供给侧改革，提高产品的档次和质量，在保证产品质量和档次的前提下，不断提高生产能力，取得了较好的效果，促进了山东省造纸工业健康、快速和可持续发展。

2017 年，山东省造纸工业运行具有显著的特点。表现在生产经营持续向好，尽管纸及纸板生产量增长比例不大，但是产品的质量和档次有较大的提高。经过优胜劣汰，生产集中度不断提高，大企业的支撑作用持续增强，重点企业的经济规模持续增加。山东晨鸣纸业集团股份有限公司、山东华泰纸业股份有限公司、山东太阳纸业股份有限公司、山东博汇纸业股份有限公司、山东世纪阳光纸业集团有限公司 5 家上市公司入围世界百强，2016—2017 年连续两个年度净利润大幅增长，其中山东博汇纸业股份有限公司的利润增幅最大，2016 年和 2017 年分别达到 422% 和 325%。重点骨干企业浆纸生产量持续增加，生产规模不断扩大。山东省浆纸生产量超过 100 万吨的 6 家企业中，山东晨鸣纸业集团股份有限公司纸及纸板生产量已达到年产 510 万吨，山东太阳纸业股份有限公司纸及纸板的年生产量已达到 443 万吨，分别增长 15.12% 和 16.88%。山东世纪阳光纸业集团有限公司、亚太森博(山东)浆纸有限公司、齐峰新材料股份有限公司、德州泰鼎新材料科技有限公司、中冶纸业银河有限公司、邹平汇泽实业有限公司等重点骨干企业纸及纸板的生产量也有所增加。山东省浆纸生产量超过年产 10 万吨的企业 38 家，合计产能约占全省总产能的 90%，重点骨干企业引领产业持续稳定的发展。

2017 年，山东省造纸工业的另一个特点是新旧动能转换项目建设突飞猛进，大项目建设打造新动能，技术改造项目转换新动能。山东省造纸工业依托科技创新，增强持续的发展后劲。企业高标准，严要求，取得了大量的科技成果。以“互联网 + 智能制造”实现造纸行业的新模式。建立大数据支撑高效运营管理，营销电子商务快速增长。积极拓展国际市场，缓解国内市场压力，坚持合资合作，不断壮大发展。在生产过程中，坚持环境保护，节能减排不放松，构建闭环绿色经营体系，加强污染物治理，污染负荷持续降低，绿色发展取得突出成绩。同时，安全生产常抓不懈，成效显著。

【原料】

原料是造纸工业的基础，是发展造纸工业的必要条件之一。山东省作为全国的造纸大省，又是原料严重缺乏省份。造纸原料的短缺严重制约山东省造纸工业的发展和产品档次的提高，直接影响其产品结构。山东省造纸工业最初是以非木材原料发展起来的，特别是稻麦草浆造纸奠定了山东省造纸工业的发展基础。伴随着环境保护和污染治理的严格要求，加之麦草制浆过程中蒸煮废液治理的难度大，目前尚未攻克难关，促使麦草制浆纷纷关停，现存以麦草等为原料的非木材原料制浆造纸的企业已经极少，随之非木材制浆的生产量也急剧下降，目前仅存的非木材制浆生产量已不超过 50 万吨。近年来，尽管大力发展速生林建设，但是所生产的原料远远跟不上造纸企业的快速发展对原料的实际需求。据统计，2017 年山东省造纸企业的原生浆生产量仅为 500 多万吨，增长比例仅为 1.21%，其中还包括溶解浆近 50 万吨，用于造纸的原生浆仅为 450 多万吨。

2017 年，山东省造纸行业纸及纸板生产量为 1875 万吨。按吨纸耗浆 800 千克估算，山东省造纸用浆约为 1500 万吨，原生浆的生产量约为全年所需浆量的 1/3，其余所需浆量为进口木浆和废纸自制浆。废纸自制浆的废纸来源分为两大部分：其一为国产废纸，其二为进口废纸。由于进口废纸受国家政策影响，废纸原料供求失衡，导致 2017 年废纸原料价格猛涨，大大增加了以废纸为原料造纸企业的生产成本，随之提高了废纸为原料的产品价格。目前来看，这种现象仍在继续，因此长期来看，造纸原料将进一步制约山东省造纸工业的健康、快速和可持续发展，应引起有关部门和造纸企业的关注，应从战略的高度去研究山东省造纸工业的发展规划，以利更好的发展造纸工业。作为造纸企业，更应该认真实际地研究制定企业发展战略，原料应该作为企业发展的重要因素之一去考虑，应在产品品种、档次、质量方面多加研讨，盲目超出自己承受能力的扩张并不可取。

山东省是主要进口木浆和废纸的省份，废纸主要为进口和国产两部分，其具体用量很难估算。目前，山东省造纸工业自制用于造纸的原生浆大约 450 万吨，约占总用浆量的 30%。其中非木材制浆大约 50 万吨，约占总用浆量的 3%。进口木浆与废纸浆的比例估计在 40% 和 60%，进口木浆估计在 400 万吨左右。山东省造纸产品档次和质量高于全国平均水平，其木浆的用量也高于全国平均水平。近几年来，山东省造纸工业非木材纤维制浆生产量急速下降，目前仅有山东泉林纸业有限责任公司等采用非木材纤维原料自制原生浆，说明山东省造纸工业原料结构和产品结构调整力度非常大，其产品结构逐步向高档次、高质量方向发展。

造纸工业原料是重中之重，必须引起足够的重视。造纸工业原料问题一直是制约山东省造纸工业发展的重要瓶颈之一。山东省是造纸原料严重缺乏省份，应该从战略高度去研究探讨造纸原料结构的调整和新原料的开发利用。木浆和废纸对于山东省来讲，没有突出的优越性。从原料战略高度来看，合理充分利用非木材制浆原料还有很大的研究探索空间。特别是禾本科农业秸秆原料的充分利用还应加大科研投入，攻关突破蒸煮废液处理的难题。农业秸秆是可再生原料资源，充分利用农业秸秆原料可缓解造纸工业原料不足的问题，可避免农业秸秆处理不当造成的环境污染，不但可以节约资源还可以增加农民的收入。多年来，山东省造纸工业在农业秸秆造纸方面积累了丰富的经验，很多难题得到了突破。山东泉林纸业有限责任公司近几年加大投入，全面地研究和探讨了农业秸秆原料制浆造纸，解决了诸多难题，取得了成功的经验，为农业秸秆原料制浆造纸开辟了新的路径，使农业秸秆原料作为制浆造纸成为可能。山东泉林纸业有限责任公司在农作物秸秆的收购贮存、制浆方法、废液综合利用和新产品开发等方面均有重大突破，成为全国非木材原料制浆造纸企业的典范，“绿色泉林，生态纸业”得到国家有关部门认可和大力支持，受到国内外同行的关注，其经验值得推广。

原料结构和产品结构的调整是山东省造纸工业“十三五”发展规划重要战略之一。解决造纸纤维原料制约的瓶颈是山东省造纸工业健康、快速和可持续发展的难题之一，也是山东省造纸工业可持续发展的百年大计。多年来，山东省造纸企业在原料结构调整方面一直在积极努力，不断开发应用造纸新原料，不断提高产品档次和质量，合理扩大产业规模。例如山东晨鸣纸业集团股份有限公司、山东华泰纸业股份有限公司、山东太阳纸业股份有限公司、山东博汇纸业股份有限公司、亚太森博(山东)浆纸有限公司等大型企业都在原料结构调整方面做了大量工作，先后建设和投产了漂白化学木浆、化学机械浆生产线；山东泉林纸业有限责任公司对农业秸秆原料的研发应用；许多大型骨干企业对国内外废纸的研发应用等。山东省造纸企业采用多种渠道解决造纸原料紧缺的难题做了大量工作取得了显著的成效。

【生产企业】

据有关部门统计数据显示，2017年，山东省规模以上的造纸企业195家，浆纸年生产量超过100万吨的企业6家，浆纸生产量超过10万吨的企业38家，合计产能占全省总量的90%以上。浆纸年产100万吨以上的企业分别为山东晨鸣纸业集团股份有限公司、山东华泰纸业股份有限公司、山东太阳纸业股份有限公司、山东博汇纸业股份有限公司、山东世纪阳光纸业集团有限公司和亚太森博(山东)浆纸有限公司。前6名企业原生木浆生产量为570.99万吨(包括省外)。纸及纸板生产量为1713.26万吨(包括省外)。实现利税总额为214.26亿元。统计数据表明，山东省造纸工业生产集中度不断增大，大型骨干企业生产规模扩展较快。大型骨干企业综合竞争力、抵御市场风险的能力和承担社会责任的能力显著增强，社会信誉不断提升。2017年，尽管市场竞争激烈，山东省大型骨干造纸企业经济效益不断提高，业绩支撑作用明显增强，引领山东省造纸工业健康快速和可持续发展。

2017年，山东省有关部门根据各项综合指标评选出山东省造纸行业“十强企业”和“十佳企业”。为山东省造纸行业树立榜样，引领山东省造纸行业发展。“十强企业”分别为：山东晨鸣纸业集团股份有限公司、华泰集团有限公司、山东太阳纸业股份有限公司、山东博汇纸业股份有限公司、亚太森博(山东)浆纸有限公司、山东世纪阳光纸业集团有限公司、山东泉林纸业有限责任公司、齐峰新材料股份有限公司、东顺集团股份有限公司和山东恒联投资有限公司。“十佳企业”分别为：中冶纸业银河有限公司、德州泰鼎新材料科技有限公司、山东仁丰特种材料股份有限公司、淄博永丰环保科技有限公司、邹平汇泽实业有限公司、枣庄华润纸业有限公司、山东江河纸业有限责任公司、山东金蔡伦纸业有限公司、山东天和纸业有限公司、德州华北纸业有限公司。

上述20家公司2017年度在生产经营管理创新，技术进步，节能环保安全生产，提质增效等各方面业绩突出。各项考核指标居山东省造纸行业前列。

2017年，山东晨鸣纸业集团股份有限公司纸及纸板生产量为590.5万吨，木浆生产量240.29万吨，实现利税总额55.20亿元。其主要产品品种为高档印刷纸、包装纸、办公用纸、工业用纸及生活用纸等。华泰集团有限公司纸及纸板生产量为313万吨，木浆生产量为25万吨，实现利税总额70.03亿元。其主要产品品种为高档新闻纸、文化纸、铜版纸、包装纸及特种纸等。山东太阳纸业股份有限公司纸及纸板生产量为443.16万吨，木浆生产量为129.64万吨，实现利税总额48.84亿元。其主要产品品种为高档涂布包装纸板、美术铜版纸、文化纸、工业包装纸、生活用纸、特种纤维素溶解浆等。山东博汇纸业股份有限公司纸及纸板生产量为188.46万吨，实现利税总额15.96亿元。其主要产品品种为高档白卡纸、涂布白纸板、箱纸板、瓦楞原纸和石膏板护面纸板等。亚太森博(山东)浆纸有限公司纸及纸板生产量为49.14万吨，木浆生产量176.06万吨，实现利税总额15.56亿元。其主要产品品种为高档涂布白卡纸等。山东泉林纸业有限责任公司纸及纸板生产量为93.18万吨，本色农业秸秆自制浆39.48万吨，实现利税总额14.43亿元。其主要产品品种为高档本色文化纸、本色生活用纸、本色食品包装盒和黄腐酸肥料等。山东恒联投资有限公司纸及纸板生产量35万吨，自制浆27万吨，实现利税总额2.54亿元。其主要产品品种为高档双胶纸、涂布特种纸、高档生活用纸和再生纸纤维素膜等。

总之，山东省造纸行业的许多骨干企业在2017年度中都取得了较好的成绩，原料结构、产品结构等都有较大的改善，技术创新、节能环保等方面都有显著提高。特别是中冶纸业银河有限公司、德州泰鼎新材料科技有限公司、山东仁丰特种材料股份有限公司、淄博永丰环保科技有限公司、邹平汇泽实业有限公司、枣庄华润纸业有限公司、山东江河纸业有限责任公司、山东金蔡伦纸业有限公司、山东天和纸业有限公司、德州华北纸业有限公司等一大批先进企业在激烈的市场竞争中脱颖而出，值得赞扬。

【基建与技改】

2017年，山东省造纸企业继续着眼于原料结构，产品结构优化调整和转型升级，稳固提升造纸主业，扩展产业链，新旧动能转换，项目投资建设突飞猛进，取得了可喜的成绩。山东晨鸣纸业集团股份有限公司湛江林浆纸一体化工程累计投资30多亿元建设项目是国务院批准的大型国家重点工程。该项目集速生丰产林基地、漂白硫酸盐木材制浆、高档文化纸和涂布纸生产等于一体，促进了企业向高端化、集群化、基地化、绿色化的转变。黄冈浆纤一体化项目投资200多亿元，集林业基地、化学浆、黏胶纤维于一体，配套化学品制备和热电联产，综合码头等工程。该项目建成后是世界上首家实现从林、浆、纤到配套化学品制备、热电联供、物流运输全产业链的特大型公司，实现完整的资源、能源、固废、废液回收的封闭循环经济发展模式。另外，其他技术改造项目也在紧锣密鼓地进行，取得良好的效果。

山东华泰纸业股份有限公司根据市场需求，积极调整优化产品结构，进一步做强做大，积极进行技术改造转换新动能。并保持原有年产180万吨新闻纸产能的5条生产线中的4条改产高档文化纸和特种纸。并对保留的1条年产45万吨新闻纸进行改造升级。优化了产品结构，提高了产品档次和质量、先后淘汰价值23亿元的11条落后生产线。投资34亿元从芬兰引进年产70万吨高档铜版纸生产线。设备全自动控制，操作精度和产品质量处于世界领先水平。

山东太阳纸业股份有限公司兖州年产20万吨特种纸项目已投产；老挝年产30万吨浆厂项目计划于2018年4月前后投产；山东太阳宏河纸业有限公司年产80万吨低定量高档牛皮箱纸板项目预计2018年投产。其他计改项目也在有序地进行。

山东博汇纸业股份有限公司子公司江苏博汇纸业有限公司二期年产75万吨高档涂布白卡纸项目总投资32.31亿元。项目引进国外先进的关键设备和国际一流技术，预计2019年初投产。年产50万吨牛皮箱纸板项目总投资11.87亿元。项目引进主体设备和关键零部件，预计2020年投产。年产50万吨高强瓦楞原纸项目投资11.49亿元，引进国外主体设备和关键部零件，预计2020年投产。

亚太森博(山东)浆纸有限公司2017年重点在改进碱回收方面加大投入。投资5115万元降低石灰窑和焚烧炉烟气氮氧化物的技术改造项目计划在2018年9月完成。

山东世纪阳光纸业集团有限公司新建年产60万吨高档复合瓦楞原纸项目，其产品为低定量复合瓦楞原纸，可代替高定量原纸，且强度增加50%，将引发包装纸革命，计划2018年12月投产；建设年产10万吨彩色素色特种纸项目，产品可以完全替代进口产品。

山东泉林纸业有限责任公司企业本部年处理150万吨秸秆制浆造纸综合利用项目在建；黑龙江泉林生态农业有限公司秸秆综合利用一期项目已于2017年5月投产。

山东恒联投资有限公司项目总投资17.8亿元，建设年产3万吨生物基可降解绿色纤维素膜项目；年产6万吨高档生活用纸项目；年产6万吨特种纸项目；年产1万吨生物再生纤维素膜项目；年产4500吨特种水刺复合清洁材料项目；制浆连续蒸煮技改项目，二氧化氯漂白改造项目；年产3万米^{3}自保温混凝土砌块项目等。

中冶纸业银河有限公司完成在建纸机白水综合利用项目和麦草浆无元素氯漂白改造项目等。山东仁丰特种材料股份有限公司在建产能3万吨无纺布等特种纸项目，预计2018年8月试机投产。邹平汇泽实业有限公司年产30万吨箱纸板和年产40万吨高强瓦楞原纸项目。山东江河纸业有限责任公司完成化学机械浆的提产改造项目等。山东金蔡伦纸业有限公司完成了高速纸机生产线节能升级改造项目等。山东天和纸业有限公司在建年产10万吨生物化学机械浆项目等。德州华北纸业有限公司完成200吨特种纸技术改造项目等。

总之，诸多企业根据市场需求，结合原料和产品结构调整，不断加大投入，更新改造，淘汰落后生产线，不断提高产品档次和质量，增强产品在市场中心竞争力，取得了显著成绩。

【科研与技术进步】

科技进步与技术创新是山东省造纸工业发展的基础和动力，使山东省造纸工业始终保持着生机和活力，并推动了山东省造纸工业的发展。山东省造纸企业，特别是大型骨干企业不断加大科技创新和技术研发的投入，每年都有大量的科技攻关课题和重大科研成果，许多科研成果在企业迅速投产，增强了企业的发展实力和产品在市场中的竞争力。

山东晨鸣纸业集团股份有限公司与南京林业大学在“造纸节水与清洁生产关键技术及应用”项目进行产学研合作，并在企业推广应用，吨纸生产成本大幅下降，减少吨纸清水补充量 50%。该项目获得 2017 年度教育部科技进步二等奖。2017 年共计获得国家专利授权 25 项，其中 4 项发明专利，18 项实用新型专利。申请 10 项实用新型专利。对于企业建立健全自主知识产权体系，提升企业核心竞争力具有重要的推动作用。2017 年共计申报“低定量彩色双胶纸技术开发”等 6 项山东省技术创新项目，不断进行技术攻关及工艺创新提升产品质量，极大丰富了企业产品结构，提升了企业产品竞争力。不断加大高新技术产品、高附加值产品开发力度，优化产品结构，加速产业结构调整，开发高档优质产品，为企业带来了新的利润增长点。

山东华泰纸业股份有限公司 2017 年完成了大量的科研课题：环境保护部“十三五”水专项“造纸行业水污染全过程控制技术优化集成及应用推广”项目；国家重点研发计划“高效清洁制浆与功能化产品生产技术研究”项目；国家博士后基金“废纸回用过程中水性油墨杂质的迁移与富集机制研究”项目；山东省泰山产业领军人才计划“制浆造纸生物质提炼技术研究及产业化示范”项目；环境保护部“十二五”水专项“重点流域造纸行业控制关键技术成果转化示范”项目；山东省成果转化“制浆造纸废水处理与燃气化关键技术成果转化示范”项目等。“固体乳化剂乳化 AKD 制备新型表面施胶乳化液研究及推广应用”获中国轻工业联合会科技进步一等奖；“造纸行业清洁生产和末端治理相结合的水污染全程控制集成技术”获教育部科技进步一等奖。

山东太阳纸业股份有限公司近几年先后承担国家“863”计划项目、国家重大专项和科技支撑项目及省、市重大专项方面的科研开发项目 20 多项，先后获国家、省部级奖项 20 多项，获国家发明二等奖 1 项，国家科技进步二等奖 1 项，申请国家专利 307 项，其中发明专利 267 项，获授权国家发明专利 164 项，其中国际发明专利 5 项。完成下列科技项目：国家重大水专项“化学机械法制浆过程废水深度处理技术研发与产业化示范”项目，工业和信息化部绿色制造工程“大型纸机多圆盘过滤白水回收”项目，山东省自主创新及成果转化专项“造纸行业生物质主流组分分离与高值利用关键技术研发与示范”项目，国家“十三五”重点研发计划基于造纸过程的纤维原料高效利用技术项目等。“生物质高值化产品炼制技术研发及产业化”获山东省科技进步二等奖；“一种桉木溶解浆的制备工艺”获山东省专利奖。

山东博汇纸业股份有限公司不断加大科研技术投入，拥有有效专利 9 项，其中发明专利 7 项，实用新型专利 2 项。

亚太森博(山东)浆纸有限公司，共申请国家专利 35 项，获得授权 24 项，其中发明专利 8 项。2017 年，公司通过了知识产权管理体系认证，被山东省知识产权局认定为“山东省知识产权示范企业”；第二次通过高新技术企业认证。企业依托山东省企业技术中心、日照市工程技术研究中心和 CNAS 国家认可实验室，承担并完成了“漂白硫酸盐混合浆技术研究”“高松厚纸白卡纸研究”“双膜法处理城市污水的经济化运行技术”等山东省企业技术创新项目 36 项。经过鉴定验收，其中 21 项成果达到国际领先或国际先进水平，许多项目获得各类奖项。

山东世纪阳光纸业集团有限公司“废纸纤维生产包装纸板关键技术及应用”“包装纸板轻量化关键技术及应用”“漂白浆挂面箱纸板绿色制造关键技术研发”等项目已通过鉴定，成果获得各类奖项。

山东泉林纸业有限责任公司多年来非常重视科技进步和新产品研发。申报专利 200 多项。在农业秸秆制浆造纸技术方面投入大量资金和人力，取得了丰硕的成果，备受国内外同行关注。目前在题的有山东省科技重大项目(新兴产业)“秸秆制浆废渣酶解发酵生产乙醇技术”等项目。“秸秆立式连续蒸煮制浆技术”获山东省科技进步二等奖；“秸秆源黄腐酸的特性及应用研究”被评定为“国际领先”技术成果，成为山东泉林纸业有限责任公司第六项“国际领先”技术成果。

山东恒联投资有限公司多年来一直重视科技创新工作，加大科研投入。2017 年在研和完成项目有：“KH—纽赛璐胶带专用纤维素基膜生产关键技术及产业化”项目，“年产 8000 吨再生纤维素膜智能生产线”项目，“高档丽感纸”项目，“杨木片制溶解木浆工艺研发”项目，“纤维素透明胶带工艺的研发”项目，“提升圆卷生产线成品率”项目，“一种棉浆黑液的提取工艺”项目，“单面蓝色工程纸的研发”项目，“高挺度擦手纸的生产”项目等。有些成果已完成并转化为生产力，许多成果获得各类奖励。

中冶纸业银河有限公司的“雅质印刷纸的生产技术”项目、“高白纯度纸生产技术”项目、“日产 10 吨造纸废水深度处理及中水回用技术”项目、与清华大学合作开发的“有机酸法制浆技术与工艺研究”项目、“稳定并提高轻型纸白度的技术”项目、“造纸混合污泥生产有机肥技术”项目等通过山东省科技厅鉴定验收。其中“日产10万吨造纸废水深度处理及中水回用技术”项目，获中国轻工业联合会科学技术进步二等奖。

山东仁丰特种材料股份有限公司2017年完成了“无纺壁纸材料的研发及产业化”项目、“内燃机用长寿命高精度抗老化机油滤纸的研发及产业化”项目、“特种食品包装材料的研发及产业化”项目。“年产10万吨特种纸基材料的研发及产业化”项目等，都经过成果鉴定和验收，并产业化。

淄博永丰环保材料有限公司完成了“造纸用高浓废水处理技术研究”项目、“造纸白水细小纤维回收研究”项目等。

邹平汇泽实业有限公司，近年不断加大研究投入，提高研究开发费用占销售收入的比例，不断开发各种定量、高品质的防静电高强瓦楞原纸、防潮防水纸、低定量高强瓦楞原纸、环保型高档箱纸板、水果蔬菜纸质包装材料和冷库专用纸质包装材料制造加工技术；开发超清白水回收技术，废水处理技术；开发造纸浆渣和污泥综合利用生物质发电技术，不断打造企业品牌。完成新产品的研制，新工艺开发15项。发明专利2项，实用新型专利26项，极大地提高了企业核心竞争力和市场占有率。

山东江河纸业有限责任公司完成了“无碳纸的研发及规模生产”项目、“特种数码印刷纸的研发与规模化应用”项目、“热转印纸涂料配方的研发”项目等。

总之，山东省造纸企业一直重视科技创新，不断加大科技研发投入，取得了丰硕的成果。并且很多科研成果已转化为生产力，促进了山东省造纸工业健康、快速可持续发展。

【环境保护与节能】

山东省对造纸行业管理实行环保“一票否决”制度，造纸企业在新建项目时，必须实行“三同时”，首先考虑环境保护和污染治理问题，同时行业管理狠抓节能降耗，节水减排，不断转化和应用“四新技术”研发成果，提升节能降耗、节水减排和“三废”资源化综合利用水平。山东省造纸企业视环境保护、污染治理为“生命线”，投入大量资金进行环境保护和污染治理。许多大型骨干企业积极调整原料结构，调整产品结构，不断提高产品档次和质量，大力采用节能降耗，节水减排新技术、新设备、新工艺。产品综合能耗、清水耗量等指标居全国领先水平。多数企业加大投入，采用废水处理新技术，不断提高水的重复利用率，山东省造纸行业不断推进制浆造纸“三废”治理及资源化综合利用，取得显著成绩。

山东省造纸工业在制浆、纸及纸板生产环境治理全部达标的基础上，综合能耗、单位水耗和污染物排放量不断下降，达到了国内先进水平，做到了“产能扩大，环保先行”，努力实现“绿色生态纸业”的目标。

山东晨鸣纸业集团股份有限公司紧跟环保发展政策要求，严格采取防范措施和加强环境管理，近5年新建生物质汽化改造、废水处理、废气改造、化学污泥处理改造、电厂静电除尘、脱硫等50余项环保项目，共计投资14.78亿元。多方位强化企业环保建设，有效提升了企业环保能力，加速了企业向资源节约、环境友好型方向发展。

山东华泰纸业股份有限公司坚持可持续发展理念，促进新旧动能转换，实现“绿色生态纸业”的目标。积极履行节能降耗和生态环保的社会责任，狠抓治污项目建设和清洁生产创新，投资20多亿元增建4套废水处理系统，排放标准达到国内同行业领先水平，与中国造纸协会联合研发重点流域造纸行业关键技术产业化示范项目，工业废水重复使用率达到90%；实施6万米^3/日沼气回收综合利用项目，年可节省标准煤2万吨；与韩国电力技术株式会社合作实施烟气脱硝治理工程，烟气氮氧化物排放浓度降低87.5%，年减排氮氧化物2000吨。近期，计划实施中水利用及脱盐工程，建成后可实现90%工业废水回收利用，基本实现“零污染物”排放，取得了显著的环境效益、社会效益和经济效益。

山东太阳纸业股份有限公司近5年环境保护和污染治理项目投资近10亿元，进行了大气污染深化治理，落实脱硫、脱硝、除尘提标改造项目。完成了实施异味整改项目、污泥焚烧发电搬迁项目、宏河水处理系统项目2万米^3/日中水膜处理再回用工程及配套管线设施项目、兖州区实施超低排放改造等项目。经过多年的大量投入改造，企业废水处理达到世界领先水平。大气超低排放改造工程顺利完成，固废基本全部实现资源化再利用。2017年6月，山东太阳纸业股份有限公司成为首批获得排污许可证的企业之一。环境保护、污染治理的达标为企业可持续发展奠定了基础。

山东博汇纸业股份有限公司重视环境保护，污染治理工作，企业成立专门部门负责企业环保工作。扩大生产规模同时投资7亿元资金配套建设环境保护和污染治理设施，实现生产经营与自然环境协调发展。公司目前拥有日处理1000吨黑液的碱回收系统，日处理10万米^{3}中段水处理系统及日处理3万米^{3}中水回用系统，其环保设施达到国内先进水平。中水回用系统投资2.45亿元，项目采用美国陶氏高压反渗透膜处理技术，大大提高了回用水回收率，提升公司废水循环利用，减少污染物排放，取得了较好的效果。

亚太森博（山东）浆纸有限公司环境保护、污染治理工作一直走在前列，近5年来，公司投资2.3亿元，建设完善了6个项目："增加臭氧系统应急设备杜绝异味意外泄露"项目，"废水处理场露天池加盖"项目，"木片防尘墙建设，防止木片扬尘"项目，"水资源充分利用"项目，"制浆黑液用来燃烧发电、节约能源、降低排放"项目；"油改气、使用清洁能源"项目等。

山东世纪阳光纸业集团有限公司2017年投资8000万元，新增螺旋压榨、板框压榨和厌氧塔等处理设备；对厂区内初沉池、二沉池等增加异味收集处理设备；新增白水处理设备2套，对曝气池进行扩容，并对曝气方式进行改造；新增脱墨浆渣焚烧处理设备1套等。

山东泉林纸业有限责任公司多年来一直研发农业秸秆制浆造纸，努力打造"生态纸业，绿色泉林"模式，是国内农业秸秆"封闭循环，无污染造纸"的典范。该公司对农业秸秆无污染造纸进行了全面研发并应用于生产，申报专利200多项，很多研究成果达到国际领先水平。其环境保护、污染治理采用了源头削减，过程控制，末端治理，循环利用等多项措施，将农业秸秆浆的废水处理效果做到了优于美国、欧盟木浆环保标准。应用农业秸秆清洁制浆技术取消漂白工段，杜绝了生产过程有机卤化物AOX的产生。通过中段水深度处理回用和人工湿地自然降解，企业总排放口COD_{Cr}浓度稳定在30毫克/升，遥遥领先于现行国家标准和山东省标准排放要求。山东泉林纸业有限责任公司采用农业秸秆清洁制浆造纸模式，值得推广借鉴。

山东恒联投资有限公司近几年投资近2.6亿元，完成了"2万米^3/时废气回收改造"项目、"75吨/时锅炉烟气深度处理"项目、"废水换热"项目、"工程废气异味综合治理"项目、"废水余热回收利用技术改造"项目、"锅炉烟气深度除尘改造"项目、"中段水废水负荷减量化技改"项目、"废气异味$CVOC_S$综合治理"项目、"锅炉烟气超低排放升级改造"项目等。

除此之外，齐峰新材料股份有限公司、中冶纸业银河有限公司、德州泰鼎新材料科技有限公司、山东仁丰特种材料股份有限公司、淄博永丰环保科技有限公司、邹平汇泽实业有限公司、枣庄华润纸业有限公司、山东江河纸业有限责任公司、山东金蔡伦纸业有限公司、山东天和纸业有限公司、德州华北纸业有限公司等诸多企业都加大环保和污染治理投资力度，均达到山东省排放标准要求。为山东造纸工业健康，快速和保持持续发展鉴定了坚实的基础。

【发展目标及存在的问题】

1. 发展目标

伴随着世界经济发展的浪潮，市场竞争异常激烈。山东省造纸工业经过多年的大浪淘沙，优胜劣汰，机体更加健康，抗风险能力进一步加强。纵观2017年山东省造纸工业发展，企业生产经营状况运行良好，符合预期。2017年纸及纸板生产量达到1875万吨，比2016年增长1.35%。尽管增长比例数值不大，但是应该注意到这是被淘汰落后生产能力减量抵消以后的数值，表明山东省造纸工业集中度在增高，产品的档次和质量在提升。这是一个从低档次数量型向高档次质量型的转变过程。

2018年山东省造纸工业的发展目标：①推动新旧动能转换，加快淘汰落后生产能力；②改造升级产业，提升智慧化水平；③发展循环经济，构建绿色生态发展；④加强人才引进和科技平台建设，夯实创新发展基础；⑤发挥优势，积极参与"区域发展"和"一带一路"国际合作。

根据目前造纸行业的国内外市场情况，预测2018年山东省纸及纸板的生产量增长应在5%左右，有望达到1900万~2000万吨。各项经济指标也会随纸及纸板生产量的增加而提高。

预计2018年由于环保要求更加严格，随着国家环境标准的颁布和实施，制浆造纸企业会面临更大的环保压力，促使环保和治污投入会更进一步加大。由于市场竞争的加剧，落后生产能力会进一步加速被淘汰，科技创新，新出品开发投入会进一步加大。

2. 存在的问题

（1）原料资源与结构问题　这是山东省业界人士和造纸企业一直关心和探讨的难题之一。山东省造纸原料自然短缺，要想改变难度很大。受国家环保政策制约，这些年原料结构调整和产品结构调整，主要表现在"弃草用废纸"，自制木浆发展不快，高档纸用进口木浆补充。由于废纸进口政策的变化，废纸原料进口受到较大影响。废纸原料供给发生了重大变化，使用废纸为原料的企业应引起足够重视，采取措施积极应对。

面对造纸工业原料供给出现的新形势，山东省造纸工业应采取有效措施积极应对，建议采取以下措施：①进一步加强林纸结合，发展速生林建设，可以较快的解决部分阔叶木浆不足的问题；②加强国内废纸收购网络建设，提高国内废纸回收比例，可部分抵消进口废纸量，要尽快制定国产废纸回收权威标准，完善国产废纸回收政策，加快国产废纸回收；③多渠道开发原料资源，重视可再生的农业秸秆回收和研发利用，推广农业秸秆制浆造纸经验，进一步加大制浆造纸废液治理和综合利用的研究，攻克秸秆制浆造纸的治污难题，合理有效地利用秸秆资源；④进一步推广造纸化学助剂的应用，促使产品中减少木浆或长纤维的用量，降低成本，提高产品档次和质量。

(2)深度环保要求问题　本着“既要金山银山，又要清水蓝天”的制浆造纸新理念，努力打造“绿色产品，生态纸业”。进一步淘汰落后产能，不断提高高档高质的产品。随着国家环境标准的颁布和实施，对制浆造纸企业的环境保护、污染深度治理、节能减排要求会更加严格。这无疑会增加造纸企业的治污压力、增加产品成本。

特别是对制浆造纸企业执行新的环保排污标准，压力更大，治污投入将进一步加大。加强环境保护、治理污染，达标排放是造纸企业的“生命线”，只有先生存，才能有发展，这一点已经得到共识。

(3)人才和核心技术问题　激烈的市场竞争中，拼的是产品，产品竞争的优势是核心技术，核心技术是人才。企业要发展，首先要重视人才，留住人才，没有人才和核心技术的企业是“短命”的。从全国范围来看，设有制浆造纸与相关专业的院校众多，每年培养大量的专业人才。但据笔者片面了解，本专业的人才流失严重，专业人才改行众多。这有社会大环境的原因，但作为造纸行业、造纸企业应该从内部更多的查找原因，造纸企业应该重视人才，创造专业人才更好的生存和工作环境。

(4)水资源问题　山东省是严重缺水的省份之一。造纸用水问题是严重制约山东省造纸工业发展的另一个重要“瓶颈”。山东省是造纸大省，由于纸和纸板生产量的不断增长，用水总量一直居高不下。尽管近几年采取种种措施，采用先进技术、先进工艺、先进设备，废水处理循环使用，效果明显，但目前水资源短缺的矛盾依然突出。因此节约用水和循环用水仍是山东省造纸工业的重大课题之一。必须加大投入，采用更先进的技术与设备，增加节约用水，进一步增加循环水的利用，力争做到“增产不增水”或“增产降水”。目前，很多骨干大企业通过原料结构和产品结构调整努力做到了这一点。水资源的短缺仍是未来考验山东省造纸工业健康、快速和可持续发展的难题之一。

(5)资金问题　由于金融体制的改革和山东省造纸企业规模的快速扩大，资金已是摆在企业面前的一个重大问题。资金是推动企业快速扩张和膨胀的重要因素之一。由于山东省造纸企业仍处于发展期，多数企业资产负债率较高。由于国内外金融形势波动较大，因此许多企业蕴藏着一定的债务风险，应引起足够的重视。特别值得一提的是，目前企业之间相互担保贷款较多，债务纠纷增多。在这个相互担保贷款链中，一旦有企业出现资金链断裂或其他不确定因素造成企业危机，则会波及众多。个别企业资产负债率已经超过 7%，应警惕债务带来的生产经营风险。

综上所述，原料资源和结构问题、深度环保要求问题、人才与核心技术问题、水资源问题、资金问题是目前山东省造纸工业健康、快速和可持续发展过程中遇到的诸多问题。科研成果转化率低等问题也制约造纸行业的发展。这些问题应该引起造纸企业的足够重视。这些问题只能在发展的过程中解决。

山东省造纸工业能在自然条件不具备的条件下发展到今天，可以说是一个奇迹，这与国家政策扶持和山东造纸人的努力分不开。任何事物发展过程中出现问题和困难在所难免，问题存在于发展过程中，问题也只能在发展过程中得到解决，解决问题也需要一个过程。发展是硬道理，相信在激烈的市场竞争中经过大浪淘沙、优胜劣汰，不断丰富和完善自己的山东省造纸工业更会健康、快速和可持续发展，取得更加丰硕的成果。

（张金声　牟洺铭　王桂卿）

浙江省造纸工业

Paper Industry in Zhejiang Province

2017 年是我国历史上十分重要的一年，党的十九大胜利召开，“十三五”规划进入了关键的窗口期，我国的经济和社会发展进入了新时代。新时代迎来了新局面，新矛盾催生了新的机遇。

2017 年浙江省造纸工业充满挑战和机遇，这一年中国造纸协会发布了《关于造纸工业“十三五”发展的意见》(简称《意见》)，浙江省政府出台了《造纸制造业改造提升实施方案(2017—2020)》(简称《方案》)。《意见》和《方案》对浙江省造纸工业的发展提出了指导性的意见和方向。这一年，浙江省造纸产业经历了史上最严厉的环保风暴，经历了上游造纸纤维原料大幅上涨的压力，特别是国废价格过山车式的涨跌。

浙江造纸人认真学习贯彻党的十九大精神和中央经济工作会议精神，进入新时代，施展了新作为，生产运营保持基本平稳，行业经济效益大幅增长，交出了一份靓丽的成绩单。

【行业概况】

据浙江省统计局统计，2017 年浙江省规模以上造纸企业有 254 家，从业人员 60972 人。完成机制纸及纸板生产量 1911.21 万吨，同比增长 3.1%；完成工业产值 942.62 亿元，同比增长 20.11%；实现主营业务收入 864.56 亿元，同比增长 25.34%；上缴税金 60.99 亿元，同比增长 58.23%；实现利润 66.67 亿元，同比增长 86.91%；应收账款 181.22 亿元，同比增长 10.34%，其中产成品库存 43.17 亿元，同比增长 26.44%。全行业年末资产合计 1105.56 亿元，同比增长 4.55%，负债合计 680.48 亿元，同比增长 0.98%。

从以上数据可以看出，在浙江省机制纸及纸板生产量增长 3.1% 的情况下，产值、主营业务收入、税金、利润均有二位数的增长，特别是利润和税金的增长均超过 50%。

浙江省造纸和纸制品行业 2017 年完成工业产值 1553.86 亿元，同比增长 22.26%，其中，新产品产值 562 亿元，同比增长 26.50%；实现利税总额 182.34 亿元，同比增长 59.06%；实现利润 100.94 亿元，同比增长 66.06%。

2017 年浙江省造纸工业一、二、三、四季度运行情况见表 1。

表 1　2017 年浙江省造纸工业一、二、三、四季度运行情况

	完成机制纸及纸板生产量/万吨	完成工业产值/亿元	实现主营业务收入/亿元	上缴税金/亿元	实现利润/亿元
一季度	455.77	222.77	189.18	11.04	13.63
二季度	254.09	250.98	229.12	13.72	14.86
三季度	507.91	268.85	260.44	18.46	20.38
四季度	423.44	200.02	185.81	17.77	17.80
全年	1911.21	942.62	864.56	60.99	66.67

从表 1 可以看出，一季度由于春节放假、检修等因素，生产处于低潮。

上半年，各造纸企业均在申领排污许可证。我国一项酝酿了 30 多年的生态环境保护管理制度的改革落地。2016 年 12 月，环境保护部发布了《关于开展火电、造纸行业和京津冀试点高污染源排污许可证管理工作的通知》，指出凡是列入 2015 年环境统计口径范围内的造纸企业，都需要申领，且在 2017 年上半年完成申请和核发。下半年开展执法检查，严厉打击企业无证排污行为。浙江景兴纸业股份有限公司列为全国试点，2017 年 4 月首先领到了排污许可证，其他造纸企业均在上半年完成申领工作。至 2017 年 7 月 18 日浙江省已有 318 家造纸企业领到了排污许可证(包括部分纸制品企业)。

从 2016 年四季度开始，原纸价格问题引起了社会关注，包装纸价格上涨频率越来越高，甚至一天内多次涨价，洛阳纸贵的现象在全国各地上演，且从包装纸延伸到其他各纸种。强烈的价格波动引起了全社会关注，中央电视台经济频道多次跟踪报道。这足以证明造纸产业作为国民经济的重要基础原材料行业的影响力。

2017 年 1—5 月，浙江省造纸行业经受了史上最严环境风暴的考验，开展了以危废处罚为主的环保执法，展开了能力匹配、存量清零、提质扩面、震慑犯罪、优化服务行动。

2017 年 7 月 1 日起，环境保护部组织了为期一个月的打击进口废纸加工利用企业环境违法专项行动。从 27 省抽调 420 人组成 60 个组，对凡是进口过国外废纸的企业进行专项检查。检查内容为：企业是否具有环境审批、验收、排污许可证等手续；治污设施是否运行正常、排污规范，有否偷漏排；企业是否符合固废、危废管理要求，是否转让。

2017 年 8 月 11 日—9 月 11 日，中央第四批第二环保检查组进驻浙江省，公布了环境举报专用电话和专用信箱。浙江省造纸企业由于已经经历过 2013 年、2014 年的造纸业整治提升，且每一家造纸企业均按整治提升 52 条标准进行了整改，所以总体情况还比较好。

2017 年 7 月 19 日，环境保护部等国家 5 部委制定了进口固废调整目录，主要涉及生活来源的废塑料、废纺织品原料、钒渣和未经分选的废纸等。自此，对造纸企业下半年的进口废纸许可证停止审批。进口废纸受限，造纸纤维原料价格大幅上涨。浙江省造纸原料超过八成来自废纸，进口废纸量大。下半年有些造纸企业因原料问题发出了停产警报。全年造纸纤维原料均在高价位运行，国废价格最高时达到了 3500 元/吨，特别是 9 月、10 月废纸价格暴涨暴跌，木浆价格也长期处于高位，木浆从 2016 年 10 月起价格保持强势，到 2017 年 9 月初阔叶木浆价格同比上涨 65%，针叶木浆同比增长 56%，化学机械浆同比上涨 49%，是 2012 年以来的最高水平。

2017 年 6 月 22 日，杭州市人民政府办公厅颁发了关于印发《杭州市 2017 年大气污染防治实施计划》。文中明确，2017 年富阳区要启动江南区块新城建设，5 年内实现江南区块造纸、化工相关企业腾退。要求 2017 年年底前完成新城建设规划和企业腾退方案并开始启动。其中 2018 年腾退 20%，2019 年腾退 20%，2020 年腾退 30%，到 2022 年全部腾退。原浙江永泰纸业集团股份有限公司热电厂 3 台 75 吨/时、1 台 200 吨/时锅炉在黄杭高铁建成前关停。从目前情况来看这一计划可能会提前实施。

【生产企业】

2017 年浙江省各地区完成机制纸及纸板生产量情况见表 2。

表 2　2017 年浙江省各地区完成机制纸及纸板生产量情况

区域名称	生产量/吨	同比/%	占比/%
浙江省	19112103. 8	3. 1	100
杭州市	6739946. 9	2. 5	35. 3
嘉兴市	4620691. 8	4. 1	24. 2
宁波市	2897622. 0	2. 1	15. 2
衢州市	1670759. 7	2. 7	8. 7
绍兴市	825683. 5	13. 1	4. 3
金华市	664834. 3	-5. 5	3. 5
湖州市	612196. 4	12. 2	3. 2
台州市	532426. 6	2. 4	2. 8
温州市	350814. 5	2. 1	1. 8
丽水市	197128. 2	-12	1. 0

2017 年浙江省完成机制纸及纸板生产量 30 万吨以上的造纸企业共有 14 家(见表 3)。这 14 家造纸企业合计完成机制纸及纸板生产量 1199. 13 万吨，占全省完成机制纸及纸板生产量的 62. 74%。

2017 年浙江省特种纸年生产量 10 万吨以上的造纸企业共有 7 家(见表 4)。这 7 家造纸企业完成特种纸生产量 105. 73 万吨。

2017 年完成工业产值前 10 名的造纸企业见表 5。这 10 家造纸企业合计完成工业产值 385. 39 亿元，占全省造纸企业完成工业总产值的 40.88%。

表 3 2017 年浙江省完成机制纸及纸板生产量 30 万吨以上的造纸企业

序号	企业名称	生产量/万吨
1	宁波亚洲浆纸业有限公司	167.00
2	浙江山鹰纸业有限公司	160.86
3	浙江景兴纸业股份有限公司	139.19
4	浙江鸿昊集团有限公司	108.00
5	浙江新胜大集团有限公司	105.00
6	平湖荣成环保科技有限公司	94.30
7	浙江春胜集团有限公司	83.00
8	浙江永正集团有限公司	77.66
9	宁波中华纸业有限公司	62.00
10	浙江荣晟环保纸业股份有限公司	54.80
11	浙江金龙纸业有限公司	49.70
12	浙江华川纸业集团有限公司	34.64
13	台州森林纸业有限公司	32.98
14	浙江道勤纸业有限公司	30.00

表 4 2017 年浙江省特种纸年生产量 10 万吨以上企业情况

序号	企业名称	生产量/万吨
1	仙鹤股份有限公司	22.31
2	浙江夏王纸业有限公司	20.70
3	浙江五星纸业有限公司	15.81
4	民丰特种纸股份有限公司	13.83
5	杭州华旺新材料科技股份有限公司	13.00
6	浙江华川实业集团有限公司	10.48
7	浙江秀舟纸业有限公司	10.00

表 5 2017 年浙江省完成工业产值前 10 名的造纸企业

序号	企业名称	产值/亿元
1	宁波亚洲浆纸业有限公司	87.00
2	浙江山鹰纸业有限公司	61.84
3	浙江景兴纸业股份有限公司	60.52
4	平湖荣成环保科技有限公司	35.70
5	宁波中华纸业有限公司	32.07
6	浙江春胜集团有限公司	25.73
7	浙江夏王纸业有限公司	23.38
8	仙鹤股份有限公司	21.05
9	浙江荣晟环保纸业股份有限公司	19.90
10	浙江华川实业集团公司	18.20

2017 年实现主营业务收入前 10 名的造纸企业见表 6。这 10 家造纸企业合计实现主营业务收入 348.77 亿元，占全省造纸企业实现主营业务收入的 40.34%。

表 6 2017 年实现主营业务收入前 10 名的造纸企业

序号	企业名称	主营业务收入/亿元
1	宁波亚洲浆纸业有限公司	70.72
2	浙江山鹰纸业有限公司	59.08
3	浙江景兴纸业股份有限公司	53.60
4	平湖荣成环保科技有限公司	35.40
5	浙江春胜集团有限公司	25.26
6	宁波中华纸业有限公司	23.17
7	浙江夏王纸业有限公司	22.21
8	仙鹤股份有限公司	21.89
9	浙江荣晟环保纸业股份有限公司	19.83
10	民丰特种纸股份有限公司	17.61

2017 年上缴税金前 10 名的企业有：浙江景兴纸业股份有限公司、浙江山鹰纸业有限公司、浙江荣晟环保纸业股份有限公司、平湖荣成环保科技有限公司、台州森林纸业有限公司、浙江华川实业集团有限公司、宁波亚洲浆纸业有限公司、浙江金龙纸业有限公司、浙江秀舟纸业有限公司和浙江华联纸业有限公司。这 10 家造纸企业上缴税金合计 22.18 亿元，占全省造纸企业上缴税金的 36.24%。

2017 年实现利润前 10 名的企业有：浙江景兴纸业股份有限公司、宁波亚洲浆纸业有限公司、浙江山鹰纸业有限公司、平湖荣成环保科技有限公司、浙江夏王纸业有限公司、仙鹤股份有限公司、浙江荣晟环保纸业股份有限公司、台州森林纸业有限公司、浙江华川实业集团有限公司和浙江金龙纸业有限公司。这 10 家造纸企业合计实现利润 45.55 亿元，占全省造纸企业实现利润的 68.32%。

【新建和技改项目】

1. 2017 年建成投产的主要项目

(1)杭州丰收纸业有限公司年产 20 万吨包装纸项目正式投产。项目纸机幅宽 5800 毫米，主要生产 90～140 克/米^2 高强瓦楞原纸，车速 350 米/分。

(2)浙江华丰纸业集团有限公司完成搬迁，在安吉天子湖工业园区建设的 2 条引进的特种纸机开始生产，年产高档卷烟纸 1.5 万吨和成型纸 0.8 万吨。该搬迁项目总投资 17.8 亿元，全部建成后达到 6.5 万吨卷烟纸及卷烟配套用纸产能。

2. 2017 年在建和技改的主要项目

(1)中国纸业投资有限公司在平湖市新仓镇的浙江冠豪新材料有限公司，计划总投资 6.1 亿元，占地面积 7.2 公顷，分 2 期建设，建成后年产能达 7.5 万米^2，年产值超过 20 亿元。该公司努力打造不干胶标签行业的民族航母。

(2)浙江和泓环保纸业有限公司 20 万吨/年高强瓦楞原纸项目正式开工。该项目在舟山定海工业园建造，项目一期总投资 2.8 亿元，建设内容为造纸车间、制浆车间、废水处理站、成品仓库。二期建设办公楼、宿舍楼等。项目总建筑面积 28000 米^2，总用地面积 40020 米^2。预计整个项目将于 2018 年 10 月竣工投产。

(3)浙江金龙纸业有限公司年产 100 万吨环保再生高档包装纸项目，配套固废焚烧热电联产，总投资约 38 亿元。分 2 期建设，一期为 30 万吨/年单面灰底白纸板和 20 万吨/年低定量高强瓦楞原纸生产线 2 条，配套 3 台 90 吨/时固废焚烧炉，计划 2017 年年底动工建设，2019 年建成投产。二期计划建设 20 万吨/年高强瓦楞原纸或 T 纸和 30 万吨/年挂面箱纸板生产线 2 条，配套 1 台 220 吨/时锅炉。该项目在龙游县城北经济开发区建设，可充分利用开发区内特种纸企业部分中水和造纸细小纤维、填料、尾渣以及工业固废，实现造纸产业深度循环利用，可提升区域整体资源利用水平和绿色循环发展能力。

(4)德国古楼集团与浙江万邦浆纸集团合资组建华邦古楼特种纸有限公司。华邦古楼特种纸有限公司计划在 5 年内投资超过 9 亿元。2017 年年底动工建设 2 条高档特种纸生产线，投资 5 亿元，2019 年投产。其余投资在 2020 年年底前完成。全部建成后新增特种纸产能 20 万吨/年，将形成包括加工纸在内 39 万吨/年的特种纸生产规模。

(5)浙江民兴新材料有限公司计划购置 5 条宽幅节能型特种纸机，建设 5 万吨/年薄型高档特种纸生产线和深加工项目。主要产品为环保型无纺壁纸、涂布离型纸、特种滤纸和艺术纸等。

(6)浙江夏王纸业有限公司投资 3.5 亿元建设年产 5.5 万吨装饰原纸机，幅宽 3800 毫米，车速 600 米/分，预计 2018 年年底投产。

(7)仙鹤股份有限公司投资 3 亿元建设 3 条特种纸生产线和 1 条涂布生产线，其中 3 条特种纸生产线已于 2017 年 10 月建设投产，1 条涂布生产线将于 2018 年 5 月建成投产。新增特种纸产能 5 万吨/年，产品为数码喷绘热转印纸、食品包装原纸和电解电容器纸。

(8)仙鹤股份有限公司旗下的浙江哲丰新材料有限公司投资 6 亿元，在常山县建设 4 条特种纸生产线，其中 3 条生产线已分别于 2017 年 6 月、7 月、11 月相继建成投产，第四条生产线将于 2018 年 5 月建成投产，全部建成后年新增产能 15 万吨。

【科研与技术进步】

1. 浙江夏王纸业有限公司与高校联合摘得国家科技进步二等奖

在 2017 年度国家科学技术奖励大会上，浙江夏王纸业有限公司联合陕西科技大学、浙江理工大学完成的“高性能纤维纸基功能材料制备共性关键技术及应用”项目获得国家科技进步二等奖。以浙江夏王纸业有限公司副总经理骆志荣为领头人的公司研发团队，创新功能型饰面纸基材料湿部化学调控与成型质量优化技术，解决了湿部化学环境复杂、功能组分留着率低、滤水困难等问题，功能组分留着率提高 22%，吨纸成本降低 15%。

2. 衢州市 4 家特种纸企业获得 2017 年市科技进步奖

衢州市科技局公布了 2017 年衢州市科技进步奖获奖项目。其中，浙江金昌特种纸股份有限公司完成的“人造革离型原纸耐高温技术的研发及其应用”获得一等奖，浙江佳维康特种纸有限公司完成的“低定量移印纸基功能材料”获得二等奖，仙鹤股份有限公司完成的“环保高档低定量格拉辛纸”、浙江凯丰新材料股份有限公司完成的“精密不锈钢薄板冷轧垫纸”获得三等奖。

【环境保护与节能减排】

1. 浙江景兴纸业股份有限公司入围工业和信息化部“重点用水企业水效领跑者典型做法”

2017 年 10 月 11 日，工业和信息化部公布了“重点用水企业水效领跑者典型做法”。全国共有 12 家企业入围，其中造纸企业 3 家，分别是：芬欧汇川(中国)有限公司、浙江景兴纸业股份有限公司、海南金海浆纸业有限公司。芬欧汇川(中国)有限公司和海南金海浆纸业有限公司为外资企业，浙江景兴纸业股份有限公司是全国造纸行业唯一一家入选的国内民营企业。浙江景兴纸业股份有限公司高度重视水资源的综合利用，秉承创新、协调、绿色、开放、共享的理念，以科技创新和技术装备为支撑，配套了先进的节水工艺，最大限度实现了中水回用。浙江景兴纸业股份有限公司荣获全国首批“水效领跑者”称号，为浙江省的节水工作，特别是浙江省造纸产业的节水工作发挥了引领示范和榜样作用，浙江景兴纸业股份有限公司的节水理念，必将深深影响浙江省造纸行业的节水工作。浙江景兴纸业股份有限公司寻找先进技术，减少用水量，减少废水、废气排放，综合利用固体废弃物，以提高工厂的环境绩效和能源效率，践行造纸产业绿色发展的理念。

2. 浙江省环保厅发布强制性地方环境保护标准《燃煤电厂大气污染物排放标准》

2017 年浙江省环保厅发布了浙江省强制性地方环境保护标准《燃煤电厂大气污染物排放标准》(简称《标准》)。《标准》重点提到：自标准发布之日起，新建燃煤发电锅炉，颗粒物排放限值执行 5 毫克/米^3；现有 300 兆瓦以上发电机组配套的燃煤发电锅炉，颗粒物排放限值执行 5 毫克/米^3；现有单台出力 300 兆瓦以下发电机组(含 300 兆瓦)配套的燃煤发电锅炉以及其他锅炉，颗粒物排放限值暂时执行 10 毫克/米^3，执行 5 毫克/米^3 的时间待定；所有本标准使用范围内的锅炉，氮氧化物限值执行 50 毫克/米^3，二氧化硫限值执行 35 毫克/米^3；位于城市主城区及环境空气敏感区的燃煤发电锅炉应采取烟温控制及其他有效措施消除石膏雨、有色烟羽等现象。

执行超低排放标准，即在基准含氧量 6% 条件下，燃煤电厂标态干烟中颗粒物、二氧化硫、氮氧化物排放浓度分别不高于 10 毫克/米^3、35 毫克/米^3、50 毫克/米^3。

为达到超低排放的标准，凡有自备电厂的造纸企业均投入巨资对锅炉进行了技术改造。如民丰特种纸股份有限公司投入了 9500 万元对自备电厂进行技改。

3. 多家造纸企业进行透平风机改造真空泵

2017 年已有多家造纸企业进行透平风机改造真空泵，节电效果十分明显。一般可每吨纸节电 40～50 度，节电效果达到 25%～30%，约 2 年可收回投资成本。自 2016 年浙江景兴纸业股份有限公司首先改造后，2017 年已在省内多家造纸企业推广。

4. 浙江省完成 125 家造纸企业清洁化改造

2018 年 3 月 23 日，国家生态环境部发布了关于《水污染防治行动计划》2017 年造纸行业清洁化改造任务完成情况的公示。根据《水污染防治行动计划》的要求：2017 年年底前造纸、焦化(钢铁企业焦炉)、氮肥 3 个行业完成清洁化改造。根据各省(区、市)报送材料，各地已完成清洁化改造工作的造纸企业共 249 家，浙江省已完成清洁化改造的造纸企业达 125 家，占全国的 1/2 以上。

【2017 年重大事件】

1. 特种纸标准首次进入国际舞台

浙江凯恩特种材料股份有限公司积极对接 IEC/TC15(国际电工组织绝缘体材料行业)，努力争取电解电容器纸国际标准修订权。浙江凯恩特种材料股份有限公司积极推动技术标准化，标准国际化。目前，该公司已向 IEC 提交《电解电容器纸》草案，并代表中国企业参与了 2017 年 6 月 12—15 日在瑞士召开的 IEC/TC15 年会。该草案是电解电容器纸领域第一个由中国企业提交的国际标准草案，也是“浙江制造”企业自主创新成果争取上升为国际标准的积极探索。

2. 浙江金昌特种纸股份有限公司入选浙江省领军型创新团队

2017 年 12 月 14 日，浙江金昌特种纸股份有限公司申报的“纳米纤维素绿色制备及应用创新团队”公示结束，入选 2017 年浙江领军型创新团队，浙江金昌特种纸股份有限公司院士工作站引进加拿大工程院院士倪永浩领衔的创新团队获得首笔 1500 万元资金补助。相关联的动力电池隔膜中试项目也入选国家“十三五”规划重点科研专项，为一家民营企业敲开全省 80 万辆新能源汽车的市场大门，提供了得天独厚的条件。

3. 宁波亚洲浆纸业有限公司等获评国家级“高新技术企业”

经宁波市科技局、财政局、国税局、地税局专家评审，国家科技部火炬中心发文，宁波亚洲浆纸业有限公司获评国家级“高新技术企业”称号。有效期自 2017 年 11 月 29 日至 2020 年 11 月 29 日，为期 3 年。据了解，宁波亚洲浆纸业有限公司被评定为高新技术企业后，预估将享受所得税减免 2 亿元及众多无形效益。

2017 年被认定为高新技术企业的还有：浙江金龙纸业有限公司、浙江恒达纸业有限公司、杭州华章科技股份有限公司、浙江晶鑫特种纸业有限公司、浙江凯丰新材料股份有限公司。

4. 杭州特种纸业有限公司通过 FSC 认证

经过前期培训、指导、模拟操作、现场评估等一系列工作，杭州特种纸业有限公司顺利取得了

FSC 认证证书。通过 FSC 认证，标志着公司的产品拥有了一张绿色通行证，在日益倡导环保、低碳、规范化的市场环境下进一步提高产品的竞争力。

【2018 年展望】

2018 年已进入我国社会发展的新时代。这一年是贯彻落实党的十九大精神的开局之年，今年将迎来改革开放四十周年，是决胜小康社会，实施中国经济社会第十三个五年规划的关键之年。十九大已作出了“我国经济已由高速增长阶段转向高质量发展阶段”的科学判断。推动高质量发展将是当前和今后一个时期确定的发展思路，是制定经济政策，实施宏观调控的根本要求。

浙江省造纸工业在经历了高景气度发展的 2017 年后，应站在行业发展的新高度上，进入以高质量发展为主旋律的新时代。高质量发展意味着造纸产业要从过去数量主导型的发展转变为质量第一，效益优先的发展思路，立足当前，着眼长远。坚持绿色发展的方向，开发生产高质量纸产品，继续加大环保治理投入和节能减排技术与模式创新，真正实现产业升级、生态文明建设和经济发展和谐统一。

展望 2018 年，行业将面临：

第一、环保严监管常态化，环保成本内部化。十八大以后，生态文明建设首次被列为国家的根本战略，国家对绿色发展的重视程度达到了前所未有的高度。十九大报告提出了生态文明建设和美丽中国建设作为战略任务之一，“要像对待生命一样对待生态环境”，环保已经上升到了生命的高度。

2018 年环保督查将常态化，会开展“蓝天保卫战”等环保方面的专项行动。各省市也会出台专项生态环境整治行动。

环保已经达标的企业将继续兑现环保支票。无能力进行环保改造而不能达标的企业将继续被淘汰，有能力进行环保改造的企业，生产运营成本将会上升，如不能有效降低成本，部分产品生产将受到冲击。这部分淘汰或者受到冲击的产能将被环保达标的产品所替代。所以 2018 年常态化、长效化环保督查是必然趋势。

第二、造纸原料和纸价不会大幅回调，仍将处于高位运行。造纸纤维原料中，特别是废纸原料受到进口废纸配额收紧的影响，国废的价格仍将在较高的价位上。从目前环境保护部审批的前九批进口废纸许可证的情况看，大多集中在大企业中，许多中小企业均未获得审批。且已发生多起已到港废纸在抽查中未能达到含杂率 0.5% 而退货。市场是只无形的手，紧缺了价格自然会涨。

造纸原料中的木浆，2018 年将会在高价位上，且包括石油、天然气、煤炭等大宗商品价格在 2018 年可能会继续攀升。作为基础原材料产业且为众多产业配套的造纸行业，生产和消费同时会受到拉动，价格也会上涨。2018 年纸张的价格会跟上原材料上涨的步伐，价值链上各段价值都会得到应有的体现，整个价值链趋于合理，上下游形成了共赢，已改变过去利益对立的局面。

第三、浙江省造纸工业 2018 年生产和运行整体会继续保持平稳。2018 年国家会继续坚持稳中求进的总基调，奉行积极、稳健的财政政策，推动经济持续稳定发展，作为许多产业配套和人民生活密切相关的造纸行业，生产和消费必然会受到拉动。

浙江省造纸产业已被省政府列为十大制造业改造提升的试点产业，在污染治理上已走在全国的前列，经过 2013 年、2014 年的行业整治提升，浙江省造纸工业以废纸为原料的 3 万吨/年以下生产线已全部淘汰，每家造纸企业对照《浙江省造纸工业整治提升方案》中的 52 条要求进行整改提升，浙江省造纸工业的环保问题已得到明显改善，行业整体形象已有所提高。虽然某个地区、某个时段会出现限产、停产的现象，但总体上处于生产平稳、产销平衡状态，行业总体效益会延续 2017 年的状态。

同时我们应清醒地认识到进入新时代，必须有新作为。第一，我们应长期坚持实现“绿色纸业”方向，坚定不移抓好环保工作是造纸企业生存的基础，真正做到全密闭、全加盖、全收集、全处理、全监管。各企业要落实去年环保督查的整改工作，对照 2013 年造纸行业整治提升 52 条要求，逐条落实，造纸企业还要不断加大环保、节能减排方面的投入。只有把治污、节能减排工作做深做透了，造纸企业才能长期生存。第二，按照浙江省政府《造纸制造业改造提升方案》要求不断创新，提质增效，逐步实现由传统产业向现代造纸业的转变。应清醒认识到招商的时代即将过去，将进入招智的时代，应改变过去愿投硬件不愿投软件的做法。第三，面对复杂多变的市场形势，善于观察，善于判断，及时灵活的调整营销策略。

新的一年，将面临复杂多变的内外环境，任务繁重。我们只有事情一件接着一件做，工作一件接着一件干，问题一个接着一个解决，契而不舍出实招、办实事、求实效，才能朝着既定的造纸强省目标，不断迈进。

（陆文荣）

江苏省造纸工业

Paper Industry in Jiangsu Province

【行业概况】

2017 年宏观经济形势基本平稳，但是在限制废纸进口，环保大检查和供给侧改革等多重政策的推动下，废纸、纸浆等原料价格大幅上涨，各类纸种的价格也明显提升，下半年纸业形势产销两旺，纸价节节攀升，行业利润翻倍。特别是箱纸板和瓦楞原纸的价格在四季度出现“疯涨”“一纸难求”，价格均创历史新高。2017 年江苏省造纸企业销售普遍向好，经济效益水平大幅提升。

1. 机制纸及纸板生产量

据江苏省造纸行业协会调查统计，2017 年江苏省造纸工业累计机制纸及纸板生产量 1421 万吨，比 2016 年的 1405 万吨增长 1.1%。纸及纸板生产量排全国第四位。

(1)文化纸 2017 年全省文化纸生产量为 390 万吨，占全省机制纸及纸板生产量的 27.4%，比 2016 年的 392 万吨下降 0.5%。其中，铜版纸生产量 247 万吨，比 2016 年的 240 万吨增长 2.9%；双胶纸和复印纸原纸生产量 143 万吨，比 2016 年的 152 万吨减少 5.9%。

(2)包装纸及纸板 2017 年全省包装纸及纸板生产量为 838 万吨，占全省机制纸及纸板生产量的 59.0%，比 2016 年的 820 万吨增长 2.2%。其中，瓦楞原纸生产量 287 万吨，比 2016 年的 271 万吨增长 5.9%；箱纸板生产量 372 万吨，与 2016 年的 373 万吨基本持平；涂布白纸板生产量 82 万吨，比 2016 年的 85 万吨减少 3.5%；纸管原纸生产量 12 万吨，比 2016 年的 9.82 万吨增长 22.2%；涂布白卡纸生产量 85 万吨，比 2016 年的 81 万吨增长 4.9%。

(3)生活用纸 2017 年全省生活用纸生产量为 149 万吨，占全省机制纸及纸板生产量的 10.5%，比 2016 年的 144 万吨增长 3.5%。

(4)特种纸及纸板 2017 年全省特种纸及纸板生产量为 44 万吨，包括无碳复写纸、防伪票证纸、热敏纸、纸杯原纸、三滤纸、蚊香片纸、箱包纸板、鞋底纸板等，占全省机制纸及纸板生产量的 3.1%，比 2016 年的 49 万吨减少 10.2%。

2. 区域生产量分布情况

2017 年，苏南地区造纸生产量合计 1071 万吨，占全省造纸生产量的 75.4%，比 2016 年的 1077 万吨下降 1.3%；苏中地区造纸生产量合计 123 万吨，占全省造纸生产量的 8.7%，比 2016 年的 117 万吨增长 0.4%；苏北地区造纸生产量合计 226 万吨，占全省造纸生产量的 15.9%，比 2016 年的 211 万吨增长 0.9%。苏北地区的生产量提升较快，同时落后产能的淘汰也比较快。

3. 内、外(合)资企业生产量比例

2017 年全省内资造纸企业生产量合计 337 万吨，占全省机制纸及纸板生产量的 23.7%，比 2016 年的 21.7% 上升了 2 个百分点，生产量比 2016 年的 305 万吨增长 10.5%，内资企业生产量大幅上升的原因在于江苏上善纸业有限公司的投产及江苏长丰纸业有限公司、江苏博汇纸业有限公司的增产；全省外(合)资企业生产量合计 1084 万吨，占全省机制纸及纸板生产量的 76.3%，比 2016 年的 78.3% 下降了 2 个百分点，生产量比 2016 年的 1099 万吨下降 1.4%，这是由于部分企业生产量小幅向下波动引起的。

4. 实现产值、销售收入、税金及利润情况

据江苏省造纸行业协会统计，2017 年江苏省造纸工业总计完成工业总产值 674 亿元，比 2016 年的 539 亿元增长 25.0%；实现销售收入 665 亿元，比 2016 年的 553 亿元增长 20.3%；上缴税金 28 亿元，比 2016 年的 26 亿元增长 7.7%；实现利润 64 亿元，比 2016 年的 30 亿元增长 113%；江苏省的利润增幅远高于我国造纸行业平均水平。全省亏损制浆造纸企业共 4 家，与 2016 年持平。

【原料】

2017 年全省纸浆总用量 1306 万吨，比 2016 年的 1304 万吨增长 0.2%。全省木浆、废纸浆、非木材浆原料结构分别为 32.3%、67.5%、0.2%。其中，木浆用量 422 万吨，比 2016 年的 411 万吨增长 2.7%；占总用浆量的 32.3%，比 2016 年的 31.5% 增加 0.8 个百分点。废纸浆用量 882 万吨，比 2016 年的 890 万吨降低 0.9%；占总用浆量的 67.5%，比 2016 年的 68.3% 减少 0.8 个百分点；折合耗用废纸 1103 万吨。工业包装纸生产量增加而废纸用量较少的主要原因在于进口废纸的含杂量下降导致废纸浆得率提高。非木材浆用量 2 万吨，比 2016 年的 3 万吨降低 33%；占总用浆量的 0.2%，与 2016 年的 0.2% 持平。

【运营情况】

1. 主要纸种生产量变动分析

(1)2017 年全省铜版纸生产量比 2016 年增加 7 万吨，主要原因是江苏王子制纸有限公司生产量提高了 6.4 万吨。双胶纸和复印纸原纸生产量下降 9 万吨的主要原因是部分大型文化纸生产企业品种结构的调整和生产量的正常波动，例如江苏王子制纸有限公司铜版纸生产量提升，双胶纸生产量下降。

(2)2017 年全省包装纸及纸板生产量占全省机制纸及纸板生产量的比例同比上升 0.8 个百分点；包装纸生产量的增加主要是瓦楞原纸生产量增加导致的，主要是由于统计口径增加江苏上善纸业有限公司的 20 万吨以及 2017 年淘汰瓦楞原纸落后产能造成的，增减相抵后全省瓦楞原纸生产量同比增加 16 万吨。箱纸板生产量与 2016 年相比基本持平，新增产能与落后产能淘汰增减相抵。

2017 年全省砂管原纸生产量增加 2.2 万吨，是由于江苏久兴纸业有限公司生产量增加所引起的。全省涂布白卡纸生产量增加 4 万吨，主要是江苏博汇纸业有限公司生产量增加产生的。涂布白纸板下降 3 万吨，是企业产能结构调整导致的。

(3)2017 年全省生活用纸生产量占全省机制纸及纸板生产量的比例同比上升 0.2 个百分点。全省生活用纸生产量同比增加 5 万吨，主要是由于金红叶纸业集团有限公司生产量增长了 10 万吨，太仓长顺纸业有限公司由于搬迁生产量下降，以及部分企业产能重心由生活用纸向工业包装纸转移造成的，增减相抵后全省生活用纸生产量同比增加 5 万吨。

2. 大中型造纸企业的市场份额继续扩大

国家对落后产能的淘汰力度越来越大，小型造纸企业在多方面都处于劣势，盈利困难，2016 年至今减产、停产现象较为普遍(例如徐州地区)。10 万吨以上的大中型造纸企业 2017 年合计生产量达到 1358 万吨，占全省造纸生产量的 95.6%，比 2016 年的 1318 万吨增长 3.0%。其中，年生产量 50 万吨以上的大型造纸企业 2017 年合计生产量达到 1121 万吨，占全省造纸生产量的 78.9%，比 2016 年的 1133 万吨下降 1.1%，与 2016 年基本持平，是企业产能小范围波动造成的；2017 年全省大中型造纸企业的平均规模达到 65 万吨，与 2016 年基本持平。

【生产企业】

2017 年江苏省纸及纸板生产量达到 10 万吨的造纸企业共 21 家，生产量在 50 万吨以上的企业有 9 家(见表 1)。年产 200 万吨以上规模企业 2 家；年产 100 万 ~200 万吨规模企业 2 家；年产 50 万 ~100 万吨规模企业 5 家；年产 10 万 ~50 万吨规模企业 12 家，比 2016 年增加了江苏上善纸业有限公司和江苏久兴纸业有限公司。

表 1 2017 年江苏省纸及纸板生产量 50 万吨以上的造纸企业

序号	企业名称	生产量/万吨
1	玖龙纸业(太仓)有限公司	282
2	金东纸业(江苏)股份有限公司	206
3	江苏理文造纸有限公司	120
4	金红叶纸业集团有限公司	114
5	无锡荣成环保科技有限公司	95
6	芬欧汇川(中国)有限公司	94
7	江苏博汇纸业有限公司	85
8	永丰余造纸(扬州)有限公司	65
9	金华盛纸业(苏州工业园区)有限公司	60
	合计	1121

(刘 克)

福建省造纸工业

Paper Industry in Fujian Province

2017 年在国民经济稳中求进的总基调下，福建省造纸工业延续 2016 年下半年以来的回暖势头，市场行情不断趋好发展，全年产销基本平衡，略感产能不足，浆价纸价大幅上涨，经济效益大幅度提升，福建纸业又度过了一个好年头。

【行业概况】

1. 福建省统计局数据

(1)生产量　纸浆(原生浆及废纸浆)38 万吨，同比增长 7.6%。机制纸及纸板 779.90 万吨，同比减少 1.4%(2016 年福建省纸和纸板生产量，快报数据 727 万吨，年报时调为 791 万吨。同比减少 1.4%来自 2017 快报生产量与 2016 年年报生产量对比)，其中，未涂布印刷书写纸 28.90 万吨(新闻纸生产量为零)；涂布类印刷纸 8.61 万吨；生活用纸 36.23 万吨；包装纸和纸板 186.37 万吨(其中，箱纸板 163.59 万吨、包装纸 2.63 万吨)。纸制品 463.15 万吨，同比增长 2.7%，其中，瓦楞纸箱 230.76 万吨、生活用纸制品 16.26 万吨。

(2)工业总产值(现行价格)　制浆造纸及纸制品行业工业总产值 1236.67 亿元，同比增长 16.1%。其中，制浆 7.59 亿元，同比增长 4.2%；造纸 486.98 亿元，同比增长 19.6%；纸制品 742.10 亿元，同比增长 14.0%。

(3)销售产值　制浆造纸及纸制品行业销售产值 1172.57 亿元，同比增长 15.2%。其中，制浆 7.49 亿元，同比增长 4.4%；造纸 472.62 亿元，同比增长 18.9%；纸制品 692.45 亿元，同比增长 12.9%。

(4)出口交货值　造纸及纸制品行业出口交货值 49.55 亿元，同比增长 11.9%。其中，造纸 12.84 亿元，同比增长 20.7%；纸制品 36.71 亿元，同比增长 9.1%。

(5)产销率　制浆造纸及纸制品行业产销率 94.82%，同比减少 0.70 个百分点。其中，制浆 98.62%，同比增长 0.13 个百分点；造纸 97.05%，同比减少 5.6 个百分点；纸制品 93.31%，同比减少 0.87 个百分点。

(6)企业单位数　制浆造纸及纸制品行业 435 家。

(7)利润总额　制浆造纸及纸制品行业利润总额 69.1 亿元，同比增长 24.5%。其中，制浆 0.3 亿元，同比增长 33.3%；造纸 26 亿元，同比增长 49.2%；纸制品 42.8 亿元，同比增长 9.3%。

(8)税金总额　制浆造纸及纸制品行业税金总额 37.3 亿元，同比增长 12.3%。其中，制浆 0.3 亿元，同比增长 200%；造纸 20.4 亿元，同比增长 23.6%；纸制品 16.6 亿元，同比增长 0.6%。

(9)平均用工人数　制浆造纸及纸制品行业 8.3 万人，与 2016 年持平。其中，制浆 0.1 万人，与 2016 年相同；造纸 5.6 万人，同比增长 4.0%；纸制品 5.6 万人，同比减少 1.8%。

2. 产销运行概况

2017 年福建省造纸工业产销运行总体良好，就生产量而言，上半年是呈现不断增长的趋势，下半年是不断回落的趋势。原因是下半年环保督查力度加大，先是有些造纸企业为了怕举报惹麻烦停产待查，后是废纸进口受政策调整限制，由于主要原料出现较大缺口，造成较大面积停产。但是总的态势是大企业越来越好，小企业、弱企业越来越困难，尤其是以废纸为原料的中小企业运行压力越来越大。

(1)产品品种生产量概况　2017 年福建省新闻纸完全停产，造成非涂布文化纸大幅度减产。虽然二孩政策的实施，使生活用纸市场需求旺盛，但是福建省进口生活用纸太多，造成生活用纸原纸生产量减少 0.6%，生活用纸制品生产量减少 22.3%。包装纸和纸板市场很好，但原料缺乏造成减产，

2017 年箱纸板生产量下降 21.5%。但是福建省的骨干企业福建省青山纸业股份有限公司技改成绩显著，其纸袋纸是原生木浆生产的，所受影响较小。包装纸(纸袋纸)由于福建省青山纸业股份有限公司贡献较大，总量增长 11%。

(2)重点企业产量产值概况　①恒安(中国)纸业有限公司高档生活用纸(原纸)生产量 25.7 万吨，同比增长 1.15%；工业总产值(现价，下同)36 亿元，同比增长 20.5%。②福建省联盛纸业有限责任公司高档包装纸板生产量 234 万吨，同比减少 7.5%；工业总产值 6 亿元，同比增长 1%。③福建优兰发集团实业有限公司(晋江优兰发纸业有限公司、华祥纸业有限公司、福建希源纸业有限公司)薄页纸特种纸等生产量达 91.86 万吨，同比增长 1.5%；工业总产值 46 亿元，同比增长 3.4%。④玖龙纸业(泉州)有限公司生产量 62 万吨，同比增长 3.34%。⑤福建省青山纸业股份有限公司纸袋纸生产量 20.15 万吨，同比增长 6.8%；工业总产值 16.25 亿元，同比增长 14%。⑥漳州盈晟纸业有限公司包装纸板生产量 19.43 万吨，同比减少 0.2%；工业总产值 8.96 亿元，同比增长 31.7%。⑦漳州友利达纸业发展有限公司牛皮箱纸板生产量 17.26 万吨，同比减少 0.15%；工业总产值 6.27 亿元，同比增长 40.1%。⑧漳州港兴纸业有限公司牛皮箱纸板生产量 16 万吨，同比减少 25%；工业总产值 6 亿元，同比减少 15.8%。⑨华发纸业(福建)股份有限公司生产量 15.4 万吨，同比增长 17.4%；工业总产值 6.07 亿元，同比增长 19%。⑩福建铙山纸业集团有限公司薄型特种纸生产量 13.61 万吨，同比增长 6.94%；工业总产值 15.68 亿元，同比增长 28.2%。⑪漳州八龙纸业有限公司高强瓦楞原纸生产量 10.4 万吨，同比增长 55%；工业总产值 5.73 亿元，同比增长 87.5%。⑫福建利树浆纸有限公司牛皮箱纸板生产量 10.02 万吨，同比减少 14.9%；工业总产值 5.07 亿元，同比增长 4.1%。⑬福建省尤溪永丰茂纸业有限公司薄页纸、文化纸等生产量 4.65 万吨，同比增长 10.9%；工业总产值 3.39 亿元，同比增长 17.8%。

由以上可以看出，2017 年福建造纸工业按生产量产值综合考察，最大最强的 10 家企业是：福建恒安集团有限公司、福建省联盛纸业有限责任公司、福建优兰发集团实业有限公司、玖龙纸业(泉州)有限公司、福建省青山纸业股份有限公司、漳州港兴纸业有限公司、华发纸业(福建)股份有限公司、福建利树浆纸有限公司、漳州友利达纸业有限公司、福建铙山纸业集团有限公司。

福建省造纸工业产业布局相对集中，以产值排位泉州市第一，其纸业产值占福建省造纸工业的 43.7%；以生产量排位漳州市第一，其生产量占 40% 以上。

【原料】

目前福建省原生纸浆产销企业主要是福建省青山纸业股份有限公司、福建省尤溪永丰茂纸业有限公司、福建腾荣达制浆有限公司和福建利树浆纸有限公司 4 家企业(福建省南纸股份有限公司有原生纸浆制造，但很少生产)，其余企业生产的纸浆主要是流体浆(湿浆)，是作为企业自己生产纸和纸板的原材料使用，由于没有进入市场销售，因此没有计入福建省统计局纸浆生产量，所以福建省纸浆实际生产量比统计局公布的商品纸浆生产量要大得多。2017 年福建省造纸工业纸浆消耗量约 800 万吨，其中，木浆 80 万吨，占 10%；非木材浆 32 万吨，占 4%；其他 688 万吨为废纸浆，占 86%。福建省消耗的 80 万吨木浆中，约 30 万吨来自本省，50 万吨来自进口。32 万吨非木材浆中有 5 万吨来自本省(主要是竹浆和芒秆浆)，其余来自外省(主要是麦草浆和芦苇浆)。福建省造纸工业消耗的 688 万吨废纸浆中 90% 以上是造纸企业自制，只有不到 10% 的废纸浆是市场上购买的商品废纸浆。废纸浆的原料(废纸)60% 来自国内，40% 来自进口。到 2017 年年底进口废纸量开始大量减少，国产废纸浆和进口纸浆比例大幅上升。

【生产企业】

2017 年大型制浆造纸企业(年产能 100 万吨以上)只有 1 家，即福建省联盛纸业有限责任公司(含联盛(龙海)纸业有限公司和福建联盛纸业有限公司(长泰))，年产能 250 万吨。中型制浆造纸企业(年产能 30 万～100 万吨)有 6 家。小型制浆造纸企业(年产能 30 万吨以下)115 家。2017 年福建省纸和纸板年产能前 10 位的企业如表 1 所示，生产量、工业总产值、利税总额前 10 位的企业情况分别如表 2～表 4 所示。

需要补充说明的是：①2017 年 12 年 20 日，安徽山鹰纸业有限公司以 19 亿元现金收购福建省联盛纸业有限责任公司(长泰)基地，4 台纸机，批准年产能是 84 万吨，实际能够达 100 万吨。②2017 年 12 月 29 日，福建省联盛纸业(龙海)有限公司 PM9 纸机顺利出纸，PM9 主要生产牛卡纸和高强瓦楞原纸，年生产量为45万~50万吨。这台纸机由福伊特公司提供，纸机网宽为7300毫米，幅宽6660毫米；设计车速1400米/分，运行车速1300米/分；配置DuoFormer Base II二代夹网技术装备，并拥有先进的纸机控制系统(MCS)和质量控制系统(QCS)，属于世界先进水平。

表1　2017年福建省纸及纸板年产能前10位的企业

序号	企业名称	年产能/万吨	产品品种
1	福建省联盛纸业有限责任公司	250	包装纸和纸板
2	福建优兰发集团实业有限公司	95	薄页纸、复印纸等
3	玖龙(泉州)纸业有限公司	65	包装纸板
4	福建省青山纸业股份有限公司	45	纸袋纸
5	福建省南纸股份有限公司	38	新闻纸、复印纸
6	恒安(中国)纸业有限公司	30	生活用纸(原纸)
7	漳州盈晟纸业有限公司	30	包装纸板
8	福建利树浆纸有限公司	22	包装纸板
9	福建铙山纸业集团有限公司	20	薄页纸、特种纸
10	漳州港兴纸业有限公司	20	包装纸板

表2　2017年福建省纸及纸板生产量前10位的企业

序号	企业名称	生产量/万吨	产品品种	备注
1	福建省联盛纸业有限责任公司	234	包装纸板	
2	福建优兰发集团实业有限公司	92	薄页纸、复印纸等	
3	玖龙(泉州)纸业有限公司	62	包装纸板	
4	恒安(中国)纸业有限公司	26	生活用纸(原纸)	
5	福建省青山纸业股份有限公司	20	纸袋纸、食品包装纸等	另有溶解浆
6	漳州盈晟纸业有限公司	19	包装纸板	
7	漳州友利达纸业有限公司	17	包装纸板	
8	漳州港兴纸业有限公司	16	包装纸板	
9	华发纸业(福建)股份有限公司	15	包装纸板	
10	福建铙山纸业集团有限公司	14	薄页纸、特种纸	

表3　2017年福建省造纸工业总产值前10位的企业

序号	企业名称	总产值/亿元	产品品种
1	恒安(中国)纸业有限公司	260.0	生活用纸及制品
2	福建省联盛纸业有限责任公司	80.0	包装纸板
3	福建优兰发集团实业有限公司	46.0	薄页纸、复印纸等
4	玖龙(泉州)纸业有限公司	30.0	包装纸板
5	福建省青山纸业股份有限公司	16.2	纸袋纸
6	福建铙山纸业集团有限公司	15.7	薄页纸、特种纸
7	漳州盈晟纸业有限公司	9.0	包装纸板
8	漳州友利达纸业有限公司	6.3	包装纸板
9	华发纸业(福建)股份有限公司	6.1	包装纸板
10	漳州港兴纸业有限公司	6.1	包装纸板

表 4　　2017 年福建省造纸工业利税总额前 10 位的企业

序号	企业名称	利税总额/亿元	产品品种
1	福建恒安集团有限公司	1.1	生活用纸及制品
2	福建省联盛纸业有限责任公司	6.5	包装纸板
3	福建优兰发集团实业有限公司(晋江、华祥、希源)	4.4	薄页纸、复印纸等
4	敦信纸业有限责任公司	1.9	
5	福建省青山纸业股份有限公司	1.7	纸袋纸
6	漳州港兴纸业有限公司	1.4	
7	漳州八龙纸业有限公司	1.4	包装纸板
8	漳州友利达纸业有限公司	1.3	包装纸板
9	华发纸业(福建)股份有限公司	1.2	包装纸板
10	漳州盈晟纸业有限公司	1.2	包装纸板

注：1. 福建恒安集团没有向福建省纸业协会填报统计数据，参加统计的是其旗下生产原纸的恒安(中国)纸业有限公司，其利税总额为 1.1 亿元。

2. 本会尚未收到玖龙(泉州)纸业有限公司的利税报表，所以表 4 不含该企业。

【基建与技改】

福建省重点建设项目有 7 个，这些项目共同特点是规模大、技术新、竞争力强、可持续发展。

(1)2016 年福建恒安集团有限公司在晋江投资 63 亿元，建设恒安生活用品智能化生产基地项目(立体式仓储中心、产品配送中心等)，项目已经建成投产，为福建省造纸工业信息化技改提供了样板工程。

(2)福建省青山纸业股份有限公司建设年产 50 万吨食品包装纸及纸板项目，内容包含 3 部分：①1 条食品包装原纸生产线，年产能 10 万吨，已建成投入试运行；②年产 25 万吨超声波竹木制浆生产线，第一步年产 3 万吨的超声波竹木制浆中试生产线已投入试运行；③新建年产能 30 万吨的涂布食品包装纸生产线，已经进入前期工作阶段。

(3)玖龙纸业(泉州)有限公司总规划为新建年产 180 万吨高档牛卡纸项目。其一期工程投资 20 亿元建设年产 65 万吨高档牛卡纸项目，由 2 台纸机生产线组成，含全部主要生产系统、辅助生产系统和附属系统，已于 2014 年建成达产并通过验收。二期项目建设内容新近调整为投资 20 亿元，建设废纸制浆造纸项目，以单台纸机年产 65 万吨包装纸(以高强瓦楞原纸和牛卡纸为主)生产线为主，含主要生产系统和二期、三期的辅助生产系统和附属系统，造纸生产线配置幅宽 8500 毫米，设计车速 1300 米/分的夹网纸机，2018 年 1 月 22 日正式开工建设。二期生产线是当今全球规模最大、自动化水平最高的包装纸(板)生产线。三期工程，投资 18 亿元，建设单机年产 50 万吨高档包装纸(牛卡纸、高强瓦楞原纸)生产线(配置同二期，由于产品定量低，所以年产能低)，已开工建设。

(4)联盛纸业(龙海)有限公司新建 9 号机和 10 号机项目。9 号机生产线主要生产牛卡纸和高强瓦楞原纸，年产能为 45 万～50 万吨。已于 2017 年 12 月 29 日建成投产，10 号机是年产 60 万吨高档白纸板的废纸制浆造纸生产线，已经开工建设。

(5)福建利树股份有限公司一期工程已投产，2 个生产基地合计年产能 25 万吨，其中，兴宁工业区 10 万吨，笋竹城工业区 15 万吨。2017 年投资 6 亿元，在笋竹城基地扩建年产 30 万吨餐桌农产品包装用挂面白纸板工程技改项目，作为公司的二期工程，已经在建。

(6)优兰发集团泉州华祥纸业有限公司技改扩建项目，总投资约 3 亿元，在污染物排放总体减量的前提下进行技改，引进国内外先进生产线，换转市场前景不是很好的产能，合计换转年产能 50 万吨。

(7)福建省青山纸业股份有限公司与福建铙山纸业集团有限公司合作，在福建省建宁县投资 4474 万元，建设年产 4000 吨高档引线纸项目，已开始建设。

【科研与技术进步】

2017 年，福建农林大学材料工程学院在竹木精深加工方面做了大量卓有成效的研究，主持国家自然科学基金、国家科技支撑计划项目、福建省产业技术联合创新项目等纵向课题 20 多项，与福建省青山纸业股份有限公司、福建希源纸业有限公司合作横向课题3 项，科研经费达到1000 多万元。主持在研项目有：

(1)“十三五”国家重点研发计划项目 ①基于造纸过程的纤维原料高效利用技术；②竹种筛选与竹纤维制备关键技术研究；③高得率浆纤维的高效环保功能化改性及功能型壁纸制备技术研究。

(2)国家自然科学基金项目 ①竹材预水解过程半纤维素反应机制及其强化途径研究；②氧及活性氧群对高木质素未漂浆的可及性及诱导传质机制的研究；③催化精馏制备生物柴油过程中反应与分离协同机制及其调控；④聚苯乙烯微球功能化及其定向控制造纸白水中 DCS 的研究；⑤纤维素基多巴仿生胶黏剂的分子设计、合成与性能研究；⑥手性向列型纳米纤维素模板定向调控二氧化钛微结构及共振耦合光催化增强机理研究；⑦基于 γ-戊内酯/水体系制备再生纤维素级纤维过程中糖甙键的断裂与调控机制；⑧生物质酸预处理过程假木素的来源、生成机理及其过程控制与分离；⑨改性纤维素微球包裹液体制备液体弹珠及其结构特性研究。

(3)福建省产业技术联合创新项目 竹(木)溶解浆粕及其纤维素膜的研发与产业化。

(4)福建省科技自然科学基金 ①黏胶级溶解浆反应性能的评价及其改善研究；②非接触性食品包装纸/纸板中芳香烃类矿物油的迁移机制及其抑制的研究；③双醛纤维素-纳米 SiO_2 无铬鞣剂的杂化制备及其鞣革作用机理；④竹材预水解半纤维素溶出强化途径研究。

(5)横向项目 ①AIP 型非离子表面活性剂的制备及在废纸脱墨中的应用；②竹溶解浆生产技术研究及原料贮存期对溶解浆反应性能的影响；③高透气度纸袋纸抄造及其湿部化学工艺优化。

2017 年 9 月 1 日，福建恒安集团有限公司“超吸水纤维非织造布研制及其应用”获福建省科学技术进步奖二等奖、2016 年度泉州市科技进步奖二等奖、2016 年度晋江市科学技术进步奖一等奖。福建省晋江优兰发纸业有限公司开发的“60% 再生浆在高透明礼品包装纸中应用的研究”获福建省科学技术进步奖三等奖；泉州华祥纸业有限公司获 2016 年度晋江市科学技术市长特别奖，“办公废纸脱墨技术及在低定量拷贝纸中的应用”获 2016 年度晋江市科学技术进步奖一等奖。

【环境保护与节能】

福建省是我国生态文明省，是全国不多的明确不发展高污染、高能耗、高资源消耗工业的省份。2017 年 10 月，党的十九大召开，在创新、协调、绿色、开放、共享的发展理念指导下，实行最严格的生态环境保护制度，把生态文明省建设纳入“五位一体”总体布局。福建省的生态文明建设一直走在全国前列，是水、大气、生态环境全优的省份，森林覆盖率 65.95%，主要河流水质保持全优，4 项主要污染物排放强度仅为全国的 1/2，所有区市空气质量达标天数比例超过 98%。福建省明确要求制浆造纸工业必须加快转型升级步伐，注重发展质量，实现经济效益、社会效益和环境效益同步发展。

2012—2015 年，福建省造纸行业主动淘汰了 202.46 万吨落后产能，在国家划出红线范围内的落后产能，福建省造纸产业早已淘汰完毕。2017 年福建造纸工业主要是继续深入贯彻产业结构调整，利用市场力量，淘汰过剩产能和竞争力差的产能。2017 年全年大约淘汰了 100 万吨过剩产能和竞争力差的产能，其中还包括在产业政策从严复查中淘汰落后产能，以及要求造纸企业 2017 年年底前把元素氯漂白技改为无元素氯漂白或全无氯漂白而停产整改的产能，以及拟定中的限制幅宽 2362 毫米以下的文化纸机，限制幅宽 2400 毫米以下的包装纸和纸板机等。

2010 年福建省就制定并发布实施单位产品能源消耗定额标准，并在全省实施，近 3 年还对全省 75 家大中型造纸企业进行过现场能源审计。2015 年国家发布《GB 31825—2015 制浆造纸单位产品能源消耗限额》，国家标准中的产品分类比福建省粗，但是总体指标数值比福建省 2010 年制定的能耗指标先进。根据国家政策精神，福建省又对造纸企业技术装备水平和能耗水平进行了补充调查，有针对性地对能耗高的造纸企业进行技术提升辅导。同时，2017 年福建省又按照国家制修订标准精神和福建省造纸企业的实际情况，开始对福建省之前发布实施的制浆造纸工业单位产品能源消耗限额编制进行修订，可望于 2018 年上半年发布实施。

在 2017 年以前，福建省就开始实施排污许可证制度，1 月 11 日福建省环保厅发布《关于做好核发新版排污许可证的通知(闽环保办〔2017〕2 号)》，符合产业政策的造纸企业在2017年7月1日前全部申领到排污许可证，并按照许可证的规定，做到稳定达标排放和生态环境保护工作。

2017年6月27日，国家发布中华人民共和国主席令（第七十号）及其附件《中华人民共和国水污染防治法》2017年修订版，8月环境保护部发布公告（2017年第35号）及其附件《造纸工业污染防治技术政策》，5部委联合发布公告第39号及其附件《进口废物管理目录》，国标《GB 16487.4—2017 进口可用作原料的固体废物环境保护控制标准—废纸和纸板》，环境保护部关于发布《进口废纸环境保护管理规定》的公告（国环规土壤〔2017〕5号）。根据这些文件精神，配合环境保护部的督查和进口废纸严格通关检查，福建省大中型制浆造纸企业得到优势发展，中小企业只有背水一战，无法跟上形势需求帮助其退出市场竞争。并根据《中华人民共和国环境保护税法》做好2018年1月1日起实施的准备工作。

【发展目标】

福建省造纸产业总体发展目标是力求以最大企业规模、最新信息化管理、最先进的技术装备和最小的资源能源消耗谋求最大的社会效益、经济效益和生态环境效益。福建省造纸工业总产值已达1000多亿元，成为福建省消费品工业的一个重要分支，到2025年，福建省造纸产业具体发展目标是经济技术指标达到国内先进水平，进一步提高造纸产业集中度，纸和纸板制造企业平均规模在2017年的6.4万吨基础上，每年按3%的速度提升。在现有1家销售值超百亿企业和1家纸和纸板年产能超百万吨企业的基础上，再培育1家超百亿龙头企业，培育1~2家年产能100万吨以上造纸企业。前10位企业，技术研发经费支出占主营业务收入比例全部提高到2%以上，研发投入年均增长10%以上；单位增加值能耗、废水排放量、用水量年均分别下降2%、1%、2%以上。

（郑宝琛）

河南省造纸工业

Paper Industry in Henan Province

【行业概况】

根据河南省造纸学会对综合信息资料调查，2017 年全省机制纸及纸板生产企业约 130 家，机制纸及纸板生产量 697.5 万吨，同比下降 6.9%；主营业务收入 700.20 亿元，同比增长 11.9%；利润总额 48.13 亿元，同比增长 27.5%。全省机制纸及纸板 2017 年与 2016 年相比，生产量有所减少、主营业务收入有所增加，利润、税收增加较多。

河南省造纸企业主要分布在漯河市、濮阳市、焦作市、新乡市、驻马店市、郑州市等地区，2017 年全省造纸企业生产能力超过 10 万吨的企业 28 家，占全省生产量的 80% 以上。麦草等非木材浆造纸生产量约 30 万吨，占全省的 4.3%；废纸造纸生产量约 500 万吨，占全省的 71.7%；木浆造纸生产量约 189 万吨，占全省的 24.0%。主要产品中的书刊印刷纸、双胶纸、书写纸、无碳复写纸等文化、工业用纸约 200 万吨，箱纸板约 160 万吨，瓦楞原纸约 250 万吨，生活用纸约 50 万吨，其他约 38 万吨。

全省所有制浆造纸企业全部按省和地方环保部门要求达标排放。重点骨干企业生产和效益都有所增加。

【原料】

河南省木材资源缺乏，全省有杨木枝桠材制浆企业 7 家，产能 70 万吨/年。长期以来，制浆造纸原料主要以麦草为主，现在原料结构发生了质的变化，主要以废纸、木浆为主。随着河南省纸及纸板生产量的平稳增加，原料结构调整初见成效，问题基本得到解决。2017 年河南省造纸工业纸浆消耗量 558 万吨，其中木浆 160 万吨，非木材浆 24 万吨，废纸浆 374 万吨，分别占纸浆消耗量的 28.7%、4.3% 和 67.0%。河南省消耗的木浆本地产只有 60 多万吨，比例为 10.8% 左右。从国内外外购依存度来看，2017 年河南省外购木浆 100 万吨，外购废纸原料制浆 200 万吨，外购木浆和外购废纸约占河南省原料总消耗量的 62.5% 和 53.5%。河南省 2017 年 558 万吨纸浆原料消耗中约 53.8% 要依靠外购，影响了河南省造纸行业健康持续发展。林纸一体化发展虽已形成共识，但河南省只有焦作瑞丰纸业有限公司的 15 万吨/年、濮阳龙丰纸业有限公司的 10.8 万吨/年、新乡新亚纸业集团股份有限公司的 10 万吨/年、河南江河纸业股份有限公司的 5 万吨/年、河南天邦集团纸业有限公司的 5 万吨/年及驻马店白云纸业有限公司、新乡鸿泰纸业有限公司等木片化学浆。

为了解决造纸原料问题，河南省各级政府部门、大型造纸企业都非常重视造纸原料的开发，认真贯彻落实国家发展和改革委、财政部、林业局《关于加快造纸工业原料基地建设的若干意见》，按照全国造纸工业“十一五”发展规划，结合河南省实际，从河南省国民经济和造纸工业发展的战略高度，积极倡导和实施林纸一体化，扎实细致地做好沿黄、沿淮及其他宜林地区的速生杨丰产林基地建设工作，已先后在三门峡市、洛阳市、焦作市、新乡市、开封市、濮阳市、南阳市、信阳市、商丘市等地建立了造纸用林基地。河南省木浆生产企业引导木片供应商发动群众购买木片削片机，响应政府号召，采取公司加农户方式，既降低了企业原材料成本，又增加了农民及木片供应商的收入。

【生产企业】

2017 年年底，河南省制浆造纸企业约 130 家，其中：以麦草等非木材纤维为原料的化学、半化学制浆造纸生产企业 5 家；使用废纸制浆造纸的企业 100 家；木浆造纸企业 25 家。50 万 ~ 100 万吨企业 3 家，30 万 ~ 50 万吨企业 3 家，30 万吨以下企业 124 家。

河南省主要造纸企业2017年纸及纸板生产量、主营业务收入、利税总额、利润总额前10名的企业情况见表1～表4。

表1　2017年河南省纸及纸板生产量前10名的造纸企业

排序	单位名称	生产量/万吨
1	大河纸业有限公司	93.8
2	新乡新亚纸业集团有限公司	82.0
3	漯河银鸽实业集团有限公司	63.9
4	河南省龙源纸业股份有限公司	52.0
5	濮阳龙丰纸业有限公司	45.5
6	河南江河纸业股份有限公司	31.0
7	驻马店白云纸业有限公司	30.8
8	新乡鸿泰纸业有限公司	18.9
9	河南华鑫纸业有限公司	15.0
10	河南天邦纸业集团有限公司	14.9

表2　2017年河南省主营业务收入前10名的造纸企业

排序	单位名称	主营业务收入/亿元
1	大河纸业有限公司	43.2
2	漯河银鸽实业集团有限公司	29.4
3	河南江河纸业股份有限公司	26.4
4	濮阳龙丰纸业有限公司	19.3
5	驻马店白云纸业有限公司	17.5
6	河南省龙源纸业股份有限公司	15.2
7	新乡鸿泰纸业有限公司	10.6
8	河南华鑫纸业有限公司	9.7
9	河南天邦纸业集团有限公司	7.8
10	焦作瑞丰纸业有限公司	5.8

表3　2017年河南省利税总额前10名的造纸企业

排序	单位名称	利税总额/万元
1	大河纸业有限公司	48400
2	河南省龙源纸业股份有限公司	29400
3	漯河银鸽实业集团有限公司	25560
4	濮阳龙丰纸业有限公司	15669
5	河南江河纸业股份有限公司	13533
6	焦作瑞丰纸业有限公司	10898
7	驻马店白云纸业有限公司	10140
8	河南华鑫纸业有限公司	6960
9	新乡鸿泰纸业有限公司	6885
10	河南天邦纸业集团有限公司	6100

表4　2017年河南省利润总额前10名的造纸企业

排序	单位名称	利润总额/万元
1	大河纸业有限公司	25200
2	河南省龙源纸业股份有限公司	14300
3	河南江河纸业股份有限公司	13199
4	驻马店白云纸业有限公司	10286
5	焦作瑞丰纸业有限公司	7492
6	濮阳龙丰纸业有限公司	7371
7	河南天邦纸业集团有限公司	5921
8	河南华鑫纸业有限公司	5650
9	漯河银鸽实业集团有限公司	5126
10	新乡鸿泰纸业有限公司	4235

【基建与技改】

2017年河南省造纸工业发展举步不前，由于市场反反复复，原材料涨价，销售情况有所好转，基建和技改投资不多。2017年完成和在建的造纸项目主要有：河南顺捷科技环保有限公司10万吨/年瓦楞原纸项目，河南永威纸业有限公司10万吨/年装饰板原纸项目，河南江河纸业股份有限公司10万吨/年化学机械浆、30万吨/年特种纸、10万吨/年加工纸项目，河南省龙源纸业股份有限公司20万吨/年高档包装纸项目，河南中峰集团纸业有限公司15万吨/年箱纸板项目，郑州浦发纸业有限公司30万吨/年箱纸板项目等。

【科研与技术进步】

造纸科学技术为河南省造纸工业的发展起到了推动作用，并使产品档次逐渐提高，品种逐渐增多，也使造纸行业装备水平稳步提高。

2017年，河南省内对防油纸、无碳复写纸、热敏纸、离型原纸、防水防油热敏纸、彩色喷墨打印纸、石膏板原纸、装饰原纸、耐磨纸等技术进行了研究。有能力的企业都成立了科研开发机构，如河南江河纸业股份有限公司成立院士工作站、国家级企业技术中心，漯河银鸽实业集团有限公司建立院士工作站，濮阳龙丰纸业有限公司、驻马店白云纸业有限公司、焦作瑞丰纸业有限公司、濮阳中泰纸业有限公司、河南永威纸业有限公司等公司成立了省级技术中心。这些科研开发机构在新原料、新工艺、新技术、新产品、新助剂和新设备等方面的研究、开发、应用投入了大量的人力、物力，对企业的发展和技术进步起到了重要的促进作用。

河南江河纸业股份有限公司研制开发了 1000 米/分、1200 米/分、1500 米/分文化纸机，河南大指造纸装备集成工程有限公司逐渐开发了水力式稀释水流浆箱、顶网和夹网成形器、靴式压榨、膜转移施胶(涂布)机、空气转向器、气浮干燥箱、可控中高软压光机、纸幅稳定器、自动全副循环式高压网毯清洗装置、高压引纸水针、涂料压力筛、全自动高速分切机、盘纸分切机、热敏纸小卷分切机、纸病检测系统、纸机 DCS 系统、定量阀，10 万吨/年化学机械浆生产线等新技术新设备；焦作市崇义轻工机械有限公司开发了 1200 米/分新月型高速卫生纸机，郑州磊展科技造纸机械有限公司研究开发了节能型压力筛，郑州运达造纸设备有限公司开发的废纸散包机、封闭式筛选系统、卫生纸打浆系统，河南博奥泵业有限公司研究开发了高性能系列苏澳泵等。

河南省造纸工业加大了科技投入和人才的培养，河南省大、中专院校为造纸企业培养了大批制浆造纸专业技术人员。除此之外，较大企业每年都选送在职职工到陕西科技大学、郑州大学、河南大学、郑州轻工业学院等大学学习，充实一线技术人员，还不断从外省招聘高级技术人才。

河南省造纸工业在科技投入和人才培养方面，做了大量的工作，促进了造纸工业快速、健康、可持续发展。目前，许多企业认识到，市场竞争是产品竞争，产品竞争是技术竞争，技术竞争归根到底是人才竞争。许多企业在市场竞争中，尝到了重视科技、重视人才、重视新产品开发，加大科技和人才培养投入的甜头，不断转变观念，适应市场发展的需求，发展和壮大自己，抢占市场竞争制高点，抓人才、抓科技、抓产品、抓市场、抓效益。

【环境保护与节能】

为了贯彻国家保护生态环境的有关政策、法规，使淮河、黄河、海河、长江等河流在河南省出境断面水质符合国家和人民的要求，河南省把治理污染作为全省造纸行业的重点工作来抓。随着国家加大对水污染防治立法、执法力度，全省造纸工业加快了废水治理的步伐，并取得了较大进展。

2017 年年底，河南省又关、停、并、转 3 万吨/年以下废纸制浆造纸企业 30 家。各企业普遍注意清洁生产，减少污染物的产生和排放，加强废水治理和回收利用，大多数造纸企业都通过了环保部门的验收，能达到稳定达标排放。

2017 年前没有做环评的历史遗留制浆造纸企业全部补充了环境评价，全年制浆造纸企业淘汰落后生产线产能 80 多万吨。

【发展目标】

近几年，河南省造纸行业实现了传统造纸工业向可持续发展的现代绿色造纸工业的转变。河南省造纸行业做了原料结构、产品结构调整，淘汰落后产能取得实效，产业集中度不断提升，装备水平提高很快，资源消耗不断降低，污染排放明显下降。

1. 发展目标

(1)原料结构　到 2018 年，全省纸浆生产量将达到 600 万吨/年；纸浆结构为：木浆 30%、废纸浆 67%、非木材浆 3%。

(2)造纸生产量　到 2018 年，全省造纸产能保持 1160 万吨/年，中高档纸及纸板产能比例达到 75%。实际生产量达 750 万吨，继续保持全国第六地位。

(3)企业规模　到 2018 年，全行业平均生产规模 10 万吨/年，综合实力前 20 位企业纸及纸板生产量占全行业的 80%～85%。生产规模 10 万吨/年以上企业数量达到 30 家，其中 50 万～100 万吨/年 3 家，30 万～50 万吨/年 10 家。

(4)节能减排　到 2018 年，全省内重点企业达到国家发展和改革委发布的《制浆造纸行业清洁生产评价指标体系(试行)》要求。全行业单位产品平均综合能耗和单位产品平均取水量分别比 2018 年降低 8% 和 10%，污染物 COD_{Cr} 排放总量降低 12%。“十三五”期间，节能减排工作继续走在全国前列。

2. 重点续建拟建项目

河南永威纸业有限公司续建 10 万吨/年装饰板原纸项目；河南江河纸业股份有限公司续建 10 万吨/年化学机械浆、30 万吨/年特种纸、10 万吨/年加工纸项目；河南省龙源纸业股份有限公司 20 万吨/年高档包装纸项目；河南中峰集团纸业有限公司 15 万吨/年箱纸板项目；郑州浦发纸业有限公司 30 万吨/年箱纸板项目等。

（李尚武）

湖北省造纸工业

Paper Industry in Hubei Province

【行业概况】

湖北省造纸企业主要分布在沿长江、汉江的武汉、宜昌、孝感、荆州、襄樊、咸宁等地区。2017年湖北省造纸工业在国内供给侧改革和宏观经济企稳等因素的共同作用，以及全国造纸行业整体复苏的大好形势下，纸与纸板增幅明显，湖北省造纸行业也呈现产销两旺，效益大幅增长的良好态势。

2017年根据湖北省造纸协会实际统计主要造纸企业纸及纸板生产量为344.09万吨，比2016年的288.93万吨增加55.16万吨，同比增长19%。其中瓦楞原纸、箱纸板、未涂布书写纸等生产量298.50万吨，生活用纸生产量45.59万吨。2017年工业总产值为202.87亿元，主营业务收入190.66亿元，利税总额13.16亿元，利润总额为5.75亿元。湖北省各地区主要造纸企业经济指标见表1。

表1　2017年湖北省各地区主要造纸企业经济指标

区域	主要企业名称	2016年生产量/万吨	2017年生产量/万吨	同比/%	主要品种	工业产值/亿万	主营业务收入/亿元	利税总额/亿元	利润总额/亿元
武汉	武汉金凤凰纸业有限公司	73.22	83.88	14.6	瓦楞原纸	40.45	37.22	1.52	0.31
	武汉晨鸣纸业股份有限公司	21.88	22.23	1.6	生活用纸、特种纸	12.63	12.90	1.36	0.75
	武汉木兰汉北集团有限公司	5.00	5.18	3.6	瓦楞原纸	1.65	1.70	0.31	0.08
宜昌	湖北城东再生资源科技发展有限公司	10.10	6.00	-40.6	瓦楞原纸	4.00	3.78	0.38	0.26
	湖北宜昌翔陵纸制品有限公司	16.80	14.57	-13.3	箱纸板	4.57	4.57	0.90	0.27
	湖北宝塔沛博循环科技有限公司	6.65	6.93	4.2	未涂布新闻纸、特种纸	3.24	3.43	0.38	0.15
	湖北鑫物再生资源科技发展有限公司	6.20	6.96	12.2	瓦楞原纸	0.59	2.52	0.20	0.07
	湖北金民纤维材料科技有限公司	3.07	6.33	106.2	未涂布新闻纸	2.51	1.85	-0.02	-0.06
	湖北金庄科技再生资源有限公司	7.30	7.34	0.6	瓦楞原纸	2.28	2.24	0.34	0.15
	湖北舒云纸业有限公司	1.80	2.00	11.0	生活用纸、纸浆	0.80	0.82	0.08	0.05
孝感	金红叶纸业（湖北）有限公司	22.00	24.09	9.5	生活用纸	16.40	12.11	1.06	0.57
	中顺洁柔（湖北）纸业有限公司	1.87	1.90	1.8	生活用纸	4.00	4.30	0.35	0.18
	维达护理用品（中国）有限公司	16.23	16.50	1.7	生活用纸	20.44	19.39	2.30	1.18
	恒安（孝感）家庭用品有限公司						1.00	0.09	
广水	湖北广发纸业有限公司	6.71	6.80	1.3	瓦楞原纸	2.18	2.12	0.23	0.10
	湖北雅都恒兴纸业有限公司		6.91		瓦楞原纸	2.30	2.01	0.19	-0.06
荆州	湖北拍马纸业股份有限公司	51.00	55.00	7.8	白卡纸	42.00	38.00	1.82	1.20
	监利大枫纸业有限公司		0.50		未涂布印刷书写纸	0.36	0.36	0.04	0.03
	湖北世纪雅瑞纸业有限公司	0.70	1.10	57.0	生活用纸	11.00	11.00	0.02	-0.05
	湖北祥兴纸业科技有限公司		2.20		包装用纸	0.78	0.65	-0.17	0.17
	湖北荣成再生科技有限公司		24.90		箱纸板	9.89	8.77	0.04	-0.48

续表

区域	主要企业名称	2016 年生产量/万吨	2017 年生产量/万吨	同比/%	主要品种	工业产值/亿万	主营业务收入/亿元	利税总额/亿元	利润总额/亿元
荆门	钟祥市应强纸业有限公司	6.85	8.50	24.0	瓦楞原纸	2.50	2.50	0.10	0.05
襄樊	湖北华海纤维科技股份有限公司	12.00	8.50	-2.9	未涂布印刷书写纸、纸浆	5.27	4.85	0.26	0.03
咸宁	赤壁晨力纸业有限公司	8.61	9.47	10.0	未涂布印刷书写纸	4.93	4.77	0.24	0.05
	湖北易立科技股份有限公司	0.95	1.30	36.8	特种纸及纸板	2.10	1.80	0.24	0.15
仙桃	湖北盛大纸业有限公司	10.00	15.00	50.0	瓦楞原纸	6.00	6.00	0.90	0.60
合计		288.93	344.09	19.0		202.87	190.66	13.16	5.75

【原料】

湖北省的主要造纸产品是以生产包装纸为主，生活用纸为辅，其原料以回收国内再生资源废纸和商品木浆为主要原料。同时由于湖北省造纸纤维原料丰富，除木材纤维原料外，草类纤维原料品种较多，有芦苇、竹子、芒秆、麦草、稻草、龙须草等，在大力发展林浆纸一体化产业链、废纸回收再利用同时积极开发秸秆植物纤维的综合利用。

随着湖北省纸及纸板生产量不断增长，造纸原料供应的问题已经开始逐步显现，伴随着百万吨级项目的不断增加，未来原料的供应将成为一个不可忽视的大问题。可以预见的是原料争夺将会愈演愈烈，原料价格大幅波动，将影响纸产品的价格波动，甚至会影响到工厂的开机率。

【生产企业】

2017 年湖北省纸及纸板产能 10 万吨以上的造纸企业和主要产品见表 2，纸及纸板生产量前 10 名的造纸企业见表 3，纸及纸板销售收入前 10 名的造纸企业见表 4，纸及纸板利税总额前 10 名的造纸企业见表 5，纸及纸板实现利润前 10 名的造纸企业见表 6。

表 2 2017 年湖北省纸及纸板产能 10 万吨以上的造纸企业和主要产品

序号	企业名称	产能/万吨	主要产品
1	武汉金凤凰纸业有限公司	83.88	瓦楞原纸
2	湖北拍马纸业股份有限公司	55.00	白卡纸
3	湖北荣成再生科技有限公司	24.90	箱纸板
4	金红叶纸业(湖北)有限公司	24.09	生活用纸
5	武汉晨鸣纸业股份有限公司	22.23	生活用纸、特种纸

续表

序号	企业名称	产能/万吨	主要产品
6	维达护理用品(中国)有限公司	16.50	生活用纸
7	湖北盛大纸业有限公司	15.00	瓦楞原纸
8	湖北宜昌翔陵纸制品有限公司	14.57	箱纸板
9	赤壁晨力纸业有限公司	10.00	未涂布印刷书写纸

表 3 2017 年湖北省纸及纸板生产量前 10 名的造纸企业

序号	企业名称	生产量/万吨
1	武汉金凤凰纸业有限公司	83.88
2	湖北拍马纸业股份有限公司	55.00
3	湖北荣成再生科技有限公司	24.90
4	金红叶纸业(湖北)有限公司	24.09
5	武汉晨鸣纸业股份有限公司	22.23
6	维达护理用品(中国)有限公司	16.50
7	湖北盛大纸业有限公司	15.00
8	湖北宜昌翔陵纸制品有限公司	14.57
9	赤壁晨力纸业有限公司	10.00
10	湖北华海纤维科技股份有限公司	8.50

表 4 2017 年湖北省纸及纸板销售收入前 10 名的造纸企业

序号	企业名称	主营业务收入/亿元
1	湖北拍马纸业股份有限公司	38.00
2	武汉金凤凰纸业有限公司	37.22
3	维达护理用品(中国)有限公司	19.39
4	武汉晨鸣纸业股份有限公司	12.90
5	金红叶纸业(湖北)有限公司	12.11

续表

序号	企业名称	主营业务收入/亿元
6	湖北世纪雅瑞纸业有限公司	11.00
7	湖北荣成再生科技有限公司	8.77
8	湖北盛大纸业有限公司	6.00
9	湖北华海纤维科技股份有限公司	4.85
10	赤壁晨力纸业有限公司	4.77

表5　2017 年湖北省纸及纸板利税总额前 10 名的造纸企业

序号	主要企业名称	利税总额/亿元
1	维达护理用品（中国）有限公司	2.30
2	湖北拍马纸业股份有限公司	1.82
3	武汉金凤凰纸业有限公司	1.52
4	武汉晨鸣纸业股份有限公司	1.36
5	金红叶纸业（湖北）有限公司	1.06
6	湖北宜昌翔陵纸制品有限公司	0.90
7	湖北盛大纸业有限公司	0.90
8	湖北城东再生资源科技发展有限公司	0.38
9	湖北宝塔沛博循环科技有限公司	0.38
10	中顺洁柔（湖北）有限公司	0.35

表6　2017 年湖北省纸及纸板实现利润总额前 10 名的造纸企业

序号	主要企业名称	利润总额/亿元
1	湖北拍马纸业股份有限公司	1.200
2	维达护理用品（中国）有限公司	1.180
3	武汉晨鸣纸业股份有限公司	0.750
4	湖北盛大纸业有限公司	0.600
5	金红叶纸业（湖北）有限公司	0.570
6	武汉金凤凰纸业有限公司	0.310
7	湖北宜昌翔陵纸制品有限公司	0.270
8	湖北城东再生资源科技发展有限公司	0.260
9	中顺洁柔（湖北）有限公司	0.180
10	湖北祥兴纸业科技有限公司	0.165

【基建与技改】

（1）湖北荣成再生科技有限公司共有 3 台纸机，其中 1 号机是 1 台三叠网纸机，幅宽 6600 毫米，设计车速 1000 米/分，主要生产 140 ~ 230 克/米^2 的牛皮箱纸板，年产能约为 40 万吨。制浆设备由德国福伊特公司提供，纸机主体设备由芬兰维美德公司和中国台湾裕力公司提供，其中维美德公司提供 3 台水力式流浆箱以及二道靴压，裕力公司提供全部的烘缸、膜转移施胶机、二道硬压光机以及完成部的卷取和复卷设备。目前，项目已经完成固定资产投资 37 亿元，一期工程年产 85 万吨制浆造纸生产线全部投入生产。项目二期 2 条累计 65 万吨的制浆造纸生产线也已经建成投产。鉴于对湖北省松滋市投资环境高度认可，湖北荣成再生科技有限公司还计划同步追加投资 8 亿元，新增 20 万吨年产能，届时总产能可达 170 万吨。

（2）2017 年 7 月 28 日，山鹰国际控股股份公司位于荆州市公安县杨家厂镇工业园的年产 220 万吨包装纸项目举行奠基仪式。这个生产基地是山鹰国际控股股份公司在国内的下一个战略布局。该项目共建 8 条生产线，将生产牛皮箱纸板、低定量牛卡纸、低定量瓦楞原纸、白面牛卡纸、食品包装纸。该项目将分为 2 期建设，项目总投资 181572.00 万元，拟使用募集资金 13 亿元。项目建成后，可保障山鹰华中纸业有限公司年产 220 万吨高档包装纸板项目的用热和用电需求，大幅降低公司热蒸汽和电力使用成本，可满足周边企业的热蒸汽和电力需求。

该项目拟通过对全资子公司山鹰华中纸业有限公司增资的方式实施，充分利用山鹰国际控股股份公司已有的技术储备和研发成果以及规模化生产组织能力和现有市场基础投资建设该项目。

（3）武汉金凤凰纸业有限公司，位于孝感的二期年产 60 万吨高强瓦楞原纸项目已经建成投产。年产 10 万吨纸管原纸生产线项目已全面启动，5 栋厂房正在建设之中，配套 2 × 130 蒸吨蒸汽锅炉、14000 米^3/日的废水处理站、18000 米^3/日的给水处理站及其他相关公用辅助及环保工程。全部投产后，工业总产值可达 56 亿元，利税约 7.5 亿元。

（4）湖北金庄科技再生资源有限公司二期项目为年产 20 万吨包装纸及 12 兆瓦热电联产项目。目前热电联产项目主控楼建设已经完成，锅炉主体设备全部安装完成，正在安装配套设施，预计 2018 年 5 月进行设备联动调试并投入试生产。二期项目投产后，可形成年供应蒸汽 10 万吨并配套每年 1 亿千瓦的发电能力，年产 30 万吨包装纸，实现利税 5000 万元，可安置 600 人就业。同时，由于热电项目可实现集中供热，金桥工业园内所有小吨位、低效率、高污染的燃煤锅炉将被淘汰，园区内大气污染物的排放总量将得到有效削减。

（5）湖北祥兴纸业科技有限公司是珠三角地区迫于环保压力成功搬迁至华中地区的第一家制浆造

纸企业，该公司于2014年6月5日经湖北省监利县工商行政管理局批准成立。项目计划总投资约12.4亿元，拟新建100万吨/年高档包装纸项目，分3期建设。一期项目包括2条总产能30万吨/年高档包装纸生产线，配套90蒸吨锅炉，18兆瓦汽轮发电机及辅助系统，已于2017年7月全部建成投产。开机的2台设备中，1号机净纸宽度5300毫米，设计车速550米/分，实际运行车速500米/分，压榨部采用四辊三压复合压榨形式，主要生产低定量高强瓦楞原纸；2号机净纸幅宽4000毫米，运行车速为400米/分。

(6)湖北宏发再生资源科技发展有限公司作出决定，将公司现有厂区的纸机承包给湖北长江汇丰纸业有限公司。此次，承包商湖北长江汇丰纸业有限公司主要是对纸机设备进行局部调整，先期调整准备生产350～550克/米^{2}的纱管纸，年产能可达50万吨，后经公司论证改为生产涂布白纸板。目前项目正在改造中，预计将在2018年6月左右进行试车投产。

(7)湖北拍马纸业股份有限公司在江陵县沿江产业园建20万吨/年烟用卡纸项目，总投资6.5亿元，占地面积33.3公顷，已建成投产。公司总产能将达到60万吨/年。

【发展目标及重点在建项目】

近年来，位居华中九省通衢之地的湖北省成了造纸业的主战场。百万吨级的特大造纸项目层出不穷，湖北省抓住造纸行业洗牌机遇，促进优质企业进行产业布局，以更高的环保标准，推动造纸工业发展。金山银山不如绿水青山，坚持走绿色环保造纸的发展方向，这显现出了湖北省政府对造纸项目的重视。

发展目标倾向于环保工程项目建设，支持规模企业，淘汰落后产能企业，通过进行原料结构、产品结构调整，淘汰落后产能，将传统造纸工业向现代绿色造纸工业转变，不断提高装备水平，降低资源消耗，将污染排放降到最低值。随着近年来金凤凰纸业(孝感)有限公司160万吨/年高强瓦楞原纸项目、湖北祥兴纸业科技有限公司监利县100万吨/年包装纸项目、湖北荣成再生科技有限公司200万吨/年高档箱纸板及热电联产项目、黄冈晨鸣浆纸有限公司130.6万吨/年林浆纤纱一体化项目、山鹰华中纸业有限公司220万吨/年高档包装纸项目、上海中能企业发展(集团)有限公司300万吨/年环保包装纸项目、湖北德力纸业有限公司180万吨/年高端包装纸项目等特大造纸项目先后涌入。不知不觉间，纸业项目规模已达千万吨，湖北省造纸行业已经向着华中地区包装纸生产大省迈进。

武汉金凤凰纸业有限公司、湖北保丽纸业有限公司合资重组金凤凰纸业(孝感)有限公司，建设年产160万吨大型包装纸项目，此项目位于孝感市孝武大道612号，即毛陈镇东海村107国道旁，公司区位优势独特，交通极为便利。公司占地面积含原湖北保丽纸业有限公司在内共计48.67公顷。该项目除原有年产20万吨已投入生产的包装纸生产线外，先期计划投资32.9亿元，分2期再扩建年产110万吨包装纸生产项目，建设期为6年。一期投资14亿元，建设年产40万吨低定量高强瓦楞原纸生产线，2016年竣工投产；二期投资18.9亿元，建设年产60万吨再生环保箱纸板和10万吨纸管原纸生产线，规划中的第三条生产线正在建设之中，后期将根据投产情况开展三期建设，2020年上半年竣工投产。

山鹰华中纸业有限公司年产220万吨高档包装纸板项目在公安县青吉工业园已经开工建设。公安县杨家厂镇工业园热电联产项目总投资181572.00万元，拟使用募集资金13亿元。项目建成后，可保障公司年产220万吨高档包装纸板项目的用热和用电需求，大幅降低公司热蒸汽和电力使用成本，可满足周边企业的热蒸汽和电力需求。年产220万吨高档包装纸板项目将分为2期建设，共建8条生产线。一期建成30万吨/年牛皮箱纸板生产线、30万吨/年低定量牛卡纸生产线、18万吨/年低定量瓦楞原纸生产线和32万吨/年白面牛卡生产线各1条；二期建成2条30万吨/年低定量牛卡纸生产线、1条18万吨/年低定量瓦楞原纸生产线、1条32万吨/年食品包装纸生产线。此外，项目还包括2期的热电联产工程，其中一期工程建设3台410蒸吨高温高压循环流化床锅炉(2用1备)，配2台60兆瓦背压式汽轮发电机组；二期工程建设2台410蒸吨高温高压循环流化床锅炉，配2台60兆瓦背压式汽轮发电机组及一二期配套的脱硫、脱硝、除尘系统等环保设施、给排水系统等公辅设施。

(顿志强)

广西壮族自治区造纸工业

Paper Industry in Guangxi Zhuang Autonomous Region

【行业概况】

2017年广西壮族自治区制浆造纸规模以上企业有100家左右，主要分布在南宁市、柳州市、来宾市、贵港市、百色市、崇左市，从业人员4万余人。

受国际国内市场影响，2017年5月之前，广西壮族自治区制浆造纸企业生产不太正常，不少企业处于半开机状态。近年来，随着人们生活水平提高，浆纸市场需求旺盛，再加上国家严控环保、原辅料成本上涨、进口废纸政策变化等影响，浆纸价格上升，从6月开始，制浆企业生产逐步走上正轨，开机率提高，但生活用纸企业仍处境困难。

2017年全区纸浆生产量195.3万吨，同比增长26.3%，其中：化学浆生产量95.9万吨(其中：蔗渣浆68万吨，木浆26.4万吨，竹浆1.5万吨)，化学机械浆生产量99.4万吨。随着广西甘蔗总量的增加(这是由于蔗渣供应量有所增加)，蔗渣浆生产量同比增长10.9%；化学木浆生产量同比增长49.2%，这是由于蔗渣浆厂蔗渣原料不足，大多数浆厂应用了木材三剩物作为原料补充，进行木浆生产，加强了木材三剩物资源的综合利用；化学机械浆生产量同比增长33.8%，这是由于广西金桂浆纸业有限公司运行稳定，斯道拉恩索(广西)浆纸有限公司自开机调试后，生产正常；竹浆总生产量较低，广西竹材的开发利用率有待提高。

2017年全区机制纸及纸板生产量291.2万吨，同比增长23.4%，其中：生活用纸73万吨，文化纸7万吨，特种纸12.1万吨，白卡纸141.1万吨，纱管纸18万吨，瓦楞原纸40万吨。生活用纸、纱管纸生产量持平，文化纸生产量略有下降，特种纸、瓦楞原纸生产量有所提升，白卡纸生产量增加(主要是因为斯道拉恩索(广西)浆纸有限公司白卡纸生产线投产并正常运行)。

2017年广西壮族自治区制浆造纸工业总产值309亿元，同比增长55.1%，利税26亿元，同比增长59.5%。

【原料】

制浆主要纤维原料为蔗渣、废纸、桉木、林业加工剩余物等，具体如下：蔗渣145万吨(干)，木材153万吨(干)，竹子3万吨(干)，废纸64万吨(干)。造纸纤维原料结构大约为：蔗渣浆22.1%，木浆53.0%，竹浆0.9%，废纸浆24.0%。

【生产企业】

到目前为止，广西壮族自治区大型制浆造纸企业只有广西金桂浆纸业有限公司、斯道拉恩索(广西)浆纸有限公司，其余绝大多数是中小企业。主要制浆造纸企业生产情况见表1和表2。

表1　2017年广西壮族自治区主要制浆企业生产情况

序号	企业名称	产　品	生产量/万吨
1	广西金桂浆纸业有限公司	化学机械浆	79.2
2	斯道拉恩索(广西)浆纸有限公司	化学机械浆	20.2
3	广西东糖集团有限公司 (广西来宾东糖纸业有限公司、横县东糖糖业有限公司纸业分公司)	蔗渣浆、木浆	18.7

续表

序号	企业名称	产　品	生产量/万吨
4	广西洋浦南华糖业集团有限公司（田阳南华纸业有限公司、龙州南华纸业有限公司）	蔗渣浆、木浆、竹浆	16.4
5	广西永鑫华糖集团来宾纸业有限公司	蔗渣浆	8.7
6	广西博冠环保制品有限公司	蔗渣浆、木浆	7.5
7	广西贵糖（集团）股份有限公司	蔗渣浆、木浆	7.2
8	广西农垦集团天成纸业有限公司	蔗渣浆	7.0
9	柳州两面针纸业/纸品有限公司	木浆、竹浆	6.4

表2　2017 年广西壮族自治区主要造纸企业生产情况

序号	企业名称	生产量/万吨
白卡纸主要生产企业		
1	广西金桂浆纸业有限公司	93.2
2	斯道拉恩索（广西）浆纸有限公司	43.4
生活用纸主要生产企业		
1	广西田东南华纸业有限公司	6.0
2	柳州两面针纸业/纸品有限公司	4.7
3	广西天力丰生态材料有限公司	4.5
4	广西贵糖（集团）股份有限公司	4.4
5	广西田东金荣纸业有限公司	4.0
6	南宁市佳达纸业有限责任公司	3.0
7	广西横县江南纸业有限公司	3.0
特种纸主要生产企业		
1	桂林奇峰纸业有限公司	3.4
2	广西林业荔浦纸业有限公司	5.0
瓦楞原纸主要生产企业		
1	广西田东金荣纸业有限公司	12.0
2	广西贵港市兴新纸业有限责任公司	10.0

【基建与技改】

（1）南宁市佳达纸业有限责任公司通过更新分切机组，淘汰旧设备，效率大幅提高。2017 年 2 月新增 2 台纸机，产能提高 2.5 万吨/年，年产生活用纸 15 万吨。

（2）广西凤糖鹿寨纸业有限公司制浆车间新增 IC 塔和沼气加热器，开展蔗渣浆无元素氯漂白及碱回收系统扩能技改工程项目，漂白工艺改造采用 ECF 漂白，工艺流程为氧脱木素 + $D_0E_PD_1$，二氧化氯的制备采用 R8 法；碱回收系统选择中压碱炉，配套汽轮机，中压碱炉设计日处理固形物 180 吨，蒸发站采用全板式蒸发器，在苛化工段，根据企业实际情况配套相关设备，降低白液浊度，提高白液浓度及白泥干度。

（3）南宁香兰纸业有限责任公司年产 5 万吨生活用纸技改项目于 2017 年 9 月开工，项目总投资 1.16 亿元。一期工程投资 7000 万元，计划 2018 年 6 月建成投产，年产高档生活用纸 3 万吨；二期工程投资 4600 万元，计划 2018 年下半年开工建设，2019 年建成投产，年产高档生活用纸 2 万吨，总产能达到 5 万吨/年。

（4）广西永鑫华糖集团来宾纸业有限公司 2017 年完成本色浆生产流程技改，顺利生产本色浆；完成连蒸系统生产刨片木浆技改，顺利完成连蒸系统生产刨片木浆试生产工作。

（5）广西贵糖（集团）股份有限公司正实施整体搬迁计划，2017 年完成《广西贵糖特种纸研究院建设》科研项目。该课题是广西科技厅批准支持的广西科学研究与技术开发计划项目，项目总经费 2750 万元，其中广西科技经费 200 万元，自筹 2550 万元。

（6）广西来宾东糖纸业有限公司落实新建无元素氯漂白技改工程。目前，项目已完成备案、环评、能源评估、安全预评价、职业病防治预评价等前期工作，正在开展审图和办理规划许可、施工许可等相关手续，设备、土建工程已签订订购、施工合同。

（7）2017 年 4 月，广西天力丰生态材料有限公司幅宽 3500 毫米、车速 1300 米/分的新月型纸机投料试机成功，设计产能 2 万吨/年，目前生产顺利。

（8）广西宏瑞泰纸浆有限责任公司位于广西南宁市六景工业园区，以承租广西劲达兴纸业集团六景生产基地的方式从事生产经营。公司拥有年产 9.8 万吨漂白竹木混合纸浆和 20 万吨高档文化纸的生产能力，拥有芬兰、瑞典一流制浆生产线和德国造纸生产线，并配套有齐全的碱回收、循环热发电、水处理系统等设施，装备精良，技术先进。通过维修及技改，公司于 2017 年 12 月底恢复正常生产，力争月均产浆量 10000 吨以上，产品质量更上一个台阶。

(9)蔗渣浆新产品开发，生产环保纸模餐具，目前生产企业有广西侨旺纸模制品有限责任公司、广西洁丰生物科技有限公司。

【科研与技术进步】

(1)广西桂海金浦纸业有限公司取得 FSC 森林认证证书及质量、环境、纸业健康安全管理体系认证证书；根据广西壮族自治区安全生产监督管理局发布 2017 年第 19 号公告，核准为轻工安全生产标准化二级企业。

(2)南宁市佳达纸业有限责任公司“卡西雅”“清帕”连续两届被认定为“广西著名商标”，品牌影响力不断提高。

(3)广西洁宝纸业有限公司，洁宝牌生活用纸获“广西名牌产品”荣誉称号；“大拇指”图形商标荣获“广西著名商标”称号。

(4)广西横县江南纸业有限公司通过 FSC(森林管理委员会)监管链体系认证。

(5)广西金桂浆纸业有限公司年产 180 万吨高档纸板扩建项目获批；获钦州市科学技术特别贡献奖；认定为 2017 年广西高新技术企业；入围《2017 年广西工业产品推荐目录》；认定为安全生产标准化二级企业(轻工)；获得国家知识产权局颁发的三项实用新型专利证书，专利名称分别为：一种测试纸张抗边渗透性的测试装置、一种实验室用的喷淋淀粉装置、一种除沫器可拆装的降膜式真空蒸发器，其中前 2 项专利直接与纸业技术相关。

(6)根据《广西壮族自治区总工会关于表彰 2017 年广西五一劳动奖和广西工人先锋号的决定》(桂工发〔2017〕15 号)，广西永鑫华糖集团来宾纸业有限公司制浆车间喜获“广西工人先锋号”荣誉。

(7)2017 年 5 月，2016 年度南宁市科学技术奖励大会，广西博世科环保科技股份有限公司自主研发的“轻工过程高浓度有机废水处理关键设备及工程化技术集成创新”项目荣获南宁市科学技术重大贡献奖。

(8)根据《广西壮族自治区人民政府关于 2017 年度广西科学技术奖励的决定》(桂政发〔2018〕10 号)，由广西大学、赣州华劲纸业有限公司作为主要完成单位的“竹子清洁化制浆造纸与资源化利用关键技术开发及应用”项目获得“科学技术进步奖二等奖”。

(9)根据《工业和信息化部办公厅关于发布 2017 年第一批绿色制造示范名单的通知》(工信厅节函［2017］491 号)，广西博冠环保制品有限公司被认定为国家级“绿色工厂”。

【发展目标】

优化升级、结构调整、狠抓重点、稳步发展。广西原料资源比较丰富，应科学合理地利用桉木(包括枝桠材)、蔗渣等原料；优化营商环境，引进造纸行业龙头企业，为广西造纸行业企业管理、生产、营销带来新的机遇与挑战，促进造纸行业的整合与壮大；加强纸制品产品的研发力度，开发出适合蔗渣浆纸特性的、市场容量大的产品，增加核心竞争力；加快造纸行业清洁化生产，努力完成无元素氯或全无氯漂白改造，履行环保责任、社会责任，坚持创新、协调发展。

(覃程荣　石美玲)

天津市造纸工业

Paper Industry in Tianjin City

【行业概况】

2017 年，天津市造纸行业克服外部宏观经济的压力，紧密结合本地资源特点和周边市场需求，进一步发挥港口优势，以和谐发展、科学发展为指导思想，坚持环境友好型造纸企业建设理念，以废纸等再生植物纤维资源以及生物制浆为原料，以现代化纸板生产线完成各种包装纸板产品大规模生产的平稳过渡期，进一步提高了产业的集中度和生产的集约化。目前，天津市造纸工业规模以上机制纸及纸板生产量 285.0 万吨，较 2016 年增加 2.1%，其产品种类以各等级的高强瓦楞原纸和挂面箱纸板为主，另外包括多种牛卡纸、白卡纸、白面牛卡纸、高强瓦楞原纸等以及部分高级证券纸、防伪纸等高附加值产品。全市有规模以上造纸及纸制品相关工业企业 130 家，工业总产值 235.8 亿元，较 2016 年增长 12.1%，从业人员人数 17642 人。其中大中型企业 10 家，工业总产值 140.6 亿元，较 2016 年增长 1.7%，从业人数 6295 人。全市规模以上造纸及纸制品相关工业企业资产总值 237.8 亿元，固定资产总值 118.4 亿元，固定资产投资 61.9 亿元，较 2016 年增长 10.4%。主营业务收入 233.4 亿元，较 2016 年增长 3.1%，利税总额 23.8 亿元，利润总额 14.3 亿元，较 2016 年增长 5.1%。现有新建项目中以废纸为原料的白卡纸、灰底白卡纸、白面白卡纸为主要产品种类，逐步丰富天津市纸张产品类型。天津市造纸原料来源主要依托港口优势，以进口美废为主，国废和少量自制浆原料的使用规模也在日益提高，不断适应周边市场对于不同等级产品的多层次需求。

【生产企业】

天津市造纸工业的发展面临着水资源和林产资源短缺等不利因素，同时也具有港口城市交通便利、进出口贸易发达等优势特点。这些因素共同决定了天津市的造纸工业发展必须遵循低污染、低消耗，主要原料和产品均为外购外销等发展途径。一些落后的生产经营方式难以适应新的发展形势和需求，因此必将被逐步淘汰。今后，随着天津市整体工业构架的逐步明晰和完善，具有一定生产规模、适应天津市资源特点的造纸企业，将逐步成为天津市造纸工业发展的中流砥柱。根据现有资料，目前发展态势较好并具有一定生产规模的部分企业包括：

1. 玖龙纸业(天津)有限公司

玖龙纸业(天津)有限公司坐落在宁河经济开发区，由香港上市公司玖龙集团投资建设。该集团创建于 1995 年，总部位于广东省东莞市，于 2006 年在香港上市，现已成为世界上最大的废纸环保造纸的现代化包装纸制造集团。2017 年，集团总产能已经超过 1400 万吨，总产值达到了 400 亿，连续四年蝉联中国造纸行业榜首，2017 年位列中国民营企业 500 强第 94 位(中国民营企业制造业 500 强第 49 位)，2013 年玖龙集团还被全国总工会授予“全国五一劳动奖状”，得到了国家、行业和社会的认可。

玖龙集团的造纸布局主要位于广东东莞、江苏太仓、天津、重庆、福建泉州、辽宁沈阳、四川、河北以及位于“一带一路”的越南 9 个基地。

天津生产基地占地 240 公顷，目前已完成投资 105 亿元，建成了 5 条现代化生产线，引进世界一流的生产设备和先进工艺，主要生产环保型牛卡纸、高强瓦楞原纸、灰底涂布白板纸、白卡纸等高档包装纸。实现就业 2500 人，其中吸收本地就业人员比例达到 55%，2017 年实现生产量 207 万吨，产值 75 亿元，上缴税收 5 亿元。

一期工程于 2009 年 9 月投产，2 条生产线年产能 80 万吨。二期工程于 2011 年 5 月投产，2 条生产线年产能 80 万吨。三期工程于 2012 年 6 月投产，新建 1 条 55 万吨年产能生产线。所有项目设备全部采用世界最先进的造纸设备和控制系统，制浆及造纸的主体设备由美国、芬兰和德国提供，控制系统由 ABB、SIEMENS 等公司提供。纸机幅宽 6660 毫米，车速 1000 米/分。其中三期工程采用靴式压榨、红外干燥、软压光等先进工艺技术生产涂布白纸板、涂布白卡纸等产品，达到世界同类纸种生产最尖端水平。

在环保治理方面，玖龙纸业(天津)有限公司优先使用节能环保设备，严格执行国家和地方的环保政策，各项排放指标都做到优于国家标准。同时，坚决贯彻党的十九大提出的“绿水青山就是金山银山”的理念，力争把基地建设成行业最新、国际领先的现代化企业，打造循环经济型、绿色环保型的工厂。

在废水处理方面，天津基地引进了世界先进的造纸生产工艺，从源头抓污染，将吨纸耗水量控制在 5 吨以下，同时采用荷兰进口的厌、好氧生物处理 + 三级深度处理工艺实现 COD_{Cr} 排放指标不超过 60 毫克/升，远低于国家排放标准，2016 年投资 6000 万元新建中水处理循环使用项目，实现 75% 的废水循环利用率；在废水处理过程中产生的轻渣和沼气，输送到焚烧炉进行焚烧用于产生蒸汽和发电。在烟气处理方面，建厂之初采用全套进口脱硫设备和炉内喷钙加湿法脱硫的二级处理技术，2016 年投资 7000 万元新建了 2 台烟气超净排放设备，烟气排放指标达到了天然气的排放标准。

生产线采用了废纸制浆、热分散处理、稀释水流浆箱、靴式压榨等先进的工艺技术，同时也应用了白水回收、热回收、回用水利用等高效的节能环保技术，体现了玖龙集团“没有环保，就没有造纸”的理念。

2. 天津中钞纸业有限公司

天津中钞纸业有限公司是中国印钞造币总公司所属的中钞实业有限公司控股的股份制公司，中国防伪行业协会会员单位，专业从事特种高级防伪水印纸和非防伪特种纸的生产。

公司地处天津西青经济开发区，占地面积 75825 米^2，总资产 1.5 亿元，拥有 1 条 1760 长网纸机生产线，2 条 1575 圆网生产线，年产各种防伪纸及证券纸等 6000 余吨，生活用纸 700 余吨。公司现有员工 280 人，工程技术人员 38 人，还有专门从事钞票纸生产的专家及高级管理人员数名。

天津中钞纸业有限公司技术力量雄厚、生产设备先进、生产管理严格，从原料的投入到最终成品的全过程都有严格的监测控制。生产管理过程中，沿用行业内的安全管理程序，严格控制各工序的工艺条件，实行严格的数字管理和安全保密管理，具有严格的质量保证体系，并通过了 ISO 9001:2000 质量体系认证以及上级主管部门的验收，完全达到防伪证券纸的生产、安全、保密的管理要求。

目前公司可生产 40 ~ 300 克/米^2 的各种防伪证券纸、防伪水印纸、防伪纤维纸、防涂改纸及化学敏感性纸、带开窗或全埋安全线防伪纸及卡纸，可为金融系统、保险业等部门提供有价证券、银行票据、凭证等专用防伪纸。同时公司也在大力开拓民用防伪纸市场，为各行业订做各类专用防伪水印或防伪纤维的产品说明书、合格证、保修单、商标、吊牌以及书籍防伪扉页、各种代金券、各类防伪证书等用纸以及个性化办公用纸。其中，带有水印及开窗或全埋安全线卡纸已申报国家专利，其功能主要用于名烟、名酒、药品、保健品、化妆品等的防伪外包装，同时还可以生产多种非防伪特种纸、中性纸(环保不返黄)、花式纸、艺术纸及含棉纤维的系列生活用纸。

3. 天津广聚源纸业有限公司

天津广聚源纸业有限公司坐落在天津市津南区咸水沽镇的海河科技园区，毗邻海河高教区(大学城)和天津大道，距市区 10 公里、距离滨海新区 6 公里。

天津广聚源纸业公司始建于 2005 年，厂区占地面积 40 公顷，建筑面积 8 万米^2，注册资金 1.665 亿元，现有员工 400 余名，拥有大批专业技术人才和生产骨干，企业年产值 2 亿元。公司以高新技术为依托，本着建设资源节约型、环境友好型企业的宗旨，努力促进循环经济的发展，打造环保、低碳、高效的新型企业。曾荣获天津市劳动和社会保障局授予的“A 级劳动关系和谐企业”、政府授予的“津南区纳税大户”“循环经济示范企业”等荣誉称号，已成为地区支柱产业。

天津广聚源纸业有限公司经营范围涉及机制纸、纸板制造，生物制浆及销售等。拥有国内先进的生产技术和设备，公司现有 1 条造纸生产线，现年生产能力 6 万吨。今年拟建设节能型年产 12 万吨高档工业原纸(4200/500)生产线以及相应的辅助系统改造。包括新增 1 台 DCS、QCS 自控双叠网 4200/500 纸机、1 套自动制浆生产线及 6 台可控热泵系统、密闭气罩热能回收装置等附属设备。该公司正式投入生产运行以来，连续 2 年总产值过亿元。企业 2010 年年末投产的二期建设项目使产能再扩大 3 倍，年产值将达到 12 亿元以上，开始驶入加速发展的快车道。现正在逐步形成集绿色循环产业、餐饮服务业、娱乐观光业和房地产业于一体的大型综合性集团公司，已拥有 43000 米^2 创意中心和占地面积 13.33 公顷的绿色生态园，显示出自己独特的风格和魅力。

天津广聚源纸业有限公司以高新技术为依托，本着建设资源节约型、环境友好型企业的宗旨，努力促进循环经济的发展，以农作物废弃物（稻草、棉秆）和生活包装废弃物（废纸箱）为纤维原料，将废弃物转化为再生资源，不仅变废为宝，而且保护了环境，促进了循环经济的发展。在实际生产中，企业积极引进科技手段，采用生物预处理机械浆制浆技术生产稻草、棉秆高得率本色浆，制浆得率高、能耗低、质量好、污染轻，形成了具有自主知识产权的清洁制浆技术。该公司主要使用城市污水处理厂的中水为主要生产用水，在工艺流程设计中对生产过程的用水采取了节流－治污相结合的方法，水的重复利用率超过了 90%，保证企业步入了清洁、节能的生产轨道，实现了资源优化配置。

【基建与技改】

目前在天津市生存和发展的造纸企业，大都具有资源消耗最小化及污染控制技术有特色、有成效等技术特点，这是天津市自然条件、政策条件以及市场条件等多种因素共同作用的必然结果，也是天津市造纸工业可持续发展的必经之路。

2017 年天津市纸及纸制品制造以及制浆设备制造行业投资项目完成 75 个，计划投资 38 亿元，2017 年完成投资 26 亿元；新建技改项目 23 个，计划投资 9.8 亿元，2018 年完成技改投资 8.4 亿元。

【科研与技术进步】

目前天津市造纸行业坚持走“产学研结合”技术发展之路，各企业和科研院所以科技创新为先导，积极开展科研项目合作以及技术开发工作，达到促进企业良性健康发展之目的。天津市造纸大中型工业企业科学研究与试验发展（R&D）活动积极开展，有 R&D 活动的企业数为 45 家，2017 年企业 R&D 活动经费内部支出总额 3.564.41 亿元，较 2016 年增加 23.9%，R&D 项目数为 127 个；大中型工业企业科技机构 17 个，科技机构 R&D 活动经费支出 2.28 亿元，较 2016 年增加 15.2%，专利申请数 289 件，其中发明专利 114 件，较 2015 年增加 216.7%。

2015 年 4 月天津科技大学造纸学院自成立之初，就与天津市乃至国内外众多造纸企业保持着多年的紧密合作关系。现已完成来自于国际合作、国家“十一五”规划、“十二五”规划和天津市科委以及全国大中型造纸企业的委托科研项目多项，对于促进我国造纸工业的技术进步和发展起到了重要的作用。

近两年来，天津科技大学承担的国家级、省部级重大科研项目有：

（1）科技部重点研发计划项目，基于造纸过程的纤维原料各组分清洁分离利用及环境评价，研究经费 441 万元。

（2）科技部重点研发计划项目，微纳米纤维素关键制造技术及中式示范，研究经费 115 万元。

（3）科技部重点研发计划项目，木质素分离纯化新技术研究，研究经费 50 万元。

（4）科技部重点研发计划项目，生态型短流程清洁制浆造纸技术研发及产业化示范，研究经费 53 万元。

（5）国家自然科学基金项目，木质纤维超微结构的生物与化学修复以及其对纤维形变性能的响应机制研究，研究经费 62 万元。

（6）国家自然科学基金项目，水热耦合机械预处理木质纤维吸附纤维素酶行为及调控机制的研究，研究经费 61 万元。

（7）国家自然科学基金项目，自水解预处理木质纤维超微结构及化学组成对后续制浆碱液吸收影响机制的研究，研究经费 63 万元。

（8）国家自然科学基金项目，纤维素酶在高得率浆纤维上的分布和扩散机制研究，研究经费 62 万元。

（9）国家自然科学基金项目，木质素基纳米粒子水凝胶药物载体的构筑及智能释放行为调控，研究经费 25 万元。

（10）国家自然科学基金项目，纳米纤丝纤维素凝胶化机理及纤维表面能调控机制研究，研究经费 27 万元。

（11）国家自然科学基金项目，木质素酸催化协同缩合控制定向解聚机制及其高抗氧化低聚产物构效关系研究，研究经费 23 万元。

（12）国家自然科学基金项目，“漆酶－木聚糖酶”双功能作用预水解液促半纤维素转化糠醛机理研究，研究经费 27 万元。

（13）天津市重点基础项目，农业剩余物联产纸浆、葡萄糖和沼气技术的研究，研究经费 20 万元。

（14）天津市重点基础项目，高浓/高剪切工况微纤化纤维素阳离子改性反应特性，研究经费 20 万元。

(15)天津市重点基础项目，农业剩余物联产纸浆、葡萄糖和沼气技术的研究，研究经费 20 万元。

【环境保护与节能】

天津市作为国内重要的大型工业城市，历来重视环境保护工作，对于所属企业的污染排放限制提出了严格的要求。天津市的造纸工业非常重视此项工作，在实际运行中，投入了大量的技术和资金力量对水资源利用和排放进行了重点治理。其中比较有代表性的玖龙纸业(天津)有限公司，秉承没有环保就没有造纸的理念，积极推动碳减排，立足于循环经济，实现可持续发展，并取得了"中国环境标志产品"认证，实现了吨纸消耗清水 5 吨以下。通过采用荷兰的厌氧、好氧 + 三级深度处理技术，实现了废水 COD_{Cr} 排放低于 60 毫克/升；对烟气处理，增加了进口脱硫设备，采用炉内喷钙加湿法脱硫，实现了 SO_2 排放不超过 100 毫克/米^3，粉尘排放指标不超过 30 毫克/米^3；在综合利用方面，实现了污水处理系统产生的沼气收集进行生物发电；利用污泥干化再利用系统，废纸脱墨产生的脱墨污泥进行干化处理，作为燃料在热电锅炉中燃烧回收热能；在行业率先引入环保燃烧炉，对造纸轻废渣进行了燃烧利用。2009 年玖龙纸业(天津)有限公司被评为天津市循环经济试点单位。在此基础上，玖龙纸业(天津)有限公司积极推行清洁生产，将工作重点放到实施生产工艺和设备的技术改造方面，进一步节能降耗，完成清洁生产审核和能源审计工作。

【发展中的问题】

天津市具有良好的制浆造纸工业基础，积极整合资源、充分发挥现有技术力量和设备条件，提高产业产品竞争力，充分利用口岸优势，扩大废纸资源利用率，提高农业废弃物等非木材植物纤维资源，解决原料问题，是天津市造纸工业保持良性发展的关键。

(惠岚峰)

四川省造纸工业

Paper Industry in Sichuan Province

【行业概况】

2017年是四川省造纸行业实施"十三五"规划重要之年，在国内供给侧改革和宏观经济企稳等因素的共同助力下，全国造纸行业整体复苏，纸及纸板增幅明显，四川省造纸行业亦呈现产销两旺、效益大幅增长的良好态势。2017年，四川省制浆造纸企业164家(含规模以下企业)，机制纸及纸板总生产量332万吨，同比增加42万吨，增长12.68%；生活用纸加工125万吨，同比增加12万吨。纸及纸板、生活用纸加工销售量450万吨，达到产销平衡，实现营业收入356.46亿元，同比增加59亿元，增长8.34%。四川省纸及纸板总生产量全国排名第14位，增速全国排名第6位。

【原料与产品结构】

四川省制浆造纸原料结构：木浆7%(进口或省外商品纸浆)，自制竹浆43%，废纸50%(省内或进口)。主要产品有：商品竹浆板、食品包装纸板、包装纸板(高强瓦楞原纸、牛皮箱纸板、箱纸板、涂布白纸板、工业纸板等)、生活用纸原纸及生活用纸加工(卷筒、非卷)、办公文化用纸(静电复印纸、双胶纸、书写纸、打字纸、无碳复写原纸等)、工业用纸(绝缘纸、电缆纸、电容器纸、育果袋纸等)、牛皮包装纸、牛皮食品包装原纸、特种纸及其他纸种。

【生产企业】

2017年四川省纸及纸板生产量前10名的造纸企业有：四川永丰纸业集团、玖龙浆纸(乐山)有限公司、四川金田纸业有限公司、四川新津晨龙纸业有限公司、宜宾纸业股份有限公司、四川华侨凤凰纸业有限公司、四川迅源纸业有限公司、成都美岭纸业有限公司、中顺洁柔(四川)纸业有限公司、四川省犍为凤生纸业有限责任公司。

2017年四川省销售收入前10名的造纸企业有：四川永丰纸业集团、玖龙浆纸(乐山)有限公司、宜宾纸业股份有限公司、四川省犍为凤生纸业有限责任公司、四川金田纸业有限责任公司、四川新津晨龙纸业有限公司、四川华侨凤凰纸业有限公司、中顺洁柔(四川)纸业有限公司、维达纸业(四川)有限公司、四川迅源纸业有限公司。

2017年四川省上缴税金前10名的造纸企业有：四川永丰纸业集团、玖龙浆纸(乐山)有限公司、四川新津晨龙纸业有限公司、四川省犍为凤生纸业有限责任公司、四川华侨凤凰纸业有限公司、宜宾纸业股份有限公司、中顺洁柔(四川)纸业有限公司、四川金田纸业有限公司、四川迅源纸业有限公司、维达纸业(四川)有限公司。

2017年四川省实现利润前10名的造纸企业有：四川永丰纸业集团、玖龙浆纸(乐山)有限公司、中顺洁柔(四川)纸业有限公司、四川新津晨龙纸业有限公司、四川金田纸业有限公司、四川省犍为凤生纸业有限责任公司、四川迅源纸业有限公司、四川华侨凤凰纸业有限公司、宜宾纸业股份有限公司、维达纸业(四川)有限公司。

【基建与技改】

2017年四川省扩建投产的项目有：四川石化雅诗纸业有限公司扩建年产5万吨高档竹浆生活用纸加工项目已投产；四川永丰浆纸股份有限公司新建泸州叙永年产20万吨竹浆一体化项目已投产。

正在建设的项目有：宜宾纸业股份有限公司扩建年产12万吨高档生活用纸项目正在建设中；四川省犍为凤生纸业有限责任公司扩建年产13万吨高档竹浆生活用纸及5万吨竹浆项目正在建设中；四川金田纸业有限公司新建年产60万吨工业纸板项目二期年产30万吨正在建设中；四川金红叶纸业有限公司在遂宁市新建年产12万吨高档生活用

纸项目二期年产 6 万吨项目及在雅安市新建年产 12 万吨高档生活用纸项目正在建设中；成都环龙工业用呢集团有限公司扩建年产 5 万吨高档竹浆生活用纸项目正在建设中。

【品牌建设情况】

四川省造纸行业协会、四川省造纸行业协会生活用纸分会先后推荐：四川永丰浆纸股份有限公司“永丰”牌、四川石化雅诗纸业有限公司“鸥露”牌、四川友邦纸业有限公司“顶好面子”牌、彭州市大良纸厂“维邦”牌为四川省、成都市著名商标、知名商标和名牌产品。

【环境保护与节能】

为贯彻国家保护生态环境、节能减排、淘汰落后产能的相关政策，四川省地处长江上游，为保护长江上游生态屏障，四川省环保厅对全省制浆造纸企业实行严格监管措施，对企业排污口实施全天候监控管理，每个企业必须达标排放。四川省经济和信息化委员会每年向制浆造纸企业下达节能减排、淘汰落后产能工作目标，根据四川省淘汰落后产能工作协调小组办公室关于下达 2017 年全省淘汰落后和过剩产能目标任务的通知，全省淘汰 18 家制浆造纸企业的落后产能 32.5 万吨，关闭造纸企业 13 家。

【发展目标和拟建项目】

总体发展目标是：转型升级，结构调整，狠抓重点，稳步发展。

竹浆纸产业重点抓好：宜宾纸业股份有限公司扩建年产 12 万吨竹浆一体化项目；四川省犍为凤生纸业有限责任公司扩建年产 5 万吨竹浆项目及年产 13 万吨中高档竹浆生活用纸项目；四川福华竹浆纸业有限公司扩建年产 7 万吨中高档竹浆生活用纸项目；四川石化雅诗纸业有限公司扩建年产 5 万吨本色竹浆生活用纸加工项目。

包装纸板重点抓好：四川金田纸业有限公司新建年产 60 万吨工业纸板二期 30 万吨项目；四川新津晨龙纸业有限公司年产 30 万吨强韧牛皮箱纸板项目、玖龙浆纸（乐山）有限公司扩建年产 45 万吨牛皮卡纸项目。

生活用纸行业重点抓好：四川金红叶纸业有限公司在遂宁新建年产 12 万吨高档生活用纸二期 6 万吨项目及在雅安新建年产 12 万吨高档生活用纸项目；中顺洁柔（四川）纸业有限公司、维达纸业（四川）有限公司技改扩能项目；宜宾纸业股份有限公司扩建年产 12 万吨高档生活用纸项目；四川省犍为凤生纸业有限责任公司扩建年产 13 万吨高档生活用纸项目；四川福华竹浆纸业有限公司扩建年产 7 万吨高档生活用纸项目；四川石化雅诗纸业有限公司年产 5 万吨本色竹浆生活用纸加工项目。

（罗福刚）

江西省造纸工业

Paper Industry in Jiangxi Province

【行业概况】

2017年江西省造纸行业继续稳步发展。据江西省工业和信息化委员会统计，2017年江西省规模以上制浆造纸及纸制品工业企业实现主营业务收入382.7亿元，同比增长11.4%；利税总额28.8亿元，同比增长21.2%。根据国家统计局的统计，2017年江西省机制纸及纸板总生产量为211.04万吨，同比增长5.35%。

造纸产品主要有以下四大类：

(1)文化印刷用纸　主要品种有轻型纸、低定量涂布纸等薄型文化纸系列产品暨教材专用纸、中小学生作业本专用纸、书写纸、双胶纸。

(2)包装纸　主要品种有涂布白纸板、箱纸板、瓦楞原纸、砂管原纸、牛皮纸、黑卡纸、色卡纸、牛皮卡纸。

(3)生活用纸　主要品种有纸巾纸、卫生纸、普通湿巾、宠物湿巾、卫生巾、擦手纸、厨房用纸。

(4)特种纸与加工纸　主要品种有鞋用纸板、载带封装用纸板、引线砂纸、电容器纸、烟花鞭炮纸、鞭炮红纸、红炮包装纸、花炮纸、连四纸。

【原料】

江西省是国内生态环境较好的省份，植物纤维原料丰富。据江西省林业厅发布的公告，江西省森林资源覆盖率位于全国的第二位。但由于政府管理部门考虑制浆对环境的影响等多方面的原因，江西省内绝大部分丰富的可利用的造纸植物纤维原料均未得到充分的利用，这些廉价的植物纤维原料除少部分销往邻省外，均未得到利用，资源优势未转化为经济优势。

据调查，江西省内制浆造纸企业采用原生植物纤维原料制浆的企业主要有江西晨鸣纸业有限责任公司。该企业有一条采用木材为主要原料的漂白化学热磨机械浆(BTMP)生产线，该生产线实际年产能25万吨左右，主要用该浆配抄轻型纸暨低定量涂布纸系列产品。该生产线自投产后至今运行正常，年生产量从最初的18万吨到现在已实现年生产量25万吨。

赣州华劲纸业有限公司用立锅蒸煮自制的杂木原生浆配比生产纸巾纸、卫生纸及文化纸。该企业主要采用当地家具厂生产家具时产生的针叶木、阔叶木木材加工家具后产生的废料为原料制浆，生产生活用纸及文化纸。由于充分利用了当地丰富且廉价的木材剩余物加工废料，降低了原料生产成本，企业经济及社会效益均较好。除以上2个企业采用原生植物纤维原料外，其他制浆造纸企业所用的造纸纤维原料主要依靠外购各种纸浆板和废纸。生产生活用纸的企业除赣州华劲纸业有限公司大部分采用自制木浆为主要原料外，其余企业均是采用针叶木、阔叶木浆板原料配比生产；生产牛皮纸的企业采用回收废报纸为原料生产；生产箱纸板的企业采用本色针叶木浆挂面，芯浆、底浆采用废纸原料生产；生产瓦楞原纸、涂布白纸板等产品的企业全部采用废纸原料生产。

【生产企业】

据统计，江西省规模以上制浆造纸及纸制品企业有131家，其中规模以上的制浆造纸企业有71家，纸制品制造企业60家，自制原生浆造纸的企业有2家。另有近百家生活用纸后加工小型企业。据调查，江西省内目前只有江西理文纸业有限公司年生产能力100万吨以上。年生产能力30万~100万吨的中型企业只有3家，年生产能力5万~30万吨的企业有30家，剩余企业均是年生产能力5吨以下的小型企业。年生产能力30万吨以上造纸企业情况见表1，年生产能力10万~30万吨的造纸企业情况见表2。

表 1　2017 年江西省年生产能力 30 万吨以上的造纸企业

序号	企业名称	生产能力/(万吨/年)	主要品种
1	江西理文造纸有限公司	150	牛皮箱纸板、瓦楞原纸、生活用纸
2	江西晨鸣纸业有限责任公司	70	轻涂纸、低定量涂布纸、食品包装用纸板
3	赣州华劲纸业有限公司	35	高档生活用纸、文化纸

表 2　2017 年江西省年生产能力 10 万 ~30 万吨的造纸企业

序号	企业名称	生产能力/(万吨/年)	主要品种
1	广丰县芦林纸业有限公司	70(2018 年年底达产)	高档箱纸板、瓦楞原纸
2	江西柯美纸业有限公司	30	箱纸板、牛皮卡纸、瓦楞原纸、烟花鞭炮纸
3	上栗县萍锋纸业有限公司	30	牛皮纸、涂布白纸板
4	上栗县恒达纸业有限公司	30	包装纸
5	瑞金市晶山纸业有限公司	20	包装纸
6	吉安丰顺达纸业有限公司	15	色卡纸
7	江西明盛实业有限公司	15	涂布白纸板
8	共青城顺风纸业有限公司	15	包装纸
9	广丰双鼎纸业有限公司	15	包装纸
10	江西省新洪兴纸业有限公司	10	高档包装纸
11	江西富丰纸业有限公司	10	牛皮纸、涂布白纸板
12	萍乡旭日纸业有限公司	10	包装纸
13	江西永新南方纸业有限公司	10	涂布白纸板
14	峡江县富兴纸业有限公司	10	涂布白纸板
15	泰和县金丰实业有限公司	10	涂布白纸板
16	江西顺达纸业有限责任公司	10	涂布白纸板
17	广丰县华龙实业有限公司	10	箱纸板、瓦楞原纸
18	江西兴旺纸业有限公司	10	瓦楞原纸

【基建与技改】

(1)江西理文造纸有限公司二期新建项目

截至 2015 年年底，江西理文纸业有限公司已完成投资 37 亿元，2016 年完成投资 16 亿元，累计完成投资已达 53 亿元以上。2017 年 5 月 14 日，江西理文造纸有限公司 9 号生活用纸机正式开始试生产，设计车速为 2000 米/分，幅宽为 5600 毫米，设计生产量 6 万吨/年，纸机由福伊特公司提供。同时，还为该纸机提供了配套的碎浆机、疏解机、磨浆机、压力筛、除渣器等制浆设备。据调查，江西理文造纸有限公司另一条同类型的生活用纸生产线也于 2017 年 6 月一次性试产成功。项目完成并投产后，该公司将有年产 12 万吨生活用纸的产能。原 30 万吨生活用纸项目剩下的 20 万吨不再建设，由理文集团另择新址重新集中建设生活用纸及产业园项目。据悉，2017 年 3 月 31 日，新项目已签约，总投资 100 亿元，计划建设年产 100 万吨高档生活用纸、配套年产能 100 万吨的深加工及所需包装材料产业园。项目建设生产线 20 条，每条生产线年产能 5 万吨。整个项目达产达标后，年产值约 180 亿元，年税收约 6 亿元。2017 年 10 月 10 日，江西理文造纸有限公司二期项目 PM21 开始投料试车，PM21 是江西理文基地的第二条生产线，纸机幅宽 6600 毫米，设计车速 1200 米/分，全部采用废纸原料生产高强瓦楞原纸，设计产能为 40 万吨/年，2016 年年初开始建设，已正常生产。

(2)江西富安纸业有限公司计划新开工项目

江西省工业和信息化委员会以赣工信投资字 95 号文批准了江西富安纸业有限公司年产 20 万吨涂布白纸板新建项目。该项目计划于 2015 年6 月开工建设，2017 年 6 月竣工，项目总投资 15 亿元，建设地点为江西省吉安市峡江县巴邱镇。项目达产达标后主营收入预计达 15 亿元，利税 2 亿元。但由于资金问题等原因目前暂未开工建设。

(3)峡江县金威纸业有限公司计划新开工项目

江西省工业和信息化委员会以赣工信投资字 95 号文批准了峡江县金威纸业有限公司年产 10 万吨涂布白纸板新建项目。该项目计划 2015 年开工建设，2017 年 6 月竣工，项目总投资 10 亿元，建设地点为江西省吉安市峡江县巴邱镇，项目达产达标后主营收入预计达 10 亿元，利税达 1400 万元。该项目暂未开始动工建设。

(4)江西泰盛纸业有限公司生活用纸新建项目

由上海泰盛制浆(集团)有限公司总投资 100 亿元的江西泰盛纸业有限公司高档生活用纸项目于 2017 年 1 月 2 日在九江市城西港区正式开工。目前该项目已完成进度的 25% 以上。该项目占地面积 57.45 公顷，总投资 100 亿元，建设年产 48 万吨生活用纸原纸、18 万吨生活用纸成品纸和 18 亿片妇婴卫生用品。产品包括卫生纸卷纸及纸巾纸、厨房用纸、妇婴卫生用品等。项目达产达标后，可实现年销售收入 88 亿元。该项目预计 2018 年投入试运行。

(5)江西晨阳纸业有限公司新建项目

该项目由南昌县旭亮卫生纸品厂投资建设，位于永修县云山工业园，总投资 3.5 亿元，占地面积约 2.67 公顷，生产生活用纸系列产品，该项目已于 2017 年上半年投入试生产。

(6)瑞金市晶山纸业有限公司技改项目

瑞金市晶山纸业有限公司是一家生产高强瓦楞原纸的港商合资企业，由领天国际(香港)有限公司和瑞金市丰达凯莱贸易有限公司合资创办，已建成年产 5 万吨瓦楞原纸生产能力，年产值 1.2 亿元。为进一步扩大企业生产能力，经公司董事会决定，总投资 2 亿元，新增 1 条年产 12 万吨高档包装纸板生产线。2016 年 4 月 27 日，瑞金市晶山纸业有限公司与江西省瑞金市政府正式签约该项目。2017 年下半年，瑞金市晶山纸业有限公司高强瓦楞原纸生产车间进入设备安装阶段，环保设施正在建设中，仓库及锅炉房已建成，将于 2018 年年初投产试运行，投产后可实现年产值 3 亿元。

(7)江西柯美纸业有限公司技改项目

江西柯美纸业有限公司新增的 20 万吨/年低定量高强瓦楞原纸生产线已于 2017 年建成投产。项目投产后，预计年新增销售收入 6 亿元，安排就业人员 400 余人。据调查，江西柯美纸业有限公司投资 4800 余万元配置了 1 套废水处理系统，采用好氧 + 厌氧 + 深度处理工艺，废水处理回用率达 90%。公司以废纸为原料生产高强瓦楞原纸，并向国家发展和改革委申报循环经济示范单位。

(8)江西金安包装新材料有限公司投资项目

江西金安包装新材料有限公司于 2017 年投资 9.4 亿元兴办年产 40 万吨砂管原纸、高强瓦楞原纸及热电联产生产线的项目已正式签约，并落户崇仁县工业园区。

(9)新洪兴纸业有限公司新建项目

新洪兴纸业有限公司新建项目位于峡江县造纸工业园区内，规模为年产 10 万吨高强瓦楞原纸，2017 年已投产试运行。

(10)兴旺纸业有限公司技改项目

兴旺纸业有限公司位于南昌市进贤县，规模为 10 万吨/年，生产高强瓦楞原纸，以废纸为原料。2017 年年底已完成技改并进入试生产。

【发展中存在的问题】

江西省造纸行业“十二五”期间获得了稳步发展，但整体发展缓慢，特别是与东部发达的省份相比差距较大，其主要原因是政府管理部门没有将造纸行业列入工业优先发展行业，影响了行业的发展。今后几年，随着省内造纸企业的技改及不断的投入，全省的纸及纸板生产量暨产值将会有较大的提高。

(雷建民)

云南省造纸工业

Paper Industry in Yunnan Province

【行业概况】

2017 年，云南省造纸工业在国内造纸行业纸张价格大幅上涨形势下，各企业走出困境，各项经济指标及生产量同比都有大幅上升，部分企业起死回生。由于云南省造纸工业规模小、装备落后、产品质量档次低，在国内纸张价格大涨机遇下，没有产生很好的经济效率，许多造纸企业家认识到存在差异，企业必须进行转型升级，改变产品结构。云南省造纸工业迎来了新的发展潮，筹建、新建及技术改造项目频频出现，夯实了云南省造纸工业的基础，为云南造纸工业带来发展前景。

云南省目前具有纸浆生产能力的企业共 2 家，纸浆生产量 34.2 万吨，其中，木浆生产量 26.1 万吨，蔗渣浆、竹浆生产量 8.1 万吨，原料基本自给自足。

至 2017 年年底，年销售收入 1000 万元以上的造纸企业全省有 53 家（不包括生活用纸后加工、瓦楞纸板及瓦楞纸箱、印刷包装企业），机制纸及纸板生产量突破 100 万吨大关，比 2016 年的 90 万吨增长 14.1%；纸浆、纸及纸板主营销售收入 68.67 亿元，比 2016 年增长 16%。

云南省生产原纸的企业及生产量情况：生产瓦楞原纸、普通箱纸板的企业有 37 家，生产量约 90 万吨；生产生活用纸原纸的企业有 12 家（不包括生活用纸后加工），生产量近 10 万吨；生产特种纸的企业有 2 家，生产量约 1.9 万吨，一家生产卷烟纸和成型纸，另一家生产内衬纸原纸。

【原料】

云南省是全国林、竹（甘蔗）资源最丰富的地区之一，是造纸原料最充足的地区。全省林业用地面积 2473.3 万公顷，占全省国土面积的 64.7%，居全国第 2 位，其中，商品林面积占 50.3%。竹子种植面积 38.3 万公顷，甘蔗种植面积 31.9 万公顷，境外进入甘蔗 150 万吨，产生蔗渣 370 万吨（水分约为 50%），蔗渣利用率不到 10%，主要作为锅炉燃料。云南省造纸产业在全国造纸工业中所占份额较小，在云南省工业产业中影响甚微，形成了“大资源、小产业”的格局。

从原料林基地建设来看，云南云景林纸股份有限公司是西南地区最大的制浆造纸企业，也是云南省唯一一家配套有原料基地的企业。2017 年全年新增造林面积 993 公顷，采购纤维原料 118.4 万米^3。截至目前，企业原料林基地建设规模已达到 120 万公顷。

【生产企业】

云南省造纸产业主要以纸浆、包装纸（箱纸板、瓦楞原纸）、生活用纸、特种纸（卷烟纸）为主，初步统计云南省具有纸浆生产能力的企业有 2 家，包装纸企业（箱纸板、瓦楞原纸）有 52 家，生活用纸（不包括后加工）企业有 12 家，特种纸（卷烟纸）和内衬原纸企业各有 1 家。2017 年云南省制浆造纸企业情况见表 1。

云南省主要造纸企业介绍如下。

1. 云南云景林纸股份有限公司

云南云景林纸股份有限公司（简称“云景林纸”）是云南省投资控股集团有限公司的控股公司，是云南省首次利用亚洲开发银行贷款，以当地森林资源开发及木材永续利用、振兴边疆少数民族地方经济为目的，按照林纸结合模式兴建的国内第一家林浆纸一体化企业，是云南省“八五”至“九五”期间的重点建设工程。

云景林纸主要技术和装备从美国、加拿大、芬兰、瑞典等国家引进，整体处于国内领先水平。现有员工 1400 多人，拥有 2 条制浆生产线、1 条高档生活用纸生产线、1 座 9 万吨煤矿基地和 120 万公顷原料林基地，总资产 28. 34 亿元。目前，纸浆生产能力 25 万吨/年、生活用纸生产能力 3 万吨/年，是我国西南地区最大的商品木浆生产企业。

表 1 2017 年云南省制浆造纸企业情况

序号	企业名称	生产能力/（万吨/年）	产品种类
1	云南云景林纸股份有限公司	25	纸浆
2	云南临沧南华纸业有限公司	10	纸浆
3	保山鑫盛泰纸业有限公司	20	包装纸
4	云南东晟纸业有限公司	15	包装纸
5	云南建水春秋纸业有限公司	15	包装纸
6	云南宜良红星兄弟纸业有限公司	10	包装纸
7	富民宝地纸业有限公司	10	包装纸
8	大理华成纸业有限公司	5	包装纸
9	楚雄永兴纸业有限公司	5	包装纸
10	云南易门科发纸业有限公司	5	包装纸
11	云南江川恒昌纸业有限公司	5	包装纸
12	云南华宁裕丰纸业有限公司	5	包装纸
13	云南红塔蓝鹰纸业有限公司	2. 5	卷烟纸
14	云南云景林纸股份有限公司	3	生活用纸
15	新平南恩糖纸有限责任公司	3	生活用纸
16	云南通海汉光纸业有限公司	2. 5	生活用纸

2017 年纸浆生产量 26. 1 万吨，生活用纸生产量 2. 17 万吨，新造林 993 公顷，采购纤维原料 118. 4 万米^3，在市场价格波动情况下，公司加强节能、减排、增加生产量等各项措施落实及执行，实现销售总收入 12. 69 亿元，上缴税费 9813 万元，利润 8284 万元。

2. 云南红塔蓝鹰纸业有限公司

云南红塔蓝鹰纸业有限公司是由云南红塔集团和德国格拉茨公司共同成立的中外合资企业，注册资金 2772 万美元，公司组建之初就拥有业内领先的高档薄页纸生产技术装备和现代化生产工艺，目前公司拥有世界顶尖水平的 2 条高档卷烟纸生产线，年生产能力 2. 5 万吨。其主导产品高档卷烟盘纸和普通成型纸在全国享有较高的声誉，卷烟盘纸国内市场占有率达 18%，连续几年保持国内第一。2017 年公司生产卷烟用纸 1. 69 万吨，实现销售收入 3. 16 亿元，工业总产值达 3. 17 亿元，实现利税总额 5202 万元。

【科研与技术进步】

1. 昆明理工大学

昆明理工大学制浆造纸学科获批承担国家自然科学基金项目“固定化漆酶-固定化 Co(salen)组合催化漂白竹浆机理的研究”，项目主要在纸浆生物酶和仿酶漂白基础上，探讨固定化漆酶-固定化 Co(salen)组合催化漂白竹浆的工艺过程，以提高竹浆强度和白度以及漂白选择性。漆酶或 Co(salen)催化氧化木素，反应涉及催化剂活性中心、有机过氧自由基、木素 Cα-位和结构单元之间 β-O-4 连接断裂。在此基础上，探讨漆酶和 Co(salen)组合催化氧化竹浆木素的途径，分析过氧化反应在木素降解中的作用，获取组合催化漂白竹浆的机理，解决组合催化能高效漂白竹浆的科学问题。

2. 云南红塔蓝鹰纸业有限公司

云南红塔蓝鹰纸业有限公司与红塔烟草(集团)有限责任公司共建云南省卷烟纸工程技术研究中心，2017 年在卷烟纸和成型纸方面研发 5 项技术成果：①特殊外观卷烟纸研发；②强包灰卷烟纸研究与开发；③解决滤棒成型纸掉毛掉粉专项研究与开发；④中细支卷烟专用卷烟纸研发；⑤全麻浆卷烟纸技术研究。通过不断研发，申请 8 项外观专利和 1 项实用新型专利，解决卷烟纸和成型纸的关键技术，促进科技成果的转化和产业化，为云南省烟草及国内烟草行业的技术进步与发展作出贡献。

3. 云南云景林纸股份有限公司

2017 年，云南云景林纸股份有限公司按计划推进“10000 吨/年高档生活用纸生产关键技术研究及产业化示范”“功能型家居用纸产品开发平台”等省级科技计划项目。同时，重点围绕浆变纸、林板及资源综合利用进行研究开发，不断扩大生活用纸规模，开发湿巾等护理用品，加快推进装饰原纸等特种纸以及高端生态板产品研究，同时推进林下综合开发、生物质资源综合利用研究。实施以废弃物处理锅炉烟气(脱硫)，采用先进的双辊洗浆机、结晶蒸发技术淘汰落后的工艺技术，引进先进工艺技术实施 2 号制浆生产线 3 万吨/年产能优化提升改造等项目。项目的成功实施，总体上实现了节能降耗，提高了环保水平及经济效益。

【基建与技改】

1. 保山鑫盛泰纸业有限公司

保山鑫盛泰纸业有限公司(原云南保山造纸厂位置)引进安德里茨公司制浆设备、河南中亚造纸装备股份有限公司叠网纸机，经过多年升级改造，建成 1 条年产 20 万吨的包装纸生产线、锅炉烟气处理、废水处理系统等配套设施，于 2017 年开机试生产近 6 万吨包装纸，成为云南省造纸行业首条年产 20 万吨的包装纸生产线。

2. 云南云泓纸业有限公司

云南云泓纸业有限公司位于云南省武定县禄金工业园区，占地面积 14.67 万米^2，采用维美德公司、福伊特公司、亚赛利公司、西尔伍德公司、凯登约翰逊公司等国际、国内先进制浆造纸工艺及装备。其中，幅宽 4400 毫米，车速 750 米/分中高速叠网纸机，建设年产 30 万吨生产规模，项目分期建设，一期设计 1 条年产能 20 万吨的生产线，配套全自动化 DCS、QCS 控制系统。以废纸和木浆为原料，生产牛卡纸、挂面箱纸板和高强瓦楞原纸等中高档产品。项目正在建设中，部分配套设施已经建成，预计 2018 年年底投入生产。

3. 云南云景林纸股份有限公司

2017 年，云南云景林纸股份有限公司在现有年产 3 万吨高档生活用纸基础上新扩建年产 6 万吨高档生活用纸，形成年产 9 万吨高档生活用纸生产规模，把现有 25 万吨纸浆变成附加值高的高档生活用纸、食品包装纸等品种，提高了云南省高档生活用纸的供需量，产品受到了广大消费者的认可。

4. 昆明红星荣和纸业有限公司

昆明红星荣和纸业有限公司年产 50 万吨再生纸工程项目，拟建在云南省昆明市宜良县工业园区板材及包装片区，项目总投资 7.64 亿元。项目建设 2 条生产线，年产再生纸 50 万吨，建设 1 条年产 30 万吨牛皮纸、T 纸生产线，1 条年产 20 万吨高强瓦楞原纸生产线。

昆明红星荣和纸业有限公司采用集中制浆，包括面浆和底浆，面浆生产线采用链板输送机、D 型水力碎浆机的连续碎解系统；底浆生产线采用散包和转鼓碎浆机系统、高浓一级二段除渣器系统、粗筛选系统、分级处理系统、精筛选系统和网前流送系统、损纸系统、推进器等设备，制浆生产线的处理量达 1600 吨/日的全套制浆设备。

造纸方面配套 2 台纸机，一台 PM1 日产 900 吨三叠网多缸纸机(幅宽 5400 毫米，车速 800 米/分)生产牛皮纸和 T 纸，另外一台 PM2 日产 600 吨单长网多缸纸机(幅宽 5600 毫米，车速 800 米/分)，生产高强瓦楞原纸。

【环境保护与节能】

2017 年对云南造纸行业来说是最重要的一年，纸张市场的持续上涨拓展了企业的生存空间，在新环保税实施之前，环保政策的趋严考验着企业的发展，许多企业加大环保投入，纷纷改造、新建环保设施。企业挖潜增效、开源节流，节能减排效果显著。

另一方面云南省造纸行业各企业严格贯彻落实国家法律法规，坚持“预防为主、防治结合、综合治理”的方针，纷纷淘汰 10 吨/时以下燃煤锅炉，新建设企业禁止建 20 吨/时以下(含 20 吨/时)燃煤锅炉，技改成天然气和生物质锅炉，所有锅炉烟气安装在线监测系统，烟气中烟尘颗粒、二氧化硫、氮化物等必须达到国家排放要求。

2017 年在节能减排方面，各企业纷纷进行节能减排改造，实施机电变频改造，绿色照明改造，冷凝水等余热余压利用以及“三废”减排措施。

【发展目标及存在问题】

1. 发展优势

云南省造纸工业虽然在全国造纸工业中所占份额较小，但也是云南省工业生产中不可或缺的一部分，面临环保形势严峻的同时，机遇和挑战并存，行业发展尚具有一定优势。一是资源优势明显，发展潜力巨大，云南省林竹、甘蔗资源丰富，水土光热等各种发展林产业的自然条件良好，较国内其他企业具有独一无二的优势，可用于造纸的潜在原料丰富。二是区域市场优势明显，云南省造纸产业市场是一个独特区域市场，“走出去”不容易，而其他产品“打进来”也很难，但是云南省临近的川渝市场需求大、发展快，周边的东南亚地区也是快速增长的市场，发展潜力大。三是发展高原特色产业的配套产业潜力较大，结合云南省优势产业，特别是高原特色农业的包装纸方面有很大潜力。

2. 存在问题

(1)基础薄弱，产业结构不合理，产品档次低

云南省造纸工业由于受多种因素的限制，发展速度远低于其他发达省市。目前为止，制浆企业规模超过 20 万吨的仅有云南云景林纸股份有限公司 1 家；造纸企业规模超过 20 万吨的仅保山鑫盛泰纸业有限公司 1 家，大部分企业规模在 5 万吨以下。工艺设备落后，基础薄弱，产品主要集中在低端领域，档次低、质量差、缺乏竞争力。总而言之，云南省制浆造纸工业缺乏大型集团和强势企业，企业的规模效应无法实现，限制了企业技术水平、装备水平、产品档次的提高和污染的防控。

(2)资源消耗较高，污染防治任务艰巨　不合理的原料和规模结构以及较低的技术装备水平，决定了云南省造纸工业用水量、能源和物料的消耗较高，且造纸工业成为主要的污染领域。吨纸综合能耗和水耗高于全国平均水平，造纸工业废水 COD_{Cr} 也高于全国平均水平，环保压力大。

(3)装备技术研发能力缺乏　云南省造纸工业由于存在企业结构不合理、企业小型化等因素，使得多数企业在研发方面不投入或少投入，在装备技术和工艺技术上缺乏创新能力，产学研未能有效结合，使得企业走入生产成本高、产品档次低、总体竞争力弱的恶性循环，只能游走于低端市场，高端产品市场主要被省外规模企业占据。

(4)原料利用率不高　云南省具有丰富的林竹、甘蔗资源，制浆造纸原料丰富，在原料供应方面具有优势。但由于受相关政策的限制及运输不便等原因，真正可以用来制浆的原料却十分有限，占云南省可利用林业资源的比例很小。云南省每年产生各种废纸百万吨，但废纸源分散，缺乏大型、规范管理的废纸贸易公司，许多废纸没有充分收集，部分废纸或卖至省外，大大降低了省内废纸原料的利用率，也无形中增加了企业原料运输成本，限制了包装纸企业的做大做强。

(5)资本积累不足，融资困难　现代造纸工业建设规模大、起点高，已从粗放、传统型向资本、技术型转变，每百元产值占用固定资产额已相当于石油、化工、冶金等工业，每万吨纸浆、每万吨纸及纸板的投资都在亿元左右。目前，云南省制浆造纸企业数量不少，但绝大部分存在资产规模小、装备水平低、产品市场份额小、竞争能力差等问题。云南省造纸工业发展速度迟缓，与企业建设发展资金积累不足、负债沉重、融资困难有很大关系，企业缺乏更新改造和扩建项目的资金，难于对优势资源进行积极的开发利用，阻碍了企业做大做强，错失了企业发展的良机。

（杨本彬）

辽宁省造纸工业

Paper Industry in Liaoning Province

【行业概况】

2017 年辽宁省规模以上造纸及纸制品企业数量与 2016 年持平，为 153 家。受纸及纸制品行业景气指数提升的影响，目前从业人员由 2016 年的 2.72 万人增加为约 2.86 万人；规模以上企业总生产量由 2016 年的 36.0 万吨增加至 2017 年的 73.7 万吨，扭转了从 2011 年开始至 2016 年辽宁省纸与纸制品的生产量呈逐年下降的趋势，这一拐点的出现，预示着辽宁省纸及纸制品产业可能出现上升势头。近几年，辽宁省纸与纸制品生产量变化趋势如图 1 所示。

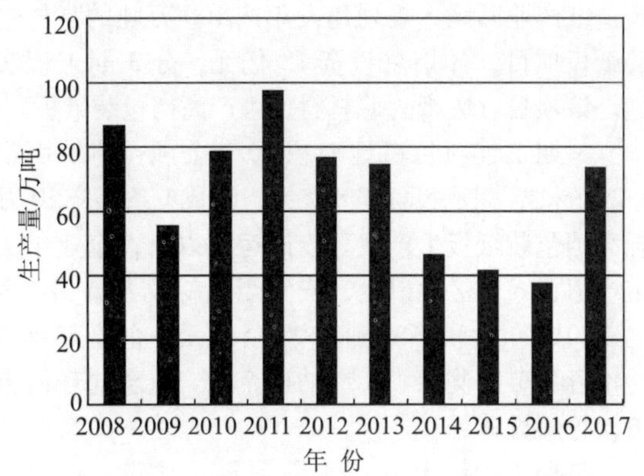

图1　近年来辽宁省规模以上企业纸及纸制品生产量

目前，辽宁省造纸企业主要分布在沈阳、辽阳、丹东、大连、营口、朝阳、鞍山、本溪、抚顺、铁岭、锦州、阜新等几个规模较大城市或地区，与 2016 年相比，不同地区规模以上企业的生产量变化如表 1 所示。

表 1　2016—2017 年辽宁省不同地区纸及纸板生产量对比　　单位：万吨

年份	沈阳	大连	丹东	锦州	阜新	盘锦	铁岭
2016	5.9	15.5	3.5	4.2	1.3	5.4	0.3*
2017	15.8	16.3	3.8	5.6	8.6	5.6	18.0

注：＊铁岭实际生产量应远高于 0.3 万吨。

辽宁省现有造纸及纸制品企业 153 家中，按资产投入分类，国有及国有控股企业 1 家，约占 0.7%，外商投资企业为 25 家，占 16.3%，其余资金投入为 127 家，占 83.0%。按企业规模分类，大中型企业数量较少，与 2016 年持平为 13 家，约占 8.5%。从资产规模来看，由于改扩建，总资产由 2016 年的 155.95 亿元增加到 2017 年的 172.36 亿元，国有企业资产为 2.58 亿元，占 1.50%，外资资产为 58.02 亿，占 33.66%，其余资产占 64.84%。辽宁省造纸企业性质与经营情况见表 2。

表 2　2017 年辽宁省造纸企业性质与经营情况

企业性质	数量/个	资产/亿元	主营业务收入/亿元	利税总额/亿元
国有企业	1	2.58	1.00	0.12
外商投资	25	58.02	66.21	7.60
其他	127	111.76	189.16	22.69
合计	153	172.36	256.37	30.41

2017 年造纸及纸制品加工企业发展势头向好，辽宁省相关企业主营业务收入 256.37 亿元，比 2016 年的 212.34 亿元增长了 20.74%，利税总额由 19.40 亿元增至 30.41 亿元。从利税指标来看，辽宁省纸及纸制品的生产量、产值有较大升幅，利税也有明显增长，说明辽宁省造纸行业供给侧改革取得一定成效。由于辽宁省对制浆废液排放的严格限制，很多制浆造纸厂转型发展，现在生产特种纸和纸基功能材料的企业占大多数。这些企业的特点是，虽然生产规模不大，但仍保持较好经济效益。小型特种纸及纸制品加工企业利税额较高，为 11.55 亿元，而大中型企业虽然生产量较大，但利税额只有 18.86 亿元。

从产品产销情况来看，产销基本平衡，产品销售率仍保持较高水平，为 99.87%。

【原料】

辽宁省造纸原料以芦苇和废纸为主，外购部分商品浆。盘锦辽河三角洲是我国第二大芦苇产区，金城造纸股份有限公司和辽宁振兴生态造纸有限公司就是以盘锦辽河三角洲的芦苇为原料制备文化用纸和商品浆板。废纸资源，国内外各占 50% 左右。琥珀纸业有限责任公司、辽宁兴东科技有限公司、大连金洋纸业有限公司生产的箱纸板主要以国内废纸及欧美废纸为原料。

【生产企业】

1. 金城造纸股份有限公司

金城造纸股份有限公司现有职工 2196 人，其中，工程技术人员 418 人，管理人员 165 人。金城造纸股份有限公司占地面积 294 万米^2，建筑面积 25 万米^2，机制纸生产能力 15 万吨/年，副产品黏胶剂(木质素磺酸盐)生产能力 18 万吨/年

公司主要产品有胶印书刊纸、胶版印刷纸、书写纸、期刊专用纸。制浆废液(红液)浓缩后的产品为亚硫酸氢镁型黏合剂，主要用于建材、冶金等行业，不仅拥有国内市场，作为世界上为数不多的酸法制浆工艺生产的木素磺酸盐还销售到日本、韩国、东南亚、中东等国际市场。

2017 年金城造纸股份有限公司机制纸生产量 7.4 万吨，黏合剂生产量 11 万吨。实现销售收入 4.6 亿元。

2. 琥珀纸业有限责任公司

琥珀纸业有限责任公司是抚顺矿业集团的全资子公司。一期工程投资 64.5 亿元，占地面积 83 万米^2，企业注册资金 8.1 亿元。目前已经建成投产 5 万吨/年生活用纸生产线和 30 万吨/年箱纸板生产线。

生活用纸生产线采用世界领先的奥地利安德里茨公司新月型纸机，深加工生产线采用美国、意大利等先进国家设备。生产的产品有卫生卷纸、手帕纸、面巾纸、餐巾纸、宾馆小卷纸等。“琥珀”牌系列生活用纸产品采用 100% 进口原生木浆制造，原纸生产全程自动化控制，产品投放市场以来无论品质和市场占有率均取得了行业及消费者认可。

箱纸板生产线由制浆系统、抄纸系统、复卷机系统构成。纸机设计车速为 1200 米/分，卷纸幅宽为 6660 毫米，定量范围 100 ~ 250 克/米^2。该生产线主体设备由世界一流制浆、造纸设备制造商德国福伊特公司提供，并采用世界先进的 DCS、QCS 控制系统，对整条生产线的车速、质量和操作全方位监控，设备配置属国际一流水准。该生产线主要附属设备均由国外造纸机械制造商亚塞利公司、西门子公司、GAW 公司和杰利维(GL&V)公司等提供，与之相配套的其他设备也由国内一流生产商供货。

箱纸板生产线于 2013 年 5 月投产，现已进入平稳高速运行阶段，其生产的“金珀”“银珀”“铜珀”系列牛卡箱纸板品质得到了下游用户的认可，2017 年公司生活用纸年生产量 3.3 万吨，箱纸板生产量 15 万吨。

3. 辽宁振兴生态造纸有限公司

辽宁振兴生态造纸有限公司属于辽宁振兴生态集团，是集芦苇原料基地、制浆、造纸生产为一体的大型企业，成立于 2007 年，注册资金 5.7 亿元。生产采用碱法连续蒸煮、氧脱木素、真空及双辊黑液提取、封闭热筛选、二氧化氯漂白(ECF)、白水封闭循环、碱回收、石灰脱硫和烟气净化，清洁生产高档无元素氯漂白芦苇浆和文化用纸。2017 年纸张生产量 5.4 万吨。

4. 辽宁兴东科技有限公司

辽宁兴东科技有限公司于 2012 年 5 月入驻开原市造纸产业园区，规划建设年产 100 万吨的高档包装纸板项目，计划总投资 12 亿元，分 3 期工程实施。该项目以废纸为原材料，生产高档包装纸板。

一期工程项目占地面积 10.1 公顷，建筑面积 3.2 万米^2，完成投资 3.8 亿元，建成 1 条年产 20 万吨高档包装纸板生产线。投产运营以来，企业年实现产值在 6.5 亿元以上，安置当地就业人员 370 多名，2017 年纳税额达到 4600 余万元。企业荣获铁岭市五一劳动奖状、A 级纳税企业、重合同守信誉单位等荣誉称号。

二期工程已于 2017 年 5 月开工建设，计划投资 3.5 亿元，工程占地面积 13.8 公顷，建筑面积 4.88 万米^2。建设年产 30 万吨高档包装纸板生产线，产品品种与一期相配套。二期工程将于 2018 年 5 月中旬建成投产运营，届时将达到年产 50 万吨包装纸板的产能，预计年实现产值可达 18 亿元，年实现纳税额 1 亿元左右，并可新增加就业人员 300 余人。

三期工程计划投资 4.7 亿元，再建设 2 条高档包装纸板生产线，于 2021 年之前建成投产，届时企业将形成年产 100 万吨高档包装纸板的生产规模，年预计实现产值 36 亿元以上，年纳税额 2 亿元以上，再新增就业岗位 600 个左右，成长为东北地区包装纸板行业的排头兵。

5. 丹东奥美轻工机械有限公司

丹东奥美轻工机械有限公司占地面积 3 万米^2，厂房面积 12000 米^2，现有职工 210 人，高级工程师 3 人，工程师以上职称的专业技术人员 30 多人。公司是制浆造纸设备的专业制造商，是专业生产制浆造纸设备的高新技术企业，是大型纸机和辅机生产骨干单位，设计生产的清洁制浆生产线大大减少了废水排放量。设计生产的浓调设备，已经可以替代进口产品，成为我国市场上最具有竞争力的产品。公司主要产品有：纸机、制浆设备和辅机设备等系列产品。造纸设备销售覆盖了新疆、山西、陕西、广东、广西、四川、河北、山东、辽宁、吉林等多个省份及朝鲜、马来西亚、越南、菲律宾、孟加拉国等国家。

6. 大连金洋纸业有限公司

大连金洋纸业有限公司于 2001 年建立，注册资金 9000 万元。公司集废纸再生造纸，纸板、纸箱制作印刷一条龙服务。曾经创下了“大连地区包装行业第一”“东北三省最大的包装企业”以及“同行业的龙头企业”的辉煌业绩。具有进出口商检许可、商标许可、环评认证。公司现有员工 300 余人，技术力量雄厚，中高级技术人员 30 余名，生产产品的主要原料是废弃纸制品，循环再生，利国利民。

公司现有多条现代化造纸生产线，生产线连线生产，能充分地对生产过程中的余热、余压、废渣和废水进行综合利用。主机及配套设施采用高科技，节能、降耗、环保、循环利用。年产 30 余万吨，生产稳定。大连地区市场占有率 80% 左右。

7. 凤城市众合纸业有限公司

凤城市众合纸业有限公司成立于 2008 年，主要生产加工出口坐厕纸等特种纸。坐厕纸年生产量约 30 亿张(平均每月出口 30 个标准货柜)，其他特种纸 3000 吨(水果套袋纸、染色纱管面纸、工业皱纹纸、过滤纸和玻璃隔层衬纸等)。公司系全国最大的坐厕纸成品生产厂家之一，占全国同类产品生产量的 20% 以上；年销售额 1 亿元。

该企业技术力量雄厚，现有特种纸机 5 台，员工 400 余人，10 余名造纸工艺高级工程师，能够生产 13～130 克/米^2 各种不同定量特种纸。企业具有自主出口资格，通过 ISO 9000 认证。

8. 沈阳思特雷斯纸业有限责任公司

沈阳思特雷斯纸业有限责任公司创建于 2005 年，是由沈阳防锈包装材料有限责任公司为主体投资，是集研发、生产、服务为一体的国内专业的特种纸企业，是辽宁省高新技术企业。主导产品为食品包装纸、医用包装纸、金属板带衬纸、玻璃衬垫纸等特种纸。沈阳思特雷斯纸业有限责任公司生产线装备 2640 毫米、2400 毫米、1092 毫米多条特种纸机设备。2011 年公司与宁波宝新不锈钢有限公司战略合作，合资兴建了宁波思特雷斯金属防护材料公司，生产 25～80 克/米^2 特种纸；原料采用 100% 进口漂白或本色木浆，综合产能达到 4 万吨/年。公司始终贯彻跟踪国际先进技术和市场需求动向，实施标准化管理，在行业内率先通过 ISO 9001 质量管理体系认证和 ISO 14001 环境管理体系认证和 FSC 森林认证，并于 2017 年 11 月通过获得 SC 食品生产许可证，是国标 GB/T 22869—2008 的主要起草单位。

公司具有防锈材料和造纸 2 个省级研发中心，与东北林业大学、大连工业大学等高校合作，共享科研成果，设立研究生培训基地、院士专家工作站等进一步保障技术、研发能力的创新。公司投资 1300 余万元购置先进的技术检测设备，按照国内外相关标准，实施纸的理化指标检测和各项分析检测工作。2016 年，检测中心获得中国合格评定国家认可委员会实验室认可证书(注册号：CNAS L8430)。

9. 辽宁豪唐纸业股份有限公司

辽宁豪唐纸业股份有限公司是一家集生活用纸研发、生产、销售为一体的专业化造纸企业。主要产品为高中档生活用纸及成人与婴童尿裤、尿片和卫生巾、湿巾等系列卫生用品。公司的造纸设备是新引进国际领先的新月型高速卫生纸机。原材料采用进口原生木浆，并以高科技技术治污、排污，环保达到国家标准。公司于 2015 年 7 月成立，注册资金 7900 万元。2015 年被列为铁岭市重大项目，2016 年被列为辽宁省十大重点支持企业。公司预计分 3 期投入，总投资 10 亿元，规划征地 30.4 公顷。其中，一期年生产量 3.5 万吨生活用纸，实现年产值 2.5 亿元，实现年利润 2500 万元；二期年生产量 9 万吨生活用纸及纸制品，实现年产值 6 亿元，实现年利润 6000 万元；三期年生产量 15 万吨生活用纸及纸制品，实现年产值 10 亿元，实现利润 12000 万元。3 期投产后将成为东北地区纸品行业的龙头企业。设备采用国际领先的韩国设备，采用新月型喷浆工艺，纸机车速 1300 米/分，能耗低，生产量高，质量好。工厂形成自动化流水线，大大降低了生产成本。

【环境保护与节能】

金城造纸股份有限公司注重节能减排，公司现有8套环保设备，包括已经完成的三段漂白、白水回收、废水生化处理、废水厌氧处理、电厂脱硫除尘等系统以及废水生物净化及红液蒸发系统。

辽宁振兴生态造纸有限公司建立了环保产业，公司拥有高度一致、超前的生态环保理念和区域综合利用措施走可持续发展道路。公司斥巨资引进国内先进的碱回收生产线，有效解决了黑液污染难题。同时，在废水处理方面，公司引进具有国际先进水平的荷兰卡鲁塞尔2000版氧化沟、直径长达15米的超效浅层气浮器等设备和工艺，形成"厂内三级处理+厂外氧化塘、潜流湿地"废水处理系统，变废为宝，经过处理后的水再进入1333.3公顷芦苇湿地灌溉区，实现水资源的综合循环利用，实现真正意义上的"绿色制浆，生态造纸"的理念。为实现循环经济(即3R模式)打下了坚实的基础。

琥珀纸业有限责任公司通过技术改造，基本实现了用水的封闭循环，降低了吨纸用水消耗量，也为企业带来显著的经济效益。

辽宁兴东科技有限公司建有日处理能力6000吨的废水处理站，还建设了单台装机容量75吨/时的产业园集中供热中心。

【发展目标】

辽宁省2012年起陆续建起造纸产业(工业)园，便于废弃物集中处理，鼓励制浆造纸企业入园发展。目前已有抚顺造纸产业园、盘锦东郭造纸工业园、铁岭开原造纸产业园、丹东前阳造纸产业园、黑山胡家造纸产业园、鞍山台安造纸产业园、朝阳开发区造纸工业园等园区。抚顺矿业集团琥珀纸业有限责任公司入驻抚顺造纸产业园、辽宁兴东科技有限公司和辽宁豪糖纸业股份有限公司入驻开原造纸产业园、台安鞍安纸业有限责任公司入驻鞍山台安造纸产业园、辽宁振兴生态造纸有限公司入驻盘锦东郭造纸工业园、玖龙纸业(沈阳)有限公司入驻新民市东城街工业园区。

(平清伟)

重点企业介绍

KEY ENTERPRISES

玖龙纸业(控股)有限公司
理文造纸有限公司
山东晨鸣纸业集团股份有限公司
山东太阳控股集团有限公司
山鹰国际控股股份公司
华泰集团有限公司
金东纸业(江苏)股份有限公司
宁波亚洲浆纸业有限公司
金红叶纸业集团有限公司
浙江景兴纸业股份有限公司
山东世纪阳光纸业集团有限公司
恒安国际集团有限公司
海南金海浆纸业有限公司
维达纸业(中国)有限公司
芬欧汇川(中国)有限公司
山东泉林纸业有限责任公司
无锡荣成环保科技有限公司
广西金桂浆纸业有限公司
新乡新亚纸业集团股份有限公司
大河纸业有限公司
金华盛纸业(苏州工业园区)有限公司
漯河银鸽实业集团有限公司
宁波中华纸业有限公司
河南省龙源纸业股份有限公司
广州造纸集团有限公司
中顺洁柔纸业股份有限公司
亚太森博(山东)浆纸有限公司
东顺集团股份有限公司
山东恒联投资有限公司
河南江河纸业股份有限公司
河北省保定市东方造纸有限公司

10

玖龙纸业(控股)有限公司

Nine Dragons Paper(Holdings) Limited

【企业概况】

玖龙纸业(控股)有限公司(简称"玖龙纸业")在各级政府的关心和支持下已成长为世界最大的废纸环保造纸的现代化包装纸制造集团。玖龙纸业于 2006 年 3 月 3 日在香港成功上市，目前已在东莞、太仓、重庆、天津、泉州、沈阳、乐山、河北，以及位于"一带一路"的越南建立造纸基地。玖龙纸业是我国首个年产能超过千万吨的造纸集团(2017 年集团年产能超过 1400 万吨，年总产值 500 多亿元)，连续多年蝉联我国造纸行业榜首，2017 年名列中国民营企业 500 强第 94 位(中国民营企业制造业 500 强第 49 位)。

玖龙纸业引进国际领先的技术和设备并不断创新，代表着我国包装纸的最高水平。玖龙纸业高度重视系统化管理，应用先进的 SAP 系统管理平台，促进信息化与工业化"两化"深度融合，不断提升企业的科学管理水平。

集团主要生产各类牛卡纸、高强瓦楞原纸、涂布灰底白纸板、涂布牛卡纸、环保型文化用纸等产品，为客户提供多元化产品系列和包装纸的一站式服务，占据行业龙头地位，引领纸包装行业往绿色低碳方向发展。

玖龙纸业一贯秉承"没有环保，就没有造纸"的理念，致力于环境保护和节能减排，倡导可持续发展的循环经济。不仅使用可以回收循环利用的废纸作原料，还与时俱进，不断加大环保投入，使玖龙纸业各项环保和能耗指标都做到优于国家标准，是资源节约型和环境友好型企业的典范。

制造业是 GDP 的基石，未来，玖龙纸业将以实现"六化"、打造企业工业 4.0 为目标，继续朝着环保、节能型、智能化管理的企业目标迈进，巩固行业龙头地位，奠定企业百年基业。

单位地址：广东省东莞市麻涌镇新沙港工业区(集团总部)　邮编：523147

联系电话：0769－88234888　联系传真：0769－88824198

联系邮箱：info_group@ndpaper.com　　单位网址：www.ndpaper.com

企业性质：香港上市集团公司

法人代表：张　茵

成立时间：1995 年，职工总数：1.6 万余人

主要产品：各类包装纸、环保型文化用纸、特种纸

主要纤维原料：废纸

纸机总数：39 台(现有包装纸及文化用纸机数量)

【主要造纸生产线】

生产线名称	产品品种	主要纤维原料	生产能力/(万吨/年)
东莞、太仓、重庆、天津、泉州、沈阳、乐山、河北、越南基地	牛卡纸、高强瓦楞原纸、涂布灰底白纸板、涂布牛卡纸、环保型文化用纸等	废纸	1403
乐山基地	特种纸	木浆	5

(卢燕芳)

理文造纸有限公司

Lee & Man Paper Manufacturing Limited

【企业概况】

理文造纸有限公司于2003年9月在香港联合交易所上市，股份编码：02314。主要产品有包装纸和生活用纸：包装纸有牛皮箱纸板、瓦楞原纸及涂布白纸板等，总年产能为778万吨；生活用纸有生活用纸原纸和成品纸，公司拥有“亨奇”和“理文”2个生活用纸品牌，下设不同系列产品，年总产能为63万吨。理文造纸有限公司是行业内最具规模及实力的造纸企业之一，也是亚太地区同类产品最大的造纸厂商之一。

理文造纸有限公司由创办之初至迅速发展，得到各方友好的鼎力支持。目前在我国设有5家造纸工厂，分别为：广东理文造纸有限公司、东莞理文造纸厂有限公司、江苏理文造纸有限公司、重庆理文造纸有限公司、江西理文造纸有限公司；并设有3家生活用纸生产工厂，分别为：重庆理文卫生用纸制造有限公司、江西理文卫生用纸制造有限公司、广东理文卫生用纸有限公司。同时还在越南的芹苴市设有越南理文造纸有限公司，在美国、欧洲等地也有办事处。

理文造纸有限公司配有完善的配套设施，包括先进的造纸生产线、汽电一体化的发电站、水厂、废水处理站、码头、大型废纸堆场、成品仓库及庞大的运输车队等；并设有现代化的办公大楼及完善的生活设施，如饭堂、运动场、图书室、网吧及员工娱乐中心等。

理文造纸有限公司自有庞大的水陆运输队伍，能充分保障及时快捷地将成品送到客户指定的地点。公司采用全计算机化管理，从原料采购、原料运输、生产成品，到成品纸运送给客户的过程，可全程查询，让公司的供货更快捷、更准确、更可靠。

理文造纸有限公司由创立至今，非常注重节能环保工作，始终秉持质量管理及环境保护宗旨，生产过程严格按照国际环境保护管理体系要求执行。公司已获得 ISO 14001、ISO 9001、OHSAS 18001、QCO 80000、FSC-COC 产销监管链国际认证，以及能源管理体系认证，并获得了“清洁生产企业”称号。在公司的蓬勃发展中，公司将力争成为世界上环保节能和创新型的诚信企业。

单位地址：香港九龙观塘敬业街61—63号利维大厦5字楼

联系电话：00852－2319－9889　联系传真：00852－2319－9393

联系邮箱：samco_liu@leemanpaper.com　单位网址：www.leemampaper.com

企业性质：中外合资

法人代表：李文斌，经营负责人：李文俊，技术负责人：李文斌

成立时间：1994年，职工总数：10685人，其中技术人员数：1215人

2017年纸浆生产量：19.3万吨，纸和纸板生产量：518.91万吨，生活用纸生产量：36.07万吨

2017年销售收入：231.48亿元，利税总额：52.21亿元，利润总额：41.14亿元

主要产品：牛卡纸、瓦楞原纸、涂布灰底白纸板、生活用纸

主要纤维原料：废纸、竹浆、木浆

纸机总数：36台

蒸(球)煮器总数：7台

【主要生产线】

主要制浆生产线

生产线名称	纤维原料	制浆方法	蒸煮器	主体设备供货厂商	产品品种	生产能力/(万吨/年)	投产时间
BKP1	竹片	硫酸盐法	DDS 间歇蒸煮锅	GL&V 公司、潍坊凯信机械有限公司	漂白或本色(氧脱)竹浆	18	2008-10

主要造纸生产线

生产线名称	纸机网部形式	纸机幅宽/毫米	纸机工作车速/(米/分)	主体设备供货厂商	产品品种	纤维原料	生产能力/(万吨/年)	投产时间
PM1	长网	3200	300	辽阳造纸机械厂	瓦楞原纸	废纸	5.5	1998-04
PM2	二叠网	3200	300	辽阳造纸机械厂	仿牛卡纸	废纸	5.5	1998-07
PM3	三叠网	4200	700	日本小林制作所	牛卡纸	废纸、木浆	22	2000-08
PM4	夹网	5500	1100	福伊特公司	牛卡纸	废纸、木浆	40	2002-09
PM5	三叠网	4400	750	日本小林制作所	牛卡纸	废纸、木浆	32	2003-11
PM6	二叠网	6600	900	韩国金星机械公司	仿牛卡纸	废纸	35	2004-10
PM7	三叠网	6650	1000	三菱重工业株式会社	牛卡纸	废纸	50	2006-01
PM8	三叠网	6600	1000	维美德公司	牛卡纸	木浆、废纸	50	2007-02
PM9	三叠网	6650	1000	维美德公司	牛卡纸	木浆、废纸	50	2007-06
PM10	三叠网	5500	800	日本小林制作所	白面牛卡纸	木浆、废纸	40	2007-09
PM11	三叠网	5500	800	日本小林制作所	牛卡纸	木浆、废纸	40	2007-07
PM12	二叠网+顶网	6650	1000	韩国金星机械公司	仿牛卡纸	废纸	45	2008-05
PM13	三叠网	5500	800	日本小林制作所	牛卡纸	废纸	40	2008-06
PM15	二叠网	6650	1100	维美德公司	牛卡纸	废纸	50	2011-08
PM16	长网+夹网	5500	900	韩国金星机械公司、日本小林制作所	仿牛卡纸	废纸	40	2011-11
PM17	四叠网+MB 网	6650	750	维美德公司	涂布灰底白纸板	废纸、木浆	60	2012-07
PM18	长网	6650	1000	韩国金星机械公司	挂面箱纸板	废纸	35	2013-06
PM19	三叠网	6650	900	韩国金星机械公司	白面牛卡纸、挂面箱纸板、瓦楞原纸	废纸	40	2017-03
PM20	三叠网	6650	1000	维美德公司	瓦楞原纸	废纸	40	2014-07
PM21	二叠网	6650	1200	维美德公司	瓦楞原纸	废纸	40	2017-09
TM1	圆网	2760	1000	日本川之江造机株式会社	生活用纸	竹浆、木浆	1.5	2014-07
TM2	圆网	2760	1000	日本川之江造机株式会社	生活用纸	竹浆、木浆	1.5	2014-07
TM3	新月型	5600	2000	福伊特公司	生活用纸	竹浆、木浆	6	2015-06
TM4	新月型	5600	2000	维美德公司	生活用纸	竹浆、木浆	6	2015-10

续表

生产线名称	纸机			主体设备供货厂商	产品品种	纤维原料	生产能力/(万吨/年)	投产时间
	网部形式	幅宽/毫米	工作车速/(米/分)					
TM5	新月型	5600	2000	维美德公司	生活用纸	竹浆、木浆	6	2016-09
TM6	新月型	5600	2000	维美德公司	生活用纸	竹浆、木浆	6	2016-10
TM7	新月型	5600	2000	维美德公司	生活用纸	竹浆、木浆	6	2016-11
TM8	新月型	5600	2000	维美德公司	生活用纸	竹浆、木浆	6	2016-12
TM9	新月型	5600	2000	福伊特公司	生活用纸	竹浆、木浆	6	2017-05
TM10	新月型	5600	2000	福伊特公司	生活用纸	竹浆、木浆	6	2017-06
TM11	新月型	5600	2000	福伊特公司	生活用纸	竹浆、木浆	6	2017-11
TM12	新月型	5600	2000	福伊特公司	生活用纸	竹浆、木浆	6	2017-12
TM13	新月型	5600	2000	维美德公司	生活用纸	竹浆、木浆	6	2018-01
TM15	新月型	5600	2000	维美德公司	生活用纸	竹浆、木浆	6	2018-03
TM16	新月型	5600	2000	维美德公司	生活用纸	竹浆、木浆	6	2018-04(预计)
TM17	新月型	5600	2000	维美德公司	生活用纸	竹浆、木浆	6	2018-06(预计)

（刘　凯）

山东晨鸣纸业集团股份有限公司

Shangdong Chenming Paper Group Co., Ltd.

【企业概况】

山东晨鸣纸业集团股份有限公司(简称“晨鸣集团”)是中国造纸龙头企业，世界纸业 10 强，中国企业 500 强、中国制造业 100 强。公司于 1958 年成立，历经 60 年的发展，现已成为以造纸、金融、浆纤、地产、矿业五大产业板块为主体，同时涉足林业、物流、建材等领域的大型企业集团。目前晨鸣集团在山东省、广东省、湖北省、江西省、吉林省等地均建有生产基地，集团总资产 1100 多亿元，年浆纸产能 1000 多万吨。

晨鸣集团是造纸行业内第一家同时拥有财务公司和融资租赁公司的企业，是全国唯一一家 A、B、H 三种股票上市公司，是中国上市公司百强企业、中国十佳明星企业，被评为中国最具竞争力的 50 家蓝筹公司之一，公司先后荣获全国五一劳动奖状、轻工业全国十佳企业、中国企业管理杰出贡献奖、全国精神文明建设先进单位等省级以上荣誉称号 200 余项，企业经济效益主要指标连续 20 多年在全国同行业保持领先地位。

晨鸣集团坚定不移地实施林、浆、纸一体化战略，引进国际上最先进的制浆造纸技术，建成了全球规模最大、工艺装备最先进的林浆纸一体化工程，是造纸行业内产品品种最多、最齐全的企业，五大产品系列涵盖高档胶版纸、白卡纸、铜版纸、轻涂纸、生活纸、静电复印纸、热敏纸、格拉辛纸等，主要产品市场占有率均位于全国前列。企业拥有国家级技术中心、博士后科研工作站、国家认定 CNAS 浆纸检测中心等科研机构，获得国家授权专利 190 余项，其中发明专利 17 项；7 个产品被评为“国家级新产品”，35 个产品填补国内空白，获得省级以上科技进步奖 21 项，承担国家级科技项目 5 项、省级技术创新项目 26 项。在全国同行业率先通过 ISO 9001 质量体系认证、ISO 14001 环保体系认证和 FSC-COC 体系认证。

目前，晨鸣集团正在进行新一轮的快速发展，将认真贯彻落实晨鸣精神，全力提升企业管理水平，以“打造千亿企业、铸就百年晨鸣”为目标，努力使企业成为花园式的、高度环保的、一流效益的世界级大型企业集团。

单位地址：山东省寿光市农圣东街 2199 号　　邮编：262700

联系电话：0536 - 2158000　　联系传真：0536 - 2156111

联系邮箱：cm2158571@ hotmail. com　　单位网址：www. chenmingpaper. com

企业性质：股份有限公司

法人代表：陈洪国，经营负责人：陈洪国，技术负责人：张　伟

成立时间：1958 年，职工总数：1. 5 万人，其中技术人员数：2000 余人

2017 年纸浆生产量：274 万吨，纸和纸板生产量：510 万吨

2017 年销售收入：870 亿元，利润总额：45. 36 亿元

主要产品：机制纸及纸板

主要纤维原料：木片，商品针叶木浆、阔叶木浆，废纸

纸机总数：24 台

【主要生产线】

主要制浆生产线

生产线名称	纤维原料	制浆方法	蒸煮器	主体设备供货厂商	产品品种	生产能力/(万吨/年)	投产时间
化学机械浆	木片	BCTMP		美卓公司	化学机械浆	25	2005
寿光化学浆	木片	碱法	连续蒸煮	GLV公司、安德里茨公司	化学浆	15	2009
湛江化学浆	木片	碱法	连续蒸煮	安德里茨公司	化学浆	70	2011
寿光机械浆	木片	TMP		美卓公司	机械浆	18	2011
湛江机械浆	木片	机械制浆		安德里茨公司	机械浆	45	2016

主要造纸生产线

生产线名称	纸机			主体设备供货厂商	产品品种	纤维原料	生产能力/(万吨/年)	投产时间
	网部形式	幅宽/毫米	工作车速/(米/分)					
轻涂纸生产线	叠网	4550	1280	美卓公司	高档低定量涂布纸	化学木浆	20	1998
铜版纸生产线	叠网	4685	1220	美卓公司	高档涂布铜版纸	化学木浆	30	2002
白卡纸生产线	叠网	5650	730	福伊特公司	高档涂布白卡纸	化学木浆、化学机械浆	40	2004
新闻纸生产线	夹网	11150	1750	美卓公司	高档彩色胶印新闻纸	废纸浆	40	2006
生活用纸生产线	新月型	5600	1800	安德里茨公司	卫生纸、面巾纸、手帕纸	针叶木浆、阔叶木浆	5.6	2010
低定量铜版纸生产线	夹网	11150	1560	美卓公司	高档低定量铜版纸	化学木浆	80	2011
文化纸生产线	夹网	11150	1750	美卓公司	高档静电复印纸、涂布纸	化学木浆	60	2011
热敏纸生产线	叠网	4038	1050	美卓公司	热敏纸	化学木浆	12	2013改造
特种纸生产线	顶网	4800	1250	维美德公司	格拉辛纸等	商品浆	15	2014改造
食品包装纸生产线	叠网	4580	750	福伊特公司		针叶木浆、阔叶木浆、机械浆	35	2015
液体包装纸生产线	叠网	9600	1000	福伊特公司、维美德公司、安德里茨公司	白卡纸	化学木浆、机械浆	120	2016

（徐振乾）

山东太阳控股集团有限公司

Shandong Sun Holding Group Co., Ltd.

【企业概况】

山东太阳控股集团有限公司(简称“太阳集团”)是全球先进的跨国造纸集团和林浆纸一体化集团，业务涉及投资、造纸、酒店等领域。旗下主要有山东太阳纸业股份有限公司(股票代码：002078)、万国纸业太阳白卡纸有限公司、山东国际纸业太阳纸板有限公司、山东万国太阳食品包装材料有限公司、山东圣德国际酒店等。截至2017年，位列中国企业500强，旗下太阳纸业股份有限共公司是我国造纸行业领军企业，位列世界造纸前40强。

公司现拥有全球最先进的制浆造纸生产线，产品逐渐形成了以高档涂布包装纸板、高档美术铜版纸、高档文化办公用纸、特种纤维溶解浆、生活用纸、高档工业包装纸为主导的六大系列产品结构。拥有金太阳、华夏太阳、天阳、威尔、乐考、酷印、幸福阳光等主要品牌。

公司拥有国家级技术中心、院士工作站、博士后科研工作站、泰山学者岗等多个创新研发平台。全球首创溶解浆连续蒸煮技术；从水解液中提取出木糖、木糖醇，填补了世界空白；成功研发出世界上第一张不添加任何功能性化学药品的“无添加”系列生活用纸。“幸福阳光”生活用纸，被“复兴号”高铁确定为专用纸巾；29号机生产的轻型纸，成功被选定为中共十九大会议文件专用纸；“金太阳”美术纯质纸，被中央党校出版的《习近平的七年知青岁月》成功采用；水解液木糖研发被列入国家“十三五”科技支撑计划。

作为行业巨擘，公司始终恪守“承载万家信任，书写幸福太阳”的企业使命，胸怀以天下为己任的强烈社会责任感，肩起员工、客户、社会与股东的充分信任，持续创造价值，提升价值。在环保治理方面，公司始终坚持把环保作为一项“生命工程”来抓，累计投入56亿元用于环保治理，使水治理达到国际领先水平，大气全部实现超低排放，固废基本实现资源化再利用，碱回收白泥资源化利用项目被列为中美绿色合作伙伴计划，取得了经济效益、环境效益和社会效益的多赢。

面向未来，太阳集团正在进行着新一轮的快速发展，公司将继续秉持“崇信尚新，守正出奇”的企业精神，坚守“信于心，创于行”的核心价值观，全力提升管理水平，持续推进新旧动能转换，不断加快转型升级，努力把太阳集团打造成可持续发展、受人尊重的全球卓越企业。

单位地址：山东省济宁市兖州区友谊路1号　邮编：272100

联系电话：0537－7928711/7928713　联系传真：0537－7928489

联系邮箱：songweihua@ sunpaper. cn　单位网址：www. sunpapergroup. com

企业性质：民营企业

法人代表：李　鲁，经营负责人：李洪信，技术负责人：应广东

成立时间：1982年，职工总数：12600人，其中技术人员数：630人

2017年纸浆生产量：129. 64万吨，纸和纸板生产量：443. 16万吨

2017年销售收入：447. 68亿元，利税总额：48. 84亿元，利润总额：38. 5亿元

主要产品：高档涂布包装纸板、高档美术铜版纸、高档文化办公用纸、特种纤维溶解浆、生活用纸、工业用包装纸

主要纤维原料：外购木浆和自制木浆

纸机总数：20 台

蒸(球)煮器总数：7 台

【主要生产线】

主要制浆生产线

生产线名称	纤维原料	制浆方法	蒸煮器	主体设备供货厂商	产品品种	生产能力/(万吨/年)	投产时间
过氧化氢中浓漂白化学浆线	杨木板皮	碱法	四管连续蒸煮器	天津中轻机械有限公司	化学阔叶木浆	7	2003-07
碱性过氧化氢机械浆线	杨木片、桉木片等	APMP	高浓磨(主要磨浆设备)	安德里茨公司	化学机械浆	60	2008-01
溶解浆	进口木片	连蒸连煮	低固形物连续蒸煮	安德里茨公司	特种纤维	50	2015-10

主要造纸生产线

生产线名称	纸机			主体设备供货厂商	产品品种	纤维配比	生产能力/(万吨/年)	投产时间
	网部形式	幅宽/毫米	工作车速/(米/分)					
PM24	夹网	7280	1600	福伊特公司	高档美术铜版纸	针叶木浆、阔叶木浆、化学机械浆	40	2011-07
高档食品包装卡纸生产线	多层网	6100	950	美卓公司	高档食品白卡纸	针叶木浆、阔叶木浆、化学机械浆	60	2012-09
高档生活用纸生产线	夹网	5600	1900	安德里茨公司	高档生活用纸原纸	针叶木浆、阔叶木浆	12	2013-06
高档低定量牛皮箱纸板生产线	三叠网	6660	1200	福伊特公司	高档低定量牛皮箱纸板	未漂木浆、废纸	80	2016-07

(宋伟华)

山鹰国际控股股份公司

Shanying International Holdings Co., Ltd.

【企业概况】

山鹰国际控股股份公司是一家集再生纤维、造纸、包装、印刷、贸易、物流、投融资等为一体的国际化企业。其造纸及包装印刷规模位居全国前列，总部位于上海市。产业辐射福建、浙江、安徽、湖北、江苏、天津、四川等省市，并成功迈向欧美、日本、中国香港等国家和地区。公司推行“调结构、控产能、优布局、抓内效”的造纸战略，倾力打造绿色、循环、智能制造新理念。目前已形成年产358万吨包装纸和12亿米^{2}中高档包装纸箱的生产能力。

截止2017年7月，公司在海内外共拥有6家造纸企业，19家包装印刷设计、销售及生产企业，8家国际贸易、陆运物流、港口码头企业，2家投融资企业。2016年，入围《财富》中国企业500强，全国造纸十强。

公司以“成为全球领先、最具价值创造力的生态型企业”为愿景，肩负“引领‘共创、共享、共赢’的产业文明”的使命，以生态化的产业文明为驱动，铸就传承百年的商业品牌。坚持从绿色、循环经济出发，围绕智造与相关服务，建设成产业间生态协同，产业内纵深融合，以互联网等工具为价值创新点，不断为社会、企业、个人提供引领时代潮流的全新价值。力求成为文明的探索者和领航者，始终走在时代前列，致力于实现员工发展，用户满意，企业与客户共赢，政府与社会支持，产业进步与自然环境和谐。

单位地址：上海市长宁区虹桥路2272号虹桥商务大厦6楼F座　邮编：200336

联系电话：021－62376587　联系传真：021－62376799

联系邮箱：stock@shanyingpaper.com　单位网址：www.shanyingpaper.com

企业性质：民营企业

法人代表：吴明武

成立时间：1999年，职工总数：9077人，其中技术人员：990人

2017年纸和纸板生产量：358万吨

2017年销售收入：174.7亿元，利税总额：31.2亿元，利润总额：22.3亿元

主要产品：涂布牛卡纸、白面牛卡纸、箱纸板、高强瓦楞原纸、新闻纸

主要纤维原料：废纸

【主要生产线】

主要造纸生产线

生产线名称	产品品种	纤维原料	生产能力/(万吨/年)
海盐基地/马鞍山基地/漳州基地	涂布白纸板、白面牛卡纸、箱纸板、高强瓦楞原纸、新闻纸	废纸	458
湖北基地	箱纸板、高强瓦楞原纸	废纸	250(规划)

（刘　建）

华泰集团有限公司

Hua Tai Group Co., Ltd.

【企业概况】

华泰集团有限公司(简称“华泰集团”)是一家以造纸、化工为主导产业，集印刷、热电、物流、林业、环保、商贸、房地产、金融等十大产业于一体的全国500强企业集团。公司总资产320亿元，年造纸生产能力400万吨，年化工及造纸助剂200万吨，年印刷能力80万色令，是全球最大的高档新闻纸生产基地和全国最大的盐化工生产基地。

按照林浆纸一体化发展模式，华泰集团分别在山东、安徽、河北、广东建成了六大浆纸基地。公司先后与德国福伊特、芬兰斯道拉恩索、比利时索尔维、美国杜邦等世界500强公司合资合作，引入国际最先进设备，建设的SC纸生产线、电子级食品级双氧水生产线，均填补国内空白。公司拥有全国造纸行业首批博士后科研工作站、国家级企业技术中心等七大省级科研平台，是国内造纸行业唯一一家荣获4项国家科学技术进步奖的企业。

多年来，华泰集团的发展成绩受到各级部门的认可，被国务院评为“全国就业先进企业”，被中组部评为“全国创先争优先进基层党组织”，先后荣获“国家重点高新技术企业”“中国上市公司百强企业”“全国守合同重信用企业”“全国五一劳动奖状”“首届山东省省长质量奖”等多项荣誉称号。2017年，华泰集团位居中国企业500强第223位，在山东省100强企业中名列第19位，在中国轻工业百强企业中排名第9位，连续三年名列全国造纸行业之首，彰显出强劲的发展势头和不俗业绩。

单位地址：山东省广饶县大王镇潍高路251号 邮编：257335

联系电话：0546－7798229 联系传真：0546－6888018

联系邮箱：huatairen@163.com 单位网址：www.huatai.com

企业性质：民营企业

法人代表：李建华，经营负责人：李晓亮，技术负责人：张凤山

成立时间：1976年，职工总数：10030人，其中技术人员数：3225人

2017年纸浆生产量：281万吨，纸和纸板生产量：313万吨

2017年销售收入：730亿元，利税总额：73.02亿元，利润总额：38.8亿元

主要产品：新闻纸、铜版纸、胶版纸

主要纤维原料：废纸、杨木片

纸机总数：12台

【主要生产线】

主要制浆生产线

生产线名称	纤维原料	制浆方法	蒸煮器	主体设备供货厂商	产品品种	生产能力/(万吨/年)	投产时间
8 号机	木浆板	碎浆、打浆		安德里茨公司	木浆	40	2011
9 号机	废纸、木浆板	浮选脱墨		福伊特公司	脱墨浆、木浆	16	2001
10 号机	废纸、木浆板	浮选脱墨		福伊特公司	脱墨浆、木浆	25	2003
11 号机	废纸	浮选脱墨		福伊特公司	脱墨浆	40	2005
12 号机	废纸	浮选脱墨		福伊特公司	脱墨浆	45	2006
杨木浆生产线	杨木片	BCTMP		美卓公司	杨木 BCTMP	10	2006
安徽华泰漂白化学浆	阔叶木、针叶木	硫酸盐法	超级间歇蒸煮	美卓公司、安德里茨公司	化学浆	30	2012
广东华泰 650 吨脱墨线	废纸	脱墨法		美卓公司	脱墨浆	40	2011
日照华泰 10 万吨阔叶木浆生产线	阔叶木、针叶木	DDS 间歇蒸煮	立锅	安阳机械厂、美国 ITT 公司等	针叶木浆、阔叶木浆	10	2010
河北华泰新闻纸机	废纸	浮选脱墨		福伊特公司	脱墨浆	30	2005

主要造纸生产线

生产线名称	纸机			主体设备供货厂商	产品品种	纤维原料	生产能力/(万吨/年)	投产时间
	网部形式	幅宽/毫米	工作车速/(米/分)					
8 号机	夹网	8100	1700	美卓公司	铜版纸	木浆	70	2011
9 号机	叠网	6500	1400	福伊特公司	文化用纸	脱墨浆、木浆	16	2001
10 号机	夹网	7100	1800	福伊特公司	文化用纸	脱墨浆、木浆	25	2003
11 号机	夹网	10200	1800	福伊特公司	新闻纸	脱墨浆	40	2005
12 号机	夹网	11000	2000	福伊特公司	新闻纸	脱墨浆	45	2006
安徽华泰 1 号机	叠网	4450	1000	美卓公司	文化用纸	自制化学浆、机械磨木浆	15	2012
广东华泰 1 号机	夹网	6100	1800	美卓公司	新闻纸	脱墨浆	40	2011
河北华泰新闻纸机	夹网	7900	1950	美卓公司	新闻纸	脱墨浆	30	2005

（任爱丽）

金东纸业(江苏)股份有限公司

Gold East Paper (Jiangsu) Co., Ltd.

【企业概况】

金东纸业(江苏)股份有限公司(简称“金东纸业”)地处长江第三大港——江苏省镇江大港，占地面积533万米^2，总投资35.1亿美元。金东纸业拥有世界上最先进的2条纸机生产线、2条涂布生产线和1条机内涂布生产线，可年产铜版纸200万吨以上，是世界上单厂规模最大的铜版纸生产企业之一。同时拥有2个3.5万吨泊位的专用码头，日供水9.9万吨的水厂，日处理量7.5万吨的废水处理厂以及重质碳酸钙和轻质碳酸钙厂等配套工程。

金东纸业成立以来，秉承集团永续经营的理念，不断实践循环经济和绿色造纸的理念，走出了一条可持续发展的新型工业化道路，逐步带动了我国造纸工业的振兴发展。在管理领域，金东纸业先后通过了ISO 9001质量管理体系、ISO 14001环境管理体系、OHSAS 18001职业健康安全管理体系及PEFC森林监管链管理体系等认证。先后开发出“太空梭”“东帆”“长鹤”“神盾”“NEVIA”等品牌，其中“太空梭”品牌的知名度和美誉度更是位居同行业之首。

目前金东纸业的产品已远销至海外多个国家和地区，企业运营稳步提升，连续多年登上中国500强企业和中国企业效益200佳排行榜。金东纸业在环保建设、社会责任、科技引领创新发展等方面的努力得到了我国各级政府的充分肯定，成立迄今已荣获中央、省、市级各类奖项近300项。

单位地址：江苏省镇江市大港兴港东路8号　邮编：212132

联系电话：0511-88998888　联系传真：0511-88997000

联系邮箱：service@goldeastpaper.com.cn　单位网址：www.goldeastpaper.com.cn

企业性质：中外合资

法人代表：黄志源，经营负责人：王自力，技术负责人：吴国泉

成立时间：1997年，职工总数：3402人，其中技术人员数：1063人

2017纸和纸板生产量：206.4万吨

2017年销售收入：94.79亿元，利税总额：17.18亿元，利润总额：14.81亿元

主要产品：单面铜版纸、双面铜版纸、亚光铜版纸、轮转铜版纸、数码专用纸

主要纤维原料：原生木浆

纸机总数：3台

【主要生产线】

主要造纸生产线

生产线名称	纸机			主体设备供货厂商	产品品种	纤维原料	生产能力/(万吨/年)	投产时间
	网部形式	幅宽/毫米	工作车速/(米/分)					
福伊特纸机	夹网	9770	1500	福伊特公司	双胶纸和涂布原纸	原生木浆	54	1999-02
福伊特纸机	夹网	9770	1500	福伊特公司	双胶纸和涂布原纸	原生木浆	54	1999-05

续表

生产线名称	纸机			主体设备供货厂商	产品品种	纤维原料	生产能力/(万吨/年)	投产时间
	网部形式	幅宽/毫米	工作车速/(米/分)					
美卓涂布机		9770	1700	维美德公司	铜版纸	原生木浆	60	1999-06
美卓涂布机		9770	1700	维美德公司	铜版纸	原生木浆	60	2001-08
集造纸涂布于一体纸机	夹网	10600	1700	福伊特公司	不含磨木浆涂布纸、铜版纸	原生木浆	70	2005-05

〔APP(中国)〕

宁波亚洲浆纸业有限公司

Ningbo Asia Pulp and Paper Co., Ltd.

【企业概况】

宁波亚洲浆纸业有限公司(简称“宁波亚浆”)项目总投资118亿元，实施分阶段建设。一阶段项目年产能100万吨，于2004年年底建成；二阶段项目年产能50万吨，于2014年6月底投入生产。

宁波亚浆拥有2台大型现代化纸机，配备了世界上最完善的QCS质量控制系统及国际领先的DCS自动化控制系统，其中一台为世界上单机产能最大、生产技术最先进的纸板机。宁波亚浆主要生产高档涂布白卡纸、铜版卡纸、扑克牌专用纸、烟包纸等系列产品。其中“金采”单面涂布白卡纸独具抗菌功能，适用于各式需抗菌功能保护的商品包装；扑克牌产品系列中的蓝芯扑克牌纸获国家专利；白纸板系列产品通过中国环境标志II型产品认证。

生产经营，环保先行。宁波亚浆投资10亿多元用于环保建设，各项排放指标远优于国家标准。在废水回收利用方面，采用全封闭的白水回收系统，大幅提升了水循环利用，也成为国内耗水最低的造纸企业之一。公司先后通过ISO 14001环境管理体系、ISO 9001质量管理体系、OHSAS 18001职业健康安全管理体系和PEFC森林监管链管理体系的认证，以及ISO 14064温室气体排放监管体系核查，并获得“浙江省绿色企业”“宁波市‘十一五’节能降耗先进单位”“浙江省中外合资合作百强企业”等荣誉称号。

单位地址：浙江省宁波市北仑区小港青峙工业区宏源路88号 邮编：315012

联系电话：0574－86989888 联系传真：0574－86989898

单位网址：www.zhonghua-paper.com

企业性质：中外合资

法人代表：黄志源，经营负责人：刘继春，技术负责人：刘继春

成立时间：2002年，职工总数：1550人，其中技术人员数：165人

2017年纸和纸板生产量：166万吨

2017年销售收入：70.7亿元，利税总额：8.7亿元，利润总额：7.5亿元

主要产品：单面涂布白卡纸、双面涂布环保铜版卡纸、蓝芯/黑芯扑克牌纸、烟包纸等

主要纤维原料：废纸、木浆

纸机总数：2台

【主要生产线】

主要造纸生产线

生产线名称	纸机			主体设备供货厂商	产品品种	纤维原料	生产能力/(万吨/年)	投产时间
	网部形式	幅宽/毫米	工作车速/(米/分)					
6 号纸机	五层长网	8100	1000	维美德公司	单面涂布白卡纸、双面涂布环保铜版卡纸、蓝芯/黑芯扑克牌纸、烟包纸等	木浆、废纸	100	2004-10
4 号纸机	三层长网	6100	600	维美德公司	单面涂布白卡纸	木浆、废纸	50	2014-06

〔APP(中国)〕

金红叶纸业集团有限公司

Gold Hongye Paper Group Co., Ltd.

【企业概况】

金红叶纸业集团有限公司由 APP(中国)1996 年投资建设，专业生产、销售生活用纸系列产品，产品主要有：卫生纸、面巾纸、手帕纸、餐巾纸、厨房纸巾、擦手纸和湿巾等。主要品牌有：“唯洁雅”“清风”和“真真”。

目前公司拥有 6 个原纸生产基地，分布在江苏省苏州市、海南省海口市、湖北省孝感市、辽宁省沈阳市、四川省遂宁市(2016 年 4 月投产)和四川省雅安市(未投产，计划 2017 年投产)。在天津、沈阳、成都、武汉、福州、广东、海南、青岛等地设有后加工基地，并设有遍布全国的营运销售网络。是目前我国生活用纸行业产能和生产量最大的生产商。

2017 年 10 月 9 日，金光集团总投资 68 亿美元(450 亿元)的高档生活用纸项目落户江苏省南通市如东县洋口港经济开发区，占地面积 566.67 公顷，建成后可年产生活用纸 400 万吨，将成为全球最大的生活用纸生产基地。一期产能 200 万吨项目之先期 72 万吨项目计划于 2018 年开工、2020 年投产。

单位地址：江苏省苏州市工业园区胜浦分区金胜路 1 号　　邮编：215126

联系电话：0512 - 62810228　　联系传真：0512 - 62818276

联系邮箱：customer_ service@ ghy. com. cn　　单位网址：www. ghy. com. cn

企业性质：外商独资

法人代表：黄志源

2017 年纸和纸板产能：163 万吨

主要产品：生活用纸

主要纤维原料：木浆

纸机总数：46 台(至 2017 年)

【主要生产线】

主要造纸生产线

生产基地	产品品种	纤维原料	生产能力/(万吨/年)	纸机台数
江苏苏州	生活用纸	木浆	43	12
海南海口	生活用纸	木浆	84	28
湖北孝感	生活用纸	木浆	24	4
辽宁沈阳	生活用纸	木浆	6	1
四川遂宁	生活用纸	木浆	6	1
合　计			163	46

注：2017 年没有新增生产线。

(中国造纸协会生活用纸专业委员会)

浙江景兴纸业股份有限公司

Zhejiang Jingxing Paper Joint Stock Co., Ltd.

【企业概况】

浙江景兴纸业股份有限公司(简称“景兴纸业”)经过33年发展，由一家名不见经传的造纸作坊发展成为以造纸为龙头、集纸制品加工为一体的上市公司。公司主导产品为牛皮箱纸板、白面牛卡纸、瓦楞原纸、纸箱、生活用纸等系列产品。2006年9月15日，景兴纸业A股在深圳证券交易所上市。通过上市和增发，公司迈入快速发展的轨道。公司先后被上级授予“全国首批资源节约型环境友好型企业试点”“首批国家节水标杆企业”“国家级工程实践教育中心”“国家高新技术企业”“国家水效领跑者企业”。目前公司拥有国际先进水平造纸生产线8条，其中包装纸生产线5条，生活用纸生产线3条。公司一直秉承“创新、节约、降耗、增效”的发展理念，坚持污染治理，注重发展绿色循环经济，实现可持续发展，力争实现企业长足发展。公司长期致力于纸机改造、中水回用、沼气发电、浆渣回用、光伏发电等清洁生产措施，从源头节水节能的同时，做好末端资源再利用，真正做到节能减排。2017年深入开展了透平泵技改和环境综合治理项目，科学制定“一厂一策”环境综合治理提升方案，严格落实各项整改措施，明显改善厂区生产环境，有效削减污染物排放和能源消耗。

单位地址：浙江省平湖市曹桥街道　邮编：314214

联系电话：0573－85960318　联系传真：0573－85966983

联系邮箱：283900268@qq.com　单位网址：www.zjjxjt.com

企业性质：民营企业

法人代表：朱在龙，经营负责人：王志明，技术负责人：丁明其

成立时间：1984年，职工总数：2022人，其中技术人员数：1662人

2017年纸和纸板生产量：139.19万吨(包装纸133.68万吨，生活用纸5.51万吨)

2017年销售收入53.60亿元，利税总额12.62亿元，利润总额8.04亿元

主要产品：牛皮箱纸板、白面牛卡纸、瓦楞原纸、生活用纸、纸箱

主要纤维原料：废纸、木浆

纸机总数：8台

【主要生产线】

主要造纸生产线

生产线名称	纸机			主体设备供货厂商	产品品种及规格	纤维配比	生产能力/(万吨/年)	投产时间
	网部形式	幅宽/毫米	工作车速/(米/分)					
箱纸板生产线(10号)	四叠网纸机	4800	500	辽阳造纸机械厂	200～300克/米^2 AJ/UJ箱纸板	面：UKP 衬芯底：LOCC/JOCC/AOCC	20	2002

续表

生产线名称	纸机			主体设备供货厂商	产品品种及规格	纤维配比	生产能力/(万吨/年)	投产时间
	网部形式	幅宽/毫米	工作车速/(米/分)					
箱纸板生产线(12号)	三叠网纸机	5650	1000	美卓公司	110~200克/米^2 AJ/UJ箱纸板	面：UKP 衬芯底：LOCC/JOCC/AOCC	45	2007
瓦楞原纸生产线(13号)	二网超成型纸机	5200	450	日本小林制作所	110~200克/米^2 AJ/UJ/瓦楞原纸	面：UKP 衬芯底：LOCC/JOCC/AOCC	15	2004
白面牛卡纸生产线(15号)	三叠网+顶网	4880	700	华东造纸机械有限公司	125~200克/米^2 白面牛卡纸/石膏护面纸	面：NBKP/UBKP 衬：DIP 底：LOCC/JOCC/AOCC	25	2010
高强度瓦楞原纸生产线(16号)	单长网+顶网	5650	1000	维美德公司	70~120克/米^2 AJ瓦楞原纸	LOCC/EOCC/AOCC	30	2015
生活用纸1号纸机	真空圆网	2850	1800	安德里茨公司	12~24克/米^2 面巾纸、卫生纸、餐巾纸等	100%原生木浆	3	2015
生活用纸2号纸机	长网	2850	1800	安德里茨公司	12~24克/米^2 面巾纸、卫生纸、餐巾纸等	100%原生木浆	3	2015
生活用纸3号纸机	真空圆网	2850	800	广东宝拓科技股份有限公司	12~24克/米^2 面巾纸、卫生纸、餐巾纸等	100%原生木浆	0.8	2014

（章爱其）

山东世纪阳光纸业集团有限公司

Shandong Century Sunshine Paper Group Co., Ltd.

【企业概况】

山东世纪阳光纸业集团有限公司2007年在香港联交所主板上市，经过近20年的发展，现已拥有总资产100亿元，下设昌乐新迈纸业有限公司、山东华迈纸业有限公司、阳光王子(寿光)特种纸有限公司、上海王的实业有限公司、昌乐盛世热电有限责任公司、潍坊大环再生资源有限公司、潍坊申易物流有限公司、山东阳光概念包装有限公司8个子公司，是亚洲白面牛卡纸、涂布白面牛卡纸及纸管原纸生产规模最大、装备能力最强、产品档次最高的生产基地，是全球最先进的预印产品基地。

公司着眼于建设创新型企业，集团始终将技术创新作为发展的动力源泉，先后建成了省级技术中心和ISO标准恒温恒湿实验中心，与美国、韩国、芬兰、日本、德国等国家的相关科研机构和国内的多家科研院所实施科技战略合作。根据市场需求，先后开发出高档白面牛卡纸、轻涂白面牛卡纸、涂布白面牛卡纸、高强微型瓦楞原纸、高档系列纸管原纸、中高档装饰原纸等50多种新产品，特别是开发的110~140克/米^{2}的低定量涂布白面牛卡纸，为全球独家生产。公司目前已获得50多项自主知识产权和国家专利，受国家行业主管部门的委托，起草制定了4套行业国家标准。

公司通过自主创新，先后研发了“梅花、兰花、水仙、荷花、百合、雪绒花、郁金香、雪莲花”八大系列产品和“世纪缘”“阳光灿”两大自主知识产权品牌。累计投资60多亿元，先后建成了年产10万吨白面牛卡纸、20万吨轻涂白面牛卡纸、20万吨纸管原纸、6万吨高强微型瓦楞原纸等国内一流水平的项目。

单位地址：山东省潍坊市昌乐县经济开发区首阳山路607号　邮编：262400

联系电话：0536-6856001　联系传真：0536-6856006

联系邮箱：sjygbgs@126.com.cn　单位网址：www.sjygzyjt.com

企业性质：民营企业

法人代表：王东兴，经营负责人：王长海，技术负责人：慈晓雷

成立时间：2000年，职工总数：3000人，其中技术人员数：1000人

2017年纸浆生产量：115.7万吨，纸和纸板生产量：128.8万吨

2017年销售收入：60亿元，利税总额：8亿元，利润总额：5.3亿元

主要产品：白面牛卡纸、涂布白面牛卡纸、纸管原纸、瓦楞原纸

主要纤维原料：木浆、白纸边、页子纸、书本、美废、国废、日废等

纸机总数：5台

【主要生产线】

主要制浆生产线

生产线名称	纤维原料	主体设备供货厂商	产品品种	生产能力/(万吨/年)	投产时间
1号线	木浆、白纸边、页子纸、美废、国废、日废	济宁华一轻工机械有限公司	白面牛卡纸	14.1	2004-06
2号线	木浆、白纸边、页子纸、美废、国废、日废	凯登制浆设备(中国)有限公司	白面牛卡纸	24	2006-11
3号线	国废、美废	凯登制浆设备(中国)有限公司	瓦楞原纸	6	2008-11
4号线	国废、美废	凯登制浆设备(中国)有限公司	纸管原纸	20.2	2008-10
5号线	木浆、书本、美废、国废、日废	凯登制浆设备(中国)有限公司	涂布白面牛卡纸	51.4	2010-10

主要造纸生产线

生产线名称	纸机			主体设备供货厂商	产品品种	纤维原料	生产能力/(万吨/年)	投产时间
	网部形式	幅宽/毫米	工作车速/(米/分)					
1号线	四叠网	3400	624	江苏省太仓市国球造纸机械有限公司	白面牛卡纸	木浆、白纸边、页子纸、美废、国废、日废	14.6	2004-06
2号线	三叠网	4500	826	昆山市中联第一造纸机械厂	白面牛卡纸	木浆、白纸边、页子纸、美废、国废、日废	24.9	2006-11
3号线	长网	3200	704	山东昌华造纸机械有限公司	瓦楞原纸	国废、美废	6.4	2008-11
4号线	三叠网	3200	356	山东海天造纸机械有限公司	纸管原纸	国废、美废	21.5	2008-10
5号线	三叠网	6600	1057	美卓公司	涂布白面牛卡纸	木浆、书本、美废、国废、日废	61.4	2010-10

（张春燕）

恒安国际集团有限公司

Hengan International Group Co., Ltd.

【企业概况】

恒安国际集团有限公司(简称“恒安集团”)1997 年进军生活用纸行业，是我国最早进入卫生巾市场的企业之一。生产和经营领域涉及一次性卫生用品和生活用纸两大系列，销售和分销网络覆盖全国。恒安集团于 1998 年在香港成功上市。2017 年，恒安集团实现营业收入 198.25 亿元，比 2016 年增长 2.8%；利润 37.94 亿元，比 2016 年增长 5.5%。其中生活用纸业务收入 93.9 亿元，比 2016 年增长 3.6%；生活用纸业务约占整体业务收入的 47.4%，比 2016 年提高 0.4 个百分点。

恒安集团不断推动电商渠道的发展，2017 年电商渠道营业额达 20.2 亿元，比 2016 年增长 80% 以上。

恒安集团以中国驰名商标“安尔乐”和“心相印”，以及“安乐”“七度空间”“安儿乐”“安而康”等著名品牌为依托，生产、销售 100 多个规格、品种的妇女卫生巾、婴儿纸尿裤和成人纸尿裤、湿巾等一次性卫生用品，以及纸巾纸、卫生纸等生活用纸系列产品。2017 年，恒安集团在新疆昌吉的生活用纸项目已投产，至此，恒安集团的生活用纸原纸在湖南常德、山东潍坊、福建晋江、安徽芜湖、重庆巴南、新疆昌吉共拥有 6 个生产基地。

单位地址：福建省晋江市安海镇恒安工业城　　邮编：362261

联系电话：0595 - 85708749　　联系传真：0595 - 85708666

联系邮箱：hengan@hengan.com　　单位网址：www.hengan.com.cn

企业性质：民营企业

法人代表：许连捷

成立时间：1985 年

2017 年纸和纸板产能：131 万吨

2017 年销售收入：198.25 亿元，净利润总额：37.94 亿元

主要产品：生活用纸、卫生用品

主要纤维原料：木浆

纸机总数：24 台

【主要生产线】

主要造纸生产线

生产基地	产品品种	纤维原料	生产能力/(万吨/年)	纸机台数
湖南常德	生活用纸	木浆	30	6
山东潍坊	生活用纸	木浆	18	3
福建晋江	生活用纸	木浆	30	5
安徽芜湖	生活用纸	木浆	24	4
重庆巴南	生活用纸	木浆	24	4
新疆昌吉	生活用纸	木浆	5	2
合　计			131	24

2017 年新增生产线

生产线名称	纸机			主体设备供货厂商	产品品种	纤维原料	生产能力/(万吨/年)
	网部形式	幅宽/毫米	设计车速/(米/分)				
卫生纸机(2 台)	新月型	5600	2000	安德里茨公司	生活用纸	木浆	12
卫生纸机(2 台)	新月型	2800	1600	意大利拓斯克公司	生活用纸	木浆	5

（中国造纸协会生活用纸专业委员会）

海南金海浆纸业有限公司

Hainan Jinhai Pulp & Paper Co., Ltd.

【企业概况】

海南金海浆纸业有限公司(简称“海南金海”)是APP(中国)按“林浆纸一体化”的经营理念投资建设的特大型制浆造纸企业，占地面积533万米^2。一期工程年产100万吨漂白硫酸盐桉木浆，总投资105亿元，2005年3月28日正式投产。二期工程年产160万吨造纸项目，总投资115亿元；其中，第一阶段年产90万吨文化纸项目，2011年7月6日建成投产；第二阶段年产70万吨生活用纸项目，2016年年底投产。这标志着我国首家“林浆纸一体化”绿色循环产业基地正式形成。

海南金海以“绿色造纸，保护环境”为己任，先后投入35亿元用于环保治理，从源头控制，达到清洁生产、节能降耗、预防污染的目的，确保所有排放物经过处理后最终均达到或低于国家一级排放标准。2010年5月，海南金海获得“中华环境友好企业”荣誉称号。2010年12月28日，通过海南省清洁生产审核验收。2014年8月，通过BV DDS认证。2015年5月，通过中国环境标志(II型)产品认证。

在取得生态效益、经济效益的同时，海南金海还积极致力于通过公益捐赠等慈善行为来回报社会。截至2017年年底，已在教育与环保等方面累计捐赠超过4400万元。

海南金海旗下品牌主要有：“龙头”“鲸王”“海神”“雅逸”“HI-KOTE”“NEVIA”等。

单位地址：海南省洋浦经济开发区D12区　邮编：578001

联系电话：0898－28821568　联系传真：0898－28828256

联系邮箱：yp_pr@appjh.com.cn　单位网址：www.appjh.com.cn

企业性质：中外合资

法人代表：黄志源，经营负责人：刘若飞，技术负责人：杨长建、吴锦济

成立时间：1999年，职工总数：2396人，其中技术人员数：155人

2017年纸浆生产量：163万吨，纸和纸板生产量：110万吨

2017年销售收入：97亿元，利税总额：10.16亿元，利润总额：10.032亿元

主要产品：漂白硫酸盐桉木浆、文化纸、生活用纸

主要纤维原料：桉木

纸机总数：1台

蒸(球)煮器总数：1台

【主要生产线】

主要制浆生产线

生产线名称	纤维原料	制浆方法	蒸煮器	主体设备供货厂商	产品品种	生产能力/(万吨/年)	投产时间
制浆生产线	桉木	硫酸盐蒸煮及无元素氯(ECF)漂白	连续蒸解釜	阿克-克瓦纳公司	漂白硫酸盐桉木浆	100	2005

主要造纸生产线

生产线名称	纸机			主体设备供货厂商	产品品种	纤维原料	生产能力/(万吨/年)	投产时间
	网部形式	幅宽/毫米	工作车速/(米/分)					
文化纸生产线	夹网	10960	1800	福伊特公司	高档文化用纸	漂白硫酸盐桉木浆等	90	2011

〔APP(中国)〕

维达纸业(中国)有限公司

Vinda Paper (China) Co., Ltd.

【企业概况】

维达纸业(中国)有限公司(简称“维达”)专注研发生产高档生活用纸。2007 年在香港成功上市，时至今天，维达已从一个地方性民营企业成长为一个以“维达”品牌为核心的中国名牌企业。

维达时刻力求创新和进步，并以敏锐的目光洞察市场需求，产品推陈出新以满足消费者不断变化的需求。专注生产卫生卷纸、手帕纸、盒装面巾纸、软包抽取式面巾纸等高品质生活用纸系列产品。2012 年开始推出婴儿纸尿裤、卫生巾，以多元化的产品巩固了维达品牌地位。目前在全国有 9 个生产基地，形成了“米”字形的生产布局。第 10 个生产基地位于广东省阳江市，2015 年 9 月奠基，计划 2018 年建成投产，巩固维达“米”字形的生产战略布局。

2014 年 7 月，维达集团以总价 11.4 亿港元收购爱生雅集团(SCA)在我国内地、香港及澳门的商业营运业务，取得了 SCA 品牌“Tempo 得宝”“Dr. P 包大人”及“Sealer 嘘嘘乐”“TORK 多康”“TENA 添宁”“Libresse 轻曲线”“Libero 丽贝乐”在我国内地、香港及澳门的商标拥有权或独家使用权。新业务整合有助于维达拓展卫生用品业务，通过各品牌的市场定位及营销策略，提升集团整体市场份额。2016 年，维达完成了对爱生雅马来西亚、爱生雅韩国、爱生雅台湾的收购，为维达多元化发展奠定了基础。

2017 年维达实现收入比 2016 年增长 11.9%；利润比 2016 年减少 5%。其中生活用纸业务收入占整体收入的 81%，比 2016 年减少 2 个百分点；个人护理用品业务收入占整体收入的 19%，比 2016 年增长 2 个百分点。

维达积极适应渠道的变化，强化在电商渠道的领先地位，2017 年电商渠道的收益占公司整体收益的 21%，比 2016 年增长 3 个百分点；电商渠道营业额 28.32 亿港元，比 2016 年增长 30.51%。

单位地址：广东省江门市新会区东候工业开发区　　邮编：529100

联系电话：0750 - 6168535　　联系传真：0750 - 6124027

联系邮箱：guangdong@ vinda. com　　单位网址：www. vindapaper. com

企业性质：中外合资

法人代表：李朝旺

成立时间：1985 年

2017 年纸和纸板产能：110 万吨

2017 年销售收入：134.86 亿港元，净利润：6.21 亿港元

主要产品：生活用纸、卫生用品

主要纤维原料：木浆

纸机总数：58 台

【主要生产线】

主要造纸生产线

生产基地	产品品种	纤维原料	生产能力/(万吨/年)	纸机台数
广东江门新会会城	生活用纸	木浆	6.0	3
湖北孝感	生活用纸	木浆	18.0	13
北京	生活用纸	木浆	3.0	3
四川德阳	生活用纸	木浆	7.5	5
广东江门新会双水	生活用纸	木浆	12.0	6
浙江龙游	生活用纸	木浆	21.0	10
辽宁鞍山	生活用纸	木浆	5.5	4
广东江门新会三江	生活用纸	木浆	26.0	10
山东莱芜	生活用纸	木浆	11.0	4
合 计			110.0	58

2017年新增生产线

生产线名称	纸机			主体设备供货厂商	产品品种	纤维原料	生产能力/(万吨/年)
	网部形式	幅宽/毫米	设计车速/(米/分)				
卫生纸机(2台)	新月型	保密	保密	拓斯克公司	生活用纸	木浆	6

(中国造纸协会生活用纸专业委员会)

芬欧汇川(中国)有限公司

UPM (China) Co., Ltd.

【企业概况】

芬欧汇川(中国)有限公司是芬欧汇川集团的全资子公司，芬兰在华最大的单项投资项目，投资总额已达到20亿美元，年生产能力为140万吨，是中国最大的全化学木浆胶版纸、复印纸和未涂布特种纸生产企业之一。公司拥有代表当前国际最佳技术的3台纸机生产线，分别于1999年、2005年和2015年投产，同时配备有电厂、污水处理厂、码头等完善的现代化生产设施，集生产、研发、电力、环保、储运设施于一体。公司曾被评为中国进出口“红名单”企业，其自备电厂也成功并入国家华东电网。

芬欧汇川一贯坚持可持续发展的原则，不断提升自身的经济、社会和环境表现。在过去的十年间，芬欧汇川常熟纸厂的吨纸水耗降低了65%，吨纸能耗减少了25%，吨纸废物填埋量削减了90%，吨纸二氧化硫排放量减少了80%。在此期间，使用认证纤维的比例达到85%。凭借出色的环境表现，芬欧汇川常熟纸厂相继被授予国家环境友好企业、江苏省环境友好企业、常熟绿色企业的荣誉，其复印纸品牌也一直被列入中国政府绿色采购目录。除此之外，2018年，芬欧汇川连续当选年度“中国杰出雇主”。

目前，芬欧汇川也正在根据中国和全球纸张市场的变化，着手利用现有的第3条造纸生产线所具备的多功能可转换产品的独特性能，实施技术改造的同时开发研制格拉辛纸底纸这一特种纸产品，并考虑投资引进新的超级压光设备。这一举措也将更好地支持芬欧汇川在全球范围内实施的特种纸发展战略。

不仅如此，芬欧汇川还将“芬兰式”的领导力文化和独具中国特色的运营方式相结合，把可持续发展和企业社会责任的理念引入中国，注重安全和员工健康，做到绿色环保和可持续发展，经济效益和社会效益共赢。

单位地址：江苏省常熟经济技术开发区兴业路2号　邮编：215536

联系电话：0512－52651818　联系传真：0512－52652300

联系邮箱：hu.ronghui@upm.cn　单位网址：www.cn.upm.com

企业性质：外商独资

法人代表：宋海海

成立时间：1995年，职工总数：1373人，其中技术人员数：117人

2017年纸和纸板生产量：102万吨

主要产品：全木浆涂布纸和全木浆未涂布纸

主要纤维原料：针叶木、阔叶木、机械浆

纸机总数：3台

【主要生产线】

主要造纸生产线

生产线名称	纸机			主体设备供货厂商	产品品种	纤维原料	生产能力/(万吨/年)	投产时间
	网部形式	幅宽/毫米	工作车速/(米/分)					
1 号纸机	夹网成型	9700	2000	维美德公司	全木浆未涂布纸	针叶木、阔叶木、机械浆	45	2005
2 号纸机	夹网成型	8660	1500	维美德公司	全木浆未涂布纸、全木浆涂布纸	针叶木、阔叶木、机械浆	35	1999
3 号纸机	长网成型	7650	1800	福伊特公司	全木浆未涂布纸、全木浆涂布纸	针叶木、阔叶木	60	2016

（胡蓉晖）

山东泉林纸业有限责任公司

Shandong Tranlin Paper Co., Ltd.

【企业概况】

山东泉林纸业有限责任公司是以秸秆制浆造纸综合利用为核心的大型集团化企业。公司通过了国际质量、环境、职业健康与安全三合一管理体系认证和国家 AAAA 级标准化良好行为企业认证，建有国家级企业技术中心，是国家创新型企业、国家第一批循环经济试点单位、中国造纸行业十强企业，曾荣获“全国五一劳动奖状”“全国循环经济工作先进单位”“国家级循环经济标准化试点单位”“中国工业大奖表彰奖”“十二五轻工业科技创新先进集体”“实现可持续发展目标先锋企业”、国家首批“绿色工厂”等多项荣誉称号。

公司主导产品有秸秆本色浆、本色文化用纸、本色生活用纸、食品包装盒、黄腐酸肥料五大类上百个品种。其中，本色浆系列制品不经传统漂白，更加环保、健康、安全；黄腐酸肥料产品对农作物提质增产效果明显，且具有提高化肥转化利用率、减少化肥农药用量和钝化作物重金属吸收等显著功效，对保障国家粮食安全、发展绿色生态农业具有重要意义。

公司依托自主创新技术，以小麦、水稻、玉米等农作物秸秆为原料，构建并不断完善了秸秆生产本色浆制品和黄腐酸肥料、废气氨法脱硫后副产品作为制浆化工原料、制浆中段水综合治理后用于农业灌溉和回用于生产等 4 条主要循环经济产业链，被誉为“泉林模式”。“泉林模式”不仅破解了制约造纸企业发展的纤维原料、环境保护和水资源三大技术瓶颈，形成了独特的产业竞争优势，还实现了秸秆资源高附加值全效利用，对传统行业转型升级、新时期农业发展、农民增收、治理大气污染、保护生态环境等具有重大意义。

单位地址：山东省高唐县光明东路 15 号　邮编：252800
联系电话：0635－3961106　联系传真：0635－3961597
联系邮箱：06353177@163.com　单位网址：www.tranlin.com
企业性质：民营企业
法人代表：李洪法，经营负责人：李洪法，技术负责人：宋明信
成立时间：1976 年，职工总数：14125 人，其中技术人员数：513 人
2017 年纸浆生产量 39.49 万吨，纸和纸板生产量：93.18 万吨
2017 年销售收入：151.10 亿元，利税总额：14.43 亿元，利润总额：13.12 亿元
主要产品：精制本色草浆、本色文化用纸、本色生活用纸、本色食品包装盒、黄腐酸肥料
主要纤维原料：本色草浆
纸机总数：18 台
蒸(球)煮器总数：6 台

（郭希燕）

无锡荣成环保科技有限公司

Wuxi Long Chen Greentech Co., Ltd.

【企业概况】

无锡荣成环保科技有限公司系苏台合资企业，注册资金17180万美元，投资总额36090万美元，占地面积37.33万米^2。长期以来全体员工秉持“致力于发展高效率利用资源的技术，制造生活必须的纸制品，我们有责任留给子孙更多的资源及更干净的生活环境”为经营信念。

目前公司生产规模为年产90万吨包装箱纸板，分3期投资：一、二期工程投资额为9800万美元，PM1年产10万吨高档牛皮箱纸板于2000年投产，PM2年产25万吨高强瓦楞原纸于2004年投产；三期工程投资总额26290万美元，PM3A年产25万吨低定量高强瓦楞原纸生产线于2010年投产，PM3B年产30万吨制浆造纸生产线于2013年7月投产。

配套环保设施投资1.17亿元，设置厌氧+好氧+深度氧化工艺处理废水，确保废水排水COD_{Cr}符合太湖流域国家标准要求的低于60毫克/升。

公司拥有良好的技术开发力、市场开拓力和品质竞争力，在江苏省乃至华东地区有较高的知名度和影响力。公司上下有强烈的环保意识，先后荣获“江苏省优秀包装企业”“中国200强先进包装企业”“江苏省环保先进企业”“全国模范职工之家”“全国五一劳动奖状”等称号。

单位地址：江苏省无锡市惠山区洛社镇中兴西路43号 邮编：214187

联系电话：0510－83316666 联系传真：0510－83311826

联系邮箱：w5015@longchengreentech.com 单位网址：www.longchengreentech.com

企业性质：苏台合资

法人代表：陶龙法，经营负责人：姚长坤，技术负责人：高威宏

成立时间：1997年，职工总数：950人，其中技术人员数：100人

2017年纸和纸板生产量：96万吨

2017年销售收入：33亿元，利税总额：5.1亿元，利润总额：2.6亿元

主要产品：工业包装纸

主要纤维原料：废纸

纸机总数：4台

【主要生产线】

主要造纸生产线

生产线名称	纸机		主体设备供货厂商	产品品种	纤维原料	生产能力/(万吨/年)	投产时间
	幅宽/毫米	工作车速/(米/分)					
PM1	3200	480	裕力机械股份有限公司、安德里茨公司	纸板	废纸	10	2000
PM2	4650	600	裕力机械股份有限公司、福伊特公司	瓦楞原纸	废纸	20	2004
PM3A	6600	825	韩国金星造纸技术有限公司、福伊特公司	瓦楞原纸	废纸	25	2010
PM3B	6600	825	裕力机械股份有限公司、福伊特公司	纸板	废纸	30	2013

（许武军）

广西金桂浆纸业有限公司

Guangxi Jingui Pulp & Paper Co., Ltd.

【企业概况】

广西金桂浆纸业有限公司(简称“广西金桂”)是 APP(中国)投资建设的第 17 家制浆造纸企业，也是目前国内最早实现“林浆纸一体化”的企业之一。广西金桂厂区实际占地面积 220 万$米^2$，总投资 117 亿元，生产规模为年产 75 万吨浆和年产 100 万吨纸。

作为国家高新技术企业、国家林业重点龙头企业及广西林业产业龙头企业，广西金桂是国内浆纸行业中首家信息化与工业化融合促进安全生产重点推进项目承担单位，还先后荣获“中国林业产业突出贡献奖”“安全生产标准化二级企业”“广西北部湾经济区优秀创业企业”“广西五一劳动奖状”等多项荣誉称号。

广西金桂的环保投入已达 9.8 亿元，配套建设了国内首套专为处理化学机械浆生产废水的碱回收系统，并透过“林浆纸一体化”，注重资源的循环利用及环境保护，以实践绿色循环、传承造纸文明、提升生活质量为使命，致力于创造中国食品级白卡纸第一品牌，积极履行社会责任和经济责任，不断推动我国造纸工业的现代化革新。

单位地址：广西壮族自治区钦州市钦州港金光工业园 邮编：535008

联系电话：0777－3698888 联系传真：0777－3696666

联系邮箱：gxjg3696666@163.com 单位网址：www.appjg.com.cn

企业性质：中外合资

法人代表：黄志源，经营负责人：黄俊彦，技术负责人：周雪林

成立时间：2003 年，职工总数：1621 人，其中技术人员数：111 人

2017 年纸浆生产量：79.17 万吨，纸和纸板生产量：93.2 万吨

2017 年销售收入：63.91 亿元

利润总额：12.86 亿元

主要产品：化学机械浆、单面涂布白卡纸、高松厚度单面涂布白卡纸、超高松厚度艺能卡纸、单面涂布食品白卡纸、高松厚度涂布食品卡纸、超高松厚度涂布食品卡纸、超高松厚度餐盒原纸、超高松厚度纸杯原纸、超高松厚度面碗原纸、高档纸杯原纸

主要纤维原料：桉木

纸机总数：1 台

【主要生产线】

主要制浆生产线

生产线名称	纤维原料	制浆方法	主体设备供货厂商	产品品种	生产能力/(万吨/年)	投产时间
化学机械浆生产线	桉木	APMP	安德里茨公司	漂白化学机械浆	75	2011
		BCTMP	美卓公司			2015

主要造纸生产线

生产线名称	纸机			主体设备供货厂商	产品品种	纤维原料	生产能力/(万吨/年)	投产时间
	网部形式	幅宽/毫米	工作车速/(米/分)					
白卡纸生产线	三长网	8100	1000～1200	福伊特公司	高档白卡纸	桉木浆、松木浆	100	2013

〔APP(中国)〕

新乡新亚纸业集团股份有限公司

Xinxiang Xinya Paper Group Co., Ltd.

【企业概况】

新乡新亚纸业集团股份有限公司是以制浆造纸为主，集热电联产、医药化工、物流商贸、机械制造、林基地开发、环保综合治理于一体的股份制企业集团，河南省产能规模最大的制浆造纸企业，河南省百户重点企业，河南省转型升级试点企业，综合效益先进企业，河南省优秀民营企业，河南省农业、林业产业化重点龙头企业。通过河南省“农业产业化集群”认定，中国企业改革示范单位，中国制浆造纸研究院有限公司试验基地，全国制浆造纸企业排名前20位，新乡市利税大户，新乡市重点保护企业，新乡县域经济支柱企业。

公司占地面积175公顷，下设18个生产单位与子公司，拥有各种型号的造纸生产线23条，总资产60亿元，现有员工3800多名，年制浆能力40万吨，造纸生产能力80万吨。

公司的主营产品为包装纸、文化纸、生活用纸三大系列。主要品种有：涂布白卡纸、食品液包纸、瓦楞原纸、箱纸板、胶版印刷纸、静电复印纸、电脑打印纸、双面书写纸、中高档生活用纸。“新亚”“新辉煌”“新锦绣”等系列品牌荣获河南省十大驰名品牌、著名商标。

企业生产通过了国家ISO 9001质量体系认证和ISO 14001环境体系认证，成为中国质量管理达标企业、中国AAA级信用等级企业。产品供应河南省出版集团旗下的大象出版社、河南科技出版社、海燕出版社。产品还供应陕西出版集团、四川出版集团、安徽教育出版社、北京人文出版社、北京教育出版社、广东省印刷物资公司，呈产销两旺的好势头。

公司拥有两个省级技术中心——河南省省级企业技术中心和河南省造纸污染治理工程技术研究中心，拥有30多名由知名专家、工程师和技术骨干组成的研发队伍。与中国制浆造纸研究院有限公司及陕西科技大学、华南理工大学制浆造纸国家重点实验室强强联合，实施产、学、研结合，打造了一支科研队伍和职工技术队伍。近年来，在制浆造纸工艺、资源循环利用、环保综合治理等领域取得科技成果20余项，其中麦草半化学浆黑液碱回收技术荣获全国节能减排技术二等奖。

公司累计投资近5亿元，建立了完善的污染物治理和资源循环利用工程，成为河南省造纸行业的典范和标杆。分别获得河南省污染防治优秀企业、新乡市环保十大诚信企业、全国首届践行生态文明优秀示范企业和河南省科技环保优秀企业等荣誉称号。

单位地址：河南省新乡纸制品工业园区（107国道686公里处） 邮编：453731

联系电话：0373－5681188 联系传真：0373－5680286

联系邮箱：xinyaren@126.com 单位网址：www.xinyapaper.cn

企业性质：民营企业

法人代表：宋敬志，经营负责人：宋敬亮，技术负责人：张 伟

成立时间：1980年，职工总数：3800人，其中技术人员数：500人

2017年纸浆生产量：40.28万吨，纸和纸板生产量：82.18万吨

2017年销售收入：40.9848亿元，利税总额：5.9192亿元，利润总额：2.8536亿元

主要产品：包装纸、文化纸、生活用纸三大系列

主要纤维原料：木片、麦草、废纸

纸机总数：23 台

蒸(球)煮器总数：12 台

【主要生产线】

主要制浆生产线

生产线名称	纤维原料	制浆方法	蒸煮器	主体设备供货厂商	产品品种	生产能力/(万吨/年)	投产时间
漂白麦草浆生产线	麦草、木皮	碱法	连蒸	天津中轻机械有限公司	化学浆	20	2004
杨木化学机械浆生产线	杨木	化学机械法		安德里茨公司	化学机械浆	10	2008
未脱墨废纸线	废纸	碎解筛选		郑州运达造纸设备有限公司	废纸浆	10	2010

主要造纸生产线

生产线名称	纸机			主体设备供货厂商	产品品种	纤维原料	生产能力/(万吨/年)	投产时间
	网部形式	幅宽/毫米	工作车速/(米/分)					
白卡纸生产线	叠网	4260 3520	500 600	昆山中联造纸设备厂	白卡纸	杨木	20	2008
高强瓦楞原纸生产线	长网	3200 3150	250 300		高强瓦楞原纸	麦草、废纸	30	2010
文化纸生产线(4 条)	长网	3520 3150 2640	500	辽阳造纸机械股份有限公司	全木浆高档双胶纸、彩胶纸	草浆、全木浆	25	2009
软包生产线	三叠网	3200	250	宜宾造纸机械厂	口杯纸	全木浆	5	2013

(侯治华)

大河纸业有限公司

Dahe Paper Co.，Ltd.

【企业概况】

大河纸业有限公司(简称“大河纸业”)系河南投资集团全资子公司，受河南投资集团委托，按照集团化、精细化、专业化的要求，专业经营林、浆、纸、板业务，注册资金5.5亿元，企业资产总规模52亿元。旗下控股浆、纸、板企业5家，分别为濮阳龙丰纸业有限公司、驻马店市白云纸业有限公司、焦作瑞丰纸业有限公司、周口大河林业有限公司和大河纸业(香港)有限公司。

大河纸业主要生产销售产品有：中高档全木浆文化印刷纸(双胶纸、静电原纸等)、特种工业用纸(热敏原纸、高档加工原纸、珠光原纸等)、APMP杨木化学机械浆(湿浆、浆板)、EFC阔叶木化学浆、中高密度纤维板等。目前，公司文化印刷纸年产能突破65万吨、杨木化学机械浆年产能达30万吨、阔叶木化学浆年产能12万吨、中高密度纤维板年产能22.5万米^3，拥有林地1.67万公顷，是河南省首批林浆纸一体化示范企业。

大河纸业主要生产设备有：芬兰美卓公司立式夹网纸机生产线1条、奥地利安德里茨公司长网纸机生产线1条、德国迪芬巴赫公司中高密度纤维板生产线1条、奥地利安德里茨公司杨木化学机械浆生产线2条、ECF漂白工艺生产线1条和多条国产纸机生产线。拥有“云视界”“纸立方”“云时代”“丰赢”“丰朵”“云之彩”“云之盈”等多个文化纸知名品牌和“丰”“云台”“大河天”等化机浆、纤维板品牌。其中，公司全木浆文化印刷纸远销中东、东南亚、南美等多个国家和地区，深得广大用户的一致好评。

今天，大河纸业正在以饱满的热情、优质的产品、完善的服务，在“尊重客户，尊崇自然”的理念指导下飞速发展，阔步向前。

单位地址：河南省郑州市农业路41号河南投资大厦10楼　邮编：450008

联系电话：0371-69515191　联系传真：0371-69158697

联系邮箱：dhzy@dahepaper.com　单位网址：www.dahepaper.com

企业性质：国有企业

法人代表：王　根，经营负责人：王　根

成立时间：2010年，职工总数：3370人，其中技术人员数：470人

2017年纸浆生产量：42万吨，纸和纸板生产量：65万吨，纤维板生产量：22万米^3

2017年销售收入：43亿元

主要产品：50～120克/米^{2}胶版纸、米黄书写纸、复印原纸、55～83克/米^{2}微涂双胶纸、热敏原纸，镂铣门板、模压门板、砂光板、压光板等中高密度纤维板，杨木化学机械浆、阔叶木化学浆等

主要纤维原料：漂白硫酸盐针叶木浆(NBKP)、漂白硫酸盐阔叶木浆(LBKP)、碱性过氧化氢机械浆(APMP)

纸机总数：7台

【主要生产线】

主要制浆生产线

生产线名称	纤维原料	制浆方法	蒸煮器	主体设备供货厂商	产品品种	生产能力/(万吨/年)	投产时间
瑞丰化机浆生产线	杨木片	APMP		安德里茨公司	APMP 杨木浆	16	2006-04
龙丰化机浆生产线	杨木片	APMP		安德里茨公司	APMP 杨木浆	14	2005-11
白云二期制浆	杨木、桉木	无元素氯漂白	连续蒸煮管	安德里茨公司	ECF 化学浆	12	2013-07

主要造纸生产线

生产线名称	纸机			主体设备供货厂商	产品品种	纤维原料	生产能力/(万吨/年)	投产时间
	网部形式	幅宽/毫米	工作车速/(米/分)					
龙丰纸机	夹网	7280	1400～1600	美卓公司	胶版纸、微涂纸、复印原纸、热敏纸等	NBKP、LBKP、APMP	33	2008-12
白云 8 号机	长网	5280	1300～1400	福伊特公司	胶版纸、电商专用纸、米黄书写纸等	NBKP、LBKP、APMP	22	2012
白云 4 号、5 号、6 号、7 号机	长网	2640	200	宜宾造纸设备厂	胶版纸、簿册书本用纸、彩胶纸等	NBKP、LBKP、APMP	5	2005-12
白云 1 号机	长网	2640	450	辽阳造纸设备厂	胶版纸，高定量、高松厚度纸，珠光原纸等	NBKP、LBKP、APMP	5	2002-12

（刘金令）

金华盛纸业(苏州工业园区)有限公司

Gold Huasheng Paper (Suzhou Industrial Park) Co., Ltd.

【企业概况】

金华盛纸业(苏州工业园区)有限公司(简称"金华盛纸业")是APP(中国)于1996年投资建设的现代化大型造纸企业，是多元化的特殊纸供应商。投资总额14.82亿美元，占地面积280万米^2。

金华盛纸业专业生产无碳复写纸、双胶纸、铜版卡纸、热敏纸和办公用纸等系列产品，其产品在国内外具有较高评价，曾被2008年奥运会、2009年全国"两会"、2010年上海世博会、2011年世界园艺博览会、2015年米兰世博会等选为指定用纸。其装备有4台大型纸机及多台涂布机，其中，1号纸机在2002年7月以1532米/分的车速打破世界纪录。

在追求经济效益的同时，金华盛纸业环保累计投入已达5.3亿元，先后通过了ISO 9001质量管理体系、ISO 14001环境管理体系以及OHSAS 18001职业健康安全体系等认证，并顺利通过PEFC森林监管链管理体系认证和能源管理体系认证，致力于成为绿色纸业的倡导者和实践者。

单位地址：江苏省苏州市工业园区胜浦镇金胜路2号 邮编：215126

联系电话：0512-62836666 联系传真：0512-62832312

单位网址：www.goldhs.com.cn

企业性质：中外合资

法人代表：黄志源，经营负责人：蔡贵量，技术负责人：陈汉彬

成立时间：1996年，职工总数：2062人，其中技术人员数：440人

2017年纸和纸板生产量：63万吨

2017年销售收入：40.29亿元，利税总额：4.48亿元，利润总额：4.17亿元

主要产品：双胶纸、铜版卡纸、铜版纸、无碳复写纸、热敏纸、静电复印纸

主要纤维原料：针叶木浆、阔叶木浆

纸机总数：4台

【主要生产线】

主要造纸生产线

生产线名称	纸机			主体设备供货厂商	产品品种	纤维原料	生产能力/(万吨/年)	投产时间
	网部形式	幅宽/毫米	工作车速/(米/分)					
PM1	夹网	7360	1500	日本三菱重工公司	双胶纸、NCR&TML原纸	NBKP、LBKP、BCTMP、APMP	30	1999
PM2	长网	3250	800	德国 ESCHR WYSS 公司	双胶纸、铜版原纸	NBKP、LBKP、BCTMP、APMP	11	2003
PM3	长网	3350	500	昆山中联第一造纸机械厂、福伊特公司	双胶纸、铜版原纸	NBKP、LBKP、BCTMP、APMP	15	2003
PM4	长网	3600	1100	住友重机械工业株式会社、福伊特公司	双胶纸、NCR&TML原纸	NBKP、LBKP、BCTMP、APMP	9	2006

〔APP(中国)〕

漯河银鸽实业集团有限公司

Luohe Yinge Industrial Group Co., Ltd.

【企业概况】

漯河银鸽实业集团有限公司始建于 1967 年，旗下拥有河南银鸽实业投资股份有限公司(证券代码 600069)、漯河银鸽生活纸产有限公司、漯河银鸽特种纸有限公司、河南银鸽工贸有限公司、四川银鸽竹浆纸业有限公司等多家企业。拥有国际上先进的德国福伊特公司高速卫生纸机、韩国三养重工公司新月型高速卫生纸机、国际先进的全自动化包装系统等造纸生产线。每条制浆造纸生产线都配备有行业先进的 QCS 及 DCS，产品从原材料检测、纸张生产到成品裁切包装全程采用智能控制，并通过 ERP 实现了生产、物流、销售、财务一体化管理，逐步形成了以生活用纸、包装纸、特种纸、文化纸、竹浆产品为主导的高中档并举的多系列产品结构。

公司拥有 1 个国家级博士后科研工作站、2 个省级技术中心和 1 个省级特种纸工程技术研发中心等科研机构，在制浆技术、纸品抄造、污染治理等方面具有核心技术。承担省级科技项目 3 项，参与制定国家标准 2 项、行业标准 2 项、地方标准 2 项；获得国家专利 20 余项，其中发明专利 3 项。

近年来，公司先后通过了 ISO 9001 质量体系、ISO 14001 环境管理体系、OHS 18001 职业健康安全管理体系“三标一体化”认证。生活用纸产品制造采用的是通过 FSC(森林管理委员会)认证的原生态木浆，绿色、无污染。公司相继成功导入了六西格玛管理、卓越绩效管理模式，相继获漯河市市长质量奖、河南省产品质量管理特别贡献奖、省资源综合利用企业、省绿色企业、全国大气污染减排突出贡献企业等荣誉。

单位地址：河南省漯河市中山路银鸽大厦 邮编：462000
联系电话：0395-5615581 联系传真：0395-5615583
联系邮箱：yinge123456@126.com 单位网址：www.yinge.com.cn

企业性质：国有企业

法人代表：胡志芳，经营负责人：胡志芳

成立时间：2002 年，职工总数：2667 人，其中技术人员数：266 人

2017 年纸和纸板生产量：63.95 万吨

2017 年销售收入：29.76 亿元，利税总额：2.56 亿元，利润总额：0.51 亿元

主要产品：包装纸、生活用纸、文化纸、特种纸

主要纤维原料：商品浆、废纸、竹子

纸机总数：19 台

蒸(球)煮器总数：3 台

【主要生产线】

主要制浆生产线

生产线名称	纤维原料	制浆方法	蒸煮器	主体设备供货厂商	产品品种	生产能力/(万吨/年)	投产时间
置换蒸煮系统	竹子	硫酸盐法	立锅	GL&V 公司	竹浆	8	2013

主要造纸生产线

生产线名称	纸机			主体设备供货厂商	产品品种	纤维原料	生产能力/(万吨/年)	投产时间
	网部形式	幅宽/毫米	工作车速/(米/分)					
4400	三叠网	4400	500	辽阳机械厂	箱纸板	废纸	15	2005
4800	三叠网	4800	600	华金机械厂	箱纸板	废纸	20	2008
2650	斜网	2650	480	意大利	生活用纸	木浆	0.5	1994
2850	新月型	2850	1000	韩国	生活用纸	木浆	1.5	2008
2850	新月型	2850	1100	韩国	生活用纸	木浆	1.5	2011
5600	新月型	5600	1900	德国	生活用纸	木浆	6	2012
5600	新月型	5600	1900	德国	生活用纸	木浆	6	2012
2240	长网	2240	300	日本	特种纸	木浆	1.5	2007
3800	长网	3800	800	上海昆山	特种纸	木浆	5	2008

（齐云洹）

宁波中华纸业有限公司

Ningbo Zhonghua Paper Co., Ltd.

【企业概况】

宁波中华纸业有限公司(简称“宁波中华”)占地面积63万米^2，年产各类高档涂布白纸板50多万吨。

宁波中华利用废报纸、办公回收纸、杂志回收纸等作为主要原料，加工生产工业包装用纸，主要产品有：单面涂布白卡纸、单面涂布白芯白卡纸(烟包专用)、超高松厚度单面涂布白卡纸、双面涂布铜版卡纸、单面涂布灰底白纸板等。其中，双面涂布铜版卡纸曾被评定为国家级重点新产品，“金贝”牌单面涂布灰底白纸板曾获国家质量金奖，“金贝”“金鸥”“彩蝶”牌涂布白纸板为浙江省名牌产品，“金鸥”更是获得“浙江省著名商标”称号。

宁波中华投资4亿多元用于环保及其配套工程，对白水、废水、废渣、废气等污染物进行全面综合治理。1999年，已率先通过SGS国际认证机构ISO 14001环境管理体系认证，成为我国首家通过该体系认证的造纸企业，并在2005年荣获国家环保局企业最佳环保荣誉——“国家环境友好企业”称号；其后，相继通过了ISO 14064温室气体排放监管体系、PEFC森林监管链管理体系等认证。此外，还积极进行节能技改，先后获得了“宁波市节能标兵”“浙江省节能先进集体”等荣誉称号。

单位地址：浙江省宁波市海曙区段塘镇丁家街108号 邮编：315000

联系电话：0574-87464811 联系传真：0574-87493450

单位网址：www.zhonghua-paper.com

企业性质：中外合资

法人代表：黄志源，经营负责人：刘继春，技术负责人：刘继春

成立时间：1994年，职工总数：1196人，其中技术人员数：140人

2017年纸和纸板生产量：53万吨

2017年销售收入：18.5亿元，利税总额：1.29亿元，利润总额：0.91亿元

主要产品：单面涂布灰底白纸板、单面涂布黄芯白卡纸、单面涂布高松厚度白卡纸、双面涂布铜版卡纸、高档白卡纸及扑克牌纸

主要纤维原料：废纸、木浆

纸机总数：3台

【主要生产线】

主要造纸生产线

<table>
<tr><th rowspan="2">生产线名称</th><th colspan="2">纸机</th><th rowspan="2">主体设备供货厂商</th><th rowspan="2">产品品种</th><th rowspan="2">纤维原料</th><th rowspan="2">生产能力/(万吨/年)</th><th rowspan="2">投产时间</th></tr>
<tr><th>幅宽/毫米</th><th>工作车速/(米/分)</th></tr>
<tr><td>1 号纸机</td><td>2400</td><td>150</td><td>日本小林制作所</td><td>单面涂布灰底白纸板</td><td>木浆、废纸</td><td>5</td><td>1994-09</td></tr>
<tr><td>2 号纸机</td><td>4270</td><td>500</td><td>福伊特公司</td><td>单面涂布灰底白纸板、单面涂布黄芯白卡纸、单面涂布高松厚度白卡纸等</td><td>木浆、废纸</td><td rowspan="2">55</td><td>1996-11</td></tr>
<tr><td>3 号纸机</td><td>4270</td><td>500</td><td>福伊特公司</td><td>单面涂布白芯白卡纸、双面涂布铜版卡纸、双面涂布环保铜版卡纸、双面涂布扑克牌专用纸</td><td>木浆、废纸</td><td>1997-05</td></tr>
</table>

〔APP(中国)〕

河南省龙源纸业股份有限公司

Henan Longyuan Paper Co., Ltd.

【企业概况】

河南省龙源纸业股份有限公司是一家集包装纸、热电、废水处理、供热和科研于一体的股份制公司。年生产能力55万吨，主导产品为AA级高强瓦楞原纸、高档箱纸板，河南省包装纸综合排名第一，2016—2017年连续两年获得“河南民营企业纳税百强”和“河南民营企业制造业百强”，已通过ISO 9001:2008质量管理体系认证、ISO 14001:2004环境管理体系认证。

公司始终坚持“以质量求发展，以诚信求双赢”的宗旨，致力于“发展循环经济，推行生态造纸”的经营理念，把节能减排、环境治理作为企业的生命线。先后投资1.2亿元用于环境治理，从源头控制，达到清洁生产、节能降耗、预防污染的目的，确保所有排放物经过处理后最终达到或优于国家一级排放标准。

公司立足纸业，组织发挥自身技术、市场和生产优势，持续提升其核心竞争力。2017年投资4.2亿元开工建设年产30万吨高档箱纸板及热电联产二期工程，是周口市重点建设项目，预计2018年9月建成试车生产，届时不仅实现公司热、电自给，并对外供电、供热，实现公司经营多元化。

公司以“环境友好型和资源节约型”作为发展目标，坚持科学发展、绿色发展。把可持续发展和企业社会责任的理念结合起来，注重安全和员工健康，做到绿色环保和可持续发展，经济效益、社会效益、环境效益共赢。

单位地址：河南省太康县西二环路工业集聚区　邮编：450016

联系电话：0371-67187910　联系传真：0371-67187910

联系邮箱：mlc2888@126.com　单位网址：www.hnlyzy.com

企业性质：民营企业

法人代表：冯新建，经营负责人：冯新建，技术负责人：王玉州

成立时间：2004年，职工总数：1320人，其中技术人员数：200人

2017年纸和纸板生产量：51.96万吨

2017年销售收入：15.2亿元，利税总额：2.94亿元，利润总额：1.43亿元

主要产品：高档箱纸板、A级高强瓦楞原纸

主要纤维原料：国内废纸、木浆

纸机总数：5台

【主要生产线】

主要造纸生产线

生产线名称	纸机			主体设备供货厂商	产品品种	纤维原料	生产能力/(万吨/年)	投产时间
	网部形式	幅宽/毫米	工作车速/(米/分)					
4800/500	双叠网	4800	640	上海轻良实业有限公司	A 级高强瓦楞原纸	国内废纸	18	2010-12
4400/450	单叠网	4400	480	上海轻良实业有限公司	A 级高强瓦楞原纸	国内废纸	14	2008-06

（马林冲）

广州造纸集团有限公司

Guangzhou Paper Group Co.，Ltd

【企业概况】

广州造纸集团有限公司(以下简称：广纸)始建于1936年，是集制浆、造纸、热电、环保于一体的大型现代化、综合性高端制造企业。现有资产总额80多亿元，纸及纸板年生产能力超过80万吨，主营产品新闻纸的产能规模达60万吨/年，生产工艺技术与装备达到了国际先进水平，拥有世界最先进的新闻纸机，单机产能40万吨，曾创造了世界最快开机车速的世界纪录。经过多年的经营开拓，广纸已形成稳定的销售渠道，产品畅销全国20多个省市，并远销东南亚等国家和地区，新闻纸占全国1/6到1/5的市场份额，担负着全国绝大部分省、市、自治区200多家报社及印刷厂的用纸。产品质量达国际先进水平，深受用户欢迎，效益良好。在全国造纸行业和新闻纸专业领域中具有较高的地位和影响力。2012年年底广纸完成环保搬迁，全面落户南沙，年产100万吨的环保造纸基地在广州南沙经济开发区初步建成，成为我国南方最大新闻纸造纸基地，行业排名全国第二，华南地区第一。

2014—2017年，广纸通过自身的转产转型，对产能富余的PM1、PM5新闻纸生产线进行技术改造，通过调整原料结构、工艺优化等措施，研发成功试卷纸、环保书写纸、环保牛皮纸、环保淋膜原纸等新产品，实现了应用普通新闻纸机生产多纸种的巨大飞跃。新产品试产成功后迅速占领市场，各项指标均达到行业领先水平，产品质量稳定，经济效益显著，为提高机台适应能力和产品的附加值，快速提高纸产品产销规模奠定了坚实的基础，为企业的多元化长远发展探索出一条成功之路。

广纸坚持走自主研发和科技创新之路，立足于新产品、新技术的研发，不断开发新资源、推广新技术、应用新装备、改进生产工艺技术。先后组建广州市制浆造纸重点技术工程研究开发中心和广东省级企业技术中心；建成符合国家工程实验室标准的研发实验室、分析检验室、产品测试室等；配备行业先进的各种制浆造纸实验、分析测试仪器和设备共300百多台套。研发工作涉及制浆、造纸、节能、环保等专业领域，经过多年的技术改进和技术创新，多项生产科研成果达到国内领先水平，在行业中起到领先示范作用。近年来，获得国家发明专利6项，软件著作版权8项；承担并完成5项国家地方及行业标准的研制编写，2017年又承担一项国家标准的研发编纂工作；多个科研项目成果荣获政府、行业科技奖；培养出技术能力强专业水平高的研发人才队伍，打造出行业领先的科研创新体系。除了着重企业自身的创新机制建设，广纸还十分重视与高等院校、科研院所、研究机构以及国际知名造纸企业的合作，推进我国制浆造纸行业发展的同时，不断增强企业的竞争力，实现强强联合。与华南理工大学轻工科学与工程学院合作建设广纸集团—华工轻工全日制硕士专业学位研究生联合培养基地；与广东轻工职业技术学院共建轻工行业应用技术协同创新中心；2017年与华南理工大学联合成功申报广州市科学研究重点项目1项；2016年与华南理工大学联合申报的广州市科学研究重点项目—“现代造纸机纸页质量控制技术”荣获2017年度教育部技术发明二等奖；与华南理工大学合作的项目—“造纸工业排水安全保障关键技术研发与集成应用”荣获2017年度广东省科学技术奖励二等奖。

多年来，企业及其产品获得无数奖项和荣誉。广纸的主导产品——新闻纸是全国用户满意产品、广东省用户满意产品及广东省名牌产品，荣获国家质量免检产品、广东省著名商标、广州市著名商标等称号。广纸是全国首家进入世界造纸150强，并连续3年进入世界造纸150强的企业。近年来，分别被评为全国、省、市质量效益型先进企业和全国用户满意单位，被全国新闻纸用户评价委员会连续13年评为“用户满意单位”，被广东省评为诚信示范企业、质量信得过单位、实施卓越绩效模式先进企业、自主创新标杆企业等。荣获广东省500强企业、广东省制造业百强企业、广州最具成长性品牌、广州市优秀文化企业、“十一五”时期全国节能先进集体等多项荣誉称号，并获得海关总署授予AA企业资格。广纸2009年通过国家高新技术企业认证，2012年通过复审，2016年被再次认定为国家高新技术企业。

在未来，广纸将秉持深耕主业与发展转型并行的战略，发挥自身优势，坚守新闻纸事业，不断开拓创新，开发新产品，拓展新市场，全面深入推进改革，向着打造百年制造先进企业的目标努力奋斗。

单位地址：广州市南沙区珠江街新广一路29号　邮编：511462

联系电话：020－34663302　联系传真：020－34663302

联系邮箱：gzpaper@ oa. gzpaper. cn　单位网址：www. gzpaper. cn

企业性质：国有企业

法人代表：周　耘，经营负责人：周　耘，技术负责人：焦　东

成立时间：1936年，职工总数：950人，其中技术人员数：127人

2017年纸浆生产量：45.93万吨，纸和纸板生产量：45.19万吨

2017年销售收入：21.97亿元，利税总额6.33亿元，利润总额6.15亿元

主要产品：新闻纸、环保牛皮纸、环保淋膜原纸、环保书写纸

主要纤维原料：废纸、废报纸

纸机总数/台：3

【主要生产线】

主要制浆生产线

生产线名称	纤维原料	制浆方法	主体设备供货厂商	产品品种	生产能力/(万吨/年)	投产时间
PM9 脱墨生产线	废报纸	脱墨	福伊特公司、安德里茨公司	脱墨浆	47.0	2007
PM1、PM5 脱墨生产线	废报纸	脱墨	福伊特公司、安德里茨公司	脱墨浆	22.8	2006

主要造纸生产线

生产线名称	纸机			主体设备供货厂商	产品品种	纤维原料	生产能力/(万吨/年)	投产时间
	网部形式	幅宽/毫米	工作车速/(米/分)					
PM9	立式夹网	10200	1750	美卓公司	新闻纸	100%脱墨浆	35	2007
PM1	水平夹网	4880	1550	美卓公司	新闻纸、环保书写纸、环保牛皮纸	100%脱墨浆	15	2006
PM5	叠网	3950	700	美卓公司	新闻纸、环保书写纸、环保牛皮纸、环保淋膜原纸	100%脱墨浆	6	1956

（王向华）

中顺洁柔纸业股份有限公司

C & S Paper Co., Ltd.

【企业概况】

中顺洁柔纸业股份有限公司(简称“中顺洁柔”)2010 年在 A 股上市，成为国内首家 A 股上市的生活用纸企业，专业生产生活用纸系列产品。公司分别在广东省中山市、广东省江门市、广东省云浮市、四川省成都市、浙江省嘉兴市、湖北省孝感市、河北省唐山市建有七大生产基地(2014 年年底宣布，中山基地的生产设备转移至浙江省嘉兴基地，之后中山基地不再生产原纸)，其中广东省云浮生产基地于 2014 年 5 月建成投产。销售网络辐射华东、华南、华西、华北、华中和港澳六大区域，产品远销东南亚、中东、大洋洲、非洲等海外市场。

七大生产基地分布在我国东、南、西、北、中部地区，串联散布全国的多家商贸公司、近 700 个经销商的营销网络，构筑了一个点线面结合、覆盖全国的全方位生产销售网络。

中顺洁柔依靠科技进步和科学管理促进发展，公司先后引进奥地利、德国、意大利、日本、韩国、中国台湾等国家和地区的先进造纸设备及加工设备。已通过 ISO 14001 环境体系认证、ISO 9001 质量体系认证。

2017 年，中顺洁柔实现营业收入比 2016 年增长 21.76%；利润比 2016 年增长 34.04%。2017 年，公司推出了本色系列生活用纸。

单位地址：广东省中山市西区彩虹大道 136 号　　邮编：528411

联系电话：0760－88553333　　联系传真：0760－88553033

联系邮箱：cnsnpaper@126.com　　单位网址：www.zhongshungroup.com

企业性质：民营企业

法人代表：邓颖忠

2017 年纸和纸板产能：65 万吨

2017 年销售收入：46.38 亿元，净利润：3.49 亿元

主要产品：生活用纸

主要纤维原料：木浆

纸机总数：27 台

【主要生产线】

主要造纸生产线

生产基地	产品品种	纤维原料	生产能力/(万吨/年)	纸机台数
广东江门	生活用纸	木浆	17.0	7
湖北孝感	生活用纸	木浆	2.0	2
四川成都	生活用纸	木浆	13.0	6
浙江嘉兴	生活用纸	木浆	4.0	4
河北唐山	生活用纸	木浆	5.0	2
广东云浮	生活用纸	木浆	24.0	6
合　计			65.0	27

2017 年新增生产线

生产线名称	纸机			主体设备供货厂商	产品品种	纤维原料	生产能力/(万吨/年)
	网部形式	幅宽/毫米	设计车速/(米/分)				
卫生纸机(1 台)	新月型	保密	保密	保密	生活用纸	木浆	2.5
卫生纸机(2 台)	新月型	保密	保密	保密	生活用纸	木浆	6.0
卫生纸机(2 台)	真空圆网型	保密	保密	保密	生活用纸	木浆	6.0

（中国造纸协会生活用纸专业委员会）

亚太森博(山东)浆纸有限公司

Asia Symbol (Shandong) Pulp and Paper Co., Ltd.

【企业概况】

亚太森博(山东)浆纸有限公司(简称“亚太森博”)是世界领先的浆纸一体化企业、山东省最大的外资企业之一，也是浆纸行业产业升级、技术进步、绿色发展的标杆企业。公司的宗旨是开发永续资源，创造美好生活。我们致力于成为规模最大、管理最佳、以可持续的资源开发为基础的公司之一，保护环境，为客户创造价值，实现利民、利国、利业。

公司产品为高档化学木浆、溶解浆及液体包装纸板、食品卡纸、烟卡纸等高档产品。公司累计环保投资已超过43亿元，无论是环保投资总额还是占总投资的比例，均创国内单个浆纸工厂之最，主要环保及可持续发展指标达到行业领先水平，优于芬兰、日本等发达国家标准。公司充分利用制浆造纸过程中产生的生物质能源，每年可减少300多万吨的碳排放。

亚太森博积极促进新旧动能转换。几年来，公司从生产木浆到生产木浆+溶解浆，从浆纸行业到化纤纺织行业，运用新技术改造提升传统产业，实现“增量崛起”；从普通社会白卡纸、食品卡纸、烟卡纸到液体包装纸板，实现“存量变革”，实现更高水平上供需结构的匹配和优化，促进了社会生产力整体跃升。亚太森博还投资6800万元建设了城市中水回用项目，处理能力为4万吨/日，每年节省1000多万吨水资源，产生的再生水可供20万个普通家庭(约60万人)使用。这是全国第一个再处理回用城市中水用于锅炉和循环冷却水补水的项目，为城市中水处理回用、推广找到了成熟可行的解决方案，被评为全国外商投资企业最佳社会责任案例。该项目模型已进入国家环保宣教基地展示推广，得到了环境保护部、水利部、山东省领导及德国GIZ等机构的高度赞誉。

公司能带动造林、造纸、印刷、包装、化工、农业、物流仓储、造船等相关产业，有利于增强临海大工业的产业集聚，改善全国的造纸原料结构，降低国内造纸企业及纸制品的原料成本，惠及广大消费者。2017年，公司缴纳各类税费(含国税、地税、海关税、增值税)16亿元，有力地促进了经济的发展，为全市聚力招引作出了积极贡献。

公司已累计投入1亿多元用于救灾、文化、教育、扶贫、环保等社会公益事业，包括捐资3500万元建设日照江和图书馆，成为对全市文教事业捐资最多的企业。

公司被评为中国优秀企业公民、中国造纸工业环境友好企业、中国社会责任典范企业、全国优秀外商投资企业、高新技术企业、山东省节能先进企业、山东省循环经济示范企业、山东省工业旅游示范点、日照市功勋企业、日照市环境教育及科普教育示范基地。公司坚持开放参观，成为学生了解中国古代四大发明之造纸术和环境保护、循环经济、清洁生产的社会实践基地，每年接待数百批、上万人次社会各界参观。

单位地址：山东省日照市北京路369号　邮编：276826

联系电话：0633－3361270　联系传真：0633－3361280

联系邮箱：xiaolei_yang@ asiasymbol. com　单位网址：www. asiasymbol. com

企业性质：中外合资

法人代表：李建绍，经营负责人：汪　波，技术负责人：江健儿

成立时间：2005 年 8 月，职工总数：2068 人，其中技术人员数：245 人

2017 年纸浆生产量：176 万吨，纸和纸板生产量：49.1 万吨

2017 年销售收入：96 亿元，利税总额：15.2 亿元，利润总额：8.3 亿元

主要产品：漂白硫酸盐化学木浆、溶解浆、高档白卡纸板(液体包装纸板、烟卡纸、食品卡纸、社会卡纸等)

主要纤维原料：桉木、相思木、针叶木

纸机总数：2 台

蒸(球)煮器总数：2 台

【主要生产线】

主要制浆生产线

生产线名称	纤维原料	制浆方法	蒸煮器	主体设备供货厂商	产品品种	生产能力/(万吨/年)	投产时间
一期制浆生产线	针叶木/阔叶木	漂白硫酸盐制浆法	低固形物连续蒸煮	安德里茨公司	漂白硫酸盐木浆	31.5	2002-10
二期制浆生产线	阔叶木	漂白硫酸盐制浆法	紧凑 G2 蒸煮技术	美卓公司	漂白硫酸盐木浆	170	2010-11

主要造纸生产线

生产线名称	纸机			主体设备供货厂商	产品品种	纤维原料	生产能力/(万吨/年)	投产时间
	网部形式	幅宽/毫米	工作车速/(米/分)					
一期纸板生产线	多网	3625	600	福伊特公司	高档白卡纸板	化学浆、机械浆	17	2002-10
液体包装纸板生产线	多网	4600	1000	福伊特公司	液体包装纸板	化学浆、机械浆	35	2014-06

(杨晓雷)

东顺集团股份有限公司

Dongshun Group Co., Ltd.

【企业概况】

东顺集团股份有限公司专业生产、销售生活用纸和卫生用品，公司通过了 ISO 9001 国际质量体系认证及 ISO 14001 环境体系认证。主要产品有："顺清柔"牌高档生活用纸、"A & S"牌卫生巾、"哈里贝贝"牌婴儿纸尿裤、"伴宁"牌成人纸尿裤、"洁昕"牌湿巾。东顺集团股份有限公司是近几年来生活用纸领域快速发展的企业，2015 年公司的生活用纸总产能已位居全国第 5 位。集团公司先后在山东省东平市、黑龙江省肇东市、湖南省湘西土家族苗族自治州、浙江省临安市、浙江省富阳市设立了生产基地，实现了全国市场战略布局。其中山东省东平市、黑龙江省肇东市有生活用纸原纸生产；湖南省湘西土家族苗族自治州的原纸生产基地计划 2018 年上半年投产首台纸机。公司引进全球领先的生活用纸和卫生用品生产设备，已经形成卫生卷纸、面巾纸、手帕纸、盒巾纸、擦手纸、纸尿裤、卫生巾、湿巾等生活用纸和卫生用品两个大系列 200 多种产品。2016 年，公司开发生产了木浆本色生活用纸。

单位地址：山东省东平县东顺工业园　　邮编：271500

联系电话：0538－2820378　联系传真：0538－2820378

企业性质：民营企业

法人代表：陈树明

成立时间：2000 年

2017 年纸和纸板产能：40.8 万吨

主要产品：生活用纸

主要纤维原料：木浆

纸机总数：20 台

【主要生产线】

主要造纸生产线

生产基地	产品品种	纤维原料	生产能力/(万吨/年)	纸机台数
山东东平	生活用纸	木浆	38	18
黑龙江肇东	生活用纸	木浆	2.8	2
合计			40.8	20

注：2017 年没有新增生产线。

（中国造纸协会生活用纸专业委员会）

山东恒联投资有限公司

Shandong Henglian Investment Co., Ltd.

【企业概况】

山东恒联投资有限公司总部前身是地处城市中心区的原国有大型企业潍坊造纸总厂和潍坊玻璃纸厂，经过改制、发展，现在已成为一家以纸业为主的综合性控股集团公司。业务涉及制浆、造纸、绿色纤维素膜、无纺布清洁材料、特种纤维素、精细化工、房地产、热电等领域，是集新型绿色包装类材料、特种纸、清洁材料制造加工于一体的民营企业，是我国再生纤维素膜行业的龙头企业。

公司依托完善的法人治理结构和差异化发展战略，坚持推行“五化建设”、技术创新、管理创新、经营创新，全面实践“价值源于创新、规范孕育和谐”的核心价值观，围绕循环经济发展模式构建绿色纸业。现拥有山东恒联新材料股份有限公司、潍坊恒联特种纸有限公司、山东光华纸业集团有限公司、潍坊恒联美林生活用纸有限公司、潍坊恒联浆纸有限公司、岳阳丰利纸业有限公司、潍坊永新纸业有限公司、山东冠骏清洁材料科技有限公司、潍坊恒联特种纤维素有限公司、山东恒联化学有限公司等 20 家全资控股子公司，资产总额 46.84 亿元，银行信用等级为 AA。山东省首批“泰山产业领军人才”设岗单位，潍坊市首批“鸢都学者”“潍坊市创新创业人才”和“鸢都产业领军人才”设岗单位。先后荣获中国包装龙头企业、全国民营企业 500 强、山东省造纸行业十强企业、山东省创新驱动发展能力百强企业、山东省轻工业先进企业、山东省轻工业建国六十周年功勋企业、全国工商联纸业商会十佳优秀会员企业、山东省安全生产先进单位、山东省管理创新优秀企业、全国工人先锋号等多项荣誉称号。

公司拥有省级企业技术中心、山东省玻璃纸工程技术研究中心、潍坊恒联玻璃纸有限公司—中国科学院化学研究所纤维素新材料联合研究中心、潍坊恒联玻璃纸有限公司—中国科学院化学研究所天然高分子材料联合实验室、山东省一企一技术创新企业、潍坊市再生纤维素膜工程实验室、潍坊市植物纤维特种纸企业重点实验室等科研平台，被工信部授予工业企业知识产权运用能力培育工程试点单位。到目前为止，公司拥有有效授权专利 137 项，其中有效国际发明专利 1 项，有效国内发明专利 31 项，排他许可发明专利 3 项，实用新型专利 72 项，外观设计专利 33 项。其中 2017 年度公司共获授权专利 30 项，其中发明发明专利 4 项，实用新型专利 23 项，外观设计型 3 项。

单位地址：山东省潍坊市高新区东风东街 3019 号　邮编：261000

联系电话：0536－8671538　联系传真：0536－8671538

联系邮箱：bairu888@163.com　单位网址：www.henglianpaper.com

企业性质：民营企业

法人代表：李瑞丰，经营负责人：李瑞丰，技术负责人：赵学杰

成立时间：1946 年，职工总数：3856 人，其中技术人员数：656 人

2017 年纸浆生产量：24.4060 万吨，纸和纸板生产量：39.7779 万吨

2017 年销售收入：37.9963 亿元，利税总额：2.5368 亿元，利润总额：1.1128 亿元

主要产品：绿色纤维素膜(玻璃纸)、预涂水转印底纸原纸、工程纸、米白纯质纸、米黄道林纸、超感纸、牛皮纸、双胶纸、果袋纸、薄页纸、皱纹原纸、无碳原纸、防黏原纸、医用及食品包装纸、卫生纸、纸巾纸、餐巾纸、擦手/擦拭纸、厨房纸巾、吸水衬纸、杨木浆、特种纸用浆、不漂浆、醋酸系列特种浆、纤维素醚级系列用浆、硝化基系列用浆、币纸用浆等。

主要纤维原料：针叶木（红松、云杉）、阔叶木（相思木、桉木）、自制漂白化学木浆、杨木片、棉短绒等。

纸机总数：36 台

蒸（球）煮器总数：20 台

【主要生产线】

主要制浆生产线

生产线名称	纤维原料	制浆方法	蒸煮器	主体设备供货厂商	产品品种	生产能力/（万吨/年）	投产时间
光华制浆线	木片	烧碱法	蒸球	汶瑞机械（山东）有限公司	漂白化学木浆	6.0	2000
浆纸杨木浆线	杨木片	烧碱法	横管式连蒸器	天津中轻机械有限公司	杨木浆	7.0	2010
特种纤维素线	棉短绒	湿法备料连续漂白	蒸球	山东鲁能控制工程有限公司、河北高新泵业有限公司、烟台龙港耐腐蚀有限公司、济南兴宏远造纸机械有限公司、沁阳市聚能压力容器有限公司	特种纸用浆、不漂浆、醋酸系列特种浆、纤维素醚级系列用浆、硝化基系列用浆、币纸用浆	12	2013

主要造纸生产线

生产线名称	纸机			主体设备供货厂商	产品品种	纤维原料	生产能力/（万吨/年）	投产时间
	网部形式	幅宽/毫米	工作车速/（米/分）					
特种纸 4 号机	长网	1880	500	昆山太德隆机械有限公司	预涂水转印底纸原纸、超感原纸、米白纯质纸	针叶木、阔叶木	3.2	2006
涂布 1 号机	气刀涂布机	1880	700	潍坊凯信机械有限公司	超感纸、工程纸	针叶木、阔叶木	4.0	2000
光华 5 号机	长网	2640	600	淄博恒星造纸机械有限公司	胶版印刷纸	自制漂白化学木浆、进口商品木浆	6.0	2003
光华 6 号机	长网	1880	500	上海造纸机械	胶版印刷纸	自制漂白化学木浆、进口商品木浆	3.0	2012
PM3	夹网	3340	1100	美卓公司	餐巾纸、擦手/擦拭纸、吸水衬纸	进口木浆	3.5	2005
PM2	新月型	2150	1000	美卓公司	卫生纸、面巾纸、吸水衬纸	进口木浆	2.0	2005
玻璃纸生产线		1880	150	瑞士毛勒公司	玻璃纸	木浆、棉浆	1.0	1988

（董正祥）

河南江河纸业股份有限公司

Henan Jianghe Paper Co., Ltd.

【企业概况】

河南江河纸业股份有限公司位于河南省武陟县产业集聚区，注册资金 9000 万元，占地面积 56 万米^2；拥有 5 条造纸生产线，20 余条涂布加工生产线，年产能 40 万吨加工特种纸。公司采取多元化经营，现有河南大指造纸装备集成工程有限公司、河南南北纸业有限公司、河南江河生物质能热电有限公司、山东江河纸业有限责任公司、河南开扩能源科技有限公司和焦作开通环保有限公司 6 家关联子公司。

公司主导产品有无碳复写纸、热敏纸、离型纸、机内整饰涂布纸等，产品国内市场占有率 20% 以上，并远销 50 多个国家和地区。其中“水”牌无碳复写纸荣获中国轻工品牌竞争力优势产品、河南省名牌产品、河南省著名商标和河南省国际知名品牌；公司为省级造纸及纸制品出口基地、中国造纸装备科技创新示范基地，生产的造纸装备主要产品有中高速宽幅文化纸造纸成套设备和单体设备，技术水平国内领先。

公司拥有国家级企业技术中心、省级工程技术研究中心、省造纸装备院士工作站和省博士后创新实践基地等科研平台，并拥有 112 项国家专利，14 项省部级科技成果。公司先后被评为“国家级高新技术企业”“国家知识产权优势企业”“中国造纸工业环境友好企业”“河南省节能减排科技创新示范企业”“河南省质量诚信体系建设 AAA 级工业企业”“焦作市市长质量奖”。

单位地址：河南省武陟县文化路 555 号　邮编：454950
联系电话：0391－7268389　联系传真：0391－7268389
联系邮箱：jhr2002@126.com　单位网址：www.jianghe.com

企业性质：民营企业
法人代表：姜丰伟，经营负责人：姜丰伟，技术负责人：刘铸红
成立时间：2002 年，职工总数：2650 人，其中技术人员数：980 人
2017 年纸及纸板生产量：32 万吨
2017 年销售收入：25.8 亿元，利税总额：2.6 亿元，利润总额：1.3 亿元
主要产品：无碳复写纸、热敏纸、离型纸、机内整饰涂布纸等特种纸
主要纤维原料：商品木浆板、脱墨浆、化学机械浆
纸机总数：5 台

【主要生产线】

主要造纸生产线

生产线名称	纸机			主体设备供货厂商	产品品种	纤维原料	生产能力/(万吨/年)	投产时间
	网部形式	幅宽/毫米	工作车速/(米/分)					
一线	叠网	2640	800	俄罗斯	无碳复写纸、证券纸、格拉辛纸等	商品木浆、脱墨浆	5	2002-08
二线	叠网	3150	1000	大指造纸装备集成工程有限公司	无碳复写纸、胶带纸、双胶纸	商品木浆、脱墨浆	5	2007-08
三线	叠网	3200	1000	辽阳造纸机械股份有限公司	无碳复写纸、胶带纸、双胶纸	商品木浆	5	2009-08
五线	叠网	3300	1200	大指造纸装备集成工程有限公司	离型纸、无碳原纸	商品木浆	5	2010-08
六线	水平夹网	5600	1350	大指造纸装备集成工程有限公司	双胶纸、铸涂原纸等	商品木浆、化学机械浆	20	2012-09

（郭胜利）

河北省保定市东方造纸有限公司

Hebei Baoding Orient Paper Milling Co., Ltd.

【企业概况】

河北省保定市东方造纸有限公司(简称“东方造纸”)是集研发、生产、销售为一体，专业制造包装纸、文化纸、生活用纸的企业。公司位于河北省保定市，地处北京、天津和石家庄之间的黄金三角地带。自2009年成功登陆美国纽交所以来，公司不断开拓进取，成绩卓越。

目前，东方造纸为100多家包装和印刷企业客户提供多样化的产品组合，以适应不断发展的市场和消费者的需求，公司产品包括各种规格的瓦楞原纸、箱纸板、中高档胶版纸、防伪纸和生活用纸。2015年6月公司开始了威县工业园生活用纸的生产，包括卫生纸、面巾纸、浴室及厨房用纸等多种产品，一经销售，便获得了市场和消费者的一致好评。

经过多年的经营，公司已经形成稳定的销售渠道，产品畅销全国各大城市，并远销南美、南亚和北非等多个国家和地区。

展望未来，公司将一如既往地以环境友好、资源节约为目标，坚持科学发展观和可持续发展观，节能减排，为国家繁荣和地方经济发展贡献力量。

单位地址：河北省保定市徐水区巨力路　邮编：072550

联系电话：0312－8698215　联系传真：0312－8698212

联系邮箱：info@ orientpaperinc. com　单位网址：www. orientpaperinc. com

企业性质：民营企业

法人代表：刘振勇，经营负责人：刘振勇，技术负责人：梁树亭

成立时间：1996年，职工总数：527人，其中技术人员数：60人

2017年纸和纸板生产量：23.5万吨

2017年销售收入：7.49亿元，利税总额：1.48亿元，利润总额：1.28亿元

主要产品：高强瓦楞原纸、隔热膜原纸、双胶纸、生活用纸

主要纤维原料：国废、木浆

纸机总数：9台

【主要生产线】

主要造纸生产线

生产线名称	纸机			主体设备供货厂商	产品品种	纤维原料	生产能力/(万吨/年)	投产时间
	网部形式	幅宽/毫米	工作车速/(米/分)					
5600 叠网多缸纸机	叠网	5600	1200		高强瓦楞原纸	国废	36	2012
3200 叠网多缸纸机	叠网	3200	700		低定量瓦楞原纸、隔热膜原纸	国废	5	2014
2400 长网多缸文化用纸机	长网	2400	600		双胶纸	国废	5	2006
1800 长网多缸文化用纸机	长网	1880	500		双胶纸	国废	4	2008
2850 卫生纸机	新月型	2850	1100		卫生纸、面巾纸、手帕纸	木浆	3	2014

（石彦思）

社团工作

ASSOCIATION AFFAIRS

中国造纸学会组织机构
各省(区、市)造纸学会
2017 年中国造纸学会主要工作
中国造纸协会办事及分支机构
2017 年中国造纸协会主要工作
中国造纸学会部分团体会员单位介绍

11

中国造纸学会组织机构

The Organization of China Technical Association of Paper Industry (CTAPI)

顾　问： 余贻骥　胡宗渊　潘锡五　陈克复

理事长： 陈学忠

常务副理事长： 曹振雷

副理事长： 刘　忠　李　耀　李义民　何北海　张　辉　张美云　陈鄂生　陈嘉川　赵　伟　胡开堂　姜海斌

（按姓氏笔画排序）

秘书长： 曹春昱（法人代表）

常务理事（30 人）：

王双飞　卢宝荣　刘　忠　刘　琦　刘安江
关兴江　杨　旭　李　耀　李义民　何北海
张　辉　张金声　张美云　陈学忠　陈鄂生
陈嘉川　房桂干　赵　伟　胡开堂　姜丰伟
姜海斌　曹朴芳　曹春昱　曹振雷　戚永宜
韩　力　程言君　靳福明　詹怀宇　樊　燕

（按姓氏笔画排序）

个人理事（101 人）：

马　宁　马乐凡　戈海华　王　蘅　王双飞
王华军　王茂君　王海佩　卢宝荣　平清伟
龙　柱　伍泽荣　关兴江　刘　文　刘　忠
刘　洁　刘　涛　刘　琦　刘安江　刘国造
孙　玲　孙　骏　牟洛铭　何北海　佟克本
吴丹国　宋善军　应广东　张　云　张　辉
张凤山　张安龙　张金声　张美云　张鼎军
李　艳　李　群　李　臻　李　耀　李义民
李尚武　李建国　杜　宏　杨　旭　杨本彬
杨易平　杨金魁　纳巨波　陈　健　陈　港
陈礼辉　陈克利　陈明邦　陈学忠　陈鄂生
陈嘉川　周　耘　周卫东　周后炼　房桂干
林　媛　林小琦　林伟民　罗建雄　范学斌
范谋斌　侯庆喜　姜丰伟　姜海斌　胡开堂
胡文军　赵　力　赵　伟　赵　林　赵　琳
赵　煜　程言君　袁建湘　钱　毅　高英杰
戚永宜　曹朴芳　曹春昱　曹振雷　梁　好
梅树亚　黄六莲　黄显南　彭国昌　景　宜
童来明　谢拥群　谢益民　韩　力　韩　彪
蒲俊文　詹怀宇　雷建民　靳福明　樊　燕
魏雨虹

（按姓氏笔画排序）

单位理事（23 个）：

李建华　华泰集团有限公司
李洪信　山东太阳纸业股份有限公司
李洪法　山东泉林纸业有限责任公司
邸淑美　山东鲁南纸业股份有限公司
徐　祥　牡丹江恒丰纸业集团有限责任公司
宋敬志　新乡新亚纸业集团股份有限公司
林昭远　广州造纸集团有限公司
吴和均　四川永丰纸业股份有限公司
但昭学　广西贵糖（集团）股份有限公司
尤　卡　芬欧汇川（中国）有限公司
黄志源　金光纸业（中国）投资有限公司
王伟国　亚太森博（山东）浆纸有限公司
柯吉熊　福建省晋江优兰发纸业有限公司
王敏良　仙鹤股份有限公司
彭国昌　唐山国泰纸业有限公司
李杰辉　中国造纸装备有限公司
张　强　中国纸业投资有限公司
刘安江　中国联合装备集团有限公司
蒋　鹏　汶瑞机械（山东）有限公司
李祥凌　福建省轻工机械设备有限公司
朱根荣　华章科技控股有限公司
沈根莲　四川环龙技术织物有限公司

姚献平　杭州市化工研究院有限公司

（排名不分先后）

特聘常务理事单位(23个)：

华泰集团有限公司　李建华
山东太阳纸业股份有限公司　李洪信
山东泉林纸业有限责任公司　李洪法
山东鲁南纸业股份有限公司　邸淑美
牡丹江恒丰纸业集团有限责任公司　徐　祥
新乡新亚纸业集团股份有限公司　宋敬志
广州造纸集团有限公司　林昭远
广西贵糖(集团)股份有限公司　　但昭学
芬欧汇川(中国)有限公司　尤　卡
金光纸业(中国)投资有限公司　黄志源
亚太森博(山东)浆纸有限公司　王伟国
仙鹤股份有限公司　王敏良
唐山国泰纸业有限公司　彭国昌
中国造纸装备有限公司　李杰辉
汶瑞机械(山东)有限公司　蒋　鹏
福建省轻工机械设备有限公司　李祥凌
福建省晋江优兰发纸业有限公司　柯吉熊
华章科技控股有限公司　朱根荣
四川环龙技术织物有限公司　沈根莲
杭州市化工研究院有限公司　姚献平
中国联合装备集团有限公司　刘安江
四川永丰纸业股份有限公司　吴和均
中国纸业投资有限公司　张　强

（排名不分先后）

特聘副理事长单位(21个)：

华泰集团有限公司　　李建华
山东太阳纸业股份有限公司　李洪信
山东泉林纸业有限责任公司　李洪法
山东鲁南纸业股份有限公司　邸淑美
牡丹江恒丰纸业集团有限责任公司　徐　祥
新乡新亚纸业集团股份有限公司　宋敬志
广州造纸集团有限公司　林昭远
广西贵糖(集团)股份有限公司　但昭学
芬欧汇川(中国)有限公司　尤　卡
金光纸业(中国)投资有限公司　黄志源
亚太森博(山东)浆纸有限公司　王伟国
仙鹤股份有限公司　王敏良
唐山国泰纸业有限公司　彭国昌
中国造纸装备有限公司　李杰辉
汶瑞机械(山东)有限公司　蒋　鹏
福建省轻工机械设备有限公司　李祥凌
福建省晋江优兰发纸业有限公司　柯吉熊
华章科技控股有限公司　朱根荣
四川环龙技术织物有限公司　沈根莲
杭州市化工研究院有限公司　姚献平
中国纸业投资有限公司　张　强　（排名不分先后）

办事机构

中国造纸学会秘书处为学会常设办事机构，由学术部、科普部、编辑部、会员部、账务部组成。

秘书长：曹春昱
常务副秘书长：杜荣荣
副秘书长：齐晓东

资深专家顾问委员会

主　任：余贻骥
副主任：胡宗渊　潘锡五　陈克复
委　员：钟香驹　张　珂　朱尹策　顾民达
黄运基　胡　楠　李有元　杨懋暹
黄润斌　李威灵　谭祖光　萧启寿
马石辉　谭国民　李忠正　蒋荣祺
张　熙　邝仕均　孙树建　刘焕彬
黄祖壬　刘福玉　李发祥

（排名不分先后）

分支机构

一、工作委员会

1. 学术交流工作委员会

主任：靳福明
副主任：陈嘉川　何北海　房桂干
顾问：邝仕均

2. 科普工作委员会

主任：曹春昱
副主任：张美云　张　辉　胡开堂　齐晓东
顾问：曹朴芳

3. 编辑工作委员会

主任：李　耀
副主任：刘　忠　卢宝荣　杜荣荣
顾问：孙树建

4. 组织工作委员会

主任：曹振雷
副主任：曹春昱　杜荣荣

5. 咨询工作委员会

主任：陈鄂生

副主任：赵　伟　姜海斌　李义民

二、专业委员会

1. 涂布加工纸专业委员会

主任委员：姜海斌
秘书长：蒋鸿勇
挂靠单位：上海新江南纸业有限公司
通讯地址：上海市普陀区武宁路 1500 号 408 室
邮政编码：200063
电话：021－52040672

2. 新闻纸专业委员会

主任委员：周　耘
秘书长：焦　东
挂靠单位：广州造纸集团有限公司
通讯地址：广州市南沙区万顷沙镇新广一路 29 号
邮政编码：511462
电话：020－34663163

3. 书写印刷纸专业委员会

主任委员：崔棣章
秘书长：孙　平
挂靠单位：山东造纸工业研究设计院
通讯地址：山东省济南市工业南路 101 号
邮政编码：250100
电话：0531－88590468

4. 特种纸专业委员会

主任委员：李义民
秘书长：刘　文
挂靠单位：中国制浆造纸研究院有限公司
通讯地址：北京市朝阳区望京启阳路 4 号中轻大厦
邮政编码：100102
电话：010－64778096

5. 包装纸和纸板专业委员会

主任委员：伍泽荣
秘书长：马学逵
挂靠单位：广东省造纸研究所
通讯地址：广州市海珠区新港西路 154 号
邮政编码：510300
电话：020－34301343

6. 非木材制浆专业委员会

主任委员：陈嘉川
秘书长：赵传山
挂靠单位：齐鲁工业大学
通讯地址：山东省济南市长清大学科技园大学路
邮政编码：250353
电话：0531－89631161

7. 木材制浆专业委员会

主任委员：李洪信
秘书长：应广东
挂靠单位：山东太阳纸业股份有限公司
通讯地址：山东省兖州市友谊路 1 号
邮政编码：272100
电话：0537－3658677

8. 手工纸与造纸史委员会

主任委员：陈学忠
秘书长：张黎雨
挂靠单位：中国造纸学会
通讯地址：北京市朝阳区望京启阳路 4 号中轻大厦 B 座 10 层
邮政编码：100102
电话：010－64778760

9. 节能与环保专业委员会

主任委员：邝仕均
秘书长：齐晓东
挂靠单位：中国造纸学会
通讯地址：北京市朝阳区望京启阳路 4 号中轻大厦 B 座 10 层
邮政编码：100102
电话：010－64778756

10. 造纸器材专业委员会

主任委员：杨金魁
秘书长：韩静芬
挂靠单位：上海金熊造纸网毯有限公司
通讯地址：上海市金山区枫泾镇兴塔工业园建安路 78 号
邮政编码：201502
电话：021－67361072

11. 制浆造纸化学品专业委员会

主任委员：沈一丁
秘书长：费贵强
挂靠单位：陕西科技大学
通讯地址：陕西省西安市未央大学园区
邮政编码：710021
电话：029－86168830

12. 废纸回收利用专业委员会

主任委员：曹春昱
秘书长：杜荣荣

挂靠单位：中国制浆造纸研究院有限公司
通讯地址：北京市朝阳区望京启阳路4号中轻大厦
邮政编码：100102
电话：010－64778156

13. 机械设备专业委员会

主任委员：刘安江
秘书长：杨　旭
挂靠单位：轻工业杭州机电设计研究院有限公司
通讯地址：浙江省杭州市余杭区高教路970号
邮政编码：310004
电话：0571－85183937

14. 自动化专业委员会

主任委员：朱根荣
秘书长：刘川江
挂靠单位：浙江华章科技有限公司
通讯地址：杭州市祥园路99号运河广告产业大厦2号楼11层
邮政编码：310012
电话：0571－88994499

15. 造纸技术经济专业委员会

主任委员：吴永和
秘书长：陈奇志
挂靠单位：中国中轻国际工程有限公司
通讯地址：北京市朝阳区白家庄东里42号
邮政编码：100026
电话：010－65826022

16. 纳米纤维素及材料专业委员会

主任委员：蒋兴宇
秘书长：查瑞涛
挂靠单位：中国科学院国家纳米科学中心
通讯地址：北京市海淀区中关村北一条11号
邮政编码：100190
电话：010－82545621

（中国造纸学会）

各省(区、市)造纸学会

Local Technical Association of Paper Industry

北京市造纸学会
理事长：孙树建
副理事长：马石辉(常务) 邝仕均　黄祖壬
秘书长：马石辉(兼)
副秘书长：赵　青
地址：北京市朝阳区广渠路 39 号院 1 号楼
邮编：100022
电话：010－67043033
传真：010－67043080

天津市造纸学会
名誉理事长：谭国民
理事长：刘　忠
副理事长：周国伟　徐永射　李相臣　李群
秘书长：惠岚峰
地址：天津市泰达经济技术开发区 13 大街 29 号天津科技大学造纸学院
邮编：300457
电话：022－60602006、13752173746(惠岚峰)
传真：022－60601988

河北省造纸学会
理事长：刘国造
副理事长：龚德利(常务)　彭国昌　陈生龙　魏秋生　郭玉祥　张东和
秘书长：龚德利(兼)
地址：河北省石家庄市合作路北和街 18 号
邮编：050051
电话：13333042630
传真：0311－87086240

山西省造纸学会
理事长：刘　涛
秘书长：武乃玲
地址：山西省太原市新建南路 13 号山西省轻工设计院
邮编：030002
电话：13835176139(刘　涛)
13453405953(武乃玲)

内蒙古自治区造纸学会
理事长：范学斌
副理事长：高世明　郭建军
秘书长：王景文
地址：内蒙古呼和浩特市新城西街 4 号
(内蒙古轻工业设计研究院)
邮编：010050
电话：13897861555(范学斌)

辽宁省造纸学会
理事长：张运展
秘书长：刘秉钺
代秘书长：平清伟
地址：辽宁省大连市甘井子区轻工苑一号
挂靠单位：大连工业大学
邮编：116034
电话：0411－86324620、13840903048(平清伟)
传真：0411－86323736

吉林省造纸学会
副理事长：马增源　方嘉华　刘　怀　柳风林　曹宪斌
秘书长：徐淑敏
地址：吉林省长春市人民大街副 54 号
邮编：130051
电话：0431－88829158
传真：0431－85518433

黑龙江省造纸学会
理事长：杨易平
副理事长：白晓明　苏文强　李劲松　陈海涛
陈正旺　郑日亭　杨柏森　魏雨虹
秘书长：任国庆
地址：黑龙江省牡丹江市阳明区光华街 17 号
邮编：157013
电话：0453－6330924

上海市造纸学会
理事长：姜海斌
副理事长：尹　华　吴丹国　杨金魁　张荣毅
戚永宜
秘书长：蒋鸿勇
地址：上海市普陀区武宁路 1500 号南楼 403 室
邮编：200063
电话：021－52040672、52040673
传真：021－52040673

江苏省造纸学会
理事长：张　辉
副理事长：王广州　王自力　田宝凤　刘　克
李鸿斌　沈　斌　杜建功　房桂干
洪文彦　胡巧忠　高威宏　景　宜
秘书长：汤洪良
地址：江苏省南京市龙蟠路 159 号南京林业大学轻工科学与工程学院 9E-315 室
邮编：210037
电话：025－85428235（办公室）
传真：025－85428235

浙江省造纸学会
理事长：胡开堂
副理事长：戈海华　毛菊仙　黄晓钢　陈万平
孙柏贵　吴明武　梁中平　陈建明
姚向荣　王敏良　叶素芳　杨　旭
刘川江　陆文荣
秘书长：陆文荣
副秘书长：李土根　郑梦樵
地址：浙江省杭州市留和路 318 号浙江科技学院C2 楼 538、540 室
邮编：310023
电话：0571－85070795
传真：0571－86958853

安徽省造纸学会
理事长：蔡锡枢
副理事长：王德贤　何家富　魏宝华　朱春明
包志保　宋作侃　李光源
秘书长：陈明邦
地址：安徽省合肥市马鞍山路富城大厦 10 层安徽轻工设计院有限公司
邮编：230088
电话：0551－62627882、13856081568（陈明邦）
传真：0551－62627882

福建省造纸学会
名誉理事长：张道沛
理事长：谢拥群
副理事长：陈礼辉　林小琦　徐宗明　林孝帮
柯吉熊　高晓明　李　艳　诸建华
吴宗华　林秀英　刘明华　郭　盛
秘书长：黄六莲
地址：福建省福州市六一北路 204 号
邮编：350013
电话：0591－87577134（办公室）
0591－83708361、13960786960（谢拥群）
0591－83715175、13950283739（黄六莲）
传真：0591－83708361（谢拥群）、
83715175（黄六莲）

江西省造纸学会
理事长：管步军
副理事长：雷建民　戴圣光
秘书长：雷建民（兼）
地址：江西省南昌市北京东路 138 号
邮编：330029
电话：0791－88333891、13507911422
传真：0791－88333891

山东造纸学会
理事长：陈嘉川
副理事长：王泽风　陈洪国　李晓亮　应广东
李洪法　王东兴　张金声
秘书长：孙　平
副秘书长：丁洪杰
地址：山东省济南市长清区大学路 3501 号
邮编：250350
电话：13616404830（丁洪杰）

河南省造纸学会

理事长：王卫华

副理事长：高丹盈　李尚武　姜丰伟　刘　洁　郭　辉　马　冠　周大鹏

秘书长：李尚武（兼）

地址：河南省郑州市文化路 97 号（郑州大学工学院）

邮编：450002

电话：0371－63886906、13608691192（李尚武）

传真：0371－63886906

邮箱：hnszzxh@126.com

网址：www.hnspaper.org

QQ：97881539

湖北省造纸学会

理事长：刘　力

副理事长：谢益民　梁　斌　徐功谨　彭宜纯　张厚蛟　周卫东

秘书长：邓振强

地址：湖北省武汉市汉口建设大道 623 号福星科技大厦 B 座 1506 室

邮编：430030

电话：027－88064312

传真：027－88041709

湖南省造纸学会

名誉理事长：刘晓明　关以超

理事长：宋善军

副理事长：樊　燕　朱宏伟　马乐凡　薛永祥　龚　龑　吕建荣　余大论　黄费凤　李正国　周鲲鹏

秘书长：叶一心

地址：湖南省湘潭市建设中路 7 号

邮编：411104

电话：0731－58523295

传真：0731－58523295

广东省造纸学会

理事长：何北海

副理事长：陈　港（常务）　吕发创（名誉）　周　耘　林润惠　伍泽荣　王　波　钟天崎　林伟民　胡启华　吴义荣　雷江波

秘书长：雷以超

地址：广东省广州市天河区五山街 381 号华南理工大学制浆造纸工程国家重点实验室旧楼 301 室

邮编：510640

电话：020－87112854

传真：020－87112854

广西壮族自治区造纸学会

理事长：覃程荣

副理事长：宁　俊　林伟民　陈　健　葛　友　谢鸿武　韦良斌　蒙广全　赖可宾

秘书长：梁　辰

地址：广西壮族自治区南宁市大学东路 100 号广西大学轻工与食品工程学院内

邮编：530004

电话：0771－3237301、18275845299（梁　辰）

邮箱：gxtappi@163.com

四川省造纸学会

名誉理事长：李发祥

理事长：范谋斌

副理事长：吴和均　王康健　李文俊　赵　琳　梁　好　张佰丰　叶　剑　于渭东　左　建　罗建平　霍　军　周　骏　刘祥军　史宣树　李国友　高焱仁　罗福刚　罗建雄

秘书长：罗建雄

副秘书长：罗福刚

地址：四川省成都市成华街 5 号

邮编：610081

电话：028－83229689

传真：028－83229689

重庆市造纸学会

理事长：陈先谦

副理事长：米庆元　王友伦　冯地庆　彭支瑞

秘书长：王友伦

地址：重庆市江北区兴隆路 1 号蔚蓝世纪 A 栋 6-6 室

邮编：400020

电话：13330275860（王友伦）

贵州省造纸学会

联系人：林育德

地址：贵州省贵阳市青云路 111 号一轻公司宿舍

邮编：550002

电话：0851－85575624（林育德）

云南省造纸学会

顾问：李元禄、孙鹤章、孙光宗

理事长：彭增华

副理事长：陈克利（常务） 王 水 王亚明 杨发甲

秘书长：陈克利（兼）

地址：云南省昆明市呈贡大学城 昆明理工大学化工学院内

邮编：650050

电话：0871－65920329、13987638634（陈克利）

传真：0871－65920329

甘肃省造纸学会

负责人：赵 煜

地址：甘肃省兰州市金昌南路 101 号 甘肃省轻工研究院

邮编：730000

电话：0931－8126518、13993170089（赵 煜）

传真：0931－8124557

宁夏回族自治区造纸学会

名誉理事长：聂有才 陈钟灵

顾问：李沛春 雷道远

理事长：纳巨波

副理事长：刘德林（常务） 丁吉文 王宁成 李书庆 李秦龙 张弥金 郭旭斌

秘书长：杜 宏

地址：宁夏回族自治区银川市解放西街 425 号

邮编：750001

电话：0951－5043123

传真：0951－5044986

陕西省造纸学会

理事长：张美云

常务副理事长：王志杰

副理事长：张飞跃

秘书长：张安龙

地址：陕西省西安市未央大学园区陕西科技大学 环境学院 305 室

邮编：710021

电话：029－86168825

传真：029－86168230

新疆维吾尔自治区造纸学会

理事长：梅树亚

副理事长：董晓辉 徐 林 周俊英

秘书长：李云德

地址：新疆维吾尔自治区乌鲁木齐市民主路 88 号 新疆轻工业行业管理办公室规划处

邮编：830002

电话：0991－2825525（李云德）
15109919125（梅树亚）

传真：0991－2825525

（中国造纸学会秘书处）

2017 年中国造纸学会主要工作

Main Activities of CTAPI in 2017

一、组织机构与自身建设

（一）学会党建工作

2017 年 10 月 18 日，我们迎来了十九大胜利召开，中国特色社会主义进入新时代，从而为我党的前进指明了方向。为贯彻落实中央关于社会组织党建工作的有关精神，中国科协党组高度重视学会党建工作，将学会党建作为学会治理体系和治理方式改革的重点，作为学会全面改革的硬举措来抓，要求学会尽快实现"两个全覆盖"。因此，在中国科协党委的领导下，2016 年 12 月中国造纸学会成立了中国造纸学会党委。为了发挥学会党委的作用，使他们了解中国科协对学会工作的要求，中国造纸学会第七届常务理事会第八次（通讯）会议上传达并学习了尚勇等同志在中国科协学会党建工作会议上的讲话、尚勇书记在全国学会学术工作会上的讲话精神。学会党委委员对学会的工作提出了意见和建议。另外，为了方便与学会党委委员和常务理事的联系与沟通，学会建立了常务理事会微信工作群，发放一些宣传党务活动及一些正能量信息。下一步学会准备在网站上建立党务活动的板块。另外，起草了《中共中国造纸学会社团党委工作条例》（讨论稿）。2017 年 9 月 12 日，中国造纸学会第七届常务理事会第二次党员专题会议在广东省深圳市召开。会上对《中共中国造纸学会社团党委工作条例》（讨论稿）进行讨论并定稿。学会党委书记曹振雷同志着重介绍了学会目前的党建工作，党委副书记、学会秘书长曹春昱同志传达了中国科协、中国轻工业联合会党建相关文件。

按照中国科协党组发〔2016〕81 号文件《关于印发 < 中国科协关于加强科技社团党建工作的若干意见 > 的通知》要求，学会与中国科协社团党委、中国轻工业联合会党委、中国制浆造纸研究院党委密切沟通。2016 年 11 月中国造纸学会和中国照明学会正式成立了联合党支部。截止到 2017 年 10 月末，联合党支部在中国轻工业联合会党委及中国科协社团党委的共同领导下，召开了 4 次民主生活会；参加了 2 次党务工作者培训班；1 次入党积极分子培训班；组织参观中国人民抗日战争纪念馆、"砥砺奋进的五年"大型成就展、焦庄户地道战遗址纪念馆以及开展日常党务活动的宣传工作；组织召开中国造纸学会常务理事会层面功能性党委活动。培养入党积极分子，发展预备党员。

（二）组织召开常务理事会

2017 年 4 月 21 日以通讯形式召开了中国造纸学会第七届常务理事会第八次会议。会议通报了学会 2016 年主要工作和 2017 年主要工作计划；审议通过了学会李友生副理事长、张自敏理事的辞职申请；审议通过了中国造纸学会自动化专业委员会挂靠单位中国中轻国际工程有限公司调整为浙江华章科技有限公司，主任委员由朱根荣同志担任的请示；通报了中国科协《关于同意中国造纸学会成立党委及组织人选的批复》。传达并学习了尚勇等同志在中国科协学会党建工作会议上的讲话、尚勇书记在全国学会学术工作会上的讲话精神。学会党委委员对学会的工作提出了意见和建议。

2017 年 9 月 12 日，中国造纸学会第七届常务理事会第九次会议在广东省深圳市召开。会议通报了学会 2017 年上半年主要工作和即将开展的重要活动；通报了近几年各专业委员会活动情况，审议通过了《中国造纸学会专业委员会管理办法》《中国造纸学会专业委员会资金管理细则》；审议通过了第三届"中国造纸蔡伦奖"评选结果，并作出了表彰决定。

2017 年 12 月 25 日以通讯方式召开了中国造纸学会第七届理事会第四次会议。会议对中国造纸学会 2017 年工作总结和 2018 年工作计划，《中国造纸学会专业委员会管理办法(2017 修订版)》，第三届中国造纸蔡伦奖评选结果等内容进行了审议。

(三)会员工作

1. 组织“全国科技工作者日”系列活动

国务院 2016 年 11 月批准将每年的 5 月 30 日定为“全国科技工作者日”。根据《中国科协 科技部关于开展 2017 年“全国科技工作者日”活动的通知》(科协发厅字〔2017〕21 号)的文件精神，中国造纸学会积极认真的组织开展了首届“全国科技工作者日”系列主题活动。

(1)中国造纸学会会员部精心制作了中国造纸学会贺信，并通过网站、微信公众号、微信群和电子邮件等方式发送给学会广大会员、理事，让广大制浆造纸科技工作者了解设立“全国科技工作者日”的意义，庆祝自己的节日。

(2)5 月 23 日，学会学术部副主任雷煌与会员部邱江惠等人走进国家造纸化学品工程技术中心、杭州市化工研究院，与中心领导和一线科技工作者交流座谈。雷煌副主任首先代表学会为广大会员及科技工作者送上节日的问候，对学会近年来在浙江省衢州市针对特种纸行业开展的创新驱动助力工程做了简单介绍。活动中，大家希望中国造纸学会能继续加强学术资源的共享，希望通过创新驱动助力工程、青年人才托举工程等活动，增加区域学术交流和技术服务，为优秀青年科技工作者搭建更多的产、学、研及成果转化平台。

2. 发展会员

在 2017 年 5 月第一届纳米纤维素材料国际研讨会期间，中国造纸学会纳米纤维素及材料专业委员会成功发展新个人会员 36 位。2017 年 4 月完成了迪蔼姆国际贸易(上海)有限公司、浙江夏王纸业有限公司 2 家新团体会员单位的入会手续，自 2017 年 5 月起正式成为学会的团体会员。

为了有效联系会员单位，定期寄赠《中国造纸年鉴》和由中国造纸学会主办的 2017 年《中国造纸》《造纸信息》《中国造纸学报》及《纸和造纸》等专业刊物。

3. 报名参加 2017 年全国学会第八届乒乓球赛比赛活动

8 月 30 日，学会会员部组织完成 2017 年全国学会第八届乒乓球赛比赛报名工作，继 2016 年 2 名会员打入各组别 16 强后，大家对乒乓球赛的报名更加积极主动。2017 年由于参赛人数限制，共有 10 人报名。2017 年比赛于 11 月 25、26 日在北京举行。经过团体赛、个人赛的激烈比拼，我队团体赛小组出线，黄蕾取得女子单打 55 岁以上组别亚军。田凤洲进入男子单打 32 强。学会荣获了 2017 中国科协全国学会乒乓球赛(第八届)“团体组织奖”。

(四)举荐优秀科技人才

1. 第三届中国造纸蔡伦奖推荐评选工作

中国造纸学会第三届中国造纸蔡伦奖推荐评选工作于 2017 年 3 月启动。4 月 30 日，提名工作结束。5 月 15—29 日，中国造纸蔡伦奖评委会对第三届中国造纸蔡伦奖进行了第一轮函审工作。6 月 21 日，中国造纸蔡伦奖评审委员会第三次会议在浙江省杭州市召开，评选出了第三届中国造纸蔡伦奖的获奖人。评审会上，学会秘书处对第三届中国造纸蔡伦奖的工作情况做了介绍，对第一轮的函审结果进行了汇报，结合蔡伦奖评选标准和评审要求，对进入第二轮会审候选人材料进行了介绍。评委们对候选人申报材料进行了认真讨论评议，通过无记名投票方式进行评选。经评委们投票表决，评选出第三届中国造纸蔡伦科技奖 2 人，第三届中国造纸蔡伦青年科技奖 3 人。中国造纸学会将于 2018 年在第十八届学术年会上对获奖人进行表彰，并邀请获奖人做专题学术报告。

2. 第十二届光华工程科技奖候选人推荐工作

根据中国科协“关于开展第十二届光华工程科技奖提名人选推荐工作的通知”(科协学函管字〔2017〕115 号)要求，结合学会第三届“中国造纸蔡伦奖”推荐评选工作，决定将第三届“中国造纸蔡伦科技奖”排名第一位刘文(中国制浆造纸研究院副总工程师)，第二位张凤山(山东华泰纸业股份有限公司总工程师)两位获奖人作为第十二届光华工程科技奖候选人推荐至中国科协参加评选。学会会员部于 7 月 28 日将填写第十二届光华工程科技奖提名书的通知和要求发送给 2 位候选人。9 月 8 日，完成申报系统 2 位候选人信息填写并同纸质材料一起提交中国科协参加评选。11 月 6 日，中国科协发布了“第十二届光华工程科技奖候选人中国科协推荐人选名单及申报材料公示”，学会推荐 2 人未能入选。

3. 第十五届中国青年科技奖候选人推荐工作

根据中国科协“关于开展第十五届中国青年科技奖候选人推荐与评选工作的通知”(科协发组字〔2017〕55 号)要求，结合我学会第三届“中国造纸蔡伦奖”推荐评选工作，根据常务理事会审议，决定将第三届“中国造纸蔡伦青年科技奖”排名第一位朱宏伟(岳阳林纸股份有限公司总工程师)，第二位李海龙(华南理工大学轻工科学与工程学院教授)2

位获奖人作为第十五届"中国青年科技奖"候选人推荐至中国科协参加评选。根据通知要求，学会会员部于9月19日将填写第十五届"中国青年科技奖"候选人推荐表的通知和要求发送给2位候选人。10月25日，完成申报系统2位候选人信息填写并提交中国科协。10月30日，完成2位候选人纸质材料的收集、整理工作，提交中国科协培训和人才服务中心，完成候选人申报工作。

4. 开展"大国工匠"推荐工作

根据中轻联办〔2017〕287号文件《关于在轻工行业开展"大国工匠"推荐学习活动的通知》要求，中国造纸协会、中国造纸学会决定联合组织开展"大国工匠"推荐评选工作，协会、学会可各推荐3人。推荐评选工作于10月启动，截止到12月10日，共收到推荐材料6份，其中学会收到4份。经审核，6名候选人材料均符合推荐要求，内容完整。经协会、学会领导研究讨论，决定企业3位候选人由协会推荐，研究设计单位3位候选人由学会推荐。12月28日，完成6位候选人的材料收集、整理工作，提交中国轻工业联合会进行评审，完成候选人推荐工作。

（五）财务工作

2017年财务部正确履行会计职责和行使权限，做好会计核算与财务管理工作，认真学习国家财经政策、法令、法规，熟悉财经制度；提高财务部门的业务素质，执行有关的会计法规。完成修订了分支机构的财务管理办法、完成了各种报表统计资料的报送工作。按照规定编制季、月的各种报表统计资料，做到准确无误，并及时报告分管领导及上级部门财务。及时记录有关的会计凭证，做到账账相符。做到各项开支都符合规定，一切账目都清楚准确。

中国科协对2016年度全国学会财务决算工作进行了综合考核，共评选出77家先进单位，其中包括我学会。

（六）微信公众平台和网站的管理工作

2017年通过学会官方网站，加强了会员系统、学会动态、交流合作、期刊和出版物等板块内容的管理，及时发布和更新行业政策文件。2017年9月，学会在官方微信增设了"党建强会"宣传窗口，在学会官方网站增加"党建强会"宣传内容，及时发布党建工作动态和学习资料。

中国造纸学会具有50多年的历史，沉淀了许多学术资料，为了使这些资料发挥其应有的作用，中国造纸学会秘书处工作人员在2017年前几个月共扫描编辑学术资料56册，共计20460页。待时机成熟，可以方便广大科技工作者查阅。

（七）规范分支机构的管理工作

2017年中国造纸学会秘书处根据国务院《社会团体登记管理条例》、民政部《社会团体分支机构、代表机构登记办法》《中国科学技术协会所属全国学会分支机构管理办法》和《中国轻工业联合会分支机构管理办法》等有关文件规定，在总结中国造纸学会各专业委员会的工作经验的基础上对原《中国造纸学会专业委员会工作条例》进行了修订，为了进一步加强分支机构的财务管理，新增加了《中国造纸学会专业委员会资金管理细则》。在2017年全国造纸学会秘书长工作交流会上，对《中国造纸学会专业委员会管理办法（讨论稿）》等进行了逐条审议。并于2017年9月12日中国造纸学会第七届常务理事会第九次会议上进行了审议。

这几年造纸自动化领域发生了很大变化，原自动化专业委员会挂靠单位业务发生了变化，后经过学会领导协调，有一家在造纸自动化领域实力很强的企业愿意承担中国造纸学会自动化专业委员会主任委员的责任。2017年10月26日在浙江省杭州市召开的中国造纸自动化专业委员会工作会议上选举产生了新一届中国造纸学会自动化专业委员会，挂靠单位由中国中轻国际工程有限公司变更为浙江华章科技有限公司，主任委员朱根荣，秘书长刘川江。来自造纸生产企业、轻工设计院、造纸科研院所、造纸相关专业大学、自动化系统供应商等80多人参加了会议。随后进行的造纸工业智能制造论坛，5位演讲嘉宾进行了精彩的演讲。

二、学术交流工作

（一）申报中国科协项目

为了做好2017年中国科协学会学术项目的申报工作，2017年3月7日，学会学术交流工作委员会根据中国科协2016年中国科协学会学术项目申报指南讨论了2017年学会申报的项目。2017年4月学会陆续申报了包括创新驱动助力工程、学术交流示范工程2个部分4个项目，分别是创新驱动助力工程示范项目"完善特种纸创新助力模式 增强服务成效"；新观点新学说学术沙龙项目"造纸固体废弃物的处置与资源化利用"；青年科学家论坛项目"造纸纤维原料高附加值利用技术"；小型高端前沿专题学术交流活动项目"纳米纤维素制备与应用新技术研讨会"。

（二）第一届纳米纤维素材料国际研讨会

2017年5月20—22日，第一届纳米纤维素材料国际研讨会在浙江省杭州市召开。此次研讨会由中国造纸学会主办、国家造纸化学品工程技术研究中心、浙江科技学院、浙江理工大学、中国制浆造纸研究院和国家纳米科学中心联合承办。会议共有来自中国、美国、加拿大、芬兰、荷兰、日本、韩国、马来西亚8个国家的270多名代表参加。

此次研讨会共收到论文摘要101篇，经大会学术委员会评审，录用99篇，汇集成册，编辑出版了会议文集。

大会主题报告由加拿大工程院院士倪永浩教授主持，纳米纤维素研究的先驱者Derek Gray教授做的“纤维素纳米材料的制备及性能研究”、蒋兴宇教授做的“纳米微晶纤维素在生物质材料中的应用”主题报告拉开了后续近50场高端学术交流的帷幕。此次研讨会共设两个分会场，主要议题包括：纳米纤维素材料的高效制备技术；纳米纤维素材料的形态与特征表征；纳米纤维素材料的改性；纳米纤维素材料在传统领域的应用（如纸和包装产品等）等。

（三）制浆造纸科学技术学科发展报告研讨会

2017年6月22日，《2016—2017制浆造纸科学技术学科发展报告》研讨会在浙江省杭州市召开。发展报告项目编写组顾问，中国造纸学会常务理事、分支机构秘书长、省市造纸学会理事长（秘书长）和项目组成员等50余名专家参加了此次研讨会。

会上通报了项目进展情况，专题报告已分别于3—6月底前完成并交顾问组专家审核。各编写组代表向到会专家介绍了各自编写过程及主要内容。到会专家对已经完成的报告初稿进行了集体研讨，对重要观点、思想、理论和技术发展的认识达成共识，形成进一步的修改意见与建议。

2017年9月底，各编写组完成各分报告编写修改工作并提交修改稿。学术交流工作委员会汇总各方意见，由学术秘书对上交稿按要求进行编辑整理，于2017年10月底最终完成编写学科报告工作。按规定时间将核心成果文件提交到中国科协，按期完成项目工作。

（四）秘书长工作交流会

2017年6月22日，由中国造纸学会主办、浙江华章科技股份有限公司协办的2017年全国造纸学会秘书长工作交流会在浙江省杭州市召开。来自北京、上海、江苏、浙江、福建、江西、湖南、广东、广西、四川和中国造纸学会12个专业委员会的秘书长参加了会议。

会议总结了2015年、2016年中国造纸学会各专业委员会开展活动情况，并做了详细介绍。学会大部分专业委员会开展活动正常，但也存在一些专业委员会无法正常开展活动的情况。中国造纸学会特种纸专业委员会、中国造纸学会造纸器材专业委员会作为专业委员会代表，结合各自开展的特色活动、为会员服务的模式和参与国家标准、行业标准、团体标准起草和修订等工作做了经验分享。

会上，对《中国造纸学会专业委员会管理办法（讨论稿）》进行了逐条审议，各位秘书长对组织机构备案程序、印章和授权证书的使用方法、财务制度、会员登记等内容进行了讨论，形成了初步修改意见，并将按要求逐步规范管理实施。

最后提出，希望各地方造纸学会能利用换届契机，加强会员人数统计工作，为中国造纸学会第八次全国会员代表大会换届选举工作提前做好准备。希望中国造纸学会能与各地方造纸学会在学术交流、为区域创新服务、开展专项研讨和技术支持等方面继续加强合作，为我国造纸工业创新争先、可持续发展作出贡献。

（五）展会及会议

1. 2017中国国际造纸创新发展论坛在深圳召开

2017年9月13日，由中国造纸学会、中国造纸协会和中国制浆造纸研究院共同举办的“2017中国国际造纸创新发展论坛”在深圳会展中心成功召开。工业和信息化部领导，科技部、中科院专家以及行业专家、企业家做了精彩的演讲与对话，共同探讨行业的现状与发展，合作与共享，创新与趋势等热点话题。论坛分为成果发布、主题演讲、专题演讲、高端对话四大环节，来自全国各地的企业家、专家以及国内外企业代表200多人出席了论坛。

2. 2017国际造纸技术报告会在深圳召开

2017年9月14日，由中国造纸学会和中国制浆造纸研究院联合举办的“2017国际造纸技术报告会”在深圳召开，会期1天，邀请了7位来自中国、芬兰、加拿大和瑞典的行业专家围绕“造纸行业水污染全过程控制技术”“泡沫成形技术为造纸业开辟新的可能性”“工业互联网改善工厂的可靠性和运行性”“纤维素纤维材料用于商品纸浆的打包”“UPM的BioFore：理念与实践”“创新开拓浆纸工业的新产品价值链”“制浆造纸过程废气排放控制与处理技术”议题进行了讲演。近200名代表参加了报告会。会议期间，与会代表还分别与演讲嘉宾就其感兴趣的话题进行了积极的互动和讨论。根据演讲嘉宾的演讲内容，会议出版了中英文对照论文集。

3. 第七届海西纸业论坛在福建省福州市召开

2017 年 10 月 28—29 日，由中国造纸学会、福建省造纸学会联合主办的第七届海西纸业论坛在福建省福州市召开。邀请 8 位行业专家围绕行业重点问题做了专题报告。另有 6 位来自造纸设备供应商的嘉宾分别做了技术交流报告。共有 150 多名代表参加了论坛。本次会议收到论文 53 篇，结集出版论文集 1 册。

4. 召开玉米秸秆综合利用技术及投资研讨会

2017 年 12 月 14 日，中国造纸学会在黑龙江省哈尔滨市召开了“玉米秸秆综合利用技术及投资研讨会”。作为农业大国，我国每年可产生 2 亿多吨玉米秸秆。本次会议旨在梳理玉米秸秆的收储、加工技术，整合玉米秸秆制备功能性低聚糖、化工原料、造纸等不同工艺技术路线，分析制约玉米秸秆产业化高效利用的技术瓶颈，推动玉米秸秆资源的有效利用，缓解玉米秸秆焚烧带来的环境污染问题。科技部农村科技司、中国造纸学会等单位的领导和专家近 50 人出席了会议。

本次会议的召开，加强了玉米秸秆高效利用技术研究单位的交流和沟通，密切了产、学、研合作，将使玉米秸秆产业化应用进程迈上一个新台阶。

（六）创新驱动助力工程

完成创新驱动助力工程奖补项目任务书编制工作，确定于 2017 年 10 月在浙江省衢州市举办国际特种纸展览会和会议，通过展会和研讨会相结合的形式，使参会者既可以对特种纸及相关产业的新观点、新技术、新产品进行深入的学术交流和探讨，又可以直接了解不同类型的特种纸及特种纸相关原辅材料、仪器设备等。通过为企业提供前瞻性、针对性、创新性服务，促进科技成果转化，促进区域产业做大做强，达到增强服务成效的总目标。

根据中国科协应黑龙江省佳木斯市提出的相关需求及活动安排，组织学会专家曹春昱秘书长、孙润仓教授于 2017 年 8 月 23—25 日赴黑龙江省佳木斯市参加了创新驱动助力工程调研对接活动。活动期间考察调研了佳木斯市东风区年产 50 万吨箱纸板项目，并与佳木斯市政府、项目投资方黑龙江省投资集团有限公司和黑龙江佳宏纸业集团有限公司围绕创新驱动助力工程合作事宜进行了讨论。

（七）产品推介会

1. 国产陶瓷脱水元件在高速纸机应用研讨会暨硅元产品发布会

为了坚持创新发展的可持续模式，为造纸行业提供更优质的国产化产品及服务，增强企业间的互动与交流，中国造纸学会联合山东硅元新型材料股份有限公司、台州森林造纸有限公司、上海轻良实业有限公司于 2017 年 4 月 13—15 日，在浙江省温岭市举办了“国产陶瓷脱水元件在高速纸机应用研讨会暨硅元产品发布会”。共 100 多位代表参加了此次产品发布会。

2. 造纸碱回收白泥资源化应用研讨会

2017 年 4 月 18 日，由美国矿物技术集团主办，中国造纸学会、山东太阳纸业股份有限公司、清华大学（环境学院）支持的造纸碱回收白泥资源化应用研讨会在山东省兖州市召开。碱回收白泥 100% 资源化利用是中美绿色合作伙伴计划的一项研究项目。该项目由美国矿物技术集团、山东太阳纸业股份有限公司、清华大学（环境学院）三方协作完成。该研究项目是以美国矿物技术集团专有的白泥处理技术——NewYield™为平台，山东太阳纸业股份有限公司作为新技术应用的试点，清华大学（环境学院）作为整个产业共生的模式和环境效益、经济效益、社会效益全过程评估方。此次研讨会的目的是推广 NewYield™技术的应用，减少白泥填埋带来的污染，减少二氧化碳和有害气体排放，赋予白泥新用途——转化为高性价比产品，实现环境效益和经济效益双赢。

三、年鉴及期刊出版工作

《2017 中国造纸年鉴》按计划完成编辑和校对工作。2017 年 2 月召开了年鉴启动会议，年鉴编辑工作正式启动，如期进行约稿、审稿、编辑、排版、广告征集工作；7 月组织编委会召开年鉴终审会议。《2017 中国造纸年鉴》客观系统地介绍了 2016 年我国造纸工业的发展状况，为《中国造纸年鉴》出版发行的第 21 卷，共有 13 个栏目，正文共计 743 页，广告 56 页。

《中国造纸学报》《中国造纸》《造纸信息》《造纸与生物质材料（英文）》由中国造纸学会主办及合办。各期刊在原有业务的基础上都加大了约稿的力度。通过参加会议的机会，加强与作者和专家的沟通；加强与客户的联系，积极参与客户组织的各项活动并为其撰写宣传稿及做专访。

《中国造纸学报》和《中国造纸》连续多年入选“中文核心期刊”，经过积极努力，于 2015 年入选“中国科协精品科技期刊工程第四期项目”。通过加大约稿的力度，《中国造纸学报》收稿量较 2016 年同期有所提高。2017 年，《中国造纸》重点在废水处理、节能减排和资源高值化利用方面进行了约稿。

《中国造纸学报》《中国造纸》《造纸信息》均建立了采编平台，并与中国造纸杂志社微信公众号链接，可以从微信客户端直接浏览并下载各刊当期文章或过刊，方便了读者。

《中国造纸》每年一次的优秀论文评选工作已坚持了 17 年。2017 年完成的"金泉磨片杯"《中国造纸》优秀论文评选，评出一等奖 1 篇、二等奖 2 篇、三等奖 5 篇、优秀奖 7 篇。

为进一步提高《中国造纸学报》的学术水平和质量，吸引和催生优秀论文，《中国造纸学报》根据论文下载量及被引情况，在2016 年刊文中评选出 4 篇优秀论文，并对优秀论文获奖作者颁发了证书和奖金。

四、友好交流

接见外宾来访。2017 年 6 月 14 日，日本惠尔得株式会社大山芳男、佐藤文夫一行 3 人到访中国造纸学会，学会常务副理事长曹振雷、常务副秘书长杜荣荣接待了到访客人。双方分别介绍了 2016 年中国和日本的造纸行业发展概况。日本惠尔得公司针对我国造纸市场推出多种新型脱水产品，为我国多家造纸企业供货。曹振雷常务副理事长为日惠得公司在我国的进一步发展提出建议。

2017 年 7 月初，以中国造纸学会曹春昱秘书长为团长的考察团 24 人对德国和奥地利制浆造纸、纤维素材料相关行业进行了考察访问。考察团参观了在德国法兰克福举办的 ZELLCHEMING 造纸展览会，先后访问了德国德累斯顿工业大学、德国造纸工业研究所(PTS)、奥地利兰精集团，并与德国造纸协会(VDP)和福伊特公司进行了技术交流。

此次德国、奥地利出访，考察团成员表示开阔了视野、创新了思维、增长了知识，通过此次出访深入了解了现代化的制造技术和前沿的纤维应用理念，为企业研究开发和产品创新提供了思路，为未来国际合作奠定了良好基础。

（中国造纸学会）

中国造纸协会办事及分支机构

Administrative and Affiliated Agency of China Paper Association(CPA)

理事长：赵　伟
秘书长：钱　毅
副秘书长：卢慧敏　巴永红

1. 秘书处
(1)办公室
电话：010－68396540
传真：010－68396572
(2)会员部
电话：010－68396541
传真：010－68396572
(3)会展部
电话：010－68396542
传真：010－68396672/6572
(4)综合业务部
电话：010－68396544
传真：010－68396572
(5)信息咨询部
电话：010－68396546
传真：010－68396572

2. 中国造纸协会环境保护专业委员会
3. 中国造纸协会标准化专业委员会
4. 中国造纸协会能源专业委员会
5. 中国造纸协会生活用纸专业委员会
6. 中国造纸协会造纸工业林专业委员会
7. 中国造纸协会造纸芦苇基地分会
8. 中国造纸协会无碳复写纸、热敏纸分会
9. 中国造纸协会铜版纸分会
10. 中国造纸协会卷烟纸分会
11. 中国造纸协会新闻纸分会
12. 中国造纸协会包装纸及纸板分会
13. 中国造纸协会专家工作委员会
14. 中国造纸协会溶解浆工作委员会
15. 中国造纸协会蔗渣浆工作委员会
16. 中国造纸协会竹浆工作委员会
17. 中国造纸协会商品纸浆工作委员会

（中国造纸协会）

2017 年中国造纸协会主要工作

Main Activities of CPA in 2017

在过去的一年里，中国造纸协会在全体会员单位的共同努力和各级政府相关部门的支持下，根据协会理事会制订的工作计划和有关部门安排的工作内容，认真有序地开展了各项工作，基本完成了预定的工作任务目标，取得了较好的工作成绩和效果。

一、发挥协会服务功能，做好行业各项工作

协会积极配合政府相关部门工作，在造纸行业发展规划研究、产业结构调整、淘汰落后产能、节能减排、清洁生产、环境保护、商务贸易、信息统计、技术合作、资源利用等方面做了大量调查研究工作，为政府部门制定相关政策和决策提供了参考意见、建议和专业技术支撑。

1.《中国造纸协会关于造纸工业“十三五”发展的意见》，在多次调研、广泛征求意见的基础上，经中国造纸协会第四届理事会第四次（扩大）会议审议通过并正式发布。

2. 中国造纸协会积极配合工业和信息化部完成造纸企业进口废纸利用情况的调研，有近九成使用进口废纸的企业参与了调研活动；参与了工业和信息化部组织的《中国工业节水产业发展报告》（2016年）编制工作；还参与了工业和信息化部开展的2017年重点用水企业水效领跑者活动，通过评审和现场调研，造纸行业选出3家水效领跑者企业和3家水效领跑者入围企业。

3. 中国造纸协会在收集众多企业意见的基础上，对环境保护部关于《限制进口类可用作原料的固体废物环境保护管理规定（2017年）（征求意见稿）》和《进口废纸环境保护管理规定（征求意见稿）》提出意见和建议；对环境保护部关于《污染源强核算技术指南——制浆造纸》《排污单位自行监测技术指南—造纸工业》《造纸工业污染防治技术政策（二次征求意见稿）》《造纸行业污染防治最佳可行技术指南（征求意见稿）》《造纸行业排污许可证执法指南》和《造纸企业环境守法导则》等提出意见和建议。

4. 中国造纸协会与华南理工大学及山东太阳纸业股份有限公司、山东华泰纸业股份有限公司、驻马店市白云纸业有限公司等公司共同承接了国家“重点流域水污染治理与控制重大科技专项”项目，并于2017年10月通过了示范工程第三方评估。

5. 中国造纸协会承接了环境保护部环境规划院《造纸行业减排政策研究》项目，在排污许可管理的基础上，结合行业现有水污染物排放特征、生产和治污水平，预测行业实施污染减排技术的减排潜力，提出总量管理与排放标准、排污许可证管理的衔接方案及造纸行业总量控制技术路线、管理方案等，为实现行业减排、全面达标排放、生态环境改善提出政策建议，项目于2017年12月14日通过验收。

6. 中国造纸协会受环境保护部对外合作中心委托，在造纸行业开展二噁英减排应用最佳可行技术/最佳环境实践技术推广应用企业筛选工作，以期减少二噁英的排放，并提升制浆造纸企业总体环境绩效，减少排向水体的污染物，降低水耗与能耗，目前已提交相关报告，并跟踪后续推广进展情况。

7. 中国造纸协会受环境保护部对外合作中心委托，起草编制“中国制浆造纸行业二噁英减排项目”国家行动计划，促进二噁英减排应用最佳可行技术/最佳环境实践技术在我国木材和非木材制浆企业的推广和实施，编制说明和计划征文已经完成初稿，并经过多次专家论证，预计2018年完成验收。

9. 中国造纸协会受中国水利水电科学研究院委托，承接了《造纸行业节水技术政策大纲修订》课

题。在广泛征求意见和多方论证的基础上，对国家发展和改革委正在修订的《中国节水技术政策大纲》有关造纸行业节水内容进行修订和完善，提出发展我国造纸行业节水技术的保障措施，为修订工作提供了技术和政策支撑。

10. 中国造纸协会配合、协助商务部进行《浆粕反倾销再调查案》的相关工作。参加了商务部贸易救济调查局举办的“2017 年贸易救济与产业发展座谈会”，针对造纸行业 2017 年上半年经济运行及 2017 年贸易救济前期调查方面工作作出汇报。

11. 继续完善中国造纸协会纸浆指数平台，更好服务于行业发展。协会每月定期发布中国造纸协会纸浆指数。该指数的编制和发布为纸浆市场的关注者和参与者提供了纸浆价量监测平台，提供了数据基础。

12. 组织各主要省市造纸协会、重点制浆造纸企业开展 2016 年造纸工业主要经济技术指标完成情况调查，收集各种数据，在充分调研的基础上，完成了 2016 年造纸工业年度报告，为行业和有关部门提供了完整的生产运行及消费情况，得到了社会的好评。

二、积极组织、参加多项行业活动，增强行业协会凝聚力

1. 组织召开中国造纸协会第四届理事会第四次会议（扩大）

中国造纸协会第四届理事会第四次会议（扩大）于 2017 年 6 月 15 日在浙江省桐乡市召开，来自 96 个理事单位和全国地方造纸协会、行业骨干企业、大专院校、科研院所以及与造纸相关行业的会员单位共计 138 位代表出席了会议。

会议审议并通过了“中国造纸协会第四届理事会第四次会议工作报告”“中国造纸协会第四届理事会 2017—2018 年度工作计划”“中国造纸协会第四届理事会 2016 年度财务报告”“中国造纸协会第四届理事会 2017 年度收支预算”“关于吸收 22 个单位为中国造纸协会团体会员的议案”。

会议审议通过了《中国造纸协会团体标准管理办法》和《中国造纸协会关于造纸工业“十三五”发展的意见》。

此次会议还为在全国造纸行业节能减排达标竞赛专项活动中荣获“全国五一劳动奖状”的企业和荣获“全国工人先锋号”的班组举行了颁奖仪式，宣读了“2016 年度中国轻工业造纸行业十强企业名单”，全国总工会和协会领导向获奖的企业班组、十强企业单位颁发了奖牌和证书。

2. 根据中国轻工业联合会《关于开展 2016 年度轻工行业十强、轻工业百强企业评价工作的通知》要求，协会于 2017 年 2 月下发了《关于开展 2016 年度轻工行业造纸十强企业、轻工百强企业评价工作的通知》，经过近两个月的工作，共有山东晨鸣纸业集团股份有限公司等 20 家企业申报参评，经评价审定，山东晨鸣纸业集团股份有限公司、华泰集团有限公司、玖龙纸业（控股）有限公司、山东太阳控股集团有限公司、理文造纸有限公司、金东纸业（江苏）股份有限公司、山东泉林纸业有限责任公司、安徽山鹰纸业股份有限公司、山东博汇集团有限公司、中国纸业投资有限公司共 10 家企业被评为 2016 年度轻工行业造纸十强企业。

3. 根据《关于 2017 年度中国轻工业联合会科学技术奖励申报工作的通知》要求，协会组织并推荐了行业内企业参加此次评选活动。经审定，协会推荐的山东华泰纸业股份有限公司“固体乳化剂乳化 AKD 制备新型表面施胶乳液的研究及推广应用”项目荣获 2017 年度中国轻工业联合会科技进步奖一等奖。

4. 根据中国轻工业联合会《关于在轻工行业开展“大国工匠”推荐学习活动的通知》要求，积极组织了推荐评选工作，推荐河南江河纸业股份有限公司刘铸红总工程师、福建省晋江优兰发纸业有限公司柯吉熊技术总监和金东纸业（江苏）股份有限公司严圣建工程师参加评选。

5. 根据目前行业发展面临的形势需要，应行业内部分骨干会员企业的迫切要求，2017 年 7 月，中国造纸协会启动了《中国造纸行业社会责任报告》的编制工作及相关行业公益行动，并邀请行业内部分企业单位共同参与编制。

6. 积极做好纸浆期货上市前的各项工作，顺利配合完成纸浆期货合约制定工作和交割仓库及质检机构选定等各项前期准备工作；回复了中国证监会《关于开展纸浆期货交易的请示（征求意见稿）》的意见函。

7. 2017 年 11 月，中国造纸协会理事长赵伟出席了由《中国新闻周刊》与 APP 中国联合举办的“2017 中国纸业可持续发展论坛”并发表演讲。

8. 中国造纸协会理事长赵伟和相关人员参加了在上海和厦门召开的金砖国家峰会系列活动。

（1）2017 年 8 月，赵伟理事长作为金砖国家工商理事会农业经济小组组长，主持召开了农业经济

小组年度会议。农业经济是金砖合作的重要领域，与会成员国积极讨论，对金砖国家农业经济合作提出诸多宝贵意见。在金砖国家工商理事会年度会议上，赵伟理事长向理事会汇报了一年来小组工作进展情况，并提出延伸产业链、拓展发展空间是消除贫困、发展农业的重要途径之一。

(2)2017 年 9 月，赵伟理事长应邀参加了在福建省厦门市召开的金砖国家工商论坛，作为金砖国家工商理事会成员，赵伟理事长参加了金砖国家领导人与工商理事会对话会，受到 5 国元首的接见。5 国元首高度重视金砖工商理事会的工作，肯定了中方担任主席国一年来理事会取得的成绩，并对今后理事会在金砖合作中发挥的作用寄予厚望。

9. 2017 年 7 月、11 月，中国造纸协会分别接待了日本制纸联合会、日本古纸再生促进中心的来访，双方就中日造纸行业发展情况、中日废纸回收利用情况和有关政策展开探讨交流。

10. 中国造纸协会赵伟理事长与芬兰政府总理、中国轻工业联合会的相关领导等众多嘉宾一道出席了在北京钓鱼台国宾馆举行的“芬欧汇川环保复印纸发布会”。

三、积极组织会展活动，努力丰富会议内容

1. 中国造纸协会于 2017 年 11 月在福建省福州市组织召开了“2017 中国国际造纸和装备博览会暨全国纸张订货交易会”。此届博览会和交易会展示面积近 1 万米^2，来自全国各地的采购商，参展企业 3 万余人参加了本次博览会。

为了使广大参展企业和参会代表从此次大会中获得更多的信息，在博览会和交易会期间还举办了“2017 年中国纸浆市场形势研讨会”“中国浆纸技术论坛暨第八届中华纸业浆纸技术论坛”等多场专题研讨会，邀请了国内外知名专家学者、企业家、企业技术负责人，围绕行业发展、提质增效、节能减排、绿色低碳，以及新技术、新产品交流经验，预测行业和技术发展趋势和方向，为造纸企业领导层的战略决策提供了有力支撑，得到了与会代表的一致好评。

2. 中国造纸协会与浙江省造纸行业协会联合主办，中华纸业杂志社承办的“2017 中国纸业高层峰会”在浙江省桐乡市召开，来自国内 196 家企事业单位的 238 名业界专家学者、企业家和嘉宾参加了此次峰会。此次会议围绕当前宏观经济领域及与纸业发展紧密相关的“供给侧结构改革”“一带一路”“互联网 +”“振兴实体经济”“原材料市场波动”“排污许可证发放”等议题，针对新形势下造纸行业面临的困难问题与发展机遇，汇集行业的顶层智慧，共商行业、企业发展大计。

3. 2017 年 9 月，由中国造纸协会、中国造纸学会和中国制浆造纸研究院共同主办，中国造纸杂志社承办的“2017 中国国际造纸科技展览会”在广东省深圳市召开。来自 20 多个国家和地区的近 200 家造纸装备制造、造纸化学品及与造纸相关的知名企业参展，展会面积 1 万米^2。展会同期举办了“中国国际造纸创新发展论坛”“国际造纸技术报告会”，来自政府有关部门领导、行业专家、国内外企业家和业界人士近 300 人出席，针对产业趋势、战略转型、前沿技术、智能制造、一带一路、创新发展等议题进行深度探讨和交流。

4. 2017 年 3 月，中国造纸协会在福建省厦门市举办了“2017 中国纸浆高层峰会”。峰会召集了 450 多名企业家、专家学者、经济学人士等业界精英，从宏观经济走势、国家调控目标、货币政策、大宗商品市场变动等方面提出了指导信息和行业发展建议，又从我国纸浆国内需求现状以及影响我国纸浆市场内外因素等角度引导大家对未来纸浆行业发展情况进行深入探讨。此次峰会为纸浆行业提供了难得的交流平台，给 2017 年纸浆行业的发展提振了信心。

5. 中国造纸协会会同海南省生态环保厅共同主办了“造纸行业排污许可相关问题研讨会”，我国主要大型木浆制浆企业、环境保护部相关部门、造纸和电力行业专家应邀参加了研讨会。

四、加强协会内部建设

1. 认真学习习近平同志一系列重要讲话、十九大报告和新党章，贯彻落实党的十八大和十八届三中、四中、五中、六中全会和十九大精神，面对协会工作所面临的新形势和新机遇，按照行业协会与行政机关脱钩工作组办公室联组办[2017]23 号文批复，完成协会脱钩工作，理顺各方面关系，提升协会服务水平，促进协会健康、稳定发展。

2. 按照民政部要求，完成全国性社会团体 2016 年年检工作，顺利通过民政部年检。

3. 根据协会工作安排，经与相关企业协商和前期工作筹备，2017 年 7 月，在山东省济南市召开了商品纸浆工作委员会成立大会，会议选举了商品纸

浆工作委员会第一届领导机构及秘书处组成人员，通过了商品纸浆工作委员会工作条例，讨论了工作委员会年度工作，同时建立起信息共享平台。

4. 通过加强对分支机构的领导，针对各分支机构的特点和出现的问题，积极组织协会内部各分支机构开展政策研究、市场分析和信息交流，其中，新闻纸分会、铜版纸分会、箱纸板和瓦楞原纸分会、标准化委员会、生活用纸委员会和商品纸浆工作委员会等先后召开了主任会议或工作会议，就共同关心的问题开展讨论交流。

5. 会员部通过加强与会员单位的沟通，积极服务企业，反映企业诉求。在协会领导和各专业委员会的支持下，积极发展新会员，2017 年共发展新会员 22 个。在协会和各有关部门的共同支持下，较好的完成了 2017 年收缴会费目标和任务。

6. 加强协会与会员单位之间的联系和沟通，完善《纸协通讯》的编制工作，向国家有关部委和造纸骨干企业提供最新的协会动态和行业资讯，2017 年共出版 12 期；努力做好网站的维护和运营，及时发布相关政策、协会动态、企业信息、行业报告，使网站信息与内容更加完整，并使内容更加丰富、新颖，有效提升了协会在行业中的影响力和知名度；通过微信公众号及时发布行业内政策法规及热点关注，并借助公众号平台对协会举办的会议、论坛等活动进行前期推广和会后报道，通过微信公众号的宣传，助力协会快速传播信息和扩大影响力。

（中国造纸协会）

中国造纸学会部分团体会员单位介绍

Introduction of Partial CTAPI's Company Members

中国制浆造纸研究院有限公司

企业性质：国有企业
地址：北京市朝阳区望京启阳路4号院中轻大厦
邮编：100102
法人代表：曹春昱
技术负责人：曹春昱
电话：010－64778000
传真：010－64778001
网址：www. cnppri. com
联系人：田 超
电话：010－64778028
邮箱：bgs@ cnppri. com

企业详细介绍见“国内制浆造纸科研设计单位简介”栏目。

中国造纸装备有限公司

企业性质：国有企业
地址：河北省廊坊市永清工业园区一纬道东首
邮编：065600
法人代表：孙 波
经营负责人：李杰辉
技术负责人：李杰辉
电话：0316－6655505
传真：0316－6655505
网址：www. cpmcchina. cn
联系人：赵 涛
电话：0316－6655505
邮箱：zhaotao@ cpmcchina. cn
投产日期：2012 年 10 月

中国造纸装备有限公司是中国轻工集团公司的全资子公司，集造纸及其他通用装备研发设计、制造、系统集成、安装、调试生产及技术服务于一体，具备全面核心技术的国际一流轻工装备制造和技术服务商。现有河北分公司(永清基地)、中轻国泰机械有限公司(岳阳基地)。

ABB(中国)有限公司

企业性质：外商独资企业
地址：北京市朝阳区酒仙桥路10号恒通商务园
邮编：100015
法人代表：顾纯元
电话：010－84566688
传真：010－64231626
联系人：管 静
电话：010－64231317
邮箱：jing. guan@ cn. abb. com

ABB集团位列全球500强，是电力和自动化技术领域的领导企业。ABB致力于帮助电力、工业、交通和基础设施等领域客户提高业绩，同时降低对环境的影响。ABB集团业务遍布全球近100个国家，拥有14万名员工。ABB集团在我国拥有研发、制造、销售和工程服务等全方位的业务活动，员工1.9万名，拥有39家本地企业和遍布全国126个城市的销售与服务网络。

中轻特种纤维材料有限公司

企业性质：国有企业
地址：河北省廊坊市开发区紫杉路50号
邮编：065001
法人代表：朱晓红
经营负责人：刘俊杰
技术负责人：刘俊杰
电话：0316－2575530

传真：0316－2575609

联系人：任　彪

电话：0316－2575782

网址：www. sinopaper. com

投产日期：2010 年

职工总数：120 人

技术人员：20 名

中轻特种纤维材料有限公司前身为廊坊中轻造纸工程技术有限公司，成立于2008年8月，坐落于河北省廊坊市中科科技谷园区内，占地面积3.33公顷，注册资金8000万元，为中国制浆造纸研究院有限公司全资子公司，主要从事特种纤维材料的生产开发工作。公司现有员工120人，已通过ISO 9001：2008质量管理体系认证。

一期建设用地2.0公顷，建筑面积约1.5万米^2，其中，中试车间建筑面积1.1万米^2，规划建设有1260/80双圆网特种纸生产线(2号纸机)、1260/20高性能造纸法无石棉纤维复合密封材料生产线(1号纸机)、1092/80超薄型电容器纸生产线(3号纸机)，以及600毫米多功能涂布机试验线(4号纸机)。

二期建设用地1.33公顷，由实验中心楼、实验中心服务楼2栋建筑物组成，建筑面积约2.7万米^2。其中，实验中心楼规划建设1条600毫米圆网试验线、1条600毫米长网试验线、1条800毫米长网试验线、化学助剂试验室、仪器仪表加工车间、培训中心及仓库。

中轻特种纤维材料有限公司在中国制浆造纸研究院有限公司的统一领导下，主要依托制浆造纸国家工程实验室(国家发展和改革委批复建设)的科技创新实力，以“成为行业一流的制浆造纸工程化、产业化研究生产平台”为发展方向，充分把握“产研结合，以产促研，以研保产”的科学发展模式，为行业的发展和科技的进步作出突出贡献。

目前公司已形成食品过滤纸、邮资机专用签条纸、全热交换纸、药检纸、育果用纸、烟用滤纸、吸尘器纸袋纸、高透成型纸、化纤壁纸、高性能无石棉纤维复合密封材料和超薄型电容器纸等多系列产品的生产能力，在食品、医药、光学电子、建筑装潢、军工、航空航天、邮政、烟草等行业和领域得到广泛应用，是特种纸行业一个重要的研发、中试和高端特种纸产品生产的综合基地。

牡丹江恒丰纸业股份有限公司

企业性质：股份有限公司

地址：黑龙江省牡丹江市阳明区恒丰路11号

邮编：157013

法人代表：徐　祥

经营负责人：李迎春

技术负责人：李劲松

电话：0453－6886999

传真：0453－6886302

网址：www. hengfengpaper. com

联系人：韩艳萍

电话：0453－6886772

邮箱：6321678@163. com

投产时间：1952 年

职工总数：2019 人

技术人员：207 名

牡丹江恒丰纸业股份有限公司是1952年建立的大型国有企业——牡丹江造纸厂(现已改制更名为“牡丹江恒丰纸业集团有限责任公司”)以主要生产经营性资产出资，以定向募集方式设立的股份有限公司，是我国首家通过科技部和中国科学院认证的造纸行业重点高新技术上市公司，是我国最大、世界排名第三的卷烟用纸生产企业。

公司现拥有19条国内外先进水平的造纸生产线。年产特种薄页纸16.2万吨。产品包括“恒丰纸业”牌卷烟纸、滤棒成形纸、烟用接装纸原纸、铝箔衬纸、圣经纸等近千个规格品种。另有4条印刷机、1条高白度连续漂白亚麻浆等延伸企业产业链的专业生产线，可满足个性化的卷烟纸、滤棒成形纸、烟用接装纸原纸、铝箔衬纸等特种薄页纸的生产需求。

通过全方位实施客户满意宗旨和品牌战略，牡丹江恒丰纸业股份有限公司已形成了立足中国、遍布亚太、辐射欧美的国际营销网络，产品在我国市场的覆盖率达到100%，份额占据中国烟草的1/3以上，同时也是以生产“万宝路”为品牌代表的世界最大烟草公司菲莫国际、世界最大滤棒生产企业益升华公司(原菲尔创纳)的重要供货商。

作为烟草行业用纸及特种薄页纸行业的专业供应商，牡丹江恒丰纸业股份有限公司以中国烟草及特种纸行业的发展为已任。承担并完成了3个国家火炬计划、2个国家重点新产品和120余项科研开发项目，参与主持制定了20余项国家或行业标准，目前持有13项国内发明专利、15项国际发明专利授权及8项国内实用新型专利授权。公司已成为我国特种纸行业中卷烟用纸和特种薄页纸领域的领军企业。

牡丹江恒丰纸业股份有限公司在我国造纸业享有盛誉，具有良好的声誉和公众形象，是中国造纸学会副理事长单位，中国造纸学会特种纸专业委员会副主任单位和全国工商联纸业商会常务理事单位。多年的诚信合作，快捷、周到、体贴、增值的服务，让牡丹江恒丰纸业股份有限公司与广大客户建立良好业务关系和深厚友谊的同时，也赢得众多的赞誉和良好的口碑。

纸媒心桥，海纳百川。牡丹江恒丰纸业股份有限公司将竭尽全力打造国际一流纸制品研发和生产机构，更好地服务于造纸、烟草事业，与深圳烟草工业有限责任公司同谋发展，共创未来。

索理思(上海)化工有限公司

企业性质： 外资企业
地址： 上海市莘庄工业区申富路688号
邮编： 201108
法人代表： 丁波波
电话： 021－54422323
传真： 021－54421739
网址： www. solenis. com
联系人： 姚丹丹
电话： 021－54422323－5729
邮箱： dandan_yao@ solenis. com
投产时间： 2008年
职工总数： 230人
技术人员： 40名

索理思(上海)化工有限公司是世界领先的特种化学品公司，为制浆造纸、石油天然气、化学过程、采矿、生物精炼、电力和市政建设等耗水产业提供解决方案。该公司的产品组合包括一系列工艺过程、功能性及水处理化学品以及尖端监控系统，可用于提高操作效率和产品质量，同时保护设备资产并减少对环境的影响。

公司总部位于美国特拉华州威尔明顿市，在五大洲118个国家拥有30座生产基地以及3500名员工。

美国特种矿物有限公司上海代表处

企业性质： 外资企业
地址： 上海市长宁区江苏路369号兆丰世贸大厦7楼F座
邮编： 200050
法人代表： 黄国辉
技术负责人： 旺忻曙
电话： 021－62093079
传真： 021－62195894
联系人： 胡承伟
电话： 021－62093279
邮箱： aaron. hu@ mineralstech. com
职工总数： 250人
技术人员： 12名

美国特种矿物有限公司上海代表处是一家资源和科技型公司，隶属于美国上市公司美国矿物技术有限公司，股票代码MTX。该公司造纸轻质碳酸钙工厂共62个，其中，北美地区25个，欧洲9个，亚洲21个，拉丁美洲6个，非洲1个。1997年公司正式进入我国，在我国的第一个造纸轻质碳酸钙卫星厂于1999年开机投入运营。目前，在我国有10家企业正在运营或正在建设卫星工厂。

美国特种矿物有限公司采用石灰、水、二氧化碳气体，利用化学方法生产轻质碳酸钙，通过对轻质碳酸钙晶型结构、粒径大小、粒径分布、比表面积及表面化学进行有效控制，为客户量身定制高质量的轻质碳酸钙产品。

采取轻质碳酸钙卫星厂的经营模式，通过管道将轻质碳酸钙(固含量20%左右)直接运输到纸机，省去巨额运输费用，达到综合效益最大化。

产品有填料级和涂布级轻质碳酸钙两大系列几十种产品。

日惠得造纸器材(上海)贸易有限公司

企业性质： 外资企业
地址： 上海市长宁区娄山关路85号东方国际大厦C1108室
邮编： 200336
法人代表： 川口和信
经营负责人： 佐藤吉保
技术负责人： 村木德親
电话： 021－62350159
传真： 021－62195442
网址： www. felt. co. jp
联系人： 丁莉勤
电话： 13764306237
邮箱： lqding@ felt. co. jp
职工总数： 605人
技术人员： 48名

主要产品：制浆造纸用毛毯、网、靴套和其他工业用毛毯。造纸用毛毯，制浆用毛毯，石板及建材制造用毛毯，造纸及其他工业用塑料织物。

业务内容：纸张、纸浆、石板及其他工业用毛毯的制造、加工及销售。各种纤维制品的制作、加工及销售。工业用洗涤剂、其他化学工业药品的制造及销售等。

上海新江南纸业有限公司

企业性质：有限责任公司
地址：上海市武宁路1500号南楼408室
邮编：200063
法人代表：姜海斌
经营负责人：王基辉
技术负责人：芮坚克
电话：021－62543871
传真：021－62543871
联系人：王利生
电话：021－62543871
邮箱：shpapers@163.com
投产日期：2002年
职工总数：160人
技术人员：48名

由创立于1925年的江南造纸厂改制而成的上海新江南纸业有限公司，是上海造纸行业中的大型骨干企业之一，也是全国铜版纸制造业为数不多的高新技术企业之一。上海新江南纸业有限公司在产品开发能力和产品技术含量方面均居行业领先水平。"福鹿"牌铜版纸、防伪特种邮票纸多次被评为上海市名牌产品；CCK纸、防水瓶贴纸、医用防菌包装纸等皆为新开发的高技术含量高附加值产品。上海新江南纸业有限公司迄今已连续4届获得"上海市文明单位"荣誉称号。公司于1997年10月正式通过ISO 9002质量体系认证，2004年6月又通过了ISO 9001:2000版质量体系认证审核。公司全体员工在"先一步，高一格"六字企业精神的引导下，正以雄厚科技力量，高端企业管理，一流产品质量，良好商业信誉四大优势，在激烈的市场竞争中继续谱写美好篇章。

上海新江南纸业有限公司主要产品有：防伪特种邮票纸、医用防菌包装纸、单双面铜版纸、静电复印纸、CCK纸、防水瓶贴纸等。

迪蔼姆国际贸易(上海)有限公司

企业性质：外国法人独资
地址：江苏省昆山经济技术开发区大通路1189号
邮编：215333
法人代表：Markus Hallapuro
技术负责人：成国民
经营负责人：Markus Hallapuro
电话：0512－57001571
传真：0512－57001570
网址：www.tmsystems.com
联系人：张　鹰
电话：15850348160
邮箱：zhang.ying@tmsystems.cn
职工总数：25
技术人员：22

迪蔼姆国际贸易(上海)有限公司长期专注于工业通风解决方案，同时帮助增加产能和节约单位能耗，公司的最新技术针对纸厂排放管控，满足环保及迅速发展的市场需求。

公司的专业知识和服务基本覆盖所有制浆造纸相关的空气和热系统。产品使用范围从工厂调研到完整的交钥匙工程。主要产品为：Zero-Ex®排放控制系统；节能系统包括烘干部气罩、烘干部通风系统、热回收系统、湿部抽湿系统、Trimvac®纸边处理系统、除尘系统；技术服务包括升级改造、测量分析和评估；通风系统包括厂房通风系统、空气处理系统；纸幅稳定部件；降噪系统；通风系统部件等。

无锡荣成环保科技有限公司

企业性质：苏台合资
地址：江苏省无锡市惠山区洛社镇中兴西路43号
邮编：214187
法人代表：陶龙法
经营负责人：姚长坤
技术负责人：高威宏
电话：0510－83316666
传真：0510－83301903
网址：www.longchenpaper.com
联系人：许武军
电话：13961848775
邮箱：w5015@longchenpaper.com

投产日期：1997 年
职工总数：950 人
技术人员：100 名

企业详细介绍见“重点企业介绍”栏目。

江苏王子制纸有限公司

企业性质：中外合资企业
地址：江苏省南通市经济技术开发区通达路 18 号
邮编：226017
法人代表：渡边正
技术负责人：张 威
联系人：山田信夫
电话：0513 - 81198108
传真：0513 - 81198465

一期工程：40 万吨/年铜版纸(2011 年 4 月营业生产)。主要利用外购硫酸盐浆板生产高档铜版纸。主要工段由浆料制备、抄造系统、涂布系统、白水回收系统和分切组成。辅助配套设施有：给水处理厂、废水处理厂、热电厂、码头及仓库等。

二期工程：70 万吨/年化学木浆(建设中)。采用外购木片经过备料、蒸煮、洗涤筛选、氧脱木素、漂白等工段制成成品浆。碱回收车间由蒸发、燃烧、苛化、石灰回收等工段组成。化学品制备车间由二氧化氯、二氧化硫、制氧及臭氧制备工段组成。

以生产木浆时产生的废弃物作为燃料，通过碱回收锅炉的蒸汽，进行热电联产，在提高废弃物能源利用效率的同时，可大幅减少煤炭的使用量，抑制 SO_2、NO_x、CO_2 的生成。此外，燃煤锅炉采用了循环流化床锅炉，废水和污泥等废弃物都可以进行燃烧和热回收。

制浆和造纸工序等主要设备及相关附属设备从资源的利用效率、节水和节能等方面出发，采用了最新的高科技。同时，还力求通过纸机的大型化和高速化来实现节能和高效化。

日本王子制纸株式会社创立于 1873 年，是日本最早的造纸企业，也是日本首家股份有限公司。经过不断地兼并、重组等产业活动，现已发展成为以生产和销售各种纸及纸板为主的综合性制浆造纸企业集团。江苏王子制纸(南通)有限公司由日本王子制纸集团和南通经济技术开发区共同出资，于 2003 年 9 月 28 日在工商局注册并被批准成立。2007 年开工建设，2010 年下半年投入生产。

金东纸业(江苏)股份有限公司

企业性质：中外合资企业
地址：江苏省镇江市大港兴港东路 8 号
邮编：212132
法人代表：黄志源
经营负责人：王自力
技术负责人：吴国泉
电话：0511 - 88998888
传真：0511 - 88997000
网址：www. goldeastpaper. com. cn
邮箱：service@ goldeastpaper. com. cn
联系人：卜正芳
电话：0511 - 88996512
投产日期：1997 年
职工总数：3745 人
技术人员：1173 名

企业详细介绍见“重点企业介绍”栏目。

芬欧汇川(中国)有限公司

企业性质：外商独资企业
地址：江苏省常熟市经济开发区兴业路 2 号
邮编：215536
法人代表：Bernhard Eikens
经营负责人：Pentti Putkinen
技术负责人：杨国柱
电话：010 - 85570866
传真：010 - 85570856
网址：www. upm. com；www. cn. upm. com
联系人：胡蓉晖
电话：010 - 85718479
邮箱：hu. ronghui@ upm. com
投产时间：1999 年
职工总数：1371 人

企业详细介绍见“重点企业介绍”栏目。

山东硅元新型材料股份有限公司

企业性质：国有企业
地址：山东省淄博市高新区柳泉路 286 号
邮编：255086
法人代表：殷书建
技术负责人：王安英

电话： 0533－3588517
传真： 0533－3582244
网址： www. sicer. com
联系人： 梁　健
电话： 0533－3582419
邮箱： liang@ sicer. com
职工总数： 400 人

山东硅元新型材料股份有限公司（简称“硅元公司”）的前身是成立于 1958 年的山东省硅酸盐设计研究院。1994 年硅元公司依托自身完备的科研平台，完成了“造纸机真空吸水箱全陶瓷面板的研制”项目，该项目 1995 年 11 月通过省级鉴定，并在 1997 年相继荣获山东省科技进步一等奖和国家重点新产品证书。此外，硅元公司自主研制的除渣器陶瓷锥体，现已形成 30 余个系列、200 多个品种，凭借抗冲击、耐磨损、耐腐蚀的卓越品质，畅销海内外高端市场。进入 21 世纪，随着我国造纸工业的高速发展，硅元公司生产的耐磨陶瓷产品已成功装备在数百条中、高速纸机生产线上，净纸幅最宽超过 6600 毫米，工作车速最高达 1300 米/分。硅元公司设计、制造的 5200 三叠网纸机脱水元件项目，工作车速最高可达 921 米/分，成功打破了国外脱水元件在我国高速纸机领域的市场垄断。装备了硅元公司耐磨陶瓷产品的纸机日均生产量突破 1000 吨，成形网使用寿命长达 125 天，超过国外品牌同类项目 38.9%，增产节支效果显著。实现了对进口产品的同质替代。

华章科技控股有限公司

企业性质： 外资企业
地址： 浙江省杭州市祥园路 99 号运河广告产业大厦 2 号楼 11 层
邮编： 310012
法人代表： 朱根荣
技术负责人： 金　皓
电话： 0571－88994499
传真： 0571－88994466
网址： www. hzeg. com
联系人： 张　菁
电话： 0571－88994499－830
邮箱： zhangjing@ hzeg. com

华章科技控股有限公司（简称“华章科技”，股票代码：08276）是一家提供一站式高品质综合自动化系统和固液分离产品的研发、设计、制造、销售及增值服务供货商。公司在自动化系统行业拥有超过 10 年的经验，主要服务造纸行业，也逐步拓展至冶金、电力、市政等行业。根据权威机构 Euromonitor 的统计，华章科技在我国造纸工业自动化行业拥有重大市场份额，在造纸行业与国际知名企业已形成鼎足竞争之势，成为我国造纸工业自动化产品的领先供应商之一。华章科技的业务以强大的研发力量和工程师队伍为依托，目前已获得 28 项发明专利，40 项实用新型专利和 3 项软件登记，依靠自己的品牌及独有的专利产品和技术，日益见证华章科技的实力。

华章科技在 2008 年被国家认定为高新技术企业，是中华全国工商业联合会纸业商会副会长单位、浙江造纸学会/协会副会长单位、全国分离机械标准化技术委员会常务理事单位。公司于 2013 年在香港联合交易所成功上市。

同时，华章科技以保护环境、节能减排为己任，自主研发了钢带式压榨过滤机，拥有多项国家发明和实用新型专利，并于 2011 年获得国家重点新产品证书。华章科技创新地将全自动厢式隔膜压滤机和钢带式压榨过滤机结合，真正做到了污泥高效、深度脱水，实现污泥低成本、成量化、无害化、绿色循环处理。在市场上，华章科技的固液分离处理产品已是知名品牌。

华章科技拥有完善的质量、环境和职业健康安全的保障体系，在同行业中率先通过了 ISO 9001 质量体系认证、ISO 14001 环境管理体系认证以及 OHSAS 18001 职业健康安全管理体系认证。

展望未来，华章科技始终把“节能减排”作为核心使命，不断加大投入，提高自主创新能力，顺应国家未来发展方向。公司的目标是实现多行业多领域协同发展，成为我国自动化行业重要领导者，成为世界固液分离创新设备的创造者。

民丰特种纸股份有限公司

企业性质： 股份制企业
地址： 浙江省嘉兴市甪里街 70 号
邮编： 314000
法人代表： 卢卫伟
经营负责人： 曹继华
技术负责人： 韩继友
电话： 0573－82839051
传真： 0573－82831135
网址： www. mfspchina. com

联系人： 王洪祥
电话： 0573－82839052
邮箱： zjb@ mfspchina. com

企业详细介绍见“重点企业介绍”栏目。

仙鹤股份有限公司

企业性质： 民营企业
地址： 浙江省衢州市衢江区通江路81号
邮编： 324022
法人代表： 王敏良
经营负责人： 李志敏
技术负责人： 戴贤中
电话： 0570－2833055
传真： 0570－2931631
网址： www. xianhepaper. com
联系人： 张　诚
电话： 0570－8755298
邮箱： cnzhangcheng@ 126. com
投产日期： 1998年
职工总数： 1500人
技术人员： 500名

仙鹤股份有限公司创建于1997年，注册资金4.5亿元，总资产25亿元，员工1500多人，是一家生产经营高档薄型特种纸的股份制民营企业。公司坚持“自主创新，特色经营”策略，把握市场、苦练内功，一步一个台阶滚动式发展，短短的十几年，已成为我国规模最大、设备最先进的特种纸生产企业之一。公司主要生产卷烟配套用纸、裱潢装饰用纸、薄型印刷用纸、食品包装纸、医用包装纸、电气材料用纸、防伪票据用纸、间隔材料用纸、标签离型纸九大系列60多个品种的特种纸。

公司生产全面推行6S管理，通过ISO 9001:2008质量管理体系、ISO 14001:2004环境管理体系、OHSAS 18001:2007职业安全管理体系、ISO测量管理体系、SGS国际森林5项认证，先后获得首批“浙江省绿色企业”“浙江省名牌产品”“浙江省著名商标”“浙江省‘十一五’节能降耗先进集体”等荣誉。

公司拥有独资、合资造纸企业8家，及其他资本运作公司，目前已达到造纸设备装机能力年产特种纸及纸制品50万吨，已建成纸机生产线25条，涂布、印刷、超压生产线20多条。已有浙江省衢州市的衢江区和常山县、河南省南阳市3个造纸基地，占地面积200公顷，加快特种纸产业布局，还涉足热电联产、光伏发电等产业，预计到2020年可实现工业总产值100亿元。

杭州市化工研究院有限公司

企业性质： 科研院所
地址： 浙江省杭州市拱墅区石灰坝7号
邮编： 310014
法人代表： 赵文彦
技术负责人： 陆　伟
经营负责人： 赵文彦
电话： 0571－87893088
传真： 0571－88030316
网址： www. hhs. cn
联系人： 张亚萍
电话： 0571－88030316
邮箱： hhy_zyp@ 163. com
职工总数： 335人
技术人员： 140名

杭州市化工研究院有限公司成立于1958年，2003年整体转制为股份制科研院所。专业从事造纸化学品、石油加工助剂、高分子材料抗静电剂、新材料等领域的研发和成果转化；编辑出版《造纸化学品》《杭州化工》期刊；是中国造纸化学品工业协会理事长单位，国家造纸化学品工程技术研究中心、全国造纸化学品信息站、浙江省造纸化学品开发工程试验基地的依托单位；领衔组建浙江省造纸化学品关键技术开发与应用创新团队；建有变性淀粉、水溶性高分子、石油化工助剂等省级企业技术研发中心，浙江省、杭州市企业技术中心。曾获得130多项次国家、部省市科技成果奖，14项国家级重点新产品，41项发明专利，多项技术具有国际领先或先进水平。在浙江、吉林、山东、广东等地建立了成果转化基地，造纸化学品产业化能力达40万吨/年。转制以来，成果转化收入累计50多亿元，利税10亿元，上缴税收3.5亿元。

造纸化学品主要产品有：干强剂、湿强剂、乳液松香施胶剂、表面施胶剂、涂布耐水剂、纸浆纤维素酶、湿强解离剂、树脂障碍控制剂、柔软剂、剥离剂、固色剂、填料处理剂、防水剂、湿部添加淀粉系列、表面施胶淀粉系列、层间喷雾淀粉HCT系列、涂布润滑剂、生物基胶乳、填料改性剂、高分子增强剂。化学品专用设备有淀粉连续蒸煮器及造纸化学品喷射混合器等。

轻工业杭州机电设计研究院有限公司

企业性质：国有企业
地址：浙江省杭州市体育场路 71 号
邮编：310004
法人代表：刘安江
经营负责人：于　宏
技术负责人：杨　旭
电话：0571－85186716
传真：0571－85186432
网址：www. hmei. com. cn
联系人：王　飞
电话：0571－85186596
邮箱：hzjdy@ hmei. com. cn
职工总数：174 人
技术人员：135 名

企业详细介绍见“国内制浆造纸科研设计单位简介”栏目。

华泰集团有限公司

企业性质：民营企业
地址：山东省广饶县大王镇潍高路 251 号
邮编：257335
法人代表：李建华
经营负责人：李晓亮
技术负责人：张凤山
电话：0546－6888818
传真：0546－6888018
网址：www. huatai. com
联系人：任文涛
电话：18354603888
邮箱：htjt0546@ 163. com
投产日期：1993 年
职工总数：12025 人
技术人员：1101 名

企业详细介绍见“重点企业介绍”栏目。

山东泉林纸业有限责任公司

企业性质：民营企业
地址：山东省高唐县光明东路 15 号
邮编：252800
法人代表：李洪法
经营负责人：李洪法
技术负责人：宋明信
电话：0635－3961106
传真：0635－3961597
网址：www. tralin. com
联系人：郭希燕
电话：0635－3961847
邮箱：06353177@ 163. com
成立时间：1976 年
职工总数：14000 人
技术人员：542 名

企业详细介绍见“重点企业介绍”栏目。

亚太森博(山东)浆纸有限公司

企业性质：中外合资企业
地址：山东省日照市北京路 369 号
邮编：276826
法人代表：李建绍
经营负责人：汪　波
技术负责人：陈德海
电话：0633－3361270
传真：0633－3361280
网址：www. asiasymbol. com
联系人：杨晓雷
电话：0633－3369188
邮箱：xiaolei_ yang@ asiasymbol. com

企业详细介绍见“重点企业介绍”栏目。

山东恒联投资有限公司

企业性质：民营企业
地址：山东省潍坊市高新区东风东街 3019 号
邮编：261061
法人代表：李瑞丰
经营负责人：李瑞丰
技术负责人：盛秀华
电话：0536－8671516
传真：0536－8665348
网址：www. henglianpaper. com
联系人：董正祥
电话：0536－8671538
邮箱：bairu888@ 163. com
成立时间：1946 年
职工总数：4086 人

技术人员：656 名

企业详细介绍见“重点企业介绍”栏目。

山东鲁南新材料股份有限公司

企业性质：股份有限公司
地址：山东省郯城县人民路 313 号
邮编：276100
法人代表：邸淑美
经营负责人：张余民
技术负责人：邸淑美
电话：0539 - 6130908
传真：0539 - 6130863
网址：www. lunanpaper. com
联系人：刘长冬
电话：0539 - 6788168
邮箱：lunanpaper@ 126. com
投产时间：2005 年
职工总数：850 人
技术人员：266 名

山东鲁南新材料股份有限公司是国内著名的特种纸及工业特种材料生产企业，是国内最大的建筑装饰用纸生产基地，年生产能力 12 万吨。公司的主要产品有：装饰原纸、生态纸、无纺纸、无纺滤材、电解电容器纸、隔膜纸等。其中，装饰原纸有素色类、印刷类、平衡类三大系列 200 多个品种；无纺纸有短纤维无纺纸、长纤维无纺纸、无纺纯纸、阻燃无纺纸等系列产品；电解电容器纸有低压、中高压系列产品。

公司现为山东省高新技术企业，拥有博士后科研工作站省级企业技术中心，目前共获得 32 项专利，其中，发明专利 8 项，实用新型专利 13 项，外观设计专利 11 项。参与制定了《人造板饰面专用纸》国家标准、《无纺壁纸原纸》和《装饰装修材料售后服务管理规范(壁纸原纸)》行业标准。化纤无纺壁纸原纸等多个项目被列入国家火炬计划项目和国家重点新产品。

公司长期以来重视创新和可持续发展，通过了质量管理体系、环境管理体系、职业健康安全管理体系认证，企业发展战略方向重点放在特种纸及工业特种材料领域，在国内外特种纸生产行业具有很高的企业知名度和品牌知名度。

中冶纸业银河有限公司

企业性质：国有企业
地址：山东省临清市西门里街 297 号
邮编：252600
法人代表：许仕清
经营负责人：李良英
技术负责人：张义华
电话：0635 - 2433877
传真：0635 - 2433968
联系人：刘 静
电话：0635 - 2433968
传真：0635 - 2433968
网址：www. mccyinhe. com
邮箱：yhzybgs@ 126. com
投产日期：1958 年
职工总数：4896 人
技术人员：267 名

中冶纸业银河有限公司(简称“银河纸业”)，坐落于山东省临清市，系国有大型制浆造纸企业。现有员工近 5000 人，占地面积 133. 33 公顷，拥有 5280、4400、3600、2640 等不同型号纸机 35 台，造纸生产能力 80 万吨/年，制浆能力 50 万吨/年，发电能力 7 万千瓦。产品有印刷文化纸、包装纸和加工纸三大系列上百个花色品种。主导产品为：高档双胶纸、高档复印纸、雅质纸、胶版印刷纸、象牙白双胶纸、米色道林双胶纸、轻型印刷纸、静电复印纸、铸涂原纸、电脑打印纸、信封纸、防黏原纸、120 ~ 450 克/米^2 高定量双胶纸、食品包装纸、纸杯原纸、淋蜡原纸、铜版原纸、无碳复写原纸、精印书写纸、纯质纸、银河书纸和高强瓦楞原纸，其中，胶版印刷纸为“国家免检产品”，静电复印纸、精印书写纸为“山东省名牌产品”，精印书写纸、多功能办公用纸、铸涂原纸、高强瓦楞原纸为“中国名优产品”。产品畅销全国各省、市、自治区，并出口到世界 80 多个国家和地区。

企业拥有“瑞雪”“皓月”“华章”“银光”“祥云”“如意”“书纸”七大商标，其中，“银光”和“瑞雪”商标为“山东省著名商标”，“银光”商标被中国企业联合会评为“中国驰名商标”。公司通过了 ISO 9001 质量管理体系认证、ISO 4000 环境管理体系认证、OHSAS 18000 职业健康安全管理体系认证和 FSC-COC 产销监管链体系认证，拥有自营进出口权；曾获“全国五一劳动奖状”“中国轻工业造纸行业十强企业”“全国企业文化建设优秀单位”“全国造纸行业劳动关系和谐企业”“产品质量(国家)免检单位”“山东省守合同重信用企业”等 60 多项省级以上荣誉称号。

山东凯丽特种纸股份有限公司

企业性质：股份有限公司
地址：山东省荣成市河阳东路 198 号
邮编：264300
法人代表：王本昌
技术负责人：丛永宁
经营负责人：车明阳
电话：0631－7510288
传真：0631－7571946
网址：www. kailipaper. cn
联系人：王　竹
电话：13706499458
邮箱：laotouo@ 126. com
职工总数：650 人
技术人员：85 人

山东凯丽特种纸股份有限公司成立于 1998 年，总资产 3.2 亿元，员工 650 人，"凯丽""荣皎""久恒"牌机制纸采用全商品浆绿色造纸技术，年生产能力 4 万吨。通过 ISO 9001 质量认证、ISO 14001 环境认证、FSC 国际森林认证以及信息安全认证和职业健康安全体系认证，产品涵盖 28～450 克/米^2 定量范围，包括字典纸、高档艺术纸、特种防伪纸、工业用纸四大系列 200 多个品种。

公司为高新技术企业，具有山东省唯一的特种防伪纸工程技术研究中心和山东省企业技术中心两大省级研发平台，2010 年研发的再生超感纸成为上海世博会官方导览手册专用纸，用于收藏与赠送国外政要；2011 年公司系列特种纸获得第 20 届全国发明展览会金奖；高档艺术纸系列进入欧洲、东南亚以及我国香港、台湾市场，成为 Cumus、Dior、Gucci、Chloé 等国际知名品牌包装纸；防伪纸系列被税务、银行、财政、公安等部门优选为防伪专用纸定点生产单位；共有 35 项产品技术获得国家发明专利授权及获得国家、行业、省、市级科学技术奖；字典纸、防伪纸、艺术纸均获得名牌产品称号，并获 2 项著名商标荣誉；连年获得省级管理示范企业、诚信企业、专利明星企业、清洁生产先进单位、环保模范企业、慈善企业、重合同守信用单位等荣誉称号。

未来 5 年，公司将继续致力于满足新型印刷、特种涂布应用、特种防伪纸深入开发、环保系列高档包装纸 4 个领域，产品技术接近国际特纸制造水平，实现"凯丽"作为具有中国特色的特种纸张的第一品牌。

汶瑞机械(山东)有限公司

企业性质：外资企业
地址：山东省安丘市潍徐南路 287 号
邮编：262100
法人代表：翟京丽
经营负责人：蒋　鹏
技术负责人：马焕星
电话：0536－4186588
传真：0536－4933617
联系人：梁　刚
电话：0536－4362288
网址：www. wenrui. com. cn
邮箱：info@ wenrui. com. cn
职工总数：569 人
技术人员：186 名

汶瑞机械(山东)有限公司始建于 1956 年，坐落于山东省安丘市，拥有 2 个主要生产基地，总占地面积 32.2 公顷，厂房面积约 18 万米^2。公司持续的努力和创新，使产品品质和市场占有率在行业内保持领先。

公司是我国造纸行业最大的制浆洗选漂及碱回收装备研发基地，国家环保总局认定的重点技术依托单位，国家重点高新技术企业。

公司拥有山东省造纸制浆装备工程技术研发中心和制浆造纸研究所，技术及生产加工实力雄厚，并打造了完善的客服体系。

公司于 1999 年在行业内率先通过了 ISO 9001 质量体系认证，2013 年通过了美国地区压力容器制造 ASME"U"钢印认证。是加拿大焊接协会认定的焊接考试中心。

产品涵盖制浆、造纸、蒸发、苛化、白水回收系统等 60 多个品类。目前为全球 1000 余家浆纸企业提供了 3500 余台(套)设备，产品出口至美国、加拿大、法国、印度、印度尼西亚、俄罗斯、泰国、缅甸、越南、巴西、阿根廷、孟加拉、巴基斯坦、伊朗等国家。

公司下属控股子公司潍坊汶瑞环保过滤机械股份有限公司，主要产品有：过滤机械、灌装、除尘、蒸发、结晶等设备，广泛服务于烟草、粮食淀粉深加工、医药、制糖、饮料、化工、矿山、电力、环保等行业。

公司重要生产加工基地金顺重机(江苏)有限公

司，占地面积 16.7 万米^2，主要生产造纸机械，成功研发 5630、2860 新月型高速卫生纸机，设计车速 1800 米/分，实现国内首创，达到国际先进水平。公司坚持以客户为导向、科技为动力、人才为基石、品质为生命的企业宗旨，不断开拓创新，以一流产品和完善的服务为广大用户创造更高的价值。

滕州力华米泰克斯胶辊有限公司

企业性质：合资企业
地址：山东省滕州市经济开发区恒源北路 366 号
邮编：277500
法人代表：朱宏伟
经营负责人：龙敦东
技术负责人：赵曰永
电话：0632－5699259
传真：0632－5699275
网址：www. sdliua. com
联系人：秦佑凤
电话：0632－5699298
邮箱：sdlihua@ vip. 163. com
投产日期：1985 年
职工总数：428 人
技术人员：100 名

滕州力华米泰克斯胶辊有限公司 2001 年与德国米泰克斯胶辊有限公司合资。2003 年在江苏省昆山市投资建成苏州力华米泰克斯胶辊制造有限公司。滕州公司占地面积 8 万米^2，昆山公司占地面积 4 万米^2，公司拥有资产 3 亿元，职工 428 人，工程技术人员 100 多名。公司拥有 30 多年制造胶辊的经验、技术，是山东省高新技术企业、省级胶辊工程研发中心。公司能够根据客户需求提供设计，包覆材料优选，辊体加工制造，维修，在线测试等业务。产品应用于造纸、钢铁、纺织印染、塑料、矿山机械、木业、印刷等工业领域。

公司始终坚持科研开发，自主创新的技术理念，适应客户需求变化，不断加大产品研发创新的力度，提升产品质量和档次。形成了橡胶、聚氨酯、纤维树脂复合材料、喷涂四大覆层系列；以及真空辊、高速导辊、大辊径制造配套的产品体系，同时还可提供辊面磨削、钻孔、动平衡等维修服务。完全能够满足纸机装备、不锈钢连续退火酸洗、碳钢酸洗、镀锌、彩涂、有色金属板带箔、高密度板辊压平压、纺织浆纱印染、塑膜等生产线的高速、高线压、高温、耐酸碱介质腐蚀等工艺性能要求。具有研磨周期长，使用寿命长，性价比高的特点。公司将以客户需求为关注焦点，提供优质的产品和服务；以技术创新为驱动力，努力打造成国内外最值得信赖的胶辊生产制造商。

新乡新亚纸业集团股份有限公司

企业性质：民营企业
地址：河南省新乡市新乡县七里营工业园区
邮编：453731
法人代表：宋敬志
经营负责人：宋敬亮
技术负责人：张　伟
电话：0373－5681188
传真：0373－5680286
网址：www. xinyapaper. cn
联系人：胡封亮
电话：0373－5699008
邮箱：xinyaren@ 126. com
投产日期：2003 年
职工总数：3800 人
技术人员：500 名

企业详细介绍见“重点企业介绍”栏目。

武汉锅炉集团工程技术有限公司

企业性质：国有企业
地址：湖北省武汉市江夏区江夏大道特一号
邮编：430070
法人代表：王保华
经营负责人：王大伟
技术负责人：杨文海
电话：027－87655092
传真：027－87655494
网址：www. whtzgl. com
联系人：杜秀珍
电话：15997459609
邮箱：40535213@ qq. com
职工总数：147 人
技术人员：90 名

武汉锅炉集团工程技术有限公司是集研发、设计、市场经营与销售及工程成套服务的专业化公司，具有对外自主经营权。公司产品规格齐全，以总承包/成套经营各种类型的锅炉（碱回收锅炉、电站锅炉、皂化液锅炉、燃油/气锅炉、立式旋风锅炉、循环流化床锅炉、水煤浆锅炉、甘蔗渣锅炉、余热锅炉及垃圾焚烧锅炉等）而著称，产品及工程成套项目遍及国内外市场。

武汉锅炉集团工程技术有限公司自20世纪60年代初研究试制碱回收锅炉，是长期坚持碱回收技术开发的专业化公司。具有丰富的碱回收技术经验，拥有碱回收锅炉设计的自主知识产权和技术专利。公司结合我国造纸工业原料的特点，潜心研究开发了以麦草浆为代表的草浆碱回收锅炉并广泛推广应用，对我国造纸工业的飞速发展作出了显著的贡献，麦草浆黑液焚烧技术处于世界领先地位。为适应造纸工业规模化、集团化发展和节能减排的需要，公司设计开发了以日处理2200吨黑液固形物为代表的大型碱回收锅炉及其专用辅助设备，将自动清焦、垫层火焰监视、高低浓臭气收集和处理等系统技术成功地应用于碱回收工程。

已设计生产的碱回收锅炉日处理固形物量37.5～2500吨/日、蒸汽出口压力1.27～8.4兆帕、蒸汽出口温度194～480℃，满足制浆造纸企业供汽或发电的要求；产品适用性广，已设计运行的碱回收锅炉能处理木材、芦苇、竹子、甘蔗渣、红麻、麦草、棉秆、桑枝等化学浆、化学机械浆和溶解浆废液；具有运行性能好、碱回收率高、连续运行时间长、吨碱耗油指标低、投资回收周期短、经济效益高等优点。

武汉锅炉集团工程技术有限公司已设计制造300余台碱回收锅炉。目前公司已研制开发了固形物处理量为3300吨/日和5500吨/日的碱回收锅炉，具有更高的经济效益和环保指标，将逐渐抢占碱回收锅炉高端市场。

中国轻工业长沙工程有限公司

企业性质： 国有企业
地址： 湖南省长沙市雨花区新兴路268号
邮编： 410114
法人代表： 樊　燕
经营负责人： 陈志明
电话： 0731－85770333
传真： 0731－85584415
联系人： 曹　静
电话： 0731－85770333

企业详细介绍见“国内制浆造纸科研设计单位简介”栏目。

四川永丰纸业股份有限公司

企业性质： 股份制企业
地址： 四川省乐山市沐川县永福镇
邮编： 614500
法人代表： 吴和均
技术负责人： 赵　琳
电话： 0833－4651066
传真： 0833－4651066
联系人： 张　燕
电话： 0833－4651066
投产日期： 1982年
职工总数： 1500人
技术人员： 500名

四川永丰纸业股份有限公司是四川省规模最大的林浆纸产业集团，生产基地集中在四川省沐川县。现下设5个子公司，总资产16亿元，制浆造纸生产能力20多万吨/年，销售收入10亿元以上。公司相继被评为“四川省优秀企业”“四川省88家重点优势企业”“省级扶贫龙头企业”，被国家九部委确定为“农业产业化国家重点龙头企业”“国家级农业产业化优秀龙头企业”。

公司拥有40年竹浆造纸经验，生产规模、工艺技术、产品质量在全国竹浆造纸领域处于领先水平。主体装备包括：2条制浆生产线，7条高档文化纸及多条生活用纸生产线；其中，年产16.5万吨制浆线采用DDS低能耗超级置换蒸煮、封闭筛选、二氧化氯中浓漂白等国际先进技术。主导产品包括：高档竹浆板、文化纸、生活用纸等。

公司于1996年在全国同行业中首批获得ISO 9001质量体系及产品认证。产品经SGS国际机构检测不含有毒元素，主导品牌“永丰”牌2005年被认定为中国驰名商标。产品畅销全国各地，深受客户青睐，产销率多年来保持100%。据统计，静电复印纸占西部市场份额的60%，生活用纸占四川省市场份额的近20%。

四川环龙技术织物有限公司

企业性质： 有限责任公司
地址： 四川省成都市温江区海峡两岸科技产业开发园新华路西段
邮编： 611130

法人代表：周 骏
经营负责人：谢宗国
技术负责人：周兴富
电话：028－82782930
传真：028－82782920
联系人：邱卫宁
电话：028－82782930
网址：www. vanov. cn
邮箱：huanlongglb@ 126. com

四川环龙技术织物有限公司是我国最大的造纸网毯研发、生产与销售的专业供应商，拥有"GOB-EAR"和"VANOV"2 个造纸毛毯知名品牌，是中国造纸学会副理事长单位、中国造纸学会脱水器材专业委员会成员单位，是国家级高新技术企业，并通过了 ISO 9001:2008 国际质量体系认证，拥有先进的管理模式，丰富的生产技术经验。

公司的"多向多层叠网造纸毛毯"获得 2014 年中国产业用纺织品行业十大创新产品、技术。公司首创研发出的国内第四代新产品，在高速造纸机上运用技术已达到国际先进水平。与国外同类产品相比，在毛毯吨纸耗量上能够节约 3～5 元/吨，为主流纸机高效率运行创造新价值。其中，斜织毛毯是针对高车速包装纸/文化纸机所研发的高抗压性毛毯，适用于 500～1000 米/分车速纸机。通过使用斜织毛毯，给纸机运行带来优异的毛毯厚度保持能力，稳定的毛毯容水空间，持续的毛毯脱水能力，延长毛毯的使用寿命。接缝毛毯针对包装纸、文化纸机研发，适用于 800 米/分包装纸机所有部位、文化纸机部分位置。更换毛毯省时(常规毛毯 4～6 个小时，接缝毛毯 2 个小时)、保证纸机高速安全运行，使用接缝毛毯是一种行业趋势(目前国际上接缝毛毯的使用率北美 70% 以上、欧洲 30% 以上)。无交织毛毯是最新一代的造纸毛毯，通过核心的无交织基网结构取代常规的织造基网，适用于所有纸种高速纸机。

公司 20 多年来一直专注于造纸压榨织物的技术研发和生产，着眼造纸毛毯基础理论的前沿研究，不断提升应用研发水平。在稳定和持续优化叠层、多层复合造纸压榨毛毯品质的同时，大力研发接缝压榨毛毯、斜织复合造纸压榨毛毯、非织造压榨造纸毛毯，与国际造纸毛毯技术接轨，实现了第三代压榨织物叠层技术跨入第四代国际先进技术的质的飞跃，达到国际先进水平，为提高主流纸机运行效率创造新价值。经过多年的发展，公司业务已覆盖全国及北美、欧洲、东南亚等国际市场，赢得了客户的广泛信赖。公司致力于做世界一流的造纸毛毯供应商，做亚洲知名的过滤材料供应商，以技术、研发为先导，做专家型企业，建立世界一流的工业滤材自主高端品牌。

广东省造纸研究所

企业性质：国有企业
地址：广东省广州市海珠区新港西路 154 号
邮编：510300
法人代表：伍泽荣
经营负责人：马学逵
技术负责人：陈新泉
电话：020－34301776
传真：020－34301776
网址：www. gdzaozhisuo. com
联系人：马学逵
邮箱：xuekma@ 126. com
成立时间：1973 年
职工总数：92 人
技术人员：49 名

企业详细介绍见"国内制浆造纸科研设计单位简介"栏目。

广州造纸集团有限公司

企业性质：国有企业
地址：广东省广州市南沙区珠江街新广一路 29 号
邮编：511462
法人代表：周 耘
经营负责人：周 耘
技术负责人：周 耘
电话：020－34663302
传真：020－34663302
网址：www. gzpaper. cn
联系人：王向华
电话：020－34663158
邮箱：13527876705@ 139. com
投产时间：1936 年
职工总数：837 人
技术人员：190 名

企业详细介绍见"重点企业介绍"栏目。

广西金桂浆纸业有限公司

企业性质：中外合资企业

地址：广西壮族自治区钦州市钦州港金光工业园
邮编：535008
法人代表：黄志源
经营负责人：黄俊彦
技术负责人：周雪林
电话：0777－3698888
传真：0777－3696666
网址：www.appjg.com.cn
联系人：姚志桂
电话：0777－3698012
邮箱：gxjg3696666@163.com
投产时间：2003 年
职工总数：1805 人
技术人员：116 名

企业详细介绍见“重点企业介绍”栏目。

广西贵糖(集团)股份有限公司

企业性质：国有企业
地址：广西壮族自治区贵港市幸福路 100 号
法人代表：但昭学
经营负责人：陈　健
技术负责人：蓝贤州
电话：0775－4201380
传真：0775－4260088
网址：www.guitang.com
联系人：梁宗才
电话：13669652766
投产日期：1956 年
职工总数：2188 人
技术人员：268 名

广西贵糖(集团)股份有限公司(简称“贵糖”)，由广西贵港甘蔗化工厂独家发起定向募集改组创立，其前身是广西贵县糖厂，于 1956 年建成投产，是国家“一五”期间的重点建设项目之一。1994 年贵糖完成了股份制改造，1998 年 11 月 11 日，贵糖股票在深圳证券交易所上市(股票代码：000833)。

贵糖经过近 60 年的技改扩建，滚动发展，制糖产能由原来日榨甘蔗 1500 吨发展为目前的日榨 10000 吨规模，并依靠科技创新对甘蔗资源进行全面的综合开发，利用甘蔗渣生产的文化纸、生活用纸等综合利用产品已占全公司工业总产值的 70% 以上。2015 年 7 月，贵糖与广东广业云硫矿业有限公司进行了资产重组，公司的主业在制糖、制浆造纸基础上增加了硫铁矿开采业务及硫化工业。主要产品年生产能力为：白砂糖 15 万吨、可加工原糖 30 万吨、机制纸 16 万吨、甘蔗渣漂白浆 15 万吨、酒精 1 万吨、轻质碳酸钙 3 万吨、回收烧碱 3.5 万吨、硫精矿 140 万吨、硫铁矿 50 万吨、硫酸 12 万吨、铁矿粉 5 万吨、普通过磷酸钙 10 万吨。

贵糖是全国 100 家现代企业制度试点单位和 512 家重点扶持企业之一，国家农业产业化重点龙头企业。2005 年 11 月，贵糖被国家发展和改革委等 6 部委列入全国首批循环经济试点企业。贵糖拥有国家认定企业技术中心和博士后科研工作站，是广西壮族自治区首批 13 家自治区级人才小高地单位之一。公司先后荣获“全国企业管理优秀奖(金马奖)”“全国企业管理杰出贡献奖”“国家农业产业化重点龙头企业”“全国资源综合利用先进企业”“全国环境保护先进企业”“全国用户满意企业”“中国食品企业百强企业”“全国五一劳动奖状”“广西食品卫生等级 A 级单位”等荣誉称号。1998 年，贵糖取得了 ISO 9001:1994 版国际质量体系认证，是全国制糖行业首家通过 ISO 9001 国际质量体系认证的企业；2005 年导入 HACCP 管理理念，建立了食品安全管理体系，并于 2007 年获取 ISO 2200 食品安全管理体系认证证书；2007 年建立和实施了 ISO 10012:2003 标准测量管理体系。

近几年来，贵糖以循环经济“减量化、再利用、资源化”的原则为导向，推行清洁生产，实施清洁生产中高费方案，应用环保新技术、新工艺和新设备，重点对废水减排、工业废水循环利用、烟气脱硫等方面进行综合治理，不断增强高效利用资源和保护环境的能力。“变废为宝、节能降耗、推行清洁生产、打造循环经济”成为贵糖的主旋律。

2014 年 12 月 29 日开工建设的粤桂(贵港)热电循环经济产业园投资建设为贵糖提供了一个很好的发展平台，主要是立足于本地资源优势，按照“减量化、再利用、再循环”的原则，借助华电贵港电厂的能源优势，以公司现有制糖、浆纸业务为依托，发挥贵糖股份龙头企业带动作用，延伸制糖、浆纸产业链，实现资源整合和利用；同时，将产业与资本市场、产业与科研和创新应用、产业与现代工业互联和大数据应用、产业与新型城镇化进行有机结合，走新型工业化之路，努力将产业园建设成为生产永续下的特色现代产业与绿色数字化园区。

面对新的机遇与挑战，贵糖将遵循科学发展观，加快技术创新和产业升级，提升企业核心竞争力，寻求新的突破，进一步发展壮大。

(雷　煌)

附 录

APPENDIXES

2017 年国民经济与社会发展统计公报(节选)
2017 年造纸相关政策法规摘要
2016 年世界造纸工业概况
美国出口废纸分类指南(2017 版)
国外开设制浆造纸专业的大学
我国制浆造纸工业图书出版目录
《PPI》杂志 2016 年全球造纸排名前 100 位的公司
国外主要造纸期刊介绍
国外制浆造纸相关团体与研究机构名录

12

2017 年国民经济与社会发展统计公报(节选)

Annual Statistic Report on National Economic and Social Development (Excerpt) in 2017

2017 年，各地区各部门在以习近平同志为核心的党中央坚强领导下，不断增强政治意识、大局意识、核心意识、看齐意识，深入贯彻落实党的十八大和十八届三中、四中、五中、六中、七中全会精神，认真学习贯彻党的十九大精神，以习近平新时代中国特色社会主义思想为指导，按照中央经济工作会议和《政府工作报告》部署，坚持稳中求进工作总基调，坚定不移贯彻新发展理念，坚持以提高发展质量和效益为中心，统筹推进“五位一体”总体布局和协调推进“四个全面”战略布局，以供给侧结构性改革为主线，统筹推进稳增长、促改革、调结构、惠民生、防风险各项工作，经济运行稳中有进、稳中向好、好于预期，经济社会保持平稳健康发展。

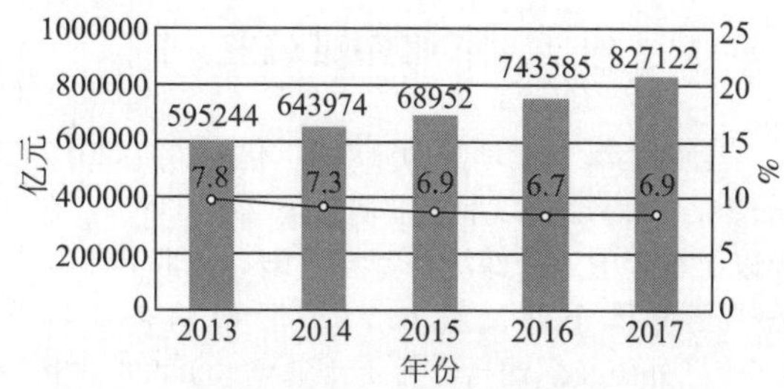

图1　2013—2017年国内生产总值及其增长速度

■国内生产总值　-o-同比增长

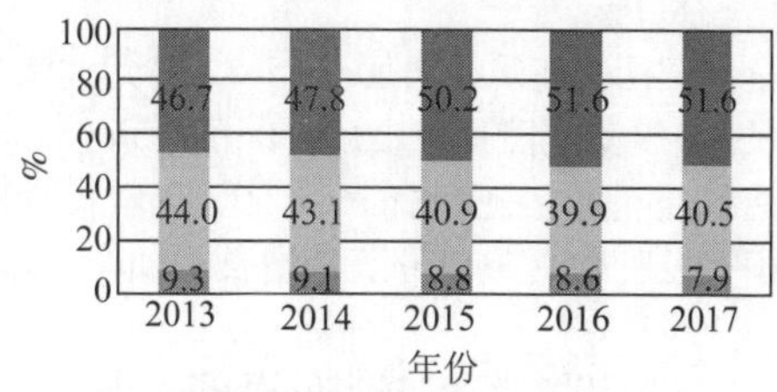

图2　2013—2017年三次产业增加值占国内生产总值比例

■第一产业　■第二产业　■第三产业

一、综　合

初步核算[1]，全年国内生产总值 827122 亿元，比 2016 年增长 6.9%。2013—2017 年国内生产总值增长速度如图 1 所示，三个产业增加值占国内生产总值的比例如图 2 所示。其中，第一产业增加值 65468 亿元，增长 3.9%；第二产业增加值 334623 亿元，增长 6.1%；第三产业增加值 427032 亿元，增长 8.0%。第一产业增加值占国内生产总值的比例为 7.9%，第二产业增加值占比为 40.5%，第三产业增加值占比为 51.6%。全年人均国内生产总值 59660 元，比 2016 年增长 6.3%。全年国民总收入 825016 亿元，比 2016 年增长 7.0%。

2017 年年末全国大陆总人口 139008 万人，比 2016 年年末增加 737 万人，其中，城镇常住人口 81347 万人，占总人口比例(常住人口城镇化率)为 58.52%，比 2016 年年末提高 1.17 个百分点。户籍人口城镇化率为 42.35%，比 2016 年年末提高 1.15 个百分点。全年出生人口 1723 万人，出生率为 12.43‰；死亡人口 986 万人，死亡率为 7.11‰；自然增长率为 5.32‰。

2017 年年末全国就业人员 77640 万人，其中，城镇就业人员 42462 万人。年末城镇登记失业率为 3.90%，比 2016 年年末下降 0.12 个百分点。

全年居民消费价格比 2016 年上涨 1.6%。年末国家外汇储备 31399 亿美元，比 2016 年年末增加 1294 亿美元。全年人民币平均汇率为 1 美元兑 6.7518 元，比 2016 年贬值 1.6%。

全年全国工业产能利用率[2]为 77.0%，比 2016 年提高 3.7 个百分点。全年规模以上工业战略性新兴产业[3]增加值比 2016 年增长 11.0%。全年全国一般公共预算收入 172567 亿元，比 2016 年增长

7.4%。其中，税收收入144360亿元，比2016年增加13999亿元，增长10.7%。

二、农 业

全年粮食种植面积11222万公顷，比2016年减少81万公顷。全年粮食产量61791万吨，比2016年增加166万吨，增产0.3%。全年棉花产量549万吨，比2016年增产3.5%。糖料产量12556万吨，增产1.7%。全年木材产量7682万米^3，比2016年下降1.2%。全年新增耕地灌溉面积109万公顷，新增高效节水灌溉面积144万公顷。

三、工业和建筑业

全年全部工业增加值279997亿元，比2016年增长6.4%。规模以上工业增加值增长6.6%。在规模以上工业中，分经济类型看，国有控股企业增长6.5%；集体企业增长0.6%，股份制企业增长6.6%，外商及港澳台商投资企业增长6.9%；私营企业增长5.9%。分门类看，采矿业下降1.5%，制造业增长7.2%，电力、热力、燃气及水生产和供应业增长8.1%。

全年全社会建筑业增加值55689亿元，比2016年增长4.3%。全国具有资质等级的总承包和专业承包建筑业企业实现利润7661亿元，增长9.7%。其中国有控股企业2313亿元，增长15.1%。

四、固定资产投资

全年全社会固定资产投资641238亿元，比2016年增长7.0%。其中固定资产投资(不含农户)631684亿元，增长7.2%。分区域看[4]，东部地区投资265837亿元，比2016年增长8.3%；中部地区投资163400亿元，增长6.9%；西部地区投资166571亿元，增长8.5%；东北地区投资30655亿元，增长2.8%。

在固定资产投资(不含农户)中，第一产业投资20892亿元，比2016年增长11.8%；第二产业投资235751亿元，增长3.2%；第三产业投资375040亿元，增长9.5%。全年房地产开发投资109799亿元，比2016年增长7.0%。

五、国内贸易

全年社会消费品零售总额366262亿元，比2016年增长10.2%。按经营地统计，城镇消费品零售额314290亿元，增长10.0%；乡村消费品零售额51972亿元，增长11.8%。按消费类型统计，商品零售额326618亿元，增长10.2%；餐饮收入额39644亿元，增长10.7%。

六、对外经济

全年货物进出口总额277923亿元，比2016年增长14.2%。其中，出口153321亿元，增长10.8%；进口124602亿元，增长18.7%。货物进出口差额(出口减进口)28718亿元，比2016年减少4734亿元。对"一带一路"沿线国家进出口总额73745亿元，比2016年增长17.8%。其中，出口43045亿元，增长12.1%；进口30700亿元，增长26.8%。2017年纸浆进口量2372万吨，比2016年增长12.6%，进口金额1039亿元，比2016年增长28.5%。

全年吸收外商直接投资(不含银行、证券、保险)新设立企业35652家，比2016年增长27.8%。实际使用外商直接投资金额8776亿元(折1310亿美元)，增长7.9%，增速比2016年加快3.8个百分点。其中"一带一路"沿线国家对华直接投资新设立企业3857家，增长32.8%；对华直接投资金额374亿元(折56亿美元)。全年高技术制造业实际使用外资666亿元，增长11.3%。全年对外直接投资额(不含银行、证券、保险)8108亿元，按美元计价为1201亿美元，比2016年下降29.4%。其中，对"一带一路"沿线国家直接投资额144亿美元。

全年对外承包工程业务完成营业额11383亿元，按美元计价为1686亿美元，比2016年增长5.8%。其中，对"一带一路"沿线国家完成营业额855亿美元，增长12.6%，占对外承包工程业务完成营业额比例为50.7%。对外劳务合作派出各类劳务人员52万人，增长5.7%。

七、交通、邮电和旅游

全年货物运输总量479亿吨，比2016年增长9.3%。全年旅客运输总量185亿人次，比2016年下降2.6%。旅客运输周转量32813亿人公里，增长5.0%。

年末全国民用汽车保有量21743万辆(包括三轮汽车和低速货车820万辆)，比2016年年末增长11.8%，其中私人汽车保有量18695万辆，增长

12.9%。民用轿车保有量 12185 万辆，增长 12.0%，其中私人轿车 11416 万辆，增长 12.5%。

全年完成邮政行业业务总量 9764 亿元，比 2016 年增长 32.0%。全年完成电信业务总量 27557 亿元，比 2016 年增长 76.4%。移动电话普及率上升至 102.5 部/百人。互联网普及率达到 55.8%，其中农村地区互联网普及率达到 35.4%。软件和信息技术服务业完成软件业务收入 55037 亿元，比 2016 年增长 13.9%。

全年国内游客 50 亿人次，比 2016 年增长 12.8%；国内旅游收入 45661 亿元，增长 15.9%。入境游客 13948 万人次，增长 0.8%。国际旅游收入 1234 亿美元，增长 2.9%。国内居民出境 14273 万人次，增长 5.6%。

八、金　融

年末广义货币供应量(M_2)余额 167.7 万亿元，比 2016 年年末增长 8.2%；狭义货币供应量(M_1)余额 54.4 万亿元，增长 11.8%；流通中货币(M_0)余额 7.1 万亿元，增长 3.4%。

全年社会融资规模增量 19.4 万亿元，按可比口径计算比 2016 年多 1.6 万亿元；年末社会融资规模存量 174.6 万亿元，比 2016 年年末增长 12.0%。年末全部金融机构本外币各项存款余额 169.3 万亿元，比年初增加 13.7 万亿元。年末主要农村金融机构(农村信用社、农村合作银行、农村商业银行)人民币贷款余额 149820 亿元，比年初增加 15602 亿元。全年上市公司通过境内市场累计筹资 40836 亿元，比 2016 年减少 12244 亿元。全年发行公司信用类债券 5.64 万亿元，比 2016 年减少 2.59 万亿元。全年保险公司原保险保费收入 36581 亿元，比 2016 年增长 18.2%。

九、居民收入消费和社会保障

全年全国居民人均可支配收入 25974 元，比 2016 年增长 9.0%，扣除价格因素，实际增长 7.3%。全国居民人均消费支出 18322 元，比 2016 年增长 7.1%，扣除价格因素，实际增长 5.4%。

按照每人每年 2300 元(2010 年不变价)的农村贫困标准计算，2017 年，年末农村贫困人口 3046 万人，比 2016 年年末减少 1289 万人；贫困发生率 3.1%，比 2016 年下降 1.4 个百分点。贫困地区农村居民人均可支配收入 9377 元，比 2016 年增长 10.5%，扣除价格因素，实际增长 9.1%。

年末全国参加城镇职工基本养老保险人数 40199 万人，比 2016 年年末增加 2269 万人。

十、教育和科学技术

全年研究生教育[5]招生 80.5 万人，在学研究生 263.9 万人，毕业生 57.8 万人。普通本专科招生 761.5 万人，在校生 2753.6 万人，毕业生 735.8 万人。中等职业教育[6]招生 582.4 万人，在校生 1592.5 万人，毕业生 496.9 万人。普通高中招生 800.1 万人，在校生 2374.5 万人，毕业生 775.7 万人。初中招生 1547.2 万人，在校生 4442.1 万人，毕业生 1397.5 万人。普通小学招生 1766.6 万人，在校生 10093.7 万人，毕业生 1565.9 万人。特殊教育招生 11.1 万人，在校生 57.9 万人，毕业生 6.9 万人。学前教育在园幼儿 4600.1 万人。九年义务教育巩固率为 93.8%，高中阶段毛入学率为 88.3%。

全年研究与试验发展(R&D)经费支出 17500 亿元，比 2016 年增长 11.6%，与国内生产总值之比为 2.12%，其中基础研究经费 920 亿元。全年国家重点研发计划共安排 42 个重点专项 1115 个科技项目，国家科技重大专项共安排 454 个课题，国家自然科学基金共资助 43935 个项目。截至 2017 年年底，累计建设国家重点实验室 503 个，国家工程研究中心 131 个，国家工程实验室 217 个，国家企业技术中心 1276 家。国家科技成果转化引导基金累计设立 5 支子基金，资金总规模 247.2 亿元。全年境内外专利申请 369.8 万件，授予专利权 183.6 万件；PCT 专利申请受理量[7]为 5.1 万件。截至 2017 年年底，有效专利 714.8 万件，其中境内有效发明专利 135.6 万件，每万人口发明专利拥有量 9.8 件。全年共签订技术合同 36.8 万项，技术合同成交金额 13424 亿元，比 2016 年增长 17.7%。

全年成功完成 17 次宇航发射。首颗高轨道高通量通信卫星实践十三号、首颗大型硬 X 射线空间探测卫星“慧眼”卫星成功发射；北斗导航全球卫星系统组网首发双星成功发射；天舟一号货运飞船成功发射，完成与天宫二号交会对接。“墨子号”量子卫星成功实现预定科学目标，暗物质粒子探测卫星“悟空”发现反常电子信号，C919 大型客机、“鲲龙”AG600 水陆两栖飞机首飞成功。

年末全国共有产品检测实验室 35000 个，其中国家检测中心 739 个。全国现有产品质量、体系认证机构401个，已累计完成对140250个企业的产品认证。全国共有法定计量技术机构4037个，全年强制检定计量器具8326万台(件)。全年制定、修订国家标准3811项，其中新制定2684项。

年末全国文化系统共有艺术表演团体2054个，博物馆3217个。全国共有公共图书馆3162个，总流通72641万人次；文化馆3327个。出版各类报纸368亿份，各类期刊26亿册，图书90亿册(张)，人均图书拥有量6.49册(张)。

十一、卫生和社会服务

年末全国共有医疗卫生机构99.5万个，卫生技术人员891万人，其中执业医师和执业助理医师335万人，注册护士379万人。医疗卫生机构床位785万张，其中医院609万张，乡镇卫生院125万张。

年末全国共有各类提供住宿的社会服务机构3.2万个，其中养老服务机构2.9万个，儿童服务机构656个。社会服务床位749.5万张，其中养老服务床位714.2万张，儿童服务床位9.6万张。年末共有社区服务中心2.5万个，社区服务站13.9万个。

十二、资源、环境和安全生产

全年全国国有建设用地供应总量[8]60万公顷，比2016年增长16.4%。其中，工矿仓储用地12万公顷，增长1.6%；房地产用地11.5万公顷，增长7.2%；基础设施等用地36.5万公顷，增长26.1%。

全年水资源总量28675亿米^3。全年平均降水量640毫米。年末全国监测的604座大型水库蓄水总量3518亿米^3，比2016年年末蓄水量有所增加。全年总用水量6090亿米^3，比2016年增长0.8%。其中，生活用水增长2.8%，工业用水增长0.2%，农业用水增长0.6%，生态补水增长1.7%。万元国内生产总值用水量[9]78米^3，比2016年下降5.6%。万元工业增加值用水量49米^3，下降5.9%。人均用水量439米^3，比2016年增长0.3%。

全年完成造林面积736万公顷，其中人工造林面积390万公顷，占全部造林面积的53.0%。森林抚育面积830万公顷。截至年底，自然保护区达到2750个，其中国家级自然保护区463个。新增水土流失治理面积560万公顷。

初步核算，全年能源消费总量44.9亿吨标准煤，比2016年增长2.9%。煤炭消费量增长0.4%，原油消费量增长5.2%，天然气消费量增长14.8%，电力消费量增长6.6%。煤炭消费量占能源消费总量的60.4%，比2016年下降1.6个百分点；天然气、水电、核电、风电等清洁能源消费量占能源消费总量的20.8%，上升1.3个百分点。全国万元国内生产总值能耗下降3.7%。重点耗能工业企业单位烧碱综合能耗下降0.3%，吨水泥综合能耗下降0.1%，吨钢综合能耗下降0.9%，吨粗铜综合能耗下降4.8%，每千瓦时火力发电标准煤耗下降0.8%。全国万元国内生产总值二氧化碳排放下降5.1%。

在监测的338个地级及以上城市中，城市空气质量达标的城市占29.3%，未达标的城市占70.7%。细颗粒物($PM_{2.5}$)未达标城市(基于2015年$PM_{2.5}$年平均浓度未达标的262个城市)年平均浓度48微克/米^3，比2016年下降5.9%。在监测的323个城市中，城市区域声环境质量好的城市占5.9%，较好的占65.0%，一般的占27.9%，较差的占0.9%，差的占0.3%。全年平均气温为10.39℃，比2016年上升0.03℃。共有8个台风登陆。

全年农作物受灾面积1848万公顷，其中绝收183万公顷。全年因洪涝和地质灾害造成直接经济损失1910亿元，因旱灾造成直接经济损失375亿元，因低温冷冻和雪灾造成直接经济损失19亿元，因海洋灾害造成直接经济损失58亿元。全年大陆地区共发生5.0级以上地震13次，成灾11次，造成直接经济损失148亿元。全年共发生森林火灾3223起，森林火灾受害森林面积2.5万公顷。

全年各类生产安全事故共死亡37852人。工矿商贸企业就业人员10万人生产安全事故死亡人数1.639人，比2016年下降3.7%；道路交通事故万车死亡人数2.06人，下降3.7%；煤矿百万吨死亡人数0.106人，下降32.1%。

注释：

[1]本公报中数据均为初步统计数。各项统计数据均未包括香港特别行政区、澳门特别行政区和台湾省。部分数据因四舍五入的原因，存在着与分项合计不等的情况。

[2]产能利用率是指实际产出与生产能力(均以价值量计量)的比率。企业的实际产出是指企业报告期内的工业总产值；企业的生产能力是指报告期内，在劳动力、原材料、燃料、运输等保证供给的情况下，生产设备(机械)保持正常运行，企业可实现的、并能长期维持的产品产出。

[3]工业战略性新兴产业包括节能环保产业，新一代信

息技术产业，生物产业，高端装备制造产业，新能源产业，新材料产业，新能源汽车产业七大产业中的工业相关行业。

[4]固定资产投资(不含农户)按东部、中部、西部和东北地区计算的合计数据小于全国数据，是因为有部分跨地区的投资未计算在地区数据中。其中，东部地区是指北京、天津、河北、上海、江苏、浙江、福建、山东、广东和海南10省(市)；中部地区是指山西、安徽、江西、河南、湖北和湖南6省；西部地区是指内蒙古、广西、重庆、四川、贵州、云南、西藏、陕西、甘肃、青海、宁夏和新疆12省(区、市)；东北地区是指辽宁、吉林和黑龙江3省。

[5]2017年研究生招生、在学研究生指标口径发生变化(增加非全日制研究生)。

[6]中等职业教育包括普通中专、成人中专、职业高中和技工学校。

[7]PCT专利申请受理量是指国家知识产权局作为PCT专利申请受理局受理的PCT专利申请数量。PCT(Patent Co-operation Treaty)即专利合作条约，是专利领域的一项国际合作条约。

[8]国有建设用地供应总量是指报告期内市、县人民政府根据年度土地供应计划依法以出让、划拨、租赁等方式将土地使用权提供给单位或个人使用的国有建设用地总量。

[9]万元国内生产总值用水量、万元工业增加值用水量和万元国内生产总值能耗按2015年价格计算。

附表　　2013—2017年国民经济与社会发展总量指标

指标	单位	2013年	2014年	2015年	2016年	2017年
人口	万人					
总人口(年末)		136072	136782	137462	138271	139008
男性人口		69728	70079	70414	70815	71137
女性人口		66344	66703	67048	67456	67871
城镇人口		73111	74916	77116	79298	81347
乡村人口		62961	61866	60346	58973	57661
国民经济核算	亿元					
国内生产总值		588019	636463	676708	744127	827122
第一产业		55322	58332	60863	63671	65468
第二产业		256810	271392	274278	296236	334623
第三产业		275887	306739	341567	384221	427032
固定资产投资	亿元					
全社会固定资产投资总额		446294	512761	562000	606466	641238
城镇固定资产投资		435747	502005	551590	596501	631684
房地产开发完成投资额		86013	95036	95979	135284	109799
对外贸易	亿元					
货物进出口总额		258169	264334	245741	243386	277923
出口额		137131	143912	141255	138455	153321
进口额		121037	120423	104485	104932	124602
外商投资	亿美元					
外商直接投资		1176	1196	1263	1260	1201
资源和环境						
石油储量	亿吨	33.7	34.3	35.0	35.0	
煤炭储量	亿吨	2363	2400	2440	2492	
天然气储量	亿米^3	46429	49452	51940	54365	
能源消费总量	亿吨标准煤	37.5	42.6	43.0	43.6	44.9
水资源总量	亿米^3	27958	28370	28306	30150	28675

续表

指标	单位	2013 年	2014 年	2015 年	2016 年	2017 年
用水总量	亿米^3	6183	6220	6180	6150	6090
造林总面积	万公顷	610	603	632	679	736
主要产品产量						
农林牧渔业总产值	亿元	96995	102226	107056	112091	
粮食	万吨	60193	60710	62144	61624	61791
木材	万米^3	8438	8178	6832	6683	7982
原煤	亿吨	36. 8	38. 7	37. 5	34. 1	35. 2
原油	万吨	20947	21143	21456	19968	19151
天然气	亿米^3	1170	1302	1346	1369	1480
卷烟	亿支	25604	26098	25891	23826	23448
水泥	亿吨	24. 2	24. 8	23. 6	24. 1	23. 4
钢材	万吨	106762	112557	112350	113801	104959
科技教育文化						
研究与试验发展经费支出	亿元	11847	13312	14220	15500	17500
技术市场成交额	亿元	7469	8577	9835	11407	13424
图书总印数	亿册	83	84	81	86	90
期刊出版总印数	亿册	32. 7	32	30	27	26
报纸出版总印数	亿份	482. 4	465	440	394	368
交通、邮电、旅游						
旅客运输量	亿人次	212. 3	220. 7	194. 0	192. 0	185
货物运输量	亿吨	409. 9	439. 1	417. 0	440. 0	479
民用汽车保有量	万辆	12670	15447	17228	19440	21743
私人汽车保有量	万辆	10502	12584	14399	16559	18695
邮政业务总量	亿元	2725. 1	3696. 1	5078. 7	7397. 2	9764. 0
电信业务总量	亿元	15707. 2	18138. 3	23346. 3	15617. 0	27557. 0
国内游客	亿人次	32. 6	36. 1	40. 0	44. 0	50
国内旅游收入	亿元	26276	30312	34195	39390	45661
医疗卫生						
医疗卫生机构数	万个	97. 4	98. 2	99. 0	99. 3	99. 5
医疗卫生机构床位数	万张	618. 2	652	708	747	785
卫生技术人员数	万人	721. 1	739	803	844	891

（杨　扬　整理）

2017 年造纸相关政策法规摘要

Abstracts of the Policies and Regulations Related to Paper Industry in 2017

《能源发展“十三五”规划》发布，清洁低碳能源将是今后发展重点

1 月 5 日，国家能源局召开新闻发布会，发布《能源发展“十三五”规划》(简称《规划》)及配套编制的《可再生能源发展“十三五”规划》。

根据《规划》，清洁低碳能源将是“十三五”期间能源供应增量主体。“十三五”时期非化石能源消费比例提高到 15% 以上，天然气消费比例力争达到 10%，煤炭消费比例降低到 58% 以下。

《规划》提出，到 2020 年把能源消费总量控制在 50 亿吨标准煤以内，与国民经济和社会发展规划纲要保持一致。从年均增速看，“十三五”能源消费总量年均增长 2.5% 左右，比“十二五”低 1.1 个百分点，符合经济新常态下能源消费变化新趋势。

《排污许可证管理暂行规定》发布，将分批分步骤推进排污许可证管理

1 月 6 日，环境保护部近日发布了《排污许可证管理暂行规定》，明确环境保护部将按行业制订并公布排污许可分类管理名录，分批分步骤推进排污许可证管理。这是全国排污许可管理的首个规范性文件，从国家层面统一了排污许可管理的相关规定，主要用于指导当前各地排污许可证申请、核发等工作。

于 2016 年 11 月正式颁布的《控制污染物排放许可制实施方案》提出，我国要将排污许可制建设成为固定污染源环境管理的核心制度，并明确，我国排污许可证将按行业分步实现对固定污染源的全覆盖，率先对火电、造纸行业企业核发排污许可证。2020 年全国基本完成排污许可证核发，实现“一企一证”。至此，蹒跚起步 20 多年的排污许可证制度全面启动。

《林业改革发展资金管理办法》公布，部分拥有林地的造纸企业有望受益

1 月 13 日，财政部、国家林业局发布《林业改革发展资金管理办法》。林业改革发展资金包括中央财政预算安排的用于森林资源管护、森林资源培育、生态保护体系建设、国有林场改革、林业产业发展等支出方向的专项资金。据此分析，部分拥有自有林地的造纸企业如岳阳林纸股份有限公司、山东晨鸣纸业集团股份有限公司、福建省永安林业(集团)股份有限公司、四川升达林业产业股份有限公司、广东威华股份有限公司、福建青山纸业股份有限公司等有望受益。

《污染地块土壤环境管理办法》发布，坚持“谁污染，谁治理”原则

1 月 18 日，环境保护部发布《污染地块土壤环境管理办法(试行)》(简称《办法》)。《办法》共分 7 个部分，包括总则、各方责任、环境调查与风险评估、风险管控、治理与修复、监督管理及附则，自 2017 年 7 月 1 日起施行。

《办法》指出，造成土壤污染的单位或者个人应当按照“谁污染，谁治理”原则承担治理与修复的主体责任，土壤污染治理与修复实行终身责任制。

《产业用纺织品行业“十三五”发展指导意见》发布，造纸毛毯、网、纸尿裤等迎来发展新机遇

1 月 19 日，工业和信息化部、国家发展和改革

委联合制定并发布《产业用纺织品行业“十三五”发展指导意见》(简称《意见》)。造纸脱水器材(如毛毯、网)以及纸尿裤等均属于产业用纺织品范畴，政策利好使其迎来了发展新机遇。

《意见》指明了“十三五”期间的发展目标，即产业用纺织品行业保持快速平稳增长，产业结构进一步优化，质量效益显著提高；说明了“十三五”期间产业用纺织品行业关键共性技术研发和产业化的范围。《意见》强调了“十三五”期间产业用纺织品行业加强质量标准建设、培育行业知名品牌，两次提到纸尿裤等产品领域。

此外，《意见》明确了环境保护产业用纺织品的重点发展方向，列出了大气污染治理用纺织品和水处理及污染治理用纺织品的具体推荐的工艺技术与产品的研发目标及方向，这对带动特种纸和功能纸的开发应用也具有重要的促进作用。

《关于加快推进再生资源产业发展的指导意见》发布，明确废纸等八大重点领域的治理目标

1月25日，工业和信息化部、商务部、科技部联合发布了《关于加快推进再生资源产业发展的指导意见》(简称《指导意见》)，旨在加快推动再生资源产业绿色化、循环化、协同化、高值化、专业化、集群化发展，推动再生资源产业发展成为绿色环保产业的重要支柱和新的经济增长点。

《指导意见》分别从废钢铁、废有色金属、废塑料、废纸、废旧轮胎、废弃电器电子产品、报废机动车、废旧纺织品八大重点领域提出重点任务和目标。

其中，关于废纸领域，《指导意见》指出：加快推进废纸分拣加工中心规范建设，在重点区域建立大型废纸仓储物流交易中心，有效降低废纸区域间流动成本。提升废纸分拣加工自动化水平和标准化程度，推广废纸自动分选技术和装备，提高废纸回收利用率和高值化利用水平。推动废纸利用过程中的废弃物资源化利用和无害化处置，降低废纸加工利用过程中的环境影响。到2020年，国内废纸回收利用规模达到5500万吨，国内废纸回收利用率达到50%。

《战略性新兴产业重点产品和服务指导目录》发布，造纸黑液变废为宝

2月4日，国家发展和改革委发布2017年第1号公告，公布了《战略性新兴产业重点产品和服务指导目录》(2016版)的具体内容。目录涉及战略性新兴产业五大领域8个产业(相关服务业单独列出)、40个重点方向下的174个子方向，近4000项细分产品和服务。

其中，在“生物质能产业”一项的“生物质发电”里提到：以农林剩余物、畜禽粪便、城镇生活垃圾、工业有机废液(包括造纸黑液、印染废液、酿造废液、皮革废液等)、污水污泥等生物质资源为主要原料，根据当地市场需求灵活配置发电、供热、制冷、燃气供应等多种形式的能源产品的高效、环保分布式能源站。

此外，在《指导目录》的“生物质液体燃料”中提到了纤维素乙醇生产的工艺技术和装备、F-T合成生物质液体燃料生产工艺及装备、生物质直接液化技术及成套装备等与造纸行业相关的工艺及装备。

《环境保护行政执法与刑事司法衔接工作办法》发布

2月7日，环境保护部、公安部和最高人民检察院联合发布了《环境保护行政执法与刑事司法衔接工作办法》，旨在进一步健全环境保护行政执法与刑事司法衔接工作机制，依法惩治环境犯罪行为，切实保障公众健康，推进生态文明建设。

《重点用水企业水效领跑者引领行动实施细则》发布，将在造纸行业率先试点实施

3月2日，工业和信息化部、水利部、国家发展和改革委、国家质量监督检验检疫总局4部委联合发布《重点用水企业水效领跑者引领行动实施细则》(简称《细则》)，提出将通过定期发布水效领跑者名单和指标，鼓励企业向水效领跑者学习，促进节水型工业体系建设。水效领跑者称号有效期2年，获评企业将享受节水技改项目优先被中央财政支持、提高授信额度等优惠政策。

《细则》提出，综合考虑企业取用水规模、技术工艺水平等情况，结合标准及管理等现状，选择钢铁、乙烯、纺织染整、造纸、味精5个行业先行先试，以后逐步扩展范围，形成覆盖电力、钢铁、纺织、造纸、石化、化工等重点用水行业的水效领跑者制度。

国家发展和改革委等部门出台新举措新一轮淘汰落后产能即将开始

3月9日，工业和信息化部、国家发展和改革委、人力资源部等16个部门联合发布《十六部门关于利用综合标准依法依规推动落后产能退出的指导意见》，这意味着包括造纸行业在内的相关企业要面临新一轮的淘汰落后产能潮。据悉，淘汰落后产能的主要任务在能耗方面、环保方面、质量方面、安全方面、技术方面、产能退出方面。

工业和信息化部发布《2017年工业节能监察重点工作计划》，将实施重大工业专项节能监察

3月10日，工业和信息化部发布了《2017年工业节能监察重点工作计划》(简称《计划》)。《计划》指出，按照国家节能减排、化解过剩产能、阶梯电价等重大政策部署，依据强制性节能标准，推进重点行业、重点区域能效水平提升，突出抓好重点用能企业、重点用能设备的节能监管等工作，实施重大工业专项节能监察。

工业和信息化部提出实施智能制造绿色制造标准化提升工程

3月16日，工业和信息化部发布了《2017年工业通信业标准化工作要点》(简称《工作要点》)，提出实施工业基础、智能制造和绿色制造三大标准化提升工程，综合推进重点领域的标准化工作。

《工作要点》部署了六大重点工作任务，提出以服务智能制造产业生态系统构建为目标，深入分析产业发展中的标准化需求，加强智能制造标准化工作的统筹协调，修订完善《国家智能制造标准体系建设指南》，推动将智能制造标准体系纳入两化融合中。

环境保护部印发《国家环境保护标准“十三五”发展规划》

4月5日，环境保护部印发《国家环境保护标准“十三五”发展规划》(简称《规划》)。根据《规划》，“十三五”期间，我国将启动约300项环保标准制修订项目，以及20项解决环境质量标准、污染物排放(控制)标准制修订工作中有关达标判定、排放量核算等关键和共性问题项目，发布约800项环保标准。

两部委发布《关于加快我国包装产业转型发展的指导意见》解读稿

4月13日，工业和信息化部与商务部发布《关于加快我国包装产业转型发展的指导意见》解读稿(简称《解读稿》)，对2016年12月19日发布的《关于加快我国包装产业转型发展的指导意见》进行了解读，这既是包装产业的战略部署，也是包装行业的行动指南。

《解读稿》提出：大力推行减量和生态设计，重点开发和推广废纸(金属、塑料等)自动识别、分拣、脱墨等包装废弃物循环利用技术；促进设计、生产及使用者在包装全生命周期主动践行绿色发展理念；研究制定包装废弃物回收利用促进政策，依托再生资源回收体系，利用互联网、大数据和云计算等现代信息技术和手段，优化包装废弃物回收利用产业链。

《关于禁止洋垃圾入境推进固体废物进口管理制度改革实施方案》审议通过，中央明确禁止洋垃圾入境

4月18日，习近平主席主持召开中央全面深化改革领导小组第三十四次会议，会议审议通过了《关于禁止洋垃圾入境推进固体废物进口管理制度改革实施方案》。会议指出，要以维护国家生态环境安全和人民群众身体健康为核心，完善固体废物进口管理制度，分行业分种类制定禁止固体废物进口的时间表，分批分类调整进口管理目录，综合运用法律、经济、行政手段，大幅减少进口种类和数量。要加强固体废物回收利用管理，发展循环经济。

三部门联合发布《中华人民共和国环境保护税法实施条例(征求意见稿)》

6月26日，财政部、税务总局、环境保护部3部门联合发布《中华人民共和国环境保护税法实施条例(征求意见稿)》，对环保税法涉及的部分内容加以明确，向社会公开征求意见。

环境保护部发布《造纸工业污染防治技术政策》

8 月 2 日，环境保护部发布《造纸工业污染防治技术政策》(简称《技术政策》)，旨在贯彻《中华人民共和国环境保护法》，完善环境技术管理体系，指导污染防治，保障人体健康和生态安全，引导造纸行业绿色循环低碳发展。

《技术政策》分为总则、生产过程污染防控、污染治理及综合利用、二次污染防治、鼓励研发的新技术五个部分。其中，鼓励研发的新技术包括：低能耗、少污染的非木材制浆新工艺和新技术，化学制浆全无氯漂白新技术；造纸生产过程高效节能节水技术；造纸综合废水高效“三级处理”技术及回用技术，化学污泥高效脱水技术；碱回收炉大气污染物减排技术，木质素综合利用技术，高效、低污染制浆造纸用化学品和酶制剂等新产品研发或应用技术。

《固定污染源排污许可分类管理名录(2017 年版)》发布

8 月 3 日，为贯彻落实党中央、国务院决策部署，推动排污许可制度的实施，环境保护部印发了《固定污染源排污许可分类管理名录(2017 年版)》(简称《排污许可名录》)。明确了实施排污许可管理的行业范围、按行业推进的进度、排污单位应该持证排污的最后时限以及排污许可分类管理要求。这一重要的基础性文件对进一步完善排污许可制度改革具有重要意义。

《排污许可名录》明确，对固定污染源实施分类管理。根据污染物产生量和排放量大小、环境危害程度高低，对所有 82 个行业(含 4 个通用工序)中 44 个行业进行排污许可重点管理，8 个行业进行简化管理，30 个行业根据生产工艺特点或者生产规模区分为重点管理和简化管理。对于不属于名录范围的暂不纳入排污许可管理。为覆盖 82 个行业排污许可管理需求，环保部已经发布火电、造纸、钢铁、水泥等行业排污许可技术规范。

环境保护部发布《火电、造纸行业排污许可证执法检查工作方案》

8 月 14 日，环境保护部发布了《火电、造纸行业排污许可证执法检查工作方案》。环境保护部将于 2017 年下半年开展火电与造纸行业排污许可证执法检查，以此严厉打击企业无证排污行为。环境保护部表示，对被责令停止排污，拒不执行的企业，将按有关规定移送公安机关依法处理。这次检查的主要工作任务是：严厉打击无证排污行为，查处超许可浓度限值排污行为，督促企业严格落实自行监测要求。

其中，造纸行业检查范围为所有制浆企业、造纸企业、浆纸联合企业，以及列入 2015 年环境统计口径范围内的纸制品企业。

新版《进口废物管理目录》发布，未经分拣的废纸将被禁止进口

8 月 16 日，环境保护部、商务部、国家发展和改革委、国家海关总署、国家质检总局联合发布公告，对现行的《禁止进口固体废物目录》《限制进口类可用作原料的固体废物目录》和《非限制进口类可用作原料的固体废物目录》进行了调整和修订，并发布《进口废物管理目录》(2017)。

在新版的《进口废物管理目录》中，将来自生活源的废塑料(8 个品种)、未经分拣的废纸(1 个品种)、废纺织原料(11 个品种)、钒渣(4 个品种)等 4 类 24 种固体废物，从《限制进口类可用作原料的固体废物目录》调整列入《禁止进口固体废物目录》。公告自 2017 年 12 月 31 日起执行。

多部委联合发布《京津冀及周边地区 2017—2018 年秋冬季大气污染综合治理攻坚行动方案》

8 月 18 日，环境保护部、国家发展和改革委、工业和信息化部等多部委及北京、天津、河北等省市共同印发《京津冀及周边地区 2017—2018 年秋冬季大气污染综合治理攻坚行动方案》(简称《方案》)。《方案》提出，2017 年 10 月至 2018 年 3 月，要将京津冀大气污染传输通道“2 + 26”城市 PM2.5 平均浓度同比下降 15% 以上，重污染天数同比下降 15% 以上。

《第二次全国污染源普查方案》发布

9 月 21 日，国务院办公厅印发了《第二次全国污染源普查方案》，部署开展第二次全国污染源普

查工作。计划将于 2017 年完成前期准备、启动清查建库和普查试点，2018 年完成全面普查，2019 年完成成果总结与发布。

《重点流域水污染防治规划（2016—2020 年）》发布

10 月 27 日，环境保护部、国家发展和改革委、水利部联合印发了《重点流域水污染防治规划（2016—2020 年）》（简称《规划》）。《规划》提出，到 2020 年，长江、黄河、珠江、松花江、淮河、海河、辽河七大重点流域水质优良（达到或优于Ⅲ类）比例总体达到 70% 以上，劣Ⅴ类比例控制在 5% 以下。

《规划》落实“水十条”编制实施七大重点流域水污染防治规划的要求，兼顾浙闽片河流、西南诸河、西北诸河，将“水十条”水质目标分解到各流域，明确了各流域污染防治重点方向和京津冀区域、长江经济带水环境保护重点，第一次形成覆盖全国范围的重点流域水污染防治规划。在全国 1784 个控制单元的基础上，《规划》筛选了 580 个优先控制单元，进一步细分为 283 个水质改善型和 297 个防止退化型单元，提出了优先控制单元主要防治任务，实施分级分类精细化管理。

《排污许可管理办法（试行）》审议通过，将加大无证排污处罚力度

11 月 6 日，环境保护部召开会议，审议并原则通过了《排污许可管理办法（试行）》。会议指出，要加快推进《排污许可管理条例》出台，进一步夯实排污许可制实施的法律责任。会议强调，实施排污许可制对实现工业污染源全面达标排放、落实重点地区空气质量改善目标等工作具有重要意义。要服务好中心工作，进一步加大对无证排污和不按证排污的检查处罚力度，加大对违规项目清理整顿力度，为中心任务的完成提供有力支撑。

《建设项目竣工环境保护验收暂行办法》发布，有九种情况不能通过验收

11 月 22 日，环境保护部发布《建设项目竣工环境保护验收暂行办法》（简称《暂行办法》）。颁布此项《暂行办法》目的是贯彻落实新修改的《建设项目环境保护管理条例》，规范建设项目竣工后建设单位自主开展环境保护验收的程序和标准。《暂行办法》共分 4 章 19 条，详细明确了项目验收的程序、内容及监督检查机制，并规定，凡有九大类情况之一者将无法通过验收。

环境保护部发布《进口废纸环境保护管理规定》

12 月 15 日，环境保护部发布《进口废纸环境保护管理规定》（简称《规定》）。《规定》将进口废纸企业的生产能力限制门槛由 30 万吨/年降为 5 万吨/年。《规定》适用于申请进口《限制进口类可用作原料的固体废物目录》中废纸的环境保护管理，并明确了进口废纸的企业应符合的限制条件。

环境保护部发布《制浆造纸等 14 个行业建设项目重大变动清单（试行）》（征求意见稿）

12 月 19 日，环境保护部发布了《制浆造纸等 14 个行业建设项目重大变动清单（试行）》（征求意见稿），旨在进一步规范建设项目环境影响评价管理。征集意见截止时间为 2018 年 1 月 3 日。

此次公布的清单，第一次明文规定了制浆造纸行业建设项目中的重大变动事项，对企业今后的项目竣工验收，以及环保检查都将起到规范的作用。适用于制浆、造纸、浆纸联合以及纸制品建设项目环境影响评价管理的征求意见稿如下：

规模：制浆生产能力增加 20% 及以上；造纸生产能力增加 30% 及以上。

建设地点：项目（含配套固体废物渣场）重新选址；在原厂址附近调整（包括总平面布置变化）导致防护距离内新增敏感点。

生产工艺：制浆、造纸原料或工艺变化，或者新增漂白、脱墨、制浆废液处理、化学品制备工序，导致新增污染物或污染物排放量增加。

环境保护措施：①废水、废气处理工艺变化，导致新增污染物或污染物排放量增加（废气无组织排放改为有组织排放除外）。②废水排放去向由间接排放改为直接排放，或直接排放口位置变化。③锅炉、碱回收炉、石灰窑或焚烧炉废气排气筒高度明显降低。④危险废物处置方式由外委改为自行处置或处置方式变化导致不利环境影响加重。

（王　岩）

2016 年世界造纸工业概况

General Situation of Global Paper Industry in 2016

一、全球纸和纸板、纸浆的生产量及消费量

1. 纸和纸板生产量

2016 年全球纸和纸板总生产量为 4.1088 亿吨，比 2015 年的 4.0671 亿吨增长 1.0%。各大品种生产量分别是新闻纸 2312 万吨，比 2015 年 2409 万吨减少 4.0%；印刷书写纸 9951 万吨，比 2015 年 1.0158 亿吨减少 2.0%；生活用纸 3630 万吨，比 2015 年 3491 万吨增长 4.0%；瓦楞材料(瓦楞原纸和箱纸板) 1.6144 亿吨，比 2015 年 1.5739 亿吨增长 2.6%；其他纸板 5793 万吨，比 2015 年 5668 万吨增长 2.2%。在产品结构方面，新闻纸占 5.6%，印刷书写纸占 24.2%，生活用纸占 8.8%，瓦楞材料占 39.3%，其他纸板占 14.1%。新闻纸在纸和纸板总生产量中所占比例连续多年保持下降趋势，2016 年所占比例较 2015 年又下降了 0.3 个百分点；相反，生活用纸和瓦楞材料所占比例逐年上升，2016 年所占比例较 2015 年分别增长了 0.3 个百分点和 0.6 个百分点。

2016 年全球纸和纸板生产量仍以亚洲最高，欧洲其次，北美洲居第 3 位，生产量分别为 1.8735 亿吨、1.0736 亿吨和 0.8224 亿吨，分别占全球纸和纸板总生产量的 45.6%、26.1% 和 20.0%。与 2015 年相比，亚洲生产量增长 2.0%，欧洲生产量增长 0.7%，北美洲生产量下降 0.8%。

2016 年中国纸和纸板生产量名列首位，美国居第 2 位，日本居第 3 位，生产量分别为 1.0855 亿吨、7212 万吨和 2628 万吨，分别比 2015 年增长 1.4%、下降 0.7% 和增长 0.2%。这 3 个国家纸和纸板生产量分别占全球纸和纸板总生产量的 26.4%、17.6% 和 6.4%，这 3 个国家纸和纸板总生产量占全球纸和纸板总生产量的 50.4%，已超过 1/2。中国纸和纸板总生产量在全球纸和纸板总生产量所占比例由 2005 年的 15.3% 增长至 2016 年的 26.4%，超过全球纸和纸板总生产量的 1/4。

表 1 为 2016 年纸和纸板生产量排名前 10 位的国家。2015 年排名前 10 位的国家在 2016 年仍位列前 10 位，而且前 8 位的名次不变，只是芬兰和加拿大位置对调。在这 10 个造纸大国中，较 2015 年形势有所好转，只有 3 个国家纸和纸板生产量是负增长，尤以加拿大为甚，为 -2.0%，但远好于 2015 年的 -6.7%；而中国仍以 1.4% 的速度增长。

表 1　2016 年纸和纸板生产量排名前 10 位的国家

排序	国家	生产量/万吨	同比/%
1	中国	10855	1.4
2	美国	7212	-0.7
3	日本	2628	0.2
4	德国	2263	0.1
5	韩国	1165	0.4
6	印度	1126	0.2
7	印度尼西亚	1093	0.5
8	巴西	1046	0.1
9	芬兰	1014	-1.7
10	加拿大	1012	-2.0

2. 纸和纸板消费量

2016 年全球纸和纸板表观消费量为 4.1358 亿吨，比 2015 年的 4.0968 亿吨增长 1.0%。全球人均表观消费量为 56.5 千克。世界各地区中以北美洲人均表观消费量最高，为 212.7 千克，其次是欧洲和大洋洲，分别为 116.6 千克和 114.1 千克。拉丁美洲地区人均表观消费量为 45.5 千克，亚洲为 46.9 千克，非洲只有 7.7 千克。

2016 年世界各国中，中国纸和纸板表观消费量

最高，为1.0419亿吨；其次是美国，为7082万吨；再次是日本，为2644万吨。这3个国家的人均表观消费量分别是75.0千克、218.6千克和208.7千克。

表2和表3分别列出了2016年纸和纸板表观消费量和人均表观消费量排名前10位的国家。表观消费量超过1000万吨的6个国家中，印度、中国、意大利的表观消费量比2015年分别增长了3.5%、0.65%和0.2%；美国持平；日本和德国是负增长，分别为-1.2%和-0.7%。

表2　2016年纸和纸板表观消费量排名前10位的国家

排序	国家	表观消费量/万吨	同比/%
1	中国	10419	0.65
2	美国	7082	0
3	日本	2644	-1.2
4	德国	2022	-0.7
5	印度	1356	3.5
6	意大利	1017	0.2
7	韩国	987	1.8
8	巴西	943	-1.7
9	法国	878	0.1
10	英国	864	-4.6

表3　2016年纸和纸板人均表观消费量排名前10位的国家

排序	国家	人均表观消费量/千克
1	比利时	310.9
2	斯洛文尼亚	285.3
3	德国	250.4
4	奥地利	235.6
5	美国	218.6
6	日本	208.7
7	芬兰	202.8
8	阿联酋	202.8
9	新西兰	200.4
10	韩国	193.8

3. 纸浆生产量和消费量

2016年全球纸浆总生产量为1.8055亿吨，比2015年1.7877亿吨增长1.0%。其中，化学浆生产量1.3770亿吨，比2015年增长1.78%；机械浆生产量2852万吨，比2015年增长3.02%。北美洲纸浆总生产量为6431万吨，比2015年下降0.1%，北美洲纸浆总生产量占全球纸浆总生产量的35.6%。欧洲和亚洲纸浆总生产量分别为4558万吨和3848万吨，分别占全球纸浆总生产量的25.2%和21.3%。全球机械浆生产集中在北美洲和欧洲，它们的生产量分别为971万吨和1132万吨。这2个地区机械浆生产量总和占全球机械浆总生产量的73.7%。

2016年美国、巴西和加拿大是纸浆生产量最多的3个国家，其纸浆生产量分别是4781万吨、1877万吨和1650万吨。

表4列出了2016年纸浆生产量排名前10位的国家。2015年排名前10位的国家全部入围2016年的前10位。10个国家中有6个国家是负增长，其中中国下降幅度最大，为-3.0%。相反，巴西和俄罗斯增幅分别为7.7%和6.6%。

表4　2016年纸浆生产量排名前10位的国家

排序	国家	生产量/万吨	同比/%
1	美国	4781	-0.1
2	巴西	1877	7.7
3	加拿大	1650	-0.3
4	中国	1596	-3.0
5	瑞典	1114	-0.5
6	芬兰	1078	4.7
7	日本	863	-0.4
8	俄罗斯	820	6.6
9	印度尼西亚	728	5.5
10	智利	514	-0.3

2016年全球纸浆表观消费量为1.8061亿吨，比2015年的1.7957亿吨增长0.6%。

二、全球纸业贸易概况

1. 纸浆

表5和表6分别是纸浆净进口量和净出口量较多的国家。纸浆净进口量较多的国家有中国、德国、意大利、韩国、法国5个国家，他们的净进口总量为3139.5万吨。与2015年相比，中国、德国纸浆净进口量分别增长6.2%、4.1%；意大利、韩国、法国分别下降2.0%、8.7%和2.9%。除上述5个国家外，纸浆净进口量较多的国家还有日本(130万吨)和土耳其(115万吨)。纸浆净出口量较多的国家是巴西、加拿大、智利，净出口量分别为1253.7万吨、890.0万吨和463.4万吨，增幅分别为12.8%、-0.7%和7.8%，它们的净出口总量为2607万吨。纸浆净出口量较多的国家还有芬兰(283.6万吨)、印度尼西亚(257.9万吨)、瑞典(248.5万吨)、乌拉圭(233.1万吨)、俄罗斯(204.0万吨)、美国(132.0万吨)、葡萄牙(98.8万吨)。

表 5　2016 年主要纸浆净进口国

排序	国家	净进口量/万吨
1	中国	2096.4
2	德国	369.0
3	意大利	317.1
4	韩国	220.8
5	法国	136.2

表 6　2016 年主要纸浆净出口国

排序	国家	净出口量/万吨
1	巴西	1253.7
2	加拿大	890.0
3	智利	463.4
4	芬兰	283.6
5	印度尼西亚	257.9

2. 废纸

2016 年全球废纸回收量为 2.4219 亿吨，回收率为 58.6%。欧洲废纸回收量为 6665 万吨，回收率为 67.6%；北美洲回收量为 5197 万吨，回收率为 68.0%；亚洲回收量为 9973 万吨，回收率为 52.8%。北美洲是最主要的废纸净出口地区，2016 年净出口量为 2076 万吨；欧洲净出口量 890 万吨；大洋洲净出口量 166 万吨。上述 3 个地区净出口总量为 3132 万吨。这些数据表明全球可供应的废纸量在 3000 万吨左右。亚洲 2016 年废纸净进口量为 3161 万吨。

2016 年废纸进口量最多的国家是中国，高达 2850 万吨，比 2015 年 2928 万吨下降 2.7%。同年北美洲和欧洲废纸净出口总量为 2966 万吨。2016 年中国的废纸进口量占亚洲废纸净进口总量 3161 万吨的 90.2%。表 7 为 2016 年部分国家的废纸回收量及进出口量。

表 7　2016 年部分国家的废纸回收量及进出口量

国家	回收量/万吨	回收率/%	利用率/%	出口量/万吨	进口量/万吨	废纸用量/万吨
美国	4737	66.9	38.8	1975	81	2797
日本	2113	79.9	64.8	414	4	1703
德国	1536	76.0	74.7	278	431	1690
英国	781	90.4	82.1	486	7	302
法国	724	82.4	67.1	286	98	536
意大利	648	63.7	54.3	194	35	489
中国*	4964	47.6	72.0	0	2850	7813

* 根据中国造纸协会统计，1 吨废纸 = 0.8100 吨废纸浆。

3. 纸和纸板产品

表 8 和表 9 分别是部分国家纸和纸板的净出口量和净进口量。由表 8 可见，芬兰和瑞典是纸和纸板净出口量最多的国家。芬兰净出口量为 903 万吨，占其纸和纸板总生产量的 89%；瑞典和加拿大净出口量分别为 834 万吨和 449 万吨，分别占其纸和纸板总生产量的 83% 和 44%。从表 9 可见，英国是纸和纸板净进口量最多的国家，其净进口量为 496 万吨，占其表观消费量的 57.5%，1/2 以上的消费量依赖于进口。净进口量较多的国家还有墨西哥、印度和土耳其，其净进口量分别为 290 万吨、230 万吨和 200 万吨。

表 10 是 2016 年部分国家新闻纸生产量及进出口量。2016 年加拿大的新闻纸无论是生产量还是出口量都位列第 1 位，生产量 331 万吨，出口量 273 万吨，出口量占其生产量的 82%。日本新闻纸生产量 291 万吨，位列第 2 位。中国新闻纸生产量 260 万吨，居第 3 位。俄罗斯新闻纸出口量 106 万吨，占其生产量的 72%，是国际上第 2 大新闻纸出口国。加拿大、日本和中国 3 个国家新闻纸总生产量 882 万吨，占全球新闻纸总生产量的 38%。中国新闻纸生产量占全球新闻纸总生产量的 11%。美国是

表 8　2016 年部分国家纸和纸板净出口量

排序	国家	净出口量/万吨
1	芬兰	903
2	瑞典	834
3	中国	436
4	加拿大	449
5	印度尼西亚	321
6	奥地利	294
7	德国	242
8	韩国	178
9	俄罗斯	170
10	美国	130

进口新闻纸最多的国家，2016 年进口量为 161 万吨，占新闻纸表观消费量的 57%。美国新闻纸消费量由 2008 年的 681 万吨连续减至 2016 年的 282 万吨，8 年时间下降了 59%，这也反映了全球新闻纸消费量不断下降的大趋势。进口新闻纸较多的国家和地区还有印度(158 万吨)、德国(86 万吨)、英国(70 万吨)、意大利(56 万吨)、荷兰(40 万吨)、法国(31 万吨)、土耳其(26 万吨)及中国的香港地区(18 万吨)和台湾省(14 万吨)。

表 9　2016 年部分国家和地区纸和纸板净进口量

排序	国家和地区	净进口量/万吨
1	英国	496
2	墨西哥	290
3	印度	230
4	土耳其	200
5	越南	173
6	马来西亚	155
7	比利时	147
8	菲律宾	121
9	意大利	117
10	波兰	117

表 10　2016 年部分国家新闻纸生产量和进出口量　　单位：万吨

国家	生产量	进口量	出口量
加拿大	331	0.6	273
日本	291	2.4	0.5
中国	260	6	1
德国	176	86	73
美国	148	161	27
俄罗斯	148	0.1	106
韩国	139	0	79
瑞典	102	3	81
法国	69	31	60
英国	53	70	23

表 11 是 2016 年部分国家印刷书写纸的生产量和进出口量。生产量位居前 3 位的是中国、美国和日本，分别为 2525 万吨、1379 万吨和 831 万吨。印刷书写纸出口量最多的依次是德国(518 万吨)、芬兰(502 万吨)、中国(303 万吨)、印度尼西亚(287 万吨)，它们的出口量分别占其生产量的 78%、97%、12%和 64%；印刷书写纸进口量最多的依次是德国(444 万吨)、美国(441 万吨)和法国(229 万吨)，它们的进口量分别占其消费量的 76%、27%和 81%。2016 年，上述国家除中国、印度尼西亚印刷书写纸的生产量同比略有增加外，其余国家的印刷书写纸生产量都有不同程度的下降。

表 11　2016 年部分国家印刷书写纸生产量和进出口量　　单位：万吨

国家	生产量	进口量	出口量
中国	2525	76	303
美国	1379	441	171
日本	831	100	84
德国	660	444	518
芬兰	516	6	502
印度尼西亚	448	10	287
加拿大	296	69	243
瑞典	260	11	244
法国	157	229	102

表 12 是 2016 年部分国家涂布印刷纸的生产量和进出口量。涂布印刷纸生产量最高的依次是中国(755 万吨)、美国(539 万吨)、日本(486 万吨)、芬兰(330 万吨)和德国(316 万吨)；与 2015 年相比，表 12 中除比利时外各国均为减产。出口量最多的是芬兰(327 万吨)和德国(316 万吨)。进口量最多的也是德国(250 万吨)。净出口量最多的是芬兰，达 324 万吨。芬兰、日本和德国的涂布印刷纸生产量占其印刷书写纸生产量比例分别高达 64%、59%和 48%；而中国涂布印刷纸生产量仅占其印刷书写纸生产量的 30%。涂布印刷纸是中国出口量最大的纸种，2016 年出口量达 181 万吨，仅在芬兰、德国之后。

表 12　2016 年部分国家涂布印刷纸生产量和进出口量　　单位：万吨

国家	生产量	进口量	出口量
中国	755	35	181
美国	539	154	82
日本	486	37	57
芬兰	330	3	327
德国	316	250	316
意大利	202	61	131
奥地利	125	27	124
比利时	110	154	91
法国	73	113	53
瑞典	70	7	65

表 13 是 2016 年部分国家瓦楞材料的生产量和进出口量，中国的瓦楞材料生产量比美国多 1000 万吨以上，分别为 4575 万吨和 3294 万吨，占全球

瓦楞材料总生产量的28%和20%，中国和美国的瓦楞材料合计生产量已占全球瓦楞材料总生产量的近一半。瓦楞材料净出口量最大的仍为美国，净出口量达451万吨；净出口量较大的国家还有瑞典(169万吨)和德国(166万吨)。净进口量较大的国家有意大利(157万吨)和中国(60万吨)。

表13　2016年部分国家瓦楞材料的生产量和进出口量　　单位：万吨

国家	生产量	进口量	出口量
中国	4575	102	42
美国	3294	108	559
日本	936	4	39
德国	792	249	415
韩国	485	21	27
法国	355	103	144
俄罗斯	359	7	72
意大利	236	172	15
瑞典	217	27	196
加拿大	198	95	119

表14是2016年部分国家生活用纸生产量和进出口量。生活用纸生产量以中国和美国最高，分别为920万吨和788万吨。这两个国家生活用纸生产量之和占全球生活用纸总生产量的47%。生活用纸的国际贸易量较少，在表14所列的几个国家中，净出口量较高的只有意大利(75万吨)和中国(66万吨)。

表14　2016年部分国家生活用纸生产量和进出口量　单位：万吨

国家	生产量	进口量	出口量
中国	920	3	69
美国	788	96	53
日本	181	20	2
意大利	159	8	83
德国	151	72	77

参考资料：Risi有关数据和中国造纸协会发布的《中国造纸工业2016年度报告》。

（郭彩云　邝仕均）

美国出口废纸分类指南(2017 版)

Guidelines for US Export Waste Paper Classification (2017 Edition)

2016 年，美国废品回收协会(Institute of Scrap Recycling Industries，ISRI)废纸回收分会(Paper Stock Industries Chapter，PSI)对废纸分类标准进行了修订。新修订内容增加了 54 号、56 号和 58 号废纸，该部分修订内容 2016 年 6 月 1 日生效。此外，原有的 1 号、2 号和 3 号废纸以及 6 号、7 号和 8 号废报纸自 2017 年 7 月 1 日起不再使用。

为了真实反映当今市场的交易品种，增加 54 号混合废纸(MP)替代原有的 1 号、2 号和 3 号混合废纸。它包括不同质量的纸和纸板，不限纤维种类和含量，利用回收设备进行拣选和处理。具体的美国出口废纸普通类别分类指南如表 1 所示。

表 1　　美国出口废纸分类指南　普通类别废纸

编号	名称	主要内容	禁有物质含量/%	其他废物及禁有物质含量/%
4	制盒纸板边角料	由在制造折叠纸盒、折叠纸箱和其他类似纸板制品过程中产生的新边角料组成	0.5	2.0
5	工厂包装用纸	用于卷筒纸、纸捆、平板纸外包装的废纸	0.5	3.0
9	发行量过剩的报纸(OI 或 OIN)	未使用的、印刷过量的废报纸，可扎成捆状供应，其凹印和彩印部分不超过正常的数量	不许有	不许有
10	废杂志(OMG)	包括涂布的废杂志、目录及其他类似的印刷品。允许含有少量的未涂布废报纸	1.0	3.0
11	废瓦楞纸箱(OCC)	废瓦楞纸箱，面层为含废纸的箱纸板和牛皮箱纸板	1.0	5.0
12	经双重拣选的废瓦楞纸箱(DS OCC)	经双重拣选的废瓦楞纸箱，来自超市或工商业机构，面层为含废纸的箱纸板或牛皮箱纸板。此类废纸应不含盒纸板、外国制瓦楞纸箱、塑料和蜡	0.5	2.0
13	双挂面牛皮瓦楞纸箱边角料(DLK)	含双层废纸箱纸板或牛皮箱纸板的瓦楞纸箱边角料，此类废纸不允许有处理过的芯层和面层、不溶性胶黏剂、变形卷筒纸、凹入或凸出的芯层等	不许有	2.0
14	纤维纸芯	由再生纸板或挂面纸板制得的纸芯，可以是单层或多层。不含金属或塑料后盖，也不含木盖、织物碎片等	1.0	5.0
15	废褐色牛皮纸	废褐色牛皮纸袋，没有不适宜的衬层和袋里不得装有物品	不许有	0.5
16	牛皮纸混合边角料	由褐色牛皮纸新边角料，纸袋纸、纸袋碎片等组成，不得有带缝线的纸	不许有	1.0
17	手提纸袋废料	印刷或未印刷的未经漂白的新手提饮品纸袋纸和边角料，可能含有湿强剂	不许有	1.0
18	新彩色牛皮纸	由新的彩色牛皮纸边角料、纸袋纸和纸袋碎片等组成，不得有带缝线的纸	不许有	1.0

续表

编号	名称	主要内容	禁有物质含量/%	其他废物及禁有物质含量/%
19	牛皮杂货包装袋(KGB)	由褐色牛皮纸袋新边角料、纸袋纸和印刷错误的纸袋组成	不许有	1.0
20	多层牛皮纸袋	由褐色多层牛皮纸袋新边角料、纸袋纸和印刷错误的牛皮纸袋组成，不得有带缝线的纸	不许有	1.0
21	褐色牛皮信封新边角料	由未印刷过的褐色牛皮信封，以及它的边角料和信封纸组成	不许有	1.0
22	混合书刊纸纸边	由杂志、目录、插页和类似的印刷制品的切边组成，可以含有磨木浆，可以涂布或者未涂布，可以含有封面和插页，也可以含有有色纸以及经过深色印刷的纸张	不许有	2.0
23	废电话簿	由为电话簿出版商印刷的电话簿或由出版商提供的清洁的废电话簿	不许有	0.5
24	空白报纸(WBN)	未印刷的空白报纸和切边，或其他类似质量的未涂布的白色磨木浆的纸张	不许有	1.0
25	含磨木浆的电脑打印纸(GW CPO)	用于数据处理机的表格纸，可含有一定数量的彩色条纹及接触式或非接触式(如激光)电脑打印用纸	不许有	2.0
26	空白出版物用纸(CPB)	含有白色或涂布或添加磨木浆的纸张或其边角料，未印刷	不许有	1.0
27	涂布单页书刊纸纸边	杂志、目录及其他类似印刷制品的浅色印刷切边，可以含有磨木浆、涂布和未涂布的纸张，封面、插页卡纸和有色纸不得超过 2%	不许有	1.0
28	软质涂布白纸边(SWS)	由未经印刷、涂布和未涂布、不含磨木浆的白色纸张和纸边组成。允许含有少量磨木浆	不许有	1.0
29		该类废纸暂未使用		
30	硬质白纸边(HWS)	未经处理及未经印刷的白色不含磨木浆的纸及纸边	不许有	0.5
31	硬质白信封纸边(HWEC)	未经印刷、未经处理、未涂布的不含磨木浆的白色信封纸、纸边及边角料	不许有	0.5
32		该类废纸暂未使用		
33	彩色信封新边角料	彩色可漂白信封纸及其边角料、纸边，此类纸张没有经过处理、未涂布、不含磨木浆	不许有	2.0
34		该类废纸暂未使用		
35	半漂白边角料	未经印刷、未经处理及不含磨木浆的卷宗夹用纸，牛奶盒用纸板或马尼拉卡纸及边角料	不许有	2.0
36	未拣选的办公室废杂纸(UOP)	办公室使用过的废杂纸，包括打印和未打印的，允许有经过销毁处理的。此类纸张允许含有白色及彩色、涂布和未涂布纸，马尼拉纸或浅色的文件夹纸	2.0	10.0
37	经拣选的办公室废杂纸(SOP)	办公室使用过的废杂纸，主要是白色及彩色不含磨木浆的纸，不含未经漂白的纤维，允许含有少量的电脑打印纸及传真纸	1.0	5.0
38		该类废纸暂未使用		

续表

编号	名称	主要内容	禁有物质含量/%	其他废物及禁有物质含量/%
39	彩色账簿纸(MCL)	工业使用的不含磨木浆的印刷过或未印刷过的，彩色或白色的纸张和切边，所有纸张必须是未经过涂布，不含非接触印刷，可含少量无碳复写纸	0.5	2.0
40	拣选白色账簿纸(SWL)	不含磨木浆的白色账簿纸、证券纸、书写纸等的边角料，以及切开的书籍，印刷过或未印刷过的纸和纸边等，也包括类似浆种和填料含量的其他纸张	0.5	2.0
41	白色账簿纸(MWL)	工业使用的印刷过或未印刷过的白色不含磨木浆的纸张、切边和边角料等，所有纸张必须未经过涂布加工	0.5	2.0
42		该类废纸不再使用		
43	涂布书籍纸(CBS)	不含磨木浆的涂布纸或切边，也包括切开的书籍或整刀废纸。可以是印刷过或未印刷过的。允许含有一定比例的细磨木浆	不许有	2.0
44	含磨木浆的涂布纸(CGS)	含磨木浆的已印刷过的涂布纸及纸边，也包括切开的书籍或整刀废纸。不包括含磨木浆的新闻纸	不许有	2.0
45	带少量油墨的漂白纸板边角料	不含磨木浆的印刷过的漂白纸板边角料。不含印刷出错的整张纸和纸盒。不允许有蜡、防油复合层、金属材料及不可溶的油墨、胶黏剂或涂料等物质	0.5	2.0
46	印刷出错的漂白纸板	因印刷错误的不含磨木浆漂白纸板的整张纸板、纸盒和边角料。不含蜡、防油复合层、金属材料及不可溶的油墨、胶黏剂或涂料等物质	1.0	2.0
47	未经印刷的漂白纸板	未经印刷、未经处理的不含磨木浆的漂白纸板边角料、平板纸及卷筒纸。不含蜡、防油复合层、胶黏剂或涂料等不溶性物质	不许有	1.0
48	1 号漂白纸杯纸(1 号 Cup)	未经处理的涂布或未经涂布的纸杯纸和边角料。允许掺有少量彩色印刷的边角料。不允许有蜡、涂塑或其他涂料等不溶性物质	不许有	0.5
49	2 号带有印刷油墨的漂白纸杯纸(2 号 Cup)	印刷过、未经处理的成型纸杯、纸杯边角料，印刷错误的涂布或未涂布的纸杯原纸。胶黏剂必须是水溶性的。不允许有蜡、涂塑和其他不溶性涂料	不许有	1.0
50	未经印刷的漂白纸碟纸	不含磨木浆，涂布或未涂布、未经处理和未经印刷的漂白纸碟纸和边角料	不许有	0.5
51	印刷过的漂白纸碟纸	不含磨木浆，涂布或未涂布，未经处理的已经印刷的漂白纸碟和纸碟纸。不允许含有不溶性的涂料和油墨	不许有	1.0
52	无菌包装和屋顶形纸盒	液体包装纸盒，包括未使用和使用过的，聚乙烯涂布加工，单面印刷的无菌和屋顶形纸盒，漂白化学浆含量不得低于 70%，铝箔含量最高不得超过 6%，聚乙烯薄膜最高不得超过 24%	2.0	5.0
54	混合废纸(MP)	包括各种质量的纸和纸板，不受纤维组分限制，在回收设备中拣选和处理	2.0	3.0
56	经拣选的社区废纸和废报纸(SRPN)	经拣选的废报纸、邮寄宣传品、杂志纸、印刷书写纸和其他来自居民社区(例如来自住户、公寓的收集废纸和回收站的废纸)的废纸，在回收设备中拣选和处理。不含盒纸板和本色纸板(OCC、牛皮纸袋、箱纸板和牛皮纸板)	2.0	3.0

续表

编号	名称	主要内容	禁有物质含量/%	其他废物及禁有物质含量/%
58	经拣选的干净的废报纸(SCN)	来自不同分类收集模式、加工设备、废品回收站经拣选的废报纸，允许含有正常比例的凹印、彩印和涂布纸。可以含有适当比例的内插页，不允许有过量的油墨、本色纸和非纸类物质(一些工厂要求不含苯胺油墨)。其他废纸含量不超过10%	0.5	1.0

除普通类别废纸外，美国出口废纸分类指南还列出了特殊类别废纸种类，如表2所示。由于这些废纸具有某些特性(例如含有湿强剂、聚合物涂料、塑料、铝箔、复写纸、热熔胶等)，所以未归类在普通废纸类别中。但是有许多工厂可以采用特殊设备处理这些废纸使其得到应用。由于全世界有大量的纸厂在利用这些废纸，所以在此对这些特殊废纸进行编号以供参考。美国废品回收行业协会废纸回收分会尚未对这些特殊废纸设立专门的技术标准，例如所使用的湿强剂种类、蜡类物质的百分比、聚合物涂料的涂布量以及印刷在上方还是在下方等因素，具体每个类别的标准需要由买卖双方决定。

表2 美国出口废纸分类指南 PS-2017 特殊类别废纸

编号	名称
1-S	含蜡白纸杯切边
2-S	带印刷油墨的含蜡纸杯切边
3-S	聚乙烯涂布废纸杯
4-S	聚乙烯涂布漂白未印刷牛皮纸
5-S	聚乙烯涂布漂白印刷牛皮纸
6-S	聚乙烯涂布奶制品纸盒
7-S	聚乙烯涂布废纸尿布
8-S	聚乙烯涂布纸盒切边
9-S	(此类废纸不再使用)
10-S	印刷过或未经印刷的漂白含硫酸盐浆纸箔
11-S	含蜡瓦楞纸板切边
12-S	含湿强剂瓦楞纸板切边
13-S	(此号暂未使用)

续表

编号	名称
14-S	废啤酒箱
15-S	污损的纸袋废料
16-S	不含不溶胶纸和纸板(IGS)
17-S	白色含湿强剂废纸
18-S	褐色含湿强剂废纸
19-S	印刷过或彩色湿强剂废纸
20-S	废文件纸
21-S	(此号暂未使用)
22-S	横格白纸
23-S	含热熔胶的切边纸
24-S	(此号暂未使用)
25-S	带封面的书籍用纸
26-S	(此号暂未使用)
27-S	(此号暂未使用)
28-S	(此号暂未使用)
29-S	(此类废纸暂不使用)
30-S	带塑料窗的信封
31-S	衣料盒
32-S	印刷过的热磨木浆制纸
33-S	未经印刷的热磨木浆制纸
34-S	白卡片纸
35-S	经拣选的彩色账簿纸
36-S	电脑打印纸(CPO)

来源：美国废品回收行业协会(ISRI)。

(杨 扬)

国外开设制浆造纸专业的大学

Foreign Universities Offering Pulping and Papermaking Courses

美国(AMERICA)

奥本大学

奥本大学是美国一所规模比较大的有着全面教育的公立大学，成立于 1856 年。位于阿拉巴马州的奥本大学城。奥本大学设有农业学院、建筑学院、商学院、教育学院、塞缪尔吉恩工程学院、林业和野生生物科学院、研究生院、荣誉学院、人文科学院、文理学院、护理学院、哈里森药学院、数学科学院和兽医学院，另外还设有 MBA 项目。可授予本科、硕士和博士学位，专业设置广泛。与制浆造纸相关专业有：生物工程/森林工程、化学工程、环境科学、林业、材料工程。

下设 Alabama 造纸和生物资源工程研究中心。有制浆造纸基金会。

佐治亚理工学院

佐治亚理工学院始建于 1885 年 10 月 13 日，最初被称作佐治亚技术学校，位于美国佐治亚州的亚特兰大，是一所公立研究型大学。佐治亚理工学院是佐治亚大学系统的一部分，该校在佐治亚州的沙瓦纳、法国的梅斯、爱尔兰的阿斯龙、中国的上海和新加坡等地设有卫星校区。学院最初成立时，仅设立机械工程专业。1901 年，该校的专业已扩展到电子工程、土木工程、化学工程专业。1948 年，学校正式更名为佐治亚理工学院。目前，佐治亚理工学院共下设 6 所学院，包括 31 个系别，学科重点设在自然科学和技术领域。学校著名的专业有工程学、计算机、自然科学，颁发建筑学、文学和管理学。佐治亚理工学院的排名情况一直很好，在最近 10 年里，该校一直居于美国十大公立大学行列。

佐治亚理工学院的代表学科是工科。该校是美国最好的理工学院之一。造纸科技研究所(IPST)专门从事造纸科学与技术的研究及教育，是佐治亚理工学院下设的机构，在造纸科技方面处于世界一流水平。造纸科技研究所于 1989 年搬到佐治亚理工学院所在的校区，并与其建立了多方面的合作关系。学校提供有专科证书、硕士学位和博士学位，其中，硕士专业有化学与生物分子工程、化学和生物化学、材料科学与工程和机械工程等。此外还有众多的研究项目，包括防护涂层、智能包装、纤维复合材料、纳米材料、森林生物学、新化工产品、热加工、回收、环境控制、二氧化碳减排、环境可持续发展的化学处理、制浆和漂白、化学回收、脱水和干燥、涂料、腐蚀、能源、传感器和控制、全球化的影响、企业效益等。造纸科技研究所的造纸以及相关产业一直处于行业科学技术的领先水平，有着非常悠久的历史。

迈阿密大学

迈阿密大学成立于 1925 年，是一所私立的非宗教大学。迈阿密大学目前拥有建筑学院、教育学院、工学院、法学院、通信学院、工商管理学院、艺术与科学学院、海洋与大气科学学院、医学院、音乐学院、护理与卫生学院、研究生学院 12 个学院，提供 180 多个本科、硕士和博士专业。有造纸科学与工程基金会。

北卡罗莱纳州立大学

北卡罗莱纳州立大学是一所公立的研究型大学，位于美国北卡罗莱纳州雷利市，是北卡罗莱纳州教育系统的主要教育机构。北卡罗莱纳州立大学于 1887 年 3 月 7 日由北卡罗莱纳州联合会成立。如今，北卡罗莱纳州立大学在校学生超过 3 万名，是目前北卡罗莱纳州规模最大的大学。学校在农业、设计、工程和纺织品方面有着非常悠久的历史，目前学校可授予学士、硕士和博士学位，同时开设有相关领域的证书课程，专业设置广泛。

下设森林与生物材料科学系和木材与造纸科学系。

纽约州立大学

纽约州立大学最初于1816年成立于纽约波茨坦，随着各个州立大学的成立，直至1948年纽约州立大学趋于完善，由64个学院组成，近47万名在校学生和8万多名教职员工。在众多分校中以宾汉姆顿、布法罗、石溪和奥尔巴尼分校4所国家级研究型大学最为卓著。四大分校中又以宾汉姆顿分校排名和声望最高，被誉为纽约州立大学"皇冠上的珍珠"。

环境科学与林业学院——造纸与生物处理工程系设有造纸研究所。

威斯康星大学麦迪逊分校

威斯康星大学麦迪逊分校创建于1848年，位于美国威斯康星州首府麦迪逊市，是美国顶尖公立研究型大学，也是世界上最负盛名的公立大学。该校是威斯康星大学系统的旗帜性学校，是美国大学协会的创始会员之一，也是美国知名的十大联盟的创始成员之一，被誉为"公立常春藤"，与加州大学伯克利分校和密歇根大学齐名。

该校拥有人文科学研究所、埃尔维耶姆艺术博物馆、科勒艺术图书馆、米尔斯音乐图书馆、自然科学实验室、空间科学与工程中心、威斯康星临床癌症研究中心、生物技术中心、农业试验研究所、食品研究所、酶研究所、植物园、材料科学研究中心、贫困问题研究所、罗伯特－拉福莱特公共事务研究所、社会科学研究所、教育研究和发展中心、环境研究所、人口统计学和生态学中心、工业关系研究所、USDA林产品实验室、国立大气研究中心、伍兹·霍尔海洋生物学实验室等一大批知名的科研教学设施。

该校设有生物化学专业和生物能源研究中心。

缅因大学

缅因大学于1865年成立，前身是缅因农业与机械艺术学院，1897年成为缅因大学。1968年，发展成为拥有7所独立大学校园和10个独立教学中心的缅因大学体系，现为缅因州最大的大学。缅因大学主校区位于美国东北部缅因州欧洛诺市(Orono)。缅因大学下设5个学院，分别是商业、公共政策与健康学院，教育与人类发展学院，工程学院，文学院，自然资源、森林与农业学院。学校可提供学士、硕士、博士学位课程，同时开设语言中心和继续教育网络课程，为更多的学生提供学习机会。

与造纸相关的有林业生物质产品研究所，包括制浆造纸、生物质精炼等研究方向。

明尼苏达大学

明尼苏达大学双城分校是一所位于美国明尼苏达州双城(即明尼阿波利斯市－圣保罗市都会区)的公立大学，为明尼苏达大学系统中历史最悠久、规模最大的分校，常被直接称为明尼苏达大学。校园主体面积达1104.8公顷，位列全美第6位。

明尼苏达大学始建于1851年。经过160多年的发展，已经成为拥有5所分校、370个专业、5万多名在校学生以及众多国际知名教授和学者的高等教学和研究机构。明尼苏达大学是十大联盟的成员大学之一，位居最负盛名的大学之列，具有优秀的教育、体育和服务社会传统，被誉为"公立常青藤"。明尼苏达大学也是美国最具综合性的高等学府，该校共有161个学士专业、218个硕士专业和114个博士专业。明尼苏达大学拥有顶尖的理工学院，其排名一直保持在全美前20名之列。

华盛顿大学

华盛顿大学(西雅图)建于1861年，是一所公立研究型大学，也是美国西岸历史最悠久的公立大学，为美国大学协会的成员。大学建校时是私立学校，到1889年被收归华盛顿州所有。该校设有多个学院，如人造环境学院、艺术与科学学院、迈克尔G·福斯特商学院、口腔学院、教育学院、工程学院、森林资源学院、信息学院、亨利M·杰克逊国际研究学院、法学院、医学院、护理学院、海洋与渔业科学学院、药学院、丹尼尔J·埃文斯公共事务学院、公共健康学院、社会工作学院。华盛顿大学开设了多个本科、硕士、博士课程，如美国伦理研究、人类学、应用数学、艺术、亚洲语言和文学、生物学、化学、古典学、通信学、比较文学、计算机科学、舞蹈、数字艺术和实验媒体、戏剧、地球与空间科学、经济学、英语、环境研究、地理学、日耳曼语、历史、科学史与科学哲学、人文学、国际研究、法学等。

美国佛罗里达大学

佛罗里达大学(简称"UF")是位于美国佛罗里达州盖恩斯维尔(Gainesville)的一所著名的公立研究型大学。是北美顶尖大学联盟美国大学协会(AAU)成员之一，建校可追溯至1853年。

佛罗里达大学是全美入学人数排名第三的大学，在新闻传播、工程、法律、药学等多个领域都设有研究生项目，在87个院系共设有123个硕士项目和76个博士项目。

UF是由21个专门院校、100多个研究、服务机构以及教育中心所组成，提供了超过100种大学部主修科系与近200项研究所课程，且多数的课程采用小班制，一个班级通常少于 25 人，因此教学品质能维持在较高水平。

佛罗里达大学也是研究多种能源的领先者，重点是乙醇燃料、核能和太阳能领域。该校也是世界上最大的蝶类和蛾类标本收集中心之一。

UF 设置的学院包括：农学与生命科学、商业管理、建筑设计与规划、牙医、教育、工程、现代艺术、健康与人类行为、新闻传播、法律、人文艺术与科学、医学、护理、药学、公共卫生与健康、兽医。

西密歇根大学

西密歇根大学建于 1903 年，坐落于美国密歇根州喀拉马索市，是密歇根州第四大公立大学。西密歇根大学是一所研究型大学，可提供学士、硕士、博士学位。西密歇根大学设有艺术与科学学院、航空学院、哈沃什商业学院、教育学院、工程与应用科学学院、美术学院、卫生与公共服务学院和研究生学院。

与造纸相关的有造纸工程、化学工程专业。

巴西(BRAZIL)

维索萨联邦大学

维索萨联邦大学成立于 1922 年，是一所中型规模的公立研究型综合大学。

加拿大(CANADA)

新布伦瑞克大学

新布伦瑞克大学是加拿大一所坐落在新布伦兹维克省的公立大学，是加拿大资格最老的英语语言大学，也是北美地区最早的公共院校。主校区于 1785 年建立在弗雷德里克顿市，分校区于 1964 年建立于圣约翰市。另外，还有 2 个小的卫星健康科学校区分别坐落在巴瑟斯特市和蒙克顿市。新布伦瑞克大学曾被《麦克林》杂志誉为加拿大最著名的 5 所综合性大学之一。

与造纸相关的有利莫瑞克制浆造纸中心，位于加拿大新布伦瑞克省弗雷德里顿市。

英属哥伦比亚大学

英属哥伦比亚大学是加拿大著名的 8 所大学之一。成立于 1908 年，距今已有 100 多年历史。英属哥伦比亚大学以其极高的声望和影响力，以及广泛的专业设置，吸引成千上万的国内外学生前来就读。英属哥伦比亚大学不仅是北美名牌大学之一，在国际上也享有盛誉。

与造纸相关的有制浆造纸中心。

魁北克大学三河分校

魁北克大学是为了满足魁北克社会发展需要于 20 世纪 70 年代成立的一所法语大学，由分布在魁北克省几个重要地区的 10 个分校组成，是目前加拿大办学规模最大，在校学生最多的大学。魁北克大学各个分校及学院既有合作又保持相对独立，其办学方向及课程设置各具特色，其中，蒙特利尔分校(UQAM)规模最大，三河分校(UQTR)位居第二。

三河分校地处魁北克省中心地带，位于美洲第二大法裔文明古城三河市内，建校于 1969 年，开设了包括本科、硕士、博士 3 个阶段的教育，近 150 个专业的课程，现有学生 11000 多人，其中，包括来自 57 个国家的近 900 名国际学生。

魁北克大学三河分校的办学特色在于其“以人为本，研究为上”的办学方针和宽松的学习研究氛围。全校共有约 20 多个研究团队，集中在纸浆与造纸、生物工程、工业电子、中小型企业管理等领域，具备极强的科研实力。对于母语不是法语的国际学生而言，三河分校的另一个显著特点及优势是设有帮助学生更快融入法语学习的国际法语学院。

麦吉尔大学

麦吉尔大学(McGill University)，坐落在加拿大魁北克省蒙特利尔市，于 1821 年遵循 James McGill 先生的遗嘱所建，百年来一直在国际上极负盛誉，历史上与哈佛大学齐名，是一所蜚声全球的世界顶尖研究型大学。麦吉尔大学吸引了加拿大、美国及世界各地最优秀的学生，其新生入学平均分数位居加拿大第一，是全加拿大最难申请的大学。麦吉尔大学有着辉煌历史和非凡成就，长期以来，在欧美声誉崇高，极受推崇和青睐。教学及研究水准被认为可媲美美国八大常春藤盟校，其研究水平享誉世界，被称为“北方哈佛”。多次名列加拿大第一，世界大学排名前 20 位。

与造纸相关的有环境工程、生物资源工程。

麦克马斯特大学

麦克马斯特大学成立于 1887 年，位于加拿大安大略省汉密尔顿市。作为加拿大中型规模的大学，麦克马斯特大学以其独特的创新性和求实理念而成为加拿大最著名的大学之一。其革新性的教学，具有国际竞争性的奖学金和研究成果人所共知。在加拿大一流大学评比中，麦克马斯特大学连年被誉为最富有创造力与革新精神的学府。麦克马斯特大学在能源、材料、制造、机械等传统工业方面的研究能力首屈一指，在数字通讯和电脑硬件等高科技领域也堪称一流。

制浆造纸研究中心归属化学工程系。

多伦多大学

多伦多大学是加拿大最古老、最著名的公立大学之一，学校始于1827年英国乔治四世颁布的皇家宪章，是殖民时代加拿大最早建立的高等学府。受英国大学制度影响，多伦多大学是美洲少数实行独立书院制的学府，各书院享有高度自治权。多伦多大学共有3个校区，分别是位于乔治校区（St-George Campus），也是多伦多大学的主校区；位于士嘉堡的士嘉堡校区（University of Toronto at Scarborough）；以及位于密西沙加的密西沙加校区（University of Toronto at Mississauga）。多伦多大学以其极高的声望和影响力，吸引了世界各地的大批优秀学生前来就读。多伦多大学已连续多年位于加拿大国内大学排名榜榜首，被公认为加拿大综合实力最强的顶尖学府。

制浆造纸中心归属于化学工程和应用化学系，始建于1987年，由Doug Reeve教授创建。

肯高迪亚大学

肯高迪亚大学是加拿大一所综合性的公立大学，学校位于加拿大魁北克省蒙特利尔市。该校也是加拿大最大的高等教育机构之一。肯高迪亚大学的学术根源可以追溯到19世纪后期，学校最早作为2个独立的学校存在——基督教经营的罗耀拉大学和香港中华基督教青年会的乔治·威廉姆斯大学。学校在1974年由这2个机构合并而成，名字来源于蒙特利尔市的座右铭——肯高迪亚萨卢斯，意味着安宁和睦。据巴黎高等矿业学院的全球排名统计，肯高迪亚大学毕业生占据财富五百强CEO位置的比例加拿大排名第一，世界排名第33名。肯高迪亚大学也是公认的加拿大顶级的工程学院之一。

湖首大学

湖首大学于1946年成立，位于安大略省的桑德贝市。学校靠近五大湖之一的苏必利尔湖。大学地处市中心，拥有良好的天然教育环境与天然实验室。

澳大利亚（AUSTRALIA）

莫纳什大学

莫纳什大学是澳大利亚规模最大的国立大学之一，始建于1958年。莫纳什大学是澳大利亚八大名校之一，是一所国际性的大学，在墨尔本本部有6个校区；在南非、马来西亚设有分校；在全球共设有75个研究中心，此外还与美洲、亚洲、非洲、中东地区、欧洲超过110个研究中心建立了全球化研究网络与交流链接。2014年，该校将其吉普斯兰校区分离出来，与原巴拉瑞特大学合并成了澳大利亚联邦大学。莫纳什大学设有十大学院，包括艺术与设计学院、文学院、商学与经济学院、教育学院、工程学院、信息技术学院、法学院、医学护理与健康学院、制药学院以及理学院。学校的优势学科有商业与经济学、信息技术、教育、艺术与设计、工程学、法律、医学等。莫纳什大学被评为澳大利亚五星级大学。

澳大利亚制浆造纸研究院成立于1989年，是莫纳什大学化学工程系的一部分。

悉尼大学

悉尼大学（The University of Sydney）是一所世界顶尖研究型学府，始建于1850年，是澳大利亚第一所大学。悉尼大学是澳大利亚6所砂岩学府（Sandstone Universities）之一，也是澳大利亚八大名校（Group of Eight）的核心盟校成员，国际著名研究型大学联盟组织环太平洋大学联盟（APRU）、亚太国际贸易教育暨研究联盟（PACIBER）的成员大学之一。

与造纸相关专业有可持续技术、化学与生物分子工程。

日本（JAPAN）

东京大学

东京大学诞生于1877年，初设法学、理学、文学、医学4个学部，是日本第一所国立大学，也是亚洲最早的西制大学之一。学校于1886年更名为帝国大学，这也是日本建立的第一所帝国大学。1897年，易名东京帝国大学，以区分同年在京都创立的京都帝国大学；1947年9月，正式定名为东京大学。

造纸相关：农业与生命科学院生物材料科学系木材化学实验室。

北海道大学

北海道大学是日本一所国立大学，也是历史上7所旧制帝国大学之一，建立于1876年，1918年开设大学教育。硕士、博士专业开设有文学研究科、教育学研究科、法学研究科、经济学研究科、理学院研究院、医学研究科、齿学研究科、药学研究科、工学研究科、农学院研究院、兽医学研究科、水产科学院、水产科学研究院、国际广报媒体研究科、情报科学研究科、环境科学院、地球环境科学研究院、生命科学院、先端生命科学研究院、公共政策学教育部、连协研究部。大学附属研究所包括低温科学研究所、电子科学研究所、遗传因子病制御研究所、机器分析中心、高等教育机能开发综合中心、高等法政教育中心、综合博物馆等。在日本高等教育学府中占有举足轻重的地位。

造纸相关：农学院，工学院，环境学院。

韩国(KOREA)

忠北国立大学

忠北国立大学位于韩国忠清北道清州市，至今已有半个世纪的历史，是韩国的主要 10 所大学之一。自 1957 年大学最初以清州初级农业学院成立以来，现今忠北国立大学已经成长为在韩国教育和研究领域处于领先地位的综合机构。大学共设有 12 个学院，包括人文学院、社会科学学院、自然科学学院、商业管理学院、工程学院、农生学院、法学院、教育学院、人类生态学院、兽医学院、制药学院、医学院，10 个学校，55 个系和 6 个研究生院。

大学在信息通讯、保健医疗、生命工程、农业、林业、水产业等方面独具特色，特别是被指定为国家重点支援大学。

造纸相关：农生学院木材与造纸科学系。

忠南大学

忠南大学是韩国一所 4 年制国立大学，于 1952 年成立，地处具有韩国“硅谷”之称的大德研究基地。忠南大学共开设了 13 个研究生院(包括一般研究生院、经营研究生院、教育研究生院、行政研究生院、保健研究生院、产业研究生院、专利法务研究生院、安全保障研究生院、医学专门研究生院、法学专门研究生院、分析科学技术研究生院、绿色能源技术专门研究生院、新药专门研究生院)、15 个单科学院(人文学院、社会科学学院、自然科学学院、经商学院、工科学院、农业生命科学学院、法学院、医学院、药学院、生活科学学院、艺术学院、兽医学院、师范学院、看护学院、生命系统科学学院)和 1 个自由专门学部。

造纸相关：生命科学与农业学院 - 生物质材料。

联系方式：Dept. of Biobased Materials, College of Life Science and Agriculture, Chungnam National University, Daejeon, South Korea。

江原大学

江原大学建校于 1947 年，为国立综合大学，位于韩国东北部的江原道省会城市春川，由 17 个本科大学(4 年制、5 年制)，5 个研究生院(硕士 2 年、博士 3 年、硕博连读 5 年)，2 个专门研究生院(法学专门研究生院、医学专门研究生院)，共有 288 个本科专业、120 个研究生专业、59 个博士生专业，已获得博士学位的教授占 99%。

大学设有造纸工学系。

首尔国立大学

首尔国立大学原名汉城大学，是韩国最有名望的国立大学，也是韩国三大名校之一。1946 年 10 月 15 日，根据《国立汉城大学设立相关法令》合并汉城附近 10 所学校成立汉城大学，合并的学校有：京城大学、京城法学专门学校、京城工业专门学校、京城矿山专门学校、京城医学专门学校、水原农林专门学校、京城经济专门学校、京城齿科医学专门学校、京城师范学校、京城女子师范学校。开设本科、硕士和博士课程，设立人文学院、社会科学院、自然科学院、看护学院、经营学院、理工科学院、农业生命科学学院、美术学院、法学院、生活科学学院、兽医学院、药学院、音乐学院、医科学院、自由专业学院、联合专业学院等本科学院。研究生院包括一般研究生院和专门研究生院，包括保健研究生院、行政研究生院、环境研究生院、国际研究生院、齿科研究生院、经营专门研究生院、医学研究生院、法学研究生院、融合科学技术研究生院。

造纸相关：农业与生命科学学院林业科学系。

联系方式：Department of Forest Sciences, College of Agriculture and Life Sciences, Seoul National University, 151 - 921, Seoul, Korea。

庆熙大学

庆熙大学是 1949 年创办的一所综合性大学，是韩国的著名高等学府，现有 3 个校区及 20 多个系科，分布在首尔、水原和光陵。现已是代表韩国的最佳私立大学之一，在韩国排名第 5 位。该校至今开设了人文、社会、理工、医学、艺术、体育等方面的 100 多个专业，其中，经营学、经济学、医学、新闻信息学方面的研究业绩尤为突出，而且正积极引入酒店观光经营学等新学部制度。

庆熙大学开设 26 个学院和 16 个研究生院，并设有庆熙网络大学。庆熙大学开设本科、硕士、博士课程。

造纸相关：化学工程、环境工程、环境化学及新材料科学、高分子纤维新材料。

联系方式：Center for Environmental Studies，Department of Environmental Science and Engineering，Kyung Hee University，Seocheon-dong 1，Gyeonggi-Do，446－701，Korea。

印度尼西亚(INDONESIA)

茂物农业大学

茂物农业大学(IPB)兼具农、林、渔、畜以及社会科学的多种学科和领域的综合性大学，尤其热带作物研究处于世界领先水平。

马来西亚(MALAYSIA)

马来西亚国民大学

马来西亚国民大学是一所马来西亚教育部和我国教育部一致认可的公立大学。创立于 1970 年，是马来西亚一所极负盛名的综合性大学，同时也是马来西亚政府创办的第 3 所公立大学。学校排名居全亚洲前 20 位，具备学士、硕士、博士颁发资格，其工程和科技专业一直处于国内大学的领先水准。学校共设有 12 个学院，作为一所综合性大学，专业非常广泛，包括文科、理科、商科、教育、工程、法律、医学、伊斯兰研究等各类学科。

造纸相关：材料科学、环境科学。

泰国(THAILAND)

亚洲理工学院

亚洲理工学院(Asian Institute of Technology，简称 AIT)，始创于 1959 年，当时是东盟为了促进亚洲高级工程方面的教育而成立的，1967 年 11 月开始正式使用目前的学院名称。现已发展成为由全世界许多国家和地区的政府(包括我国政府)、国际组织、基金会、商务机构和个人资助的亚洲最大的国际性研究生院之一。

亚洲理工学院位于泰国巴吞他尼府，是泰国一所私立性综合大学。由 4 个学校构成：高级技术学校、内部工程学校、环境资源与开发学校和管理学校。每一个学校都具有授予博士学位、硕士学位及学士学位的资格。

造纸相关：制浆与造纸技术，环境工程管理。

印度(INDIA)

印度理工学院卢克里分校

印度理工学院是由印度政府所建设，被称为印度“科学皇冠上的瑰宝”，是印度最顶尖的工程教育与研究机构。印度理工学院培养的 IT 人才遍及世界各地，美国硅谷更是这些 IT 人才的聚集地。印度理工学院为印度软件业在世界范围内的成功作出了不可磨灭的贡献。

印度理工学院创建于 1951 年，在全国共设有 7 所校区，分别是：德里(Delhi)理工学院、坎普尔(Kanpur)理工学院、卡哈拉格普尔(Kharagpur)理工学院、马德拉斯(Madras)理工学院、孟买(Mumbai)理工学院、瓜哈提(Guwahati)理工学院和卢克里(Roorkee)理工学院。

卢克里理工学院的基础学科领域有：化学、地球科学、人类学、物理和数学；工程学科领域有：建筑、生物、化工、土木、地震、电力、电子与计算机、机械与工业、冶金以及造纸；应用研究领域有水文地理学、管理和水资源。

伊朗(IRAN)

古尔甘农业科学和自然资源大学

古尔甘农业科学和自然资源大学成立于 1957 年，大学设置 9 个学院，包括本科及研究生共 2800 人。大学位于历史古城戈勒斯坦省(Golestan)的戈尔甘市(Gorgan)。

造纸相关：制浆造纸系，林业和木材技术。

伊斯兰自由大学

伊斯兰自由大学是世界上第三大大学，世界上第一大的私立大学。总部位于伊朗德黑兰。成立于 1982 年，150 万名在校生，在国内及国外有 100 多个分支机构。

造纸相关：农业科学与自然资源系。

德黑兰大学

德黑兰大学是伊朗最古老的现代化大学，也被称作“伊朗的母亲大学”，被冠以“伊朗最好的大学”的美誉。提供 111 个学士学位项目，177 个硕士学位项目及 156 个博士学位项目。

造纸相关：自然资源系。

奥地利(AUSTRIA)

维也纳农业大学

维也纳农业大学是奥地利的一所公立高等院校，成立于1872年。该校教学与研究方向以自然科学、工程学和社会经济学等专业为主。现设有多个专业院系：材料科学与工艺技术、生物技术、水-大气-环境、纳米生物技术、化学、综合生物学和生物多样性研究、食品科学与技术、景观空间与基础设施、经济学和社会学、可持续发展农业体系、工程学与自然灾害、森林与土壤科学、应用植物科学与植物生物技术、农业生物技术和应用遗传学和细胞生物学等学院。维也纳农业大学本科课程有：食品学与生物技术、环境与生物资源管理、木材研究、农业学等；硕士专业课程有：环境与生物资源管理、景观规划与景观设计、水资源与环境、森林资源、动物学、农业生物学等；博士学位课程有：土地开垦、社会经济学。此外，维也纳农业大学还为留学生提供德语培训课程。

英国(ENGLAND)

伯明翰大学

伯明翰大学(University of Birmingham)，位于英国第二大城市伯明翰市，始建于1825年，世界百强名校，英国顶尖学府，在英国乃至全世界一直享有极高美誉。英国著名的6所“红砖大学”之一，英国名校联盟“罗素大学集团”和国际大学组织“Universitas 21”的创始成员。伯明翰大学以其优秀的教学质量与科研水平在国际上享有较高声誉。

造纸相关：环境科学。

威尔士大学

威尔士大学是一所联合大学，于1893年根据英国皇家宪章成立。2007年学校由联邦制改为独立机构，从而使其旗下的几所大学于2008年获得自主授予学位的权利，并就此成为独立的教育机构，如邦格大学、斯旺西大学、艾伯瑞斯特维斯大学等。威尔士大学因其注重教育而广为人知。

威尔士大学由6所分校和2所学院组成，这6所大学和2所学院承担了威尔士大学主要的教学和科研任务。威尔士大学是其分校和英国国内外数十所成员学院的学位证书颁发的认证和管理机构，在国内外有较大的影响。学校开设从预科到博士各种层次的专业课程，包括表演、古代史、人类学、应用哲学、考古学、中国研究、古典研究、算法、创意写作、神学、数码插图、英语与英语教学、历史学、管理与信息技术、摄影、心理学、小学教育、宗教研究、体育、旅游等。学校同时开设网络教育，主要提供研究生阶段学位和证书课程。

造纸相关：生物合成研究中心。

法国(FRENCH)

巴黎综合理工大学

巴黎综合理工大学，系1794年创立的法国工程师学校，创立时校名为“中央公共工程学院”。它是一所公立的教学、科研机构，隶属于法国国防部。从2007年起，综合理工大学成为法国高等教育和科研的核心之一——巴黎高科集团的创立成员。

巴黎综合理工大学每届培养500名工程师学生。学校还培养博士生(从1985年起)和硕士生(从2004年起)。“综合理工人”毕业后大多进入法国或者国际上的私有企业，还有20%的优秀毕业生选择进入国家高级机关单位。

麻省理工学院和哥伦比亚大学认为它是法国最负盛名的工程师大学。在世界大学排行中，《泰晤士报》将巴黎综合理工大学排在第34位；在上海交通大学的排名中位居第201位；巴黎矿业学校的“国际高等教育机构专业排名”将其排在第14位。

格勒诺布尔理工大学

格勒诺布尔理工大学(又称 le groupe Grenoble INP)成立于2007年，是由创办于1970年的国立格勒诺布尔理工学院和创建于1900年的电气学院合并而成。到2008年年初，国立格勒诺布尔综合理工学院是由6所工程师学院(土木工程学院，流体机械及环境工程学院，应用数学与信息学院，物理、电子与材料学院，国际造纸工程、印刷通讯和生物材料学院，先进系统与网络学院)、1个工程师预科班(与洛林国立理工学院和图卢兹国立理工学院合作开办)、1所博士生研究院和26个研究实验室所组成的联合体。学校主要开设的专业有：电力工程、信号处理、自动化技术、造纸工程、材料、电化学、工艺工程、机械工程、土木工程、电子学与电信、计算机信息与应用数学、核物理、固体物理、工业工程、先进工业系统。学校每年可以提供1100个文凭和近200篇博士研究论文。

下设的造纸与印刷工程学院建立于1988年，

是一所国际性的关于造纸、印刷通讯及生物材料的学校。该校是欧洲最大的工程师培训中心，属于格勒诺布尔省。法国造纸与印刷工业学校获得了 ISO 9001 认证，为有关文件印刷、包装和环境等方面培养未来的领导人。该校课程设置广泛，有很多与基础工程相结合的涉及到具体课程的选择性学科，不断适应行业的需要，随着社会的发展而发展。学校还提供了对数字信息管理的专业执照，制定了与欧洲大学合作的国际培训。该校与工业界建立了密切的合作伙伴关系，每年允许 60 个毕业生能够获得在法国甚至国外的学习机会。在纸浆和纸张工程实验室进行有助于改善流程的创新研究，以满足特定的环保要求。该校所有的这些活动都确保得到科学技术发展中的前沿教育。

芬兰(FINLAND)

阿尔托大学

阿尔托大学是一所具有古老建校历史，拥有百年经验的北欧知名全新大学，在欧洲乃至全世界享有盛誉。阿尔托大学是由欧洲顶尖级理工类院校赫尔辛基理工大学(Helsinki University of Technology)和北欧最大的艺术类院校赫尔辛基艺术设计大学(The University of Art and Design Helsinki)、全欧洲第一所商学院赫尔辛基经济学院(The Helsinki School of Economics)3 所芬兰著名大学合并建立而成，这 3 所大学分别是理工类、艺术类、经济类所属专业领域的佼佼者。世界排名第 180 位左右，国家高校排名第 2 位。

赫尔辛基理工大学于 1849 年成立于赫尔辛基市，1908 年升级为大学。目前有 246 位教授任职，超过 15000 名注册学生，分设 12 个科系，19 个学位项目。阿尔托大学颁发以下方面学位：工程学位、建筑学位、环境设计学位。

造纸相关：科技学校化学与材料科学学院林产工艺系：木材科学方向、生物质精炼方向、生物质材料方向。

埃博学术大学

埃博学术大学建于 1918 年，是一所瑞典语教学的公立大学。埃博学术大学下辖 7 个学院，分别是：艺术学院、数学与自然科学学院、经济与社会科学学院、技术学院(该学院下设信息技术系与化学工程系)、神学院、教育学院、社会与保健科学学院。埃博学术大学的主要授课语言为瑞典语，但为了吸引国际学生，该校还开设了 4 个英语授课的硕士学习项目，包括化学工程、电子与移动商务、嵌入式计算以及国际人权法。

造纸相关：纤维与纤维素工艺技术实验室。

赫尔辛基大学

赫尔辛基大学是位于芬兰首都赫尔辛基的世界级著名高等学府。1640 年创建于芬兰古都土尔库，1828 年迁至赫尔辛基。赫尔辛基大学以其悠久的历史，丰富的藏书，一流的设备，齐备的专业以及杰出的成就，闻名欧洲。它同时也是芬兰在国际上享有盛誉的著名高等学府，全球广泛使用的 Linux 操作系统于 1991 年 10 月 5 日诞生于此。世界排名第 60 位左右，国家高校排名第 1 位。

造纸相关：森林与环境工程。

坦佩雷理工大学

坦佩雷理工大学是芬兰第二大理工科类大学。约有教职员工 1800 名，其中，80% 从事教学和科研工作。学生人数为 11700 名，有 120 名海外学生在此攻读硕士学位，130 名攻读博士学位。近年来，坦佩雷理工大学吸引了越来越多的国外学生的关注，仅 2003 年就有 400 名本科交换学生。

造纸相关：造纸与包装。

奥卢大学

奥卢大学是芬兰北部城市奥卢的一所公立综合性大学，是 LAOTSE 成员学校。1958 年 7 月 8 日，奥卢大学正式成立。最早设立的学科主要为理科、工科和师范类。奥卢大学设有 6 个学院，分别是人文学院、教育学院、理学院、医学院、经济学院以及工学院。奥卢大学以研究生层次的教育为主，专业有：教育与全球化、财政与管理会计、国际商务、财政与经济学、蛋白质科学与技术、环境工程、建筑设计、极地地区的健康和福利等。

塞马应用科技大学(原南卡列里拉理工学院)

南卡列里拉理工学院位于芬兰的南芬兰省，其校区分布在该省的拉彭兰塔城和伊马特拉城，现更名为塞马应用科技大学。下辖工商管理学院、美术设计学院、卫生保健与社会服务学院、技术学院、旅游与酒店管理学院 5 个学院。塞马应用科技大学提供本科与硕士层次的高等教育，其主要授课语言为芬兰语，但为了吸引国际学生，该校还开设了一部分用英语授课的专业。塞马理工学院的本科专业有：国际商务、工商管理学、视觉艺术、设计、紧急救护、物理疗法、护理学与卫生保健、社会服务、职业病治疗、机械工程与生产、机械与制造技术、物流学、造纸技术、土木与施工工程、电气工程等，硕士专业为英语授课的工商管理学（国际商业管理方向）。

造纸相关：造纸技术。

德国（GERMAN）

弗里德里希·席勒－耶拿大学

弗里德里希·席勒－耶拿大学简称“耶拿大学”，位于德国图林根州耶拿市。耶拿大学正式成立于1558年，是一所公立的综合型大学，也是德国最古老的大学之一。

翻看耶拿大学的光辉历史，众多世界名人曾在耶拿大学讲学和进行学术研究，他们的成功和名望推动了耶拿大学成为德国学术科研的中心，耶拿市也成为闻名德国和欧洲的大学城。

德国达姆施塔特工业大学

德国达姆施塔特工业大学（Technische Universitat Darmstadt）成立于1877年，是一所世界知名的综合性大学，现有学生25000人，教职工4000人，在德国大学中综合排名前20位，工学排名第2位。该校的工程学、计算机科学和政治学等领域在国际上享有较好声誉。目前，与清华大学、同济大学、南京大学、西安交通大学、大连理工大学、香港大学、香港理工大学开展了广泛的合作与交流。

挪威（NORWAY）

挪威科技大学

1996年挪威科技大学由Tyrondeheim大学发展而成，Tyrondeheim大学是由挪威技术学院、艺术科学学院、自然历史和考古博物馆合并而成。下有7个二级学院、74个系，包括农业与美术学院、艺术学院、信息技术、数学、电气工程学院、工程科学和技术学院、药学院、自然科学与技术学院、社会科学和技术管理学院。共有在校生2000人，其中700名为外国留学生。大学每年将授予2000个专业硕士或博士学位。学校有教职工3300人。学校占地面积50公顷，学校图书馆藏书250万册，收集杂志15000册。

造纸相关：化工系生物精炼和纤维技术组。

葡萄牙（PORTUGAL）

阿威罗大学

阿威罗大学成立于1973年，迅速成为最具活力和创新的大学之一。阿威罗大学拥有近15000名学生就读本科和研究生。学校的研究领域有：环境科学与教育、自然科学与教育、数学教育、英语、葡萄牙语、葡萄牙语、法语、教育与素质教育、幼儿教育到高等教育的教师培训、工业管理、音乐、旅游、材料、工业化学品和新技术。

造纸相关：环境科学与工程。

瑞典（SWEDEN）

卡尔斯塔德大学

卡尔斯塔德大学位于瑞典卡尔斯塔德市，是一所公立大学。下设有5个系：经济学系、通讯及信息技术系、科学技术系、社会与生命科学系和艺术与教育系。大学开设了门类丰富的本科与研究生专业，包括化学、生物学、商业管理、化学工程、比较文学、计算机科学、教育学、教育工作、英语、环境和能源系统、人类地理学、信息系统、材料工程、数学、媒体和通信、护理学、物理、政治学、心理学、公共卫生学、宗教学和神学、社会学、工作生命科学、计算机科学、能源和环境工程、工程物理、地理信息系统工程、工业工程与管理、信息技术、测绘学、机电工程、创新与设计工程、信息技术、生物医学分析药剂、牙科保健等。

造纸相关：纸张表面处理中心，制浆造纸技术中心。

皇家理工学院

皇家理工学院（KTH）位于瑞典首都斯德哥尔摩市，建于1827年，与芬兰的赫尔辛基理工大学（TKK）并称为斯堪的纳维亚半岛上最大的理工类高校，同时也是欧洲理工大学的顶尖院校之一。皇家理工学院开设有丰富的英语和瑞典语授课的本科和硕士专业，如化学工程与技术、生物技术、建筑照明设计、经济创新和增长、环境和可持续的基础设施工程、大地测量学和地理信息、基础设施工程、土地管理、房地产管理、空间规划、运输系统、城市规划和设计、水系统技术、化学科学与工程、电力工程、材料科学与工程、数学、科学计算法、航空航天工程等。

造纸相关：纤维与聚合物技术学院。

（田　超　赵雨萌）

我国制浆造纸工业图书出版目录

List of Books Related to the Pulp and Paper Industry in China

一、中国轻工业出版社造纸工业图书出版目录

1. 造纸专业科学与技术图书

序号	书名	著者	定价/元	开本	书号
1	中高浓制浆造纸技术的理论与实践（精装）——“十一五”国家重点图书/国家科学技术学术著作出版基金	陈克复　主编	60.00	16 开	ISBN978-7-5019-5877-1
2	制浆造纸现代节水与污水资源化技术——“十一五”国家重点图书出版规划项目	林跃梅　主编	58.00	异 16 开	ISBN978-7-5019-6844-2
3	纸张颜料涂布与表面施胶——芬兰造纸科学技术丛书 11 分册	［芬］Esa · Lehtinen 著/曹邦威　译	88.00	16 开	ISBN7-5019-4651-5
4	制浆造纸工业的环境治理——造纸科学与技术丛书	曹邦威　编著	45.00	异 16 开	ISBN978-7-5019-6054-5
5	制浆造纸节能新技术——造纸科学与技术丛书	刘秉钺　主编	58.00	异 16 开	ISBN978-7-5019-7114-5
6	纸和纸板的后加工——造纸科学与技术丛书	曹邦威　编著	38.00	异 16 开	ISBN978-7-5019-6643-1
7	造纸工业安全生产——造纸科学与技术丛书	万金泉　等编著	30.00	异 16 开	ISBN978-7-5019-7504-4
8	当代废纸制浆技术——实用造纸技术丛书	陈庆蔚　编著	59.00	大 32 开	ISBN7-5019-4827-5
9	造纸毛毯技术与应用——实用造纸技术丛书	吕向阳　等编著	25.00	16 开	ISBN978-7-5019-6996-8
10	造纸车间技术管理的优化及技术支持——实用造纸技术丛书	张承武，段永成　编著	18.00	大 32 开	ISBN978-7-5019-6953-1
11	制浆造纸厂化验室化验检验方法——实用造纸技术丛书	吴　楠　等编著	42.00	16 开	ISBN978-7-5019-6868-8
12	英汉造纸工业词汇	许向阳　编	50.00	32 开	ISBN7-5019-4269-2
13	英汉-汉英造纸工业词汇	许向阳　编	80.00	32 开	ISBN978-7-5019-6966-1
14	造纸辞典	刘仁庆　编著	35.00	大 32 开	ISBN7-5019-5153-5
15	中国造纸原料纤维特性及显微图谱	王菊华　主编	200.00	16 开	ISBN978-7-5019-2345-0

续表

序号	书名	著者	定价/元	开本	书号
16	简明中国手工纸(书画纸)及书画常识辞典	刘仁庆　编著	39.00	异16开	ISBN978-7-5019-6391-1
17	纸浆性质软测量原理与技术——造纸科学与技术专著丛书	刘焕彬　著	55.00	16开	ISBN978-7-5019-6629-5
18	废纸回用过程中胶黏物障碍与控制——造纸科学与技术专著丛书	王双飞，骆莲新编著	35.00	16开	ISBN978-7-5019-6954-8
19	纸包装结构设计(第二版)	孙　诚　著	35.00	异16开	ISBN7-5019-5216-7
20	造纸趣话妙读	刘仁庆　著	28.00	大32开	ISBN978-7-5019-6055-2
21	最新纸机抄造工艺	[美]B. A. Thorp编/曹邦威　译	98.00	16开	ISBN7-5019-2536-4
22	制浆造纸手册——第九分册-纸张抄造	张承武　主编	68.00	大32开	ISBN7-5019-2004-4
23	造纸工业环境工程导论	万金泉，马邑文编著	30.00	大32开	ISBN7-5019-4935-9
24	造纸湿部化学原理及其应用	张光华　编	16.00	大32开	ISBN7-5019-2254-3
25	工业纸板制造与应用	李锡香　编著	25.00	大32开	ISBN7-5019-2562-3
26	制浆造纸节能技术	刘秉钺　编著	30.00	大32开	ISBN7-5019-2405-8
27	麦草浆碱回收技术指南	张　珂　主编	23.00	大32开	ISBN7-5019-2461-9
28	纸加工原理与技术	张美云　编著	34.00	大32开	ISBN978-7-5019-2127-X
29	制浆技术问答(第二版)	梁实梅　编著	40.00	大32开	ISBN7-5019-4270-6
30	造纸技术问答	梁实梅　编著	40.00	大32开	ISBN978-7-5019-1417-6
31	制浆造纸工业环境管理	联合国环境署　著	23.00	大32开	ISBN7-5019-2236-5
32	最新碱法制浆技术	曹邦威　译	98.00	16开	ISBN978-7-5019-1417-3
33	表面活性剂在造纸中的应用技术	张光华　编著	25.00	大32开	ISBN978-7-5019-3083-8
34	棉短绒制浆概论	陈嘉川　编著	35.00	16开	ISBN978-7-5019-7894-6
35	制浆造纸工艺计算手册	王忠厚，许志晔主编	68.00	16开	ISBN978-7-5019-8037-6
36	制浆造纸经济学——中芬合著：造纸及其装备科学技术丛书(中文版)第一卷	姜丰伟，曹振雷，胡　楠　著	68.00	16开	ISBN978-7-5019-8692-7
37	禾草类纤维制浆造纸——中芬合著：造纸及其装备科学技术丛书(中文版)第二卷	李忠正　著	68.00	16开	ISBN978-7-5019-9156-3
38	制浆技术——造纸及其装备科学技术丛书	詹怀宇　主编	89.00	16开	ISBN978-7-5019-8866 +2
39	纸张结构与印刷适性——造纸及其装备科学技术丛书	周景辉　主编	60.00	16开	ISBN978-7-5019-9014-6
40	现代造纸机械状态监测与故障诊断	张　辉　主编	50.00	16开	ISBN978-7-5019-9188-4
41	造纸助留剂与干湿增强剂的理论与应用——造纸科学与技术丛书—十二五国家重点图书出版规划项目	曹邦威　编著	58.00	异16开	ISBN978-7-5019-8146-5
42	植物纤维资源化学	李忠正　主编	79.00	16开	ISBN978-7-5019-8701-6
43	化学制浆 II 化学品和能量回收——中芬合著：造纸及其装备科学技术丛书(中文版)第三卷	刘秉钺　等译著	120.00	16开	ISBN978-7-5019-8118-2

续表

序号	书名	著者	定价/元	开本	书号
44	环境管理和控制——中芬合著：造纸及其装备科学技术丛书(中文版)第四卷	程言君　等译	68.00	16开	ISBN978-7-5019-9735-0
45	森林资源的生物质精炼——中芬合著：造纸及其装备科学技术丛书(中文版)第五卷	孙润仓　等译	68.00	16开	ISBN978-7-5019-9736-7
46	江苏造纸简史	张　辉　主编	48.00	异16开	ISBN978-7-5019-9545-5
47	造纸技术——造纸及其装备科学技术丛书	张美云　主编	68.00	16开	ISBN978-7-5019-9488-5
48	机械制浆——中芬合著：造纸及其装备科学技术丛书(中文版)第六卷	詹怀宇　等译著	140.00	16开	ISBN978-7-5184-0036-2
49	化学制浆 I——中芬合著：造纸及其装备科学技术丛书(中文版)第七卷	刘秋娟　等译著	200.00	16开	ISBN978-7-5184-0668-5
50	造纸化学——中芬合著：造纸及其装备科学技术丛书(中文版)第八卷	张素风　等译著	90.00	16开	ISBN978-7-5184-0588-6
51	造纸 I　纸料制备与湿部——中芬合著：造纸及其装备科学技术丛书(中文版)第九卷	刘温霞　等译著	140.00	16开	ISBN978-7-5184-0494-0
52	造纸 II　干燥——中芬合著：造纸及其装备科学技术丛书(中文版)第十卷	张　辉　等译	190.00	16开	ISBN978-7-51841912-8
53	造纸 III　纸页完成——中芬合著：造纸及其装备科学技术丛书(中文版)第十一卷	何北海　等译	110.00	16开	ISBN978-7-51841102-3
54	森林资源与可持续性管理——中芬合著：造纸及其装备科学技术丛书(中文版)第十二卷	殷锡纬　等译著	160.00	16开	ISBN978-7-5184-0997-6
55	纸和纸板加工——中芬合著：造纸及其装备科学技术丛书(中文版)第十三卷	张美云　等译著	100.00	16开	ISBN978-7-5184-1105-4
56	中国造纸工业绿色进展及其工程技术	陈克复　主编	70.00	16开	ISBN978-7-5184-0659-3
57	纸张物理性能——中芬合著：造纸及其装备科学技术丛书(中文版)第十五卷	刘金刚　等译	100.00	16开	ISBN978-7-5184-1337-9
58	材料及其防腐和维护——中芬合著：造纸及其装备科学技术丛书(中文版)第十六卷	周　耘　等译	110.00	16开	ISBN978-7-5184-1355-3
59	森林产品化学——中芬合著：造纸及其装备科学技术丛书(中文版)第十七卷	冯文英　等译	90.00	16开	ISBN978-7-5184-1499-4
60	造纸过程控制与维护管理——中芬合著：造纸及其装备科学技术丛书(中文版)第十八卷	沈文浩　等译	120.00	16开	ISBN978-7-5184-1505-2
61	纸浆与纸张检测——中芬合著：造纸及其装备科学技术丛书(中文版)第十九卷	吕卫军　等译	80.00	16开	ISBN978-7-5184-1461-1
62	回收纤维与脱墨——中芬合著：造纸及其装备科学技术丛书(中文版)第二十一卷	付时雨　等译	200.00	16开	ISBN978-7-5184-1656-1
63	中国造纸年鉴 2017	中国造纸学会　编	300.00	16开	SBN978-7-5184-1547-2
64	山东造纸产业转型升级理论与实践研究	邹志勇，王泽风　编著	98.00	16开	ISBN978-7-51840805-4

2. 造纸专业高等学校专业教材

序号	书名	著者	定价/元	开本	书号
1	制浆造纸工程大全(第二版)——北欧及北美造纸专业本科教材	[加拿大]G. A. 斯穆克 著/曹邦威 译	50.00	16开	ISBN7-5019-3132-1
2	造纸工业清洁生产原理与技术——教育部高等学校轻化工程教学指导委员会推荐特色教材	何北海 主编	34.00	16开	ISBN7-5019-5681-2
3	制浆造纸概论——教育部高等学校轻化工程教学指导委员会推荐特色教材	刘 忠 主编	30.00	16开	ISBN978-7-5019-5740-8
4	制浆造纸专业英语——高等学校专业教材	曹邦威，张东成 编	18.00	16开	ISBN7-5019-5349-3
5	制浆原理与工程(第三版)——普通高等教育"十一五"国家级规划教材	詹怀宇 主编	58.00	16开	ISBN978-7-5019-6532-8
6	造纸原理与工程(第三版)——普通高等教育"十一五"国家级规划教材	何北海 主编	58.00	16开	ISBN978-7-5019-4411-3
7	纸页的结构与性能——教育部高等学校轻化工程教学指导委员会推荐特色教材	胡开堂 主编	40.00	16开	ISBN7-5019-5060-1
8	植物纤维化学(第四版)——高等学校专业教材	裴继诚 主编	48.00	16开	ISBN978-7-5019-8744-3
9	制浆造纸分析与检测——普通高等教育"十五"国家级规划教材	石淑兰 主编	48.00	16开	ISBN7-5019-3920-9
10	制浆造纸机械与设备(上)(第三版)——普通高等教育"十一五"国家级规划教材	陈克复 主编	58.00	16开	ISBN7-5019-8137-3
11	制浆造纸机械与设备(下)(第三版)——普通高等教育"十一五"国家级规划教材	陈克复 主编	58.00	16开	ISBN7-5019-8221-9
12	制浆造纸助剂——高等学校专业教材	安郁琴，刘 忠 主编	28.00	大32开	ISBN7-5019-3925-X
13	制浆造纸污染控制——普通高等教育"十一五"国家级规划教材	刘秉钺 主编	35.00	16开	ISBN978-7-5019-6271-6
14	制浆造纸工程设计——普通高等教育"十一五"国家级规划教材	王志杰 主编	34.00	16开	ISBN978-7-5019-6660-8
15	制浆造纸过程自动测量与控制(第二版)——普通高等教育"十一五"国家级规划教材	刘焕彬 主编	54.00	16开	ISBN7-5019-6886-2
16	加工纸与特种纸(第三版)——普通高等教育"十一五"国家级规划教材	张美云 主编	39.00	16开	ISBN978-7-5019-7130-5
17	热工基础与造纸节能(第二版)——教育部高等学校轻工与食品学科教学指导委员会推荐教材	刘秉钺 主编	36.00	16开	ISBN978-7-5019-7086-5
18	制浆造纸实验——普通高等教育轻工与食品专业实验类系列规划教材	王双飞 主编	23.00	16开	ISBN978-7-5019-7489-4

续表

序号	书名	著者	定价/元	开本	书号
19	造纸湿部化学——普通高等教育"十一五"国家级规划教材	刘　忠　主编	35.00	16 开	ISBN978-7-5019-7740-6
20	加工纸与特种纸实验教程——普通高等教育"十二五"规划教材	刘文波　主编	24.00	16 开	ISBN978-7-5019-8847-1
21	现代造纸机械状态监测与故障诊断(第二版)——普通高等教育"十二五"规划教材	张　辉　主编	50.00	16 开	ISBN978-7-5019-9188-4
22	现代造纸机械状态监测与故障诊断(第三版)——普通高等教育"十二五"规划教材	张　辉　主编	65.00	16 开	ISBN978-7-5184-0833-7
23	制浆造纸工程设计——"十三五"普通高等教育本科规划教材	陈务平　主编	45.00	16 开	ISBN978-7-5184-0819-1
24	制浆造纸污染控制(第二版)——"十二五"普通高等教育本科国家级规划教材	韩　颖　主编	55.00	16 开	ISBN978-7-5184-0732-3
25	造纸技术实用教程——"十三五"普通高等教育本科规划教材	沙力争　主编	60.00	16 开	ISBN978-7-5184-1270-9

3. 造纸专业高等职业教育教材

序号	书名	著者	定价/元	开本	书号
1	制浆造纸分析与检验	林润惠　主编	36.00	大 32 开	ISBN7-5019-2662-6
2	制浆工艺及设备	邝守敏　主编	48.00	16 开	ISBN7-5019-2912-2
3	造纸工艺及设备	吴葆敦　主编	45.00	16 开	ISBN978-7-5019-2735-9
4	制浆造纸工厂设计概论	李土根　主编	36.00	16 开	ISBN7-5019-2759-6
5	制浆造纸专业英语	李桂芳　主编	15.00	大 32 开	ISBN7-5019-2795-2
6	纸加工技术	沙力争　主编	32.00	16 开	ISBN978-7-5019-6657-8/TS. 3874
7	制浆造纸设备安装与维修(第二版)	李向华　主编	28.00	16 开	ISBN978-7-5019-7041-4
8	制浆造纸助剂及其应用技术	刘一山　主编	30.00	16 开	ISBN978-7-5019-7720-8
9	制浆技术(第三版)	陈向斌　主编	48.00	16 开	ISBN978-7-5019-9473-1
10	造纸技术(第三版)	郭　纬　主编	45.00	16 开	ISBN978-7-5184-1394-2

4. 造纸专业技工教材

序号	书名	著者	定价/元	开本	书号
1	制浆造纸设备与操作(第二版)	王忠厚　主编	45.00	16 开	ISBN7-5019-5266-3
2	制浆造纸工艺(第二版)	王忠厚　主编	42.00	16 开	ISBN 7-5019-5205-1
3	长网纸机抄造	曹邦威，张周宏　编	18.00	大 32 开	ISBN7-5019-2167-9

5. 造纸工业行业标准

序号	书名	著者	定价/元	开本	书号
1	中国轻工业标准汇编(造纸卷)上册	本书编写组编	108	大 16 开	ISBN978-7-5019-7025-6
2	中国轻工业标准汇编(造纸卷)下册	本书编写组编	138	大 16 开	ISBN978-7-5019-7026-1

购书办法：各地新华书店，本社网站(http：//www.chlip.com.cn)、当当网(http：//list.dangdang.com/01.63.18.htm)、卓越网(http：//www.joyo.com/)、邮购联系电话：010-65241695

造纸专业编辑　林媛：01085119815/1399084423@qq.com

二、其他出版社制浆造纸工业图书出版目录

序号	书名	著者	出版单位	定价/元	开本	书号
1	制浆造纸仪表及自动化	陈　黔，张惠玲 编著	冶金工业出版社	28.00	16 开	ISBN978-7-5024-7494-2
2	制浆造纸化验(高级工)	赖建萍，陈　元　等 编著	冶金工业出版社	25.00	16 开	ISBN978-7-5024-7493-5
3	制浆造纸机械与设备	金海兰，张　丹　等 编著	化学工业出版社	30.00	16 开	ISBN978-7-1222-0351-9
4	制浆造纸技术专业英语	云　娜，曹晓瑶 编著	华南理工大学出版社	16.00	32 开	ISBN978-7-5623-3509-2
5	制浆造纸关键技术理论与实践	陈克复，杨仕党　等 编著	华南理工大学出版社	50.00	16 开	ISBN978-7-5623-5095-8
6	制浆造纸行业全过程降污减排技术与评估方法	孙德智，张立秋　等 编著	中国环境出版社	45.00	16 开	ISBN978-7-5111-1089-3
7	造纸废渣资源综合利用	汪　苹，宋　云　等 编著	化学工业出版社	58.00	16 开	ISBN978-7-1223-0611-1
8	造纸工业三废资源综合利用技术	汪　苹，宋　云　等 编著	化学工业出版社	80.00	16 开	ISBN978-7-1222-1150-7
9	2010—2011 制浆造纸科学技术学科发展报告	中国造纸学会　编著	中国科学技术出版社	33.00	16 开	ISBN978-7-5046-5813-5
10	无污染制浆新技术	中国科协学会学术部 编著	中国科学技术出版社	18.00	16 开	ISBN978-7-5046-5042-9
11	生物质精炼技术与传统纸浆造纸工业	中国科协学会学术部 编著	中国科学技术出版社	18.00	16 开	ISBN978-7-5046-6334-4
12	新概念造纸技术与纸基功能材料	中国科协学会学术部 编著	中国科学技术出版社	18.00	16 开	ISBN978-7-5046-6765-6

（林　媛）

《PPI》杂志 2016 年全球造纸排名前 100 位的公司

（按销售额排名）

Top 100 Paper Companies Selected by *PPI* in 2016 (Ranked by Sales)

2016 年全球造纸排名前 100 位的公司（按销售额排名）

公司名称及总部地址	制浆、造纸及纸加工业务				2016 年产量		雇员人数/个
	2016 年排名	2015 年排名	2016 年销售额/亿美元	同比/%	商品浆/万吨	纸和纸板/万吨	
International Paper（Memphis，TN，美国）	1	1	210.790	-5.8	187.0	2239.5	55000
Procter & Gamble（Cincinnati，Ohio，美国）	2	2	182.830	-9.7	0	0	105000
WestRock（Norcross，Georgia，美国）	3	4	140.520	26.8	52.3	1161.1	39000
Oji Holdings Corporation（Tokyo，日本）	4	3	132.379	0.4	220.0	1059.4	35392
UPM（Helsinki，芬兰）	5	5	107.793	-1.6	260.0	961.3	19310
SvenskaCellulosaAktiebolaget（SCA）（Stockholm，瑞典）	6	6	98.299	3.9	40.8	599.4	46429
Kimberly Clark（Dallas，TX，美国）	7	7	91.170	-3.1	0	—	42000
Smurfit Kappa Group（Dublin，爱尔兰）	8	9	90.268	0.6	0	700.0	45524
Marubeni（Tokyo，日本）	9	10	89.586	3.8	—	63.0	4458
Stora Enso（Helsinki，芬兰）	10	8	88.587	-4.3	206.8	893.0	26269
Mondi（Addlestone，英国；Johannesburg，南非）	11	12	73.706	-2.3	54.7	543.6	25400
DS Smith（Maidenhead，Berkshire，英国）	12	13	60.164	17.7	0	805.9	25674
Packaging Corporation of America（LakeForest，IL，美国）	13	14	57.790	0.6	4.5	441.0	14000
Nippon Paper（Tokyo，日本）	14	11	55.943	-4.5	6.4	667.4	13057
Sappi（Johannesburg，南非）	15	15	51.410	-4.6	111.1	725.3	12051
Domtar（Montreal，QC，加拿大）	16	16	50.980	-3.2	189.4	274.6	10000
玖龙纸业（控股）有限公司（中国广东）	17	18	48.312	4.5	0	1320.0	16300
Rengo（Osaka，日本）	18	20	47.257	2.6	0	293.5	16038
Empresas CMPC（Santiago，智利）	19	22	43.420	11.6	368.8	143.4	17555
Graphic Packaging（Marietta，GA，美国）	20	19	42.981	3.3	0	239.8	13000
Sonoco Products（Hartsville，SC，美国）	21	23	37.366	-3.0	0	154.2	20000

续表

公司名称及总部地址	制浆、造纸及纸加工业务				2016 年产量		雇员人数/个
	2016 年排名	2015 年排名	2016 年销售额/亿美元	同比/%	商品浆/万吨	纸和纸板/万吨	
山东晨鸣纸业集团股份有限公司(中国山东)	22	30	34.484	26.7	0	462.3	12986
Metsä Group(Espoo，芬兰)	23	17	33.999	-3.6	194.2	173.1	9300
Sequana(Paris，法国)	24	24	32.914	-9.8	0	47.0	8530
KapStone Paper & Packaging(Northbrook，IL，美国)	25	31	30.770	10.3	0	244.9	6400
Cascades(Kingsey Falls，QC，加拿大)	26	29	30.186	3.6	0	272.0	11000
Resolute Forest Products(Montreal，QC，加拿大)	27	26	29.490	-5.1	146.9	366.6	8300
Orora(Hawthorn，Victoria，澳大利亚)	28	102	28.612	—	—	—	6200
SuzanoPapel e Celulose(São Paulo，巴西)	29	27	28.321	-3.3	350.0	118.0	8400
Daio Paper(Tokyo，日本)	30	21	27.578	-36.7	—	351.8	9594
FibriaCelulose(São Paulo，巴西)	31	28	27.556	-4.6	500.0	0	18000
Verso Paper(Memphis，TN，美国)	32	25	26.000	-16.7	29.0	320.0	4500
BillerudKorsnäs AB(Solna，瑞典)	33	32	25.299	-0.7	—	277.2	4274
Mayr-MelnhofKarton(Vienna，奥地利)	34	33	25.144	4.2	0	166.9	9927
Klabin(São Paulo，巴西)	35	45	23.512	44.2	79.7	185.2	13833
Lenzing Group(Lenzing，奥地利)	36	36	23.434	10.0	—	0	6218
Hokuetsu Kishu Paper(Tokyo，日本)	37	40	23.419	6.8	67.1	194.8	4769
理文造纸有限公司(中国香港)	38	34	22.815	0.5	0	563.0	6900
山东太阳纸业股份有限公司(中国山东)	39	48	21.761	46.1	79.0	225.0	6844
Siam Cement Public Company(Bangkok，泰国)	40	37	21.124	5.1	11.7	281.7	53800
Arauco(Santiago，智利)	41	35	20.411	-9.0	369.5	0	14239
Sofidel(Rome，意大利)	42	38	20.384	1.8	0	105.8	5627
永丰余纸业有限公司(中国台湾)	43	39	19.642	-0.4	21.7	248.7	10623
Heinzel Group(Vienna，奥地利)	44	47	19.509	19.1	35.4	59.3	2441
Clearwater Paper(Spokane，Washington，美国)	45	44	17.347	-1.0	0.2	109.7	3370
安徽山鹰纸业股份有限公司(中国安徽)	46	53	17.218	22.7	0	354.0	8817
The Navigator Company(Setúbal，葡萄牙)	47	49	16.999	7.7	29.1	163.4	3111
Burgo Group(Altavilla，Vicentina，意大利)	48	43	16.662	-5.8	0	203.3	3670
Glatfelter(York，PA，美国)	49	46	16.048	-3.4	0	94.8	4346
维达纸业有限公司(中国广东)	50	60	15.532	28.8	0	104.0	11257
Palm(Aalen，德国)	51	52	15.489	3.7	0	—	4000
Catalyst Paper(Richmond，BC，加拿大)	52	50	15.089	0.4	44.3	190.0	2600
Lecta(Barcelona，西班牙)	53	51	14.928	-3.8	0	152.3	3288
Prinzhorn Holding(Wiener Neudorf，奥地利)	54	56	14.165	4.0	—	—	6076

续表

公司名称及总部地址	制浆、造纸及纸加工业务				2016 年产量		雇员人数/个
	2016 年排名	2015 年排名	2016 年销售额/亿美元	同比/%	商品浆/万吨	纸和纸板/万吨	
Norske Skog(Skøyen，Oslo，挪威)	55	54	14.104	2.7	0	250.6	2462
Mitsubishi Paper Mills(Tokyo，日本)	56	42	13.830	-30.5	—	137.2	3697
Holmen(Stockholm，瑞典)	57	58	12.989	-2.6	5.6	167.9	2989
正隆纸业有限公司(中国台湾)	58	57	12.428	-7.6	0	190.0	8271
华泰集团有限公司(中国山东)	59	59	12.128	5.8	0	207.3	7522
Ahlstrom(Helsinki，芬兰)	60	61	12.014	1.0	0	38.1	3255
Bio-PAPPEL(Durango，墨西哥)	61	67	11.705	28.8	0	140.9	10822
恒安国际集团有限公司(中国福建)	62	55	11.680	-16.1	0	120.0	25000
FedrigoniSpA(Verona，意大利)	63	66	11.668	8.0	0	46.3	2720
山东博汇纸业股份有限公司(中国山东)	64	65	11.644	10.8	0	197.8	4500
Hansol Paper(Seoul，韩国)	65	62	11.617	-0.1	0	137.5	879
VPK Packaging(Aalst，比利时)	66	69	11.285	16.6	0	87.5	4860
Moorim Group(Seoul，韩国)	67	63	10.406	-8.5	25.4	100.4	1209
荣成纸业股份有限公司(中国台湾)	68	78	10.080	21.2	0	246.8	4184
Eldorado BrasilCelulose(São Paulo，巴西)	69	64	9.744	-9.5	163.8	0	5000
Kruger Products(Montreal，QC，加拿大)	70	75	9.264	7.7	0	36.3	2500
Södra(Växjö，瑞典)	71	68	9.164	-11.6	142.9	0	3594
EUROPAC Papeles y Cartones de Europa(Madrid，西班牙)	72	74	8.864	-0.6	0	94.2	2100
Rayonier Advanced Materials(Jacksonville，FL，美国)	73	71	8.690	-7.7	70.5	0	1200
Tembec(Montreal，QC，加拿大)	74	80	8.533	8.4	81.3	37.9	3000
Mercer International(Seattle，WA，美国)	75	70	8.473	-10.5	142.8	0	1486
Neenah Paper(Alpharetta，GA，美国)	76	76	8.397	-5.4	0	0	2303
Canfor(Vancouver，BC，加拿大)	77	72	8.312	-7.0	121.8	13.6	6257
Papierfabrik August Koehler SE(Oberkirch，德国)	78	81	8.194	1.7	0	48.3	1806
Progroup(Landau/Pfalz，德国)	79	99	8.112	74.6	0	104.1	1010
Chuetsu Pulp and Paper(Tokyo，日本)	80	79	8.051	6.1	0	95.2	786
Arctic Paper(Poznań，波兰)	81	82	7.523	2.3	0	66.1	1250
Appvion(Appleton，Wisconsin，美国)	82	84	6.903	-1.4	0	—	1402
Greif(Delaware，Ohio，美国)	83	86	6.871	1.6	0	70.0	12370
LEIPA Georg Leinfelder(Schwedt，德国)	84	85	6.859	0.0	0	120.6	1177
岳阳林纸股份有限公司(中国湖南)	85	77	6.693	-18.9	0	86.4	3671
West Fraser Timber(Vancouver，BC，加拿大)	86	83	6.692	-1.4	119.2	12.8	7800

续表

公司名称及总部地址	制浆、造纸及纸加工业务				2016 年产量		雇员人数/个
	2016 年排名	2015 年排名	2016 年销售额/亿美元	同比/%	商品浆/万吨	纸和纸板/万吨	
ExacomptaClairefontaine(EtivalClairefontaine，法国)	87	87	6.615	4.7	0	25.9	3144
山东世纪阳光纸业集团有限公司(中国山东)	88	93	6.101	14.7	0	124.6	2950
KleanNara Co. Ltd(Seoul，韩国)	89	90	6.035	3.2	0	51.2	626
Altri(Porto，葡萄牙)	90	88	5.707	-8.7	103.1	0	682
ITC(Kolkata，印度)	91	89	5.685	-0.8	0	72.8	25883
SWM(Alpharetta，GA，美国)	92	91	5.593	-4.2	0	20.6	3000
CeluloseNipo-Brasileira (CENIBRA) (Belo Oriente，Minas Gerais，巴西)	93	92	5.477	-0.9	120.1	0	3227
Reno de Medici SpA(Milan，意大利)	94	97	5.288	9.1	0	89.0	1536
Jeonju Paper Corporation(Seoul，韩国)	95	96	4.975	-0.6	0	91.6	573
ENCE(Madrid，西班牙)	96	95	4.745	-11.2	92.3	0	891
De la Rue(Basingstoke，Hampshire，英国)	97	94	4.726	-0.7	0	1.2	2041
Hankuk Paper Manufacturing Ltd. (Seoul，韩国)	98	98	4.575	2.7	0	53.4	505
Lintec(Tokyo，日本)	99	100	3.412	-0.9	—	0	4760
BILT-Ballarpur Industries(New Delhi，印度)	100	73	3.158	564.2	—	70.0	1521

注：全球造纸排名前 100 位的公司是按照纸浆、纸和纸板、纸加工及纸品贸易的净销售额进行的排名。2015 年数据为 2016 年修订后的财务数据，并非 2016 年《PPI》出版的数据。除非下文指出，财务年度报告是从 2016 年 1 月 1 日到 2016 年 12 月 31 日。收入指税后和去除特殊项目后的净收益。“—”表示未知。

（王　岩）

国外主要造纸期刊介绍

Main Foreign Periodicals Related to Pulp and Paper

《澳大利亚和新西兰纸浆与造纸工业技术协会会志》
Appita Journal (*APPITA J*)

主要刊载纸浆、纸张、印刷和包装方面的研究论文、技术报告等专题文章，报道国内外造纸工业动态和该协会的会议活动等。

创刊时间：1947 年

主办单位：澳大利亚和新西兰纸浆与造纸技术协会

出版周期：季刊

ISSN：1038－6807

出版国：澳大利亚

地址：Appita Inc.，PO Box 816 MACLEOD VIC 3085 Australia

电话：＋61－3－9467－9722

传真：＋61－3－9467－9778

邮箱：admin@ appita. com

网址：www. appita. com

《亚洲纸业》
Paper ASIA

亚洲领先的纸浆和造纸杂志，也涵盖了瓦楞、加工和包装。其读者所覆盖的行业非常广泛，包括一些行业的专业人士和决策者。该杂志在 20 个国家发行。2007 年，该杂志首次刊登中文对照，此举深受行业供应商和最终用户的喜爱。

创刊时间：1985 年

出版单位：SHP Media Sdn. Bhd.

出版周期：双月刊

ISSN：0218－4540

出版国：马来西亚

地址：12，0312th Floor，Block E，Phileo Damansara 1，9，Jalan 16/11，off Jalan Damansara，46350 Petaling Jaya，Selangor，Malaysia

电话：＋603－79601148

传真：＋603－79601152

邮箱：editorial. paperasia@ shpmedia. com

网址：www. paperasia. com. my

《中东生活用纸》
ME Tissue

中东地区生活用纸及无纺布行业的第一本杂志。该杂志致力于为从事生活用纸及无纺布行业的专业人士提供有关节能、安全、优质的生产解决方案、原料、技术、研究和开发等更多信息。其内容涵盖了整个生活用纸的供应链，从原材料到生活用纸生产，与生产、加工、包装相关的技术，以及无纺布行业的新趋势、新技术及研究和发展。为英语和阿拉伯语双语期刊。

创刊时间：2008 年

主办单位：MEAC Group Holding

出版周期：季刊

出版国：黎巴嫩

地址：P. O. Box：45－134 Hazmieh-Lebanon

电话：＋961－3－798－204

传真：＋961－5－450－930

邮箱：info@ metissue. com

网址：www. metissue. com

《日本造纸技术》
Japanese Journal of Paper Technology

内容涵盖制浆造纸、深加工、精加工、涂布、测量和分析技术及能源和环保措施等。

创刊时间：1958 年

主办单位：Paper Industry Times Company

出版周期：月刊

ISSN：0453－1507

出版国：日本

地址：日本东京都中央区日本桥人形町 1-9-2

电话：+81－3－5651－7161

传真：+81－3－5651－7201

邮箱：jj-paper-tech@ st-times. co. jp

网址：www. st-times. co. jp

《制浆造纸技术》
Journal of Pulp and Paper Technology

出版单位：Shizuoka Pulp and Paper

出版周期：月刊

ISSN：0287－5586

出版国：日本

地址：日本静冈县富士市大渕 2590 番地-1（静冈县工业技术研究所富士工业 技术支援中心内）〒417－0801

电话：+81－545－35－5025

传真：+81－545－35－5027

邮箱：skamipagk@ cotton. ocn. ne. jp

网址：www. shizuoka-tappi. or. jp

《日本制浆造纸协会会志》
Japan TAPPI Journal

内容涉及制浆造纸行业的广泛信息，主要包括：最新研究技术报告；运行经验介绍；最新的研究技术成果；科研机构介绍；海内外制浆造纸动态及相关会议；专利信息和新产品；先进测试技术；商业新闻和显性统计；协会新闻等。

主办单位：日本制浆造纸技术协会

创刊时间：1996 年

出版周期：月刊

ISSN：0022－815X

出版国：日本

地址：日本东京都中央区银座 3-9-11（制浆造纸会馆 11 层）〒104－8139

电话：+81－3－3248－4841

传真：+81－3－3248－4843

网址：www. japantappi. org

《印度制浆造纸技术协会会志》
The Official International Journal of the Indian Pulp & IPPTA Paper Technical Association（IPPTA）

主办单位：印度浆纸技术协会

出版周期：季刊

ISSN：0379－5462

出版国：印度

地 址：C. P. P. R. I. Campus，Paper Mill Road Near Himmat Nagar，P. O. Box 47，Saharanpur-247001（India）

电话：+91 132－2714081/82

邮箱：ipptainfo@ gmail. com

网址：www. ipptaonline. org

《印度国际纸业》
Inpaper International

印度制浆造纸行业杂志，在欧洲和美国以外的其他大洲广受欢迎，涵盖了制浆造纸所有领域。内容涉及受行业关注及有争议的热点问题，业界知名公司及优秀人物介绍，行业最新技术及产品等。

出版单位：Indian Agro and Recycled Pa-per Mills Association

出版周期：季刊

出版国：印度

地址：404，Vikrant Tower，4，Rajendra Place，New Delhi-110008，India

电话：+91－11 25862301

传真：+91－11－25768639

邮箱：iarpma@ inpaper. com/publicationone@ inpaper. com

网址：www. inpaper. com

《孟加拉国制浆造纸》
Bangladesh Pulp and Paper

孟加拉制浆造纸行业综合类刊物，内容主要涵盖：行业资讯；最新研究论文及交流报告等。

出版单位：

出版周期：双月刊

出版国：孟加拉国

地 址：19 Green Road，Dhanmondi，Dhaka-

1205 Bangladesh
电话：+880 2 9635191
邮箱：info@ pulpandpaperbd. com
网址：www. pulpandpaperbd. com

《纸业 360°》
Paper 360°

报道世界各地造纸行业最新的资讯。
主办单位：纸浆与造纸工业技术协会、造纸工业管理协会
出版单位：Naylor Association Solutions
出版周期：双月刊
ISSN：1933－3684
出版国：美国
地址：15 Technology Parkway South，Suite 115，Peachtree Corners，GA 30092，USA
电话：+1－978－750－8400
传真：+1－770－209－7206
邮箱：jbottiglieri@ tappi. org
网址：www. tappi. org

《纸浆与造纸工业技术协会会志》
TAPPI Journal

自创刊以来一直是造纸行业同行评审论文的首选论坛，提供行业内最新、最相关的研究。2009 年 12 月，从印刷期刊转为电子期刊。2011 年 6 月开始，内容涵盖来自独家刊物《纸张回收进展》（*Progress in Paper Recycling*，*PPR*）的内容，*PPR* 是一本有关纸浆、纸和纸板产品回收的科学、技术和经济性探索的杂志。
主办单位：美国纸浆与造纸工业技术协会
出版周期：月刊
ISSN：0734－1415
出版国：美国
地址：15 Technology Parkway South，Suite 115 Peachtree Corners，GA 30092，USA
电话：+1－770－446－1400
传真：+1－770－446－6947
邮箱：memberconnection@ tappi. org
网址：www. tappi. org

《纸浆与纸》
Pulp & Paper

刊载美国国内外造纸业经济与市场动态，造纸技术和设备的进展与新产品等方面的论文和简讯。
出版单位：C M P Media LLC
出版周期：月刊
ISSN：0033－4081
出版国：美国
地址：2018 Powers Ferry Rd，Ste 600，Atlanta，US
电话：+1－678－598－8800
传真：+1－678－589－8888
邮箱：kferguson@ mfi. com
网址：www. cmp. com

《纸张、薄膜及箔片加工》
Paper，Film & Foil Converter（PFFC）

刊载的内容涵盖纸张、薄膜、箔片加工及包装印刷行业的各个部分和加工行业的业务发展趋势和技术创新。
创刊时间：1927 年
出版周期：月刊
ISSN：0031－1138
出版国：美国
地址：5624 W. Wilson Ave. Chicago，USA
电话：+1－303－674－0577
传真：+1－303－674－0577
邮箱：tjanes@ PFFC-online. com
网址：www. pffc-online. com

《纸张时代》
Paper Age

世界上造纸行业重要的专业期刊之一，涉及的内容包括：制浆、造纸、纸品加工、技术开发、公司介绍及与主要行业领导者独家采访。
出版单位：O'Brien Publications，Inc.
创刊时间：1884 年
出版周期：双月刊
ISSN：0031－1081
出版国：加拿大
地址：P. O. Box 25058，London BRC. Ontario，N6C 6A8，Canada

电话：+781 - 923 - 1016
传真：+781 - 923 - 1389
邮箱：jobrien@ paperage. com
网址：www. paperage. com

《纸浆与造纸科学杂志》
Journal of Pulp and Paper Science

刊载制浆和造纸科学和技术方面的研究论文和评论，是加拿大造纸工业的主要学术期刊。

主办单位：加拿大制浆造纸技术协会
出版单位：加拿大制浆造纸技术协会
创刊时间：1983 年
出版周期：季刊
ISSN：0826 - 6220
出版国：加拿大
地 址：740 Notre-Dame St. W.，suite 1070，Montréal（Québec）H3C 3X6，Canada
电话：+01 - 514 - 392 - 0265
传真：+01 - 514 - 392 - 0369
邮箱：tech@ paptac. ca
网址：www. paptac. ca

《加拿大纸浆与纸》
Pulp & Paper Canada

刊载加拿大造纸、纸浆和木材化学等相关技术和设备应用等领域的技术论文、设备与产品介绍和消息报道。

主办单位：加拿大制浆造纸技术协会
出版单位：Annex Business Media
出版周期：双月刊
ISSN：0316 - 4004
电子版 ISSN：1923 - 3515
出版国：加拿大
地 址：80 Valleybrook Drive，Toronto，Ontario M3B 2S9，Canada
电话：+1 - 416 - 442 - 5600 ext 3539
传真：+1 - 416 - 510 - 5140
邮箱：Follow@ pulppapercanada. com
网址：www. pulpandpapercanada. com

《造纸工业》
Paper Industry

北美制浆造纸行业新产品资讯的权威性刊物。报道造纸行业密切相关的技术、工艺、服务及行业新闻、产品和服务评价等最新信息。

出版单位：Paper Industry Publishing Office
出版周期：月刊
出版国：加拿大
地 址：62 Birch Hill，PO Box 263，Hudson，Quebec Canada
电话：+1 - 450 - 458 - 4571
传真：+1 - 450 - 458 - 4571
邮箱：editor@ paperindustrymag. com
网址：www. paperindustrymag. com

《纸业技术》
Paper Technology

造纸工业技术领域的权威性刊物，报道行业的新闻、产品和服务信息，技术更新，案例研究和评论及造纸工业技术协会会议报告等。特色栏目有纸机织物备件、造纸化学品、设备维护和自动化等。涉及的领域包括造纸及林产品等行业。

创刊时间：20 世纪 60 年代
主办单位：英国造纸工业技术协会
出版周期：双月刊
ISSN：0958 - 6024
出版国：英国
地 址：5 Frecheville Court，Bury，Lancs BL9 0UF，United Kingdom
电话：+44（0）300 6020 150
传真：0300 3020 160
邮箱：info@ pita. co. uk
网址：www. pita. co. uk

《纸浆、纸张及物流杂志》
Pulp, Paper & Logistics Magazine

发行人：Vince Maynard
ISSN：2045 - 8622（PRINT）
出版国：英国
地址：Tralee，Hillcrest Road Edenbridge，Kent TN8 6JS，UK
电话：+44（0）1732505724
邮箱：pulppaperlogistics@ virginmedia. com
网址：www. pulp-paperworld. com

《国际纸业》
International Paper World（IPW）

德国制浆造纸化学工程师协会 ZELLCHEMING 的官方贸易刊物。报道浆纸生产商、供应商及其国际活动，重点是报道新技术、未来发展趋势、新兴市场以及如何提高可持续性（或环境影响）。涉及的内容涵盖从森林到客户的整个产业链。

主办单位： 德国制浆造纸化学工程师协会
出版单位： Keppler-Junius GmbH & Co. KG
创刊时间： 1957
ISSN： 1615 – 1720
出版周期： 每年 10 期
出版国： 德国
地址： Keppler-Junius GmbH & Co. KG, Ruesterstr. 11, Frankfurt a. M., 60325, Germany
电话： +49 – 69 – 20 – 73 – 76 – 20
传真： +49 – 69 – 20 – 73 – 75 – 84
邮箱： edit@ ipwonline. de
网址： www. ipwonline. de

《专业造纸》
Professional Papermaking

深受国际造纸行业龙头企业（造纸厂、纸品供应和加工企业）领导者和高层决策者（包括业务管理人员、采购人员、销售经理等）喜爱的贸易刊物。内容涉及纸浆、纸和纸板生产的科学技术报告及公司有关提高生产力、改善质量、降低成本方面创新的信息，全球市场发展趋势，经济和公司的最新报告，涵盖贸易展览会、会议、政策等最新文章。主要栏目有备料、造纸、纸加工、废水处理和涂布。

出版周期： 半年刊
出版单位： Deutscher Fachverlag GmbH
出版国： 德国
地址： Mainzer Landstr. 251, 60326 Frankfurt am Main, Germany
电话： +49 – 69 – 7595 – 1291
传真： +49 – 69 – 7595 – 1290
邮箱： info@ professional-papermaking. com
网址： www. professional-papermaking. com

《造纸技术》
Wochenblatt Fur Papierfabrikation

刊载纸张、纸板和纸浆工业生产技术方面的技术报告、会议论文和文摘，报道造纸工业技术进展与国内外行业动态。

出版单位： dfv 传媒集团
出版周期： 月刊
ISSN： 0043 – 7131
出版国： 德国
地址： Deutscher Fachverlag GmbH, Mainzer Landstr 251, Frankfurt Am Main, 60326, Germany
电话： +49 – 69 – 7595 – 20151/52/61
传真： +49 – 69 – 7595 – 2055
邮箱： wochenblatt@ dfv. de
网址： www. dfv. de/presse

《国际纸业经济》
IPW International Papierwirtschaft

刊载有关木浆、纸浆、纸张与纸板的生产、纤维素化学工艺和造纸业历史方面的文章，涉及专利、文摘、技术通讯、国外消息和书评等。

出版周期： 月刊
ISSN： 0070 – 4296
出版国： 德国
地址： Verein Zellcheming, Emilstr. 21, Darmstadt, 64293, Germany
电话： +49 – 6151 – 33264
传真： +49 – 6151 – 311076
邮箱： zellcheming@ zellcheming. de
网址： www. zellcheming. de

《当代纸业总览》
Aktuelle Papier-Rundschau（APR）

德国领先的纸业期刊，是造纸行业决策者不可或缺的专业杂志。读者群为造纸商、纸品加工商、纸张贸易商、废纸造纸商，以及造纸行业机械制造商及服务商等。

出版周期： 每年 8 期
出版单位： Keppler Media Group
出版国： 德国

地址：P. Keppler Verlag GmbH & Co. KG Kaiserstraße 39，63065 Offenbach am Main

电话：+49/(0)69/15 04 33 - 200

传真：+49/(0)69/15 04 33 - 333

邮箱：o. schneider@ kepplermediengruppe. de

网址：www. apr. de

《纸张与木材》
Paper and Timeber

论述芬兰制浆、造纸、纤维与木材化学方面工艺技术与设备的研究和开发成果，报道芬兰林业的发展，介绍芬兰在造纸方面与国外的经济和技术合作以及行业动态。文章以英文、芬兰文或瑞典文发表。

主办单位：芬兰森林工业协会

出版单位：Paperi ja Puu Oy

出版周期：季刊

ISSN：0031 - 1243

出版国：芬兰

地址：Paperi ja Puu Oy，Spektri Business Park，Metsänneidonkuja 4，02130 Espoo，Finland

电话：+358 - 10 - 229 - 1631

邮箱：irmeli. hannula@ paperjournal. fi

网址：www. paperijapuu. fi

《法国造纸工业技术协会会志》
ATIP

主办单位：法国造纸工业技术协会(ATIP)

出版周期：季刊

ISSN：0997 - 7554

出版国：法国

地址：23，rue d'Aumale F-75009 Paris，France

电话：+33 - 145 62 1191

传真：+33 - 145 63 5309

邮箱：atip@ wanadoo. fr

网址：www. atip. asso. fr

《北欧纸浆和造纸研究杂志》
Nordic Pulp & Paper Research Journal(NPPRJ)

一本国际性的科学杂志，刊载木材或生物质成分、制浆造纸及其所涉及的植物纤维原料和废纸原料，以及制浆、生物质精炼副产品的基础研究及能源问题等方面的研究论文。

主办单位：Mid Sweden Uniersity（瑞典中部大学）

出版周期：季刊

ISSN：0283 - 2631

出版国：瑞典

地址：Mid Sweden University，Holmgatan 10，SE-851 70 Sundsvall，Sweden

电话：+46(0)10 - 142 84 93

邮箱：info@ npprj. se

网址：www. npprj. se

《浆·纸·纸板》
Pulp · Paper · Board

为俄罗斯和独联体国家制浆造纸行业的专家所喜爱的刊物。主要栏目有技术、效率和质量、设备、自动化等。

创刊时间：1904 年

出版周期：每年 10 期

出版国：俄罗斯

地址：4，bldg. 2，Dmitrovsky per.，Moscow p/o 107031，Russia

电话：+7 - 495 - 258 - 39 - 36/37/38

传真：+7 - 495 - 258 - 39 - 36

邮箱：info@ cbk. ru

网址：www. cbk. ru

《纤维素》
Cellulose

刊载纤维素及其衍生物的化学、生化、物理学和材料科学特性的研究论文，以及纤维素技术开发和应用方面的研究论文、评论文章及技术说明。

创刊时间：1994 年

出版周期：季刊

ISSN：0969 - 0239

电子版 ISSN：1572 - 882X

出版国：荷兰

地址：Springer，Van Godewijckstraat 30，Dordrecht，3311 GZ，Netherlands

电话：+49 - 6221 - 345 - 4303

网址：www. springer. com/10570/

《纤维素化学与工艺》
Cellulose Chemistry and Technology

刊载食品、纺织品、造纸、木材、黏合剂、医药、油田等领域碳水化合物工业应用的研究论文。栏目主要包括结构和性能研究、生物和产业开发、分析方法、化学和微生物改性、与其他材料的相互作用。除刊登原创研究论文外，也刊登短通讯、书评和读者来信等。

创刊时间：1966 年

出版周期：双月刊

ISSN：0576－9787

电子版 ISSN：2457－9459

出版国：罗马尼亚

地址：Editura Acad Romane，Calea 13 Septembrie NR 13，SECTOR 5，Bucuresti，050711，Romania

邮箱：vipopa@ ch. tuiasi. ro

网址：www. cellulosechemtechnol. ro

《南非制浆造纸工业技术协会会志》
TAPPSA Journal

主要服务于南非地区的纸浆、纸张和森林产品行业。刊登南非地区造纸行业的技术论文，以及报道全球造纸行业的发展概况。

主办单位：南非纸浆和造纸工业技术协会

出版周期：双月刊

出版国：南非

地址：PO Box 1633，Kloof 3640，Southern Africa

电话：＋27－31－764－2494

邮箱：mwtappsa@ iafrica. com

网址：www. tappsa. co. za

（郭彩云）

国外制浆造纸相关团体与研究机构名录

Foreign Associations and Research Institutions of Paper Industry

日本制浆造纸技术协会(Japan TAPPI)

Kami pulp Kaikan Bldg. , 11th Floor 9 - 11 Ginza 3-chome, Chuo-ku, Tokyo 104 - 8139 Japan

TEL: +81 - 3 - 3248 - 4841

FAX: +81 - 3 - 3248 - 4843

URL: www. japantappi. org

韩国纸业协会(KPMA)

Korea Paper Manufactures' Association

505, Sinsa-dong, Gangnam-gu, Seoul

TEL: +82 - 02 - 549 - 0981

FAX: +82 - 02 - 549 - 0980

E-mail: kpma@ paper. or. kr

URL: www. paper. or. kr

韩国制浆造纸工业技术协会(KTAPPI)

Korea Technical Association of the Pulp & Paper Industry

Suite 701, Chungmu Bidg. , 7, Yeouidaebang-ro 69 (yuksipgu)-gil, Yeongdeungpo-gu, Seoul, 07333, Korea

TEL: +82 - 2 - 786 - 8620

FAX: +82 - 2 - 786 - 8621

E-mail: ktappi@ ktappi. or. kr

URL: www. ktappi. or. kr

菲律宾造纸商协会(PPMAI)

Philippine Paper Manufacturers Association Inc.

2F FMF Bus. Center, 126 Pioneer St. , Mandaluyong City, Philippines

TEL: +63 - 2 - 703 - 9124; 405 - 4069

FAX: +63 - 2 - 815 - 9460

E-mail: philippinepaper@ gmail. com

菲律宾制浆造纸技术协会

Technical Association of the Pulp and Paper Industry of Philippines (TAPPI-phils)

c/o Fiber Processing and Utilization Laboratory, Fiber Industry Development Authority, BAI Compound, Visayas Avenue, Diliman, 1104 Quezon City, Philippines

TEL: +63 - 2 - 929 - 1396

FAX: +63 - 2 - 920 - 0427

越南制浆造纸协会(VPPA)

Vietnam Pulp and Paper Association

59 Vu Trong Phung Street, Thanh Xuan Trung Ward, Thanh Xuan District, Hanoi, Vietnam

TEL: +84 - 4 - 3 - 8210455

FAX: +84 - 4 - 3 - 8210455

E-mail: vietnampaper@ hn. vnn. vn

URL: www. vppa. com. vn

泰国制浆造纸行业协会(TPPIA)

The Thai Pulp and Paper Industries Association

6th Fl, Bldg. 4, 1 Siam Cement Rd. , Bangsue, Bangkok, 10800, Thailand

TEL: +66 - 2 - 586 - 4504

FAX: +66 - 2 - 586 - 2999

E-mail: kanungnc@ scg. co. th

马来西亚制浆造纸协会

Malaysia Pulp and Paper Manufacturers Association

Bangunan Muda, Lot No. 7 Jln. 51 A/241, Petaling Jaya, Selangor, 46100 Malaysia

TEL: +60 - 3 - 77859988

FAX: +60 - 3 - 77856888

马来西亚森林研究所(FRIM)

Forest Research Institute Malaysia

Selangor Darul Ehsan, 52109 Kepong, Malaysia

TEL：+60－3－62797000
FAX：+60－3－62731314
E-mail：feedback@ frim. gov. my
URL：www. frim. gov. my

印度尼西亚制浆造纸协会
Indonesian Pulp & Paper Association
Jalan，Cimandiri No. 6，Flat 1/2，10330 Jakaruta，Indonesia
TEL：+62－21－31926084
FAX：+62－21－3911351
E-mail：ippasec@ indo. net. id

印度纸业生产商协会（IPMA）
Indian Paper Manufacturers Association
PHD House（4th Floor），4/25 Siri Institutional Area，Opp. Asian Games Village，110 016 New Delhi，India
TEL：+91－11－2651－8379；4161－7188
FAX：+91－11－2651－3415
E-mail：sg@ ipma. co. in；secretariat@ ipma. co. in
URL：www. ipma. co. in

印度制浆造纸技术协会（IPPTA）
Indian Pulp and Paper Technical Association
CPPRI Campus，PO Box 47，247001 Saharanpur，Uttar Pradish，India
TEL：+91－132－2714082
FAX：+91－132－2714081
E-mail：sg@ ipma. co. in
URL：www. ipptaonline. org

印度中央制浆造纸研究所（CPPRI）
Central Pulp & Paper Research Institute
萨哈兰普尔：174，Paper Mill Road，Himmat Nagar，Saharanpur-247001，India
TEL：+91－132－2714050；2714061；2714062；2714059
FAX：+91－132－2714052
E-mail：info@ cppri. org. in；director@ cppri. org. in
新德里：I-10，First Floor，Jungpura B，Near Kargil Park（Bhogal Bus Stand），New Delhi-110014，India
TEL：+91－11－24375401/65903444
E-mail：cppri@ yahoo. com；info@ cppri. org. in
URL：www. cppri. org. in

澳大利亚/新西兰制浆造纸技术协会（APPITA）
Technical Association of the Australian and New Zealand Pulp and Paper Industry
澳大利亚：PO Box 816，Macleod Vic 3085，Australia
TEL：+61－3－9467－9722
FAX：+61－3－9467－9778
E-mail：admin@ appita. com. au
新西兰：PO Box 6042，Whakarewarewa Rotorua，New Zealand
TEL：+64－7－350－2252
FAX：+64－7－350－2253
E-mail：appita. nz@ xtra. co. nz
URL：www. appita. com

澳大利亚林产及造纸工业委员会（A3P）
Australian Plantation Products and Paper Industry Council
29 Torrens Street，Braddon ACT 2612，Australia
TEL：+61－2－6273－8111
FAX：+61－2－6273－8011
E-mail：info@ a3p. asn. au
URL：www. a3p. asn. au

欧洲造纸工业联合会（CEPI）
Confederation of European Paper Industries
250 Avenue Louise，box 80，B-1050 Brussels，Belgium
TEL：+32－2－627－4911
FAX：+32－2－646－8137
E-mail：mail@ cepi. org
URL：www. cepi. org

欧洲纸板制造工业联合会（FEFCO）
The European Federation of Corrugated Board Manufacturers
Avenue Louise 250，BE-1050 Brussels，Belgium
TEL：+32－2－646－4070
FAX：+32－2－646－6460
E-mail：info@ fefco. org
URL：www. fefco. org

派诺国际
Pira International
Pira House，Cleeve Road，Leatherhead，Surrey KT22 7RU，United Kingdom
TEL：+44－1372－802000

FAX：+44－1372－802249
E-mail：info@ pira-international. com
URL：www. pira-international. com

挪威工业联合会(Norsk Industri)
Federation of Norwegian Industries
Middelthuns gate 27，Majorstuen，Oslo，Norwey
TEL：+47－23－08－8800
E-mail：post@ norskindustri. no
URL：www. norskindustri. no

挪威制浆造纸工业技术协会(PTF)
The Technical Association of the Norwegian Pulp and Paper Industry
Essendrops gate 3，7，etasje，No-0305 Oslo，Norway
TEL：+47－90－93－87－13
FAX：+47－23－08－78－99
E-mail：irene. skjefstad. ptf@ treteknisk. no
URL：www. ptf . no

瑞典森林工业协会(Skogs Industrierna)
Swedish Forest Industries Federation
Box 55525，SE-102 04 Stockholm，Sweden
TEL：+46－8－762－72－60
FAX：+46－8－611－71－22
E-mail：info@ forestindustries. se
URL：www. forestindustries. se

瑞典制浆造纸研究所(INNVENTIA AB)
Drottning Kristinasvag 61，SE-11486 Stockholm，Sweden
TEL：+46－8－676－7000
FAX：+46－8－411－5518
E-mail：info. innventia@ ri. se；info@ innventia. com
URL：www. innventia. com

芬兰森林研究所(METLA)
Finnish Forest Research Institute
Jokiniemenkuja l，Box 18，FI-01301 Vantaa，Finland
TEL：+358－10－2111
FAX：+358－10－211－2103
E-mail：kirjaamo@ metla. fi
URL：www. metla. fi

芬兰森林工业联合会
Finnish Forest Industries Federation
Snellmaninkatu 13，P. O. B 336，FI-00171 Helsinki，Finland
TEL：+358－9－132－61
FAX：+358－9－132－4445
E-mail：forest@ forestindustries. fi；
firstname. lastname@ forestindustries. fi
URL：www. forestindustries. fi

芬兰造纸工程师协会(PI)
Finnish Paper Engineers Association
Snellmaninkatu 13，PO BOX 118，00171 Helsinki，Finland
TEL：+358－9－132－6688
E-mail：info@ papereng. fi
URL：www. papereng. fi

芬兰制浆造纸研究所(KCL)
The Finish Pulp and Paper Research Institute (Oy Keskuslaboratorio-Centrallaboratorium AB)
Tekniikantie 2，02150 Espoo，Finland
TEL：+358－20－7477－100
FAX：+358－9－464－305
E-mail：kcl@ kcl. fi
URL：www. kcl. fi

捷克制浆造纸工业协会(ACPP)
Association of the Czech Pulp and Paper Industry
Ing. Zdeněk Musil，U Uranie 954/18，17000 Praha 7
TEL：+420－416－803－934
FAX：+420－416－803－935
E-mail：acpp@ acpp. cz
URL：www. acpp. cz

比利时制浆造纸工业协会(COBELPA)
Association of the Belgian Pulp，Paper and Boards Industries
Avenue Louise 306 Bte，b-1050 Brussels，Belgium
TEL：+32－2646－6450
FAX：+32－2646－8297
E-mail：general@ cobelpa. be
URL：www. cobelpa. be

奥地利造纸工业协会(Austropapier)
The Association of the Austrian Paper Industry
Gumpendorferstr. 6，A-1061 Wien Austria

TEL：+43－1－58－886－0
FAX：+43－1－58－886－222
E-mail：austropapier@ austropapier. at
URL：www. austropapier. at

奥地利制浆造纸技术研究所(IPZ)
Institute for Paper，Pulp and Fiber Technology
University of Technology Graz，Inffeldgasse 23，A-8010 Graz，Austria
TEL：+43－316－873－30751
FAX：+43－316－873－30752
E-mail：Claudia. Baeumel@ TUGraz. at
URL：www. ipz. tugraz. at

德国制浆造纸协会(VDP)
German Pulp and Paper Association
Adenauerallee 55，Bonn 53113，Germany
TEL：+49－228－267050
FAX：+49－228－2670562
E-mail：info@ vdp-online. de
URL：www. vdp-online. de

德国造纸技术研究所(PTS)
The Paper Technology Specialists
Papiertechnische Stiftung Pirnaer Strasse 37 01809，Heidenau，Germany
TEL：+49 (03529) 551－60
FAX：+49 (03529) 551－899
E-mail：info@ ptspaper. de
URL：www. ptspaper. de

英国木浆协会(BWPA)
The British Wood Pulp Association
Penrallt，Copthill Lane，Kingswood，Surrey KT20 6HL，United Kingdom
TEL：+44－774－785－0249
FAX：+44－1737－363069
E-mail：bwpasec@ tiscali. co. uk
URL：www. bwpa. org. uk

英国纸业联合会(CPI)
The Confederation of Paper Industries
1 Rivenhall Road，Swindon，Wiltshire SN5 7BD United Kingdom
TEL：+44－1793－889600
FAX：+44－1793－878700
E-mail：info. dept@ paper. org. uk；cpi@ paper. org. uk
URL：www. paper. org. uk

英国造纸工业技术协会(PITA)
Paper Industry Technical Association
5 Frecheville Court，Bury Lancashire BL9 0UF，United Kingdom
TEL：+44－161－764－5858
FAX：+44－161－764－5353
E-mail：info@ pita. co. uk
URL：www. pita. co. uk

意大利纸及纸制品行业协会(ASSOCARTA)
Association of Italian Paper，Board and Pulp Production
MILAN：OBastioni di Porta Volta，7-20121 Milano
TEL：+39 02－290. 03018 r. a
FAX：+39 02－290. 033. 96
ROMA：Viale Pasteur，8/10－00144 Roma
TEL：+39 06－591. 91. 31/40
FAX：+39 06－591. 0876
E-mail：assocarta@ assocarta. it
URL：www. assocarta. it

意大利制浆造纸技术协会(ATICELCA)
Technical Association of the Italian Pulp and Paper Industry
Bastioni di Porta Volta，7－20121 Milano，Italy
TEL：+39－2－29003018
FAX：+39－2－29003396
E-mail：assocarta@ assocarta. it
URL：www. assocarta. it

法国造纸工业联盟(COPACEL)
The French Association of Paper Industries (COPACEL)
23－25，rue d'Aumale-75009，Paris，France PARIS
TEL：+33－153－89－2400
FAX：+33－153－89－2401
E-mail：contacts@ copacel. fr
URL：www. copacel. fr/en

法国造纸技术协会(ATIP)
Technical Association of the French Paper Industry
23，rue d'Aumale-75009 Paris，France

TEL：+33 - 1 - 4562 - 1191

FAX：+33 - 1 - 4563 - 5309

E-mail：atip@ wanadoo. fr

URL：www. atip. asso. fr

西班牙制浆造纸协会(ASPAPEL)

Spanish Paper Institute

Association of Spanish Pulp and Paper Manufacturers

Avenida de Baviera，15，28028 Madrid，Spain

TEL：+34 - 91 - 576 - 3003

FAX：+34 - 91 - 577 - 4710

E-mail：aspapel@ aspapell. es

URL：www. aspapel. es

西班牙造纸研究所(IPE)

Instituto Papelero Espanol

Avenida de Baviera 15，28028 Madrid，Spai

TEL：+34 - 91 - 576 - 3003

FAX：+34 - 91 - 577 - 4710

E-mail：ipe@ ipe. es

URL：www. aspapel. es

葡萄牙纸和纸板工业协会(ANIPCI)

National Association of Paper and Board Industries

Rua 14，No. 871 P-4500-233 Espinho，Portugal

TEL：+351 - 256 - 060 - 996

FAX：+351 - 256 - 023 - 044

E-mail：geral@ anipc. pt/ambiente@ anipc. pt

URL：www. anipc. pt

俄罗斯制浆造纸企业协会(BUMPROM)

Russia Association of Pulp and Paper Organization and Enterprises

3rd krasnoselsky lane 21，str. l Rm. 307，107140 Moscow，Russia

TEL：+7 - 495 - 651 - 9102

FAX：+7 - 495 - 651 - 9340

E-mail：office@ bumprom. ru

URL：www. bumprom. ru

俄罗斯造纸科学研究所(CNIIB)

Central Scientific & Research Institute of Paper

u1. Lenina 15/1，21460 pos. Pravdinskiy，

Pushkinskiy rayon，Moskovskaya Obl.，Russia

TEL：+7 - 095 - 993 - 3623

E-mail：cniib@ pues. ru

URL：www. cniib. ru

美国林业及纸业协会(AF&PA)

American Forest & Paper Association

1111 19th Street，NW Suite 800 Washington，DC 20036，USA

TEL：+1 - 202 - 463 - 2700

FAX：+1 - 202 - 463 - 2785

E-mail：info@ afandpa. org

URL：www. afandpa. org

美国制浆造纸技术协会(TAPPI)

Technical Association of the Pulp and Paper Industry

15 Technology Parkway South，Norcross，GA 30092，USA

TEL：+1 - 770 - 446 - 1400

FAX：+1 - 770 - 446 - 6947

E-mail：dbell@ tappi. org

URL：www. tappi. org

加拿大林产品协会(FPAC)

Forest Products Association of Canada

Suite 410 - 99 Bank Street，Ottawa，Ontario，Canada，K1P 6B9

TEL：+1 - 613 - 563 - 1441

FAX：+1 - 613 - 563 - 4720

E-mail：ottawa@ fpac. ca

URL：www. fpac. ca

加拿大制浆造纸技术协会(PAPTAC)

Pulp and Paper Technical Association of Canada

740 Notre-Dame West，Suite 1070，Montreal，QC，Canada，H3C 3X6

TEL：+1 - 514 - 392 - 0265

FAX：+1 - 514 - 392 - 0369

E-mail：tech@ paptac. ca

URL：www. paptac. ca

巴西纸浆和纸业协会(BRACELPA)

Brazilian Pulp and Paper Association

RuaOlimpiadas，66，9o andar Vila Olimpia，Sao Paulo，CEP 04551 - 000，Brazil

TEL：+55 - 11 - 3018 - 7800

FAX：+55 - 11 - 3018 - 7813

E-mail：faleconosco@ bracelpa. org. br
URL：www. bracelpa. org. br

巴西制浆造纸技术协会(ABTCP)
Brazilian Pulp and Paper Technical Association
Rua Zequinha de Abreu，27，Pacaembu，01250-050-S，Sao Paulo，SP，Brazil
TEL：+55 – 11 – 3874 – 2700
FAX：+55 – 11 – 3874 – 2730
E-mail：abctp@ abctp. org. br
URL：www. abtcp. org. br

巴西制浆造纸研究所(IPT)
Institute for Technological Research，Pulp and Paper
Av. Prof. Almeida Prado，532 Cid.
Universitaria. 05508 – 901 Sao Paulo，SP，Brazil
TEL：+55 – 11 – 3767 – 4126
FAX：+55 – 11 – 3767 – 4002
E-mail：sac@ ipt. br
URL：www. ipt. br

智利纤维素与造纸技术协会(ATCP Chile)
Chile or the Technical Association of Cellulose and Paper
janequeo 884 Depto. 402，Concepcion Ⅷ-Region del Biobio Chile
TEL：+56 – 41 – 288 – 8130
FAX：+56 – 41 – 288 – 8133
E-mail：atcpchile@ atcp. cl
URL：www. atcp. cl

阿根廷纸浆、纸张行业协会(AFCP)
Association of Pulp and Paper Manufacturers
Av. Belgrano 2852（C1209AAN），Buenos Aires，Argenctina
TEL：+54 – 011 – 4931 – 0051
FAX：+54 – 11 – 4931 – 0053
E-mail：afcparg@ afcparg. org. ar
URL：www. afcparg. org. ar

南非造纸行业协会(PAMSA)
Paper Manufacturers Association of South Africa
Corner Austin & Morris Sts.，Woodmead Sandton，Rivonia，2128 South Africa
TEL：+27 – 11 – 803 – 5063
FAX：+27 – 11 – 803 – 6708
E-mail：jane. molony@ pamsa. co. za
URL：www. pamsa. co. za

南非制浆造纸技术协会(TAPPSA)
Technical Association of the Pulp and Paper Industry of Southern
Africa，20 Impangele Road，Kloof，3610 South Africa
TEL：+27 – 31 – 7642494
FAX：+27 – 31 – 7640676
E-mail：mwtappsa@ iafrica. com
URL：www. tappsa. co. za

（郭彩云）

企业名录

ENTERPRISES LIST

国内制浆造纸企业名录

国内造纸机械及其他相关产业企业名录

国内造纸化学品企业名录

13

国内制浆造纸企业名录

Directory of Domestic Pulping and Papermaking Companies

北京市（566）
天津市（566）
河北省（567）
山西省（571）
内蒙古自治区（572）
辽宁省（572）
吉林省（575）
黑龙江省（575）
上海市（576）
江苏省（578）
浙江省（583）
安徽省（592）
福建省（597）
江西省（602）
山东省（605）
河南省（615）
湖北省（621）
湖南省（623）
广东省（627）
广西壮族自治区（637）
海南省（639）
重庆市（640）
四川省（641）
贵州省（644）
云南省（644）
陕西省（646）
甘肃省（647）
青海省（648）
宁夏回族自治区（648）
新疆维吾尔自治区（648）

北 京 市

北京京纸集团有限公司
北京市朝阳区广渠路 39 号院 1 号楼
邮编：100022
电话：010－67043080、67043081
传真：010－67043080
网址：www. bjjzjt. com
产品：利乐包装纸、办公印刷纸

中国纸业投资有限公司
北京市丰台区南四环西路 188 号总部基地 6 区 17 号楼
邮编：100070
电话：010－83673111
传真：010－83673151
网址：www. chinapaper. com. cn
邮箱：admin@ chinapaper. com. cn
产品：白卡纸、白纸板、文化用纸、薄型包装纸、特种纸、溶解浆

北京造纸一厂
北京市顺义区空港工业 B 区安庆大街 9 号
邮编：101318
电话：010－80484585
传真：010－80490790
网址：www. sanyipaper. com
邮箱：office@ sanyipaper. com
产品：办公用纸、文化用纸、印刷纸

利乐包装（北京）有限公司
北京市亦庄经济技术开发区东环南路 15 号
邮编：100176
电话：010－67887117
网址：www. tetrapak. com
产品：液体复合包装材料（利乐包装纸）

维达北方纸业（北京）有限公司
北京市平谷区航宇街 16 号
邮编：101200
电话：010－69932777
网址：www. vinda. com
产品：生活用纸

永丰余家纸（北京）有限公司
北京市平谷区马坊工业区东区 1 号
邮编：101204
电话：010－60999688
传真：010－60999686
网址：www. yfycpg. com
产品：生活用纸

北京坤隆纸业有限公司
北京市房山区韩村河镇西南章村
邮编：102406
电话：010－61320196
传真：010－61320058
产品：涂布白纸板

北京市鑫宏鹏纸业有限公司
北京市房山区周口店镇瓦井
邮编：102452
电话：010－69309918
传真：010－61397195
邮箱：bjsxhpzy@ 163. com
产品：精制牛皮纸、纸袋纸、复合纸

北京爱华中兴纸业有限公司
北京市海淀区西三旗东路
邮编：100096
电话：010－82929866、82918325
传真：010－82927452
网址：www. yipianyun. com
邮箱：yipianyun@ yipianyun. com
产品：生活用纸

北京倍舒特妇幼用品有限公司
北京市密云县经济开发区远光街 1 号
邮编：101500
电话：010－69061748、84721230（营销中心）
网址：www. bjbest. com. cn
产品：女性卫生用品、婴幼儿纸尿裤、湿巾

天 津 市

玖龙纸业（天津）有限公司
天津市宁河县经济开发区五纬路
邮编：301500
电话：022－59326666
传真：022－59329148
网址：www. ndpaper. com
邮箱：info_ tj@ ndpaper. com
产品：高档包装纸

天津造纸厂有限公司
天津市津南区双鑫工业园发港南路 29 号

邮编：300350
电话：022 - 88823020/022
产品：瓦楞原纸、热敏纸、复印纸

天津广聚源纸业有限公司
天津市津南区咸水沽海河工业园福鑫路 16 号
邮编：300021
电话：022 - 88510939
传真：022 - 88823029
网址：www. gjyzy. cn
邮箱：tjgjyzy@ 163. com
产品：高强瓦楞原纸

天津市中钞纸业有限公司
天津市西青经济开发区兴华道 38 号
邮编：300381
电话：022 - 23960572
网址：www. tjzczy. com. cn
邮箱：zhchpaper@ vip. sina. com
产品：防伪证券纸、防伪水印纸、安全线纸

天津市韩东纸业有限公司
天津市北辰区北辰科技园景顺路 12 号
邮编：300402
电话：022 - 26735940
产品：生活用纸

天津津滨造纸有限公司
天津市河东区津塘路 178 号
邮编：300300
电话：022 - 84393208
传真：022 - 84397060
网址：www. tjjbpaper. com
产品：复印纸、铜版纸

天津市宝坻区发达造纸有限公司
天津市宝坻区黑狼口工业区
邮编：301822
电话：022 - 82489065
传真：022 - 82488988
邮箱：fdzaozhi@ 126. com
产品：高强瓦楞原纸

天津广大纸业有限公司
天津市北辰区红光农场工业园
邮编：300401
电话：022 - 26952860
产品：心电图纸、脑电图纸、胎儿监护记录纸

天津弗西比纸业有限公司
天津市津南区八里台工业园南区禄纬道 1 号
邮编：300353
电话：022 - 88814868
网址：www. wastepaper. com
邮箱：fcb@ wastepaper. net
产品：废纸、空白报纸、白卡纸、卫生纸、牛卡纸

河北省

石家庄市

元氏县金鹏纸业有限责任公司
河北省元氏县嘉惠街南段
邮编：051130
电话：0311 - 84623867
传真：0311 - 84623867
网址：www. jpzy. cn
邮箱：jpzy@ jpzy. cn
产品：高强瓦楞原纸

河北华泰纸业有限公司
河北省赵县石塔西路工业一街
邮编：051530
电话：0311 - 84955555 - 217
邮箱：jejaa@ 163. com
产品：高档彩色新闻纸

河北吉藁化纤有限责任公司
河北省石家庄市藁城区东宁路 2 号
邮编：052160
电话：0311 - 88042886、88041472
传真：0311 - 88048224、88158418
网址：www. jghx. cn
邮箱：jghx@ jghx. cn
产品：棉浆粕、纤维浆粕

石家庄市顺发纸业有限公司
河北省石家庄市鹿泉区曲寨工业园
邮编：050200
电话：0311 - 82295524
传真：0311 - 82296144
邮箱：quzhaizhiye@ 163. com
产品：箱纸板

石家庄大章纸业有限公司
河北省石家庄市藁城区南董镇南大章工业园区
邮编：052161

电话：0311－88061031
传真：0311－88469867
产品：双灰纸板、全灰纸板、高光纸板

石家庄辰泰滤纸有限公司
河北省晋州市马于镇后彭头开发区
邮编：052260
电话：0311－84455123
传真：0311－84359900
邮箱：376434659@ qq. com
产品：空气滤纸、机油滤纸、空调专用滤纸、各种化工滤纸

河北辛集市宏业滤纸有限公司
河北省辛集市路南街 15 号
邮编：052300
电话：0311－83263083、15032102029
传真：0311－83263083
产品：滤纸、墙纸、壁纸、工业用纸

河北阿木森滤纸有限公司
河北省辛集市安定大街东段辛集工业区
邮编：052360
电话：0311－83312259
传真：0311－83312269
邮箱：ams@ amslz. com
产品：阻燃纸、特种滤纸、定量滤纸、汽车滤纸

唐山市

河北永新纸业有限公司
河北省唐山市滦南县城关西马路 88 号
邮编：063500
电话：0315－5708150
传真：0315－4123486
邮箱：wenzuozhi@ 163. com
产品：牛皮箱纸板、高强瓦楞原纸、涂布白纸板

唐山融丰特种纸业有限公司
河北省唐山市路南区文化南北街 88 号
邮编：063001
电话：0315－7063258、7063208
传真：0315－2860340
产品：防伪纸、水松原纸、铝箔衬纸、滤嘴棒成型纸

唐山国泰纸业有限公司
河北省唐山市丰润区银城道中国动车城内
邮编：064000
电话：0315－7760089、7760096
传真：0315－7760088、7760051
邮箱：tsguotaizhiye@ 163. com
产品：涂布白纸板、高强瓦楞原纸、白牛皮纸

国昌天宇集团有限公司
河北省唐山市玉田县杨家套乡李官屯村西北
邮编：064102
电话：0315－7679900
传真：0315－7679901
网址：www. gtpaper. cn
产品：包装纸

河北昌泰纸业有限公司
河北省唐山市玉田县杨家套乡李官屯村北
邮编：064102
电话：0315－7679914
传真：0315－7679900
产品：石膏板护面纸、低定量瓦楞原纸

秦皇岛市

秦皇岛金茂源纸业有限公司
河北省秦皇岛市抚宁区留守营镇保安庄村
邮编：066301
电话：0335－7977778
产品：高档涂布白纸板

秦皇岛市前韩纸业有限公司
河北省秦皇岛市抚宁区留守营镇前韩家林村
邮编：066301
电话：0335－6468196
传真：0335－6468196
邮箱：qhzy. 88@ 163. com
产品：涂布白纸板、箱纸板、瓦楞原纸

邢台市

河北东大特种纸业有限公司
河北省邢台市柏乡县西汪工业区
邮编：055000
电话：0319－7716269、13603398909
传真：0319－7716269
产品：钢纸、钢纸原纸、绝缘纸、电缆纸、干电池基纸、皱纹纸

邯郸市

汉青国际纸业有限公司
河北省邯郸市经济开发区北仓路与世纪大街交叉口汉

青工业园
邮编：056017
电话：0310－6039696
传真：0310－8058282
网址：www. hanqingpaper. com
邮箱：hqzy@ hanqingpaper. com
产品：复印纸、打印纸、热敏纸、印刷纸

保定市

保定钞票纸业有限公司
河北省保定市盛兴西路 98 号
邮编：071071
电话：0312－3176416
传真：0312－3178167
网址：www. bdcz. cbpm. cn
产品：钞票纸、罗纹水印纸、彩色双胶纸

保定市三联纸业有限公司
河北省保定市新市区江城乡大汲店村
邮编：071000
电话：0312－3218136
传真：0312－3250899
网址：www. bdslzy. com
邮箱：bdslzy@ 126. com
产品：牛皮箱纸板、瓦楞原纸

保定市华融纸厂
河北省保定市新市区南章村东
邮编：071000
电话：0312－3173094
传真：0312－3173094
网址：www. bdhrzc. com
邮箱：010203_ happy@ 163. com
产品：乳胶纸、静电原板纸、水彩画纸、素描纸、标签纸、沟槽纸等特种纸

保定市东升卫生用品有限公司
河北省保定市满城区大册营造纸工业园区
邮编：072151
电话：0312－5578886、5578889、5578887
传真：0312－5572790
网址：www. dshpaper. com. cn
邮箱：mail@ dshpaper. com. cn
产品：高档生活用纸

保定市港兴纸业有限公司
河北省保定市满城区大册营造纸工业园区
邮编：072150
电话：0312－7021908
传真：0312－7021728
产品：卫生纸、纸巾纸、湿纸巾、卫生巾、盘纸、轴纸

保定市江城造纸厂
河北省保定市天威路
邮编：072150
电话：0312－3204686
传真：0312－3250182
产品：箱纸板、包装纸

保定市新市区天华纸制品厂
河北省保定市新市区尹家庄村
邮编：071051
电话：0312－3192458
传真：0312－3192458
产品：螺旋纸管、复合纸板

保定市兴冀特种纸业有限责任公司
河北省保定市利民街 600 号
邮编：071000
电话：0312－2113318、2110518
传真：0312－2116666
邮箱：rex800@ tom. com
产品：A 等晒图原纸、1 号制图纸、图画纸、水彩画纸、高档全木浆生活用纸

河北义厚成日用品有限公司
河北省满城区建业路 333 号
邮编：072150
电话：0312－5576900
传真：0312－5576655
产品：妇婴卫生用品

保定市满城永兴纸业有限公司
河北省保定市满城区造纸工业园区
邮编：072150
电话：0312－7021019
传真：0312－7022288
产品：卫生纸

保定市满城金光纸业有限公司
河北省保定市满城区大册营镇方上村
邮编：072150
电话：0312－7021707
传真：0312－7021899
邮箱：maowangpaper@ 126. com

产品：生活用纸

河北省保定市东方造纸有限公司
河北省保定市徐水县巨力路
邮编：072550
电话：0312－8698215
传真：0312－8698212
产品：高强瓦楞原纸、低定量瓦楞原纸、隔热膜原纸、双胶纸、数码相纸、生活用纸

河北小人国纸业有限公司
河北省保定市建国路968号
邮编：071000
电话：0312－2177998
传真：0312－2173636
网址：www. hbxiaorenguo. com
邮箱：xrgzhiye@163. com
产品：生活用纸、湿巾

满城县恒达纸业有限公司
河北省保定市满城区北外环胡町村南
邮编：072150
电话：0312－7068999
传真：0312－7068858
产品：箱纸板、灰纸板、双灰纸板、牛皮箱纸板、厚灰纸板、涂布原纸

保定华康纸业有限公司
河北省保定市满城区满城镇城东村
邮编：072150
电话：0312－7074774
传真：0312－7065101
网址：www. huakangzhiye. com
邮箱：huakangzhiye@sina. cn
产品：灰纸板、茶纸板、瓦楞原纸、生活用纸

涿州市东立纸业有限责任公司
河北省涿州市刁窝镇塔照村南
邮编：072750
电话：0312－3750268、3752299
产品：石膏板护面纸板

河北雪松纸业有限公司
河北省保定市满城区大册营造纸工业园区
邮编：072150
电话：0312－7021606、7027008、7027007
传真：0312－7020869
网址：www. hbxuesong. cn
邮箱：xuesonghb@126. com
产品：卫生纸、餐巾纸、面巾纸、卫生巾

保定市中信纸业有限公司
河北省保定市满城区大册营镇
邮编：072150
电话：0312－7021807、7131212
手机：13933267755
传真：0312－7022988
网址：www. zhongxinpaper. com
邮箱：zx@zhongxinpaper. com
产品：卫生纸

河北亚光纸业有限公司
河北省保定市满城区造纸工业区
邮编：072150
电话：0312－7021008
传真：0312－7021609、7026609
邮箱：yaguangpaper@163. com
产品：生活用纸

河北大发纸业有限公司
河北省保定市容城县容城镇东牛村大发大街1号
邮编：071700
电话：0312－5692818、5692828
传真：0312－5692838
网址：www. dafapaper. com
邮箱：dafapaper@163. com
产品：机制纸及纸板、加工纸

徐水县前进纸业有限公司
河北省保定市徐水县遂城镇栗元庄
邮编：072557
电话：0312－8903975、7021904
产品：卫生纸

河北顺达纸业有限公司
河北省保定市顺平县汽车站西两公里
邮编：072250
电话：0312－7628050
传真：0312－7628050
产品：高光防水彩喷相纸、普通高光彩喷相纸、RC高光防水相纸、育果袋纸

张家口市

张家口市华鑫纸业有限公司
河北省张家口市桥东区姚家庄村

邮编：075000
电话：0313－4085359
产品：卫生纸

沧州市

青县恒伟纸业有限公司
河北省沧州市青县流河镇南辛房村
邮编：062650
电话：0317－4171141
产品：箱纸板、瓦楞原纸

泊头市龙达纸业有限责任公司
河北省泊头市开发区
邮编：062150
电话：0317－8318556
传真：0317－8318655
产品：高强瓦楞原纸

沧州临港资通纸业有限公司
河北省沧州市临港经济技术开发区
邮编：061108
电话：0317－5483108
产品：本色草浆、木浆

任丘市星火纸业集团有限公司
河北省任丘市新中驿乡张施村
邮编：062556
电话：0317－3326999
产品：胶印书刊纸、瓦楞原纸

廊坊市

中轻特种纤维材料有限公司
河北省廊坊市开发区紫杉路 50 号
邮编：065001
电话：0316－2575530
传真：0316－2575609
网址：www. sinolightpaper. com
邮箱：ifzq22163@ 163. com
产品：超薄型电容器纸、厚纸板、吸尘器纸袋纸、化纤壁纸、育果袋纸、烟用滤纸等

衡水市

安平金城滤纸有限公司
河北省衡水市安平县徐疃工业区
邮编：053600
电话：0318－7660566、7660888
传真：0318－7616233
产品：三滤滤纸

衡水国威滤纸有限公司
河北省衡水市安平县工业园东区纬二路北侧
邮编：053600
电话：0318－7882007
传真：0318－7515918
产品：木浆滤纸、空气滤纸、燃油滤纸、阻燃滤纸、水滤滤纸

山　西　省

太原市

太原家盛纸业有限公司
山西省太原市晋源区晋祠镇王郭村
邮编：030050
电话：0351－6985356
产品：高强瓦楞原纸

太原市晋源区吉兴造纸厂
山西省太原市晋源区姚村镇西邵村
邮编：030050
电话：13209821268
产品：高强瓦楞原纸、箱纸板

太原玉盛源能源发展有限公司
山西省太原市清徐县清源镇小北村旧 307 国道旁
邮编：030400
电话：0351－5709366
传真：0351－5722001
网址：www. tyysy. com
邮箱：taiyuanyushengyuan@ 163. com
产品：防火阻燃类纸板

晋中市

山西强伟纸业有限公司
山西省晋中市寿阳县朝阳镇半月村
邮编：045400
电话：0354－3909710
传真：0354－3909710
网址：www. qwpaper. com
邮箱：info@ qwpaper. com
产品：石膏板护面纸

运城市

山西合盛工贸有限公司造纸分公司
山西省运城市稷山县汾河桥西
邮编：043200
电话：0359－5562768
传真：0359－5562768
邮箱：jywzm@163.com
jywzm1788@yahoo.com.cn
产品：单面书写纸、胶版纸

山西运城市瑞马纸业有限公司
山西省运城市夏县朱吕村
邮编：043000
电话：0359－8948188
传真：0357－3016118－8002
产品：机制纸

临汾市

临汾新晋达纸业有限公司
山西省临汾市解放东路
邮编：041000
电话：0357－3016118、3016141
传真：0357－3016118－8002
产品：箱纸板、瓦楞原纸、再生新闻纸

襄汾县宏峰林纸有限公司
山西省临汾市襄汾县邓庄镇
邮编：041503
电话：0357－3690259
产品：邮封纸、拷贝纸

山西华达纸业有限公司
山西省临汾市襄汾县邓庄镇
邮编：041503
电话：0357－3699066
产品：邮封纸

吕梁市

山西则天浆纸有限公司
山西省吕梁市文水县胡兰镇胡兰村
邮编：032100
电话：0358－3449706
传真：0358－3081701
产品：瓦楞原纸、纸浆

内蒙古自治区

呼和浩特市

内蒙古荣信纸业有限公司
内蒙古自治区呼和浩特市土默特左旗毕克齐镇杨家堡村
邮编：010100
电话：0471－8213033
传真：0471－8213033
产品：高强瓦楞原纸

内蒙古天浩纸业有限公司
内蒙古自治区呼和浩特市金川开发区南区金2路东
邮编：010010
电话：0471－2370016
传真：0471－2370016
产品：高档箱纸板

呼伦贝尔市

内蒙古大兴安岭浆纸有限责任公司
内蒙古自治区扎兰屯市富伦街33号
邮编：162650
电话：0470－3396509
传真：0470－3302447
邮箱：zltlzr@sina.com
产品：木浆、纸袋纸、精制牛皮纸、复合原纸

辽 宁 省

沈阳市

玖龙纸业(沈阳)有限公司
辽宁省沈阳市新民市东城街工业园区
邮编：110300
电话：024－31782611/88999
传真：024－31782630
产品：牛卡纸

沈阳久九纸板有限公司
辽宁省沈阳市铁西新区卫工街北二中路39号
邮编：110000
电话：024－25847459
传真：024－25848459
网址：www.syjjzb.com
邮箱：wanghuaijun@sina.com

产品：纸板、瓦楞原纸

沈阳市宝洁纸业有限责任公司
辽宁省沈阳市和平区长白西街 68 号
邮编：110000
电话：024－23738811
传真：024－23736599
网址：www. baojiezhiye. cn
邮箱：846192331@ qq. com
产品：生活用纸、成人护理系列

沈阳市长城过滤纸板有限公司
辽宁省沈阳市皇姑区鸭绿江北街 45 号
邮编：110032
电话：024－86616852
传真：024－86671668
网址：www. cclz. com. cn
邮箱：cclz8462@ sina. com
产品：过滤纸板、滤纸

沈阳思特雷斯纸业有限责任公司
辽宁省沈阳市经济技术开发区十三号路六甲二号
邮编：110027
电话：024－89303888
传真：024－89303866
网址：www. stls. cn
邮箱：systlszy@ 163. com
yjsu1997@ 126. com
产品：金属板带衬纸、不锈钢垫纸、金属板衬纸、玻璃衬垫用纸、医用包装纸、防锈包装纸

沈阳市沙金纸业有限责任公司
辽宁省沈阳市大东区莲花街 11 号
邮编：110042
电话：024－24239280
传真：024－24239280
邮箱：sjzy@ 21cn. com
产品：书刊纸、造纸脱水器材

辽宁尚阳纸业有限公司
辽宁省沈阳市大东区东贸路 1 号 5－2 号楼
辽宁省铁岭市清河工业园区（厂址）
邮编：112000
电话：024－31810270
网址：www. lnsyzy. com
邮箱：zuolp8888@ 163. com
产品：生活用纸原纸、卷纸、手帕纸、面巾纸、抽取式卫生纸

大连市

大连吉丽纸业有限公司
辽宁省大连市经济技术开发区辽宁街 27 号
邮编：116000
电话：0411－87511908
传真：0411－87511438
网址：www. propitious. hk
邮箱：wangli@ propitious. hk
产品：工业擦拭纸、擦拭纸、吸油棉、擦拭布、无尘布、无尘纸

瓦房店大森纸业有限公司
辽宁省大连市瓦房店市轴承产业园区中拥塞纳城西北 200 米
邮编：116300
电话：0411－85646227
传真：0411－85665369
网址：www. dldszy. com
邮箱：dasen@ dldszy. com
产品：纸管、螺旋纸管

大连中诚纸业有限公司
辽宁省大连市金州区大魏家镇王家村
邮编：116110
电话：0411－87897288
传真：0411－87897555
邮箱：dlhgbz@ 126. com
产品：箱纸板、瓦楞原纸

大连金洋纸业有限公司
辽宁省大连市金州新区中长街道中长村
邮编：116110
电话：0411－87814748
产品：高档箱纸板、高强瓦楞原纸

鞍山市

维达纸业（辽宁）有限公司
辽宁省鞍山市千山区红旗南街 15 号
邮编：114011
电话：0412－8772558
传真：0412－8772528
网址：www. vindapaper. com
邮箱：sun. ql@ vinda. com
产品：高中档卫生卷纸、纸巾纸、盒装面巾纸、软包抽取式面巾纸、餐巾纸

抚顺市

抚顺矿业集团琥珀纸业有限公司
辽宁省抚顺市望花区古城子路4号
邮编：113001
电话：024－52595858
传真：024－52595858
网址：www. hpzy. com. cn
www. hupozy. com
邮箱：hanbiao2009@163. com
产品：生活用纸、箱纸板

本溪市

本溪尚琳纸业有限公司
辽宁省本溪市明山区程家街78栋1层3号
邮编：117000
电话：024－44841067
传真：024－44841067
网址：www. shanglinzhiye. com
产品：高档卫生纸

丹东市

辽宁铭笙纸业有限公司
辽宁省东港市前阳经济开发区
邮编：118301
电话：0415－7816888、7816666
传真：0415－7816669、7816611
产品：高强瓦楞原纸、黄纸板

丹东市新华纸业有限公司
辽宁省东港市前阳开发区安阳大街1－68号
邮编：118301
电话：0415－6677377
传真：0415－6677377
产品：瓦楞原纸、覆膜皱纹包装纸、型材包装纸

锦州市

锦州宝地纸业有限公司
辽宁省锦州市凌海市金城街
邮编：121203
电话：0416－8350111、8350222
传真：0416－8350333
网站：www. jinchengpaper. com
邮箱：jinquandisc@163. com
产品：胶印书刊纸、双胶纸、书写纸

营口市

营口特种纸业有限公司
辽宁省营口市西市区辽河里75号
邮编：115003
电话：0417－2638628
产品：氧化锌版纸、再湿胶带纸、浆层纸、复合纸

辽阳市

辽阳赛伦工业纸板有限公司
辽宁省辽阳市太子河区建设路21号
邮编：111000
电话：0419－3306969
邮箱：liaoyangsai@163. com
产品：绝缘纸板、进口木浆

辽阳博隆纸业有限公司
辽宁省辽阳市太子河区望水台委道西庄街道
邮编：111000
电话：0419－3306115
传真：0419－3301581
邮箱：lnblzy@lnblzy. com
产品：餐巾纸原纸、生活用纸、工艺品编织用纸、马桶圈纸

辽阳嘉丰纸业有限公司
辽宁省辽阳市刘二堡经济开发区
邮编：111212
电话：0419－7166958
传真：0419－7167118
邮箱：jiafengzhiye@163. com
产品：瓦楞原纸

盘锦市

辽宁振兴生态造纸有限公司
辽宁省盘锦市盘山县东郭造纸工业园区
邮编：124112
电话：0427－6577000
传真：0427－6577088
网址：www. zxstjt. com
邮箱：lnstzyxzb@126. com
产品：文化用纸、浆板

铁岭市

辽宁省开原荣信纸业有限公司
辽宁省开原市新城街后石东村

邮编：112300
电话：004－73617698
传真：024－73617398
网址：www. rxzy. net
产品：打印纸、单胶纸、双胶纸、办公用纸、复印纸、纸品原材料

辽宁兴东纸业有限公司
辽宁省开原市八宝镇大湾村造纸工业园区
邮编：112322
电话：024－73672222
传真：024－73900168
网址：www. lnxdzy. com
产品：牛皮箱纸板、纱管纸

朝阳市

朝阳纸板总厂
辽宁省朝阳市北环路 8 号
邮编：122000
电话：0421－2814799
传真：0421－2805675
产品：包装纸板、涂布白纸板、瓦楞原纸

朝阳华晟纸业有限公司
辽宁省朝阳市双塔区朝阳大街一段 21 号
邮编：122000
电话：0421－2720324
传真：0421－2720961
产品：印刷纸

吉　林　省

白城市

吉林省华金纸业有限公司
吉林省白城市铁东区纸厂街 8 号
邮编：137000
电话：0434－3274600
产品：印刷纸、书写纸、静电复印纸、票据纸

白山市

白山市琦祥纸业有限公司
吉林省白山市八道江区东兴街长白路 49 号
邮编：134300
电话：0439－3389008
传真：0439－3389000
产品：瓦楞原纸、箱纸板

黑龙江省

佳木斯市

佳木斯龙江福浆纸有限公司
黑龙江省佳木斯市光复路 306 号
邮编：154005
电话：0454－6066887
传真：0454－6066860
邮箱：wxyjz@ 163. com
产品：精制白牛皮纸、伸性纸袋纸、本色木浆

黑龙江省佳木斯东方纸业有限公司
黑龙江省佳木斯市建国街 5 号
邮编：154005
电话：0454－8390368
传真：0454－8387461
邮箱：309290259@ qq. com
产品：打印纸、图画纸、白牛皮纸

佳木斯纸业集团有限公司
黑龙江省哈尔滨市香坊区衡山路 18 号 B 座 9 层
邮编：158000
电话：0451－82351620
传真：0451－82352489
邮箱：lzw3966@ 163. com
zwh8098@ 163. com
产品：工业包装纸、纸袋纸、水泥包装袋纸、防锈原纸、染色牛皮卡纸

牡丹江市

牡丹江恒丰纸业集团有限责任公司
黑龙江省牡丹江市阳明区恒丰路 11 号
邮编：157013
电话：0453－6331111、6886000、6886500
传真：0453－6331063、6886868
网址：www. hengfengpaper. com
邮箱：gsb@ hengfengpaper. com
产品：铜版纸、卷烟纸、铝箔衬纸、滤嘴棒纸、水松原纸、无碳复写原纸

牡丹江市三都特种纸业有限公司
黑龙江省牡丹江市爱民区大庆街 19 号
邮编：157009
电话：0453－6899237

传真：0453 - 6899237
产品：卫生纸、纸巾纸、擦拭纸

海林市柴河林海纸业有限公司
黑龙江省海林市柴河镇铁东路 2 号
邮编：157131
电话：0453 - 7528590
传真：0453 - 7528390
邮箱：lhzyxsb@ 163. com
产品：箱纸板、高强瓦楞原纸

上 海 市

上海中隆纸业有限公司
上海市浦东康桥工业区秀浦路 489 号
邮编：201315
电话：021 - 58129798
传真：021 - 58128986
网址：www. shclc. com. cn
产品：高档牛皮箱纸板、高强瓦楞原纸

金奉源纸业(上海)有限公司
上海市奉贤县星火开发区莲塘路 251 号
邮编：201419
电话：021 - 57505588
传真：021 - 57501100
网址：www. jfy-paper. com
邮箱：jfy-paper@ app. com. cn
产品：高档食品卡纸

上海嘉龙纸业有限公司
上海市金山区金张公路 5207 号
邮编：201517
电话：021 - 57371450、57371707
传真：021 - 57371305
网址：www. jialongzy. com
邮箱：jialong00001@ 163. com
产品：瓦楞原纸、阻燃纸、纸浆

上海同孚纸制品厂
上海市崇明区港沿中路 588 号
邮编：202158
电话：021 - 59461824
传真：021 - 59461268
邮箱：sh-tongfu@ citiz. net
产品：纸浆模塑制品

上海金佰利纸业有限公司
上海市福州路 666 号金陵海欣大厦 10 楼
邮编：201600
电话：021 - 37813030、61327755
传真：021 - 37813030
网址：www. kimberly-clark. com. cn
产品：高档生活用纸

上海新江南纸业有限公司
上海市武宁路 1500 号南楼 408 室
邮编：200061
电话：021 - 62543871
传真：021 - 62543871
邮箱：xinjiangnan2006@ 126. com
产品：防伪邮票纸

上海乐凯纸业有限公司
上海市普陀区常和路 308 号
邮编：200331
电话：021 - 62848733、62059984
传真：021 - 63639043、62845219
网址：www. shanghaizhiye. luckyfilm. com. cn
产品：高档彩色相纸

上海力德纸业有限公司
上海市沪青平公路 6098 号
邮编：201713
电话：021 - 59230220
传真：021 - 59230221
网址：www. leadpaper. com
邮箱：lead@ leadpaper. com
产品：透析纸、氧化锌印版纸、心电图纸

长谊特种纸(上海)有限公司
上海市宝山城市工业园区丰翔路 1369 号
邮编：200436
电话：021 - 36160789、62113737
传真：021 - 36160787、62113232
网址：www. cypnet. com. cn
产品：特种纸

骏源新材料(上海)有限公司
上海市青浦工业园区汇联路 1739 号
邮编：201707
电话：021 - 59706666
传真：021 - 59706688
网址：www. sinjunyuan. com
邮箱：webmaster@ sinjunyuan. com

产品：特种纸、耐磨纸

上海三五纸厂有限公司
上海市青浦区练塘镇朱枫公路 688 弄 2 号
邮编：201715
电话：021 - 59251102、59251121
产品：热敏纸、电火花纸

上海合和纸业有限公司
上海市青浦区华新镇宝丰西路 888 号
邮编：201708
电话：021 - 59798680、59798808
传真：021 - 59798812、59798660
网址：www. shhehepaper. com
邮箱：hehezhiye@ 163. com
产品：牛皮纸、加工纸

阿波制纸(上海)有限公司
上海市奉贤区星火开发区莲塘路 355 号
邮编：201419
电话：021 - 57505800
传真：021 - 57505805
邮箱：hdh@ aws. net. cn
产品：过滤纸

上海虹灵 - 迪茨根纸业有限公司
上海市闵行区中春路 6889 弄 3 号
邮编：201101
电话：021 - 64061122
传真：021 - 54881149
产品：晒图纸

上海全兴纸业有限公司
上海市银都西路 215 号
邮编：201612
电话：021 - 57684318
传真：021 - 56784318
产品：晒图纸

上海亚傲纸业有限公司
上海市闵行区梅陇镇金都路 1515 号
邮编：201108
电话：021 - 64341587
传真：021 - 64341587
产品：晒图纸

上海国峰纸业有限公司
上海市南汇区老港化工工业园区同强路
邮编：201302
电话：021 - 58053886
传真：021 - 58055656
产品：邮票原纸、晒图原纸

上海繁锦纸业有限公司
上海市南汇区祝桥东海盐朝北路 8 号 209 室
邮编：201325
电话：021 - 68265628
传真：021 - 62473126
产品：晒图纸

金光纸业(中国)投资有限公司
上海市长宁区娄山关路 533 号金虹桥国际中心 II 座 30 层
邮编：200051
电话：021 - 22838888
网址：www. app. com. cn
产品：漂白硫酸盐桉木浆、印刷纸、包装纸、生活用纸

上海殷泰纸业有限公司
上海市蕴川路盛桥工业小区
邮编：200942
电话：021 - 56649708
传真：021 - 56646488
产品：彩色胶印新闻纸

上海开伦造纸印刷集团有限公司
上海市奉贤区莲塘路 251 号
邮编：200050
电话：021 - 62400224、62104040
传真：021 - 62401113
网址：www. kai-lun. com
邮箱：kailun@ kai-lun. com
产品：静电复印纸、瓦楞原纸、牛皮箱纸板、折叠涂布白纸板、单面涂布白纸板、茶纸板

上海基隆腊光纸有限公司
上海松江区佘山镇天马新宅路 600 号
邮编：201603
电话：021 - 57662899、57663729
传真：021 - 57663729
网址：www. shjl-lgz. com
邮箱：tianmaxue@ sina. com
产品：各色蜡光纸

江　苏　省

南京市

南京经纬纸业有限公司
江苏省南京市江宁开发区九竹路 98 号
邮编：211100
电话：025－52106598
传真：025－52100881
网址：www. jwpaper. com
产品：纸杯纸、碗面纸、冰淇淋纸

南京瑞达纸业有限公司
江苏省南京市丰富路石榴园 330 号
邮编：210000
电话：025－84209796
传真：025－84213096
网址：www. njrdzy. com
产品：联单、热敏纸、气相防锈纸、防锈纸

南京天府纸业有限公司
江苏省南京市秦淮区龙蟠中路 536 号
邮编：210000
电话：025－84587466、84614407
传真：025－84587466
网址：www. tfpaper. com
邮箱：304157937@ qq. com
产品：书写纸、双胶纸

无锡市

无锡双龙信息纸有限公司
江苏省无锡市太湖国家旅游度假区 5 号碧波支路 3 号
邮编：214092
电话：0510－85996606、85996848
传真：0510－85995909
网址：www. slpz. com
邮箱：slpz@ sohu. com
产品：电脑打印纸、静电复印纸、票据纸、传真纸

无锡荣成环保科技有限公司
江苏省无锡市惠山区洛社镇中兴西路 43 号
邮编：214187
电话：0510－83316666
传真：0510－83311826
网址：www. longchenpaper. com
产品：牛皮纸板、瓦楞原纸、瓦楞纸板、瓦楞纸箱

无锡侨颂特种纸有限公司
江苏省无锡市滨湖区碧波支路 11 号
邮编：214092
电话：0510－85990528
传真：0510－85997742
产品：无碳复写纸

无锡锡山恒丰纸业有限公司
江苏省无锡市锡山区东亭镇杨亭村
邮编：214102
电话：0510－88260560
传真：0510－88261049
网址：www. wxhfzy. com
邮箱：wxhfzy@ 126. com
产品：纸箱、瓦楞原纸

无锡市锡山华盛纸业有限公司
江苏省无锡市东亭二泉东路赛维拉包装市场西
邮编：214000
电话：0510－88259207
传真：0510－88251877
网址：www. wxhszy. com
产品：铜版纸、双胶纸、白底白卡纸、白底白纸板、白底灰纸板、高档白卡纸和轻涂纸

无锡市齐力纸业有限公司
江苏省无锡市新世界国际印刷包装产业交易中心 B－32 号
邮编：214000
电话：0510－88231801
传真：0510－88083459
网址：www. qilizhiye. com
邮箱：qilizhiye@ 126. com
产品：包装纸、印刷纸、特种纸

无锡市天昱纸业有限公司
江苏省无锡市惠山经济开发区城塘路 18 号
邮编：214177
电话：0510－83766599
传真：0510－83761808
网址：www. wxstyzy. com
邮箱：2274739357@ qq. com
产品：淋膜口杯纸、碗面纸、餐盒纸、牛皮包装纸、白卡纸、双胶纸、化工包装纸、食品包装纸和各种防潮防水用纸

无锡市三元纸业有限公司
江苏省无锡市新区长江路 8 号

邮编：214028
电话：0510－85225388、85225088、85215127、85217491
传真：0510－85225699
网址：www. wxsyzy. com
邮箱：168163510@ qq. com
产品：双胶纸、铜版纸、轻涂纸、优光铜版纸、无碳压感原纸、牛皮纸

无锡泰极纸业有限公司
江苏省无锡市锡山经济开发区团结大道春雨路
邮编：214101
电话：0510－88262053、88266679
传真：0510－88261990
网址：www. wxtjpaper. com
邮箱：sales@ wxtjpaper. com
产品：化纤纸管、氨纶纸管、工业丝纸管、蜂窝板

无锡市越丰纸业有限公司
江苏省无锡市江海西路(312 国道)红星段
邮编：214037
电话：0510－83071988、83072988、83070988
传真：0510－83075576
网址：www. yfpaper. com
邮箱：yf-paper@ 163. com
产品：无碳复写纸、无碳复写纸用微胶囊、电脑打印纸

无锡市江海信息纸业有限公司
江苏省无锡市新区锡达路 580 号 3 号楼
邮编：214112
电话：0510－85626099、85627393
传真：0510－85627699
网址：www. jianghaipaper. com
邮箱：jhzy163@ 163. com
产品：无碳复写票证纸、记录纸、静电复印纸、传真纸、不干胶贴纸

无锡西瑞玛纸业有限公司
江苏省无锡市扬名高新技术产业园 B 区 076 号
邮编：214024
电话：0510－85418959、85418969
传真：0510－85418979
网址：www. sunrise-paper. com
　　　www. diamondpaper. cn
邮箱：info@ sunrise-paper. com
产品：描图纸、绘图纸、草图纸、彩激纸、工程复印纸和设计蓝图纸

江阴比图特种纸板有限公司
江苏省江阴市长泾镇经济开发区兴隆路 2 号
邮编：214411
电话：0510－86305989、86301263
传真：0510－86302212
网址：www. chinabesto. com
邮箱：xuyulian@ chinabesto. com
　　　jybesto@ chinabesto. com
　　　patrick_ besto@ hotmail. com
产品：中底纸板、快巴纸板

江阴美源实业有限公司
江苏省江阴市梅园路 91 号
邮编：214400
电话：0510－86890068、86877625、86891508
传真：0510－86877610、86891721
网址：www. meiyuan. com
邮箱：sales@ meiyuan. com
产品：涂布纸

江阴永丰余造纸有限公司
江苏省江阴市通江南路 258 号
邮编：214433
电话：0510－86114181、86105973
传真：0510－86118748
网址：www. yfy. com
产品：涂布白纸板

无锡市江南纸业有限公司
江苏省宜兴市官林镇
邮编：214251
电话：0510－87206896
传真：0510－87200108
产品：瓦楞原纸、茶纸板

江阴新浩再循环纸业有限公司
江苏省江阴市南外环路 665 号
邮编：214433
电话：0510－68826000、68822228、68821804
传真：0510－86111319、86101863
网址：www. china-haoran. com
　　　www. xinhaopaper. com
邮箱：sales@ xinhaopaper. com
　　　yy-sunflower@ live. cn
产品：白纸板、废纸浆

无锡市一正纸业有限公司
江苏省宜兴市丁蜀镇陶瓷工业园

邮编：214200
电话：0510－88566366、80383311
传真：0510－88567366
网址：www. wxyizheng. com
邮箱：jinjie6366@ 163. com
产品：卷筒卫生纸、面巾纸、餐巾纸、卫生纸、成人纸尿片、成人纸尿裤

宜兴市苏南纸业有限公司
江苏省宜兴市张渚镇渚钢路 18 号
邮编：214231
电话：0510－87318286
传真：0510－87301375
产品：箱纸板、瓦楞原纸

宜兴市华法纸业有限公司
江苏省宜兴市经济开发区
邮编：214200
电话：0510－87125536、87125502、87121276
传真：0510－87121839
网址：www. yxhfzy. com
邮箱：sales@ yxhfzy. com
产品：箱纸板、瓦楞原纸

江苏湟里纸业有限公司
江苏省江阴市璜土镇工业园
邮编：214117
电话：0510－86652218
传真：0510－86652208
网址：www. hlpaper. cn
产品：箱纸板

徐州市

江苏星光纸业有限公司
江苏省徐州市铜山区刘集镇工业园区
邮编：21000
电话：0516－85197688
传真：0516－85197687
产品：瓦楞原纸、耐磨纸、装饰纸

常州市

常州市五环纸业有限公司
江苏省常州市戚墅堰劳动东路 308 号
邮编：213011
电话：0519－88771206、88771258
传真：0519－88772494、88771258
网址：www. wuhuan-cn. cn
邮箱：fivering@ wuhuan-cn. cn
产品：高强瓦楞原纸、牛皮箱纸板、茶纸板、防潮纸、包装纸、牛皮纸、条纹牛皮纸

溧阳市阳光纸业有限公司
江苏省溧阳市平陵西路 180 号
邮编：213300
电话：0519－87101328
产品：纱管纸、瓦楞原纸、箱纸板、茶纸板、白纸板

苏州市

金华盛纸业(苏州工业园区)有限公司
江苏省苏州工业园区胜浦镇金胜路 2 号
邮编：215126
电话：0512－62832118、62836666、62832600
传真：0512－62815491
网址：www. goldhs. com. cn
邮箱：webmaster_ ghs@ app. com. cn
产品：无碳复写纸、热敏纸、双胶纸、铜版卡纸

金红叶纸业集团有限公司
江苏省苏州工业园区胜浦分区金胜路 1 号
邮编：215126
电话：0512－62810228
传真：0512－62818276
网址：www. ghy. com. cn
邮箱：customer_ service@ chy. com. cn
产品：卷筒卫生纸、盒装面纸、纸杯、纸巾

江苏理文造纸有限公司
江苏省常熟市经济技术开发区沿江工业园理文路
邮编：215536
电话：0512－52698888、52653333
传真：0512－52653688
网址：www. leemanpaper. com
产品：BSKP、BHKP、牛皮箱纸板、瓦楞原纸

芬欧汇川(中国)有限公司
江苏省常熟市沿江经济开发区兴业路 2 号
邮编：215536
电话：0512－52651818
传真：0512－52652173
网址：www. upm. com
邮箱：upm. asia@ upm. com
产品：办公用纸、印刷纸

亚龙纸制品(昆山)有限公司
江苏省昆山市新南西路 369 号
邮编：215300
电话：0512－57536988
传真：0512－57538395
网址：www. yalongpaper. com
产品：办公用纸、纸袋、美术用纸、高光相纸

苏州新业造纸有限公司
江苏省吴江市梅堰镇工业开发一区
邮编：215225
电话：0512－63681399、63688102
传真：0512－63680888
网址：www. sz-xinye. com
邮箱：service@ sz-xinye. com
产品：过滤纸

永丰余纸业(昆山)有限公司
江苏省昆山市城北镇永丰余路
邮编：215316
电话：0512－53212041、57179678
网址：www. yfy. com
产品：生活用纸、高档纸板

耐斯特纸业(昆山)有限公司
江苏省昆山市周市镇优比路 358 号
邮编：215314
电话：0512－57628333、57629081、57629088
传真：0512－57629088
网址：www. nicetekpaper. com. cn
邮箱：sales@ nicetekpaper. com. cn
产品：白卡纸、黑卡纸、彩卡纸、珠光纸、荧光纸、背胶纸、彩色包装纸

利乐包装(昆山)有限公司
江苏省昆山市开发区顺帆南路 108 号
邮编：215301
电话：0512－57703148
传真：0512－57717729
网址：www. tetrapak. com
产品：包装纸、包装袋

昆山钞票纸业有限公司
江苏省昆山市震川东路 1188 号
邮编：215301
电话：0512－57703333
传真：0512－57702033
网址：www. kscz. cbpm. cn
产品：钞票纸、艺术纸、防伪纸

江苏荣成环保科技股份有限公司
江苏省昆山市陆家镇金阳东路 33 号
邮编：215331
电话：0512－57876688－111
传真：0512－57878080
网址：www. longchenpaper. com
产品：箱纸板、瓦楞原纸

王子制纸妮飘(苏州)有限公司
江苏省苏州市苏州新区金山路 98 号
邮编：215300
电话：0512－68258526
传真：0512－68259395
网址：www. nepia. com. cn
邮箱：nepiamk@ nepia. com. cn
产品：生活用纸

苏州红光纸业有限公司
江苏省苏州市苏福公路
邮编：215009
电话：0512－68202971
传真：0512－68202971
产品：纸板

苏州名冠纸业有限公司
江苏省吴江市梅堰镇北路 168 号
邮编：215200
电话：0512－63682788
传真：0512－63682788
邮箱：su_ crown@ sina. com
产品：工业滤纸、食用油滤纸、汽车滤纸

玖龙纸业(太仓)有限公司
江苏省太仓市港口开发区玖龙路 1 号
邮编：215009
电话：0512－53703888
传真：0512－53703751、53703800
网址：www. ndpaper. com
邮箱：info_ tc@ ndpaper. com
产品：纸板

常熟第三造纸厂有限公司
江苏省常熟市梅李镇赵市
邮编：215518
电话：0512－52388089
传真：0512－52381190

产品：箱纸板、瓦楞原纸

苏州胜宏纸业有限公司
江苏省太仓市沙溪镇河南街 84 号
邮编：215421
电话：0512－53212041
传真：0512－53212041
产品：箱纸板、瓦楞原纸

国一制纸（张家港）有限公司
江苏省张家港市凤凰镇韩国工业园
邮编：215614
电话：0512－58423721
传真：0512－58421207
网址：www. kookilpaper. com
邮箱：maeter@ kookilpaper. com
产品：胶版纸、静电复印纸、不锈钢衬纸、纸杯原纸、无尘原纸、离型原纸、装饰原纸

张家港市华兴纸业有限公司
江苏省张家港市锦丰镇经济开发区东区郁家桥东首
邮编：250000
电话：0512－58951518
传真：0512－58951555
网址：www. jshuaji. com
产品：箱纸板、瓦楞原纸

张家港市华申纸业有限公司
江苏省张家港市后塍镇袁家桥
邮编：215631
电话：0512－58771241
传真：0512－58785231
产品：箱纸板、瓦楞原纸

南通市

南通造纸厂
江苏省南通市唐闸北市街 63 号
邮编：226002
电话：0513－85544167
传真：0512－53703800
产品：牛皮箱纸板、高强瓦楞原纸

江苏王子制纸有限公司
江苏省南通市经济技术开发区通达路 18 号
邮编：226017
电话：0513－85996555
传真：0513－85996382
网址：www. ojipaper. cn
产品：文化用纸

淮安市

江苏金莲纸业有限公司
江苏省金湖县建设东路 89 号
邮编：211600
电话：0517－86882961
传真：0517－86892515、86882875
网址：www. jlian. com
邮箱：jhzzc@ pub. hy. jsinfo. net
产品：生活用纸

江苏嘉德纸业有限公司
江苏省洪泽县工业园区东二道 5 号
邮编：223100
电话：0517－87801336
传真：0517－87801339
邮箱：zhuyuanlu@ 163. com
产品：包装纸

盐城市

胜达集团江苏双灯纸业有限公司
江苏省射阳县黄沙港镇双灯工业园
邮编：224341
电话：0515－82263415、82263555
传真：0515－82263999
网址：www. chinasund. com
产品：生活用纸、女性卫生用品

江苏美灯纸业有限公司
江苏省滨海县城南丁字港船闸西 300 米
邮编：224500
电话：0515－4101662、84100565
产品：生活用纸

江苏博汇纸业有限公司
江苏省盐城市大丰港石化产业园
邮编：224100
电话：0515－83287878
产品：高档包装纸

江苏京环隆亨纸业有限公司
江苏省盐城市响水县陈家港镇沿海经济开发区
邮编：224600
电话：0515－68870115

传真：0515－82076356
网址：www. longhornwin. com. cn
邮箱：ganjiping@ 163. com
产品：涂布白纸板

扬州市

永丰余造纸（扬州）有限公司
江苏省扬州市春江路 168 号
邮编：225131
电话：0514－7529888－2601
产品：高强瓦楞原纸、牛皮纸

高邮市卫星卷烟材料有限公司
江苏省高邮市海潮东路 8 号
邮编：225600
电话：0514－84631158
传真：0514－84631158、84061050
产品：复合铝箔纸、烫金水松纸

镇江市

江苏长丰造纸有限公司
江苏省丹阳市后巷镇
邮编：212312
电话：0511－86326666、86323088
传真：0511－86326006、86326600
网址：www. cfpaper. com
邮箱：ygz@ cfpaper. com
产品：高强瓦楞原纸

金东纸业（江苏）股份有限公司
江苏省镇江市大港兴港东路 8 号
邮编：212132
电话：0511－88998888、800－8283768
传真：0511－88997000
网址 www. goldeastpaper. com. cn
产品：铜版纸、双面胶版纸、静电复印纸、画刊纸、低定量涂布纸、杂志纸、喷铝专用纸、铜版卡纸

镇江大东纸业有限公司
江苏省镇江市镇江新区大港东方路 8 号
邮编：212132
电话：0511－88820202
传真：0511－88820201
网址：www. zjddzy. com
邮箱：dadong@ zjddzy. com
产品：税务发票专用纸、文化用纸、工业配套用纸、食品包装纸、餐盒用纸、防伪纸

镇江市京口纸业有限责任公司
江苏省镇江市九里街宗泽路 3 号
邮编：212008
电话：0511－85988902
传真：0511－88805606、88807606
产品：玻璃卡纸、白卡纸、铜版纸、纸杯纸

泰州市

泰州魏德曼高压绝缘有限公司
江苏省泰州市海阳路 40 号
邮编：225300
电话：0523－86566972
传真：0523－86560610
网址：www. weidmann. com. cn
邮箱：michael. xu@ weidmann. com. hk
xuluping@ weidmann. com. cn
产品：绝缘纸板、绝缘成型件

泰州劲松纸业有限公司
江苏省泰州市海阳路 52 号
邮编：225300
电话：0523－82848683
产品：新闻纸、高压电缆纸、电力电缆纸、晒图纸、离型纸、透析纸

浙 江 省

杭州市

杭州金泰纸业有限公司
浙江省富阳市春江街道建设村
邮编：311421
电话：0571－63583095
传真：0571－63582088
产品：涂布白纸板

杭州华胜纸业有限公司
浙江省富阳市春江工业区江南路 69 号
邮编：311421
电话：0571－63583157
传真：0571－63587098、63581717
网址：www. hzhspaper. com
产品：双面涂布白纸板、纱管纸、工艺纸板、灰纸板、厚纸板

杭州富春江宣纸有限公司
浙江省富阳市大源镇新关方家地 1 号
邮编：311414
电话：0571－63543079
传真：0571－63543518
产品：宣纸

杭州富阳亨通纸业有限公司
浙江省富阳市东州街道红旗村
邮编：311401
电话：0571－63465918
传真：0571－63465888
产品：涂布白纸板、白卡纸

杭州富阳汇泰纸业有限公司
浙江省富阳市春江工业园区华共村
邮编：311421
电话：0571－63580973
传真：0571－63580972
产品：白纸板

杭州富阳万马纸业有限公司
浙江省富阳市春江街道新建村
邮编：311421
电话：0571－63587913
产品：涂布白卡纸

杭州富阳康楠纸业有限公司
浙江省富阳市春江街道建华村
邮编：311421
电话：0571－23210111、23202260
传真：0571－23022279
网址：www. kangnan. net
产品：高档灰底白纸板、白底白纸板

浙江万信纸业有限公司
浙江省富阳市春江造纸工业园区
邮编：311421
电话：0571－63587561
传真：0571－63587870
网址：www. wxpaper. com
邮箱：xmq@ wxpaper. com
传真：涂布白纸板

浙江富阳华天纸业有限公司
浙江省富阳市春江造纸工业园区
邮编：311421
电话：0571－63581808、63584818
传真：0571－63150123
网址：www. huatianpaper. com
邮箱：huatianpaper@ 163. com
产品：涂布白纸板

浙江永正控股有限公司
浙江省富阳市春江造纸功能区
邮编：311413
电话：0571－63583521
传真：0571－63581426
产品：涂布白纸板、扑克牌纸、防伪纸

富阳中富纸业有限公司
浙江省富阳市场口镇桥头路 5 号
邮编：311411
电话：0571－63571116
产品：半透明纸、防油纸、医用包装纸、果袋纸

杭州富阳中南纸业有限公司
浙江省富阳市春江街道民主村
邮编：311421
电话：0571－63159969、63159977
传真：0571－63159911
产品：涂布白纸板、扑克牌纸、白卡纸

杭州板桥纸业有限公司
浙江省富阳市春江街道八一工业区
邮编：311401
电话：0571－63585686
传真：0571－63582058
产品：涂布白纸板

杭州富阳大华造纸有限公司
浙江省富阳市灵桥镇江丰村
邮编：311418
电话：0571－63555098
产品：卫生纸

杭州华丰纸业有限公司
浙江省杭州市拱墅区和睦路 555 号
邮编：310011
电话：0571－88091424
传真：0571－88091536
网址：www. hfpaper. com
邮箱：sales@ hfpaper. com
产品：卷烟纸、滤嘴棒纸、牛皮箱纸板、复印纸、贴花面纸、铝箔衬纸、拷贝纸、电话簿纸

浙江正大纸业集团有限公司
浙江省富阳市春联工业区 1 号
邮编：311421
电话：0571－63583878
传真：0571－63583838
产品：涂布白纸板

杭州新华纸业有限公司
浙江省杭州市桐庐县春江东路 1518 号
邮编：310500
电话：0571－88075514、69817688、88803319
传真：0571－88074838、69812345
网址：www. xinhuapaper. com
邮箱：webmaster@ xinhuapaper. com
产品：打字蜡纸、滤纸、茶叶袋纸

杭州新兴纸业有限公司
浙江省富阳市大源镇新关村
邮编：311414
电话：0571－63543299、58836104
传真：0571－63543147
网址：www. xinxing. cn
邮箱：xinxing@ xinxingpaper. cn
产品：各种中高档薄型包装纸

临安市青山纸业有限公司
浙江省临安经济开发区南环路 168 号
邮编：311305
电话：0571－63783698、63783628
传真：0571－63781525
网址：www. ladqspaper. com
邮箱：bgs@ laqspaper. com
bcl@ laqspaper. com
产品：牛皮纸、白牛皮纸、钢纸原纸、胶带原纸、不干胶衬纸、涂塑纸

浙江远大纸业有限公司
浙江省富阳市春江工业园区
邮编：311421
电话：0571－63586969
传真：0571－63586969
网址：www. ydpaper. cn
邮箱：yuandapaper_ china@ 126. com
产品：涂布白纸板

浙江永泰纸业集团股份有限公司
浙江省富阳市春江街道造纸功能区
邮编：311421
电话：0571－63583521、63587935
传真：0571－63583055、63581426
网址：www. yongtaipaper. com
产品：涂布白纸板、白卡纸、扑克牌纸、防伪纸

浙江万众纸业有限公司
浙江省富阳市春江街道山建村
邮编：311421
电话：0571－63580926
传真：0571－63580988
产品：涂布白纸板

杭州特种纸业有限公司
浙江省富阳市鹿山街道上里工业区
邮编：311407
电话：0571－63488222、63488158、63488821
传真：0571－63488497
网址：www. special－paper. com
邮箱：newstar@ newstarpaper. cn
产品：化学分析滤纸、汽车滤纸、钢纸

浙江东方纸业有限公司
浙江省杭州市艮山西路 182 号
邮编：310004
电话：0571－86096056、86095438
总机：0571－86090161
传真：0571－86944972
网址：www. eastpaper. cn
产品：纸浆

浙江金东纸业有限公司
浙江省富阳市灵桥造纸工业园区
邮编：311418
电话：0571－63558799、63525888、63558733
传真：0571－63552789、63558969
网址：www. zjjdpaper. com
邮箱：jindongpaper@ 163. com
产品：单面涂布灰底白纸板

浙江三星纸业股份有限公司
浙江省富阳市春江街道山建工业区
邮编：311421
电话：0571－63153833（销售）、63580990、63153892（办公室）
传真：0571－63581003
网址：www. zjsxpaper. com
邮箱：zjsxpaper@ fy. hz. zj. cn
产品：涂布白纸板、双面涂布白纸板、扑克牌纸

浙江涌金纸业有限公司
浙江省富阳市春江街道临江区
邮编：311421
电话：0571－63151202、0571－63151288
传真：0571－63151222
网址：www.zjyjpaper.com
邮箱：yj@zjyjpaper.com
产品：高档涂布白纸板

杭州众力纸业有限公司
浙江省杭州市拱墅区上塘街道储鑫路 17－1 号 501 室
邮编：310015
电话：0571－88259111
产品：文化用纸、办公用纸

浙江万邦浆纸集团有限公司
浙江省杭州市庆春路 11 号凯旋门商业中心 21 楼
邮编：310009
电话：0571－87218800
传真：0571－87218822
网址：www.welbon.com
产品：纸浆、特种纸

杭州盛源纸业有限公司
浙江省杭州市绍兴路 290 号
邮编：311000
电话：0571－81826201
传真：0571－85381639
网址：www.whsyzp.com
产品：各种花纹纸、平板金银卡纸、艺术纸、珠光纸

杭州华锦特种纸有限公司
浙江省杭州市临安青山湖街道滨河北路 18 号
邮编：311300
电话：0571－63757385
传真：0571－63757936
网址：www.hzhj.cxswzx.com
产品：新闻纸、书籍用纸

杭州华旺纸业集团有限公司
浙江省临安经济开发区滨河北路 18 号
邮编：311305
电话：0571－63750043
传真：0571－61077680
邮箱：hw@hwpaper.net
产品：新闻纸、装饰纸

杭州富桥纸业有限公司
浙江省富阳市渌渚镇百前村百丈 26 号
邮编：311400
电话：0571－63296908
传真：0571－63296918
邮箱：312080750@qq.com
产品：淋膜原纸、口杯原纸

富阳恒富特种纸业有限公司
浙江省富阳市春江街道春联工业园 3 号
邮编：311421
电话：0571－63587198
传真：0571－63587737
网址：www.hengfuzy.com
邮箱：yaming28@126.com
产品：转移印花原纸、复合原纸、装饰原纸、特种包装纸

浙江高阳纸业有限公司
浙江省富阳市春江街道工业区东区块
邮编：311421
电话：0571－63153808
传真：0571－63150598
网址：www.zjgyzy.com
产品：A 级单面灰底涂布白纸板、A 级双面涂布白纸板

富阳明盛纸业有限公司
浙江省富阳市春江街道江南路 25 号
邮编：311421
电话：0571－63587983
产品：印花纸、离型纸原纸、平衡纸、壁纸原纸、滤纸原纸

浙江春胜控股集团有限公司
浙江省富阳市春江街道造纸工业园江南路 68 号
邮编：311421
电话：0571－63582288
传真：0571－63582288
网址：www.hzcspaper.com
邮箱：326232839@qq.com
产品：白纸板

浙江上游纸业有限公司
浙江省富阳市春江街道春联村
邮编：311421
电话：0571－63583118、63587378
传真：0571－63583111

网址：www. zjshangyou. com
邮箱：webmaster@ zjshangyou. com
产品：涂布白纸板

杭州科博纸业有限责任公司
浙江省桐庐县经济开发区求实路 117 号
邮编：311500
电话：0571－64609887、64219333
传真：0571－64609887
网址：www. hzkbpaper. com
邮箱：hhbhz@ 163. com
产品：茶叶滤纸、咖啡滤纸、高透气度滤棒成型纸、热封型干燥剂包装纸、口罩纸

宁波市

宁波中华纸业有限公司
浙江省宁波市海曙区段塘丁家街 108 号
邮编：315012
电话：0574－87464811－3006
传真：0574－87493450
网址：www. zhonghua-paper. com
邮箱：infor@ mail. zhonghua-paper. com
产品：白纸板、铜版纸、白卡纸、扑克牌纸

宁波亚洲浆纸业有限公司
浙江省宁波市北仑区小港青峙工业区宏源路 88 号
邮编：315012
电话：0574－86989888、86989123
传真：0574－86989898
网址：www. nbasia. com. cn
产品：单面涂布白底白纸板、白卡纸、双面涂布环保铜版卡纸、蓝芯扑克牌纸

宁波牡牛集团有限公司
浙江省宁波市鄞州区姜山镇周韩村
邮编：315915
电话：0574－88464815、88463725、
　　　88464807、88464811
传真：0574－88465016、88463725
网址：www. muniupaper. com
邮箱：muniu@ pack. net. cn
产品：高强瓦楞原纸、箱纸板、涂布白纸板

宁波三 A 集团有限公司
浙江省慈溪市周巷镇环城东
邮编：315324
电话：0574－63301978、63330727
传真：0574－63301978、63301888
网址：www. aaa-poker. cn
邮箱：poker@ aaa-poker. cn
产品：扑克牌纸、玻璃卡纸、铜版纸、不干胶纸、高光泽金银纸

宁波市东腾纸业有限公司
浙江省宁海县茶院乡庙岭村
邮编：315000
电话：0574－65125999
传真：0574－65126156
产品：高强瓦楞原纸

宁波宁兴纸业有限公司
浙江省宁波市宁海科技园区环保城西
邮编：315000
电话：0574－65395996、13706841083
传真：0574－65395888
产品：高强瓦楞原纸、包装纸

宁波鸿运纸业有限公司
浙江省宁波市望春工业园区云林中路 168 号
邮编：315177
电话：0574－88156808
传真：0574－88156860
产品：食品防油纸、食品涂蜡纸原纸、半透明纸、防黏烘烤纸

温州市

瑞安市玉海特种纸业有限公司
浙江省瑞安市汀田镇工业园区
邮编：325200
电话：0577－65103878
传真：0577－65103878
邮箱：lizuolin1962@ hotmail. com
产品：印花纸、纱管原纸、绝缘纸

温州新意特种纸业有限公司
浙江省温州市滨海园区三道 4222 号
邮编：325025
电话：0577－55560918
传真：0577－55562085
网址：www. wzxinfeng. com
邮箱：1095260485@ qq. com
产品：格拉辛离型纸、CCK 离型纸、半透明纸、包装纸

嘉兴市

浙江景兴纸业股份有限公司
浙江省平湖市曹桥街道
邮编：314214
电话：0573－85966228、85966256
传真：0573－85966983
网址：www. zjjxjt. com
邮箱：jxtjl5@ 163. com
产品：牛皮箱纸板、高强瓦楞原纸、纱管原纸

民丰特种纸股份有限公司
浙江省嘉兴市角里街 70 号
邮编：314099
电话：0573－82839051
网址：www. minfenggroup. com
邮箱：wujianming@ mfspchina. net
产品：卷烟纸、工业配套用纸、描图纸

嘉兴市丰莱桑达贝纸业有限公司
浙江省嘉兴市角里街吴泾桥堍
邮编：314000
电话：0573－82820459
传真：0573－82820134
邮箱：liuhaining@ mfspchina. net
产品：高档离型原纸、彩色喷墨纸、格拉辛纸、奶面纸、无碳复写纸、环保型防黏纸、热敏纸

浙江民丰罗伯特纸业有限公司
浙江省嘉兴市角里街 70 号
邮编：314000
电话：0573－82814766－805
传真：0573－82819766
产品：卷烟纸、特种纸

浙江本科特水松纸有限公司
浙江省嘉兴市南湖工业园（大桥）
邮编：314006
电话：0573－83286342
产品：水松纸

浙江荣晟环保纸业股份有限公司
浙江省平湖经济开发区
邮编：314213
电话：0573－89173322
传真：0573－85986598
网址：www. rszy. com
产品：牛皮箱纸板、瓦楞原纸

浙江丰舟特种纸有限公司
浙江省嘉兴市南湖区凤桥镇工业园区
邮编：314007
电话：0573－83181738、139573344682
传真：0573－83181738
产品：包装纸、医药包装纸

浙江吉安纸容器有限公司
浙江省海盐县大桥经济开发区海港大道 2099 号
邮编：314304
电话：0573－86861625
传真：0573－86861625
邮箱：2952795798@ qq. com
产品：高档牛卡纸、轻量涂布白面牛卡纸、高强瓦楞原纸、砂管纸

浙江海利纸业股份有限公司
浙江省海盐县经济开发区新城村
邮编：314305
电话：0573－86856130
邮箱：hzx@ zjhaili. cn
产品：牛皮箱纸板

嘉兴大洋纸业股份有限公司
浙江省海盐县沈荡镇林家浜 1 号
邮编：314311
电话：0573－86722998
邮箱：chenjianming001@ 126. com
产品：牛皮箱纸板、高强瓦楞原纸

海盐县华联纸业有限责任公司
浙江省海盐县沈荡镇大桥东堍
邮编：3114311
电话：0573－86587122、13511309648
传真：0573－86766492
邮箱：Longyousheng2006@ 163. com
　　　123456789@ qq. com
产品：箱纸板、牛皮纸

绍兴市

嵊州市宇丰纸业有限公司
浙江省嵊州市仙岩镇西鲍村
邮编：312400
电话：0575－83151888
产品：高强瓦楞原纸、砂管纸

金华市

浙江兰天纸业有限公司
浙江省金华市浦江县浦江工业园区
邮编：322205
电话：0579－84293535
传真：0579－84293399
产品：灰纸板、白纸板

衢州市

浙江恒达新材料股份有限公司
浙江省衢州市龙游县湖镇工业园区大明路 8 号
邮编：324401
电话：0570－7061199、7061686、7061111
传真：0570－7061234
网址：www. hengdapaper. com
邮箱：hd@ hengdapaper. com
391852323@ qq. com
产品：接装原纸、卷烟辅料配套用纸、医用包装原纸、装饰原纸、工业技术配套用纸

浙江天天虹特种纸业有限公司
浙江省衢州市龙游县城北开发区金星大道 33 号
邮编：324400
电话：0570－7258891、7258386
传真：0570－7258908
网址：www. tthpaper. com
邮箱：yjq@ tthpaper. com
产品：黑卡纸、彩卡纸、彩色书写纸

浙江金龙纸业有限公司
浙江省衢州市龙游县湖镇镇沙田湖工业区
邮编：324401
电话：0570－7036518
传真：0570－7035455
网址：www. jinlongpaper. cn
邮箱：mail@ jinlongpaper. cn
产品：白面牛卡纸、箱纸板、瓦楞原纸、纱管纸、厚灰纸板

仙鹤股份有限公司
浙江省衢州市沈家经济开发区
邮编：324022
电话：0570－2833055、8500999
传真：0570－2931631
网址：www. xianhepaper. com
邮箱：zjxianhe@ xianhepaper. com. cn
产品：烟用配套用纸、裱潢装饰用纸、薄型印刷纸、食品包装纸、医用包装纸、标签离型纸等

浙江夏王纸业有限公司
浙江省衢州市天湖南路 20 号
邮编：324022
电话：0570－8768600/621
传真：0570－8468777
网址：www. kingdecor. cn
邮箱：jin. wang@ kingdecor. cn
产品：印刷纸、素色纸

江山华盛纸业制造有限公司
浙江省江山市贺村十里牌
邮编：324109
电话：0570－4550085
传真：0570－4550085
产品：瓦楞原纸、牛皮纸板、纸袋纸、半透明纸

浙江晶鑫特种纸业有限公司
浙江省衢州市衢江区沈家经济开发区天湖西路 3 号南山路 66 号
邮编：324000
电话：0570－2831088
产品：美纹纸

浙江莱勒克纸业有限公司
浙江省衢州市沈家经济开发区春苑中路
邮编：324000
电话：0570－8520666、8520669
传真：0570－8520660
网址：www. zjlillac. com
邮箱：lilac@ zjlillac. com
产品：电解电容器纸

衢州双熊猫纸业有限公司
浙江省衢州黄坛口
邮编：324005
电话：0570－3621120
产品：特种纸、木浆纸、脱墨浆纸

浙江鑫丰特种纸业股份有限公司
浙江省衢州市衢江区经济开发区南山路 68 号
邮编：324022
电话：0570－2933322
传真：0570－2933322
网址：www. xinfengpaper. com

邮箱：510113951@ qq. com
产品：育果袋纸、美纹纸

浙江金昌特种纸股份有限公司
浙江省龙游工业园区金星大道 37 号
邮编：324400
电话：0570 - 7563509、7566665
传真：0570 - 7566675
网址：www. jinchangzj. 1688. com
邮箱：402625276@ qq. com
产品：壁纸原纸、白牛皮纸、转印纸等

浙江佳维康特种纸有限公司
浙江省衢州市龙游县工业园区金星大道 88 号
邮编：324400
电话：0570 - 7289999
传真：0570 - 7289999
网址：www. zjjwk. com
邮箱：569097797@ qq. com
产品：食品、医疗包装原纸、手术衣原纸、转印原纸、耐水标签原纸、喷铝原纸、信息记录原纸

浙江美鑫特种纸有限公司
浙江省衢州市东港五路 12 号
邮编：324400
电话：0570 - 8888177
传真：0570 - 8882997
网址：www. zjkjingwin. com
邮箱：fangjj@ zjmeixin. net
产品：热转印纸、特种纸

浙江圣丰纸业有限公司
浙江省衢州市龙游县工业园区北斗大道 37 号
邮编：324400
电话：0570 - 7551002
传真：0570 - 7551555
邮箱：814884992@ qq. com
产品：晒图原纸、壁纸原纸、高档食品包装纸

浙江海景纸业有限公司
浙江省衢州市龙游县工业园区金星大道 32 号
邮编：324400
电话：0570 - 7858899
传真：0570 - 7858871
网址：www. zjhjzy. com
邮箱：zj@ zjhizy. com
产品：壁纸原纸

龙游塔恩纸业有限公司
浙江省衢州市龙游县龙兰路 151 号
邮编：324400
电话：0570 - 7835580
传真：0570 - 7835211
邮箱：zhuopeng. ni@ tanngroup. com
产品：水松纸

衢州市东大特种纸有限公司
浙江省衢州市衢江区天湖西路 1 号
邮编：324022
电话：0570 - 2831966
传真：0570 - 2831966
网址：www. qudongda. com
邮箱：631335772@ 163. com
产品：食品包装原纸、热转移印花原纸

艾科赛仑有限公司
浙江省衢州市衢江市临湖北路 18 号
邮编：324000
电话：0570 - 3666873
传真：0570 - 8885298
网址：www. zgaksl. com
邮箱：Zjb2@ zjaksl. com
产品：医用、食品、烟用等特种纸

浙江天耀纸业有限公司
浙江省衢州市龙游县工业园区金星大道 36 号
邮编：324400
电话：0570 - 7258812
传真：0570 - 7258812
产品：花纹纸

浙江大盛新材料股份有限公司
浙江省衢州市龙游县工业园区金星大道 82 号
邮编：324400
电话：0570 - 7331329
传真：0570 - 7330999
网址：www. zjds-paper. com
邮箱：jzw@ zjds-paper
产品：高档装饰原纸

浙江琅素实业有限公司
浙江省衢州市衢江区天湖南路 66 号
邮编：324000
电话：0570 - 8877899
传真：0570 - 3377888
网址：www. luxss. com

邮箱：1317466798@ qq. com
产品：高档壁纸

浙江龙游辰港宣纸有限公司
浙江省衢州市龙游县灵江园区祥云路 17 号
邮编：324400
电话：0570 - 7251826
传真：0570 - 7251827
产品：宣纸

浙江凯伦特纸业有限公司
浙江省衢州市龙游县工业园区金星大道 86 号
邮编：324400
电话：0570 - 7029116
传真：0570 - 7029818
网址：www. krentpaper. com
邮箱：postmaster@ krentpaper. com
产品：高档白卡纸、口杯原纸

阿尔诺维根斯(衢州)有限公司
浙江省衢州市东港工业园区四路 9 号
邮编：324022
电话：0570 - 3832616
传真：0570 - 3832828
网址：www. arjowiggins. com
邮箱：qin. yao@ arjowiggins. com
产品：创意纸、技术用纸

浙江新亚伦纸业有限公司
浙江省衢州市龙游县工业园区同舟路 48 号
邮编：324400
电话：0570 - 7181601
传真：0570 - 7181616
网址：www. zjxylzy. com
邮箱：603853573@ qq. com
产品：食品包装原纸、离型原纸、壁纸原纸、烟用接装原纸、医用包装原纸、转移印花原纸

浙江罗贝壁纸有限公司
浙江省衢州市龙游县工业园区北斗大道 81 号
邮编：324400
电话：0570 - 7380188
网址：www. lobel. com
邮箱：lobel@ lobel. cn
产品：壁纸

维达纸业(浙江)有限公司
浙江省衢州市龙游县工业园区凤坤路 9 号
邮编：324000
电话：0570 - 7788968
传真：0570 - 7788968
邮箱：yang. zf@ vinda. com
产品：纸巾纸、面巾纸、餐巾纸、卫生纸

浙江五星纸业有限公司
浙江省衢州市东港四路 1 号
邮编：324000
电话：0570 - 8566059
传真：0570 - 3838208
网址：www. fivestarpaper. com
邮箱：Fan. yang@ fivestarpaper. com
产品：包装纸、口杯原纸、淋膜原纸、晒图原纸、壁纸原纸

衢州五洲特种纸业有限公司
浙江省衢州市衢江区经济开发区通波北路 1 号
邮编：324000
电话：0570 - 8877311
产品：高档描图纸、格拉辛纸、装饰原纸、晒图原纸

浙江常林纸业有限公司
浙江省常山县生态园区
邮编：324200
电话：0570 - 5125529
传真：0570 - 5125811
邮箱：649497670@ qq. com
产品：特种装饰纸板、多功能彩色纸板、功能性牛皮纸板

浙江华凯纸业有限公司
浙江省衢州市东港开发区东港五路 2 号
邮编：324000
电话：0570 - 8882826
传真：0570 - 8882831
网址：www. huakaipaper. com
邮箱：huakai@ huakaipaper. com
产品：热敏版纸原纸、湿强纸、蓄电池涂板纸系列、电解电容器纸、皮纸(机制宣纸)、薄型包装纸

衢州凯乐特种纸材料有限公司
浙江省衢州市衢江经济开发区乌江东路 18 号
邮编：324000
电话：0570 - 3375236
传真：0570 - 3375319
邮箱：854163439@ qq. com
产品：热敏蜡纸原纸、火药引线纱纸

浙江舜浦纸业有限公司
浙江省衢州市龙游县工业园区金星大道 22 号
邮编：324400
电话：0570 - 7390001、13757012787
传真：0570 - 7390018
网址：www. shunpupaper. com
邮箱：Group808@ shunpuzy. com
产品：高湿强薄型彩色纸、纸绳纸

台州市

台州市开来纸业有限公司
浙江省临海市经济开发区清化路
邮编：317000
电话：0576 - 85133001
传真：0576 - 85133488
产品：淋膜纸、涂布纸

台州华通纸张有限公司
浙江省临海市古城街道振兴街 172 号
邮编：317000
电话：0576 - 85114091、85225091
传真：0576 - 85117311
邮箱：ht-paper@ ht-paper. com
产品：双胶纸、铜版纸、白卡纸、办公用纸

台州市玫瑰纸业有限公司
浙江省台州市涌泉镇梅岘村
邮编：317021
电话：0576 - 89119709
传真：0576 - 89119708
网址：www. tzrose. 1688. com
邮箱：rose5680728@ 163. com
产品：美纹纸、砂管纸、和纸、美光纸、可冲散湿巾纸

丽水市

浙江凯恩集团有限公司
浙江省丽水市遂昌县环城南路 9 号
邮编：323300
电话：0578 - 8180210、8180221、8180220
传真：0578 - 8180230
网址：www. kangroup. com
邮箱：admin@ kangroup. com
产品：电容器纸、吸尘袋纸、不锈钢衬纸

浙江凯恩特种材料股份有限公司
浙江省丽水市遂昌县凯恩路 1008 号
邮编：323300
电话：0578 - 8123029
传真：0578 - 8121286
网址：www. kangroup. com
产品：电解电容器纸、电池用纸、高透气度纸、无纺壁纸、茶叶滤纸

浙江惠同纸业有限公司
浙江省丽水市遂昌县上江工业园区
邮编：323000
电话：0578 - 8185288、8185266
传真：0578 - 8185288
网址：www. huitongzy. cn
产品：耐磨纸、淋膜原纸、双面胶带原纸、工业隔离纸、礼品纸

湖州市

湖州立丰纸业有限公司
浙江省湖州市安吉县孝丰镇
邮编：313301
电话：0572 - 5620123
传真：0572 - 5620207
产品：白牛皮纸、包装纸、装饰原纸、卫生纸

安　徽　省

合肥市

合肥造纸厂
安徽省合肥市瑶海区大兴镇
邮编：230000
电话：0551 - 64539170
产品：生活用纸

合肥嘉东生活用纸有限公司
安徽省合肥市庙岗路 2 号
邮编：230011
电话：0551 - 64533152
传真：0551 - 64526915
邮箱：635690683@ qq. com
产品：卫生纸

安徽集友纸业有限公司
安徽省合肥市高新技术经济开发区
邮编：230088

电话：0551－63844008
产品：卷烟材料

合肥兴东纸业有限公司
安徽省合肥市瑶海区大兴东岗
邮编：230011
电话：0551－64525707、13905609405
传真：0551－64525707
邮箱：285081469@ qq. com
产品：机械包装纸及纸制品

合肥金红叶纸业有限公司
安徽省合肥市古河路 20 号
邮编：230041
电话：0551－67750182
传真：0551－67750162
产品：生活用纸

合肥博达纸业有限公司
安徽省合肥市庐阳区濉溪路 26 号
邮编：230000
电话：0551－65537733
传真：0551－65537733
产品：牛皮纸、瓦楞原纸

合肥荣昌纸业有限责任公司
安徽省合肥市庐阳区阜阳北路
邮编：230000
电话：0551－65547636
传真：0551－65539270
产品：牛皮纸、双胶纸

合肥恒生纸业有限责任公司
安徽省合肥市庐阳区濉溪路 32－10 号
邮编：230000
电话：0551－65533800
产品：无碳复写纸、双胶纸、书写纸、牛皮纸、双胶纸、书写纸

安徽康盛纸业有限公司
安徽省合肥市胜利路与琅琊山路交口蓝鲸国际大厦 2106 室
邮编：230011
电话：0551－64219078、62917396
传真：0551－62917388
QQ: 873360675
邮箱：xieming@ chinadailyuse. com
产品：办公用纸

安徽精诚纸业有限公司
安徽省合肥市肥东循环经济工业园纬五路
邮编：230000
电话：0551－62520880
传真：0551－62520818
邮箱：lzw@ jcfzzb. com
产品：医用纸、生活用纸

合肥嘉富特纸业有限公司
安徽省合肥市肥东县撮镇工业聚集区
邮编：230011
电话：0551－67360257
传真：0551－67360257
邮箱：635690683@ qq. com
产品：工业包装纸、卫生纸

安徽源进包装材料有限公司
安徽省合肥市包河区南淝河路卫乡产业园
邮编：230051
电话：0551－64841544
传真：0551－64841544
邮箱：13966747344@ 163. com
产品：图书专用包装纸

芜湖市

安徽天力纸业有限公司
安徽省芜湖市四褐山路 101 号
邮编：241009
电话：0553－5801199
传真：0553－5805674
产品：箱纸板、瓦楞原纸

安徽耀华纸业有限公司
安徽省芜湖市经济技术开发区
邮编：241006
电话：0553－5841588
产品：瓦楞原纸

安徽豪森纸业有限公司
安徽省芜湖市新芜经济开发区
邮编：241100
电话：0553－8127996/9
产品：瓦楞原纸

恒安（芜湖）纸业有限公司
安徽省芜湖三山区临江工业区
邮编：241000

电话：0553－3912888
网址：www.hengan.com
产品：卫生巾、纸尿裤和生活用纸

蚌埠市

安徽中亿纸业有限公司
安徽省蚌埠市怀远县工业园区
邮编：233400
电话：0552－8501799、8501838
产品：纸杯原纸

淮南市

安徽景丰纸业有限公司
安徽省淮南市经济技术开发区建设南路 29 号
邮编：232008
电话：0554－3312663
传真：0554－3312663
产品：卷烟纸、成型纸、包装纸、文化用纸

马鞍山市

安徽山鹰纸业股份有限公司
安徽省马鞍山市金家庄区勤俭路 3 号
邮编：243021
电话：0555－2826300、2826390、2826360
传真：0555－2810496
网址：www.shanyingpaper.com
邮箱：sale@shanyingpaper.com
产品：箱纸板、牛卡纸、高强瓦楞原纸、涂布白纸板

安徽比伦生活用纸有限公司
安徽省马鞍山市当涂经济开发区
邮编：246317
电话：0555－6751888、6751889
产品：生活用纸

安庆市

安徽省潜山县汉皮纸厂
安徽省安庆市潜山县槎水镇逆水村
邮编：246317
电话：0556－8686005
产品：长纤维纸、新闻纸

安徽万邦特种材料有限公司
安徽省安庆市怀宁县高河镇高埠路 75 号
邮编：246121
电话：0556－4616019、4616040
传真：0556－4617888
网址：www.welbon.com
邮箱：gaosen@cntmi.com
产品：电池隔膜纸

安徽三木特纸有限公司
安徽省安庆市怀宁县高河镇高埠路 36 号
邮编：246121
电话：0556－4616888
传真：0556－4616288
网址：www.mikitoku.co.jp
产品：电气绝缘纸

安徽华泰林浆纸股份有限公司
安徽省安庆市迎江区老峰镇西湖村皖江大道 1 号
邮编：246003
电话：0556－5423758、5979326
传真：0556－5979279
邮箱：huatailfz@126.com
产品：针叶木浆、高档文化用纸

安徽美妮纸业有限公司
安徽省安庆市潜山综合经济开发区
邮编：246300
电话：0556－8686005
产品：生活用纸

安徽省三环纸业集团有限公司
安徽省怀宁工业园
邮编：246121
电话：0556－4669858、4669626
传真：0556－4669629
QQ：479878892
网址：www.ah3hjt.com
邮箱：hntzzc@126.com
产品：卷烟用纸

太湖集友纸业有限公司
安徽省安庆市太湖县观音路
邮编：246000
电话：0556－4180527
产品：卷烟用纸

安徽省潜山县鸣丰纸业有限公司
安徽省潜山县舒州东路 68 号
邮编：246000

电话：0556－8965019
手机：13855692188
网址：www. mfpaper. com
邮箱：mfpaper@ 163. com
产品：银行用纸

安庆市新宜造纸厂
安徽省安庆市人民路 130 号
邮编：246000
电话：0556－8729098
传真：0556－5513008
产品：生活用纸

黄山市

安徽华邦特种材料有限公司
安徽省黄山市歙县
邮编：245202
电话：0559－6523166、6523028
传真：0559－6523588
网址：www. welbon. com
产品：机制纸、转移印花纸

黄山金仕特种包装材料有限公司
安徽省黄山市歙县富堨镇徐村
邮编：245200
电话：0559－6523228
传真：0559－6523870
邮箱：850012312@ qq. com
产品：机制纸、食品包装纸

滁州市

安徽兆隆纸业有限公司
安徽省天长市万寿镇
邮编：239300
电话：0550－7791111
邮箱：1826861682@ qq. com
产品：高强瓦楞原纸

阜阳市

安徽天都纸业有限公司
安徽省阜阳市颖上县六十铺工业开发区
邮编：236219
电话：0558－4171024
产品：瓦楞原纸、纱管原纸

太和县鸿盛纸业有限公司
安徽省阜阳市太和县经济开发区 256 号
邮编：236600
电话：0558－8219069
产品：瓦楞原纸、纱管原纸

安徽金亿禾特种纸有限公司
安徽省阜阳市颍上经济开发区港口路
邮编：236000
电话：0558－2225677
传真：0558－2225698
邮箱：10120476962@ qq. com
产品：高中档无碳复写纸、热敏纸

宿州市

安徽省灵璧县东风造纸厂
安徽省宿州市灵璧县东关外 2 公里
邮编：234200
电话：0557－6161102、6161617
传真：0557－6161102
产品：瓦楞原纸

安徽萧县林平纸业有限公司
安徽省宿州市萧县圣泉乡北城
邮编：235231
电话：0557－5526888
传真：0557－5526115
邮箱：linpingzhiye@ 126. com
产品：瓦楞原纸

安徽鑫光纸业股份有限公司
安徽省宿州市萧县圣泉乡薛庄
邮编：235232
电话：0557－5506918、5527980
传真：0557－5527933
产品：瓦楞原纸

六安市

安徽德森特种纸有限公司
安徽省六安市经济开发区经六路
邮编：237000
电话：0564－3630428
邮箱：ahdszy@ 126. com
产品：防锈原纸、胶带原纸

安徽霍山晨风纸业有限公司
安徽省六安市霍山县落儿岭镇
邮编：237283
电话：0564－3902007、3902680
邮箱：hscfzy@ sina. com
产品：高强瓦楞原纸、箱纸板

六安市裕安自豪纸业有限公司
安徽省六安市裕安区独山镇龙井村
邮编：237000
电话：0564－2910107
产品：高档卫生纸

池州市

浙沅纸业有限公司
安徽省池州市贵池区梅里工业园
邮编：247100
电话：0566－2241111
产品：机制纸、瓦楞原纸

安徽合顺纸业有限公司
安徽省池州市青阳县经济开发区
邮编：247100
电话：0566－5114799
传真：0566－5114388
网址：www. ahhszy. com
邮箱：kfu@ ahhszy. com
产品：生活用纸

安徽嘉合纸业有限公司
安徽省池州市贵池区百牙西路 199 号
邮编：247100
电话：0566－2123250
产品：包装纸、瓦楞原纸

宣城市

安徽省泾县泾川宣纸厂
安徽省宣城市泾县丁家桥镇鹿园村
邮编：242540
电话：0563－5700483
传真：0563－5701585
产品：宣纸

安徽省泾县汪六吉宣纸有限公司
安徽省宣城市泾县泾川镇
邮编：242530
电话：0563－5510041、13605632355
传真：0563－5510078
网址：www. wljxz. com
邮箱：lzm0101@ 163. com
产品：宣纸

安徽省泾县汪同和宣纸有限公司
安徽省宣城市泾县泾川镇官坑
邮编：242530
电话：0563－5500608
传真：0563－5500688
网址：www. wangtonghe. com
邮箱：anhui@ wangtonghe. com
产品：宣纸、书画纸

中国宣纸股份有限公司
安徽省宣城市泾县榔桥镇乌溪村
邮编：242511
电话：0563－5600008、5601218
传真：0563－5601040、5600353
网址：www. hongxingxuanpaper. com. cn
邮箱：zgxzgfyxgs@ 163. com
hxxzxsb@ hongxingxuanpaper. com. cn
产品：宣纸

安徽阳光纸业有限公司
安徽省宣城市广德县开发区国华路 3 号
邮编：247100
电话：0563－8958137、13909662167
产品：办公用纸

安徽广德新星纸业有限公司
安徽省宣城市广德经济技术开发区
邮编：242200
电话：0563－6010997、6010669、6010905
传真：0563－6012213
产品：白纸板、瓦楞原纸

宁国市兆丰纸业有限公司
安徽省宁国市汪溪镇工业园
邮编：242300
电话：0563－4441678、4441598、4441679、4440777
传真：0563－4441589
邮箱：276112816@ qq. com
产品：卫生纸、环保用纸

安徽省泾县常春纸业有限公司
安徽省宣城市泾县丁家桥镇工业区

邮编：242540
电话：0563－5700348
传真：0563－5700375
产品：宣纸

安徽省泾县三星纸业有限公司
安徽省宣城市泾县丁家桥镇李元村
邮编：242540
电话：0563－5700538
产品：宣纸

安徽木易纸业有限公司
安徽省宣城市广德县桃州镇祠山岗私营工业区
邮编：242200
电话：0563－6823080
产品：宣纸

安徽泾县华盛纸业有限公司
安徽省宣城市泾县丁家镇工业区观溪路 8 号
邮编：242540
电话：0563－5700398
传真：0563－5700398
产品：卫生纸

安徽宣城万里纸业有限公司
安徽省宣城市宣州区迎宾大道 11 号
邮编：242540
电话：0563－3377177/277
传真：0563－3377177/277
邮箱：xcwlzypj@163. com
产品：瓦楞原纸

安徽省绩溪县向阳纸业有限公司
安徽省宣城市绩溪县临溪镇曹渡桥
邮编：245300
电话：0563－8335227、13857113338
产品：瓦楞原纸

淮北市

安徽天象龙盟环保纸业有限公司
安徽省淮北市杜集区段园镇工业集中区天汇大道 8 号
邮编：235058
电话：0561－5235888－8000
传真：0561－5236888
网址：www. ahtxlm. com
邮箱：lm@ahtxlm. com
产品：环保纸

福　建　省

福州市

东联纸业（福州）有限公司
福建省福州市马尾区马江路 2 号
邮编：350015
电话：0591－83970330
传真：0591－83970352
产品：纸板、纸箱

歌芬卫生用品（福州）有限公司
福建省福清市出口加工区围网外北侧（自贸试验区内）
邮编：350311
电话：0591－62833660
传真：0591－62833660
产品：卷筒生活用纸、面巾纸、手帕纸等

厦门市

厦门安发纸业有限公司
福建省厦门市同安区大同镇城东工业区榕溪路 22－26 号
邮编：361100
电话：0592－7035258、7035259、7035260
传真：0592－7033859、7135133
邮箱：xmanfa@vip. 163. com
产品：瓦楞纸板、纸箱

德彦纸业（厦门）有限公司
福建省厦门市海沧新阳工业区霞飞路 66 号
邮编：361022
电话：0592－6512288
传真：0592－6512277
网址：www. kingpaper. com
邮箱：service@kpp. com. tw
产品：纱管原纸、各类纸管、高档高强耐高速纸管纸板、厚纸板、灰纸板

厦门建发纸业有限公司
福建省厦门市环岛东路 1699 号建发国际大厦 24 楼
邮编：361001
电话：0592－2101696
传真：0592－2101695
网址：www. cndpaper. com
邮箱：fjzz@cndpaper. com
产品：铜版纸、白卡纸、白纸板、双胶纸、纸浆、废

纸、造纸化学品

厦门同安兴浪纸业有限公司
福建省厦门市同安区洪塘镇石浔村
邮编：361100
电话：0592－7132070
传真：0592－7028258
产品：挂面箱纸板

厦门安妮股份有限公司
福建省厦门市集美区锦园南路 99 号
邮编：361022
电话：0592－3152336、3152188
传真：0592－3152289、3152280
网址：www. anne. com. cn
邮箱：anne@ anne. com. cn
产品：热敏纸、商务办公用纸

永丰余纸业(厦门)有限公司
福建省厦门市湖里区常和路 6－12 号
邮编：361006
电话：0592－5627266
传真：0592－5627141
产品：瓦楞纸板、瓦楞纸箱

厦门市麒龙纸业有限公司
福建省厦门市同安区新民镇柑岭村同明北二路 1 号
邮编：361100
电话：0592－7366477
产品：瓦楞原纸

厦门新阳纸业有限公司
福建省厦门市海沧区新阳街道龙门岭南路 88 号
邮编：361026
电话：0592－6197666
传真：0592－6197676
邮箱：xmxyzy@ 163. om
产品：中高档生活用纸、高级商务书写纸、静电复印纸、无碳复写纸、热敏打印纸

莆田市

莆田市南方福利涂布纸品总厂
福建省莆田市城厢区铁岭村
邮编：351100
电话：0594－2691946
邮箱：438820676@ qq. com
产品：灰纸板

三明市

大田弘惠纸业有限公司
福建省三明市大田县宝山路 16 号
邮编：366100
电话：0598－7222688
产品：卫生纸、工业用包装纸

福建华闽纸业有限公司
福建省三明市大田县城关福田工业区
邮编：366100
电话：0598－7260618、7228026
传真：0598－7222143
网址：www. fjhmzy. com
邮箱：hmzy2000@ 163. com
产品：工业用纸

福建省青山纸业股份有限公司
福建省三明市沙县青州镇
邮编：365506
电话：0598－5656888
传真：0596－5653336
网址：www. qingshanpaper. com
邮箱：web@ qingshanpaper. com
产品：纸袋纸、牛皮卡纸、高强瓦楞原纸

福建省沙县盛春纸业有限公司
福建省三明市沙县涌溪桥南
邮编：365507
电话：0598－5681898、5681888
传真：0598－5681689
产品：精制牛皮纸、精制白牛皮纸、胶带原纸、复合原纸、手提袋纸、信封纸、薄页纸

沙县华佳纸业有限公司
福建省三明市沙县高桥镇
邮编：365503
电话：0598－5556099
产品：箱纸板、瓦楞原纸、纸箱

福建腾荣达制浆有限公司
福建省三明市将乐县古镛镇龟山北路 225 号
邮编：353300
电话：0598－2332400、2324172
传真：0598－2339566
邮箱：trdzj@ taison. cn
huzg@ taison. cn

产品：绒毛浆、本色浆、化学机械浆

福建铙山纸业集团有限公司
福建省三明市建宁县塔下路20号
邮编：354500
电话：0598－3988840、3982712、3986762、3959766
传真：0598－3982705
产品：高档薄型包装用纸、拷贝纸、薄页纸、炊蒸原纸、半透明纸、打字纸、静电复印纸、生活用纸

泰宁县绿山大有纸业有限公司
福建省三明市泰宁县开善乡池塘工业区
邮编：354400
电话：0598－7729633
传真：0598－7729633
产品：牛皮纸、文化用纸、特种纸

泉州市

恒安(中国)纸业有限公司
福建省晋江市安海镇恒安工业城
邮编：362261
电话：0595－85729667、85708888
传真：0595－85729962
网址：www. hengan. com
邮箱：zhangqf@ hengan. com
产品：生活用纸

泉州贵格纸业有限公司
福建省南安市码头镇佛内工业区
邮编：362312
电话：0595－86461222、86451788
传真：0595－86461188
网址：www. guigepaper. com
邮箱：guige@ vip. 163. com
产品：牛皮卡纸

福建省晋江优兰发纸业有限公司
福建省晋江市西滨镇
邮编：362200
电话：0595－85123879、85123519
传真：0595－85123889
网址：www. youlanfa. com
产品：拷贝纸、薄型纸、复印纸、传真纸、文化用纸、牛皮箱纸板、高强瓦楞原纸

玖龙纸业(泉州)有限公司
福建省泉州市台商投资区
邮编：362123
电话：0595－27399888
传真：0595－27399889
邮箱：info_ qz@ ndpaper. com
产品：高档包装纸

福建恒利集团有限公司
福建省南安市省新工业区
邮编：362300
电话：0595－86252666、86251768
传真：0595－86252099
网址：www. fjhl. com. cn
邮箱：hengli@ fjhl. com. cn
产品：生活用纸

南安市联发纸业有限公司
福建省南安市诗山镇凤坡村五星工业区
邮编：362311
电话：0595－86483926
产品：挂面箱纸板

福建省南安市盈顺纸品有限公司
福建省南安市水头镇
邮编：362342
电话：0595－86811333
产品：再生纸

福建宏泰实业有限公司
福建省泉州市永春县榜德工业区
邮编：362600
电话：0595－23860199、23860299、23860399
传真：0595－23860499
产品：箱纸板、瓦楞原纸

福建省永春县宏美纸业有限公司
福建省泉州市永春县坑子口镇
邮编：362615
电话：0595－23991888
产品：涂布白纸板、印刷纸、包装纸

泉州联新纸业有限公司
福建省南安市码头镇丰联工业区
邮编：362312
电话：0595－86462889
产品：箱纸板

福建泰兴特纸有限公司
福建省安溪县同美工业区

邮编：362400
电话：0595－23139616、23139626、23139636
传真：0595－23269988
网址：www. fjtaixing. com
产品：特种包装纸

漳州市

福建糖业股份有限公司
福建省漳州市芗城区古塘路55号
邮编：363000
电话：0596－7095026
传真：0596－7095027
产品：蔗渣漂白浆

联盛纸业(龙海)有限公司
福建省龙海市角美镇凤山工业园
邮编：363900
电话：0596－6781681、6636222、6781707
传真：0596－6782678、6781501
网址：www. fjlszy. com
邮箱：fjlazyhr@ 163. com
产品：高强瓦楞原纸、灰底白纸板、牛皮箱纸板

龙海榜山民政三星造纸厂
福建省龙海市榜山镇北溪头村
邮编：363100
电话：0596－6598219
传真：0596－6597698
产品：机制纸、瓦楞原纸

福建省联盛纸业有限责任公司
福建省漳州市长泰官山工业园区
邮编：363900
电话：0596－8313788
传真：0596－8313766
网址：www. fjlszy. com
邮箱：fjlszyhr@ 163. com
产品：高强瓦楞原纸、牛皮箱纸板

福建省漳州友利达纸业发展有限公司
福建省漳州市南靖县丰田镇工业区
邮编：363612
电话：0596－7672333
传真：0596－7672988
产品：高强瓦楞原纸

漳州盈晟纸业有限公司
福建省漳州市华安县丰山工业集中区长富片区
邮编：363801
电话：0596－7288668、7286555
传真：0596－7288789
网址：www. zzyszy. com
邮箱：zys0999@ 163. com
产品：牛皮箱纸板、高强瓦楞原纸、灰纸板、纱管纸

敦信纸业有限责任公司
福建省漳州市长泰岩溪工业园区
邮编：363900
电话：0596－8313999、8288316
传真：0596－8313998、8289468
网址：www. dxwj. com
邮箱：zdm@ dxwj. com
产品：白面牛卡纸、本色牛卡纸、高强瓦楞原纸、扑克牌纸、瓦楞纸箱

福建希源纸业有限公司
福建省漳州市台商投资区吴宅工业园
邮编：363900
电话：0596－6383383
传真：0596－6760989
邮箱：xyhr@ youlanfa. com
产品：拷贝纸、薄页纸、半透明纸、转移印花纸、文化用纸(复印纸)、壁纸原纸

南平市

福建省南平延润纸业有限责任公司
福建省南平市滨江北路177号
邮编：353000
电话：0599－8808948
传真：0599－8802888
产品：静电复印纸、双胶纸、书刊纸、书写纸、轻涂纸、白牛皮纸、包装纸、纸袋纸、纱管纸、新闻纸、宗教纸、各种有色纸及各类造纸助剂

福建省南平南纸有限责任公司
福建省南平市滨江北路177号
邮编：353000
电话：0599－8808888
传真：0599－8808689、8808312
网址：www. nanpingpaper. com
邮箱：webmaster@ nanpingpaper. com
产品：胶印新闻纸、本色硫酸盐商品木浆、静电复印纸、人纤浆粕

邵武中竹纸业有限责任公司
福建省邵武市下王塘
邮编：354000
电话：0599－6541168、6541018
传真：0599－6541090
产品：漂白硫酸盐竹浆、漂白桉木浆、漂白马尾松浆、胶版印刷纸、静电复印纸、涂布原纸、白牛皮纸

福建利树浆纸有限公司
福建省建瓯市瓯宁街道兴宁工业区
邮编：353100
电话：0599－3738906、3738909
传真：0599－3738901
产品：高强瓦楞原纸、竹浆

福建利树股份有限公司
福建省建瓯市中国笋竹城 D 区
邮编：353100
电话：0599－3699909
传真：0599－3699920
网址：www. lishugroup. com
邮箱：fjlsgfyxgs@ 163. com
产品：挂面箱纸板、高强瓦楞原纸

福建惜恩纸业有限公司
福建省建瓯市汇丰城市花园 47 幢
邮编：353100
电话：0599－3738908
传真：0599－3738901
产品：高强瓦楞原纸、挂面箱纸板、卫生纸

龙岩市

福建省龙岩市祥泰造纸包装有限公司
福建省龙岩市铁山开发区
邮编：364001
电话：0597－2348234
传真：0597－2348432
邮箱：lyxt-1@ 163. com
产品：防锈纸、防水纸、涂塑纸、硅油纸、水果护套纸、全木浆生活用纸

龙岩南纸有限公司
福建省龙岩市铁山工业路 36 号
邮编：364001
电话：0597－2348087
传真：0597－2348737
产品：新闻纸

福建省连城县东方经济开发有限公司
福建省龙岩市连城县姑田镇新街 211 号
邮编：366208
电话：0597－8269869
传真：0597－8269888
产品：特种牛皮纸、精制牛皮纸

福建省龙岩市铭丰集团有限公司
福建省龙岩市龙雁新区龙雁工业集中区
邮编：364002
电话：0597－2208988
传真：0597－2790869
网址：www. mingfengzy. com
邮箱：mingfengjt@ mingfengjt. com
产品：生活用纸

福建省长汀县瑞华纸业有限公司
福建省龙岩市长汀县工贸新城
邮编：366300
电话：0597－6819256
传真：0597－6884688
产品：薄页纸、有光纸、单胶纸、书写纸

福建连城莲龙纸业有限公司
福建省连城县姑田镇九顺坪
邮编：366300
电话：0597－3128528
邮箱：648017454@ qq. com
产品：特种纸、育果袋纸及其纸袋、食品包装纸和民用纸

宁德市

福鼎市南阳纸业有限公司
福建省福鼎市管阳镇章边村
邮编：355215
电话：0593－7637988、7637999
传真：0593－7637288
网址：www. nanyangzy. com
产品：面巾纸、餐巾纸、卷筒纸、手帕纸及各种规格分切盘纸

福鼎万泰纸业有限公司
福建省福鼎市双岳工业区
邮编：355200
电话：0593－7883333

邮箱：825488002@ qq. com
产品：瓦楞原纸

江 西 省

南昌市

江西晨鸣纸业有限责任公司
江西省南昌市昌北经济开发区白水湖工业园
邮编：330013
电话：0791－83951998、83951968
传真：0791－83951889
网址：www. chenmingpaper. com
产品：轻型纸、低定量涂布纸

南昌五丰纸业有限公司
江西省南昌市青山湖区罗家镇货场工业园
邮编：330012
电话：0791－88394989、88395989
传真：0791－88395989
产品：卫生纸

江西特种纸业有限责任公司
江西省南昌市进贤县民和镇西门路 569 号
邮编：331700
电话：0791－85693372
产品：电容器纸

八一乡淡溪造纸厂
江西省南昌市南昌县八一乡淡溪
邮编：330201
电话：13907009689
产品：包装纸

江西省轻工实业有限公司
江西省南昌市北京东路彭桥工业园区
邮编：330029
电话：0791－8182414、8314201
传真：0791－8323123
产品：无碳复写纸

景德镇市

乐平市加金纸业有限公司
江西省景德镇市乐平市塔山工业园区内
邮编：333300
电话：0798－6832428、6702787
产品：箱纸板、瓦楞原纸

萍乡市

上栗县萍峰纸业有限公司
江西省萍乡市上栗县金山镇小水村
邮编：337009
电话：0799－3885168
产品：箱纸板、瓦楞原纸、牛皮卡纸、烟花用纸

莲花县纸业有限公司
江西省萍乡市莲花县新建东街 85 号
邮编：337100
电话：0799－7216158
产品：书写纸、新闻纸

上栗县萍锋纸业有限公司
江西省萍乡市上栗县小水村
邮编：337011
电话：0799－3885168
传真：0799－3885688
网址：www. slpfzy. com
产品：鞭炮烟花用纸、箱纸板

九江市

江西理文造纸有限公司
江西省瑞昌市码头工业区
邮编：332207
电话：0792－8996888－8117
产品：箱纸板

共青城顺风纸业有限公司
江西省九江市德安县甘露镇
邮编：330400
电话：0792－4371273、4349575
产品：包装纸

江西省永修县恒达纸业有限公司
江西省九江市永修县东风农贸公司
邮编：330300
电话：0792－3081801
产品：包装纸

江西兴辉纸业有限公司
江西省九江市武宁县盘溪工业园
邮编：330400
电话：13870272001
产品：文化用纸

江西绮玉纸业有限公司
江西省九江市德安县
邮编：330400
电话：0792－4551111
传真：0792－4551111
产品：纸巾纸、卫生纸

江西泽晖纸业有限公司
江西省九江市永修县虬津镇泽晖工业园
邮编：330300
电话：0792－3115646
产品：文化用纸

赣州市

赣州华劲纸业有限公司
江西省赣州市水西乡桑芜下 168 号
邮编：341000
电话：0797－8251388
网址：www. hwagain. com
产品：文化用纸、生活用纸

华劲集团赣州纸品有限公司
江西省赣州市章贡区水西基地
邮编：341000
电话：0797－8251388
网址：www. hwagain. com
产品：高档生活用纸

赣州市崇星实业有限公司
江西省赣州市沙石镇沙石村龙石头
邮编：341000
电话：0797－8185588
传真：0797－8185599
产品：卫生纸

吉安市

江西永新南方纸业有限公司
江西省吉安市永新县小屋岭
邮编：343400
电话：0796－7850858
产品：涂布白纸板

江西同泰纸业有限公司
江西省吉安市泰和县工业园区
邮编：343700
电话：0796－5404868
产品：涂布白纸板

江西明盛实业有限公司
江西省吉安市青原区富滩工业园区 A 区
邮编：343000
电话：0796－8630978
传真：0796－8630980
产品：木浆黑卡纸、木浆红卡纸

峡江县金威纸业有限公司
江西省吉安市峡江县造纸工业园区 4 号
邮编：331400
电话：0796－3683689
产品：涂布白纸板

江西运宏特种纸业有限公司
江西省吉安市永丰县工业园南区
邮编：331500
电话：0796－2221882、13507962872
传真：0796－2221616
产品：牛皮纸、防近视纸、书写纸、双胶纸、防锈原纸

泰和县华胜实业有限公司
江西省吉安市泰和县沿溪工业园区
邮编：343700
电话：0796－5403018
产品：涂布白纸板

宜春市

江西省万载县万盛纸业有限公司
江西省宜春市万载县环城北路 438 号
邮编：336100
电话：0795－8917999
产品：书写纸、转移印花纸

江西富宏纸业有限公司
江西省宜春市奉新县宋阜镇青湖村郑家洲
邮编：330702
电话：0795－4605178
产品：牛皮纸

宜丰县黄岗山兴丰造纸厂
江西省宜春市宜丰县黄冈山垦殖场内
邮编：336300
电话：0795－2923767
产品：牛皮纸、炸药包装纸

江西省樟树市临江造纸厂
江西省宜春市樟树市临江镇沿河桥
邮编：336300
电话：0795－7812756
产品：包装纸

江西省上高县造纸厂
江西省宜春市上高县镇渡乡镇南
邮编：336400
电话：0795－2540337
产品：卫生纸

宜春金太阳纸品厂
江西省宜春市袁州区新坊乡
邮编：336000
电话：0795－3195886
产品：卫生纸

抚州市

江西抚州银丰纸业有限公司
江西省抚州市临川区桐源乡
邮编：344000
电话：0794－8638558
产品：涂布白纸板

江西富临纸业有限公司
江西省抚州市临川区桐源乡
邮编：344000
电话：0794－8638386
产品：涂布白纸板

抚州金圣纸业有限公司
江西省抚州市临川区工业开发区
邮编：344000
电话：0794－8638618
产品：涂布白纸板

江西华南纸业有限公司
江西省抚州市宜黄县六里铺
邮编：344400
电话：0794－7605598、7602569
产品：涂布白纸板

抚州市兴业实业有限公司
江西省抚州市抚州北工业园区
邮编：344400
电话：0794－8457336
传真：0794－8457333
产品：瓦楞原纸、卫生纸

江西弘泰电子信息材料有限公司
江西省抚州市宜黄县六里铺工业园区
邮编：344400
电话：0794－7601995、7607069
产品：特种纸、白卡纸、电子载体纸

江西乐门纸业有限公司
江西省抚州市宜黄县六里铺工业园区
邮编：344400
电话：0794－7617077
产品：水砂原纸、牛皮纸

江西联兴纸业有限公司
江西省抚州市崇仁县巴山镇西郊3号
邮编：344200
电话：0794－6334588、6330937
产品：箱纸板、瓦楞原纸

恒安(江西)家庭用品有限公司
江西省抚州市东乡县(省级)经济开发区
邮编：331801
电话：0794－4381172
传真：0794－4382392
产品：生活用纸系列产品

上饶市

江西顺达纸业有限公司
江西省上饶市弋阳县圭峰大道
邮编：334400
电话：0793－5845666、5845777、5845999
产品：涂布白纸板

广丰县芦林纸业有限公司
江西省上饶市广丰县经济开发区
邮编：334600
电话：0793－2620499、2620987
传真：0793－2620486
网址：www. ll-zy. com
邮箱：554670598@ qq. com
产品：箱纸板、牛皮箱纸板、茶纸板、纱管纸

江西省余干县洪家嘴造纸厂
江西省上饶市余干县洪家嘴信和中学旁
邮编：335100

电话：13879315846
产品：瓦楞原纸、爆竹纸

广丰县月兔卫生用品有限公司
江西省上饶市广丰县芦林工业园
邮编：334600
电话：0793－2610001、2625515
传真：0793－2651900
产品：生活用纸

江西含珠实业有限责任公司
江西省上饶市铅山县城西工业园区
邮编：334500
电话：0793－5187877
传真：0793－5187777
网址：www. jxhzsy. com
邮箱：webmaster@ jxhzsy. com
产品：连四纸

上饶市林氏玉融纸业有限公司
江西省上饶市信州区同心村三江桥
邮编：334000
电话：0793－7089916
传真：0793－8157108
产品：卫生纸

山 东 省

济南市

济南灏源纸业有限公司
山东省济南市历城区西州南路 30 号
邮编：250100
电话：0531－88918888、88023100
传真：0531－88023109
产品：印刷纸、办公用纸原纸

济南含章印务有限公司
山东省济南市历城区西周大辛河东郊
邮编：250100
电话：0531－88918888
传真：0531－88012000
网址：www. hanzhang. com
邮箱：hzmaster@ sina. com
产品：电脑打印纸、静电复印纸、防伪水印纸、晒图原纸

济南银星纸业有限公司
山东省济南市历城区荷花路 67 号
邮编：250100
电话：0531－88262596
传真：0531－88262596
产品：字典纸、圣经纸、涂炭原纸、特种印刷纸、税票纸、表层纸、玻璃衬纸

章丘金华世纸业有限公司
山东省济南市章丘市明水荷花路 17 号
邮编：250200
电话：0531－83253305
传真：0531－83252347
邮箱：sdhuashi@ 126. com
产品：轻型印刷纸、无碳原纸、离型原纸、食品包装纸

济南晨光纸业有限公司
山东省济南市济洛路 158 号
邮编：250031
电话：0531－81601619
传真：0531－85951458
网址：www. jinanchenguang. cn. alibaba. com
邮箱：cgzy888@ tom. com
产品：羊皮纸

山东天阳纸业有限公司
山东省济南市济阳济北开发区泰兴东街 5 号
邮编：250000
电话：0531－58689186
传真：0531－58689187
网址：www. sdtianyangzy. 1688. com
邮箱：sdtianyang7799@ 163. com
产品：艺术类卡纸、包装纸、涂布纸、画材料用纸、工业加工用纸

济南欣易特种纸业有限公司
山东省济南市历城区临港开发区温泉西路中段
邮编：250100
电话：0531－88734376
邮箱：35427584@ qq. com
产品：高档文化用纸

青岛市

青岛奥华纸业有限公司
山东省青岛市四方区四流南路 245 号

邮编：266042
电话：0532－84885257(生产)/288(销售)
传真：0532－84863863
产品：无碳复写纸

青岛海王纸业股份有限公司
山东省青岛市海王路 342 号
邮编：266400
电话：0532－86118663、86118509
传真：0532－86115522、86117100、86118509
网址：www.haiwangpaper.com
邮箱：haiwang@haiwangpaper.com
产品：文化用纸、工农业技术用纸、生活用纸、包装纸、打字纸、彩色皱纹纸、纱管封面纸、防菌纸袋

青岛天丰造纸有限公司
山东省青岛市四方区四流南路 20 号
邮编：266400
电话：0532－84851688
产品：钢纸、绝缘纸

淄博市

山东博汇纸业股份有限公司
山东省淄博市桓台县马桥镇工业路北首
邮编：256405
电话：0533－8539966、8530387
传真：0533－8530372
网址：www.bohui.com
邮箱：05338866@163.com
zqb@bohui.com
产品：涂布白卡纸、双胶纸、轻型纸、箱纸板、石膏板护面纸板

山东贵和显星纸业有限公司
山东省淄博市桓台县唐山镇工业园
邮编：256408
电话：0533－8081493
邮箱：webmaster@sdguihe.com
产品：瓦楞原纸、特种纸

山东仁丰特种材料股份有限公司
山东省淄博市桓台县起凤镇仁丰路 1 号
邮编：256407
电话：0533－8697688、8688836
传真：0533－8698159
网址：www.zbrenfeng.com
产品：高强瓦楞原纸、滤纸、壁纸原纸

山东金海洋纸业有限公司
山东省淄博市桓台县田庄镇
邮编：256402
电话：0533－8580035
传真：0533－8582888
网址：www.sdcljt.cn
邮箱：sdchenlong@126.com
产品：新闻纸、箱纸板

山东淄博华光纸业有限公司
山东省淄博市张店区湖田镇
邮编：255075
电话：0533－2060471
传真：0533－2060623
产品：牛皮箱纸板

山东淄博玉丰实业有限公司
山东省淄博市淄川区东坪镇
邮编：255174
电话：0533－5310325－8019
传真：0533－5310396
产品：陶瓷及玻璃用贴花纸

山东北金集团淄博广信纸业有限公司
山东省淄博市临淄区召口乡
邮编：255419
电话：0533－7602106、13616430712
传真：0533－7602106
产品：夹筋纸袋纸、牛皮纸

齐峰新材料股份有限公司
山东省淄博市临淄区朱台镇齐峰路 22 号
邮编：255432
电话：0533－7780161、7780179
传真：0533－7788998
网址：www.qifeng.cn
邮箱：qifengtezhi@163.com
qifengtezhi@qifeng.cn
产品：可印刷装饰原纸、素色装饰原纸、表层耐磨纸、平衡原纸、壁纸原纸

淄博市博山环球皱纹纸厂
山东省淄博市博山区北园路 198 号
邮编：255202
电话：0533－4231497、4231498
传真：0533－4232499

产品：皱纹纸、薄页纸

淄博王村纸业有限公司
山东省淄博市周村区王村
邮编：255311
电话：0533－6680128
传真：0533－6680128
产品：纱管原纸、箱纸板、涂布纸板

山东青苑纸业有限责任公司
山东省淄博市高青县城齐东路43号
邮编：256300
电话：0533－6961745、6967531
传真：0533－6961492
网址：www. qingyuan. com
产品：精制胶版纸、箱纸板

山东奥龙纸业有限公司
山东省淄博市高青县经济开发区
邮编：256300
电话：0533－6258156
传真：0533－6258117
网址：www. aolongzhiye. cn
产品：植物羊皮纸、装饰原纸

山东淄博沣泰纸业有限公司
山东省淄博市博山开发区银龙路
邮编：255213
电话：0533－4666299
传真：0533－4666199
产品：高档纯质纸、荷兰白卡纸、白牛皮纸、超感纸、涂布原纸、防伪纸

淄博双成纸业有限公司
山东省淄博市周村区王村镇王村村火车站
邮编：255311
电话：0533－8171250
传真：0533－6695079
产品：装饰用石膏板接缝纸、护角带纸、手提袋纸

山东标典纸业有限公司
山东省淄博市高青县城市东路43号
邮编：256300
电话：0533－6961745、15853329361
传真：0533－6967561
产品：胶版纸

枣庄市

远通纸业(山东)有限公司
山东省枣庄市薛城区常庄镇金河枣曹路3388号
邮编：277014
电话：0632－4401860
传真：0632－4401828、4401739
网址：www. upp-yt. com
邮箱：sales@ upp-yt. com
产品：牛皮箱纸板、涂布白纸板、金银卡纸

枣庄华润纸业有限公司
山东省枣庄市山亭区新城工业园区
邮编：277200
电话：0632－8861908、8813851、8861956
传真：0632－8811556、8818558
网址：www. huarunpaper. com
邮箱：marketing@ huarunpaper. com
产品：石膏板护面纸板

滕州华闻纸业有限公司
山东省枣庄市滕州市级索工业园区
邮编：277518
电话：0632－2446928、2449888
传真：0632－2446556、2449567
网址：www. sdhwzy. com
产品：双胶纸、书写纸、新闻纸

山东秦世集团天龙纸业有限公司
山东省枣庄市台儿庄区长安路东首
邮编：277400
电话：0632－6699877
传真：0632－6699111
网址：www. qsjt. com. cn
邮箱：mangongwei521@ 163. com
产品：特种装饰原纸

东营市

华泰集团有限公司
山东省东营市广饶县
邮编：257335
电话：0546－6888808、6888818
传真：0546－6888018、6888158
网址：www. huatai. com
邮箱：htjt@ huatai. com
htxsgs@ huatai. com

产品：新闻纸、双面胶版纸、书写纸、铜版纸、涂布白纸板、低定量涂布纸、生活用纸

山东斯道拉恩索华泰纸业有限公司
山东省东营市广饶县大王镇
邮编：257335
电话：0546－7797206
传真：0546－7797216
产品：超级压光纸、改良新闻纸、新闻纸

烟台市

莱阳银通纸业有限公司
山东省莱阳市丹崖路129号
邮编：265202
电话：0535－7318208、7327228
传真：0535－7318208
网址：www.yinhaipaper.com
邮箱：lcz@yintongpaper.cn
cxm@yintongpaper.cn
lygzd@yintongpaper.cn
产品：水果套袋纸、防伪纸、静电复印纸、书写纸

烟台隆祥纸业有限公司
山东省烟台市牟平区路兴街403号
邮编：264100
电话：0535－4659810、4652031
传真：0535－4652032
网址：www.ytlongxiang.com
邮箱：jiangliangxu@vip.sina.com
longxiang@ytlongxiang.cn
产品：离型纸、防黏纸、复合纸、轻型纸、纯质纸、再生新闻纸、双胶纸

烟台锦宏纸业有限公司
山东省海阳市经济技术开发区
邮编：265118
电话：0535－3205358
产品：文化用纸、铜版原纸

烟台市大展纸业有限公司
山东省烟台市牟平区沁水韩国工业园大展大街388号
邮编：264117
电话：0535－4659078、4659077
传真：0535－4659076
网址：www.yantaidazhan.com
邮箱：zjq@yantaidazhan.com
产品：瓦楞原纸、牛皮箱纸板

山东省烟台滋禾科技发展有限公司
山东省烟台市芝罘区南大街156号平安大厦709室
邮编：264000
电话：0535－6696559
传真：0535－6696559
产品：牛卡纸、涂布牛卡纸

龙口市诸由纸板厂
山东省龙口市诸由观镇西河阳
邮编：265705
电话：0535－8562189、8561225
传真：0535－3616535
产品：双胶纸

龙口玉龙纸业有限公司
山东省龙口市滨海旅游度假区黄河营村北
邮编：265712
电话：0535－8589536、8589501
传真：0535－8589555
网址：www.yulongpaper.com
邮箱：xs@yulongpaper.com
bgs@yulongpaper.com
产品：胶版书刊纸、书写纸、双胶纸、静电复印纸、轻型纸、纯质纸

莱州市莱星工业纸板有限公司
山东省莱州市掖柴路
邮编：261400
电话：0535－2216646、2265906
传真：0535－2235248
网址：www.chinalaixing.com
邮箱：lzlxzb@sohu.com
产品：工业纸板

莱州市鲁通特种纸业有限公司
山东省莱州市海庙东路238号
邮编：261400
电话：0535－2480641、2483050
传真：0535－2480447
产品：书写纸、有光纸、箱纸板、果袋纸、工艺品纸

莱州市圣林纸制品有限公司
山东省莱州市云峰北路北首东
邮编：261437
电话：0535－2293178
传真：0535－2293178

网址：www. lz-zb. com
邮箱：sl@ lz-zb. com
产品：双灰纸板、复合纸板、工业用纸板

潍坊市

临朐玉龙造纸有限公司
山东省潍坊市临朐县城华特路 5311 号
邮编：262600
电话：0536－3158797、3158872
传真：0536－3158568
网址：www. wanhao. com
邮箱：ylong@ china. com
产品：各种规格铜版纸、特种纸

山东恒联投资有限公司
山东省潍坊市高新区东风东街 3019 号
邮编：261061
电话：0536－8671516、8671509
传真：0536－8665348
网址：www. henglianpaper. com
邮箱：hl8671516@ 163. com
产品：铜版纸、玻璃纸、生活用纸

汇胜集团股份有限公司
山东省潍坊市高新区潍胶路 999 号
邮编：261201
电话：0536－8669008
传真：0536－8669008
网址：www. cnpaper. cn
　　　www. huishenggroup. com
邮箱：huisheng@ cnpaper. cn
产品：纸管原纸、绝缘纸板

潍坊恒联特种纸有限公司
山东省潍坊市寒亭区海龙路 1526 号
邮编：261100
电话：0536－7288200
传真：0536－7288222
产品：水转移印底纸原纸、环保无尘纸、标签纸、白牛皮纸、胶版印刷纸

潍坊恒联新材料股份有限公司
山东省潍坊市寒亭区海龙路 609 号
邮编：261100
电话：0536－7288338
传真：0536－7288333
网址：www. hlblz. com
邮箱：www@ hlblz. com
产品：食品包装用纸、烟花包装用纸、医药包装用纸、香蜡烛包装用纸、透明胶带专用纸、电池专用纸、硅胶管专用纸、鱼竿专用纸

潍坊恒联浆纸有限公司
山东省潍坊市寒亭区海龙路 601 号
邮编：261100
电话：0536－7283106、7283107
传真：0536－7251647
邮箱：hljzxsb@ 163. com
产品：木浆、棉浆、竹浆、高档文化用纸

潍坊恒联美林生活用纸有限公司
山东省潍坊市寒亭区海龙路 609 号
邮编：261100
电话：0536－7283237、7283210
传真：0536－7283228
产品：吸水衬纸、擦手纸、餐巾纸、纸巾纸、面巾纸、卫生卷纸

潍坊华港包装材料有限公司
山东省潍坊市奎文区宝通东街 162 号
邮编：261041
电话：0536－8823918、8823899、8823878
传真：0536－8823919
网址：www. wfhgbz. com
邮箱：hgbz@ wfhgbz. net
产品：接装纸原纸、铝箔衬纸、嘴棒成型纸、接装纸、铝箔纸、真空镀铝纸、印花纸、装饰纸

青州市东南坝造纸厂
山东省青州市东坝镇
邮编：262517
电话：0536－3531031
传真：0536－3531031
产品：牛皮纸

青州市东方铜版纸有限公司
山东省青州市东阳河工业区 1188 号
邮编：262517
电话：0536－3531888、3536888
传真：0536－3536366
网址：www. dftbz. com
邮箱：dftbz@ 163. com
产品：铜版纸、玻璃卡纸

山东省青州市板纸厂
山东省青州市青州南路东一街 5 号
邮编：262500
电话：0536－3200541
传真：0536－3203802
产品：牛皮纸、离型原纸、无碳原纸、铝箔衬纸、水松原纸

山东青州齐鲁纸业有限公司
山东省青州经济开发区
邮编：262500
电话：0536－3290118、13806493038
产品：铝箔衬纸、印花原纸、木纹原纸、淋膜原纸、覆塑原纸、白牛皮纸、离型原纸、工业用原纸

山东晨鸣纸业集团股份有限公司
山东省寿光市农圣东街 2199 号
邮编：262705
电话：0536－2158000、2156333、800－918－6818
传真：0536－2156111
网址：www. chenmingpaper. com
产品：双面胶版纸、低定量涂布纸、铜版纸、胶印书刊纸、书写纸、牛皮箱纸板、静电复印纸、新闻纸、无碳复写纸、高档电话簿纸、橙色施胶新闻纸

寿光市三利板纸有限责任公司
山东省寿光市抬头镇牛头镇村东
邮编：262736
电话：0536－5542652、13805362255
传真：0536－5542652
产品：打字纸、彩书皮纸、条纹牛皮纸

山东万豪纸业集团股份有限公司
山东省潍坊市临朐县城华特路 5311 号
邮编：262600
电话：0536－3163364
传真：0536－3165340
网址：www. wanhao. com
邮箱：wanhao@ wanhao. com
产品：铜版纸、双胶纸、胶印书刊纸、防油纸、高档包装纸、卫生纸、打字纸、工艺纸、电信电缆纸、双面胶带原纸、造纸化工产品及纸业包装材料

临朐恒丰造纸有限公司
山东省潍坊市临朐县城工业街 32 号
邮编：262600
电话：0536－3165465、2198910、13335258879、13964768286
传真：0536－3163465
产品：防油纸、汉堡原纸、淋膜汉堡纸、食品包装纸、白牛皮纸、漂白防油纸、未漂防油纸、邮封纸、医用包装纸、卫生纸、爆米花纸袋纸

山东世纪阳光纸业集团有限公司
山东省潍坊市昌乐经济开发区
邮编：262400
电话：0536－6856001、6856009
传真：0536－6856006
网址：www. sunshinepaper. com. cn
邮箱：sjygbgs@ 126. com
zhanghm@ sunshinepaper. com. cn
产品：纸管原纸、牛卡纸、瓦楞原纸

山东恒安纸业有限公司
山东省潍坊市坊子区北海路 7209 号
邮编：261200
电话：0536－7666888
传真：0536－7666888
网址：www. hengan. com
产品：生活用纸

潍坊永新纸业有限公司
山东省潍坊市昌乐县营邱镇河头工业园
邮编：261200
电话：0536－6911126、6911033
传真：0536－6911126、6911033
邮箱：15064680331@ 163. com
maliping85222@ 163. com
产品：铝箔衬纸、皱纹原纸、双面胶带棉纸、淋膜原纸、马桶坐垫原纸

诸城市新星纸业有限公司
山东省潍坊市诸城市辛兴镇工业园
邮编：262200
电话：0536－6062721
传真：0536－6063867
产品：新闻纸

中天纸业股份有限公司
山东省潍坊市奎文区则尔庄路 6 号
邮编：261031
电话：0536－7675079
传真：0536－7675079
网址：www. cnpaper. cn

邮箱：sunyanqing93110@ sina. com
产品：绝缘纸板、纸管原纸、白面牛卡纸、箱纸板

昌乐县科苑纸业有限公司
山东省潍坊市昌乐县经济开发区新昌北路 369 号
邮编：262400
电话：0536 －6295208、6295106
传真：0536 －6280662
网址：www. keyuanpaper. com
邮箱：clkyzy@ 163. com
产品：育果袋纸

威海市

荣成荣昌纸制品有限公司
山东省威海市荣成市荣安路
邮编：264300
电话：0631 －7512678
传真：0631 －7512456
网址：www. homely. com. cn
产品：水印纸

荣成海盛纸业有限公司
山东省威海市荣成市好当家工业园区
邮编：264305
电话：0631 －7438223
传真：0631 －7438223
网址：www. homely. com. cn
产品：箱纸板、瓦楞原纸

山东凯丽特种纸股份有限公司
山东省威海市荣成市河阳东路 198 号
邮编：264300
电话：0631 －7510288、7571777
传真：0631 －7571946
网址：www. kailipaper. cn
邮箱：kaili@ kailipaper. cn
产品：防伪纸

威海龙港纸业有限公司
山东省威海市羊亭镇凤凰山路 989 号
邮编：264204
电话：0631 －5764806、5764338、5769888
传真：0631 －5764806
网址：www. lgzhiye. com
邮箱：lgzhiye@ 163. com
产品：箱纸板、瓦楞原纸

济宁市

济宁恒丰纸业有限责任公司
山东省济宁市安居工业园区
邮编：272059
电话：0537 －2312038
传真：0537 －2559310
网址：www. jnhfzy. com
产品：半透明纸、铜版纸、格拉辛纸、玻璃卡纸

山东太阳纸业股份有限公司
山东省兖州市友谊路 1 号
邮编：272100
电话：0537 －7925888、7928711、7928710
传真：0537 －7928489
网址：www. sunpapergroup. com
邮箱：sun@ sunpapergroup. com
taiyangzhiye@ 163. com
产品：牛皮箱纸板、高档文化用纸、静电复印纸、牛皮卡纸、涂布白纸板、白卡纸、双胶纸、新闻纸、不干胶纸、电脑打印纸、书写纸、轻涂纸、铜版纸、扑克牌面纸、蜡光原纸、无酸档案纸、素描纸

山东宏河矿业集团邹城恒翔纸业有限公司
山东省邹城市营西路 52 号
邮编：273500
电话：0537 －5300318
传真：0537 －5312183
网址：www. sdhhjt. com
邮箱：13583731886@ 126. com
产品：新闻纸

山东华金集团有限公司
山东省济宁市泗水县金庄镇 818 号
邮编：273201
电话：0537 －4036894、4036807、4036979
传真：0537 －4031210
网址：www. huajinpaper. com
邮箱：huajinlbz@ 126. com
产品：涂布白卡纸、无碳复写纸、静电复印纸、双面胶版纸、电脑打印纸、票据专用纸、离型原纸、防黏纸、书写纸

济宁昊源纸业有限公司
山东省济宁市任城区长沟镇后刘东村
邮编：272100
电话：0537 －2580263

传真：0537－2580766
邮箱：haoyuanzhiye@163.com
产品：牛皮挂面纸、建筑模板纸、水松原纸、食品包装纸、防伪纸、卡纸、高档文化用纸、仿牛皮纸、单面光牛皮纸

泰安市

泰山石膏股份有限公司
山东省泰安市岱岳区大汶口
邮编：271026
电话：0538－8811449、8811293、8811078
网址：www.taihegroup.com
邮箱：tssgbgs@163.com
产品：石膏板护面纸

泰安百川纸业有限公司
山东省新泰市小协镇经济开发区
邮编：271221
电话：0538－7866147、7866947
传真：0538－7866447
网址：www.tabczy.com
邮箱：sdtabczy@163.com
产品：轻型纸、字典纸、羊皮纸、石膏板护面纸、纸管纸

东顺集团股份有限公司
山东省泰安市东平县东顺工业园
邮编：271500
电话：0538－2820378、2825077
传真：0538－2820378
网址：www.dongshunpaper.com
产品：生活用纸、一次性卫生用品

山东天和纸业有限公司
山东省泰安市宁阳文化街1857号
邮编：271499
电话：0538－5630399
传真：0538－5630399
网址：www.tianhepaper.net
产品：电脑打印纸、静电复印纸、热敏纸、工程纸

泰山泰和纸业有限公司
山东省泰安市岱岳区大汶口
邮编：271026
电话：0538－8812958
传真：0538－8812958
邮箱：878110856@qq.com
pufengyang@163.com
产品：石膏板护面纸

山东省东平县华东纸业有限公司
山东省东平县城平湖路南段
邮编：271500
电话：0538－6359666
传真：0538－6350009
邮箱：HDZY6350009@163.com
产品：高档静电复印纸、水印防伪纸、无碳原纸、热敏纸、防水铜版原纸、白卡纸、白牛皮纸、高档票据彩印纸

日照市

亚太森博(山东)浆纸有限公司
山东省日照市北京路369号
邮编：276826
电话：0633－3361270、3361111、3361000
传真：0633－3369069
网址：www.asiasymbol.com
产品：白卡纸、纸浆

日照华泰纸业有限公司
山东省日照市莒县莒州路119号
邮编：276500
电话：0633－6882076、6881688
传真：0633－6882881、6882519
网址：www.huatai.com
www.huataipaper.com
产品：双胶纸、铜版纸

莱芜市

山东百伦纸业有限公司
山东省莱芜市涞城区方下镇
邮编：271125
电话：0634－6611308、6613520、8675996、8675777
传真：0634－6611122
邮箱：baronpaper@163.com
产品：轻量涂布纸、铜版纸、书写纸、双胶纸、高档书写纸、精制双胶纸、静电复印纸、新闻纸

临沂市

临沂市鑫惠纸业公司
山东省临沂市小商品城11号楼283号
邮编：276000

电话：0539－8068186
产品：有光纸、书写纸、双胶纸、绘图纸、朱红纸、蜡光纸

临沂震元纸业有限公司
山东省临沂市苍山县建设路72号
邮编：277700
电话：0539－5213232
传真：0539－5211961
产品：书写纸、双胶纸

山东新凯电子材料有限公司
山东省临沂市郯城县人民路313号
邮编：276100
电话：0539－6221670、6128100、6130729、6130904
传真：0539－6130656
产品：耐磨纸、化妆原纸、电容器纸、墙壁原纸

山东鲁南新材料股份有限公司
山东省临沂市郯城县人民路313号
邮编：276100
电话：0539－6788168
传真：0539－6788168
网址：www. lunanpaper. com
产品：电解电容纸、化妆板原纸、平衡纸、耐磨纸、壁纸原纸

山东永泰纸业有限公司
山东省临沂市莒南县开发区黄海路西段
邮编：276600
电话：0539－7319666
传真：0539－7318039
邮箱：ytzy8008@163. com
产品：瓦楞原纸

山东光华纸业集团有限公司
山东省临沂市费县上冶镇
邮编：273401
电话：0539－5811602
传真：0539－5811102
产品：铜版纸、双面胶版纸、静电复印纸、书写纸、卫生纸

临沂华辰纸业有限公司
山东省临沂经济开发区延安路109号(延安路与杭州路交汇处)
邮编：276023
电话：0539－6013888
传真：0539－6013000
网址：www. huachenzhiye. com
邮箱：huachenpaper@163. com
产品：无碳复写纸

临沂成和银座纸业有限公司
山东省临沂市兰山区解放路419号
邮编：276000
电话：0539－8338215
传真：0539－8333703
网址：www. chengheyinzuo. com
产品：工业用纸、描图纸、晒图纸、复印纸、数码彩色激光纸

德州市

德州华北纸业集团有限公司
山东省德州市德城区二屯镇政府驻地
邮编：253035
电话：0534－2189079、2187309、2188791
传真：0534－2182388、2187566
网址：www. dzhbzy. net
邮箱：dzhbzy@163. com
产品：书写纸、复印纸、轻型纸

德州沪平永发造纸有限公司
山东省德州市平原县王打卦工业园
邮编：253102
电话：0534－4520002
传真：0534－4520598
产品：高强瓦楞原纸

山东中茂圣源纸浆有限公司
山东省德州市陵城区经济开发区
邮编：253500
电话：0534－2133500、2133535
传真：0534－2133508
产品：杨木化学机械浆

山东冠军纸业有限公司
山东省德州市齐河县潘店镇工业园
邮编：251125
电话：0534－5972085、5972888
传真：0534－5972085、5975888
网址：www. guanjunzhiye. com
邮箱：sdgjzy@163. com
产品：铜版纸、双面胶版纸、静电复印纸

山东江河纸业有限责任公司
山东省德州市齐河县晨鸣东路1号
邮编：251100
电话：0534－5691899、5028501、5678500
传真：0534－5028599
网址：www. sdjhpaper. cn
邮箱：qhcmrzc@ 126. com
产品：纸杯原纸、双胶纸、轻型纸、道林纸

德州泰鼎新材料科技有限公司
山东省德州市平原县王杲铺镇
邮编：253105
电话：0534－4562766、2162333
传真：0534－4562044、4561258
网址：www. tdxcl. com
邮箱：zd4562766@ 163. com
产品：铜版原纸、书写纸、胶印书刊纸、静电复印纸、箱纸板、卫生纸

山东泉林纸业夏津有限公司
山东省德州市夏津县建设街45号
邮编：253200
电话：0534－3313381
传真：0534－3312139
网址：www. tralin. com
产品：双胶纸、静电复印纸、中涂纸、轻量涂布纸、文化用纸

聊城市

中冶纸业银河有限公司
山东省临清市西门里街297号
邮编：252600
电话：0635－2433886、2433348、2433825
传真：0635－2436952、2433346
网址：www. cctyinhe. com
产品：书写纸、胶版纸、胶印书刊纸、静电复印纸、瓦楞原纸

茌平泉林纸业有限公司
山东省聊城市茌平县信发办事处工交路2号
邮编：252100
电话：0635－7115116
传真：0635－7115116
网址：www. cptralin. com
邮箱：cptralin@ 126. com
产品：特种纸、食品包装纸、文化用纸

山东信成纸业有限公司
山东省聊城市茌平县西外环高新技术工业园
邮编：252100
电话：0635－4285466、4283298
传真：0635－4287566
网址：www. sdxcgroup. cn
产品：干法无尘纸、湿纸巾、餐巾纸、柔巾卷纸、擦拭纸、分盘无尘纸

山东泉林纸业有限责任公司
山东省聊城市高唐县光明东路15号
邮编：252800
电话：0635－3951080
传真：0635－3953497
网址：www. tranlin. com
产品：铜版纸、复合软包装、双面胶版纸、低定量涂布纸、静电复印纸、胶印书刊纸、防黏原纸、书写纸、证券纸、字典纸、电话簿纸

山东金蔡伦纸业有限公司
山东省聊城市阳谷县华山路8号
邮编：252300
电话：0635－6173998、6173961
传真：0635－6173956
网址：www. gclpaper. com
www. goldencailun. com
产品：轻型印刷纸

滨州市

博兴兴华纸业有限公司
山东省滨州市博兴县湖滨镇寨郝工业园
邮编：256511
电话：0543－2809565
传真：0543－2800565
产品：箱纸板、瓦楞原纸

山东博兴金山联纸业公司
山东省滨州市博兴县博城三路83号
邮编：256500
电话：0543－2307892
传真：0543－2307890
网址：www. kinsany. com
邮箱：haoxl163@ tom. com
产品：双胶纸、彩色胶版纸、不干胶底纸、铜版纸、书写纸、静电复印纸、胶印书刊纸、低定量涂布纸、牛皮纸、有光纸

山东群星纸业有限公司
山东省滨州市邹平县长山镇长星工业园
邮编：256206
电话：0543－4853668
传真：0543－4853668
产品：高档装饰原纸、静电复印纸

山东省博兴县华辰纸业有限公司
山东省滨州市博兴县寨郝工业园
邮编：256511
电话：0543－2809045
传真：0543－2809045
产品：彩色胶版纸、无碳复写纸、白牛皮纸

山东天地缘实业有限公司
山东省滨州市邹平县长山镇魏桥工业园创业大道176号
邮编：256212
电话：0543－4737999、4890528
传真：0543－4732777
产品：高强瓦楞原纸、生活用纸

山东省博兴县华辰纸业有限公司
山东省滨州市博兴县湖滨镇寨郝工业园
邮编：256511
电话：0543－2809045
传真：0543－2809488
邮箱：13181035689@163. com
产品：文化用纸、无碳复印纸、彩色胶版纸

山东普瑞富尔特纸业有限公司
山东省滨州市渤海六路696号
邮编：256600
电话：0543－3988503
传真：0543－3402216
邮箱：dhtwq@163. com
产品：汽车滤纸、商标纸、扑克牌纸、不干胶纸、瓦楞原纸

菏泽市

菏泽市宏泰纸业有限公司
山东省菏泽市牡丹区黄罡镇侯集工业园
邮编：274000
电话：0530－5660486
传真：0530－5663262
网址：www. sdhzhtzy. com
邮箱：htzy688@126. com
产品：文化用纸

菏泽牡丹纸业有限公司
山东省菏泽市牡丹区黄罡工业园
邮编：274000
电话：0530－5660775
传真：0530－5663618
邮箱：hanzhaoyun@126. com
产品：生活用纸

河　南　省

郑州市

新密市恒丰纸业有限公司
河南省新密市大隗镇铁匠沟村
邮编：452383
电话：0371－69288516
传真：0371－69288516
产品：瓦楞原纸、箱纸板

郑州华丰工贸纸业有限公司
河南省新密市大隗镇铁匠沟村工业区
邮编：450000
电话：0371－65839063、69286949
传真：0371－65839062
邮箱：gongmao1991@126. com
产品：瓦楞原纸、箱纸板

郑州永光纸业有限公司
河南省郑州市大隗镇观砦村罗湾工业区
邮编：452383
电话：0371－69276199、69271175
传真：0371－69276199
产品：瓦楞原纸、箱纸板

新密市宏远纸业有限公司
河南省郑州市大隗镇观砦村
邮编：452383
电话：0371－69288556、69288501
传真：0371－69288559
产品：箱纸板

郑州康华纸业有限公司
河南省新密市大隗镇进化村
邮编：452383
电话：0371－69288698、69271138
传真：0371－69288699

邮箱：zzkanghua001@126.com
产品：瓦楞原纸

郑州浦发纸业有限公司
河南省新密市大隗镇
邮编：452382
电话：0371－69286798、69271166、63152338
邮箱：13703986206@163.com
产品：瓦楞原纸、箱纸板

新密市荣昌纸业有限公司
河南省新密市来集镇卢村
邮编：452382
电话：0371－63150739
产品：瓦楞原纸、箱纸板

新密市汇丰纸业有限公司
河南省苟堂镇小刘砦村巴家岗
邮编：452384
电话：0371－69251337、15038252888
产品：特种纸

河南东盛纸业有限责任公司
河南省新密市矿区新华路办事处杨砦村
邮编：452370
电话：0371－69786848、69730666
传真：0371－69730666
网址：www.dongshengzhiye.cn
邮箱：dfzjbjb@sina.com
产品：高强瓦楞原纸、涂布白纸板

郑州复兴纸业有限公司
河南省登封市卢店镇唐庄工业区
邮编：452472
电话：0371－60287756、4007889169
传真：0371－69833766
网址：www.fxzhi.com
邮箱：fx55288@163.com
产品：白纸板、箱纸板

郑州东盛纸业有限公司
河南省中牟县城关镇青年路东段
邮编：451450
电话：0371－62184772
传真：0371－62193066
产品：生活用纸

舞阳银鸽纸产有限公司
河南省郑州市红旗路
邮编：450000
电话：0371－65526879
传真：0371－65526879
产品：轻型纸、打印纸

大河纸业有限公司
河南省郑州市金水区农业路东41号
邮编：450008
电话：0371－69515167
传真：0371－69518697
网址：www.dahepaper.com
邮箱：shichangbu@dahepaper.com
产品：胶版纸、书写纸、微涂纸、静电复印原纸、热敏原纸、铸涂原纸

洛阳市

偃师市博毅纸业有限公司
河南省偃师市偃登路
邮编：471943
电话：0379－67798566、13937986188
产品：生活用纸

洛阳市洁达纸业有限公司
河南省偃师市首阳山镇
邮编：471943
电话：0379－67568819
邮箱：ysjieda@126.com
产品：生活用纸

偃师市首阳山第二卫生纸厂
河南省偃师市首阳山镇前纸庄村
邮编：471943
电话：0379－67557919
产品：生活用纸

平顶山市

舞钢市海明纸业有限公司
河南省舞钢市安寨路1号
邮编：462512
电话：0375－8388005、8388319
传真：0375－8388868
邮箱：hmkj2007@126.com
产品：文化用纸

河南中峰集团纸业有限公司
河南省平顶山市湛河区南环路中段三和电厂院内
邮编：462512
电话：0375－7300018
产品：箱纸板

舞钢市群望纸板有限公司
河南省舞钢市八台镇人民西路
邮编：462541
电话：0375－7280291
网址：www. wgqwzb. com
产品：包装纸板

安阳市

安阳华森纸业有限责任公司
河南省滑县文明路南段
邮编：456400
电话：0372－8113988
网址：www. anyanghuasen. com
邮箱：huaxianyubei2009@163. com
产品：麦草浆、生活用纸

滑县光明纸业股份有限公司
河南省滑县道口镇道康路59号
邮编：456400
电话：0372－8133399
产品：水果套袋纸

林州市实验纸业有限公司
河南省林州市茶店贝村
邮编：456574
电话：0372－6741193
产品：特种纸

林州市众乐包装食品有限公司
河南省林州市临淇镇东淇河桥西
邮编：456575
电话：0372－6711094
产品：瓦楞原纸

鹤壁市

河南博民纸业加工有限公司
河南省鹤壁市淇县铁西工业区66号
邮编：456750
电话：0392－7223378
传真：0392－7275888
产品：生活用纸

鹤壁瑞洲纸业有限公司
河南省鹤壁市淇县铁西区工业路66号
邮编：456750
电话：0392－7277111、7277088、7277688
传真：0392－7277000
网址：www. rzpaper. com
邮箱：ruizhou2006@163. com
产品：无碳复写纸、生活用纸

鹤壁市恿协纸业有限公司
河南省鹤壁市山城区东环路故县村南
邮编：456750
电话：0392－2438888、2431388
产品：无碳复写纸、生活用纸

新乡市

河南省龙泉集团豫北纸业有限公司
河南省新乡县龙泉工业园
邮编：453731
电话：13837389664
传真：0373－5651627
网址：www. yubei. tcsw. cn
邮箱：827838894@qq. com
产品：文化用纸、瓦楞原纸

河南新乡鸿泰纸业有限公司
河南省新乡经济开发区鸿泰大道168号
邮编：453700
电话：0373－5580219
传真：0373－5586269
网址：www. htzygroup. com
邮箱：htzy1@126. com
产品：文化用纸、无碳复写纸

新乡市兴泰纸业有限公司
河南省新乡市经济开发区
邮编：453700
电话：0373－5634908
传真：0373－5634908
产品：文化用纸、白纸板

河南奥博纸业有限公司
河南省新乡市辉县市赵固乡奥博工业园
邮编：453633
电话：0373－6956951、6955976

传真：0373－6955561
邮箱：hnabo@126.com
产品：无碳复写原纸、生活用纸

新乡新亚纸业集团股份有限公司
河南省新乡市新乡纸制品工业园（107国道686公里处）
邮编：453731
电话：0373－5681188、5680286
传真：0373－5699888
网址：www.xinyapaper.com
邮箱：xinyapaper@163.com
产品：包装纸、文化用纸、生活用纸

河南天邦集团纸业有限公司
河南省辉县市东二环北段
邮编：453613
电话：0373－6855118、6855299
传真：0373－6855333
网址：www.hntbsy.cn
产品：高档双胶纸、静电复印纸、特种纸

新乡市嘉禾文化用品有限公司
河南省新乡市凤泉区新秀路中段
邮编：453012
电话：0373－5420769
传真：0373－5420769
网址：www.xxjhzy.com
邮箱：820511731@qq.com
产品：无碳复写纸

新乡市腾飞纸业有限公司
河南省新乡市获嘉县城东楼村路口向南100米路西
邮编：453800
电话：0373－4778166
传真：0373－4778299
网址：www.xxtfzy.com
邮箱：tengfeizhjye@126.com
产品：高档无碳复写纸

焦作市

河南江河纸业股份有限公司
河南省焦作市武陟县文化路555号
邮编：454950
电话：0391－7268383、7268153
传真：0391－7268991
网址：www.jianghe.com
邮箱：jianghe-1@jianghe.com
产品：无碳复写纸、无碳复写原纸、文化用纸

焦作瑞丰纸业有限公司
河南省焦作市武陟县迎宾大道175号
邮编：454950
电话：0391－7268809、7268650、7268710
传真：0391－7268605、7268176
网址：www.ruifengpaper.com
邮箱：jzrfzy@163.com
产品：化学机械浆

河南华丰纸业有限公司
河南省焦作市武陟县西滑封工业区
邮编：454981
电话：0391－7566549、7565111、7565222
传真：0391－7566548
产品：文化用纸、生活用纸

河南天虹纸业有限责任公司
河南省孟州市黄河大道东段
邮编：454750
电话：0391－8571688、8576658
传真：0391－8571688
产品：新闻纸

河南永威安防股份有限公司
河南省沁阳市西向镇
邮编：454591
电话：0391－5089666、5089700
传真：0391－5089711
网址：www.yongwei.net
邮箱：info@yongwei.net
vip@yongwei.net
产品：特种纸、装饰板

沁阳市盛兴纸业有限公司
河南省沁阳市灯塔街
邮编：454550
电话：0391－5622550
产品：高强瓦楞原纸、特种纸

沁阳市景瑞纸业有限公司
河南省沁阳市香港街1号
邮编：454550
电话：0391－5611697、5618258
产品：高档生活用纸

沁阳市宏涛纸业有限公司
河南省沁阳市西向镇洪道村
邮编：454550
电话：0391－5093354、5093431
产品：生活用纸

沁阳市联盟纸业有限公司
河南省沁阳市沁圆办事处联盟街
邮编：454550
电话：0391－5690019
产品：瓦楞原纸

河南双马纸品包装有限公司
河南省沁阳市沁北产业集聚区
邮编：454562
电话：0391－5970538、5970515
传真：0391－5970539、5970519
网址：www. henanshuangma. com
邮箱：henanshuangma@163. com
产品：箱纸板、瓦楞原纸

濮阳市

濮阳龙丰纸业有限公司
河南省濮阳市胜利西路西段
邮编：457000
电话：0393－8990895、8912388
传真：0393－8961906
网址：www. lfpaper. com
邮箱：lfzy@dahepaper. com
产品：漂白杨木化学机械浆、高档文化用纸

河南省民通华瑞纸业有限公司
河南省濮阳市台前县孙口工业区
邮编：457600
电话：0393－2733777、2733888
网址：www. mthr. biz
邮箱：bnmintong@126. com
产品：轻型纸

濮阳市通宇纸业有限公司
河南省濮阳市范县王楼工贸示范区
邮编：457500
电话：0393－5977888、5972369
传真：0393－5977999
邮箱：pytyzy@163. com
产品：文化用纸、生活用纸

许昌市

河南飞达纸业有限公司
河南省许昌市许昌县河街工业园
邮编：461105
电话：0374－5668188、5666666
传真：0374－5668888
网址：www. fdgroup. com. cn
邮箱：fdgroup@126. com
产品：白纸板

漯河市

漯河银鸽实业集团有限公司
河南省漯河市人民东路与中山路交叉口
邮编：462000
电话：0395－5615519、5615569
传真：0395－5615583、5615569
网址：www. yinge. com. cn
邮箱：yinge@yinge. com. cn
产品：双面胶版纸、静电复印纸、书写纸、电脑打印纸、水果套袋纸、低定量涂布纸、口杯纸、字典纸、铝箔衬纸、防伪票据纸、书写纸

漯河市银凤纸业有限公司
河南省漯河市裴城镇苏侯村
邮编：462300
电话：0395－6955241
产品：双胶纸、书写纸、彩色纸

漯河银鸽特种纸有限公司
河南省漯河市中山路银鸽第二生产基地
邮编：462005
电话：0395－2355599
传真：0395－2355117
网址：www. yinge. com. cn
产品：无碳复写原纸、离型纸原纸、格拉辛离型原纸

南阳市

河南仙鹤特种浆纸有限公司
河南省南阳市内乡县湍东工业园区
邮编：474350
电话：0377－65317785、60939188
传真：0377－65315570
网址：www. nxxhzy. com
邮箱：neixiangxh@126. com

产品：特种纸、麦草浆板

新野方正纸业有限公司
河南省南阳市新野县工业园区(上港乡)
邮编：473511
电话：0377－66381097
传真：0377－66381098
产品：生活用纸

邓州市一鑫实业有限公司
河南省邓州市穰东镇
邮编：474165
电话：0377－62983579
产品：文化用纸

邓州市老廷实业有限公司
河南省邓州市构林镇邓襄路 58 号
邮编：474172
电话：0377－62637188
产品：文化用纸

南阳市亿远昌纸业有限公司
河南省南阳市卧龙区龙凤路丁奉店
邮编：473000
电话：0377－66199992
传真：0377－66199992
邮箱：2651951896@ qq. com
产品：水转印纸

邓州复兴纸业有限公司
河南省邓州市构林镇邓襄路 58 号
邮编：474172
电话：13838778311
邮箱：13838778311@ 139. com
产品：双胶纸、静电复印纸、卫生纸、漂白龙须草浆板

商丘市

虞城县泰乐纸业有限公司
河南省商丘市虞城县城关镇东环路南段
邮编：476300
电话：0370－3028888
产品：纱管纸

周口市

河南省龙源纸业股份有限公司
河南省周口市太康县西二环路工业区
邮编：461400
电话：0394－6915906
传真：0394－6915908
网址：www. hnlyzy. com
邮箱：longyuan412724@ 163. com
产品：瓦楞原纸

河南护理佳纸业有限公司
河南省周口市鹿邑县产业集聚区迎宾大道西侧
邮编：477200
电话：0394－7490998
传真：0394－7491168
网址：www. hulijia. com
产品：生活用纸

驻马店市

驻马店市白云纸业有限公司
河南省驻马店市遂平县工人路 14 号
邮编：463100
电话：0396－4902206、4902211、4902218
传真：0396－4902331
网址：www. baiyunpaper. com
邮箱：byzy@ dahepaper. com
产品：书写印刷纸

西平县兴华综合纸业有限公司
河南省驻马店市西平县环城乡芳庄村
邮编：463900
电话：0396－6200888
产品：生活用纸

河南金桂特纸科技有限公司
河南省泌阳县工业集聚区
邮编：463000
电话：0396－2629298
传真：0396－2388886
邮箱：48120688@ qq. com
产品：经纬复合纸

济源市

济源市腾盛纸业有限公司
河南省济源市轵城工业园区
邮编：454672
电话：0391－6081666
传真：0391－6095666
邮箱：jystszy@ 163. com

产品：麦草浆

湖　北　省

武汉市

武汉市江岸区春晖生活用纸厂
湖北省武汉市江岸区后湖乡消湖村余家墩 57 号
邮编：430030
电话：027 - 85628425
传真：027 - 85628425
产品：生活用纸

大枫纸业集团股份有限公司
湖北省武汉市东西湖区吴家山六顺路大枫工业园
邮编：430040
电话：027 - 83259909、83259890、83220067
传真：027 - 83223133
网址：www. maxleaf. com
邮箱：maxpaper@ maxleaf. cn
产品：书写纸、双胶纸、静电复印原纸、特种彩色纸

武汉晨鸣汉阳纸业有限公司
湖北省武汉市经济技术开发区神农大道 33 号
邮编：430057
电话：027 - 84894245
传真：027 - 84896241
网址：www. whcmhy. com
邮箱：whcm@ whcmhy. com
产品：书写纸、胶版印刷纸、新闻纸、铜版原纸、静电复印原纸、铸涂原纸、轻型纸

武汉市中兴纸制品有限公司
湖北省武汉市江岸路特 1 号
邮编：430011
电话：027 - 82313846
产品：纸板

湖北烟草民意纸业有限公司
湖北省武汉市汉阳区黄金口工业园金砖路 8 号
邮编：430051
电话：027 - 84872965、84882857(销售)
传真：027 - 84874713
产品：水松纸

武汉金凤凰纸业有限公司
湖北省武汉市江夏区金口工业园
邮编：430209
电话：027 - 87987777、87988111、87988222
传真：027 - 87987779
网址：www. whgpp. com
邮箱：whgpp@ 163. com
whgpp123@ 126. com
产品：A 级高强瓦楞原纸

武汉市木兰纸业有限公司
湖北省武汉市黄陂区滠口经济开发区关山工业园
邮编：430311
电话：027 - 61864818、61864815
传真：027 - 61862801
网址：www. whmlpaper. com
邮箱：whmlpaper@ 163. com
产品：高强瓦楞原纸

黄石市

黄石帅伦纸业有限公司
湖北省黄石市黄石大道 105 号
邮编：435001
电话：0714 - 6410433、6410745
产品：双胶纸、胶印书刊纸、装饰板底衬纸、口杯原纸

宜昌市

湖北宜昌翔陵纸制品有限公司
湖北省宜昌市夷陵区龙泉镇钟家畈创业园
邮编：443112
电话：0717 - 7788606
传真：0717 - 7788166
网址：www. hbycxlzy. com
邮箱：xlzy@ 163. com
hbycxlzy@ 163. com
产品：单面白纸板、箱纸板、瓦楞原纸、纱管纸、灰纸板

湖北舒云纸业有限公司
湖北省宜昌市猇亭大道 438 号
邮编：443007
电话：0717 - 6536742
邮箱：bgs@ shuyunpaper. com
产品：生活用纸

湖北宝塔纸业有限公司
湖北省宜昌市猇亭工业园
邮编：443007

电话：0717－6917272、6917288
传真：0717－6917298
网址：www. baota-paper. com
邮箱：hbycbt@ 126. com
产品：新闻纸、双胶纸、书写纸

襄樊市

襄樊大枫纸业有限公司
湖北省襄樊市樊城区建设路 30 号
邮编：441002
电话：0710－3251087
传真：0710－3251290
产品：胶印（彩色）书刊纸、单双面胶版纸

湖北华海纤维科技股份有限公司
湖北省襄樊市南漳县城关镇便河路 1 号附 1 号
邮编：441500
电话：0710－5250358、5231705
传真：0710－5250398、5250386
网址：www. huahaizhiye. com. cn
邮箱：hhzy2011@ 126. com
产品：文化用纸

襄樊百灵纸业有限公司
湖北省襄樊市樊城区建设路 53 号
邮编：441002
电话：0710－3223408
产品：文化用纸、铜版原纸、低定量食品包装原纸

孝感市

恒安（湖北）心相印纸制品有限公司
湖北省孝感市湖北孝南经济开发区 316 国道复线
邮编：432100
电话：0712－2366189
传真：0712－2516299
产品：生活用纸

维达纸业（湖北）有限公司
湖北省孝感市孝南区南经济开发区 316 国道复线
邮编：432122
电话：0712－2519099
网址：www. vindapaper. com
产品：生活用纸

中顺洁柔（湖北）纸业有限公司
湖北省孝感市 107 国道八一大桥旁
邮编：432122
电话：0712－2515566
传真：0712－2515508
网址：www. zhongshungroup. com
产品：生活用纸

金凤凰纸业（孝感）有限公司
湖北省孝感市孝南经济开发区孝武大道 612 号
邮编：432020
电话：0712－2366973、13807130389
产品：高强瓦楞原纸

湖北森源纸业有限公司
湖北省孝感市孝南区东山头农场沦河咀村
邮编：432018
电话：0712－2553188
传真：0712－2553188
邮箱：1594046544@ qq. com
产品：瓦楞原纸、口杯原纸

金红叶纸业（湖北）有限公司
湖北省孝感市孝南经济开发区孝武路 468 号
邮编：432100
电话：0712－2570792
传真：0712－2570961
产品：生活用纸

荆州市

荆州麒天纸业有限公司
湖北省荆州市公安县杨厂镇新正街 188 号
邮编：434303
电话：0716－5393373
传真：0716－5393041
产品：牛皮箱纸板、涂布白纸板

公安县龙腾纸业有限责任公司
湖北省荆州市公安县藕池镇解放路 37 号
邮编：434305
电话：0716－5716728
传真：0716－5716718
产品：牛皮箱纸板

湖北监利大枫纸业有限公司
湖北省监利县容城镇沿江路 41 号
邮编：433300
电话：0716－3287457
传真：0716－3275119

产品：胶印书刊纸、书写纸、双面胶版纸、水松纸

湖北骏马纸业有限公司
湖北省荆州市荆州区拍马工业园
邮编：434034
电话：0716－8416625、8416156
传真：0716－8416156
产品：涂布白卡纸(烟卡纸)

湖北秦楚纸业有限公司
湖北省荆州市公安县青吉工业园
邮编：434300
电话：15399059511
邮箱：574817854@qq.com
产品：涂布白纸板

黄冈市

永昌万利造纸厂
湖北省黄冈市蕲春县蕲州镇永昌路88号号
邮编：436315
电话：0713－7511725、7511289
传真：0713－7511852
产品：染色压纹原纸、色卡纸、喷墨打印纸、高光相纸

随州市

湖北雅都恒兴纸业有限公司
湖北省广水市广水沿河大道特1号
邮编：432721
电话：0722－6495555、15997897170
传真：0722－6494666
网址：www.whyadu.com
邮箱：hbyadu@163.com
产品：A级高强瓦楞原纸

随州市兴丰源纸业有限责任公司
湖北省随州市淅河镇青春村1组
邮编：441326
电话：0722－4510125、4510539
传真：0722－4510539
邮箱：1046628857@qq.com
产品：B、C、D级箱纸板和瓦楞原纸

襄阳市

湖北老河口市金赞阳纸业有限公司
湖北省襄阳市老河口市
邮编：441800
电话：0710－8247392
传真：0710－8247392
产品：挂面纸、高强瓦楞原纸、高级箱纸板

恩施土家族苗族自治州

恩施市锦华纸业有限公司
湖北省恩施土家族苗族自治州巴公路30号
邮编：445000
电话：0718－8200925、8200569
传真：0718－8200924
网址：www.esjinhua.com
邮箱：4554541182@qq.com
产品：卷烟纸、成型纸、卫生纸

湖　南　省

长沙市

湖南泰格林纸集团股份有限公司
湖南省长沙经济技术开发区东升路48号
邮编：410100
电话：0731－84025555
传真：0731－84025555
网址：www.tigerfp.com
产品：胶印书刊纸、轻涂纸、新闻纸

长沙市诗玉纸业有限公司
湖南省长沙市天心区友谊路55号星语林名园6栋4－1007室
邮编：410004
电话：0731－85016276
传真：0731－85016276
产品：印刷拷贝纸

湖南飞翔纸品有限公司
湖南省长沙市隆平高科技园
邮编：410125
电话：0731－84671127
产品：白卡纸、片烟纸

湖南绿洲浆纸有限公司
湖南省长沙市芙蓉中路新时代广场
邮编：410000
电话：0731－84213811
传真：0731－84213811

产品：牛皮纸、红色半透明纸

浏阳市晨鸣纸业有限公司
湖南省浏阳市大瑶镇天和社区
邮编：410312
电话：0731－83812059
产品：箱纸板、牛皮纸

浏阳市宏鑫福利造纸厂
湖南省浏阳市枨冲镇红卫村
邮编：410309
电话：0731－83741588
产品：花炮纸

中旺纸业有限公司
湖南省浏阳市金刚镇新星村
邮编：410181
电话：0731－83890076、83628666
传真：0731－83628666
产品：鞭炮纸

浏阳市东宇福利造纸厂
湖南省浏阳市大瑶镇工业园
邮编：410312
电话：0731－83810039
产品：鞭炮纸

浏阳市宏源造纸厂
湖南省浏阳市太平桥镇宏源村
邮编：410300
电话：0731－83742889
传真：0731－83742889
产品：竹胶板复合纸

浏阳集里大栗特种纸厂
湖南省浏阳市集里办事处平水村大栗坪电站
邮编：410300
电话：0731－83660462
传真：0731－83660462
产品：引线纱纸

浏阳市文家市星华纸厂
湖南省浏阳市文家市镇中洲村
邮编：410000
电话：0731－83774769
传真：0731－83774769
产品：机制纸

浏阳市连心造纸厂
湖南省浏阳市大瑶镇瑶礼路
邮编：410300
电话：0731－83801578
传真：0731－83801578
产品：高强瓦楞原纸、黄纸板

浏阳市九玖纸业有限责任公司
湖南省浏阳市大瑶镇工业园
邮编：410000
电话：0731－83805399
传真：0731－83805299
产品：高强瓦楞原纸、烟花纸、油黏原纸

浏阳市青草运辉造纸厂
湖南省浏阳市枨冲镇青草乡
邮编：410000
电话：0731－83716856、13507415541
产品：瓦楞原纸

浏阳市金江造纸厂
湖南省浏阳市普迹镇塘湾村
邮编：410000
电话：0731－83140268
传真：0731－83140268
产品：瓦楞原纸

恒辉纸业包装有限公司
湖南省长沙市宁乡县城郊纸业园
邮编：410624
电话：0731－87809218
传真：0731－87809218
产品：瓦楞原纸

湖南恒瀚高新技术有限公司
湖南省长沙市宁乡市经济开发区城郊纸业园
邮编：410600
电话：0731－88981896、88981899
传真：0731－87859217
网址：www. henghanpaper. com. cn
邮箱：sales@ henghanpaper. com. cn
产品：涂布纸、热敏纸、无碳复写纸

浏阳市天和纸业有限公司
湖南省浏阳市大瑶镇造纸工业基地
邮编：410312
电话：0731－8380036
传真：0731－8381848

产品：高档涂布白纸板

浏阳市铭丰纸业有限责任公司
湖南浏阳市大瑶镇花炮原材料产业基地
邮编：410312
电话：0731－83802436
邮箱：516906991@ qq. com
产品：瓦楞纸、纱管纸

湘潭市

湖南雪松纸制品有限责任公司
湖南省湘潭市建设中路7号
邮编：411104
电话：0731－58527581
传真：0732－58527581
产品：生活用纸、一次性抹布、纸杯等

湖南省造纸研究所有限公司
湖南省湘潭市建设中路7号
邮编：411104
电话：0731－57816249
传真：0731－57816249
网址：www. bpxc. cn
邮箱：sales@ bpxc. cn
产品：工业涂布纸、压纹名片纸、特种工业用纸

衡阳市

衡山新金龙纸业有限公司
湖南省衡山县开云镇金龙工业园青山路
邮编：421300
电话：0734－2857888
传真：0734－2856777
产品：高强瓦楞纸、环保T纸、纸管原纸

邵阳市

绥宁县宝庆联纸有限公司
湖南省邵阳市绥宁县长铺路工业路98号
邮编：422600
电话：0739－7611455、7611234
传真：0739－7616616、7600276
产品：纸袋纸、绝缘纸板

新邵大源纸业有限责任公司
邵阳市新邵县酿溪镇新阳路398号
邮编：422900
电话：0739－3600977
邮箱：908822808@ qq. com
产品：书写纸，烟花纸

绥宁县天成造纸有限公司
湖南省邵阳市绥宁县城工业路101号
邮编：422600
电话：0739－7602689
传真：0739－7602698
产品：红色半透明纸

湖南广信电工科技股份有限公司
湖南省邵阳市新邵县酿溪镇东西路8号
邮编：422900
电话：0739－3605663、3600756、3601566
传真：0739－3603966
网址：www. gx-ei. com
邮箱：guangxin@ gx-ei. com
产品：电绝缘纸板

湖南湘丰特种纸业有限公司
湖南省邵阳市隆回县城东南工业园区
邮编：422200
电话：0739－8187993
传真：0739－8247998
产品：卷烟纸

隆回县六都寨祁都纸业有限公司
湖南省邵阳市隆回县六都察镇工业小区
邮编：422000
电话：0739－8734227
传真：0739－8733927
产品：双面拷贝纸、单面拷贝纸

南飞页纸业有限公司
湖南省邵阳市洞口县山门镇
邮编：422317
电话：0739－7240047
产品：防近视双胶纸

邵东县黄桥造纸厂
湖南省邵阳市邵东县黑田铺乡
邮编：422000
电话：0739－2123555
产品：玻璃卡纸

新宁县先锋纸业有限公司
湖南省邵阳市新宁县金石镇观双瀑桥头

邮编：422000
电话：0739－4810243
产品：拷贝纸

新邵县金龙纸业有限责任公司
湖南省邵阳市新邵县酿溪镇新阳路 253 号
邮编：422900
电话：0739－3663302
传真：0739－3667858
产品：半透明纸、书写纸

岳阳市

岳阳林纸股份有限公司
湖南省岳阳市城陵矶
邮编：414002
电话：0730－8590563、8590247
传真：0730－8560335、8561262
网址：www. yypaper. com
产品：低定量涂布纸、胶印新闻纸、轻型印刷纸、颜料整饰胶版纸、牛皮纸

岳阳丰泰纸业有限公司
湖南省岳阳市城陵矶
邮编：414002
电话：0730－8590178、8590350
传真：0730－8590300、8560451
产品：轻型纸、相册原纸、高定量双胶纸、精致书写纸、工业淋膜纸

湖南省汨罗市罗城纸业有限公司
湖南省汨罗市罗城桥区
邮编：414400
电话：0730－5223534
传真：0730－5222864
产品：白纸板

岳阳华丰纸业有限公司
湖南省岳阳县筻口镇双港村
邮编：414113
电话：0730－7370232
产品：挂面纸

汨罗市汨江造纸厂
湖南省汨罗市新市镇梅家桥
邮编：414413
电话：0730－5611605
传真：0730－5611388
产品：白纸板

汨罗市寰宇再生资源有限公司
湖南省汨罗市智峰乡
邮编：414400
电话：0730－5880868
传真：0730－5880868
产品：瓦楞原纸、箱纸板

常德市

恒安(湖南)心相印纸业有限公司
湖南省常德市德山开发区桃林路
邮编：415001
电话：0736－7307185、7300008
传真：0736－7306353、7300332
产品：生活用纸、卫生纸

湖南雪丽造纸有限公司
湖南省常德市津市襄窑路 301 号
邮编：415400
电话：0736－4212801
传真：0736－4212619
产品：静电复印纸、双胶纸

湖南常德华耀浆纸有限公司
湖南省常德市德山沿河路 1 号
邮编：415001
电话：0736－7312763
传真：0736－7312819
产品：双胶纸

常德中冶美隆纸业有限公司
湖南省常德市西洞庭管理区东北湾
邮编：415137
电话：0736－7501888
传真：0736－7501369
产品：热敏纸、无碳复写原纸

常德市天耀纸业有限公司
湖南省常德市汉寿县洋淘湖镇朱家湾村
邮编：415901
电话：0736－2031777
传真：0736－2031180
网址：www. tpghk. com
产品：色卡纸

益阳市

泰格林纸集团沅江纸业有限责任公司
湖南省沅江市书院路 358 号
邮编：413100
电话：0737－2850278、2850026
传真：0737－2850258
产品：胶印书刊纸、双胶纸

湖南金太阳纸业有限公司
湖南省沅江市南嘴镇余百新村
邮编：413104
电话：0737－2296712
传真：0737－2297399
网址：www. jty-paper. com
邮箱：jty2297399@163. com
产品：文化用纸

沅江漉湖林源纸业有限公司
湖南省沅江市漉湖芦苇场
邮编：413000
电话：0737－2491235、13870099572
传真：0737－2491186
网址：www. linyuanzc. com
产品：道林纸、静电复印纸、素描纸、双胶纸

湖南跃宇纸业有限公司
湖南省益阳市桃江县桃花江镇曾家坪
邮编：413400
电话：0737－8203989、8202258、15898408859
产品：拷贝纸、卫生纸

永州市

泰格林纸集团永州湘江纸业有限责任公司
湖南省永州市冷水滩区下河线路 105 号
邮编：425000
电话：0746－8470404
传真：0746－8470498
产品：铜版纸、牛皮纸、纸袋纸

怀化市

泰格林纸集团洪江纸业有限公司
湖南省怀化市洪江区萝卜湾 45 号
邮编：418201
电话：0745－7691692
传真：0745－7694376
产品：本色木浆、牛皮纸、纸袋纸

湖南五强溪特种纸业有限公司
湖南省怀化市沅陵县五强溪镇刘公溪
邮编：419635
电话：0745－4734158
传真：0745－4732958
产品：炸药纸、卫生纸

泰格林纸骏泰浆纸有限责任公司
湖南省怀化市中方县中方镇
邮编：418000
电话：0745－2837009
传真：0745－2837009
产品：纸浆

会同县宝庆恒达纸业有限公司
湖南省怀化市会同县林城镇
邮编：418000
电话：0745－8853699
传真：0745－8852660
产品：木浆板、溶解浆

娄底市

湖南正佳特种材料有限公司
湖南省娄底市双峰县
邮编：417700
电话：0738－8955673
传真：0738－8955679
产品：空气滤纸、无纺布纸、PU 纸、装饰纸

广　东　省

广州市

广州造纸集团有限公司
广东省广州市南沙区珠江管理区新广一路 29 号
邮编：511462
电话：020－34663302
传真：020－84946051
网址：www. gzpaper. com. cn
产品：新闻纸、灰底涂布白纸板

广州市花都安达纸品制造有限公司
广东省广州市花都区狮岭镇安达路 1 号
邮编：510850

电话：020－86846886、13710821573
传真：020－86846922
产品：瓦楞纸板、瓦楞纸箱

广州市天河棠下纸业制造有限公司
广东省广州市天河区五横路新圩纸厂 1 号
邮编：510655
电话：020－85530129
产品：瓦楞原纸

广州威达高实业有限公司
广东省广州市番禺区万倾沙新广一路 39 号
邮编：511462
电话：020－84947642
传真：020－84946021
产品：涂布白纸板、白纸板、灰纸板

番禺灵山宏达造纸厂
广东省广州市番禺区南河镇墩塘村三沙街 127 号
邮编：511480
电话：020－84928108
产品：卫生纸

广州市花都长兴纸业有限公司
广东省广州市花都区花东镇大塘村 2 队 29 号
邮编：510890
电话：020－86763218
传真：020－86764838
产品：瓦楞原纸

广州宝中宝纸塑制品有限公司
广东省广州市白云区钟落潭镇宝中宝工业区
邮编：510550
电话：020－87410008、87410818
传真：020－87410838
网址：www. baozhongbao. net
产品：离型纸、胶带原纸、纸杯纸、纸餐盒纸

永丰余纸业(广州)有限公司
广东省广州市黄埔经济技术开发区东基工业区夏园路 5 号
邮编：510730
电话：020－82217761
网址：www. yfypeng. cn. gongchang. com
产品：瓦楞纸板、纸箱

广州市辽板纸业有限公司
广东省广州市经济技术开发区明珠路 16 号
邮编：510730
电话：020－82001966
传真：020－82001321
网址：www. liaoban. b2b. hc360. com
产品：精装书灰纸板、装帧灰纸板、文具灰纸板、拼图灰纸板、礼品盒灰纸板、硬纸包装箱灰纸板

广州宏港纸业有限公司
广东省广州市南沙区东涌镇南涌工业区
邮编：511460
电话：020－39010025
传真：020－39010025
网址：www. honggangpaper. com
邮箱：honggangpaper@ foxmail. com
产品：热升华转印纸、印花纸

韶关市

乐昌市裕兴纸业有限公司
广东省乐昌市城关镇河南街 143 号
邮编：512219
电话：0751－5508628
传真：0751－5503607
产品：卫生纸、瓦楞原纸

韶能集团韶关南雄珠玑纸业有限公司
广东省南雄市雄南路 38 号
邮编：512400
电话：0751－3822990
传真：0751－3870018
网址：www. snzjzy. com
产品：胶版印刷纸、中性复印纸、教材用纸

始兴县国升造纸有限公司
广东省韶关市始兴县太平镇瑶村坳城东
邮编：512500
电话：0751－3321082
产品：白色水松纸

韶关市联进纸业有限公司
广东省韶关市乳源瑶族自治县桂头镇仙湖工业园
邮编：518000
电话：0751－5395168
产品：生活用纸

韶关市始兴县联兴造纸实业有限公司
广东省韶关市始兴县太平镇瑶村坳
邮编：512500

电话：0751－3330223
产品：食品包装纸

珠海市

珠海经济特区红塔仁恒纸业有限公司
广东省珠海市前山金鸡路 508 号
邮编：519070
电话：0756－8666888
传真：0756－8615037
网址：www. htrh-paper. com
邮箱：zhhtrh@ htrh-paper. com
产品：包装纸板、饮料包装纸、口杯纸

汕头市

汕头市金平区飘合纸业有限公司
广东省汕头市鮀浦举丁工业区
邮编：515061
电话：0754－82530777、88279165、82533777
传真：0754－82515777、82543324
网址：www. piaohe. com
邮箱：piaohe1660@ sina. com
产品：生活用纸

汕头市造纸二厂
广东省汕头市杏花村护堤路 11 号
邮编：515021
电话：0754－88220921
产品：包装纸

澄海溪南东社造纸厂
广东省汕头市澄海区溪南镇东社联青路南侧
邮编：515832
电话：0754－85756188、85332618
传真：0754－85758618、85309908
网址：www. stdongshe. com
产品：瓦楞原纸、灰纸板、茶纸板

广东省汕头市万安纸业有限公司
广东省汕头市濠江区三联工业区
邮编：515031
电话：0754－82516877
传真：0754－82516877
网址：www. wananpaper. com
产品：生活用纸

汕头市造纸实业有限公司
广东省汕头市护堤路 11 号
邮编：515021
电话：0754－8220921
产品：服装百褶裙纸、压褶皱纹纸、灯饰褶景纸、裁衣纸、包装纸

佛山市

佛山市南海区嘉凌纸业有限公司
广东省佛山市南海区罗村工业园 9 号
邮编：528226
电话：0757－86411942
产品：白纸板、铜版纸、双胶纸、白卡纸

佛山市高明鸿源纸业有限公司
广东省佛山市高明区高明大道兴源路
邮编：528500
电话：0757－88986218
传真：0757－88986228
网址：www. hy-paper. com. cn
邮箱：88622228n@ 163. com
　　　hy89930668@ 163. com
产品：文化用纸、白牛皮纸、热敏纸、转印原纸、装饰原纸

佛山市顺德区千禧纸业有限公司
广东省佛山市顺德区陈村镇南新栏路 78 号
邮编：528313
电话：0757－23355799
产品：箱纸板

广东顺德勒流信东纸制品厂
广东省佛山市顺德勒流东风中路入西闸
邮编：528322
电话：0757－25567553
产品：扎钞专用纸条、纸绳、盘纸

广东省南海市西樵蓝天鹅造纸有限公司
广东省南海市西樵海舟管理区
邮编：528212
电话：0757－86828868
产品：瓦楞原纸、挂面纸

佛山市海南大冲造纸有限公司
广东省佛山市南海区里水镇大冲村
邮编：528244
电话：0757－85669589

产品：机制纸

顺德联信纸业有限公司
广东省佛山市顺德区北滘镇都宁工业区水闸边
邮编：528312
电话：0757－26636726
产品：瓦楞原纸

佛山市南海区华展造纸厂
广东省佛山市南海区里水镇丰岗
邮编：528244
电话：0757－85663210、85663773
传真：0757－85663773
产品：灰纸板、复合纸板

江门市

鹤山市造纸厂有限公司
广东省江门市鹤山市沙平镇杰州工业区
邮编：529721
电话：0750－8821033
传真：0750－8821819
产品：箱纸板、卫生纸

江门市新华造纸厂
广东省江门市文昌沙 130 号
邮编：529020
电话：0750－3616668、3354176
传真：0750－3354176
产品：瓦楞原纸、牛皮箱纸板、涂布白纸板

维达纸业（广东）有限公司
广东省江门市新会区东侯工业开发区
邮编：529100
电话：0750－6122846、6168333
传真：0750－6120239
网址：www. vindapaper. com
邮箱：guangdong@ vinda. com
产品：纸巾纸、盒装面巾纸、餐巾纸、卫生卷纸、卫生巾、卷装擦手纸、多用纸抹布、分切盘纸

维达纸业（江门）有限公司
广东省江门市新会区双水镇广东银洲湖纸业基地
邮编：529153
电话：0750－6413111
传真：0750－6413068
产品：生活用纸

亚太森博（广东）纸业有限公司
广东省江门市新会区双水镇沙路村
邮编：529153
电话：0750－6503150
传真：0750－6503166
网址：www. aprilasia. com
邮箱：marketing@ asiasymbol. com
产品：高档文化用纸

江门明星纸业有限公司
广东省江门市新会区睦洲镇丰达路 1 号
邮编：529143
电话：0750－6222828、6539808、6222422
传真：0750－6222965
网址：www. sspaper. com
邮箱：business@ sspaper. com
产品：牛皮卡纸、挂面纸、瓦楞原纸

江门日佳纸业有限公司
广东省江门市蓬江区招商工业园 1 号
邮编：529090
电话：0750－3726381
产品：生活用纸

江门市长裕纸业有限公司
广东省江门市文昌沙 130 号
邮编：529060
电话：0750－3686266
产品：涂布白纸板

江门市新会区银湖纸业有限公司
广东省江门市新会区崖门镇崖西坑口村
邮编：529100
电话：0750－6441176
产品：箱纸板

江门市桥裕纸业有限公司
广东省江门市新会区崖门镇洞南村沙荞
邮编：529152
电话：0750－6440088
产品：箱纸板

广东华泰纸业有限公司
广东省江门市新会区双水镇工业开发区
邮编：529153
电话：0750－3411769、3411768
网址：www. huataipaper. com
产品：新闻纸、文化用纸、纸浆

江门市新会区宝达造纸实业有限公司
广东省江门市新会区大泽镇新园工业开发区
邮编：529162
电话：0750－6896236
传真：0750－6899252
网址：www. baodapaper. com
邮箱：baoda@ baodapaper. com
sale@ baodapaper. com
产品：生活用纸

旺佳纸业有限公司
广东省江门市新会区双水镇能源综合利用开发区
邮编：529153
电话：0750－6408002、6408018
传真：0750－6408128
产品：生活用纸

江门星辉造纸有限公司
广东省江门市新会区双水镇银洲湖纸业基地能源开发区
邮编：529153
电话：0750－6407890
传真：0750－6407999、6407878
产品：涂布白纸板

中烟摩迪(江门)纸业有限公司
广东省江门市蓬江区棠下镇堡棠路 15 号
邮编：529085
电话：0750－3626262
传真：0750－3385228
网址：www. ct-pdm. com. cn
邮箱：zhaojingxian@ ct-pdm. com
产品：烟卡纸

江门市新龙纸业有限公司
广东省江门市新会区三江镇白庙工业区
邮编：529142
电话：0750－6208668
传真：0750－6211278
网址：www. yourapaper. com
邮箱：slxs@ yourapaper. com
产品：生活用纸

江门市阿博特数码纸业有限公司
广东省江门市新会区双水镇广东银洲湖纸业基地 B 区－2
邮编：529153
电话：0750－6418488
网址：www. abtpaper. com
邮箱：linjh@ abtpaper. com
产品：数码相纸

江门仁科绿洲纸业有限公司
广东省江门市新会区双水镇广东银洲湖纸业基地内
邮编：529153
电话：0750－6419038、6419188
传真：0750－6416666
网址：www. sivlake. com
邮箱：xz@ sivlake. com
产品：生活用纸

湛江市

广东冠豪高新技术股份有限公司
广东省湛江市经济技术开发区乐怡路 6 号
邮编：524022
电话：0759－3399898
传真：0759－3382109、2820999
网址：www. guanhao. com
邮箱：guanhao@ guanhao. com
产品：无碳复写纸、热敏记录纸、热敏传真纸、彩色喷墨纸、心电图纸、特殊防伪纸、水印纸、登机卡纸、无碳多联电脑纸

湛江冠龙纸业有限公司
广东省湛江市麻章区太平镇
邮编：524084
电话：0759－2738001、2738123
传真：0759－2738009、2738068
网址：www. glpaper. com
邮箱：guanglong@ glpaper. com
产品：热敏传真原纸、无碳复写纸原纸、CF 纸

湛江市吉城纸业有限公司
广东省湛江市遂溪县遂城镇湛化路
邮编：524300
电话：0759－7784003
传真：0759－7784509
邮箱：baixiaoming404@ 163. com
产品：瓦楞原纸、箱纸板、刮面纸

茂名市

茂名市全年红对联纸厂
广东省茂名市羊角镇东风路 112 号
邮编：525000
电话：13828635188
传真：0668－2670591

产品：红对联纸

高州市金墩纸业有限公司
广东省茂名市高州市石鼓镇西基山村
邮编：525252
电话：0668－6360345、6360380
传真：0668－6360020
网址：www. jindunzy. com
邮箱：jindunzy@ 126. com
产品：牛皮卡纸、纸袋纸、瓦楞原纸

肇庆市

广东鼎丰纸业有限公司
广东省肇庆市广宁县南街镇首约
邮编：526300
电话：0758－8659022
传真：0758－8659168
网址：www. gddfpaper. com
邮箱：dingfung@ gddfpaper. com
产品：竹木混合纸浆

广东肇庆明珠纸业有限公司
广东省肇庆市德庆县城朝阳西路 238 号
邮编：526600
电话：0758－7762615
网址：www. mingzhu-paper. com. cn
产品：浆层纸、蜡纸

封开华信纸业有限公司
广东省肇庆市封开县江口镇三元西路 8 号
邮编：526500
电话：0758－6712225
传真：0758－6712338
产品：箱纸板、静电纸、轻型纸

广东珠江特种纸股份有限公司
广东省肇庆市广宁县横迳工业区
邮编：526343
电话：0758－8719099
产品：无碳复写纸、电脑打印纸、防伪票据纸

广宁阳光特种纸品有限公司
广东省肇庆市广宁县石涧工业区
邮编：526342
电话：0758－8712349
传真：0758－8712349
产品：中性牛皮纸、超低定量牛皮纸、再湿性胶带原纸、淋膜胶带原纸等

广宁县顺发造纸厂
广东省肇庆市广宁县排沙镇新城大道 88 号
邮编：526339
电话：0758－8828398
产品：新闻纸

广宁东阳纸业有限公司
广东省肇庆市广宁县石涧工业园
邮编：526342
电话：0758－8711999
产品：高强瓦楞原纸

高要市基业纸品有限公司
广东省高要市回龙镇步步高工业园澄湖小区
邮编：526112
电话：0758－8155299
产品：双单面白纸板、灰卡纸板

广宁县鸿程纸业有限公司
广东省肇庆市广宁县古水镇古水大道 45 号
邮编：526352
电话：0758－8751609
产品：生活用纸

惠州市

惠州市福和纸业有限公司
广东省惠州市博罗县园洲镇高头村
邮编：516123
电话：0752－6812888
网址：www. fookwoo. com
产品：生活用纸、灰纸板

惠州志豪特种纸业有限公司
广东省惠州市中星工业区仲恺二路 49 号
邮编：516000
电话：0752－2602226
传真：0752－2600729
网址：www. zhihaochina. com
邮箱：zhhaper1@ zhihaochina. com
产品：涂布热敏纸、彩喷纸

惠州市博罗凤达纸业有限公司
广东省惠州市博罗县龙溪镇龙桥大道
邮编：516121
电话：0752－6677830

产品：生活用纸

惠州市惠阳区浩德实业有限公司
广东省惠州市惠阳区淡水排坊工业区
邮编：516000
电话：0752－3356328
传真：0752－3340683
网址：www. haodeshiye. com. cn
邮箱：hdsy@ haodeshiye. com. cn
产品：生活用纸

惠州泰美纸业有限公司
广东省惠州市泰美镇金龙大道板桥工业区
邮编：516166
电话：0752－6609882
产品：生活用纸

梅州市

蕉岭县纸业有限责任公司
广东省梅州市蕉岭县文福镇乌土溪
邮编：514160
电话：0753－7883309
产品：箱纸板

清远市

森叶(清新)纸业有限公司
广东省清远市清新县太和镇工业区森叶工业城
邮编：511850
电话：0763－5383348、5383618
传真：0763－5383358、5383668
网址：www. hopfunggroup. com
邮箱：gfqx@ hopfunggroup. com
产品：高强瓦楞原纸

建滔(佛冈)绝缘材料有限公司
广东省清远市佛冈县石角镇建滔路 1 号
邮编：511600
电话：0763－4293000
传真：0763－4293558
网址：www. kingboard. com
产品：绝缘纸

金鑫(清远)纸业有限公司
广东省清远市高新技术开发区建设 3 路 11 号
邮编：511517
电话：0763－3483520
传真：0763－3483510
网址：www. appjpi. com
产品：文化用纸

金钰(清远)卫生纸有限公司
广东省清远经济开发区 15 号区
邮编：511517
电话：0763－3483520、3483530
传真：0763－3483777
网址：www. jti. com. cn
产品：生活用纸

广东省连州市联发造纸有限公司
广东省清远市连州市河南路 1 号
邮编：513400
电话：0763－6611118、6611108
传真：0763－6611238
邮箱：42172360@ qq. com
产品：瓦楞原纸、包装纸

东莞市

东莞金洲纸业有限公司
广东省东莞市中堂镇潢涌村
邮编：523221
电话：0769－88181288
传真：0769－88881664、88181277
产品：瓦楞原纸

东莞理文造纸厂有限公司
广东省东莞市中堂镇潢涌管理区
邮编：523221
电话：0769－88888168
传真：0769－88899101、88885188
网址：www. leemanpaper. com
产品：牛皮箱纸板、瓦楞原纸、牛皮卡纸

广东理文造纸有限公司
广东省东莞市洪梅镇河西工业区
邮编：523160
电话：0769－88432168
传真：0769－88432188
网址：www. leemanpaper. com
产品：牛皮箱纸板、瓦楞原纸

东莞市昌众造纸有限公司
广东省东莞市长安镇莲花路 8 号
邮编：523848

电话：0769－85535571
传真：0769－85531805
产品：铜版纸、牛皮纸

东莞市大步纸业有限公司
广东省东莞市麻涌镇大步工业区
邮编：523143
电话：0769－88286288、88281718
传真：0769－88286222
网址：www. dgdabu. com
邮箱：dgdbzy@163. com
产品：瓦楞原纸、牛皮卡纸

东莞市东发纸品有限公司
广东省东莞市道滘镇大罗沙工业区
邮编：523061
电话：0769－88388771
传真：0769－88380279
邮箱：dongfa888@163. com
产品：包装纸

东莞市天盛特种纸制品有限公司
广东省东莞市虎门镇第五工业区
邮编：523932
电话：0769－85169468、85267080、85267330
传真：0769－85169959
网址：www. china-tiansheng. com
邮箱：dgts85267080@sohu. com
产品：防伪无碳发票纸

东莞建晖纸业有限公司
广东省东莞市中堂镇潢涌村
邮编：523221
电话：0769－88888363
传真：0769－88183833
产品：涂布白纸板

东莞市龙腾实业有限公司
广东省东莞市麻涌镇麻四村
邮编：523147
电话：0769－88826898
产品：灰底白纸板、牛皮卡纸、瓦楞原纸

玖龙纸业(控股)有限公司
广东省东莞市麻涌镇新沙港工业区
邮编：523147
电话：0769－88234888
传真：0769－88824198、88828111
网址：www. ndpaper. com
邮箱：info_dg@ndpaper. com
info_group@ndpaper. com
产品：牛皮卡纸、包装纸

东莞海龙纸业有限公司
广东省东莞市麻涌镇新沙港工业区
邮编：523147
电话：0769－88234888
产品：牛皮卡纸、白卡纸、包装纸、文化用纸

东莞地龙纸业有限公司
广东省东莞市麻涌镇新沙港工业区
邮编：523147
电话：0769－88234888
产品：涂布白纸板、箱纸板

东莞天龙纸业有限公司
广东省东莞市麻涌镇新沙港工业区
邮编：523147
电话：0769－88234888
产品：文化用纸、白卡纸

东莞双洲纸业有限公司
广东省东莞市中堂镇吴家涌第二工业区
邮编：523227
电话：0769－88182618
产品：瓦楞原纸、挂面纸

东莞市潢涌银洲纸业有限公司
广东省东莞市中堂镇潢涌第三工业区
邮编：523221
电话：0769－88899113、88813393
传真：0769－88180293
网址：www. dgyzzy. com
邮箱：sales@dgyzzy. com
xsb@dgyzzy. com
产品：瓦楞原纸、箱纸板

东莞市建桦造纸有限公司
广东省东莞市中堂镇潢涌村
邮编：523221
电话：0769－88887988
传真：0769－88898303
产品：牛皮箱纸板、瓦楞原纸

东莞市华兴纸业实业有限公司
广东省东莞市万江区滘联工业区

邮编：523046
电话：0769－22180399
传真：0769－22180366
网址：www. huaxing-dg. com
邮箱：hxzy@ huaxing-dg. com
产品：卫生纸、挂面纸、妇幼用品、蜂窝纸板

东莞市宝力造纸厂
广东省东莞市洪梅镇梅沙工业大道
邮编：523160
电话：0769－88843278
产品：双灰纸板

东莞市石龙联兴实业有限公司
广东省东莞市石龙镇西湖区江南中路 98 号
邮编：523325
电话：0769－86110186、88496066、88496089
传真：0769－86114793、86110138
网址：www. landsing-paperpackaging. com
邮箱：sales@ landsing-paperpackaging. com
产品：纸袋纸、牛皮卡纸

东莞市祥兴纸业有限公司
广东省东莞市中堂镇袁家涌北潢公路
邮编：523223
电话：0769－88815238
传真：0769－88816788
产品：瓦楞原纸、箱纸板、挂面纸

东莞市道滘兴隆造纸厂
广东省东莞市道滘镇北丫工业区
邮编：523170
电话：0769－88835233、88381063
产品：瓦楞原纸

东莞市银丰纸业有限公司
广东省东莞市东城温塘砖窑工业区三横路 19 号
邮编：523120
电话：0769－22297441
传真：0769－22486787
产品：白纸板、双胶纸、铜版纸

东莞市中联造纸厂
广东省东莞市中堂镇
邮编：523220
电话：0769－88811027、88116573
传真：0769－88811705
产品：瓦楞原纸

东莞市金田纸业有限公司
广东省东莞市万江区大汾工业区
邮编：523047
电话：0769－22280688
传真：0769－22772255
网址：www. jintianpaper. com
邮箱：sales@ jintianpaper. com
产品：灰纸板

东莞市新富发纸业有限公司
广东省东莞市万江区流涌尾工业区
邮编：523051
电话：0769－22711928
产品：灰纸板

东莞市伟虹纸业有限公司
广东省东莞市望牛墩杜屋村工业区
邮编：523200
电话：0769－88558198
产品：生活用纸

东莞市白天鹅纸业有限公司
广东省东莞市万江区谷涌工业区
邮编：523047
电话：0769－22172128
网址：www. dgbte. com
产品：生活用纸

东莞市上隆纸业有限公司
广东省东莞市中堂镇潢涌管理区
邮编：523221
电话：0769－88112119、88180073
传真：0769－88186968
网址：www. shanglongpaper. com
邮箱：shanglongpaper@ 126. com
zeng_ chunming@ 126. com
产品：瓦楞原纸、箱纸板

东莞市常兴纸业有限公司
广东省东莞市石牌镇横山管理区钟屋工业区
邮编：523330
电话：0769－86559888、86559008
传真：0769－86559933
网址：www. changxinggd. com
www. changxingpaper. com. cn
邮箱：helena0628@ yahoo. com. cn
helena0628@ changxinggd. com
产品：纸尿裤

东莞顺裕纸业有限公司
广东省东莞市望牛墩镇朱平沙港口工业园
邮编：523213
电话：0769－88557988
产品：箱纸板

东莞市恩兴纸业有限公司
广东省东莞市万江油九工业区
邮编：523039
电话：0769－22288043
传真：0769－22288043
产品：生活用纸

东莞市泰昌纸业有限公司
广东省东莞市望牛墩镇下漕区
邮编：523219
电话：0769－88852607
产品：牛卡纸

东莞市达林纸业有限公司
广东省东莞市中堂镇槎滘村新沙
邮编：523231
电话：0769－88887388、88881788
传真：0769－88121882
网址：www. dalinpaper. com
邮箱：dalinpaper@ gmail. com
产品：生活用纸

东莞市致远纸业有限公司
广东省东莞市万江区简沙洲虾公坝工业区连新路
邮编：523000
电话：0769－26381080
传真：0769－23291008
网址：www. zhiyuanpaper. com
邮箱：zhiyuan_88@ 126. com
产品：纸板

东莞市天山纸业有限公司
广东省东莞市大朗镇犀牛陂工业区
邮编：523790
电话：0769－83120598
传真：0769－83120599
网址：www. tianshanpaper. com
邮箱：tianshanpaper. com
产品：双灰纸、黑卡纸、彩色拷贝纸、包装礼盒纸

中山市

永丰余纸业(中山)有限公司
广东省中山市火炬开发区
邮编：528436
电话：0760－85335366
传真：0760－85335575
产品：瓦楞纸板、纸箱

中顺洁柔纸业股份有限公司
广东省中山市西区彩虹大道 136 号
邮编：528411
电话：0760－88553333
传真：0760－88553006、23886886
网址：www. zhongshungroup. com
产品：生活用纸

中山联合鸿兴造纸有限公司
广东省中山市 105 国道中山三桥西侧
邮编：528471
电话：0760－87796524、87395633
传真：0760－87796222
网址：www. zsrghh. com
邮箱：pmco@ zsrghh. com
sales@ zsrghh. com
产品：瓦楞原纸、箱纸板

中山永发纸业有限公司
广东省中山市黄圃镇新明南路 173 号
邮编：528429
电话：0760－23220773
产品：瓦楞原纸

揭阳市

广东揭阳洁新纸业股份有限公司
广东省揭阳市揭东县新亨开发区
邮编：515500
电话：0663－3434888
传真：0663－3434999
产品：生活用纸

揭阳市信达纸业有限公司
广东省揭阳市榕城区渔湖阳美村
邮编：528445
电话：0663－8771738、8782928
传真：0663－8772738、8782283

网址：www. xinda-paper. com
邮箱：xinda@ xinda-paper. com
产品：生活用纸

云浮市

中顺洁柔(云浮)纸业有限公司
广东省云浮罗定市双东街道
邮编：527200
电话：0766－3903888
传真：0766－3902966
产品：生活用纸

云浮市新兴县龙腾纸业有限公司
广东省云浮市新兴县新城镇雨洞工业园
邮编：527300
电话：0766－2911161
产品：生活用纸

新兴县林丰造纸有限公司
广东省云浮市新兴县河头镇雅古郎公路边
邮编：527435
电话：0766－2221089
产品：白纸板、牛皮卡纸、灰纸板

新兴县兴民造纸厂有限公司
广东省云浮市新兴县车岗工业区
邮编：527425
电话：0766－2386998、2388828
传真：0766－2388888
网址：www. xxxmpaper. com
邮箱：bangwei_li@ 126. com
产品：珠光纸、卡纸等特种纸

新兴县天堂纸业有限公司
广东省云浮市新兴县天堂镇大湾电站侧
邮编：527434
电话：0766－2221737
产品：灰纸板、牛皮卡纸

广西壮族自治区

南宁市

广西华美纸业集团有限公司
广西壮族自治区南宁市民族大道 157 号财富国际广场 2 号楼 17 层
邮编：530028
电话：0771－5775518
传真：0771－5776100
网址：www. hmpaper. cn
邮箱：hm@ hmpaper. cn
产品：生活用纸原纸、卷筒纸、盒抽纸、手帕纸

广西华劲集团股份有限公司
广西壮族自治区南宁市民族大道 131 号航洋国际城 1 号楼 22 层
邮编：530028
电话：0771－5568819－5112
传真：0771－5535766
网址：www. hwagain. com
邮箱：hwagain@ hwagain. com
产品：制浆、造纸、制糖、竹木产业

广西南宁凤凰纸业有限公司
广西壮族自治区南宁市星光大道158 号
邮编：530031
电话：0771－4590299、4590261、4590265
传真：0771－4516683、4590268
网址：www. nppc. cn
邮箱：master@ phoenix-paper. com
产品：生活用纸、漂白木浆

广西南宁糖业股份有限公司
广西壮族自治区南宁市古城路10 好
邮编：530022
电话：0771－4911323
传真：0771－4912771
网址：www. nnsugar. com
邮箱：nnty@ nnsugar. com
产品：复印纸、书写纸、食品包装用原纸、生活用纸、无尘纸

广西洁宝纸业有限公司
广西壮族自治区南宁市金湖路 67 号梦之岛广场 15 楼
邮编：530022
电话：0771－5739686
传真：0771－5739688
网址：www. jeanper. com
产品：生活用纸

横县冠桂糖业有限公司纸业分公司
广西壮族自治区南宁市横县横州镇谢圩
邮编：530304
电话：0771－7382533
传真：0771－7382533

产品：漂白蔗渣浆

广西南宁恒业纸业有限责任公司
广西壮族自治区南宁市江南区沙井定津路杜屋二巷16号
邮编：530031
电话：0771－4862003
传真：0771－4862006
产品：生活用纸

广西横县六景北墨造纸厂
广西壮族自治区南宁市六景工业园区
邮编：530313
电话：0771－7265998、7372132
传真：0771－7265998、7372132
产品：五色有光纸、高档卫生纸

广西横县江南纸业有限公司
广西壮族自治区南宁市六景工业园景港路
邮编：530313
电话：0771－7371808
传真：0771－7371908
网址：www. gxjnzy. com
邮箱：jn-lwj@263. net
产品：A级原生浆擦手原纸、B级仿木浆擦手原纸

南宁市鑫利纸业有限公司
广西壮族自治区南宁市宾阳县新桥镇工业开发区（宾邕公路旁）
邮编：530001
电话：0771－8482137
传真：0771－8482137
网址：www. gxxlzy. com. cn
邮箱：xl-hx@263. net
产品：生活用纸

柳州市

柳州中迪纸业有限公司
广西壮族自治区柳州市鱼峰区雒容工业园西区富容路13号
邮编：545616
电话：0772－6510368、6668628、13807724821
传真：0772－6510013
产品：卫生纸（以蔗渣浆、竹浆为原料）

柳州市丰源纸业有限责任公司
广西壮族自治区柳州市柳东新区雒容镇象岩南路31号
邮编：545616
电话：0772－6511372
传真：0772－6510311
产品：卫生纸

柳州两面针纸业有限公司
广西壮族自治区柳州市柳东新区洛埠镇
邮编：545011
电话：0772－2068368/369
传真：0772－2750177
网址：www. lmzzy. com. cn
邮箱：lmz0772@163. com
产品：漂白化学竹浆、生活用纸

桂林市

广西林业荔浦纸业有限公司
广西壮族自治区荔浦县荔城镇玉雷湾
邮编：546600
电话：0773－7233377、7233098、7233398、13878386308
传真：0773－7233397、7233464
产品：工业包装纸、牛卡纸、黑卡纸、牛皮纸

桂林奇峰纸业有限公司
广西壮族自治区桂林市苏桥经济开发区苏桥（工业）园南北大道12号
邮编：541805
电话：0773－6935399
传真：0773－6935326
网址：www. guilinpaper. com
邮箱：694968243@qq. com
产品：高档特种薄型纸

防城港市

广西防城港宏源浆纸有限公司
广西壮族自治区防城港市防城区茅岭工业园
邮编：538021
电话：0770－3092918、18277024325
传真：0770－3092918
产品：漂白浆、文化用纸

钦州市

广西金桂浆纸业有限公司
广西壮族自治区钦州市钦州港金光工业园
邮编：535008
电话：0777－3698042、3221583、3698888
传真：0777－3696666、3221639

网址：www. appjg. com. cn
产品：半化学机械浆、食品包装纸及纸板

贵港市

广西贵港市安丽纸业有限公司
广西壮族自治区贵港市南梧公路覃塘收费站往东 1.5 千米
邮编：450804
电话：0775－4869589、4569125
传真：0775－4562672
产品：生活用纸、卫生纸

广西华怡纸业有限公司
广西壮族自治区贵港市江南工业园区
邮编：537100
电话：0775－4555653
传真：0775－4592299
产品：生活用纸、卫生纸、分盘纸、纸浆

广西贵糖(集团)股份有限公司
广西壮族自治区贵港市幸福路 100 号
邮编：537102
电话：0775－4201833
传真：0775－4260088
网址：www. guitang. com
邮箱：guitangjszx@ sina. com
产品：文化用纸、生活用纸

百色市

广西劲达兴纸业有限公司
广西壮族自治区田林县新昌片 2 号
邮编：533300
电话：0776－7201170
产品：文化用纸、淋膜原纸、牛皮纸、离型纸、食品包装纸

广西田东县金荣纸业有限公司
广西壮族自治区田东县思林镇工业集中区
邮编：531504
电话：0776－5151808
传真：0776－5151808
网址：www. jinrongpaper. com
产品：高强瓦楞原纸、卫生纸、竹浆、蔗渣浆、卫生卷纸、抽纸、餐巾纸、面巾纸、手帕纸、纸筒芯等

广西田阳南华纸业有限公司
广西壮族自治区田阳县田州镇民乐街 106 号
邮编：533600
电话：0776－3236366
产品：化学浆、文化用纸

贺州市

广西贺州市红星纸业有限公司
广西壮族自治区贺州市平桂管理区西湾工业园
邮编：542800
电话：0774－8832889
传真：0774－8833018
产品：拷贝纸、打字纸、票证纸、环保纸、卷烟纸、食品包装纸、半透明纸、字典纸、各种规格卷筒/平板纸

来宾市

广西来宾东糖纸业有限公司
广西壮族自治区来宾市河西工业园区
邮编：546100
电话：0772－4066666
传真：0772－4066622
网址：www. donta. com. cn
产品：漂白蔗渣浆、竹木浆、胶版纸、静电复印纸、淋膜纸、卫生纸

广西象州莲桂纸业有限公司
广西壮族自治区来宾市象州县石龙镇石象路 88 号
邮编：545800
电话：0772－4394988
传真：0772－4394989
网址：www. lgpi. com. cn
邮箱：lgpaper@ 163. com
产品：生活用纸

海　南　省

海口市

海南金海浆纸业有限公司
海南省洋浦经济开发区 D12 区
邮编：578101
电话：0898－28822288
传真：0898－28821260
网址：www. appjh. com. cn
产品：漂白硫酸盐桉木浆、文化用纸

海南金红叶纸业有限公司
海南省洋浦经济开发区 D12 区
邮编：578101
电话：0898－28822288
传真：0898－28828705
网址：www. apphghy. com. cn
产品：生活用纸

重 庆 市

玖龙纸业(重庆)有限公司
重庆市江津区珞璜工业园 A 区
邮编：402279
电话：023－65558888
传真：023－65558999
网址：www. ndpaper. com
邮箱：info_ cq@ ndpaper. com
产品：包装纸

重庆飞龙纸业有限公司
重庆市铜梁县蒲莒镇穆莲街 7 号
邮编：402566
电话：023－45488342
产品：皱纹卫生纸

重庆高峰造纸厂
重庆市垫江县高峰镇
邮编：408328
电话：023－74566988
产品：瓦楞原纸

重庆市超科纸业有限公司
重庆市万州区双河口工业园
邮编：404155
电话：023－58830138
产品：无碳复写纸、彩喷纸、复印纸

重庆市恒丰纸业有限公司
重庆市梁平县屏锦镇明月路 540 号
邮编：405212
电话：023－53512217
产品：文化用纸、瓦楞原纸、黄纸板、箱纸板、竹浆牛皮纸、黄裱纸

重庆龙璋纸业有限公司龙泉分公司
重庆市铜梁县虎峰镇工农街 27 号
邮编：402568
电话：023－45589806
产品：竹浆、文化用纸

重庆市潼南简氏纸业包装有限责任公司
重庆市潼南县双江镇金龙寺
邮编：402675
电话：023－44860588、44863306
传真：023－44860018
网址：www. jians. com
产品：箱纸板、彩印纸、纸箱、高强瓦楞原纸

重庆江津造纸厂
重庆市江津区夏坝镇
邮编：402268
电话：023－47681124
产品：生活用纸、油毡原纸、瓦楞原纸

重庆梁平县邵新纸业有限公司
重庆市梁平县袁驿镇邵新村
邮编：405218
电话：023－53635377
产品：瓦楞原纸

重庆盛贸纸业有限公司
重庆市铜梁县安居镇工业园区
邮编：402564
电话：023－45859158
传真：023－45859198
产品：皱纹卫生纸

重庆市富发纸业有限责任公司
重庆市潼南县双江镇金龙寺
邮编：402675
电话：023－44860388
产品：瓦楞原纸、单面白纸板、箱纸板

重庆理文造纸有限公司
重庆市永川区朱沱镇港桥工业园区
邮编：402191
电话：023－49603333－8112/8107
产品：箱纸板

重庆永川市达江纸业有限公司
重庆市永川区海通大道 69 号－1－10
邮编：402160
电话：023－49827888
传真：023－49806788
产品：生活用纸

重庆永川市渝西纸板厂
重庆市永川区红炉镇(兰天化工有限公司内)
邮编：402194
电话：023－49331215
传真：023－49331215
产品：瓦楞原纸、高强度瓦楞原纸

重庆市开县富余再生造纸厂
重庆市开县铁桥镇双桥街
邮编：405409
电话：023－52172118
产品：有光纸、包装用纸

重庆兴康纸业有限公司
重庆市巴南区金竹工业园 8 号
邮编：401320
电话：023－66219878、66230451
传真：023－66230451
网址：www. sckdl. com
产品：瓦楞原纸、纸箱

重庆市伟杰纸业有限责任公司
重庆市潼南县双江镇金龙寺
邮编：402675
电话：023－44860888
产品：瓦楞原纸、箱纸板

重庆金禾纸业制品有限公司
重庆市铜梁县华兴镇
邮编：402572
电话：023－45393098
产品：瓦楞原纸、箱纸板

重庆龙璟纸业有限公司
重庆市丰都县水天坪工业园区
邮编：408200
电话：023－67565272
邮箱：longjingxmx@126. com
产品：生活用纸、复印纸

重庆理文卫生用纸制造有限公司
重庆市永川区朱沱镇四望山村
邮编：402191
电话：023－49603333
网址：www. leemanpaper. com
邮箱：unitc. 6if@convoy. 169electricroad
产品：高档生活用纸

四　川　省

成都市

成都郫县唐昌纸厂
四川省成都市郫县唐昌镇外北街
邮编：611733
电话：028－87869151
传真：028－87869151
产品：生活用纸

中冶崃山纸业有限公司
四川省邛崃市羊安镇工业区
邮编：611530
电话：028－88791961
传真：028－88791961
产品：漂白竹浆板

中顺洁柔(四川)纸业有限公司
四川省彭州市牡丹大道中段 80 号
邮编：611930
电话：028－83806688
产品：生活用纸

成都天天纸业有限公司
四川省彭州市工业开发区
邮编：611930
电话：028－83806888、83806688
传真：028－83806666
产品：生活用纸

成都印钞有限公司
四川省成都市温江区新建路 60 号
邮编：611130
电话：028－82723590－2078、82755999
传真：028－82755168
网址：www. cdyc. cbpm. cn
产品：钞票纸、防伪水印纸、证券纸

四川锦丰纸业股份有限公司
四川省成都市温江区成都海峡两岸科技产业开发园
邮编：611137
电话：028－82630751
传真：028－82630174
邮箱：zxyemail@263. net
产品：卷烟纸、卷烟工业配套纸

成都宏图纸业有限公司
四川省成都市双流县蛟龙工业港滨江大道三段
邮编：610200
电话：028－85737134
传真：028－85737144
产品：复合双灰纸板、灰底白纸板

四川新津晨龙纸业有限公司
四川省成都市新津工业园区
邮编：611430
电话：028－82591878
网址：www. xjclzy. com
邮箱：scxjclzy@163. com
产品：箱纸板、瓦楞原纸

四川迅源纸业有限公司
四川省大邑县晋原镇工业集中发展区兴业大道南段兴业七路
邮编：611330
电话：028－69268361
网址：www. f-sourcepaper. com
产品：瓦楞原纸、纸箱

成都纤姿纸业有限公司
四川省成都市郫县团结镇团三路 666 号
邮编：611745
电话：028－87896011
传真：028－87896041
产品：生活用纸

四川福华竹浆纸业有限公司
四川省成都市温江区海峡两岸科技开发园柳台大道西段 515 号
邮编：611137
电话：028－61711558
传真：028－61711558
邮箱：471181563@qq. com
产品：机制纸

自贡市

富顺县安溪纸业有限公司
四川省自贡市富顺县安溪镇
邮编：643219
电话：0813－7480335
产品：纸板

泸州市

四川银鸽竹浆纸业有限公司
四川省泸州市纳溪区渠坝乡
邮编：646300
电话：0830－4390666、4390160
传真：0830－4390777
产品：牛皮纸、胶版纸、打字纸、书写纸、信封专用纸

德阳市

四川纵横纸业有限公司
四川省德阳市八角井镇
邮编：618003
电话：0838－2600016、2600913
传真：0838－2600911
产品：黄纸板、茶纸板

四川华侨凤凰纸业有限公司
四川省广汉市向阳镇顺江南路 8 号
邮编：618308
电话：0838－6098090
传真：0838－6098001
网址：www. hqfhzy. com
邮箱：602049713@qq. com
产品：涂布白纸板、金银卡纸、工业纸板

四川友邦纸业有限公司
四川省广汉市经济开发区（南区）友邦工业园
邮编：618300
电话：0838－5400028
传真：0838－5400158
网址：www. eupon. com
邮箱：sale@eupon. com
产品：卫生用品、生活用纸、母婴用品

绵阳市

三台三角生活用纸制造有限公司
四川省绵阳市三台县潼川镇南河路 48 号
邮编：621100
电话：0816－5229928
传真：0816－5221277
产品：生活用纸

乐山市

乐山佳印纸业有限责任公司
四川省乐山市长清路 1458 号
邮编：614000
电话：0833 - 2497332
传真：0833 - 2497329
产品：无碳纸、票据印刷纸、打印纸

四川省夹江万安纸业有限责任公司
四川省乐山市夹江县甘江镇
邮编：614102
电话：0833 - 5771666
传真：0833 - 5772366
产品：中高档生活用纸

玖龙浆纸(乐山)有限公司
四川省乐山市犍为县清溪镇工业园区
邮编：614005
电话：0833 - 2299999
传真：0833 - 2299666
网址：www. ndpaper. com
邮箱：lsping64@ 163. com
产品：电容器纸、绝缘纸板、瓦楞原纸

四川省犍为凤生纸业有限责任公司
四川省乐山市犍为县城北凤凰山
邮编：614400
电话：0833 - 4251386、4251716
传真：0833 - 4254579
网址：www. fengshenggroup. com
邮箱：fszy666@ hotmail. com
产品：白色及彩色打字纸

四川永丰纸业股份有限公司
四川省乐山市沐川县永福镇
邮编：614500
电话：0833 - 4651066
传真：0833 - 4651066
网址：www. yfzy. com
产品：打字纸、双面胶版印刷纸、静电复印原纸、静电复印纸

四川省金福纸品有限责任公司
四川省乐山市沙湾区福禄镇
邮编：614000
电话：0833 - 3560358
传真：0833 - 3560358
邮箱：fhzb2008@ 126. com
产品：静电复印纸、有光纸、打字纸、双胶纸、书写纸

乐山三江特种纤维材料有限公司
四川省乐山市市中区苏稽镇新联村
邮编：614000
电话：0833 - 2558888
传真：0833 - 2558800
网址：www. 63tx. cn
邮箱：lssjtx@ 163. com
产品：导电发热纸、纸质超滤材料、无纺壁纸原纸、耐磨纸、电容器纸、电缆纸

宜宾市

宜宾市屏山龙华造纸厂
四川省宜宾市屏山县龙华镇
邮编：645354
电话：0831 - 5760278、5760858
产品：竹浆牛皮纸、包装纸

广安市

广安市拓世纸业有限公司
安琪日用品有限公司
四川省广安市观塘镇三台梨子滩
邮编：638016
电话：0826 - 2731093
传真：0826 - 2731093
产品：生活用纸

雅安市

金安浆业有限公司
四川省雅安市雨城区姚桥镇爱国路 2 号
邮编：625000
电话：0835 - 2850858、2850801
传真：0835 - 2850801、2850092
网址：www. appjap. com. cn
产品：漂白硫酸盐竹浆、胶版印刷纸

眉山市

四川绿果林农业特种纸业有限公司
四川省眉山市东坡区尚义镇熊公村六组
邮编：620000

电话：13890350222
邮箱：852813290@ qq. com
产品：农业用特种纸

巴中市

平昌县再生纸业有限责任公司
四川省巴中市平昌县江口镇小桥街东段 60 号
邮编：635400
电话：0827 - 6297055
产品：文化用纸、纸板

贵 州 省

贵阳市

贵阳金康包装有限公司
贵州省贵阳市乌当区金伍路 123 号
邮编：550008
电话：0851 - 84841603
产品：高强瓦楞纸板、纸箱

遵义市

贵州赤天化纸业股份有限公司
贵州省赤水市金华理泰路 1 号
邮编：564707
电话：0852 - 2879721、2879800、2879570
传真：0852 - 2879729、2876048
网址：www. cthzhiye. cn
产品：全竹浆 TCF 浆板、全竹浆轻 ECF 浆板、本色浆

黔南布依族苗族自治州

贵州省都匀顺发纸业有限责任公司
贵州省黔南布依族自治区都匀市黔南环东北路 8 号
邮编：558013
电话：0854 - 8224598
产品：纸及纸制品

云 南 省

昆明市

云南宜良红星兄弟纸业有限公司
云南省昆明市宜良县汇东桥南侧小渡口段
邮编：652100
电话：0871 - 67541679
传真：0871 - 67541689
产品：箱纸板、瓦楞原纸

昆明爱华卫生制品有限责任公司
云南省昆明市二环西路 449 号
邮编：650101
电话：0871 - 68310051
传真：0871 - 68320196
产品：生活用纸、卷纸、餐巾纸、面巾纸、盒抽纸、纸杯纸

云南科海电子有限公司
云南省昆明市人民中路 216 号丰园大厦 20 层
邮编：650051
电话：0871 - 63385999
传真：0871 - 63312778
网址：www. sciencesea. com. cn
邮箱：khgs@ sciencesea. com. cn
产品：打印纸、复印纸

曲靖市

云南陆良银河纸业有限公司
云南省曲靖市陆良县西桥工业区
邮编：655600
电话：0874 - 6869046
传真：0874 - 6869091
产品：胶印书刊纸、铝箔衬纸、水松原纸、成型纸

玉溪市

玉溪市高仓造纸厂有限公司
云南省玉溪市高仓镇
邮编：653100
电话：0877 - 2076532
产品：白纸板、灰底白纸板

玉溪市水松纸厂
云南省玉溪市大营街工业区
邮编：653103
电话：0877 - 2771902、2771667
传真：0877 - 2771528
产品：凹印水松纸

云南江川翠峰纸业有限公司
云南省玉溪市江川县江城镇翠峰
邮编：652601

电话：0877 – 8095268
传真：0877 – 8095268
产品：生活用纸

云南新平南恩糖纸有限责任公司
云南省玉溪市新平彝族傣族自治县夏洒镇
邮编：653405
电话：0877 – 7391061、13988490777
传真：0877 – 7391061
产品：卫生纸

云南通海汉光纸业有限公司
云南省玉溪市通海县礼乐西路 154 号
邮编：652700
电话：0877 – 3805792
传真：0877 – 3805592
产品：卫生纸

云南江川恒昌造纸有限公司
云南省玉溪市江川县大街镇朱家庄村
邮编：652600
电话：0877 – 8016181
传真：0877 – 8016181
产品：箱纸板、瓦楞原纸

玉溪华宁昊兴纸业有限公司
云南省玉溪市华宁县宁州镇环城东路白塔山脚
邮编：653899
电话：0877 – 5019866
产品：铝箔衬纸、水松原纸、滤嘴棒成型纸、文化用纸

保山市

云南昌宁建新纸业有限公司
云南省保山市昌宁县漭水镇共裕村
邮编：678100
电话：0875 – 7810566
传真：0875 – 7810561
产品：书写纸、双胶纸

普洱市

云南云景林纸股份有限公司
云南省普洱市景谷傣族彝族自治县林纸路 300 号
邮编：666400
电话：0879 – 5410198、5410634、5410228
传真：0879 – 5410193、5410223
网址：www. yjlzh. com
产品：针叶木浆、桉木浆、混合阔叶木浆、生活用纸

临沧市

云南双江南华化学纤维浆粕有限公司
云南省临沧市双江拉祜族佤族布朗族傣族自治县勐省镇
邮编：677300
电话：0883 – 7641916、7641888、7641578
传真：0883 – 7641569
产品：溶解竹浆板

临沧南华纸业有限公司
云南省临沧市耿马傣族佤族自治县四排山乡石佛洞村委会
邮编：677500
电话：0883 – 6120555
传真：0883 – 6120559
产品：漂白蔗渣浆、双胶纸、书写纸

红河哈尼族彝族自治州

开远泸江纸业有限责任公司
云南省开远市乐百道
邮编：661600
电话：0873 – 7223348
产品：卫生纸、瓦楞原纸、箱纸板

开远市明威有限公司
云南省开远市中寨
邮编：661600
电话：0873 – 7171169、7171158、7171218
产品：双胶纸、书写纸、打字纸

云南红塔蓝鹰纸业有限公司
云南省红河哈尼族彝族自治州建水县
邮编：654300
电话：0873 – 7652341
传真：0873 – 7652061
网址：www. ynhtbe. com
邮箱：blue_ eagle@ ynhtbe. com
产品：卷烟纸、水松纸、滤嘴成型纸

建水春秋纸业有限公司
云南省红河哈尼族彝族自治州建水县羊街工业园区
邮编：661400

电话：13769327865
产品：包装纸板

陕 西 省

西安市

西安兄弟纸业有限公司
陕西省西安市长安区镐京工业园区
邮编：710100
电话：029－85800003
传真：029－85800003
产品：A 级、C 级高强瓦楞原纸

西安市蔡伦造纸厂
陕西省西安市三桥镇北西宝高速公路口北
邮编：710086
电话：029－84517518、84518071
传真：029－84519897
产品：高强瓦楞原纸、箱纸板、白纸板、茶纸板、牛皮纸、牛皮挂面纸

陕西中港铜版纸有限公司
陕西省西安市灞桥镇东街 15 号
邮编：710024
电话：029－83610216
传真：029－83610216
产品：铜版纸

西安市惠强纸业有限公司
陕西省西安市长安区镐京工业园区
邮编：710100
电话：029－85903888
传真：029－85903666
产品：白纸板

西安秦悦纸业有限公司
陕西省西安市西户路中段
邮编：710116
电话：029－85900789
传真：029－85800110
产品：生活用纸

宝鸡市

陕西兴翔纸业有限责任公司
陕西省宝鸡市凤翔县城东
邮编：721400
电话：0917－7251114
传真：0917－7251173
产品：高强瓦楞原纸、箱纸板

陕西圣龙纸业有限责任公司
陕西省宝鸡市岐山县蔡家坡经济技术开发区西宝路龚刘工业园区
邮编：722405
电话：0917－8580189、8580821
传真：0917－8580884
产品：牛皮箱纸板、瓦楞原纸、牛皮纸、淋膜纸、水果套袋纸、彩色封面纸、纱管纸、高强瓦楞原纸

陕西法门寺纸业有限责任公司
陕西省宝鸡市扶风县城东坡路 3 号
邮编：722207
电话：0917－5211493、5211148
产品：印刷纸、书写纸、有光纸、卫生纸

岐山县圣龙箱板纸有限责任公司
陕西省宝鸡市岐山县蔡家坡经济技术开发区西宝路龚刘工业园区
邮编：722405
电话：0917－8580095
传真：0917－8580828
产品：箱纸板

眉县恒发纸业有限公司
陕西省宝鸡市眉县火车站道南 6 号
邮编：722301
电话：0917－5666369
产品：有光纸、卫生纸

岐山县全兴纸业包装有限公司
陕西省宝鸡市岐山县蔡家坡另胡村
邮编：722405
电话：0917－8582968
产品：有光纸、卫生纸

宝鸡科达特种纸业有限责任公司
陕西省宝鸡市岐山县蔡家坡经济技术开发区西三路 005 号
邮编：722405
电话：0917－8565320
传真：0917－8565320
网址：www. baojikeda. com
邮箱：keda0816@ 126. com
keda0917@ 163. com

产品：引线纸、扎钞纸、热压垫纸板、覆铜纸板、胶带原纸、高透纸

宝鸡市建忠五一纸业有限公司
陕西省宝鸡市陈仓区潘溪镇杨家店
邮编：721306
电话：0917－6751077
传真：0917－6751099
产品：各色半透明纸、拷贝纸、防油纸、捆纱纸、水果套袋纸

咸阳市

陕西兴包企业集团有限责任公司
陕西省咸阳市兴平市丰仪工业园
邮编：713100
电话：029－38266112
传真：029－38266112
网址：www. sxxingbao. com
邮箱：xsb@ sxxingbao. com
产品：生活用纸

咸阳华西纸业有限公司
陕西省咸阳市秦都区沣东镇南关
邮编：712044
电话：029－33818655
传真：029－33816516
产品：A 级高强瓦楞原纸、C 级茶纸板

渭南市

陕西大荔安盛纸业有限责任公司
陕西省渭南市大荔县许庄镇
邮编：715105
电话：0913－3649292
传真：0913－3649525
产品：高强瓦楞原纸

蒲城县永丰利亚造纸有限责任公司
陕西省渭南市蒲城县永丰镇大浴河北段
邮编：715502
电话：0913－7715138
传真：0913－7715138
产品：高强瓦楞原纸

合阳县康洁纸业有限责任公司
陕西省渭南市合阳县王村镇管家河村
邮编：715307
电话：0913－6712190
传真：0913－6712190
产品：卫生纸

安康市

安康恒丰纸业包装有限公司
陕西省安康市汉滨区恒口镇工业区
邮编：725021
电话：0915－3619898
传真：0915－3619898
产品：纱管纸、瓦楞原纸、花炮纸

安康市汉滨区永林再生纸有限公司
陕西省安康市汉滨区五里镇五茨路口
邮编：725018
电话：0915－3911236
传真：0915－3911236
产品：纱管纸、茶纸板

商洛市

洛南县洛神纸业有限公司
陕西省商洛市洛南县城东郊 158 号
邮编：726100
电话：0914－7381801
产品：茶纸板

甘　肃　省

兰州市

甘肃省甘草水泥集团兰州造纸厂
甘肃省兰州市东岗镇雁儿湾
邮编：730020
电话：0931－8491189
产品：瓦楞箱纸板、涂布纸板

天水市

天水东方纸业有限公司
甘肃省天水市麦积区渭南镇南河川缑家庄 168 号
邮编：741027
电话：0938－2821318
传真：0938－2821318
产品：箱纸板、高强瓦楞原纸

平凉市

平凉市宝马纸业有限公司
甘肃省平凉市四十里铺镇
邮编：744024
电话：0933－8410019
传真：0933－8410019
产品：卫生纸

平凉市峡门造纸厂
甘肃省平凉市峡门乡白坡村
邮编：744022
电话：0933－8570035
传真：0933－8570035
产品：卫生纸

青 海 省

西宁市

青海省造纸厂
青海省西宁市傅家寨 1 号
邮编：810015
电话：0971－8238142
产品：瓦楞原纸、凸版印刷纸

宁夏回族自治区

银川市

宁夏金丰源实业有限责任公司
宁夏回族自治区银川市永宁县红星桥北侧
邮编：750100
电话：0951－8018555
传真：0951－8011578
产品：面巾纸、卫生纸

宁夏紫荆花纸业有限公司
宁夏回族自治区银川市永宁县红星桥南
邮编：750100
电话：0951－8014871、8011888、8017666
传真：0951－8014871、8013808
网址：www. zijinhua. com. cn
产品：面巾纸、餐巾纸、卫生纸

宁夏美洁纸业股份有限公司
宁夏回族自治区银川市贺兰县东街 90 号
邮编：750200
电话：0951－8061280
传真：0951－8061553
产品：中高档面巾纸、餐巾纸、卫生纸

石嘴山市

宁夏伊斯兰地质造纸厂
宁夏回族自治区石嘴山市平罗县太西镇
邮编：753401
电话：0952－6681178、6691758
传真：0952－6681178
产品：高强瓦楞原纸

吴忠市

宁夏昊盛纸业有限公司
宁夏回族自治区吴忠市侯家湾
邮编：751102
电话：0953－2661111、2661726、2662188
传真：0953－2661726
产品：书写纸、印刷纸、生活用纸

中卫市

中冶美利云产业投资股份有限公司
宁夏回族自治区中卫市柔远地区
邮编：755000
电话：0955－7679218、7679430
传真：0955－7679216
网址：www. china-meili. com
产品：书写纸、印刷文化用纸、工业包装用纸

新疆维吾尔自治区

乌鲁木齐市

新疆沙驼股份有限公司
新疆维吾尔自治区乌鲁木齐市米东区稻香北路 204 号
邮编：831400
电话：0991－3379121、3372762
产品：箱纸板、瓦楞原纸、瓦楞纸箱、彩印纸箱(盒)

昌吉回族自治州

新疆昌吉市江北再生纸业有限公司
新疆维吾尔自治区昌吉高新技术产业开发区经二路 8 号

邮编：831100
电话：0994－2260566、2260588、2260599
传真：0994－2260588
网址：www. china-jbzy. com
产品：箱纸板、瓦楞原纸

巴音郭楞蒙古自治州

新疆博湖苇业股份有限公司
新疆维吾尔自治区库尔勒市新城区楼兰路
邮编：841001
电话：0996－2159728、2160000
传真：0996－2152533、2153164
网址：www. bohureed. com
邮箱：343174664@ qq. com
产品：漂白苇浆、胶版印刷纸、静电复印纸

石河子市

新疆天宏纸业股份有限公司
新疆维吾尔自治区石河子市西三路 17 号
邮编：832009
电话：0993－7526011、7526027
传真：0993－7526088
网址：www. xjth. cn
邮箱：th-jszx@ sohu. com
产品：卫生纸、静电复印纸

国内造纸机械及其他相关产业企业名录

Directory of Domestic Papermaking Machinery Companies and Other Related Companies

北京市	(651)	江西省	(685)
天津市	(654)	山东省	(685)
河北省	(656)	河南省	(698)
山西省	(658)	湖北省	(701)
内蒙古自治区	(658)	湖南省	(703)
辽宁省	(658)	广东省	(704)
吉林省	(659)	广西壮族自治区	(709)
黑龙江省	(660)	重庆市	(710)
上海市	(660)	四川省	(710)
江苏省	(668)	贵州省	(712)
浙江省	(677)	云南省	(712)
安徽省	(682)	陕西省	(712)
福建省	(682)	甘肃省	(714)

北 京 市

ABB(中国)有限公司
ABB 制浆造纸部
北京市朝阳区酒仙桥路 10 号恒通广厦 B7－3
邮编：100015
电话：010－84566688
传真：010－84567626
网址：www. abb. com. cn
产品：电力、自动化技术

维美德造纸机械技术(中国)有限公司北京分公司
北京市朝阳区东三环北路 19 号中青大厦 601
邮编：100022
电话：010－65666600
传真：010－65662567
网址：www. valmet. com
产品：造纸机械

奥地利安德里茨股份有限公司北京代表处
北京市朝阳区光华路 7 号汉威大厦西区 18 层
邮编：100004
电话：010－85262720
传真：010－65006413、65006415
网址：www. andritz. com
产品：制浆造纸设备

霍尼韦尔(中国)有限公司北京办事处
北京市朝阳区霄云路 26 号鹏润大厦 B 区 17 层
邮编：100125
电话：010－64103000、64103300
传真：010－64103414、64103420
网址：www. honeywellps. com. cn
产品：自动化控制系统、传感器与控制元件

芬兰温德造纸湿部技术公司北京代表处
北京市朝阳区建国路 118 号招商局大厦 1829 室
邮编：100022
电话：010－59233822、59233823
传真：010－65662723
网址：www. wetend. com
邮箱：min. zhang@ wetend. com
产品："创捷"化学品混合添加技术及装备

舍弗勒贸易(上海)有限公司北京分公司
北京市朝阳区东三环北路甲 19 号嘉盛中心 2801 室
邮编：100020
电话：010－65123621、65150288
传真：010－65123433
网址：www. schaeffler. com
产品：工业轴承

NDC 红外技术公司
北京市海淀区西直门北大街 60 号首钢国际大厦 1810 室
邮编：100088
电话：010－59935830
传真：010－59935831
网址：www. ndcinfrared. com. cn
邮箱：ndcbj@ ndcinfrared. com. cn
产品：纸张水分定量检测及控制

瑞士 BMB 公司
北京市建国门内大街 18 号恒基中心 2 座 10 层
电话：010－85198688
传真：010－85198699
网址：www. bmbag. ch
　　　www. kroenert. de
邮箱：info@ bmbag. ch
产品：造纸机械

斯普瑞喷雾系统有限公司北京办事处
北京市朝阳区建国路 71 号惠通时代广场 B2－101 室
邮编：100025
电话：010－68562800、68561180
传真：010－68561036
网址：www. spray. com
邮箱：beijing@ spray. com. cn
产品：喷嘴

德国冯·诺顿西工程技术有限公司
北京市朝阳区北土城西路 7 号国恒基业大厦 A 座 1102 室
邮编：100029
电话：010－82275609
传真：010－82275350
网址：www. biolak. com. cn
产品：废水处理设备

美国凯登百利可乐生公司(KBC)
北京市朝阳区东三环北路中青大厦 1809 室
邮编：100020
电话：010－65813011
传真：010－65812268
产品：制浆造纸设备、废纸处理

中国造纸装备有限公司
北京市朝阳区启阳路 4 号中轻大厦 18 楼
邮编：100102
电话：010－64778200、64778300
传真：010－64778211
网址：www. cpmcchina. cn
邮箱：cpmcchina@ cpmcchina. cn
产品：中高档高速宽幅纸机、纸板机和卫纸机

北京恒捷科技有限公司
北京市立水桥北北方明珠大厦 1520－1522 号
邮编：102218
电话：010－58607441、58607442
传真：010－58607440
网址：www. hengjietech. com
邮箱：bjhj@ hengjietech. com
产品：轻重质除渣器及除渣器备品配件、废纸制浆生产线的工艺设计及设备配套、废水处理气浮设备、纤维回收弧形筛、流浆箱孔板的设计和制造、技术咨询以及安装调试等工程项目

北京春辉新吉造纸机械厂
北京市石景山区吴家村路京城新能源（原华电大楼）108 室
邮编：100040
电话：010－68650010、68657754
传真：010－68650010
网址：www. chunhuixinji. com
邮箱：bjchxjzzjx@ 163. com
产品：高浓盘磨机、热磨机、磨片

北京伟伯康科技发展有限公司
北京市海淀区曙光花园中路农林科学院畜牧研究所
邮编：100097
电话：010－51503883
传真：010－51503796
网址：www. webcon-tech. com
邮箱：sales@ webcon-tech. com
产品：DFE 张力控制器

北京协力旁普包装制品有限公司
北京市大兴区旧宫镇工业园区北西甲 1 号
邮编：100076
电话：010－87962699
传真：010－87962476
网址：www. xlpp. com
邮箱：xlpp@ public3. bta. net. cn
产品：纸浆模塑工业包装、餐具

北京高中压阀门有限责任公司
北京市东城区东直门外大街 40 号楼
邮编：100027
电话：010－69260852
传真：010－69258687
网址：www. bvc. cc
邮箱：zzy@ bvc. cc
产品：阀门

中国联合装备集团公司
北京市西城区西黄城根南街 33 号
邮编：100032
电话：010－66075588
传真：010－66052828
网址：www. cnue. com. cn
邮箱：cnue@ cnue. com. cn
产品：纸机、APMP 设备、纸机配件

中国轻工机械协会
北京市西城区西四东斜街 14 号
邮编：100032
电话：010－66039347、66031220
传真：010－66031224、66073257
网址：www. clima. org. cn
业务：行业标准制定、产品认证及科学成果鉴定

中国制浆造纸研究院
北京市朝阳区望京启阳路 4 号院中轻大厦
邮编：100102
电话：010－64778000
传真：010－64778001
网址：www. cnppri. com
邮箱：bgs@ cnppri. com
　　　kb@ cnppri. com
业务：造纸工业标准化、质量监督检验、信息服务等行业技术管理工作

国家林业局林产工业规划设计院
中国林业工程咨询公司
北京市东城区朝内大街 130 号
邮编：100010
电话：010－85128008
传真：010－85128008
网址：www. cfecc. com
业务：工程咨询、工程设计、工程监理、工程总承包

中国轻工建设工程有限公司
北京市丰台区洋桥北里甲 6 号

邮编：100077
电话：010－67247895
传真：010－67247882
网址：www. clcc. com. cn
邮箱：clcchyb@ 163. com
业务：工程咨询、监理、总承包

中国中轻国际工程有限公司
北京市朝阳区白家庄东里 42 号
邮编：100026
电话：010－65826121、65826125、65826118、65826358
传真：010－65823590
网址：www. bcel-cn. com
邮箱：cliec@ cliec. cn
业务：造纸工程咨询、设计、监理、项目管理、工程总承包

中冶京诚工程技术有限公司
北京市经济技术开发区建安街 7 号
邮编：100176
电话：010－67835128
传真：010－67835133
网址：www. ceri. com. cn
业务：造纸工程咨询、设计、监理、项目管理、工程总承包

中招国际招标有限公司
北京市海淀区皂君庙 14 号院 9 号楼
邮编：100081
电话：010－62108062
传真：010－62108218
网址：www. cntcitc. com. cn
业务：代理招标、政府采购

中国国际工程咨询公司
北京市海淀区车公庄西路 32 号中咨大厦
邮编：100048
电话：010－68733109
网址：www. ciecc. com. cn
邮箱：wangzhan@ ciecc. com. cn
业务：工程咨询

中国技术进出口总公司
北京市丰台区西三环中路 90 号通用技术大厦 16－22 层
邮编：100055
电话：010－63349206、63349195
传真：010－63373713
网址：www. cntic. com. cn
邮箱：cntic@ cntic. genertec. com. cn
业务：引进大型制浆和纸机成套设备、造纸设备制造技术

中国包装进出口总公司
北京市朝阳区东三环北路 3 号幸福大厦 B 座
邮编：100027
电话：010－64616359、64616369
传真：010－64616437
网址：www. chinapack. net
邮箱：biz@ chinapack. net
cpmail@ chinapack. net
业务：包装材料、机械进出口贸易

中国纸张纸浆进出口公司
北京市朝阳区劲松九区 910 号
邮编：100021
电话：010－67780346
传真：010－67747294
网址：www. chinalight. com. cn
邮箱：info@ cnppc. com
业务：纸浆、纸张、木材进出口贸易

颇尔过滤器(北京)有限公司
北京市经济开发区宏达南路 12 号
邮编：100176
电话：010－87225588
传真：010－67802329、67802328
网址：www. pall. com
邮箱：china_ ls@ ap. pall. com
产品：过滤器

中国国旅贸易有限公司
北京市朝阳区永安东里通用国际中心 A 座 19 层
邮编：100022
电话：010－58793322
传真：010－58793093
网址：www. cittc. com. cn
邮箱：cittc@ mx. cei. gov. cn
经营：SC、LWC、铜版纸、双胶纸、白卡纸、牛皮卡纸

美国纸源有限公司北京办事处
北京市海淀区花园东路 30 号 5204 室
邮编：100083
电话：010－62360817
传真：010－62365579
经营：不干胶纸、硅油纸、涂塑原纸、铜版纸

英特耐国际纸业贸易(上海)有限公司北京办事处
北京市朝阳区建国门外大街 19 号国际大厦 1905A 室
邮编：100004
电话：010 - 65271825
传真：010 - 65270603
产品：进口牛皮卡纸、白卡纸

北京浩宇星光纸业有限公司
北京市永定门外沙子口西革新里 120 号
邮编：100077
电话：010 - 87258232
传真：010 - 67248325
网址：www. haoyuxingguang. com
经营：办公、文化、制图系列用纸

北京文满原纸业有限责任公司
北京市永定门外沙子口革新南路 2 号
邮编：100077
电话：010 - 67229598、67224105
经营：厂家代理

北京汇森纸制品有限公司
北京市丰台区分钟寺倪庄二分公司院内
邮编：100078
电话：010 - 87692442
传真：010 - 87697826
经营：日本纪州纸、黑卡纸、彩狐色花纹纸、彩狐珠花纸、牛皮纸

北京市华伦纸业有限公司
北京市朝阳区王四营路百子湾火车站旁胜墅旅馆 118 号
邮编：100023
电话：010 - 67383602
传真：010 - 67379442
经营：胶版纸、书写纸、轻型纸及纸浆

北京兴普森商贸有限公司
北京市丰台区莱户营西街 235 号
邮编：100073
电话：010 - 63363371、13901224404
传真：010 - 63367723
网址：www. xingpusen. com
邮箱：lhy8166@ sina. com
经营：牛皮纸、白牛皮纸、黄牛皮纸

北京云中赢纸业有限公司
北京市大兴区瀛海镇笃庆堂村笃庆北路 4 号
邮编：100076
电话：010 - 69281750
传真：010 - 69281750
经营：铜版纸、灰纸板、书写纸

北京巨鑫华瑞工贸有限公司
北京市通州区马驹桥镇景盛南二街 15 号(北区四号厂房)
邮编：101102
电话：010 - 56370772/3/4/5
传真：010 - 56370779
产品：造纸用全不锈钢饰面辊(防伪水印辊)及网部脱水元件

北京高科物流仓储设备技术研究所有限公司
北京市海淀区长春桥路 5 号 10 - 906#
邮编：100089
电话：010 - 82561876
传真：010 - 82563983
网址：www. gaoko. com
产品：自动化立体仓库物流仓储设备系统

天 津 市

斯普瑞喷雾系统有限公司天津办事处
天津市和平区南京路 129 号世贸广场 B - 1303 室
邮编：300051
电话：022 - 27126918
传真：022 - 27126928
网址：www. spray. com
邮箱：tianjin@ spray. com. cn
产品：喷嘴

丹佛斯(天津)有限公司
天津市武清开发区 5 号路
邮编：301700
电话：022 - 82126400
传真：022 - 82126407
网址：www. danfoss. com/china
产品：变频器

天津环球高新造纸网业有限公司
天津市西青区杨庄子大堤外玉门路
邮编：300112
电话：022 - 27795246
传真：022 - 27796246
产品：造纸用聚酯网、聚酯干网、螺旋干网

天津市轻工业机械厂
天津市西青区西青道杨柳青
邮编：300380
电话：022－27392930
传真：022－27390401
产品：制浆设备、碱回收设备

天津市第一轻工机械厂
天津市南开区长江道怀安环路 11 号
邮编：300193
电话：022－27380290、27380260
产品：长网、圆网纸机，烘缸，辊胎等

天津市华星工业用呢新技术开发有限公司
天津市南开区玉泉路岳湖道 18 号
邮编：300193
电话：022－27372507
传真：022－27372507、27495045
网址：www. tjgynch. com. cn
产品：造纸用呢、工业用呢

天津派普伟业造纸科技有限公司
天津市南开区航海道金航大厦 2－4－802(科技园)
邮编：300192
电话：022－87898375
产品：特种纸技术、造纸设备及材料

天津中天宏大纸业有限公司
天津市北辰区小淀镇刘安庄工业园区佳丰道 22 号
邮编：300402
电话：022－86994250、26992717
传真：022－26991355
网址：www. abypaper. com
邮箱：mxy@ abypaper. com
产品：标签、热熔胶涂布机、不干胶材料分切机

天津市轻工业设计院
天津市南开区长江道 179 号
邮编：300193
电话：022－27380422
传真：022－27380423
网址：www. tlidi. com
邮箱：jy@ tlidi. com
业务：工程总承包、工程咨询、工程设计、工程管理、工程监理

天津市轻工业造纸技术研究所
天津市津南区双港工业园发港南路 29 号
邮编：300350
电话：022－81312685
传真：022－81312685
产品：特种纸、过滤纸、制浆造纸技术、过滤材料、滤芯等

国家轻工业纸张质量监督检测天津站
天津市津南区辛庄工业园区发港路
邮编：300350
电话：022－88823003
业务：一般纸张类、纸浆检测

天津市禹晖科技有限公司
天津市南开区鑫茂科技园
邮编：300081
电话：022－27373367
传真：022－27373367
产品：气浮器

威宁(天津)国际贸易有限公司
天津市北辰区津围公路小淀刘安庄工业区
邮编：300402
电话：022－26997137
传真：022－26997093
经营：硅油纸、不干胶、美纹纸、过滤纸、彩喷纸、照相纸、热敏纸、白卡纸、无尘纸

天津中包进出口有限责任公司
天津市河西区宾水道 9 号
邮编：300061
电话：022－28371658、28371659
传真：022－28371678
网址：www. ticpack. com
经营：白纸板、进口白纸板、进口牛皮卡纸、进口胶版纸

天津力天世纪国际贸易有限公司
天津市河西区大沽南路 501 号恒华大厦 1－1505
邮编：300202
电话：022－58196268、8071809、15902240996
传真：022－58196298
经营：箱纸板、PP 膜卡纸、无碳复写原纸、涂层胶版纸、OCR 纸、布纹铜、玻璃铜版卡纸、白卡纸、防湿纸

天津中海商贸有限公司
天津市南开区黄河道 467 号
邮编：300110
电话：022－27419209、13302022371

经营：淋膜纸、PE 相纸、照相原纸、胶版纸、轻涂纸、铜版纸、牛皮纸、彩喷纸、高光相纸、硅油纸、墙壁原纸、无碳纸

天津市俄林浆纸商贸有限公司
天津市北辰区万科新城
邮编：300402
电话：022－26300100
传真：022－26300100
经营：废纸、卫生纸切边、桉木浆、漂白针叶木浆、竹浆、本色浆、硬杂木

河 北 省

石家庄市

福利造纸毛毯厂
河北省石家庄市晋州市马于镇吕家庄
邮编：052260
电话：0311－84359142
产品：造纸毛毯

唐山市

唐山天兴科技有限公司
河北省唐山市开平区现代装备制造工业区南路
邮编：063000
电话：0315－6322550、6322551、8086688
传真：0315－6322552
网址：www. txtech. cn
邮箱：csy@ txtech. cn
tstxhb@ sina. com
产品：CQF 气浮系统

唐山市热力强盛工贸有限公司
河北省唐山市路北区朝阳道 22 号
邮编：063000
电话：0315－2022779、2015822
传真：0315－2031273
网址：www. tsrlqs. com
邮箱：religs@ 163. com
产品：铜版纸、拷贝纸

邯郸市

邯郸市造纸机械设备厂
河北省邯郸市成安县东彭留村
邮编：056700
电话：0310－7260612
产品：盘磨磨片

保定市

高阳县津联工业用呢有限公司
河北省保定市高阳县城东 2 公里路北
邮编：071500
电话：0312－6602373
传真：0312－6603733
产品：工业用呢

保定市晨光造纸机械有限公司
河北省保定市北二环路 699 号
邮编：071051
电话：0312－3173685、3530191、3173703
传真：0312－3172452
网址：www. chgjx. com. cn
邮箱：chenguangjixie@ 126. com
产品：造纸设备、废水处理工程

保定市华光机械有限公司
河北省保定市周庄村东
邮编：071051
电话：0312－3117623、3128810、3017250
传真：0312－3128810、3174481
网址：www. bdhuaguang. com
邮箱：bdhuaguang@ 126. com
产品：生活用纸加工设备

保定巨龙高能开发有限公司
河北省保定市合作路副 10 号
邮编：071000
电话：0312－5066001、5013685
传真：0312－5028183
网址：www. bdjulong. com. cn
邮箱：julong@ bdjulong. com. cn
产品：红外加热设备

保定市晨光环保设备厂
河北省保定市隆兴西路 3132 号
邮编：071051
电话：0312－5555518
传真：0312－5955517
网址：www. cghb. com. cn
邮箱：chengguanghuanbao@ sina. com
产品：TWC 系列同向流净水器及纤维回收、脱泥设备

保定市中通泵业有限公司
河北省保定市南二环 2162－8 号
邮编：071000
电话：0312－2138886、2139278、8920037
传真：0312－2138887
网址：www. zhongtongpump. com
邮箱：pump@ zhongtongpump. com
产品：泵

中国造纸开发保定设计公司
河北省保定市广济路 230 号
邮编：071000
电话：0312－2025534
传真：0312－2036695
业务：工程设计

保定华融经贸总公司
河北省保定市纸厂路 98 号
邮编：071071
电话：0312－3198353、3172128
经营：机制纸、防伪纸

沧州市

沧州市通用造纸机械有限公司
河北省沧州市经济技术开发区东海路 33 号
邮编：061000
电话：0317－3098909、3098959、3098346
传真：0317－3098959、3098909
网址：www. cztyzzjx. com. cn
邮箱：zjf. 576@ 163. com
产品：磨浆机

东兴纸箱机械厂
河北省沧州市东光县城南古树于工业区
邮编：061001
电话：0317－7752228
传真：0317－7752228
产品：各种纸箱、包装机械

官厅特种工业用呢厂
河北省沧州市沧县官厅乡
邮编：061029
电话：0317－4058201
产品：造纸毛毯

爱美德网带有限公司
（原东光县造纸网厂）
河北省沧州市东光县找王镇后屯
邮编：061600
电话：0317－7780800、7780610、7725002
传真：0317－7780610
网址：www. hbamity. com
邮箱：amity@ vip. 163. com
产品：造纸网

青县拓实新兴冲筛有限公司
河北省沧州市青县城东觉道庄老子湖工业区
邮编：062650
电话：0317－4087374、4299898、4087027
传真：0317－4087027
网址：www. tsxxcs. cn
邮箱：root@ tsxxcs. cn
产品：筛板

廊坊市

廊坊开发区东润卫生材料有限公司
河北省廊坊经济技术开发区汇源道
邮编：065001
电话：0316－6071870
传真：0316－6088171
产品：一次性医用敷料、柔中卷、湿纸巾、清洁擦布

东纶科技实业有限公司
河北省廊坊经济技术开发区汇源道 8 号
邮编：065001
电话：0316－6086145、6071866、6087699、6071870
传真：0316－6088171
网址：www. eastex-china. com
产品：涤纶、黏胶、锦纶、丙纶等原料的水刺非织造布

衡水市

河北鹤煌网业股份有限公司
河北省衡水市安平县新盈大街 17 号
邮编：053600
电话：0318－7524840、7978279
传真：0318－7520806
产品：造纸网

河北华强网业有限公司
河北省衡水市枣强县肖家镇
邮编：053100
电话：0318－8489236
传真：0318－8489288

网址：www. hbhuaqiang. com
邮箱：huaqiangwangye666@ aliyun. com
产品：造纸网

河北冀州市亚华特种胶辊厂
河北省冀州市兴华南大街 1666 号
邮编：053200
电话：0318 －6829928
传真：0318 －6829956
产品：造纸、冶金用胶辊

河北深州市王家井东斌胶厂
河北省深州市王家井镇王庄
邮编：053873
电话：0318 －3465347
产品：造纸橡胶、尼龙制品

河北亚圣实业有限公司
河北省枣强县玻璃钢城
邮编：053100
电话：0318 －8228718
传真：0318 －8222297
产品：刮刀

河北衡水长虹包装装潢有限公司
河北省衡水市红旗南大街 117 号
邮编：053000
电话：0318 －2123321
传真：0318 －2123321
经营：各种规格彩色印刷包装纸箱、纸盒、商标

山 西 省

晋中市

山西省轻工机械厂
山西省晋中市榆次区
邮编：030600
电话：13303544343
产品：造纸机械设备

内蒙古自治区

呼和浩特市

内蒙古轻纺工业设计研究院有限责任公司
内蒙古自治区呼和浩特市新城区艺术厅南街 82 号怡海明苑 B 座 3 楼
邮编：010010
电话：0471 －6923184 转 8005
业务：工程咨询、工程设计

辽 宁 省

沈阳市

辽宁飞鸿达蒸汽节能设备有限公司
辽宁省沈阳市东陵区泉园 3 路 69 号
邮编：113122
电话：024 －54319988、54319989
传真：024 －54319990
网址：www. syfhd. com. cn
www. lnfhd. com
邮箱：syfhd@ 163. com
产品：纸机烘干热泵、蒸球乏汽回收成套装置、热泵式凝结水回收装置

沈阳春光造纸机械有限公司
（原沈阳市造纸机械厂）
辽宁省沈阳市铁西区卫工南街 46 号
邮编：110141
电话：024 －85400088、85400666
传真：024 －85361535
网址：www. syzzjxc. cn
邮箱：bqwsy@ 126. com
产品：浆泵、卫生纸机、压力泵、真空泵、除渣器

大连市

大连迈仕通机械有限公司
辽宁省大连市金州工业配套园区银泉街 3 号
邮编：116100
电话：0411 －87663998
传真：0411 －87663938
网址：www. microstone. com
邮箱：2003@ microstone. com
产品：超微粉新型竖式立磨机、超微湿式研磨机、高效气流式分级系统、全自动精密过滤器、除铁过滤器、活性处理设备

大连嘉迅机械有限公司
（原大连民乐工业总厂）
辽宁省大连市甘井子区辛寨子镇小辛工业园区
邮编：116033
电话：0411 －86310998、86310596
传真：0411 －86310998
产品：真空泵、减速机、筛浆机

丹东市

丹东东方轻工机械有限公司
辽宁省丹东市同兴镇龙兴街 69 号
邮编：118011
电话：0415－6135777、6135888
传真：0415－6135999
网址：www. ddf. com. cn
邮箱：dfqj999@ 126. com
产品：制浆造纸设备及零件

丹东市江城轻工机械有限公司
辽宁省丹东市振兴区安民镇
邮编：118004
电话：0415－7600777 7608280
传真：0415－7608629
网址：www. ddjcm. cn
邮箱：jcjx@ ddjcm. com
产品：制浆造纸机械设备及零件

丹东鸭绿江磨片有限公司
辽宁省丹东市浪头镇
邮编：118009
电话：0415－6155888、6155355
传真：0415－6156158
网址：www. jinquan-disc. com
邮箱：jinquandisc@ 163. com
产品：高浓磨磨片

丹东兴和机械有限公司
辽宁省丹东市振兴区浪头镇天津街 201 号
邮编：118009
电话：0415－6155458
传真：0415－6155207、6279276
网址：www. ddxinghe. net
邮箱：dd-syg@ 126. com
产品：长网、叠网、圆网造纸机、涂布机、压光机、复卷机、切纸机、包装机

丹东山河技术有限公司
辽宁省丹东市汤池工业园区 35 号
邮编：118303
电话：0415－6256966、6256906
传真：0415－6256956
网址：www. sunhightech. com
邮箱：mail@ sunhightech. com
sunhightech@ 163. com
产品：造纸过程传感器与控制系统

丹东烘缸制造厂
辽宁省丹东市东港市前阳镇平安村
邮编：118000
电话：0415－7162062
传真：0415－7162062
产品：烘缸、压榨辊

辽阳市

辽阳造纸机械股份有限公司
辽宁省辽阳市铁西路 76 号
邮编：111004
电话：0419－3132329
传真：0419－3132877
网址：www. lyzj. com
邮箱：lyzj@ lyzj. com
产品：纸机

辽阳天义造纸设备有限公司
辽宁省辽阳市太子河区望水台乡庞夹河村 10 号
邮编：111000
电话：0419－3229841、3991577
传真：0419－3229841
网址：www. lytyzz. com
邮箱：007hanfei@ 163. com
lytyzz@ lytyzz. com
产品：打包捆扎机、油压机、切板机、叠包机

吉　林　省

长春市

吉林省轻工业设计研究院
吉林省长春市飞跃路 2688 号
邮编：130021
电话：0431－85657719、85652015、85653595
传真：0431－85657579
网址：www. jlsqgy. com
邮箱：qgy@ public. cc. jl. cn
业务：工程咨询、工程设计、工程监理

长春纸张试验机有限责任公司
吉林省长春市安达街 1456 号
邮编：130061
电话：0431－88528095
传真：0431－88527195
网址：www. cczzsyi. net
邮箱：xsk@ cczzsyj. net

产品：纸张物理检测仪器

长春市月明小型试验机有限责任公司
(原长春小型试验机厂)
吉林省长春市经济技术开发区会展大街(乐群街)906 号
邮编：130033
电话：0431－84627751、84627353
传真：0431－84627752
网址：www. ccxxsyj. com
产品：纸张检测仪器

吉林市

吉林轻工业设计院
吉林省吉林市林荫路 16 号
邮编：132002
电话：0432－6946813、6946842
传真：0432－2775622
网址：www. eli. cn
业务：工程设计、监理、咨询

吉林市诚信实业有限责任公司
吉林省吉林市丰满区二道 120 号
邮编：132107
电话：0432－64721456
传真：0432－64722622
网址：www. jlcxmp. com
邮箱：jlcx@ jlcxmp. com
产品：特钢磨片

四平市

四平市桦鑫包装有限公司
吉林省四平市铁东区北八马路 19 号
邮编：136001
电话：0434－3520221
产品：纸制品

黑龙江省

哈尔滨市

哈尔滨宇达电子技术有限公司
黑龙江省哈尔滨市动力区和兴路 17 号
邮编：150040
电话：0451－82131929、82120636、82190118
传真：0451－82120636
网址：www. yudadz. com
邮箱：544893590@ qq. com
产品：纸张水分仪、稻麦草水分仪、纸浆浓度测定仪

哈尔滨泽恩磨浆机有限公司
黑龙江省哈尔滨市南岗区文库街智力大厦 503 室
邮编：150040
电话：0451－82293443
产品：双螺旋辊式磨浆机

黑龙江省轻工业设计院
黑龙江省哈尔滨市动力区和平路 121 号
邮编：150040
电话：0451－82620961
传真：0451－82655374
网址：www. hcel. cn
邮箱：post@ hcel. cn
业务：工程设计、工程咨询与规划、工程勘察与监理

佳木斯市

佳木斯造纸网有限公司
黑龙江省佳木斯市东风区光复路 302 号
邮编：154005
电话：0454－8375399、8332018
产品：造纸网

牡丹江市

黑龙江省造纸工业研究所
黑龙江省牡丹江市阳明区光华街 5 号
邮编：157013
电话：0453－6332195、6332060
传真：0453－6332195
业务：工农业特种纸研制开发、制浆造纸技术的研究与开发

牡丹江市中德轻工机械制造厂
黑龙江省牡丹江市西小太平路 28 号
邮编：157000
电话：0453－6424176
产品：分切机

上　海　市

恩斯克投资有限公司(日本精工中国总部)
上海市仙霞路 319 号远东国际广场 A 栋 10 楼
邮编：200051

电话：021－62350198
传真：021－62351033
网址：www. cn. nsk. com
产品：造纸设备专用轴承

贝卡尔特管理(上海)有限公司
上海市遵义南路 88 号协泰中心 16 楼
邮编：200000
电话：021－62952233
传真：021－62193158、62952234
网址：www. bekaert. com. cn
产品：打包钢丝、非接触式干燥系统、装订钢丝

上海大晃泵业有限公司
上海市奉贤区南桥镇桥行工业区 128 号
邮编：201400
电话：021－57196294－16
传真：021－57196294－18
网址：www. shzz. org. cn
产品：多头螺旋离心泵、双螺杆泵系列

霍尼韦尔(中国)有限公司
上海市遵义路 100 号虹桥上海城 A 座 35 楼
邮编：200051
电话：021－62370237
传真：021－63272827、62372332
网址：www. honeywell. com
产品：自动化控制系统传感器与控制元件

布鲁奇维尔(上海)通风技术有限责任公司
上海市奉贤区坞桥镇环北路 2 号
邮编：201402
电话：021－57406923
传真：021－57406923
网址：www. brunnschweiler. com
产品：气罩、风箱、冷凝水系统、热回收系统

川佳机械集团股份有限公司
川佳机械(集团)华东办事处(上海)
上海市徐汇区宛平南路 381 号宛轻大楼 509 室
邮编：200032
电话：021－64283706、64283716
传真：021－64283652
网址：www. new-bonafide. com
邮箱：newbona@ ms25. hinet. net
产品：制浆造纸机械

光华爱而美特仪器有限公司
上海市闵行经济技术开发区东川路 3160 号
邮编：200245
电话：021－64300150
传真：021－64300812
产品：电磁流量计等

华阳检测仪器有限公司
上海市长宁区昭化路 515 号
邮编：200050
电话：021－62400193
传真：021－62403841
网址：www. sh-huayang. com
邮箱：hy@ sh-huayang. com
产品：造纸检测、测量仪器

帕克环保技术(上海)有限公司
上海市浦东张江郭守敬路 351 号
邮编：201203
电话：021－50800101
传真：021－50800221
网址：www. paques. com. cn
邮箱：info@ paques. com. cn
业务：废水处理、厌氧处理技术

上海本真造纸技术有限公司
上海市普陀区中山北路 1295 号 8 号楼 316 室
邮编：200065
电话：021－56090615
传真：021－56090615
业务：制浆、造纸生产工艺和机械设备咨询、设计、制造、改造、安装和调试、新产品研制，兼营造纸原料和化学助剂

上海承天制浆造纸机械工程成套设备有限公司
上海市中心北路 1060 号 1501 室
邮编：200070
电话：021－56558038、56550377
传真：021－56558038
产品：工业滤纸成套设备、涂布机、浸渍机、二辊单压、四辊双压区、软压光机

上海泛邦自控技术研究所
上海市大木桥路 111 号 26D
邮编：200032
电话：021－64173777、64169325
传真：021－54520510
网址：www. sh-fbauto. com

邮箱：fbauto@ sina. com
fbzkjs@ shcei. com. cn
产品：高精度节能型恒温自控系统

上海弘纶工业用呢有限公司
上海市金山区枫泾镇纺织工业园区建安路 78 号
邮编：201502
电话：021－67360980、67361100
传真：021－57365916
产品：造纸毛毯、工业用呢

上海开港造纸机械制造有限公司
上海市幸福路 117 号
邮编：200052
电话：021－62803874
传真：021－62803871
邮箱：liming-kaigang@ 126. com
产品：喷嘴及其移动装置、常用制浆设备及配件

上海科创设备防腐防漏技术有限公司
上海市松江区新五开发区
邮编：201606
电话：021－57874310
传真：021－57877400
产品：烘缸堵漏、表面处理

上海威尔泰工业自动化股份有限公司
上海市闵行区虹中路 263 号
邮编：201103
电话：021－64656465
传真：021－64659677
网址：www. welltech. cn
邮箱：sales@ welltech. com. cn
产品：自动化控制系统

上海赛德造纸机械电控技术有限公司
上海造纸机械电控技术研究所
上海市宝山路 888 弄 2 号 306 室
邮编：200081
电话：021－65871936
传真：021－56716875
网址：www. sh-sied. com
产品：SIED 全数字交直流调速系统产品、抄纸车间集散控制系统

上海紫华企业有限公司
上海市闵行区北松路 999 号
邮编：201111
电话：021－64093456
传真：021－64090612
网址：www. pefilm. com. cn
产品：PE 流延压纹膜、透气性流延膜和耐刺穿底膜

上海宏亚机泵制造有限公司
上海市交通西路 129 号 10 号
邮编：200065
电话：021－56533064、56080539
传真：021－56080539
网址：www. hongyapumps. com
邮箱：sales@ hongyapumps. com
产品：CZ 系列化工离心泵、G 型螺杆泵、WB 型旋涡泵、FCB 型不锈钢齿轮泵、TWZB 型无堵塞浆泵等

上海永锚泵业制造有限公司
上海市闸北区共和新路 111 弄 9 号 203 信箱
邮编：200070
电话：021－63802299、63171166
传真：021－63537433
网址：www. ympumps. com
邮箱：sales@ ympumps. com
产品：G 型系列单螺杆泵，QBY 型气动隔膜泵，ISG 系列单级单吸立式管道离心泵，CQ 型磁力驱动泵，JMZ、FMZ 自吸泵等

上海爱凯思机械刀片有限公司
上海市青浦工业园区崧泽大道 7477 号
邮编：201707
电话：021－59869050
传真：021－59868220
网址：www. iks-sh. com
产品：打浆机刀具

上海新阿波隆数控设备有限公司
上海市闸北区共康路 658 弄 28 号
邮编：200443
电话：021－56488221
传真：021－56438622
产品：数控及普通软压光机、配件

上海宝刀机械刀片厂
上海市青浦工业区盈中
邮编：201700
电话：021－59203592
产品：机械刀片

上海大禹自控阀门有限公司
上海市南汇区航头镇大麦湾工业园区文汇报航川路66号
邮编：201204
电话：021－68220075
传真：021－68220798
网址：www. dayupv. com
邮箱：sales@ dayupv. com
产品：调节阀门

上海东华高压匀浆泵厂
上海市沪闵路镇泾河东11号
邮编：201108
电话：021－64890907
产品：高压浆泵

上海福昌造纸机械厂
上海市浦东新区黄楼镇西首
邮编：201205
电话：021－58941309
产品：切纸机

上海高新造纸技术有限公司
上海市南大路15号
邮编：200436
电话：021－66507871
网址：www. nhpaper. cn
邮箱：nhpaper@ sina. com
业务：造纸制浆技术开发、造纸工程设备成套技术、造纸机械

上海工业用呢厂诸翟分厂
上海市闵行区金辉路1688号
邮编：201107
电话：021－62211136
产品：工业用呢

上海沪昌造纸机械有限公司
上海市沪太路555弄3号503室
邮编：200070
电话：021－56557226
传真：021－56555227
产品：压力筛、冲浆泵、造纸机

上海化工机械厂有限公司
上海市奉贤区上海工业综合开发区肖南路368号
邮编：201400
电话：021－33655535
传真：021－33655532
网址：www. scmp. net. cn
邮箱：sale@ scmp. net. cn
产品：过滤机、洗浆机

上海荟安筛网实业有限公司
上海市中原路60弄1号
邮编：200438
电话：021－65572389
网址：www. huian. com. cn
邮箱：web@ huian. com. cn
产品：丝网

上海吉井环保设备有限公司
上海市长宁区宋园路46弄9号楼
邮编：200336
电话：021－62083399
传真：021－62706689
网址：www. yosii. com. cn
邮箱：yosii@ sh163. net
yosii@ nikkiso. com. cn
产品：系列计量泵、输送泵、环保设备

上海金熊造纸网毯有限公司
上海市金山区枫泾镇兴塔建安路78号2栋
邮编：201502
电话：021－67361666
传真：021－67361071
网址：www. vanov. cn
产品：造纸毛毯、工业用呢

上海浦东合丰造纸机械有限公司
（原上海造纸机械配件厂）
上海市浦东新区合庆镇奚阳路朝阳村
邮编：200052
电话：021－58971946
传真：021－62820949
产品：疏解机、圆盘磨

上海轻良实业有限公司
上海市青浦白鹤工业区鹤祥路68号
邮编：201709
电话：021－59741536
传真：021－59741437
网址：www. shqlsy. com
邮箱：shqlsy@ shqlsy. com
产品：造纸设备

上海瑞华(集团)有限公司
上海市广顺路 8 号
邮编：200335
电话：021－52186390
传真：021－62617381
网址：www. ruihuagroup. com. cn
邮箱：ruihua@ ruihuagroup. com. cn
产品：传动及控制系统、造纸机械

上海瑞沪造纸机械有限公司
上海市南翔镇新翔黄路 625 号
邮编：201802
电话：021－59173130
产品：切纸机

上海太新造纸机械有限公司
上海市交通路 4703 弄 6 号 702 室
邮编：200331
电话：021－62778894
传真：021－62778886
产品：活动弧形辊、纸机配件

上海星空自动化仪表有限公司
上海市青浦工业园区新水路 575 号
邮编：201701
电话：021－59702153、59705999
传真：021－59705989
网址：www. xk-sh. com
邮箱：xsb@ xk-sh. com
产品：流量计等仪表

上海新光明泵业制造有限公司
(原光明水泵厂)
上海市武定路 576 号
邮编：200040
电话：021－62156413、62586878、62583382
传真：021－62156276
网址：www. gmpumps. com
邮箱：info@ xinguangminggroup. com
产品：隔膜泵、高温油泵、清水离心泵、化工泵、污水泵

新华控制技术(集团)有限公司
上海市闵行经济技术开发区文井路 160 号
邮编：200245
电话：021－64304308
传真：021－64302778
网址：www. xinhuagroup. com
邮箱：xhg@ xinhuagroup. com
产品：自动控制

意大利亚赛利造纸机械有限公司上海代表处
上海市凯旋路 3500 号华苑大厦 1 号楼
邮编：200030
电话：021－64870654
传真：021－64872928
网址：www. acellipaper. it
产品：造纸及无纺布机器

中达工业用呢有限公司
上海市金山区吕巷镇新浜村 12 组 5000 号
邮编：201517
电话：021－57371309
传真：021－57371242
产品：工业用呢

中国海诚工程科技股份有限公司
中国轻工业上海工程咨询有限公司
上海市宝庆路 21 号
邮编：200031
电话：021－64717908
传真：021－64718347
网址：www. haisum. com
邮箱：info@ haisum. com
业务：工程设计、工程咨询、工程监理

ITT 工业公司
上海市遵义路 100 号虹桥城市中心 A 座 30 楼
邮编：200051
电话：021－22082888
传真：021－22082999
网址：www. gouldspumps. com
www. pumpsmart. net
产品：泵

中国船舶重工集团公司第 704 研究所
上海市衡山路 10 号
邮编：200031
电话：021－64718118－4506
传真：021－64330521
网址：www. smeri. com. cn
邮箱：jy704@ 21cn. com
产品：纸卷输送系统

九益机电(上海)有限公司
上海市嘉定区宝安公路 2775 弄 98 号

邮编：201802
电话：021－69158205、69158208
传真：021－69158209
网址：www. cutes. com. tw
邮箱：sales@ cutes. com. tw
产品：真空泵、鼓风机

法国 PCM 泵业公司上海代表处
上海市延安西路 2299 号世贸商城 10A01
邮编：200336
电话：021－62362521
传真：021－62362428
网址：www. pcm-pump. com
产品：泵

上海理查包装机械有限公司
上海市军工路 1300 号
邮编：200433
电话：021－65482025、65338674、65483939
传真：021－65492533
网址：www. shrichard. com. cn
　　　www. richard. online. sh. cn
邮箱：shangrichard@ 126. com
产品：包装机

福伊特造纸(中国)有限公司
上海市长宁区兴义路 8 号上海万都中心 25 楼
邮编：200336
电话：021－52080388
传真：021－52080355
网址：www. voithpaper. com
　　　www. voith. com. cn
产品：造纸机械

柯尔柏机械设备(上海)有限公司
上海市外高桥保税区华京路 418 号 41 号楼 C 部位
邮编：200131
电话：021－50462933、50462822
传真：021－50462303
网址：www. kpl. net
　　　www. koerberprocess. com
邮箱：mirjam. rolfe@ koerber. de
产品：复卷机、分切机

斯普瑞喷雾系统(上海)有限公司
上海市松江工业区书林路 21 号
邮编：201611
电话：021－57684882、67600882
传真：021－67600548
网址：www. spray. com
　　　www. autojet. com
邮箱：shanghai@ spray. com. cn
产品：喷嘴

上海乾丰轻工机械厂
上海市嘉定区江桥工业园区丰华公路 1580 号
邮编：201803
电话：021－59143443
传真：021－69111165
邮箱：chunginglu@ 126. com
产品：磨刀机、复卷机、除渣器

埃尔依(上海)工业设备有限公司
上海市嘉定区曹安路 3652 号
邮编：201812
电话：021－39115191
传真：021－39115192
网址：www. l-e. de
产品：纸机密闭气罩、袋通风与热回收系统、车间通风系统、涂布机干燥系统、蒸汽冷凝水系统

丹佛斯(上海)自动控制有限公司
上海市宜山路 900 号科技大楼 C 座 20 层
邮编：200233
电话：021－61513000
传真：021－61513100
网址：www. danfoss. com/china
邮箱：shanghai@ danfoss. com
产品：变频器

上海东方泵业(集团)有限公司
上海市宝山区富联路 1588 号
邮编：201906
电话：021－33718888
传真：021－56025566
网址：www. eastpump. com
邮箱：eastpump@ 163. net
产品：泵

罗斯蒙特公司
艾默生过程控制有限公司
上海办事处：021－38954788
北京办事处：010－58211188
广州办事处：020－83486098
西安办事处：029－83255563
乌鲁木齐办事处：0991－5802277

网址：www. ap. emersonprocess. com
邮箱：csc. china@ emerson. com
产品：压力变送器

西派克（上海）泵业有限公司
上海市浦东新区宣中路 399 号
邮编：201300
电话：021 – 38108888
传真：021 – 38108889
网址：www. seepex. com
邮箱：info. cn@ seepex. com
产品：泵

瑞士 BMB – Kroenert 集团公司
中国总代理香港捷成洋行有限公司
上海市延安东路 588 号东海商业中心 11 楼 C 座
邮编：200001
电话：021 – 63527002
传真：021 – 63527330
网址：www. bmbag. ch
产品：涂布加工设备

博索尼奥拉茂（上海）叉车属具有限公司
上海市闵行区陪昆路 206 号 B 区 11 号
邮编：201111
电话：021 – 64093050
传真：021 – 64093060
网址：www. bolzoni-auramo. com
产品：纸浆包夹、废纸包夹、纸箱夹

上海奥鼎机械设备有限公司
上海市番禺路 390 号时代大厦 3 楼 E – F 室
邮编：200052
电话：021 – 62815511
传真：021 – 52581476
网址：www. aoding. com
邮箱：info@ aoding. com
产品：造纸机械

深圳市联欧贸易发展有限公司上海分部
上海市浦东桃林路 18 号环球广场 B 座 702 室
邮编：200135
电话：021 – 68556062
传真：021 – 58214208
网址：www. euro-me. com
邮箱：euromesh@ euro-me. com
产品：纸机

铁姆肯（中国）投资有限公司总部
上海市虹桥路 1 号港汇中心 1 座 27 层
邮编：200030
电话：021 – 61138000
传真：021 – 61138001
网址：www. timken. com
产品：轴承

伊顿工业过滤（上海）有限公司
上海市长宁区临虹路 280 弄 3 号楼
邮编：200335
电话：021 – 52000400
网址 www. eaton. com. cn
产品：造纸过滤设备

上海恒伦纸业有限公司
上海市广中西路 99 弄 30 号 201 室
邮编：200072
电话：021 – 66310898
传真：021 – 66310090
经营：漂白针叶木浆、针阔叶木混合浆、本色浆、漂白桉木浆、高强瓦楞原纸、新闻纸、双胶纸、书写纸、包装纸

美国福瑞斯国际贸易有限公司
上海盛托瑞国际贸易有限公司
上海市定西路 988 号 507 室
邮编：200050
电话：021 – 62112130、62116810
传真：021 – 62120563
经营：牛卡纸、白牛皮纸、PE 口杯纸、彩色卡纸、轻涂纸、废纸

上海德杰实业发展有限公司
上海市宁国路 313 弄 9 号 709 室
邮编：200090
电话：021 – 65196311
传真：021 – 65196311
经营：轻涂纸、铜版纸、哑光纸、灰纸板、白卡纸、玻璃卡纸、布纹纸、双胶纸

瑞典赛尔玛（CELLMARK）有限公司上海代表处
上海市茂名南路 205 号瑞金大厦 2007
邮编：200020
电话：021 – 64730266
传真：021 – 64730030
经营：漂白针叶木浆、桉木浆、漂白阔叶木浆、本色浆、化学机械浆、牛皮纸、牛皮卡纸、瓦楞原纸、涂布白卡纸、废纸

上海华宝物资实业有限公司
上海市真诚路 426 号
邮编：200331
电话：021－66270073
传真：021－66270090
经营：废纸、纸筒芯

新鸿纸业有限公司
上海市黄浦区宁波路 633 号
邮编：200001
电话：021－63225771
传真：021－63225771
经营：双胶纸、打字纸、书写纸、拷贝纸、牛皮纸、新闻纸、彩色半透明纸、热敏纸、电缆纸、电话簿纸、铝箔衬纸、水果袋原纸、防油纸

上海云开纸业有限公司
上海市南翔惠平路 12 弄 3 号
邮编：201802
电话：021－59128010、59128011
传真：021－59128011
经营：牛皮纸、纸袋纸、白卡纸

上海万戈工贸发展有限公司
上海市共祥路 255 号
邮编：201906
电话：021－51099553
传真：021－51879227
经营：卡纸

上海中立贸易发展有限公司
上海市杨浦区大连路 950 号海上海新城 8 号楼 407 室
邮编：200092
电话：021－55969137
传真：021－65625655
经营：废纸

上海宾高纸业有限公司
上海市青浦区支家路 21 弄 3 号楼 110 室
邮编：201700
电话：021－59720299、13801662351
传真：021－59731297
经营：牛卡纸、牛皮纸

经纶全讯（香港）有限公司上海代表处
上海市浦东张杨路 707 号生命人寿大厦 1405－6 室
邮编：200041
电话：021－58360371
传真：021－52921841
经营：单面铜版纸

上海润泰纸业有限公司
上海市宝山区富锦路 3159 号
邮编：201901
电话：021－56390688
传真：021－56865815
经营：铜版纸、双胶纸、白纸板、美国进口白卡纸

上海峰联浆纸有限公司
上海市浦东南路 855 号世界广场 30H
邮编：200120
电话：021－58209888
传真：021－58888056
经营：漂白针叶木浆

上海年瑞进出口有限公司
上海市浦东崂山路 528 号江苏大厦（紫金山大酒店）14 楼 A5 室
邮编：200122
电话：021－58358662、68868850
传真：021－58358676、68868577
网址：www. yearich. com
邮箱：poster@ yearich. com
经营：牛皮纸

上海伟忠纸业有限公司
上海市闵行区 788 弄 9 号 1204 室
邮编：201103
电话：021－62951710、62951713、62951712
传真：021－62951711
网址：www. weizhongzhiye. cn
经营：废纸

上海吉圣包装纸业有限公司
上海市南翔镇扬子路 18 号
邮编：201802
电话：021－59179049、13901911699
传真：021－59179049
经营：牛卡纸、牛皮纸

上海华臻绫术文化传播有限公司
上海市闸北区灵石路 721 号 8 幢 201 室
邮编：200000
电话：021－36030216、36030217、56034661
传真：021－56034661
网址：www. chinalinks. org

邮箱：chinalinks@ sh163. net
sales@ chinalinks. org
经营：双面灰纸板、白牛皮纸、未涂布白铜版卡纸

上海千悦贸易有限公司
上海市延安西路 2077 号 2501 室
邮编：200000
电话：021 – 62190989、62191189、62192806
传真：021 – 62192806
经营：白卡纸

上海爱建纸业有限公司
上海市大田路 129 号 A 栋 28 楼 D 座
邮编：200041
电话：021 – 62170000
传真：62870433
经营：纸张

上海田源纸业有限公司
上海市天平路 248 号 3 楼 I 座
邮编：200030
电话：021 – 64077805、64073270、64077842
经营：铜版纸

上海中产纸业有限公司
上海市龙漕路 135 弄 8 号楼 801 室
邮编：200235
电话：021 – 64757868、64517782
传真：021 – 64757868、64517782
经营：进口纸

大仓纸业商事（上海）有限公司
上海市仙霞路 88 号太阳广场东塔 501
邮编：200336
电话：021 – 62700643、62700645、62700644
传真：021 – 62700645
网址：www. okurash. com
邮箱：homepage@ okurash. com
经营：白纸板

日惠得造纸器材（上海）贸易有限公司
上海市长宁区娄山关路 85 号东方国际大厦 C1108 室
邮编：200336
电话：021 – 62350159
传真：021 – 62195442
网址：www. felt. co. jp
邮箱：lqding@ felt. co. jp
产品：制浆造纸用毛毯、网以及其他工业用塑料织物

上海晶杨商贸有限公司
上海市建国西路 91 弄 5 号楼 902 室
邮编：200020
电话：021 – 63049414、51532091、51532092
传真：021 – 63049974
网址：www. sha-jingyang. com
邮箱：support@ sha-jingyang. com
经营：液体染料、有机颜料分散液、进口 Manildra 造纸专用系列淀粉、进口荧光增白剂、测色仪器、在线颜色测色系统

上海景兴实业投资有限公司
上海市南京西路 1366 号恒隆广场 48 楼 01 室
邮编：200040
电话：021 – 62882866
传真：021 – 62887671
网址：www. zjjxjt. com
邮箱：shanghaijingxing@ 163. com
经营：废纸、木浆、纸板、瓦楞原纸、胶版纸

上海宝星纸浆模塑有限公司
上海市宝山区盛桥石太路 699 号
邮编：200942
电话：021 – 56152355
传真：021 – 56158568
产品：一次性餐盒

江 苏 省

南京市

中国林科院林产化工研究所
江苏省南京市锁金五村 16 号
邮编：210042
电话：025 – 85482401
传真：025 – 85413445
网址：www. forinchem. com
邮箱：info@ forinchem. com
业务：木质和非木质林产品化学加工与利用

江苏省出版印刷物资公司
江苏省南京市中央路 276 – 1 易发五洲大厦 2 楼 208 室
邮编：210037
电话：025 – 83113670
传真：025 – 83112029
经营：卷筒纸、铜版纸、双胶纸、木浆

松林国际刮刀锯制造有限公司
江苏省南京市中山北路 281 号虹桥新城市广场 01 幢 1815 室
邮编：210003
电话：025－58811772、83171371
传真：025－58812039
网址：www. paperblade-ssl. com
邮箱：ssl@ paperblade-ssl. com
产品：刮刀、圆刀、切刀、开槽刀、专用磨床

清来机械有限公司南京办事处
江苏省南京市白下区太平南路 333 号金陵御景园 2 幢 203 座
邮编：210012
电话：025－84505849
传真：025－84505849
网址：www. chinglai. com. tw
产品：控制复卷机、裁纸机附叠纸机、刮刀、直降系统、散浆机、去污机、磨浆机、浓缩机、脱水机、筛、分离机、离解机

南京神克隆科技有限公司
江苏省南京市江宁区东山华意泰富广场 2 幢 1101 室
邮编：211100
电话：025－52196484
传真：025－52196654
网址：www. shenkelong. com
产品：废水处理

南京君昇包装有限公司
（原南京纸箱总厂纸板圆桶分厂）
江苏省南京市江宁区江宁街道上湖工业园
邮编：210000
电话：025－52814369、84573359
传真：025－52803452
网址：www. nxzt. com
邮箱：lhj@ nxzt. com
产品：环保纸板圆桶及各类纸罐

苏宁新技术应用研究所
江苏省南京市虎踞路 175 号环保楼
邮编：210013
电话：025－83706725
产品：新型臭氧发生器、废水处理设备

无锡市

无锡沪东麦斯特环境工程有限公司
江苏省无锡市国家高新技术开发区
邮编：214142
电话：0510－85300555、85300777
传真：0510－85300878
网址：www. chinahudong. com
邮箱：hz. hudong@ 263. net
产品：气浮设备、废水处理设备

敷岛工业织物（无锡）有限公司
江苏省无锡市国家高新技术产业开发区 B－18－G 号
邮编：214112
电话：0510－85258665
传真：0510－85258607
网址：www. shikibo. co. jp
产品：造纸用干网

华都琥珀环保机械制造有限公司
江苏省宜兴市高塍镇隔湖路 8 号
邮编：214214
电话：0510－87894476
产品：废水处理设备

江阴市利港羊毛辊厂
江苏省江阴市利港镇黄丹街
邮编：214444
电话：0510－86631242
传真：0510－86631051
产品：压花辊、轧光辊

江阴市国光轧光机纤维辊有限公司
江苏省江阴市利港镇西利路 88 号
邮编：214444
电话：0510－86631242
传真：0510－86631051
网址：www. cngrand. cn
邮箱：cngrand@ yahoo. cn
产品：压光机、辊筒

江阴市利港针织印染机械厂
江苏省江阴市利港镇新街村 38 号
邮编：214444
电话：0510－86631469
传真：0510－86092290
产品：压花辊、轧光辊、纤维辊、橡胶辊、羊毛辊

江阴市双叶化工机械有限公司
江苏省江阴市北外北国镇北新街 48 号
邮编：214413
电话：0510－86351528、86351508、86354777

传真：0510 – 86951386、86351029、86351030
网址：www. shuangye. cn
邮箱：shuangye@ shaungye. cn
产品：高岭土研磨设备

无锡德华彩印包装有限公司
江苏省无锡市锡山区鹅湖镇
邮编：214116
电话：0510 – 88748181
传真：0510 – 88741377
产品：彩印包装产品

无锡江川环境工程成套设备有限公司
江苏省无锡市东亭镇民营科技工业园 A 区 10 号
邮编：214131
电话：0510 – 85601196
传真：0510 – 85601665
产品：环境工程设备

锡山鸿顺机械制造有限公司
江苏省无锡市锡山区鸿声镇鸿后路 5 号
邮编：214115
电话：0510 – 88582317
产品：真空辊、漂白设备、废纸处理设备

无锡市蓝星轻工机械设备有限公司
江苏省无锡市硕放镇薛典村
邮编：214142
电话：0510 – 85304690
产品：造纸辊、吸水箱

无锡市瑞普环保工程有限公司
江苏省无锡市苏锡西路 163 号
邮编：214131
电话：0510 – 85602199
传真：0510 – 85610899
网址：www. ruipuchina. com
产品：气浮净水设备

无锡市荣成造纸机械厂
江苏省无锡市滨湖区硕放镇硕放村
邮编：214144
电话：0510 – 85302971
产品：真空辊

无锡腾旋技术有限公司
江苏省无锡市新区梅村工业集中区新都路 6 号
邮编：214112
电话：0510 – 8159438、8159440
传真：0510 – 8159405
网址：www. tengxuan. net
邮箱：sales@ tengxuan. net
market@ tengxuan. net
产品：虹吸器、扰流棒、视镜

凯登约翰逊（无锡）技术有限公司
江苏省无锡市新区闽江路 1 号
邮编：214028
电话：0510 – 85212218
传真：0510 – 85212038
网址：www. kadantjohnson. com. cn
产品：蒸汽冷凝水系统、烘干部检测、烘干部系统优化软件、虹吸器、旋转接头、扰流棒、热泵、过热蒸汽降温器、汽水分离器工作站、金属软管、视镜、安装服务

无锡林州干燥机厂
江苏省无锡市前洲镇塘村
邮编：214181
电话：0510 – 83391436、83391336
传真：0510 – 83391442
网址：www. linzhou. com
www. linzhou. net
邮箱：wollen101010@ gmail. com
产品：干燥设备

无锡市德意机电设备制造有限公司
（原江苏省宜兴市第三纺织机械厂）
江苏省宜兴市屺亭镇骏马路 90 号
邮编：214213
电话：0510 – 87861769、87861868、87868222
传真：0510 – 87861769、87867909
网址：www. deyijidian. com
邮箱：deyi@ deyijidian. com
产品：无级变速系列、调速电机系列、防爆电机系列

铁姆肯（中国）投资有限公司无锡分公司
江苏省无锡市锡锦路 8 号
邮编：214028
电话：0510 – 85523888
传真：0510 – 85523885
网址：www. timken. com
产品：轴承

无锡市金城应用电子仪器厂
江苏省无锡市扬名高新技术开发区 C 区 38 号
邮编：214024
电话：0510 – 85407018、85744385

传真：0510－85407028
产品：静电消除器

无锡中联造纸机械有限公司
江苏省无锡市锡山区鸿声镇新兴路 2 号
邮编：214115
电话：0510－88580431
传真：0510－88580719
网址：www. wxzlzj. com
邮箱：sales@ wxzlzj. com
产品：真空辊、压榨辊、吸移辊

锡山天元轧辊厂
江苏省无锡市锡山区南泉镇
邮编：214128
电话：0510－85952034
产品：造纸胶辊

无锡东亭气动自动化设备厂
江苏省无锡市东亭二泉东路 228 号
邮编：214101
电话：0510－88700891
传真：0510－88700891
网址：www. wxyyzdh. com
邮箱：info@ wxyyzdh. com
产品：电磁阀

无锡市阿丹纸业有限公司
江苏省无锡市长降路降上 10 号
邮编：214000
电话：0510－82447047
传真：0510－82447047
经营：各类书写纸、有光纸、双胶纸

徐州市

徐州工业用呢厂
江苏省徐州市湖北路 30 号
邮编：221006
电话：0516－85795900、85795904
传真：0516－85696034、85796891
网址：www. xzgyync. com
邮箱：fulin@ xzgyync. com
产品：造纸毛毯

常州市

佩姆派(常州)造纸设备有限公司
江苏省常州市新北区天山路 49 号
邮编：213022
电话：0519－85068585、85068586
传真：0519－88222812
产品：造纸设备

常州市伯山机械有限公司
江苏省常州市新北区薛家工业园
邮编：213125
电话：0519－85951315
传真：0519－85951315
网址：www. czboshan. com
邮箱：boshanjixie@163. com
产品：辊筒、压光机、施胶机

常州轻工机械厂
江苏省常州市钟楼区大仓路 85 号
邮编：213016
电话：0519－86852274
产品：造纸机、完成设备

江苏武进松海轻工机械厂
江苏省常州市武进区潘家镇南宅街
邮编：213178
电话：0519－86201239
产品：网笼、压光机

常州市优力干燥设备有限公司
江苏省常州市青龙路 61 号
邮编：213017
电话：0519－88899987、85350288
传真：0519－85351388
网址：www. you-ly. com
邮箱：youxiaod@ gmail. com
产品：纸机干燥设备

常州市科艺钢印花辊厂
江苏省常州市马杭大路工业园
邮编：213162
电话：0519－86700665、86550788
传真：0519－86700757
网址：www. kyhg. com
邮箱：kyhg@ kyhg. com
产品：压花辊

江苏五龙机械有限公司
江苏省常州市湟里镇镇北开发区
邮编：213151
电话：0519－83341024、83346278
传真：0519－83341556
网址：www. china-wulong. com

邮箱：wulong@ china-wulong. com
产品：污泥脱水机、压滤机

江苏保龙机电制造有限公司
江苏省溧阳市经济开发区昆仑北路 75 号
邮编：213300
电话：0519 - 87301885、87302016、87303618、87305803
传真：0519 - 87301886
网址：www. jsbaolong. com
邮箱：baolongco@ 163. com
产品：剥皮设备、削片机、摇筛、输送设备、料仓

苏州市

常熟市金鹰工业用呢厂
江苏省常熟市冶塘镇和平村
邮编：215554
电话：0512 - 52406507
产品：造纸毛毯

常熟市轻工机械厂
江苏省常熟市南门洙泾桥堍常熟造纸厂内
邮编：215500
电话：0512 - 52787309
产品：疏解机、磨浆机

太仓市造纸机械一厂
江苏省太仓市王秀镇
邮编：215426
电话：0512 - 53855469、53855180
产品：制浆、造纸设备

江苏华机集团
江苏省张家港市江苏经济开发区振兴路 5 号
邮编：215600
电话：0512 - 58189158、58951518
传真：0512 - 58989366、58951518
网址：www. jshuaji. com
邮箱：hjjt@ public 1. sz. js. cn
产品：湿法备料及连续蒸煮系统、黑液蒸发器、二氧化氯制备系统、碱回收苛化系统

江苏华机环保设备股份有限公司
江苏省张家港市民营科技园振兴路 5 号
邮编：215600
电话：0512 - 58189158
传真：0512 - 58989366
网址：www. jshuaji. com
产品：黑液蒸发器、冷凝器、换热器

铨展环能设备(昆山)有限公司
江苏省昆山市东部工业区珠竹路 18 号
邮编：215331
电话：0512 - 57874691、57874692、57874693
传真：0512 - 57874791
网址：www. cjks. com. cn
邮箱：support@ cjks. com. cn
产品：气罩、隔音罩、热回收和通风系统

苏州工业区亚太纸品加工有限公司
江苏省苏州市跨塘镇镇北路 212 号
邮编：215122
电话：0512 - 62743888
传真：0512 - 62742005
网址：www. ascend-stationery. com
产品：双胶纸、白卡纸(全木浆各种规格)、办公用纸

苏州静冈刀具有限公司
江苏省太仓市郑和东路 55 号
邮编：215400
电话：0512 - 53569377、53570761
传真：0512 - 53569376
网址：www. shizuoka. com. cn
产品：刮刀

苏福马股份有限公司
江苏省苏州市新区何山路 378 号
邮编：215129
电话：0512 - 66627621、66627806、66627810
传真：0512 - 66627620、66627818
网址：www. sufoma. com
产品：削片机、剥皮生产线

杰而固中国有限公司苏州代表处
江苏省苏州工业园区馨都广场 1A02 号 - 03 号 A2
邮编：215021
电话：0512 - 62521441
传真：0512 - 62521551
网址：www. clouth. com
产品：刮刀系统及零附件

远东化工(集团)
中国业务总部电话：021 - 63048833
苏州办事处电话：13706212929
珠海办事处电话：0756 - 3351082、3351102
济南办事处电话：13706410637
网址：www. chemcentralgroup. com. cn
产品：实验室涂布机

太仓嫦娥工业用呢有限公司
江苏省太仓市沙溪镇新北西路 132 号
邮编：215421
电话：0512－53212049、53213490
传真：0512－53214871
网址：www. chang-e. net. cn
www. tcce. cn
邮箱：change@ vip. 163. com
产品：造纸毛毯

太仓沪太嫦娥造纸设备有限公司
江苏省太仓市沙溪镇新北西路 130 号
邮编：215421
电话：0512－53221907、53229628、53212629
传真：0512－53212993
网址：www. tchtce. cn
产品：纸机、复卷机、卷纸机、压光机、烘缸

太仓市兴良造纸制浆成套设备有限公司
江苏省太仓市沙溪镇民营科技园区 2 号
邮编：226000
电话：0512－53221744
传真：0512－53221758
网址：www. xlpaper. com
邮箱：webmaster@ xlpaper. com
产品：圆网浓缩机、复式纤维分离机、高浓压力筛、内流压力筛、不锈钢片式圆网笼、喷浆成形器

巨桥造纸毛毯有限公司
江苏省张家港市鹿苑镇
邮编：215616
电话：0512－58477783
产品：造纸毛毯

太仓市宇航造纸机械厂
江苏省太仓市璜泾镇王秀管理区
邮编：215426
电话：0512－53857323
产品：水印辊、真空辊、浓缩机

吴江凯富纺织工业有限公司
江苏省吴江市平望镇
邮编：215221
电话：0512－63661058
传真：0512－63661801
产品：造纸毛毯、石棉板、管板毯及工业用过滤材料

张家港市鸿新机械密封件有限公司
江苏省张家港市德积镇
邮编：215635
电话：0512－58751485
产品：机械密封件

张家港市华杭造纸制浆设备有限公司
江苏省张家港市民营科技园振兴路 5 号
邮编：215600
电话：0512－58189666
产品：湿法备料、连续蒸煮制浆生产线、真空洗浆机、碱性过氧化氢机械浆生产线(APMP)

昆山福乐国际贸易有限公司
江苏省昆山市长江南路 1128 号日月星城国际商务广场三楼 307 室
邮编：215300
电话：0512－86165538
传真：0512－86165539
网址：www. formulaintl. com
经营：热敏纸、镜面铜版纸、黄牛皮纸

江苏华东造纸机械有限公司
江苏省昆山市玉山镇古城中路 368 号
邮编：215300
电话：0512－57800000
传真：0512－57800001
网址：www. kszlzz. com
邮箱：kszllgq@ 163. com
kszljjg@ 126. com
产品：成套造纸装备

南通市

海安县金剑轻工机械刀片厂
(原海安县轻工机械刀片厂)
江苏省南通市海安县鑫来路 80 号
邮编：226600
电话：0513－88921192、88911085
传真：0513－88833485、88921192
网址：www. jjdp. net
邮箱：lx@ jjdp. sina. net
产品：打浆刀片

海门造纸毛毯厂
江苏省海门市三条桥
邮编：226132
电话：0513－82662300
产品：造纸毛毯

江苏金呢工程织物股份有限公司
江苏省海门市悦来三条桥路 153 号

邮编：226100
电话：0513－82181300、82181369
传真：0513－82181100
网址：www. jsjinni. cn
产品：造纸毛毯、聚酯成形网

江苏省海门市工业用呢厂
江苏省海门市麒麟镇通海路 129 号
邮编：226125
电话：0513－82615001
传真：0513－82615001
网址：www. hmgyyn. cn
邮箱：info@ hmgyyn. cn
产品：造纸毛毯

海门纸毛毯二厂
江苏省海门市德胜镇
邮编：226101
电话：0513－82281511
产品：造纸毛毯

连云港市

江苏省连云港市机电设备总厂
江苏省连云港市新浦区康泰南中 55 号
邮编：222004
电话：0518－85413716
产品：生活用纸加工设备

连云港根深纸制品有限公司
江苏省连云港市连云开发区云山企业园新光路
邮编：222043
电话：0518－82341648、82340456、82802003、82800298
传真：0518－82341472、82346812、82802223
网址：www. genshen. net. cn
产品：淋膜口杯纸、瓦楞纸板、纸箱

连云港市精达计量泵有限公司
江苏省连云港市灌南县六塘街东首
邮编：222000
电话：0518－83462697、83462888
传真：0518－83461697
网址：www. gn900. com
www. lygjlb. cn
邮箱：lygjdjlb@ 163. com
产品：单、双缸计量泵

淮安市

江苏淮安第一出版印刷物资有限公司
江苏省淮安市（原淮阴市）爱民路 38 号
邮编：223001
电话：0517－83676058、83939915
传真：0517－83650488、83939915
网址：www. jspmc. com
邮箱：jspmc@ 163. com
经营：胶版纸、铜版纸、铜版卡纸

盐城市

盐城市宏宇造纸机械有限公司
江苏省盐城市盐都区楼王镇人民路 188 号
邮编：224031
电话：0515－88650158、88656969、88658777
传真：0515－88659588
网址：www. hongyuyj. com
邮箱：hongyugs@ 126. com
产品：脱水原件

盐城市文港造纸机械厂
江苏省盐城市文港北路 49 号
邮编：224002
电话：0515－88249806
产品：密封件、脱水器材

盐城市佳诚机械有限公司
江苏省盐城市秦南工业园区泽夫南路 1 号
邮编：224000
电话：0515－89805252、89807272、89882680
传真：0515－89806278、89806378
网址：www. jxmachine. com
邮箱：jcsw000001@ 163. com
jcsw000002@ 163. com
产品：流浆箱、卫生纸机、成形板、刮水板、吸水箱

扬州市

扬州市尚宝罗泵业有限公司
江苏省扬州市宝应城西（二桥）工业集中区尚宝罗路 1 号
邮编：225800
电话：0514－88209222、13901440177
传真：0514－88224929
网址：www. sblpump. com
邮箱：sblpump@ 163. com

产品：泵

江都新风造纸网业有限公司
江苏省江都市真武镇真武路 59 号
邮编：225265
电话：0514 - 86271080、86274767
传真：0514 - 86271080
网址：www. lkxf. com
邮箱：lk@ lkxf. com
产品：造纸铜网

扬州双扬机械有限责任公司
江苏省扬州市洼字街 22 号
邮编：225003
电话：0514 - 87246044、87243768、87243956
传真：0514 - 87246169
网址：www. yzsy. com. cn
邮箱：sym@ yzsy. com. cn
xsb@ yzsy. com. cn
产品：切纸机、减速机

江苏迎浪科技集团有限公司
江苏省扬州市宝应县北郊工业区
邮编：225806
电话：0514 - 88362429、8366888、8366999
传真：0514 - 88366111、88366777
网址：www. yinglang. com
www. ylpump. com
邮箱：yl@ ylpump. com
产品：造纸用泵

镇江市

金顺重机（江苏）有限公司
江苏省镇江市大港兴港东路 18 号
邮编：212132
电话：0511 - 88998082
传真：0511 - 88998988
网址：www. goldsunmachinery. com
邮箱：goldsun@ goldsunmachinery. com
产品：高速卫生纸机、复卷机、烘缸、纸机改造工程

镇江恒星科技有限公司
江苏省镇江市中山西路 89 号凯旋广场 5 号楼
邮编：212000
电话：0511 - 85027947
传真：0511 - 85636500
网址：www. hx-kj. com
邮箱：china@ hx-kj. com
产品：烘缸堵漏

镇江澳志金茂轻工机械制造有限公司
江苏省镇江市丹徒区阳谷镇镇南工业集中区宝路 1 号
邮编：212143
电话：0511 - 85935601
传真：0511 - 85935602
网址：www. zjjinmao. com
邮箱：zjjinmao@ 263. net
产品：备料、制浆、输运设备

江苏大唐机械制造有限公司
江苏省镇江市润州民营开发区镇句路东 88 号
邮编：212021
电话：0511 - 85621574、85630399、85992667
传真：0511 - 85621574
网址：www. jzdt. net
邮箱：thaoa@ 163. com
产品：备料设备

镇江良久轻工机械制造有限公司
江苏省镇江市朱芳路 108 号
邮编：212005
电话：0511 - 85632962
传真：0511 - 85623415
产品：制浆设备

镇江中富马机械有限公司
江苏省镇江市学府路 300 号
邮编：212016
电话：0511 - 88798188、88798618、88781320
传真：0511 - 88798066、88781062
网址：www. zjzfm. com
邮箱：zjzfm@ jsmail. com. cn
zjzfmyxb@ 126. com
产品：造纸备料设备

镇江金龙包装材料有限公司
江苏省镇江新区机电工业园
邮编：212132
电话：0511 - 83378588
经营：包装纸

江苏句容市兴文包装有限公司
江苏省句容市经济开发区航北路 108 号
邮编：212400
电话：0511 - 87266201、87271390
传真：0511 - 87262705

网址：www. xingwen. com
产品：瓦楞纸板、纸箱、彩印包装

泰州市

泰州市永达绳业器材厂
江苏省泰州市高港科技创业园高港区许田路许南
邮编：225324
电话：0523 - 86110982、13801432315
传真：0523 - 86116788
网址：www. yongkui. com
邮箱：admin@ yongkui. com
产品：引纸绳、柔性吊带、吊钩系列、起重链条系列

靖江耐腐蚀泵厂
江苏省靖江市新港套闸西首
邮编：214518
电话：0523 - 84211906
产品：浆泵、泵阀

靖江市飞驰环保实业有限公司
江苏省靖江市四墩子北大街
邮编：214536
电话：0523 - 84331256、84334512
传真：0523 - 84331256
网址：www. jjfchb. com
邮箱：fc_ hope@ yahoo. com. cn
产品：废水处理设备

江苏靖江市大地机械制造有限公司
江苏省靖江市城北工业园长新路 8 号
邮编：214513
电话：0523 - 84852441、84850441
传真：0523 - 84820441
网址：www. 84852441. com
邮箱：d05234852441@ 126. com
产品：黑液磺化设备

江苏苏东化工机械有限公司
江苏省泰兴市古溪镇溪镇工业园区苏东路 1 号
邮编：225417
电话：0523 - 87791016
传真：0523 - 87795139
网址：www. aaa-ylj. com
邮箱：wthtx@ pub. tz. jsinfo. net
sales@ aaa-ylj. com
产品：造纸环保设备

泰兴市金星筛板制造有限公司
江苏省泰兴市江平北路杨庄桥北收费站南 200 米
邮编：225400
电话：0523 - 87685583
传真：0523 - 87739428
网址：www. txjinxin. com
邮箱：txjxsb@ yahoo. com. cn
产品：造纸机械配件

江苏省泰兴市电除尘设备厂
江苏省泰兴市城区工业园振兴路 6 号
邮编：225400
电话：0523 - 87683876、87683865
传真：0523 - 8686865
网址：www. landiancn. com
邮箱：lddccq@ landiancn. com
产品：造纸碱回收除尘器

泰兴市仕宁机械有限公司
江苏省泰兴市城区工业园
邮编：225401
电话：0523 - 87996001、87996032
传真：0523 - 87996031
网址：www. cnjsn. com
邮箱：cw@ cnjsn. com
产品：压力筛鼓、平筛、多孔板、鳞形板、装饰消声板

泰州市鑫龙吊装器材有限公司
江苏省泰州市高港区田河振兴北路 53 号
邮编：225322
电话：0523 - 86938626
传真：0523 - 86933199
网址：www. js-xinlong. com
邮箱：info@ js-xinlong. com
产品：吊装备品、引纸绳等

兴化市造纸网厂
江苏省兴化市阳山西路西首（昭阳工业园区）
邮编：225700
电话：0523 - 83266368、88328158
传真：0523 - 83263581
产品：聚乙烯（尼龙）网、各种工业网带、塑料传送链板

泰兴市瑞和纸业有限公司
江苏省泰兴市江平北路 178 号
邮编：225400
电话：0523 - 87688777
传真：0523 - 87688888

经营：各种纸张

浙 江 省

杭州市

杭州碱泵有限公司
浙江省杭州市西湖区三墩西湖科技园西园五路 12 号
邮编：310030
电话：0571－89905760、89905601
传真：0571－89905602
网址：www. alkalipump. com
邮箱：sales@ alkalipump. com
产品：泵

富阳武林机械有限公司
浙江省富阳市劳动路 10 号
邮编：311400
电话：0571－63369991
产品：压光机、涂布机

杭州大路实业有限公司
浙江省杭州市萧山区红山
邮编：311234
电话：0571－82699042、82699052
传真：0571－82699410
网址：www. chinalulutong. com
邮箱：lulutong168@ hotmail. com
产品：工业泵、盘磨机、浆泵

杭州美辰纸业技术有限公司
浙江省杭州市建国北路 586 号 1601 室
邮编：310004
电话：0571－85096526、85096527
传真：0571－85096527
网址：www. papermech. com
邮箱：headbox@ 126. com
产品：流浆箱

杭州高新自动化仪器仪表公司
浙江省杭州市五常工业区五常大道 150 号
邮编：310023
电话：0571－88730918
传真：0571－88730917
产品：物理检测仪器

浙江华章科技有限公司
浙江省杭州市文三路 252 号伟星大厦 12 楼 E 座
邮编：310012
电话：0571－88366555
传真：0571－88856077
网址：www. hzeg. com
邮箱：sales@ hzeg. com
产品：综合自动化系统、固液分离设备

浙江中控技术股份有限公司
浙江省杭州市滨江区六合路 309 号中控科技园
邮编：310053
电话：0571－88851888
传真：0571－86667518
网址：www. supcon. com
邮箱：supcon@ supcon. com
产品：自动化

杭州华加造纸机械制造有限公司
杭州华加纸业技术发展有限公司
浙江省杭州市文晖路大塘新村 20 号
邮编：310005
电话：0571－88801313、88801222
传真：0571－88801222
网址：www. hzhuajia. com
邮箱：yeke@ mail. hz. zj. cn
产品：流浆箱、斜网成形器

杭州轻通博科自动化技术有限公司
浙江省杭州市舟山东路 66 号
邮编：310015
电话：0571－88293902、88026010、88023152
传真：0571－88290716
网址：www. hzqtbk. cn
产品：压缩强度测试仪、电脑抗张试验机、耐折度测定仪、拉力仪、白度测定仪、光泽度测定仪、纸管抗压仪、白度颜色测定仪、平滑度测定仪、吸水性测定仪、打浆度仪、纸板耐破测定仪、整箱抗压机、纸箱抗压机

杭州萧山美特轻工机械有限公司
浙江省杭州市萧山区坎山大道 265 号(萧山国际机场旁)
邮编：311243
电话：0571－82519727
传真：0571－82519726
产品：滤液泵、高浓除渣器

杭州西湖阀门厂
浙江省杭州市西湖区留下镇百家园路 2 号
邮编：310023
电话：0571－85225864

传真：0571－85220115
网址：www. hzxhfmc. com
产品：蒸汽阀门、疏水阀、止回阀

杭州新余宏机械有限公司
浙江省杭州市瓶窑
邮编：311115
电话：0571－88541156、88542958
传真：0571－88543365
网址：www. yhjg. com
产品：生活用纸机设备

浙江武林造纸机械有限公司
浙江省富阳市春江工业园区裕丰村
邮编：311421
电话：0571－63587966、63587967、63587968
传真：0571－63150990
网址：www. zjwulin. com
邮箱：sales@ zjwulin. com
产品：造纸机械

桐庐造纸机械设备有限公司
浙江省杭州市桐庐县横村镇
邮编：311512
电话：0571－64671173、89825164、64671778
传真：0571－64671305
网址：www. ztpm. com
邮箱：ztpm@ ztpm. com
产品：造纸设备

杭州振兴工业泵制造有限公司
浙江省杭州市萧山区红山农场 3 号桥
邮编：311234
电话：0571－82600999、82699701、22822991
传真：0571－82699329、82699856
网址：www. zhenxingpump. com
产品：泵

浙大双元科技开发有限公司
浙江省杭州市莫干山路 1418 号
邮编：310015
电话：0571－88867823
传真：0571－88910049
网址：www. zjusy. com
邮箱：info_ zjusy@ 163. com
产品：自动控制系统

中国轻工业总会自动化研究所
浙江省杭州市舟山东路 66 号
邮编：310015
电话：0571－88290715
传真：0571－88290716
网址：www. qgyzdh. com
邮箱：qgyzdhyjs@ 163. com
业务：传感器、智能仪器仪表、生产过程自动控制装置和系统机电一体化产品

轻工业杭州机电设计研究院
浙江省杭州市体育场路 71 号
邮编：310004
电话：0571－85186556、85186716（总机）
传真：0571－85186432
网址：www. hmei. com. cn
邮箱：hmi@ mail. hz. zj. cn
hzjdy@ hmei. com. cn
产品：造纸设备

杭州董氏工贸有限公司
浙江省杭州市东兴路 551 号颜三路 8 号
邮编：310005
电话：0571－85383446、85386422
传真：0571－85386423
经营：灰底白纸板、白卡纸、瓦楞原纸、箱纸板、铜版纸、双灰纸、包装牛皮纸、双胶纸、书写纸、拷贝纸

浙江省普瑞科技有限公司
浙江省杭州市萧山经济技术开发区鸿兴路 181 号
邮编：311215
电话：0571－88170685
传真：0571－88173641
经营：隔膜纸、过滤纸

宁波市

宁波鹏程纸业有限公司
浙江省宁波市鄞奉路 536 号
邮编：315010
电话：0574－87474197
传真：0574－87481099
经营：高、中、低档灰底、白底纸板，白卡纸，铜版纸，双胶纸

上海振华港机（集团）宁波传动机械有限公司
宁波伟隆传动机械有限公司
浙江省宁波市东钱湖旅游度假区工业区

邮编：315121
电话：0574－88372266（总机）、88370604、88373131
传真：0574－88372264
网址：www. weilongme. com. cn
邮箱：wlme@ mail. nbptt. zj. cn
产品：传动机械

宁波宁菱机器制造有限公司
宁波宁菱磁粉离合器有限公司
浙江省宁波市嵩江西路 86 号
邮编：315192
电话：0574－88213463、88215639
传真：0574－88213753
产品：分切机、涂布机

宁波市奇兴无纺布有限公司
浙江省慈溪市掌起工业开发区
邮编：315313
电话：0574－63751612、63742606、63751608、63744609
传真：0574－63740408
网址：www. china-nonwoven. com
www. airlaids. com
邮箱：qxgx@ public. cx. nbptt. zj. cn
产品：无纺布、无尘纸及其生产线、一次性卫生制品、湿面巾、生活及工业用各种擦拭布

宁波远东进出口有限公司
浙江省宁波市环城北路东段 287－2 号远东仓库
邮编：315000
电话：0574－87308169、13736010054
传真：0574－87300054
经营：涂布白卡纸、金银卡纸、牛皮纸、档案袋专用纸、画框卡纸、黑卡纸进出口

宁海精工机械有限公司
浙江省宁波市宁海强蛟工业区
邮编：315612
电话：0574－65198067、65198523
传真：0574－65198599
网址：www. nhjg. cc
邮箱：nhjg@ nhjg. cc
产品：涂布机系列、高速切纸机系列

温州市

瑞安市金斯顿喷淋机械有限公司
浙江省瑞安市塘下镇上金工业区
邮编：325204
电话：0577－65500050、65354710
传真：0577－65380926
网址：www. jinsidun. cn
邮箱：jinsidun123@ tom. com
产品：喷头、喷嘴、校网器

浙江瑞萌自动化设备有限公司
（原瑞安调节阀厂）
浙江省瑞安市汀田镇寨下东新路 18 号
邮编：325206
电话：0577－65500100
传真：0577－65505510
网址：www. cn-rtf. com
邮箱：rtf@ cn-rtf. com
产品：调节阀

瑞安市金邦喷淋技术有限公司
浙江省瑞安市塘下镇里北垟村旺垟东路 84 号
邮编：325204
电话：0577－65380305、65359286
传真：0577－65380306
网址：www. jinwenpin. com
邮箱：gfssnozzle@ yahoo. com. cn
jw@ jinwenping. com
产品：喷嘴、除渣器头

瑞安市远洋机电有限公司
浙江省瑞安市塘下镇上金工业区 5 号地
邮编：325204
电话：0577－65390539
传真：0577－65397900
产品：轴承退卸套、紧定套、切草机、飞刀、底刀、喷嘴、匀浆机、卷纸辊、磨浆机主轴、浆泵衬套、浆泵叶轮、烘缸刮刀、疏水阀

温州金虎包装材料有限公司
浙江省温州市平阳县敖江机电工业园区 104 国道 130 号
邮编：325401
电话：0577－63018373、63696666、63696601
传真：0577－63696606
网址：www. wzjinhu. com
产品：纸塑复合包装及塑料复合包装

温州市曙光起动设备有限公司
浙江省乐清市柳市大兴西路 431 号
邮编：325604

电话：0577－62726973、61720973
传真：0577－62721973
网址：www. china-shuguang. com
邮箱：info@ china-shuguang. com
产品：起动器

温州市利普自控设备有限公司
浙江省温州市鹿城区炬光园中路125号
邮编：325007
电话：0577－88608601
网址：www. leap. com. cn
产品：工业过程控制阀及自控设备

德宝纸杯机械有限公司
浙江省瑞安市飞云镇远东路21－29号
邮编：325207
电话：0577－65568789
传真：0577－65568799
网址：www. debaochina. com
邮箱：db@ debaochina. com
产品：纸杯、纸杯机、纸碗机、碟盒机等

温州仪器仪表有限公司
浙江省温州市经济技术开发区经八路
邮编：325011
电话：0577－86533644
传真：0577－86554149
产品：光学分析仪器、白度计

温州市华威机械有限公司
浙江省温州市龙湾区沙城镇南片工业区永工南路6号
邮编：325025
电话：0577－86810726、86817863
传真：0577－86821728
网址：www. hwd-cn. com
邮箱：zhangchao6698@ vip. sina. com
产品：压力筛、分散槽、弧形筛、过滤器

温州银翼造纸筛选设备有限公司
浙江省温州市高新技术园区炬光园(牛山北路)
邮编：325000
电话：0577－88609960、88609899、88609860
传真：0577－88608862、88608861
网址：www. wzyinyi. com
邮箱：yinyi@ wzyinyi. com
产品：压力筛、除节机、过滤机、分级筛

浙江力诺阀门有限公司
浙江省瑞安市潘岱泸浦力诺工业园
邮编：325211
电话：0577－65097777
传真：0577－65386988
网址：www. cn-linuo. com
邮箱：linuo@ linuovalve. com
产品：造纸控制阀

浙江瑞安市金斯顿喷淋机械有限公司
浙江省瑞安市汽摩配产基地登峰路588号
邮编：325204
电话：0577－65500050、65354710
传真：0577－65380926
网址：www. jinsidun. cn
邮箱：jinsidun123@ 163. com
产品：喷嘴

浙江亚达不锈钢制造有限公司
浙江省温州市龙湾区沙城镇食品机械工业园区安兴路155号
邮编：325025
电话：0577－86812378
传真：0577－86810869
网址：www. cnyada. net
产品：不锈钢输送管道及管件阀门

温州巨顺机械有限公司
浙江省温州市郭溪街道长城路20号
邮编：325017
电话：0577－86106117、13600666117
传真：0577－86110931
网址：www. cnjushun. cn
邮箱：master@ cnjushun. cn
产品：G型单螺杆泵、浓浆泵、刀型闸阀、浆液阀、浆料阀、气动插板阀、疏水阀、造纸机专用螺丝、喷淋管、喷嘴

苍南自动化仪器总厂
浙江省温州市苍南县城堡西路5号
邮编：325800
电话：0577－64700611、64775191
传真：0577－64758918
产品：电动机保护器

中国丰华科技发展有限公司
浙江省温州市金乡朝阳东路279号
邮编：325805

电话：0577－64562111、64561700
传真：0577－64575088
网址：www. fenghua-china. com
邮箱：fh@ cn-fenghua. com
经营：不干胶系列产品

嘉兴市

浙江德威不锈钢管业制造有限公司
浙江省嘉兴市经济开发区城北路 1522 号沭阳路口
邮编：314001
电话：0573－82222170、82211692、82220928、82223107、82224609
传真：0573－82224609、82219891
网址：www. dwbxg. com
邮箱：sales@ zjdewei. cn
产品：不锈钢大、中、小口径焊管及不锈钢管件

海宁市浙宁印刷包装机械有限公司
（原海宁市伊桥轻工机械厂）
浙江省海宁市联合西路
邮编：314400
电话：0573－87224695
传真：0573－87222033
产品：电脑凹版印刷机、盘纸分切机、纸膜横切机、金卡纸印刷机

平湖市青云建材机械有限公司
（原平湖市建材机械厂）
浙江省平湖市通界桥
邮编：314215
电话：0573－85944078、13706739400
传真：0573－85944032
网址：www. phqy2008. com
邮箱：zj@ phqy2008. com
产品：输送机、捆包机

桐乡市造纸毛毯厂
浙江省桐乡市晚村镇
邮编：314513
电话：0573－88511541
产品：造纸毛毯

湖州市

安吉美伦纸业设备有限公司
浙江省湖州市安吉县递铺镇阳光工业园区
邮编：313300
电话：0572－5302977、5302966
传真：0572－5302977
网址：www. china-meilun. com
邮箱：qmf@ china-meilun. com
产品：饰面辊

绍兴市

诸暨造纸机械厂
浙江省诸暨市牌头工业区
邮编：311825
电话：0575－87051260
网址：www. zjzzj. cn
邮箱：zjzzj@ zjzzj. cn
产品：切纸机

绍兴市恒申纸业有限公司
浙江省绍兴市袍江工业区郡贤路南区 A 块群贤路
邮编：312071
电话：0575－88036188
传真：0575－88037333
网址：www. sxhengshen. com
邮箱：web@ sxhszy. com
经营：工业用纸管、化纤

金华市

浙江武义华东印刷机械有限公司
浙江省金华市武义县环城东路 18 号
邮编：321200
电话：0579－87625769
传真：0579－87622188
网址：www. wyhdpm. com
邮箱：303373352@ qq. com
产品：扑克机械、包装机械

台州市

浙江省临海市王开机筛有限公司
浙江省临海经济开发区东方大道 138 号
邮编：317000
电话：0576－85121181、85121418
传真：0576－85121428
网址：www. wangkai. com
邮箱：hengwei@ wangkai. com
产品：筛板、筛鼓

温岭市南方粉体设备制造厂
浙江省温岭市肖家桥工业区
邮编：317502
电话：0576－86580583
传真：0576－86581283
网址：www. nf-sb. com
邮箱：nf-sb@ nf-sb. com
产品：振动筛分机、高效混合机、加热搅拌机、制粒机、输送机、乳化机、溶解机

台州神通烫印机械有限公司（纸品部）
浙江省台州市天台县城西工业区上科山
邮编：317200
电话：0576－83730208、83730598
传真：0576－83730818
网址：www. ttshentong. com
经营：纸制笔记本、纸制文具套装、纸制相册

安 徽 省

合肥市

安徽华联造纸机械联合公司
安徽省合肥市潜山路 287 号
邮编：230031
电话：0551－5562211
传真：0551－5562211
产品：造纸机械

安徽省轻工设计院有限公司
安徽省合肥市马鞍山南路富成大厦 10 层
邮编：230001
电话：0551－62677951、62673909、62628422
传真：0551－62673755
网址：www. ahlidi. com
邮箱：ahlidi@ 163. com
业务：工程设计、咨询、监理、环境工程、总承包

芜湖市

安徽华辰造纸网股份有限公司
安徽省芜湖市开发区港湾路 33 号
邮编：241006
电话：0553－5848295
传真：0553－5848290
产品：聚酯网、铜网

安庆市

安庆市朝阳胶辊密封件有限责任公司
安徽省安庆市十里乡吴咀村 206 国道旁
邮编：246005
电话：0556－5369004
产品：造纸胶辊、油封件

滁州市

天马泵阀集团有限公司
安徽省天长市新河北路 53 号
邮编：239300
电话：0550－7029888、7321888
传真：0550－7029688、7321688
网址：www. ahtmbv. com
邮箱：sales@ ahtmbv. com
产品：泵及泵阀

阜阳市

安徽华泰网业有限公司
安徽省阜阳市太和县城关镇工业园
邮编：236600
电话：0558－8668196
传真：0558－8669196
产品：造纸网、聚酯成形网、螺旋干网

安徽太平洋特种网业有限公司
安徽省阜阳市太和县城关镇工业园内
邮编：236000
电话：0558－8639313
传真：0558－8655653
网址：www. 0558tpy. com
邮箱：thliulin@ 126. com lqq100805@ 163. com
产品：造纸成型网、干网、方孔网、工业滤布

福 建 省

福州市

福建省浆纸质量监督检验站
福建省福州市台江区上海东市场 2 层
邮编：350005
电话：0591－83334751
传真：0591－83362442

业务：浆、纸和纸板及纸制品的检测

福建省建筑轻纺工业设计院
福建省福州市东大路华源大厦
邮编：350001
电话：0591－87550637
传真：0591－87520875
网址：www. fjaltdi. com
邮箱：admin@ fjaltdi. com
fjaltdi@ 163. com
业务：造纸工程设计、咨询

福建省造纸工业公司
福建省福州市省府路 1 号金皇大厦 13 层
邮编：350001
电话：0591－87527473
传真：0591－87520308
经营：造纸原料、造纸设备、仪器仪表

福州灵丰造纸开发有限公司
福建省造纸工业研究所
福建省福州市西洋路 163 号西洋公寓 1034 室
邮编：350005
电话：0591－83319455、13600855541
传真：0591－83304465
产品：造纸铜网毛毯、检测仪器、化工产品

星光造纸新技术研究开发中心
福建省福州市工业路祥坂第三工业区 8 号楼
邮编：325002
电话：0591－83053185
传真：0591－83053196
网址：www. linbaohua. com
邮箱：fjxglbh@ 163. com
产品：造纸脱水器材

福建省轻工机械设备有限公司
福建省福州市闽侯县铁岭北路 3 号
邮编：350100
电话：0591－22079888、22079666
传真：0591－22079777
网址：www. fjqj. com
邮箱：fjqj@ fjqj. com
fjqj_ yxb@ vip. 163. com
业务：提供年产 30 万吨废纸 OCC 浆、年产 15 万吨废纸脱墨浆和化学机械浆全套设备，高浓水力碎浆机、脱墨浮选机、双网挤浆机、盘式热风散等设备，项目咨询、工艺设计、设备制造、安装、试车、人员培训等全套交钥匙工程服务

福建福州杭华实业有限公司
福建省福州市塔头路 3 号山明水秀大厦 6101 室
邮编：350011
电话：0591－87336866、87330076
传真：0591－87338818、87330053
网址：www. fjhanghua. com
经营：纸张、纸浆、松香

厦门市

卡斯卡特(厦门)叉车属具有限公司
福建省厦门市海沧区阳光路 668 号
邮编：361026
电话：0592－6512500、6512570
传真：0592－6512571
网址：www. cascorp. com. cn
邮箱：cascade@ cascorp. com. cn
产品：侧移器、纸卷夹、纸箱夹、旋转器

厦门乘工阀门制造有限公司
福建省厦门市湖里工业区枋湖东路 958 号 2 号厂房
邮编：361000
电话：0592－5560772
传真：0592－5560773
网址：www. xmcgfm. com
邮箱：13806030138@ 139. com
产品：造纸专用系列阀门

厦门永顺纸业开发有限公司
福建省厦门市江头圆山工业区 2 号厂房
邮编：361009
电话：0592－5521851、5521852、5521853
传真：0592－5520291
经营：纸制品印制

厦门新友联贸易有限公司
福建省厦门市思明区湖滨北路 15 号外贸大厦 9 层 9010－9012
邮编：361000
电话：0592－5166709
传真：0592－5166707
网址：www. xmxyl. com
邮箱：xinyoulian@ yahoo. com. cn
经营：文化用纸

厦门鸿益顺环保科技有限公司
福建省厦门市海沧区南海路 689 号
邮编：361000
电话：0592－6585525
邮箱：flyhys@ 163. com
产品：造纸行业专用水煤浆

莆田市

莆田市东南纸业工贸有限公司
福建省莆田市城厢区天妃路 278 号
邮编：351100
电话：0594－2391389、2291389
传真：0594－2381389
网址：www. ptdnzy. com
邮箱：gmanager@ ptdnzy. com
产品：彩色薄页纸、彩色纸巾纸、彩色皱纹纸、彩色印刷工艺花纸、彩色碎纸条、金银印刷工艺纸

国家浆纸产品质量监督检验中心
福建省莆田市东圳东路三亭街
邮编：351100
电话：0594－2692330
邮箱：gz2692330@ 126. com
业务：食品包装用纸及容器、纸板，生活用纸，印刷用纸和纸板，文化、办公用纸和纸板及其他制浆造纸类产品的检测

三明市

福建省三明三洋造纸机械设备有限公司
福建省三明市列东高岩新村一幢 402 室
邮编：365000
电话：0598－8245329
产品：制浆设备

泉州市

福建省石狮市锦兴机械制造有限责任公司
福建省石狮市厝仔工业区
邮编：362700
电话：0595－88912783
传真：0595－88913636
网址：www. cnjxjx. com
邮箱：sales@ cnjxjx. com
产品：瓦楞纸板生产设备

漳州市

华发（福建）实业有限公司
福建省龙海市东园镇厚境华发纸地
邮编：363102
电话：0596－6708555
传真：0596－6709811
经营：原纸

南平市

福建南平星光机械制造安装有限公司
福建省南平市滨江北路 177 号
邮编：353000
电话：0599－8810277
传真：0599－8810277
业务：制浆、造纸设备制造、安装维修

福建顺昌蓝海轻工机械设备有限公司
福建省南平市顺昌县新屯工业园
邮编：353200
电话：13656966006
传真：0599－7824116
产品：碎浆机、筛、除渣器、废水处理设备

福建南平福一轻工机械有限公司
福建省南平市江南新区工业园祥瑞路 17 号
邮编：353000
电话：0599－8635577、8635262
传真：0599－8635416
业务：造纸制浆设备、年产 20 万吨废纸 OCC 浆处理系统成套设备和年产 10 万吨废纸脱墨浆处理系统成套设备

福建省南平星光纸业设计有限公司
福建省南平市滨江北路 177 号
邮编：353000
电话：0599－8808505、8808501
邮箱：huang. c. b@ nanpingpaper. com
npwrs@ 163. com
业务：从事轻纺行业制浆造纸工程设计、乙级资质相应范围内的建设工程总承包业务以及项目管理和相关的技术与管理服务

龙岩市

长汀县宝顺纸品厂
福建省龙岩市长汀县汀州镇中心坝变电站路 2 号

邮编：366300
电话：0597－6831545
传真：0597－6831545
产品：瓦楞纸箱

宁德市

福安城阳磨片厂
福建省福安市大溪边
邮编：355000
电话：0593－6381286
产品：盘磨机磨片

福安市轻工机械一厂
福建省福安市城北荷塘坪 89 号
邮编：355000
电话：0593－6382064、6588531
传真：0593－6382472
产品：打浆机、纸机配件

江 西 省

南昌市

江西洪都精工机械有限公司
江西省南昌市新溪桥
邮编：330024
电话：0791－8467083、8468229
传真：0791－8467080、8468228
网址：www. jxhdjg. com
邮箱：zwf@ jxhdjg. com
salse@ jxhdjg. com
产品：压力筛、水力碎浆机

江西省轻工业研究所
江西省南昌市北京东路 138 号
邮编：330029
电话：0791－8333891
传真：0791－8329214
业务：相关油墨制品研发、造纸相关研究

江西省纸张质量监督检验站
江西省南昌市北京东路 138 号
邮编：330029
电话：0791－8333891
传真：0791－8329214
业务：纸张质量检验

南昌轻工机械厂
江西省南昌市迎宾大道 77 号
邮编：330030
电话：0791－5212116
产品：纸机打浆机、碱回收设备

宜春市

江西特种电机股份有限公司
江西省宜春市城南工业园环城南路 581 号
邮编：336000
电话：0795－3272270、3267900、3278147
传真：0795－3263554、3274523
网址：www. jiangte. com. cn
邮箱：jtsales@ 263. net
产品：变频调速电机

山 东 省

济南市

ABK 中国代表处
山东省济南市高新区世纪财富中心 B 座 10 楼 1002 室
邮编：250101
电话：0531－86510508、13705315507
传真：0531－86510507
网址：www. abkmachinery. com
产品：流浆箱、上网成形器、软压光机、膜转移施胶涂布机及整台纸机和特种纸机等

济南金拓亨机械制造有限责任公司
山东省济南市经济开发区南园国道路 6001 号
邮编：250301
电话：0531－87229688、13905411910
传真：0531－87367881
网址：www. jintuoheng. com
邮箱：jintuoheng@ 163. com
产品：造纸机械、制浆设备、筛选设备

济南华章实业有限公司
山东省济南市天桥区东宇大广街以西
邮编：250032
电话：0531－85719751、85704203
传真：0531－85704203
网址：www. jinanhuazhang. com
www. jinanhuike. com
邮箱：jnhuazhang@ 163. com

产品：纸机部件

济南机械装备实业公司
山东省济南市经十路 388 号
邮编：250022
电话：0531 – 87966524
传真：0531 – 87957271
产品：纸机、涂布机、拉幅机

济南兰光机电技术中心
山东省济南市无影山路 144 号
邮编：250031
电话：0531 – 85953155
传真：0531 – 85062108
网址：www. labthink. cn
邮箱：marketing@ labthink. cn
产品：胶黏剂检测试验仪器、包装印刷检测仪器

济南市长清育才机械厂
山东省济南市长清区城南孙庄村
邮编：250300
电话：0531 – 87263421
产品：打浆备件

济南鑫泰液压机械有限公司
山东省济南市北工业园
邮编：251400
电话：0531 – 81171588、81171599
传真：0531 – 81171599
网址：www. xtsjj. com
www. xintaijixie. com
产品：挤浆机、洗浆机、浓缩机、碎浆机、磨浆机、精浆机、纤维疏磨机、筛、除渣器、纤维分离机、脱墨机、热分散机、除节机、混合器、漂白塔、输送机、推进器、搅拌器

济南城东机械制造有限公司
山东省济南市经十东路刘志远路口
邮编：250100
电话：0531 – 88882862、88883478、88886385
传真：0531 – 88882576
网址：www. dongchengchina. com
邮箱：jndcjx@ sina. com
产品：螺旋卷管机、封灌机、制袋机、铸涂机、挤出复合机、贴标机

济南兴宏远造纸机械有限公司
山东省章丘市官庄开发区
邮编：250217
电话：0531 – 83320518、15966303999
网址：www. xhyjxzz. com
产品：复卷机、切纸机、卷纸机等造纸完成系列设备

山东造纸机械厂有限公司
山东省济南市荷花路 65 号
邮编：250100
电话：0531 – 88265149、88263157
传真：0531 – 88263129
网址：www. sdzzjxc. com
邮箱：szj@ sd-zzjx. com
产品：压榨辊、分切机、切纸机、复卷机、卷纸机、压光机、接纸台

山东省造纸工业研究设计院
山东省济南市工业南路 101 号
邮编：250100
电话：0531 – 88952358、88590459
传真：0531 – 88934142
网址：www. sprd. cc
邮箱：sprd@ 163. com
产品：离心甩浆机

山东章丘大星造纸机械有限公司
山东省章丘市埠村镇商业街南首
邮编：250215
电话：0531 – 83711050、13356683703
传真：0531 – 83713868
网址：www. sd-daxing. com
邮箱：3711050@ sd-daxing. com
sdzqdaxing@ 163. com
产品：铸造压榨压光系列辊、卷纸缸

长春纸张试验机有限责任公司山东办事处
山东省济南市天桥区东工商河路 18 – 1 号 7 号楼 2 单元 202 室
邮编：250031
电话：0531 – 85910865
传真：0531 – 85910865
网址：www. cczzsyj. net
产品：纸张物理检测仪器

山东省章丘市造纸机械厂
山东省章丘市枣园镇
邮编：250214
电话：0531 – 83651411、83650068
传真：0531 – 83651869

网址：www. zq-zzjx. com
邮箱：zzjx@ zq-zzjx. com
产品：压光机、卷纸机、复卷机、单，双刀切纸机、接纸台、退纸架、理纸机、施胶机、打包机、分切机

长清吉祥造纸机械有限公司
山东省济南市长清区城南孙庄
邮编：250300
电话：0531－87263639
传真：0531－87263639
产品：造纸机械

长清县恒振兴造纸机械有限责任公司
山东省济南市长清区城南
邮编：250300
电话：0531－87263412
传真：0531－87263418
产品：筛选设备、浓缩机、双盘磨浆机

长清县中联造纸机械厂
山东省济南市长清区城南三公里孙庄
邮编：250300
电话：0531－87263422
产品：纸机打浆备件

济南新世纪造纸机械有限公司
山东省济南市明水赭山工业园内
邮编：250200
电话：0531－83261898
传真：0531－83261878
网址：www. ctrl. net. cn
邮箱：jnxsjzzjx@ 163. com
产品：复卷机、切纸机、压光机、卷纸机、打包机

川佳机械集团股份有限公司华北办事处
山东省济南市无影山东路 38 号
邮编：250031
电话：0531－85863156、85863256
传真：0531－85863056
网址：www. new-bonafide. com
产品：废纸制浆、打浆等成套设备

青岛市

麦斯凯包装系统（青岛）有限公司
山东省青岛市南京路 2 号绮丽大厦 1803 室
邮编：266000
电话：0532－85797620
传真：0532－85797619
网址：www. msk-covertech. cn
邮箱：info@ msk-covertech. cn
产品：燃气热缩包装机

青岛恩东物产有限公司
山东省青岛市城阳区流亭赵红路
邮编：266108
电话：0532－84908345、84908348
传真：0532－84908349
网址：www. eundong. com
邮箱：lilyvci@ eundong. com
产品：气化性防锈膜、防锈纸、防锈粉末、防锈液

青岛乾坤机械有限公司
山东省青岛市延安三路 114 号金环广场 C 座 1303 室
邮编：266071
电话：0532－85820485、83652556
产品：化学品计量泵

青岛欧美进出口有限公司
山东省青岛市市南区东海西路 35 号 4 栋 12 层
邮编：266071
电话：0532－85757515
传真：0532－85710992
网址：www. qea. cn
邮箱：qea@ qea. cn
经营：桉木浆、蔗浆、漂白阔叶木浆、漂白针叶木浆、本色木浆、脱墨浆

青岛达全洋进出口有限公司
山东省青岛开发区江山南路 628 号贵信花园 2－404 室
邮编：266555
电话：0532－86768605、15969884768
传真：0532－86769605
经营：美国乱码纸、牛皮卡纸、牛皮纸、铜版纸、玻璃卡纸进出口

青岛冠宇纸业有限公司
山东省青岛市李沧区玖水东路市南工业区旁边
邮编：266100
电话：0532－87609718、87608628、87608608
传真：0532－87609799、87609798
经营：牛皮卡纸

青岛澳宇贸易有限公司
山东省青岛市崂山区海尔路 63 号数码科技中心北楼 703 中港大厦 1405 房间
邮编：266061

电话：0532－80998176、13953200097
传真：0532－80999990
经营：牛皮卡纸、白纸板、挂面纸、废纸

青岛茂源经贸有限公司
山东省青岛市衡阳路1号甲
邮编：266000
电话：0532－84683966、84683988、84685999
传真：0532－84683977
经营：纸张

青岛瑞宝纸业有限公司
山东省青岛市瞿塘峡路43号金色海岸
邮编：266002
电话：0532－82688762
传真：0532－82654552
经营：纸、纯白纸边、卫生纸边、扑克牌原纸、牛皮纸袋纸、牛卡切边

青岛森信商贸有限公司
山东省青岛市浦口路8号504
邮编：266021
电话：0532－83021477、83024166、13906421070
经营：铜版纸、双胶纸、邮封纸、PE牛皮纸、牛皮卡纸

青岛坤博进出口有限公司
山东省青岛市福州南路9号1028室
邮编：266071
电话：0532－85770827
传真：0532－85770827
经营：废铝箔纸、铝箔包装纸、卫生纸边、废塑料、铝塑膜、半透明纸、白包装用纸

青岛宏业林浆纸有限公司
山东省青岛市观音峡路24号2504室
邮编：266002
电话：0532－82685988
传真：0532－82670827
经营：漂白针叶木浆

淄博市

临淄闻韶世兴源机械配件服务部
山东省淄博市临淄区稷下办
邮编：255400
电话：0533－7314282
传真：0533－7314282
产品：造纸机、塑料机零配件、造纸网毯洗涤器、校正器

山东恒星股份有限公司
山东省淄博市周村区恒星路98号
邮编：255300
电话：0533－6553030、6556038
传真：0533－6553041
产品：各种型号、系列造纸机，板纸机，超级压光机等

山东晨钟机械股份有限公司
山东省淄博市桓台田庄镇
邮编：256402
电话：0533－8580059、8580366
传真：0533－8588059
网址：www. chenzhong. com. cn
邮箱：chenzhong@ chenzhong. com. cn
产品：系列圆盘、锥度等磨浆机及其配件，搓浆机，制浆、筛选等设备

山东海天造纸机械有限公司
山东省淄博市王村兴华路320号
邮编：255311
电话：0533－6682999
传真：0533－6680898
网址：www. haitianjx. com
邮箱：haitianjx@ 126. com
产品：1760～4400毫米系列长网多缸文化用纸机，2400～4400毫米系列圆网压力成形器，超短网成形器纸板机，2400～4400毫米系列长网多缸瓦楞原纸机，2400～4400毫米系列三叠网、四叠网纸板机

山东硅苑新材料科技股份有限公司
（原山东省硅酸盐研究设计院）
山东省淄博市高新区柳泉路286号
邮编：255086
电话：0533－3582419
传真：0533－3582244
网址：www. sicer. com
邮箱：sicer@ sicer. com
产品：陶瓷系列脱水器件、除砂器、除杂器

山东省淄博市临淄区宏强造纸设备厂
山东省淄博市临淄区炼厂西路
邮编：255400
电话：13355231527
产品：气动洗涤驱动装置、水动成套配件、水动装置、气动校正器

山东省淄博市临淄区辛店富发造纸设备厂
山东省淄博市临淄区大武生活区分 146 号
邮编：255400
电话：0533－7481761
传真：0533－7481761
产品：造纸网毯洗涤器

山东富安集团真空科技有限公司
山东省淄博市博山区富安工业园
邮编：255200
电话：0533－4208888、4208666
传真：0533－4208999
网址：www. shandongfuan. com
邮箱：shandongfuan@ sina. com
产品：真空泵

佶缔纳士机械有限公司
纳西姆工业(中国)有限公司
山东省博山经济开发区纬五路 18 号
邮编：255213
电话：0533－4650168、4654888、4652266
传真：0533－4651466、4650166
网址：www. gdnash. com. cn
邮箱：mk. gdnc@ gardnerdenver. com
产品：系列真空泵、压缩机

淄博东方机械有限公司
山东省淄博市桓台县田庄西外环路北首
邮编：256402
电话：0533－8581000
产品：制浆设备及配件

淄博国信轻工机械有限公司
山东省淄博市桓台新城
邮编：256403
电话：0533－8880446
传真：0533－8880440
网址：www. gxqj. net
邮箱：gxqj@ gxqj. net
产品：转鼓式碎浆机等废纸制浆设备

淄博明信造纸机械有限公司
山东省淄博市周村区正阳路 1688 号
邮编：255339
电话：0533－6161856、13905335172
传真：0533－6161058
产品：文化用纸机、瓦楞原纸机、箱纸板机

淄博锦秀电器自动化有限公司
山东省淄博市周村区正阳路北首
邮编：255339
电话：0533－6531786、6536726、6536797
传真：0533－6531786
网址：www. zbjxdq. com
邮箱：zbjxdq@ 163. com
产品：制浆 DCS 系统、变频传动系统、定量水分析

淄博泰鼎造纸机械有限公司
山东省淄博市周村区恒星路 98 号
邮编：255300
电话：0533－6556085
传真：0533－6557368
网址：www. zbtd. com. cn
邮箱：sdzbtd@ sina. com
产品：超级压光机系列

淄博市周村庆宁过滤设备厂
山东省淄博市周村区米河路北首
邮编：255300
电话：0533－8775090、6804678
传真：0533－6804678
产品：过滤设备

淄博全通机械有限公司
山东省淄博市王村镇
邮编：255311
电话：0533－6680247、6681128
传真：0533－6680249
网址：www. cnquantong. com
邮箱：quantong@ cnquantong. com
　　　cnquantong@ sina. com
产品：双螺旋高效挤浆机、纸板机、复合纸机、软辊压光机

淄博市临淄春光机电有限公司
山东省淄博市临淄区梧台镇温江路 3 号
邮编：255420
电话：0533－7666048
传真：0533－7669098
网址：www. cgjd. com
邮箱：cgjd@ cgjd. com
产品：造纸网毯洗涤器及其驱动装置，中、低浓双盘磨浆机，长网双辊挤浆机，长网洗浆机

淄博市临淄科比造纸设备厂
山东省淄博市临淄区

邮编：255400
电话：0533－7327902
传真：0533－7327902
产品：网毯洗涤、校正器、造纸设备

淄博水环真空泵厂有限公司
山东省淄博市博山区柳杭路 48 号
邮编：255200
电话：0533－4178155、4175945
传真：0533－4179957
网址：www. shzkb. com
邮箱：shzkb@ shzkb. com
产品：2BEC、2BEA、2BVA、SZ、SZB、SK、2SK、2SK－P等系列水环式真空泵，压缩机及真空机组，HZN 柠檬酸强制循环泵

淄博陶瓷机械厂
山东省淄博市淄川区昆仑镇铁路街 203 号
邮编：255129
电话：0533－5780113、5781921
产品：高速超细粉碎机

淄博市临淄八方园包装制品有限公司
山东省淄博市临淄区金岭镇金岭南路 1905 号
邮编：255410
电话：0533－7480058
传真：0533－7480128
产品：纸杯、纸碗、纸餐盒

枣庄市

山东鲁台集团凯利得数控设备有限公司
山东省枣庄市台儿庄区经济开发区
邮编：277400
电话：0632－6662999、6662998、6687999
传真：0632－6662998
网址：www. lutaikld. com
邮箱：calender@ 126. com
产品：软压光机、数控传动

山东鲁台造纸机械集团有限公司
山东省枣庄市台儿庄工业园鲁台路 1 号
邮编：277400
电话：0632－6681888、6681999、13561113888
传真：0632－6611569
网址：www. lutaijt. com
邮箱：lutaigroup@ 163. com
产品：SD 压滤机、造纸机、碎浆机、烘缸

山东台儿庄万通纸业总公司
枣庄市亿利达造纸机械有限公司
山东省枣庄台儿庄区长捷西路
邮编：277400
电话：0632－6618915、6611105、6618626
传真：0632－6612639
网址：www. zzyld. com
邮箱：yldtec@ 163. com
产品：软压光机、污泥脱水机、湿抄机、造纸机

枣庄市亿丰造纸机械有限公司
山东省枣庄市台儿庄区长捷路中段（区党校东）
邮编：277400
电话：0632－6666068
传真：0632－6661958
产品：造纸机械

枣庄市得盛机械设备有限公司
山东省枣庄市驻地西昌路
邮编：277100
电话：0632－3318777、13361438256
传真：0632－3555558
产品：流浆箱、污泥脱水机、烘缸、压光机、压榨洗涤过滤机

枣庄市汉森造纸数控设备有限公司
山东省枣庄市台儿庄区鸿发街北段
邮编：277400
电话：0632－6637338、13906326595
传真：0632－6602988
网址：www. hastenzz. com
邮箱：hastenzz@ 126. com
hs@ hastenzz. com
产品：压光机

山东省滕州市臻宇造纸环保设备厂
山东省滕州市平行路 268－3 号
邮编：277500
电话：0632－5573861
传真：0632－5573861
产品：黑液提取设备、浆液分离机

山东省滕州市科创轻工机械有限公司
山东省滕州市东城经济工业园
邮编：277500
电话：0632－5687391、5687390
传真：0632－5687390
网址：www. sdkechuang. com
邮箱：tzkechuang@ 163. com

产品：制浆造纸废水处理、废纸脱墨设备

滕州力华米泰克斯胶辊有限公司
山东省滕州市平行南路 76 号
邮编：277500
电话：0632 - 5699298、5699450
传真：0632 - 5699275
网址：www. sdlihua. com
邮箱：salihua@ vip. 163. com
　　　lihua@ sdlihua. com
产品：工业胶辊、其他金属零件覆胶

滕州市晨光波纹管有限公司
山东省滕州市长途汽车总站北后屯工业区
邮编：277500
电话：0632 - 5552837
传真：0632 - 5552171
网址：www. cgbwg. com
邮箱：chengguanggongsi@ 126. com
产品：旋转接头、波纹补偿器

滕州市东方波纹管有限公司
山东省滕州市平行北路 41 号
邮编：277500
电话：0632 - 5512430
传真：0632 - 5513248
网址：www. tzdfbwg. com
邮箱：dfjs2008@ 163. com
产品：金属软管、旋转接头

滕州市锻压机床二厂
山东省滕州市学院路 1 号
邮编：277500
电话：0632 - 5512006、5502318
传真：0632 - 5599753
网址：www. tz2d. com
　　　www. tz2d. com. cn
邮箱：tz2d@ sina. com
产品：挤浆机、洗浆机、污泥脱水

滕州市华方旋转接头有限责任公司
山东省滕州市大同北路 5 号
邮编：277500
电话：0632 - 5525608、5594683
传真：0632 - 5528571、5516498
网址：www. 5525608. com
邮箱：5525608@ 163. com
产品：旋转接头及不锈钢金属软管

滕州市金旋波纹管有限公司
山东省滕州市平行南路 88 号
邮编：277500
电话：0632 - 5585138、5553666
传真：0632 - 5586527
网址：www. xzjt. com
邮箱：tzjinxuan@ 163. com
产品：金属软管、旋转接头

滕州约翰逊旋转接头制造有限公司
山东省滕州市大同北路 139 号（北首）
邮编：277500
电话：0632 - 5513203、5512111
传真：0632 - 5516244
产品：各种规格、型号的旋转接头及配套金属软管、疏水阀

烟台市

烟台华正轻工机械有限公司
山东省烟台市牟平区北关大街 755 号（汽车站向西 500 米路北）
邮编：264100
电话：0535 - 4223727、4266018
传真：0535 - 4266016
网址：www. hzqj. net
产品：打浆、除渣设备，真空泵

烟台造纸机械总厂
山东省烟台市莱山区
邮编：264101
电话：0535 - 6752024
产品：磨浆、浓缩、除渣、真空系列浆泵

莱州市永丰造纸机械有限公司
山东省莱州市平里店镇驻地
邮编：261414
电话：0535 - 2615565 - 8318
　　　0535 - 2615566 - 8318
传真：0535 - 2615567
网址：www. yongfenggroup. com
邮箱：admin@ yongfenggroup. com
产品：制浆造纸设备、单/复式纤维分离机、外流式高浓压力筛、双锥体高浓除渣器、方浆池推进器、浆池搅拌器、卧/立式水力碎浆机、自洗式振动平筛、槽式打浆机、出口五金工具、硬度计、工业纸板、纸塑制品

山东莱州市磁粉离合器厂
山东省莱州市城山路 200 号
邮编：261416
电话：0535－2754132
产品：纸机用离合器

蓬莱市自控设备成套厂
山东省蓬莱市海市路
邮编：265600
电话：0535－5641224、5631224
传真：0535－5601224
网址：www.penglaisugar.com
邮箱：plwzq@163.com
产品：汽水分离、冷凝水排出

潍坊市

山东科力华电磁设备有限公司
（原山东省临朐县科力电磁设备厂）
山东省潍坊市临朐县城南工业园
邮编：262600
电话：0536－3181088、3181099、3181077、13953602126
传真：0536－3181099
网址：www.sdklh.net
www.sdklh.com
邮箱：kelidianci@hotmail.com
产品：电磁除铁器、磁滚筒、永磁铁、金属探测仪

潍坊同步造纸技术有限公司
山东省安丘市经济开发区
邮编：262100
电话：0536－4733666、4224610、13953661000
传真：0536－4733667
网址：www.wftbzz.com
邮箱：dgt777@126.com
产品：纸幅横向水分调节系统、纸幅横向定量调节系统、刮刀、空气转向器、纸幅稳定器、洗涤器、分条机，水力式流浆箱等

潍坊天宏机械制造有限公司
山东省安丘市华安路中段西首
邮编：262100
电话：0536－4256398
传真：0536－4256397
网址：www.wfth.cn
邮箱：th6230@sohu.com
产品：除渣器

山东华特磁电科技股份有限公司
山东省潍坊市临朐县经济开发区华特路中段
邮编：262600
电话：0536－3214543、3158866、3112577
传真：0536－3110552
网址：www.sdhuate.com
邮箱：htcd@chinahuate.com
产品：除铁器、给料器

潍坊开发区造纸毛毯厂
山东省潍坊市北海路 628 号
邮编：261061
电话：0536－8883680
传真：0536－8888367
产品：造纸毛毯

潍坊凯信机械有限公司
山东省潍坊市高新技术开发区桐荫街 7 号
邮编：261061
电话：0536－2966966、2966902
传真：0536－2966999
网址：www.hicredit.net
邮箱：wfkxjx@vip.sina.com
产品：造纸机械成套设备及相关自控系统、气垫式干燥浆板机

潍坊市石辊厂
山东省安丘市红沙沟街
邮编：262124
电话：0536－4671466
传真：0536－4671957
产品：纸机用辊

潍坊扬帆机械有限公司
山东省潍坊市胜利西街 3858 号
邮编：261011
电话：0536－8552655、8552366
传真：0536－8550840
网址：www.yangfanjixie.com
邮箱：yangfan@yangfanjixie.com
产品：备料、制浆设备，废水处理设备

潍坊科创浆纸工程有限公司
山东省安丘市经济开发区
邮编：262123
电话：0536－4732506、2269600
传真：0536－4732507
网址：www.wfkc.cn

产品：除渣器、螺旋挤浆机、搅拌器

青州市益丰造纸机械有限公司
山东省青州市南郊
邮编：262501
电话：0536－3810143
传真：0536－3811611
网址：www. chinayifeng. cn
邮箱：yifengjixie@ sohu. com
产品：备料、制浆设备

山东青州市鸿立造纸机械有限公司
（原青州市益都造纸机械厂）
山东省青州市东方路678号
邮编：262500
电话：0536－3201582、3297849
传真：0536－3205539
网址：www. sdyidu. com
邮箱：zcl@ sdyidu. com
zhaichangli@ sdyidu. com
产品：制浆、备料设备

山东诸城国安机械有限公司
山东省诸城市经济开发区西首
邮编：262233
电话：0536－6017288
传真：0536－6017288
产品：制浆造纸设备、废水处理设备

诸城市明大机械有限公司
山东省诸城市皇华工业园
邮编：262233
电话：0536－6587669、6589330
传真：0536－6342866
网址：www. mingdajixie. cn
邮箱：mdjixie330@ 163. com
产品：卫生纸机

山东省诸城市汉通奥特造纸设备有限公司
山东省诸城市龙都工业园
邮编：262200
电话：0536－6218640
传真：0536－6113828
网址：www. chinahantong. com
邮箱：aote7910@ 163. com
产品：制浆设备、卫生纸机、废水处理设备

山东省弘扬机械有限公司
山东省诸城市龙都街道办事处西土墙工业园
邮编：262200
电话：0536－6358838
传真：0536－6358278
产品：筛选、碎浆、打浆、除砂及纸加工设备，废纸脱墨成套设备，废水处理成套设备及工艺设计，制浆造纸工艺设计及技术指导，爆破法制浆，新型环保制浆方法技术咨询

山东省诸城市精益造纸机械厂
山东省诸城市密州街道办事处东徐工业园
邮编：262200
电话：0536－6065718、6083680、
13606476897、13791630807
传真：0536－6083680
产品：纤维分离机、挤浆机、脱墨机、压滤机、离解机、精浆机、碎浆机、气动刮刀、双盘磨浆机、圆网浓缩机、旋翼筛

诸城市中天机械有限公司
山东省诸城市西土墙工业园
邮编：262200
电话：0536－6358676、6881548、6358673
传真：0536－6358679、6358675
网址：www. zhongtianjixie. com
邮箱：ztjxxx@ 163169. net
zhongtianhuanbao@ sohu. com
产品：环保设备、造纸设备、承接环保工程

山东省诸城市金三扬机械设备制造厂
山东省诸城市经济开发区横五路东首
邮编：262200
电话：0536－6125578、6125588、13806366474
传真：0536－6184876
产品：废水处理设备、制浆设备、脱墨设备、锅炉除尘设备

山东省诸城市金隆机械制造有限责任公司
山东省诸城市德利斯大道中段
邮编：262200
电话：0536－6081658、6116888
传真：0536－6081808
网址：www. cnjinlongjixie. com
邮箱：jl@ cnjinlongjixie. com
产品：打浆设备、磨浆设备、筛选净化设备、浮选脱墨设备、浓缩洗浆设备、废水处理设备、高速卫生纸机、机械制浆设备、热分散系统、浆泵、

推进器

山东诸城市东泰造纸机械有限公司
山东省诸城市西外环中段化肥厂西 300 米
邮编：262200
电话：0536－6017669、6018669、13505369679
网址：www. dongtaijixie. com
邮箱：dongtai6018669@ 126. com
产品：筛、除渣器、污泥压滤机、气浮废水处理、纸机、湿抄机、脱墨设备、洗涤磨浆设备、磨浆机、爆破制浆技术及设备

山东省诸城市新日东机械厂
山东省诸城市皇华工业园
电话：0536－6067736、6060117
传真：0536－6060796
网址：www. xrdjx. com
www. xinridong. cn
www. sdxrd. com. cn
邮箱：xinridong@ sina. com
产品：脱墨机、碎浆机、磨浆机、洗浆机、搓磨分丝机、纤维分离机、卫生纸机、压力筛

山东省诸城市双益机械有限公司
山东省诸城市密州路 29 号
邮编：262200
电话：0536－6327018
传真：0536－6050758
产品：压力筛、纤维分离机、磨浆机、脱墨机、浓缩机、压滤机、气浮机

诸城市中泰机械有限公司
山东省诸城市龙都工业园
邮编：262200
电话：0536－6350336、6184887
传真：0536－6356235
网址：www. zhongtaijixie. com
邮箱：mail@ zhongtaijixie. com
产品：卫生纸机、压力筛、分离器、纤维分离器、脱墨机、洗浆机、碎浆机、挤浆机、污泥脱水机、搓磨机

山东省诸城市金日东造纸机械有限公司
山东省诸城市开发区压山路 18 号
邮编：262200
电话：0536－6213740、6213221
传真：0536－6213221
网址：www. ridong. com
产品：卫生纸机、螺旋网带洗浆机

山东省诸城市天工造纸机械有限公司
山东省诸城市开发区顺都路 263 号
邮编：262233
电话：0536－6805066、6805088
传真：0536－6805000
网址：www. tiangongmachinery. com
邮箱：fam@ tiangongmachinery. com
产品：废纸处理设备、制浆设备、环保设备

山东省诸城市增益造纸设备有限公司
山东省诸城市密州路东首外贸街 9 号
邮编：262200
电话：0536－6066260、6065123
传真：0536－6065719
网址：www. zengyihuanbao. com
产品：碎浆机、筛浆机、脱墨机、浓缩机、废水处理设备和纸机

山东惠祥专利造纸机械有限公司
（原山东省诸城市专利造纸机械厂）
山东省诸城市辛兴镇兴中路 38 号
邮编：277400
电话：0536－6011600
传真：0536－6011700、6011800
网址：www. zlzzjx. com
邮箱：zl@ zlzzjx. com
sales@ zlzzjx. com
产品：废纸设备

山东诸城市宏升机械有限公司
山东省诸城市东城工业项目区（昌城行寺路南）
邮编：262216
电话：0536－6406869、6402998
传真：0536－6407989
网址：www. hongshengjixie. com
邮箱：hsjx@ hongshengjixie. com
产品：制浆造纸设备

山东诸城市旭日东机械有限责任公司
山东省诸城市隆源路
邮编：262200
电话：0536－6081238
传真：0536－6087785
网址：www. xuridong. com
邮箱：mail@ xuridong. com
产品：制浆、抄纸、纸加工、废水处理设备

诸城市大正机械有限公司
山东省诸城市南外环路东段南侧
邮编：262200
电话：0536－6329913、15095299364
传真：0536－6056488
网址：www. dzco. net. cn
邮箱：dazhengjixie2002@ dzco. net. cn
产品：链式压滤机、卫生纸机

诸城市汇川机械厂
山东省诸城市郝戈庄镇(诸城西南外环交点向南 13 公里处)
邮编：262226
电话：0536－6591383
传真：0536－6591855
网址：www. jienengshebei. com
邮箱：hcjxshj@ 163. com
　　　shj6699@ 163. com
产品：造纸机械环保设备

诸城市造纸机械厂
山东省诸城市密州路 26 号
邮编：262200
电话：0536－6213221
产品：制浆、脱墨设备

山东荣光不锈钢制品有限公司
山东省寿光市高新技术开发区
邮编：262703
电话：0536－5196955
传真：0536－5109897
产品：造纸容器

汶瑞机械(山东)有限公司
山东省安丘市潍徐南路 287 号
邮编：262100
电话：0536－4362288、4361880
传真：0536－4372633
网址：www. wenrui. com. cn
邮箱：info@ wenrui. com. cn
产品：黑液提取碱回收设备、双螺杆制浆机

安丘市石辊厂
山东省安丘市红沙沟镇驻地
邮编：262124
电话：0536－4671098
传真：0536－4671065
网址：www. aq-sg. com
邮箱：aqsg@ aq-sg. com
产品：石辊、盘磨、打浆机刀片

安丘科扬机械有限公司
山东省安丘市东城工业园
邮编：262100
电话：0536－4261398、4709888
传真：0536－4252598
网址：www. keyang. cc
邮箱：keyang108@ 163. com
产品：气浮、净水器、洗浆机、换热器、搅拌器

安丘市天利机械制造有限公司
山东省安丘市南工业园石泉路口
邮编：262100
电话：0536－4252801、4252805
传真：0536－4252813
网址：www. sdtljx. com
邮箱：tljt6699@ sohu. com
产品：除渣器、压力筛、苛化器、挤浆机

安丘天瑞机械制造有限公司
山东省安丘市石泉路口南 1. 5 公里路东
邮编：262100
电话：0536－4250801、13964701658
传真：0536－4255979
网址：www. aqtianrui. com
邮箱：tianruijixie@ 163. com
产品：制浆设备

安丘市峰胜永安机械有限责任公司
山东省安丘市东外环路南首
邮编：262100
电话：0536－4381608
传真：0536－4381608
产品：洗浆机、碎浆机、脱墨、除渣器

安丘市信金机械制造有限公司
山东省安丘市和平路中段
邮编：262100
电话：0536－4262678
传真：0536－4265977
网址：www. shine-xinjin. com
邮箱：gxn@ shine-sinjin. com
产品：除渣器系列、造纸机械

实耐格(潍坊)包装有限公司
山东省寿光市西环路

邮编：262702
电话：0536－5211111
传真：0536－5211611
产品：纸芯、纸管

济宁市

济宁新华天机械有限公司
山东省济宁市高新技术开发区机电二路
邮编：272000
电话：0537－2481588、13605371432
传真：0537－2481598
网址：www. xhtjx. com
邮箱：jnxhtjx@ 163. com
产品：筛鼓

济宁安联轻工机械有限公司
山东省济宁市嘉祥经济开发区嘉诚路中段
邮编：272400
电话：0537－3218138、3218139
传真：0537－3218137
网址：www. alqj. com
邮箱：alqj@ alqj. com
alqjx@ 163. com
产品：碎浆机、纤维分离机、粗选机、压力筛、黑液过滤机、纸机流送系统、除渣器、除气器、苛化器

山东高新机械设备有限公司
山东省邹城市经济开发区兴业路 618 号
邮编：273500
电话：0537－5342256、5353899
传真：0537－5344036
网址：www. gaoxfc. com
邮箱：gaoxfc@ gaoxfc. com
产品：压力筛、除杂器等

昌平集团科技开发公司
山东省邹城市宏达路中段
邮编：273500
电话：0537－5296863
产品：疏解泵、中浓泵

泰安市

山东泰安松源网业有限公司
山东省泰安市泰山区省庄工业园九星街 77 号
邮编：271000
电话：0538－8332939
传真：0538－8332939
产品：造纸用聚酯成形网、双层网、双层半网、聚酯干网、螺旋网、洗浆网、压滤网、造纸铜网

威海市

文登市永飞刀片厂
山东省文登市米山南郑
邮编：264424
电话：0631－8872082
产品：涂布、烘缸刮刀

临沂市

山东华源锅炉有限公司
（原山东临沂锅炉厂）
山东省临沂市枣沟头镇永安路 55 号
邮编：276004
电话：0539－8164060、8153350
传真：0539－8162423
网址：www. lyboiler. com
www. hyboiler. cn
邮箱：hyboiler@ msn. cn
0539glc@ 163. com
产品：固体废弃物焚烧锅炉

沂春机械股份有限公司
山东省临沂市费县胜利街
邮编：273400
电话：0539－5221136
产品：纸机、分切机、真空泵

聊城市

聊城诚信造纸技术服务有限公司
山东省聊城市东昌东路 58 号
邮编：252021
电话：0635－8315880、8973915
传真：0635－8315880
产品：专利技术及设备

山东信和造纸工程股份有限公司
山东省聊城开发区黄河路 26 号
邮编：252000
电话：0635－2933333
传真：0635－2938333
网址：www. sdxhzz. com

产品：长网、圆网纸机

聊城华林机械有限公司
山东省聊城市凤凰工业园纬一路 8 号
邮编：252000
电话：0635－2126008、2126001
传真：0635－2126006、2126001
网址：www.cnchanghua.com
邮箱：hmcqin@163.com
产品：中高速卫生纸机

山东聊城联舰造纸技术服务有限公司
山东省聊城市东昌府区凤凰工业园富民路 2 号
邮编：252000
电话：0635－6969248、13561275265、13646380001
传真：0635－6969248
产品：楔斜式压力挤浆机、喷浆式压力纸幅成形器

山东昌华造纸机械有限公司
山东省聊城市凤凰工业园南外环路 178 号
邮编：252000
电话：0635－2128866、2128818
传真：0635－2128877
网址：www.cnchanghua.com
产品：1760～5280 系列文化用纸机、2850～6000 系列长网瓦楞原纸机、2640～4800 系列叠网纸板机、烘缸、气垫式流浆箱、BM 成形器、宽压区压榨

山东茌平鲁丰机械厂
（原茌平县造纸机械厂）
山东省聊城市茌平县城工业区
邮编：252100
电话：0635－4282839、13963006273、15063599901
传真：0635－4282839
产品：除渣器、分浆箱、搅拌罐、碎浆机、校正器、张紧器、振框筛

富尔德－富元制浆造纸机械有限公司
山东省临清市北门里街
邮编：252600
电话：0635－2437377、2437677
传真：0635－2437930
产品：造纸机械

滨州市

山东黄河玻璃钢厂
山东省滨州市阳信县城南
邮编：251800
电话：0543－8231322
产品：除渣器

山东博兴铁龙泵业有限责任公司
（原博兴水泵厂）
山东省滨州市博兴县兴福镇
邮编：256510
电话：0543－2422457、2888863
网址：www.tlby.com.cn
邮箱：xiaoshou@tlby.com.cn
产品：LJ、WLJ 系列纸浆泵、Y 型醪料泵

滨州东瑞机械有限公司
山东省滨州市博兴县曹王镇纬中路 113 号
邮编：256509
电话：0543－2413186、2413189、2300468
传真：0543－2413186
网址：www.bzdrjx.com
产品：中高端纸浆泵系列

山东长星集团有限公司
山东省滨州市邹平县长山镇朱家村
邮编：256206
电话：0543－4852225、4833999
传真：0543－4819128、4833999
产品：真空辊

山东省邹平兴忠光泽缸表面处理厂
山东省滨州市邹平县临池镇望京村
邮编：256200
电话：0543－4537555、13605336222
传真：0543－4537777
网址：www.xingzhongguangzegang.com
产品：各种规格镀铬辊、印花辊等及烘缸修复翻新

山东杰锋机械制造有限公司
山东省滨州市邹平县长山工业园
邮编：256206
电话：0543－4851388
传真：0543－4851918
网址：www.sdjiefeng.com
邮箱：jishaichang@163.com
产品：中高端压力筛、浓缩机

邹平电镀厂
山东省滨州市邹平县临池镇东黄村
邮编：256200
电话：0543－4531538

传真：0543－4531538
产品：电镀烘缸、电镀辊

山东北方造纸机械有限公司
山东省邹平北方起重机设备有限公司
山东省滨州市邹平县临池镇古城村
邮编：256220
电话：0543－4534999、13708946611
传真：0543－4534999
产品：纸机、起重机、烘缸表面处理

邹平鲁伟机械有限公司
山东省滨州市邹平县长山镇开发区
邮编：256206
电话：0543－4859777、13465050999
传真：0543－4819666
网址：www. luweijixie. com
邮箱：luweijixie@ 163. com
产品：切草机、切竹机、劈木机、剥皮机、削片机

邹平县顺鑫造纸机械有限责任公司
山东捷登机械制造有限公司
山东省滨州市邹平县好生镇工业园
邮编：256219
电话：0543－4502588、13805431944
传真：0543－4504999
网址：www. sdshunxin. com
邮箱：sdzp1944@ 163. com
产品：制浆成套设备及配件

河 南 省

郑州市

河南轻工业设计院有限公司
河南省郑州市纬四路 12 号北楼
邮编：450003
电话：0371－65944137、65944125
传真：0371－65944137
网址：www. yqsj78. com
邮箱：hnqgsjy@ 163. com
业务：造纸工业项目设计、咨询

河南博奥泵业有限公司
河南省郑州市上街区阀门产业园锦江南路
邮编：450041
电话：0371－63279997
传真：0371－63279995
网址：www. suaop. com
邮箱：suaop@ 126. com
产品：纸浆泵、废水泵、浆渣泵

郑州磊展科技造纸机械有限公司
河南省郑州市新密大隗镇河屯工业区
邮编：452383
电话：0371－69288115、69272219
传真：0371－69271850
网址：www. zzleizhan. com
邮箱：Liujianpo@ hotmail. com
产品：制浆设备

河南省弘达造纸设备有限公司
河南省新密市大槐镇河屯工业区
邮编：452383
电话：0371－69272219
传真：0371－69271850
产品：制浆造纸设备

郑州运达造纸设备有限公司
河南省郑州国际机场薛店工业园世纪大道 168 号
邮编：451162
电话：0371－62586196
传真：0371－62581811
网址：www. zzyuda. com
产品：制浆设备

河南曙光两相流泵厂
（原河南省巩义市两相流泵厂）
河南省巩义市米河镇
邮编：451263
电话：0371－64339559
传真：0371－64338181
网址：www. cnlxl. com
邮箱：cnlxl@ cnlxl. com
产品：纸浆泵、废水泵、浆渣泵

郑州非尔特网毯有限公司
河南省新密市袁庄村工业园
邮编：452370
电话：0371－69821471、69875777
传真：0371－69875000
网址：www. hnyn. com
邮箱：3321838@ qq. com
产品：造纸毛毯

河南润扬环境科技有限公司
河南省郑州市航海路东段
邮编：450000
电话：0371－86662338
传真：0371－86662338
产品：环保设备及工程安装

河南亚神环保科技有限公司
河南省郑州市金水东路 122 号
邮编：450000
电话：0371－66832103
传真：0371－66832103
网址：www. hnyshbkjgs. com. cn
邮箱：yashen0371@ 163. com
产品：环保设备及工程安装

开封市

开封市第四机床厂
河南省开封市城隍庙后街 3 号
邮编：475001
电话：0378－5696872、5696409
传真：0378－5696500
网址：www. kfdsjcc. com
产品："两相流"纸浆泵、除渣器、盘磨机、螺旋推进器、水力碎浆机、纤维回收机

安阳市

中国联合装备集团安阳机械有限公司
河南省安阳市长江大道 158 号
邮编：455000
电话：0372－2160928
传真：0372－2160985
网址：www. ayqj. com
产品：多圆盘过滤机、蒸煮锅、喷放锅、真空洗浆机

安阳鑫炬环保设备有限公司
河南省安阳市汤阴城东工业园
邮编：456150
电话：0372－5527868
传真：0372－5527868
产品：锅炉配套设备

鹤壁市

淇县双盘磨造纸设备厂
河南省鹤壁市淇县铁西工业区袁庄路口
邮编：456750
电话：0392－7271329、7270989
传真：0392－7222118
网址：www. qxspm. com
邮箱：zxm_918@ 163. com
产品：纸浆高浓磨

新乡市

新乡市金利达化纤有限公司
河南省新乡市封丘县产业集聚区 186 号
邮编：453300
电话：0373－8252898
传真：0373－8252577
网址：www. jldhx. com
邮箱：jldhxc@ 163. com
产品：底网造纸毛毯、聚酯螺旋网

新乡市蓝海环保机械有限公司
河南省新乡市新乡县古固寨工业区玉源路
邮编：453700
电话：0373－5795999
传真：0373－5795916
网址：www. lhhbjx. com
邮箱：lhhbjx. @ 163. com
产品：环保设备

辉县市造纸机械有限公司
河南省辉县市东二环中段
邮编：453600
电话：0373－6883299
产品：造纸机械

新乡市工业泵厂有限公司
河南省新乡市牧野区吕村工业区
邮编：453000
电话：0373－3692900、3692901
传真：0373－3692906
网址：www. xxgybgs. com
邮箱：cnxxgyb@ 163. com
产品：纸浆泵

新乡工神锅炉有限公司
河南省新乡市北环 386 号
邮编：453002
电话：0373－2693893
传真：0373－2693717
网址：www. gongshen. cn

产品：工业锅炉

焦作市

焦作市崇义轻工机械有限公司
河南省沁阳市建设南路 10 号
邮编：454500
电话：0391－5611697、5055120
传真：0391－5611697
网址：www. cyqg. com
邮箱：cyqg1958@ 163. com
产品：纸机、涂布机

河南省德沁高新辊业有限公司
河南省沁阳市葛村工业区
邮编：454586
电话：0391－5938539
传真：0391－5938539
产品：胶辊包胶

沁阳市第一造纸机械有限公司
河南省沁阳市葛村工业区
邮编：454500
电话：0391－5936384、5936945
传真：0391－5936384
网址：www. qyyj. com. cn
产品：纸机

河南大指造纸装备集成工程有限公司
河南省焦作市武陟县迎宾大道 388 号
邮编：454950
电话：0391－7268787、7268933
传真：0391－7268787
网址：www. dazhipaper. com
邮箱：dazhipaper@ 163. com
产品：化学机械浆生产线，高速纸机、特种纸涂布机

沁阳市运强环保造纸机械厂
河南省沁阳市太行办事处马坡工业区
邮编：454550
电话：0391－5687369
传真：0391－5687369
产品：制浆设备

许昌市

许昌中亚工业智能装备股份有限公司
河南省许昌市延安路 18 号
邮编：461000
电话：0374－3313662
传真：0374－3318978
产品：造纸机械

漯河市

河南省四海工业用呢公司
河南省漯河市人民路 25 号
邮编：462000
电话：0395－2624572
传真：0395－2624572
产品：工业用呢

临颍工业用呢有限公司
河南省漯河市临颍县黄龙工贸城
邮编：462600
电话：0395－8662688
传真：0395－8662688
产品：工业用呢

周口市

河南锦弘网业有限公司
河南省周口市沈丘县沙北工业园区
邮编：466300
电话：0394－5206586
传真：0394－5206586
产品：聚酯干网、螺旋网

河南省华丰网业有限公司
河南省周口市沈丘县工业园区
邮编：466300
电话：0394－5108788
传真：0394－5108588
网址：www. huafeng999. com
邮箱：henanhuafeng999@ 163. com
产品：聚酯干网、螺旋网

河南晶鑫网业科技有限公司
河南省周口市沈丘县北城产业集聚区
邮编：466300
电话：0394－5228866
传真：0394－5106388
网址：www. jxwykj. com. cn
产品：环保用网、三层网

驻马店市

驻马店市安装工程有限公司
河南省驻马店市雪松路 16 号
邮编：463000
电话：0396－3813750
传真：0396－3813750
网址：www. zmdaz. com
产品：碱回收设备安装

驻马店市红星网业有限公司
河南省驻马店市文化路西段刘阁工业园
邮编：463000
电话：0396－2873188
传真：0396－2873588
网址：www. zmdhxwy. com
邮箱：hnzmdhxwy@ 163. com
产品：造纸毛毯

湖　北　省

武汉市

武汉船用机械有限责任公司
湖北省武汉市武昌青山区武东街 9 号
邮编：430084
电话：027－68867114、68867018、68867088
传真：027－68867461、68867462
网址：www. wmmp. com. cn
邮箱：whcj@ wmmp. com. cn
产品：浆料推进器

武汉同力机电有限公司
湖北省武汉市洪山区武昌珞狮路 122 号武汉理工大学东院内
湖北省武汉市东西湖九支沟武汉中小企业城内(厂址)
邮编：430070
电话：027－82666969、87217887、87877876
传真：027－87663469
网址：www. whtem. com
邮箱：tlem@ whtem. com
产品：传动控制

武汉研发张力自动控制有限公司
湖北省武汉市汉口永清路 7 号
邮编：430010
电话：027－82410195
传真：027－82867573
网址：www. yfzl. com
邮箱：yfzl@ yfzl. com
产品：张力控制装置

武汉中轻机械有限责任公司
(原武汉轻工业机械厂)
湖北省武汉经济技术开发区枫树二路 21 号
邮编：430056
电话：027－83832237、84951266、84951286
传真：027－83831892
网址：www. cwlm. com. cn
邮箱：whqj@ cwlm. com. cn
产品：聚氨酯成套设备、复合薄膜包装设备

武汉市红桥橡胶厂
湖北省武汉市汉口三眼桥路 155 号
邮编：430015
电话：027－82627905、82630814
传真：027－82605825
产品：胶辊、密封件、减震制品、耐腐蚀橡胶衬里

武汉市生威自动化工程有限公司
湖北省武汉市江岸区解放公园路 34 号 1－2
邮编 430010
电话 027－82932923、82932823
传真 027－82932923
产品：制浆造纸行业专用仪表、特种阀门

武汉特种锅炉成套设备工程有限责任公司
湖北省武汉市武珞路 586 号江天大厦 12 楼
邮编：430070
电话：027－87655853
传真：027－87655055
网址：www. whtzgl. com
邮箱：whtzgl@ 263. net. cn
产品：碱回收炉及其系列配套辅助设备

武汉宇通仪表有限公司
湖北省武汉市汉口惠济路 50 号
邮编：430019
电话：027－82432896
产品：纸浆浓度变送器

中国轻工业武汉设计工程有限责任公司
湖北省武昌市首义路 176 号
邮编：430060

电话：027－88043744
传真：027－88043744
网址：www. qgsj. com
邮箱：qgsj@ qgsj. com
业务：工程设计、工程咨询、工程监理

武汉中轻工程设计有限公司
湖北省武汉市新华路231号阳光新天地大厦20层
邮编：430022
电话：027－59526528、59526513
传真：027－59526529
网址：www. chinalid. net
邮箱：zqdesi@ chinalid. net
zhaopin@ chinalid. net
业务：工程设计、工程咨询

湖北省轻工业科研设计院
湖北省武汉市汉阳区杨泗港路1号
邮编：430052
电话：027－84520635、84523440、84520283
传真：027－84523440
网址：www. hbqgy. com
邮箱：hbqgy@ 163. com
业务：科研、工程设计、工程监理

武汉金申伦科技发展有限公司
湖北省武汉经济技术开发区佳和馨居12－13
邮编：430056
电话：027－84476289
传真：027－84476289
邮箱：zhj0725@ 126. com
产品：造纸相关产品

武汉武锅能源工程有限公司
湖北省武汉市庙山开发区江夏大道特1号
邮编：430223
电话：027－81560985，87655091
传真：027－87655055，87655494
网址：www. wgjt. com. cn
产品：锅炉工程承包

荆门市

荆门市万泰机械有限公司
湖北省荆门市掇刀区深圳大道34号
邮编：448000
电话：0724－2447008
传真：0724－2447007
网址：www. jmwt. cn
邮箱：hw@ jmwt. cn
产品：固体废弃物处理装备

孝感市

应城市恒达工业用呢有限公司
湖北省应城市民营经济园
邮编：432400
电话：0712－3251880
传真：0712－3251885
网址：www. tcce. cn
www. chang-e. net
邮箱：change@ vip. 163. com
产品：造纸毛毯

荆州市

荆州市江海泵业机械有限公司
湖北省荆州市开发区江津东路与红光路交汇处
邮编：434000
电话：0716－8311559、8311881
传真：0716－8311008、8311881
网址：www. gaokecn. com
邮箱：info@ gaokecn. com
tel@ gaokecn. com
产品：造纸用泵

沙市轻工机械有限公司
湖北省荆州市汇湖路21号
邮编：434000
电话：0716－8524393、8524381、4314148
传真：0716－8103654、8524375、4314180
网址：www. slmc. com. cn
邮箱：slmc@ vip. 163. com
产品：涂布机，制浆、造纸设备

黄冈市

武穴市轻纺机械厂
湖北省武穴市大桥边136号
邮编：436401
电话：0713－6222689
产品：洗浆机、除尘器

仙桃市

仙桃市华伟造纸机械有限公司
湖北省仙桃市杜台经济开发区 8 号
邮编：433000
电话：0728－3206812
传真：0728－3206035
网址：www. hwzzjx. com
邮箱：hw@ hwzzjx. com
产品：纸机配件、橡胶胶辊

广水市

湖北省风机厂有限公司
湖北省广水市十里河工业区 001 号
邮编：432700
电话：0722－6249111
手机：13872855618
传真：0722－6249222
网址：www. hbfan. com
邮箱：hbfan777@ 163. com
产品：纸机真空系统透平风机、废水处理风机

湖　南　省

长沙市

长沙长泰智能装备有限公司
湖南省长沙市湖南环保科技产业园新兴路 118 号
邮编：410117
电话：0731－85651518、88238288
传真：0731－85570597、88238287
网址：www. chaint. net
邮箱：chaint99@ yahoo. com. cn
产品：造纸输送包装设备

湖南正大轻科机械有限公司
湖南省长沙市雨花区洞井镇桃阳村环保科技产业园
邮编：410116
电话：0731－82883828
传真：0731－82883812
网址：www. zdqk. com
邮箱：cszdjrqc@ vip. sina. com
产品：纸机烘干部通风、干燥系统

中国海诚长沙工程院
中国轻工业长沙设计院
湖南省长沙市雨花区环保科技园新兴路 268 号
邮编：410114
电话：0731－85770333
传真：0731－85584415
业务：制浆造纸工程咨询、设计

湖南省轻工纺织设计院
湖南省长沙市向东南路 168 号
邮编：410005
电话：0731－85152081
传真：0731－85153047
网址：www. xqfs. cn
业务：制浆造纸工程咨询、设计

长沙市神州机械有限公司
湖南省浏阳市永安制造产业基地纬 1. 5 路
邮编：410323
电话：0731－83285566
传真：0731－83204889
网址：www. changsha-cathy. com
邮箱：changsha-cathy@ qq. com
srjsrj@ vip. sina. com
产品：纸机通风设备等

株洲市

株洲新时代输送机械有限公司
湖南省株洲市栗雨工业园 E 区
邮编：412007
电话：0731－22877833、22877838
传真：0731－22877822
网址：www. nte. com. cn
邮箱：shusong@ nte. com. cn
产品：链式拉木输送机、剥皮鼓、辊式输送机、皮带输送机、沙石输送机、脱水输送机、木片螺旋输送机

岳阳市

中轻国泰机械有限公司
湖南省岳阳市康王经济开发区
邮编：414000
电话：0730－8751189
传真：0730－8751192
网址：www. gtjx. cn
邮箱：yygtj@ guotaijx. com
产品：纸机

湘潭市

湖南中勤热科技术有限公司
湖南省湘潭市高新区科技企业加速器工业园
邮编：411100
电话：0137－83881998
产品：零排放造纸干燥部废气循环利用杨克汽罩、密闭汽罩、车间通风等。

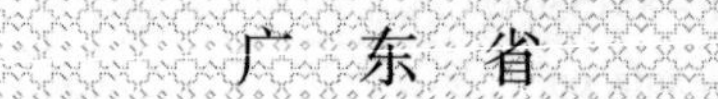

广 东 省

广州市

广东省造纸研究所
广东省广州市海珠区新港西路 154 号
邮编：510300
电话：020－34300599
传真：020－34301273、34300613
网址：www.gdzaozhisuo.com
产品：离型纸、黏胶带纸、防霉纸、扬声器用黑纸、黑白钢纸、涂布纱面纸、涂布彩纸、湿水胶带纸、无碳复写原纸、水稻育秧纸、唛架纸、电脑绣花纸、食用油滤纸、清新香片、PPE 湿强剂、干强剂、剥离剂、分散松香乳液、脱墨剂

斯普瑞喷雾系统有限公司广州分公司
广东省广州市科学城彩频路 11 号 D 座 302 室
邮编：510045
电话：020－83546866
传真：020－83546829
产品：喷嘴

浙江嘉兴亚达不锈钢制造有限公司华南分公司
广东省广州市番禺区南村镇坑头东线路七横路 4 号
邮编：511442
电话：020－34699222
传真：020－34699277
网址：www.cnyada.net
产品：不锈钢管件、阀门

广州华工环源绿色包装技术有限公司
广东省广州市科学城科学大道 99 号科汇金谷 C3 栋 1103
邮编：510640
电话：020－62327808
传真：020－62327809
网址：www.hghuanyuan.com
邮箱：hghy@vip.163.com
产品：纸浆模塑设备

广州广一泵业有限公司
（原广州市第一水泵厂）
广东省广州市科韵南路 133 号
邮编：510320
电话：020－66834613、66834616、66834618
传真：020－66834619
网址：www.gygcn.com
邮箱：sales@gygcn.com
产品：泵

华南理工大学造纸与污染控制国家工程研究中心
广东省广州市天河区五山路华南理工大学造纸与环境工程楼
邮编：510640
电话：020－87112614、87112982
传真：020－87113840
网址：www.pperc.com.cn
产品：成形器、技术服务

丹佛斯（天津）有限公司广州办事处
广东省广州市珠江新城花城大道 87 号高德置地广场 B 塔 704 室
邮编：510623
电话：020－28348000
传真：020－28348001
网址：www.danfoss.com/china
邮箱：guangzhou@danfoss.com
产品：变频器

番禺市沙西造纸机械有限公司
广东省广州市番禺区沙湾镇拱桥路 1 号
邮编：511483
电话：020－84732328
产品：碎浆机、分离机、打孔机

川佳机械集团股份有限公司华南办事处
广东省广州市东风西路 233 号
邮编：510180
电话：020－83543253
传真：020－83543257
产品：内流式压力筛

中国轻工业广州设计工程有限公司
广东省广州市盘福路医国后街 1 号
邮编：510180
电话：020－81326513

传真：020－81325759
网址：www. gdecn. com
邮箱：gzgs@ gdecn. com
业务：工程设计、工程咨询、工程管理

广东省轻纺建筑设计院
广东省广州市东风东路 744 号
邮编：510080
电话：020－87621916
传真：020－87621911
网址：www. gladi. com. cn
业务：工程设计、工程咨询、工程管理

广州欧克机械制造有限公司
广东省广州市番禺区沙湾镇福龙工业区 2 号
邮编：511483
电话：020－84732658
传真：020－84734555
网址：www. gz-ok. com
邮箱：sales@ gz-ok. com
gz-ok@ 163. com
产品：包装机、纸品包装机

广州约顿电子科技有限公司
广东省广州市科学城科学大道 182 号创新大厦 C1 栋 1102 室
邮编：510663
电话：020－28065028、87303571
传真：020－28065018
网址：www. joton-guangzhou. com
邮箱：postmaster@ joton-guangzhou. com
产品：恒温恒湿空调机

广州瑞辰盛达生物技术有限公司
广东省广州开发区科学城开源大道 11 号科学城 A1 座 3 楼
邮编：510500
电话：020－32203968
传真：020－32203392
网址：www. rcsd. com. cn
邮箱：gzrcsd@ 163. com
产品：聚能酶 TM 纤维改性技术

广州御信机械设备有限公司
广东省广州市天河区东圃镇珠村灵山路珠村十社工业园内
邮编：510620
电话：020－82167943、82168513
传真：020－82168513
网址：www. xin-square. com
邮箱：grom@ 21cn. com
产品：高速卷筒纸分切机

奥伯尼国际（中国）有限公司
广东省广州市番禺区桥南街陈涌中荣工业园 H 座
邮编：511400
电话：020－34832876
网址：www. albanydoors. com
邮箱：sales. ads. cn@ albint. com
产品：高速卷帘门

国际纸业（广州）包装有限公司
广东省广州市新滘仑头村工业区 2 号
邮编：510320
电话：020－34088208
产品：瓦楞纸箱、纸板

广州嘉承纸品有限公司
广东省广州市番禺区兴业路东三横路
邮编：511483
电话：020－34732527
产品：瓦楞纸板、纸容器

广州市同昌纸品有限公司
广东省广州市花都区莲塘村
邮编：510800
电话：020－36822020
产品：瓦楞纸板、纸箱

广州市浚龙纸业有限公司
广东省广州市番禺区沙湾镇奥林匹克花园文化长廊 64 号
邮编：511400
电话：020－34733083、34733080
传真：020－34736613
经营：衬纸、环保纸、丝毛棉、稻香纸、纯质纸、莱妮纹、云彩纸、虎皮纹、自在纹、古石纹、色书纸、彩色描图纸、牛油纸

广州市鸣瑞贸易有限公司
广东省广州市中山大道 190 号骏景花园骏翔轩 G1203 室
邮编：510630
电话：020－38671842、38671985、38671377
传真：020－38671269
经营：双铜纸、单铜纸、白卡纸、双胶纸、白纸板

南蒲纸业广州销售部
广东省广州市芳村区海北西浦
邮编 510378
电话：13829756552
传真：020－81419835
经营：有光纸、书写纸、胶版纸、纸杯原纸、卫生原纸

百孚纸业有限公司
广东省增城市新塘镇甘湖工业区
邮编：511340
电话：020－82776488
传真：020－82774942
经营：特种纸

广州市多宝纸业有限公司
广东省广州市芳村区东教北路茶窖大田仓 3 号
邮编：510370
电话：020－81576005
传真：020－81593169
经营：印刷纸

韶关市

广东绿洲纸模包装制品有限公司
广东省南雄市全安镇营堡前
邮编：512426
电话：0751－3703889
网址：www. sn0601. com
产品：一次性纸盘、一次性纸饭盒、一次性纸托盘、一次性纸碗等

深圳市

深圳光荣机械有限公司
广东省深圳市上梅林梅华路 103 号
邮编：518049
电话：0755－83318564、83310794
传真：0755－83310783
网址：www. koeiind. com. cn
邮箱：sz_koei@ 126. com. cn
产品：电动执行器

长江机械设备股份有限公司
广东省深圳市沙井镇街道办上寮蚝四南安科技工业园
邮编：518104
电话：0755－29887068
产品：卷筒纸分切机、卷筒切纸机、复印纸分切机

深圳市新环机械工程设备有限公司
广东省深圳市福田区彩田南路中深花园 B 栋 2103 室
邮编：518033
电话：0755－82997309、82997256
传真：0755－82995262、82996258
网址：www. sznecn. com
邮箱：xh@ sznecn. com
产品：机械格栅、除砂机、砂水分离器、滗水器、刮吸泥机、自动溶药投药装置

深圳市联欧贸易发展有限公司
广东省广州市天河北路 616 号金海花园金灏阁 607 室
邮编：510630
电话：0755－38735296
传真 0755－38735297
网址：www. euro-me. com
邮箱：euromegz@ euro-me. com
经营：驱动传动系统、液压气动部件、自动化元器件

鸿源实业(深圳)有限公司
广东省深圳市布吉镇上水径恒通工业城 6 栋 2 楼
邮编：518112
电话：0755－28522294
传真：0755－28522748
经营：卫生纸、盒装面纸、手帕纸、妇女卫生巾

安兴纸业(深圳)有限公司
广东省深圳市龙岗区同富裕工业园
邮编：518112
电话：0755－28557320
经营：复印纸、传真纸

深圳市永利隆纸品有限公司
广东省深圳市布吉上李朗莱茵工业城
邮编：518112
电话：0755－89702138
传真：0755－89702117
经营：瓦楞原纸、纸箱、彩盒

深圳市悦声纸业有限公司
广东省深圳市龙华镇龙城工业区 12 幢 1 楼
邮编：518109
电话：0755－27740846
传真：0755－27741089
经营：花纹纸

元丰纸业(深圳)有限公司
广东省深圳市宝安区松岗镇沙埔围第二工业区

邮编：518105
电话：0755－27052676
传真：0755－27052259
经营：瓦楞原纸、牛皮纸

深圳协利纸业有限公司
广东省深圳市宝安区应人石区村外贸轻工业区
邮编：518108
电话：0755－27625336
经营：瓦楞纸板、纸箱

致昌纸品(深圳)有限公司
广东省深圳市龙岗区白泥坊村横东岭工业区
邮编：518111
电话：0755－84663188
经营：白纸板、铜版纸

富士达纸品(深圳)有限公司
广东省深圳市龙岗区中浩工业区
邮编：518129
电话：0755－89600129
经营：卫生纸、纸面巾、纸手帕

珠海市

珠海凌丰机械有限公司
广东省珠海市前山梅溪双龙山工业区
邮编：519070
电话：0756－8508438
传真：0756－8532585
网址：www. winfull. cn
www. winfull. com. cn
邮箱：sales@ winfull. com. cn
产品：复卷机、分切机

珠海天力哈希仪器仪表有限公司
广东省珠海市翠微西路668号
邮编：519071
电话：0756－8623616、8610123、13809800007
传真：0756－8623636
网址：www. teknik. cn
邮箱：teknik9@ 188. com
teknik@ 126. com
产品：流量计、变送器、数显控制仪表

广东天章信息纸品有限公司
广东省珠海市人民东路125号工商大厦19楼东座
邮编：519002
电话：0756－2629000
传真：0756－8157555、2629012
网址：www. tzpaper. com
经营：复印纸、打印纸、传真纸、收银纸

珠海市宏进纸业发展有限公司
广东省珠海市斗门区珠峰大道西富山工业区
邮编：519100
电话：0756－5655777
传真：0756－5652576
经营：瓦楞原纸

汕头市

广东省汕头市国平纸类包装厂有限公司
广东省汕头市光华北二路15号
邮编：515000
电话：0754－88222129
传真：0754－88113762
产品：彩箱、彩盒、纸筒、胶纸

汕头市化建纸业公司
广东省汕头市达濠区达濠西山前
邮编：515071
电话：0754－87380165
传真：0754－87360788
经营：黄纸板、灰纸板、复合纸板、白纸板、双胶印刷纸、热压纸板、书写纸

汕头市中联胜贸易有限公司
广东省汕头市长平路丽涛大厦B座U902室
邮编：515041
电话：0754－88736835、88873996
传真：0754－88736535
网址：www. zlstrade. com
经营：糖纸、轻涂纸、防水单铜纸、牛皮纸、标签纸、玻璃卡纸

佛山市

索戴包装(佛山)有限公司
广东省佛山市南海区牡丹灶镇横江环保工业园
邮编：528216
电话：0757－85445688、85407817
传真：0757－85443278
网址：www. stek. cn
邮箱：afbi007@ vip. 163. com
产品：塑钢带、打包机

佛山安德里茨技术有限公司
广东省佛山市禅城区城西工业区天宝路 9 号
邮编：528000
电话：0757 -82969257
传真：0757 -82969209
产品：制浆造纸设备

德昌誉机械制造有限公司
广东省佛山市南海区罗村大桥南侧镇岐岗工业区内
邮编：528227
电话：0757 -86435166、86435177、86435188
传真：0757 -86435199
网址：www. dechangyu. com
邮箱：master@ dechangyu. com
产品：卫生纸加工设备

顺德区光阳包装机械有限公司
广东省佛山市顺德区北滘镇碧江工业区 1 号
邮编：528311
电话：0757 -26636485
产品：纸箱、纸品包装机械

佛山市精拓机械设备有限公司
广东省佛山市顺德陈村镇赤花工业区 4 路南 2 号
邮编：528313
电话：0757 -23301128
传真：0757 -23301128
网址：www. jingtuo. net
邮箱：jt2007best@ 163. com
产品：卷筒纸包装机

宝索机械制造有限公司
广东省佛山市南海区平洲夏南一工业区
邮编：528252
电话：0757 -86763798、82777529、86799938
传真：0757 -86785529
网址：www. baosuo. com. cn
邮箱：master@ baosuo. com
产品：生活用纸设备

宝拓造纸设备有限公司
广东省佛山市南海区平洲夏南一工业区
邮编：528251
电话：0757 -81273377
产品：生活用纸设备

佛山市南海区新力机械制造有限公司
广东省佛山市南海区狮山科技工业园 C 区恒兴北路 7 号
邮编：528226
电话：0757 -86688191、86688182、86688183、86688184
传真：0757 -86688186
网址：www. nhxinli. com
邮箱：master@ nhxinli. com
产品：生活用纸设备

江门市

新会远东网厂有限公司
新会中兴造纸网厂
广东省江门市新会区会城镇城东工业开发区
邮编：529100
电话：0750 -6100456
传真：0750 -6126202
网址：www. tianjian-china. com
产品：聚酯成形网、干网

开平市宏兴造纸机械厂
广东省开平市水口镇台山路段
邮编：529321
电话：0750 -2732222、2718889、2996619、2732838
传真：0750 -2726619
产品：磨浆机、磨片、碎浆机、筛浆机、筛、脱墨机、洗浆机、纤维分离机、浆池推进器、除砂机

江门晶华轻工机械有限公司
广东省江门市东升路 138 号
邮编：529000
电话：0750 -3065011、3979999
传真：0750 -3565002
网址：www. jm-jinghua. com
邮箱：3979999@ jmjhqj. com
产品：各类型号的造纸设备和备品备件

湛江市

广东伟兴机械制造有限公司
(原东莞市伟兴造纸机械有限公司)
广东省湛江市坡头区麻坡路
邮编：524057
电话：0759 -3957098
产品：造纸设备

东莞市

东莞佳鸣机械制造有限公司
广东省东莞市沙田镇民田工业区

邮编：523991
电话：0769－88862099、88866210、
88864360、88688201
传真：0769－88862066
网址：www.jumping.com
邮箱：jumping@jumping.com.cn
产品：卫生纸机及后加工设备

东莞市业兴网毯有限公司
广东省东莞市高埗镇护安围
邮编：523279
电话：0769－88731749、88734262
传真：0769－88737340
网址：www.dgyexing.com
邮箱：yxwf1991@163.com
产品：造纸毛毯、特种工业用呢、电热衬毯、螺旋网、聚酯网

东莞市中堂镇金峰造纸机械厂
广东省东莞市中堂镇中兴路悦和街5巷21号
邮编：523220
电话：0769－88895138
产品：制浆造纸专用通用设备、水力碎浆机、纤维热碎解机、双圆盘磨浆机、纤维分离机、压力筛、除渣器等

东莞市兴发纸业(贸易)有限公司
广东省东莞市万江区万兴路
邮编：511717
电话：0769－22282516
传真：0769－22177603
经营：文化用纸、包装纸

中山市

中山市中侨纸业有限公司
广东省中山市东区东苑路62号
邮编：528403
电话：0760－88286098、88290298
传真：0760－88286089
网址：www.zhongqiao.net
邮箱：zhongqiao@china.com
经营：复合金银卡纸、紫外光防伪卡纸、珠光卡纸、玻璃卡纸

潮州市

潮州市海博机械有限公司
广东省潮州市永护路4号
邮编：521011
电话：0768－2356894
产品：中浓液压磨浆机，中低压力容器，废水处理设备

广西壮族自治区

南宁市

广西轻工业科学技术研究院
广西壮族自治区南宁市国家经济技术开发区迎凯路8号
邮编：530031
电话：0771－4518909
传真：0771－4518912
网址：www.gxqgy.com
邮箱：gx-qgy@qq.com
业务：科研、设计

广西壮族自治区国营林场开发公司
广西壮族自治区南宁市东葛路107号
邮编：530022
电话：0771－5633460、5633461
传真：0771－5633460
产品：原木、板材

中国轻工业南宁设计工程有限公司
广西壮族自治区南宁市星光大道42号
邮编：530031
电话：0771－4800448、4800493
传真：0771－4830802、4800493
网址：www.zqnn.cn
邮箱：cnec@vip.163.com
业务：制浆造纸工程咨询、设计、监理和总承包

南宁市庆维造纸设备有限公司
广西壮族自治区南宁市良庆区银海大道西四里六巷20号
邮编：530200
电话：0771－4503343
传真：0771－4505353
产品：高浓磨浆机，高、低浓或D型水力碎浆机，立、卧推进器，中、低浓抽浆泵，除砂器，压滤机，压力筛，文化用纸机，卫生纸机，塑料网槽，压力成形器以及二手造纸机设备

广西横县华宇工贸有限公司
广西壮族自治区南宁市六景工业园区

邮编：530313
电话：0771－7265998、7372132
传真：0771－7265998、7371038
网址：www. gxhyzy. com
产品：五色有光纸、高级卫生纸

南宁市乖仔工贸有限责任公司
广西壮族自治区南宁市福建路 15－1 号（江南区政府对面巷直入）
邮编：530031
电话：0771－4885918、4885968、4885998
传真：0771－4885968
网址：www. nngzgm. com
邮箱：1195173656@ qq. com
经营：生活用纸、纸巾、纸盒

广西博世科环保科技股份有限公司
广西南宁市高新区科兴路 12 号
邮编：530007
电话：0771－3299118
传真：0771－4960252
网址：www. bossco. cc
产品：环保设备制造

柳州市

永丰利机械刀片有限公司
广西壮族自治区柳州市柳邕路二区 3 号
邮编：545005
电话：0772－3224776
传真：0772－3226174
产品：打浆机、切纸机刀片、各种刀片

梧州市

瑞典 FORITECAB 造纸咨询公司中国办事处
广西壮族自治区梧州市西堤三路 1 号 21 座 703 单元
邮编：543002
网址：www. foritec. com
业务：工程咨询、技术咨询

玉林市

广西玉林市江南造纸器材经营部
广西壮族自治区玉林市城站路 17 号
邮编：537001
电话：0775－3825202、13907756395
经营：造纸器材

重 庆 市

重庆造纸工业研究设计院
重庆市南岸区茶园新区蔷薇路 26 号
邮编：401336
电话：023－63862408
传真：023－63609345
网址：www. cqzzyjy. com
邮箱：cqzz666@ 163. com
业务：科技服务、咨询服务、生产玻璃纤维纸系列产品和特种工业用纸

四 川 省

成都市

成都工业用呢总厂
四川省成都市青羊区文家
邮编：610091
电话：028－87074323、87074901
传真：028－87074901
产品：工业用呢

四川环龙技术织物有限公司
四川省成都市温江区成都海峡两岸科技产业开发园新华西路 519 号
邮编：611130
电话：028－82782682
传真：028－82782615
网址：www. hl-cd. cn
邮箱：huanlong_ sale@ vanav. cn
产品：压榨毛毯

成都拓世达科技有限公司
四川省成都市武侯区洗面桥街 22 号 12 楼 6 号
邮编：610041
电话：028－85537128、85537138
传真：028－85571538
产品：变频器、纸机传动设备

成都希望森兰变频器制造有限公司
四川省成都市西南航空港经济开发区机场路 181 号
邮编：610225
电话：028－85964751、85960127、85963211
传真：028－85962488
网址：www. chinavvvf. com
邮箱：markd@ chinavvvf. com

产品：变频器

四川天一科技股份有限公司
四川省成都市外南机场路近都段 87 号
邮编：610225
电话：028－85961873、85964843、85881771、85965341
传真：028－85884502、85881909、85884329
网址：www. tianke. com
邮箱：zjb@ tianke. com
　　　wuke@ tianke. com
产品：制氮机、制氧机、浓缩乙烯、提纯氢气、提纯一氧化碳、提纯二氧化碳

四川省纸联浆纸有限公司
四川省成都市福兴街 30 号
邮编：610016
电话：028－86754023
传真：028－86740587
经营：造纸纤维原料及专、辅材料

四川省都江堰华西轻工机械有限责任公司
四川省都江堰市灌温路 78 号
邮编：611830
电话：028－87284625
传真：028－87283997
产品：真空泵、浆泵

中国轻工业成都设计工程有限公司
四川省成都市少城路 9 号
邮编：610015
电话：028－86630940、028－86634360
传真：028－86643706、028－86634360
网址：www. qrsj. com
业务：工程设计、工程咨询、工程总承包、环境影响评价

绵阳市

奥科工控技术开发有限公司
四川省绵阳市绵兴路西段 40 号
邮编：621000
电话：0816－2531108
传真：0816－2543272
产品：ZNS－纸浆浓度实时控制仪、特殊防腐型 ZNS－纸浆浓度控制仪

绵阳同成智能装备股份有限公司
四川省绵阳市高新区火炬东街 47 号
邮编：621000
电话：0816－2536111、2531333
传真：0816－2543408
网址：www. tchngh-tec. com
产品：制浆造纸、化工、电厂、垃圾处理等行业生产过程自动化控制

绵阳星恒节能环保有限公司
四川省绵阳市梓潼县城外北街 92 号
邮编：622150
电话：0816－8212197、8260288
传真：0816－8212219
网址：www. myxingheng. com
邮箱：xh@ myxingheng. com
产品：蒸汽回收、除尘

四川高达科技有限公司
四川省绵阳市游仙区绵山路 64 号
邮编：640000
电话：0816－2489999、800－8861199
传真：0816－2281210
网址：www. scgdkj. com
邮箱：gd@ scgdkj. com
产品：自动化技术

内江市

四川省资中县隆升机械有限公司
（原资中轻工机械厂）
四川省内江市资中县城区永兴路 28 号
邮编：641200
电话：0832－5510532、5529418
传真：0832－5529419
网址：www. zzlsjx. com
邮箱：zzlsjx@ 163. com
产品：制浆设备、黑液及中段废水处理设备，城市生活污水处理设备，中小型制糖设备的设计、制造和研发

乐山市

乐山市泰辉机械制造有限公司
四川省乐山市高新技术开发区东高路 4 号
邮编：614000
电话：0833－2595661
传真：0833－2595038
产品：纸板机、浆板机、文化用纸机、涂布机、压光机

四川井研轻工机械厂
四川省乐山市井研县研城镇和平街 114 号
邮编：613100
电话：0833－3715668、3712312
传真：0833－3711459
产品：新闻纸机、文化用纸机、特种纸机、浆板机、箱纸板机、瓦楞原纸机、涂布白纸板机、涂布白卡纸机、纸机后续整饰完成设备

宜宾市

四川省宜宾市造纸旋转接头厂
四川省宜宾市青年街 5 号
邮编：644000
电话：0831－8223747
传真：0831－8224270
产品：旋转接头、密封件

宜宾长江造纸仪器厂
四川省宜宾市马鞍石
邮编：644004
电话：0831－3601740
产品：造纸检测仪器

宜宾市纺织器材厂
四川省宜宾市南岸蜀南大道西段 5 号
邮编：644002
电话：0831－2382278
传真：0831－5193308
产品：聚四氟乙烯密封件、机械密封圈、管套、轴套、复卷机轴承、烘缸旋转进汽接头、蒸球进汽和喷放接头

中国联合装备集团宜宾机械有限公司
四川省宜宾市宜宾县城北新区
邮编：644600
电话：0831－6233668、6233518、6233528
传真：0831－6233669
网址：www. zlzbyb. com. cn
邮箱：ybzjc8245@163. com
产品：文化用纸机、包装纸机、卫生纸机、箱纸板机、浆板机和特种纸机

贵 州 省

遵义市

凤冈县天河纸业股份合作公司
贵州省遵义市凤冈县龙泉镇
邮编：564200
电话：0858－5222597
产品：造纸机械及行业设备、纸加工机械

云 南 省

昆明市

昆明轻工业机械厂
云南省昆明市西郊大普吉
邮编：650102
电话：0871－8307251
产品：造纸设备、碱回收机、压力容器

云南省轻纺工业设计院
云南省昆明市东风东路 169 号
邮编：650041
电话：0871－3315932
传真：0871－3315482
业务：工程设计、咨询、承包

玉溪市兴伦纸业有限公司
云南省玉溪市
邮编：653100
电话：0877－2050233
产品：纸箱

陕 西 省

西安市

中国轻工业西安设计工程有限责任公司
陕西省西安市东关柿园路 222 号
邮编：710054
电话：029－82497399、82477822
传真：029－82487813、82487815
网址：www. haisum-xa. com
邮箱：webmaster@ haisum-xa. com
业务：工程设计、咨询

美卓造纸机械技术(西安)有限公司
陕西省西安市阿房四路
邮编：710086
电话：029－84363218、84363155
传真：029－84363000、84363433
网址：www. mesto. com
产品：高级文化用纸机、无碳复写原纸机、新闻纸机、涂布纸板机、挂面纸板机、薄页纸机

西安中轻造纸机械集团公司
陕西省西安市阿房四路 6 号
邮编：710086
电话：029－84363019、84363428、8436410
传真：029－84363418
网址：www. xianpm. com
邮箱：xianpm@ xianpm. com
产品：纸机、纸板机

轻工业西安机械设计研究所
陕西省西安市阿房四路 6 号
邮编：710086
电话：029－84363407、84369596
传真：029－84369035
网址：www. xaqys. com
产品：全自动纸箱封箱机、圆孔打孔机

凯德（西安）造纸机械织物有限公司
陕西省西安市长安区马王街办
邮编：710115
电话：029－85850701、85850750
传真：029－85851282
产品：聚酯网

斯普瑞喷雾系统有限公司西安办事处
陕西省西安市二环南路西段 88 号老三届世纪星大厦 9D
邮编：710065
电话：029－88310727、88312157
传真：029－88310337
网址：www. spray. com. cn
邮箱：xian@ spray. com. cn
产品：喷嘴

西贝胶辊有限公司
陕西省西安市西郊阿房四路
邮编：710086
电话：029－84623445
传真：029－84514448
网址：www. xianpm. com
产品：造纸胶辊

西安维亚造纸机械有限公司
陕西省西安市三桥老街 146 号
邮编：710086
电话：029－84517451
传真：029－84517451－803
网址：www. wyjx. com
邮箱：weiya500@ sina. com
产品：70～1200 米/分不同车速的水力式、气垫式、开启式流浆箱

陕西科技大学造纸环保研究所
陕西省西安市未央区大学园
邮编：710021
电话：029－86168229
传真：029－86168230
网址：www. susthbs. com
邮箱：susthbs@ 126. com
经营：造纸工业废水生物处理技术及设备、废水深度处理及回用技术和设备

西安力源光电科技有限责任公司
陕西省西安市高新区科技二路 77 号西安光电园 A209
邮编：710075
电话：029－88452568
传真：029－88452578
网址：www. xalygd. cn
邮箱：xalygd95@ 126. com
产品：DCS、QCS 控制系统

陕西欧润造纸机械有限公司
陕西省西安市雁塔区鱼化工业园三排 1 号
邮编：710077
电话：029－84686114、84217343
传真：029－84686114
网址：www. all-run. com
产品：脱水元件、张紧器、校正器

咸阳市

咸阳通达轻工设备有限公司
（原陕西科技大学机械厂）
陕西省咸阳市人民西路 49 号
邮编：712081
电话：029－33617016，400－698－9690
传真：029－33617775
网址：www. tdqg. cn
邮箱：xy3361@ 163. com
产品：实验蒸煮器、蒸煮小群罐、漂洗机、筛浆机、实验室打浆机、PFI 磨浆机、打浆度测定仪、纸页成形器、纸页压榨机、实验纸机、水力碎浆机、浮选脱墨机、纤维筛分仪、纤维标准疏解机、离心脱水机、回转干燥机

陕西西微测控工程有限公司
陕西省咸阳市沈兴北路 2 号众亿温泉大厦 1208 室
邮编：712000
电话：029－33577113
传真：029－33577920
网址：www. xiweigroup. com
邮箱：qywjs@ 163. com
wtang906@ 163. com
业务：制浆造纸行业测控系统研发、工程服务及成果推广，可为浆纸企业提供整机全集成自动化解决方案

陕西科达电气有限公司
陕西省咸阳市人民西路明远华庭 B 座
邮编：712000
电话：029－38100692
传真：029－38100693
网址：www. kedadq. com
产品：造纸机的变频传动、复卷机的传动控制、DCS 和 QCS

汉中市

陕西省汉中聚贤日化产品商贸有限公司
陕西省汉中市西环路民航路
邮编：723000
电话：0916－2237171
传真：0916－2237171
经营：纸张、纸制品

商洛市

商洛市华阳造纸专利技术有限公司
陕西省商洛市商州区南门路 28 号
邮编：726000
电话：0914－2320526
传真：0914－2391666
网址：www. slhyzz. com
产品：耐腐漂液阀、真空液氯旋转混合器、除胶脱墨剂、除胶剂等

甘 肃 省

兰州市

甘肃省轻工业科研所
甘肃省兰州市玉泉路 162 号
邮编：730000
电话：0931－8126511、8126518
业务：工程设计、工程咨询

耐驰（兰州）泵业有限公司
甘肃省兰州高新技术产业开发区刘家滩 506 号
邮编：730010
电话：0931－8555000
传真：0931－8556650
网址：www. netzsch. com. cn
邮箱：info@ nlp-netzsch. com. cn
产品：单螺杆泵

国内造纸化学品企业名录

Directory of Domestic Papermaking Chemicals Enterprises

北京市	(716)	山东省	(744)
天津市	(717)	河南省	(752)
河北省	(718)	湖北省	(756)
山西省	(721)	湖南省	(758)
内蒙古自治区	(721)	广东省	(759)
辽宁省	(722)	广西壮族自治区	(764)
吉林省	(723)	海南省	(765)
黑龙江省	(724)	重庆市	(765)
上海市	(724)	四川省	(765)
江苏省	(731)	陕西省	(766)
浙江省	(737)	甘肃省	(767)
安徽省	(741)	青海省	(767)
福建省	(742)	宁夏回族自治区	(767)
江西省	(743)	新疆维吾尔自治区	(767)

北 京 市

瓦克化学(中国)有限公司北京分公司
北京市朝阳区太阳宫中路 12A 太阳宫大厦 11 层 1108 室
邮编：100028
电话：010－84439700
传真：010－67877107
网址：www. wacker. com
邮箱：jenny. xiao@ wacker. com
产品：VAE 乳液、聚合物树脂、多晶硅、聚乙烯醇溶液、硅烷及硅酸盐、有机硅树脂等

陶氏化学(中国)投资有限公司北京分公司
北京市东城区东长安街 1 号东方广场东方经贸城西三办公室 11 层 1101 室
邮编：100738
电话：010－85279199
传真：010－85279299
网址：www. dow. com/greaterchina/ch
产品：丁苯胶乳、造纸用杀菌剂

恩赛华垦(北京)科技有限公司
北京市西城区阜成门外大街 37 号国侨宾馆 416 室
邮编：100037
电话：010－88360919
传真：010－88367023
网址：www. ensaibio-tech. com
邮箱：business@ ensail. com
产品：RAP 强效型中性施胶剂、SAA 表面施胶剂、阳离子松香胶、改性松香胶、ASA 专用乳化剂、高分子松香专用乳化剂

中粮集团生化能源事业部
北京市朝阳区朝阳门南大街 8 号中粮福临门大厦 16F－05
邮编：100020
电话：010－85018581
传真：010－85623866
网址：www. cofco. com
邮箱：bcbe@ cofco. com
产品：玉米淀粉、L 乳酸

杜邦中国集团有限公司北京分公司
北京市朝阳区建国路 91 号金地中心 A 座 18 层
邮编：100022
电话：010－85571000
传真：010－85571888、85571999
网址：www. dupont. com
产品：纸浆、纸张防油剂，化工制剂

北京兴美亚化工有限公司
北京市朝阳区北苑路 170 号凯旋中心 3 号楼 1 单元 2002 室
邮编：100012
电话：010－59273092
传真：010－59273091
代理：罗地亚、陶氏化学等公司助剂

巴斯夫(中国)有限公司北京分公司
北京市朝阳区东三环北路霞光里 18 号佳程广场 A 座 25 层
邮编：100027
电话：010－56831500
传真：010－56831751
网址：www. greater-china. basf. com
产品：化学品、功能性聚合物、特性化学品、聚氨酯

万源荷田生物化工有限公司
北京市建国门外大街 19 号国际大厦 16 层 1605 室
邮编：100004
电话：010－85262436、85262438
传真：010－85261607
网址：www. wanyuanhetian. com
邮箱：info@ wanyuanhetian. com
产品：马铃薯、红薯淀粉

信汇集团
北京市海淀区西小口路 66 号东升科技园北领地 C1 三层
邮编：100192
电话：010－82156616
传真：010－82156606
网址：www. cenway. com
邮箱：dyestuff@ cenway. com
产品：液体荧光增白剂、直接染料、酸性染料

诺维信(中国)投资有限公司中国总部暨研发中心
北京市海淀区上地信息路 14 号
邮编：100085
电话：010－62987888
传真：010－62981283
网址：www. novozymes. com
邮箱：pzho@ novozymes. com
产品：造纸工业酶制剂等

北京施澳德瑞科技有限公司
北京市西城区广义街 4 号 8 幢 611 室
邮编：100053
电话：010 - 63031356、13701105795
传真：010 - 63031356
产品：消泡剂、防腐剂

北京达瑞森化工有限责任公司
北京市通州区永乐店工业开发区东路 1 号
邮编：101105
电话：010 - 69564430
传真：010 - 69564437
网址：www. chinapam. cn
邮箱：daruisen4430@ 126. com
产品：聚丙烯酰胺絮凝剂、造纸分散剂、纸张增强剂、助留助滤剂

北京瑞普特商贸有限公司
北京市朝阳区西大望路 27 号
北京市平谷区平谷镇西寺渠村
邮编：100021
电话：010 - 87704710、13439605558
传真：010 - 67768643
邮箱：miula3036@ sina. com
产品：白乳胶、聚乙烯醇

北京恒聚化工集团有限责任公司
北京市通州区漷县工业开发区
邮编：101109
电话：010 - 80589588
传真：010 - 80585511、80587077
网址：www. hengju. com. cn
邮箱：jianglixin@ hengju. com. cn
hengju@ hengju. com. cn
产品：助留助滤剂、增强剂、聚合氯化铝、絮凝剂、聚丙烯酰胺

北京天使专用化学技术有限公司
北京市通州工业开发区广源东街 4 号
邮编：101114
电话：010 - 61566998、61502702、61506173
传真：010 - 61503113
邮箱：tianshi@ ashland. com
产品：助留助滤剂、纸张干强剂、还原性漂白剂、消泡剂、除气剂、多功能水质稳定剂、絮凝剂

北京天擎化工有限公司
北京市平谷区中关村科技园平谷园光谷 A 区兴谷西路 3 - 5 号
邮编：101200
电话：010 - 89983180、89982440
传真：010 - 89989252、89989251
网址：www. tianqing. com. cn
邮箱：zhangjb@ tianqing. com. cn
产品：纸浆防腐剂、造纸污泥及沉淀物控制剂、纸机系统清洗助剂、造纸网毯保洁剂、浆块及树脂障碍控制剂

北京东方亚科力化工科技有限公司
北京市通州区滨河路 143 号
邮编：101149
电话：010 - 61564660、61564437、61502343
传真：010 - 61568154、61502343
网址：www. act-chem. com
邮箱：actmarket@ act-chem. com
产品：丙烯酸乳液

天　津　市

天津新研化工科贸有限公司
天津市武清区曹子里乡瓦同道 9 号
邮编：300203
电话：022 - 82910357、82910307
传真：022 - 23062515
网址：www. surfyane. com
邮箱：shane@ surfychem. com
产品：防腐杀菌剂、涂布消泡剂、分散剂、润湿剂

天津市合成材料工业研究所有限公司
天津市河西区洞庭路 29 号
邮编：300220
电话：022 - 28341651、28347200
传真：022 - 28340113
网址：www. tsmri. cn
邮箱：tsmri@ vip. 163. com
产品：阳离子表面施胶剂、阳离子中性施胶剂、湿强剂等

天津市迪赛福技术有限公司
天津市滨海新区大港海洋石化科技园区凯旋街 1602 号
邮编：300270
电话：022 - 63100717
传真：022 - 63100717
邮箱：tjzxtt@ sina. com
产品：多硫化钠蒸煮助剂、防腐杀菌剂

天津赛菲化学科技发展有限公司
天津市武清区曹子里开发区正华道 2 号增 1 号
邮编：300203
电话：022－82910355、82910317
传真：022－23062515
网址：www.surfychem.com
邮箱：shane@surfychem.com
产品：水基消泡剂、防腐剂

诺维信(中国)生物技术有限公司
天津市经济技术开发区南海路 150 号
邮编：300457
电话：022－25322062
传真：022－25322064
网址：www.novozymes.com
邮箱：pzho@novozymes.com
产品：酶制剂

天津市尤奈特科技发展有限公司
天津市南开区华苑产业区物化道 2 号 A 座 3065 室
邮编：300384
电话：022－23728608
传真：022－23728608
产品：防水剂、纸箱防潮剂、阻燃剂、特种纸防油剂、杀菌灭藻剂

天津市昌维生物科技有限公司
天津市东丽区金钟河大街 1499 号
邮编：300350
电话：022－84459017
传真：022－84459017
邮箱：caitf@changzyme.com
cw@changzyme.com
产品：生物酶加工

天津亚东化工有限公司
天津市滨海新区大港中塘镇东河筒村栖凤南里 29 号
邮编：300221
电话：022－63132064
传真：022－63131296
网址：www.yadongchem.com
邮箱：yadongchem@tjyadong.cn
产品：染料

天津市雄冠科技发展有限公司
天津市北辰区大张庄镇二闫庄村九园公路南
邮编：300405
电话：022－86852685、86852666
传真：022－86852381
网址：www.xgkj.com
邮箱：xg@xgkj.com.cn
产品：废纸脱墨剂、造纸毛毯清洁剂、消泡剂 GPS 系列、抑泡剂 PS 系列

中海油天津化工研究设计院有限公司
天津市红桥区丁字沽三号路 85 号
邮编：300131
电话：022－26689009、26370175、26647736
传真：022－26689070、26689067
网址：www.trici.cn
www.trici.com.cn
邮箱：trici@trici.cn
产品：分散剂、絮凝剂、清洗剂、杀菌剂

天津天女化工集团股份有限公司
天津东丽区津赤路 9 号
邮编：300300
电话：022－84783830、84781332
传真：022－84783658
网址：www.angeichem.com
邮箱：postmaster@angeichem.com
产品：颜料、表面活性剂

天津达一琦精细化工有限公司
天津经济技术开发区汉沽现代产业园区翠薇街 8 号
邮编：300480
电话：022－67162002、67162057、67162018
传真：022－67162001、67162027
网址：www.dai-ichi.com.cn
邮箱：webmaster@dai-ichi.com.cn
产品：造纸助剂、脱墨剂、表面活性剂

中化塑料有限公司天津分公司
天津市河西区南京路 58 号
邮编：300042
电话：022－23146216
传真：022－23146215
网址：www.sinochemtianjin.com
邮箱：tianjin@sinochem.com
产品：染料、颜料、助剂(荧光增白剂、阻燃剂、硅油)

河　北　省

石家庄市

石家庄天源淀粉衍生物有限公司
河北省石家庄市高新技术开发区昆仑大街 55 号

邮编：050035
电话：0311 - 87786216
传真：0311 - 87770584
网址：www. tianyuanjia. com. cn
邮箱：wugangchem@ 126. com
产品：涂布剂等系列淀粉衍生物产品

石家庄通力化学品有限公司
河北省石家庄市鹿泉区北降壁
邮编：050225
电话：0311 - 83823893、83804877
传真：0311 - 83823893
邮箱：info@ tonglichem. com
产品：湿强剂，助留增强剂，AKD 中、碱性施胶剂，消泡剂等

石家庄市乔多造纸化工助剂有限公司
河北省石家庄市新华区中华业大街 298 号
颐宏大厦 02 单元 0816
邮编：050061
电话：0311 - 87721245、13833175940
传真：0311 - 87709314
产品：湿强剂、漂白助剂、助留剂、消泡剂、分散剂、荧光增白剂 VBL 等

石家庄天宏伟业贸易有限公司
河北省石家庄市新华区高东街 115 号
邮编：050061
电话：0311 - 87735240
传真：0311 - 87735240
邮箱：jintianhong@ sohu. com
产品：废纸脱墨剂、毛毯清洗剂、助留助滤剂、阳离子淀粉、分散剂、湿强剂等

石家庄旺纸科技有限公司
河北省石家庄市元氏县天山国际制造产业园伟业路 1 号
邮编：050081
电话：0311 - 86782869、13731103560
传真：0311 - 84531706、83993905
网址：www. wangzhitech. com
邮箱：sales@ wangzhitech. com
产品：表面施胶剂、中性胶、高效助留剂

河北星宇化工有限公司
河北省鹿泉区获鹿镇石柏南大街 9 号
邮编：050200
电话：0311 - 69122818、69122831
传真：0311 - 69122813、69122838
网址：www. xingyuchem. com
邮箱：jacky@ xingyuchem. com
产品：荧光增白剂及其中间体系列、碱性染料及其中间体系列、二氧化硫脲

石家庄市三兴钙业有限公司
河北省石家庄市井陉县北固底工业区
邮编：050300
电话：0311 - 82359777
传真：0311 - 82359555
网址：www. sjzssxgy. com
邮箱：sjzssxgy@ 163. com
产品：轻质碳酸钙、轻质活性碳酸钙

石家庄冀亨助剂有限公司
河北省石家庄市赵县新寨店工业区
邮编：051530
电话：0311 - 85941169
传真：0311 - 85941136、67660963
网址：www. hbjh. com. cn
邮箱：sjyhgysh@ 163. com
产品：湿强剂、AKD 等造纸助剂

晋州市富强精细化工有限公司
河北省晋州市后彭头工业开发区
邮编：052260
电话：0311 - 84358066、4008778066
传真：0311 - 84359666
网址：www. cellulose-cn. com
邮箱：fuqiang@ cellulose-cn. com
产品：非离子型纤维素醚、阳离子醚化淀粉、表面施胶淀粉、磷酸酯淀粉、增强助留剂

晋州市大成变性淀粉有限公司
河北省晋州市后彭头工业开发区
邮编：052260
电话：0311 - 84359111、84359555
传真：0311 - 84319239
产品：氧化淀粉、阳离子淀粉、表面施胶剂、助留剂、蜡乳液等

晋州市三木助剂纸品厂
河北省晋州市东台村
邮编：052260
电话：0311 - 84301148
传真：0311 - 84301138
产品：AKD 蜡粉、AKD 施胶剂、湿强剂

晋州市万达纸业材料有限公司
河北省晋州市总十庄镇工业区
邮编：052260
电话：0311－84301296
传真：0311－84301296
产品：中性施胶剂、湿强剂、蜡乳液、涂布乳胶、抗水剂等

河北兴泰纤维素有限公司
河北省石家庄市晋州小樵开发区
邮编：052260
电话：0311－85128833、13383210317、18931111383
传真：0311－85125050、0311－84404728
网址：www. hebhec. cn
www. xingtaixws. com
邮箱：youlangte@ yahoo. com. cn
hbxtxws666@ 126. com
产品：羧甲基纤维素、羟丙基甲基纤维素等

唐山市

唐山奥东化工有限公司
河北省唐山市唐海镇孙家林北
邮编：063200
电话：0315－98713056、98711511
传真：0315－98711512
网址：www. oba. cn
邮箱：akd100@ 126. com
产品：荧光增白剂，阴离子松香系列中性施胶剂，阳离子松香系列施胶剂，AKD 中、碱性施胶剂

秦皇岛市

秦皇岛市金佳絮凝剂有限公司
河北省秦皇岛市高新经济技术开发区六盘山路 14 号
邮编：066004
电话：0335－8500966、8017706
传真：0335－8500609
网址：www. jinjiaxnj. com
邮箱：jinjiaxnj@ 163. com
产品：羟丙基瓜尔胶、聚丙烯酰胺助留剂、助滤剂

邯郸市

河北信佳生物淀粉科技有限公司
河北省邯郸市成安工业区聚良大道 4 号
邮编：056700
电话：0310－5231206、5231209
传真：0310－5231200
网址：www. china-xinjia. com
邮箱：business@ china-xinjia. com
产品：复合改性淀粉辅料（造纸表面施胶剂）、阳离子改性淀粉辅料（造纸浆内添加及涂布）

邢台市

沙河市白错利恒造纸瓷土厂
河北省邢台市沙河市八里庄村西
邮编：654100
电话：13623290251
产品：造纸瓷土加工、销售

沙河市远辉造纸瓷土厂
河北省邢台市沙河市白错村北
邮编：054102
电话：0319－8891056
产品：造纸瓷土加工、销售

沙河市富源造纸瓷土厂
河北省邢台市沙河市新城镇新城村东
邮编：054102
电话：0319－8886925
产品：造纸瓷土、涂布纸

沙河市顺达造纸瓷土厂
河北省邢台市沙河市白错村东北（沙河市第二运输公司院内）
邮编：054102
电话：0319－8889256
传真：0319－8889256
邮箱：13653337518@ 139. com
产品：瓷土加工

沧州市

沧州康宏化工有限公司
河北省沧州市献县河街支路 8 号（老化肥厂院内）
邮编：062250
电话：0317－4601777
传真：0317－4601666
网址：www. kanghongchem. com
邮箱：khhg2016@ 126. com
产品：羟基丁苯胶乳、丁二烯、苯乙烯、丙烯酸

河北威尔化工有限公司
河北省河间市束城镇工业园区威尔大街 23 号

邮编：062450
电话：0317－3219668、3219588、3813188
传真：0317－3219778
产品：改性造纸施胶剂、湿强剂、干强剂

任丘市万方化工有限公司
河北省任丘市梁召镇辛安庄工业区
邮编：062550
电话：0317－2225851、2913996
传真：0317－2212299、2913788
网址：www. wanfangchem. com
邮箱：wanfanghuagong@163. com
产品：聚丙烯酰胺、分散剂、复合型高效废水处理剂、絮凝剂、聚丙烯酸钠

廊坊市

廊坊市盛源化工有限责任公司
河北省廊坊市开发区鸿润道 20 号
邮编：065001
电话：0316－6070680、6082666、6086611
传真：0316－6060808
网址：www. lfsychem. com
邮箱：service@lfsychem. com
产品：干、湿增强剂，聚丙烯酰胺，助留剂，助滤剂，分散剂，废水处理剂，染料

文安县亿源化工有限公司
河北省廊坊市文安县孙氏化工园区
邮编：065812
电话：0316－5012861
传真：0316－5012368
网址：www. yiyuanhg. com
邮箱：yiyuanhg@126. com
产品：造纸专用分散剂、造纸助剂、增强剂、废水处理剂，并代理日本三井株式会社产品

廊坊亚太龙兴化工有限公司
河北省廊坊市大城县东汪工业园
邮编：065903
电话：0316－5708338、5706548
传真：0316－5709699、0316－5706338
网址：www. ytlx-chem. com
邮箱：15128678801@163. com
13833673703@163. com
ytlxchem@163. com

产品：氯化钙、高纯度硫酸亚铁

山　西　省

太原市

山西长庆化工有限公司
山西省太原市晋源区北关街 16 号号
邮编：030025
电话：0351－4050417、4845966
传真：0351－4168444
邮箱：sxcqhggs@163. com
产品：钛白粉

晋中市

山西琚丰高岭土有限公司
山西省晋中市榆次工业园区
邮编：030600
电话：0354－2666606、2666608
传真：0354－2666607
网址：www. jufengkaolin. com
邮箱：jf@jufengkaolin. com
产品：煅烧高岭土

忻州市

山西金洋煅烧高岭土有限公司
山西省忻州市忻府区兰村乡北场 211 地质队院内
邮编：034001
电话：0350－2136545、2641111
传真：0350－2136242、2136958
网址：www. jinyangkaolin. com
邮箱：jinyang@jinyangkaolin. com
产品：涂布级煅烧高岭土

内蒙古自治区

呼和浩特市

内蒙古三保高岭土有限公司
内蒙古自治区呼和浩特市金川开发区金海路
邮编：010080
电话：0471－3601393、3601037
传真：0471－3601169
产品：造纸涂布级煅烧高岭土

鄂尔多斯市

内蒙古蒙西高岭粉体股份有限公司
内蒙古自治区鄂尔多斯市蒙西工业园
邮编：016014
电话：0473－2552329、2554516、2552340
传真：0473－2552329、2554291
网址：www.mxkaolin.com
邮箱：glftxs@mengxigroup.com
产品：高岭土

内蒙古鹏博高岭土有限责任公司
内蒙古自治区鄂尔多斯市准格尔旗薛家湾镇工业开发区
邮编：010300
电话：0477－4701366
传真：0477－4701777
产品：高白度煅烧高岭土

辽宁省

大连市

大连星原化学有限公司
辽宁省大连市西岗区新开路99号珠江国际大厦1205室
辽宁省大连市普湾新区松木岛化工园区(厂址)
邮编：116011
电话：0411－83702309、83702329
传真：0411－83702319
网址：www.dlxingyuan.com
邮箱：info@dlxingyuan.com
产品：异噻唑啉酮、有机溴等系列杀菌防腐剂

大连汇邦化学有限公司
辽宁省大连市甘井子区玉境路74号1－6号
邮编：116038
电话：0411－85990185
传真：0411－85990187
邮箱：hb－tina@163.com
产品：防腐剂、杀菌灭藻剂、水处理剂、防霉剂、杀菌剂、异噻唑啉酮

鞍山市

合山化工(辽宁)有限公司
辽宁省海城市经济技术开发区泰山街5号
邮编：114235
电话：0412－3600699
传真：0412－3600325
网址：www.microstone.cn
邮箱：microstone@126.com
产品：超细碳酸钙粉、超微细造纸滑石粉

海城市合成微细钼石粉厂
辽宁省海城市牌楼镇北铁村工业区
邮编：114207
电话：0412－3939970
传真：0412－3204553
网址：www.hcwxf.com
邮箱：hctalc@126.com
产品：滑石粉、轻烧镁粉、氧化镁粉、硅石粉、重质碳酸钙粉

辽宁东宇化矿集团有限公司
辽宁东宇新材料有限公司
辽宁省海城市英落镇草庙工业园
邮编：114213
电话：0412－3172999
网址：www.cnlndy.com
产品：滑石粉

海城天慈滑石有限公司
辽宁省海城市海州管理区新立委
邮编：114200
电话：4006168611、13998010576
网址：www.mhsytalc.com
邮箱：services@mhsytalc.com
　　　2756293453@qq.com
产品：造纸级滑石粉、涂料级滑石粉

海城市正欣滑石粉有限公司
辽宁省海城市马风镇范马峪
邮编：114204
电话：0417－6221940
传真：0417－6221940
网址：www.zxtalc.com
产品：碳酸钙、滑石粉

海城市他山滑石粉厂
辽宁省海城市感王镇他山村
电话：0412－3798028
网址：www.tshsf.com
邮箱：tshsf@tshsf.com
产品：滑石粉

抚顺市

佳化化学股份有限公司
辽宁省抚顺市顺城区方晓工业园
邮编：113122
电话：024－56109152
网址：www. jiahua-china. com
邮箱：sales@ jiahua-china. com
产品：表面施胶剂

锦州市

辽宁沈宏集团股份有限公司
锦州宏塔高岭土开发有限公司
辽宁省凌海市班吉塔镇
邮编：121225
电话：0416－8840495、8841065
传真：0416－8840495
网址：www. singhorn. com
邮箱：singhorn@ singhorn. com
产品：超细煅烧高岭土、耐火级煅烧高岭土

营口市

营口康如科技有限公司
辽宁省营口市老边区钢铁工业园区
邮编：115005
电话：0417－6659759、13130577987
传真：0417－3801048
网址：www. kangru. com
邮箱：kangru@ kangru. com
产品：施胶剂、脱墨剂

辽阳市

辽宁科隆精细化工股份有限公司
辽宁省辽阳市宏伟区万和七路 36 号
邮编：111003
电话：0419－5589880、4001555678
传真：0419－5589837
网址：www. kelongchem. com
邮箱：kelong@ kelongchem. com
产品：表面活性剂

辽宁奥克化学股份有限公司
辽宁省辽阳市宏伟区万和七路 38 号
邮编：111003
电话：0419－5169268、5161428
传真：0419－5314298
网址：www. oxiranchem. com
产品：环氧乙烷及其衍生精细化工材料

辽宁华兴集团化工股份有限公司
辽宁省灯塔市西马峰镇新生开发区
邮编：111302
电话：0419－8320928、8320388
传真：0419－8320808、8322991
网址：www. huaxingchemical. com
邮箱：inquiry@ huaxingchemical. com
产品：废纸脱墨剂、脂肪醇、脂肪醇聚氧乙烯醚、壬基酚聚氧乙烯醚、聚乙二醇

盘锦市

盘锦兴建助剂有限公司
辽宁省盘锦市经济开发区兴隆工业园新开东路北
邮编：124010
电话：0427－2887131、2886669
传真：0427－2886660
产品：聚丙烯酰胺助留剂、助滤剂、水处理助剂

吉　林　省

长春市

吉林省正豪改性淀粉科技开发有限公司
吉林省长春高新技术产业开发区创新路 761 号
邮编：130012
电话：0431－86773871、86773872、86773873、86773878
传真：0431－86773875
网址：www. jilinzh. com
邮箱：ccyuhuai2005@ sina. com
　　　yuhuai@ jilinzh. com
产品：酯化淀粉、氧化淀粉、酸变性淀粉

长春大成实业集团有限公司
吉林省长春市西环城公路 886 号
邮编：130062
电话：0431－87879541、87879944
传真：0431－87870773
网址：www. ccdccg. com
产品：表面施胶剂、喷淋淀粉、涂布淀粉、浆内添加淀粉

长春市大地精细化工有限责任公司
吉林省长春市二道区三道镇卫星工业园区
邮编：130123
电话：0431－84840674
传真：0431－84840674
邮箱：1123603226@ qq. com
产品：聚氧化乙烯（PEO）

吉林省轻工业设计研究院
吉林省长春市飞跃路 2688 号
邮编：130012
电话：0431－85652015、85633297
传真：0431－85657579
网址：www. jlsqgy. com
邮箱：qgykyc@ 163. com
产品：玉米变性淀粉

吉林市

吉林市莲花化工厂
吉林省吉林市昌邑区珲春北街 6 号号
邮编：132001
电话：0432－62735352
产品：蒸煮助剂

松原市

嘉吉生化有限公司
吉林省松原经济技术开发区江南工业开发区
邮编：138000
电话：0438－2779061、2779096
传真：0438－2779027、2779063
网址：www. cargill. com. cn
产品：氧化淀粉、表面施胶剂、阳离子玉米变性淀粉

黑龙江省

绥化市

黑龙江省兰西县国文造纸助剂厂
黑龙江省兰西县粮食路 118 号
邮编：151500
电话：0455－5620787、13845527782
传真：0455－5620787
网址：www. guowenchem. com
产品：生物制浆促进剂、蒸煮助剂、纸品挺硬剂、纸品拉力增强剂、消泡剂、脱墨剂

上 海 市

道康宁（上海）有限公司
上海市浦东张江高科技园区张衡路 1077 号
邮编：201203
电话：021－38997919、38995500、4008807110
传真：021－50796567
网址：www. dowcorning. com. cn
产品：有机硅

上海吉康生化技术有限公司
上海市黄家路 18 号 10 楼（中华路口）
邮编：200010
电话：021－63761515
传真：021－63767366
网址：www. shluckychem. com
邮箱：luo@ shluckychem. com
产品：热敏、压敏色素（结晶紫内酯），感光及电子化学品，染料，助剂

上海晶杨商贸有限公司
上海市建国西路 91 弄瑞金花园 5 号楼 902 室
邮编：200020
电话：021－63049414、51532091
传真：021－63049974
网址：www. sha-jingyang. com
邮箱：support@ sha-jingyang. com
产品：液体直接染料、碱性染料、活性染料、荧光增白剂、淀粉、助留助滤剂、湿强剂、消泡剂、表面施胶剂

上海大宇生化有限公司
上海市淮海中路 887 号永新大厦 1206 室
邮编：200020
电话：021－64378211、64310031
传真：021－64379012、62505763
网址：www. caco3. cn
邮箱：sales@ caco3. cn
产品：碳酸钙系列产品

杜邦中国集团有限公司上海分公司特殊化学品部
上海市浦东新区张江高科技园科苑路 399 号 11 号楼
邮编：201203
电话：021－38622888、63866366－2007
传真：021－38622889
网址：www. dupont. com
邮箱：Techy-n. l. Du@ chn. dupont. com

产品：防油剂、大豆蛋白聚合物

索理思(上海)化工有限公司
上海市莘庄工业区申富路 688 号
邮编：201108
电话：021－54422323、54425533、54422085
传真：021－54424580
产品：水处理化学品与技术、造纸助剂

陶氏化学(中国)投资有限公司
上海市浦东张江高科技园区张衡路 936 号
邮编：201203
电话：021－23019436、38511000
传真：021－53535508、58951818
网址：www. dow. com/china/cn
产品：丁苯胶乳、造纸用杀菌剂

池上交易株式会社
浪速(上海)包装贸易有限公司
上海市黄浦区宁海东路 200 号申鑫大厦 1809 室
邮编：200021
电话：021－63743992、63743993
传真：021－63747978
网址：www. ikegamikoeki. com
邮箱：ikegamib@ public. bta. net. cn
产品：分散剂、脱墨剂、消泡剂、柔软剂、絮凝剂

名远化工贸易(上海)有限公司
上海市徐汇区赵家滨路 388 号华泰大厦 6 楼 B 座
邮编：200031
电话：021－63048833
传真：021－63048822
网址：www. chemcentralgroup. com. cn
邮箱：chq@ chemcentralgroup. com. cn
产品：湿部、施胶及涂布用淀粉，CMC，瓷土

登吉化工(苏州)有限公司上海销售部
上海市宛平南路 420 弄 4 号 103 室
邮编：200030
电话：021－34240708
传真：021－54248558
产品：纸张刚挺剂、涂料用耐水剂、表面上胶剂、纸力干强剂、湿强剂

上海康亦兴贸易有限公司
上海亦立兴业股份有限公司
上海市漕溪北路 737 弄 2 号楼 103 室
邮编：200030
电话：021－64272772、64644599
传真：021－64285786
网址：www. yie-lie. com
邮箱：yieliesh@ public. sta. net. cn
产品：高岭土、碳酸钙、涂布用助剂、淀粉衍生物（包括湿部、喷淋、表面施胶及涂布）、杀菌剂、网毯清洗剂

圣诺普科(上海)有限公司
上海市肇家浜路 680 号金钟大厦 503 室
邮编：200031
电话：021－64662391－106
传真：021－64662393
网址：www. sannopco-sh. com
邮箱：sst@ sannopco-sh. com
产品：消泡剂、抑泡剂、分散剂、润滑剂、分离剂

美国特种矿物有限公司上海代表处
上海市长宁区江苏路 369 号兆丰世贸大厦 7 楼 F 座
邮编：200050
电话：021－62093079
传真：021－62195894
产品：轻质碳酸钙

纳尔科化学(苏州)有限公司上海办事处
上海市大渡河路 168 弄 18 号
邮编：200062
电话：021－61832500
传真：021－61832400
网址：www. nalco. com
产品：树脂障碍控制剂、消泡剂、ASA、助留助滤剂

星悦精细化工商贸(上海)有限公司
上海市静安区恒丰路 638 号 1201 室
邮编：200040
电话：021－52283211
传真：021－62187200
网址：www. seikopmc. com. cn
邮箱：otoiawasechina@ seikopmc. co. jp
产品：抗水剂、表面施胶剂、干强剂、湿强剂

上海欣盛颜料化工有限公司
上海市静安区武定路 1088－1 号阳光科技广场 5 号楼 3 层 310 室
邮编：200041
电话：021－62533265、62583662
传真：021－62583662、62154215
网址：www. shxsyl. com

邮箱：webmaster@ shxsyl. com
产品：造纸调色剂、乳胶着色剂

上海恒宜化工有限公司
上海市嘉定区江桥镇高潮路 11 号
邮编：200052
电话：021 - 59117391
传真：021 - 69115376
网址：www. hy-chem. cn
邮箱：hy@ hy-chem. cn
产品：湿强剂、干强剂、助留助滤剂、纸浆专用分散剂、苯丙乳液、烘缸剥离剂

上海埃格环保科技有限公司
上海市共和新路 912 号云华科技大厦 1003 室
邮编：200070
电话：021 - 66600285
传真：021 - 51172969
网址：www. higradechemicals. com. cn
邮箱：zhuyq@ 133sh. com
产品：松香中性胶、清洁造纸助剂、脱墨剂

上海青草地环保科技有限公司
上海市虹口区海伦路 178 号 3 楼
邮编：200086
电话：021 - 27596129
传真：021 - 65034003
网址：www. shqcd. cebiz. cn
邮箱：hecaoming@ 163. com
产品：聚合硫酸镁、聚双酸铝铁、聚丙烯酰胺、复合混凝剂、高效脱色剂、钛白粉、造纸助留助滤剂

凯米拉化学品(上海)有限公司
上海市东方路 69 号裕景国际商务广场 A 座 1001 室
邮编：200120
电话：021 - 58778550
传真：021 - 58797128
网址：www. kemirachina. com
邮箱：kemira-sh@ kemira. cn
产品：助留剂、杀菌剂、毛毯清洗剂、固着剂、分散剂、AKD、ASA、松香施胶剂、水处理用化学剂

凯米拉(上海)管理有限公司
上海市虹梅路 1801 号 A 区凯科国际大厦
2504 - 2507 室
邮编：200233
电话：021 - 60375999
传真：021 - 33678400
邮箱：colin. liu@ kemira. com
网址：www. kemira. com
产品：施胶剂、助留剂、消泡剂、黏合剂

三井化学(上海)有限公司
上海市浦东银城中路 200 号中银大厦 2501 室
邮编：200121
电话：021 - 58886336
传真：021 - 58886337
网址：mccn. mitsuichemicals. cn
产品：助留剂、分散剂、高分子絮凝剂聚丙烯酰胺

上海开爻化工有限公司
上海市五莲路 1769 弄 41 号 401 室
邮编：200129
电话：021 - 87660162
传真：021 - 33828633
网址：www. kaiyaochem. com
邮箱：kaiyaochem@ hotmail. com
产品：阳离子乳液松香施胶剂、特级消泡剂、荧光增白剂、荧光消除剂、过氧化氢漂白剂

上海谊久化工有限公司
上海市浦东新区季景路 19 弄 70 号 11 室
邮编：200137
电话：021 - 58624554
传真：021 - 58624554
网址：www. 19chem. com
邮箱：info@ lgchem. com
产品：造纸专用阴离子、阳离子、非离子乳化蜡，造纸用特效防水剂，表面施胶乳化蜡，纸内施胶乳化蜡

上海新诺化工有限公司
上海市奉贤区楚华北路 858 号
邮编：201400
电话：021 - 68660222
传真：021 - 58612099
网址：www. sinowax. com
邮箱：root@ sinowax. com
产品：乳化蜡、施胶剂、防水剂、上光剂

上海高桥巴斯夫分散体有限公司
上海市浦东新区浦东北路 1929 弄 99 号
邮编：200137
电话：021 - 58670303、20680800
传真：021 - 58675050
网址：www. sgbd. com. cn
邮箱：sgbd@ sgbd. com. cn

产品：涂布用胶乳（羧基丁苯胶乳）、塑性颜料

巴斯夫（中国）有限公司
上海市浦东江心沙路 333 号
邮编：200137
电话：021－20391000
传真：021－20394306
网址：www. greater-china. basf. com
产品：化学品、功能性聚合物、特性化学品、聚氨酯

浙江日华化学有限公司上海分公司
上海市松江区民益路 201 号 12 楼 3 层
邮编：201600
电话：021－54277288、54277300
传真：021－54277377
网址：www. nicca-sh. com
邮箱：solution@ nicca. com. cn
产品：表面活性剂、螯合分散剂、低聚物分散剂、渗透剂、消泡剂、柔软剂、固色剂、平滑剂、防水剂

科莱恩化工（中国）有限公司
上海市徐汇区漕河泾开发区桂箐路 69 号 25 幢 1－3 楼
邮编：200233
电话：021－64851000
传真：021－64851388
网址：www. paper. clariant. com
www. clariant. cn
邮箱：paper－china@ clariant. com
产品：染料、增白剂、防油剂

巴斯夫特性产品有限公司
上海市漕河泾开发区田州路 99 号 13 号楼 202 室
邮编：200137
电话：021－20391072
产品：染料、助留助滤剂、涂布胶乳、施胶剂

上海众高化工有限公司
上海市徐汇区漕宝路 70 号（光大会展中心）
C 座 1004 室
邮编：200235
电话：021－64326322、64326317
传真：021－64326566
网址：www. zhonggao. cn
邮箱：zgc@ zhonggao. cn
产品：防腐杀菌剂、氟碳类防霉杀菌剂、清洗剂和保洁剂

上海东升新材料有限公司
上海市田林路 388 号 1 幢楼 7 层
邮编：200233
电话：021－64838680
传真：021－64518499
网址：www. dssun. com
邮箱：dssun@ dssun. com
产品：PCC、GCC、苯丙胶乳、瓜尔胶、干强剂、阴离子捕捉剂、AKD 中性施胶剂、分散剂、絮凝剂、脱墨剂、润滑剂

上海恩脉化学有限公司
上海市宝山工业园上大路 218 号
邮编：200436
电话：021－66516340、60962322、60962092
传真：021－66516340、56670591
网址：www. enmai88. com
邮箱：dfyu8728@ 126. com
产品：荧光增白剂、干强剂、湿强剂、中性施胶剂、表面施胶剂

上海浩天变性淀粉有限公司
上海市宝山区共康路 651 号
邮编：200443
电话：021－56416150
传真：021－56433814
邮箱：haotians@ eastday. com
产品：涂布淀粉系列、湿部淀粉、特种表面施胶淀粉

卡马斯化工（上海）有限公司
上海市宜山路 2016 号（合川大厦）7 楼 B 座
邮编：201103
电话：021－61280488
传真：021－61280490
产品：毛毯、成形网、干网保洁剂，杀菌剂，消泡剂，抑泡剂，胶黏物处理剂

上海源泉石油化工有限公司
上海市浦东向城路 29 号爵士大厦 A29C 室
邮编：201200
电话：021－58318532
传真：021－68670836
邮箱：yqpcc@ yqpcc. com
产品：淀粉、湿强剂、干强剂、表面施胶剂、湿强解离剂、高强表面增强剂

上海必康国际贸易有限公司
上海市龙阳路 1880 弄万邦都市花园 15 号 501 室

邮编：201204
电话：021－58446691
传真：021－58446680
邮箱：slw_ become@ sina. com
产品：PAM 高分子凝集剂、聚合氯化铝（PAC）、重金属捕集剂

上海吉臣化工有限公司
上海市浦东东陆路 95 号
邮编：201206
电话：021－58341051、58341052
传真：021－58341052
网址：www. jichenchem. com
邮箱：jichen@ jichenchem. com
产品：烘缸剥离剂、干/湿强剂、脱墨剂、湿强解离剂、助留助滤剂、柔软剂、抗水剂、杀菌剂、水处理絮凝剂

上海联胜化工有限公司
上海市浦东新区曹阳路镇华东路 1069 号
邮编：201209
电话：021－68680248、68681055
传真：021－68681497
网址：www. peo. com. cn
邮箱：liansheng@ lainsheng-chemical. com
产品：PEO 分散剂、PEA 湿强剂、剥离剂、消泡剂、助留助滤剂、抗水剂、杀菌剂、水处理絮凝剂

上海天坛助剂有限公司
上海市星火开发区浦星公路 9500 号
邮编：201419
电话：021－57502198
传真：021－57502679
网址：www. chinasam. com
邮箱：atc@ chinasam. com
产品：BLA 液体增白剂、脱墨剂、柔软剂、涂料分散剂、消泡剂、渗透剂

巴克曼实验室化工（上海）有限公司
上海市青浦工业区崧泽大道 8500 号
邮编：201700
电话：021－69210188
传真：021－69210500
网址：www. buckman. com
邮箱：asia@ buckman. com
产品：胶黏物控制酶、沉积物控制剂、蒸煮助剂、洗涤助剂、系统清洗与网毯保洁剂、湿部及涂料消泡剂、除垢剂、抑垢剂、助留助滤剂、干/湿强剂

久联化学工业（上海）有限公司
上海市外高桥保税区芬菊路 152 号
邮编：200131
电话：021－50481691
传真：021－50480635
产品：造纸涂料、地毯背胶、食品包装用胶黏剂

上海申伦科技发展有限公司
上海市虹口区汶水东路 181 弄三九大厦 2 栋 1608 室
邮编：200437
电话：021－65360566
传真：021－65605707
产品：纸用化学品

上海湛和贸易有限公司
上海市徐汇区南丹东路 188 号久隆大厦 2101 室
邮编：200030
电话：021－64873737
传真：021－64873700
经营：贸易、科研、生产以及技术服务为一体，代理日本明成化学工业株式会社造纸化学品

上海赫达富化工科技有限公司
上海市嘉定区金华路 168 号
邮编：201824
电话：021－59192480
传真：021－59192480
产品：蒸煮催化剂、造纸助剂

上海恒皓创新酰胺有限公司
上海市杨浦区定海港路 434 号
邮编：200090
电话：021－65660734
传真：021－65660735
产品：聚丙烯酰胺系列产品

上海宏达着色剂厂
上海市静安区共和新路 3737 号 B 栋 706－708 室
邮编：200435
电话：021－36360002
传真：021－66530468
产品：造纸用调色、增白剂

上海化工研究院有机化工研究所
上海市普陀区云岭东路 345 号
邮编：200062

电话：021－52809752
传真：021－52800850
产品：杀菌剂

上海浦东菱花造纸助剂厂
上海市浦东新区中高路 8 号
邮编：200137
电话：021－58642136
产品：分散松香、分散剂

上海碳酸钙厂
上海市徐家汇路 558 弄 1 号 C 座
邮编：200025
电话：021－64158822
传真：021－64673933
产品：造纸用碳酸钙

创恩国际贸易(上海)有限公司
上海市普陀区白兰路 137 号 B 座 2604 室
邮编：200063
电话：021－62863397
传真：021－62863389
产品：瓷土、瓜尔胶、CMC、保水增稠剂、抗水剂、印刷适应改良剂、消泡剂

三菱商事(中国)有限公司
上海市浦东新区迎春路 96 号三菱商事办公楼
邮编：200127
电话：021－68543030
传真：021－68541911
网址：www. mitsuhishicorp. com. cn
产品：化学品

瓦克化学(中国)有限公司
上海漕河泾开发区虹梅路 1535 号 3 号楼
邮编：200233
电话：021－61655683
传真：021－61655697
邮箱：henry. fan@ wacker. com
产品：造纸助剂

池上交易株式会社浪速包装(上海)有限公司
上海市漕河泾开发区虹梅路 1535 号 3 号楼
邮编：200233
电话：021－51035209
传真：021－63747978
邮箱：han. weinhui@ naniwapack. com
产品：分散剂、脱墨剂、消泡剂、柔软剂、絮凝剂

上海瑞治贸易有限公司
长宁区遵义南路 8 号锦明大厦 5D
邮编：200336
电话：02162592075
传真：02162592162
网址：www. mariocottach. com
邮箱：smsh@ switchmeans. com
产品：造纸助剂

上海格纳斯化工有限公司
上海市莘松路 415 弄 2 号 902 室
邮编：201100
电话：021－54132280
传真：021－54132280
邮箱：byjcn@ 163. com
产品：杀菌剂、防腐剂、防霉剂、水处理剂

上海怡括贸易有限公司
上海市宝山区陆翔路 111 号 6 号楼 1112 室
邮编：201907
电话：021－61126202
传真：021－56751125
网址：www. ecorcn. com
邮箱：fa037998@ 163. com
产品：钢水清净剂、除渣剂、保温发热剂、丝光化木浆

易力淀粉(上海)科技有限公司
上海市松江区九亭工业区 9 州匕路 777 号
邮编：201615
电话：021－61994566
传真：021－69583396
网址：www. eli-starch. com
邮箱：armin@ eli-starch. com
产品：木薯淀粉、木薯变性淀粉、马铃薯变性淀粉

可乐丽国际贸易(上海)有限公司
上海市徐汇区虹桥路 3 号港汇中心二座 2207 单元
邮编：200030
电话：021－61198111/2305
传真：021－61198585
网址：www. kuraray-sh. com. cn
邮箱：liming_ zhu@ kuraray. co. jp
产品：聚乙烯醇、聚乙烯醇缩丁醛

惠彩化学材料(上海)有限公司
上海市漕河泾开发区古美路 1515 号凤凰大厦 1004B 座
邮编：200233

电话：021 - 54037399
传真：021 - 54041968
网址：www. hccchem. com
邮箱：derek. ytr@ hccchem. com
产品：异氰酸酯、胶黏剂

爱森(中国)絮凝剂有限公司
上海市北京西路 1465 号国立大厦 1401
邮编：200040
电话：021 - 52120049
传真：021 - 52120057
网址：www. snfchina. com
邮箱：zhangqi@ snfchina. com
产品：絮凝剂

蓝星有机硅(上海)有限公司
上海市莘庄工业区金都路 3966 号
邮编：201108
电话：021 - 54426600
传真：021 - 54423733
网址：www. bluestarsilicones. com
邮箱：kevin. sun@ bluestarsilicones. com
产品：有机硅

栗田工业(大连)有限公司上海分公司
上海市浦东张杨路 500 号华润时代广场 11 楼 C - D 室
邮编：200122
电话：021 - 58873948
传真：021 - 58876867
网址：www. kurita. cn
邮箱：likelei@ kurita-chemical. com
产品：造纸助剂、造废废水处理

宁柏迪特种化学(上海)有限公司
上海市化学工业区北银河路 100 号
邮编：201507
电话：021 - 64863366、64863168
传真：21 - 64874855
邮箱：jerry. hu@ lamberti-cn. com
产品：印花糊料印花浆料

拓纳贸易(上海)有限公司
上海市吴中路 1099 号吴中商务大楼 701 - 704 室
邮编：201103
电话：021 - 61271988
传真：021 - 61202900
网址：www. tanatexchemicals. com
邮箱：tony. sun@ tanatexchemicals. com
产品：三防整理剂

路博润管理(上海)有限公司
上海市浦东新区芳甸路 1088 号紫竹国际大厦 10 楼
邮编：200120
电话：021 - 38660366
传真：021 - 58876987
网址：www. lubrizol. com
邮箱：paul. yu@ lubrizol. com
产品：树脂、助剂、丙烯酸树脂、黏合剂

中核华原(上海)钛白有限公司
上海市浦东新区祖冲之路 2290 弄展想广场 1001 室
邮编：201203
电话：021 - 60729988、5634
传真：021 - 60729977
网址：www. sinotio2. com
邮箱：tangshangbin@ sinotio2. com
产品：钛白粉、金红石钛白粉

万华化学集团股份有限公司
上海市浦东新区秀浦路 2500 号招商中心 11 楼
邮编：201315
电话：021 - 22151541
传真：053 - 56837390
网址：www. whchem. com
邮箱：yiqian@ whchem. com
产品：异氰酸酯系列产品、芳香多胺系列产品、热塑性聚氨酯弹性体系列产品

路博润特种化工(上海)有限公司
上海市浦东新区芳甸路 1088 号紫竹国际大厦 10 楼
邮编：201204
电话：021 - 38660366
传真：021 - 58877687
网址：www. lubrizol. com
邮箱：york. lu@ lubrizol. com
产品：树脂及基料、丙烯酸树脂、聚氨酯树脂、助剂及溶剂、防结皮剂、表面活性剂及分散剂、流变改进剂、流平剂、增滑助剂及滑润剂

栗田工业(大连)有限公司
上海市浦东新区浦东南路 1289 号华融大厦 2201 室
邮编：200122
电话：021 - 58873948
传真：021 - 58876867
邮箱：sunflower_312@ sohu. com
产品：水处理药剂、石油添加剂、锅炉水处理药剂

斯泰隆丁苯胶乳(张家港)有限公司上海分公司
上海市张江高科技园区华佗路 68 号 10 号楼 101 室
邮编：201203
电话：021－38520512/13
传真：021－33847657/55
网址：www. styron. com
邮箱：aichen@ styron. com
产品：丁苯胶乳

上海埃玛森化学品有限公司
上海市松江区乐都路 251 号 15C 座 1501 室
邮编：201600
电话：021－62090079
邮箱：guwenbiao@ amazon-papyrus. com
产品：树脂、沉积物控制剂、黄色染料及包裹型树脂分散剂、毛布清洗剂

上海孚惠德工业油净化科技有限公司
上海市青浦区公园路 348 号 509－1 室
邮编：201700
电话：021－59735081
邮箱：Fanghy123@ 163. com
产品：净化剂

赢创特种化学(上海)有限公司
上海市闵行区春东路 68 号
邮编：201108
电话：021－61191032
传真：021－61191473
网址：www. evonik. com
邮箱：violin. huang@ evonik. com
产品：有机硅表面活性剂等化学品

盛禧奥聚合物(张家港)有限公司上海分公司
上海市浦东新区张江高科技园区华佗路 68 号 10 号楼 101 室
邮编：201203
电话：021－38520654
网址：www. trinseo. com
产品：丁苯胶乳、聚碳酸酯混合物及聚碳酸酯/ABS混合物

双日纤维(上海)有限公司
上海市延安西路 2201 号 2702
邮编：200040
电话：021－62781001－228
传真：021－62787722
网址：www. sojitz. com
产品：化工、合成树脂

可乐丽贸易(上海)有限公司
上海市淮海中路 918 号 18 楼 F
邮编：200020
电话：021－64155216
传真：021－64157285
网址：www. kuraray-sh. com. cn
www. kuraray. ypb. cn
产品：可乐丽的 EVOH 树脂(乙烯－乙烯醇共聚物)

上海申伦科技发展有限公司
上海市虹口区汶水东路 181 弄 2 座 1608 室
邮编：200437
电话：021－65360566
传真：021－65605707
产品：表面施胶剂、高电荷密度的水性树脂、除气消泡剂、造纸增强树脂、合成涂布增稠剂与涂料辅助粘合剂、颜料涂布用涂料消泡、抑泡剂、颜料涂布用 PH 稳定剂

上海世展化工科技有限公司
上海市钦州北路 1199 号 88 幢 8 楼
邮编：200233
电话：021－54277770
传真：021－54277771
产品：造纸助剂

江　苏　省

南京市

江苏精科嘉益工业技术有限公司
江苏省南京市黄埔路 2－2 号黄埔大酒店 12 楼 D 座
邮编：210016
电话：025－56213209
传真：025－56213208
网址：www. jts. cn
邮箱：charlee@ all-plus. net
产品：杀菌防腐剂、施胶剂、微生物和黏泥控制剂、助留助滤剂、脱气剂、消泡剂、胶黏物树脂控制剂、干/湿强剂

南京四新科技应用研究所有限公司
江苏省南京市鼓楼区幕府东路 199 号紫金(下关)科技创业特别社区 A22 栋
邮编：210028
电话：025－85080901、85080914、

85080928、85080923
传真：025－85080900、85080904
网址：www. sixinchem. com
邮箱：sixin@ sixinchem. com
产品：制浆及黑液工序、湿部及白水循环脱水、涂布、废水处理用消泡剂

南京四诺精细化学品有限公司
江苏省南京市江东北路 91 号典雅居大厦 1506 室
江苏省南京市雨花工业区(厂址)
邮编：210036
电话：025－86472370
传真：025－86473843
网址：www. snowfc. cn
邮箱：snowchemnanjing@ yahoo. com. cn
产品：分散剂、助留助滤剂、干强剂、施胶剂、脱墨剂、废水处理剂、污泥脱水剂

南京东正化轻有限公司
江苏省南京市鼓楼区建宁路 61 号中央金地广场 1 楼 1605 室
邮编：210037
电话：025－85634308
传真：025－85619676
网址：www. njdz. com. cn
邮箱：yang@ njdz. com. cn
产品：分散剂、水处理剂、纸浆黑液专用消泡剂、助留剂、高吸水树脂

林产化学工业研究所
中林(江苏)胶黏剂有限责任公司
江苏省南京市玄武区锁金五村 16 号
邮编：210042
电话：025－85482476、85482442
传真：025－85429691
网址：www. forinchem. com
邮箱：wangcpg@ hotmail. com
forinchem@ 163. com
产品：乳液黏合剂、造纸用乳液胶

沙索(中国)化学有限公司
江苏省南京市化学工业园方水路 68 号
邮编：210047
电话：025－58391111－2806
传真：025－58392285、58392222
网址：www. sasolasia. com. cn
邮箱：in. li@ cn. sasol. com
产品：表面活性剂、消泡剂

南京宏桥精细化工科技开发有限公司
江苏省南京市高新技术产业开发区经一北路 17 幢
邮编：210061
电话：025－58840197、57673881
传真：025－57673881、57672881
网址：www. hongqiaochem. com
邮箱：water@ hongqiaochem. com
产品：造纸白水浮选剂、无泡沫生物黏泥剥离剂、有机溴氯杀菌灭藻剂

南京久三生物化学品研究所
江苏省南京市孝陵卫 200 号南京理工大学 525 栋 21 号
邮编：210094
电话：025－86205540
传真：025－86180359
邮箱：feiyang79@ 21cn. com
产品：速效净水剂、杀菌杀藻剂、絮凝剂、消泡剂

无锡市

无锡市兴顺助剂化工厂
江苏省无锡市锡山区东港镇
邮编：214199
电话：0510－88761431、13951509592
传真：0510－88761488
产品：阳离子乳液松香中性施胶剂、环压增强剂、助留剂及聚合氯化铝

宜兴市绿波水处理化学品有限公司
江苏省宜兴市东山西路 66 号
邮编：214205
电话：0510－87975887
传真：0510－87975997
产品：阳离子高效有机混凝剂、聚合氯化铝、聚合硫酸铁、高效脱色絮凝剂、杀菌灭藻剂、高效消泡剂

宜兴市天使合成化学有限公司
江苏省宜兴市芳庄镇
邮编：214246
电话：0510－87674303、87678600
传真：0510－87671303
网址：www. jsjhc. com
邮箱：lzj@ jsjhc. com
产品：光稳定剂、抗氧剂、聚合氯化铝、净水剂、水处理化学品

宜兴市绿科环保有限公司
江苏省宜兴市洋溪镇
邮编：214262
电话：0510－87572928
传真：0510－87572929
网址：www. lvkeyx. cn. alibaba. com
邮箱：liwind042@ sina. com
产品：废水处理脱色剂、絮凝剂、消泡剂、分散剂

江阴市恒达化工有限公司
江苏省江阴市华士镇
邮编：214421
电话：0510－86201302、86201303、86201304
传真：0510－86201304
产品：造纸和涂布专用 CMC

宜兴市通达化学有限公司
江苏省宜兴市分水镇
邮编：214262
电话：0510－87551228
产品：CMC、高效絮凝剂

徐州市

徐州市昌盛化工材料供应站
江苏省徐州市中山路 163 号 1 楼 26－29 号
邮编：221005
电话：0516－83879398
传真：0516－83879398
产品：脱墨剂、膨化剂、分散剂、消泡剂、毛毯清洗剂、显白剂、防腐剂、助留助滤剂

常州市

常州市科威天使环保科技股份有限公司
江苏省常州市天宁区武澄工业园舜三路 8 号
邮编：213114
电话：0519－88107275
传真：0519－88107275
产品：高分子絮凝剂（聚丙烯酰胺阴、非、阳离子系列）、生物药剂系列高效水处理产品、表面施胶剂、杀菌剂

常州汉诺斯化学品有限公司
江苏省常州市北大街 96 号兰洋大厦 A－905
邮编：213000
电话：0519－82619888、81000008
传真：0519－82619000、81000009
网址：www. hanschina. cn
邮箱：admin@ hans-china. com
产品：纤维素纤维改性剂、涂料染色阳离子改性剂、功能性整理剂

常州市梅港淀粉有限公司
江苏省常州市戚墅堰经济开发区
邮编：213011
电话：0519－88773640
传真：0519－85015021、88374238
邮箱：kzqjlj@ 163. com
产品：变性淀粉产品（表面施胶淀粉、喷淋淀粉、磷酸酯淀粉、阳离子淀粉、PVA 替代品）

常州市天义化工有限公司
江苏省常州市新北区太湖东路府琛大厦 1－617
邮编：213022
电话：0519－85120181、85120182
传真：0519－85120180
网址：www. cntychem. com
邮箱：zhangyi@ cntychem. com
产品：杀菌剂、防霉剂、消泡剂、水性分散剂

常州精科霞峰精细化工有限公司
江苏省常州市新北区长江北路 29 号
邮编：213022
电话：0519－85132088、85130788
传真：0519－85133788
网址：www. jincoxf. com
邮箱：adminjcxf@ jincoxf. com
产品：清洗剂、除垢剂、分散剂、缓蚀剂、杀菌剂等系列产品

常州碳酸钙有限公司
江苏省常州市洛阳镇洛阳路 206 号
邮编：213104
电话：0519－88791230、88520658
传真：0519－88522128
网址：www. cn-wunan. com
邮箱：wunan8@ hi2000. com
产品：纳米碳酸钙、微细活性碳酸钙、轻质活性碳酸钙、轻质（沉淀）碳酸钙、重质及重质活性碳酸钙

江海环保有限公司
江苏省常州市天宁区郑陆镇武澄工业园
邮编：213116
电话：0519－88902294、88902295、88905378
传真：0519－88902149

网址：www. jhhg. com
邮箱：jhhg@ jsmail. com. cn
产品：水处理剂、杀菌灭藻剂

江苏永葆环保科技有限公司
江苏省常州市武进区横山桥镇朝阳路朝阳大桥西侧
邮编：213119
电话：0519－86393009
传真：0519－86390093
网址：www. jsyongbao. com
邮箱：yangb@ jsyongbao. com
产品：聚合氯化铝、聚合氯化铝铁、聚丙烯酰胺

常州市武进运波化工有限公司
江苏省常州市前黄镇运村
邮编：213175
电话：0519－86131034
传真：0519－86134317
网址：www. yunbochem. com
邮箱：info@ yunbochem. cn
产品：无甲醛抗水剂、改性三聚氰胺甲醛树脂抗水剂、润滑剂、表面施胶剂、分散剂、纸品乳液、PAE湿强剂

苏州市

苏州市恒康造纸助剂技术有限公司
江苏省苏州市桐泾北路 26－6 恒丰大厦 362 室
邮编：215000
电话：0512－67209673、87679776
传真：0512－67202673
网址：www. hkzj. cn
邮箱：rainbow_2525@ 163. com
产品：丝光柔顺剂、剥离增光剂、造纸湿强剂、卫生纸多元增强剂、防腐杀菌剂、纸浆分散剂、树脂控制剂

苏州汇鸿复合材料有限公司
江苏省苏州市西园路 430 号
邮编：215008
电话：0512－62037751
传真：0512－68298894
网址：www. cmccms. com
[illegible]：羧甲基纤维素钠、对羟基苯甲醛、苯亚磺酸钠

[illegible]学(苏州)有限公司
[illegible]市苏州新区塔园路 88 号
[illegible]

电话：0512－68255001
传真：0512－68250130
上海：021－63588282
宁波：0574－87052235
广州：020－34402066
网址：www. nalco. com
产品：蒸煮剂、增强剂、助留助滤剂、消泡剂及助洗剂、树脂控制剂、微生物/沉积物控制剂、涂布添加剂、废水处理剂

天禾化学品(苏州)有限公司
江苏省苏州市吴中区木渎镇花苑东路 199 号
邮编：215101
电话：0512－68097320、66261097
传真：0512－68240792
网址：www. tianmapharma. com
邮箱：gurry@ tianmapharma. com
　　　paperchem@ tianmapharma. com
产品：AKD 蜡、AKD 中性施胶剂、阳离子松香胶、表面施胶剂、助留助滤剂、阳离子醚化剂、湿强剂、脱气剂、杀菌防腐剂

苏州市佑震化工有限公司
江苏省苏州市吴中区木渎镇西跨塘
邮编：215101
电话：0512－66363293
传真：0512－66369890
邮箱：yuyqxt@ tianmapharma. com
产品：表面施胶剂、抄纸用脱水剂、干强剂、助留剂、树脂分散剂等浆内添加和表面处理用药品，以及润滑剂、保水剂、分散剂等

苏州市鸿绮化工有限公司
江苏省苏州市吴中区友新路旺吴路西 50 号
邮编：215100
电话：0512－65277776
传真：0512－65272603
邮箱：52willgood05@ hotmail. com
产品：造纸用直接、盐基性、酸性染料，活性染料，分散型染料

依卡化学品(苏州)有限公司
江苏省苏州工业园区苏虹中路 302 号
邮编：215122
电话：0512－62582276
传真：0512－62586772
网址：www. akzonobel. com. cn
产品：制浆化学品、施胶剂

苏州高峰精细化工有限公司
江苏省苏州市吴中经济开发区双桥工业园
邮编：215128
电话：0512－65654153
传真：0512－65629401
网址：www. gaofengstarch. com
邮箱：business@ gaofengstarch. com
产品：阳离子表面施胶淀粉、变性淀粉

苏州峰达精细化工有限公司
江苏省苏州市相城区黄桥金峰
邮编：215132
电话：0512－65461729、65850753
传真：0512－65461729
网址：www. fdhg. cn
邮箱：fdjxhg@ 163. com
产品：杀菌防腐剂、抄纸分散剂、湿增强剂、沉积物控制剂、消泡剂、烘缸剥离剂、助留助滤剂、网毯保洁剂

苏州联胜化工有限公司
江苏省苏州市相城区渭塘镇沿塘工业区 1 号
邮编：215134
电话：0512－65907588
传真：0512－65901660
网址：www. lshx. cn
邮箱：service@ lshx. cn
产品：羟乙基乙二胺、乙二胺四乙酸四钠

登吉化工（苏州）有限公司
江苏省苏州市吴江市同里镇（屯村）
邮编：215216
电话：0512－63375899
传真：0512－63376099
产品：纸张刚挺剂、涂料用耐水剂、表面上胶剂、纸力干强剂、湿强剂、表面干强剂

昆山密友实业有限公司
江苏省昆山市民营科技工业园望山南路 16 号
邮编：215316
电话：0512－5796666、57767965
传真：0512－57791241
网址：www. miyou. com. cn
邮箱：miyou@ miyou. com. cn
产品：重质微细碳酸钙、重质微细碳酸钙（研磨）浆、超细滑石粉

苏州天马化工原料有限公司
江苏省苏州市浒关工业园
邮编：215101
电话：0512－66261097
产品：AKD 施胶剂

常熟市支塘粮油食品厂
江苏省常熟市支塘镇林园路 6 号
邮编：215531
电话：0512－52551634
产品：阳离子淀粉

欧米亚钙业（常熟）有限公司
江苏省苏州市常熟市碧溪镇沿江工业园通港路长春路 18 号
邮编：215537
电话：0512－52649708
产品：高级重质碳酸钙

张家港市

张家港市国业施胶材料厂
江苏省张家港市南丰镇港路 1 号
邮编：215628
电话：0512－58629197
传真：0512－58629197
产品：粉状施胶剂、改性松香胶、脱墨剂、助留助滤剂

星光精细化工（张家港）有限公司
江苏省张家港市金港镇江苏扬子江国际化学工业园长江路 18 号
邮编：215634
电话：0512－58937250
传真：0512－58937601
产品：印刷适性改良剂、干强剂、表面施胶剂、湿强剂、起皱剂、抗水剂

张家港市三惠化工有限公司
江苏省张家港市凤凰镇西
邮编：215613
电话：0512－56887377、58400502
传真：0512－58491329
网址：www. cmcsanhui. com
产品：纤维素钠、CMC

张家港市一星日化厂
江苏省张家港市凤凰镇
邮编：215613
电话：0512－58496121

传真：0512－58496158
网址：www. cmcyixing. com
产品：CMC

南通市

海安县正达化工有限公司
江苏省南通市海安县海化路 28 号
邮编：226600
电话：0513－88832111
传真：0513－88866940
网址：www. zhendachem. com
邮箱：info@ zhendachem. com
产品：乳化剂、洗净剂、消泡剂

南天农科化工有限公司
江苏省如皋市白蒲镇
邮编：226511
电话：0513－88573113
传真：0513－88573112
产品：聚丙烯酰胺系列

淮安市

江苏天士力淀粉有限公司
江苏省淮安市清浦区城南西路 29 号
邮编：223002
电话：0517－82806173
传真：0517－83806173
产品：表面施胶类、喷雾淀粉、涂布专用系列

镇江市

镇江市天亿化工研究设计院有限公司
江苏省镇江市千秋桥街 16 号
邮编：212001
电话：0511－85033207
传真：0511－85030898
邮箱：tianyiche@ sohu. com
产品：干强剂、湿强剂、中性施胶剂 AKD 乳液、AKD 乳化剂

镇江科力生物技术有限公司
江苏省镇江市丁卯桥路 160 号
邮编：212009
电话：0511－8888991、8888832
传真：0511－8888891
网址：www. koly. cn
邮箱：xgf@ koly. cn
产品：杀菌剂、防霉剂

泰州市

江苏九洲化工有限公司
江苏省泰州市永安洲化学工业园区
邮编：225321
电话：0523－86967813
传真：0523－86967814
网址：www. ncc-js. com
产品：表面施胶剂、润滑剂、防腐杀菌剂、分散剂、涂料保水剂

江苏聚成精细化工有限公司
江苏省泰州市泰兴商城 D 区 4 楼
邮编：225400
电话：0523－87722751、87722761
传真：0523－87722753
网址：www. jucheng-chem. com
邮箱：jucheng-chem@ 163. com
产品：聚丙烯酰胺，阳、阴、非离子高分子絮凝剂，水处理剂，甲基丙烯酸二甲氨乙脂（DM），甲基丙烯酰氧乙基三甲基氯化铵（DMC）

泰兴市中纺助剂厂
江苏省泰兴市大生工业开发区（三联）
邮编：225400
电话：0523－87626328、87906508
传真：0523－87623833
网址：www. zfchem. cn
邮箱：tjh3921@ 163. com
产品：水性聚氨酯固化剂、水性分散剂

江苏省姜堰市华光化工有限公司
江苏省姜堰市溱潼镇溱西路 125 号
邮编：225508
电话：0523－88616339、88616327
传真：0523－88619365
网址：www. jyhuaguang. com
邮箱：sales@ jyhuaguang. com
产品：黏合剂、纸品乳液、羧基丁苯胶乳、CMC、抗水剂

盐城市

江苏康乐新材料科技有限公司
江苏省盐城市滨海县滨淮镇头罾村

邮编：224555
电话：0515－89907616、88334667、89908216、88203550
传真：0515－88243418
网址：www. calechem. com
产品：叔丁基二甲基氯硅烷、5-溴吲哚、1-乙烯基咪唑、咪唑醛、咪唑、2-甲基咪唑、1，2-二甲基咪唑、N-甲基咪唑、4-硝基咪唑、HD-100 交联剂、盐酸、硫酸、甲醇

浙　江　省

杭州市

杭州佳波化工有限公司
浙江省杭州市西湖区莫干山路 569 号副楼 2402 室
邮编：310005
电话：0571－88823021
传真：0571－88823543
网址：www. hzjiabo. cn
产品：造纸制浆增稠粉、分散剂、杀菌剂

浙江金科化工股份有限公司
浙江省杭州市密渡桥路 1 号白马大厦 8 楼(总部)
邮编：312369
电话：0571－85812300
传真：0571－85812333
网址：www. jinke-chem. com
邮箱：jinke@ jinke-chem. com
产品：低温漂白活性剂、过碳酸钠、过硼酸钠、过氧化钙、过氧化乙酸消毒剂

杭州德高化工开发有限公司
浙江省杭州市清秦街 509 号富春大厦 19 层
邮编：310009
电话：0571－87831038、87832038
传真：0571－87989060、87827833
网址：www. dekao. com
邮箱：dekao@ 163. com
产品：杀菌防腐剂、脱墨剂、消泡剂、增白剂、螯合剂

杭州银湖化工有限公司
浙江省杭州市天目山路 224 号中融城市花园 2 幢 1 单元 1201 室
邮编：310012
电话：0571－85028645
传真：0571－85028640
网址：www. yinhuchem. com
邮箱：yuping0571@ hotmail. com
yinhuchem@ yinhuchem. com
产品：纸用导电剂、助留剂、纸浆分散剂、湿强剂、抗水剂、杀菌灭藻剂、消泡剂、絮凝剂

杭州丹江化工科技有限公司
浙江省杭州市拱墅区仓基新村 2 幢 2 单元
邮编：310014
电话：0571－88082805
传真：0571－88082805
网址：www. seihan. co. kr
邮箱：dlz670330@ yahoo. com. cn
产品：表面施胶剂、树脂控制剂、滤水促进剂、淀粉硬化剂、耐水滑剂、防黏剂、干强剂

杭州纸友科技有限公司
浙江省杭州市下沙经济技术开发区白杨街道 3 号大街 50 号
邮编：310018
电话：0571－86911227、86912268、86840952
传真：0571－86913870
网址：www. hzzykj. cn
邮箱：zykjgs@ mail. hz. zj. cn
zykj@ hzzykj. cn
产品：湿部添加淀粉、层间或表面喷雾淀粉、聚合物表面施胶剂、彩喷纸专用淀粉

杭州绿兴环保材料有限公司
杭州绿色助剂研究所
浙江省杭州市石桥路永华街 127 号
邮编：310022
电话：0571－85818982－8206
传真：0571－85818953
网址：www. hzlvxinghuanbao. cn
邮箱：green@ greenadditive. com
产品：烘缸剥离剂、柔软剂、消泡剂、固色剂、促白剂

杭州格林费尔生活技术有限公司
浙江省杭州市滨江区东流路 1805 号
邮编：310053
电话：0571－86697638、86696238－1660
传真：0571－86697618、86697628
网址：www. greenphile. com
邮箱：greenphilebiotech@ gmail. com
产品：生物酶树脂控制剂、生物酶脱墨剂、生物酶助漂剂、生物酶腐浆控制剂

杭州绿典化工有限公司
浙江省杭州市萧山区新街镇双圩村
邮编：311217
电话：0571－82853800、82853881
传真：0571－82853883
网址：www. ldchemical. com
邮箱：ld@ ldchemical. com
产品：荧光增白剂、脱墨剂、固色剂、柔软剂

杭州凯丽化工有限公司
浙江省杭州市萧山区河庄镇一工段
邮编：311222
电话：0571－82962668、82961777
传真：0571－82962777、82965706
网址：www. kalichemical. com
邮箱：sales@ kailichemical. com
产品：彩色纸专用色浆、造纸调色剂、装饰纸用色浆

浙江传化华洋化工有限公司
浙江省杭州市萧山经济技术开发区鸿达路 125 号
邮编：311231
电话：0571－82696688、82695822
传真：0571－82696488
网址：www. transfarwhyyon. com
邮箱：whyyon@ etransfar. com
产品：荧光增白剂、染料、脱墨剂、网毯清洗保洁剂、助留助滤剂

杭州杭化哈利玛化工有限公司
浙江省杭州市萧山经济技术开发区桥南区鸿达路 87 号
邮编：311231
电话：0571－82697060、82695381
传真：0571－82697129
网址：www. hh-harima. com
邮箱：info@ hh-harima. com
产品：乳液松香、增强剂、涂布加工纸用化学品系列、脱墨剂系列、表面施胶剂系列、纸张固色剂、防水剂、消泡剂

浙江日华化学有限公司特殊精密化学品部
浙江省杭州市萧山经济技术开发区桥南区鸿达路 289 号
邮编：311231
电话：0571－82697366、82697550
传真：0571－82697551
网址：www. nicca. cn
邮箱：m-kusakabe@ nicca. com. cn
产品：纸用固色剂、分散剂、柔软剂、膨松剂、脱墨剂、消泡剂

杭州致远印染助剂有限公司
浙江省杭州市萧山区临港工业园区
邮编：311234
电话：0571－82507795、82507790
传真：0571－82507790、82507796
网址：www. chinaositerchem. com
邮箱：IBD@ chinaositerchem. com
产品：荧光增白剂

临安市神马化工有限公司
浙江省临安市横潭路 58－8 号
邮编：311300
电话：0571－63746418
传真：0571－63746428
网址：www. hzsmhg. com
邮箱：webmaster@ hzsmhg. com
产品：湿强剂、表面施胶剂、消泡剂、阳离子分散松香胶、阴离子松香施胶剂、AKD-4 新型中性施胶剂

临安市荣盛化工有限公司
浙江省临安市於潜镇衡横山工业区
邮编：311311
电话：0571－63885968
传真：0571－63888819
网址：www. larshg. com
邮箱：rs968@ 163. com
产品：表面施胶剂、涂布抗水剂、干/湿强剂、中性施胶剂

富阳宏帆化工有限公司
浙江省杭州市富阳富春街道春华村
邮编：311400
电话：0571－63368915
传真：0571－63369917
网址：www. 3814332. 7lab. com
产品：超细轻质碳酸钙、分散剂、抗水剂、润滑增光剂、硬脂酸盐

富阳市发泰造纸净水材料厂
浙江省富阳市大源镇四季路 6 号
邮编：311400
电话：0571－63398046
传真：0571－63581007
网址：www. zdjbbn. b2b168. com
邮箱：zdjbbn@ 126. com
产品：新型净水助剂（蒽醌废酸、苯乙酮废酸、以及

所有含铝离子废酸均可使用）、硫酸铝、聚合氯化铝

富阳飞马化工有限公司
浙江省富阳市富春街道春华朱山路
邮编：311400
电话：0571－63369968
传真：0571－63369522
产品：干强剂、湿强剂、脱墨剂、表面施胶剂

杭州先进科技化工有限公司
浙江省富阳市富春街道春华村
邮编：311401
电话：0571－23296888
传真：0571－23299777
网址：www. hzacc. com
邮箱：acc@ hzacc. com
产品：纳米级轻质碳酸钙

富阳市万通化工有限公司
浙江省富阳市大源镇大源村
邮编：311413
电话：0571－23225198
传真：0571－23225197
网址：www. fywthg. com
邮箱：webmaster@ fywthg. com
产品：松香施胶剂、表面施胶剂、消泡剂

浙江三力星化学品有限公司
浙江省富阳市春江工业园区蔡伦西路
邮编：311421
电话：0571－63589277
传真：0571－63589277
网址：www. sanlixing. com
邮箱：libin@ sanlixing. com
产品：浆内施胶剂、助留剂、表面施胶剂、杀菌剂、清洗剂

富阳市固能粉体材料有限公司
浙江省富阳市春江造纸工业园区 10 号楼
邮编：311421
电话：0571－63587761
传真：0571－63587763
邮箱：info@ llgn. com
产品：超细重质碳酸钙

桐庐贝斯特化工有限公司
浙江省杭州市桐庐县横村镇方埠工业园区
邮编：311502
电话：0571－64698303
传真：0571－64698302
邮箱：196317462@ qq. com
产品：浆内消泡剂、纸张隔离剂

谢非尔考克碳酸钙（杭州）有限公司
浙江省杭州市和睦路 567 号
邮编：310011
电话：0571－88186166、88091424－523
传真：0571－88186166
网址：www. schaeferkalk. net. cn
产品：碳酸钙

杭州市化工研究院有限公司
浙江省杭州市湖墅石灰坝 7 号
邮编：310014
电话：0571－88314437、88319461
传真：0571－88314437
网址：www. hhs. cn
产品：增强剂、湿强剂、废纸脱墨剂、阻燃剂、中性施胶剂、印刷适性改进剂（无甲醛型）、卫生纸起皱黏合剂、烘缸剥离剂、柔软剂、固色剂、变性淀粉、松香施胶剂

杭州颜料化工厂
浙江省杭州市萧山区义莲镇外六工段
邮编：311225
电话：0571－82989828
传真：0571－82989920
产品：颜料、染料、中间体

宁波市

宁波乐嘉化工有限公司
浙江省宁波市中兴路 717 号华宏国际中心 15B－1
邮编：315040
电话：0574－87849999－101
传真：0574－87858833－101
网址：www. lkchem. com
邮箱：zlhcheer@ 163. com
产品：醇醚溶剂、非离子表面活性剂、氯化溶剂、环氧树脂

宁波亚中精细化工有限公司
浙江省宁波市科技园区（梅墟工业区）光华路 323 号
邮编：315103
电话：0574－88482178
传真：0574－88487713

网址：www. nb-yaguang. com
邮箱：yazhong@ mail. nbppt. zj. cn
产品：脱墨剂、絮凝剂、增白剂、漂白剂、胶黏物控制剂、液体无铁硫酸铝、分散剂、增强剂、烘缸剥离剂、毛毯清洗剂

宁波天源化学有限公司
浙江省宁波市鄞州区宁南北路 818 号
邮编：315192
电话：0574 - 88216239
传真：0574 - 88216417
网址：www. tianyuan818. com
邮箱：sale@ tianyuan818. com
产品：造纸润滑剂、耐水化剂、PAE 湿强剂、纸用上光涂料（水性油光）、流变改质剂

温州市

浙江省苍南县望鑫制胶厂
浙江省温州市苍南县灵溪镇兴城街 13 号
邮编：325800
电话：0577 - 64804168
传真：0577 - 64804168
网址：www. yp. com. cn/wangxin
邮箱：zxcvgtyu@ 126. com
产品：阴离子分散胶、阳离子分散胶、阳离子助留剂、阳离子废水处理剂

嘉兴市

嘉兴瑞升化工贸易有限公司
浙江省嘉兴市泰坤国际大厦 622 室
邮编：314010
电话：0573 - 82106320
传真：0573 - 82208763
网址：www. xsd7063. chinapaper. net
邮箱：xsd7063@ 126. com
产品：分散剂聚丙烯酰胺产品、助留剂、瓜尔胶、烟草薄片助留剂、阴离子膨润土

绍兴市

浙江弘利防渗胶有限公司
浙江省绍兴市滨海工业区
邮编：312073
电话：0575 - 85523026
传真：0575 - 85523022
网址：www. zjhlhg. com
邮箱：zjhl@ zjhlhg. com
　　　zjhlzcl@ sina. com
产品：中性造纸施胶剂、表面施胶剂、中性施胶 AKD 乳液、助留助滤剂、阴/阳离子高分散松香胶

绍兴市南方化工有限公司
浙江省嵊州市罗柱岙工业园区嵊州大道 619 - 1 号
邮编：312000
电话：0575 - 83102159
传真：0575 - 83187126
网址：www. sousacide. com
邮箱：sousacide@ 163. com
产品：系列防腐杀菌剂

金华市

兰溪市泛士达造纸化学品厂
浙江省兰溪市婺江路 60 号 2 座 2 - 102
邮编：321100
电话：0579 - 88823238
传真：0579 - 88823238
网址：www. fanshida. cn. alibaba. com
产品：脱墨剂、蜡乳液、润滑增光剂、消泡剂、中性表面施胶剂、网毯清洗剂、絮凝剂

浙江益纸淀粉有限公司
浙江省金华市金磐开发区（新区）尖山路 1 号
邮编：321016
电话：0579 - 84662081、89171868
传真：0579 - 84669939
产品：增强剂、新闻纸专用增强剂、中性施胶剂、季铵型阳离子淀粉、阳离子助留助滤剂、喷雾淀粉

衢州市

龙游富田造纸精化有限公司
浙江省衢州市龙游县城南开发区德贤路 29 号
邮编：324400
电话：0570 - 7255255
传真：0570 - 7029436
网址：www. lyftpaper. com
邮箱：yoyosf@ mail. china. com
产品：AKD 中性施胶剂、阳离子分散松香胶、表面施胶剂、明矾、造纸复合型保留助剂、胶乳、抗水剂、杀菌剂、脱气剂、湿强剂

浙江奥仕化学有限公司
浙江省江山市经济开发区江东区兴工七路 2 路

邮编：324123
电话：0570－4351991、4351873
传真：0570－4351772、4351775
网址：www.chinaositerchem.com
邮箱：Ositer@chinaositerchem.com
产品：荧光增白剂

丽水市

浙江池禾化工有限公司
浙江省丽水市遂昌县妙高镇梅溪路 90 号
邮编：323300
电话：0578－8170374
传真：0578－8170685
网址：www.chihechem.com
邮箱：scch@mail.lsptt.zj.cn
产品：纸板增强剂、湿强剂、柔软剂、阳离子松香胶、表面施胶剂、分散剂、润滑剂、耐水剂、烘缸剥离剂

安　徽　省

合肥市

合肥健坤化工有限公司
安徽省合肥市黄山路 459 号华林家园 12－204
邮编：230022
电话：0551－2361108
传真：0551－2361108
网址：www.chempowder.com
邮箱：chempowder@126.com
产品：硅藻土、高岭土、碳酸钙、造纸废水处理净化剂、纳米碳酸钙

芜湖市

安徽芜湖三维造纸助剂有限公司
安徽省芜湖市长江路 223 路
邮编：241004
电话：0553－5842013
传真：0553－5843138
产品：阴离子分散松香胶、中性分散松香胶、阳离子分散松香胶、消泡剂、助留助滤剂、液体荧光增白剂

芜湖华仁科技有限公司
安徽省芜湖市高新技术开发区
邮编：241000
电话：0553－5842013
传真：0553－5843138
产品：施胶剂、消泡剂、助留剂、助滤剂、液体荧光增白剂

马鞍山市

马鞍山市华吉实业有限公司
安徽省马鞍山市当涂县城关东门经济开发区
邮编：243100
电话：0555－6717488、6730033
传真：0555－6711204
网址：www.anhui-huaji.com
邮箱：hjsy@ah163.com
产品：松香胶、阳离子分散松香胶、湿强剂、干强剂、AKD 中性施胶剂、中/碱性施胶剂、表面施胶剂

淮北市

安徽巨成精细化工有限公司
安徽省淮北市濉溪开发区水杉路 33 号
邮编：235102
电话：0561－6063692、6063507
传真：0561－6063507、6065121
网址：www.cjccchem.com
邮箱：sales@cjccchem.com
产品：分散剂、水处理絮凝剂、聚丙烯酰胺

滁州市

安徽省明光市曼迪矿业科技有限公司
安徽省明光市池河大道 98 号
邮编：239400
电话：0550－8153100、8582888
传真：0550－8156979
网址：www.medyfk.com
邮箱：mgmd@medyfk.com
产品：膨润土系列、硅藻土系列、碳酸钙系列

宿州市

安徽省宿州市金兄弟化工有限公司
安徽省宿州市砀山西城开发区
邮编：235300
电话：0557－8185681
传真：0557－8186688
邮箱：717934375@qq.com
产品：多元助留增强剂、分散剂、中性施胶剂、脱墨剂、增柔膨化剂、聚丙烯酰胺、荧光增白剂、丁苯乳

液、苯丙乳液

池州市

安徽巢东九华钙业高新材料有限责任公司
安徽省池州市青阳县木镇河南村
邮编：242803
电话：0566－2833838
传真：0566－2833838
产品：重钙粉及其改性造粒产品

福 建 省

福州市

威尔(福建)生物有限公司
福建省福州市工业北路548号创业大厦北楼4层
邮编：350002
电话：0591－83774227、83770618
传真：0591－83770328
网址：www. welltouch. com. cn
邮箱：welltouch@ 163. com
产品：消泡剂、脱墨剂、稳定剂

福清达青化工有限公司
福建省福州市福清元华路东刘村
邮编：350300
电话：0591－85160968
传真：0591－85160887
网址：www. terceltraing. com
邮箱：tom@ howellco. com. cn
产品：微生物控制剂、白水系统污染控制剂、防腐剂、造纸涂料专业微生物、防霉剂、抗菌剂

福建大学环境与资源学院
福建省福州市闽侯上街大学城内
邮编：350108
电话：0591－22866078
传真：0591－22866070
网址：www. er. fzu. edu. cn
产品：水处理化学品(絮凝剂、吸附剂、除油剂、还原剂、阻垢剂、缓蚀剂)、印染助剂、水煤浆添加剂、染料分散剂、油田降黏剂、胶黏剂等

厦门市

三洋化学(中国)有限公司
福建省厦门市嘉禾路永升新城嘉园里45号大厦1103座
邮编：361024
电话：0592－5151598
传真：0592－5151858
网址：www. sunyo. ebigchina. com
产品：聚乙烯酰胺系列、助留助滤剂、消泡剂、阴离子干扰物固定剂、沉积物控制剂、杀菌剂、干强剂、还原性漂白剂、多功能水质稳定剂、清洗剂和保洁剂

三明市

福建省嘉丰生物化工有限公司
福建省永安市尼葛开发区尼葛路2233号
邮编：360000
电话：0598－3802233
传真：0598－3632233
产品：生物脱墨酶JFM-958、脱墨剂F-80、脱墨剂F-80A

泉州市

南安市应用化学研究所
福建省南安市帽山工业区
邮编：362300
电话：0595－86353508、13905066005
产品：中性松香胶、强化松香胶、分散松香胶、助留剂、表面施胶剂

福建省晋江市银响精细化工科技开发有限公司
福建省晋江市永和镇英墩沪坑工业区7号
邮编：362235
电话：0595－88081961
传真：0595－88022901
网址：www. yinxiang-cn. com
邮箱：webmaster@ yinxiang-cn. com
产品：湿强剂、剥离剂、分散剂、消泡剂、柔顺剂、FAS纸浆漂白剂、造纸固色剂、打浆酶、生物施胶酶、防腐杀菌剂、漂水、水玻璃、水处理剂

南平市

福建南平市星光永昇造纸化工有限公司
福建省南平市滨江北路177号
邮编：353000
电话：0599－8808838
传真：0599－8808838
网址：www. liujianhua. chinapaper. net
邮箱：jianhualiu8616@ 163. com
产品：脱墨剂、双氧水稳定剂、柔软剂、施胶剂、变

性复合淀粉、助留助滤剂、泡花碱、分散松香胶

龙岩市

龙岩高岭土有限公司
福建省龙岩市登高东路 154－13 号
邮编：364000
电话：0597－2325664、2332166
传真：0597－2325664
网址：www. lka. com. cn
邮箱：lkc0915@ publi. lyptt. fj. cn
产品：高岭土原矿、水洗高岭土

福建龙岩三虹科技有限公司
福建省龙岩市新罗区适中工业区
邮编：364011
电话：0597－2978888
传真：0597－2972270
邮箱：fjsanhong@ 263. net
产品：硅灰石造纸专用复合材料系列、造纸用超细重钙系列、纳米碳酸钙系列、超细研磨碳酸钙

福建漳平市振幅化工有限公司
福建省龙岩市漳平市永福工贸小区
邮编：364401
电话：0597－7882735
传真：0597－7881088
邮箱：fjzfhg@ 126. com
产品：脱墨剂、涂布润滑剂、高效废水处理剂、无水硅酸铝、超细硅酸铝

江　西　省

南昌市

江西省兴沪助剂有限公司
江西省南昌市洪都中大道 158 号 B 栋 B 单元 402 室
邮编：330001
电话：0791－8518310
传真：0791－8518310
产品：湿强剂、脱墨剂、增白剂、分散剂、生活用纸调色剂、乳化剂

南昌市龙然实业有限公司
江西省南昌市长堎外商投资工业区物华路 229 号
邮编：330013
电话：0791－3671122、3671121
传真：0791－3671123
网址：www. longran. cn
邮箱：nclongran@ longran. cn
产品：松香胶、AKD 乳液、中/碱性施胶剂、干强剂

江西嘉汇商贸有限公司
江西省南昌市广州路华东工业博览城 E6 栋 9 号江大南路 149 号 4－198
邮编：330029
电话：0791－8488808
传真：0791－8488808
网址：www. jxjhsm. com
邮箱：jiahuifanna@ 163. com
产品：分散剂、荧光增白剂、湿强剂、柔软剂、脱墨剂、施胶剂

江西东永科技发展有限公司
江西省南昌市高新大道中段南昌大学科技园 A708 室
邮编：330000
电话：0791－8112636
产品：变性淀粉

江西东永实业有限公司
江西省南昌市莲塘龚南路 3 号
邮编：330200
电话：0791－5713982、5712489
传真：0791－5734961
网址：www. dysygs. com. cn
邮箱：dysy2002@ sina. com
产品：变性淀粉

南昌市安义县凤凰化工厂
江西省南昌市安义县京庄苍 63 号
邮编：330500
电话：0791－3421113
传真：0791－3421113
产品：造纸助剂

江西省高科合成化工厂
江西省南昌市进贤县工业园区东一路
邮编：331700
电话：0791－5650033
传真：0791－5656003
产品：废纸脱墨剂、湿强纸解离剂、防腐杀菌剂

九江市

瑞昌市全游离松香胶厂
江西省瑞昌市黄金北路

邮编：332200
电话：0792－4222518
产品：全游离分散松香胶

萍乡市

萍乡市碳酸钙实业有限公司
江西省萍乡市湘东镇狮形山工业区道田村
邮编：337019
电话：0799－3375368
传真：0799－3375098、3375978
网址：www. pxtsg. com
邮箱：webmaster@ pxtsg. com
产品：轻质碳酸钙、活性碳酸钙、纳米碳酸钙

赣州市

江西嘉龙造纸助剂工业有限公司
江西省赣州市龙南县龙泉大道 71 号(县委党校院内)
邮编：341700
电话：0797－3540440
传真：0797－3540440
产品：纸张增强剂、湿强剂、脱水助滤剂、消泡剂、毛毯清洗剂、废水处理剂、脱墨剂、柔软剂、纤维分散剂

抚州市

江西博大化工有限公司
江西省抚州市东乡县(省级)经济开发区
邮编：331800
电话：0794－4380168
传真：0794－4380166
网址：www. jxbdhg. com
邮箱：bodahg2007@ 163. com
产品：变性淀粉，纸箱黏合剂，增强、助留助滤剂，新闻纸专用增强剂，表面施胶剂

江西顺昌隆实业有限公司
江西省抚州市东乡县大富岗工业开发区
邮编：331800
电话：0794－4332619
传真：0794－4332586
网址：www. scl-starch. com. cn
邮箱：jxsclsy@ scl-starch. com. cn
产品：浆内添加淀粉、表面施胶淀粉、涂布淀粉、喷雾淀粉、瓦楞纸板黏合剂、胶带纸瓶签黏合剂

江西省东乡县宏大化工有限公司
江西省抚州市东乡县圩上桥镇东乡工业区
邮编：331801
电话：0794－4330506
传真：0794－4330508
邮箱：company@ jxhongda. net
产品：阳离子淀粉、表面施胶淀粉、喷雾淀粉、涂布淀粉、浆内添加淀粉、纸箱黏合剂

江西添光化工有限公司
江西省抚州市抚北镇工业区
邮编：344001
电话：0794－8355555
传真：0794－8352555
网址：www. tg-chem. com
邮箱：yxb@ tg-chem. com
产品：钛白粉、硫酸、精制硫酸铝、硫酸亚铁、普钙

江西红星变性淀粉有限公司
江西省抚州市东乡县红星省级经济开发区
邮编：331801
电话：0794－4383169、4383013
传真：0794－4383088
产品：变性淀粉

江西雨帆化工有限公司
江西省抚州市东乡县
邮编：331800
电话：0794－4332239
传真：0794－4332281
网址：www. jxyufan. com
邮箱：jxyfan@ sina. com
产品：变性淀粉

山　东　省

济南市

济南市顺康助剂有限公司
山东省济南市英雄山路南首
邮编：250002
电话：0531－82772228
传真：0531－82776966
邮箱：jnzxdz@ 163. com
产品：分散剂、拉力剂、助留助滤剂、脱墨剂、膨化剂、蒸煮助剂、消泡剂、废水处理剂、荧光增白剂、聚丙烯酰胺、挺硬剂

济南市化工研究所
山东省济南市工业南路 106 号
邮编：250100
电话：0531－88195963
传真：0531－88528627
网址：www. jnhg. com
邮箱：jnhgs@ 163. com
产品：氨基树脂抗水剂、工业防腐剂、高效助燃剂、高分散游离松香乳液、松香乳液(阴离子酸性施胶用)专用乳化剂、石蜡松香乳液专用乳化剂

济南塑邦精细化工有限公司
山东省济南市历城区高新技术产业开发区大学科技园
邮编：250100
电话：0531－81901282、81901583
传真：0531－81901283
网址：www. sbchem. com
邮箱：sbchem@ yahoo. com
产品：荧光增白剂、有机颜料、染料中间体及有机胺催化剂

济南金星助剂有限公司
山东省济南市历城区荷花路西段
邮编：250108
电话：0531－86898689
传真：0531－88770218
网址：www. jnjx. com
邮箱：sdjn-gs@ 163. com
产品：防腐剂、分散剂、润滑剂、抗水剂、PAE 湿强剂

山东达盛科技有限公司
山东省济南市经十东路东部达盛集团工业园
邮编：250220
电话：0531－83684656、83684256
传真：0531－83682426
网址：www. sddsjt. com
邮箱：sakosako@ 163. com
sddsjt@ 163. com
产品：消泡剂、脱墨剂、润滑剂、分散剂、脱墨剂、施胶剂

青岛市

青岛市海大化工有限公司
山东省青岛市新泰安路 27 号如意大厦2105 室
邮编：266001
电话：0532－82867216、82867217
传真：0532－82867215
网址：www. hualuqd. com
邮箱：haida@ hualuqd. com
dingdl@ public. qd. sd. cn
产品：造纸专用特种色素碳黑系列产品、阻燃剂、钛白粉、荧光增白剂、煅烧高岭土、防水剂

青岛三中化成精密有限公司
山东省青岛市城阳区钱桃树村委南 100 米路西
邮编：266109
电话：0532－87733585
传真：0532－87733631
邮箱：jly318@ hanmail. net
产品：脱墨剂、毛毯清洗剂、消泡剂、污染防治剂、凝固剂

青岛圣博生物科技有限公司
山东省青岛市胶州市中云工业园
邮编：266300
电话：0532－87298077
传真：0532－87298078
邮箱：hi7810@ tom. com
产品：聚合物分散剂、减水剂、灭菌剂、杀菌防腐剂、阻垢剂

青岛如相化工有限公司
山东省平度市平度同和工业园
邮编：266706
电话：0532－82696059
传真：0532－87360020
产品：防腐杀菌剂、工业灭藻剂、网毯清洗剂、水处理剂、消泡剂、荧光增白剂

淄博市

淄博万科化工有限公司
山东省淄博市张店区潘南西路 20 号
邮编：255047
电话：0533－3181892
传真：0533－3183893
网址：www. zbwanke. com
邮箱：wang@ zbwanke. com
产品：抗氧化剂、PAE 湿强剂、湿强废纸再生剂、助留助滤剂

淄博振河塑胶化工有限公司
山东省淄博市张店区昌国路良乡工业园
邮编：255071

电话：0533－2092016
传真：0533－2091839
产品：聚合氯化铝、聚丙烯酰胺、聚合硫酸铁系列净水剂、助留剂、表面施胶剂、消泡剂等造纸助剂

淄博东方聚合物有限公司
山东省淄博市张店区昌国路良乡工业园（内环路原309国道）1号路2号门
邮编：255071
电话：0533－2090527、2090973
传真：0533－2090799
网址：www. eastpolymer. com
邮箱：fengxiangyuan@ eastpolymer. com
产品：聚丙烯酰胺、高吸水性树脂、N-羟甲基产品丙烯酰胺

张店东方化学股份有限公司
山东省淄博市张店区东四路南首
邮编：255071
电话：0533－2081515、2092157
传真：0533－2081047
网址：www. orientchem. com
邮箱：zhaijun@ orientchem. com
产品：助留剂、废水处理剂

淄博爱普浆纸科技有限公司
山东省淄博开发区高科技创业园B座309室
邮编：255086
电话：0533－6219777
传真：0533－6207207
网址：www. zbalpu. cn
邮箱：aipu@ 163. com
产品：脱墨剂、中性施胶剂、阴离子分散松香剂、表面处理剂、助留助滤剂、制浆造纸设备

山东省桓台县金龙化工有限公司
山东省淄博市桓台县新城镇工业园区
邮编：256403
电话：0533－8886555、3151273
传真：0533－8886555
网址：www. jinlongchem. net
邮箱：jinlong@ jinlongchem. net
产品：水处理药剂、水质稳定剂系列、高效杀菌剂、灭藻剂

淄博津利精细化工厂
山东省淄博市周村区南郊镇永和村
邮编：255302
电话：0533－6061262、6063068
传真：0533－6062320
网址：www. jinlichem. com
邮箱：jinlichem@ 126. com
产品：造纸助剂

淄博竹林超细化工材料厂
山东省淄博市博山区山头南圈路1号
邮编：255215
电话：0533－4418510
产品：超细重质碳酸钙

山东聚鑫化工有限公司
山东省淄博市桓台县唐山镇
邮编：256401
电话：0533－8510968
传真：0533－8519379
网址：www. juxinchem. cn
邮箱：juxin@ juxinchem. cn
产品：聚丙烯酰胺干粉、胶体

瑞丰化工公司有机化工厂
山东省淄博市沂源县城保丰路26号
邮编：256100
电话：0533－3220025
产品：造纸助剂、脱墨剂

枣庄市

枣庄林美发展有限公司
山东省枣庄市峄城经济开发区福兴中路7号
邮编：277300
电话：0632－7789888
传真：0632－7721388
网址：www. linmeichem. com
邮箱：lm@ linmeihg. com
产品：变性淀粉系列、涂布黏合剂、湿部添加剂、表面施胶剂、羧甲基纤维素钠、固体胶乳胶黏剂

山东神州翔宇科技集团有限公司
山东省枣庄市台儿庄区马兰屯镇淀粉工业园
邮编：277412
电话：0632－6711135
传真：0632－6711177
网址：www. xiangyudianfen. com
邮箱：xydf@ xiangyudianfen. com
产品：醋酸酯淀粉、磷酸酯淀粉、氧化淀粉、阳离子淀粉、阳离子表面施胶剂

东营市

东营市德胜化工有限公司
山东省东营市东营开发区大渡河路 251 号
邮编：257091
电话：0546－8313666
传真：0546－8739138
邮箱：deshengshiye@ 163. com
产品：表面施胶剂、塑性颜料、湿强剂、废纸再生剂、分散剂、剥离剂、抗水剂、消泡剂

山东东营华泰精细化工有限责任公司
山东省东营市东营开发区东二路 2 号
邮编：257091
电话：0546－8351964
传真：0546－8351967
网址：www. huatai. com
邮箱：sp0546@ sohu. com
产品：增白剂、废纸脱墨剂、螯合剂、中性表面施胶剂、杀菌灭藻剂、废水处理剂

东营瑞特精细化工有限公司
山东省东营市广饶县经济开发区兵圣路 817 号
邮编：257300
电话：0546－6923636、6440020
传真：0546－6923599、6445118
网址：www. right-china. com
邮箱：rightgroup@ 126. com
产品：废水处理剂、助留助滤剂、湿强剂、纸张增强剂、施胶剂、聚丙烯酰胺乳液

东营市三龙精细化工有限责任公司
山东省东营市广饶县李鹊镇高新技术园区
邮编：257333
电话：0546－6286210
传真：0546－6286268
网址：www. chinaslhg. com
邮箱：web@ chinaslhg. com
产品：表面施胶剂、脱气剂、树脂控制剂、杀菌剂、助留助滤剂、AKD 施胶剂、淀粉硬化及纸粉防止剂、保水剂、阳离子松香胶

利津县冠亚化工有限责任公司
山东省东营市利津县工业区
邮编：257440
电话：0546－5318788
网址：www. sdguanya. com. cn
产品：丙烯酰胺、造纸分散剂、助留助滤剂、水解聚丙烯酰胺、杀菌灭藻剂、缓蚀阻垢剂

烟台市

烟台鸿成精细化工有限公司
山东省烟台市福山高新产业区振华街 887 号
邮编：265500
电话：0535－6326779、6326087
传真：0535－6301817
网址：www. ythongcheng. com
邮箱：hc@ ythongcheng. com
产品：荧光增白剂系列、施胶剂系列、消泡剂、抗水剂

龙口市华瑞新材料科技有限公司
山东省龙口市遇家复兴机械北临
邮编：265701
电话：0535－8529786
传真：0535－8543088
网址：www. hray-chem. com
邮箱：wn. yang@ 163. com
产品：微乳化合成蜡乳液、有机硅乳液消泡剂、微乳化蜡纸箱防水剂、造纸消泡剂

龙口市联源纸张助剂有限责任公司
山东省龙口市诸由观镇辛家
邮编：265705
电话：0535－8572299
传真：0535－8572299
网址：www. lyxez. com
邮箱：lzx@ lyxez. com
产品：烷基烯酮二聚体（AKD 蜡粉）、乳化剂、中性施胶剂、湿强剂

达斯特克化工有限公司
山东省烟台市化工路
邮编：264002
电话：0535－6530669
传真：0535－6530939
网址：www. dasteck. com
邮箱：ytd@ dasteck. com
产品：造纸漂白剂

潍坊市

潍坊信业化学有限公司
山东省潍坊市潍城区 309 国道 338 公里处路北
邮编：261000

电话：0536－8399162
传真：0536－8399062
网址：www. xinyehx. com
邮箱：xinyehx@ 163. com
产品：无甲醛抗水剂、聚酰胺聚脲（PAPU）抗水剂、涂布用抗水剂、湿强剂、消泡剂、防腐杀菌剂、螯合剂、有机分散剂

潍坊恒兴化工有限公司
山东省潍坊市奎文区鸢飞路 912 号
邮编：261031
电话：0536－8665901、8671737
传真：0536－8665900
网址：www. hengxingchem. cn
邮箱：gxjchem@ 126. com
sdmzl@ 163. com
产品：中性施胶剂、润滑剂、重质液体碳酸钙、防腐杀菌剂、涂布抗水剂、消泡剂、有机分散剂

潍坊润丰造纸助剂有限公司
山东省潍坊市玄武东街 123 号
邮编：261031
电话：0536－8661277
传真：0536－8662837
网址：www. rfzj. com
邮箱：rfzj888@ yahoo. com. cn
产品：醚化剂、PPE、助留助滤剂、脱墨剂、制浆消泡剂、网毯清洗剂、挺度剂、涂布润滑剂、抗水剂

潍坊千龙造纸助剂有限公司
山东省潍坊市寒亭区益新街 342 号
邮编：261100
电话：0536－8659603
传真：0536－8659603
网址：www. wfql. com
邮箱：grgrth66@ 163. com
产品：防腐杀菌剂、剥离剂、抗水剂、增白剂、助留剂

潍坊瑞光化工有限公司
山东省潍坊市寒亭区东环路南首
邮编：261100
电话：0536－7262976、7252436
传真：0536－7270136
网址：www. ruiguangchem. com
邮箱：ruiguang@ ruiguangchem. com
产品：颜料分散剂、有机硅消泡剂、柔软剂、脱墨剂、涂料色浆、表面活性剂、增强剂

潍坊金水源化工有限公司
山东省潍坊市寒亭区河滩镇北庄（309）国道北庄处
邮编：261112
电话：0536－7580515
传真：0536－7580595
网址：www. wfjsy. com
邮箱：yuliqu@ 126. com
产品：非硅高效消泡剂、分散剂、抗水剂、脱墨剂、中碱性施胶剂、纸品柔软剂

华普化学品（潍坊）有限公司
山东省安丘市关王工业园区
邮编：262122
电话：0536－2261336
传真：0536－4331198
网址：www. huapuchem. com
邮箱：mail@ huapuchem. com
产品：显（助）白剂、抄纸消泡剂、玻璃纸用保湿剂、AKD 中碱性施胶剂、松香施胶剂、防腐杀菌剂

潍坊浩鑫造纸助剂有限公司
山东省潍坊市昌乐县城南歇头仓
邮编：262408
电话：0536－6762567
传真：0536－6762567
邮箱：jianghai@ zaozhizhuji. com
产品：纸板挺度剂、高效生物酶脱墨剂、纸张表面强度剂、阳离子淀粉、喷淋淀粉、阳离子助留增强剂

山东省青州市万利化工有限公司
山东省青州市开发区东方北路 2066 号（北 50 米）
山东省青州市南环路 55 号（公司）
邮编：262500
电话：0536－3529668
传真：0536－3529667
网址：www. wanlichem. com
邮箱：djx@ wanlichem. com
产品：纸品乳液、颜填料分散剂、增稠剂、杀菌剂

山东青州友邦化工有限公司
山东省青州市开发区东方一路东侧
邮编：262500
电话：0536－3262828
传真：0536－3262688
网址：www. henglichem. com
邮箱：hllm@ henglichem. com

产品：纸浆漂白剂、脱墨剂

青州市晨鸣变性淀粉有限公司
山东省青州市北西关
邮编：262500
电话：0536－3262808、3260762
传真：0536－3260762
产品：表面施胶剂、喷淋淀粉、涂布淀粉、石膏板增强剂

潍坊兆冠化工集团有限公司
山东省潍坊市临朐县经济技术开发区秦池路38号
邮编：262600
电话：0536－3212680、3121055
传真：0536－3120817
网址：www. zhaoguan. com
邮箱：mail@ zhaoguan. com
产品：二氧化氯、消毒剂、杀菌剂、保鲜剂、漂白剂、防腐剂、除臭剂、脱色剂

山东万豪集团临朐纸业化工有限公司
山东省临朐县治源工业园
邮编：262605
电话：0536－3631262
传真：0536－3631262
网址：www. wanhao. com
邮箱：wanhao@ china. com
产品：AKD中性施胶剂

寿光蔡伦申兴精细化工有限公司
山东省寿光市晨鸣工业区
邮编：262700
电话：0536－2156339、2156421
传真：0536－2156416
网址：www. cailunchem. com
邮箱：sales@ cailunchem. com
产品：中性施胶剂、重质碳酸钙、AKD乳液、松香胶、增白剂、消泡剂

寿光金远东变性淀粉有限公司
山东省寿光市学院路北首
邮编：262700
电话：0536－5185399
传真：0536－5110077
网址：www. cn-jyd. com
邮箱：jyd@ cn-jyd. com
产品：表面施胶淀粉、湿部添加剂、多元变性淀粉、漂白淀粉、阳离子淀粉

潍坊天方圣鸿化学有限公司
山东省寿光市晨鸣工业园（建新西街与文昌路交叉口）
邮编：262700
电话：0536－5672088
传真：0536－5672058
邮箱：tfsh@ tfshchem. com
产品：湿强剂、表面施胶剂、抗水剂、消泡剂、润滑剂、无甲醛抗水剂、柔软剂、湿强解离剂、中性施胶剂

青州市北联淀粉有限公司
山东省青州市海军路568号
邮编：262500
电话：0536－3260906、3263278
传真：0536－3260906
网址：www. sdbldf. com
邮箱：qzbldf@ 163. com
产品：造纸用淀粉

济宁市

济宁新格瑞水处理有限公司
山东省济宁市嘉祥工业园
邮编：272415
电话：0537－6985888、6988006
传真：0537－6988088
网址：www. jngreen. net
邮箱：jngr@ jngreen. net
xingerui@ yahoo. com. cn
产品：施胶剂、系统清洗剂、系统除垢剂、阻垢缓蚀剂、生物酶脱墨剂、聚丙烯酰胺、废水絮凝剂、杀菌消毒剂、消泡剂

山东阳光颜料有限公司
山东省济宁市车站南路
邮编：272000
电话：0537－2317897、2311908
传真：0537－2311908
网址：www. sino-pigment. com
邮箱：market@ sino-pigment. com
产品：有机颜料、无机颜料、荧光颜料、高档彩色专用色浆

济宁市华强化工有限公司
山东省济宁市任城区开发区济邹路南接庄镇政府西1公里
邮编：272015
电话：0537－2631588

传真：0537－2631088
网址：www. hqchem. com. cn
邮箱：sales@ hqchem. com. cn
产品：高效造纸助留剂、多功能造纸增强剂、絮凝剂

济宁市信慧化工科技有限公司
山东省济宁市任城经济开发区山博路
邮编：272100
电话：0537－2316691
传真：0537－2333786
网址：www. cenwise. cn
邮箱：jnxhhg@ 263. com
产品：松香胶、液体染料、增白剂、PAM 干强剂

兖州天成化工有限公司
山东省兖州市北站西路 66 号
邮编：272100
电话：0537－3482493
传真：0537－3414528
网址：www. yztchg. com
邮箱：yztchg@ 163. com
产品：AKD、干/湿增强剂、复合型中性胶

兖州东升精细化工有限公司
山东省兖州市兴隆庄镇驻地
邮编：272101
电话：0537－3873264、3873331
传真：0537－3873918
网址：www. dssun. com
产品：表面施胶剂、PP 塑性颜料、阳离子胶乳、分散剂、AKD 施胶剂、脱墨剂、净水剂、废水絮凝剂、超细重质碳酸钙、超细轻质碳酸钙、高白度高岭土、润滑剂

济宁红日化工轻化助剂有限公司
山东省济宁市 105 国道与 327 国道交汇处
邮编：272141
电话：0537－2113179
传真：0537－2113179
网址：www. hrqh. cn
邮箱：hrqhzjgs@ 163. com
产品：造纸制浆催化剂、高效消泡剂系列、柔软剂

泰安市

泰安市东岳助剂厂
山东省泰安市泰汶路 199 号
邮编：271000
电话：0538－6611988
传真：0538－6610809
网址：www. dyzjc. com
邮箱：dylh-paper@ tom. com
产品：抄纸分散剂、增白剂系列、废纸脱墨剂、助留助滤剂、蒸煮助剂、聚丙烯酰胺、树脂障碍消除剂、消泡剂、废水处理剂

泰安鑫泉精细化工有限公司
山东省泰安市高新技术开发区北集坡
邮编：271000
电话：0538－8920760、13563803298
传真：0538－8920388
网址：www. xq1688. com
邮箱：zhanghong8513@ 163. com
产品：多元助留助滤增强剂、纸品挺度增强剂、瓦楞纸杯环压增强剂、烘缸剥离剂、消泡剂

山东省新泰市兰泰化工有限公司
山东省新泰市翟镇西 1 公里
邮编：271204
电话：0538－7500078
传真：0538－7500078
网址：www. lthuagong. com
邮箱：lthugnong@ 163. com
产品：硫酸铝、AKD 乳液、中碱性造纸施胶剂、分散松香胶

山东一滕化工有限责任公司
山东省肥城市工业二路西首
邮编：271600
电话：0538－3368999、3368666
传真：0538－3366226
网址：www. yitengchem. cn
www. sdytjt. com
邮箱：yitengchem@ 163. com
产品：聚阴离子纤维(PAC)、羧甲基纤维素(CMC)、羟丙基甲基纤维素(HPMC)

山东鲁岳化工有限公司
山东省肥城市安站镇
邮编：271603
电话：0538－3680358、3680386
传真：0538－3680368
网址：www. luyue. com
邮箱：sales@ luyue. com
产品：二烯丙二甲氯化铵、助留助滤剂、干湿增强剂、

阴离子导电剂、阳离子熟化促进剂

泰安市山口环保化工厂
山东省泰安市岱岳区山口镇
邮编：271038
电话：0538－8611946
传真：0538－8611946
产品：净水剂

威海市

威海凯瑞造纸技术有限公司
山东省威海市高新技术开发区创新创业基地318室
邮编：264200
电话：0631－5629496
传真：0631－5629496
网址：www.whchrom.com.cn
邮箱：market@whchrom.com.cn
whchrom@163.com
产品：表面施胶剂、表面处理剂、浆料预处理剂、树脂控制剂、生物助留剂

日照市

日照金马化工有限公司
山东省日照市山东路589号
邮编：276825
电话：0633－3387318
传真：0633－3387358
网址：www.jinmachem.com
邮箱：info@jmchem.com
产品：羧基丁苯胶乳、苯丙乳液、分散剂、润滑剂、增稠剂

临沂市

临沂爱森化工有限公司
山东省临沂市鲁南化工城A区450号
邮编：276000
电话：0539－3120808
传真：0539－3120809
网址：www.lyaisen.cn
邮箱：guoguo19810520@sina.com
产品：阳离子、阴离子、非离子聚丙烯酰胺系列，造纸分散剂，造纸助留助滤剂

临沂市天科工贸有限公司
山东省临沂市中国商城会展中心化工区A区22号
邮编：276000
电话：0539－8020352
传真：0539－3120331
网址：www.cntianke.com
邮箱：yuemingqiang@hotmail.com
tiankegongmao@yahoo.cn
产品：废纸胶黏物去除剂、瓦楞纸杯环压增强剂、纸浆分散剂、助留助滤剂、干强剂、脱墨剂、絮凝剂

临沂市成丰化工有限公司
山东省临沂市临西十一路与双玲路交汇处
鲁南化工市场A区－76号
邮编：276000
电话：0539－3120238
传真：0539－3120238
产品：荧光增白剂、蒸煮助剂、消泡剂、防腐杀菌剂、ABC调色剂、高效分散剂、脱墨剂、湿强剂

临沂欧贝化学有限公司
山东省临沂市临沭县白旄镇周官庄村
邮编：276715
电话：0539－6341099
传真：0539－6090617
网址：www.oubei66.com
产品：表面施胶剂、脱墨剂、过氧化氢稳定剂、干强剂、纸力增强剂、助留剂、杀菌剂、涂布纸用料、消泡剂、脱气剂

德州市

陵县佳隆化工染料厂
山东省陵县陵城镇威灵小区
邮编：253500
电话：0534－8223215
产品：造纸助剂、脱墨剂、清洗剂

聊城市

聊城市凤民净水原料有限公司
山东省聊城市东昌府区双力路58号
邮编：252000
电话：0635－8688000、8465670、13869598799
传真：0635－8688256
网址：www.fmjs.com.cn
邮箱：fmjs123@163.com

产品：聚丙烯酰胺及其他水处理药剂、聚丙烯酸钠、生物脱墨剂、卫生纸用分散剂、网毯清洗剂、拉力增强剂

山东阳光化工(集团)有限公司
山东省聊城阳谷县城西工业园区化工路
邮编：252300
电话：0635－6381010、6381105
传真：0635－6324198、6383729
网址：www. sdyghg. com
邮箱：jcf926@ sohu. com
产品：聚丙烯酰胺、造纸助剂、硫酸铵、羧甲基纤维素、聚丙烯酸钾、二氯异氰尿酸钠

山东阳谷鲁燕淀粉加工有限公司
山东省聊城市阳谷县大布工业区
邮编：252300
电话：0635－6580666、18906350700
传真：0635－6580333
邮箱：ygluyan@ 126. com
产品：变性淀粉

滨州市

博兴县天元化工有限公司
山东省滨州市博兴县工业园区顺河路 6 号
邮编：256500
电话：0543－2303345
传真：0543－2303345
产品：造纸用中性施胶剂 AKD 蜡粉、AKD 乳液、AKD 专用乳化剂及系列产品

山东滨州嘉源环保有限责任公司
山东省滨州市滨城区黄河五路 560 号
邮编：256619
电话：0543－2118158
传真：0543－3312324
产品：二甲基二烯丙基氯化铵、有机高分子絮凝剂、阳离子絮凝剂系列、脱色剂、复合絮凝剂、反相破乳剂

菏泽市

山东菏泽阿可迪化工科技有限公司
山东省菏泽市牡丹区牡丹办事处日东高速入口东 500 米
邮编：274000
电话：0530－5644488
传真：0530－5644488
网址：www. sdakd. com
邮箱：gwww-lyf@ 163. com
产品：AKD 蜡粉、表面施胶剂、高效干增强剂、湿强剂、乳液松香施胶剂

山东润鑫精细化工有限公司
山东省菏泽市定陶县东外环路南段路东
邮编：274000
电话：0530－2264418、2263168
传真：0530－2264466
网址：www. runxinchemical. com
邮箱：salesdirector@ runxinchem. com
kelvinsong1982@ runxinchem. com
产品：2-溴丁酸甲酯、DT 杀菌灭藻剂、N-4-异噻唑-3-酮

河　南　省

郑州市

郑州市中瑞洁水化工原料有限公司
河南省郑州市陇海路与桐柏路交叉口
邮编：450000
电话：0371－68632711
传真：0371－68633711
产品：水处理药剂、聚丙烯酰胺

河南南浦化工有限公司
河南省郑州市玉凤路与福元路交叉口南浦国际金融中心
邮编：450002
电话：0371－65655608、86560100、86560977
传真：0371－65655609
邮箱：nanpu. huagong@ 163. com
产品：阴、阳、非和两性离子聚丙烯酰胺，无机高分子絮凝剂，XM 系列浮选剂，PFS 聚合硫酸铁(液体)，PFS 聚合硫酸铁(固体)，PAC 聚合氯化铝

河南省道纯化工技术有限公司
河南省郑州市文化路 128 号航天大厦 15 楼 A8
邮编：450002
电话：0371－63563761、63563762、63563763
传真：0371－63563936
网址：www. dchg. com. cn
邮箱：dchgyx@ tom. com
产品：施胶剂、氧漂稳定剂、蒸煮助剂、脱墨剂、消

泡剂、氧漂激活剂、分散剂、湿强剂、杀菌剂、显白剂、乳化剂

郑州中吉精细化工有限公司
河南省郑州市民航路 19 号企业 1 号 614 室
邮编：450003
电话：0371－66560787
传真：0371－63284918
网址：www. zjpp. com
邮箱：info@ zjpp. com
产品：乳液造纸助留增强剂、瓦楞原纸环压增强剂、增光剥离剂、增柔膨化剂、纸张挺硬剂、中性施胶用分散松香胶、显白剂、阳离子淀粉、消泡剂

郑州金源微粉材料有限公司
河南省郑州市中原区郑上路 744 号
邮编：450042
电话：0371－67811493
传真：0371－67813794
产品：煅烧高岭土、硅微粉、重质碳酸钙、高白滑石粉

郑州市恒茂昌贸易有限公司
河南省郑州市南阳路 170 号清华园商贸楼 16 楼 166 室
河南省郑州市惠济区新城街道固城村南（厂址）
邮编：450053
电话：0371－63603392、63673216
传真：0371－63673216
邮箱：zzhmc@ sina. com
产品：分散剂、助留剂、生物酶脱墨剂、湿强剂、干强剂、表面施胶剂、染料、聚丙烯酰胺

巩义市奥林滤材有限公司
河南省巩义市东区嵩山路
邮编：451200
电话：0371－85602626
传真：0371－85602626
网址：www. aolinlc. com
邮箱：aolinlc@ 163. com
产品：阻垢分散剂、杀菌灭藻剂、净水药剂系列、活性炭系列

巩义市益民淀粉厂
河南省巩义市八零八路
邮编：451250
电话：0371－64371718
传真：0371－64371792
产品：变性淀粉、磷酸酯淀粉、酸化淀粉、玉米氧化淀粉、阳离子淀粉、醋酸酯淀粉

巩义市清滢精细化工厂
河南省巩义市康店镇黑石关 665 仓库（康店镇工业园区）
邮编：451200
电话：0371－64126767、64116356
传真：0371－64126767
邮箱：hngyqy@ 126. com
产品：防腐杀菌剂、润滑增光施胶剂、消泡剂、絮凝剂聚合氯化铝

巩义市宇清净水材料有限公司
河南省巩义市河洛镇工业区
邮编：451251
电话：0371－64156198、64158648
传真：0371－64156198
网址：www. yqjs. com
邮箱：yqjs1995@ 163. com
产品：聚合氯化铝、聚合氯化铝铁、复合铝铁、硫酸铝、铝酸钙粉、结晶氯化铝

巩义市恒豪净化材料有限公司
巩义市豫泉净化材料有限公司
河南省巩义市芝田镇羽林庄工业区
邮编：451252
电话：0371－64108882
传真：0371－64108883
网址：www. hnyuquan. com
邮箱：hnhenghao@ hnhenghao. com
产品：聚合氯化铝、碱式氯化铝、聚丙烯酰胺、活性炭、铝酸钙粉

郑州华旗助剂有限公司
河南省新密市大隗工业区黄湾寨
邮编：452370
电话：0371－69281615
传真：0371－69281811
邮箱：zzhqzj@ 163. com
产品：松香系列施胶剂、中性施胶剂、湿强剂、助留剂、剥离剂、乳化剂

巩义市华麟化工有限公司
河南省巩义市开发区永安路 12 号
邮编：451281
电话：0371－64031888
传真：0371－64031999
邮箱：lilian64032111@ 163. com

产品：水处理剂

河南省新密市力达化工实业公司
河南省新密市大镇观寨村 34 号
邮编：452383
电话：0371 - 69271070
传真：0371 - 69271070
邮箱：xueling2004007@ eyou. com
产品：聚合氯化铝、涂布纸专用乳液、分散型松香胶、涂布分散剂、防水剂、消泡剂、润滑剂、高效脱色助沉剂、助留剂、增强剂、中性施胶剂、淀粉黏合剂

洛阳市

偃师太学染化有限公司
河南省洛阳偃师市佃庄镇东大郊
邮编：471942
电话：0379 - 67436138
传真：0379 - 67436438
网址：www. chinataixue. com
产品：造纸粉状染料、造纸液体染料、造纸专用染料

新乡市

卫辉市通达变性淀粉有限公司
河南省卫辉市唐庄工业开发区 107 国道旁(代庄村)
邮编：453100
电话：0373 - 4221908、4225055
传真：0373 - 4221908
邮箱：tongdadianfen@ sohu. com
产品：氧化淀粉、AKD 乳化剂离子型专用淀粉、涂布淀粉、多元变性淀粉、磷酸酯淀粉、接枝淀粉、氧化醋酸淀粉、阳离子淀粉

新乡市永平助剂厂
河南省新乡市大召营镇文营村
邮编：453700
电话：0373 - 5470178
传真：0373 - 5469308
网址：www. xxypzj. com
邮箱：xxypzjc@ 126. com
产品：液体荧光增白剂、显白剂、脱墨剂

新乡市飞马化工有限公司
河南省新乡市大召营工业区
邮编：453700
电话：0373 - 5469199
传真：0373 - 5461595
邮箱：fm811@ feimahg. com
产品：AKD 中性施胶剂、PAE 湿强剂、助留助滤剂、蒸煮助剂

新乡市瑞丰化工有限责任公司
河南省新乡市新乡县大召营镇(新获路北)工业园
邮编：453700
电话：0373 - 5466556、5466665
传真：0373 - 5466000
网址：www. sinoruifeng. com
邮箱：sale@ sinoruifeng. com
产品：无碳复写纸树脂显色剂、活性白土显色剂、阳离子醚化剂、高碱性硫化烷基酚钙

新乡市和诚化工有限公司
河南省新乡市朗公庙镇曲水村北
邮编：453731
电话：0373 - 5712168
传真：0373 - 5712366
产品：聚丙烯酰胺、高效聚合引发剂、聚二甲基二烯丙基氯化铵

新乡县长明冶炼有限公司
河南省新乡市新乡县小冀镇西环路
邮编：453731
电话：0373 - 5592335
产品：聚丙烯酰胺、增强剂

焦作市

河南佰利联化学股份有限公司
河南省焦作市中站区
邮编：454191
电话：0391 - 3126553、3126903
传真：0391 - 3126818、3126275
网址：www. billionschem. com
邮箱：zztcwmb@ sina. com
sales@ billionschem. com
产品：钛白粉、硫酸铝、二氧化锆、碳酸锆

河南省沁阳市新兴化工有限公司
河南省沁阳市南洛公路 7 公里处/崇义工业区
邮编：454550
电话：0391 - 5056698、5051606
传真：0391 - 5055042
网址：www. qysxxhg. com
邮箱：qysxxhg@ 163. com

产品：涂布淀粉、造纸淀粉、卫生纸增韧剂、助留助滤剂

河南省武陟县智辉化工有限责任公司
河南省焦作市武陟县城东占泗路北贾桥西
邮编：454950
电话：0391－7268190、7268192
传真：0391－7268193
网址：www. zhihuichem. com
邮箱：zhihuichem@163. com
产品：无碳复写纸专用树脂显色剂、活性白土显色剂、微胶囊、无碳压敏染料溶剂油、微胶囊专用分散乳化剂、石蜡乳液

温县宏泰水处理材料厂
河南省焦作市温县岳村工业区66号
邮编：454800
电话：0371－66551628、66551601、66558919
传真：0371－68396167、66551938、66558918
网址：www. wxhtgs. com
邮箱：wxhtscl@163. com
产品：聚合氯化铝、碱式氯化铝、活性炭系列产品、填充系列产品

濮阳市

濮阳市中润聚合物有限公司
河南省濮阳市东高新技术开发区前县徐岭村南
邮编：457600
电话：0393－5326588
传真：0393－2217588
产品：污泥脱水剂、分散剂、助留剂、聚丙烯酰胺、羧甲基纤维素

许昌市

许昌凯特精细化工厂
河南省许昌市经济技术开发区屯里东段
邮编：461000
电话：0374－8306088、8306090
传真：0374－8306087、8306091
网址：www. xckate. com
邮箱：kate7888@163. com
产品：消泡剂、脱墨剂、分散剂、增白剂、显白增强剂

许昌市远征化工有限公司
河南省许昌市北郊菅庄村
邮编：461000
电话：0374－4391909
传真：0374－4391909
产品：VBL增白剂、脱墨剂、新型固体膨松剂、PEO分散剂、光亮剂、除胶剂、挺力剂、显白剂、剥离剂、消泡剂、干/湿强剂、助留剂、聚丙烯酰胺

漯河市

漯河市天马化工有限公司
河南省漯河市衡山路21号
邮编：462000
电话：0395－2637588
传真：0395－2650929
邮箱：1214192437@qq. com
产品：AKD中性施胶剂、阳离子分散松香胶、硅溶胶、分散剂、乳化剂

商丘市

商丘市金茂工业助剂有限公司
河南省商丘市虞城县李家工贸区
邮编：476300
电话：0370－4833167
传真：0370－4833167
产品：聚丙烯酰胺、水处理剂、造纸助剂

驻马店市

西平县佳佳纸业有限公司
河南省驻马店市西平县王店工业区
邮编：463900
电话：0396－6253336
传真：0396－6253336
产品：助留助滤剂、增强互补型造纸专用助剂、生物强力助剂、强力渗透剂

济源市

河南清水源科技股份有限公司
河南省济源市轵城镇
邮编：454650
电话：0391－6698121、6089345
传真：0391－6086299
网址：www. qywt. com. cn
邮箱：qysales@qywt. com. cn
产品：水处理剂产品(单体)和复配剂，提供配方筛选和水处理技术服务

湖　北　省

武汉市

武汉华东化工有限公司
湖北省武汉市汉口西北湖新世界国贸大厦十八楼
邮编：430012
电话：027－82944688、59523266、59523188
传真：027－82944743
网址：www. ecch. com. cn
邮箱：hdhg@ ecch. com. cn
lignin027@ ecch. com. cn
产品：木质素磺酸钙、碱木质素、木质素磺酸盐、羧甲基淀粉钠

武汉新大地环保材料股份有限公司
湖北省武汉市硚口区南泥湾 8 号长丰科技产业园(西区)8 号
邮编：430034
电话：027－83305573、83305779
传真：027－83305570
网址：www. newlandchem. com
邮箱：ywx@ newlandchem. com
产品：防腐杀菌剂

武汉市羽佳化工有限公司
湖北省武汉市东湖高新开发区大学园路 11 号
邮编：430074
电话：027－52101188
传真：027－52101188
网址：www. yj1188. com
产品：干强剂、水处理剂、消泡剂

武汉市雨田高分子材料有限公司
湖北省武汉市蔡甸区永安街万岭特 1 号
邮编：430105
电话：027－69305728、59843713
传真：027－69304916
产品：CMC、脱墨剂、润滑剂、抗水剂、分散剂

武汉市新洲区耀华化工有限公司
湖北省武汉市阳逻开发区平江东路 123 号
邮编：430415
电话：027－86963113
传真：027－86963113
产品：新型造纸制浆蒸煮剂、脱墨剂、固体/液体消泡剂、剥离剂、助留剂

武汉葛化集团有限公司
湖北省武汉市洪山区葛化街化工路 31 号
邮编：430078
电话：027－87602513
传真：027－87600357
网址：www. whghjt. com
邮箱：whghjt@ chem. com. cn
产品：烧碱、液氯

黄石市

黄石龙骏化工科技有限公司
湖北省黄石市沈下路 661 号
邮编：435004
电话：0714－5379335
传真：0714－5379336
产品：阴/阳离子松香胶专用乳化剂、松香胶、中性施胶剂、表面施胶剂、AKD 熟化促进剂、助留增强剂、絮凝剂

大冶市鑫晟精细化工有限公司
湖北省黄石市大冶市金湖街道栖儒村
邮编：435102
电话：0714－8990989
传真：0714－8990989
邮箱：hs8483@ 163. com
产品：干/湿强剂、中性造纸施胶剂、印刷适性改良剂、AKD 乳液、荧光增白剂、瓦楞纸板环压增强剂、纸浆消泡剂、废纸脱墨剂

宜昌市

湖北宜化集团有限责任公司
湖北省宜昌市沿江大道 52 号
邮编：443000
电话：0717－8868298
传真：0717－8868298
网址：www. hbyihua. cn
邮箱：hgb@ hbyihua. cn
产品：烧碱

襄樊市

襄樊惠邦化工有限公司
湖北省襄樊市江汉路 25 号
邮编：441002
电话：0710－3955939
传真：0710－3112389

产品：分散剂、胶黏剂

襄樊市化工设计研究所
湖北省襄樊市江北路 60 号
邮编：441002
电话：0710－3963009
传真：0710－3220183
邮箱：xb-email@ 163. com
产品：造纸用增光润滑剂、分散剂、抗水剂、施胶剂、渗透剂

湖北新四海化工股份有限公司
湖北省枣阳市南城王家湾社区居委会五组 3 幢（华夏工业园区）
邮编：441200
电话：0710－6221764、6245064
传真：0710－6229927
网址：www. hbxshhg. com
邮箱：z6241188@ 163. com
sihaichem@ 163. com
产品：消泡剂、抗水剂、润滑剂

荆门市

钟祥市金汉江纤维素有限公司
湖北省钟祥市金汉江大道
邮编：431900
电话：0724－6318585、6318532
传真：0724－6318536
网址：www. chinajhj. com
邮箱：jhj@ chinajhj. com
产品：精制棉、CMC

荆州市

湖北达雅生物科技股份有限公司
湖北省荆州市国家经济开发区达雅西路 86 号
邮编：434000
电话：0716－8806608
传真：0716－8806618
网址：www. hbdaya. com
邮箱：hbdaya@ 126. com
产品：涂布专用 CMC、润滑剂、纳米级微粒高效造纸助留助滤剂

荆州市旭升化工助剂有限公司
湖北省荆州市荆州区纪南镇拍马工业园区
邮编：434020
电话：0716－8480596、8677782、8416799
传真：0716－8416699
网址：www. jzxshg. com
邮箱：xshg2002@ 163. com
产品：阳离子淀粉、助留助滤剂、交联表面施胶剂、高效废纸脱墨剂、阴离子分散松香胶、中碱性施胶剂、蒸煮助剂、湿强剂

咸宁市

湖北中之天科技股份有限公司
湖北省咸宁市嘉鱼县鱼岳镇徐家庄 167 号
邮编：437200
电话：0715－6321909、6364417
传真：0715－6329868
网址：www. laopeng. com. cn
邮箱：13807247197@ vip. 163. com
产品：蒸煮助剂、高效漂白剂、荧光增白剂、脱墨剂、湿强剂、显白剂

湖北省赤壁市明光化工厂
湖北省赤壁市中伙镇
邮编：437315
电话：0715－5600149、13707242141
产品：涂层、保温层

仙桃市

仙桃市闻捷福工贸有限责任公司
湖北省仙桃市经济开发区青鱼湖路 16 号
邮编：433000
电话：0728－3257939、3200828
传真：0728－3257939
产品：脱墨剂、蒸煮助剂

湖北嘉韵化工科技有限公司
湖北省仙桃市刘口工业园叶河二路 1 号
邮编：433000
电话：0728－3255688、3601188
传真：0728－3255601
网址：www. jiayunchem. com
邮箱：666@ jiayunchem. com
999jiayun@ 163. com
产品：环氧聚酯湿强剂、蒸煮催化剂、固着剂、AKD 中性施胶剂、表面施胶剂、助留助滤剂、防腐杀菌剂、干增强剂、抗水剂、柔软剂、剥离剂

湖北新恒兴材料科技有限公司
湖北省仙桃市郭河工业园区
邮编：433013
电话：0728－2745177
传真：0728－2745990
网址：hbxhx. bm；ink. com
邮箱：newhengxing@163. com
产品：阳离子中碱性施胶剂、阳离子中性表面施胶剂、新型涂料胶乳、湿强剂、干强剂

湖　南　省

长沙市

湖南超牌化工有限公司
湖南省长沙市芙蓉中路二段198号新世纪大厦9003室
邮编：410015
电话：0731－85179028、85179029、85819266
传真：0731－85179099
网址：www. hnsuper. com. cn
邮箱：fjming88@21cn. com
cplcb@superkaolin. com
产品：超细研磨碳酸钙、超细煅烧高岭土

长沙市力波化工有限公司
湖南省长沙市马王堆凌霄路301号
邮编：410001
电话：0731－84786498、84735309
传真：0731－84720135
网址：www. lbsun. com
邮箱：sales@lbsun. com
产品：分散剂、脱墨剂、光亮剂、施胶剂等造纸化学品及各种羧甲基纤维素、甲基纤维素、羟丙基甲基纤维素、聚合氯化铝、聚丙烯酰胺

湖南美莱精化有限公司
湖南省长沙市国家高新技术开发区火炬城M0号
邮编：410003
电话：0731－88809919、88496308
传真：0731－88911458
网址：www. hnmeilai. com
邮箱：meilai2013@sina. com
产品：蒸煮助剂

长沙鸿鹰化工科技有限公司
湖南省长沙市西湖路34号鸿信大厦北B座906室
邮编：410002
电话：0731－85132075
传真：0731－85132075
产品：造纸化学品

株洲市

株洲升阳精细化工有限责任公司
湖南省株洲市董家段南路南方航空摩托厂内
邮编：412300
电话：0731－22789788
传真：0731－28559469
产品：氟化钠、氟硅酸钠、白炭黑

湖南省醴陵市华中化工有限公司
湖南省醴陵市王仙科技工业园
邮编：412200
电话：0733－23518818、5324411
传真：0733－23518818
产品：分散松香胶、干强剂、脱墨剂、毛毯洗净剂、松香、乳化剂

湘潭市

湖南省湘潭市弘联科技开发有限公司
湖南省湘潭市高新区芙蓉中路9号
邮编：411100
电话：0731－58377118
传真：0731－58377118
产品：瓦楞纸板线用淀粉胶抗水剂、增强剂、耐水增强剂

湖南森泰生物科技有限公司
湖南省湘潭天易示范区吴家巷工业园
邮编：411228
电话：0731－57259988
网址：www. xtsentai. com
邮箱：1126343262@qq. com
产品：造纸级羧甲基纤维素钠，系列CMC、PAC、CMS

湘潭市麓安造纸材料研究所有限公司
湖南省湘潭市雨湖区高岭路
邮编：411100
电话：0731－58270759
传真：0731－58270759
产品：造纸化学品

衡阳市

湖南超牌粉体科技有限公司
湖南省耒阳市水东江振兴路

邮编：421800
电话：0734－4370523
传真：0734－4370470
邮箱：hncphg@163.com
产品：超细 GCC、高岭土

邵阳市

湖南省邵阳市天成实业(集团)公司
湖南省邵阳市桃花工业园
邮编：422000
电话：0739－5385276
传真：0739－5385277
邮箱：sytcsy@163.com
产品：蒸煮催化剂、松香胶

岳阳市

湖南海正生物科技有限公司
湖南省岳阳市经济技术开发区现代工业产业园
邮编：414000
电话：0730－8118899
传真：0730－8831188
网址：www.hnhisun.com
邮箱：hzgs9999@hnhisun.com
产品：打浆、滤水、施胶、脱墨、助漂、预处理、除臭、胶粘物控制用酶，溶解浆、树脂控制用酶

广 东 省

广州市

广州纬森普化科技有限公司
广东省广州市越秀区寺右新马路南二街 22 号
邮编：510000
电话：020－87362138
传真：020－87371198
邮箱：meilan20@yeah.net
产品：湿强剂

广东迪美生物技术有限公司
广东省广州市先烈中路 100 号科学院内
(广东省微生物研究所)
邮编：510070
电话：020－87688093、87688061
传真：020－87688093、87685989
网址：www.gd-demay.com
邮箱：gddemay@126.com
产品：防腐剂、防霉剂、抗藻剂、消毒剂

广州市中化贸易有限公司
广东省广州市人民北路 691 号金信大厦 15 楼
邮编：510170
电话：020－81083877、81080060
传真：020－81084009
产品：有机硅消泡剂、防腐剂、杀菌剂、防霉剂、钛白粉、煅烧高岭土、滑石粉、光引发剂、分子式吸附剂

广州宇洁化工有限公司
广东省广州市海珠区宝岗大道 268 号中新大厦
12 楼 12－13B 室
邮编：510240
电话：020－34371818、34371600
传真：020－34141884
网址：www.yujiechem.cn
产品：聚丙烯酰胺、丙烯酰胺、聚合氯化铝、脱色剂

广州精细化学工业公司
广东省广州市海珠区工业大道中石岗路 11 号
邮编：510288
电话：020－84352112
传真：020－84309844
产品：聚丙烯酰胺、分散剂、湿强剂、助留助滤剂、水处理絮凝剂、脱水剂、表面活性剂

广州欧普龙化工科技有限公司
广东省广州市机场路景丽街 9 号翠逸家园三区
303－306 室
邮编：510403
电话：020－86446416
传真：020－86446215
产品：有机硅消泡剂、蒸煮助剂、净水剂、抗水剂、绒毛浆膨松剂

广州市黄埔天泰化轻有限公司
广东省广州市越秀区五羊新城寺右新马路 111 号
五羊新城广场 2209 室
邮编：510600
电话：020－87383533、87391206、87390588
传真：020－87392590、87382704
网址：www.tt020.com
邮箱：info@tt020.com
产品：纸浆专用防霉防腐杀菌剂、荧光增白剂、钛白粉、超细滑石粉

广州兰泉环保科技有限公司
广东省广州市增城宁溪镇融海高新产业园
邮编：510600
电话：020－32035350、82525387、82318552
传真：020－32035330
网址：www. jiequanhuanbao. com
邮箱：jiequan07@ 163. com
产品：废水处理药剂、循环冷却水处理药剂、RO 膜反渗透水处理剂

广州元源造纸化学品有限公司
广东省广州市天河区黄埔大道西 191 号广信大厦牡丹阁 1005 房
邮编：510620
电话：020－38900979
传真：020－38900552
邮箱：guangzhouyuanyuan@ 163. com
产品：浆内施胶剂、瓦楞纸杯环压增强剂、多元助留增强剂、表面施胶剂

广州汇普化工新材料有限公司
上海和氏璧化工有限公司
广东省广州市黄埔大道 159 号富星商贸大厦西塔 25 楼
邮编：510620
电话：020－22220222、87568088－2294
传真：020－87595606
网址：www. ncmchem. com
产品：聚乙烯醇、防黏硅油、高效消泡剂

华夏化工集团
广州市华夏助剂化工有限公司
广东省广州市天河北路 177 号祥龙花园祥龙阁 1703 室
邮编：510620
电话：020－85251113
传真：020－85251290
网址：www. cn-hpc. com
邮箱：gzhxadd@ cnhxg. com
产品：国外系列涂料助剂、华夏品牌助剂

广州市君伦纸业化工有限公司
广东省广州市天河区龙口西路 577 号天隆花苑三楼 3130 号
邮编：510635
电话：020－38470568
传真：020－38470569
邮箱：gz-kingdom@ 163. com
产品：杀菌防腐剂、流程清洗剂、系统保洁剂、杀菌抑菌剥离剂

广州智尚化工技术开发有限公司
广东省广州市五山路华南理工大学科技园 2 号楼 606 室
邮编：510640
电话：020－22237168
传真：020－81408303
邮箱：keepwon128@ 163. com
产品：水处理用水溶性消泡剂、异噻唑啉酮类、季铵盐类杀菌防腐剂、缓蚀阻垢剂、造纸用杀菌防腐剂、絮凝剂、新型含氟聚有机硅氧烷类油溶性流平剂

广州慧谷化学有限公司
广东省广州市黄埔区永和经济区新业路 62 号
邮编：511356
电话：020－32222928、85283301、85280932
传真：020－32222928－6026、38676620
网址：www. humanchem. com
邮箱：hg@ huamanchem. com
产品：纳米二氧化硅消光新材料、彩色喷墨打印纸涂料

广州市华鹏高岭土厂
广东省广州市花都区梯面镇
邮编：510870
电话：020－86782018
传真：020－86782018
产品：高岭土

广州市慧之海(集团)科技发展有限公司
广州市瑞洋表面活性剂有限公司
广东省广州市番禺区石基镇新桥村泰安路西横六街 3 号
邮编：511400
电话：020－84553577
传真：020－84553788
网址：www. surfactantchem. com
邮箱：sales@ surfactantchem. com
ruiyang@ how188. com
产品：乳化剂、消泡剂、杀菌防腐剂

中科院广州化学研究所
广东省广州市天河区兴科路 368 号广州化学研究所
邮编：510650
电话：020－85231815、85231295、85231230、85232176
网址：www. gic. ac. cn
产品：胶黏剂

深圳市

深圳市三力星聚合同创科技发展有限公司
广东省深圳市福田区梅林街道北环路梅林多丽工业区1栋409
邮编：518000
电话：0755－83733558
传真：0755－83733596
网址：www. sanlixing. com
邮箱：info@ sanlixing. com
产品：助留助滤剂、增强剂、表面施胶剂、染料、颜料、中性施胶剂、清洗剂、消泡/抑泡剂、脱墨剂、防腐杀菌剂、分散松香胶、纸张成形剂

深圳市华苏科技发展有限公司
广东省深圳市南山区南山大道南海大厦B栋6G
邮编：518054
电话：0755－86250096
传真：0755－86250096
网址：www. tengtuo. com
产品：杀菌防腐剂、荧光增白剂、水处理药剂、甲基纤维素、羟乙基纤维素、聚乙烯醇、分散剂

深圳绿微康生物工程有限公司
广东省深圳市南山区龙珠大道龙珠三路光前工业区21栋7－8楼
邮编：518057
电话：0755－26031010、86005292
传真：0755－26031910
网址：www. leveking. com
邮箱：leveking@ leveking. com
产品：生物脱墨剂、胶黏物处理剂、废水处理剂

深圳市索雷亿科技有限公司
广东省深圳市宝安区宝民一路碧涛苑1栋B座103室
邮编：518133
电话：0755－86251400
传真：0755－27803785
邮箱：solaye@ chinasolsye. com
产品：过氧化物引发剂、抗氧化剂、紫外线吸收剂、光引发剂、防腐剂、抗静电剂

深圳清源净水器材有限公司
广东省深圳市南山区南海大道水务集团南山大楼8楼
邮编：518052
电话：0755－26978809、26978819
传真：0755－26978825
产品：聚合氯化铝废水处理剂、造纸施胶剂、杀菌灭藻剂、重金属捕集剂

珠海市

珠海市骏兆丰进出口有限公司
广东省珠海市红山路288号珠海国际科技大厦B508室
邮编：519000
电话：0756－3331388
传真：0756－3362737
网址：www. bikin. cn
邮箱：info@ bikin. cn
产品：造纸化工涂料

广东溢多利生物科技股份有限公司
广东省珠海市南屏科技工业园屏北一路8号
邮编：519060
电话：0756－8676888
传真：0756－8673999
网址：www. yiduoli. com. cn
邮箱：vtr@ vtrbio. com
产品：生物酶

佛山市

佛山市华昊华丰淀粉有限公司
广东省佛山市文沙路晒莨地1号
邮编：528000
电话：0757－82827301
传真：0757－82828713
邮箱：rjc@ foshan. sti. gd. cn
产品：湿部添加剂、涂布黏合剂、表面施胶剂、阳离子淀粉、纸制品再湿胶黏剂

佛山市南海大田化学有限公司
广东省佛山市南海区狮山科技工业园B区科园路1号
邮编：528000
电话：0757－82262088、82267788
传真：0757－86698585
网址：www. dtdefoamer. com
邮箱：datian@ dtdefoamer. com
产品：纸浆、涂布、废水处理用消泡剂

佛山市特森化工有限公司
广东省佛山市同华西2路南华1街13号首层（同济派出所侧）
邮编：528000
电话：0757－82386663、83330428、83330783
传真：0757－83331428
网址：www. fstesen. com

邮箱：fstesen@163. com
产品：净水剂、聚丙烯酰胺、高效脱色剂、聚合硫酸铁、硫酸铝

佛山市骏能化工有限公司
广东省佛山市南海区狮山镇罗村芦塘工业区
邮编：528226
电话：0757－86414462、86413060、86410016
传真：0757－86414522、88395329
网址：www. jn668. com
邮箱：jn@jn668. com
产品：干强剂、湿强剂、挺硬剂、助留助滤剂、涂布胶乳、中性松香胶、中碱性施胶剂、表面施胶剂、防水防潮剂、脱墨剂、消泡剂、絮凝剂

广东奇力士石油化工有限公司
广东省佛山市顺德区大良大门堤围路 8 号
邮编：528333
电话：0757－22329333
传真：0757－22329308
产品：聚硅氯化铝、聚硅氯化铝铁、硫酸铝、聚丙烯酰胺、无铁硫酸铝、复合聚硅氯化铝、复合聚硅氯化铝铁

佛山市高明区友本化工有限公司
广东省佛山市高明区明城镇官迳路
邮编：528518
电话：0757－88930638
传真：0757－88836686
产品：中性施胶剂、干/湿增强剂、离缸剂、助虑增强剂

江门市

江门市慧信净水材料有限公司
广东省江门市港口二路 10 号
邮编：529000
电话：0750－3167388
传真：0750－3167343
邮箱：wealthchem@163. com
产品：水处理剂

赫克力士化工(江门)有限公司
广东省江门市高新技术开发区金瓯路 345 号
邮编：529081
电话：0750－3866500、3866590
传真：0750－3866561、3866580
产品：造纸专用 CMC

江门市新会区辉昊化工有限公司
广东省江门市新会区会城朝江路 6 号 103
邮编：529100
电话：0750－6116733、6807018
传真：0750－6116733
邮箱：hww82830@126. com
产品：干强剂、分散剂、脱墨剂、助留助滤剂

江门市大中科技企业发展有限公司
广东省江门市礼乐文昌花园 99 座首层
邮编：529060
电话：0750－3610763、3612763、3615763
传真：0750－3612762
产品：造纸化学品

量子高科生化工程有限公司
广东省江门市高新区金瓯路 184 号
邮编：529081
电话：0750－3795666、3869188、8258999
传真：0750－3796430、3869168
网址：www. qht. cc
产品：纤维素 CMC

茂名市

茂名市银华高岭土实业有限公司
广东省茂名市茂南区新坡镇黄塘工业区
邮编：525011
电话：0668－2717589、2717860
传真：0668－2717889
网址：www. mmyhkaolin. com
邮箱：welcome@yhkaolin. com
产品：高岭土

肇庆市

高要宝时化工有限公司
广东省肇庆市高要市南岸镇上元路 37 号
邮编：526100
电话：0758－8361055
传真：0758－8361052
产品：EDTA、DTPA、表面施胶剂、湿强剂、网毯清洗剂、双氧水稳定剂、胶黏物控制剂、涂布分散剂、涂料润滑剂、涂料耐水剂

惠州市

惠州联宏化工有限公司
广东省惠州市大亚湾石油化学工业区 H2 地块西南角

邮编：516081
电话：0752－5599101、5599888
传真：0752－5599180
邮箱：braveheartxianen@126. com
产品：表面施胶剂

清远市

大和(清远)石矿化工有限公司
广东省清远市禾云镇107国道旁
邮编：511517
电话：0763－5672399
传真：0763－5672488
网址：www. chinamicron. com
邮箱：info-xm@chinamicron. com
产品：滑石粉、碳酸钙

东莞市

杜道亚太(中国)化工有限公司
广东省东莞市新城市中心区第一国际百安中心A座809室
邮编：523000
电话：0769－22825567
传真：0769－23180867
产品：消泡剂、表面控制助剂、湿润分散剂、高档氟碳助剂

东莞天傲化工有限公司
广东省东莞市莞城区
邮编：523000
电话：0769－22191114
传真：0769－23035975
产品：消泡剂、乳化剂、渗透剂、聚醚、柔软剂、破乳剂

东莞市粤星纸业助染有限公司
广东省东莞市万江石美社区雨云楼11－13号铺
邮编：523040
电话：0769－22272839、22279289
传真：0769－22172089
网址：www. yuexingdg. com
邮箱：yuexing@yuexingdg. com
产品：造纸染料、分散剂、增白剂、施胶剂、湿强剂、剥离剂、柔软剂、脱墨剂、絮凝剂

广东中成化工股份有限公司
广东省东莞市麻涌镇第二工业区
邮编：523130
电话：0769－88825606、88828576
传真：0769－88822342
网址：www. zhongcheng. gd. cn
邮箱：zhongcheng@china. com、sales@zhongcheng. gd. cn
产品：双氧水、保险粉、过氧碳酸钠、焦亚硫酸钠、亚硫酸盐

广东汇美淀粉科技有限公司
广东省东莞市麻涌镇大步工业区
邮编：523143
电话：0769－88286638、88287336
传真：0769－88287332
网址：www. huimei-starch. com
邮箱：hmdfkj@126. com
产品：两性淀粉、涂布胶黏淀粉、表面喷雾淀粉、湿部添加阳离子淀粉、层间喷雾淀粉、表面施胶淀粉

东莞市中堂华兴造纸材料厂
广东省东莞市中堂镇江南远兴工业区
邮编：523230
电话：0769－88187118、88186095
传真：0769－88186095
产品：分散松香胶、中性施胶剂、增白剂

东莞东美食品有限公司
广东省东莞市高埗镇北王路护安围工业区
邮编：523279
电话：0769－88731228、88735188、88878448
传真：0769－88874888
网址：www. dm-starch. com
邮箱：dmstarch@126. com
产品：表面施胶淀粉、涂布淀粉、草木浆增强淀粉、两性淀粉、层间喷雾淀粉、阳离子淀粉、生活用纸增强淀粉、表面喷雾淀粉

中山市

广东金威达淀粉有限公司
广东省中山市小榄镇联丰四村乐丰北路(联丰工业区)
邮编：528415
电话：0760－2125676
传真：0760－2125675
产品：木薯淀粉、变性淀粉、越南木薯淀粉

广西壮族自治区

南宁市

广西欧派淀粉有限公司
广西壮族自治区南宁市怡宾路 1 号 4 层
邮编：530000
电话：0771－5844158、4306950
传真：0771－5591182
产品：预糊化淀粉、氧化淀粉、纸管(纱管)专用胶

南宁巨港化工产品有限公司
广西壮族自治区南宁市白沙大道 30 号
邮编：530003
电话：0771－4918536
传真：0771－4908536
产品：杀菌剂、保洁剂、清洗剂、表面施胶剂、阳离子分散松香胶、中性施胶剂、助留助滤剂、消泡剂、湿/干强剂、黏缸剂/剥离剂、柔软剂、树脂控制剂

广西南宁春城助剂有限公司
广西壮族自治区南宁市五一西路 61 号
邮编：530045
电话：0771－4864243
传真：0771－4861026
邮箱：chuncheng@ gxcczj. com
产品：消泡剂、乳化剂、表面活性剂、松香高分散施胶剂

广西武鸣县宁武镇灵泉淀粉厂
广西壮族自治区南宁市武鸣县城
邮编：530102
电话：0771－6238349
传真：0771－6230728
产品：阳离子变性淀粉、层间喷淋淀粉、涂布胶黏剂、表面施胶剂

广西武鸣华洪淀粉化工有限责任公司
广西壮族自治区南宁市武鸣县陆斡工业开发区
邮编：530111
电话：0771－6223818
传真：0771－6222401
产品：表面施胶剂、涂布胶黏剂、层间喷淋淀粉、浆内添加剂、表面喷淋剂、增强剂、两性淀粉、木薯淀粉

广西武鸣县安宁淀粉有限公司
广西壮族自治区南宁市武鸣县罗波镇商业城
邮编：530112
电话：0771－6081368、6082107
传真：0771－6082170
网址：www. anningstarch. com. cn
邮箱：gxwmandf@ 163. com
产品：木薯淀粉、层间喷淋淀粉、涂布胶黏剂、表面施胶剂、复合木薯变性淀粉、阳离子淀粉

广西明阳生化科技股份有限公司
广西壮族自治区南宁市江南区明阳工业开发区
邮编：530226
电话：0771－4218423、4217336
传真：0771－4218423、4216729
网址：www. mystarch. com
邮箱：mystarch@ mystarch. com
产品：涂布黏合剂、阴离子/阳离子表面施胶淀粉、新型湿部添加用两性淀粉、湿部添加增强/助留剂、新闻纸专用增强剂、层间或表面喷雾淀粉、卷烟专用聚合物

南宁乐森松香有限公司
广西壮族自治区南宁市园湖南路东一里 5 号
邮编：530022
电话：0771－5883637
传真：0771－5867346
产品：林产化工产品

桂林市

广西桂林光华矿粉有限公司
广西壮族自治区桂林市灵川县潭下镇
邮编：541208
电话：0773－6305888
传真：0773－6305598
邮箱：china-guanghua@ hi2001. com
产品：重质碳酸钙、超细滑石粉

梧州市

梧州荒川化学工业有限公司
广西壮族自治区梧州市西提三路 1 号
邮编：543002
电话：0774－3830228、3830388
传真：0774－3830386
网址：www. gxwzarakawa. com. cn
邮箱：dabuhdm@ 263. com

wzarakawa@ wzarakawa. com. cn
产品：分散松香、树胶酯

广西永盛造纸化工有限公司
广西壮族自治区梧州市岑溪市建设五街
邮编：543210
电话：0774 –8225159
传真：0774 –8225159
产品：生物酶催化剂、AKD 中碱性施胶剂、聚丙烯酰胺、助留助滤剂、脱墨剂

北海市

北海宏泉淀粉科技有限公司
广西壮族自治区北海市平头岭工业开发区
邮编：536005
电话：0779 –2081122
传真：0779 –2081123
产品：表面施胶剂、涂布胶黏剂、层间喷涂剂、增强剂、淀粉

玉林市

广西玉林松脂厂
广西壮族自治区玉林市石岭子工业区
邮编：537000
电话：0775 –3870038、3870709
产品：松香胶、马来松香

海　南　省

海口市

海南洋浦椰岛淀粉工业有限公司
海南省洋浦经济开发区工业十区
邮编：578101
电话：0898 –28821722、66532911
传真：0898 –28821979
邮箱：ydstarch@ ydstarch. com
产品：阳离子/阴离子表面施胶剂、增强剂、阳离子助留助滤剂、阳离子淀粉、层间喷淋淀粉、涂布淀粉、木薯变性淀粉

重　庆　市

重庆力宏精细化工有限公司
重庆市南岸区江峡路 6 号
邮编：401336
电话：023 –62525311、62950127、62503763
传真：023 –62500141
网址：www. lihong. net
邮箱：office@ lihong. net
产品：羧甲基纤维素钠（CMC）

中国石化集团四川维尼纶厂
重庆市长寿区维江路 36 号
邮编：401254
电话：023 –68974625、68974061、68974146
传真：023 –68974094
网址：www. svwpc. com. cn
产品：聚乙烯醇树脂（PVA）

重庆科源造纸化学品有限公司
重庆市合川区三汇镇
邮编：401535
电话：023 –42428586
传真：023 –42428586
邮箱：357346496@ qq. com
产品：中性造纸施胶剂、助留助滤剂、瓦楞纸板环压增强剂、纸张挺度增强剂、纸品拉力机、纸浆分散剂

重庆新华化工有限公司
重庆市潼南县梓潼镇民业街 298 号
邮编：402660
电话：023 –68737926、87288005
传真：023 –68737926、87288008
网址：www. xinhuachemical. com
邮箱：xinhua@ xinhuachemical. com
xhhgxzb@ 163. com
产品：高档锐钛型钛白粉

四　川　省

成都市

成都嘉丰精化有限公司
四川省成都市成华区龙潭总部经济城华翰路 89 号 8 号楼 12 层 AB 座
邮编：610052
电话：028 –65199000
传真：028 –65199355
网址：www. jiafengchina. net
产品：阳离子助留剂、着色剂、液体增白剂、阳离子分散松香胶、助留助滤剂、改性皂土、脱气剂、絮凝剂、纸张刚挺剂、表面施胶剂

四川蓉丰化工有限责任公司
四川省成都市二环路南三段 5 号
邮编：610041
电话：028－84397018
传真：028－84397058
产品：分散剂、填料、钛白粉

成都市锦都三丰化工有限公司
四川省成都市武侯区机投镇花龙门工业园
邮编：610045
电话：028－87482146
传真：028－87482146
网址：www. jdsanfeng. com
邮箱：wangdu@ cn-sanfeng. com
产品：中性造纸施胶剂、AKD 乳液、分散松香胶、干增强剂、湿强剂、助留助滤剂、增白剂、消泡剂

成都博翔顺达科技有限公司
四川省成都市武侯区太平南街好望角 2 幢 415 号
邮编：610068
电话：028－84400282、86786867、82684528
传真：028－68692192、85238290
产品：脱墨剂、造纸染料、松香胶

都江堰钙品股份有限公司
四川省都江堰市青城工业区(灌温路 239 号)
邮编：611830
电话：028－87283139
传真：028－87283339
产品：造纸专用碳酸钙

自贡市

自贡市中光精细化工有限公司
四川省自贡市富顺县牛佛镇田冲头街 38 号
邮编：643208
电话：0813－7300161
传真：0813－7300164
产品：中性施胶剂

德阳市

四川煤田地质局 141 队亚兴化工厂
四川省德阳市汉江路 116 号
邮编：618000
电话：0838－2820554、2822168
传真：0838－2820554
网址：www. scmtdz. gov. cn
邮箱：sc141@ 126. com
产品：AKD 乳液、阳离子分散松香胶、乳化剂、中性造纸施胶剂、柔软剂、绒毛浆解键剂

绵阳市

绵阳市助友化工工业有限责任公司
四川省绵阳市三台县北泉路北塔
邮编：621100
电话：0816－5345170
传真：0816－5345170
邮箱：myzyhg@ myzyhg. cn
产品：分散松香胶、绒毛浆解键剂、湿强剂、脱墨剂、聚合氯化铝

陕　西　省

西安市

陕西华润实业有限公司
陕西省西安市西北二路 1 号 512 室
邮编：710003
电话：029－87333574
传真：029－87335479
网址：www. sxhuarun. com
邮箱：sxhuarun@ 126. com
产品：杀菌剂、分散剂、消泡剂、荧光增白剂、助留剂、高效废纸脱墨剂、光亮柔软剂、水处理剂

西安道尔达化工有限公司
陕西省西安市汉城北路 152 号雅盛 1 号 A－18－4
邮编：710077
电话：029－62969851、62969808
传真：029－62969852
网址：www. kldhg. cn
邮箱：dld@ kldhg. cn、daoerda@ 163. com
产品：膨化剂、杀菌剂

西安吉利电子化工有限公司
陕西省西安市高新区高新路 25 号
邮编：710075
电话：029－88212585、88272803
传真：029－88231475
网址：www. xajili. com
邮箱：jili@ tchweb. net
产品：杀菌防腐剂、沉积物分散剂、系统清洗剂、柔顺剂、蒸煮助剂、脱墨剂、高档卷烟纸包灰剂

陕西省石油化工研究设计院
陕西省西安市西延路 61 号
邮编：710054
电话：029－85542590、85542624、85542602
传真：029－85542625、85542591
网址：www. shaanxipci. com
邮箱：pciyingxiao@ 126. com
产品：杀菌防腐剂、增白剂、水处理剂

西安市美佳化工有限公司
陕西省西安市长安区韦兆街
邮编：710103
电话：029－85889228、85889310
传真：029－85889228
网址：www. xamjhg. com
邮箱：xamjhg@ 163. com
产品：助留助滤剂、表面施胶剂、分散剂、显白剂

咸阳市

咸阳陶瓷研究设计院
陕西省咸阳市渭阳西路 35 号
邮编：712000
电话：029－33578005、33579267、33576575
传真：029－33572148
网址：www. xytcy. com
产品：填料、涂料

甘 肃 省

兰州市

兰州市兰州新化工贸易有限责任公司
甘肃省兰州市西固东路 205 号
邮编：730060
电话：0931－3330626
传真：0931－7585188
产品：羧甲基淀粉、氧化淀粉、熟胶粉、造纸表面及浆内施胶剂

青 海 省

西宁市

青海威思顿署业集团有限责任公司
青海省西宁市生物科技产业园区经二路 58 号
邮编：810016
电话：0971－5317182、8527016、8318736
传真：0971－5317162、5317821
网址：www. qhwsd. com
邮箱：weisidun5584@ sina. com
产品：马铃薯淀粉

宁夏回族自治区

银川市

银川吉龙造纸助剂有限责任公司
宁夏回族自治区银川市开发区
邮编：750002
电话：0951－5035454
传真：0951－5035454
产品：分散松香胶

中卫市

宁夏丰茂造纸助剂有限责任公司
宁夏回族自治区中卫市迎水桥工业区
邮编：751700
电话：0955－7679378
传真：0955－7678490
产品：中性施胶剂、杀菌剂、助留助滤剂、超细碳酸钙

新疆维吾尔自治区

乌鲁木齐市

乌鲁木齐智达化工有限公司
新疆维吾尔自治区乌鲁木齐市沙依巴克区西山路 95 号附 2－147 号
邮编：830000
电话：0991－7723668
传真：0991－4541511
产品：AKD 中性胶、分散松香胶

伊犁哈萨克自治州

伊犁市雪龙精淀粉有限责任公司
新疆维吾尔自治区伊宁市经济技术合作区辽宁路仁和集团 10 号
邮编：835000
电话：0999－8192009－666
传真：0999－8192229－866
邮箱：lgs8492200@ 126. com
产品：淀粉

传真：0972－[illegible]

网址：www.[illegible]d.com

电邮：[illegible]@[illegible].com

[illegible]

[illegible]

[illegible]市

辽阳[illegible]有限责任公司

[illegible]

邮编：[illegible]

电话：[illegible]

传真：[illegible]

[illegible]

[illegible]市

[illegible]

[illegible]

邮编：[illegible]

电话：0335－[illegible]

传真：0335－[illegible]

[illegible]

[illegible]

乌鲁木齐市

[illegible]

陕西省石油化工研究设计院

[illegible]

邮编：710054

电话：（029）[illegible]

传真：（029）[illegible]

网址：www.[illegible].com

[illegible]

[illegible]

[illegible]

[illegible]

邮编：[illegible]

电话：[illegible]

网址：[illegible]

[illegible]市

[illegible]

[illegible]

电话：[illegible]

[illegible]

[illegible]

[illegible]市

[illegible]

[illegible]

电话：0991－[illegible]